滕大春 1909年生,北京通州人。我国当代外国教育史学科主要奠基人之一,著名的外国教育史学家和比较教育学家。1933年从北京大学教育系毕业后任山东省立第一乡村师范学校教师兼附属小学主任,1935年任安徽省义务教育委员会秘书,1937年抗日战争全面爆发后赴四川任国立编译馆编审。1947年赴美国科罗拉多大学留学,攻读比较教育和外国教育史,先后获教育学硕士和博士学位。中华人民共和国成立后,响应党和国家号召,于1950年回国,先后任河北师范学院、天津师范大学、河北大学教授。1987年经国务院学位委员会批准,任我国首个外国教育史博士点博士生导师。1989年被评为全国教育系统劳动模范,获人民教师奖章。1992年被评为国务院政府特殊津贴专家。2002年逝世。曾兼任中国教育学会教育史分会副理事长、中国教育学会比较教育分会副理事长、中国教育学会理事、中国高等教育学会理事、河北省社科联副主席、河北省老教授协会名誉会长等职。代表性专著有《今日美国教育》《美国教育史》《卢梭教育思想述评》《教育史研究与教育规律探索》《外国教育史和外国教育》等,主编有《外国教育通史》《外国古代教育史》《外国近代教育史》及《中国大百科全书·教育》"外国教育"分支、《教育大辞典》"外国教育史"分卷等,主持翻译有《科技发达时代的大学教育》《德国教育史》。在《教育研究》《教育史研究》《比较教育研究》等期刊上发表学术论文40余篇。学术成果曾多次荣获全国教育科学研究优秀成果奖、国家图书奖、中国图书奖、河北省社会科学优秀成果奖等。

谨以此书
纪念滕大春先生诞辰 110 周年

国家重点图书出版规划项目

中国当代教育学家文库

中国教育学会教育学分会　组编

理事长：郭　戈
副理事长（以下按姓名汉语拼音排序）：
　　　　班　华　蔡　春　冯增俊　郭元祥　扈中平
　　　　靳玉乐　刘立德　陆有铨　王本陆　王铁军
　　　　吴永军　张廷凯
秘书长：刘立德（兼）
学术秘书：韩华球　刘　捷

人教版教育学家文集系列

包括《中国当代教育论丛》(20卷,已出齐)
和《中国当代教育学家文库》(正在陆续出版)

超越与创新	鲁　洁
教育论集	王策三
现代教育论集	成有信
教育改革与学术争鸣	萧宗六
教育问题的理论求索	孙喜亭
教育:传统与变革	顾明远
历史经验与教育改革	黄　济
高等教育:历史、现实与未来	潘懋元
优教与忧思	王逢贤
教育学的探究	瞿葆奎
教育理念的沉思与言说	胡德海
教育的困惑与诠释	李　放
教育:求真留痕	金一鸣
教学的理论与艺术	董远骞
教育:让历史启示未来	吴式颖
寻找把教育学托上天空的彩云	王炳照
教育事业·教育科学·教育艺术	吕型伟
教育学与心理学的和谐变奏	燕国材
现代教学论生成发展之思	裴娣娜
基础教育政策与课程教学改革	文　喆
在世界范围内寻觅现代教育智慧	单中惠
教育经济学建构与教育改革创新	靳希斌
教育的哲思与审视	陆有铨
我的教育觉悟	谢维和
课程论重建与教育科学研究	陈　侠
调适与转型:传统教育变革的重构与想象	田正平
东西方教育的覃思	任钟印
论大学	眭依凡
教育立命之道与中华文化复兴	郭齐家
课程教学改革与教育思想建设	廖哲勋
教育史研究与教育规律探索	滕大春

(按出版时间排序)

中国当代教育学家文库

教育史研究与教育规律探索

滕大春 著

贺国庆 朱文富 何振海 编

人民教育出版社

·北京·

图书在版编目（CIP）数据

教育史研究与教育规律探索 / 滕大春著；贺国庆，朱文富，何振海编. —北京：人民教育出版社，2019.9
（中国当代教育学家文库）
ISBN 978-7-107-33581-5

Ⅰ.①教… Ⅱ.①滕… ②贺… ③朱… ④何… Ⅲ.①教育史—研究—中国 Ⅳ.①G529

中国版本图书馆 CIP 数据核字（2019）第 193155 号

教育史研究与教育规律探索

出版发行	人民教育出版社
	（北京市海淀区中关村南大街17号院1号楼　邮编：100081）
网　　址	http://www.pep.com.cn
经　　销	全国新华书店
印　　刷	保定市中画美凯印刷有限公司
版　　次	2019年9月第1版
印　　次	2019年9月第1次印刷
开　　本	787毫米×1 092毫米　1/16
印　　张	51
插　　页	1
字　　数	860千字
印　　数	0 001～1 500册
定　　价	126.00元

版权所有·未经许可不得采用任何方式擅自复制或使用本产品任何部分·违者必究
如发现内容质量问题、印装质量问题，请与本社联系。电话：400-810-5788

《中国当代教育学家文库》
出版说明

新中国成立以来,特别是改革开放以来,随着教育改革和发展的深入进行,我国教育科学研究取得了丰硕的成果。教育理论界不少学者在理论研究与学术实践中进行了艰辛的思考与探索。他们学风正派,治学严谨,几十年如一日追求真理,坚持真理,坚持科学精神,坚持理论与实践相结合。他们的精辟见解大都集中反映在凝聚着他们心血的一部部鸿篇巨制和大量学术论文之中。

系统、科学地总结新中国成立以来,特别是改革开放以来教育理论的研究成果,对于廓清教育理论研究的发展过程,从过去的经验中吸取精华、揭示规律,为今后的教育研究提供参考与借鉴,促进我国教育科学的发展具有重要的意义。为此,中国教育学会教育学分会组织编选了20卷本中国当代教育学家自选集《中国当代教育论丛》(简称《论丛》),由人民教育出版社正式出版。《论丛》经国家新闻出版总署批准,列为国家重点图书出版规划项目。在新中国成立65周年及中国教育学会教育学分会成立35周年之际,我们决定组织编选新时期教育学家自选集,定名为《中国当代教育学家文库》(简称《文库》)。《文库》是《论丛》的继续,与《论丛》相得益彰、互为补充。《论丛》已收录的,《文库》不再收录。

这套《文库》各卷的作者大多数是中国当代教育学及其分支学科研究领域的专家。在长期的教育科学研究中,他们坚持以马克思主义为指导,学术思想开放,工于学理分析,努力揭示教育的客观规律,促进教育学的科学化。特别是改革开放以来,他们始终关注着现实的重大教育问题,或系统阐述,或直书议论,或发表评论,或提出商榷,撰写了一批对我国教育理论建设及教育改革与发展有重要影响的学术专著和论文。这些专著和论文荟萃了我国教育理论研究的精华，折射出我国新时期教育学家对教育科学和教育改革的艰辛探索与奉献。有的论文提出了不同的学术观点，甚至尖锐对立的学术观点，我们相信，实践会做出检验，时间会做出评判，读者会做出思辨。

这套《文库》主要采取论文选辑的形式，每人一卷；收入的选文精选自著者发表过的有关论文，分别标明出处，必要时加题解说明；各卷的选文主题相对集中；出于种种考虑，我们对每卷篇幅有所限制，对有些内容不得不忍痛割爱，这是需要向作者和读者特别说明的。

这套《文库》的编选、出版，是我们系统总结新中国教育理论学术成果的重要举措。教育学术界学者及社会各界有识之士给予了热情关注，并提出了宝贵意见。各卷作者付出了辛勤劳动。人民教育出版社一贯以教育事业为重，以学术为重，给予了大力支持和资助。对此，我们深表谢意！限于水平，这套《文库》的编选、出版工作可能存在不妥和不足，敬请读者不吝指教为感。

中国教育学会教育学分会
2014 年 10 月

目　录

滕大春先生的学术人生和学术贡献（代前言）/贺国庆 ……………（1）

第一编　古代东方教育研究

关于两河流域古代学校的考古发掘……………………………………（2）
古代埃及的教育…………………………………………………………（13）
古代印度的教育…………………………………………………………（31）
古代希伯来的教育………………………………………………………（51）
古代伊斯兰国家的教育…………………………………………………（67）

第二编　师范教育和中小学教育研究

美国师范教育的历史、现状和展望……………………………………（92）
美国师范教育的改革……………………………………………………（102）
美国中等教育结构改革的历史经验……………………………………（109）
美国中学的转变…………………………………………………………（118）
美国中小学师资问题的严重性及其成因………………………………（121）
英国的重点中学：公学…………………………………………………（129）

第三编　高等教育研究

美国大学"教授治校"评介………………………………………………（142）
美国战后高等教育大众化问题…………………………………………（149）
战后美国高等院校的发展方向问题……………………………………（158）
美国高等院校的科学研究和教学改革…………………………………（165）
美国当前高等教育………………………………………………………（172）

英国怎样办好大学本科教育 ………………………………… (181)
英国大学的领导和管理 ……………………………………… (191)

第四编　教育改革研究

美国建国初期冲破禁区的教育革新运动 …………………… (200)
美国进步教育运动述评 ……………………………………… (208)
美国教育科学的发展和教育专业的成长 …………………… (232)
战后美国教育的改革 ………………………………………… (257)
今日美国教育 ………………………………………………… (266)
美国教育发展的特点和问题 ………………………………… (386)
美国是怎样向外国教育学习的 ……………………………… (399)
美国教育史显示的教育发展客观规律 ……………………… (407)

第五编　教育家研究

柏拉图的《理想国》及其教育理论初探 …………………… (416)
卢梭教育思想述评 …………………………………………… (441)
裴斯泰洛齐为教育而奉献的爱心
　　——纪念教圣250周年诞辰 …………………………… (588)
从比较教育观点评费希特在教育史中的贡献 ……………… (597)
霍拉斯·曼的教育事功和教育论点 ………………………… (608)
艾略特的教育贡献 …………………………………………… (621)
杜威和他的继承者以及对立面 ……………………………… (632)
他人的误解与自身的不足
　　——关于杜威教育理论的批判和研究 ………………… (665)

第六编　外国教育史和比较教育学科理论研究

试论外国教育史的学科体系和教材建设 …………………… (676)
试谈外国教育史的"古为今用"和"洋为中用" ………… (685)
外国教育史教材建设的回顾与展望 ………………………… (697)
研究教育史有助于促成教育现代化 ………………………… (702)
《教育史研究》创刊号祝词 ………………………………… (710)

战后美国教育史界的流派和论战 ……………………………………… (712)
试论"比较教育"和"洋为中用" ………………………………………… (725)
迎接21世纪的比较教育 …………………………………………………… (732)

第七编　教育著作前言和结语

《外国教育通史》前言 ……………………………………………………… (737)
《外国教育通史》结语 ……………………………………………………… (742)
《外国近代教育史》第三编导言 …………………………………………… (756)
《美国教育史》著者前言 …………………………………………………… (758)
《今日美国教育》前言 ……………………………………………………… (760)
《卢梭教育思想述评》前言 ………………………………………………… (762)
《科技发达时代的大学教育》译者的话 …………………………………… (764)
《近代欧洲对美国教育的影响》序 ………………………………………… (765)
《德国教育比较研究》序 …………………………………………………… (770)
《美国公立中学发展研究》序 ……………………………………………… (772)

附　录

我的学术旅途的回顾和反思/滕大春 ……………………………………… (775)
滕大春先生大事年表 ………………………………………………………… (779)
滕大春先生著述总目 ………………………………………………………… (783)

编后记/贺国庆　朱文富　何振海 ………………………………………… (789)

滕大春先生的学术人生和学术贡献*
（代前言）

贺国庆

滕大春（1909—2002），是当代中国著名教育史学家，我国新时期外国教育史学科重要奠基人之一。在93年的人生经历中，滕大春先生（以下简称"滕先生"）深耕教育事业园地近70年，其中自1950年由美国留学回国到20世纪末主要致力于外国教育史学科的教学和研究工作，在教育学术领域取得了丰硕成果，被公认为新时期我国外国教育史学科的重要奠基人。

一、滕先生的学术经历

（一）求学北京大学

1909年10月13日，滕先生生于顺天府通州（今北京市通州区）堰上村。祖父为清末举人，终日读书施诊。父亲滕静波，曾任东北长春府视学和桦川县劝学所所长等职，后去职返乡，承继父业，在村里行医济世。母亲孙氏，恭良勤善，持家有方。滕先生是家中长子，出生时父亲已逾而立之年，因而从小就被长辈寄予厚望，"上进成人，光宗耀祖"成为滕先生读书的动力。

滕先生7岁入堰上村国民学校，12岁到县城入高等小学，一直都以用心学习和成绩优良博得老师的夸奖。高小毕业后考入京兆第四初级中学（校址卢沟桥），插入一年级下学期，在二年半的初中时期，成绩一直保持全班第一名。

1926年，滕先生升入京兆公立高级中学，前两年一如既往地埋头读书。1928年临近暑假时，国民党军进驻北京。他开始接触三民主义之类的书籍，知道在军阀混战和帝国主义压迫下，中国非革命不可。于是他积极参加会议，

---

* 本文原载《中国教育科学》2015年第4辑，编入本书时略做了修改。

投入办民校、办校刊等活动之中。1928年5月3日，济南惨案发生，滕先生积极投入学生会的反日宣传，参加了反对日本帝国主义的斗争，甚至幻想军阀已被打倒，以为帝国主义也将退出。1929年，国民党改组派在北京开展活动，痛骂"党部变成衙门，党员变成党官"。滕先生虽不是国民党党员，却在学生会所办校刊《毁灭》上发表文章，呼吁改组国民党，表达革命热情。不久，改组派人员被捕，他担心受牵连而回到乡下。父亲斥责他说："全家省吃俭用供你入学，所盼的是你学习本领去做事，不料竟以写文章骂人去闯祸。如果你被捕被押，祖母（祖父已去世）还怎能活下去？咱家世代耕读，不问政治，有吃有喝，多么自在。何苦做此冒险的事。"①这使他既惭愧又悔恨。一个月的避难生活，使他下决心好好读书学本领。

1929年秋，滕先生考入北京大学教育系。当时的北大，名师荟萃，浓厚的学术空气助长了他一心向学的志向。他说："我敬仰教授的博学和羡慕他们治学的生活，我矢志从事科学研究工作。"北大成为其学术生涯的始发站。

当时的北大教育系是刚从哲学系独立而成的，设置的哲学学科和心理学学科较多。滕先生回忆道："作为20世纪30年代北大教育系的学生，我和同龄人从开始就大量学习哲学课和心理学课。这是学校规定的课程。就哲学而言，我首先听了徐炳昶先生讲授的中国哲学史；1931年，胡适之先生来校讲授此课，我重听了一年。西洋哲学史和中国哲学史同属必修课，我也听了一年。另外我选修了陈大齐先生讲授的认识论和论理学②，很受益。印度哲学和罗素哲学等课，我也选修过。就心理学而言，我首先学的是普通心理学；汪敬熙先生讲授的生理心理学和陈雪屏先生讲授的学习心理学，尤令我喜听；另外我还选修过教育心理学、儿童心理学和社会心理学。我增长了很多知识，却总觉得别校教育系注重中等教育、教学方法、教育行政等，比北大更为切合实际。当时教育系、哲学系和心理系在上课和活动方面常在一起，我遂在哲学系邀请陈大齐先生开漫谈会时，向陈先生谈出自己的思想。陈先生对我解释说，不从深处和远处树立学识根底，仅从目前需要考虑，容易走上狭隘而浅学的道路。同学们也你一言我一语地大讲博雅教育的价值，认为拘泥于一时一事之用必然局限

---

① 引自河北大学档案馆馆藏"滕大春档案·历史思想自传"。另，除特别注明外，本文中有关滕大春先生个人经历的内容，均引自河北大学档案馆馆藏"滕大春档案"。

② 论理学是逻辑学的旧称。

人的眼界和降低人的追求层次。陈先生是研究德国哲学的名家，又是北大校长，他的循循善诱和窗友们的议论，叫我初步领略了北大的特点和优点，端正和拓宽了我对于治学之事的认识。这一次寻常的漫谈会对我具有极不寻常的启发性，因而至今记忆犹新。"①

"教育系的课程相当庞杂，回想起来，其兴奋点似乎是倾向于传授德、美两国教育学术。德国的斯普朗格的文化教育学和凯兴斯泰纳的劳作教育学，都曾分别设置科目，这是别校所无的；教育哲学所讲授的也以德国理性主义学者的理论为主。后来吴俊升教授到系，先后讲授教育社会学、德育原理、教育哲学和教育名著选读等四科目，内容转向美国杜威和法国涂尔干的教育思想。我四科俱听，对于美国实用主义教育哲学获得较为满意的收益。这种哲学和机能派心理学紧密关联，因而很喜爱陈雪屏先生讲授的心理学。有的同学说教育系课程浅显易懂，无须深钻；我则不断向吴、陈两先生求益，我那浮薄的教育专业知识才粗粗积累起来。"②

由于埋首读书，成绩较优，滕先生大学三年级时被推为参加学生会的代表。"九一八"事变发生后，激起了青年学生的爱国热情，对日宣战成为同学争论的焦点。一次学生会开会时展开争辩，各派同学摩拳擦掌，几乎以武力相见，滕先生中途走开了。有了前次的教训，他不愿再次卷入政争的旋涡。虽然他参加了北大学生的反日游行示威，但未参加南下示威，他信奉"救国必须读书，读书才能救国"。他把大部分时间用于听演讲、办《教育周刊》和参观学校等活动，以为这是纯粹的学术活动，自己应当积极参加。他和教育系吴俊升、杨廉、陈雪屏等教授频繁接触，向他们请教学术问题，在收获学识的同时，建立了较密切的师生关系。这些师长甚至在滕先生后来的职业和学术生涯中也发挥了重要的作用。

由于学习成绩优良，1932年滕先生荣获北京大学首届优秀生甲等奖学金，颇得师生赞誉。

（二）鲁、皖教育实践

1933年，滕先生以优异成绩毕业于北大教育系。恰逢老师杨廉被任命为安徽省教育厅厅长，约其南下工作。滕先生如约到了安徽，任教育厅科员。不

---

① ② 滕大春：《我的学术旅途的回顾和反思》，载贺国庆、朱文富主编：《滕大春先生纪念文集》，河北大学出版社2005年版，第423—424、424—425页。

到两周，滕先生又被派去凤阳帮助省督学章绍烈办中学毕业会考。凤阳县教育局局长因扣发薪金被教师驱逐，教育厅即派滕先生代理局长。前后一个半月的代理局长工作，虽只做些例行公事，但让他深感自己作为一介书生，下官场就如同进了迷魂阵，难以应付。恰好山东省立第一乡村师范邀滕先生任教员兼附小主任，他遂辞职赶赴济南。

在济南工作一年半，一边在师范部任教，一边在附小领导全面工作。"教好了书，办好了学校"成为滕先生当时努力的目标。他给师范生讲授教育心理学，撰成《教育心理学新编》（开明书店1936年出版）；他把实用主义学者杜威的"教育即生活""学校即社会""从做中学"的教育学说在附小付诸实施。为便利农村儿童就学，他把一校增辟为三校，用六班经费扩办为七班，而且增授适用于农村的乡土教材，增置图书仪器，创制教学用具，试验复式教学方法，工作成绩受到了乡师师生的普遍赞许。1935年，创建晓庄师范学校的陶行知到校参观，滕先生竭诚请教，得到陶行知的嘉许和鼓励。滕先生继而设想吸取定县平民教育促进会、邹平乡村建设学院、无锡民众教育实验区和南京晓庄学校的开拓创新精神，把乡师学生既教育成农村小学教师，同时还把他们培育成为农村建设人才。其具体方案是将乡师所在地济南市北苑辟为核心，由乡师的推广部和附属小学携手合力，不但搞好学龄儿童教育，还举办面向成人的社会教育，努力扫除文盲和提高农民文化知识水平；以后再进而优化农村的生活和生产，向教育救国的目标跨越。滕先生的方案得到校长钱振东的赞许，意欲共同负担起开创重任、实现美好的蓝图。然而不久，乡师改换校长，滕先生的美梦化为泡影，复回到安徽省教育厅工作。

再度来安徽省教育厅工作，滕先生最初任科员，约半年后任义务教育委员会秘书。1937年1月调任第三科主任科员兼特种教育股长，1938年春改任教育厅秘书，此次任职，前后共三年零八个月。

担任义务教育委员会秘书时，滕先生负责推行两年制短期义务教育，编写《短期小学校长须知》（中华书局1936年出版）等指导读物，由于他竭力其事，成效卓著，受到国民政府教育部嘉奖。

（三）国立编译馆七年

抗日战争全面爆发后，滕先生由安徽辗转西行到达成都。当时杨廉已调任四川省教育厅厅长，滕先生被任命为教育厅设计委员，其任务是视察省会中学，为改进中学教育打基础。1939年4月，杨廉任命滕先生为省督学，还未就职，因杨廉案发，滕先生离开了教育厅。

杨廉是滕先生在北大读书时的老师，曾留学美国，获得哥伦比亚大学教育硕士学位，撰写过《西洋教育史》《欧美国家教育发达史》《德国的教育和国家主义》《欧美国家中学的自然科学教育》《主要社会问题》《设计教学法》等著作。由于看中了滕先生的才华，杨廉曾对还是北大学生的他说："北大取消预科，必须办附中，将来咱们在一起搞。校长（指蒋梦麟）已经叫我具体考虑这个问题了。"有同学攻击杨廉不学无术，滕先生为杨廉辩护说"他是教授'中学教育'的，我把有关中学教育的问题请教他，他的解答是很高明而很有见解的"。在同学集会讨论反杨问题时，滕先生中途离席以示反对。

1933年，杨廉被任命为安徽省教育厅厅长，滕先生开始追随其左右，直到1938年任职于四川省教育厅。1939年6月，杨廉突然被蒋介石下令枪决，罪名是贪污经费。这对滕先生触动极大。杨廉被捕后，杨廉妻委托滕先生照料在监狱中拘押的杨廉，每隔数日到军法监狱送食品和衣服，有时还到吴俊升、梁颖文（杨廉友，国民党党员，当时任行政院参议）、殷锡明（杨廉友，国民党中央委员）等处替杨廉探听消息和托人情。但最终杨廉还是被处死。滕先生1955年在"历史思想自传"中回忆说："杨廉之死给我思想上以绝大转机，一个便于我向上爬的牢固的梯子丢掉了，并不使我过于失望；最令我感觉烦闷的是宦海的风险太大！杨廉在表面上是在皖贪污医药费，实际上是由于反动派内部互相倾轧。陈立夫（时任教育部部长）曾数次向四川省教育厅安插CC分子为科长、秘书和中学校长，自号'超然'的杨廉未接受，而且四川省教育厅厅长的肥缺根本就是陈所垂涎的。其次，杨以'中央派'自居，在发言上和公事上多次触犯四川省主席王缵绪。再则，杨廉在皖得罪了白崇禧，白恨之入骨。这多种的倾轧牺牲了杨廉的生命。我当时觉得宦海无是非，无公理，太过于黑暗。我应当明哲保身，远离这险恶的粪坑。"

还是经由北大老师、时任国民政府教育部高等教育司司长吴俊升介绍，滕先生进入国立编译馆任编译，由编译而副编审再升为编审，一共工作七年半，前后参加的主要工作是编写教育辞典、教育名词、教育全书、教育年鉴和西洋教育思想家丛书。

国立编译馆七年，是滕先生向学术高峰攀登的重要时期。他为了忘却敌机狂轰滥炸而随时可能发生的生命危险，为了缓解物价飞涨而生活艰困的疾苦，采取"学以忘忧"的战术。战时外文新书断了来源，而馆藏旧书颇不为少，他便阅读外国教育史和教育哲学的著作。杜威在《民主主义与教育》中，盛赞法国自然主义思想家卢梭是近世教育思想的先驱。滕先生手不释卷地精读体会卢梭的杰作《爱弥儿》《民约论》《忏悔录》，并撰成《卢梭教育思想》一书，由商务印书馆出版，获得读者好评。"战时衣食苦，读书滋味甜"成为他困难之时聊以解嘲之语。

为防止因穷居独处而孤陋寡闻，滕先生常与良师益友论学谈心。编译馆地处四川省江津县北碚镇（今重庆市北碚区），乃嘉陵江沿岸风景优美之地，战时来此避难的文人学者很多。曾在北京大学任教的熊十力和梁实秋是他和一些同学请教的师辈。当时世风污浊，人们或投身政界大过官瘾，或贩运经商大发国难财，生活腐朽，道德衰败。熊十力引用曹丕在《典论·论文》中的名句"盖文章，经国之大业，不朽之盛事，年寿有时而尽，荣乐止乎其身，二者必至之常期，未若文章之无穷"，勖勉造访的后生，说唯有具备这种炯眼，才能顶住害人的妖风。滕先生造访熊十力时，熊先生曾以所住山坡上的参天古木做喻，告诫他写书要有"分量"，即有充实而深刻的内容，否则一遇微风就被刮走了："你看见那颗大松树么？它根深叶茂，在狂风暴雨中才仍能挺立不倒的。"他还曾当面向梁实秋请教怎样才能写出一本好书，梁实秋告诉他说务必多下些功夫，把课题选好和研究通透。友人劝他说，哲学和教育哲学都是空洞无用之学，不值得大力去搞，最好是搞些教学理论和教学艺术之类。滕先生听后有些动摇，又请教梁实秋。梁实秋的解答是哲学也好，教育哲学也好，研究深透就不会空洞虚渺，杜威哲学就是例证。那些不研不钻而写书的"稿子匠"最无可取，要切忌做"稿子匠"。名师的嘉言，成为滕先生珍贵的箴铭，并起到了导航之功。①在编译馆七年中，友人用"手不释卷""笔不停挥"来形容此时的滕先生。

（四）负笈美国

滕先生留美的志向由来已久。早在安徽省教育厅工作时，杨廉就曾许诺将来公派他出国留学。1941 年，教育部部长陈立夫兼任国立编译馆馆长后，党棍大批混入馆中盘踞要津，镀金博士也看不起没有留洋经历的人。滕先生感觉不留学不易抬头，留学才是上升的捷径，因此便开始做出国留学的准备。1946

---

① 滕大春：《我的学术旅途的回顾和反思》，载贺国庆、朱文富主编：《滕大春先生纪念文集》，河北大学出版社 2005 年版，第 425—426 页。

年，滕先生以第一名考取自费留学，1947年终于放洋赴美，实现了多年的留学梦。这时的他已近不惑之年。

1947年3月，滕先生进入美国科罗拉多大学深造，导师是教育学院院长道格拉斯教授。道格拉斯曾任享有盛名的美国教育研究会会长，为美国知名教育学者。从国立编译馆的古书库，迈进面目全新的异邦学府，接触众多国家的师友，选学内容新颖的学科，滕先生的学术视野大开。美国学者康德尔在所著《比较教育》中大力阐述："比较教育研究是继续教育史的研究，是把教育史延伸到现在的研究。"有的学者更说教育史、教育哲学和比较教育属于同一领域，三者互相贯通才能从事高深钻研。在国内已奠定了教育史和教育哲学初基的滕先生，对于教育史和比较教育进行深入探索充满信心。在他看来："仅就各国教育制度等现况进行比较，不过是资料的罗列对比，缺乏理解的深度；欲求深入就须从各国教育发展的传统着手，知其古而明其今，才能引人层层深入而触及其历史的延续性和当前的必然性。当然若能对于这种延续性和必然性不仅从事实上进行叙述，还能在阐述论证方面深入到哲学水平，即从哲学高度剖析其蕴含的性质和价值，就能从感性认识上升为科学论断，就能钻入学科的灵魂深处了。"他以《中美英法四国师范教育的比较研究》为题撰写成博士学位论文，1950年获得博士学位。

留美期间，滕先生不但对美国学校教育十分倾慕，还对美国整个社会产生兴趣，力求更多的了解。他的女房东毕业于威尔斯利女子大学，津津乐道这所美国最早建立和极享盛名的女子学府的往事。她的女婿是学区教育督察长，女儿为中学教师，大家常就所承担的工作现身说法，很能道及美国教育的深层实况。他们邀请滕先生到教堂做礼拜，陪他前往博物馆、图书馆、体育馆和古迹名胜参观访问，并做现场解释。滕先生有机会目睹各式各样的教育活动，既富有兴趣，又得知其效能，逐渐认清仅从学校一个角度是不能窥知纷繁复杂的美国教育全豹的。这个富有知识又热情的教育工作者的家庭成为他从多方面深入认识美国教育的捷径。

滕先生在留美后期，曾就回国与否一度陷入彷徨。留学生们经常谈及的焦点，一是美国留学生能否回国，即回国后有无危险，二是何时才能回国。少数人决心不回国，想在人间天国，即美国享受太平岁月。大部分同学是观望一时，看时局好转则归；否则另做别论。总之，多数同学是心情不安的。在谈及自己当时的思想变化时他回忆道："我因关心国内变化，每天阅读纽约出版的

《华侨日报》，该报刊载许多大快我心的事实。在同学争论不休时我曾做了传播，不料引来了非议和挖苦，有人甚至讽刺我是脸皮太厚的趋炎附势者。因此，几个以往过从较多的同学闹得极不愉快。"

滕先生说："在党发出留学生归国的号召之后，有人看我有早日归国之兆，劝我别过于书生气，说共产党最善于宣传惑众，一定不要轻信。还问我是否是国民党党员？我说是；但我说那是在安徽省教育厅工作时，省政府主席刘镇华下令委任以上人员一律加入国民党时集体奉命参加的，不参加即失业的。他们劝我千万千万要冷静，千万千万不要孤注一掷。我一向虑事太多，有优柔寡断的弱点。在诚恳劝阻下，弱点又来。除保安全外，我又想我虽已获得博士学位，但按欧洲惯例还应造访各地各校的名师就教，提高学术造诣。我早曾考虑分头拜访杜威、赫钦斯和弗莱克斯纳三位名家，因为我在出国前曾阅读这三人的书，并且在国内刊物上介绍过他们的思想。再则我还想把读学位时匆匆浏览的好书精读一番，以充实头脑。因此在心理上彷徨了。美国国务院恰好公布资助不归国的中国留学生；又因中国政局改变，中国学生找工作也似较容易；我如留在美国也无困难。不久，美国扣留中国学者钱学森先生不许归国的消息传来，更加重我的顾虑。当时我的思想斗争的确是尖锐之至的。"

滕先生回忆道："经过友人的共商和我最后的决断，终于是贯彻坚决早归的原则。我至今未曾遗忘的是曹孚同志返国前和我彻夜话别时说：'像咱们这样不能忘国人士，纵令在美国大富大贵，也绝不真是乐事。中国是祖国，只有生死以之，苦乐以之，何况新中国日趋进步是无人怀疑的。'陈天池同志曾对我说：'新中国的性质，或立国方针，迥异于美国，极有光明的前途，晚一天去插队不如早回去插队，美国货未必像你想的那样宝贵。'曹和我是旧交，陈和我是挚友，都对我有极为切要的帮助，归国乃不再迟疑了。"

滕先生于1950年8月在旧金山启程回国，10月中旬抵达北京，经过短暂学习，被教育部派到天津河北师范学院任教，从此开始了半个世纪的教学和研究历程。滕先生后来写道："我第一次步入河北师院教育系办公室时，系主任韩温冬同志向师生介绍说：'滕大春教授是响应党的号召而光荣回国的，请大家热烈欢迎！'我在同志的掌声中曾感到光荣。"

（五）半个世纪的教学及科研历程

当大学教授是滕先生多年的夙愿。他说，留学美国的动机即是"快快取得博士学位，回国当大学教授"。1950年，滕先生如愿以偿，被聘为天津河北师范学院教授。

然而，由于接连不断的政治运动，从1950年回国到1976年，26年间滕先生仅仅发表寥寥数篇论文，且大多是迎合政治需要的批判之作。

改革开放带来了知识分子的春天。已近古稀之年的滕先生以极大的热情和精力，投入到教育学术和外国教育史的学科建设之中。

1979年，滕先生出任《中国大百科全书·教育卷》"外国教育"分支主编。该分支大家云集，除滕先生任主编外，副主编有赵祥麟先生、王承绪先生、顾明远先生和朱勃先生。

1979年11月，全国教育史研究会（今名中国教育学会教育史分会）在杭州成立，滕先生当选为副理事长。

1980年，人民教育出版社出版了滕先生的专著《今日美国教育》。这是改革开放后我国出版的第一部研究和介绍美国教育现状的学术专著，在全国教育学术界引发了震撼效应。

1981年5月，第三次全国外国教育学术讨论会在保定召开，滕先生当选为全国外国教育研究会（今名中国教育学会比较教育分会）副理事长。

1984年，人民教育出版社出版了滕先生的专著《卢梭教育思想述评》。该书先后获得了河北省第一届社会科学优秀成果一等奖、首届全国教育科学优秀成果一等奖、《光明日报》全国首届优秀教育理论著作荣誉奖。

1986年，应山东教育出版社之邀，滕先生担任我国第一部外国教育史通史类著作《外国教育通史》主编。该书第一卷出版于1989年，第六卷出版于1994年，成为国内外国教育史研究的集大成之作，曾获第二届国家图书奖提名奖、第九届中国图书奖。该书分卷主编和撰写人涉及全国20余家高等院校，代表了当时国内外国教育史研究的最高水平。

1987年，经国务院学位委员会批准，由滕先生领衔的河北大学外国教育史学科获得博士学位授予权。这是国内第一个外国教育史专业博士点，滕先生则成为当时国内唯一的外国教育史专业博士生导师，1988年开始招收第一批外国教育史专业博士研究生，1991年首批两人获博士学位。

1994年，人民教育出版社出版了滕先生的代表作《美国教育史》。这是出自中国学者手笔的第一部美国教育通史。该书先后获河北省第五届社会科学优秀成果一等奖、全国第二届教育科学优秀成果二等奖。

从1977年在《教育研究》发表论文《美国是怎样向外国教育学习的》，到

1996年在《河北大学学报》发表最后一篇论文《美国建国初期冲破禁区的教育革新运动》，近二十年间，从古稀之年到耄耋之年，滕先生发表的论文、著作及译著高达数百万字。摆脱了无休无止的政治运动，才使他心无旁骛一门心思治学，给后人留下了宝贵的学术财富。

二、滕先生的学术贡献

滕先生主要致力于西方教育史尤其是美国教育史研究，改革开放以来先后出版了《今日美国教育》（人民教育出版社1980年版）、《卢梭教育思想述评》（人民教育出版社1984年版）、《美国教育史》（人民教育出版社1994年版）、《外国教育史和外国教育》（河北大学出版社1998年版）等学术专著，主编了《外国古代教育史》（与曹孚等合编，人民教育出版社1981年版）、《外国近代教育史》（人民教育出版社1989年版）、《外国教育通史》（1—6卷，山东教育出版社1989—1994年版）等教材和图书，主编了《中国大百科全书·教育》"外国教育"分支（中国大百科全书出版社1985年版）、《教育大辞典》"外国教育史"分卷（上海教育出版社1991年版）等工具书，翻译了《科技发达时代的大学教育》（人民教育出版社1983年版）和《德国教育史》（人民教育出版社1986年版）等外国教育名著。此外，他在《教育研究》《比较教育研究》《教育史研究》《北京师范大学学报》《华东师范大学学报》《河北大学学报》等学术刊物上发表论文40余篇，为外国教育史学科建设和发展做出了重要贡献。

（一）对外国教育史学科建设的贡献

改革开放之初，外国教育史学科重获生机，同时也面临艰巨的建设和发展任务。滕先生为此倾注了大量心血。针对以往外国教育史学科发展中存在的一些片面甚至错误的倾向，他提出了一系列具有导向意义的主张，这些既有现实针对性又有学科长远价值的观点，对新时期外国教育史的学科建设和发展工作起到了重要的引领作用。

第一，滕先生认为，"外国教育史并不是西洋教育史，也不是欧美教育史，乃是世界范围的教育发展史"，外国教育史的研究应该拓展至更为广阔的时空范畴。例如，他根据国外学者的考古发掘和大量史料，认为古代东方国家的教育不但堪与古代西方国家相媲美，而且是早于西方而发达的，因此"东方古国的教育史应和西方古国的教育史，同样放在重要的位置上，由它们共同组成教育史的框架"。再如,通过对佛教教育和伊斯兰教教育的深入探索,滕先生认为:"东方盛行的佛教、伊斯兰教和西方盛行的基督教是三教并列的,由于在历史上教育和宗教一向是紧密联系的,三教对于教育都是立过功的,而且三教的教育都是影响广远的。"这就在很大程度上破除了以往仅以基督教教育为主体的狭隘性和片面性,纠正了多年以来根深蒂固的"欧洲中心论"所造成的误解,扩大了外国教育史的学科研究领域。在此基础上,他还提出"众多声名不太显赫的国家和教育也常有其强点和特点"[①],同样值得研究。滕先生的上述主张,以及他为此所做的种种努力,对外国教育史研究突破传统边界、延伸至更广阔的领域,产生了建设性的积极影响。

第二,滕先生认为,过去教育史竭力阐述教育在阶级斗争方面的作用,以至于变成了在教育范围的阶级斗争史,这是极为片面的。"仅以阶级斗争为纲,把一切皆硬套在阶级矛盾和斗争的公式中,就无法窥及世界教育演变的全貌。"因此,他提倡"教育史的领域还该在叙述人类教育在阶级斗争中所扮的角色的同时,叙述它在生产斗争和科学实验的发展史上所扮的角色"。"尤其是对于教育在生产斗争和文化斗争方面的往事,不加分辨地避而不谈,就必然忽视教育在经济建设和文化建设方面的历史经验,就必然起不到'鉴古知今'的作用,也就必然无法为建设社会主义物质文明和精神文明,来发挥'古为今用'和'洋为中用'的效能。"同时他也指出,外国教育史要正确处理政治分析、哲学分析和科学分析的关系。"过去由于'宁左勿右'的思想作祟,教育史着力渲染统治阶级教育的反动性和阴暗面,而讳言其积极性和光明面,其结果或陷入历史虚无主义,或流为空泛的美化和颂扬。两者都不能公平如实地去求教育发展的规律……这些偏激的态度是必须纠正和避免的。科学阐述和评价是必须提倡的。"[②]这种观点对于破除以往学术研究领域普遍存在的"左"的错误倾向无疑起到了振聋发聩的效果。

第三,滕先生认为国外教育史学者根据历史事实总结出来的教育现象,即"世界的文化教育都不是绝缘体,当今各国的学校都是混血儿","人类不同的文化总是彼此交流而互相促进的",是非常符合史实的。他主张以"文化多元论"取代"文化一元论"。我们绝不应孤立地看待各时代和各国的教育,而应着眼于人类教育的整体性,"妥善地把东西方教育史沟通起来和妥善地把中外

---

① ② 滕大春主编:《外国教育通史》(第1卷),山东教育出版社1989年版,前言。

教育史挂起钩来，借以使人领悟人类教育史的整体性，是颇有助于清除闭关主义的缺憾的，是更能使人理解开放政策的英明的"。①

第四，滕先生认为"古为今用"和"洋为中用"是教育史工作者的奋斗目标。在如何看待教育史的作用上，他一方面不赞成把过去和未来当作截然对立物，抹杀它们之间的辩证关系的"历史虚无主义"的观点，坚信人们可以从众多教育往事中揭示教育发展的一般规律。另一方面，他也不赞成用狭隘的实用主义观点来理解教育史的效用。他说："教育史不是技术性或实用性科学，要求教育史这种基本理论学科给处理某些具体教育工作提供切实可行的方案，是要求过当的。"②然而，"教育史却能培养人们较为远大的教育眼光和对于教育课题的领悟能力，而这种眼光和能力每每能产生人们意想不到的威力。所以教育史对实际工作的效能常常是迂回的，而不是直线进行的，是须经过较长时期才能显明其伟效的"③。

以上观点大都体现在由滕先生主编的《外国教育通史》中，《外国教育通史》因此而成为一部学界公认的富有开拓性和里程碑意义的学术专著，同时也被视为新时期外国教育史学科建设成就的集中体现。

（二）对美国教育史研究的贡献

滕先生留学美国三年半，获得科罗拉多大学博士学位，其专长自然是对美国教育及美国教育史的研究。然而，在20世纪50—60年代，外国教育史"以俄为师"，敌对的美国只能作为批判的对象，滕先生自然是"英雄无用武之地"。"文革"后期，当政治空气有所缓和之时，他开始关注美国教育，从中央教科所和兄弟院校借来最新的英文资料，潜心研究，终于撰成《今日美国教育》一书并于1980年由人民教育出版社出版。在改革开放初期，中美两国经过近三十年的隔绝，在国内对美国教育现状非常陌生的情况下，《今日美国教育》在国内教育界产生的震撼和影响可想而知，用著名教育家顾明远先生的话说："当时我们就是通过这本书对美国教育有了较为全面的了解。"④

完成《今日美国教育》之后，滕先生即着手撰写《美国教育史》。该书倾

---

① ③ 滕大春主编：《外国教育通史》（第1卷），山东教育出版社1989年版，前言。
② 滕大春著：《外国教育史和外国教育》，河北大学出版社1998年版，第534页。
④ 顾明远：《音容已逝，风范永在——深切怀念滕大春先生》，载贺国庆、朱文富主编：《滕大春先生纪念文集》，河北大学出版社2005年版，第5页。

注了他晚年的大部分心血，也是他最看重和着力最多的一部著作。当最终53万字的《美国教育史》1994年由人民教育出版社出版时，滕先生已是85岁高龄的老人。

在《美国教育史》中，滕先生改变过去仅述评学校发展变化历程的狭隘模式，参考美国著名教育史家克雷明的新著和自己留学美国的体会，就家庭、学校和社会教育机构，全面阐述美国教育的发展历史，力求把握美国教育的全豹，体现了一种开放和联系的教育史观，为新时期教育史研究提供了新的视野和思路。

滕先生认为，美国在建国尚不足三百年的时间，走过了欧洲国家千百年走过的道路，竟然成为当前世界的教育超级大国，并非得之偶然。这一方面是其政治经济的迅速发展所促成，另一方面更是其教育发展符合教育发展规律的产物。滕先生在书中对美国教育发展的规律做了详尽深入的研究，力求作为我国发展教育的参考和借鉴，体现了其一贯秉承的"古为今用"和"洋为中用"的治学原则。

（三）对西方教育思想研究的贡献

滕先生认为：在极左思潮盛行的时期，人们在教育思想理论部分简单地以唯心主义和唯物主义为分水岭，肯定后者的教育贡献而否定前者的功绩，这是错误的。"我们不能仅凭唯心或唯物二词来判断一切和评价一切。一些教育史上里程碑式的人物，如柏拉图、夸美纽斯、卢梭、杜威等，都是唯心论者，因此，对于这些教育巨人常常未能进行科学分析。"[①] 为扭转这种错误倾向，滕先生在其有关西方教育思想的研究中，做了大量卓有成效的工作。

早在1947年，滕先生就撰成《卢梭教育思想》一书，由商务印书馆发行。他说之所以对卢梭产生兴趣是因为受杜威的启发，因为杜威在《民主主义与教育》中，称道在世界各国近代教育的始创时期，卢梭是关键性人物，贡献巨大。1984年，滕先生在《卢梭教育思想》基础上根据唯物史观全面改写的《卢梭教育思想述评》，由人民教育出版社出版，成为国内研究卢梭教育思想的经典著作。

杜威是对滕先生影响最大的西方教育家。早在北京大学求学期间，他即刻苦钻研杜威的实用主义教育哲学。大学毕业后，滕先生任教于山东省立第

---

① 滕大春主编：《外国教育通史》（第1卷），山东教育出版社1989年版，前言。

一乡村师范学校并兼任附小主任，他自觉把杜威"教育即生活""教育即生长""教育即经验改造""从做中学"的理论落之于实际。留学美国期间，通过大量阅读和广泛接触美国社会，对杜威教育理论的理解更加深入。他甚至计划博士毕业后造访杜威、赫钦斯和弗莱克斯纳等名家，但因急于回国只得作罢。

20世纪50年代初，杜威在中国成为学界批判的靶子，其"余毒"亟待肃清。迫于形势，滕先生写了几篇批判文章，但他内心的矛盾是可以想见的，乃至于当形势稍许好转，他便为杜威正名。他先后撰写了《杜威论道德教育》《杜威和他的〈民主主义与教育〉》等文章，又在《外国近代教育史》《美国教育史》等著作中对杜威教育思想进行了全面而公允的评价，认为杜威"反映美国社会政治的急剧转变，在哲学上否定永恒不易的真理；在政治上号召自由民主和开拓精神；在教育上批判传统学校既抑制天性又远离社会现实，提出全新的教育理想和理论，从而促成美国教育的深入变革"①。杜威教育思想中含有的正确因素是无法抹杀的，"杜威为人类教育发展史上的巨人，在人类教育的革故鼎新中树立了丰碑"②。

（四）培养外国教育史专业博士生

1987年，经国务院学位委员会批准，河北大学在国内率先获得外国教育史专业博士学位授予权，滕先生被批准担任博士生导师。从此，在学术研究的同时，滕先生致力于外国教育史学科高端人才的培养。从1988年到1999年，十余年中滕先生共招收培养博士生十数人。

滕先生视博士生为国家的宝贵财富，他从自身求学和治学的经验出发，十分重视博士生的全面发展。他说："先做好人，才能做好学问。""治学离不开做人，道德文章不能分割。"他鼓励博士生"要坚定求学的信心"，"学术之树常青"。"做学问是一项长期的事业，又是攀登高峰的艰苦事业，要持之以恒，不能半途而废，要把它作为一生的追求。"针对商品经济冲击下的厌学风，他要求博士生读书要专心致志，聚精会神。他说："厌学即变相自杀。""金钱可以富国富民，亦可害国害人。"他以自身的经历勉励博士生：做学问是有远见的选择。

---

① ② 滕大春著：《美国教育史》（第二版），人民教育出版社2001年版，第502、502页。

滕先生非常注重博士生基础知识的拓宽和探索功夫的深入。他曾说，自己在北京大学读书时就选修和旁听多种学科，他曾选修胡适讲授的中国哲学史、张颐讲授的西洋哲学史，还曾听许地山讲印度哲学、周作人讲日本文学、张崧年讲罗素哲学，甚至曾到清华大学听刘文典和蒋廷黻等名教授的课。当时他是慕名而学，为满足学术好奇心而学，未曾想到学习这些会有什么用途。以后做科学研究时才领会其效益相当巨大，感到各种知识互相联系，互为渊源，能使人从多方面和深层次去研究探索，不停留在表层的论断而已。知识面广恰好似汲水的绳子长，如果绳子不够长，就不能从深井里打水。他不劝勉学生多写文章发表，却鼓励他们把时光用于狠狠读书钻研上，认为出版浮浅的作品常会妨碍深钻学术的后劲。

滕先生十分重视博士生培养过程中的校际交流和国际交流。他要求博士生遍访国内名师，另要邀请外国教师来校授课，还要为博士生创造出国研究的条件，并将之作为学位构成环节。

滕先生亲自培养的博士生，至今大都活跃在教育学术界，滕先生开创的治学传统和精神得到了传承和发扬光大。

三、结　语

滕先生 1939—1947 年供职于国立编译馆，正是在这一时期开始初涉外国教育史研究工作，1947 年出版的《卢梭教育思想》成为他学术研究的处女作。1950 年在美国获博士学位回国后，虽然一直在高校从事外国教育史的教学工作，但由于政治运动及极左思潮的影响，研究工作无法展开。40—60 岁的年龄，本应是学术研究的黄金阶段，但大好时光只能白白流逝。改革开放以后，滕先生的学术研究进入高峰期，数百万字的学术论著是他留给后人的珍贵遗产，也足以确立滕先生作为新时期我国外国教育史学科奠基人的地位。以下文字是滕先生 85 岁时亲笔所书，兹作为本文的结束语。

1950 年秋，我响应党的号召返国。因为当时一般师范院校未开比较教育课，我又回转头来讲授外国教育史，至今已 40 余年。因得师友切磋琢磨之益，曾对于众多国家的教育史实衡之以马列主义新观点，自问有所提高，因而极感"学然后知不足"和"学无止境"。目前年老力衰，而内心时时出现的最大压力是"出师未捷"之憾。因为每读国外国内的新著和接触国外国内的学者,总觉得学术车轮正在快速地滚滚向前,自己急需奋起追赶。今后唯愿就此专业继续做小学生,为国家、为人民奉献晚年。①

---

① 滕大春:《我的学术旅途的回顾和反思》,载贺国庆、朱文富主编:《滕大春先生纪念文集》,河北大学出版社2005年版,第426页。

第一编

古代东方教育研究

关于两河流域古代学校的考古发掘*

研究教育史者总在推敲人类最古的学校产生在什么地方和什么年代？这些学校是谁设置的？它的情况怎样？古籍对此的记录一般都很简略，而且未可尽信，问题乃久悬未决。幸而近年考古发掘提供了探寻远古学校的资料，在这方面，两河流域是居于前列的。这个地区出土文物多，其久已无人通晓的苏美尔文，现已基本弄通，远古学校之谜因而得以慢慢解开。这是第二次世界大战后教育史界的大事。

早在1899年考古学家曾在底格里斯河上游的尼普尔，发掘到20片泥板书，当时无人认识苏美尔文，没认出这是一篇文章。经过10年钻研，始于1909年译出其中的一片。接着又经10余国学者历经40年的琢磨，终于在1949年，苏美尔文竟完全被人认识了。恰巧后来陆续发掘的泥板书中存在着大量学校学生的作业和有关学校的记录。这才打开了解人类最初学校的大门。本文愿对这意义重大的发现略做介绍和阐述。

一、关于学校的设置、种类、组织、规模的探测

两河流域最早的学校产生于何时，是学者多年聚讼的课题，近年来已能做出较有考古学根据的推测。1902—1903年，考古学家曾发掘出叔拉帕克城，城中有很多泥板书，颇像学校学生的作业，经鉴定是公元前2500年左右的遗物。由于巴比伦在那时逐渐成为具有权势的国家，有人估计学校出现在那时。

---

* 本文原载《河北大学学报》（哲学社会科学版）1984年第4期。需要特别说明的是，由于本书收录的滕大春先生的作品跨越时间很长，很多著述成文之时的写作要求、格式规范等迥异于今时，特别是引文和注释方面的要求与当前学术通例差异甚巨。为尊重历史，本书基本上保持了原引文和注释的原貌，个别予以了补充和完善。以下不再作注。——编者注

另外，法国考古学家帕拉于20世纪30年代在两河上游的马里城，发掘出一所估计为公元前2100年左右的学校。它包括一条通道和两间房屋，大间房屋长44英尺，宽25英尺；小间面积为大间的1/3。大间排列着四排石凳，每条可坐1人、2人或4人，共可坐45人；小间排着3排石凳，共可容23人；很似学校课室。两房四壁无窗，从房顶射入光线。房中没有讲课的讲台或讲桌，却放着许多学生的泥板作业。墙壁四周的底部安放着盛有泥土的浅浅水槽，好似是准备制作书写用的泥板。附近摆着一个椭圆形的陶盆，可能是贮放清水以便和泥制造泥板，或者是放置书写用具的。地面上装点有很多亮壳，好似是教授计算的教具。这所房舍靠近皇宫，不靠近寺庙，刚好别处发掘泥板书的储存场所也是近宫而不邻寺的，有人推断这是古时的学校。还有人推断这所校舍是公元前3500年的建筑，代表人类最先出现的学校，比埃及于公元前2500年产生的宫廷学校早1 000年。

第二次世界大战后，具体说，从1949年以来，学者们更从苏美尔文献中看到许多关于学校的叙述，这对于远古学校问题的解决大有帮助。例如，在尼普尔城发掘的泥板书中有称道帝王振兴教育的赞歌。作者自称："我从幼年起就进入学校，利用苏美尔文的泥板书，学习文士的艺术。在所有的青年中，我比别人善于书写；在智慧的圣地，人们练习文士的本领，我擅长加减计算以及财政会计。"又如，在出土的家长给教师和教师给学生的信中，也明确地称学校为"泥板书舍"。有的书信形容学校外临市街，有学生出入的大门，还有校舍供帝王对学生问询和考试之用。另外，有的文献还说："闭着眼睛走进去，睁着眼睛走出来，解决之道在于学校"，意思是学校能把愚昧无知、不识文字的人，造就成为聪明智慧、知文识字的人。因此种种，美国密苏里—哥伦比亚大学教授卢卡士在《古代美索不达米亚的文士学校》一文中说："现在发现的古代学校教科书和其他考古发掘到的文物，都说明至迟在古巴比伦王国时期（约公元前2000年左右），两河流域就诞生了学校，而且很可能比这早数世纪已有学校存在于该地。毫无疑问，约公元前18世纪中叶，即汉谟拉比统治时期，培养文士的学校已盛行于全境，即从现在巴格达向东南方向伸展，直到沙特阿拉伯为止，学校都出现了。"[①]卢卡士的结论可以说是最新的结论。

---

① Christopher J. Lucas. The Scribal Tablet-House in Ancient Mesopotamia. *History of Education Quarterly*, 1979, No. 3.

学者们于考证学校年代之外，还将两河流域陆续发掘的古代学校遗址分为三类。一是考古学家在拉尔萨，即今桑卡拉，挖掘出一所学校，邻近皇宫。与此相似，在乌鲁克，即今瓦卡，也发掘大量泥板书存在于皇宫的废墟中。上述马里城的学校也靠近皇宫而非紧邻寺庙。这类学校似乎是宫廷或政府机关设立的。二是在沙杜蓬，即今哈卖，发掘出辞典和文学课本，都埋在尼沙巴和她的爱人哈加的寺庙地下。这类学校似乎是寺庙设立的。在启什，即今阿拉海末，挖到的校舍紧邻文士住区。与此相似，在尼普尔发掘的学校用泥板书，是从文士所居的山上出土的，它们包括丰富多样的练习作业、文学作品和参考书。三是在乌尔，即今穆克斯耶，发掘一所房舍，内藏约 3 000 片小型的学校课本泥板书，还有宗教著作、文学作品和教材纲目之类。该房既不靠王宫，又不临近寺庙，似乎也是文士私立的学校。据学者们推测，上述三类学校很可能是同时并存的，特别是在巴比伦古王国时期。

究竟三类学校以哪类最为兴盛，尚难确断。不过，有些考古学家认为比较发达的是由僧侣主持的寺庙学校，归纳他们的理由，不外三者。

首先，亚述、巴比伦是文明古国。它们因底格里斯和幼发拉底两河流灌，农业发达；地处东西交通要冲，商业繁荣；巴比伦于公元前 18 世纪汉谟拉比统治时期，亚述于公元前 8 世纪萨尔恭王二世统治时期，新巴比伦于公元前 7 世纪尼布甲尼萨二世统治时期，都是国势鼎盛年代；因此，在天文学、数学等科学方面，在建筑、水利等技术方面，在雕刻艺术以及文学方面，成就辉煌，以至拥有"天文学和数学之父"的美名。这些被奉为人类早期文化的宝藏，都掌理于寺庙之手。当时把知识视为神赐，非僧侣不敢享有，传习这些知识也是僧侣的特权。

其次，古代两河流域人民的生活都受寺庙的支配，政府很少出面管理。寺庙不仅是宗教生活的园地，而且是经济体制中的重要环节。它负责观察天象、指导灌溉、管理农耕、发展商业、兴建工程和处理政府档案等，职权既多，影响又大。在汉谟拉比时期，寺庙建得宏伟美观。国王自称为敬奉神灵的高僧，《汉谟拉比法典》就是假托日神而制定的。法典全文三百条都刻在丰碑上，石碑上刻有美丽壮观的浮雕，形容日神授予法典的神情。国王之下，又分高僧四级，最高级的叫山固，负有庙宇监督的重任，另三级则为占卜僧、歌咏僧和驱妖僧。不待言，寺庙更是人民意识形态的塑造者和控制者。在这种政治、经济、宗教、文化结构之下，宗教在教育事业上占有绝对的优越地位。

学者还举例道，亚述王阿寿奔尼波在尼尼微建立的图书馆，藏有约 3 万件泥板书，这是他下令搜集而来的。之后，亚述学者曾对此做过整理，并译成通用语文。当时的楔形文字极难掌握，从事这项艰巨的搜集、整理和翻译事务，必须靠大量的学者，而培养偌大一批文人，显然非有较大的学校不可。而且，根据发掘的资料，并不只尼尼微城设图书馆，一般城市都有。太罗城的图书馆藏泥板书约 3 万件，尼普尔城图书馆同样藏泥板书约 2 万件。这些图书馆与观象台一样，都设于寺庙之中，寺庙就是文化重镇。举凡天文学、数学、医学、建筑学的知识，皆操之于僧侣，由僧侣培养各项业务接班人既符合客观需要，也比别处便利。有的学者还发现僧侣们曾以各种符号创制音阶表和单词表，绘制苏美尔文的语法解说；利用赞美诗，咒语、卜辞以及法律和历史的知识，指导学生从事语句练习，绘画山水鸟兽的图形，作为学生学习的佐助；还进行道德教育，编撰有趣的神话和寓言。这些也是说明寺庙在教育方面做出的贡献。

　　在寺庙学校之外，还有希图充任政府官吏而学习书写的人，就学于精通书写的文士。这种文士常常在家中收徒教学，教师的子辈通常都就学于文士学校之中。和寺庙学校相比，寺院学校以培植政府的高级僚属为任务，文士学舍则仅培植低级人才。文士也称书写家，是国家和社会赖以执行政务和业务的人才。当时无论日常行政、经营商业或外邦往还，都靠文字做工具，文士成为不可缺少的力量。不过，一般书写家主要传授的是行政和司法工作中惯用的知识、来往函札的习作、书写各种字体的技术，与寺庙学校传授科学知识不同。所以寺庙学校享受较高的声望。

　　再次，当时学校的规模有多大，怎样组织，文献中也屡屡述及。一般学校有校长、教师和学生，他们互称"同事"，自称为学校的成员。校长被尊为学校之父，是受师生敬仰的领袖。人们称颂他："校长，你是塑造人性的上帝。"人们又说："你是我们敬仰的神。你将不懂事的孩子培养成有人性的人。"有的还写道："他指导我的手在泥板上书写，教育我好好行事和谈论好的意见，教导我注视那些指示人们取得成就的规范。"校长造访学生家长时，总被安排在最荣誉的座位上。人们推崇他为"伟大智慧和知识的化身，富有卓识的文士"。教师直译为"泥板书舍的书写者"。文献中曾载有"教授苏美尔文的教师""教授计算的教师""教授测量的教师""教授图画的教师"等名称。可能在某些大规模学校中，教师已经分科任教了。文献还提到僧侣、文士担任教师职务，是垄断文化的有学识有地位的人。文献还提在校长、教师之外，学校又设置监督，直译为"泥板书舍的管理人"，属行政人员，非教学人员，职司维持学校秩序；还设图书馆员、学生出席检查员（负责考勤）、鞭打学生人员、校门看守人员，等等。这也反映当时有些学校的规模已经不小了。

就教师的组织而言，最初，有文化的僧侣才能称作文士。后来对文士的需要量日增，寺庙僧侣不能满足需求；而且寺庙的收容量有限，大幅度扩充也不可能；再则，寺庙的宗教任务愈来愈多，工作的神秘性愈来愈浓，运用应用知识的人必须跳出这个圈子。因此种种，在僧侣文士之外，出现了不做僧侣的世俗文士。后者和前者都是当时教师队伍的成员，只是后者一般充任政府官吏和商业工作者，面向实际需要，在社会地位上不如僧侣文士。若和埃及古代相比，两河流域的文士则较为卑微，因为古埃及的文士常常成为贵人显宦，而两河流域的文士是莫能如此的。

二、关于教育培养的目标——"学为文士"

从考古发现的文献中，知道"学为文士"是受教育者的奋斗目标。文献写道："从幼年起就进学校，利用苏美尔文泥板书，学习文士的艺术。"

两河流域在公元前四千纪就已出现了苏美尔文化，那时人们通过口头传播伦理规范和民间故事。最早的巴比伦文化即导源于此，而亚述和巴比伦在文化上是密不可分的。后来手工业和商业发达，急切需要计算能力，便在发展计算和记数的过程中，产生了文字和泥板书。书写者将泥制成板状，再在泥板上书写文字，称泥板书。在出土的泥板书中，其内容多半都是账簿、契约、单据、法律条文、寺庙生产物品表。这时的文字是苏美尔人以象形为主的线体图形文，叫作苏美尔文。最初，苏美尔文是世俗应用的文字。约公元前2500年，阿克德人征服苏美尔人，阿克德文流行起来，苏美尔文乃只用于寺庙。慢慢地，苏美尔文变成了仅用于宗教的古典文，阿克德文变成了通用文字，古文和今文并存于世。寺庙僧侣为履行职务要学会苏美尔文，高僧有较高文化，尤其要熟练地掌握它，一般人却无法懂得。到后来，掌握这种古文便成为个体学术地位高的标志了。

历史向前发展，生产事业和政府事务纷繁起来，社会大量需要书写工作。寺庙中的任务既非僧侣所能全部承担，政府也需要在官员之外任用众多善于书写的人，于是在僧侣文士之外出现了一般文士。少数水平高的文士被委派做官员，撰拟帝王旨意，制定军政法令，修改外交文书，编写政府报告，充当朝廷顾问，职位显赫，极受世人尊敬，通常称为高级文士。多数文士则充当公证人、掌印员、土地测量和登记员、军情记录员、牌坊石碑题字和雕刻员等。这些职位卑微的官员通称低级文士。另外还有受私人雇用而服从于商业贸易的文士，称为缮写员、计算员、秘书、文牍员之类。当时无论公务和私务，都广泛使用文字，形成了无文字即不能办事的状况。文士用场广，文士数量多，其作用就无处不在了。卢卡士在《古代美索不达米亚的文士学校》中说："文士在美索不达米亚发展中的重要性，无论怎样描绘，也是不算过分的。"文士既如此重要，一般希望仕进和出人头地的人，遂竭力谋取其位。"你们无法和我相比，我是苏美尔文士"是人们自傲的用语。"我是名副其实的文士，你不配称为文士"是文士相轻之词。家长关怀子辈前途，便千方百计要他们去学为文士。在考古发掘的泥板书中，有父亲训示儿子的记录："他们说别人都叫子弟从事体力劳动，我却叫你用手执笔而不去用手耕田、掘地、辛苦工作。"别人叫子弟在幼小的年岁就靠劳力养家糊口，"我为了使你成才而终日受尽熬煎"。其苦口婆心之情跃然纸上。这表明"学为文士"已成为社会风气。学者称两河流域的古代学校为文士学校，是有道理的。

当时的学校不造就一般人，仅是培养文士的场所，一般人也不需要进学校。在社会急需文士的时期，文士学校稍有大众化的倾向；后来阶级和等级变得森严，则社会地位高者的子弟才得享受就学的机会，学校的门禁也森严起来。按巴比伦的记载，许多女子不仅知文识字，并且积极参加社会活动和经营商业。出土的契约和捐册中常有妇女签名。在西巴尔出土的文献中，还载有"妇女文士"的名称。但关于妇女入学校的问题，还没有发掘到有关资料。据学者推测，显露头角的妇女为数不多，或许是中产以上家庭聘教师在家培养的结果。

三、关于文士教育的实施程序、课程、方法

正如学者称当时的学校为文士学校，他们称当时的教育为文士教育。在近年发掘出土和翻译成文的文献中，便有涉及教育的作品。其中，《恩奇曼西和吉尔尼沙的争执》（*Disputation Between Emkimansi and Girnishag*）、《学生》（*School Boy*）、《文士和他的不肖之子*》（*Scribe and His Depraved Son*）等提

供了学校的概貌。

文士教育分两阶段进行。第一阶段是对一般学生传授基础知识,现在出土文物大都属于这一类。第二阶段是将意向不同的学生,分别派到适当的寺庙或政府机关,按其准备承担的职责,接受较高水平的定向培养,办法是通过师生传承的艺徒制或导师制。

初级阶段以教学苏美尔文和阿卡德文为主。古代东方国家,如中国、阿拉伯、波斯、土耳其等,都是古典文和通用文共存。欧洲国家兼重拉丁文和本国语,情况相同。两河流域也不例外。根据文献所载,教师要指导学生书写和阅读苏美尔文和阿克德文,练习苏文和阿文互译,而且书写重于阅读,古文重于"今"文。在古巴比伦王国时期,古典文的重要性有下降之势,规定阿文教师名额应该增加;无奈,校长大都由苏文教师兼任,鄙薄不通古文的阿文教师,因而积习难改。谚语说:"不懂苏美尔文的文士,算得上什么文士!"由于"文士艺术"以书写为主体,教师遂把书写的过程严格预定出来。幼年儿童先应学习记忆和抄写基本音阶,然后练习拼音,再进一步掌握词汇。学习拼音和词汇都离不开抄写。儿童最初学习抄写时,把泥加水,摊成略带凸状的椭圆形的、直径约二三英寸的泥板。教师先在泥板上写出范字,学生立即在泥板的另一边仿照书写。教师订正后,泥板随而揉成团,以便下次再用。随着学生学力增长,泥板面积扩大,便以五六英寸为直径。现今发掘的泥板作业中,多是一边写着语法正确、字体美观的范字,一边是语法有错误的、不够美观的抄字,很可窥见当时的教学过程。

练习抄写的内容由简而繁,由易而难。最初练习抄写的文字是按生活需要而选的,可分为动物、国家、城市、矿石等类别。各类名词和成语之多,远远超出一般的意料。有人追忆道:"我从抄写伊南娜的名字起,一直抄到原野的兽类之名和各种工匠之名。在练习音阶、拼音和词组的抄写之后,即练习由上而下、由左而右地按行书写,难度也增加了。学生学习楔形文字本已不易,还要兼学古老的苏文和实用的阿文,而且侧重古文的抄写,就难上加难了。当时不但要求抄写得正确美观,还要求彻底理解。因此种种,便只好违反了量力性原则。教师留给学生的作业量,往往超乎成年人负担的能力。由于生硬的教材和令人烦腻的教法,学生的学习质量是不佳的,以致不断听到"某人难以掌握苏美尔文,因为他不能正确地运用舌头"等等。恩奇曼西和吉尔尼沙就曾互相诟骂:"你已经会写泥板书了,但不能深解抄文的含义;你已经会书写信札了,但你只能如此而别无所能。"可见当时拔苗助长的教学是效率不高的。

学生有了基础后,练习抄写的内容就随之复杂起来了。文学作品的散文、韵文、诗歌都是这时抄写的教材。赞歌、恋歌、哀诗、祷词、史诗、英雄故事、皇家函件摘录、法律纲目之类,都被认为是应该学习的文化财富。年长学生应能按照教师口授而在泥板书上抄写,其中能无漏无误的被视为优秀生。谚语说:"能够随着口述而用笔抄写的文士,才是名副其实的文士。""文士而不能抄写,恰似歌唱家不能用喉头唱歌",所以伤害文士的手和伤害歌唱家的喉,同是严重罪行。在文学作品中,争议文很流行。人们称这种文体是"人对人的驳辩"(man-against-man)或争辩文(contest in speech)。这种文章系敌对双方各夸己之所长而揭对方之短,用语尖酸刻薄,颇令读者发笑。这可能是因教学过于枯涩,借此来缓解精神沉郁的。

数学也是文士应学的知识。乘法、倒数、系数、账目核算、分配物资、计算体积之类,都是学习项目。在《恩奇曼西和吉尔尼沙的争执》中,就有这样互相揭短的话:"你去划分田地,却没有能力完成任务,因为你不会运用测量工具,不会订立田地的界桩,也讲不清如何划分的道理。"这说明数学和测量是文士要学的。另外,他们还说:"纵使他有了乐器,他也不会学唱。他是同辈同学中最愚笨的。他不会发出优美的声音,不能歌唱,不能开口。"这反映学不好音乐是受讥讽的。

文士不同于律师,不充任法庭上的辩护士;但为执行各项职务,却须学习司法知识,娴熟法典和司法用语。在考古发掘出的学校中,存有法令汇编和法庭判例之类的泥板书,是由苏美尔文撰写而由阿克德文翻译的。早期的法令和后来的《汉谟拉比法典》,学校似乎都教授。学校还举行关于审判杀人犯案例的讨论。擅长法学知识的文士被派任法庭官员,称为司法文士。

在第二阶段的教育过程中,学生到政府部门实习和学习,是出土资料所证实的;但其详则难确知。公元前两千纪,曾出现"智慧之家",被推测是修毕文士教育的青年学习高深学科之地。这种推断的真实性尚有待于证明。不过,两河流域的学校不同于古希腊的学校,其所谓高深知识也侧重应用价值,不是面向理论探索的。

文士学校的教育方法,在发掘的资料中有所记述。由于学习的难度高,作业数量多,教学重机械地抄写,不行启发诱导,教师就不得不用强制高压手段。有人追述其学生生活说:"我一定不能迟到,否则,教师就用木棒打我。

教师查看我的作业和指出错误，随而用木棒打我。教师说：'当我外出时，你为何讲话？'随而用木棒打我。教师说：'当我外出时，你为何起立？'随而用木棒打我。教师说：'当我外出时，你为何到房外去？'随而用木棒打我。教师说：'当我外出时，你为何拿东西？'随而用棒打我。教师说：'你的手不干净！'随而用木棒打我。"这段生动的描绘，使当时教育方法的粗暴跃然纸上了。与此相似，《文士和他的不肖之子》是由二十多块泥板的碎片拼成的文献，同样活灵活现地刻画了当时教条主义的面目。它叙述某文士责问他的儿子："你到哪里去了？"儿子不愉快地回答不曾去什么地方。父亲说："既然如此，为何不立即去学校站在教师面前，背诵你的作业；解开你的书包，抄写泥板书；并请导师给你写范字呢？当完成作业和向老师报告以后，你应快快回家看我，不要游荡街头。"他为了叫儿子确实听懂训诫，便怒冲冲地要儿子逐项重述训诫的要求，儿子遵命而行之后，父亲又讲："你要当个好人。不要在热闹地区游逛或在街头玩耍。你经过大街时，别对外物发呆。在教师之前要谦恭有礼，当你谦虚之时，教师是会喜欢你的。"这位父亲在下面就继续独白，而且愈讲愈严肃。他责备儿子："你现在已长大懂事了，而且自命不凡了！"这位恨铁不成钢的文士对儿子的不才，深表哀痛。最后，文章以父亲勖勉儿子改过从善并为他祝福而结束。

有的出土文献描绘在教室中同学彼此攻击，以致扰乱秩序。《恩奇曼西和吉尔尼沙的争执》就是代表作。文中叙述年轻的恩奇曼西被年长的吉尔尼沙问道："泥板书作业已经做完，咱们写些什么？"恩奇曼西的回答是："不再搞语法和语言练习了，我想做些自己感到有趣的工作，我要自做决定了"。吉尔尼沙立即嘲讽："哟！多才多智之士，学校的拥护者，卓越的书写家，苏美尔文大师，别再夸夸其谈了。你不如我高明，因为我是一个文士。假如我和你一样，我就不配称为文士了。"恩奇曼西反唇相讥道："我不及你吗？你撰写文件时，词不达意。你撰写函件时，令人难解。当两方面争执时，你不懂调解，反倒火上加油。你在文士之中是最劣的。试想，你有啥本领！"吉尔尼沙进而解释自己既是能干的测量员，又善于排难解纷，然后又指责对方无能，是难以想象的轻浮之士："你做算术时，错谬百出，更不会撰写祈祷词和说明宗教仪式的秘密。"最后还揭穿他假冒文士之名而欺人惑众。双方都自称已有苏美尔文的名字，自幼就善于书写苏美尔文。"但你却是笨家伙和吹牛匠。你不能在泥板书上正确无误地书写，甚至不会使用泥板，不会写自己的名姓，双手不适于书写泥板书。""聪明的笨蛋，闭上你的耳朵！你没法和我相比。我乃是苏美尔文士。"他们争吵不休，课堂鼎沸，教师不得不出面制止："你们为何纠缠不休，每个人硬要压倒对方，互相倾轧，毫不留情，以致闹翻了学校？你们吵得我两耳发聋。你们知道导师的职责吗？你们相信自己比导师更有学识吗？你们为何不尊重导师的职责呢？你们为何竟不顾一切而吵闹不完呢？校长是无所不知的，甚至连他也叫我出面维持秩序了。像你们这样胡作非为，只有等候挨棒打而已。我决定用棍棒打罚你们，用锁链把你们的双腿捆起，并且叫你们至少两个整日不得离开学校。"别的文献也记载学生彼此诟骂之辞："你是一个文士，却连自己的姓名都不会写，你该打自己的嘴巴。""从上面看来，你或许是一个文士；但从下面看来，你甚至连人也不是。"这就是说，校长、教师把你看成了文士，而一般人士看不起你。有的文章说笑话："初学文士的人，特别关心肚子吃什么，却无心于书写。"还有文章说："不体面的文士变成了抄录咒语的下等人。"从上可知，当时教室生活是散散漫漫的，同学是不够团结的，对遵守纪律是很不认真的，教师的威信是不高的。

出土作品颇有助于理解当时的世风和学风。《学生》是在近东地方发掘到的趣文，约撰写于公元前 2000 年，也是由 20 块泥板书的碎片拼凑而成。文章开始由某个学生叙述自己终日在校勤于书写和背诵，归家后把作业给父亲观看，父亲大为欢喜，随即命奴仆送上丰盛饮食，给他洗脚和铺好床。临近就寝时，学生叮嘱奴仆于次晨将他唤醒，以免受到杖责。不料次晨却迟到了。在教师的严责下，学生害怕得浑身发抖。同学忙为说情，但也无用。教师检阅作业，发现他没有做完，随即予以棍打。导师也来斥责他不修边幅和外出游逛，施以棍击。这一天的时间不过是受到教职员的体刑而已。当他未得允许而说话、站立和行走时，都一一受到杖责。苏文教师嫌他读音错误和书写潦草，更对其痛加鞭打。这不幸的孩子恐惧万分而忘掉功课时，他认清教师对自己的厌恶之情，并不再教自己书写艺术了。他悲悲戚戚地向父亲建议盛宴教师，赠予厚礼。果然，教师应约而来，主人让他坐在首席，学生恭恭谨谨地对他敬奉周到，尤其是在父亲面前竭力对教师教他的深情，表示无限感激，指令奴仆给教师准备上等香水，请教师入浴，浴毕又送上预先备好的新衣，请教师穿着起来，而且既送金钱，又送戒指，大搞拍马屁之能事。自此之后，教师态度彻底改善，使主人及其儿子心花怒放。他和蔼可亲地对学生说："孩子，你没有把我的教导当作耳旁风，没有不遵从我的话，你已经达到文学艺术的顶峰，而且彻头彻尾地掌握了它。你无限地追随了我，付给我以超乎我所应得的大量报酬，还给我以绝大崇敬。我祝愿神明给你福祉。"紧接着，教师就长篇地为学生向神祈祷，称道："你在兄弟之中，名次最高……你已经完成了学业，成为学者了。"这篇幽默的小文，极为形象地说明了古代学校的轻浮之风和轻浮之学。

四、结　　论

　　从历史年代看，亚述、巴比伦的文化教育是发展极早的。甚至可以说，它是早于埃及，或至少是与埃及同时而有了学校的，这里是人类最初的学校教育的摇篮，也是人类正式教育的起点。它当然富有教育史的意义。过去，教育史家未曾给予两河流域的教育以应有的注意；如今，考古发掘从大量出土文物中充分地揭示了这里的学校不但产生得早，其内容和方法也极为丰富而可观。研究世界教育史就应对此给予足够的重视了。

　　人类文化教育的交流自古而然。亚述、巴比伦在和各国通商往还、长期战争和疆土扩张的过程中，曾起了影响别国的作用。广大西亚地区深受亚述、巴比伦文化的启发，是不消说的；两国对于腓尼基的艺术和商业，对于希腊的史诗和文学，也都有促进之功。在新巴比伦王国时期，国王尼布甲尼撒二世于公元前586年攻占耶路撒冷，于公元前583年把众多希伯来富家贵族俘往国内，加以管制，造成历史上的"巴比伦之囚"。使希伯来人看到战胜国的优美堂皇的建筑、学校和图书馆，开阔了眼界。尼布甲尼撒二世还对希伯来儿童加以教育，更使他们知道文明古国的文明。《旧约全书》的《但以理篇》说，尼布甲尼撒军临敌国都城耶路撒冷，将城围困，挑选以色列宗室的四个青年为侍者。这四人既容貌俊美，聪明颖慧，又通晓各种学问，遂被教以迦勒底的文字，给予优美的饮食。在四人中，但以理智力出众，受到国王恩宠。有的教育家推断希伯来人曾把这种贵族教育推行于本国，理由是一个国家如果没有教育皇家子弟的宫廷学校来培植继起的统治者，是难以想象的。另外，希伯来人把犹太会堂发展成为学校，也是受到了亚述、巴比伦寺庙学校的启示。更重要的是他们带回了巴比伦的一神教观念，使对耶和华的崇拜发展成为犹太教。所以亚述、巴比伦这座古代文化教育灯塔，是曾对人类教育史做出过光辉贡献的。

古代埃及的教育[*]

古代埃及赖有尼罗河灌溉之利，很早就已农业发达，成为富饶之乡。尼罗河每年7月泛滥，11月洪水消退，土壤既因淤泥而肥美，又获兴修水利的良机，遂致农业丰产和农技先进。古希腊史学家希罗多德说得好："埃及是尼罗河所赐予的。"生产富裕使剥削现象成为可能，因而埃及出现世界上极古的国家。公元前3500年左右，已建成上埃及和下埃及两个王国；公元前3000年左右，上埃及灭下埃及，形成统一之局；以后历经早期王朝（约公元前3000—前2700年）、古王国（约公元前2700—前2100年）、中王国（约公元前2100—前1580年）和新王国（约公元前1580—前1085年），一步步地发展了奴隶主阶级专制的政体和社会文化。从古代到这时，教育发展属同一段落。至公元前525年，埃及为波斯所倾覆；公元前332年，为马其顿王亚历山大所征服；公元前30年，又为罗马帝国所灭亡。在这1000年左右的时间里，特别是亚历山大统治时期，教育向新的方向发展，属于第二段落。以后于公元640年，埃及为伊斯兰教徒所陷落，教育又出现新的发展，则属于下个历史时期，本文就不叙述了。现在且按古代埃及两大历史段落，叙述其教育的演进。

一、古王国、中王国和新王国时期的教育

（一）社会和文化

古代埃及奴隶主阶级施行的阶级压迫是残酷的。就当时的社会组成而言，皇帝称为法老，集全国政权和教权于一身。他不仅是世俗政权方面的独裁者，而且自称是埃及最崇奉的太阳神之子，其本身就是神，而不是神的代理人，和两河流域的君主以僧侣自命者不同。这个把君权和神权全盘集中起来的法老，

---

[*] 本文原载《外国教育通史》（第1卷），滕大春主编，山东教育出版社1989年版。

享有至高无上的尊严。贵族和僧侣都是法老意志的贯彻者，必须绝对听命于他。法老还是全国土地的所有者，由他把土地分给贵族、朝臣和寺庙祭司，强迫农民和奴隶耕种而侵吞其劳动果实。这些剥削者构成奴隶社会的统治阶级。奴隶是被统治者，过着无财产、无权力的牛马生活。此外还有在名义上是自由民，而实际和奴隶同样遭受蹂躏的农民。统治者既穷奢极欲，又为死后享受而建筑庞大的陵墓——金字塔，还为从事掠夺性征战而畜养大批军队，这些都给被统治阶级以无比沉重的负担。当时阶级矛盾十分尖锐。

众所周知，埃及是文明古国，是世界文化发祥地。原因是埃及人民经过长期生产斗争和社会实践，积累了丰富的经验；又由于统治者，特别是寺庙僧侣，在剥削奴隶的基础上，脱离体力劳动，有闲暇去就经验所及进行钻研探索，从而促进了文化成长。具体说，当时寺庙僧侣除负责宗教活动外，还掌管水利、天文、建筑、医药等专业职务，常能推动科学技术的发展。他们为了预测尼罗河的泛滥，因而有了天文学的萌芽，在公元前 4241 年有了太阳历。他们为了测量尼罗河泛滥后的土地，又使几何学得到了初基。他们由于兴修灌溉沟渠和堤坝桥梁，还使水利学取得了端倪。他们精心地制造木乃伊和医治疾病，因而医学也有了发展。他们从事军事远征和海外贸易，还积累了地理知识。因之，古代埃及科学技术的成就是相当突出的。

在文学方面。埃及的象形文字出现很早。在文字出现以前，已有原始文学的流传，由歌手和故事讲演员以口头说唱方式，传播民间文学作品。文字诞生后，埃及文学进一步发展，曾在中王国时期形成智慧文学，宣扬道德规训和宗教教义。《尼罗河的赞歌》（*Hymn to the Nile*）、《道福的教诲》（*Instruction of Duauf*）和《阿门尼拜的教诲》（*Instruction of Amenembet*），都是当时流传的作品。以《道福的教诲》为例，该书叙述道福在航海抵达某定居之所，将其子俾庇（Pepi）送进学校，和达官显宦子弟同窗共学。道福送子就读时，对俾庇谆谆训勉，这番父训既是伦理之谈，又具辩才之美。这三部书以后就成为学校课本。另外，《死者之书》（*Book of the Dead*）、《斯密斯外科医术》（*Edwin Smith Surgical Papyrus*）、《莱因德数学篇》（*Rhind Mathematical Papyrus*），也是中王国的产物，三者虽非文学作品，却是现存的古埃及重要文献。埃及人相信灵魂不灭，人死后的阴世生活是阳世生活的继续，《死者之书》就是指示死者修德道路的。新王国时期尤其抄书成风，我们如今所知埃及古代的史实，多靠这些抄件。

由埃及政治、文化所产生而与埃及教育紧密相关的,有两种重要人物,一是僧侣,二是文士。他们都是奴隶主教育中的关键人物。

首先,古埃及是多神教国家。人们供奉的神祇达843种,有日神、地神、海神、兽神、尼罗河神等。日神使大地光辉、草木繁茂、人口增殖、国泰民安,埃及人崇拜太阳神甚于崇奉别的神祇,法老就自称是太阳神所生,是神和人之间的桥梁或联系者。为敬奉神祇,埃及修筑极多庙宇,庙宇都拥有大量土地和奴隶。根据《剑桥大学古代史》所载,公元前13世纪,全埃及寺院计有奴隶10.7万人。当时全国人口仅仅为650万~750万,大约每60~70人就有一名充当寺院奴隶,比例是很高的。为了巩固无情的压迫剥削,僧侣和武士同属必要,圣书要比宝剑更为深入人心,僧侣就是仅次于法老的人物。埃及的神学不讲天启,而尊崇法老意旨。法老是全国寺庙的总管,广大人民的精神绳索直接操纵于法老。他们宣扬现世生活不是永恒的,灵魂却是不灭的,人死后同样可以享福;只是要享受永恒福祉,必须在现世修身积德;另外还有一个条件,就是灵魂的享受必须有身体做凭借,因而死后要保护尸体,不使腐烂。这一方面叫人充当法老的顺民,另一方面又给了统治者理由去大兴土木,建造陵墓,即金字塔。古埃及宗教的世俗色彩极为鲜明,寺庙于祭祀祈福之外,兼理政治社会任务。新王国建立后,大行寺庙改革,寺庙进一步变成复杂庞大的公务机构。这时期僧徒众多,需要体制化,乃分僧侣为四级,一、二级为高级僧侣,三、四级为低级僧侣,僧侣可以升级。高僧人少,经常住居寺内,低级僧侣每四个月住寺一个月,在家在寺轮流居住。不住寺时从事生产以自谋生计,但要严格遵守法规戒律,保持禁欲生活,与他人分居,还要斋戒沐浴以纯洁敬神。寺庙中掌理专项职务的高僧,常有较为丰富的学养,负有培植接班人的职责,每每是有造诣的学术人员和教育人员。当时一切水利、建筑、医学、数学、天文学、几何学等多种门类的知识,都操在寺庙,寺僧是当时文化的保存者和学术的发展者。

其次,埃及是注重文字的国家。统治阶级为利用尼罗河的水利,为建筑宏大的金字塔和寺庙,为军事和商业的远征,更为举行宗教活动以祷神祈福,处处需要文字记载。加上尼罗河盛产纸草,给文字记录提供了方便资源,从而埃及成为古代文字应用最广泛而且最经常的国家。观测水势要记录,丈量田地要记录,征收租税要记录,人口户籍要记录,商业契约要记录……因之养成了"无事无记录"的牢固传统。尤其值得指出的是宗教活动大量使用文字。在敬神仪式上使用文字自不必提，还因相信人死后仍然要求生活享受，富贵的统治阶级都在生时便长期地为死后的需要做准备：在陵墓的内壁外壁，统统书写有关祈福或指导阴间生活之类的文字。就这样，事不论巨细，地不论阴阳，都对文字提出迫切的需要。僧侣为控制人民思想意识，从观念形态上统治人民，曾成为文字的独占者，文字甚至被人认为是僧侣的艺术。随着历史的发展，政府官吏以后也须由熟练掌握文字的人充任，一些知文识字的文士便应运而生。一般文士都在政府供职，习称为书吏。慢慢地从显赫的朝臣到掌理牛羊放牧的小吏，都须会书写文字，书与吏就无法分割了。譬如，最高级的军事首长称为"士兵总监和军队文士"，最高级的司法长官称为"皇家文士督察长"，法官称为"首席文士"，经管政府财政的最高官员称为"银库文士"，管理寺庙的僧侣称为"寺庙文士"，管理神坛的僧侣称为"神坛文士"，主持生命之家的官员称为"生命之家文士"。显然，文士是官吏的别名或官吏的后备队，是统治阶级的成员，是依附统治阶级的治术人才。法老为让他们为其效忠，给他们种种优待。最高级的文士阿哈依托说得正确："没有一个不靠王室而生活的文士。"人们还编造说，文字是神器，文字得之神赐和代表神意，熟悉文字工具的文士是从事神职，文士遂享有特权。他们不从事体力劳动，不缴纳各类税款，免除各种差役，是地位崇高而职业稳定的特殊阶层。另外，文士在最初并非世袭，贫苦子弟得到学习机会而成为文士也属可能，"学为文士"成为人们攀龙附凤和升入高位的阶梯。可以推想，文士是怎样为社会人士所艳羡。在古王国时期的一些雕刻、绘画和其他艺术品中，显示文士和国王在态度举止方面很是相似。这充分证明了僧侣、职官和文士的重叠关系。

在古埃及初期，僧侣和文士都通过掌握文字来尽僧俗职责，两者界限不易划分。后来，僧侣着重宗教任务，并有了世袭制度，两者才逐渐分化。一般子弟欲求飞黄腾达，就可通过"学为文士"和充当书吏，由布衣而卿相，有似我国古代士子通过科举考试去显身扬名一样。古埃及把文士与非文士严加区别，所以对青年而言，争取充当文士非同小可。难道走这条捷径是容易的吗？不。因为青年入学须交纳高昂费用，文字难学，修业年限又长，真能受到实惠者占一般青年百分之五而已。新王国时期，注重青年的家庭等级，从此书吏遂由有官职者父子相继而累世不易，学校便不再为外人开门了。奴隶主阶级教育的阶级性因而愈来愈加鲜明。

(二) 教育目标

有的教育史学家曾做了发人深省的对比。他们指出埃及的文士直接为政权服务，和古希腊的辩士不同。希腊的辩士从阐述哲理的途径，服务于政权，埃及的文士却多数是政府的职员；希腊青年奴隶主以学习科学哲学做参政的准备，但不全有居官的机会，埃及青年奴隶主经过学习而在政府、寺庙和商业中任职者，极为平常。培养文士便成为埃及古代教育的核心。

埃及社会尊重文人而轻视不识文字的人，艰苦的体力劳动者的生活条件遂远远比不上有文化的脑力劳动者。《道福的教诲》说，追求学术的文人在求学过程中就能享有无穷的读书之乐。它还说，木匠用凿子操作而疲惫不堪，理发匠为填饱肚皮而劳累双手，园丁终日弯腰折背去种植花木，鞋匠要和皮革纠缠，铁匠要在火炉旁滴汗和发出臭鱼般的气味；在另一方面，却没有贫穷的文士，文士享有宫廷的一切。别的文献如《不要做车夫》《不要做水手》《不要做制饼匠》等文章也说："要专心做文士，文士是将指挥全世界的。""充当文士吧！那能使你免于去承担被迫去干的苦役，能够使你在一切劳动中得到保护。你可以不用锄头去犁地，也不用提着筐篮去操作的。"考古学者挖掘出的家长训子的文章写道："我把你放在与贵人子弟相处的学校里，叫你去受教育，去接受成为非常体面的文士的培训。""你要用手书写，用口读书，向聪明人求教。你不要懒散，不要有一天怠惰和陷入歧途。"否则，"我可以狠狠地打你一百下！"古代埃及家长恨铁不成钢的火热感情，是和两河流域的家长相似的。

(三) 教育场所

1. 家庭

埃及古代以家庭为教育子女的场所。埃及何时出现学校尚无定论，不过在学校产生以后，家庭仍然是重要的教育园地，而且家庭教育不仅属于普通生活知能和道德品质的培养，就连高深的专业知能也由家庭传授。就"教育"一词的埃及字源"sochpr"看，它意味着"使之成为"，是指父亲使子成为木匠、医生或军官之类。一般的办法是：儿童在14岁以前由母亲抚育，子女以玩具为游戏，并从日常活动中受教育。在欧美的博物馆中，陈列着古埃及的带有毒牙的鳄鱼、双臂能动的木偶、二三木偶合作舂米的复杂玩物，说明古埃及的儿童教育水平较高。新生一代长到14岁或16岁，则由父亲对儿子施行教导。在古王国和中王国时代，权贵人士都以王宫为生活中心，其5岁以上的子弟也常到宫廷和王子一起玩，有时和王子王孙同受教育，学习文化和实习治术。直到新王国，才发展到由政府部门成立学校，肩负起造就干部的职责。古埃及的专业工作者，如文士、医师、木乃伊师、建筑师等，每每采用师徒传习的方式，由父亲在生产作业中，把应具备的知能教给儿子，教育、生产和生活是融为一体的。准备从事专业的青年，特别是文士的后备队，都学习书写和计算的知识。一般家庭子弟则如古罗马史学家狄奥多罗斯所说："至于广大埃及群众，他们从儿童期起就被父亲或亲属传授适合各种生活需要的实际知能；谈到阅读和书写，埃及人至多只对儿童进行一些肤浅的教授，并且不是所有埃及儿童都学习它们，就最大限度看，只有以读写为职业的人才去学习它们。"

这里要说明的是，那时埃及各种职业多是父子相传，在不少行业中，其行业秘密是由不同家庭长期把持的。某建筑师之家曾经22代之久从事营建工程，某高僧之家9代世传为僧侣，某文士之家曾7代世传为文士。古希腊史学家希罗多德提及底比斯某高僧曾世传达345代之久，或许过于夸大；而狄奥多罗斯说"处理尸体的巧妙的木乃伊师，是由家庭传统中获得专业的知识"，倒是可信的。不少家庭是担负着专业教育的重要职责的。

在专制制度下，古埃及的妇女不得入学校，仅有少数富贵之家延聘教师在府邸授书，极个别女子到文士学校学习，所以妇女教育是不及男子教育发达的。

2. 学校

古代埃及有很多种学校，如宫廷学校、政府机关学校、寺庙学校和文士学校。究竟哪种最先产生是难于判定的。在古王国末期的文献中就曾偶然提到宫廷学校。比较可靠的资料证明宫廷学校存在于中王国时期。考古发掘的结果是在中王国时期，埃及已有组织良好的学校。在发掘所得的新王国的公文中，已提及中王国的学校比较重视受教育者的个性尊严和论辩才能，而且利用文学作品，陶冶未来文士追求良好生活的素质。历史学者推测古王国的末期曾久经战乱，中王国兴起而告统一，政治上需要大量文士承担统治任务，同时，统治者也须有充分的治术才能治国安邦，因而宫廷邀集文士进行教学。新王国时期存在着宫廷学校，则不仅有记载，而且考古学家已发掘到了学校的遗址。

其一，奴隶主贵族及大臣一向以王宫为活动中心，其5岁以上子弟可以出入宫廷和法老子孙同活动、同学习，有时法老也以和他们游戏为乐，并派官员进行教育。这种宫廷学校以后便逐渐完善起来。由于这些权贵子弟都将成为执行政务者，等他们年龄稍长，便按政府官员的职守，派他们到有关部门见习和实习。在法老宫廷中，人才荟萃，有图书馆，有档案室，除培育青年一代之外，还利用学识优良之人充做参谋或咨询，实际就是智囊团或思想库。他们要参加讨论军国大事和学术问题，还可能对宫廷学校的成年学生进行程度较高的知识传授。宫廷学校除皇族子孙和权贵儿童青少年外，一般奴隶主子弟中选优入学，因与皇子同窗，称为"皇亲"，有的借此便与王女成婚而扶摇直上了。

其二，政府各机关为训练合格职官，也招收人员予以培养。管理皇家马匹的机构，起初就在司马工作之中培养新的工作者，以后有了类似学校的组织。文献记载贝肯康5—15岁被派在御马管理机构接受训练，16岁担任御马人员训练所的主持人，以后更成为有名的僧侣。还有皇亲何礼职司御马训练，自己吹嘘是皇家马匹管理机构附设的书写学校的教师。当法老来米西斯九世建筑皇陵时，文献提及派有官员在荒野进行御马教学。皇家银库需要大批文士承担工作，文献曾提及银库的登记员就以在附设学校教学为首要职责之一。同样，皇家档案图书需大量文士掌管，也由档案机构设立学校予以培训。有的文献说这种学校或训练班始于中王国，有的说始于新王国，其说虽不一致，但都说明政府任务日重，需人日多，非宫廷学校所能培养，政府部门遂不得不设校育才。政府机关的学校成立以后，宫廷学校就只收皇家及显贵之家子弟，还招收一定数量的外邦留学青年，一般青年进宫廷学校的就寥寥无几了。另外，有的文献指出政府机关还以信札函授方式培养新的官吏。这种函札至今还有保存着的。

其三，寺庙设置学校为时极早，因为埃及古代的宗教活动、文字书写和专业知识操于寺庙，僧侣为培养继承人必须传授所需的知识。有人曾认为埃及的学校起源于僧侣的训练。僧侣乌若霍若欣特在他设置寺院学校的铭文中说："我遵照法老的命令，创办和管理学校，学校的全部学生都来自显贵人家，而非贫穷家庭。"学生的家庭成分不问可知。初学者仅学习读、写、算等基本知识和宗教知识，对程度较好的青年则进行水平较高的教学。随着科学文化的积累，到新王国时期，便出现了研究高深学术和培养高深专业人才的寺庙。海立欧普立斯大寺，也称日神大寺，就是教育水平极高的学府。该寺高僧是皇家的天文官，天文学的研究水平在当时是优异的，应用数学和物理学是该寺僧侣所专精的。史学家希罗多德曾说，海立欧普立斯大寺的僧侣是埃及史学家中的杰出学者。寺庙有藏书很多的图书馆，便于僧侣钻研参考，僧侣们长时就学术问题进行讨论，从而培养了接班人。因之这座寺庙既是古代埃及人的骄傲，也是国际学术的传播中心。犹太的摩西和希腊的泰勒斯（Thales）、索伦和柏拉图，都曾游学此地。直到马其顿王亚历山大侵占埃及，该大寺的图书馆及讲学工作迁到新兴的亚历山大里亚城，这所古老的寺庙学校才衰落了。次于海立欧普立斯大寺的应推底比斯城的加那克大寺也是一所学府，是新王国时期拉米西斯二世所创立。此外，艾地福等城的寺庙，同样是学术胜地。在这些寺庙之中，传授和研究古代埃及文学、地理学、地志学、历史学、天文学、雕刻、绘画、舞蹈、音乐、法律、医学、伦理学、数学、测量学、建筑学和水利学，有的还教授外国语。神学为一切寺庙学校所研习，是毋庸赘叙的。

其四，古代埃及公私事务注重书写，各级官吏又系由文士充任。很多文士遂私人招生授课，有志的青少年前往学习。这种私立学校被称为文士学校。当时文士范畴极为广泛，从日常事务性的抄写员起，到高级僧侣和达官显宦止，几乎都由文士充当。为满足水平不齐的文士要求，文士学校的培养水平也高低不同。就最低者言，一般只学习读、写、算，并熟记政府规章和簿记之类。高级者就在这些文化知能的基础上，研习数学、医学、天文学，并要娴熟政府法令及公文函牍。由于学习内容不同，修业年限也不一致。从学习文字的困难推测，修业年数不会很少。文士修业结束，技术熟习，就按其专长委以职务，在岗位上再各就所司而精益求精，遇有机会则被正式委为书吏，其后可逐步晋升，成为高级书吏。

3. "生命之家"

在古王国时期的文献中，曾有一处谈到"生命之家"；在中王国时期的文献中，曾有几处谈到它；在新王国拉米西斯二世统治时期的文献中，则有大量文献谈及了它。在太洛阿尔马恩斯地方发掘的第十八王朝（公元前1570—前1305年）建筑物中，有一所包括宫殿和寺庙等房舍的庞大建筑群，是古埃及政府机构的组成部分，其位置紧靠法老的档案储藏室。有些考古者认为这个建筑物就是"生命之家"。它有一个走廊直通中央大厅，在大厅外部有四间套房，还有一间距离较远而外面有庭院的房屋。这所建筑物所占面积比较大。有的学者因为这类建筑不多，只在大城市才有类似机构，曾推断是讨论问题和编写文献的地方，称之为"智慧之家"。后来有的学者因为埃及贵人一向在死者棺墓中进行美化和装饰，并书写《死者之书》以引导死者获得再生；还因为这种建筑都设有编写室，而所写的不是一般文件，大量都是以《死者之书》为内容的不同形式的写作，是准备给新死者放入棺内的忏悔性质的文件，是有助于指引死者复生之用的，便改称之为"生命之家"。埃及人相信灵魂不死。与此有关，他们对于死亡和死后的理解和想象，便被纳入重要知识范畴。正因为如此，学者认为"生命之家"或"智慧之家"可能是埃及知识的综合者，因而可能是高水平的教育园地。

（四）课程和教学

古代埃及教育，就其学习内容而论，约可分为初、高两个等级。家庭教育和学校教育都含有这两级的内容。当然，两级之间很难划一条截然的界限。

1. 初级阶段的课程和教学

在最初阶段，儿童学习书写、阅读和简易计算，而以练习书写为主。书写在教育中占有特别重要的地位：一是因埃及极为重视文字，而文字却繁杂难学；二是因埃及是依靠书写来传授知识的；三是因为书写要求的标准高，即正确、纯熟和美观，学生不付出极多时间和精力是无法胜任的。

就文字来说，埃及最初的文字是象形文字，由于它保存较多的原始形象，又不同于一般楔形文字，有的学者认为埃及文字可能曾受两河流域文字的启发。它和苏美尔文一样，曾由象形文字产生了表意文字，因而便有了同音异义字和同形异音字，乃不便于掌握。约到古王国时期便简化而成为草体文字，即僧侣使用的简易象形文字。约到新王国时期，简易象形文字又经演变，便成为人们通用的简易文字。从此，三种文字在埃及是并存的。原始的象形文字用之于重要公文、寺庙装饰和墓碑题刻之类，简易象形文字应用于寺庙和宗教工作，简易文字用之于世俗的日常生活。学习一种文字已属困难，有的学生须学习两种或三种文字，就难上加难了。据说世界上很少有比埃及古文还复杂和还易发生书写错误的文字。再则，埃及和两河流域相似，书写是学习各种知识的基础和渠道，青少年不从阅读和听讲学习知识，而在书写过程中习得知识，教师则凭批改作业而传授知识。一般说来，学生须通过书写进行阅读和记忆，因而书写、阅读和记忆被视为不可分割的综合活动。就这样，书写便意味着学习。埃及把学校叫作"书房"，把学生叫作"书房中的书写者"，道理恰在于此。还有，埃及人把文字当作神赐之物，书写必须正确美观而耐人玩赏。约公元前499年，古希腊史学家希罗多德看到埃及人书写的文字，盛赞其秀美可爱。埃及文字从右向左书写，希腊文字从左向右书写，可能由于书法不同，希腊文字显得拙笨了。实际上，埃及人对于象形文字和简易象形文字要求有书写的艺术性，对于日用的简易字并不如此。象形字和简易象形字既难书写，其意义又非儿童所能懂，因书写不正确而受体罚是常事。

埃及以文字书写为主课，严格要求 5—10 岁的儿童练习书写，要自朝至暮伏案工作。开始时，教师先提示范字，由他们临摹；再进一步，即进行抄录教师提示的格言或故事。埃及人书写使用纸草、石板、贝壳，也有写在象牙、皮革、陶片、布帛、兽类肩胛之上的。最常用的则是纸草，纸草书尤其通用于政府公文中。纸草是尼罗河岸盛产的植物，就其茎部简单加工即成卷纸，通常裁成长 8 英寸、宽 6 英寸的长方形，写毕装订成册，便是纸草书。埃及从公元前二千年纪就使用此法，既便于书写，又便于保存，有的纸草书竟能留存到今天。纸草坚实耐久而价钱昂贵，常常书写一次后，把字抹去，可再次书写。至于发掘出土的用皮革书写的文字，有的更是约公元前 2300 年左右的遗物。人们书写时使用芦苇制成的苇笔。做法是把苇的一端剪为凿状，以便任意写出粗细笔画。书写时把笔先蘸水和彩墨，然后书写。彩墨有黑、兰、褐、绿、灰、淡红、黄、白各种颜色，常用的是黑、红两种，黑色更为常见。在已发现的古籍中，每句开始都用红墨水写，以下再用黑墨水写；另一种情况是用红色表示紧急或重要之意。一般书写用具包括被嵌在木板上的黑、红两块彩墨，其旁安置水碟，还有一匣苇笔。初学者都在廉价的石板、陶片、贝壳上练习；稍有基础，再在木板上书写，最后才在纸草上书写。英国博物馆藏有帕吹收集的木板书，所用木板极薄，长为 8～10 英寸，宽为 4～5 英寸，其上是平滑坚硬的光面，其外用各色粗糙的织品为套。学生作业完毕，由教师用红笔改正，然后涂掉再写。英伦陈列品中有一木板系公元前 1200 年左右摘录的《道福的教诲》，上面就有教师批改的痕迹。另外还有一首系公元前 1450 年左右抄写的对于知识艺术之神托特的赞歌。在木板的一边有孔，用皮线钉为书册，就是木板书。因为练习书写是繁重吃苦的活动，古籍中多处鼓励学生："你要在白天面向书写，夜间阅读书籍。""你要获得成为伟大的文士行业的本领。那些纸草和羊皮书卷是令人快乐和富有的，还能使你天天欣喜无穷的。"学者怠惰不听，则打罚加之。

就学习书写的内容而言，在最初阶段主要是关于道德的训诫，等学生能力渐强，便书写《尼罗河的赞歌》《道福的教诲》《阿门尼拜的教诲》等长文。书写还包括知识性的材料。有一册书写范本是"生命之家"的圣书文士阿门·爱姆·欧波所编撰，其中选有常用与不常用的字，按照性质而分成类别。第一类是关于天体及其变化的字，如天、日、月、星、风、云、晨、暮等。第二类分为六种，即关于人的，关于高级官吏的，关于低级官吏的，关于团体的，关于外国人名，关于外国地名的。此外，还选入埃及城市、建筑名称以及饮食、鸟兽的名词。这一范本历经极为长久的年代，为初学者练习书法的楷模。古埃及在书写教学中还注重指导儿童学习辞令，认为善于辞令是良好教养的标志。谚语说："辞令比武器还有力量。""你如巧于辞令，你必将获得胜利。""巧妙的言辞胜过贵重的珠宝石。""人的嘴巴会拯救他脱离险境，优美的词句能使他和善待人。"儿童学得初级水平的书写能力后，则以商业函牍、请假申请书、对长官的颂词、工作报告等作为书写练习的题材。等到学生年龄长大，教师更要培养其写作能力，教他们想象各种具体情况，练习作文，如记述或撰写法老和高级官吏的旅行、城市和庙宇的建筑、船舰的修理、下属向长官提出的申请书、长官对僚属的复信等等。从新王国时期的学生作业中，还可看出教师常常以古典文学作品为范例，指导学生模拟美好的文体。其中最著名的作品应推在公元前2000年左右撰写的《农夫的善辩》和在公元前1300年左右撰写的《文士的辩谈》。学生在仿效文体之中，可以受到道德的、文学的熏陶。

关于计数的教学，埃及和巴比伦一样，所传授的并非抽象难解和理论严肃的数学，乃是对于具体数量的测算，内容粗浅，不曾超过一次方程的水平。一般是计算个人财产，尼罗河泛滥后的土地丈量，征税的税率，金字塔的面积、体积，谷物的储存量，等等，是实用性质而非学术性质的。英国博物馆所藏的《莱因德数学篇》计两册，各宽10英寸，长17英寸，是希克索斯族入侵埃及时期的古物。就其内容看，乃是千余年来长期积累的知识，反映出其成就不高。不过，按其文献所谈，文士而不懂计算，是引以为耻的。

2. 高级阶段的课程和教学

埃及高级阶段的教育是为青少年实施的专业教育。在专业培训中最受重视的是建筑业教育，因为建筑业是埃及最受重视的行业，当时主要建筑物有宫廷、寺庙、陵墓，特别是金字塔，理由是敬日神和敬法老是埃及牢固的传统，而且认为人死后还可在阴间享受幸福，因此须讲究死后的生活环境。从古王国时期开始，金字塔便修建起来。最大的金字塔占地13英亩，高达480英尺。依照希罗多德估计，它是12万人历时20年竣工的。在那沙漠边缘之区，竟然矗立着高大的金字塔67座之多。至于宫院、殿堂、庙宇、堤坝，更不计其数。这类建筑大都是宏伟壮丽的艺术杰作，不仅坚固适用，更且造型美观和装饰精巧，不只包括土木工程，还包括雕刻、绘画等艺术工程，其标准之严和水平之高，为世界所罕见。建筑业不仅在埃及本国生意兴隆，还有外国顾客邀请前往各国施工。埃及曾有一些时期把建筑视为高于一切的知识，从事此项专业者几乎无例外地和王子王孙同处，或与王女王孙女结婚；法老之下的首相也常由显赫的建筑师充任；建筑术的始祖就被推崇为埃及的圣人。为培植建造设计、建材选择和技术指导等各方面的人力，专业教育应运而生。众多僧侣掌握丰富的专业知识，又承担大量营造业务，是天然的建筑专业教育家。可惜缺乏文献叙述建筑专业教育的实施办法。学者公认这项教育是在宫廷、寺庙或私人家庭进行，而寺庙的贡献是伟大的。

在天文专业方面，海立欧普立斯大寺是权威，皇家的天文官即依赖它培植。数学、几何学、水利学的专业培养推测也由寺庙进行。

埃及古代医学曾进行分科钻研，但就科学标准加以衡量，成就并不甚高。理由是埃及人深信人之患病源于病魔作祟，驱妖除魔即能治愈。在诊治和解说中充满着巫术及迷信，缺乏科学验证，更谈不到生理学和解剖学的知识。医务工作者大都墨守公元前 3000 年印和太伯的医案，一味记忆陈旧处方，不敢越雷池一步。在若干种疾病的治疗上虽有一定效果，但局限性是严重的。由于从医业者多为寺庙高僧，以济世活人而享受优厚待遇，青年们便跟从僧侣学习这项专业了。

律师行业那时还没出现，司法工作由政府官员负责。他们掌理词讼，审判刑狱。古埃及认为这是神圣职责；而熟悉法典和明辨曲直，也非有专业知能不能胜任。这种司法人员的培训可能是在文士或书吏的培训中进行的。司法专业教育尤其着重实际，缺乏向高深理论方面的探索。

古埃及的教学方法比较落后。原因是各种文字的学习繁难，又因当时缺乏教学经验，教师仅机械地提示和灌输，要求学生呆板地仿效和记忆，希望学生从学习中寻获兴趣，实难想象。古籍说："学生从抄写书册所遇到的麻烦，简直难以令人置信。"其结果是不得不在学习本身之外去寻求求学的动力，那就是以名利思想来诱导和以惩戒手段来威胁了。古代埃及有许多训诫和格言，是鼓舞学生奋勉学习的。道福原是教子孝顺母亲甚于孝顺父亲的，他居然说："我要你爱书籍甚于爱母亲。"他又说："唯有文士是指挥众人工作者，如果读书成为文士烦厌的事体，那么幸运之神就将离你而去了。"别的训诲还说："你要开口诵读手中的书，向比你更有知识的人请教。""你要勤于请教，不要忘记书写，不要厌烦书写。"为了激励学生学习，训诲还戒止懒惰偷闲："啊！文士，不要怠惰，否则你将被惩戒所驯服。"有的教师教导学生不可上街游荡，而应专心学习。当时惩戒手段中最主要的是鞭棍的打罚。很多文献把鞭棍和教学视为同义语。埃及人对年轻一代偶尔犯些小过失,也每每处以体罚。公元前1500年左右,王子塔户提曾说,他遭受鞭打如同家常便饭。埃及人认为"男孩的耳朵是生在背上的",就是说必须击打他们的背,才能使他们听课。埃及人又认为"知识技艺之神托特把教鞭送与人间",就是说鞭打儿童是神所确定的。在文献中还载有教师囚禁学生于寺庙达三个月之久的事实。甚至有人把教育比作驯兽。可见那时采用的教育手段是多么原始且粗暴。

古埃及的教学注重实际应用,不重学术阐述;注重实习操作,不重理论钻研。就其优点而言,教师教学多系针对现实需要,并且学生常去政府部门边做边学,由见习而实习,借以熟悉业务和锻炼干才,所学所用恰恰对口。他们既以专业人才为师,又以官吏为师;既以学校为培养场所,又以政府部门为育才之地;使成才和用才,两相结合。不过,在另一方面,教师教学注重注入灌输,不重启发诱导;注重崇古墨守,不重创造革新;以致学生目光狭隘而知识浅陋,安于故常而不思突破成规古训。教育史家说古埃及不重理论探索,虽重实际而不重实验,甚至比较发达的医学也不采用疾病的观察和试验,解剖学并没有形成,虽则木乃伊相当高明,而以象形文字撰成的医书却以古代鸟类解剖的结果为依据,解释是肤浅粗陋的。其结果便陈陈相因,进步缓慢。英国剑桥大学编撰的古代史说,古代埃及是世界上仅次于印度的变更最少的国家。这是否与徒知使用崇古主义的教材和诉之权威的教法有联系呢?

(五)道德教育

古代埃及在道德品质方面一是重敬神,特别是虔诚地敬畏太阳神,认为"承认神灵的伟大,神灵便可寄居你的心中"。二是注重尊君的品德,因为国君法老是人间的神灵。所以"国君之友是应当受到尊重的,国君的仇敌是无葬身之地的,他的尸体将被抛至河中"。而且由于官吏是替君主效忠的,连带着也应敬畏长官。三是儿童应孝顺双亲。不过,埃及人孝母甚于孝父,而且埃及人的孝母比任何地方都有过之。某埃及哲人曾训子道:"你不应忘记母亲对你的厚恩。她生育了你,并尽其所能地抚育了你。她哺育你达三年之久。她使你成长壮大。当你进入学校学习书写时,她每日从家中给教师送去面包和啤酒。假如你忘恩负义,她可以羞辱你,她可以将双手举向上帝,而上帝是倾听她的控诉的。"四是睦邻、恤苦、怜贫等品德。贪婪被视为罪恶,自制和节欲受到重视。显然,古埃及是以忠君敬官来维护奴隶主阶级统治的。

古埃及极重视养成青少年的优美行为,对饮食、举止、言词、交友之类,都有严格要求。当时学生每日从家中携带少量饮食充饥,家长要教导他们忍耐受苦。古籍说:"要对于自己的饮食感觉满足。假如你吃了三块面包,又喝了两瓶啤酒,而肚子仍感不足,就该对肚子加以控制。""食物不可贪求饱腹。""要把你的面包分给别人。"流行于中王国时期的《道德经》是传播很久的著作,内中言道:"你不该以你的知识自骄,你要和别人共同探讨,因为我们能从一切人领会知识。你要尊崇可以尊崇的聪明人士;但他有错误时,你也应给以改正。""你切勿一再诋毁他人。""在进到一所新房时,不要看顾妇女。""你要结婚。""要将你的余物分给别人。""不应因为分配不均而争吵。"别的书上说:"说话要知无不言,要戒除秽语。""你要把双眼睁开,免得沦为乞丐,因为懒惰之人不能得到荣誉。非经别人允许,不进入其室内,才是你的光荣。进到别人房间时,不要四下张望。你若观看物品,也应郑重其事。人之毁灭,由于多言。当年岁较长或地位较优的人站立时,你千万别坐下。""不要把心思放在寻欢取乐上,否则你就将毁灭了。"可以看出,古埃及人并未能从哲理上阐述道德的含义和伦理的原则,是竭力从具体言行上教导新生一代的。

二、希腊化时期的教育

从公元前 4 世纪开始,巴尔干半岛中部的马其顿王国势力强盛。国王亚历山大于公元前 338 年战胜雅典,于公元前 332 年征服埃及,随而建成横跨亚、欧、非三洲的亚历山大帝国。亚历山大以帝国国王兼任埃及法老,在尼罗河的肥美之地筑造亚历山大里亚城,作为帝国政治社会的中枢。亚历山大幼时就学于古希腊哲学家亚里士多德,热爱希腊哲学、文学,即位后采取宣扬希腊文化教育的方针政策。这时希腊人随征服者源源移入埃及,伴同前来者还有希腊的文人和学术。又因帝国疆域包括亚、欧、非辽阔之地,亚历山大里亚之人乃来自五湖四海而杂居共处,与此同时,各国学者也纷纷莅临而百花齐放,因而促成多元文化的极为广泛的交流,谱成人类历史的光辉篇章。德国史学家德罗伊生曾称此为希腊主义或希腊化时期;实际上,它不仅是希腊文化的推广传播,而且是东西文化的大融合,希腊文化是其中的主流而已。

亚历山大死后，帝国分裂，埃及于公元前 323 年建立托勒密王朝①。托勒密一世索他和二世菲来德法斯醉心希腊学术，在崇尚希腊文教的方针政策上，继承祖训，定亚历山大里亚为首都，又在南部建造托勒密迈伊。两城以雅典为范本，都享有自治权。大量外来移民和众多文人学者住居两城，乃成为新文化的天然孕育场所。在与日俱增的文化使者中，托勒密一世委派雅典演说家法来瑞斯在首都建立博物馆，广为搜集图书，借以传播希腊古典文化，并培训青年奴隶主。公元前 285 年，托勒密二世继位，又派诗人卡林马卡司征集亚里士多德以及希伯来人的著作，建立图书馆，致力图书储备；而且由于外文难解，还奖励编译介绍工作。这时希伯来的《圣经》经 70 人之力而译为希腊文，这就是世界名书《赛普图金》(*Sepmagint*)。托勒密三世在位时，大事抄录雅典名著，藏于馆内的图书益加复杂多样而语种不一。史籍说在托勒密一世时，亚历山大里亚藏书已达 20 万卷，其后最多时曾达 70 万卷。希腊、犹太、阿拉伯、埃及、东方文学的著述，馆藏丰富。当时博物馆和图书馆的任务不是展览借阅，不面向广大群众，系由国家重金聘请学者从事学术研究。由于政府礼遇，古希腊哲学家、科学家和文学家以及各地学者聚集此地，长年累月，致力阅读记诵，以至像叩问某某伟人的生辰年月、父母姓名、保姆姓名、年寿几何、某家送某家美酒若干瓶等琐事，有些人也能对答如流。当然，更大成就是促进学术的成长，而且包括多方面的成长。

这所古代东方的学术园地硕果极为丰盛，实系科学和文学研究院。就文字而言，含有特殊风趣的讽世诗、训诫诗、恋诗、哀歌、田园诗等作品不断涌现。其中博学诗有卡林马卡司的《圣诗》，史诗有罗第阿斯的《阿康纳谛卡司》(*Argonantics*) 和来可夫兰的《亚历山大里亚》(*Alexandria*)，训诫诗有阿拉图的《现象》(*Nomena*) 和《气象征兆》(*Signs of Weather*)，田园诗有提奥克立塔的《渔人梦》(*Fisheman's Dream*)。由于群书聚集，讹误难免，伪本日出，以假乱真，考证校订之学也发出新苗。与此相关联的语法学、诗韵学、考古学等也前进了。对于很多古籍的精湛注释，更曾使世界上最初的字典编于此时。如果说亚历山大里亚的学者在文学方面以注释和翻译为主，缺乏独立创新气魄；在自然科学方面，则全然不同。欧几里得对于几何学，阿基米德对于物理学，埃利托森对于地理学，西罗和菲鲁对于力学，赫拉非拉对于生理解剖

---

① 作者原译作托里密王朝。以下不再作注。——编者注

学，西帕卡斯和托勒密对于天文学，阿波罗尼亚对于圆锥曲线的研究，都取得了精湛造诣和卓越成就，是科学文化上的瑰宝。

以上这些成就并非得自偶然。因为在托勒密历代帝王扶持奖掖之下，亚历山大里亚不但藏书为当世之冠，还辟有植物园、动物园、观象台、文化游乐场和文化沙龙，治学环境优美；更重要的是众多研究人员由王室供应优异的生活物资，免除赋税，享有钻研自由。古代地理学家斯特拉斯说，亚历山大里亚城里"有美丽的王宫和神坛，约占全城面积的四分之一甚至三分之一。皇宫的一部分就是享有盛名的博物馆，其中有游乐园和集会的厅堂"。在强大的吸引力之下，不但世界学者荟萃此地，各国有志青年也远道跋涉而至，到博物馆、图书馆和动物园就学于权威学者。正因如此，教育史家曾称之为亚历山大里亚大学，成为古埃及学术的黄金时代。

传播希腊文化尤其有赖于设立希腊式的学校，人们既以雅典原有的学校为范例而设置学校，又在以后创立新式学校，因而形成多种类型而互相衔接的学校层次，俨然近现代的初、中、高三级教育的体系。无论就教学内容、教学方法以及学校建制而言，都相当完备和可观。

帝国于亚历山大大帝死后，分裂为三，除托勒密王朝统治的埃及外，尚有安条克王朝统治的马其顿和塞琉古王朝统治的叙利亚以及东方辽阔地区。应当指出在三者之中，埃及文化教育的繁盛居于首位，埃及对文化教育的贡献是最为辉煌的。因为马其顿王国的首都安条克虽也是文化中心，在亚历山大帝国境内是第三大城市，曾经吸取希腊学术，养成崇尚论辩和修辞的学风，李班尼亚斯是驰名的希腊学者，先后出现其他的各种类型的学校，并且慢慢具有体系；但就整个形势而言，它是无法和亚历山大里亚的优异条件相比的。东方的塞琉古王朝更相形见绌。雅典原是古希腊文化的故乡，到这时由于失去政治独立，陷溺于修辞学和哲学的空疏之学，已不如往日之朝气蓬勃和精力充盈。刚刚相反，北非托勒密王朝的都城亚历山大里亚拥有良好港口，扼世界交通商旅的要津，加之统治者励精图治、兴学尚文，政治经济学术文化迅猛发展，因之，文明古国埃及到希腊化时期，它的天时、地利和人杰都非别国所能及，便执了当时文教的牛耳。

在此须附带说明，公元前 30 年，罗马帝国吞并埃及，埃及在政治上又经一度巨变，由于拉丁文化已经肇端，此后便不属于希腊化阶段。不过，罗马是竭力吸取希腊文化的国家，在罗马皇帝屋大维的统治下，一向欣欣向荣的埃及的学术命脉未受挫伤，只是由以自然科学为重点转而以哲学为重点了。亚历山大里亚在这时期依然为东西方学者所集居，并成为东西方哲学的融汇之地。其中突出的是柏拉图、亚里士多德的希腊哲学和犹太哲学互相杂糅成为新柏拉图主义。撒卡斯、蒲洛太纳斯、包非利、安布立克斯和普鲁克拉斯，都是新哲学的创造者，而蒲洛太纳斯最为著名。欧洲中世纪的基督教经院哲学就导源于新柏拉图主义。葛列夫斯在所著《中世纪教育史》中称道自亚历山大大学建立直到罗马统治时代，"亚历山大里亚已代雅典而成为世界文化中心。亚历山大大学也成为世界上的领袖大学"。

还须附带说明的是公元640年，伊斯兰教徒攻陷埃及，埃及古代文化曾一度受到剧烈摧毁，形成浩劫。相传文法学家及逍遥学派哲学家约翰当时居住城中，受到伊斯兰军统帅阿木尔的器重。约翰曾申请把全城图书由他领有和加以保护。阿木尔请示哈利发欧玛尔，得到的饬令道："如果这些藏书的内容和《古兰经》相同，则等于无用，因为《古兰经》包括了一切真理。如果这些藏书违反《古兰经》，则应予毁弃。所以无论其内容如何，都该全部焚烧。"紧跟着，所有图书被分配给全城多达4 000所的浴室，供作燃料达六个月之久。古代埃及文明受此史所罕见的摧残，便衰微下来。

三、结　　论

在埃及和两河流域的发展中，两河流域是走在前面的。在历史的最初阶段，两种文化缺乏接触，是各自独立前进的；但是到中王国时期，则双方交往频频。可憾的是公元前1680—前1570年，喜克索斯人侵入埃及计110年，交流中断。待埃及驱逐喜克索斯人而强盛之后，埃及又和两河流域恢复贸易交往并保持国际友好。那时巴比伦的阿克德语是国与国间的交通用语，外交函件和政府文书都使用它，因此埃及曾雇用巴比伦文士担任书吏之类职务，以满足其日趋繁多的商务的和政治的需要，以后慢慢地通过交换文士和互通文化，更促进了埃及教育的迈进。很清楚，埃及和两河流域并不曾在文教上彼此隔绝，而互相交流是有益于两种文化教育的进步和成长的。

如果把眼界再扩展一步，则更可知埃及的文化对于世界的功绩。公元前二千纪，地中海仍是东西方民族汇合地带。埃及于公元前1570年建立新王国之前，居住美索不达米亚平原的希伯来人曾迁至迦南，即今巴勒斯坦；等到埃及人约于公元前 1570 年赶走喜克索斯人而复兴之后，即将迦南并入新王国的版图，将希伯来人移入本土而强迫为奴隶。直到公元前 1250 年，这些希伯来人才返归迦南。当希伯来人逃离埃及而途经西奈半岛时，酋长摩西确立《十诫》，借宣扬神力而统一人们的思想和行动，其后则发展成为基督教。无可讳言，希伯来人是曾受埃及文化洗礼的。这里尤其要着重指出的是两河流域的楔形文学和埃及的象形文字都是历史悠久的。约公元前 13 世纪，善于航海经商而在地中海拥有大量殖民地的腓尼基人便以两种古代文字为基础，创立了拼音文字，即由字母拼成的文字，这是人类文化发展史的里程碑。因为它不但便利了当时社会生活的使用，更重要的是给以后文化发展做出了深远的贡献。具体说，字母文字问世不久，便分化为阿拉姆文和腓尼基文。阿拉姆文向东方发展，繁衍成为古典的希伯来文、叙利亚文和阿拉伯文；腓尼基文便繁衍为希腊文，以后更分化为许多欧洲国家的文字。希腊的教育、欧洲中世纪的教育以及东方国家的教育，都是利用这些文字为重要工具而进行培养新生一代的工作的。溯本探源，这些史实显然与古代埃及的文化，特别是文字有关，证明古代埃及在世界教育史上曾居于先锋地位。

古代印度的教育*

一、古代印度的社会

印度是文化发达的古国。据考古学家的发掘，印度河流域在公元前 4000 年到前 2000 年已有相当优越的哈拉巴文化。它曾和美索不达米亚平原的苏美尔文化有过交流和融合。它曾建有高耸的卫城、宽敞的市街、精致的屋宇和瓦管制的排水装置，而且创出象形文字和精美的雕刻艺术。哈拉巴文化传播很广，恒河流域也是它流传所及之地。不料，在公元前 2500 年左右，这个延续约千年之久的灿烂的印度初期文化忽而消失。究竟由于天灾，抑或由于人祸，至今尚无确证。因此，叙述古代印度教育的发展，只有从吠陀时期开始。相传公元前二千纪中叶，一些自称为亚利安（出身高贵者）的部落，由里海南边迁来印度河中上游旁遮普地区，和原来的达罗毗荼人经过战争之后而定居下来。印度古代典籍《吠陀经》记述了这一阶段的情形，故习称这一阶段为"吠陀时期"（约公元前 2750 年—公元前 6 或公元前 5 世纪）。《吠陀经》共有四种，其中《梨俱吠陀》出现最早，是早期印度社会的反映。

亚利安部落原是猎人和牧人，而印度人已经使用铁器，这些外来者便开始利用当地白铁器而逐渐由畜牧业转向农业生产；后来农业、手工业和商业也慢慢发展起来，并且由印度河流域扩大到恒河流域。亚利安人原是无文化的民族，但入居印度之后，奴役被战败而富有文化的达罗毗荼人。他们迫使达罗毗荼人艰苦劳动，促进生产事业的发达。古印度的梵语就是他们的语言。慢慢地在生产力发展的过程中，原始的部落公社瓦解，部落上层分子窃夺了原属公有的生产资料——田地，并强迫别人耕种而剥夺其劳动果实，奴隶主和奴隶的阶

---

* 本文原载《外国教育通史》（第 1 卷），滕大春主编，山东教育出版社 1989 年版。

级划分从此萌芽了。达罗毗荼人和其他战争的俘虏就是奴隶的来源，这些人被习称为"贱民"。为维持这种压迫剥削的社会制度，原始形态的国家便出现在公元前1000年左右的恒河流域，经历了多次战争，才于公元前6世纪的中叶，产生了占有北印度广大领土的强国——摩揭陀。历史上常提的孔雀王朝（约始于公元前321年）、贵霜王朝（约始于公元前2世纪）和笈多王朝（约始于公元3世纪），都是古印度显赫的奴隶主建立的统治。在笈多王朝以后，印度结束了奴隶社会而步入封建社会了。

在了解印度奴隶社会的简史以后，特别要叙述它的种姓制度、宗教和文化，因为这三者都是理解古代印度教育所必需的。

首先，种姓制度是印度所特有的阶级压迫制度。根据《梨俱吠陀》最后一卷的资料，印度在梨俱吠陀的末期已经有了婆罗门、刹帝利、吠舍和首陀罗四个等级，说明那时奴隶制度已经有了一定程度的成长。奴隶制的国家形成之后，等级划分更为严格，阶级压迫更为残酷，种姓遂成森严的体制，界限不容模糊。具体说，婆罗门是僧侣祭司，刹帝利是军事贵族，即武士。两者居于统治地位，而以婆罗门为权势最高。公元前3世纪出世的《法典》肯定《吠陀经》是知识的仓库；婆罗门通晓《吠陀经》，是唯一的悟道者和圣书的保卫者，他们的说教比世俗的法律更为高贵，"世间所存在的一切都是属于婆罗门的财物"。按照印度古老的解释，种姓原是个人品德的标志，只要对于所属种姓尽了职责，就可以上升到另一种姓。但随着压迫制度的深化，种姓却成为世袭的了；不仅成为世袭的，而且人死后还依旧保持其原有种姓。这样，婆罗门种姓就是享有最高权威的贵人阶级，刹帝利种姓也必须服服帖帖地屈从于它。吠舍是农民、手工业者和商人，虽然也和前两种姓同属"再生"种姓，即死后仍可再生为人，并且享有人身自由，却处于被压迫的地位。首陀罗地位最低，不属于再生种姓，他们没有生产资料从事生产，也不能于死后再生为人，是无权利的被奴役者。当然，奴隶比首陀罗更为卑贱，婆罗门种姓的人宁愿溺死，也不愿被奴隶从水中捞救。当时阶级的对立，可从这些种姓和阶级的关系中清楚看出。婆罗门掌握神权，刹帝利掌握军权及政权，他们生活华贵而特殊，全靠别人供养；其他种姓则是被宰割的鱼肉。依照当时的规定，杀死一个婆罗门要付很高的物质赔偿，杀死一个刹帝利的赔偿只及其四分之一，杀死一个吠舍仅及其八分之一，杀死一个首陀罗则仅及其十六分之一，这种票面价格的贵贱说明种姓间的鸿沟是既宽且深的。不同种姓之间的转换和通婚，是不许可的。奴隶地位更为卑微。在奴隶主看来，两腿奴隶与四腿奴隶在地位上一般无二，直视奴隶为牲畜，可以随意打骂、转让、出售，贵族也以占有奴隶的多寡为财富多寡的标志。劳苦大众反抗这种不合理的现象是当然的。为维持阶级统治，统治阶级一方面采取政治和军事的高压而形成专制制度，另一方面从思想意识上进行欺骗麻醉，极力利用宗教作为统治手段。

其次，从印度宗教发展的过程看，婆罗门教历史最久。在奴隶社会形成的早期，婆罗门教也开始形成，作为披着神圣外衣的奴隶主阶级的统治工具。它首先肯定种姓划分的合理性和出身论无可怀疑，借以维持奴隶社会的等级制度和巩固婆罗门的特权。婆罗门僧侣崇拜梵天，说婆罗门是梵天用口创造的，因而能宣扬神旨；刹帝利是梵天用肩创造的，因而能执行神旨；吠舍是梵天用腿创造的，因而能为神效驰驱之劳；首陀罗是梵天用脚创造的，因而要老老实实地忍受践踏。婆罗门教大力宣扬人们唯有遵循神意而安于其位，否则便为梵天所不容。

不过，婆罗门教义的理论系统，严格地说，是由公元前9世纪至公元前8世纪撰写的《奥义书》所构成的。由于《吠陀经》过于束缚人的头脑，慢慢出现钻研经义的苗头，其结果诞生了《奥义书》。从公元前8世纪到公元前4世纪孔雀王朝，史称"奥义书时期"。《奥义书》是以注释《吠陀经》的体裁著成的，其中确立了关于梵天的理论。约在公元前5世纪出现的《奥义书》的重要篇章《吠檀多》，就更将解说达到完备的境地。总括地说，梵天是永恒存在的绝对实体，具有善与美的实质，是天地万物所以生存的根源，各种世间事物乃是根源于梵天而产生的幻影，当然，人同样是来自梵天的幻影。《吠檀多》讲"梵我如一"，就是说，人和一切既都是梵天所生或梵天的体现，一切俱是统一的而非单独存在或孤立无依的。人们如果能认识隐于各种事物后面的实体而与梵天统一，即是"大自在"，用通俗的话说，即达到了人生最高境界了。只可惜要达到这种境界是障碍重重的，原因是人们蒙受感觉、理性、欲求等心理因素的纷扰，造成了真正认识的魔障。所以从纷扰中求得"解脱"乃是首要事体。解脱之路是什么？那就是信守教义和坚持种姓制度，丝毫不得违反。

无奈客观事实冷酷地戳穿这一骗局。因为有人为非作歹并没有受到苦难，遵守礼教者却尝不到实惠。为解释这一难题，婆罗门教关于轮回的说法恰是妙计。教义说：人们行善行恶在死后接受裁判时是有报应的，善行者再生为人，恶行者则遭地狱之惨。不过，婆罗门种姓与梵天永远合二为一，不受轮回之苦；在另一方面，首陀罗非梵天所喜，是无法轮回再生的。奴隶更不消说，他们是和首陀罗同样不能登上彼岸世界的。这种宗教理论上的不平等不过是当时社会不平等的赤裸裸的暴露罢了。为了维系这种不平等的社会，婆罗门教就千方百计让广大群众都来相信宿命主义和神秘主义，消极退让，以一切为幻，以修来生而厌今生为奋斗目标。婆罗门是神的代表，唯有依凭婆罗门做媒介，人们才能受到神的恩惠。这样，刹帝利、吠舍、首陀罗也须仰仗他们的鼻息而忍受他们的支配宰割。在一般阶级压迫之上，还在各统治阶层之间建立起重重叠叠的不能逾越的堤坡，这在印度古代社会是比别国更胜一等的。

迟于婆罗门教而与婆罗门教同操古印度教育大权的，是佛教。佛教是植根于婆罗门教的宗教。约公元前4世纪的孔雀王朝时期，强大的奴隶主专制政权控制了广大国土，豢养了庞大的军力，擅自作福作威，阶级对立日趋尖锐，不但首陀罗和奴隶饥寒交迫，难以生存；原属再生种姓的吠舍也沦落于受剥夺、受压迫的行列。这就迫使愈来愈多的人感到生存就是烦恼痛苦，无法不与统治阶级展开斗争，随而开始了反种姓制度的运动。产生于公元前6世纪的佛教，刚好是当时对于奴隶主阶级暴虐统治的怯懦的同道者，是缓冲阶级对抗的理论武器。佛教以"慈悲为怀，普度众生"为号召。它为抑制婆罗门种姓的无限特权，力言众生平等。它还强调人的品行而不强调人的出身，认为应由前者而非后者来决定种姓。因此，佛教寺院的僧侣不存在种姓的区别。这些教义都是合于广大人民的殷切希望的。但在另一方面，佛教对于梵天的理解和对于解脱的看法，都继承了婆罗门的教义，而且以求得涅槃，即灭绝尘世之苦和拔除轮回之劫而永远归于圆寂，即死，为无上幸福，即叫人忍受奴役而不触犯种姓制度。其结果是只在一定范围内稍稍缓和了种姓的压迫，却又投合了大奴隶主的心理，因而统治阶级给予佛教的不是迫害而是庇护。公元前3世纪摩揭陀国孔雀王朝的阿育王定佛教为国教，这是由佛教的政治性和阶级性决定的。最初，佛教并无宗教组织，只由信徒——和尚们在共同信仰下从事修行，或到民间广为宣传。阿育王（？—公元前232年）时代取得国教之称，才出现了僧侣的组织，从而制定了教条和戒律，慢慢地佛教寺院建成了，宗教仪式繁多了，随而起着培育新的信徒和宣扬教义的教育场地的作用了。

再次，除种姓制度以及婆罗门教和佛教之外，和古代印度教育紧密相关的还有文化的发展。在最初，古代印度的学术完全操控于婆罗门之手。在哲学方面，婆罗门教的《吠陀经》和《奥义书》都是古代哲学之作。佛教反对婆罗门对文化知识的垄断，但其经典也只是僧侣所能享受。佛教的三藏是经、律、论。经即佛教创始人释迦牟尼的宣教，律即佛教的清规戒律，论即弟子论证的经义。三藏都是佛教崇奉的宝典。它们从事哲理性的探讨，形成人类精神财富。在文学方面，古印度的史诗《摩诃婆罗》和《罗摩衍那》，俱是杰出的作品。两诗叙述惊险的故事和曲折的斗争，颇能引人入胜；其篇幅之大，远远超过古希腊荷马创作的《伊利亚特》和《奥德赛》。摩揭陀等奴隶制国家发达后，在科学方面也取得辉煌成就。阿拉伯记数法经印度吸取袭用和推广传播，遂为世界所通用。在几何学、代数学、三角学、微积分学方面，印度是领先的。印度学者是最早应用代数学来解决天文学和几何学问题的人。在公元前8世纪以前，由于建筑美术的需要，几何学已很发达，以后有许多测量工具的发明，才使应用代数学代替了几何学。说到天文学，印度在公元前1000年左右已有了测算阴历的历法。在医学、地理学、历史学、物理学和化学方面，印度人在公元前800至公元前600年期间的进步是巨大的。据说古希腊医学家希波克拉底的许多医科知识是得自印度的。佛教寺院传授的五明，比较欧洲学校传授的七艺，范围广阔，且有独特之处。明是学问知识：一是"声明"，学习辨识古字古文；二是"巧明"，包括机械和历算；三是"医方明"，讲授梵咒和医药方法；四是"因明"，讲述推理方法，是类似逻辑之类的知识；五是"内明"，讲解佛经和讲求因果关系。这种多方面知识使印度文化史赢得崇高的地位。一般学者的论断是：古代印度人在科学和哲学上是无有匹敌的，只是在文学、建筑、艺术、物理科学和社会科学方面，古代希腊人是在古代印度人的成就之上的。可见印度不愧是古代文化发达的国家。为传播和运用这种丰富而优美的文化知识，古代印度人就促成了印度教育的发展。

二、婆罗门教的教育

在古代的印度，所有亚利安人都必须接受教育；以后有了禁区，只有婆罗门人才有享受教育的权利。大约公元前6世纪，佛教兴起，婆罗门教受其冲击而解除门禁，婆罗门、刹帝利和吠舍三种姓都有权受教育；不过这是具文而已。实际上，婆罗门人继续垄断教育，把大多数亚利安人排斥于教育圈外，被征服的达罗毗荼人更不问可知。很清楚，教育机会随着奴隶主阶级专政的逐步残酷而逐步压缩，成为少数人独占的特权。婆罗门种姓高居宗教和文化领袖阶层，以精通学术和知识为标识，最为注重信仰和学养。刹帝利种姓是军事和政务的领袖，军政兴趣使他们对于哲学等不如婆罗门种姓之重视。他们也必须学习《吠陀》经典，并着重学习政治管理的知识。他们在学习这些世俗知识时，也必须以婆罗门为师。吠舍种姓以务农、工、商为事，因其不以学习《吠陀经》为务，文献上缺乏对于他们的教育的记录。他们可能以充任农村中的头面人物为希图，无意文化修养。最初他们还学习少量《吠陀经》，以后连这点权利也遭剥夺，和首陀罗种姓差不多了。个别典籍曾说，人们不分种姓都有平等权利学习《吠陀经》，是违背实际的推论。有的典籍还说古代印度妇女受着优美的教育，可以成为智者或文人，实际上那是极为特殊的例外，即令婆罗门种姓的女子也无法人人如此，只有绝少数文人之妻或文人之女学些诗文或哲学罢了。总之，在等级对峙的阶级社会中，绝大多数人的教育权被剥夺精光，未剥夺者也在内容上大有区别。教育是阶级身份和等级地位的标志，在这里是看得明明白白的。

由于婆罗门种姓接受当时体制最完备而水平最优良的教育，我们就以它为重点来加以叙述。

（一）家庭教育

古代印度在氏族社会解体之后，原始公社变成农村公社，以公共经济和血缘关系为基础的氏族变成由掌握特权的少数人奴役群众的阶级制度。马克思肯定这种看来和善的田园风光的农村公社，乃是东方专制制度的牢固基础。当时印度以农业生产为主，担任农业生产的达罗毗荼人居住在农村，过着农村公社的生活。非达罗毗荼人同样居住农村，因为当时城市还未发达。这种农村有的是单独的农村，每到一定时期即重新把土地分给农民耕种，而由村民缴税；有的则是联合农村，村民世袭地占有本村公社中的土地，而由公社缴税。农村就是印度人的组织单位，其经济是自给的。在公社村中，印度人的家庭也分为单独的和联合的两种。联合的家庭的成员聚居一处而共有财产，单独的家庭其成员分别居住，财产私有。在两者之中，联合的家庭是常见的。大的联合家庭常有数百人之多，环绕祭祀家神的祠宇而居。妇女在家庭中不能享有财产，因为妇女结婚必须离家而祭奉丈夫的家神了。这种家庭是古代印度的组织细胞，它提供了印度古代人的家庭教育。

根据史记，吠陀时期极重家庭教育。在古代印度，特别是在氏族社会残余比较显著的印度河流域，父权极大。他是一家的主宰和统治者，对妻子儿女有绝对权威。他决定子女的命运，甚至可以出卖或处死子女。当然他更持有对子女的教育权。祭司僧侣为使后代保持世袭的种姓，一般都在家里教子女学习《吠陀》。公元前二千纪的《法典》讲："学习和理解《吠陀》，从事虔敬的忏悔，探索有关法律和哲学的神圣知识，尊敬自然的父亲（生父）和精神的父亲（僧侣），乃是首要的职责，尽到这些职责，便可获致无限的幸福。"显然在吠陀时期十分看重家教，而家教的主要任务是借宗教训练培养继起的婆罗门。婆罗门在祭祀时背诵圣诗是最关紧要的事体。而吠陀系古典的梵文所撰写，不易诵读，举行祭祀时不但要把这些冗长篇章一字无误地背熟，还要有腔有调，合于节拍，以期悦耳动听，触人感情。无奈当时不许抄录而仅能口头传授，所以学习十分困难。这样，婆罗门便于日常在家一句句地领着子辈诵读，有的还邀集邻儿一起学习。按照规定，婆罗门要把四种《吠陀经》全部学好；由于此事过于耗时费事，难以实际做到，然而最低限度也必须学好一种《吠陀经》方得为僧侣，即婆罗门。

（二）学校的兴起

大约公元前 8 世纪以后，印度的生产发展和社会发展积累了丰富的经验，婆罗门人就这种经验加以提炼，促成了学术的迈进。古代印度不但几何学、天文学、水利学、建筑学、医学等多种知识需要向前跨步，为了正确诵读和解说《吠陀经》，还产生了语法学、发音学、声韵学等多项知识的初基，再进一步更有了逻辑学和哲学。这些丰富多样的知识使人具备了从理论上钻研《吠陀经》的条件。其结果是《奥义书》问世。从公元前 8 世纪到公元前 4 世纪的孔雀王朝，被称为"奥义书时期"，是印度古文化的成长壮大之年，是古印度学校诞生之始。

自远古起，家庭教育仅以背诵《吠陀经》为务；进入解释经义的历史阶段，情势大异于前，教育也不得不改弦易辙。简言之，这时阐述经义的工作，并非一般家长所能胜任；而且宗教祭祀这时已成为具有专门训练的僧人的职责，再不是一般婆罗门教士所能承担的。随而传统的家庭教育碰到了难题。恰好这时出现了一些对经义初具研究的人，印度古籍称他们为"古儒"（Guru）。古儒兼具笃信梵天而又能阐述经典的双重品质。最初，他们周游各地，教导青年，被视为神圣的经典传播者，很受社会尊重；以后则定居家中，设校教徒。这种由古儒私立的经义学校叫阿什拉姆（Ashram）。在奥义书初期，学校尚少，到奥义书末期，就趋于发达了。公元 2 世纪出现的教育法规（Dharmasestras）详细地规定了师生关系之类，说明当时已有制度化的需要了。

阿什拉姆的教育带有浓重的家庭教育气氛，在进行知识教育之前，首重宗教教育和道德品质的培养。最初，儿童有于5岁入学的，一般儿童入学年龄为七八岁。入学以前须经过隆重的仪式（Upanayana），成为再生种姓；然后还须经古儒许可，方被接受为学生，而许可与否则取决于学生的品德。理由是唯有品德优良者方有条件学习《吠陀经》，否则是无法学习的。在仪式中，学生须立定誓愿，表示忠贞，还要承诺看守圣炉和行乞之类的义务。履行上述程序后，学生即迁入古儒家中，通常以12年的漫长岁月，师生同饮食，共生活，不啻教师家中的成员。阿什拉姆的清规戒律相当严格，学生须定时沐浴，虔诚祈祷，衣装朴素，削发独身，在地板上睡眠；还须到各地行乞，借以习惯于过艰苦生活。乞讨所得之物应用以奉师。学生必须严师生之礼和唯师之命是从，师礼不周意味着学意不诚，构成被开除的条件。

按古印度的传统，唯有婆罗门教的僧侣才有权教授《吠陀经》。当时对教师要求极严，其品德行为都须符合圣典的要求；在担任教师之前，还须接受考验，并须精通所授的学业和善于引导学生服从规则。在教规上要求教师应该态度温和而心地纯良，使人乐于亲近而非望而生畏。法律也规定教师应有学养、忠贞、和善、言语清晰、以身作则、信仰坚定，并且安于行乞而乐于以知识启迪后生。古印度把教师推崇为崇高的职务。一般俗人则只能传授实用知识，且须经受婆罗门的检查。凡教师胜任古儒之称者，是极荣誉的。古儒的人数愈来愈多，不乏博学多闻之士，对社会影响很大。有的教育史家把他们比作亚述、巴比伦和埃及的书写家，希伯来的拉比，希腊的辩士，都是古代充当师职的知识分子阶层，是很恰当的。古儒全是婆罗门种姓的人，标榜不收用费，因为《吠陀经》是圣书，传授圣书是神职，为神效劳是不求报偿的清高事业。实际上，学生家长常给古儒以丰厚的赠礼，学生毕业后对教师赠礼也是常事。阿什拉姆还常由人们赠予田地，由学生代为耕种，古儒在经济生活上颇能自足。学负盛名的古儒，常有为数众多的学子会集校中，以致要加聘助教协助教学。政府对于教师的教学不予干涉，阿什拉姆享有很大限度的自由。这种学校的独立自主促进了学术的发展。

学校的教学内容比家庭教育既丰富又高深。人文科目和自然科目都在学校中取得地位。正像中世纪欧洲的基督教学校以"七艺"为学科一般，婆罗门学校以语音学、韵律学、语法学、字源学、天文学和祭祀为"六科"，规定"六科"是学习吠陀经典的基本训练。可见学校已在神学学习中包括了更广泛的知识,这是有益于印度学术发展的。最初,婆罗门、刹帝利、吠舍三种姓的人可同学经义。以后种姓分化逐步明显,教育因而分化。刹帝利仅学少量经义及语文、语法、逻辑之类;在另一方面,则支配较多时间学习射术和政治。吠舍子弟将来务工、务农、务商,其教育以职业训练为中心。吠舍子弟最初曾学习吠陀,随着种姓分划的加剧,《吠陀经》学习被取消,学术科目也不再学习。吠舍虽有少数人进吠舍阿什拉姆,但多数是通过师徒传授的方式学习技艺。所以吠舍种姓的青少年多到匠师家中生活和劳作,还常出售劳动的成品,来增加收入。

古代印度的教学的主要方式是教师口头传授《吠陀经》的语句,不加说明解释,学生只是机械背诵,而且必须记忆十分纯熟,不许有误。最初没有书写学科,全然是口耳传诵;后来书写普遍使用,仍然以口耳传习为重要方法,很少像两河流域那样叫学生由书写来求知。《吠陀经》是梵文作品,不是用普通文字所撰成,篇幅很长,极不易解,学生学习经文负担至为繁重。教师有时也鼓舞学生发问,但不准怀疑《吠陀经》的意义,所以不是启发智慧而依然是呆板机械的,当然谈不上注意学习的兴趣了。仅仅一部《吠陀经》就要学习12年之久,可知当时学习效率之低。所须提及的是教师常常利用年龄较大的学生作为助手,由他们向其他同学传授。后来,此种办法相沿成风。19世纪英国派到印度的随军教士安德鲁·贝尔把它加以改变,便成为英、美诸国盛极一时的导生制。在训育上,一般采用训练心灵的方法,祈祷、打坐、克己、修行等被视为进德的途径,认为它们可以制服欲望和潜心修养。学生还须终身敬师,因为师严而道尊。体罚是常用的手段,教典上和法律上都允许教师以竹棍和绳索打罚学生。不过,教师们逐渐理解对于16岁以上的学生,体罚效果不佳,因为这种办法虽可制止恶行而无助于内心改悔。因而在法规上说:"良好的教学必须不给学生带来任何不愉快的感觉,而尊重品德的教师必须应用甜美而仁慈的语言。假如儿童犯了过失,教师可以用严格的话语告诫他,并且要威吓道:如果再犯,便该挨拳打;而且假如在寒冬犯了过失,教师就将把他插在冷水之中。"可见当时的教师已约略知道恩威并济而有所改进了。

(三)高等学校的建立

印度高等教育也是奥义书时期的产物,到公元5世纪末的笈多王朝才发达起来。一般说来,古代印度的学府有两种,一种叫巴瑞萨,一种叫隐士林。前者是学者集会之所，最初常由3名造诣较优的婆罗门学者组织而成，一些已受基础教育而有志深造的青年，长途跋涉前来就教，学习《吠陀经》、神学、法律学、哲学、天文学之类。以后发展起来，通常由21名学者组成，规模扩大。隐士林则是年老退休的婆罗门学者教学之地。那时没有印刷术，教材由教师口述和学生笔录，久之便产生分歧，在解释上也彼此各异，教师在解经时乃各行其是。这些学府利用集体讨论，谋求解决疑难问题。阿什拉姆的古儒多就中心话题参加论辩。国王有时也附庸风雅，参与论辩而敬重论辩的学者。王子更是被鼓励去参加学习的。有文献记载，高等学校除讨论《吠陀经》之外，还传授法律学、天文学、语法学等高深科目。这类高等学校是私人组织，不是由政府设置的。所幸它们获有私人捐赠的产业，能够维持用度，对于独立而经久地致力于学术探索，并无困难。再则，这些学府笼罩在神学气氛之中，原不利于学术发展；但是师生们为着钻研教义而长期致力理论工作，对学术倒也有所促进。有的高等学校讲授高深科目达18种之多，就可见一斑。有些经解就是多数学者长期钻研探讨的记录。一些关于真理的追求和梵天的阐述，尤其是众多学者经久讨论才取得的定论，随而载在《奥义书》中。在瓦连那西、努米什轮阿、坎吉维拉姆等地，都曾有过规模很大的享有盛名的高等学校。

在这些高等学校之中，有的是为着环境安静和便于修行而设的。其中规模最大、最负名望的是印度东部地区的婆罗门寺院和萨马那寺院。两者都由富有学识的高僧讲学论道。他们有人长于科学和哲学，有人长于语法学和字源学，在讲学论道时，皆吸引众多门徒远道来学。这些学术高僧有时还巡回各地传播文化。在百家争鸣之下，各种哲学流派纷纷产生。

婆罗门大寺有种姓限制，萨马那大寺则广开门路，不问贵贱贫富一律接纳，只要从事禁欲生活的人，就有资格参加，因而具有民主色彩。这些寺院的学术争议虽然热烈高昂，但论旨都在谋求解脱之道，有利于统治阶级的思想统治，所以当政者无不给以鼓舞支援，以至给它们建筑很多精舍，以供使用。佛教就是由萨马那大寺演变而成的流派之一。精舍有设于森林中者，有设于政治及宗教中心者。它们是寄宿学校，免收学费、膳费、宿费和服装费。到后来，学科日多而内容日丰，还曾设有语法学校、法律学校、天文学校、逻辑学校、哲学学校等。

历史发展再进一步，就在文化中心出现了大学。其设于塔克撒西拉和本那拉斯的大学，极有声誉。塔克撒西拉大学从公元前600年起历数百年之久，最为显赫，吸引了全印度范围的有志于学之士，有的王子也就学其中。语法家潘尼尼就在这里著成了语法的著作。自阿育王时期起，其盛况更曾历数世纪而未衰。大名鼎鼎的马其顿王亚历山大曾在此校学习印度哲学。实际上，宗教、哲学、逻辑、文学、数学、天文、医学都是其中所重视的科目。到笈多王朝时期，它还附有研究医学的机构。另外，设在本那拉斯的巴璃萨大学是可与塔克撒西拉大学相比美的学府。

古代印度许多帝王宫廷就是学术活动中心。就东印度来看，凯西国国王埃加塔撒图的宫廷曾罗致当时负有盛名的学者，成为文化园地；同时，东方威地哈国国王加那卡也曾在宫廷罗致大批学者。就北印度看，阿什咪波提克的凯克雅王的宫廷，同样吸引了远方国家的学者。这些统治者有的是有学养的，有的是附庸风雅的，曾先后在宫廷养士论学。这些宫廷是注意教育王子王孙的，尤为注意传习政治、经济等知识。

三、佛教的教育

佛教虽不同于婆罗门教，但它不主张废除种姓制度，而且和婆罗门教同样否定现实生活斗争，再则婆罗门教的教义很多渗入了佛教，因而两教有很多相近或基本一致之处。它们的主要区别在于佛教带有民主色彩，稍稍冲淡了种姓区别。它肯定芸芸众生在灵魂上是平等的，都有可能去求得解脱，让被摈弃于精神慰藉之外的人们取得精神慰藉的权利，不再把这种权利仅仅局限于婆罗门和其他再生种姓的人。佛教号召人们消除欲念来解除疾苦和避免轮回浩劫，从而达到不生不灭的涅槃境界，因而着重人的内在修养，不讲求烦琐的宗教仪式，更用不到以僧侣为中介。佛教既未触及婆罗门种姓的利益，又符合刹帝利、吠舍的要求，因而赢得大量贫苦人的信任，比婆罗门教有广泛的社会基础。佛教所标榜的"慈悲为怀"和"普度众生"，对中下级社会具有强大的吸引力。为实现其济世的理想，佛教广设寺院来施教；佛教徒致力教义阐述和宣扬，也促进了学术的成长。兹略述之。

（一）寺院和寺院教育

1. 寺院的发展

婆罗门教曾建立寺院，为宗教活动场所和教育活动园地。不过，婆罗门种姓的人数很少，又注重个人修行，寺院寥寥，规模不大。佛教寺院则因教徒众多和活动面广，得到大量发展。阿育王定佛教为国教后，佛教寺院尤为发达，推动了佛教教育。

从历史上追溯，佛教徒在最初常于山水之区和荒漠之地，过着漂泊生涯，无固定住宿房舍，在山洞、草堆、林间、墓地随处安居，到后来才由施主富商给他们备妥一些栖居之所，供安息之用。释迦牟尼（约公元前565—前485，或公元前624—前544）对于这类善行是力加称道的。在雨季，僧侣停止巡回行乞，则住僧徒独居修行的茅舍，或居山间的穴洞。以后他们渐渐把这些简陋的处所发展成为寺庙。在过去，婆罗门的传统是在家中父子相传地进行教育；但佛教却要求"出家"，出家僧侣必须抛弃财富，割断家庭关系，摆脱生养肉体的父母而就抚育灵魂的僧师，视僧师如亲父。这样，寺院的重要性日显。婆罗门的寺院收容数量不大；佛教却扩大寺院规模，常在人烟稠密地区建起拥有数千僧侣的寺院，再后还建有不少数千以至万人以上的宏伟寺院。过去，寺院为数不多，以后则数目和类别多了起来。最初，寺院建筑简单朴素；以后寺院声势日高，寺宇的建筑就要求必须符合规格。地址应距离城镇不太远、不太近，以便信士弟子参加活动，而且易于避免喧嚣，又不致发生安全问题。寺院应有经堂、会议室、寝室、储备室、修行室、花园、池沼、水井、休息室之类，尤其要有沐浴设备。最优美的寺院简直是风景秀丽而殿宇美观的公园，极便于僧众修行和学习之用。

寺院的经济和社会条件也颇使人乐于就学其中。无数富有的佛门弟子肯于捐献私有财产，帝王贵族也慷慨捐赠寺院以土地和房屋，又兼在家修行的僧人必尽以财物供应寺院的义务，寺院便储有大量资财，僧侣生活舒适充裕，致使众人情愿废家室而为僧徒。帝王在战乱之时还对寺院大力保护，使僧侣安然无恙，平时又许僧侣以种种特权，更使社会出现学僧的风尚。具体说，众多父母考虑做僧侣比担任缮写、会计、绘画等脑力劳动都省力而富足，是合算的职业，竞相送子弟入寺为僧。尤为重要的是，和婆罗门寺院讲求门第出身者不同，佛教寺院讲求修行的年资和造诣的精湛，而不是僧徒的出身和家世，寺院生活比较和谐平等。由上种种，佛教寺僧众多，远非婆罗门寺院所能及。

2. 寺院的学制

佛教教育与佛教组织紧密关联，儿童满8岁起到20岁以前，即须到寺院举行拜师礼，表示愿意出家修行，开始禁欲生活。这些出家者应无严重病症或残疾，未曾犯罪而且无道德上的问题，在法律及财产上也无纠纷。他们的心理状态是否适合与世隔绝的生活，也是慎加考查的。因此，请求为僧者参加典礼后须由僧侣观察若干时日，凡不合条件者不予收留。他们在12年学习期满后参加第二次典礼。婆罗门僧侣在12年学习之后，一般都回家娶妻生子，佛教僧侣则须终生不离僧院。第二次典礼的仪式极为隆重，僧徒须经学养丰富和信仰虔诚的10名僧人考验，通过者始成为正式僧侣，习称比丘。比丘继续留居寺院，由两僧侣负责指导，一任教义传授，一任生活监督。从此，僧师僧徒亲如父子，相互信赖和共同生活，彼此切磋和彼此关怀。僧徒侍奉僧师是其教育的组成部分，因而每日须敬事其师犹如仆役侍奉主人，一切起居、饮食、沐浴、行乞等事都由僧徒为僧师妥当安排；不得僧师允许，僧徒不得受人礼赠，不得私自出行；僧师生病，僧徒要诚敬地侍奉汤药。僧师更要为僧徒解答疑问和讲授知识，关心僧徒的精神成长和学识进步，而且不得厌倦。硕学德勋的高僧以人格感化的威力，通过身体力行来熏陶僧徒，教育效果明显。僧徒接受这种教育至少要10年之久，才得承担指导其他新著录的比丘的职责。

  佛教既以"众生成佛"为怀，在教育机会上要求面对更多的群众。婆罗门教的寺院排拒妇女就学，因而妇女得享文化教育者凤毛麟角。佛教则为妇女广设尼庵，讲授教义和供其修行。佛教在男女界限上划分极严，对女尼的入庵考验甚为细密，一般在两年考验之后才批准去留。就寺院和尼庵的关系看，寺院高于尼庵，尼庵受寺院的协助和统辖，许多尼庵的重要事项，须由寺僧和尼庵的主持共同商定执行。尼庵就是当时的妇女教育机构，正如寺院之为男子教育机构一般。入庵的妇女也不问种姓和家世，皇后以及贵族、朝臣和富家之女，常有不恋世俗荣华而遁入空门的动人事迹。个别尼庵在学术水平上并不逊于寺院。修毕尼庵教育的妇女称为比丘尼。

  寺院是比丘学习之地，尼庵是比丘尼学习之地，虽都是向众人开门，但究竟不能收容过多群众。佛教便承认在家修行的人同样可成正果。这样修行的男子称为优婆赛，妇女称为优婆夷。他们虽不出家，但要遵守寺院规定的戒律，由僧侣对他们阐述教义和解答疑难。这说明佛教负责寺庵之外广大信徒的教育工作。这种社会教育扩大了佛教教育的影响，也非婆罗门教的教育所能及。

  寺院规模日增，组织也日趋严密。一般由住持，即院长，掌握全面工作，另有专职人员负责各项事务。例如，信徒捐献建筑资金，寺院要派富有建筑经验的僧侣，担任施工及监工任务。有的僧侣曾任此职达十年、数十年以至终生者。这样，既能保证寺院建筑合于规格，又能锻炼僧侣的专业技术能力。寺院不但有职务分工，而且有民主气氛，凡遇重大事件，皆由僧侣和僧徒讨论表决，人人享有表达意见的权利；寺僧管理人员不得享受特殊待遇。这和强调僧侣等次高下的婆罗门寺院很不同。佛教寺院生活常常流于松弛散漫，寺院之间也缺乏联系制度，但这种民主的气氛是优于婆罗门寺院的。佛教寺院的学风相当纯朴，重视对于歪风邪气的防范，寺院规定的制度由僧徒僧师共同遵守。例如，寺院开除比丘时须经其指导僧师认可。又如，任何僧师不得把其他僧师的僧徒引诱过来，充当自己的僧徒。因此，寺院僧徒众多，却能和平共处。

3. 寺院的神学教育

寺院首重宗教信仰的培养，因之，修行在佛教寺院中占有重要地位。在实质上，就是使僧徒通过遵守清规戒律以养成善良行为，然后进而虔诚信佛以消除尘世情欲，从而获得精神的解脱。寺院生活规律极严，不得违反。大规模的寺院中，僧侣每日对斋戒、沐浴、行乞、礼神，安排得十分周到。僧徒清晨起床即须参加沐浴，沐浴时千百僧众分别在若干池中洗身。然后，僧徒须对佛像斋戒。一般斋戒在广场中举行，举行时演奏音乐，由院长主持。每日下午，僧徒须在歌唱圣诗声中诵经，诵经时在各房内巡行，向众佛焚香献花。除此之外，有的僧徒更单独举行礼佛活动，即静坐、面佛、祝祷、朝庙、跪拜。若不理解修行是寺院教育的核心，而仅注意其知识传授或教义学习，则难以窥知佛教教育的核心。人们常说寺僧素餐素食，实际上并不尽然。有的寺院并不排斥肉食，肉、蛋和乳酪皆可食用；不过，烈性饮料是禁止饮用的。这可能是佛教教派不同而要求各异所造成的现象。

和婆罗门教的阿什拉姆要求学生行乞一样，佛教寺院也要求僧徒行乞，比丘就是乞丐之意。行乞要着袈裟，持钵，行动举止都须庄重谨慎，表示极度谦逊。僧徒以行乞所得维生，寺院偶尔也予以辅助的食物。行乞须到虔诚礼佛的人家。施主如有不良行为或对乞僧态度不当，寺院则施以报复，一般善男信女都礼遇丐僧而乐意施舍。释迦牟尼曾带同弟子1 000余人转食各地，各地统治者和富有之家争相迎送，优待备至，举凡山珍海味及锦衣绒被，无不给予享用。此风相沿历千年而不衰。所以僧人行乞常非真正艰辛的事。僧侣的袈裟多由破布碎裳拼制而成，但也可穿着帛料或麻料的僧装，因而佛教徒和苦行派不同。印度多雨，僧侣在天雨时穿着特定法衣，其最低标准是按体弱僧侣在御寒时的需要为度。再则法衣不只是为了健康，而且为了礼节，以便在行乞时取得群众的尊重和博得施主的慷慨。僧侣的法衣由庙寺发给，也可得自施舍，僧侣日常必穿草鞋，只有须长途跋涉去乞食时才许穿布鞋。很清楚，佛教十分重视精神锻炼和生活苦修，乃是为着克己修身以制止情欲，却不是为苦行而苦行的苦行主义者。

4. 寺院的教学

佛教寺院关于教学工作从无统一的制度和规定，一般皆以神学经典为教材，认为经典是一切知识道德的源泉。僧徒钻研经典的哲理，力求高深，一方面，严禁教授占卜星相和符咒巫术之类；另一方面，则对于婆罗门教育中的逻辑学、数学、天文学等，大都承袭下来作为教学内容。僧师讲授各种学科时采用通行方言，而不用繁难的梵文梵语，目的是便于僧徒学习。最初由于僧众来自五湖四海，地区不同和家庭不同，所用语言也彼此不同，曾有人建议以梵语为标准教学用语。寺院未予采纳，理由是梵文难学，不易取得成果；反之，在阿育王时期，佛教僧团到各地以方言布教，群众乐于接受。另外，佛教寺院在教学时，还常采用争辩和讨论方式，灵活而有生气。就其起源而论，这是由于当时教派纷争，众说杂起，讨论辩难是争取其他教徒改宗的有效手段；反而言之，对于异教异派分子而不利用说理争辩，是难以使其诚心皈依的。实际上，婆罗门教多年以前也曾用论辩方法说教解理，这是印度惯用的手段。为保证争论的成效，一般的要求是：议题要有价值而非无聊之事，地点应为学者集合之所，发言要有例证、理由、层次、结论，发言内容要前后一致，声音要适中，以求为众人所领悟和理解。典籍记载学养高深的僧师在讲经时，能使顽石点头，就可窥见其艺术性之高超了。

（二）佛教的高等教育

佛家长期钻研哲理，阐述教义，取得学术成就，许多寺院遂不啻学府。唐代玄奘留学的纳兰陀寺，就是摩揭陀国驰名的高等教育圣地。纳兰陀在佛教之前，婆罗门教学术颇为繁盛。此地曾建有寺庙108处。以后释迦牟尼又生于此地，死于其地和葬于此地，益为著称。释迦牟尼在世时，曾有500名富商高价购置土地相赠；以后又有私人大量捐赠房舍和土地，遂在这风景美丽之区建筑起宏伟庄严的佛寺。玄奘到印度时期约为公元629—645年，纳兰陀寺已是最大的佛教寺院。当时曾有某国王赠给寺院村庄100所。到义净赴印度时期，约为公元671—695年，寺院所有村落已增至200所，每日供应寺僧米粮、牛奶和黄油。学生的衣食、宿舍和医药，全部免费。众多僧师僧徒生活优裕，专志修行和学习，渐成为大学或研究院。我国内地和西藏等地青年纷纷前往就学。

学生入学考核异常严格，一般只有申请者的百分之二十获得录取，外国学生经考问而录取的也仅占百分之二三十。学生因须有相当坚实的训练基础，普通在20岁才得应入学考试。准备进入中等水平的寺院者无须通过如此繁难的考试，年龄也就放低了。纳兰陀师生潜心钻研，努力修行，切磋琢磨和相与砥砺，已蔚为学风。学生修行及学习之优为全印之冠。

纳兰陀寺的僧师，在玄奘时期，计1 500余人，僧徒计8 500人，有似今日的万人大学。在僧师之中，能解经50种者约10人，能解经30种者约30人，能解经20种者约1 000人。寺院院长品学出众，对群经无所不窥，并且年龄最长、为群僧所仰望。该寺规模宏大，几乎每天有100项学术讨论或报告，分别在殿堂或讲堂举行；除睡眠时间外，无时不可听讲或参与论辩。讨论和报告的内容极为丰富，不论婆罗门教抑或佛教的教义，不论宗教的或世俗的知识，不论哲学的抑或实用的学问，不论科学的抑或艺术的成就，几乎无所不包。纳兰陀寺是大乘教义的重镇，大乘教义在其中得到充分发展，一般都于大乘教义之外，学习18种宗派的理论。以玄奘为例，他在纳兰陀寺的5年期间，于学习各种经典之后，专力研究瑜伽；并曾学习婆罗门经典，其中包括关于语言学、法律学、哲学、天文学、梵文文法等著述。他于书无所不读，而且无不深研，博得印度学者的赞佩。纳兰陀几乎是当时多种学术的总汇，名师宿儒荟萃一堂，玄奘就是大乘佛法的名师，印度各国争相延聘。

纳兰陀寺的僧侣按其学问渊博而分不同等级，待遇因等级而殊。玄奘学识丰富，寺院供以仆从和乘用的象。寺院对于僧侣的约束并不严格，但僧侣坚守清规。原因是：有效的管理是把管理工作由大家共同负责。该寺在学术上，更允许百家争鸣，通过辩难而获得一致意见。纳兰陀寺所收容的佛教僧侣原已分属不同派别，佛教徒之外还收容一些非佛教徒，见解之差异可以想见；但在学术上却从不抑制异教意见，乃是依凭论辩而使学术发扬进展。学者称纳兰陀是学术思想的战场，曾沟通各学派之间的隔阂。又称"自由发展"是纳兰陀寺的治学精神，是它促进文化成长的动力。与此相关的是它储有大量图书，图书馆包括三大建筑，其中一所是9层的高楼，收藏的珍贵书册极多。

远东各国派遣青年赴纳兰陀寺学习者，不乏知名之士，更有不少国家邀请纳兰陀寺学者去讲学传道。纳兰陀俨然成为当时世界文化中心。特别受到纳兰陀文化影响的是中国的中原和西藏。纳兰陀寺曾设置研究西藏的科目，邀集学者把佛经译为藏文，西藏遂接受佛教思想而成为佛教乐土。当玄奘在纳兰陀寺时，恰逢羯若鞠阇国的戒日王竭力宣扬佛教，定时召集大乘、小乘学者和婆罗门教高僧举行论辩，有时聚集万人之众。玄奘因对大乘、小乘均有精深研究，曾主持盛会，阐明大乘教旨，辩明小乘缺漏，成为大乘佛法的发扬者。他于公元645年，即唐贞观十九年，返回首都长安，以19年岁月翻译大量佛经，不但促成中印文化交流，还为印度保存了古籍，后来印度学者竟通过中国译本而将佚失的梵文经典弥补出来。

除纳兰陀寺外，达到高级教育水平的寺院，还有瓦拉比、韦克拉马西拉、嘉达拉、奥丹塔浦里、米西拉、那底亚等。不过，在规模上和水平上都以纳兰陀为最。

瓦拉比寺位于美特拉卡国的首都，寺院是由皇室施舍建造而成，其学术水平堪与纳兰陀匹敌，僧徒由印度各处而来。寺中有图书馆，受到皇室的眷顾。纳兰陀以学习大乘为主，该寺则以研究小乘为主。玄奘和义净在著作中都提到这个寺院。

韦克拉马西拉寺位于北摩揭陀临近恒河的小山中，也是由皇家施舍所建成。它和纳兰陀寺交往频繁，有些人任教于这两寺，两寺还有相互交换的教师。以后该寺曾发达到包括6所学院和居于其上的科学院。学院和科学院每每被称为大学，是神学教育领域中的佼佼者。玄奘和义净曾提及该寺在学术上的活动，其所影响者主要是西藏。

四、职业培训和专业培训

婆罗门教和佛教都以神学教育为首务，古代印度的职业训练另有场地实施。在《经典》里，曾经提到俗人在向匠师习艺时是尊敬匠师的："甚至穿白色服装的人，为着掌握赖以糊口的技艺，也是尊敬、爱慕而礼遇其师的。"这本经典还曾提及俗人所操的其他行业，如医疗、缮写、会计、绘画之类。这些行业的技艺如何传授，《经典》没有提及。但以后的佛经中提及医学训练的篇章就屡见不鲜了。就比较丰富的文献资料推测，医学在古印度已达高水平，外科手术之精殊为惊人。相传古代印度医圣吉瓦卡原来是被抛弃的婴儿，被王子阿哈耶抚养成人。吉瓦卡追叙宫廷的生活时曾说："在这些宫室之中，是不易找到懂得艺术的生活的。"因之，他远赴塔克西拉，在一个杰出的名医教导之下学习成绩精良，后来屡以奇药治愈疑难大症。他曾充当宾比斯拉皇帝的御医。他那起死回生的神奇事迹，构成印度医学史的辉煌纪录。其他经典提及的名医姓氏和医疗成效，也反映印度医学，特别是外科医药和外科手术，具有极深造诣。传授医学并非完全依靠寺院或高级学校，而是通过医生私人以师徒传承的方法进行。学生就师学医须付学费，或不缴学费而为教师服役。当时不少名城有着医道精良的名医，一面行医，一面授徒，学生常常跋涉千里去就学，学习期限约为7年之久，学习项目包括解剖学、外科学、内科学、药物学以及手术操作之类，学成之后通过学科知识和医疗能力的考试，然后正式成为医生。以医学著称的城市，如萨凯塔和里加葛利卡等地，名医获得物质报酬极丰，使人艳羡，充当医师遂成为青年热烈追求的职业。塔克撒西拉大学是古代印度最享盛名的医学学府。医学教育是科学教育中最突出的一环。有的教育史家由于古代印度医学发达，曾推测那时关于天文学、数学的教育也应相应地有所成就。不过，这类科学教育和寺院的神学教育，是由不同的方式进行的。佛教和婆罗门教都不曾对科学教育有什么直接促进作用，只间接地起了积极影响。

除去医学专业教育之外，古代印度由于建造寺庙和宫廷，也由于制造兵器和战备，手工业逐渐发展起来。亚利安人不屑于从事手工艺术，手工业遂成为达罗毗荼人的行业。印度于公元前600年出现了行会，到公元300年而制度完备。在行会制度中包括艺徒制度。政府对著名艺人给以荣誉，而造船业、武器制造业、塑造佛像业，都由皇家掌握，由少数家庭秘密传习，其行会管理师徒相处的工作，使艺徒能够确实有效地跟从匠师学习操作经验。佛教比之婆罗门教对于这类"低等人"的教育，是较为重视的。若就年代看，印度的行会教育比之欧洲的行会教育约早1 000余年；只因缺乏文献，难以叙其始终了。

五、结　　论

第一，种姓鸿沟在印度古代教育上表现得极为明显。属于婆罗门种姓的人才有权享受完备的教育，教师也只有婆罗门人才能充当；非再生种姓的人如果学习经典，就会构成重罪。教育领域的不平等反映了阶级压迫的残酷。公元1000年左右，伊斯兰教徒阿尔巴兰尼曾说，婆罗门人曾提到一个吠舍种姓的人如果敢冒大不韪而学习《吠陀经》，便该割掉舌头。可以推知当时必然文盲充斥，愚昧笼罩着一切。当然，这是巩固专制政权的前提。在此尤须指出，在阶级压迫的古代印度社会中，妇女地位极低。在印度河流域残存着母系氏族社会的因素，而恒河流域则父权制家庭建立得很早。在吠陀时期，妇女尚可和男子同样学习吠陀，由家长指导学习经典；到奥义书时期，就只有少数出自高门之家的妇女，才获得这种机会。到后来，丈夫变成家庭的统治者，妻妾与奴仆地位相似，她们的职务是事夫和育子，妇女的身份大大低于男子。法规肯定："女婴、女孩、妻子永远不该按照自己的意志行事，甚至在家中也如此；女子年少时要依靠父母，年轻时要依靠丈夫，丈夫死后要依靠儿子。她们永远不能独立行事。丈夫纵然无德而另外寻欢取乐，忠诚的妻子却要像崇敬上帝一样地永远崇拜他。"在这种大男子主义情势下，妇女具有阅读和书写能力乃是受人侮辱的口实。只有寺庙中为敬神担任舞蹈的妇女，为着宗教仪式的点缀，才于少年时期学习阅读、书写、音乐、舞蹈、歌唱等艺能，这当然是常例之外的事。出于高门第的妇女读书、作诗和议论哲学问题，那就是极为偶然而非常见之事了。

第二，不论婆罗门教或佛教，其教育的宗教性都很明显。它们特重学习《吠陀经》，由于耗时费力而无济于国计民生，所以不但刹帝利和吠舍两种姓的人无法彻底学习，就连婆罗门种姓的人也仅能学习《吠陀经》的一种，极少人能学习经典的全部。其结果是把绝大多数人排拒于完备的教育之外。这还不意味着古印度教育的狭隘性吗？印度古代教育表现了等级性和宗教性，是极为突出的。这与中世纪的欧洲是相同的。

第三，古代印度教育的发达早于欧洲，其宗教教育和行会教育的出现也都前于欧洲数百年，印度高等学校同样出现于欧洲之前，其寺院教育的组织及办法还在许多方面与欧洲基督教寺院教育相似，有的学者认为印度的教育曾影响了西方，西方教育是得自印度的启发的。这是东西方文化教育交流史应当予以重视和深入探索的课题。

第四，世界的文化是沟通的，宗教的传播是难阻的。婆罗门教和佛教的教义和教育不仅存在于印度，而跟以后兴起的基督教和伊斯兰教并称为三大宗教的佛教，其影响甚为深远。印度各种宗教或以派遣教团和僧侣的方式，或依凭印度对外征服的机会，曾把其宗教或文化的力量扩展到东方广大地区。锡兰、缅甸、暹罗、中亚细亚、尼泊尔、安南、朝鲜、日本以及爪哇、柬埔寨、占婆等地，无一例外。我国也是佛教盛行的国家，西藏更是喇嘛教发达之地。摩揭陀国孔雀王朝的阿育王在位期间，曾宣称将使佛教不仅成为印度的而且成为他所知悉的世界的宗教，并力图把他的"宗教征服"扩张到西方受到希腊文化影响的国家。这项规划在当时虽没有实现，但以后佛教的传播果然未限于亚洲，佛教教育的影响因而是曾经流传于全世界广大地区的。

古代希伯来的教育*

一、希伯来的社会

巴勒斯坦地处亚洲西部濒临地中海的狭长地带，有约旦河流穿过其境，构成山脉环抱的众多小盆地，有利于发展农牧业。它北邻腓尼基，东邻叙利亚，南临西奈半岛和埃及，又同美索不达米亚平原相隔不远，紧靠西亚和北非等文化先进地区，是早期贸易的通道。另一方面，在这东西交通要冲，一些游牧部落彼此接触，矛盾丛生。约公元前三千纪，迦南人住在这里，因而巴勒斯坦也名为迦南。公元前16至前15世纪，埃及新王国入侵，掳走居民为奴。《圣经》中的《旧约》说是因避洪水，迦南人才去埃及的。还有人说巴勒斯坦的喜克索斯部落联盟入侵埃及，希伯来人进居巴勒斯坦，压迫土著迦南人，引起迦南人的反抗；他们都属闪族人，不久便被同化了。希伯来的以色列部落住在土地肥沃的北部，犹太部落住在南部山区。这些游牧之民，因受迦南人同化而转向农业生产，并由部落演变为家长制家庭。随后出现了奴隶制。公元前1200年左右，腓力斯丁人又由海上入侵，以色列和犹太因合力抵抗，乃成统一之局，以色列犹太王国遂于公元前11世纪建立。扫罗、大卫和所罗门都是开明国君，国势日益强大。后来，由于内讧，于公元前10世纪分裂，以色列王国以撒马利亚为国都，犹太王国以耶路撒冷为都城。当时已使用铁器，农业和商业发达起来；但奴隶主阶级残酷榨取，贫富悬殊，民怨沸腾。希伯来人一向崇拜耶和华为庇护神；这时为维护阶级统治更加宣传，从公元前8世纪起，兴起了先知运动，各地充当贫民喉舌的先知纷起反抗压迫，呼吁民主平等，起了缓和矛盾作用；但阶级的尖锐对立依然存在。国家的分裂和阶级的斗争使国力衰弱。公

---

* 本文原载《外国教育通史》（第1卷），滕大春主编，山东教育出版社1989年版。

元前722年，以色列被亚述所灭；公元前586年，新巴比伦国王尼布甲尼萨二世灭犹太，将大批俘虏迁往本国，造成历史上的"巴比伦之囚"。波斯帝国于公元前538年灭巴比伦，犹太人才返归故土。很清楚，古代希伯来人是有其辛酸往事的。

理解希伯来人必须理解其宗教。希伯来人和迦南人在极早时期就崇拜耶和华。《旧约》记载逃往埃及的迦南人因不堪虐待和奴役，于公元前14或前13世纪迁往巴勒斯坦。他们逃亡行至西奈山时，在荒凉旷野中挣扎40年之久，生活艰辛而疾苦。酋长摩西为加强团结，共渡难关，便假托耶和华之名制定《十诫》。《十诫》称耶和华是唯一应敬的神；他们平安而返，坚信是出自耶和华的圣恩。以后犹太人于公元前6世纪被囚居巴比伦，背井离乡，更忠心祈祷耶和华的拯救，孕育了宗教激情。他们漂泊域外，创巨痛深，生活艰苦，当时通过共信耶和华而风雨同舟，患难与共，神就无异是他们亲密团结的纽带。等波斯灭巴比伦，不久又占有巴勒斯坦，把居住巴比伦的犹太人释放后，波斯王居鲁士即派犹太人为最高祭司，在耶路撒冷建立宗教公社，允许人们按宗教法典，由僧侣主持一切。这实际是无政权和无军权的影子国家。最高祭司形同国王，其下设宗教会议，由长老及高僧组成，办理各项工作。在这神权社会中，教会享有无限权威，体现神意的《圣经》，或称法典，是人人必须虔信笃行的。再清楚不过，在强敌尖刀下企图苟延残喘的民族，也只好借神灵的外衣维系人心，梦想重得复兴。这时，万众一心，团结御侮，急待人们拧成一根绳；而从游牧部落流传下来的希伯来人的家庭生活和狭隘观念，极难适应时势之需。客观环境迫使他们从家族思想发展成为民族精神。对于耶和华的共同信仰刚好有助于此，宗教狂热此时达到高潮。希伯来人也就由多神教变为一神教的民族。一神教教人只能信奉耶和华，相信其他神祇便是罪恶，这恰恰加强了民族的向心力和战斗力。正因如此，希伯来的宗教和希伯来的政治合二为一，犹太教的法典和希伯来的法律融为一体，犹太教成了希伯来民族的救生圈，犹太教的教育不啻希伯来民族的心脏。

二、宗教教育的原则和特点

按《圣经》的解释，耶和华至善至美，不许亵渎，古代犹太教就以培养广大人民对于耶和华的诚心为使命，培养信神的思想感情和教育成了相同的概念。教育史家指出它不尚文化而全然在养成民族的、道德的和宗教的品质，最能说明这一事实。传说摩西曾告诫大众学习法典，不问成人、妇女和儿童皆无例外。在他看来，法典代表神意，学习法典就是接受耶和华的教导而勉为上帝的子民。希伯来人的信念是："敬畏上帝是智慧之始。""敬畏上帝是知识之始。""敬畏上帝是荣誉，是光荣，是愉快，是欢乐的王冠。"一种合于逻辑的推论便是：上帝是一切优秀品德本源，"敬畏上帝而服从其律令，是每个人的全部职务"。在这里，犹太教便是犹太教育的统帅。

希伯来是神道设教的国家，其教育的特点是把信神放在求知之上。人们认为信仰有余而知识亏缺，不足为患；反之，知识有余而信仰亏缺，必然为害。他们把信仰比作树根，把知识比作树叶。如果根不深，纵然叶茂，也经受不起风雨；反之，如果树根深固，纵然叶并不茂，也绝不为风所拔和雨所摧。他们还认为虔诚敬神而有优良品德，比较崇尚知识所求的空疏理论更属有益。这和希腊热情钻研哲学和科学的爱智精神，完全不同。《旧约》的《传道录》说"敬奉上帝和遵行《十诫》是人的天职"，充分说明了犹太教育的培养目标是什么。

有的教育史家说，犹太比之其他古代国家更相信教育的效能。这也由于它是以神道设教之国。它提倡人人敬神而要求人人受教，它提倡终生敬神而要求终生受教。先知和政教领袖无不呼吁全国之人学习法典，敬奉上帝，并且解释教育是由幼到长持续迈进的过程。他们比喻道，清晨播种的人，到夜晚仍需播种，因为究竟哪次播种能够收获，很难确知。与此同理，人人不仅应受教育，还要终身接受教育，教育不应以年龄为限。

难道他们把神放在求知之前就全盘否定知识的传授吗？不。希伯来人也认识到无知之人并不能真正理解和敬爱上帝，只是求知应该为敬神服务，应从属于信仰。到希腊化时期就更甚了。希伯来人一向自认是上帝的选民，宗教意识强烈，笃信神灵，谨遵传统。公元前4世纪，亚历山大帝国建立，希腊文化广泛流传，巴勒斯坦受到影响。最初人们尚能相安，一些希腊文人曾在此地建立学校；其后逐渐摩擦起来。居住叙利亚的希伯来人形成反希腊化的中心，公元前2世纪塞琉古国王麦克比以武力镇压接受新思潮的群众。相反，居住在亚历山大里亚城的希伯来人却谋求两种文化的杂糅，其代表人物为菲罗。他著有《和基础知识婚配》（*On Mating with the Preliminary Studies*），认为亚伯拉罕和埃及婢妾哈格私生一子伊士模，又和妻子撒拉生了伊撒克，在两儿之中，伊撒克才是合法的儿子。两两相比，哈格仅是产生知识的婢妾，撒拉则是产生智慧和道德的良妻。就是说，基础知识不过是一般学校传授的文法、修辞、几何、天文、音乐等知识，它能够滋养儿童的灵魂，给他们开辟通向人类最可贵的智慧和道德的渠道。不过，人们不应为婢妾所迷惑，同样也不应以知识为止境，必须以此为基础而更上一层楼，即追求哲学以体会上帝的尊严。在另一方面，神的崇高犹如太阳，非人所能直接接触，必须以各科知识为阶梯。教育的效用就是引导人们依次前进而达于神明。这种理解遂使希伯来人崇尚笃信的同时，又注重教育在传授文化知识方面的职能。继菲罗之后，虽有台田等人仍抗拒希腊化，但克里门等有影响的希伯来学者都承受菲罗的衣钵而使希腊化深化，并一步步形成基督教的教义体系。在希腊化开始时，僧侣和寺庙是支持希腊化的，而会堂和群众则不乏反对派；到头来，人们在大势所趋之下接受了希腊的新的文化因素，知识学习的重要性就更明显了。

难道宣扬信神就是叫人追求彼岸世界而忘却现实斗争吗？不。那时的措施是借宗教来达到其政治目的的。因为耶和华就是希伯来民族的象征，叫人信奉耶和华就是培养民族精神。人们遵守法典而履行上帝的意旨，就意味着不惜牺牲一切，来维护希伯来民族的尊严和延续希伯来民族的生存。所谓"不能读书的人就不能做真正的犹太人"，就是要求人们学习法典而笃行其要求，从而完成对犹太民族应尽的职责。当时政教合一，宗教和民族血肉相关。因此《法典大全》说："只要有儿童在学校，以色列的敌人就不能战胜以色列。"约瑟夫也说："我们的理想是好的，我们尽最大努力以图之，而我们的主要野心却是为了儿童的教育。"在历史上推崇教育的社会效能的国家中，希伯来可称为典型了。

信奉耶和华还叫人辛勤地完成现世的职责。《法典》说："并非学习而是实行，才是主要的事体。"《法典大全》更规定，无论富人贫人，要一律学习职业。它说："教子学习法典，教子学习职业，乃是你的责任。""凡不给子辈以手工技艺训练者，就是教子盗窃。""不论任何种类的学习，假如不附带获取职业的知能，就一无所得而陷于罪犯。"由于劳动者尊重劳动者，人们才聘请微贱的匠人充当教师。否则，任凭子弟闲散无业，就是罪恶的渊薮。在希伯来人的心目中，耶和华是和人们具有契约关系的。耶和华为人类制定法典，要求人们学习和力行；人们如果行善就得到现世的酬报，否则便遭天谴。可见这种宗教并非对现世生活予以否定，倒是为了增进现世福祉的。《圣经》学者们说，一切智慧渊源于上帝，上帝就是智慧的化身。但什么是智慧呢？智慧不表现为一味冥思玄想，而表现在掌握"使人获得有关幸福和繁荣生活的才能和常识"。照《旧约》来讲，僧侣不轻视体力劳动，也不轻视体力劳动者，他们的口号是"工作即是祈祷"。假如宗教叫人人离开生产岗位，将对统治者何等不利！所以僧侣本人虽在事实上脱离生产而剥削人民的血汗，却是呐喊着要重视劳动的。总之，希伯来人重视职业训练，认为信神之人而无操业能力，专门依赖慈善机构救济，是不足为训的；只是教育应以职业培训为辅，以研习法典为主，切忌喧宾夺主而已。很明显，把政治斗争放在生产斗争之前是切合犹太人当时处境的。我们可明白看出，希伯来古代教育是犹太教的依附者，正同印度古代教育是婆罗门教和佛教的依附者，如出一辙；不过，两者在面向天国和面向社会上，是不无差异的。

三、家长制和家庭教育

希伯来人自埃及回到巴勒斯坦，农业逐渐发展，部落慢慢瓦解，向家庭生活过渡。摩西在《十诫》中规定妻子是丈夫的财产，要受丈夫的严格管束；子女更应听从父亲的命令。这就勾画出以男子为一家之主的家长制家庭的蓝图。在家庭中，父亲是最高掌权者，妻子任其处置，家政由他决定。他既是祭师，又是教师，子辈教育由他负责。父训即是法律，无可违抗。家庭便成子女的教育场所。在长时期里，希伯来并无学校。即使后来产生了学校，家庭在教育上的重要职能并未曾减少，而且人们认为学校只不过是最华贵而舒适的家庭。希伯来的家庭教育以陶冶宗教的思想感情为第一义。人们尊耶和华为救世主，说《五经》是圣书，父亲都认真督促儿子学习。家长的职责很多，最紧要的是教子，而且从子女能说话时起，就该施教。由于注意早期教育，传说犹太古代曾设婴孩学校，收容5岁幼儿。只因有人认为过早入学有碍生长，并受客观条件所限，婴孩学校仅产生在个别地方。除宗教教育，家庭还负责子辈职业训练，使他们有谋生之道。《法典大全》将"教子学习法典，教子娶妻生子，教子养成职业技能"，规定为父亲三项重任；但职业培训的办法无从得知了。再则，传说在国家出现以前，希伯来已有文字，随着政治经济的发达，书写日益发达。《旧约》曾提及被掳往巴比伦的希伯来青年很有知识修养。这反映出当时父教的范围包括读和写的能力的训练。当然，被俘往巴比伦的多系富家子弟，并不能表明一般希伯来青年的文化水平。

在希伯来人看来，国家的兴旺以众多幸福的家庭为根源，而子女受到良好教育方能保证父母的幸福，没有良好的家庭教育便是父母的苦恼。《格言书》说："聪明的儿子造成愉快的父亲，愚蠢的儿子乃是母亲的负担。""正直公道的父亲将会欢快异常，而生育聪明儿子的父亲将以其子为乐。"教导子女既被视作父权，同时也是不可忽视的父职。而且家教固然要由父亲负责，母亲也不该推诿。《申命记》说："你们唯应自加检点，精神勤奋，不使眼睛所看到的东西遗忘，不使它们在你们生存的年岁里离去；你们应把这些教给你们儿孙。""你们应把这些教言勤恳地传给子女，并和他们谈论这些教言：当你们在房里静坐的时候，当你们在路上行走的时候，当你们在床上躺卧的时候和起床的时候"。经典还说："当儿子向你们问到所谓上帝训诫你的圣书、法律、裁判等究竟何所指时，父母应当给予解释回答。父母并须擅长和乐于随时准备向子女反复讲述上帝的伟大教言。"著名的拉比们也强调父母的教育职务，说："忽视教诲子女就不啻埋葬子女。"

希伯来的经典也论述子女应敬谨地接受父母的教育。《格言书》说："孩子们，要谛听父亲的教导，不要破坏母亲教给你的法规。""静听父亲的教诲，并且注意理解它。""聪明的儿子倾听父亲的教诲。"因为这些教诲所包含的知识绝不能通过生理遗传来取得，也不像财产一样通过继承而获致，是须通过艰苦学习而掌握的。显然，学习越努力，信仰越虔诚。为了督促子弟学习，父亲是可以采取各种手段的，可以打罚惩戒，也应该了解子弟，从而提高他们学习的兴趣和博取子弟的热爱。

希伯来的家长或父亲既享受高级的父权，难道子女的地位是低微的吗？不。在先知运动影响下，孩子的待遇不断改善。在希腊的斯巴达城邦，弃婴是习常的现象，在希伯来却是少见的。它之所以无此风尚，因为相信任何人都能受上帝的教导和做上帝的学生。《旧约》从未提及希伯来像地中海区域的其他国家那样盛行弃婴之风；反之，《旧约》等经典对于弃婴倒是予以谴责的。希伯来人比之希腊人和罗马人，显得尊重儿童的权利和地位。罗马人放弃弃婴之风就因受到希伯来的影响。因为希伯来的风习通过后起的基督教而传入罗马，罗马帝国的坏风俗就难以长期留存了。再则，在实行家长制的罗马旧社会中，虽也把教育子女的权利和义务加在父亲肩上，但罗马人是把子女当作家庭和父母的私有财产的。希伯来人与此不同，他们把儿童作为未来的天国的公民。他们虽要求儿童绝对服从父母的权威；但到后来，《法典大全》的著者们竟然提及儿童具有独立的人格，并非家长的私财，因而想法满足儿童的要求和顾及儿童的爱好，以至把儿童比作花朵。这就充分表现希伯来的家长制含有较多民主精神而非专制独裁的体系了。在此还须提及，直到公元前6世纪，希伯来的学校诞生以后，一般儿童于6岁入初等学校，父亲极为关怀子辈的成长。他们亲自接送儿子入学，和古希腊由教仆陪送学生入学者不同；他们亲自考察督导儿子的作业，和希腊由教仆伴读的做法也不同。

希伯来的家长制是父权制，最早在《十诫》中曾经把妇女置于男子的财富之列，和男子所有的牛驴相似；不过，先知运动反对旧习而提倡革新，提高了妇女地位，因而使妇女获得了一定的尊严和崇敬。以后《格言书》更列举妇女应有的多种品德，视为教养子女所须知。不幸，希伯来人在受到希腊影响后，轻视妇女的旧传统再次兴起，直到犹太亡于罗马帝国，妇女地位微贱乃成牢不可破之势。这样，学术被男子独占，学校成立以后更把妇女排拒门外了。所以希伯来妇女在男权夫权的压迫下，享受到的乃是不平等的社会待遇和教育待遇。她们虽然学习宗教知识，并对子女施以教育，而且文献中记载着一些颇有才智和学养的女流，一般妇女在教育上却是不能和男子相比的。

希伯来人的家庭教育首重宗教教育。除平日由家长教导子女敬神和祈祷外，其宗教节日极为隆重，对儿童的教育作用尤大。犹太教的三大节日是逾越节、五旬斋节和结茅节。经典规定父亲要带领儿子参加各节日的仪式，并对儿子讲述节日的意义，因为三大节日都具有重大的历史价值，并系有关农业生产的节日。逾越节在四月举行，在于纪念从埃及获得解放；五旬斋节在六月举行，在于纪念从埃及返归祖国路经西奈山时制定了《十诫》；结茅节在九月底举行，纪念从埃及归途经历千辛万苦终于安抵家园。逾越节恰是燕麦收割季节，五旬斋节恰是小麦收割时期，结茅节恰是葡萄收获之期。因此，这些节日不但可以教给儿童有关民族历史的知识，而且可以传授有关生产的知识。试以逾越节为例，节期举行为时数日的繁复的收割仪式，到逾越节的前夕则通过祭神活动激励儿童发问，从而父亲向子辈讲解祖先在埃及的艰苦年代，返归祖国的艰难岁月，借以教导儿童感戴上帝的仁慈而信仰神灵的伟大，也可养成下一代热爱国家而团结奋斗的精神。希伯来人的三大节日及其教育意义是极为独到的，历史上没有任何古代国家像希伯来这样做的。当时的教育与宗教狂热携手共进，有似以后"教育与政治相结合"和"教育与生产劳动相结合"一般。

四、犹太会堂的创立和学校的兴起

关于犹太会堂的起源，有人说是寄居埃及时期的产物，有人说在部落社会向家长制家庭过渡后业已出现；根据可靠的史料，会堂乃是被囚巴比伦时期创立的。公元前586年，新巴比伦王国的尼布甲尼萨二世攻陷耶路撒冷城，把众多的犹太贵族、工匠和贫民掳走，将庄严的耶和华庙焚毁，灭亡了犹太国家，造成创巨痛深的"巴比伦之囚"。这批亡国之民企望保持祈祷敬神的传统，以维系民族于不绝，并幻想救世主耶和华来拯救自己于危难之中，强烈的宗教狂热驱使人们大事敬虔祷神活动。最初是在安息日集聚在家中举行，由家人或邻人共同祈祷和学习经典，遇到三大节日，更按照犹太习俗欢度佳节。这之后，便有了群众集合敬神的组织，从而产生了会堂。到后来各居民区几乎都有了这种建筑。犹太会堂虽为亡国之人从事社会和宗教活动的场地，也是施行教育的中心。因为在其中不仅进行祈祷，讲解和阐述经典也是主要工作。更进一步，儿童们便来会堂就学，会堂便兼为教学机构了。理由很简单，希伯来人在巴比伦约50年之久，老年人抚今追昔，至深故国之思；而生在异邦长在异土的青年一代却随遇而安，忘祖忘本。有识之人以此为忧，竭力使会堂兼负教育青年的重担。会堂既负有教育任务，便需要胜任这项任务的人才，其结果便促成文士的出现。文士具备充足的学养，能够解说经典的含义。这种会堂和文士就给学校的产生提供了客观条件。等到公元前538年，希伯来人从巴比伦解除囚禁，返归故土，学校便诞生了。教育史家说，希伯来学校虽由犹太会堂演变而来，也是希腊影响的产物，更有趣的是希伯来学校是在反希腊化的运动中发展起来的。在此且略加叙述。

毋庸置疑，从巴比伦解禁而返还巴勒斯坦，是犹太历史的重大转折点，不但人们的政治情况改善，手工业和商业也比以前发达了。无奈，这个恢复起来的乃是虚无缥缈的宗教国家，劫后余生们目睹民族危机而又手中无权，只好依靠宗教狂和教育热为施政的杠杆和治民的手段。所以耶城于公元前516年重建耶和华寺庙，在各区建筑会堂为寺院分支，组成群众的宗教活动网。过去在巴比伦，犹太会堂仅于安息日举行祈祷；此时则于星期二、四两日乘农民入城赶集之便，也讲述经典。最高祭司伊兹拉德高望重，更于公元前444年号召群众热心读经，全国普遍建立会堂。到公元前4世纪，各城市就都有了会堂。到公元前 2 世纪，乡村中也都设立了。当时城乡会堂曾达 480 所之多。为了满足群众学习的要求，担任讲授经典的文士便把《五经》改译成容易理解的文章，并把它分成若干段落，分期诵读学习，或三年读完一遍，或每年诵读一遍。这时《五经》便成为规定的教材，而且初步确立了学习的进程。最初，会堂教学是面向成年人，到后来更有儿童学习，由会堂低级职员传授浅易知识。由于儿童的人数与日俱增，会堂不能容纳，便另辟房舍进行经典诵习；同时由于经典的内容日趋丰富，解释阐述很耗时力，也需要专人负责进行，于是规定会堂从事一般宗教事务，把教授法典工作独立出来；这样，就出现了希伯来最初的学校。古代希伯来史学家约瑟斯法斯曾说从摩西时期就有学校，塔加木斯更说希伯来在行家长制时期已有学校，是不足信的。试看《旧约》中不曾提及学校的名词，可见希伯来的学校是不会那样早就产生的。

难道希伯来学校是全由会堂演变而来的吗？不。希伯来学校的产生曾得自外方文化的启发。当希伯来人被俘时，他们见到巴比伦精美的学校和图书馆，眼界为之大开；等到公元前 4 世纪，马其顿王亚历山大征服地中海广大地域、巴勒斯坦改由亚历山大在埃及建立的托勒密王朝统治时，又适逢希腊化的开端。当时巴勒斯坦已有希腊移民分布，而且和埃及、塞琉古等希腊文化传播之地为邻，很难摆脱希腊思想和学术的影响。有些急进之士企图把耶路撒冷变成希腊式城市。多数希伯来人为了保持对耶和华信仰的纯洁性，畏惧外来势力的渗透。公元前 2 世纪马可比统治年代，还爆发了一场反抗以高压手段毁灭希腊文化的斗争。然而，世界文化的交流无法凭主观意志来中断，希腊化的趋势始终未能消除。从公元前 3 世纪起，耶路撒冷建成了希腊式的学校和体育馆，一般青年更醉心于来自希腊的新文化。这便刺激犹太会堂向学校过渡。一般希伯来学者是接纳希腊文化的先锋，竞相学习希腊哲学、文学、数学、天文学，把希腊语当作比别种外国语更为重要的语言，说它仅次于希伯来语，唯有它才足以正确而优美地翻译《圣经》，所以《五经》被译为希腊文，而驰名于世的《赛波备经》就是公元前 2 世纪经亚历山大里亚城的 70 名犹太人译成，用以满足住在希腊各地而不懂犹太语的希伯来人的需要。当时希伯来学者在教学方面也取法希腊学校。很清楚，希伯来学校的建立是和希腊的影响分不开的。需加注意的是：希腊学校讲求文化科学，崇尚知识、学术；而植根于宗教法典之上的希伯来学校则以培养信仰为主旨。它们的努力方向不同，主导精神各异。

为什么反对希腊文化的急流反而促成希伯来学校的兴旺呢？经过是：当马

可比统治的时期，曾坚决抵制希腊文化的泛滥；但因扭不过大势，便叫希伯来人和希腊人分校学习，以免希伯来人受到非纯正文化的熏染。这时反希腊化的领袖是法利赛人希塔（Shetah）。他任最高会议的副议长，是竭力呼吁广设希伯来学校以争取青少年的主帅。从此，希伯来才出现了大量的学校。

教育史家指出，犹太的高等学校先于中等学校而产生，中等学校先于初等学校而产生。这是有其历史根源的。

就高等学校看，希伯来人把广泛宣扬经典视为头等大事，不但由僧侣主持寺庙活动，还派利未人到各地宣传讲解。利未人因是希伯来教长利未的后代，以后每逢举行祈祷大典时都由僧侣充当主持人，利未人则是协助者，担任诵诗等事。这些僧侣和利未人必须精通经义，并能进行系统而深邃的讲述；必须对祈祷仪式具有纯熟的训练；另外也要有能力处理寺庙和会堂的财产和管理工作。由于缺乏合格的人员承担这繁重的职责，遂在寺内选拔才智优异之士由经典专家进行培养。以后又扩充受教育者的范围，使更多青年接受这项比较高深的教育，终于形成了水平高的学校。史籍说充当主祭的僧侣须满30岁，充当助祭的利未人须年满25岁，可见培训年限很长，学习内容可能是相当丰富的。到公元前2世纪祖果统治时期，高等学校已有两所，一所是柏特席勒，一所是柏特山密。两校直到公元70年才因寺院被毁而停办。不过，那时耶城以外又有新的高等学校了。

就中等学校而言，在高等学校兴起之后，感觉学生事前须有充分的教育准备阶段，而一般家长无能力承担这项任务；更有一些欲求深造而经济困难的青年，无法长期到耶城受教。因此种种就出现了中等水平的学校。到公元前75年，最高会议副议长希塔便以正式法令鼓励设置中等学校。

初等学校起于何时，颇难确定。犹太会堂原以成年人为宣讲经典的对象。后来为使经典牢固地印入人心，才感到面向儿童的初等教育的重要。一般说来，希伯来人幼时在家接受父训，无父之子无此机会，于是规定各区延聘教师予以教导。初等学校最初在耶城产生，据说是为孤儿设立的。大约与此同时或稍后，犹太会堂才附设了初等学校。不过，儿童不喜欢教师的压制，一遇教师发怒，即纷纷离校。因此，学校每每有名而无实。公元前70年，希塔曾一度规定所有儿童一律入学，采取强迫办法；对于孤儿受教也有了明文规定。公元64年，最高祭司加马拉更规定各省各城均应开设初等学校，指派教师教育儿童；儿童满6岁要强迫入学，以免荒废；并对原有的初等学校大事改革，从而使初等学校遍设于巴勒斯坦全境。以后，希伯来人把信神和受教育看成一件事，不信神即不得为人，不受教育者便被剥夺一切权利，并被驱逐出境；同理，不设学校的城市也是不许可的。与此同时，初等学校的体制也渐趋完备，儿童无论贫富大都入学，只是富家子弟须缴纳费用罢了。最初由会堂附设初等学校乃属常事，但也有单独设置的初等学校和私人开办的初等学校。较大的城市，特别是一城而为河流分为两区者，常设两所初等学校。一校有学生 25 名者，聘教师 1 人；超过 40 名者，增聘教师 1 人；满 50 名者，聘教师 2 人。每日自朝至夕，上课时间很长，仅中午休息一段时间。唯至酷热的炎夏，每日上课不超过 4 小时。儿童十二三岁时便参加一种仪式，表明此后父亲不再对他负责，他已成为"法律之子"（the son of the law），应该自觉地学习法律和崇敬上帝了。这似乎是初等学校毕业了。

从以上所述可知初等学校虽产生较迟，但发展迅速，在大众化的路途上它是后来居上的。不幸耶城于公元 70 年为罗马帝国所攻陷，稍后于公元 135 年，罗马皇帝哈德良更驱逐犹太人，不许寄居耶城。从此，希伯来人重新漂泊各地，失去定居处所。在艰难的处境之下，他们更以巩固宗教信仰为维护民族于不灭的工具。这样，初等学校不但没有衰落，反而为动荡异邦的希伯来人所重视，认为"世界是由于儿童的呼吸而存在的"，"凡是没有学校和儿童的城市，应该予以毁弃"。这倒构成教育史上的佳话。

五、学校教育

希伯来学校以诵习经典为主要课程，最初的经典是《五经》，因为它包括《创世记》《出埃及记》《利未记》《民数记》《申命记》5 篇。它们包括有许多神话故事和历史故事，又是宗教法典和民事法典，相传此书始于摩西；实际上，乃是僧侣逐渐积累的成文法，所以通常也译为《律法书》。希伯来人把《五经》奉为神圣，言行以之为准绳，争讼以之做判断，说它是耶和华的神意结晶，不可违抗或逾越。希伯来人在很长时期只看重这一本书，曾被称为"一本书的民族"。以后在某些时期为抵制希腊的新文化、新思潮，更因社会发展出现许多亟待解决的新问题，随而又产生新的不成文法。公元前 2 世纪末，僧侣编辑这些不成文法为专书，名叫《米什那》，后经宗教会议通过，也成为重要法典，即《法典》。又经二三百年，为注释《法典》而撰成《吉马拉》，即

《法典诠解》。再进一步，把《米什那》和《吉马拉》合编在一起，并收集对于各项规定的不同意见附录其中，便成为涉及神学、伦理学、历史学、医学、数学、天文学和风土知识的宗教百科全书。这就是公元前 2 世纪问世的《法典大全》。初等学校以《五经》为教科书，中等学校以《法典》为教科书，《法典大全》是高等学校的教科书。希伯来学校特别重视教本传习，因而初等学校被称为"读《五经》的房舍"，中等学校是"读《法典》的房舍"，高等学校是"研究和讲解《法典大全》的房舍"。

在希伯来的经典和古籍中，很多是叙述教育发展和阐述教育理论的，虽然不足尽信，而且有些是荒唐的；但在一定程度上反映了当时对于教育的理解，具有参考研究的价值，是珍贵的教育文献。约略地说，《旧约》和《新约》含有极为明显的教诲意义，像《法典大全》和《所罗门书》(*The Wisdom of Solomom*)、《传道录》(*Ecclesiasticus*)、《格言书》(*Proverbs*)、《约伯书》(*Book of Job*)、《颂圣诗》(*Psalins*)、《先知书》(*Prophets*)之类，都非科学与史学的著作，而是为了教育目的撰写的。《旧约》和《新约》都是由巴比伦返回后编辑的旧闻旧录，并经过多次修改而成，每度修改也都是随着社会形势的发展，使其内容符合统治者的要求。《旧约》讲的是基督教产生前的事，《新约》讲的是从耶稣诞生和基督教产生以后的事，从中可以略知犹太古代教育内容变迁的轮廓。

希伯来学校因注重神学，课程有些狭窄。初等学校学生诵读《五经》，此书是希伯来语所译成，因而必须掌握希伯来文。约自公元前 4 世纪起，居住在巴勒斯坦的希伯来人使用阿拉姆语，居住在亚历山大里亚城的希伯来人使用希腊语，希伯来语是古语，除在会堂讲道以外，很少使用。让儿童于日常用语之外，学习一种古语，十分不易。无奈当时志在充当僧侣和文士或在初等学校修业后准备深造的青少年，却非苦苦学习它不可。再加上《五经》被视为神圣经典，曾长时期不许抄写，以免发生错误而亵渎神灵，学习它主要凭口耳相传和牢固记忆，自是难上加难的。学校曾不教书写，仅少数人随文士或拉比学习，才会写字，一般人是会读而不会写的。算术在最初被视为无宗教价值的知识，不使学生学习，只有准备从商的少数学生才学它。古希腊、古罗马的初等学校以传授读、写、算等为任务；希伯来初等学校的学习内容比较贫乏。唱歌有助于理解和记忆法典，而且有的教育史家认为希伯来人嗜好音乐；大卫王就是有名的歌唱家、竖笛创制者和作曲家，还是群众音乐的组织者。孩子们为参加宗教仪式和自寻生活之乐，是从幼年就学习音乐的。但希腊注重的器乐在希伯来初等学校是不教的。希伯来青年因仿效希腊的裸体操而遭受舆论的非难，学校遂把体育锻炼限制在游戏和舞蹈等范围之内。不过，学校对于保持儿童身体的清洁是注意的。直到公元前3世纪，初等学校的学习逐渐扩大范围，除《五经》之外，《颂圣诗》《先知书》《格言书》之类才成为学习的课本。

　　希伯来的学校，无论初等、中等或高等，都以苦钻经典为主课，一般都由教师口授，学生背诵和记忆，高等学校中偶然参以问答和讨论，但不占重要位置。最初，希伯来人传授经典并无书籍；以后虽有了书籍，但初学儿童不识文字，因此学习全凭听讲和记忆两种能力。经典中的《什玛》的原意就是听讲，《米什那》的原意就是背诵和讲解。希伯来的经典用听讲和背诵等字样来表示，就说明学习和传授它们非耐心听讲和死记硬背不可。史料上说，文士忘记《米什那》中的一个字，俨如犯了死罪。希伯来史学家吉夫尔曾说，如果卷帙浩繁的《法典大全》一旦遗失，12个有学问的拉比就能逐字逐句地从记忆中将它想出。为了牢记，学生经常高声朗读。《法典大全》提及某生不高声朗读，因而在三年之内把所学的全部忘掉了。希伯来的格言说："背诵是学习之母。""学习《五经》而不背诵，等于播种而不收割。""学习不仅要用眼，而且要眼口并用。"有趣的是他们认为读的声音愈高，愈能把知识深深地刻在记忆之中。教师为给这种枯燥的学习增进兴趣，曾在背诵时辅以游戏。例如，教某字母时，先顺着这个字母向前和某些字母拼成一些单词，再向后和某些字母拼成一些单词，借以帮助记忆。有时还鼓励学生发问，认为"任何人不肯提问就无所获"，"任何人以发问为羞，就无所得"。有时还利用实物观察以加深理解。有时教师发给儿童刻有诗句的圣饼，并借此组织儿童搞记诵竞赛。教师有时还指派年长儿童辅助学习困难的儿童，或指派幼而聪颖的儿童帮助年长而迟钝的儿童解决疑难问题。谚语说："恰似一块小木可以燃烧一块大木，幼儿也可使年长儿童学得聪明。恰似一块铁可以磨利另一块铁，一个儿童也可使另一儿童变得敏慧。"印度教师曾利用年长学生作为教学助手，以后还发展成为流行于世的教生制。古代犹太人也有类似的往事。《法典大全》还把儿童分为四类：一类如海绵，能吸收全部知识；二类如漏斗，学习之后毫无保留；三类恰似筛子，虽能记忆例证，却将要旨丢失；四类好比簸箕，并不记忆例证，而能牢记要领。它无形中显出了因材施教的苗头。但因限于教材的机械性质和教学方法的单调寡味，这些比较进步的理解，绝难被广泛采用。所以希伯来人虽接受了希腊文化，它的教学内容和方法，依然是偏枯而乏味的，很少注意启发诱导，缺乏调动积极因素的考虑。

希伯来学校传授艰涩难解的法典，采取机械背诵的方法，使学生感觉厌烦和发生反感，不断产生严重纪律问题。教师经常诉之外力强迫，强调绝对服从。他们甚至认为儿童生性愚昧、野蛮而顽劣，唯有严惩才能使之改善。《传道录》说："不用狠打，野马就难以驯服；同样，任性发展，儿童也必将顽梗。"约编于公元前300—前100年的《格言书》是家长和教师管理儿童的手册，曾风行一时。书中推崇父母和教师的无上权威，提出极多令人吃惊的警句，例如："驯马用皮鞭，管驴用笼套，教儿用棍棒。""节省棍棒就是仇恨儿辈，疼爱儿童的人是勤于打罚儿童的人。""棍棒和斥责产生智慧。""愚蠢是长在儿童心中的，棍棒可以把它赶走。"因此，儿童交谈、打架、忽视学习，都是挨打的原因。《法典大全》曾提及打罚儿童致死的事故。把体罚当作教育的良药，严惩和学习乃是一对难解难分的活动。由于过度滥用体罚而流弊日显，《法典大全》的编者才建议以较为宽厚的办法代替《旧约》中的苛刑，而且希望对于善良的行为和勤恳的学习，予以奖励，必要时给以食物奖品。可以说，希伯来人对待儿童的态度原是比较和善的，但他们误认严酷责罚是通向学习、知识和智慧的道路，遂出现恨铁不成钢的教育现象。

在此需要指出的是：希伯来史学家约瑟法斯说，教学约可分为两类，一是利用教言，一是利用实行。他说希伯来人兼顾两者，是不同于希腊的雅典、斯巴达、克立特等城邦的教育的。因为后者不是双方兼顾，乃是各重一端的。自摩西开始，法典中就规定既要重言，又要重行，不能言而不行，不许放纵新生一代。他们要求儿童很严格。一个人应戒食何种肉类，允许吃何种肉类，应和怎样的人相交，应何时努力劳动和何日从事休息，都须谨慎而行。实践善行而不夸夸其谈遂成希伯来的学风了。约瑟法斯说这是希伯来人引以自豪的教育特点。

在叙述古代希伯来的教育和教学时，还需略述当时的教育和教学工作者。在古代希伯来，僧侣在群众中判断讼案、宣传经典和赏善罚恶。《申命记》就曾明白提及希伯来僧侣教授经典。有的教育史家断言僧侣乃是希伯来最早的教育人员。以色列和犹太分裂以后，国际贸易发达，城市增加，阶级分化，贫富悬殊，农村问题也严重起来，如何改革社会的课题被提到日程上来。约公元前8至前6世纪，领导改革的先知号召平等和尊重个性，还有人早已醉心于希腊文化的吸收探索，其中不乏饱学之士。他们以新观点唤起群众，更起过教导者的作用。不过，严格说来，希伯来真正的教育专业工作者是拉比。在"巴比伦之囚"以前，希伯来曾有从事书写契据、函牍和文告的文人。当被俘往巴比伦时，犹太会堂与日俱增，又出现一批会向群众宣讲经典的能书善写的文人。两种文人的工作性质不同，前者称为文士，后者称为拉比。经典代表耶和华的神意，传播经典当非凡人所胜任，拉比便把自己神圣化和超凡化，并把宗教教育完全控制在掌中。当希伯来人由巴比伦返回故里，不但寺庙和会堂大量需要文人，社会也出现种种新的需要，拉比与文士并称，常常变成宣教者、书写者、律师、教师的混合体，是最受人敬重的专业人员。不久，他们竟然组成行会，要求成员必须受过长期培训和富有学识。有的教育史学者说，巴比伦之囚以前，先知是人们的灵魂工程师；到这时，拉比取代了先知的地位。拉比由于护卫经典和宣扬经典，严格要求人们依法行事，且对经典有解释之权，被称为"经典学者"或"经典学派"，有时还比仅仅祈祷和说教的普通僧侣更享有权威。公元70年，耶路撒冷被毁，僧侣就为拉比代替了。

拉比是文人学者，在经典的理解上具有进步的色彩。因为他们除遵守《五经》以外，更注重不成文法的发展，能够适应新的政治社会的需要；还曾把经典译为通俗文学，以便群众掌握。他们对于希腊文化是肯于容纳的。他们钻研希腊文学、数学、天文学、地理学，从而促进了当时学校的进步。在希伯来学校迅速发展的过程中，拉比的功绩很大。人们甚至歌颂道："拉比的声音就是上帝的声音。"那时经典日多，一般人不能尽知，拉比就成为群众的教义顾问和法律指导，他们设置的拉比学校众多，势力相当强大，简直是教育上的劲旅了。

充当教师的拉比是经典的传播者和耶和华的代言人，社会地位崇高。他们是青年的导师和社会的表率，必经审慎选择始能充当。他们不但在信仰、品德和行为上须是优美的，还须具备耐心和专心培养儿童的品质，就是说要有教育家的态度和修养，才能"名师出高徒"。学术修养乃是次要的。因为唯有良好品德才能铸就良好品格，而纯粹学术生活都是含有危险性的。未婚男子不能充任拉比，妇女则根本不许充当。中等和高等学校教师无报酬，要另有职业维生。例如，拉比约翰南是鞋匠，拉比西门是织工，拉比约瑟夫是木工。仅仅初等学校教师有报酬。拉比构成的教师队伍，被誉为"无冕之王""以色列的光明""以色列的顶梁柱"，享有免税待遇。教师虽经常责打学生，但生尊师、师爱生，彼此倒是亲切友好的。学校有敬师的风尚。古籍说："敬爱师长要胜过敬爱双亲，因为父子都是因教师而获得尊敬的。""父亲仅把儿子带到今世，而教导儿童以智慧的教师却把儿子带到永生。"所以要求儿童敬畏教师应如敬畏上苍一般。据说犹太王子走访某城，要见该城的守卫者。人们把城中的官员和护卫人员带到他的面前。谁也没有料到王子摇头道："不是他们，而学校教师才是城的真正守护者。"当然，高等和中等学校教师享有很高的荣誉，初等学校教师是不能相比的。

六、结　论

首先，犹太古代教育以犹太教为统帅。这个神教后来发展成为势力强大、影响广远的基督教，犹太教育的一些特点因而流布在长远年代和辽阔地区。在中世纪，欧洲学校以神学为王冠，由教会掌握教育领导权，把信仰放在求知之上，课程浸沉在教条主义之中，是继承希伯来的传统。近代资本主义教育也和基督教教育是难以分割的，当然和犹太教育有着血缘关系。古代犹太教育的光明面和阴暗面并存，它们都在一定程度上遗留给后代。所以在人类教育发展史的长河中，这个古老国家具有特殊的地位，乃是不容抹杀的事实。

其次，犹太教育的发展过程叫我们看清文化交流的重大意义。远在迦南人逃亡埃及时期，人们接触了人类先进的文化。那时埃及教育已很进步，有些迦南人不但进了埃及学校，而且进了埃及的高等学校。等到巴比伦之囚，希伯来人又目睹巴比伦的规模宏大的图书馆和学校，更受到深刻启发，扩大了教育的眼界。希腊文化在促进犹太教育上，功效更大。犹太学校的产生、课程的改革、教法的改善等等，都和希腊化有紧密的关联。教育史学家说，埃及、巴比伦和希腊三个文明古国，都为犹太教育提供了乳汁，不能在文化盈利表上只记录巴比伦和希腊。很清楚，犹太教育曾给后代留下了财富；犹太教育的发展也受惠于多方。比较教育家说，文化从来不是绝缘体，学校都是诸多文化的混血儿，不但现在如此，古代亦然。犹太教育的成长为我们提供了历史的见证。

再次，犹太教育是特定的政治和社会的产物。具体说，是为维系其民族生存和延续其民族生命的救生器。任何国家的教育事业的发展都是受社会经济基础所制约，并为其社会存在而服务的，所以理解和评价教育成败是不能脱离它的客观现实而凭空判断的。

古代伊斯兰国家的教育[*]

研究世界教育史的人往往高谈亚历山大帝国和罗马帝国,或甚至波斯帝国对人类文化交流的宏伟贡献,而对萨拉森帝国在这方面的贡献有所缺略;往往大讲基督教和佛教的教育发展,而对伊斯兰教的教育发展语焉不详。这不能充分反映历史的真实,是不完整的教育史。实际上,崛起于7世纪的伊斯兰教吸取了古代希腊、罗马和犹太、波斯、印度的文化,创立了独特的伊斯兰教文化,在当时是开明的、进步的;和那时欧洲处于基督教压制下的文化教育相比,是黑暗时代的明灯。伊斯兰教是和基督教、佛教并称的三大宗教,它们的教育各具特色,伊斯兰教的教育的突出性格也颇值得重视。穆斯林横跨亚、欧、非三洲,建立了强盛的大食国,延续数百年之久,凭其政治军事的威力,其文化教育更具有世界范围的影响。我们不仅应在外国教育史给予它以地位,而且应给予公平合理的评价。本文愿做抛砖引玉的探索,填补这块空白。

一、伊斯兰国家的政权和文化

从历史演进的年代看,阿拉伯半岛的居民是发展较晚的。当欧亚各国进入封建社会时期,阿拉伯以游牧为生的贝都因部落在6世纪刚刚开始解体。不久,由于阿拉伯贵族的残酷压迫,更因屡遭东罗马和波斯两大帝国蹂躏;从事农牧的人民群众奋起反抗。贵族们为求部落之间的统一和建立强有力的政权机器,须从思想意识上奠立基础,7世纪初期兴起的伊斯兰教就在于破除狭隘的部落观念,借一神教为统一大业的旗帜。穆罕默德树立了神权国家,继起的哈里发战败波斯和东罗马两大强国,又沿着北非而把势力扩展到西欧。这个萨拉森帝国的版图是辽阔的。它采行波斯、埃及、拜占庭的封建制度,跨入封建社

---

[*] 本文原载《河北大学学报》(哲学社会科学版)1987年第1期。

会。等到阿拔斯王朝（751—1258年），因统治阶级分崩离析，帝国破裂为以巴格达为首都的黑衣大食、以开罗为首都的绿衣大食和以科尔多瓦为首都的白衣大食。东起西亚，南经北非，西达西班牙，在这片土地上，农业生产发达，国际交通频繁，手工业和商业贸易畅旺，政治文化蒸蒸日上，成为伊斯兰历史上的黄金时代。以后塞尔柱帝国于11世纪，奥斯曼帝国于14世纪，先后兴起，也都国力盛兴而国土庞大，文化教育也有进展，只是发展的方向不同以往而已。

在三大食鼎足而立的形势下，东西国情殊异，对待文教事业的政策不很一致。就黑衣大食而言，在伊斯兰教出现以前，阿拉伯半岛曾接触东西方先进文化。伊斯兰教的《古兰经》就含有犹太教和基督教的教义成分。萨拉森帝国开辟广大疆土，便和东西方文化更进一步接触。当时伊斯兰的统治者君临比自己文化优越的地域，控制基督教、犹太教等不同信仰的民族，不能只凭军事威慑和政治高压，必须学习外邦先进学术，使简陋的宗教具有令人信服的教义，因而对希腊等异教文化，采取宽容政策。当时欧陆受基督教的控制，学术湮没不彰，东罗马处于边远地区，一向是古希腊文化的庇护所。不过到5世纪，君士坦丁堡大主教奈斯特拉斯被驱逐时，气氛大变。这位大主教一直宣扬希腊文化学术，待他受迫害而逃往叙利亚的安条克、尼斯比斯和伊底沙等城市时，他的追随者就在这些城市大搞希腊古籍保存工作，翻译波斯、叙利亚、埃及和希腊的医学、天文学著作。黑衣大食建立后，9世纪的哈里发迈蒙推动文化发展，都城巴格达，人文荟萃，学术空气益浓。迈蒙强调在理性和伊斯兰教之间没有冲突，大力倡导教义和科学两相融合。巴格达遂继公元前4世纪亚历山大里亚城而成为世界文化的融会中心，迈蒙在众多学术中特别推许希腊学术，与千余年前马其顿的亚历山大如出一辙。因此，亚里士多德的哲学著作、托勒密的天文学著作、加仑的医学著作、欧几里得的几何学著作和新柏拉图主义者的著作，到9世纪时，大都被翻译为阿拉伯文。另外，印度的数学和天文学，也被吸收了。在这些译本中，有的直接译自希腊原本，有的由叙利亚译本译成，同时还译了一些波斯和印度的著作。以上著述大都属于科学和哲学的。由于欧洲受基督教的严密控制，久已忘记希腊的灿烂文明，以致人们误把这些书籍当作阿拉伯人的著作。就是说欧洲学者们是通过阿拉伯人而得识他们祖先的古老学术成就的。英国伦敦大学中近东史教授伯纳·路易在《历史上的阿拉伯人》(*The Arabs in History*) 中说："阿拉伯人一度借着军事和政治的权力，并在更长的时间内借着他们的文字和信仰，在一个社会内统一了两个相互矛盾的文化——一方面是具有千余年历史的多样性的地中海地区希腊、罗马、以色列和近东的传统文化，另一方面是具有自己的生活和思想的典型以及与远东伟大文化有充分接触的丰富多彩的波斯文化。"①这个论证充分说明了伊斯兰文化的功绩。

还须说明，阿拉伯人不只保存和翻译了希腊的学术遗产，他们因为接受印度等国的古老东方文化，对学术还有所推进。他们在代数学、几何学、三角学等方面都有所创新，为光学、化学、地理学奠立了科学基础。但伊斯兰教也有着迷信的因素，要求一切不违反《古兰经》的经义。用英国历史学者路易的话说："穆斯林可向信仰不同而有智慧的非穆斯林学习，但学得知识的有效性必须接受因安拉直接启示而变为神圣、并为穆斯林的胜利所证实的伊斯兰教法的最后考验。"②但和同时代的基督教和佛教相比，伊斯兰教却是胸襟广阔的而不是狭隘的。因此，"和同时代的西方人不同，中世纪的穆斯林感到没有什么必要把自己的信仰强加于被统治的人民……在大多数情况下，他们对于本身在多种宗教并存的社会中作为居于统治地位的宗教的信徒，已经感到满足……他们还允许其他人保存宗教的经济的和学术思想的自由，给予他们为伊斯兰教文化做出卓越贡献的机会"③。和这同样重要的是，伊斯兰教具有极浓的世俗性，不那么向虚渺的彼岸世界使劲，不那么排斥现世人生的享受，不过于武断而允许向实际问题进行探求。因此，11世纪杰出的医学家兼哲学家伊本·西那，12世纪杰出的科学家兼哲学家亚维罗斯，都是人类文化史上的重要人物。

除黑衣大食之外，绿衣大食同样注重学术。北非的亚历山大里亚城和叙利亚的安条克城，曾是亚历山大帝国时期推行希腊化的重心。绿衣大食的法提玛王朝建立后，仍利用亚历山大里亚城进行对于古文化的吸取和研究。西班牙的白衣大食也有功于学术。特别是当黑衣大食被塞尔柱帝国和奥斯曼帝国统治而只是崇尚教义推敲和限制自由思考时，这里的穆斯林却始终一贯地传播科学知识，崇尚独立思索，成为当时欧亚两大洲的火炬。它的历史价值同样是宏伟的。

总之，新兴的伊斯兰文化是态度开朗、成长迅速、内容新颖而健康的。它

---

① ② ③ [英]伯纳·路易著，马肇椿、马贤译：《历史上的阿拉伯人》，中国社会科学出版社1979年版，第160、161、161页。

对伊斯兰国家政治经济的建设起了作用，对世界学术发挥了推动的效能，对于伊斯兰国家的教育事业也做出了贡献。理解伊斯兰政治和文化的发展，我们就能理解伊斯兰的教育了。

二、伊斯兰国家的教育机构

伊斯兰教兴起之前，阿拉伯游牧民族缺乏文化，处于蒙昧时代。仅有极少数地方受基督教、犹太教的影响，出现了私人传授读写的场所，叫昆它布。随着伊斯兰政权日益强大，教育园地纷纷诞生。不过，它们类型很多，不成体系。这反映社会上已有振兴教育的客观要求，只是各地情况复杂，不易统一起来。其重要机构如下。

（一）昆它布

伊斯兰国家建立初期，容忍异教教育。原来在叙利亚、小亚细亚、君士坦丁堡和北非一带仿效犹太教和基督教学校而设置的昆它布，并未消失。穆斯林为了宣教或推行政令，还鼓励它们发展，曾多次让粗识文字的战俘充任教师，凡能教会儿童一定数量读写者，即取得教师资格。昆它布十分简陋，多在教师家中教学。7—8世纪强大起来的倭马亚王朝长期向外扩张，其司令部配备随军教师，担任传教和教学职责；大军过境而建起清真寺，他们便担任寺中教学人员。那时清真寺在寺内外设置昆它布，昆它布因此遍布各村，有的村落有一所以上。在过去，昆它布仅培养读写能力，这时便以教授《古兰经》为重心了。这些与初等学校相类似的机构，从事的只是劳苦大众的粗茶淡饭式的低级教育和宗教教育。有的文献记载昆它布环绕《古兰经》而传授诗歌、文法、书法、算术；还记载它们教儿童骑马、游泳等技能。事实上，那是极为个别的，一般昆它布并不如此。

（二）宫廷和府邸学校

在伊斯兰国家，哈里发是教长兼政长的双重领袖人物，既要有德有能，又要学养完美，一般都在宫廷中利用比较充实的人才和设备，教育他们的子孙，培养接班人，习称宫廷学校。绿衣大食法提玛王朝的宫廷学校，除王子王孙，还招收一些显贵子弟。有些大臣取法哈里发，也在府邸进行教育工作。宫廷和府邸延聘的教师待遇优厚地位尊崇，和贵胄子弟同起居，共饮食，教学以《古兰经》为主，也传授诗歌、论辩术和历史掌故，更养成端庄的举止和优美的仪表。这些都是统治者的基本训练,和贫苦大众受的粗陋教育形成鲜明的两极。

不但王子、王孙和显贵子弟要受教育,哈里发也延揽文人学士为顾问。最初的阿布·伯克、奥玛尔、奥斯曼和阿里四代哈里发,都曾在宫廷举行学术讨论会,发挥咨政作用。倭马亚王朝首任哈里发穆阿维亚,更邀请诗人和学者去宫廷,讨论阿拉伯的历史和战争,讲述外国的历史和政治。这一切都不啻是帝王受教的特殊方式。阿拔斯王朝则进一步举办宫廷沙龙,召集文人学者集会,论辩时吸取东西方国家议政议事的优良方法,要求严格。过去的宫廷讨论比较随便,沙龙则要求事前有充分准备,参加人受到等级限制,出席退席须遵守规定,领导者必须是哈里发,他人不能代庖。哈里发迈蒙时期还曾邀请西方学者、教师、翻译家、注释家出席沙龙,讨论政事、神学、文学、文法等多样课题。这些文人来自不同国家,信仰不同宗教,各抒己见,百家争鸣。由于沙龙盛行,以至巴格达计划建筑新宫时,曾下令建造大量厢房,作为讨论各科学术的厅堂。

绿衣大食从杜兰尼德时代到伊克希德时代,从无学校设置,而宫廷和府邸热衷于学。哈里发伊克希德的宫廷几乎每晚举办讨论历史的沙龙,以后法提玛王朝的宫廷沙龙,则侧重由法学家、哲学家、数学家、物理学家集体讲学论道,论辩时必须穿着特定形式的礼服,以示隆重。当克立氏时代,宫廷沙龙已规定每星期二为会期。在海京时代,曾于回历403年举行的沙龙十分盛大,著名的数学家、逻辑学家、法学家、医学家济济一堂,讨论多种多类的学术课题,论辩结束,哈里发赠给与会学者以荣誉礼服和贵重奖品。类此的事实不是很个别的。它们乃是上层统治阶级的禁脔。

(三)学馆

上述的宫廷学校和昆它布代表伊斯兰教育的高下两端。介于两端之间的首推学馆。在清真寺普遍设立以前和以后,学者在家设馆教学是常事。具有鲜明唯物主义色彩的哲学家和医学家伊本·西那,学识渊博,著作宏富,曾在哈里发道拉时任职为宦,每晚退朝即在家讲学,听者众多。回历4世纪末,著名学者阿布·苏里曼是一目失明的麻风病患者,因不便在公共场合露面,以住室为学舍,在家讲学,知名之士争来受业。回历6世纪,在尼札米亚任教的法思希因表现什叶派倾向而遭解职后,便在家施教,尼札米亚地方的学生倾慕他的博学,纷纷转学其家。回历4世纪,北非法提玛王朝大臣克立斯是伊斯玛理派的学者,曾著有关该派的法学著作,每星期五定期在家讲学,各学科有成就的学者前来听讲。这类学馆为数不少,皆以学者为中心,传授水平较高的知识。

(四) 清真寺

穆罕默德于创教之初,先在麦地那效仿麦加大寺而建筑清真寺,是教徒礼拜之地,是政治活动中心,是审理讼案的法庭,也是教育场所。以后每征服一地,即在其地设清真寺。奥玛尔任哈里发时,命令巴色拉、法库、叙利亚、埃及等地官长普遍建寺,供每星期五教徒祈祷之用,同时要求各民族也都设寺。从此,清真寺数量日增,在回历3世纪时,巴格达的清真寺多达3 000所。奥玛尔征服埃及后,曾在开罗建清真寺;阿拔斯王朝时开罗的清真寺计6所,其中阿资哈尔大寺建于回历360年,回历378年确定它是学习和研究的所在,自是便成为著名学府。埃及的清真寺最初是供每周礼拜之用,以后又大批建造供每日祈祷之用的清真寺,于是寺数益增,到回历614年,亚历山大里亚城清真寺就多达12 000所。同样,西班牙的白衣大食也纷纷设立大批清真寺。

关于清真寺设置昆它布以施行初等教育的情况,上已提及。清真寺也多邀集学者传授高深知识。各地青年纷纷聚集寺中,围坐讲学者四周,形成教学环,倾听神学、哲学、史学、文法学、数学、医学、天文学等多样学科。就巴格达而言,最著名的清真寺曼色建于回历145年,名家讲学其中,学生趋之若鹜。寺中学者编著有关语言的名著《雅古特》,风靡一时。就大马士革而言,其清真寺以建筑富丽和华美见称,成为该地教育中心,由于学生众多,曾划分各民族学生所坐的固定场地。著名学者吸收极为众多的听众,待遇是特别丰厚的。就开罗而言,奥玛尔清真寺建于回历21年,以后历经修葺扩建,规模宏大;回历38年时,苏里曼到寺内祈祷和裁判讼案,从此便成为教育中心和法庭。在其极盛时期曾有40个教学环和8个学会,有的学会水平极高,选拔极严,只有著名的神学家和学者才有资格参加。阿资哈尔清真寺一向是伊斯兰教的显赫学府,无须多讲。另外,开罗的图兰清真寺研究《古兰经》注释学、《圣训》、医学、法学和天文学,也享有声誉。就西班牙而言,其初并无独立设置的学校,教育由清真寺掌握,研究西班牙史的伊斯兰学者马格里曾说:"安德鲁西的人民,没有学校帮助他们求学,因此,他们自缴学费去清真寺里学习各种知识。"[①] 马格里曾在科尔多瓦、奈赫赖和萨喜赖三地的清真寺执教。总之,当时的宗教和教育紧密结合,清真寺既施行初等教育,更通过讲学和论辩

---

① [叙利亚]托太哈著,马坚译:《回教教育史》,商务印书馆1946年版,第20页。

而成为实施高等教育的学府。

(五)图书馆和大学

哈里发奥玛尔征服埃及时,曾焚毁收藏宏富的亚历山大图书馆,造成文化浩劫,是历史上绝大的憾事。不过,由于穆斯林尊重学术,以后伊斯兰国家的图书馆相当发达。巴格达、巴色拉、开罗、科尔多瓦的图书馆是特殊类型的高等学校。巴格达首先创立的学府拜伊特·勒·赫克迈便是由收罗图书的机构发展而成,因而有的史学家称它为智慧大学,有的称它为图书馆,两者的界限并不明确。该馆是阿拔斯王朝哈里发赖世德建立的,到哈里发迈蒙时而达到发展的顶峰。当时西西里岛行政长官把众多希腊图书奉献,迈蒙便把图书藏在其中。以后迈蒙和拜占庭作战而取得优势时,致函东罗马皇帝代为罗致希腊著述,又获得大批图书放入馆中,而且除希腊文书籍外,其中还有希伯来文、叙利亚文、埃及文、汉文、印度文、波斯文的图书。其收罗之广和规模之大仅次于历史上的亚历山大图书馆,它还设有观察天体的观象台,曾由天文学家兼数学家波斯人花剌子模任馆长,俨然是科学研究所。绿衣大食法提玛王朝于11世纪也在开罗设立达赖·勒·伊勒姆,是和巴格达的赫克迈遥遥相对的学府,其图书收藏也极丰富。当时无印刷及出版场所,图书馆都雇用大批录士抄写书稿。底黎波里图书馆曾使用录士达180名,其中30名是终年在馆抄写的。新书抄毕用皮革装订,然后存在图书馆或流传他处。白衣大食也曾派专门学者到东方各国重金收买图书,收藏也颇可观。

除公立图书馆外,哈里发和王公大臣多在宫廷和府邸设置图书馆。一般富有之家附庸风雅也私设图书馆。图书和文化相关,是学术发展的基础。穆斯林通过图书馆搞起一系列的文化学术工作。首先是翻译工作。哈里发迈蒙时期,在赫克迈中设置翻译馆,把有关古代哲学、科学的各国名著,译为阿拉伯文。别国的图书馆也如此。希腊等地古代的哲学、科学财富就得以延续下来。当时翻译水平很高,不但内容正确,文辞也很典雅。在古籍译为阿拉伯文之后,便提供读者阅览。通常由学者充任馆员,规模大的图书馆还配备副馆员,对读者负有介绍图书和指导说明的职责。许多规模宏大的图书馆设有书库、阅览室、抄书室、会议室、音乐文娱室等,设备精美而舒适。阅览室铺有价格昂贵的地毯,阅书者可以盘足毯上,阅读书籍。各馆备有图书目录,便于检查。巴格达、色拉兹、开罗、科尔多瓦的图书馆,都是厅堂众多、设备华贵、方便学者阅读的。

图书馆更重大的任务是邀请学者讲学。它们给各国学生准备食宿及经济补助,帮助他们学习和研究。许多青年不远千里而来,在图书馆内深造。在回历4世纪,学者佳法在图书馆附设教育场所,不分贫富地接纳学生,对于贫苦者予以资助,他并亲自在校任教。法提玛王朝更任命《古兰经》的讲解员、天文学者、文法学者、语言学者、医学家等,担任教学工作,不问家庭出身地收容任何人听课,许多青年成年累月地埋首馆中,或读书或听讲。图书馆的水平相当高,是属于学术教育范畴的。赫克迈和勒仪姆就因此而常被学者称为智慧大学。

(六) 塞尔柱帝国职官学校

11世纪塞尔柱帝国建立后,为了培训职官,兴办职官学校。这种学校叫尼采明亚,因其创始人是帝国宰相尼采母。突厥族文化低下,灭黑衣大食而定都巴格达后,深感在军事和政治统治的同时,必须配合思想统治,于是定伊斯兰为国教。帝国实行集权领导,以哈里发为宗教领袖,另设苏丹为掌有实权的皇帝。伊斯兰教在当时分为逊尼派和什叶派,在黑衣大食和绿衣大食流行的注重民主思想的什叶派,被视为异端邪说,尊重具有保守色彩的逊尼派。为扫除什叶派和培植军政干部,一反过去伊斯兰国家对文教的放任政策,改由政府设立学校,支付教师薪给和监督学校活动,这就是职官学校的产生背景。尼采母首先于1062—1065年在巴格达设校,教师待遇优厚,学生由政府选派,享受膳宿的免费供应,毕业后又可出任官员,青年于是争相入学,成为一时之盛。该校精神保守,注重思想控制。据《雅古特》记载:"阿里教授文法学,有人告发他属于什叶派,审讯时他直认不讳,被解职了。"课程以神学和法学为重点,大破过去传授希腊学术的传统,认为在什叶派的神秘主义和希腊学术之间存在着必然的联系。

除在巴格达设校,努尔丁统治叙利亚时期,在大马士革、阿勒坡等地设立同样的学校。大马士革的阿尔·古伯拉职官学校成立于回历6世纪,校产丰富,校舍堂皇,伊本·究伯尔说它是世界上"最好的学府之一"。它在精神上、组织上和课程上,完全仿效巴格达职官学校。

绿衣大食受黑衣大食的影响,从阿尤布王朝开始,竭力扫清法提玛王朝流行的什叶派,崇拜逊尼派教义,随而在开罗和亚历山大里亚创立职官学校。除由政府举办外,还由贵族大臣举办,或由富商和被释放的奴隶设校。办法和黑衣大食的职官学校如出一辙。白衣大食很少牵涉到政权和教派之争,没采用东方这一套。

(七) 奥斯曼帝国的奴隶馆和宫廷学校

14世纪建立奥斯曼帝国者是土耳其突厥族的游牧之民。当时被征服的伊斯兰教徒和基督教徒,在文化上和人口数目上远远超过征服者。帝国崇奉伊斯兰教,创建奴隶馆。其皇帝和塞尔柱帝国一样,称为苏丹。在全国范围内,自宰相以下,都属皇室奴隶,实行皇权至尊的专制制度。实际上,这些奴隶不过是苏丹假手异族来充任统治爪牙而已。他们大多是来自战俘和忠于苏丹的佐治人员。凡能安定地方秩序和欺压反抗的基督徒,则不问出身而派任为官,有的还可升为将相。这种特殊类型的奴隶要受一定的训练,奴隶馆就以此为事。

1453年东罗马灭亡,帝国以君士坦丁为国都,更仿效塞尔柱帝国的职官学校,举办宫廷学校。按照规定,各地长官选派12—14岁青少年到都城,经检查官就体格和智力严予检验,合格者即入宫廷学校。自入学起,学生就须和家人隔绝,而且在最初几年,学生彼此间也互相隔离,以免受到外界影响。学生生活和学习被规定得十分严格,必须穿着制服,不得娶妻生子,应当尊敬师长,每日每时的工作都要遵照统一的安排。到16世纪,宫廷学校分为初、高两级,初级从事基本训练,高级进行分科知能训练。教育内容包括四个组成部分:学科、体育、战术、专业训练,各占学习时间四分之一。学科有土耳其语、阿拉伯语、波斯语、土耳其和波斯文学、《古兰经》和经解、神学、法学、历史、数学、音乐,合称学艺十科,而以《古兰经》和经解为首要科目。各种语言在初年级学习,其余各科则在不同年级内学习。体育和战术由始至终每日都练习,在高年级增加举重、角力、射术、击剑、骑马等内容。各种教育内容都按时进行考试,及格者方能升级,不及格者重新学习,所以修业为六至八年不等。只有最优秀、最努力者可以速成,而最差者则中途淘汰。前者任高职,后者则任下级官佐。由初级而达高级毕业者仅占入校生百分之二十至百分之二十五。教师主要由穆斯林充当,学者、诗人充当者为数极少。学校除讲授外,有时举行全校范围的讲演。教师待遇优厚,学生由政府供给衣、食、住,毕业后任文武官职,免除税役,终身任职。一旦立功受赏即升级升官,享受荣耀。升为朝臣或省长高位者,还可仿照苏丹而自设奴隶馆,培植治术人员。只是在法律上,他们都是苏丹的奴隶,苏丹有权剥夺他们的一切。这种宫廷学校和塞尔柱的职官学校都鄙视学术,给苏丹提供不事思考而只会战阵取胜和管制人民的驯服工具,妨碍了伊斯兰文化的发展。

从上可知，伊斯兰国家的教育机构是品级不同的、类型多样的、水平不齐的、数量众多的。这说明其统治阶级是比较重视文教的，而且能够因地制宜、因时制宜，以适应时势之需和讲求实际效果。他们不追求形式统一，不简单地一刀切，从而发挥了教育的针对能力和适应能力。这在古代国家中是比较罕见的。

三、富有特色的教育设施

（一）重视教育和广开学路

伊斯兰教创始人穆罕默德说："我奉安拉的派遣，负着宣传正道、提倡学问的使命。"他在巴德尔战役后，叫每个古莱氏的俘虏教授麦地那的一些儿童学习书写，以为赎买自由的代价。这就给伊斯兰教国家的教育发展树立了良好的开端。上面已曾提及大食国的哈里发在宫廷设置学校以培养接班人的制度，他们也还派皇子们外出就学于学者，而且要求十分严格。公元8世纪的伊本·艾西尔说："哈里发阿布杜勒·阿齐兹·麦尔旺曾遣其子奥默尔赴麦地那求学，请学者所利哈·伊克桑教育他。一天奥默尔礼拜迟到，师问其故，他说：'仆人为我理发，所以来晚了。'所利哈函告其父。其父立时派使者到麦地那，把奥默尔的头发剃掉了。"

当然，统治阶级重视教育子女是自古以来的常例，不只是伊斯兰国家如此。这里应指出的是就被统治阶级的教育而言，伊斯兰教育中的学生包括比较广泛的人员。《圣训》提到："对于坐在你面前求知识的青年，你应不分贫富而平等对待。"别的书说："企图教育无天资的学生和阻碍有才华的学生受教育，是同样的不公平。"因之，各地清真寺既是祈祷场地，又是人人学习的场所。在一些学校里，似乎以平等精神办学，以至贵族朝臣和衣衫褴褛的穷汉在一起听课，教师毫无区别地看待他们。有些学校虽然收费，但对贫苦学生慷慨资助，以至贩夫走卒在伊斯兰国家比在基督教国家，有着更多的成为学者文人的机会。塞尔柱帝国时期，由政府设校，规定学生全部免费，并对清贫学生另给资助金，以维持其学业。绿衣大食的学校更吸引各国青年就学，对于不同民族、不同语言、不同阶级的学生，一律不收用费，而且无偿地供应食宿，听凭学生自由选习科目。许多清寒学生不但获得学习机会，而且常常在学业上胜过富贵人家的子弟。

伊斯兰经典承认：在求知上，男女两性没有区别。在回历4世纪时，学者米斯京经常在下午祈祷之前向弟子教学，祈祷之后，则指导女儿、侄女、孙女围坐其旁，学习《古兰经》等知识。在哈里发宫廷和贵族府邸中，更是经常延请教师教授妇女。不过享有接受文化教育的机会而获得优异造诣的女子，是极个别的。

（二）礼遇学者和广开师路

伊斯兰国家对教师十分敬重。从历史演变看，穆罕默德在创教时，就是传播教义的教师。以后历代哈里发继承了这种传统。后来哈里发把精力主要用于政治和军事，教学反成为文人之事。萨拉森帝国向外扩充版图，为使被征服民族信奉伊斯兰教，其军事司令部以神学者和一般学者为当然成员。那时把教学理解为宗教任务，教师自愿去清真寺任教，认为这是邀得神惠的途径，因而不索酬报，不须政府委派，教学内容也不待政府安排，而都以讲授《古兰经》和《圣训》为主课。直到倭马亚王朝才规定传授逊尼派教义，随而委任的教师须和什叶派在教育战线上展开斗争。这是从叙利亚开始的，其后巴格达、埃及等地仿行。塞尔柱帝国建立职官学校，教师由政府委任和给薪，不再是无给职了。过去社会鄙薄接受教师薪俸而教学的人，这时也改变了观点。

教师的地位和报酬颇不一致。宫廷和府邸的导师被视同宫廷或府邸的成员或亲戚，有的竟以贵族姓氏为姓氏。地位低微的文士一旦充任宫廷教师，立即奴婢成群，服装华贵而居室堂皇起来。有的哈里发曾以驼队给导师馈送精美家具，营造精美房屋，赐予奴仆婢妾，赠予马匹，其薪资更足维持奢侈生活。学者宿儒担任教师更受崇敬。回历110年，阿尔·巴西逝世，巴色拉全城居民为之送葬，以致耽误了清真寺照例在星期五下午举行的圣礼。有的教师还敢跟哈里发分庭抗礼，有的教师虽有死罪而获赦免，哈里发亲往学者家中登门请教和为教师送葬的事实，也见之于史册。初级学校教师地位低下，待遇菲薄，有的地方每周仅给面包少许，遇到节日才赠予少许金钱。按照记载，教师应对学生亲如父子；应不计金钱而诲人不倦；不只教学生以知识，更应培养学生优美的品德；不应鄙视其他教师讲授的科目，要鼓舞学生寻求广泛的学识；教学应切合学生的接受能力；应言行一致，以身作则；应勉励学生独立思考判断；应平等地对待学生而不问其贫富贵贱。这些都表明人们对教师品质的要求是严格的。

为了培养继起的教学队伍，最初，学生学习某种知识到一定阶段，即可离开教师而独自授课。这时主要是看他是否胜任讲课的职责。如果学生听讲认为满意，质疑获得解答，即成为新教师。在回历4世纪之初，产生了发放教学许可证的事实，这首先是对教《圣训》的教师而设的。不久，其他科目仿行，在保证教师的水平上有着促进作用。这种许可证书在医学上尤为重要。在伊斯兰国家的许多地方，教师已有行会。绿衣大食在法提玛王朝就有教师行会12所，由学养充分的人主持，以致在许多场合中哈里发对于任用教师不若行会力量大。在伊斯兰的一些国家，教师服装由政府规定，不同于常人。最初，教师以穆罕默德为榜样而衣着简陋；到倭马亚王朝，一般教师穿着外邦制服，到阿拔斯王朝，教师应穿波兰式样的衣帽，以黑色为时尚；法提玛王朝则崇尚绿色；白衣大食则模仿法兰克的服饰。教师必须穿着制服才能授课，别人是无资格穿用教师服装的。

教育事业进一步发展之后，师资队伍也复杂起来。除教师之外，还产生了助教、听诵和助理。助教似乎是取法犹太学校的产物，也有说是自塞尔柱帝国的职官学校开始的。实际上，在回历3世纪时已有了，当时只有教《圣训》者用助教。教师在讲课后，由助教大声地用地方语向学众解释，并低声地用犹太语解释。有的书上说，规模最大的教学场所曾由一教师向3万听众讲课，为他配备的助教竟多达316名。助教因要面向众多听众，要有高的嗓音，他的地位有似军队中的战鼓。以后职官学校出现，有的教师有数名助教。有的助教很有学养，甚至由教师充当，即同一教师在甲校任教师，在乙校却任助教。类似助教者是听诵，即考查学生背诵的助教，这些人除考查学生背诵是否正确和熟练，也须把教师已讲授而学生理解困难的部分，对学生进行辅导。助教服务于教师，听诵则隶属于学校，常有教师清贫而助教收入丰厚者，也常有教师屡换而听诵始终为一人者。至于助理则是负责管理学生的人员，一个助理常管理数班学生的学习秩序，有的助理还帮助教师批改学生作业，甚至充当教师的助讲者，那就和助教近似了。

伊斯兰国家的教师有择生的权利，学生也可自行择师而事。不少青年就学于良师，常以教师的权威而自抬身价。有的学生以十数年以至数十年的时间，向同一个教师学习，取得教师信任，充当教师助手，继承教师职位，娶教师之女为妻。但通常的惯例是学生从众多的教师就业。他们学习一项科目时常就教众多教师，更从众多教师学习多种科目。这一方面产生以向众多教师就教为荣的事实，另一方面也产生了教师彼此间的猜疑和嫉妒。

约自回历4世纪始，由教师分别发给学生修毕某项学科的文凭，其条件是：①所用教本须是与原本书无误的抄本；②教师须为可靠的学者；③学生须确系寻求知识者。谚语说"取得文凭须经漫长的途程"，其艰苦可知。后来流于滥而不严，且有受贿现象，有的教师甚至走上另一极端，从不发给任何人以任何文凭了。

在此须特别指出的是，在伊斯兰文化的发展过程中，曾有大批外邦俘虏促成其事，在伊斯兰教育事业的发展过程中更甚。阿拉伯原是文化水平低下的地区，而波斯和东罗马则是文明先进之国。当倭马亚王朝扩大疆界时，极多战俘是有学养的波斯贵族和罗马贵族。按照规定，俘虏首先解到麦地那。这些博学多闻的人，在改宗伊斯兰教之后，伊斯兰国家予以宽大处理，便有意识或无意识地起了文化交流作用。麦地那就因此而居学术上的崇高地位，为麦加等地所不及。艾哈迈德·爱敏说："因为麦地那学校的学术比麦加丰富，比麦加著名，大部分的经注家、圣训家、教法家、历史学家，都是麦地那学校出身的，远方弟子都去跟麦地那的学者求学。"①实际上，许多第一流伊斯兰学者都是释奴，他们有文化，有学养，当政者就发挥他们的专长，调动他们的积极因素。爱敏叙述道："在圣门弟子分赴各方从事宣教之后，阿拉伯人和非阿拉伯人便共同向圣门弟子求学。到了再传弟子和三传弟子时代，著名学者中阿拉伯人固然不少，而大多数都是释奴或释奴的子弟了。"②举例说，阿拉伯文学家西伯卫、法星西、祖查吉等，都是波斯人；圣训学家、法理学家、伊斯兰哲学家和《古兰经》注释家，也多属波斯人；当伊斯兰文化初兴之时，凡是著书立说者无不是波斯人。以后，罗马人和其他外邦人也如此。黑衣大食的阿尔拉希曾聘任奈斯特利派基督教士马苏为学校监督官；白衣大食科尔多瓦、格兰纳达等大城市设置高等学校，常以犹太人为校长。由异教徒和释奴充当要职曾招致一些人反对；不过，伊斯兰国家是支持学有专长且能力优异的释奴的。绿衣大食哈里发奥马·阿卜杜·阿齐兹曾委派一个阿拉伯人和两个释奴充当法典解释官，有人持异议。哈里发驳斥道："这有何妨？假使释奴们的学问好而你们的学问不好！"这是何等广阔的胸襟！伊斯兰教文化学术发展迅速与这种开门主义有关，其学校教学水平优良也与这种用人唯贤的方针政策

---

① ② ［英］伯纳·路易著，马肇椿、马贤译：《历史上的阿拉伯人》，中国社会科学出版社1979年版，第184、162页。

有关。

（三）课程的两重性，兼顾神学与实用

1. 神学为王冠

伊斯兰教尊奉《古兰经》为经典。由初等学校到高等学府，都以传授《古兰经》为主课。儿童初入学校就恭谨地学习和牢固地记诵；而且《古兰经》是神圣不可侵犯的，读经发音必须准确，读音错误就是渎神罪行。在穆斯林看来，宇宙间的真理全含在《古兰经》内，它讲的道理绝对无误，儿童背诵既能掌握真理，也能获得做人的门径，所以只讲笃信，不许怀疑。初级学校一般修业六七年，为满足现实需要，还教书写和算术，但那是次要的。只有极少数人学些名人传和战争史之类。高等学校不重记诵而重经注家所做的经解；在《古兰经》之外，还以记叙穆罕默德言行的《圣训》为教材；另外为了理解经义，传习历史、诗学、文法学、音韵学、逻辑学、文学、数学等多种知识。

《古兰经》享有如此的尊崇，首先因为它是伊斯兰教的教典。再则就当时历史条件看，也该如此。古阿拉伯是贝都因人的家乡，是游牧部落散居的所在，地域分割和彼此争杀造成强固的地域观念。面临波斯和东罗马两大帝国的威胁，穆罕默德为团结御侮，便假借得自安拉的天启，针对当时政治社会的形势，随时以具体指示来号召人们共同奋斗，积20年之久而成《古兰经》。它的内涵高于流行的地方部落的狭隘思想，竟使伊斯兰教兴起后迅速建成偌大帝国，也使阿拉伯和非阿拉伯人深为叹服。《古兰经》为穆斯林战斗的思想武器，遂被广大亚、非、欧被征服者和犹太教、基督教等异教徒，视为奇迹。公认"认识宗教和尊崇教律就是智慧"，《古兰经》因此在学校课程中居于特殊地位。这里须加解释的是经解。按《古兰经》包含天启三大卷，共6 200余节，前后欠缺连贯，多系根据不同时期麦加和麦地那的情况而做的行动指示。后来萨拉森帝国统治广大富庶国家和文化进步民族，《古兰经》便不得不针对时势做出新的理解。自是，各家所见不同而解说各异。如何使信仰依从《古兰经》而不使《古兰经》依从信仰，便成为难解的矛盾。阿里也说："倘若有人要我注解《古兰经》第一章的经义，并使之足以达到70头骆驼所负的重量，我也能够做到。"因此避免支离破碎的解释，并非易事。这样，高水平的经典注疏形成了穆斯林学者追求的目标，教授恰有教益的经注形成了伊斯兰学校的重要学科。更要说明的是，一些犹太教徒和基督教徒改宗伊斯兰教而进行经注工作，很自然地把异教教义带入《古兰经》。例如，也门的犹太教徒瓦赫尔·穆南比，改奉伊斯兰教后，便把犹太教经典中的传说、故事掺入伊斯兰教义。又如，基督教徒、东罗马人伊奇·朱莱吉又把基督教教义渗入伊斯兰教教义之内。就这样，《古兰经》便丰富多彩而增强生命力和适应性了。

为什么《圣训》享有如此的尊崇？因为这本穆罕默德言行录既体现了《古兰经》的精神，而且给人们树立了行为的范例，其权威就超过一些经注。所憾者许多人捏造圣训，以伪乱真。阿布杜·克林自认曾伪造圣训4 000段，苏福扬则说："查白尔传述圣训30 000段，我认为没有一段是真实可靠的。"当时为了考证辨伪曾耗费大量穆斯林学者的脑力。学校利用教主的言教和身教启发信徒，效果是宏伟的。它加深了《古兰经》的内容，更通过考证加工而促进了学术探索，从而取得群众的笃信。

伊斯兰学校既定神学为课程的重要组成部分，其教育家就从理论上肯定学习它的宏伟价值。他们认为任何学科的严肃性都取决于效用和论证，不过，效用是比严格的论证更重要的。依此推断，神学高于医学，因为神学使人的心灵焕发，医学只使人的身体强健罢了。依此推断，数学高于医学，因为数学依凭最严格的论证，而医学仅仅依凭试验罢了。怎样说效用比论证更重要呢？因为人类活动是以其目的和资料而定高下的。举例说，冶匠高于染匠，理由是冶匠所处理的资料是金银；同样，法学高于医学，理由是法律以人的灵魂为处理对象。当然，神学是至高无上的科目，理由是它讨论上帝问题，从而为一切智慧奠立了基础。

2. 传授异教学术

基督教学校以《圣经》为王冠，排斥异教学术，致使古代希腊哲学、科学湮没无闻。伊斯兰学校虽以《古兰经》为王冠，却采取比较开明的态度，穆斯林和异邦学者在翻译希腊著作之后，高等学校也可认真传习。印度的天文学和数学也同样成为课程内容。因此，教学内容丰富多彩，不像中世纪欧洲学校那样偏狭。东西相比，其高下是分明的。自11世纪塞尔柱帝国建立职官学校，才一反过去的宽容政策，以避免动摇宗教信仰。从此，希腊医学不在学校传授，而由医院医师授课，形成大倒退。从12世纪始，迫害异教学术益甚。历史家曼格理说："研究希腊学术或研究天文学者，一旦被人发觉，便加以宗教叛徒的绰号，遭到严格监视。只要有丝毫嫌疑，就被处以死刑，或以石击毙，或以火焚毁，以免他将来篡夺王位。"法官在判词上也说："研究星宿者，难免不背叛宗教。"化学研究同样被视为罪恶。著名哲学家亚维罗斯和阿卜顿·赛拉母都曾因此而遭受拘禁。过去流行的学术自由受到了抑制。所幸白衣大食一贯重视自然科学传习，未因政治而变化，对于学术贡献是巨大的。

（四）教学的组织形式和教法的灵活多样

教学环是回历 1 世纪后半期产生的教学组织形式。那时清真寺已有讲课的活动，由教师坐在柱廊或厅堂之中，或坐于讲坛之上，听众环坐其前，助教或水平较高的访问者紧靠教师左右而坐，听课学生通常都有固定座次，并为临时听课的人留有落座的地方。讲课前，教师先引《古兰经》的语句做祈祷，然后开始讲授。教育既带有宗教气氛，教学方法也受到学科制约，教条主义相当盛行。《古兰经》和《圣训》的教学尤甚。那时印刷出版事业还未发达，学生缺乏教科书，一般要先照教师的提示，逐字逐句地把经文抄写在石板上；然后，教师才唱歌般地诵读这些语句，学生随着反复朗读，再后则自行抄写字句诵读，以至熟练记忆。这种机械而呆板的教学很少有启发思考的机会，是枯燥而无趣味的。

学校的课程及教学既不适合学生爱好，体罚便成为常见的现象。儿童一次不参加祈祷，受罚三鞭，必要时可增至十鞭，只是教师不得使用夹棍、杏树枝、海枣枝和努比亚皮鞭等残酷的刑具。儿童对于体罚必须忍受，不许号哭。因为"忍受是好汉的本领，号哭是奴隶和妇女的特权"。

高等学校则大大破除了教条主义的气氛，巴格达、大马士革、开罗、赛维尔等城市，都有观象台，学生通过直接观测天象而学习天文学；各地医院也结合医疗实践进行医学的传授，并从直观和实验中锻炼学生的分析判断能力。伊斯兰书籍还常有奖励师生辩难争议的佳话。教育家认为学生单靠记忆，不能精通学问，必须通过辩论来启发思维。宰尔努机说："一小时的辩论胜似一月的反复记诵。"历史学家曼格理曾举经典的史实说明这一问题，奥默尔、阿里、宰德虽是伊本·阿拔斯的教师，但阿拔斯却时常持有和教师相左的意见；教长马立克也和自己的教师时常见解不同；同样，教长马立克虽是教长沙斐耶的老师，但所见各殊。曼格理总结道："好学深思之士，对于许多问题，难免要反对教师的主张。""假若学生能遵守礼节，则师生意见不同，并非索然无味的事。"当然，这种在学术上自由钻研、不守师说的风尚，是高级教育中的事。这种水平高的学校中，因学科性质和学生水平的关系，甚至在神学或科学的传授上，也准许学生质疑问难和独立思索。虽则 11 世纪以后的东方为神秘主义所笼罩，但西班牙的伊斯兰学校未受到这种消极影响，其学术论辩不仅由本校师生积极参加,校外学者也可介入,学术空气很是活跃。

总之,伊斯兰学校虽有其宗教的局限性,但优于其他宗教举办的学校。它们大力吸取异教文化学术,世俗性比较明显,不像佛教、基督教那样严密地控制思想自由和严酷地迫害异教学者,因而成为教育史上光辉的篇章。

(五) 教育拨款和教育基金

伊斯兰国家初期的教育用费,依靠哈里发、公卿大臣和富贵之家的捐赠维持。阿拔斯王朝文化教育发达,哈里发迈蒙看到捐赠难以确保教育事业的长远发展,于是创设固定的教育基金,谋求使学校有稳定的经济来源。其他哈里发和富家贵族仿行,每逢设置学校,即同时筹集充足基金,从此,筹设教育基金便成为风尚。到后来,在以学术著称的清真寺中,每个教学场所都有了永久的基金。有些学校基金充裕,供给学生以舒适食宿,并对贫苦学生给予补助。绿衣大食法提玛王朝在公元 10 世纪,哈里发阿拉为学生创设了固定的补助制度。哈里发海克姆还捐赠商店、房产、酒肆和其他建筑物,作为阿资哈尔等高等学校的资源。

塞尔柱帝国在巴格达创建职官学校时,达官显宦和殷富之家齐集校内,纷纷捐赠地产、财产和市场、商店,致使该校校产极多,每年收入计达 1.5 万第那尔之巨。它那堂皇的校舍和巨额的日常开支,就以此为基础。该校不但供应学生一切用费,而且准备马匹,供他们乘骑。努尔丁同样为大马士革的职官学校捐赠大宗财富,包括磨坊 2 所和果园 7 所,另外还有大批土地、浴室和商店等。绿衣大食的苏丹撒尔丁也大量捐赠校产,王公大臣和学者富商随而仿效。最突出的是后来某苏丹竟购买被称为"光荣之宫"的法提玛王朝的宏大朝堂,当作校舍,同时捐赠极多的产业作为校产。在埃及,还有公主和贵妇人等为学校捐资的事实。

由于教育捐款比较普遍,学校教育机构又供应衣食宿舍,学校就学的机会比较易得。与此同时,各国政府也用公款举办教育事业。埃地海的国王阿哈迈德曾不惜以全国收入三分之一充当教育经费,就是例证。另外,有的教师收费教徒,但对贫苦子弟给予照顾,有时补助金钱,排解其实际困难。这就进一步促使教育走向大众化了。

(六) 交流文化与发展教育

萨拉森帝国境内有许多学术重镇。汉志的麦加和麦地那,伊拉克的巴士拉和库法,叙利亚的大马士革、苏勒、安条克、贝鲁特,埃及的开罗,都是文人学者荟萃而教育发达之区。麦加是穆罕默德的诞生地，也是伊斯兰教的诞生地；麦地那是穆罕默德的葬身地，也是艾布·伯克尔、奥默尔、奥斯曼等哈里发时代的古都。这两城乃是圣地，它们传诵《古兰经》、传授《圣训》、注释经典、吸取波斯和罗马文化而充实伊斯兰教义之类的工作，吸引了众多青年就学研究，从而带来了教育事业的兴盛，培养了不少穆斯林学者。伊拉克有幼发拉底河和底格里斯河的流灌，早已有了亚述和巴比伦的古文明，哈里发奥默尔在此建巴士拉和库法二城，到倭马亚王朝，文化日盛。学校中传授希腊艺术，常引起和基督教徒的争论。哈里发奥默尔派遣学者伊本·买斯欧德到库法讲学，其弟子被誉为"库法的明灯"。叙利亚原来也是古文明的继承地，大马士革等地为东西方学者所集居。这些地区曾是伊斯兰教和基督教论战的所在，双方的交锋大有助于伊斯兰教义的发展，也有助于伊斯兰教育的迈进。埃及是发扬希腊文化的堡垒，伊斯兰政权进入此地而振兴教育，到法提玛王朝时学校发达起来。以上各地学术活动的内容各有所长。例如，圣训学和历史学发达于汉志，宗教学出生于伊拉克，语言学发端于巴士拉。穆斯林学者崇尚追求知识的旅行，统治者的宫廷府邸是他们喜欢到的地方，达官显宦附庸风雅，也礼遇他们，以至士子假借求知旅游为名，就不啻取得出入各国宫廷的出入证。一个名叫查比尔的麦加人听说阿卜杜拉·伍奈斯亲自听到穆罕默德一段圣训，立刻买了骆驼，骑行一月之久，到叙利亚学习它。这类长途跋涉的求知过程，也是彼此交流互学的过程。埃及学者艾哈迈德·爱敏在《阿拉伯——伊斯兰文化史》中说："埃及学者赴麦地那，麦地那学者赴库法，库法学者赴叙利亚，叙利亚学者又赴埃及……他们这样做着文化交流工作。这样的结果，各地学术片面发展的情形，就得以减少。"①

四、朴素易行的教育理论

伊斯兰教的教育理论有许多珍贵之见，兹略举其要。

（一）关于教育的重要性

《古兰经》说："真主特把你们中信神的和有知识的人，提升到高位。""每

---

① ［埃及］艾哈迈德·爱敏著，纳忠译：《阿拉伯—伊斯兰文化史》（第1册），商务印书馆1982年版，第206页。

个组织的人都应该前去求取宗教的知识,以便返回后能够教给其他人。"《圣训》说:"有学识的人是圣先知的继承者。""学者和武士构成仅次于圣先知的社会等级。""学者的墨水是和殉道者的鲜血同样贵重的。""一个既非教师又非学生的穆斯林,是没有价值的。""教师和学生才是人,余者不过是群氓罢了。""人从摇篮到坟墓,都应该寻求知识,甚至有的知识要远赴中国去寻求,那也应该去寻求的。"它的结论是:"求学是信奉伊斯兰教的每个男女的天职。""尊重一位学者,等于尊重 70 位圣先知。""学者的品级居于第三,学者以上只有上帝和天使。"从这些,就可以看到伊斯兰教对于学习的推崇,从而认识其对于教育的推许。

不过,伊斯兰教尊重的学习是以伊斯兰教义为统帅的。伊斯兰教教育家以穆罕默德为教育的最高典范,穆罕默德式的人物就是伊斯兰教育培养的目标。在这种理解下,宗教信仰是第一义的。公元 12 世纪的伊斯兰教育家宰尔努机曾说:"学生求学,宜以获得上帝的喜悦和永生为宗旨,不可以猎取名望和官职为目的。"否则,将教育消耗于卑污、脆弱的世俗事务之中,乃是绝大憾事。著名的伊斯兰团体"精诚同志社"也提出:"无论哪一类的学者,倘若不以他们擅长的学问做永生的媒介,他的学问就是他的罪状。"12 世纪神秘派学者安萨里把受教育视为功德,认为应该与红尘隔离。他说:"求学者宜以敬奉上帝为宗旨,不可以升官发财或减免税役为目的,也不可存有其他意愿,否则必得可怕的果报。""教学者动机要纯洁,才有享受酬劳的资格。因为不以宗教为目标的教授,是无益的,教学者不可以名望为目的,不可用种种手段去招揽多数门徒;他应该专心致志地为敬奉上帝而教学,他应该希求来世的赏赐,不可贪图现世的酬劳。"这充分反映了伊斯兰教育的宗教性。

当然,教育完全远离现实生活,是办不到的。所以伊斯兰教育对于神的虔诚之外,还要求为统治者效劳。哈里发阿卜杜勒·买立克曾劝诫其子说:"你们应当努力求学,因为你们富足时,学问可以增加你们的优雅;你们贫困时,学问可以维持你们的生活。"伊本·穆佳法也曾道:"你们应当努力求学,因为你们若为帝王,学问可以增加你们的名望;若为平民,学问可以维持你们的衣食。"世人训勉子弟,经常提到的谚语是:"劝君学成去封侯,莫做愚人去放牛。""学问增君势,使君贵且贤。"不难看出伊斯兰教育的世俗性和它的宗教性并行不悖。

最后,伊斯兰教育还注重传授实用的知能。相传穆罕默德曾说:"学习不切实用的学问的人,来世必受最严厉的刑罚。"法学家艾卜·哈尼法曾说:"学问的功效只在乎实用。"哲学家伊本·西那也提到:"儿童学完《古兰经》,并掌握阿拉伯文的根底后,他们的教育应集中于将来的职业。"在这里所强调的职业知能,是对于仅仅习得《古兰经》和读写知能的广大人民而言的,这反映出伊斯兰教育理论具有鲜明的阶级性。

(二)关于教育方法和教学方法的理解

伊斯兰教国家由于大力兴办教育事业,在教学方面积累了丰富经验。虽则一般为贫苦大众设置的初级学校注重机械记忆,造成学习上的困难;为富贵子弟服务的高级教育,则采取了比较进步的教育方法。为改革不合理的教学工作,教育家曾提出不少有价值的建议,并阐述了这些建议的道理。

第一,穆罕默德曾说:"你们应该让贫人富人,对于求学都享有平等的机会。"但这不是说人人所受的教育是一致无二的。许多哲人提到学生的天赋才能不齐,教育应因材而施。伊斯法汉尼说:"正如男子审慎地选择新娘一样,教师必须挑选有学习他所授学科的能力的人做学生。"亚维辛那说,学生在学毕《古兰经》和掌握基本语文训练之后,就须按其天资接受教育和学习专业,不能按照自己的主观愿望来决定。他言道:"研究学生的才能而指导他们从事最适合的学习,乃是教师的职责。"

第二,伊斯兰教的经典和教育家注重学生在学习中的自觉性和积极性,要求学生养成独立思考能力。穆罕默德说:"知识是一个盒子,开它的钥匙就是发问。"这显然是认为疑问是深入学习的门户了。阿里曾说:"失败是和惊愕相伴随的,无知是和羞怯相伴随的。"一位老者向哈里发迈蒙问道:"我提一个问题是违礼的吗?"他得到的答复是:"你不发问才是违礼的。"学者底费里被人问及他怎会掌握渊博的学识时,回答道:"由于发问和思考。"由于这些教言,所以无论在听讲时或听讲后,学生都有向教师发问的充分权利。伊斯兰的文献鼓励学生运用思维和判断来学习,绝不该仅仅仿效教师而已。这就需要学生刻苦习练而不停留在消极接受上。穆罕默德说:"身体安逸而希求知识,是不可能的。"在往古的时代,有着极多的伊斯兰学者耗家财,忍疾苦,奔赴异乡,寻师访友,借以增益知识。记载中对于这般刻苦为学的人是推许备至的。更有不少学者摒弃世俗事务,专心致志于学,成为后辈学者的范例。这都说明求知是有赖于高度的积极自觉的。哈兹里说得好:"知识是不会自己来找你的,除非你自己完全致力于知识。"

第三，适应儿童接受能力和注重身心的关系，也是伊斯兰教育理论上所肯定的。穆罕默德曾说："教民者如果使用超过人民大众的标准的辞藻，那就是使自己的语言在群众中制造误解。"应用到教学工作，这一理解便成为量力原则。伊斯兰文献中曾提到，为初学者和智能低劣者选授简单易晓的课题，从不提倡身心的过劳。甚至在宗教活动中，《圣训》也不许过久的禁食与多次的祈祷，恐其影响身体健康。它说："的确，你们对于自己的体质和双目，是负有责任的。"伊斯法汉尼曾解释，大脑和身体需要娱乐活动作为中休，身心消耗便能使学习无法继续进行，在这种情况中仍然进行学习，就是徒劳而无效果的。在古籍中，曾有这样的看法："身体的增强能促进心能增强，并将使心灵和精神获得新的力量。"哈兹里曾建议学生应选择有益的游戏来恢复在课堂里消耗的精力，这种恢复足以刺激记忆力和旺盛思维力，从而使学生不致厌恶他的课业。阿布德里也讲："假如学生不做游戏而被迫无休止地进行学习，他的精神就沉闷了，他的思维力和心灵的敏锐性就被破坏了，他将以学习为痛苦而身体感觉烦躁，因而他必想方设法以逃避学习。"他们都认为教师应关怀学生的身心健康，学校应有适宜的假日节日，更应安排有益的身体活动，来保证学习的成果。法拉比曾说，热诚和坚持是学者应有的，好似涓滴之水可以凿石一般，热忱和坚毅也是通晓学问所必需的。

第四，伊斯兰教育家还提出教育学生应宽严适度和以身示范的问题。法拉比说，假如教师过于严厉，学生就会厌弃教师而不喜欢所习的科目；假如教师过于和气，学生就会轻视教师而懒于学习。所以应宽严适度，不宜走向极端。

五、结　语

伊斯兰国家在初兴期是充满朝气的，成为古代文化的融合者。那时波斯和东罗马两个具有文化成就的帝国濒于衰老，刚刚在这重要的历史关头，伊斯兰国家处于上升时期，为人类和社会做出了贡献，这是十分可贵的。它从西亚、北非而西欧，幅员辽阔，其影响绝非狭隘地区性的。因之，它既具有重大历史意义，又具有重大国际意义。

在教育领域中，伊斯兰国家是后起之秀，而且是后来居上。它那面对大众的教育方向，面向实际的教育内容，类型多样的教育机构，朴实易行的教育理论，在教育史上颇有特色。基督教控制下的欧洲学校鄙弃世俗文化，使光辉的希腊学术湮没无闻；而伊斯兰国家推崇希腊的文化宝藏，给欧洲的文艺复兴运动做了向导，因而树有勋绩。穆斯林学者在科学和哲学研究中取得的硕果，不但丰富了伊斯兰学校的课程，还改进了欧洲基督教的主教学校和僧院学校。因为各国青年就学于白衣大食，学成归国便传播这些学术知识。从11世纪起，基督教学校在七艺的教学中，特别是在数学和天文学的教学中，有所提高，恰是承受了伊斯兰教育的嘉惠。由于伊斯兰国家着重发展高等教育，因而在高等教育领域中对于欧洲国家的促进作用最大。托太哈在《回教教育史》中，称赞公元9世纪黑衣大食首都巴格达建立的大学——拜伊特·勒·赫克迈大学，同时还称赞绿衣大食于10世纪在首都开罗设立的大学——达赖·勒·仪勒姆大学。他说："拜伊特·勒·赫克迈是中古和近代的第一所大学，因为波隆那、巴黎、布拉格、牛津、剑桥等地还没有大学的时候，拜伊特·勒·赫克迈大学已将学术上的火炬高高举起了。欧洲的文艺复兴是在底格里斯河上预备的，不是在顿河、泰晤士河①、莱茵河、第聂伯河上预备的。迈蒙、易斯哈格、萨赖姆、花刺子模和其他阿拉伯学者开辟了一条新的路径；而佩脱拉克、但丁、伊拉斯谟等，便是沿着这条路径走去的。文艺复兴既蒙阿拉伯人的引导，则人类文化应当感谢阿拉伯人的盛意。"②这个评价是恰当的。

  这里应当指出的是：就伊斯兰国家文化发展而言，西班牙白衣大食的贡献尤为显著。原因是那里不像东方大食那样常起政治巨变，社会相当稳定，易使学术迅速成长和广泛传播。众多穆斯林学者产生于白衣大食。12世纪鼎鼎大名的穆斯林哲学家、科学家亚维罗斯，就是科尔多瓦人。他曾把亚里士多德的哲学著作译为拉丁文，是亚里士多德著作的注释家，并且在注释中力图把希腊哲学和《古兰经》融合起来。同时，他还是发现太阳黑斑的天文学家。亚维罗斯和11世纪的伊本·西那齐名，是第一流的博学之人。白衣大食在医学、数学、天文学方面的成就，乃是灿烂夺目的。奥斯曼曾撰写关于动物学的著作，阿尔柏鲁尼曾撰有细胞学的著作，拉兹斯、阿拔斯和比萨尔曾撰有植物学的著作，祖阿尔是摩尔医药学的大师，科尔多瓦人阿尔卡西斯更是精于外科和妇科手术的外科医学家。在数学领域，穆斯林学者继承希腊和印度的成就，贡献宏伟。在欧洲，观象台是穆斯林学者首先于1196年在赛维尔由数学家吉伯尔建

---

① 作者也译作太晤士河。以下不再作注。——编者注
② ［叙利亚］托太哈著，马坚译：《回教教育史》，商务印书馆1946年版，第40页。

造的。另外阿拉伯人自称其语文是人类最精美的语文,并注重语文学科的价值,曾编有希腊语辞典、拉丁语辞典、希伯来语辞典以及《自然科学事典》(Historical Dictionary of Sciences)。后者的编撰人就是格兰纳达的阿伯达拉。这些丰富多彩的文化学术成果,使白衣大食学校的课程充实而气象一新,令欧洲笼罩在基督教神学气氛中的学校望尘莫及。因此欧洲大量青年进入穆斯林学校,不少非穆斯林学者也积极参加穆斯林的学术活动。在交流激荡之下,伊斯兰文化深深地触动了沉睡中的欧洲。文人学士重睹芳华,眼界日开,慢慢地导致了轰轰烈烈的文艺复兴运动,终于使学校从教义中获得解放,使人性从神权中获得解放。很显然,这是值得大书特书的。

当然,在学术因素之外的别种因素,也促使伊斯兰文化发挥巨大的历史作用。当8世纪初阿拉伯人占领比利牛斯半岛时,一些崇尚实效的摩尔人励精图治,曾从埃及习得水利灌溉事业,发展了农业、马羊等畜牧业、蚕桑业、酿造业、纺织业、陶瓷、钢铁业,还开辟了国际商业贸易,拥有航海的船只1 000余艘,在许多海外要港设有领事,扩张势力远至近东。首都科尔多瓦最是繁华,居民20万户,人口100万。笔直的十里长街平坦坚固,路灯排列,伦敦则700年后才有街灯照明,巴黎遇雨就泥泞没膝。欧洲人得病祈祷神灵,穆斯林则医药先进而手术精良。后来格兰纳达、多列都、赛维尔等城市也繁荣起来。哈里发王国于929年正式建成,史称其宫廷富丽堂皇,绝非德、英、法诸国无明窗、无烟囱而只有天窗流通空气的宫廷可比。这种庞大的经济势力和优越的生活享用,曾引致上流社会的倾慕,有助于伊斯兰文化深入人心,并迅速产生了影响。意大利最早出现,也是欧洲最早出现的萨拉尔诺大学和波隆那大学,在课程和学风上受大食,特别是受白衣大食的带动,是不容否认的。萨拉尔诺是欧洲中世纪最古的医科大学。它除继承希腊、罗马的医学外,还吸取了阿拉伯的医学。亚非利坎曾把许多希腊、希伯来和阿拉伯的医书译为拉丁文,该校就竭力兼容并包,以至12世纪西西国王腓特烈二世下令:必须领有该校许可证者,才得任医师。该校于14世纪以后衰落,但阿拉伯医学却为欧洲一般大学所接受和讲授了。如今欧美大学授予学位的典礼很是隆重,要进行祈祷,要身穿礼服,有时还宣读论文和进行论辩,就是沿袭欧洲中世纪大学的传统,而这种中世纪大学的传统是得自穆斯林大学的启发。

最后要指出伊斯兰教义也存在着局限性。众所周知,宗教信仰由既定的和不容动摇的信念出发,以神学为王冠,以教义为准则,它和学术教育有着不可调和的矛盾。在统治者奖励学术研究的时代，宗教教义虽未阻碍科学的成长，但宗教信仰总不会永远听任学术自由发展。最明显的例子是公元640年进占亚历山大里亚城后，司令官向哈里发奥默尔请示，如何处理该城偌大的图书馆和丰富的藏书。他接到的指示道：《古兰经》包含着一切的真理，这些图书如果符合《古兰经》阐明的真理，它们是无用的，因为《古兰经》已经把这些真理阐明了；如果违犯《古兰经》阐明的真理，它们也是无用的，因为它们阐述的乃是荒诞之论。结论是"付之以炬"。这样就把古代学术结晶送交给4 000所浴室，充作6个月的燃料。虽则罗马帝国的暴君也曾焚毁大量藏书，却都不及这次彻底。这种狭隘的观念所达成的焚书浩劫，在历史上是空前的。幸而继起的哈里发采取了开明政策，才做了彻底的扭转。从11世纪起，塞尔柱帝国限制自然科学的教授，也说明了信仰和理性之间难以长期妥协。奥斯曼帝国建立后，宗教权威与日俱增，更造成学术的僵化和文化发展的停滞。可见文化教育受社会和政治的制约，不顾宗教信仰而任凭理性探险，是不易贯彻的。同时，伊斯兰教育的阶级性十分明显。在大食国鼎盛时期，侧重高等教育建设。昆它布从未受到统治阶级足够的重视和真正的关怀，而宫廷、府邸、图书馆以及追求高深学术的清真寺，才博得统治者的垂青。很清楚，贫苦大众绝少成为高等教育的享受者，高等教育乃是富贵子弟独享的禁脔。

第二编

师范教育和中小学教育研究

美国师范教育的历史、现状和展望*

一、过去的演变

在美国学校系统中，多年来变化最大的是师范院校。这反映美国教育事业发展迅速，也反映师范教育是美国教育的薄弱环节。要说明这个问题需要进行历史的追溯。

19世纪初，第二次抗英战争（1812—1814年）胜利后，美国政治稳定，经济发展，初等学校增多。个别地区感到教师应受特殊训练，养成教学和管理儿童的技术。佛蒙特州康考德市的教士霍尔，首先在1823年创设私立师资培训班，讲授"学校管理法"，又设附属小学，供实习之用。这就揭开美国师范教育的序幕。进入19世纪30年代，产业革命开始，工人阶级奋起争取受教育权，于是公款兴学运动蓬勃展开。为了造就合格的小学教师，1839年马萨诸塞州①创立美国第一所师范学校。东、西部各州相继仿效，或由政府设立，或由私人设立，除向未来教师灌输读、写、算知识外，还指导他们学习"教学艺术"，理解教学方法和管理方法。师范学校招收初等学校毕业生，修业年限不一，短期的仅数星期，长期的是两年。自此，初等学校师资的培养有了正式机构。这是美国师范教育史上的第一个里程碑。

19世纪后半期，即南北战争（1861—1865年）以后，美国农工生产事业迅速发展，急需中等水平的实用人才，从1870年到1930年，中学生人数猛增，中学教育逐步大众化。这时，中学师资的培养又成急切问题。1893年，

---

* 本文原载《师范教育的现状和趋势》，人民教育出版社《外国教育丛书》编辑组编，人民教育出版社1979年版。

① 作者也译作麻萨诸塞州、麻萨诸赛州、马萨诸赛州。以下不再作注。——编者注

纽约州奥尔巴尼市首先把原有师范学校升格为州立师范学院,招收中学毕业生,修业两年。其他各州纷纷向纽约州看齐,师范学院渐渐发展。这是美国师范教育史上的第二个里程碑。

进入20世纪,确切地说是第一次世界大战后,师范学院已在各州普遍设立。纽约州甚至设立11所之多,马萨诸塞州甚至设立13所之多。据统计,1909—1910年,美国仅有州立师范学院10所,市立、私立师范学院各1所。多数系独立设置,少数设于大学之内。1919—1920年,增为州立39所,市立1所,私立6所。1929—1930年,增为州立125所,市立3所,私立6所。1941年,共增为185所。1984年更增为250所。与此相反,师范学校则江河日下。据统计,1930年,美国有州立师范学校66所,市立26所,县立47所,私立58所。1942年总共降为60所。1945年只剩14所。20世纪60年代师范学校变成历史名称了。条件好的师范学校,在这期间纷纷改为师范学院、文理学院或初级学院,水准过低的都被淘汰。在20世纪30年代和40年代,美国鉴于小学教师任务繁重,必须提高训练标准,佛罗里达州首先实行"中小学教师单一工资制",即教师工资不按任课学校的级别来定,而按他们的教育程度来定。凡大学毕业取得学士学位的,无论任教中学或小学,其起始工资级别都相同,但低于取得硕士学位的;取得博士学位的起始的工资级别又高于取得硕士学位的。从此,师范学院、高等学校和研究院便都成了中小学教师的养成所。

第二次世界大战后,美国居于世界科技领域的领先地位。1957年,苏联人造地球卫星上天,美国顿时举国震惊。过去实用主义教育影响深远,中小学以适应生活需要和养成实用知能为任务,大大降低了学生的学业水平。这时,科学家痛责以往培养的教师,业务粗疏,根底薄弱,无法奠定青年一代的科学基础,大声疾呼,要求改弦更张。师范学院首当其冲,不但造就中小学师资的任务,进一步为大学或文理学院所取代,而且纷纷改为文理学院或大学,校数也迅速减少。师范学院由盛而衰,同半个世纪前师范学院的命运几乎一样了。

二、当前的制度

从20世纪50年代起,美国的师范学院已失去它在师资培养中的优势。在它的极盛时期,中小学教师总数中师范学院毕业生占很大的百分比。到60年代，存留的师范学院只略多于 100 所，全国有 21 个州已无师范学院存在。为提高教师质量，纽约州于 1962 年规定中小学教师在高等学校的修业年限由四年改为五年，修业期满，成绩及格，然后发给任教许可证。有些州也起而效法。这就加重了文理学院造就师资的任务。据 60 年代的统计，师范学院仅培养全部中小学教师的 20%，私立高等学校培养的师资占 32%，公立高等学校培养的师资占 48%，可见时移势易而体制更新了。

美国是地方分权制的国家，在教育上没有全国统一的规格和做法，各州拥有决定教育方针、大计的权力。规定教师准备教育年限和水平的，不是联邦教育总署，而是各州教育委员会或州教育厅。第二次世界大战后，为改善中小学教育质量，1954 年成立全国师范教育认可委员会（The National Council for Accreditation of Teacher Education），意在提高师范教育的质量，使各州对教师水平的要求趋于一致。到 20 世纪 60 年代末，全国各州一律要求中学教师必须在高等学校修业四年，才发给任教许可证；全国有 47 个州一致要求小学教师同样须在高等学校修业四年，只有 3 个州要求略低。过去为解决师荒而颁发的临时教师证书，逐步废除；另一方面，还鼓励各州尽可能地把师资培训的年限由四年延长为五年。就是说，一般中小学教师至少须取得学士学位。实际上，约有三分之一的小学和初中教师已在高等学校修业五年取得硕士学位了。

师范教育的课程包括三个领域：普通文化基础课、专业课和教育课。

普通文化基础课分为人文科目、社会科目、自然科学和数学科目，在这个范围中，有英语、文学、艺术、历史、政治、经济、普通科学、数学、体育等学科。现代有文化的公民需要这些基础知识，教师于传授专业知识外，负有从职业、社会、生活和身心成长等方面指导青少年的职责，首先需要掌握广泛的文化知识，学好文化基础课。

专业课培养未来教师的专业知识，由各系根据具体情况而定，目标是帮助未来教师掌握各科教材，胜任各科教学工作。

教育课培养未来教师按照教育科学原理，处理教学、辅导等活动的眼光、理解和才能。一般院校规定师范生最低限度必须修习教育课 15 个学分。事实上稍多于此数，即教育心理学 3 个学分，美国教育 3 个学分，教学法 4 个学分，教育哲学 3 个学分，教学实习 8 个学分，共为 21 个学分。

上述三类课程如何分配在四或五年之内，各校各系不同。大致可分四种。就四年制院校而言，或把三者适当分配在四年之内；或则一、二年级学基础课，三、四年级学专业课和教育课。就五年制院校而言，或把三种课程适当分配在五年之内，或前四年修习基础课和专业课，第五学年修习教育课。由于初级学院日趋普遍，一、二年级修习基础课的做法相当流行。

为了避免教师初到岗位，因缺乏经验而工作困难，辅助新教师一向是校长和地方教育辅导人员所关心的事情。有的州还仿照医科毕业生的试用制度，实行教师试用制。方法是让富有经验的教育专家指导新教师从事实际教学、教育工作，为期不超过三年，然后正式委派为教师。由于教育机器大量采用，师荒日趋缓和，试用制或可逐渐推广。

三、发展的趋势

（一）师范学院的前景

师范学院的前途如何，说者不一。理工科学者对它抨击最严厉。麻省理工学院教授考奈尔于1963年6月1日《星期六晚报》上发表的《教师接受的是最坏的教育》一文，可称代表作。作者应密歇根州①安阿伯市瑞姆基金会邀请，从事教师问题研究达两年之久，结论是培养教师的工作，是高等教育中最劣的部分。他说不仅一般师范学院水平低，多数大学甚至著名大学的师范学院，也不例外。在规模最大的加利福尼亚②大学，在一般规模的波士顿大学，无论就教学、科学研究、学术声誉等任何方面来说，师范专业都不如别的专业。类似考奈尔的议论不胜枚举。有人预言，10—20年，师范学院将在美国绝迹。

难道师范学院的消失意味着师范教育的衰亡吗？绝不。恰恰相反，由大学更好地承担培养师资的任务，也能导致师范教育的兴盛。试看，如今不是要求各州尽量把师范教育的年限由四年延长为五年吗？而且实行五年师范教育的各州，不是把中小学教师的水平由学士学位获得者提高为硕士学位获得者吗？据统计，1950—1968年，小学教师曾受四年高等教育者由50%上升为90%。中学教师所受高等教育不足四年者，到1968年，仅占全部中学教师的2%。事实表明，美国师资培养工作正在不断加强。

---

① 作者也译作密执安州、密西根州。以下不再作注。——编者注
② 作者也译作加里福尼亚、加利佛尼亚、加里佛尼亚。以下不再作注。——编者注

(二) 课程改革的动向

近年来，培养 21 世纪的青年，已被视为当前教师的职责。由于科学技术不断发展，人类物质生活和精神生活也在迅速变化。教师必须有远见，知识面广，专业过硬，努力造就善于适应 21 世纪的下一代。展望未来，师范教育课程的改造刻不容缓。现在的趋向是注重基础课，强化专业课和精简教育课。

目前社会人士、学生家长和工商业主，纷纷指责中学生的基础教育不足，缺乏阅读和写作能力、计算技术、历史知识、外国语能力、自然科学知识、艺术欣赏和创作才能等。师资培养机构必须使未来教师掌握基础学科知识和广博的文化知识，使能胜任培养 21 世纪公民的任务。因此，师范教育中的基础文化课继续受到重视。变化最明显的是专业课和教育课。

专业课在过去偏重广而博，不够精而深。原因是大多数教师在小规模中学任职，担任学科的种类多，不如此就不易安排。例如，1930—1940 年，得克萨斯州约有 1 800 名自然学科教师，其中半数是在学生不满 150 名的中学工作，不少人不但须承担全部自然科目的授课任务，还须承担一至四门非自然学科的教学工作。一个教师任教普通科学、生物学、化学、物理学、数学和历史等科目，被认为是比较典型而合理的。很清楚，如果未来教师只就物理学、化学、历史、数学等专业选修一种，就难满足就业后的客观要求。得克萨斯州立大学的中学课程调查委员会遂建议：凡欲任中学理科教师者，须在一、二年级修习普通天文学、生物学原理、普通化学、普通物理学、地质学，三、四年级修习生理学、微生物学，另外还应选修别的科目。方案的意图是扩大学生所修专业的领域，要求每生学习五个范围的科学知识，仅对其中两者具有较为充分的知识，再就此两者中的一门从事一年以上的集中学习。约在同时，别的院校和教育专业学会，也做出类似的安排。

到 20 世纪 50 年代，中小学课程改革运动兴起，对此深表不满，因为这种课程不能完成指导学生向现代化科学进军的使命。70 年代各州纷纷合并学区、合并学校，学校规模扩大，每校教师人数增多，各科教师得以从多头的教学科目中解放出来，可以只任少数科目的教学工作。上述面面俱到而蜻蜓点水式的课程，难以继续存在。现在的趋势是要求学生以某系为主修，在专业知识上达到该系学生所需达到的标准，精神实质是从博而浅走向专而深。基础课要求未来教师的文化知识方面广，专业课和基础课不同，要求未来教师的专业知识水平高。理由很简单，狭隘的知识面不能适应教师教育工作的多方面需要，低劣的专业素养更难符合知识爆炸时代青年学生致力科学研究的要求。

教育课现正成为众矢之的,处境比较尴尬。19世纪末和20世纪初,师范学院曾以注重教育专业训练和养成专业品质为特色。美国在这方面走在别国前面,成为别国学习的范例。当时教育学者认为,教师传授知识是在培养青少年的身心,促进青少年的成长;如果片面注重知识传授而忽视下一代的全面发展,不啻只见树木,不见森林,势必只能造就书呆子和腐儒。在师资培养方面,教育学者认为一般高等学校毕业生仅掌握专业知识,缺乏教育科学武装和教学艺术才能,是准备不足的。为纠正此弊,师范学校便大量设置教育原理、教育心理学、课程论、教学法等科目,有的院校甚至添设教育行政、教育史、教育哲学、比较教育之类的科目。至于结合学科学习而从事见习、实习,更是普遍要求。随后,负责培养师资的大学和其他高等学校纷纷仿设,不甘落后。到后来,教育科目臃肿,挤掉专业科目授课时间;**教育课教材贫乏,内容粗浅,难以解决实际问题;个别师范学院不惜以整个学期投**入参观、实习,造成损失更大。师范学院和大学中接受师资训练的毕业生,在学业程度上跟一般院校毕业生的差距很大。如今中小学课程革新运动正在开展,教师专业培养的重要性更加显著,教育课的地位远不如前。许多师范院校仅按法令规定,设置最低限度的教育科目。另一方面,教育学者却旁征博引,凭借调查、实验取得的数据,论证教育科学的威力。他们认为对于教育课程持否定态度是偏向,是倒退。双方旗鼓相当,形成僵持局面。

面对这项矛盾,教育学者接连提出折中方案。美国教育促进基金会(The Fund for the Advancement of Education)的建议具有代表性。它要求师范教育既提高学科知识水平,又不放弃教育专业学习。其意见为多数院校所采纳。有的主张文理学院修业五年,在最末一年搞教育专业训练。有的主张不延长年限,而利用假期搞教育专业学习。有的主张在四年文理学院课程中,添加教育科目,至于具体安排,则由各校灵活掌握,不拘一格。可见争论的症结是在专业学科和教育学科之间保持适当平衡,绝不应有所偏废。预测发展的趋势是提高专业知识的培养,减少叠床架屋的教育科目;在教育科目中大量淘汰空泛无用的教材,充实富有科学性的内容;还要简化见习、实习,不使过于烦琐;更为重要或同样重要的是慎选学养优良的教师任教。用考奈尔的话说,应由货真价实的心理学家、历史学家、哲学家担任教授,不许不学无术之人滥竽充数。

（三）选择师范生的着重点在变化

美国师范学院早先选择新生时，都以学生学业成绩为准。负责培养师资的大学和其他高等学校更不消说。因为 20 世纪以来，小学教师供过于求，中学教师为数不足，为中学输送师资是大学和其他高等学校第一项任务，这些学校刚好是由专家学者决定新生入学条件的。实践经验表明：是否适合教师工作并不全由学历而定，还须考虑多方面的条件。因为不少学历优良的教师并不擅长教学。就是说，学者未必是良师。教师除掌握教材外，必须理解儿童、少年、青年，乐意同他们做朋友，善于启发，肯于辅导，从而帮助他们身心成长，养成他们的高尚品德，发展他们的生活能力。教师必须能在各方面做儿童、少年和青年的榜样。从 20 世纪 30 年代起，师范学院不断重新审定和扩大招生的标准，注意新生的身体健康、人格坚强、情绪稳定、品格端正、多才多艺、精力充沛、勤奋学习、语言文字表达力强、基本文化知识面广、对青少年有感情等多种因素，当然也还着重考虑其学业成绩和智力水平。很清楚，教师不再被理解为专家学者、教学工作者，而被视为教育工作者或青少年的良师了。在这个观念指导下，有些州安排了新的录取学生的过程。纽约州在 1932 年以前，师范教育机构完全按照传统观点，通过审查学业成绩来录取新生。1933 年，在学业考试外，增加心理测验和英语测验，并参照中学校长对应试生品质、人格的鉴定，来录取新生。1934 年，还举行口试。1938 年，又增加语言及发音测验。进入 40 年代，更举行人格和语言联合测验，内容包括个人仪表、社会适应力、热情、情绪、经验广度、语言能力、发音、语言缺陷八项。40 年代后期，不但要求应试生参加健康和语言测验，还要求他和四名大学教师面谈，最后才按"学业成绩"占十分之四，"智力、英语能力"占十分之三和"人格、语言能力"占十分之三的比例，评定分数，决定去取。约在同时，密歇根州也创新法。该州的威恩大学不由一年级而由三年级起，收录准备充任教师的新生。规定凡在一、二年级修毕普通教育者要经多种测验，使其学业水平、文化修养、对时事的理解、健康、听力和语言能力等受到审核；每生还要和中学校长四人谈话；另外，还要赴青年会、夏令营等社会机构服务 100 小时；最后综合起来决定取舍。稍后，俄亥俄州立大学、内布拉斯加州立大学师范学院和伊利诺伊①州立师范学院，先后采取连续选拔制。原因是许多新生对教师工作不

---

① 作者也译作伊利诺斯。以下不再作注。——编者注

甚理解，入学前就选定教师专业，常常中途发生困难，不得不转入他系。连续选拔制的办法是：学校对一年级新生，举行有关教师专业的讲演报告，安排参观教师工作和演示，进行新生个别谈话，指导阅读参考资料，举行教育、教学实习，经过一段时间，然后综合起来，决定新生是否应以教育为专业。总之，数十年来，师范教育选拔新成员时，已注重从全面而非从学业一个方面着手了。

当然，这些新标准和新办法都有它们的先进性；但在另一方面，对于新生基础教育的重视，却相应地削弱了。预料在以向科学进军为主旨的教学改革过程中，或将把较大的注意力放在新生的学历水平上。

（四）教师在职进修成为急务

1961年，美国教育学会发表的《谁是优良教师》(Who's a Good Teacher)一书中说："教师服务成绩评定的结果是在最初阶段随经验的增加而迅速上升，以后5年或更长时期，进步速度逐步下降，以后15年至20年无大变更，再后则趋于衰退。"就是说，众多教师的前进和惰性常常表现出一致性。它不是直线向前的，是有曲折的。近年来，人类知识爆炸给中小学以愈来愈大的压力，不再允许教师在前进路程中出现迟滞或停顿。据估计，人类知识财富每十年猛增一倍，速度十分惊人，今后可能更加迅速。新知识、新技术如不及时在课堂得到反映，必难适应科学发展的形势和科学教育的要求。纵令未来教师在修业期间学到足够多的、水平高的、内容新颖的科学知识，如果在职进修的工作跟不上，业务还会掉队。因而搞好教师进修是今后重要问题。各州通常由高等学校举办假期学校，帮助教师学习。各州还经常大量印发新颖教材和教学参考书，组织教师参观旅行，邀集教师进行讨论和交流经验，鼓励教师进研究院，以充实提高其业务能力。一些负责中学物理学、化学、数学、生物学等科课程改革的高等学校，也设置试验推广中心，不时邀请教师参加教材编撰，向教师传播新知识和新教材。全国性、地方性的教育专业报刊和教学机械用具，层出不穷，对教师促进和帮助的效果也很大。推测今后的进修工作应当精益求精，成为教师继续进步的动力。教师唯有不断进修，方得在教学工作上做出成绩；同时，他们也依赖不断进修，取得学位，才能提级增薪。

当前最便利的教师进修机会，是新教学工具提供的。多种现代化教学手段的使用，导致教师集体教学制的流行。一般学校由学力强、经验广的教师为骨干，承担各科教学的主讲；别的教师则讲授各自擅长的章节。教师还把学生分成小组，分别对学生进行辅导。这样，既节省了教师的劳力，使之有充分的备课条件，还起了以老带新的作用。一般学校规模日大，增添多种教学辅助人员，从事实验室、图书馆、体育馆等工作，还帮助教师准备教具、批改作业、核定分数、检查健康、对学习困难的学生施行个别辅导、进行家长联系、参加社会协作等。教师减轻非教育、非教学的琐事，有助于钻研教材和改革教法。宾夕法尼亚等州，还对骨干教师或主讲教师每年付给 1 000 美元以上的额外工资，也具有鼓舞的效用。

（五）改善教师待遇是搞好师资培养的关键

美国师范教育所以成为美国教育的一个薄弱环节，教师待遇过低恐怕是一个主要原因。很多教师因为收入少，不愿久于其位，留师成为难题。纵使不离教学岗位，他们也常为谋求较高收入，大量地由此校转到彼校，由此城此乡迁往彼城彼乡。就因为他们经常提着皮包奔波，教师专业便被讽刺为"提皮包的专业"。还有，过去在待遇方面，不但中学教师高于小学教师，而且在同校任教的教师还按授课年级不同而待遇不同，即高年级教师的收入多于低年级教师。这显然不利于提高小学教师和低年级教师的质量。20 世纪 40 年代实行中小学教师同学历同报酬的制度是极为有益的。有的州更设法消除性别、种族、宗教等因素在教师待遇上造成的差别。总之，教师待遇亟待改善是不能否认的事实。

不过，根据多种统计，在受同样程度教育的就业者中，教师的工资依然偏低；虽一再为教师增薪，其实际购买力又远远跟不上物价上涨的幅度。难怪不少教育学者慨叹：美国自称是最尊重教育事业的富国，却又如此苛待教师，实在是难解的谜团。1962 年 11 月 2 日的《生活周报》刊载了美瑞曼的文章《我们怎样迫使教师离职》。作者说，在拜金成风的美国，最通常的衡量个人威信的标准是经济收入，而教师刚好是收入低廉的行业，以致大批有本领、有抱负的教育工作者，不肯久居其位。近年以来，工厂、企业、军事机关和其他收入优厚的行业，都用高薪招揽的手法，使水平高的教师，尤其是数学、物理、化学等科教师，纷纷改业。因此，教师任教的平均年限只有 5 年。企图普遍而迅速地改善教师待遇，既然不异于画饼充饥，哈佛大学教授凯普尔便建议用提高教师薪级做磁石，解决教师留职问题。办法是把最高薪级的工资提得高高的，而名额却限得少少的，这样既不过于增加经费开支，又能鼓起多数教师上进的心情。他估计如此办理之后，就能把教师任教年限由平均 5 年延长为 30 年。

这是给资本家雇用廉价劳动力在出谋划策，不是解决教师待遇问题的根本办法。总之，要搞好师范教育，提高师资水平，必须继续提高教师的经济地位，这样才能把众多乐意献身教育事业的聪明才智之士，吸引到教育专业方面来。

美国师范教育的改革*

1983年，美国教育质量委员会向白宫提出题为《国家处在危险之中：教育改革势在必行》的报告，用数据指出了美国中小学师资问题的严重。它说："1981年调查了45个州，有43个州缺乏数学教师，33个州严重缺乏地理教师，各州都缺乏物理教师。""有一半新招聘的数学、自然科学和英语教师，不能胜任这些学科的教学工作；美国中学由合格教师教授物理学的不及1/3。"之后，1984年2月15日的美国《高等教育纪事》，也在头版以醒目标题报道教育家的呼吁："中学如无合格教师，赶快停课！"可见情况并未改善。

从历史发展看，欧洲国家从19世纪初就大搞中学师资的培养，而美国于1893年才在纽约州的奥尔巴尼市出现第一所师范学院，在此之前，美国仅着手造就小学师资而没考虑中学师资。所以，美国高等师范教育的起点低于欧洲国家，起步也晚于欧洲国家。

近百年来，由于实用主义哲学和进步教育运动的影响，中小学重生活经验甚于理论学习，重能力锻炼甚于知识追求，重由做中学甚于读书为学，重职业准备甚于升学准备。反映在师资教育上，则流于专业基础不足，而教育学科和教学实习烦琐，以致不少学者讽刺师范生强于教学技术，而弱于学问造诣。欧洲国家通常以学识修养为怀，认为如在知识上有所专长，则不愁无教学能力；美国则认为学者未必为良师，遂在专业知能和教育知能的培育上，轻重易位，有碍于教师学养的质量。

第二次世界大战后，美国各州积极改革师范教育。

---

* 本文原载《教育研究》1984年第4期。

一、提高教师学历和学位的要求

过去一般教师的学历要求偏低，只有少数州要求教师在大学修业四年。为谋各州标准趋于一致，1954年成立全国师范教育认可委员会，促成其事。纽约州于1962年在全国创纪录，规定中小学教师在高等学校修业年限由四年延长为五年。有的州起而效仿，但为数不多。不过，到20世纪60年代末，各州一律要求中学教师在高等院校修业四年，47州一致要求小学教师同样需在高等院校修业四年，只有3州的要求略低。在另一端，少数教育发达的学区规定中小学的初任教师需具备硕士学位。如今，各州的普遍趋势是尽可能把师资培训的年限由四年延长为五年。与此同时，在教育专业领域中，除教育学士、教育硕士外，增添了教学硕士（M.T.D.）学位。过去，师范学院和大学文理学院是培养中小学教师的园地，现在，研究生院也愈来愈多地承担培养师资的职责，从而使师范教育在结构上发生了变化。

经过这番改革，美国中小学教师的水平有所提高。据统计，1950—1976年，受四年高等教育的小学教师由50%上升为99%；中学教师受高等教育少于四年者约占1%，到20世纪70年代后期，由大学学习四年领取教师许可证者和由大学学习五年而取得教学硕士者，都逐年增加。

在此还要说明的是，20世纪前期，以哥伦比亚大学为代表的师范学院名噪一时，随后州立的、市立的和私立的、独立设置的和大学设置的师范学院风起云涌。纽约州计有师范学院11所，马萨诸塞州计有师范学院13所。到1948年，全国计有250所，可称全盛时代。但50年代苏联人造卫星上天，人们纷纷指责师范学院质量低下，师范学院日趋减少，现在仅有50所左右了。过去师范学院培育师资的重任，现在改由大学文理学院承担。根据1979年的数字，全国共有高等院校1 200余所，而认可委员会认可的培养中小学师资的大学院校约为550所。1979年由这些院校毕业而充任合格教师者，约占当年从大学院校毕业而任教的新教师的90%。从这550余所院校去掉50所师范学院，其余500所则主要是大学文理学院。很清楚，师资培养的园地已由师范学院转移到文理学院。因为一般文理学院在师资和学术上优于师范学院。1984

年年初，为提高中小学教育质量，达特茅斯①大学校长建议废除独立设置的师范学院。有人也预测，在不久的将来，师范学院将在美国绝迹或更趋减少。如果这样，师范教育的结构变化将会更大。

二、针对师范教育的难点采取措施

（一）加强数理教师的培养

中学数理教师缺乏已成为严重问题，而更严重的是将来准备充当数理教师者正与日俱减。根据全国理科教师协会1982年的调查，1980年大学中培养的中学理科教师比1970年减少65%，数学教师比1970年减少77%。由于师资不足影响教学质量，不得不急求补救。有的州乃以公款，或由基金会用捐款、拨充资金的办法，鼓励青年接受数理科师资教育。宾夕法尼亚州②对志愿于大学毕业后在本州任数理教师者，提供助学金从1 500美元到学费的一半，凡毕业后在本州任教一年者给助学金一年，届时不在本州任教者必须偿还。得克萨斯州③农业机械大学也提供六项奖学贷金，凡毕业后在本州任数理教师一年者，资金可不还，否则需要偿还贷款。这种措施是适时的，但苦于杯水车薪。美国师范学院联合会副会长戴维·艾米格说，这项微薄的补助是否会产生显著效用，难做乐观推断。1982年9月，参议员格伦和众议员麦克迪终于在国会提出法案，建议准备毕业后任中小学数理教师者，每年都可享受贷款，其毕业后在中小学任教四年以上者，资金不必归还。到1983年，全国已有33个州推行这种办法。同时，有些公立学校系统已做出数理教师领取高于其他教师的工资的决定。1982年，全国数学教师理事会理事长威洛比说，在各科教师之间本不宜厚此薄彼；但他"同意以此为权宜之计"。另外，企业工资高而吸引力大，也是中学数理教师短缺的原因之一；而中学科学教育减弱又不利于企业将来雇用合格人员。客观形势促使双方协作，共谋合理解决。现在教育界呼吁企业慷慨解囊，以改革师范教育，并呼吁企业指派合格人员到学校兼课。国会也制定法案，规定凡给中学数理教师提供暑期工作的企业和派遣合格人员担任非

---

① 作者也译作达特默斯。以下不再作注。——编者注
② 作者也译作本雪维尼亚州。以下不再作注。——编者注
③ 作者也译作德克萨斯州。以下不再作注。——编者注

专职教师的企业,均可享受税收优惠待遇。解决数理教师问题首先有赖大幅度的提高教师待遇。而此事目前尚难落实。

(二) 改善少数民族师资的培养

第二次世界大战后,美国为消除教育上的"空白点"和"落后点",致力发展身心缺陷者的教育和少数民族的教育。缺陷者教育的发展方面,尚无显著进展。二战后由于黑人运动蓬勃兴起,一向遭受歧视的少数民族地区的教育,是有所改善的。首先,1954 年,联邦最高法院做出取消黑人白人分校的判决。为促其实现,国会于 1965 年通过对《高等教育法》的拨款时,决定成立教师工作队(Teachers Corps),以改进贫困居民区,即少数民族居住区的教育。工作队的活动主要是在大学、中小学和社区三者之间协同破除障碍,共同推动教育事业的前进。就师资培训而言,工作队负责使三者共同规划和合力推动师资教育工作。简言之,工作队首先着手发展多元文化,于白人文化之外,也重视少数民族文化,以此消除文化上或精神上的种族偏见。其次,把中小学和社区的要求反映给大学,并提出合理建议,作为大学培养教师的依据。再次,当大学师范生进行教学和教育实习时,工作队帮助做好实习学校的选择和实习教师的安排,并派人分赴各实习小组进行实地指导。最后,工作队也帮助教师解决在职进修问题。据报道,数十年来,工作队协助大学造就了大量民族教师,给中小学培养了众多教学小组的领导人。

(三) 推广教师在职进修工作

美国中小学教师利用暑期到大学进修,早已形成一种传统。不过,以往多是教师的自愿活动,主要是为了获得学位和晋级加薪。20 世纪 60 年代以来,由专家学者撰写的水平高深而理论性强的中小学各科教材,都已远远超出一般教师的理解。在职进修更显得非经常化、普遍化、制度化不可。1976 年,福特总统批准在全国设置教师中心,以防止教师知识老化,促进教师知识更新。教师中心在全国约有 5 000 所,有大学设置的,有地区设置的,也有由大学和地区双方协力设置的。教师中心设有讨论室、研究室、教材组、专业图书馆,供教师学习新教材,改进教学法和练习应用现代化教学手段。与此同时,各州都自定教师进修规划和推进在职进修工作,并逐年加紧,逐步深入,逐项提高和逐级推广。

三、课程重点的转移

师范学院的课程一向包括文化基础学科、任教的专业学科和教育学科。二战后争议最多的是专业学科和教育学科。

从历史上来看,美国师范学院着眼于培养适应生活的能力,不着眼于传授广博而系统的知识;着眼于指导青年一代从事就业准备,而不着眼于养成未来的学者专家。到20世纪60年代,科学教育的重要性突出,培养未来教师的高深学问便成为注意之事。这时各地的学区归并,规模较大的综合中学纷纷出现,恰好提供改善中学教学质量的条件。发展的趋势是师范生的专业知识需达到文理学院各系要求的标准,一反过去浅学的传统。所以各系学生都以四年时光学习本系的课程,和一般大学生一样地向专业化、专精化努力,获得本科学生应有的专业水平,对科学有系统的理论知识,有创造性地发展和应用科学知识的能力,又有诱导学生探索科学知识的艺术,有在传授知识时培养智力的本领。"学者为良师"原不是美国人的信念,如今新的教育概念却是"良师必为学者"。以伯克利加州大学为例,该校负责培养英语、法语、德语、比较文学等四科教师,学生需以四年时间学习各专业的学科,取得学士学位,另外再学一些教育科目,才能取得教师任职证,或取得教学硕士学位。他们专业学习的范围缩小了,要求的水平提高了,和以前得克萨斯型的方案适成明显的对照。

二战后备受非议的是教育学科。一因其内容空洞,二因其耗时太多,妨碍专业学科的钻研。一般学者认为未来教师的专业修养有了坚实基础,稍经训练即成良师,重要的是他们初到岗位时要有循循善诱的校长领路。他们以后的教学能力是通过工作,从实践中受锻炼。如今取得教学硕士学位者,须在四年本科教育之外,再接受一年教育专业培训。教育学科训练在各校有不同的安排,一般的趋势是:减少叠床架屋的科目;淘汰空泛无用的教材;简化见习、实习,使之不过于烦琐。多数培养师资的院校要求学生修习心理学3个学分,美国教育3个学分,教育哲学4个学分,教育实习8个学分,最多共为21个学分。美国各州办法不同,甚至同一学校的办法也不同。伯克利加州大学的德文专业要求准备取得教学硕士学位者除学习德文专业课外,再选修教育课18个学分,连续在旧金山海湾地区公立学校实习3个学季,其学力较差或未曾去过德国者,还应到德国去度过一次暑假生活。该校法文专业对准备取得教学硕士者，则只要求于法文专业课外，再修习教育课 24 个学分。

在加强专业学科上，大家并无异言。但在是否要削弱教育学科上出现了争议，一些教育专家坚信教育科学的威力，认为专业知识是重要的，传授知识的热情和艺术同样不可忽视。按照欧洲的解释，学位的拉丁语根就是"任教"（to teach）。学位无异于教师的执照。由大学修业完毕而取得神、法、医博士学位，就自然地走上教师岗位，或在执行专业工作的同时，用艺徒方式授徒，或到学校充当教师。美国从殖民地时期开始，哈佛等校毕业就曾如此。以后发觉学者未必为良师，才开始面向未来教师传授教学方法，继而又知仅有方法不成，于是传授教育理论。这是师范教育演变中的进步。如今美国学校以新的姿态登上 20 世纪的教育舞台，视教育学科如粪土，显然矫枉过正。印第安纳①大学万·梯尔教授说："过于急性的掘墓人，随着 20 世纪前进，必将发现他们误认的死尸恰恰是有极为强大的生命力的。"

除去理论上争议外，近年还出现几种新事物。①工读制（work-study program）。大学鼓励学生到中小学观察、辅导、参加活动，打通理论与实际的隔阂，在培养教师的学校和使用教师的学校之间，加强联系。大学理工科教师长期感觉大学新生学力低，难以提高教学质量，要改进中学学习标准必须亲自下手。所以大学师生走出校园而投入中小学的改造工作，已相当广泛地展开了。②临床指导制（clinical program）。过去师范生实习工作由一般中小学教师指导，指导者限于能力，实习常流为形式。如今由大学和中小学合作，有经验的中小学教师为实习导师，或称实习教授。实习导师受双方雇用，每日以一半时间教学，另一半时间指导实习和考核成绩，比以前大有改善。③美国学校素有重术轻学的传统。当前技术革命节节深入，更要求未来教师学习技术。由于教学机器日精，软件日增，所需技术日高，成效评定日难，教师技艺的锻炼成为师范教育中的重要项目。有人甚至提议将教师的活动或技能分解为千百项微小因素，指导未来教师逐一练习，使之达到娴熟程度，以供教学之用，这就是教师效能培养教程（efficiency-based teacher education）或教师才能培养教程（competency-based teacher education）。成效如何，尚待从实践中得出结论。

---

① 作者也译作印第安那。以下不再作注。——编者注

四、提高全国师范教育的标准

对这个问题,本文不拟多加论述,请参阅《外国教育》1984年第2期刊载的杨之岭、林冰两同志的论文《美国审核师范教育规格标准的重要措施——认可制度》。

美国中等教育结构改革的历史经验*

美国科罗拉多大学教育学院院长道格拉斯曾说，美国中学最能反映美国教育的特点，建国以来的发展最快，积累的经验也最丰富。他强调美国中学是在多变中成长壮大的，其贡献是在多变中取得的。如今，我国中学结构改革已成迫切课题，有借鉴美国的必要。下面谈谈美国中等学校结构改革的经过和经验。

一、中等学校结构的五度改革

（一）中等学校种类的更替

美国在殖民地时期，英国移民搬来了英国的中等学校。1635 年波士顿市 45 家富户设立的拉丁语法学校，就是英国公学和拉丁语法学校的移植品，招收富家子弟，传授古典学科，是地道的贵族学校。慢慢地，其他城市也仿设了。诺尔顿形容当时的情况说，自然环境是全新的，而人们的精神境界仍然是欧洲的。这句评语用于拉丁语学校，极为恰当。英国公学和语法学校崇尚古典主义，把古老的拉丁语当作纯正语言，把拉丁文著作当作人类智慧的花朵，强迫学生诵习，却鄙视日用的英语为难登大雅之堂的土俗用语，弃而不教，还将有实用价值的数学看作魔鬼科目，不屑一顾。北美殖民地和英国本土条件不同，竟然全部硬搬。英国公学和语法学校以升学准备为目的，认为毕业生不升学是打好地基而不建房，殖民地如法炮制。实际上有很多拉丁语法学校十几年没有一个毕业生升学，造成严重浪费。这种全盘英化、拘泥旧制、出路狭窄、学非所用的学校，到 18 世纪更华而不实。有些工商城镇迫于急需，冲破清规戒律，由私人创立学塾，教授实用知能。它们和舶来型的拉丁语学校不同，不

---

* 本文原载《教育研究》1980 年第 6 期。

但招男生，而且招女生；不但日间上课，还利用业余和假日上课；不教拉丁语，用英语教学。随着殖民地生产事业的发达，波士顿、巴尔的摩、费城、查理斯顿等大城市，出现了教授数学、簿记、会计、契约、信函、速记的商业学校，传授测量、航海、筑垒、武器制造的工业学校，传授历史、地理、西班牙语、意大利语以应外贸和外事需要的外语学校，还为女子举办家政学校和音乐学校。个别城市更设置了水平较优的寄宿制技术学校。拉丁语学校竭力诬蔑这些土生土长的学校是"江湖学校"，教师是"知识掮客"，挑剔它们失体统、不正规。这些学塾、学校却因时势之需，愈办愈受欢迎，显示出强大的生命力。

18世纪中叶，资产阶级进步思想家、科学家富兰克林，因势利导，一面吸取学塾成功经验，一面扩大其内容，于1751年在费城兴办文实学校，从此除拉丁语学校外，又有了新型中等学校。1775年美国宣布独立，特别是1812—1814年第二次抗英战争胜利以后，美国产业革命开端，文实学校发达，造就大批建树新政治、新经济的得力人才。美国教育家至今仍歌颂富兰克林改制的锐利目光，称他抛开欧洲传统观念，不把升学准备为办学方针，要求学校面向现实需要，不搞经院教育，要求学校教授切合社会建设的知识，从而推动历史车轮前进。

美国教育发展的道路是曲折的。富兰克林拟定的文实学校方案中，虽设置古典语科、英语科和理科，是分科的中等学校，但侧重理科，即实科，而且不以升学准备为目标。不料到19世纪初，有权有财的保守派大批其方向进步而离正轨太远，重理轻文是偏而不全。经他们的操纵，很多学校的古典科压倒了别科，重新返回准备升学的老路。这股逆流不符青年就业的需要，也不符发展生产的潮流。1820年，波士顿市不得不以公款建立中学，收容无意升学深造而准备就业者。南北战争后，产业革命深入，各州于是广设中学。1870—1940年，美国人口增加3倍，中学生由8万人增加到700万人，居然增长90倍。正像文实学校在美国建国后取代拉丁语学校成为主要中等学校，中学在南北战争后也取代文实学校成为主要中等学校。

美国中学为什么得以盛行呢？简言之，南北战争后，工农业大跃进使美国迅速现代化。经过短时期发展，国家已有财力发展中等教育。再则，随着现代化工业、农业发展，工人阶级争取教育权的水平提高，19世纪初，他们瞩目普及初级学校，这时则呼吁进中学由少数人的特权变为多数人的权利，进一步实现教育民主化。还有，从19世纪初起，各地普设公立小学，各州纷纷出现州立大学，但在两者之间则是私立文实学校，为弥补空白，公立中学势在必设。最后，文实学校大量设置预备班，富家子弟不进小学，却由预备班进入文实学校和大学，露出双轨苗头。以单轨制相标榜的美国，也须加以纠正。

以上由拉丁语学校而文实学校，再发展为中学，这三种不同种类的学校的变革，是美国改革中等教育结构改革的第一步。

（二）中学类型的分化

南北战争后，美国工业突飞猛进，农业开始机械化，比以往更加需要大量中等水平的劳动力。殖民时期从欧洲传入艺徒制，由各业匠师在生产岗位上培养接班人。美国建国后又由欧洲移入大量技匠，充实生产事业的人力。这种技术力量来源，到南北战争后大幅度发展生产时期，就远远不足了。这就迫使中学及时做出反应，进行第二步结构改革。

最初，中学除文化科目外，设有工艺课、家政课、农业课、商业课。不过，它们不能和传统科目处于同等地位。在法令上，中学虽非以升学准备为任务，无奈在很多中学里，升学准备常重于职业准备。为求解决客观急迫需要和中学迟缓反应之间的矛盾，需在一般中学之外，举办职业中学。恰好1879年，在费城举办的大陆博览会中，芬兰、俄国、瑞典学生的木工金工展品，博得麻省理工学院院长栾库欣赏。经他极力鼓吹，理工学院于1880年创设工业中学。工业中学切合时势之需，历经短短20年，到1900年，遂有约百座城市都设置了。

1862年，国会通过《莫雷尔法》[①]，各州除成立农工学院外，中学也开展学农运动，学生分赴各地农村俱乐部从事耕作实习和生产竞赛。稍后，俄勒冈州发起4H运动，指导学生通过学农来发展双手（hands）、头脑（head）、心灵（heart）和健康（health），引起别州的注意。1888年，明尼苏达州首创农业中学。历经20年，到1909年全国农中虽仅有60所，而中学设农科者有346所。

当时各州普及小学教育，大量需要师资，而师范学校不敷应用。1896年，费城在中学设师范科，辛辛那提、纽约、芝加哥、波士顿等城市，都在中学讲授教育学科。1900年，艾奥瓦州[②]约有2/5中学是培养师资的场地。

---

① 作者也译作《毛利法》。以下不再作注。——编者注
② 作者也译作衣阿华州。以下不再作注。——编者注

1898年美西战争之后，美国不但把势力伸入拉丁美洲，而且伸入亚洲的菲律宾。为扩大国际贸易进行经济侵略，大学成立商学院，商业中学随而出现在纽约、费城、匹兹堡、华盛顿等通商大埠。

由上种种，中学密切配合建设需要而分科设校，及时输送人力，表现出强大生命力。职业中学在欧洲早已出现，但为数不多，未受重视，处于重学轻术的观念所压抑的环境。美国大量创设职业中学，与传授文化科目的中学分庭抗礼，地位平等，是对世界教育传统的挑战。从此，中学兼设为升学做准备的文理科和为就业做准备的职业科者称综合中学，只办职业科者称职业中学。通过这样大胆改制，中学进一步摆脱重文轻实的绳索，促进美国经济发展。

（三）中学段落的划分

美国各州在分权制之下，学制从不划一，小学、中学实行九四制、九三制、八四制、八三制、七四制者，无一不有。新英格兰各州的小学多是九年制，南方各州多行七年制，别州多行八年制；另外各州在小学之上分别设立三、四年制的中学。发展到1890年，除南方而外，八四制是比较通行的。

八四制是学生6岁入小学，18岁中学毕业，再上大学四年，则已22岁，若进研究生院，就业须推迟到25岁之后。这不是中产阶级子女所能享受，贫苦青年更不消说了。"年限过长"使得能进大学者和不能进大学者同感困难。与此同时，许多小资产者收入渐增，有条件让子女受小学以上教育，却无力供给子女从四年制中学毕业，以致大批青年升入中学而中途退学就业。这一切表明：中学结构和社会需要之间出现了新矛盾。问题的尖锐性引起学生家长和教育家的重视。哈佛大学校长艾略特（C. W. Eliot, 1834—1926）①于1888年在美国教育协会首先提出中学缩短年限的议题。他指出哈佛大学新生的年岁逐年提高，一般已达19岁以上，比欧洲大学的新生年长两岁。他建议中学教育提前开始两年，将八年制小学的最后两年，划入中学段落。芝加哥大学校长哈珀（W. Harper, 1856—1906）②既赞同小学七、八年级属于中学教育阶段，又建议把大学一、二年级列入中学教育阶段，中学修业年限可缩短为五年或六年。由于人们反对，艾略特和哈珀的呼吁落了空。20年后，美国教育年限节缩委员会始于1908年做出决定：小学修业六年，中学包括七年级到十二年级，分

---

① 作者也译作义律、埃利奥特、耶律。以下不再作注。——编者注
② 作者也译作哈波尔、哈普尔。以下不再作注。——编者注

为初级中学和高级中学,各修业三年,构成六三三制。第一次世界大战后,六三三制和八四制成为美国通行的学制。一般中学与小学分设,有些中学是由小学戴帽升格的,中小学便合设一校。这样,把中学划分为不同阶段,而且中小学的分设、合设也因地制宜,极便学生入学和结业,减少中途退学现象。实施后,很有成效。

(四) 中学领域的伸展

中等教育结构改革迈出的第四步,是在 20 世纪 30 年代和 40 年代。当哈珀提出将大学一、二年级划入中级范围时,正是美国高等学校向德国学习的时期。德国大学从一、二年级就致力学术教育,美国大学一、二年级传授基础科目,不属学术教育。哈珀就认为与其划为高等教育,不如划为中等教育,使高等院校丢掉包袱。他的方案之难以落实,是因当时哈佛等水平高的学府,为数寥寥,骤然砍掉一、二年级的文化科目,以使众多学生基础知识不足,难以学习专业科目。第一次世界大战后,大批适龄青年跨入中学,毕业后升学深造的比例逐年增多;不过,其中很多人限于经济,难以修毕四年学业。另外,当经济大恐慌的岁月,青年大批失业,政府也不得不设校收容。到这时,单独设立初级学院的理想才得到落实的社会基础。按照哈珀的蓝图,大学一、二年级叫作基础学术学院,后二年叫作大学学院,前者致力普通文化科学教育,后者进行学术教育。在哈珀影响之下,伊利诺伊州曾于 1902 年出现朱丽叶初级学院,1904 年全国计有初级学院 6 所,但到 1929 年则增为 307 所。第二次世界大战后,大学生人数暴增,企业部门又需要大量较高水平的人力,初级学院因此达到发展的高潮。其发展趋势是:大学一、二年级学生主要在初级学院接受基本教育,三、四年级在高级学院接受专业教育。对于志在就业的青年,社区学院更所在皆是。社区学院免收学费或收费低廉,学生不在学校食宿,经济负担较轻,设置科目又针对地方需要,便于就业。这种颇受群众欢迎的新生事物正在茁壮成长。

人们或问:初级学院属于高教范畴,还是属于中等教育范畴?美国教育家的看法很有分歧。一般说来,大学设置的初级学院教授大学一、二年级科目,学生修毕后即进本校三、四年级,应属高教性质。地方设置的初级学院或社区学院,传授普通文化课而侧重满足职业需要,应属中等教育性质。近年来,为纠正轻视初级学院的观点,有些初级学院配备优良师资和设备,教学比一些大规模大学的一、二年级水平还好,是很有意义的措施。

（五）开放中学的诞生

第二次世界大战后，黑人运动和学生运动蓬勃开展，迫使中学向广大青年进一步敞开校门。从 20 世纪 60 年代起，许多城市创办开放中学。以费城的派克卫中学为首，随而芝加哥成立城市中学，俄勒冈州的波特兰市成立约翰·阿丹姆中学，纽约等大城市出现街头文实学校。它们没有固定上课时间，不考核出缺席，不计考试分数，没有退学制度，以社会为校院，以公共场所为课堂，学习计划由学生自定。费城派克卫学校只规定数学和英语为必修科，其余则听凭学生到动物园学习动物学，到博物馆、图书馆学习艺术，到工厂学习锻接，去法院学习法律。有的学校以四年为修业期，发给毕业证书。福特基金会、洛克菲勒基金会和工商企业对这类学校无不予以资助和支持。除无条件上中学的贫苦学生外，一些厌恶正规中学或学力欠缺难以在正规中学继续学习者，也在街头中学获得学业上的进步。1972 年，费城派克卫中学约有 60％以上毕业生升入高等院校，而费城各中学毕业生升入高等院校者却占 40％，因此，有些城市计划把开放中学列入正式学校体制。

二、中等学校结构改革的历史经验

其一，美国 300 年来的中学结构变革，比欧洲国家为迅速。英国于文艺复兴时期创立的语法学校和公学，创始于 16 世纪的德国文科中学，创始于 19 世纪初第一帝国时期的法国国立中学，和美国中学比较起来，变革是缓慢的。因为欧洲社会发展不如美国迅速，对中等教育提出的要求也不像美国那样急切。美国幅员比欧洲国家辽阔，独立建国和南北战争后，工商业发达比欧洲急速，要求的技术力量与领导干才，为数之多和需要之切远非欧洲国家可比。另一方面，欧洲有历史悠久的艺徒制，美国的艺徒制度和海外入境的技术移民又难以满足建设需要。这就迫使美国中学承担比欧洲中学更沉重的负担，中学结构变革便快于欧洲。就美国本身看，殖民时期的拉丁语学校，以升学准备为务，能够适应当时相对稳定的社会要求，遂流行约一个半世纪之久。美国建国以后，资本主义迈进，文实学校开始培植当时所需人才。南北战争后，社会前进的步子加大，兴旺仅一个世纪的文实学校衰落，中学不但代之而兴，而且中学结构不断地发生变革。再清楚不过，是美国资本主义政治经济成长的迅速，促成了美国中学改制的迅速。从另一方面看，美国政治经济的发展也制约着中学结构的革新。芝加哥大学校长哈珀在19世纪90年代就根据学术教育的需要，提出成立初级学院。不过，美国在当时尚无普遍推广的条件，因而初级学院未得长足发展，20世纪20年代以后，国民经济进一步发达，中学毕业升大学者日多，但家财有限而无力修业四年者也为数日多，初级学院才水到渠成，大量设置。第二次世界大战后，能接受高等教育而无力修毕四年大学的学生人数的猛增，有如19世纪中叶的小学生和20世纪初叶的中学生的猛增一般，初级学院和社区学院便遍设各州。可见脱离物质基础而根据学术的要求，想在学制上追求猛进是行不通的。

其二，社会事业方面众多，其间矛盾错综复杂，改制时绝不能看见其一而忽视其二，唯有照顾全面而求其平衡，方是辩证地处事之道。当19世纪末叶，社会发出缩短学制的呼声时，教育年限节缩委员会并没有简单地硬减中学年限，它提的方案是划分为初、高中两个段落，使不能长期就学者入初级中学，以缩短修业年限；对于能够长期就学并入大学深造者，则设高级中学，并不缩短修业时间，这样就兼顾双方而使各得其所。的确，青年升学、就业都是国家所需，只顾就业而忽视升学准备，便无法替专业教育奠定基础。既不应只顾前者而牺牲后者，也不应只顾后者而牺牲前者。另外，南北战争前后，大众化的公立中学风行一时，但也允许存在一些收费高、水平高、设备齐全、师资优良的私立中学。它们俨然是英国的公学、法国的国立中学和德国的文科中学。如今全国计有这类华贵学校约200所，学生约4.8万名。最负盛名的有菲利浦斯、葛鲁顿、艾克斯特、裘爱特、劳伦斯维尔等中学。有的每校只收数百名，每生交纳学费与入私立大学所交学费同样高昂。在中学一向面向职业需要的美国，这类学校的学生都和300年前的拉丁语学校肄业的老前辈一样，要诵读罗马时代的西塞罗①用拉丁文写成的古典著作，生活很是华贵，衣装十分考究，每班人数很少，学生入学须通过严格考试，是货真价实的高等学府的预备班。这些私校在培养尖端人才上所起的作用，也是不可抹杀的。

其三，美国是地广人少的大国，在管理上采取分权制度，允许各地自由发展，联邦和州政府不卡得太死，地方享有较大幅度的伸缩余地，社会人士和专业组织更积极提供合理建议。这样众多积极因素都能充分发挥，各种学制可以互相竞赛，有利于中学结构向正确方向变革。文实学校是由富兰克林倡议，在

---

① 作者也译作锡塞罗、西赛罗。以下不再作注。——编者注

费城首先试办的；中学是在波士顿教育委员会规划下试验举办的；初级中学是在加州伯克利和洛杉矶两市领先设置的；初级学院是在伊利诺伊州朱丽叶学院发端的；中学划分段落是由艾略特、哈珀等教育家倡议，又由美国教育协会的教育年限节缩委员会和中等学校改造委员会研究规划，集思广益而提出建议的。这一系列的结构改革不是由政府以整齐划一的方案命令全国齐步走，乃是各地各校试行改制，取得成效后，别地别校争相仿行。这种通过全国各地的实地试验，不拘一格的、鼓舞多方面的创造性，以求结构改善的办法，可能是一项宝贵经验。

其四，美国中学结构通过多次改革已大致完备，类型既多样，段落又灵活。但随着社会变化，小规模、小范围、小限度的调整是经常不断的。第二次世界大战后，正采取多种途径，使中学结构切合新历史时期的国家需要。①过去美国办小学要靠学区，因为小的学区无力举办大规模的学校，19世纪后半期乃合并学区。第二次世界大战前，众多学区仅能举办规模小的中学。二战后，科南特（J. B. Conant）①提出改革方案，要求取消小型中学，合组为大型综合中学。因为大型中学师资较好，有现代化教学设备，开设多种科目，能够迅速有效地进行高质量科学教育，对于黑、白学生合校也是有利条件。科南特的方案颇受重视，它要求中学扩大规模，突出了中学结构改革的重要性。在以往，学生人数上千计的中学很少；如今，一般中学都有学生1 000人以上，大城市的中学，学生常在2 000人以上。当前，规模大的中学已收容全国三分之二以上的中学生，规模小的中学约占四分之一，其规模也在扩充之中。②职业中学一向面向形形色色的行业，第二次世界大战后，在向科学进军的洪流中，职业中学都在注意数学、物理学、化学、社会学等基础学科的教学，给青年培养科学根基和钻研能力。为此，职业中学便和综合中学建起结构联系。有的职业中学仅教职业科目，让学生到综合中学学习文化科学科目；有的职业中学只招曾在初、高中修毕文化科学科目的学生，学生入学后仅接受技术性知识的培养。③过去九年级属于初中阶段，如今则九年级趋于和十、十一、十二年级构成高级中学，向二年制初中和四年制高中的方向迈进。原因是《国防教育法》颁行，又兼高等院校科目下放，高中设置高深科目较多，修业年限不得不延长；初中所受压力不如高中沉重，便缩短一年。④现在众多中学开设暑期学

---

① 作者也译作康南特。以下不再作注。——编者注

校，以六至八周为上课时间。有些学生因学期考试失败，借此补习课业；有些学生是要学习平时在校所难以学到的知识；更有学生为积累学分而提早从中学毕业。近年来，青年因在校时间过久，产生厌学情绪，要求提前毕业者与年俱增。全国约有半数以上中学利用暑期给学生积累学分的机会，解决压缩年限问题。⑤1965年国会制定《经济机会法案》后，大学也为中学十一和十二年级学生举办暑期学校，要求在院校寄宿，听讲学习。这类学生受院校鼓舞启发，毕业升学者占80％；一般中学毕业升学者则为65％。为缩短青年在大学修学年限，有的中学还对天资优秀学生，开设大学科目，修习完毕、考验及格者获得大学学分。因此，每年都有大量学生取得近千所院校的学分、直接升入大学二年级，可节省一年时光。

　　总结300年的历史发展，可以看出美国中等学校已由贵族性学校成为大众性学校，由传授古典的学校成为注重实用的学校，由升学准备学校成为兼重就业准备和升学准备的学校，由大学附庸成为自成阶段的学校，由结构单一而成为结构多型的学校，由经历巨大结构变革而进入在结构上小规模调节的学校。这一切全反映了美国中等教育对于美国急剧发展的政治、经济、社会、文化的适应性强。正由于这种强大的适应性，中等教育才由少数人独占而普及于一般适龄青年，表现了民主化的特色；同样由于适应性强，中等教育才由培养教士转而培养工商业者，培养国家公民，培养未来的科学研究者和技术发明家，表现为紧密联系现实而服务于形势发展的特色；也由于适应性强，中等教育才下与初等学校打成一片而不脱节，上与高等院校互相衔接而不依附。这样，美国中学就和欧洲长期实行双轨制下的中学不同，表现了它和各级学校共为一体而又独立自主，毕业生升学、就业皆感方便的特色。这些特色在某种程度上虽为当前一般国家中等教育所共有，但就总的形势而言，美国是比较全面而突出的。美国中等教育专家道格拉斯说，美国中学是世界范围的杰作。可见美国学者是深以其中学制度自豪的。

美国中学的转变*

有的同志问:"中世纪产生了大学而没有中学,是否先有大学而后才有中学?"回答不能简单化,因为这是一个比较复杂的问题。第一,那时欧洲国家普遍认为教育子女是家庭的职责,富有之家通常延聘教师在家教学,不少青年受到了较有水平的教育。他们自己组织起来,聘请教师上课,就成为最早的大学。第二,后来大学制度日趋完备,大都设神、法、医、文四科,神、法、医是本科;文科传授七艺,学生毕业后再升入神科、法科或医科,是大学预科性质,有似今日的中等学校。再后,到文艺复兴时期,伴随着资产阶级的成长,志愿升大学者日增,文科收容量有限,一些中等程度的学校纷纷诞生。最典型的是英国从15世纪始盛行的文法学校和公学。宗教改革以后,德国出现的文科中学和法国由耶稣会成立的学院,还有法国大革命期间拿破仑创建的国立中学,也属这一类型。用教育的术语讲,它们以升学准备为任务,是大学的附庸。它们的聘师、设课和考试等等,通常取决于大学。它们的指挥棒操之于大学,所以是双眼向上看的。那时有条件享受大学教育的人极少,大学和为大学做准备的中等学校都是贵族学校。

中等学校的眼睛向下看,是教育史上的大变革。这块里程碑是许多国家合力树立的,而美国的旗帜最鲜明,态度最积极。

当然,为升学做准备的中学既不切实用,又非众多青年所能入,在18世纪就有了面向就业的水平较高的学校。1702年德国的佛兰克曾在哈列设立注重传授实用知识的"数学、机械实科学校",倒闭后又于1783年设立"数学、机械、经济实科学校",也未久而停办。但大势所趋,无可违抗,黑克尔于1747年在柏林建立"经济、数学实科学校",便逐渐推广到各地了。约在同时,美国富兰克林于1751年在费城创立文实学校,也企图把中等学校由攻读

---

* 本文原载《外国中小学教育》1984年第1期。

古典而朝向现实生活。不过德国的实科学校不能和文科中学相提并论，毕业生没有资格入大学，被称为不完全中学。直到第二次世界大战后，德意志民主共和国才把它纳入综合中学之内，成为一个组成部分，取得完全中学的资格。美国的文实学校不久也着重升学的要求，很多规模较大的文实学校采取双科制，一科是为升学做准备的古典语科，一科是为就业做准备的现代语科。德、美两国中学转变的迟缓，反映两国当时社会发展的迟缓。19世纪初期，产业革命迅速向前，美国首先于20年代之后在波士顿建立完全以就业准备为目标的公立中学，这就把欧洲国家甩在后面了。

美国中学标榜以就业准备为办学宗旨，这在世界上是很独特的。1820年波士顿市倡议创设公立中学之前，曾组织专门委员会负责其事。1821年该会提出报告说："现行的教育方式和目前英语文法学校所教授的知识，其范围既不够广阔，也未能使学生的心智充分发挥，还未能帮助他们有效地胜任他们在公私业务中所承担的职务，家长如欲使子弟通过这种教育而在所承担的商业或工业等职业中有所擅长，就会感到需要：使子弟受到和现行教育极为不同的教育。"这一年，中学果然开办了，从公私立学校报名的286名考生中，选录了学生130人。到办校的第二年年底，学校大受欢迎，报考新生无比踊跃，一些考生未获录取，许多家长倍感失望。人民热切呼吁充实设备，以致使学校预算猛增。1833年，波士顿市学务委员会居然正式公布《法规》，确定："公立中学已创始于1821年，其主旨是使本市曾受到别种公立学校教育而无意升入大学深造的青年，能够完成普通教育，从而能够投入现实生活，并在所承担的公私职责中做出成绩。"这样就以法令形式使中等学校由面向大学而面向就业了。

美国中学改革为什么比较彻底呢？

一是因为美国是尚待开垦的新大陆，地广人稀，其开辟经营急迫而且大量地需要实干人才。那些在欧洲传统式学院受文雅教育的书生，是不能胜任与天斗、与地斗、与荒山斗、与原野斗的艰巨任务的。美国不把青年从书斋中引向广漠与荒原，不把青年由本本主义引向拓边精神，国家建设就无法着手。否则，教育上的安排就会沦为先后倒置，本末倒置，就会犯史学家说的年代学的错误。因此，中学不得不由升学准备转向就业准备。

二是因为美国一向标榜"民主"，声称教育机会平等。在19世纪初期，各地兴建了免费的公立小学，不久州立大学也勃兴起来，在公立小学和公立大学之间仅有私立的文实学校，学制上出现了脱节现象。一个儿童先入免费的公立小学，再进纳费的私立学校，以后又入免费或减费的公立大学，前后难以衔接，更不能满足大批中产子弟享受教育的愿望。最初建立的中学是公立的免费的，恰能弥补这种缺陷。

三是因为当时美国大学教育刚在发展，各项建设人才需要急迫。教师待遇微薄，肯担当教学职业者不多，造成师资恐慌。他们限于水平，也无基础传授古典的、高深的、系统的理论的学科。这也迫使美国不能好高骛远。

因上种种，美国中学遂偏离传统，以崭新面貌开辟了近代世界中学教育中的新纪元。由于中学切合美国当时的国情，得到社会的支持，满足了各项事业的需要，遂成为富有生命力的新鲜事物。美国和欧洲的教育学者对中学的评价常有不同，但美国中学的功绩，也是有其定论的。历史的车轮滚滚向前，以后中学又必须兼顾志在升学深造的青年，于是出现了兼顾升学准备和就业准备的综合中学，把学术科和职业科并列起来。然而，职业准备仍是主流。

第二次世界大战后，美国于1958年颁布《国防教育法》，实用主义教育哲学受到批判，众多中学大搞"新三艺"（数学、自然科学、外语），努力"学术复兴"，在课程和教学改造方面借鉴苏联，发展方向颇有扭转。由于急于求成，不无"欲速则不达"之感。不过，它的大势是无法倒退的。所以美国中学正处在一个新起点，其前途很值得我们重视。

美国中小学师资问题的严重性及其成因*

美国教育的一项显著特点是追求数量,在质量方面发展很不平衡。为谋求教育质量改善,联邦教育部于1981年成立了由教育界权威人士组成的高质量教育委员会。该会经过年余调查,于1983年发表了《国家处在危险之中:教育改革势在必行》的报告。里根总统对此极为关切。报告揭露美国中小学师资水平低,使教育成绩逐年下降,以致在知识爆炸时代,"我们正在培养科学盲和技术盲的新生一代"。报告痛切地说:"美国以往各历史时代,在教育、文化和经济上的成就,都超过它的上一代。一代人的教育水平不能超过、不能与父辈相提并论,甚至达不到父辈的水平,这在我国历史上还是第一次。"很明显,"今天我们学校的一般毕业生不像25年或35年前一般毕业生那样学识丰富"。

在众多导致教育落后的因素中,报告用数据指出中小学师资问题的严重。具体讲,就是中学教师学养太差,数理教师尤其是薄弱环节。"1981年调查45个州,有43个州缺乏数理教师,33个州严重缺乏地理教师,各个州都缺乏物理教师。""有一半新招聘的数学、自然科学和英语教师,不能胜任这些学科的教学工作,美国中学由合规格的教师教授物理学的不及1/3。"1981—1982学年度,全国中学聘用的物理学教师约有50.2%不合规格;在太平洋沿岸各州,新聘任的数理学科教师约有84%不合格,而在1980—1981学年度中,数理学科教师改就他业者,比退休者多4倍以上。不但现在教师不合规定标准,而且,1983年2月号《工程教育》刊载国家教育研究所葛列森的论文说,在1971—1980年的10年中,被调查的600所学院和大学的教师培养计划表明,毕业生准备教中学数学的人数下降78%,未来的自然科学教师下降64%。这说明美国教师问题将有愈来愈严重的可能。1984年的情况并无改进,2月15日的《美国高等教育纪事》仍在头版以醒目标题,报道教育家怒不可遏道:

---

* 本文原载《西南教育论丛》1985年第1期。

"中学如无合格教师,赶快停课!"

客观地分析起来,美国教师的缺陷不自今日始,只是在知识爆炸的今日,科技教育的迫切需要把弱点突出了。可以推断,随着形势的发展,弱点还要进一步地突出。一个教育超级大国竟然如此,很值得研究。我们且探寻其造成的原因。

其一,从历史发展看,美国师范教育的起点低于欧洲国家,起步晚于欧洲国家。

美国于1839年在马萨诸塞州创立第一所师范学校,就近代师范教育史而言,为期不为迟晚,但它的起点是低的。美国师范学校是仿自德国的先进经验;但这仅属于小学师资的培训,对于德国培养中学师资的工作却未认真学习。实际上,在19世纪之初,第四次反法同盟战争①是普鲁士振兴教育的契机,它发展初步教育外,还狠抓高等教育。那时被拿破仑击溃的普鲁士为挽救危亡,于1810年创建柏林大学,竭力为国育才。大学从一开始就是推崇学术的学府。创始人新人文主义思想家洪堡②,以人才为民族复兴之本,认为造就真才实学的教育不宜事事与当前的政治直接挂钩,要从远大眼光考虑问题,因为一旦学者专家涌出,他们就会以高度智慧解决国事的。在这种理解之下,崇尚自由讲学和自由研究,把大学办成教学和科研的中心。这样的大学必须招收水平优良的学生,不如此,大学的理想必然落空,因而整顿中学教育成为关键性环节。那时德国的文科中学是极受重视的、水平很高的学校,刚好成为发展对象。1812年,普鲁士颁布中学毕业考试法,要求十分严格,考试及格者方可升入大学。早在1788年,政府也曾制定中学毕业考试制度,但标准低下,除文科中学外,一般文法学校应届毕业生都可参加。新制度建立后,则仅有修业九年的文科中学生始能与试,其结果是文科中学执了各种中等学校的牛耳,成为大学唯一的预备学校。文科中学以古典科目为主课,也教授现代外语(法语)、数学、物理学、历史、地理、德语、宗教、哲学以及音乐、绘画、书法等。这样多的学科,又要求高质量,非学养精湛的教师莫办。就在这时,文科中学被称为"高级中学",以别于被称为"低级中学"的其他中等学校;中学教师和小学教师也清楚地分别起来,而文科中学教师更接近大学教师的范畴。

---

① 原文为"普法战争",编者编入本书时依据史实进行了修改。——编者注
② 作者也译作洪保。以下不再作注。——编者注

一种合于逻辑的需要是在培养小学师资的师范学校之外，必须解决中学师资的培养问题。

普鲁士自 1810 年推行文科中学教师考试制度，滥竽充数之风大杀。此时的大学改制恰为师资培训开辟了渠道。德国大学原来沿袭中世纪旧制，一般设置神、法、医、文四科，文科地位低，和神、法、医之为大学本科者不同，乃是大学预科。柏林大学首先将文科升格为哲学科，与余三科并列，而更为重要。它以文学、哲学为主修。中世纪大学没有理科，只由医科传授理科知识，现在则由哲学科传授理科学科。从此，大学哲学科文理兼顾，有似今日美国大学的文理学院。与此相应，文科中学已非纯粹文科，而兼重理科知识了。大学哲学科毕业生以充任文科中学教师为主要出路，哲学科不啻是提供中学师资的师范学院了。1818—1914 年，德国共有 22 所大学，其中 11 所在普鲁士境内，一般都设有哲学科。那时文科中学的数量日增，需要教师也与日俱增，哲学科更成为文科中学师资策源地。难道大学毕业生立即可任文科中学教师吗？不。一般还须以二年以上做准备，参加国家职官考试，合格后才有资格正式担任神职工作、医务工作、司法工作和教师工作。以后办法更严，标准升高。就有志到文科中学执教者而言，他们通过国家考试后，通常还用二年从事教学实习，实习期满再经教学经验考试，通过后才正式发给教师许可证。哲学科毕业生是获得博士学位的，而博士学位并不保证能任公职，德国职官考试是青年的重要关口，所以学位的重要性比不上国家考试及格的资历。因此，学校教师正和医师、法官、工程师、律师相同，都很讲求质量。这种中学师资的培养比小学教师的培训，更为德国所注重。然而，美国忽略了这一点。

和法国相比，美国师范教育也差此一步。1789 年大革命之后，新政权即于 1795 年邀集知名学者，委以培养全国师资的重任，由于为时过早，失败了。拿破仑登台后，希望通过官员来建设国家，采取了不同于普鲁士的教育方针。普王腓德烈为训练爱国复仇的国民，注重初等教育，同时为培育国家栋梁而注重高等教育和中等教育；拿破仑则忽视初等教育，仅着眼于中等和高等教育。在高教方面，普鲁士的兴奋点在通才教育，拿破仑则将造就专门人才的专科学院置于首位。就中等教育而言，拿破仑很欣赏耶稣会学院的系统严谨的知识传授，又很爱好数学和自然科学。具体到实践，他不像洪堡那样鼓舞青年渴求既博且深的知识，却十分看重 1795 年创立的多科技术学院；在中等学校方面，于 1802 年他创设了国立中学，和德国的文科中学并驾齐驱。由于中学办不好，学院也难办好，拿破仑肯于向国立中学投资。许多进步人士呼吁教育机会平等，拿破仑却念念不忘培养天才。他为国立中学设置大量奖学金名额，选拔天才之士，只是在选拔时面向贫苦青年，不仅面向富贵人家而已。拿破仑自从1808年起对中学毕业生进行严格考试，及格者授予学士学位，比较普鲁士对文科中学毕业生仅发成熟证书要体面多了。国立中学设于大城市，由国库支给经费，教师待遇丰而地位高，一般地方中学无法相比。为造就国立中学师资，于1808年诞生了举世驰名的巴黎高等师范学校，而培养小学教师的师范学校则是1833年才由七月革命后的新王朝建立的。

别国师范院校不如大学威望高，巴黎高师却不同。革命政府曾下令停办大学，独有多科技术学院和高等师范学校才是法国高教领域的宠儿。多科技术学院造就军工人才和土木建筑人才，重视文化基础科目和高深理论探索，尤其强调数学知识的钻研。学生毕业后多继续到炮兵学校、航空学校、矿业学校、道路及桥梁学校深造，取得优良成就。到19世纪初叶，多科技术学院更因在纯粹数学、自然科学和机械工程的贡献而取得国际称誉。与这面光辉旗帜相辉映的乃是巴黎高师。高师的课程并未带有浓重的师范性，却具有鲜明的学术性，与德国大学的哲学科如出一辙。柏林大学哲学科未明确规定培养中学师资，而实则为之；巴黎高师则明文规定以培养中学师资为任务，招收中学生毕业考试及格并通过高度竞争的入学考试而品学俱优者。这批经过大量淘汰而录取的天才青年一般为17岁，到校后各按准备担任文科或理科教学职务，分别到法兰西学院、多科技术学院和自然博物馆等法国出色学府上课，并自行综合探索。教师平日考试多而严，把学生看作未来的专家学者，要求博学，要求精思，要求认真实验和深入讨论。学生修业二年，结业时取得学位，然后充当教师，至少须任教十年。因此，高师虽标师范之名，实系学术教育的园地。1947年，英国比较教育专家汉斯参观该校时，盛赞其藏书之多，也指出其在教育著作方面仅有论英国中等教育的一本而已。汉斯说高师不仅给法国孕育了优异的教育专业集团，而且给法国孕育了思想界和事业界的杰出领袖。19世纪初期，美国正在创办中学，却没有像法国那样周详地考虑培养中学师资问题。

再清楚不过，欧陆国家从19世纪之初即大搞中学师资的培养工作，而美国于1893年才在纽约州的奥尔巴尼市出现第一所师范学院。这不是起步迟了吗？美国当初仅着手造就小学师资而没考虑中学师资，还不是起点低了吗？

其二，美国师范教育不但起步迟、起点低，而且改进过程迂缓低效。

原来美国各种专业教育多用艺徒制进行，比欧洲逊色。以医学为例，弗莱克斯纳（A. Flexner）①说，当时有志于医者跟医师订立合同，为医师做洗药瓶、调药剂、涂石膏等大量琐事，临近结业时才参加少量医诊活动，受些浅易训练，有些有条件的青年还去欧洲医科院校参观访问。弗莱克斯纳于20世纪初，曾在美国和加拿大调查155所院校。发现半数以上是滥造医科文凭的"工厂"，每年10月招收未曾毕业的中学生，次年4月就发给合格医师证件。还有许多不曾存在的函授学校，出具伪造的学分证明和转学证书。弗莱克斯纳于1911年发表调查报告书《美国和加拿大的医学教育》，揭开这些惊人的黑幕，大批学校不得不纷纷关停。从此，美国医科院系锐意向欧洲学习，招收大学本科毕业生而严加挑选，延聘医学专家而非执业医师任教，提高学术理论学习而在此基础上进行临床培训，并于1912年制定认可医学院系的严格标准。果然，为时未久而医学专业便负有盛名。师范专业的改革却瞠乎其后。

当时由于实用主义哲学和进步教育运动的影响，中小学重生活经验甚于重理论学习，重能力锻炼甚于重知识追求，重由做中学甚于重读书为学，重职业准备甚于重升学准备。反映在师资教育上，则流为专业基础不足，而教育学科和教学实习烦琐，以致不少学者讽刺师范生强于教学技术，而弱于学问造诣。欧洲国家通常以学识修养为怀，认为若是在知识上有所专长，则不愁无教学能力，美国则认为学者未必为良师，遂在专业知能和教育知能的培育上，轻重易位，有碍于教师学养的质量。1957年苏联成功地发射了人造地球卫星，次年美国即颁布《国防教育法》，成为从课程和师资方面改革中小学的宪章，师范教育自此进入更新阶段。20余年来的成败至今没有定论；但和医学专业相比，显得有些不足。正因如此，《国家处在危险之中：教育改革势在必行》才责怪师范教育是美国教育中的落后环节。

其三，师范教育落后的专业原因和社会原因。

美国师范教育的起步迟、起点低和改进缓，不是偶然的，有其专业的和社会的原因。就其专业方面的原因看，美国中学教育直到20世纪30年代，才获得真正发展，但就在那时，一般中学也多是收容一百数十学生的小规模学校。一个教师任教普通科学、生物学、化学、物理学、历史等四五种学科，是比较典型的。反映这种情况，得克萨斯大学的中学课程调查委员会建议：凡欲任中

---

① 作者原译作富来兹纳。以下不再作注。——编者注

学理科教师者须在一、二年级学习普通天文学、生物学、普通化学、微生物学，另外再选修一些科目。它建议每人学习五个范围的科学知识，对其中两门具有较为充分的知识，还就这两门中的一门从事一年以上的集中学习。不久，这种安排曾在各州流行起来。这就自然陷于浅学主义而难符合今日的要求了。再则，塑造灵魂的专业可能比一般专业更加复杂而艰巨。自19世纪末期以来，纵有杜威、孟禄、桑代克①、康德尔等名家辈出，教育科学向纵深发展的进度并未跟上客观形势的需要，以致被列为次档学术。教育科学缓进当然对发展师范教育产生影响。师范学院自1893年至1948年，仅半世纪，就设立250所之多，也始终被视为次等学府。

  当然，社会方面的原因是更为根本的。首先，美国原是幅员辽阔的新大陆，百业待兴而人力奇缺。欧洲的学术教育和英才教育不切合美国需要。1821年兴起的中学便以就业准备为任务，不像欧洲中学那样注重升学准备。教师的学力修养也就不像欧洲那样认真要求。典型的美国大学就是培养干才之地，不尚高深而系统的理论学习，师范学院又焉能例外？大力向学术进军的学府在美国是存在的，但相对而言是少数。直到第二次世界大战后才大有扭转。正是这种扭转才使师范教育重视学术培养的。其次，美国从殖民地时期开始，就不太尊重教师的地位。"黑奴耕田、白奴教书"是流行的事体。白奴就是在欧洲无以为生，来美求活的契约奴。当时任教之人有的还是欧洲的罪犯，有的是粗识文字的家庭主妇，有的是教会的办事人员。他们的待遇十分差，以致在持有同样学历证件的人中，充当教师者工资最低。直至1962年全国教育协会在丹佛举行会议时，有人还讲："假如我因中学的杂役女工竟比中学教师领取更多工资而吃惊，假如杂役女工比中学教师的任期更长和更有保障，这乃是对于我们致酬方法的彻底暴露。假如学校女工尚知团结起来，集体地争取优惠待遇，而中学教师不能如此，我怀疑谁还进大学去求取学位？"近年美国教师待遇有所改善，但比不上物价上涨的幅度。所以从1960年到1982年，教师罢工高达千次以上。仅就1979年9月而言，全国计有17州发生教师罢工事件，计密歇根州42次，宾夕法尼亚州16次，伊利诺伊州17次，俄亥俄州②9次，新泽西州5次。这5州都是教育先进地区，再加上别州，共达105次之多。这表明在

---

① 作者也译作桑戴克。以下不再作注。——编者注
② 作者也译作欧海奥州。以下不再作注。——编者注

金元帝国里，教师是难以令人安心的工作。刚刚相反，医学专业之长足迈进既因医学关系人之生死，非同儿戏，不能信口民主性而破坏科学性，也因医学是为富人服务的专业。美国得克萨斯大学教师斯丁纳于 1982 年著《美国公立学校在变迁中》说："医学是仅仅为阔佬效劳的专业。"真是一语破的。在冷冰冰的气氛中又怎能滋长培育良师的师范教育呢！

事实并不是只于工资低，也由于教师的社会地位偏低，受着种种苛待。有的数据说，在 1977—1978 学年，全国殴打教师事件高达 6 万起；有的数据说，在 1978 年，每月有 5.2 万名初中和高中教师遭到袭击，有的伤势极重。除殴打教师外，一般校风很不佳。从 1972 年以来，在校学生自杀者上升 18%，犯奸淫罪者上升 48%，殴斗者上升 77%。有的报载教师之成为殴打对象，在数量上仅次于警察。教师受欺侮时，学校当局每每袖手旁观，不敢过问，致使教师呼告无门，愤而离职。1978 年，联邦卫生、教育和福利部发布的官方消息是：每月有 6 000 名以上教师被袭击，500 名遭受严重殴打。有的教育工作者说，过去学校中的"3R"是读（reading）、写（writing）、算（figuring），今天的"3R"则是教师的流动（rotation）、休息（rest）和恢复健康（recuperation）了。

在此同时，美国教师还常受到社会舆论的攻击。资本主义社会矛盾重重，世风腐朽，引起群众不满。恰好几百年来，美国人朴素地相信教育效能，把学校当作医治社会创伤的万金油；如今漏洞百出，教师乃成为众矢之的。青年吸毒酗酒、抢掠财物、奸淫妇女、杀人越货，社会人士痛斥教育不良，归咎于教师。工人罢工浪潮声势浩大，此起彼伏，惊扰了大亨们的安宁，资本家也将道德衰败和社会危机归咎于教师。科学技术落后于他国，大家又认为智育低劣降低了人民的文化水平，更归咎于教师。他们制造不利于教师的气氛，挑剔教育的失败和无能。教师便成了种种社会积弊的替罪羔羊，蒙受不白冤枉。我国有殴打教师的现象，但和美国相比，就小巫见大巫了。附带说明的是，美国在第二次世界大战后竭力改革中小学教学，由专家撰写的教材水平很高，绝大部分学生考试不及格，及格者仅 15%—25%，因此招致家长和学生的反感；再则，一般美国家庭骄纵子女，教师稍加约束，便行暴力报复；这都是殴打教师的明显原因。日本中小学提高教学内容，造成 3、5、7 现象，即小学生考试不及格者占 30%，初中占 50%，高中占 70%，也出现过比较普遍的为分数而殴打教师的事实；而且由于家长严格督促学习，还造成子女殴打亲人的现象；更有不少人过不了考试关而自杀弃世，后果尤为严重。1983年日本学校竟发生2 125次暴力事件，闹得中曾根首相派员组成小组研究教育问题。有人说教学改革是长期的、细致的、耐心的科学实验，不该大轰大嗡。这是值得考虑的。

最后，美国有许多学力很强而富有经验的优良教师被企业拉走，学校被挖了墙脚。有的人为了丰厚待遇是心甘情愿离校的，有的则是依恋地走开的。之所以依依不舍不是由于感情的原因，而是由于学校管理体制不健康。一句话，以科学管理为号召的人却不懂教育所处理的矛盾具有特殊性，硬将工商业管理的办法套在教育工作上。以工作量为例，在生产的流水线作业的操作中，以工时计算成绩是可以的；而在培养人的精神和心智的过程中，首应抓紧的是质量，绝不是同样上课时数就能同样发挥塑造灵魂的效用。"名师出高徒"之妙正好被这种机械的数字核算忽视了。其结果是皮相之见抹杀了教师工作中最该尊重的因素，使真正优秀教师引为憾事。例如，教师在治校方面的权利受到限制，卓见远识没人理解，听任外行人瞎指挥，从而无法展现其所知所能。类似的事实在此不暇多举了。

英国的重点中学：公学[*]

一、公学的历史地位

自14世纪始，由拉丁文法学校和公学通向牛津、剑桥大学，逐渐形成英国学制的主体结构。在文法学校和公学之中，公学为数不多而水平优异，众多文法学校仰慕公学而取法公学，公学便类似重点中学了。以后历经17世纪资产阶级革命和18世纪产业革命，结构基本未变。直到19世纪，公学改制才慢慢展开。

这桩改制当然是英国政治、经济的发展使然。简单说，英国自产业革命以来，生产力蒸蒸日上。19世纪初，在拿破仑进攻欧洲大陆期间，英国乘机发展矿冶工业和机器制造工业，顿时成为世界上首屈一指的工业强国。无奈在各国竞争之下，1867年巴黎国际博览会揭露德、美两国的某些工业走在英国之前，引起朝野震惊。刚好国会委派以唐顿为首的委员会正在调查中等学校，也感觉形势急迫，在1868年提出的报告中，建议于注重古典学科的文法学校和公学外，增设以传授自然科学为主的新型中学，同时为小有产者子弟设立修业年限短而注重技术和职业科目的学校。唐顿报告仍重视公学，仅仅把新型中等水平的学校和公学一起提名而已。第一次世界大战后，民主浪潮高涨，1928年国家发表的《哈多报告》，1938年发表的《斯彭斯报告》和1943年发表的《诺伍德报告》，大致和《唐顿报告》相同，也都建议中等教育包括古典型、实科型和职业型三种学校，而不独尊公学。临近第二次世界大战结束，国会又于1944年通过《巴特勒法》，因其在中等教育方面表现鲜明的民主原则，不但国会一致通过，而且被誉为最理想的教育蓝图。它的结构是：基本教育分两阶

---

[*] 本文原载《河北师范学院学报》（哲学社会科学版）1988年第4期。

段，即幼儿学校，招收 5 岁儿童，修业 2 年，小学招生 7 岁儿童，11 岁毕业，共修业 6 年；中等教育由 11 岁以上儿童所入的多种学校实施，即郡市补助学校（aided school）、由小学设立高小班而领取政府补助的协定学校（special agreement school）、郡市立学校（controlled School）和领取国家补助而不受郡市管理的私立学校，或称独立学校。这项崭新的学制系统中已不见公学之名了。不过，这是事实的一方面。在另一方面，列入独立学校的公学在英国依然占有优势，名声高而影响大，并被人引为英国教育的骄傲。为什么有这种现象？很值得玩味。

（一）公学是历史悠久而世界驰名的学校

就世界范围看，英国的公学、德国的文科中学、法国的国立中学和美国的中学，习称为享有世界声誉的中等学校。若就其诞生的时期看，德国的文科中学是宗教改革时期问世的，法国的国立中学是法国大革命时期的产物，美国的中学迟到 19 世纪 20 年代方肇端，最早出现于世界教育史坛的则是文艺复兴时期建立的英国公学。温切斯特、伊顿、拉格比、哈罗、什鲁斯伯里、威斯敏斯特、圣保罗、麦钱特太勒斯八校皆建立于 17 世纪之前，仅切尔特豪斯公学建于 17 世纪的 1612 年。这就是英国学者久所称道的九大公学。这项古老的学校不仅历经数百年的漫长岁月，而且是在历史上具有积极意义的。

首先，公学长期被人视为贵族学校，实际上，公学从最初起乃是面向平民子弟的。温切斯特教会的主持人魏克罕曾自己出钱收纳 10 名贫苦而颖慧的青年，聘师予以教育，成绩良好，至 1376 年收纳学生增为 70 名之多。罗马教皇适于 1378 年谕令教堂设校，遂演变成为温切斯特公学。英皇亨利六世于 1440 年在宫廷附近的伊顿教堂创立学院，收容贫困子弟 25 名，免收学费，由文法学者负责教育。次年，亨利六世参观温彻斯特公学后受到启发，于 1442 年聘请温彻斯特学校教师来校主持校务，乃成为英国唯一的由皇家举办并经皇家认可的公学，即伊顿公学。麦钱特太勒斯公学是麦钱特太勒斯公司（Merchant Tailor Company）于 1560 年建立，属行会学校性质，更富有平民性。拉格比公学和哈罗公学也是为清贫青年设立的寄宿学校。公学出色地造就人才而为世所重，从而为富贵子弟所垄断，是产业革命以后的事。在产业革命以前的几世纪，许多平民子弟通过公学而平步青云，其作用与我国的科举制度相似。就是说，公学曾是贫穷而杰出的青年的晋身和参政之阶的。

其次，公学从一开始就是水平出众的学校，起过影响其他学校提高质量的带头作用。就学生素质看，公学从众多平民子弟中选拔学生，要求严格，不允滥竽充数。这批精心筛选的尖子，在公学受五年培植而进大学深造，便易于成为体面的士绅。在产业革命前，士绅的标识是贵族而兼国教徒；产业革命后，企业家、银行家以财富积累和大学毕业为士绅标识，他们的子弟纷纷由进公学而入大学，公学的富贵性日浓。英国曼彻斯特大学教授芬德莱说，这时公学尽管选录有社会地位和有财产的大户子弟，但依旧拒收才智平庸之辈入学。正因为如此，公学才得实施天才教育，而非一般学校所能比。再就教师素质看，英国先于公学已有文法学校，文法学校通常招收学校附近的学生，不需寄宿，仅少数学校的教师声势夺人，远地学生前来就学，才产生寄宿学校。公学得僧俗权贵支持，条件良好，寄宿乃属常事。牛桥二校因生源所关，和这类优等学校关系密切，经常选择大学优秀毕业生去任教师，公学火焰益高。温切斯特公学和牛津大学紧密协作，伊顿公学和剑桥大学紧密协作，两校最早都称为学院。后来它们以全国为招生范围而不同于地区性的文法学校，还因为它们过去曾面向众多平民子弟，这才称为公学。学校教育主要是师生间的工作，公学以良师而育英才，便成为人才策源地。

再次，英国国教会势力强大，牛桥二校和公学都由国教徒主持和任教，不许非国教徒染指。这种国教独尊极不利于教育发展。19世纪阿诺德在拉格比公学破除国教会垄断，便成功地以宗教教育扫荡学校颓败之风。阿诺德既非国教徒，又非清教徒，企图调和折中，兼容并包，国教徒曾斥之为不伦不类；但天主教徒、清教徒纷纷设置了公学。从此，新局乃开，而新风乃立。这在基督教控制下的欧洲国家乃是非同小可的变革。

最后，英国以尊重历史传统为民族特性，自由和自治就是其强大传统之一。麦伊尔在《20世纪教育的发展》中说，英国人在政治上崇尚自由是早于德、法两国的。当普鲁士霍享索仑王朝和法国波旁王朝于18世纪走上贵族集权统治时，英国的国会和内阁都已成长得结结实实了。18世纪法国启蒙学者伏尔泰访英时，就曾盛赞英国是"理性畅行无阻的国家"，是"酷爱自由之乡"。这种理性畅行的酷爱自由的民族性不喜欢政府的权力过大和机械地整齐划一。所谓自由发展不仅施之于经济范畴，同样适用于教育范畴。英国史学家汤恩比也指出，发明蒸汽机的瓦特和出版《国富论》的亚当·斯密，使英国掀起翻天覆地的巨变；跟亚当·斯密同为当时英国思想巨人的约翰·穆勒也曾讲："国家办理的教育乃是一种工具，它将人人铸成同一的模样，这种铸造是受政府权力支配的。这种教育愈有效和愈成功,就愈成为制服人心的专断主义。"这种思想是英国自由资本主义时期的特色,就教育事业而言,就是叫人畏惧政府插手教育管理。公学历史深远,刚好体现了这种自由兴学和自力办校的精神,从而为贵族重臣和企业富翁推崇渲染,使公学成为英国教育史中的丰碑,即使当今民主平等声中,仍在受到人们的重视。

(二)公学注重士绅品格的陶冶

英国哲学家洛克在《教育漫话》中,指出品德应是绅士的首要素养。公学恰是例证。人们常说公学的智育水平高,而未说公学特重道德培养,是不全面的。实际上,公学在育人的过程中,是以品德优良为先的。为贯彻这个原则,学生寄宿遂成重要要求。英国公学课程重古典尚不及德国的文科中学,与当时欧美国家中等学校大同小异,古典主义尚不能称为公学的特点。寄宿制度倒是它的特色。人们认为公学是适合青年期的学习园地,也是年轻一代的会社组织。新生入学后立即取得双重身份:一是根据学历编为班的成员,一是编为宿舍成员或会社成员。不过,他虽为班的成员,就时间而言,他在五年修业期间仅仅在班活动一年而已,宿舍成员却占用他的数年岁月。他除上课和少量工作外,睡在宿舍,吃在宿舍,学习和游戏在宿舍,交友谈心和互相砥砺也在宿舍。他刚来时要受高年级同学的捉弄、揶揄,但他不悔恨,不报复,却关心宿舍的活动而成为宿舍的忠诚维护者和保卫者。各宿舍彼此竞赛时,集体的荣誉感和责任心,更激励他的心弦。宿舍组织体育活动和文娱活动,安排学术论辩和学习比赛,尤其大搞社会交际和人际交往,奖励团结友爱和自治精神,从而深刻地掌握了他的思想感情。他每每以自己参加的会社而自豪,把宿舍当作真正的家。简言之,宿舍并非平常理想的安寝之地,而是颇能影响个人生活和学习的兄弟会或姊妹会,是富有陶冶品格价值的教育场所。

产业革命后,富家及豪门子弟跨入公学校园,无心于学而酗酒斗殴和聚赌嫖娼,有似我国古代太学成为纨绔士子声色犬马之地。人们乃斥责公学堕落,已成诱引青年"淫欲早熟的制度"。与此同时,公学一味传授枯燥乏味的古文古典,学生因厌学而嬉戏,有些学校或以暴力进行压制,走上专制主义,或则放任自流,又陷入无政府状态。特别是在法国大革命时期,进步思潮高涨,威斯敏斯特公学进步学生曾占领校舍两日,戴起标志要求自由解放的红帽。1797年,拉格比公学也发生学生持枪威胁校长的行动。统治者深为恐慌,公学改革便提到议事日程。

巴特勒于1798年出任钱特斯伯里公学校长，一方面改革教学，一方面在各班设置班长，布置集体活动，养成自治能力，著有成绩。改革更深入的应推阿诺德。阿诺德思想先进，于1824年至1842年任拉格比公学校长，恰逢该校教师把学生视为被征服者，施行统治殖民地式的管理，冷酷无情，师生相互仇视。阿诺德针锋相对，以人格感化提高群体生活的气氛。他说："我若在学校把自己搞成教皇，那是绝大的错误。"他鼓励师生互敬互爱和善良诚实，对说谎骗人、弄虚作伪者严予惩戒。他奖励师生关怀国事，自由发表政见。因此，他被人诬为失掉公职人员严守的中立立场，几乎受到免职处分。阿诺德在课程改革方面也有功绩，但从休斯所著《汤姆·布朗的学校生活》和斯登莱所著《阿诺德的生平和信札》看，阿诺德的主要贡献在于塑造学生的品格。阿诺德自称他在拉格比的事业是政治实验，就此可见一斑。正因阿诺德善于运用机会使学生从生活中耳濡目染而潜移默化，取得显赫成绩，温切斯特、哈罗等公学才争相效仿，一些只收走读生的学校也引以为师。1868年国会通过《公学法》，把九大公学减为七校，原因乃是圣保罗和麦钱特太勒斯两公学当时只招走读生了。这反证寄宿制度和它的威力是怎样了。

当时公学培养的士绅品格是多方面的。宗教信仰居于首位。公学都是建筑很考究的小教堂，按时祈祷，由牧师宣讲《圣经》。阿诺德说："一所学校究竟收容300名学生或50名学生，无关紧要，培养笃信基督教的士绅才是第一义的。"他认为学校生活目的有三：一是信奉宗教和道德原则，二是体现士绅的行为，三是养成理智的才能。在资本主义国家，上帝是资产阶级代言人，信仰上帝就是遵守资产阶级伦理观、人生观和道德准绳，换言之，用资产阶级政治挂帅。其次是士绅的风度。"风度表现人品"是惯用语。所谓"公平竞争"（fair play）、所谓"运动道德"（sportsmanship）、所谓"冒险精神"和"自治精神"，都是时尚。培养这些品德不尚课堂讲授而重身体力行。教师对学生的言谈举止和处人待物，随时提出要求教导，不轻易放过。德、法等国倾向把教师视为传授知识之人，以至19世纪的赫尔巴特呼吁教学应注意教育性。英国则重视教师为人师并非业师而已。牛津、剑桥大学尚且实行导师制，公学更甚。理由是传知易而育人难，公学是育人的最佳时期，须兼教人和教书，否则学生昧于善恶分辨而浸染恶习，便不易出类拔萃。另外，知识不足是容易补救的，品德恶劣就不如此了。所以抓品德放在抓知识的前边。

有人说公学是反映英国上层社会的一面镜子，很有道理。英国素以自治和自由发展为旗帜，公学就提倡学生自治。巴特勒在什鲁斯伯里公学实行班级自治，已如上述，温切斯特公学也每年选拔 18 名高年级、高水平的优秀学生，担任行政管理工作。后来阿诺德为改革年长学生捉弄和役使低年级生的陋习，选择 30 名高年级生，委以管理学生活动和维持学校风纪的责任，把他们看成陆军和海军中的军官一样，由他们协助处理校务，颇有助于树立自治精神。还有，宗教改革以来，英国殊少战乱，社会秩序稳定。18 世纪铁路兴修之后，交通日趋便利，有产之家为使子辈能够独立生活和养成冒险勇气，常常敦促他们远地入学和就教名师，因而未满十足岁的幼童便进预备学校，过寄宿生活；伦敦权贵更要幼儿早年离家，在仆役照料下自理饮食起居，避免娇养。公学更不消提。一代代勇气充沛和开创力强的精明干练的士绅便借此获得基础。

（三）公学狠抓文化基础教育

公学的智育工作是严格的。在实行双轨学制的英国，公学招收十三四岁的学生，这些学生入学前或在家庭受教，或到预备学校学习。预备学校招收九岁儿童，修业四五年不等。产业革命后，资产阶级子弟掀起公学热，预备学校曾多至数百所。预备学校规模最大者收学生百人左右，一般仅收二三十人，选拔新生都一丝不苟。他们收费昂贵，设备讲究。教师多由公学教师充任。由公学教师兼职而收入优厚的预备学校，无不竭力以赴，对于公学入学考试的广博学识既详为讲解，又帮助记忆巩固，几乎对每个学生都经常地个别考问和指导，因为公学考试竞争性强而淘汰率高，预备学校非训练过硬不可。少数公学为解决生源曾设少年班，类似公学附设的预备学校。克里夫顿公学的少年班就是例证。就年龄看，预备学校属于小学阶段，但所学却是拉丁文、法文、数学，还有学习希腊文的。学生年岁幼小而学科艰深，并且全是为了应付公学考试，因此，苦练代替了兴趣，填鸭代替了启发。不过，他们进入公学之前，大都掌握了古典语文工具和基本文化知识。就是说，他们已获得了升学的敲门砖，奠定了深造的根底。从预备学校到公学毕业通常为十年。这些尖子学生通过长期"困而学之"，自然在大学时能够独立钻研，因为他们已受过精深的智力锻炼而有较强的接受吸取和分析判断的能力了。

公学就课程而论，最初盛行古典主义。直到 18 世纪末，拉丁文和希腊文仍占领公学的主要教学阵地。这种保守学风是承袭中世纪的框框。因为那时神学所授的《圣经》，法学所授的法典和医学所授的教材，皆用拉丁文所写。文艺复兴时期，复活古代希腊、罗马文化，也借重古典语言。17 世纪资产阶级登上政治舞台和19世纪产业革命后，工商业的现实需要曾对此提出挑战。但积重难返。不过，一些卓识之士已呼吁改革了。早在资产阶级革命初期，诗人密尔顿就于1644年指出孩子们自朝至暮苦读拉丁文课本，以七八年的岁月仅学到点滴知识。他说若方法得当，仅用一年就足够了。从此两百年间，保守派和前进派展开斗争。1797年，李兹文法学校在规划中把数学和现代外语列为教学科目，于1805年遭地方官驳斥，理由是文法学校只能传授有文化价值的语文。不久，国会通过法案，允许各校教授规章以外的科目，怎奈教师多为思想守旧的国教徒，而且缺乏新知识，仅有少数人偶尔利用课余时间进行教学罢了。发展到1861年，以克兰顿为首的皇家委员会指责得更深刻："假若一个青年所习的知识仅限于狭窄的范围，而不善于理解、观察和敏捷而正确地表达自己的思想，那是没有受过良好教育的。"委员会在报告中建议以德国文科中学为范例，扩大学习的科目，在宗教和古典之外，增授数学、现代外语、自然科学以及绘画音乐等。当时伦敦舆论界的批评也很中肯："拉丁文和希腊文并不使青年成为愚人，然而只学古典语文而不学习其他知识，倒使他们变成真正的呆子。"显然，古典主义的缺点愈来愈暴露了。

公学在时势推移之下，是不容许僵化的。恰好赫胥黎和斯宾塞①等思想家提倡科学教育，便促其向前发展。

公学课程革新是各校先后不齐的。麦钱特太勒斯公学自1828年始，已在古典科目之外，增授数学科目；1845年又以法文为选修科，次年则把法文作为正式科目，还增添历史科目；1856年还增加绘画科目，并鼓励学生学习希伯来文。1875年以后，该校才编为古典科、现代科和特别科等三种班次，特别科教授数学和自然科学，并为物理学、化学、生物学的教学设置了各种设备，因此特别科毕业生入大学医科者缩短六个月修业期。伊顿公学于1851年增授数学，1869年增授自然科学，并且重视法语，终致法语教师和古典语文教师的地位并列了。同时该校在古典科目中讲授英国历史、英国文学等丰富内容，不只讲授文学作品了。该校以后增设军事科，在滑铁卢大战中击败拿破仑的英军名将惠灵顿就是该科毕业生。温切斯特公学同样设置了军事科，教授军事知识，培养青年军官。

另外有的书籍说汤朴于1864年在拉格比公学曾设置自然科学，以化学、

---

① 作者也译作斯宾赛。以下不再作注。——编者注

地质学、物理学和植物学为主要内容，只是他怕皇家委员会不许可，因而顾虑重重。四年之后，以唐顿为首的皇家委员会在提出的报告中，就公然建议公学课程分为不同类型，即在古典类型之外，设置兼重古典语文和现代知识的类型以及面向现实需要而不授古典学科的类型。发展至20世纪初期，情况就更为不同了。芬德莱说："谈到课程方面，英国公学是和其他欧美国家同样迈步向前的。古老的公学是保守的，但它们对于现代学科也予以适当地位，并支付经费建成实验室、博物馆。它们将拉丁文和希腊文视为值得骄傲的学科，但还赶不上德国文科中学那样过火。所不同的是德国文科中学把不同学科分别由不同学校进行教授，英国则在同一学校分设古典科、工程科和现代科罢了。"第一次世界大战后，斯托维公学于1923年创建于白金汉郡，布顿恩斯通公学于1928年创建于布兰福德，都顺顺利利地将以往公学的可贵传统和当前实验证明的注重科学教育的优良成果，结合起来了。

伴着新学科纳入日课表，公学的教学方法呈现新气象。阿诺德认为古典学科不能生硬灌输和呆读死记，应当联系当前政治、社会、哲学，来以古例今和借古喻今，引导学生深入理解和分析判断；还应把学习知识和培养品德结合起来，使掌握知识促进品格成长。公学教师中与时俱进之士在教学中不再照本宣科，指导学生通过童子军组织等手段，从事社会公益活动。不过，公学一般是避开有争议的社会政治的旋涡，采取不介入的态度。再则，公学毕业生以升学为目标，大学保守色彩浓厚，公学受其影响。以历史学科而论，大学讲授历史仅仅是讲授古典学科的附产物，因而只讲希腊史和罗马史，而且侧重文学欣赏和文法构造；公学便亦步亦趋。这显然是不够理想的。

公学优于其他中学，最根本的条件是教师队伍强大。温切斯特公学创建者魏克罕曾提出从本校毕业生在牛津大学学习者，物色成就优秀之人来校任教，标准就是造诣精而品德美，绝不许出自偏私而只由贵族子弟考虑，选师严格、公允和实事求是。该校果因人才荟萃而成绩突出，伊顿公学以之为法，也取得成功。从此，各校无不力争其师资的声势夺人。英国学者把学校解释为"人才的组织"（the built of men）；认为教师是学校的灵魂，教师无学无能而办好教育是缘木求鱼；又认为校长的最高本领是能够知师善聘。牛津、剑桥大学如此，公学也如此。公学为世所重，公学教师因而为人景仰。绝大多数教师毕业于牛津、剑桥两学府，学业起点较高；又因待遇丰厚而职位稳定，都能安于和忠于其业；常有父传子，子传孙地历数代而教某校和某科者。他们热爱学校如家庭，关怀学生若子弟，重视教学如同圣职，长年累月地循循善诱和诲人不倦，于是积累了丰富的学识和教学才能。家长为子弟挑选学校就每每凭学校教师的阵容而定。

英国学校领导管理以分权为原则，通常不硬性地由政府发号施令，而由学校因事制宜，待一校取得成绩，取信于人，别校便效法起来。这种彼此启发和互相交流起着向前推动作用，无形中也起着统整作用。人们认为真正有生命力的学校是有个性的，不该千篇一律；是敏于因势制宜的，不该机械地奉行政令。高明的管理以不妨碍自治和自力为判断。在九大公学中，伊顿、哈罗、威斯敏斯特、切特豪斯、圣保罗和麦钱特太勒斯六校皆在伦敦，便于开展交流竞赛，它们常依靠同业间互相促进而完善校务。当然，这种进步是缓步的，但英国学者承认教育改革贵乎缓步而稳妥，要演进而不宜跃进，急躁冒进是会跌跤的。

公学的改进既得力于各校间的横向联系，又得力于历史联系和国际联系。就历史联系看，它们依靠前后相继的长期努力来提高水平。以什鲁斯伯里公学的改革为例，它是巴特勒和他的子弟肯尼迪两代人的功绩。巴特勒于1798年任该校校长，从教学现代化和学生自治双管齐下，取得初步成果；肯尼迪于1836—1866年继长该校，继续其事，经前后半世纪之久才崭露头角。

公学在国内不各自封锁而孤立作战，对外也吸取先进经验而"洋为英用"。1864年国会派出唐顿委员会，就国内数以千计的各类中等学校进行调查，四年后提出很有卓见的报告。实际上，该会的智囊是马修·阿诺德。改革拉格比公学的托马斯·阿诺德功在国家，已如上述。马修继父业而任皇家督学的显赫职位，并曾为改进教育考察了法国、德国、瑞士、意大利等国学校，于1861年发表《法国大众教育》，于1864年发表《法国的伊顿公学》，于1868年发表《德国的中学和大学》，都是比较教育的佳作。在这些著作中，他建议英国参照德国的文科中学、实科中学和实科学校的多条渠道的结构，分别设置学科和编排课程，便打破由古典主义笼罩的公学独据要津的传统。他同时提议英国政府善于观察形势，加强对于公学的管理领导。这些意见对于《唐顿报告》所起的作用，是昭然的。

（四）公学拥有优越的办学条件

以上已提及公学的学生是尖子，教师是尖子，其教育和教学非一般中等学校能比。还应指出公学培植大批人才，其社会威望赢得统治阶级的支持赞许，更非别校所及。多年以来发表的多次统计，曾一致表明公学出身的领袖人物是众多的。1962年的统计数字是：在外交官中有95%，大使中有88%，将军中有87%，法官中有85%，大主教中有83%，殖民地总督中有82%，政府高级官员中有67%，出身于公学。仅以伊顿公学一校为例，1/8的国会议员，1/3的内阁大臣，伦敦大公司的1/3董事都是该校校友。20世纪20年代起三度任首相的哈罗公学出身的鲍尔温，在一次任职首相的前夕说："当我奉命组阁时，我想新内阁应给哈罗校友争光。上几届内阁中有出身哈罗的四五名阁员，新内阁中应增为六名。"这种优势地位是别校望尘莫及的。比较教育学者认为公学是加深阶级区分的堡垒，是不为无因的。

难道公学只提供社会政治领袖吗？不。在《英国名人辞典》中所列18世纪名人中，属于学术文化名人的，约有22%毕业于九大公学。在1950年出版的《作家介绍》中，属于文化天才者计2 500人，其中490人是九大公学出身，843人是其他51所公学出身。就是说在当时健在的英国学术领域的著作家中，出自公学者约占49%；如果不把苏格兰和爱尔兰计算在内，比率就上升为66%了。

上述为数众多的校友有的有财有势，有的是学者专家，他们从四面八方踊跃给公学以支援。公学之名虽不见于法令，其影响却是随处可以感觉到的。除社会威望外，公学的物质条件优异也为一般学校所艳羡。自1944年《巴特勒法》颁行后，凡11岁以上学生所入的各种高于小学层次的学校，都在学制上处于平等地位；但在具体措施上差距很大。公学人力、物力优于别校，每每不受政府规章所约束，成为教育范畴内的宠儿。例如，英国政府规定，基本学校（指小学）每班学生最高名额为30人；但1958年统计，英格兰、威尔士计有基本学校及中等学校学生在超过40人的班次学习者32 367人，中等学校学生在超过30人的班次者37 367人，有的班次竟有学生超过60人。另一方面，公校每班学生乃是15—20名。再如，不少中等学校，特别是现代化学校和技术学校的学生，常常以部分时间就业，靠收入维持用费；但公学雇用大量"校役"，替学生服务。伊顿公学一幢住有49名学生的三层楼房，竟有13名"校役"执勤。还如，公学收费极高，如今每年学费高达700—1 200英镑，另外还要交高昂的交际费、服装费等。公学生享受极舒适的学习环境，自易获得满意的成绩，别种学校情况就不同了。更如，一般儿童皆入基本学校，但有的公学预备学校仍存在，无形中是贵族小学，给公学提供基础良好的新生，也非他校所能得。以上这些不平等的现象，造成公学和普通学校的悬殊。资产阶级甘愿子女就学，乃是公学名亡实存的社会基础。英国"教育子女是家庭的职权"这一根深蒂固的观念，也是须经过更久时间才能拔除的。

二、公学的展望

公学长期面临的日益突出的矛盾是其贵族性违反民主的原则。1868年《唐顿报告》已将注重自然科学和职业学科的中等学校，和公学并排并列，向公学提出挑战。无奈，中等学校体制改革进展极慢。刚巧当时因马修·阿诺德等人倡议政府加强学校管理，学校领导担心政府干预会损害学校自主权，乃于19世纪70年代组织中等学校校长会议（Headmasters' Conference，简称HMC）；第二次世界大战结束前，又于1944年成立公学领导人协会（Association of Governing Bodies of Public Schools，简称GBA）；以后又成立女子学校领导人协会（Governing Bodies of Girl School Association，简称GBG）。1965年政府委派以牛桑为首的公学委员会，探讨公学和国家教育体制的关系，结论是凡校长参加上述三组织者，其学校就是公学。从19世纪70年代起成立的上述三组织遂不啻公学的认可机构，其意图都是削弱公学久享的特权。一时浮现在人们头脑中的印象是：在概念上，公学将变成寻常的中等学校了。

紧跟着，1968年政府委派的另一委员会发表报告书说，独立学校（其中包括公学）将在社会上产生分化作用，建议实行综合体制，办法是寄宿学校除招收纳费生，至少兼收半数受政府补助的贫苦寄宿生。1970年，政府派出的丹尼生委员会又建议，凡欲成为国家教育体制的组成环节而受政府补助的文法学校等，必须实行综合体制。到这时，在民主怒潮中，能否继续保持长期所居的特殊地位，是公学必须正视的。

不过，从历年来的迹象看，公学的生命力仍是强大的，尚不易实现彻底改革。

其一，许多学者认为公学仍是多类型中等学校的重心。欧几伟在《英国公学》中说："就其为富有阶级子弟学习场所而多年享有的显赫地位看，就其品德培养和知识教育所具有的特点看，公学实施的乃是公认为英国独有的存在于英国，而且仅仅存在于英国的公学教育，这种教育是主要产生于公学之内和为公学所传播的。如今公学虽被许多新建立的和公学性质相似的学校所环绕，但在一般人的评价中，公学依然有其特定的形态，和以往它们成为历代数种中等学校的核心，是一样的。"邓特在《英格兰和威尔士的教育》中也说："在各种男生肄业的学校中，以往曾经有而现在仍然有一个中心，这是说一些甚有盛名、甚有声誉和甚为精选（虽则所受的重视稍逊于以往）的学校居于中心的一环。一世纪以前克林顿所称道的九大公学，在今日依然在实际上保持着它们过去的风貌。"不过，他说如今不少学校仅是有着公学虚名而已，真正够格的公学的数目不会大大超过克林顿委员会所称的九校。不但不少的学者如此讲，就连 HMC 和 GBA 要求成员的条件也相当高。HMC 曾只授男生日校以公学之称，而且名额也限在两百所学校左右。HMC 和 GBA 曾对文法学校授予公学称号的标准是学术水平高，六年级学生须占全校学生总数的较大百分比，这些学生所习者应高于仅仅获得普通教育证书（General Certificate of Education）的一般中学毕业生。足见公学水平尚未受损。

其二，有人怀疑进一步民主化，公学会蒙受消极影响。实际上，英国是在以优带劣，不是向低水平拉平。1944 年法案规定公立学校免收学费，人们曾要求政府直接补助的学校也应一律免除学费。国会随而决议通过。但直到 1975 年 5 月，迄未实行。据该年统计，政府直接补助的学校约 300 所，其中 174 所是文法学校，公学即列在文法学校的类别。按照规定，这些包括公学在内的文法学校在招生名额中，要有 25％由公立小学优等毕业生中录取，他们的学费由地方教育当局支付。而且一旦地方当局认为这类免费名额有增加的必要时，这类学校的招生名额还应有 25％由公立小学优等毕业生中录取，增收的名额称保留名额。很清楚，公学在过去是特殊阶级子弟的禁区，实行新法令就一步步向中产以下家庭出身的天才生敞开大门，从而扩大了优秀生的来源了。众多公立小学毕业生经过严密挑选和大量淘汰而到公学求学者，当然是天资好的、成绩佳的。他们在公学优良的学习环境中栽培成长，是不需担心降低公学质量的。

最后需要指出的是，二战后的确出现过把公学改为公立学校的设想。不过当 1975 年政府询问上举 174 所文法学校和公学是否在年底以前愿意改为公立时，仅 51 所学校欲从 1976 年起接受政府补助，改成公立学校，100 余所学校仍欲继续成为独立学校。看起来此事不易于短时期内落实。在如今，正如同在过去一样。文法学校自动向公学取法，以公学为榜样受公学的影响，就这样，公学依然好似排头兵，还在发挥着犹如我国重点中学的作用。

第三编

高等教育研究

美国大学"教授治校"评介*

一、大学教授的地位

欧洲大学"教授治校"的传统是深长的。德国卢德维希-亚科西米科安大学校长尼古拉·洛布科维茨说:"大学在组织上可以理解为学者的共和国;但在这个共和国内,只有讲座才是完全的公民。"他指出大学的组织原则是必须对学者、专家富有吸引力,"其组织形式应与进行出色的教学和紧张的学习等中心目标相适应",要看重专家,使他们肯于致力创见性的学术活动,勿浪费其精力和时间,勿干扰其独特性质很强的高度脑力劳动,叫他们免于庸庸碌碌,大学才得免于庸庸碌碌。如果大学的组织和大学的民主化导致大学的质量下降,那就是严重问题;只关心公民教育权而不考虑提高教育质量,乃是片面性的理解。"如果一个获得外国校长荣誉称号的学者,教育部并不对他致贺,却使他在接受称号时支付50马克,就太糟糕了。"

英国处理一般事务的原则是"最高明的管理是最少限度的管理"。不是无为而治,是少加干涉,要把秩序和发展建立在自治的基础上。大学管理尤其如此。牛津、剑桥两校历史悠久,拥有雄厚资产,在经济上不须向外界伸手,在学术上从来是独立王国。新兴的学府也基本相同。人们把大学视为探寻真理和培育英才的园地,认为不看重掌握真理并帮助青年掌握真理的良师,而致力校舍和设备之类,就仅涉及边缘的而非核心的问题。"名师出高徒"是规律,"以其昏昏,使人昭昭"是违反大学内在逻辑的。温柏格甚至说:"在大学中,专家和研究者是皇帝。"剑桥大学副校长阿什比也说,社会上森严的等级制度,在大学应该完全颠倒过来;大学工作应取决于校董、校长者少,取决于教授、

---

* 本文原载《河北师范大学学报》(哲学社会科学版)1983年第1期。

教师者多；大学经费是由上而下地发放的，本职工作是应由下而上地抓起的。他肯定地说："别的机构并不如此，大学却必须如此。"

美国和上述国家不同，以民主、平等为原则，不像欧洲那样重视教授；认为学者和任何人都是公民，教授并不高于其他行业人员；人人应享相同权利和尽相同义务；任何职业都对人类有价值，"雇用和解雇"的公式普遍推行于事业界、企业界，当然也应用于学术界、高教界。1888年，帕顿在就任普林斯顿大学校长的典礼上讲："大学管理恰似一种商业，校董是股东，教授是售货员，学生是顾客。"马赛说："教授是雇员，校董是雇主，校长是企业经理人。"他们认为，"教授不能忘记：大学是由校董会决定一切的机构"。在欧洲，政府和社会很少过问学府之事，美国则常由外界决定教授宣誓、解聘和工资之类。英国大学校长是荣誉职位，并无实权；美国大学校长则操有大权。因此，美国教授比英国教授享有较少发言权。哥伦比亚大学校长巴特勒说，教授上有大学校委会，下有强有力的系，是介于两大之间的人物；教授在校委会和校长侵越学术权利时，是软弱无力的。

从上可知，欧美大学教授的处境不同，反映在大学管理上，就形成"教授治校"在美国不像在欧洲那样明显。所以有人曾说，美国是"校长治校"而"教授治学"。

二、大学领导的体制

美国高等院校领导体制的特点是社会人士操大学的大权。简单地说，美国私立院校由董事会（board of trustees）和州立院校由校董会（board of regents）负责定计决策。私立院校的董事会和公立院校的校董会都由校外人士而非校内专家组成。前者由校董会决定什么人为董事，公立院校的校董由州政府任命或民选产生。两会任命校长；校长对校内行政大员则仅有提名权，必须两会同意才任用。美国大学校长的职权大于欧洲大学校长，可以在很大限度内决定谁当副校长、院长、系主任，只是在向两会推荐之前，要和有关人士（包括教授）磋商而已。1848年，哈佛大学的历史学权威艾略特道："大学的绅士们（教授）几乎全力投入对青年的教学和教导工作，缺乏处理事务的经验，而和社会人士相互联系乃是处理庞大学府对外事务所极端需要的。安排教学要适应时势要求，要切合大学内外环境，因此，积极参加社会活动的人对于大学事务的判断是优于学者的。"换言之,大学领导者最好是由社会活动家承担。在当时最负盛名的哈佛大学尚且如此,别的学校就更不用说了。直到如今,大学仍未完全从这传统中解脱出来。联邦教育部虽已成立,但仍不怎么管高等学校的事,很多院校依然由政府官员、议员、律师、教士、社会名流、企业的理事长和慈善家,构成董事会或校董会的要员,决定学校财经大计和人事大权。

戴维·史密斯于1974年著《谁统治大学》,列举加州大学的24名校董,其中4人是州长、副州长、州议会议长和州教育厅长;其余20人则是西方银行公司、克罗克国民银行、联合加利福尼亚银行、美国电话电报公司、太平洋电话电报公司、百老汇黑尔百货公司、西方航空公司、太平洋照明设备公司、南加利福尼亚爱迪生公司、太平洋互惠人寿保险公司、太平洋铁路公司、洛克希德航空公司、洛杉矶拉姆斯公司和加利福尼亚安吉尔公司等的董事。托马斯·戴伊在1979年著的《谁掌管美国》中说:州立大学校董会的成员并非一定是社会机关里的最高掌权人物,"这些成员中,有许多人是较小的企业、较小的银行、较小的交通运输和公用事业公司的董事。他们通常是在州一级而不是在全国性的政治机关任职。他们与州一级的法律、民间、文化和基金会的机构有联系,而不是与全国性名声的权力机构有关系"。私立大学的董事会也大致相同。鼎鼎大名的哈佛大学的董事中就包括《华盛顿邮报》公司董事奥斯本·埃利奥特、前联邦财政部长道格拉斯·狄龙、考尔斯出版公司(美国最大的报纸联营公司)董事长加德纳·考尔斯、卡伯特公司董事长路易斯·卡伯特、前联邦卫生教育福利部助理部长弗朗西斯·凯佩尔、前国家航空航天局副局长小罗伯特·西莫里斯。简言之,这些对高等院校起着重大影响的要员多数不在高教岗位任职,精于执政理财,却未必善于治校治学,而大学命运竟悬在他们之手。

当然在眼光远大、能力高强的学者充当校长时,董事会和校董会不得不尊重校长意见,恰好这些校长都是尊重教授的,这些院校因而得到良好发展。在太潘任校长的密歇根大学,在吉尔曼任校长的霍普金斯大学①,在怀特任校长

---

① 霍普金斯大学是约翰斯·霍普金斯大学(The Johns Hopkins University)的简称。作者也译作霍布金斯大学。以下不再作注。——编者注

的康奈尔大学①，在万·希思任校长的威斯康星大学②，在夫尔威尔任校长的明尼苏达大学③，在威尔逊任校长的普林斯顿大学，特别是在艾略特从1869—1909年任校长40年之久的哈佛大学，无一不是例证。可惜这些院校仅是少数而非多数。若和英国大学相比，就看出问题的严重了。

英国教育部也不过问大学内部事务，采取全貌性的领导政策（overall policy），对大学有控制力的是大学补助金委员会。不过，它虽掌握大学经济命脉，却从不损伤大学的学术自决权。因为它的成员都是懂得大学事情的。以20世纪70年代初期的委员为例，计有德文教授1人、历史教授2人、经济教授2人、哲学教授1人、化学教授1人、工程学教授2人、医学教授1人、动物学教授1人、物理学教授1人、牛津大学院长1人、剑桥大学院长1人、教育局长1人、女校长1人、工业家3人，由一位退休的大学副校长任主席。委员中77%是高教工作者，占绝大多数。委员会下设12个分科委员会，其成员更是各科富有资望的学术权威。这个以学者为主体的实权组织和美国以社会人士为主体的实权组织，很是不同。因此，英国政府很少关注大学一般校务，仅仅针对各校情况而做经济补助上的妥善安排，所起的主要作用是协助大学的发展。再者，在资本主义国家，经济威力是巨大的。美国政府用于高教的拨款和私人捐款，一般都规定使用项目，大学不能自由支配。在金元帝国境内，"谁花钱，谁决定乐队的吹奏"，美国大学因而受到外力干扰。英国则发给不指定使用项目的补助金（block grants），因为不标明用途，大学自由掌握，大学自治权便比别国为大。英国教育学者邓特在《英国教育》中甚至说："英国大学享有的独立自主权，可能是世界无双的。"

大学内部呢？校长在英国大学中多是荣誉职务，实际主事人是副校长，然而副校长对于各学院的学术工作也仅是"唯唯诺诺者"（yes man），不是裁决者。美国大学校长则实权在手，教授不得不听命于他。施密特说："校长是学生面临的最伟大的教育力量。在很多院校中，校长具有支配性的影响，是学校最有势力的人物。"甚至有人说，大学是校长身影的延伸而已。威廉学院教授鲁道夫曾说，殖民时期的学院院长是教授的等同者、代言者或领班人；之后，

---

① 作者也译作康乃尔大学。以下不再作注。——编者注
② 作者也译作威斯康辛大学。以下不再作注。——编者注
③ 作者也译作明尼索他大学。以下不再作注。——编者注

大学校长的地位大变，便成为董事会、校董会的代理人，是院校的枢纽人物，是居于教授之上的学官，恰似企业中凌驾于雇员之上的经理。一般院校的校董、董事权限大，校长权威高，教授软弱无权，又怎谈教授治校？

在此还须指出，美国大学董事会和校董会认为工商业实行的管理是科学管理，可应用于大学。英国阿什比则说，企业管理学在大学用不上；行政部门那套管理学也用不上。理由是学术活动是创造性的自由探索，不能上级发令，下级奉行，整齐划一，刻板行事，因而企业管理学和行政管理学在大学是南辕北辙。他认为美国大学中只有研究生院和研究中心是按照高校内在逻辑办事的，因而才取得了显著成绩的，可惜一般院校没做到这一点。在这里，很能看出英、美认识上和实施上的差距。

三、大学"教授治校"的展望

美国大学教授的无权状态是有其历史根源的。远在殖民地时期，各学院因教授学历水平不高，且年轻而缺乏社会阅历，乃由政府和教会组成监理会（board of overseers），负责管理学校。以后学院发展，议会又制定规章，由校长、教授组成校委会，受监理会监督。不料，校外势力进一步争取参加校委会，有的学院便效法苏格兰大学，尽量由地方选派校委成员。理由仍然是教授经验不足，而且多视任教为暂时职务，仅仅过渡一时而已。反之，教士、官员、企业主、慈善家、权势者，强于办事能力，又能提供经费。校长受监理会委托，又是校委会之首，职权便大于教授。美国建国后，州立大学兴起，沿袭旧制，只是校董由州委派者居多数。直到19世纪后期，才在向德国大学学习的运动中产生"教授治校"呼声。创立于1876年的霍普金斯大学，居然标榜"以教授为中心"，竭力推崇教授的地位，满足教授的需要和保障教授的学术自由。但是曲高和寡，这种精神没得到广泛发扬。鲁道夫在《美国高等院校》中说："当时不曾有其他学校，在这方面像霍普金斯大学走得那样远"。霍普金斯大学首任校长吉尔曼和当时强有力的其他院校校长，由于贡献卓著，取得信任，校长居于大学统治者的地位乃渐成定制。所幸吉尔曼是"教授中心论"者，在"教授中心论"行不通时，他曾深有自信地说："没有任何已被发现的真理，是能被人们任意毁灭的。"果然，从19世纪末到20世纪初，教授声势渐盛，并于1915年成立美国大学教授联合会，进行有组织的斗争。遗憾的是改善教授地位的步子过于缓慢。该会于 1930 年到 1940 年调查全国 228 所院校的结果是：多数院校校董或董事不积极和教授联系，任用校长时很少征求教授意见，校长任用院长、系主任时也如此；只有少数院校由系选举领导人；院校领导在任免教授、晋级加薪、制定预算等大事时，只征求系主任而不征求教授的意见；其中仅 12 所院校给教授以很大限度自主权，另外 13 所院校则完全相反。1948 年再度调查，情况无大改进。1953 年又调查 361 所院校，于 1955 年提出报告说，有些院校大有进步，个别地区的院校却比以往更加不如。

多年以来，斗争未曾中断。教授一方面批评校长过去只是教授的头头而非教授的主人（head not master），如今掉过头来而成为主人了，指出众多校长仅仅从上而下地搞工作，很少从下而上地搞协作。英国评论家拉斯基说，让教授在校长的树荫下胆小地工作，美国在这方面付出的代价太高了。很清楚，校长权太大而教授权太小，是有缺点的。与此同时，教授还把矛头指向董事会和校董会，揭穿他们多已由立法制定者而变为直接插手校务者，遇事专断，越俎代庖，任意解聘教授，妨害学术民主。实际上，不仅教授不满意董事会和校董会的权势过高，校长也颇有牢骚。20 世纪初期任哈佛大学校长的卢威尔就慨叹："大学既是学者的自治机构，还需另设董事会么？如有需要，董事会的成员应由不懂学术者充当么？"他甚至说，大学校长不过是向富翁讨饭的乞丐，谁想把大学规模扩大，就必须更多地乞讨。当拉斯基评论美国教授在校长树荫下心怀畏惧时，哥伦比亚大学校长巴特勒说他自己的树荫不太恶毒，他仅仅是像英国首相那样依法行事。紧跟着，别人就指出他是霍亨索仑王朝统治下的德国式的大学校长。换言之，他本人同样要仰承董事鼻息的。可知无论是美国大学的教授还是校长，都须听校外权势者的指挥而没有自主。

第二次世界大战后，特别是 20 世纪 60 年代以后，情势大异于前，专家教授从事教学、科研，为国防、生产、科学、文化以及公共福利做出贡献，受到比较普遍的重视。而且随着高教大众化，教授队伍日益壮大，对支配经费、用人定级、学术活动、颁发学位以及学校大政方针，都大有发言之权。大学的、学院的、研究生院的评议会（Senate），都有教授代表多人参加，基本上是以教授或至少是以教授为主的定计决策的强有力机构。人们指出，过去院校规模小，事务单纯，意见比较容易一致。如今，则规模庞大，人事复杂，明争暗斗，矛盾重重；再加上经费开支浩繁而财源有限，学生运动刚刚平息，教师的政见和派系却颇有泛滥。校董会、董事会、评议会都必须容纳多方人物，吸取多方意见，全凭少数校董、董事和校长做主的老套，已不适于当前的形势。而且，校董会和董事会为求院校在竞争中取得成绩，必须按大学规律办大学，校董和董事就不得不变外行为内行，不得不尊重专家意见和对学者让步。校长更不得不虚下心来，竭力谋求与专家学者协作。李斯曼和詹克斯在《学术革命》一文中说，第二次世界大战后，学生参加大学管理工作和教授参加大学管理工作，都是革命性的变化，只是学生运动是声势浩大的，教授权力膨胀乃是不声不响的。当然，这刚刚是开端，各院校实行的情况也颇有出入；但多数人认为今后教授人数日多，水平日升，贡献日增，威望日高，是有理由做乐观推测的。这些人认为美国现在已经尝到了甜头，今后想把大学办得更好，必然向这条路线发展，由教授掌握更多的决策权和治校权。

美国战后高等教育大众化问题*

一、概　貌

美国初等教育的民主化进行得很早，自19世纪初期公共教育运动开始，已进入实行强迫制度和学生普遍入学时期。美国自南北战争结束至第一次世界大战告终，中等教育面向所有青年的呼吁也逐步化为现实。相形之下，美国高等教育大众化是相当缓慢的；但到第二次世界大战以后却飞速发达起来。在2.2亿人的国家中，高等院校竟多达3 000余所，学生1 300万人。美国人口占世界人口1/17，而高校学生竟占世界高校学生总数的1/3，高教经费竟超过世界各国高教经费的总和。苏联和美国人口大致相同；但1977年，苏联的高等院校是860所，美国则是3 000所；苏联本科生是500万人，美国则是1 300万人；苏联研究生仅有5.5万人，美国研究生则有132万人，两国的差距确实是巨大的。有的学者把美国高等教育的发展演变划分为下列四个阶段，说明二战后高教飞腾的态势。

第一阶段是殖民地时期。在这时期最早问世的是哈佛学院（1636年）；经过约50年才出现第二所高校，即威廉·玛丽学院；又过7年才建立耶鲁学院。独立战争之前100多年只有9所学院而且都是私立的。由于规模小，不叫大学而称学院。有人形容这个时期的发展为"步行时期"。

第二阶段始自1776年美国独立建国之后，国家向西和向南发展，建立了很多新州。西部和南部都没有大学，便成立了州立大学。以前的9所学院都是私立的，这时州立大学遂与私立学院展开了竞争。到南北战争（1861—1865

---

* 本文原载《外国教育》1981年第5期。本文"战后"指第二次世界大战后。——编者注

年)以前,高等学校已由9所发展到264所。有人称这个时期为"乘马车前进时期"。

第三阶段是南北战争之后。这时期解放黑人,资本主义农业和工业生产的发展大步向前,需要建设人才比美国刚建国时期更为迫切。适应这种需要,出现了新型的农工学院。同时因向德国学习,大学不只要培养实用人才,也要培养学术人才,遂又建立了霍普金斯等新型大学。从此,大学大为增加。到第二次世界大战前,从264所增加到1 800所。从1870年到1940年,美国人口增加了3倍,而大学生由6万人增加到150万人,增加了25倍。这个时期被称为"乘火车前进时期"。

第四阶段是第二次世界大战以后,到20世纪70年代末,高校已达3 000多所,增加了40%;学生由150万人增为1 300万人。在60年代某个时期,曾经每星期建立一所高等学校。有人说60年代所发的大学毕业证书与30年代所发的中学毕业证书相同。这个时期发展特别快,是"乘直升机时期"。

高等教育过去以本科生为主,而二战后几十年来,特别是近30年来,研究生教育也飞跃发展。1955年,全国计有研究生25万人,到1965年达到58万人,到1968年达到75万人,到1970年达到85万人,到1976年达到132万人,这样增长的速度是别国所不及的。

第二次世界大战后,不但高校数量增多,大学规模也在扩大。殖民地时期的学院多数只有几十个人,用百计算的很少。美国建国后的大学规模增大了些,每校也不过三四百人,达到1 000人的很少。第一次世界大战之后开始出现万人大学,但不过几所。第二次世界大战后,万人大学很多,有的是三五万人,这种大学有几十所;更大规模的大学超过10万人,加州大学11万人,纽约市立大学14万人。由于大学过于庞大,如今竟于university(大学)之外,又出现一个新名词multiversity,即巨型大学。

高等学校的结构也与过去不同,由二级体制发展到三级体制,继而又发展到四级体制。二级体制包括大学本科和研究生院。第二次世界大战以后,大量出现二年制或三年制的初级学院和社区学院,成为三级体制。20世纪60年代以后,又变成四级体制,即在研究生院之上增设了高级研究生院,从事博士后的研究工作。现在高级研究生院尚少,仅哈佛大学、麻省理工学院、加州理工学院等校有之;但很多大学院校的研究生都在搞博士后的高级研究工作。高等研究生院是颇有可能日增的。

二、大众化的重点

首先，二战后美国高教发展的重点是初级学院。二战前高等院校有1 800所，二战后增加了1 300所，约占院校总数40%，其中绝大多数是初级学院。原因很简单，二战后一些正规院校学生猛增，不得不把一、二年级学生置于校园之外，另为安排学习场地，举办初级学院。更重要的是各项新兴事业大量需要高于中等水平而又不需大学毕业生充任的技术力量和管理力量。各地迫于急需，纷纷成立社区学院。社区学院是初级学院的重要形态，收费低廉，学生在家食宿，中等家庭负担得起。这种学校针对地方情况而开科设课，方式灵活，既使社会容易找到适用人才，毕业生又容易职业对口。它们由于适应性强，因而生命力异常旺盛。

追溯历史演变是有助于理解初级学院的当前地位的。初级学院是19世纪50年代芝加哥大学校长哈珀设想的。他醉心德国大学的学术教育，认为美国中学生的文化科学知识贫乏，大学须支付精力对低年级生进行基础教育，便只好降低水平。他建议创立修业两年的初级学院，负责基础教育；而对三、四年级学生则从事学术培养。以后，19世纪70年代的明尼苏达大学和90年代的康奈尔大学，曾先后做出同样呼吁。无奈，当时限于条件，仅有个别地方出现过初级学院。20世纪初叶，初级学院还是冷冷落落。第一次世界大战后，院校数量才逐渐增加。不过，初级学院的校数不断起落，有其名而无其实者占多数。第二次世界大战后，初级学院校数才急剧增加，1970年竟达1 100所之多。1978年，美国联邦教育总署公布的数字是，从1960年到1979年，四年制大学生增加2倍以上，而初级学院学生增加5倍。很明显，普通大学虽在战后扩充了，然而突出发展的是初级学院。初级学院的急剧扩展，恰好反映了社会需要。哈珀在百年前梦寐以求的理想，到第二次世界大战后才得实现，这说明大学受政治经济的制约，不顾社会发展而单从学术角度考虑学校体制的改革，是不现实的。

随着校数的扩增，初级学院的质量也显著提高。在二战前，更确切地说，在20世纪60年代以前，初级学院被称作"二流学院"，毕业生被视为"次品"，因此，初级学院是青年不得已而跨进的学院，是被人看不起的冷僻学习园地。那时多数初级学院搞职业培训，被列入中等教育范畴。如今，很多名牌学府建立初级学院,学生结业后直接升入三、四年级,继续深造。这类初级学院是四年制院校的初级阶段,当然属于高教性质。为了扭转轻视初级学院的观念,有些院校特为初级学院配备高水平的师资,竭力把初级学院搞得出色一点,毕业生还可得到副学士学位。有的教育家曾针对二战后初级学院发展的趋势进行估计说,2000年以后,所有高等学校一、二年级的学生都将在初级学院肄业,然后到大学三、四年级学习;现在的本科三、四年级将改建为高级学院或院校高级阶段。十分明显,美国当前还没有普遍发展四年制大学教育,而是把注意力放在发展初级学院上。

其次,研究生院的大众化趋势也很明显。原因是在知识爆炸时代,尖端科学技术至关紧要,一般水平的科研工作必须为高水平的科研工作所代替。因此,二战后美国一方面在名牌学府设置研究中心,进行高精尖的科学探索;一方面加强研究生院,大力培养研究生。数据表明,1960年,全国共有研究生355 000名,超过1900年的全国大学生总数。与1900年相比,1960年的大学生增加了15倍,研究生却增加了52倍。从1960年到1977年,研究生又增加4倍,全国共有132万名。另外,1955—1956学年,全国有59 258名获得硕士学位,1974—1975学年则增为292 450名。与此同时,1955—1956学年,全国总共有8 903名获得博士学位,1974—1975学年则增为34 083名。20年来,颁发的包括硕士、博士在内的高级学位约增加5倍。哈佛大学、麻省理工学院和加州理工学院的研究生,几乎同该院校本科生的数目相等,已取得研究大学的美名。它们还在原有研究院之上,创建了水平高于一般研究生院的高级研究生院。未设高级研究生院而进行博士后的高级科研的院校也很多。

不过,如今美国一般院校仍以本科教育为主,大力从事研究生培养者居少数。二战前,美国高校1 800所,设研究生院者约180所,占10%;现在3 000所院校中设研究生院者约600所,占20%。至于搞尖端学术研究而兼作教学中心和科研中心的尖子院校,为数更少。有的学者估计,美国只有30所院校对教学和科研双方兼顾而成绩卓著。它们在3 000所院校中约占1%。有些乐观数据认为这类学校计50—60所,但和高等院校总数相比,顶多占2%罢了。可见,研究生院的大众化还没动摇四年制大学本科教育所居的中心地位,不可误认美国大学都做到教学和研究两个中心了。

其三,大众化包括教育对象的多样化。过去,高等院校是中学毕业生就学之地,以适龄青年为顾客。在二战后,生产技术不断更新,企业结构不断改革,在职群众、社会人士和少数民族青年力争就学深造,院校门墙之内跨入了众多新成员。成人教育、继续教育、补习教育、终生教育等强有力的浪潮正冲向学府这块禁区。成千上万的成年男女以及两鬓斑白的老年学员,正在改变学府的成分。一些突破常规的开放大学,吸纳不少厌倦学院式教育的青年,扩大了高教的世袭领域,更是战后高教中的新生事物。

三、大众化中存在的问题

众所周知,办理大学不是轻而易举的工作,发展高等教育更是一项艰巨任务。因此,美国高教的大众化也带来很多难题。

其一,美国高等教育一向"以量胜"而非"以质胜";二战后高教迅速大众化,更流于院校多而滥。有的美国学者讲,美国有世界上最好的学校,而世界上最坏的学校也在美国。这就高等院校而言,是千真万确的。有的权威学者肯定美国二三十所院校的研究中心是世界上最先进的科研堡垒,人力物力俱佳,学术空气极浓,最适宜于专而深的探索。但美国也有重学历、重学位的习惯,二战后尤其流行过"高教狂热",以致无意于学业而企图猎取学历、学位的人,也竭力挤进大学校园,院校同样要满足这些人的需要。由于院校两极分化,在最好和最差的学校间的差距之大,十分惊人。一般院校尽量照顾志在学历的顾客,因此,难怪芝加哥大学教授尼兹说,少数出色大学也没有和流俗之见做斗争的勇气,不敢表明"高等学校必须选择好的学生,应该是贵族性而非民主性的";否则社会便"将堂堂的高等教育降低到适应生活的水平"。有的教育家公开指出纽约市某大学的14万名学生中,约有1.5万名学生系初中水平。他说:"有人想接触一下大学,大学不得不为他们开门;但叫这些人不进大学,并不为过。"还有院校粗制滥造,被人视为贩卖文凭的商店和制造学位的工厂,是地道的生意经。

美国高等教育之泛滥,也由于教育家考虑发展"中学后教育"者多,而着眼于发展高等教育者少。曾任加州大学校长和加尼基基金会高教委员会主席的克尔于1973年说,高教委员会宁愿多关怀中学后的教育而不重视高等教育。同年,纽曼在《国家政策和高等教育》一文中说:"普及中学后教育,在讲求平等主义的时代,必须是范围广泛的;而传统的高等教育对于大学生结构的现状而言,是不够广阔的。"他指出中学后教育正在趋于普及,因为美国人相信扩张教育机会会给国家带来富强,正和维多利亚时代英国人相信物质财富的进步必给国家带来富强一样。这样,便在因高教热而发展起来的院校中,掺入许多不属于高教的内容,当然它们是经不起用学术观点衡量的。

二战后别的国家多因高教扩张而提出高教分化的要求。据特罗(M. Trow)①1973年的分析,法国在高等院校接受传统的天才教育者约占适龄青年15%以上,接受大众化高等教育者约占15%—50%,接受普及化高等教育者约占50%以上。特罗指出:"培养天才的高等教育以形成统治人才的智力和品德为任务,它给政府和学术界培植接班人,去承担天才者应承担的职责。大众化高等教育同样培养天才,但这样天才包括技术界和经济界的领导人物。这种教育正把重点从培养智力和品德,转移到培养较为特殊的承担技术工作的天才所需要的能力。普及化高等教育是人类历史第一次出现的婴孩;它的主要任务不是培养天才,不管是广义或狭义的天才,而是叫所有人对于社会的和技术的迅速变化的时代,都具备最大限度的适应能力。"美国许多院校是搞大众化和普及化的高等教育。硬使它们和正规院校混为一谈,又怎能不多而滥呢?

其二,美国院校的耗损率大。欧洲大学选录新生标准严格,学生有深造的基础,入大学后掉队者少。以英国为例,学生在12岁前被选定升大学者仅占20%,在这20%中真能进大学者又仅占2/5,淘汰率极高。美国大学则相反,根据学生在中学的修业成绩就决定他们是否进入高校,很多学生基础教育不牢固,以致专业学习发生困难。再则,英国大学实行导师制,导师认真解决学生课业上的困难。美国教师侧重教而不侧重导,不像欧洲大学那样对学生学业认真负责;再加上社会的原因,中途停学者远较别国为多。1953年出生的婴孩到1974年肄业于高校者,美国为1/3,加拿大为1/6,澳大利亚为1/9,英国和苏联各为1/12。就学比例虽以美国为最高;但能够修业完毕取得学位者,英国为85%,加拿大为66%,澳大利亚不足60%,美国最低,仅为50%—60%。与此相应,英国大学生退学者约占13%,美国则高达50%。这些半途而废的青年,在心理适应和时间浪费方面,都造成种种麻烦,这个问题正引起广泛的争议。

其三,美国大学费用高昂。有人认为美国高校多,学生多,大学广收英才,聪明俊秀者不患无深造机会。实则不然。原因是在金元帝国里,天才优异

---

① 作者原译作楚欧。以下不再作注。——编者注

而困于家财者,是不易登学府殿堂的。这和英国大学比较,最能说明问题。英国大学选拔学生严格,政府对被选拔学生的补助却相当慷慨,约有90%的大学生享受公费待遇,其余10%多由企业或其他单位补助,因而天资卓越的青年容易进大学。美国政府、企业和基金会的补助金、奖学金,虽为数浩繁,但因学生众多,形成僧多粥少之局,再加大学的费用开支昂贵,美国便比不上英国了。有人说,英国人一考虑到大学生就必然联想到"补助金",美国人一考虑到大学生,就必然联想到"学费",乃是很有趣的对比。它说明英国大学生领取充裕的补助金,是凭脑子享受学习权利的;美国大学费用高昂,名牌的私立院校常以学费为经费重要来源,有的竟以学费维持院校四分之一的开支,非家境富有者是交不起学杂费的。比较教育家得出的结论是:家庭经济收入对英国大学入学率所起决定作用小;它在美国所起的作用乃是巨大的。不难理解,美国大学主要是为富家子女而非为天才青年服务的。

1981年3月,里根政府宣称:"教育用费的首要来源是家庭和学生,而不是联邦政府。"一句话,首先要由家长和青年自己筹措高教用费,政府补助和贷金是次要的。美国从1978年起,任何大学生,不问其家财多寡,每人每年都可享受贷款2 500美元,有的还可酌增贷款数目。由于享受贷款学生众多,1981年贷款总额计达50亿元。如今里根政府力求压缩政府开支,不但只许家境困难者领受贷金,而且贷金数量也大为削减。无可怀疑,低收入及中等收入家庭的子女,将不能进入收费高的大学就学了。这类学生约有400万人,占全国高校学生总数1/3以上。

其四,美国高等院校的波动性大。美国通货膨胀,物价飞腾,学用费过高都是学生急速减少和导致院校大起大伏的原因。以学费为例,私立院校从1946年到1971年,平均由979美元上升为1 776美元;公校学费由20世纪60年代的平均280美元上升为1973年的平均520美元。据估计,一个青年在水平较高的院校学习,每年开支近1万美元,家庭收入每年3万美元者常感力不从心。沉重的经济压力已让想入院校者踌躇不前;再加人口出生率下降,使就学青年人数锐减;因此学生来源颇成问题。还有,美国高等院校经费得自联邦和地方政府者仅一部分,还须基金会、校友会以及企业大亨的捐赠或补助。哥伦比亚大学校长巴特勒曾形象地自述,他好似向慈善家讨饭的乞丐,愈想发展大学就愈要伸手讨要。大亨的喜怒和政潮的起伏,随时波及学校的财源,使学校经济命脉受到影响。学术研究和人才培养都是周期性很长的任务,急功近利的富翁鼠目寸光，投资后企图立竿见影，否则就断绝或裁减资助，最使教育家和科学家恼火。尤其不可忽视的是资本主义国家在物质生产上具有盲目性，在人才生产上缺乏规划性，以致常常出现"博士过剩"，影响青年升大学的信心与决心。以上都是高教稳定发展的障碍。20世纪60年代某一时期几乎每周成立新校一所，转瞬间又有上百所院校纷纷停闭。在这种办办停停、停停办办的飘忽无常的形势之下，高教事业又怎能真正地健康成长呢？

卡内基基金会的高等教育政策研究会副主席齐特，竟于1973年以《高等教育的新恐慌》命名他的著作。这是根据他对41所院校经济情况进行研究的结论。1974年高教政策研究会又指出，美国院校正从1945—1968年的生动扩张阶段，进入发展迟滞阶段。最近，里根总统为节缩政府开支，正准备大量裁减大学贷款生名额和贷款生贷款数量，估计几百万清寒青年将受到影响，其中不少人将被迫休学离校。同时，许多院校也将因经费困难而被迫关停。院校的兴衰之变仅存于数年或一二十年的短暂岁月，其摇摆幅度之大也是世界罕见的。

四、结　　论

美国高等教育的兴衰和得失，对我国兴办高等院校是颇有启发性的。第一，美国是世界上经济的和教育的超级大国，但二战后高教大众化的重点是发展初级学院，四年制大学教育虽也向大众化迈进，却不是兴奋点之所在。我国在人力、物力、财力上，不同于美国。有些院校师资不足，初始年级课程的教学常由众人接力承担，高年级课程的设置更为困难；而且建设"四个现代化"急需的人才中包含大量大专毕业水平的技术人员和管理干部。目前是否有必要向大专教育投放更多的力量呢？第二，二战后美国科学发达，因而尖端科研在大学受到重视。但在3 000所院校之中，能兼为教学中心和科研中心者，仅占百分之一二。我国高教基础较为薄弱，中华人民共和国成立后虽在数量、质量上获得长足进展，但和先进国家相比仍感不足。就目前而论，绝大多数院校首先要狠抓教学内容的改进和教学质量的提高，一俟稍有根基，再图大规模向科学进军。大学兼为两个中心很难一蹴而就，似应设为长期奋斗的目标。第三，美国大学重量而不重质的积弊方在纠正，众多学者呼吁大学生要从严选拔，从优资助，从高要求，从实鉴定，使学分反映确有的学力，学位代表优异的才能。实际上，二战后世界各国都感到大学在量的扩张和质的提高之间存在着矛盾。英国阿什比强调"多而不劣"，力避大学片面求多而降低水平。别国学者也提出同样希望，讽刺徒有其表而无其实者，是伪装穿着新衣而实际赤身裸体的皇帝。我国高教正处于长足发展的开端，的确要稳扎稳打，避免美国院校贪快贪多、华而不实、大办大砍、起伏无定之风，使之朝着正确方向迈进。

战后美国高等院校的发展方向问题*

一、当前高等教育发展方向问题的争议

第二次世界大战后,高等教育注重培养专业人才和走向大众化,是世界各国的重大趋势。一些学者对之赞赏有加,另一些学者却担心降低大学质量和忽视培养思想家、科学家。这种争议带有国际性和普遍性。

以德国为例,卢德维希-马克西米科安大学校长洛布科维茨说:"德国大学教育的目的是培养科学家,不是培养那种在科学以外的职业中能取得成绩的毕业生。"德国大学在别国大学大众化热火朝天的时刻,应当"只考虑适应少数人"。他说,借口公民教育权而妨害提高质量,是不明智的。一方面让大学招进一些最无能和最懒惰的人,叫他们安安逸逸地取得学位;另一方面,又用乳臭未干的人勉强充任教师,而且和专家学者,如获得诺贝尔奖的教授,享受同样权利,从而把大学水平由不高引向更低,这是"假民主的蠢事"。他不胜感慨地说:"在这种情况下,我的悲观结论就是,一度曾经闻名于世的德国大学不久将在国际上不再会有竞争力了。假如,主管当局不迅速改变想法,德国将越来越培养不出具有国际水平的科学家和证明在国际上名不虚传的毕业生了。"他建议大学仿照英国为优秀生颁发荣誉学士学位的制度,设置水平高的班级。他强调教授之间开展学术竞赛。"教授如果在学术上做错了什么,将不受官僚们的刻板式的制裁;相反,他们的特殊成绩将受到物质鼓励,领取工资以外的奖金。"应使"德国大学及时地考虑它们应当在大众化时代也培养未来的拔尖人才","而不沦为广大平庸者的高等职业学校"。他的最重要而且最具体的建

---

* 本文原载《高等教育的发展与改革》,人民教育出版社《外国教育丛书》编辑组编,人民教育出版社1984年版。本文"战后"指第二次世界大战后。——编者注

议是把大学分成"进行职业训练的不给学位的学校"和"由本科走向研究生院的学校"。它们应该分道扬镳而不是合二为一。

以英国为例，剑桥大学副校长阿什比说，大学既要适应形势之需，培养社会需要的人才，不能逍遥世外去搞"独身主义"；但也要掌握大学教育的内在逻辑，按其本身的规律办事，从大学的矛盾的特殊性考虑问题。不如此，大学不能完成学术使命，也就不能为当前政治经济发展做出真正贡献。什么是大学的内在逻辑？简要地说，大学是探索和传播真理的堡垒。真理有普遍性和永恒性，探寻真理有严肃性和艰巨性。因此，学生须有优异的天资，须有坚实的基础知识和锐利的钻研能力，还须有自由研究和自由思辨的社会保证。高深学术教育以取得高水平、高质量的学识为奋斗方向，不能过于计较一时一地的得失。大学只图扩大学生名额和学校数量，讲求校舍和充实设备，而不慎重考虑合格师资、天才学生、教学内容和培养方法，因大众化而降低大学质量，乃是失策。而且，一味侧重经济效益，简单地利用"投资—收益"的公式衡量高教成效也会忽视大学的实质价值，因为大学不只有助于物质收益，更多的是有助于和当前生产并无直接关系的精神收益。大学学科繁多，人才济济，最能集中广泛智慧，富有综合能力，跟任何机构比较起来，也最能起人类社会神经中枢的作用，因而最能为社会提供长远的发展目标；在当前世事纷繁和知识爆炸的时代，大学不仅应是科学技术和企业管理人才的策源地，而且应是社会革新的孕育所。阿什比呼吁大学数量多而不应该放宽尺度和降低水平，换言之，不该"多而劣"（more but worse），而应向分化多样的方向发展，换言之，要"多而分"（more mean different），分为学术的和实用的两个类型。

从上可知，欧洲国家在二战后出现了高教发展的定向问题。

二、美国高教定向问题的过去和现在

美国大学一向注重专业教育，面向较为广泛的青年。二战后高教委员会于1949年提出《美国民主社会中的高等教育》的报告，建议：尽量增加大学生的名额，扩大教育面；延长义务教育的年限，使人人接受大学二年级的教育；设置大量奖学金，给贫苦青年消除经济障碍；消除种族歧视，保证所有优秀青年得以深造。随后各州议会纷纷通过法令，贯彻这种要求。于是20世纪60年代高等院校飞跃发展。到1981—1982年度，有的数据竟称高校学生总数为2 200

万人之多。未来学者还推断 2000 年美国将普及高教，估计当时高教经费约占国民经济总产值的 3%。在这大步伐的高教大众化的情势下，定向问题也被学者们热烈地争论起来。

（一）历史回顾

为说明美国高校的定向发展的争论，有必要略述这一问题的过去，因为 200 余年美国高等教育的发展过程，是和欧洲国家极为不同的。它的当前争论不同于欧洲国家，是和它的历史分不开的。美国在殖民时期所设的学院，以神学教育为首务，以古典学科为课程。富兰克林看到这种教育不切实用，曾呼吁青年学习富有实际价值的知识，把传统的科目看作装饰性的科目。开国元勋鲁师，强调实用之学不仅对生活有效，而且是明智、公正的政权的保证。威伯斯特认为"文雅教育使人不能适应实业之需"，建议青年大力"学习和他们必须担当的实业有关的知识"。这些卓识之士，无不把高等院校看作谋求社会繁荣和人类幸福的利器。当然，有人对于这种重术轻学的方向也有异议。稍后，爱默生①更著《美国学者》，批评美国学校缺乏追求理智的兴趣。但历史发展的大势却是无法扭转的。

19 世纪初期，美国揭开产业革命的序幕。1828 年，杰克逊被选为总统，大力倡导拓边精神。因为当时政府推行西进政策，向荒僻的西部各州移民垦殖，大量需求建设人才。所谓拓边精神就是敢于与天斗，与地斗，向荒原索财富，变荒野为金山的意志和智慧。欧洲国家由于开发多年，人力的供求比较平衡；美国建设任务大，而人力资源缺乏，不得不用革命手段解决人才供应问题。杰克逊曾讲，凡年届成龄而未曾犯法服刑的公民就可担任司法职务。有的大学校长也说，当时充当法官、律师、医生，并不比木匠制造马车更困难。在这种客观形势之下，兴起了"威斯康星大学的理想"。威斯康星大学成立于 1848 年，适值该州由种植小麦而向发展牛乳业的转换时期。这时急需生产技术和经营管理人才，大学便着手科技研究，开设短期培养班，其结果使州民财富大量增加。群众看出办大学是很能获利润的投资，从而竭力支持。稍后，州长拉富赖特是威斯康星大学毕业生，越加希望大学和社会、政府协作，办好州的事业。他于 1904 年推荐万·希思为校长。万·希思便进一步使大学成为促进社会进步的灯塔。在一些反对者群起而攻时，万·希思受到校董会的支援，

---

① 作者也译作哀莫森、艾默生。以下不再作注。——编者注

州民也积极为改革而造声势,大学的新理想因此被肯定而广为流行。与此同时,加利福尼亚大学校长惠勒尔针对人们鄙视职业学科的倾向也说:"大学是这样的一块园地,在其中使人正确地理解在各学科之间是没有'贵族'的,在各种科学真理之间是没有'贵族'的,在各人之间是没有'贵族'的。"美国院校不像欧洲那样为学术而教育。美国学者竭力倡导:大学不应存在于虚无缥缈之境,不能全然陷入抽象思维,不能和现实世界彼此隔离,不能成为孤立于人间的绝缘体。

美国这种新思潮不但曾受很多美国教育家的肯定,也得到一些外国学者的支持,曾任哈佛大学教授的英国哲学家怀特海在《教育目的论》中,就强调知识的应用性,他说:"迂腐儒生看不起有实用价值的教育。但是,教育如果是无用的,它是什么呢?当然,教育应该是有用的,不管你理解的教育目的是什么。在以往,它对圣·奥古斯丁曾是有用的,对拿破仑也曾是有用的。""教育就是获得使用知识的艺术。"他认为大学不能离开人间烟火。英国伦敦大学副校长何洛丹同样称赞美国大学是美国"人民灵魂的镜子"。

欧洲大学通常都是学术教育阵地,专业教育委托给大学以外的专科学院,把两种教育分别办理;与此不同,美国把两者熔为一炉。具体说,欧洲各国把进行学术教育的称为大学,进行专业教育的称为学院;美国大学校园内在进行学术教育的文理学院之外,设有工、农、商、神、法、财经、企业管理、家政、教育、新闻等学院。比较教育学者因此把欧洲大学比作分业经营的商店,把美国大学比作百货商店。所以美国大学才真正够得上是"综合大学"。结果呢?州立大学虽曾满足时势的需要,但在学术贡献上不无逊色。1874年,英国的权威教育学者阿诺尔德说:"法国的大学没有自由,美国的大学没有科学,德国的大学则兼而有之。"美国宾夕法尼亚大学教授布鲁巴克①在《在转变中的美国高等教育》中说:"就所有记录的事实而论,多年以来,威斯康星大学不曾公布学生的学业成绩,来用学业成绩跟别校学生比较。"也是这种观点,迫使密歇根大学禁止学术性的团体开展活动。尤其值得注意的是,甚至最热情支持州立大学的威斯康星大学教授鲁斯,也感觉必须提请注意:"州立大学不是发展理性和公正地探索事物的学生求学的理想园地,这些学校充斥功利主义

---

① 作者也译作布鲁巴奇、布鲁巴赫、布鲁巴哈、布鲁柏克。以下不再作注。——编者注

精神，不利于青年锻炼锐利的思辨能力。"这种情况曾激起比较广泛而强烈的争议。福埃斯特、弗莱克斯纳和赫钦斯等人一致抨击大学外务猬集，头重脚轻，本末倒置，使那培养天才的职责由于过分强调平等精神而惨遭破坏。他们的这些抨击言论曾轰动一时。

弗莱克斯纳在所著的《英、德、美三国大学》中，指责美国大学忙于社会职责，而忽视学术质量，成为哗众取宠的服务站和追随时俗的风向标。他说："美国大学只追求数量多，不讲究水平高，因为一般院校忙于非本质的任务而忘记大学的本质任务：培养优秀青年的脑力财富。"赫钦斯批评美国院校迁就社会一时的需要而妨害学术发展时也说："大学所能做的最大的服务，国家所仰赖于大学的最重要的服务，社会服务所不能做而只有大学才能胜任的服务，是培养学术领域的领袖。"他说大学失去学术工作这个重心，迎风飘荡，随俗浮沉，从而流为非理性主义，是人间的悲剧。怎奈金元帝国是实用主义哲学统治的天下，为学术而教育的呼声是得不到强有力的反响的。

（二）现阶段的论战

二战后的争议是延续二战前的争议而又针对当前形势的特点，从而深入展开的。扼要地讲，一派以哈佛大学于1945年发表的《自由社会中的通才教育》为代表，姑且称为传统派。另一派以美国高等教育委员会主席祖克于1947年发表的《美国民主社会中的高等教育》为代表，姑且称为进步派。双方的论辩是相当尖锐的。

其一，传统派注意指导青年理解和欣赏西方的民主遗产，为求实现这种目标，提倡狠抓基本训练和提高学术水平；主张高等教育要精，选择学生要严，不能借口大众化而降低质量。一味大量招生而教授不伦不类的非学术性的科目，就会把大学搞成皇帝新衣式的笑剧。第二次世界大战刚刚结束，哈佛大学史学家莫利森就说："这是一个对美国青年犯了最大罪恶的世纪，它把青年一代承受古典遗产的权利给剥夺了。"以后，福德汉大学校长甘农说："现在教育上的扩充运动想推广科学文化的皮毛，却加之以'教育民主'的美名；漫无边际地增设院校，而妄称之为'机会平等'。实际上，这些都是欺人之谈。""近年来，约有1/3的所谓大学生在大学里闹哄哄，却妨害了别人学业的进步。我们与其扩充大学生名额，不如先把这些废物清除出去。""高等教育委员会要扩充大学校舍，容纳所有想升大学的中学毕业生。实际上，这对于大学和国家都无好处。我很担心这个计划会造就很多庸才而窒息国家的生机。"一句话，大学不能侈谈民主化,要做到大众化而不妨碍大学的学术任务,真正的高等教育应是天才教育。进步派同样标榜民主,却更突出平等主义的精神,强调"通才教育的内容和方法应由其初期的贵族性方向,转到服务于民主的方向"。他们阐述今后高等教育应少重个人发展而多重社会进步,少回顾过去而多瞻望未来,少谈民主的性质而多谈民主应完成的职责。他们认为约占适龄青年的49%的人都能学习学术科目,每个青年都应享受相当于大学二年级的教育。一句话,大学的门敞开得对,而且敞开得大些更好。

其二,传统派注重过硬的知识传授和扎实的心智培养,把高深的学养和心智训练看作大学的职责。精湛的学养的重要性是不消说的。严格的心智训练使青年尊重客观事实,擅长逻辑思维,掌握分析矛盾的正确态度,获得钻研问题的犀利眼光,同样能保证天赋优异的人成为向科学进军的尖兵,因而是不可忽视的。进步派却认为教育应培养的是人,而非仅仅培养人的心灵。如果失之于片面而所见褊狭,教育就必须过重理性;而青年一旦陷于一偏,只会理智探索和抽象思维,就必然毁坏他们的全面成长。实际上,教育过程应当兼顾感情、想象、意志、人格的整体发育;只有这样,才能确保青年的精神获得圆满发展。

其三,传统派注重严格的学术教育,忽视专业教育,重文化而轻生活,重理论而轻应用。进步派却引证史实驳辩说,从中世纪起,大学就是造就医生、律师和神职工作者的场所,如今只是范围更广,包括科学家、工程师、企业管理人员、教育工作者等等而已。专业教育怎么会使大学失去光彩呢?美国高等教育委员会于1947年发表的报告说:"教育过程和政策如果产生于和适合于当前社会的性质和需要,就更容易成功地实现它的目的。有效的民主的教育要直接涉及当前的问题。"而且,近代教育不仅注重青年积累高深的知识和训练一般的心智,还要针对具体问题,善于采用恰当的解决途径。举例说,在处理物理科学和生物科学问题时,要善于运用数学的和实验的方法;在钻研社会科学问题时,要善于运用分析的、历史的和统计的方法;在哲学、文学、艺术领域中,还要善于运用思辨的、欣赏的和创造的方法,不能停留在空泛的理智训练上,不能停留在空泛的理智训练范围而已。一句话,要兼顾应用和联系实际,才是合理的。

哈佛大学校长科南特面对重重矛盾,企图折中调和。他阐述道:"美国大学的任务有四,一是学术研究,二是培养专业人才,三是实施普通教育,四是充实学生生活。据我看来,大学教育要求四项任务的平衡,不可偏废;否则大学便无法充分发挥其职能。"他的理由是:"大学如果只顾第一项任务,就成了研究所;如果只顾第二项任务,就成了职业学校;如果偏向第三项任务,就成了学院;如果只重第四项任务,就成了俱乐部。今后要统筹兼顾,不能片面和偏颇,以便全面地达到大学的任务。"德国大学的发展给科南特提供了旁证。柏林大学自洪堡起,就是教学和研究学术的园地。它的原则直到今天仍在继续实行。不过二战后由于学生众多,过去不在大学进行的专业教育也慢慢挤进学府之门了。科南特是富有威望的教育家,他的议论是受到重视的。不料,继科南特而任哈佛大学校长的普赛所著的《美国高等教育:1945—1970 年》于 1978 年出版,又引起了波澜,助长了学术派的声势。

事情是这样的:早在 1945 年,由哈佛大学出版的《自由社会中的通才教育》,被人指斥为徒重文化培养而忽视社会需要,仅重西方文化而忽视非西方文化,因而是向后看的、偏颇的、狭隘而保守的。普赛却对此提出异议。他说:"平心而论,报告的发表是适时的和有益的,它的观点是思考周密的、公正的和合情合理的。"正因为如此,他在书中建议:"学术世界和实际世界虽然相互结合,却是彼此不同的。近来跟以往一样,学院和大学仍然感觉有必要和实际世界保持一定距离,能够离开实际世界而观察它和分析它的发展,并能考虑用怎样的心智和知识来使其前进和更切合人性的需要。理智使我们认清,高等院校不应承担社会应该委托别的机构去承担的任务;大学有其本身应该完成的使命,如今外界强烈的需要虽使院校转移了注意力,大多数高等教育工作者记忆犹新而且以之为行动的信念的是:大学院校的首要职责是致力知识和学术的探索。再者,外界社会虽要求院校尽量敞开大门,但高教工作者仍然对学术界负有重托和应保持其应有的水平。"美国于 1954 年发表的《吴尔夫报告》也指出:"像美国这样的现代国家,除去发现、发展和利用最好的大脑之外,别无选择余地。"吴尔夫还说:"公民的大脑构成国家最大的财富。"普赛也说:"大学必须提供最有益于大脑发达的环境,从而为国家发达人脑。"换言之,他们认为大学要以培养专家学者为重任,应把中学后教育和高等教育分开,一为术,一为学,不要死死纠缠在一起。普赛希望把以学为主的大学和以术为主的其他类型的院校区别开来,使互相促进而不混淆。

美国高等院校的科学研究和教学改革*

第二次世界大战后,美国高等院校在科研和教学方面进行了一系列改革。哈佛大学校长普赛指出这度变革是革命性的,它使高等教育跨进黄金时代。

一、美国的科学政策和大学发展新动向

美国政府虽一向重视科学研究,但只着重引进欧洲科学成就加以应用,忽视基础理论研究。第二次世界大战给美国敲响警钟。罗斯福总统在1940年问计于国防委员会主持人布什,布什当即建议,不大张旗鼓,而扎扎实实地调动科学家的聪明才智,搞好从科技上的备战工作。1941年珍珠港事件爆发,美国在参战中大搞国防科学。经过几年经营,到1944年战争胜利在望之际,罗斯福又就二战后科研政策问计于布什。这位智囊人物便提出以下五项原则。①科研在当时所处的乃是两翼地位,二战后必须上升而占据国家大政的中心地位。政府必须勇于负起发展科学研究和培养科学天才的双重任务。政府不但要把科研视为头等大事,还要亲自来抓,不能光靠私人或企业自行处理。②要以基础科学研究为首要任务,破除以往对于欧洲的依附性。政府部门和企业所设的研究机构,仅着眼于具体任务,不如以学术研究为着眼点的大学研究机构,易于进行基础理论研究。要肯定"大学、学院乃是向浩如烟海的知识进军的唯一可靠力量"。③科研不应过分依靠集体劳动,战时虽可用之,平时则应尊重学者的志趣,还须保证"学术民主、研究自由和国际交流"。④科研经费必须充裕,应成立国家科学基金会专司其事。⑤自然科学研究不应有损于社会科学、人文科学等对国家福利有关的研究项目。罗斯福接受了这个建议,它就无异于国家的科学政策了。

---

* 本文原载《外国教育》1982年第2期。

1954年，联邦人力资源和高级人才培养委员会主持人吴尔夫又提出报告指出："像美国这样的现代国家，除去发现、发展和利用最好的大脑外，别无选择余地。"他说："公民的人脑构成国家最大的财富。"因而普赛说："大学必须提供最有益于大脑发达的环境，从而为国家发展大脑。"1957年苏联人造地球卫星上天，迫使美国于次年颁布《国家教育法》，就更进一步把布什的建议落实了。

和上述一系列决策相适应，高等院校便出现两大新动向。

其一，布什既把大学当作向科学进军的"唯一可靠力量"，科学研究乃在学府取得合法地位。在以往，美国除少数大学致力科研外，一般教授的教学工作量大，每周任课可到18甚至20小时，搞科研影响教学质量，被视为不务正业。第二次世界大战后，方针大变，认清教授不搞研究，教学就似无本之木和无源之水，质量就上不去。从此，大学教师不仅理直气壮地进行科学研究，一些人才荟萃而经费充裕的学校还纷纷成立大规模的现代化的实验室、研究所和研究中心，努力进行尖端学术的探索。

美国科研基地包括大学的研究中心、政府和企业的研究所。后两者侧重应用，重点是完成特定任务；大学研究中心则以基础研究为主，重点是探求自然和社会发展规律。美国人一向注重实用，轻视纯粹理论工作，如今则知理论科学研究胜过应用科学研究，乃是产金蛋的鹅。英国剑桥大学副校长阿什比称赞美国院校的科研机构，是按大学的内在逻辑办理的，因而是取得辉煌成就的。美国二战后高等教育的面目因此不同于以往。

其二，美国院校重术轻学的传统是根深蒂固的，目前正向重学方面扭转。这是二战后美国高等教育发展的另一动向。

过去美国大学轻视基本理论和基础知识，一味传授应用的科学知识和锻炼就业的技术能力，因而学生眼光窄，根底薄，学术水平低。许多人曾对此狠加批评，然而收效不大。但第二次世界大战后，随着尖端科学为世人所重视，紧接着就在中等教育领域泛起反对职业化的思潮和在高教领域泛起反对专业化的思潮。因为"不揣其本而齐其末"是违反教育规律的。给青年一代奠定博而固的科学文化基础和磨炼敏而锐的钻研学术脑力，才是本，才是在知识爆炸时代的深谋远虑。否则，不重学而重用乃是舍本逐末。近年来，一般院校，特别是名牌学府，在这方面开辟了许多渠道，如重视普通文化科学课程、扩大专业基础理论课程、增添反映科研新成果的提高课程、充实培养钻研能力的"独立研究"课程，等等。

在二战前，美国大学专业教育开始过早和分化过细，不利于深入学术探究。哥伦比亚大学在20世纪30年代创建的基础教育课，哈佛大学于40年代提倡的博雅教育课，都属扭转方向的努力。但因条件尚未成熟，未得推广。第二次世界大战后，看出旧有课程缺点者日多，矫正日趋顺利。哈佛大学于1978年出台的《公共基础课方案》要求一年级生学习"文学和艺术""历史""社会分析和哲学分析""外国语言和外国文化""数学和科学"五个领域的基本知识。在这五领域中共设十种科目，由学生选修七八种，借以开阔学生的视阈，使将来得以驰骋在广阔的知识原野上。学术界常说，"狭隘性是学术研究的大敌"，"贫乏的知识是学者不能容许的"。新方案体现了这种宏伟气魄。在这种理解之下，一般文科学生大量学习理科科目，理科学生大量选修文科科目，以至一、二年级学生大都钻研普通基础课，三、四年级才开始选择所修的专业。鼓励青年跳出鸽子笼式的专业圈子，正是当前高教工作的目标。

不但大学低年级生如此，三、四年级生也不立即钻进褊小的鸟笼。麻省理工学院学生修业四年，须修满360或385学分。其中普通必修科为180学分，占总学分50%；专业必修科也是180学分，占总学分50%，或205学分，占总学分的百分比更大。在普通必修科180学分中，计有：①自然科学60学分（其中微积分24学分，物理24学分，生物或化学12学分）；②人文、艺术、社会科学72学分；③自然科学分类必修科36学分；④实验室必修科12学分。其中人文、艺术和社会科学一项共设置88种科目，学生必须选修8种，各占9学分，计72学分。这88种科目包括人类学与考古学、文艺创作、西方传统、经济学、外国语言和文学、历史、美术史与建筑史、工业社会与劳工、语言学、文学、音乐、哲学、政治学、心理学、技术研究、城市研究、观赏艺术与设计、美国研究、苏联研究等。一个搞理工的学生需要学习如此多种人文、艺术、社会科学知识，是值得深思的。

再则，大学承担高深化的科学研究以来，新的学科内容日益丰富，新的学科门类和跨学科的边缘学科日益增多。随着这些知识突破而来的是：反映科学新成就的科目被纷纷纳入大学课程表内。美国大学没有由政府统一规定的教学计划和教学大纲；而由具有创见的学者在课堂传播成果，被视为不可剥夺的学术自由，而非"因人设课"。因此，如今名牌学府开设科目种类之多，绝非昔比。

美国院校过去侧重讲述实用知识，不重理论课程，对于钻研学术能力的培养注意不够。如今则竭力提高这种能力。基本知识和基本钻研能力是要求学生普遍掌握的，而培养学生对专业的爱好和自由钻研却不能千篇一律，"因材施教"和"因人制宜"正是高教成功的规律。学生对学校设置普通文化课、专业课和提高课，必须学会选修。有的学生选修学分竟达全部学分的40%，经常辗转几个院校听讲。过去只许研究生以"独立研究"为科目，在教授指导下，选定专题，自己研究，不必上堂听课，学期终了就研究成果进行评定。如今科目下放，本科生也享有这种权利。

二战后美国院校通过科研和教改，面目一新。哈佛大学德籍教授乌利希说，欧洲学术交流已由"东行线"改为"西行线"。二战前美国青年羡慕欧洲大学，纷纷东向穿渡大西洋而留学欧洲；如今，美国大学居于优势，反而吸引欧洲青年西来美国就学了。有人甚至讲："科学和技术的革命，电子世界的出现，在《美国的挑战》中所描绘的现象，都使人清楚看到欧美之间存在的差距。"

二、科研和教改中存在的问题

其一，高水平的科学研究集中在少数院校。全国高校研究中心有5 000多个，大都分布在东西两海岸的名牌学府，如哈佛大学、麻省理工学院、普林斯顿大学、康奈尔大学、霍普金斯大学、加州大学、加州理工学院、斯坦福大学[①]等院校。另外还有中部的芝加哥大学、密歇根大学等。这些院校人才济济，经费充裕，设备充实，是3 000所院校中的宠儿。科研突出当然带动教学质量的提高，给院校增加光彩。但另一方面，在不少院校的科研机构中，研究人员常以学者专家自命，而不欲以教学工作者自居，重学术轻教学的思想相当普遍。大学本科教学工作就落在学力平平而经验不足的教师肩上，有的更由研究生任课，学术精湛的学者不屑为之。原因是尖端研究多系政府部门、基金会和企业委托的项目，享高名，获厚利。院校的首要任务原是教育和教学，这时却头重脚轻而喧宾夺主了。本科教学受到忽视曾引起学生不满和家长控诉，有的学生则转学别校，造成科研和教学之间的尖锐矛盾。再则，基础研究耗财

---

① 作者也译作斯丹福大学、司坦福大学。以下不再作注。——编者注

多，周期长，成效非立时可见。多数资产阶级人士不理解这种矛盾的特殊性，对不能迅速致利的研究项目不屑经常投资。美国大学的经济命脉操控于大亨、官僚、基金会董事和有财有势的校友之手，科研经济命脉更握在这些权势派的掌心。他们识别力的高低和感情上喜怒，恰好卡着科研的咽喉。

其二，高等院校在二战后的重学倾向，表现在课程上注重基础科目和学术科目，但最受人指责的是学科繁多而驳杂。听凭学生选修而不顾学科之间的联系，常流为散漫无归，不相统属，无疑是杂烩或拼盘，绝非由内在逻辑综合为一个学术整体。英国学者阿什比批评这种课程使饥不择食者狼吞虎咽，消化不良；无志于学者走马观花，浮光掠影。哥伦比亚大学的基础课程并未使学生开阔眼界，却变成不足取法的快餐课程。阿什比讲，一个物理专业的学生并不耐心选修杂乱无章的考古学、人类学之类的功课；如果他以物理专业为中轴来探索物理科学的历史演进、社会效用、伦理含义、经济价值，学习就会深刻有趣，就不感觉纷扰和凌乱了。可是，美国教育家很少考虑这个有价值的建议。

这里谈谈选修制。哈佛大学校长艾略特于1869年就职不久，就于1870—1871学年不按年级而按系别设课，这是他有功于美国大学的创新工作。1874—1875学年，他又推行选科制。起初，他的态度是审慎的，规定一年级生除修辞学、哲学、历史、政治学为选科外，其余都是必修科目；二、三、四年级生选修高深科目以前，必须学好基础课。1883—1884学年放宽尺度，允许一年级生选修3/5的科目。1895年进一步规定一年级必修的只有两种英语科目和一种外语科目，余者一律选修。这就形成完全选修制度。在当时暮气沉沉的哈佛大学，设置多种科目和听任学生选课，曾使敏而好学的青年选择学识渊博的良师受业，给抱残守缺之士以巨大压力，从而促进学校焕发了朝气。不过，这样漫无限制的选修制也有缺点，别校遂改为半选修制，即半数科目必修和半数科目选修。后因半选修、半必修的制度过于机械，就分为主修科和副修科。霍普金斯大学还创设分类选修制，即把学科分为哲学类、科学类、史学类，每类设若干科目，由学生就各类选修若干科目。1909年，经过多年摸索的哈佛大学也在校长卢威尔领导下，实行集中和分散制，让学生在主修科所设16种科目中选修6种，余则在3个非主科中选修6种。这说明一味听任学生选修是不恰当的。第二次世界大战后学科增多，学生选修幅度又进一步扩大，志于学者每每茫然不知所措，志于学分、学位者，则避难就易，并不用力学习高难度的科目。这种放任政策，刚好使大量学生钻空子、讨便宜，不能获得真实学识。如今虽在加紧限制，压缩学生自由，但弊端仍非一时能止。

其三，教师教而不导。美国教师和学生的比例约为1∶20，英国则仅1∶10。从表面看，美国教师少而学生多；不过，英国牛津、剑桥等校实行导生制，教师对学生的学习和生活进行认真指导；美国教师主要搞课堂教学，不像英国那样注重指导工作。19世纪中叶，芝加哥大学校长哈珀和普林斯顿大学校长威尔逊曾先后倡议仿效英国高校，设师生共同起居和学习的学舍，以提高大学教育效果。因种种原因，计划未得实现。直到1920年左右，哈佛大学和耶鲁大学才建起供高年级生与教师合住的学舍。同样地也由于条件欠缺，向英学习流于形式。如今，哈佛大学的少数系设有导师，而导师人选，依然不及英国，大都由研究生、讲师、临时性教学人员承当，年龄轻而责任心差，学力不足而缺乏锻炼，更兼不行个别指导而行集体指导，工作不够深入。现在有人倡议放弃对所有学生实行导师制，改行面对少数优秀学生的导师制，或对于学习困难者实行导师制，这都说明美国教师对于学生的指导是个薄弱环节。英国大学耗损率低，学生水平比美国整齐，跟导师制有关。

有人说，20世纪60年代美国和法国学生运动风起云涌，而英国大学相对平静，也跟导师制有关。英国成功的经验现正为联邦德国所取法，联邦德国高教委员会建议在学生宿舍中住有辅导员、副辅导员或导师，每人负责教导学生20名，除关心其生活，还借助上课前后的启发诱导、交谈、论辩，以济课堂之不足。相形之下，美国就瞠乎其后了。

如今有条件的美国大学实行小班制，要求每班学生在25名以下；遇大班上课时，进行小班辅导；特别鼓励学生向教师个别请教，曾取得一定成效。但财力不足的院校推行困难。

其四，重术轻学之风尚难彻底矫正。美国由于根深蒂固的朴素的民主思想，既认为人人平等而忽视天才差异，又认为职业平等而忽视专业差异，认为理论的不高于应用的，学术的不高于职业的。因此，欧洲大学把新闻学、教育学、商业学、医护学、图书馆学、企业管理学视为次档专业，在美国却都是头档专业。20世纪60年代，重学之风抬头，然由于传统思想和市场需要所影响，不易巩固。近年来由于博士过剩，研究物理学、化学者有下降之势。有的统计表明，全国获得物理学博士学位者每年约1 000人，外籍生约占320名；在获得工程博士学位者之中，外籍生约占33%。原因是美国研究生不喜欢基础研究，大批外国学生补充了空额。本科生对学术有浓厚兴趣者尤其少见。有识之士估计在 20 世纪内，院校培养的物理学者同国家的需要，是难以取得平衡的。学风之转变非一日之功，是须经较长岁月的。

其五，美国高校教改中遇到的大障碍是中学生基础薄弱，外语和自然科学的学习时间少和要求水平低，入大学后便问题重重。乌利希说，欧洲中学生基础牢固，入大学后困难不大。美国中学生根底浅薄，入大学后困难较多，不如在中学自由。他说欧洲人见到美国大学规章之多，考试之频繁，学生之忙碌、紧张和患精神病、人格分裂症和自杀者之多，无不惊诧，原因就在于此。《国防教育法》自 1958 年实行后，狠抓中学基础课的改革，情况较前有进步；但多数中学限于条件，前进的步子缓慢。这是大学教改中必须长期认真对待的不利因素。

三、结　论

从上可知，直到如今，美国院校仍然是以教学为主，只在少数尖子学校加重了科学研究。它们实事求是地安排教学和科研，不但不要求所有院校一律把两者并列在平行地位，而且就在少数名牌院校中，也在积极克服因科研影响教学所惹起的麻烦。所以美国大学尚不是全面开花都大搞科学研究，更不是统统做到了教学和科研两个中心。

美国当前高等教育*

一、第二次世界大战后美国高等教育的新面貌

（一）高等学校数量飞速发展

美国在殖民时期，自哈佛学院于1636年建校起，高等院校发展很是缓慢，常是数十年增加一所，而且都是私立的，收费昂贵，规模小，水平低，不敢称大学而称为学院。100余年的殖民时期共成立学院9所。1776年美国建国后，大兴州立大学，私立院校也有增加，到南北战争（1861—1865年）前，共达264所。南北战争后，生产出现了大跃进，随之农工学院问世，其他类型院校也猛增，至1940年上升为1 800所。从1870年至1940年，全国人口增加3倍，大学生由6万人增至150万人，增加25倍。如果把殖民时期的发展速度比喻为"步行"，把美国建国后比喻为"乘马车前进"，此时可谓"乘火车前进"的时代。

第二次世界大战后，高等教育进一步大众化。1977年的高等学校曾发展到3 047所。在某一时刻，几乎每周建校一所。如今高校学生约达1 300万人，约占适龄青年45%以上。20世纪60年代所发大学毕业证书，比30年代所发的中学毕业证书还多。研究生在1955年为25万名，1965年为58万名，1968年为75万名，1970年为85万名，至1976年已达132万名。美国与苏联人口相近，但美国高等教育无论在发展规模还是速度上都比苏联强得多。苏联在1977年共有高校860所，学生500万人，研究生仅55 000名。二战后美国高等教育，可谓"乘直升机"发展的阶段。

随着学生增多，出现了许多大型院校。纽约市立大型院校在校生14万人。

---

* 本文原载《外国教育》1980年第4期。

加利福尼亚大学在校生11万人，教职工45 000名，每年开课1万种，年度经费7亿元。威斯康星大学、伊利诺伊大学、印第安纳大学、密歇根大学等的学生皆5万名左右。1974年，在校学生超过3万名的大学共34所。这些庞然大物为过去所没有，随而产生"巨型大学"（multiversity）这一新术语。另外，还诞生了"校中之校"的组织，即在大学中有些具有相对独立性的学校，各有特殊设备和活动，师生接触频繁而亲切，类乎"父公司"中的"子公司"。

（二）高等学校类型多样化

美国原来只有大学、学院及研究生院，而且主体是大学和学院的本科，很多研究生院有似大学本科的附庸。二战后，美国高等教育结构改革，出现了"三级体制"，即二年制初级学院、四年制大学本科和研究生院。初级学院诞生于1902年。由于生产发展的需要，二战后极为发达。由大学设置的称为初级学院。有人从发展趋势推断，将来可能取消大学本科一、二年级而普遍设立初级学院，成为大学组成的环节。也有由社区设置的社区学院。这些学校收费低，一般学生在家食宿，课程设置适应地方需要，职业准备性质明显。在初级学院的大量扩展之下，大学将来可能只设本科三、四年级，慢慢变成高级学院。在名牌学府之中，研究生院的地位极为重要，已由附庸转为主体。麻省理工学院和加州理工学院等，还在一般研究生院之上设立高级研究生院，为已获得博士学位者深造之所。哈佛大学学生15 000名，研究生高达9 500名；麻省理工学院学生8 200名，其中本科生4 500名，研究生3 700名。研究生比重大增。在第二次世界大战前的1 800所院校中，仅180所设研究生院，占10%。二战后增为600所，授博士学位者280所。除原设有的学士、硕士、博士学位，还增添"副学士"和博士以上荣誉学位，各类专业学位名目也比以往大为增多。

另外，在常规院校之外，二战后还创建很多非常规的开放大学。它们没有清规戒律，不要烦琐的考试考查，修习学科和修业年限也不严格规定，甚至为了表示学校与社会的紧相结合，而称为无墙的大学。它们面向因种种原因而不喜进一般院校的青年。由于它们适应了某些实业上的需要，有些基金会和地方政府常肯于资助和支持它们。这也是二战后新生事物。

（三）高等教育质量的发展

美国在第二次世界大战前，高等教育以量胜，并非以质胜。第二次世界大战后，进入提高水平阶段。美国学者称之为"高等教育成熟时期"。诺贝尔奖始于 1901 年，直到 1940 年以前，德国获诺贝尔奖者 36 人，英国获诺贝尔奖者 22 人，美国获诺贝尔奖者仅 15 人。自 1941 年至 1978 年，美国获诺贝尔奖者就一跃为 97 人，数目为各国获诺贝尔奖者总和。在 20 世纪 70 年代，美国 30 人获诺贝尔奖，英国 10 人获诺贝尔奖，西德 4 人获诺贝尔奖，瑞士 2 人获诺贝尔奖，苏联 1 人获诺贝尔奖。诺贝尔奖虽非衡量院校质量唯一标准，却是公认的重要标准。现美国院校的成就是后来居上。英国科学家斯诺称赞美国高等教育是"世界性真正成就"。因此，正如 20 世纪 30 年代各国青年急于赴德国求学一样，今日世界上众多青年正争相赴美深造。

就美国教育史看，殖民时期的小学、中学、大学都取法欧洲各国。第一次世界大战后美国中小学教育发达了，很多国家向美国学习。如今，美国又在高等教育方面成为别国学习的样板。

（四）美国二战后高等教育飞速发展的原因

第一，在现代化生产的发展中，科技是关键，教育是基础。必须培养掌握高水平或尖端科技的人，才能有新的生产工艺及新的生产门类，资本家才能追求高额利润，在国际经济竞赛中居于优势地位。

第二，美国为了同苏联争霸，非常重视现代科学技术和高等教育的发展。1957 年苏联人造地球卫星上天，美国朝野大为震惊，叫喊苏联发射卫星先于美国，是科技领域的"珍珠港"事件。美国为在今后的竞赛中取胜，便大力投资高等教育事业。

第三，当今科学技术飞速发展。形成"知识爆炸"，人们日益认识到"知识就是力量"，"资源存于大脑"，"斗争决于智慧"。美国着眼于 21 世纪的远景，竭力培养青年，成为现代科学尖兵，从长远角度考虑美国在国际上的领先地位。

第四，资产阶级害怕革命，借改良主义政策，缓和青年学生运动，为他们敞开学府大门，以教育民主化相标榜。

由于以上原因，美国不得不发展教育事业。从未来学者的推测看，在 21 世纪，美国在中小学方面的任务是提高质量，在大学方面则是大量设置学校，增拨经费，一方面走向民主化，一方面向高、精、尖的科学进军。现在美国政府和社会人士多视高等教育投资是"最上等而且最上算的投资"。

二、教学和科学研究工作的改革

　　大学以教学为主在世界各国是普遍的事实，美国也是如此。第二次世界大战后，无论发展生产、巩固国防和增进社会福利，都需要高、精、尖的科学知识。因此，大学科学研究受到重视。在少数尖子院校，甚至以之为首要任务。过去，本科毕业生升入研究生院的不多，如今则多了起来；过去，本科教育是自足的阶段，如今趋于成为研究生院的准备阶段；过去，研究工作受到漠视，如今，衡量大学水平逐渐以科研成绩为尺度；过去，所谓大学研究机构常被理解为设置研究生院，培养研究生，如今，则远远超出这个范围，除一般研究生院之外，全国大学里设有 5 000 多个大规模、高水平的研究所、实验室、研究中心，延聘学有专长的学者，专心致志地从事高深科研工作，因此，大学不只是传播科学真理的场所，更是发现科学真理的殿堂。哈佛大学校长普赛认为，这是美国高教领域的革命性变革，促使美国高教进入"黄金时代"。

　　（一）大学的科学研究

　　美国科学研究基地有三：政府的、企业的、高等学校的。高校以基础理论科学研究为重点，集中了全国有博士学位的高级研究人员60%。在过去，美国一贯把欧洲科学成果引进、复制、应用，缺乏创见性研究和高深的理论探索。如今意识到"基础理论研究是下金蛋的鹅"，比应用科学的研究重要，方向乃大扭转。目前，麻省理工学院就有 70 多个实验室、研究所、研究中心，由专家学者充当研究人员，其设备既充实又现代化。麻省理工学院的林肯实验室、芝加哥大学的阿贡实验室、加州大学的劳伦斯·利弗莫尔实验室，皆为世界罕见。现代化科学一方面向分化方向发展，一方面向综合方向发展，因而新的科学领域日增，跨学科的研究也日增。这些学术殿堂，纷纷结出科学硕果，成为人类智慧的奇葩。另外，大学的科学研究趋于协作，因而大而难的科研课题常非一校、一院的人力、物力所能攻克，必须多校合作，群力攻之。波士顿-剑桥科研中心，就包括约 100 个院校研究所、780 个企业办的研究所和 20 余个政府办的研究所，研究人员共达 5 万人之多。旧金山研究中心包括加州大学、加州理工学院、斯坦福大学等。这些研究中心集中雄厚人力，建立大规模实验场地，向大范围的研究进军。丁肇中往返于欧美之间更属国际协作。由于院校科研工作的发展，大批尖端理论和产品问世。科学研究同样也在社会科学领域开展起来。"威慑政策"是普林斯顿大学考夫曼提出的,"有限战争"是哈佛大学基辛格提出的,"持久战"是宾夕法尼亚大学对外政策研究所提出的,这些都成为美国政府决策定计的蓝本。当然,这类社会科学的研究成果的反动性是其帝国本质决定的。

目前有10所大学是自然科学研究的重点单位。它们是加州大学、加州理工学院、斯坦福大学、威斯康星大学、密歇根大学、哈佛大学、麻省理工学院、霍普金斯大学、康奈尔大学、普林斯顿大学。实际上,这些院校都已不是一般意义的大学了,乃是大学而兼科学院,已经一身而二任。大学的概念扩大了,水平提高了。人们认为这是大学今后的发展方向。

(二)大学的教学工作

1. 课程改革

(1)重视普通科学文化课程,为通才教育奠定基础。过去美国大学生基础知识差,专业分化过早过细,由于急功近利,企图立竿见影,只养成了"一曲之士"。二战前曾设法纠正,如哥伦比亚大学在20世纪30年代、哈佛大学在40年代,都曾制订方案,加强基础课,但收效甚微。二战后,多数院校认清基础理论的重要性,才做出有力的改正。1978年哈佛大学出台了《公共基础课方案》,要求本科一年级生一律学习:①文学和艺术课(包括文学、艺术、音乐三科目);②历史课(包括两门历史科目);③社会和哲学分析课(包括社会分析、哲学分析);④外国语言和文化课(一科目);⑤数学和自然科学课(包括数学和自然科学、生物和行为科学两科目)。在以上十门科目中,学生必须选修七八种。目的是给青年打下范围广泛的知识根基,使其有条件接受精深的专业教育。

麻省理工学院学生修业四年,须修满360或385学分。其中普通必修科为180学分,占总学分50%;专业主修科也是180学分,占总学分50%,或205学分,占总学分的百分比更大。在普通必修科180学分中,计有:①自然科学60分(其中微积分24学分、物理24学分、生物或化学12学分);②人文、艺术、社会科学72学分;③自然科学分类必修科36学分;④实验室必修科12学分。其中人文、艺术和社会科学一项共设置88种科目,学生必须选修8种,各占9学分,计72学分。这88种科目包括人类学与考古学、文艺创作、西方传统、经济学、外国语言和文学、历史、美术史与建筑史、工业社会与劳工、语言学、文学、音乐、哲学、政治学、心理学、技术研究、城市研究、观赏艺术与设计、美国研究、苏联研究等。一个搞理工的学生需要学习如此多种人文、艺术、社会科学的知识是值得深思的。

目前，美国大学一般在一年级时不分系。文科学生学习自然科学，理工科学生学习人文科学。密歇根大学曾创立杂学制，学生修业六年，获得文、理、医三科兼备的学位，用意也是取消学术上的鸿沟和学科孤立的状态。

（2）加强专业基础课，为高深的专业教育奠定坚实的根底。以麻省理工学院为例，该校电气工程和计算机科学的教学计划，就以物理学、数学为核心课程。除普通必修科已包括60学分的多数基础科目外，还须选修180学分的专业方面的基础课，计专业基础课48学分，占27％；技术基础课60学分，占33％；专业课60学分，占33％；毕业论文12学分，占7％。以上专业基础课和技术基础课共占60％，而工程专业课仅占33％。

（3）反映新的研究成果，开设新科目，特别是创立跨学科的边缘科目。比如，麻省理工学院就开设了天文学和天体物理学、生物医学工程学、环境研究、考古学和古代工艺等课程。在文科方面，开设了欧洲研究、人口问题、黑人问题等课程。

（4）增加选修科目。美国允许因人设课，因人设事，允许在学术上唱对台戏，从而使一些学者、专家乐于本其专长，开设新课，发表自己观点和成就，冲破框框，打破"禁区"。在大学必修科目外，有些学生选修学分竟高达总学分的43％，一般在100学分左右。三、四年级的学生常常要到四五个学院听课，这样就既能迅速学到新的研究成果，满足好学的志趣爱好，也可调动学者的积极因素，促进教师水平提高。在美国"因人设课"是受到鼓励的，允许潜心钻研的学者在学术上出人头地，把不同大学办出特点。

（5）允许本科生选"独立研究"课。过去只许研究生搞"独立研究"。他们不到教室听课，而在教授指导下自己研究，以研究报告或论文评定成绩，计算学分。现在这一制度慢慢下放到本科生中，鼓励本科学生以"独立研究"为学科，作为学分计算。

2. 教学方法的革新

使用现代化教学手段，让学生参加科研活动，聘请研究生在本科任教和辅导，采用成效考核制，以提高教育教学效果。

三、教师是教改的关键

（一）攫取外国人力资源

美国对外掠夺不仅在经济资源方面，而且在人力资源方面。它常常利用别国经济贫穷落后和政治上的危难，掠夺人才。它对德国的人才掠夺就有四次。远在殖民时期，欧洲大陆发生 30 年宗教战争（1618—1648 年），移民逃命来美的人不少，但这次还不算攫取，因那时美国尚未建国。第一次掠夺是在 1848 年普鲁士邦七月革命失败之后，进步人士及学者大批来美，密歇根大学因其受惠，而卓有成效，成为美国西部大学之首。第二次是在 1870 年，德意志帝国建立后，不甘受军国主义压迫的德国学者纷纷来美。霍普金斯大学的异军突起，得利于此。第三次是第一次世界大战后。第四次是第二次世界大战后。爱因斯坦来美即是典型事例。第一次世界大战后美国主要挖欧洲墙脚，攫取犹太籍的人才。第二次世界大战后，美国的掠夺范围扩大，程度也较过去加深，曾引起英法等多国学术界抗议。美国在中华人民共和国成立之初曾千方百计扣留钱学森先生等中国科学家和学者，就此可知美国对中国人才的掠夺。苏联获得诺贝尔奖的文学家索尔仁尼琴去美避难，意味着在两个超级大国中，美国的手段胜过苏联。

美国鼓励人才内流的同时，控制外流。《富布赖特法》提倡国际学者交流。1962 年，美国派往 90 个国家的学者共 2 427 人，而从 90 个国家流入学者 5 530 人。当时，哈佛大学和加州大学的外籍教师皆在 400 名以上，麻省理工学院在 300 名以上，明尼苏达大学在 200 名以上，另外 9 所大学各在 100 名以上。别国苦心培植的人力却被美国利用了。

（二）调动国内学者的积极性

1. 改善待遇

过去教师收入少，不安于位，往往为多赚工资而手携皮包辗转城乡各校，有"提皮包的专业"之称。20 世纪 70 年代为充分利用人才而大力改善待遇。以中小学教师而论，1978 年，匹兹堡公立中小学教师的工资标准：凡取得学士学位者的初任工资 10 500 美元，最高 18 600 美元；有硕士学位者初任工资 11 600 美元，最高工资 20 300 美元；有硕士学位而增修 30 学分者的初任工资为 12 000 美元，最高为 20 900 美元。有些地方担任学科主任者增加工资 1 000

美元。退休金约为原工资的半数。高等学校教授工资多在 30 000 美元以上，校长工资多为 40 000 美元以上。教师有发明创造和学术专著者，享受发明专利和高稿酬。不少教师兼任政府和企业顾问。有的还充当联邦政府高级官员。曾任国务卿的基辛格，原是哈佛大学教授；现任总统安全助理的布热津斯基，原是哥伦比亚大学教授；现任国防部长的布朗，原为加州理工学院院长；现任总统科学顾问的弗兰克·普雷斯，原是麻省理工学院地理和行星科学系主任。过去企业拉中学的数理化教师，学校留不住人才；如今任大、中学教师是待遇优厚的"美差"，别处想拉而拉不走，于是大量被延聘充任兼职，领取高薪。过去视充当教师是"学校之过客"和"美差之桥梁"，如今则渐成为"终身以之"的岗位。"学而优则仕"固然高兴，"仕而优则学"也是高兴的。美国国家安全委员会成员，布热津斯基领导下研究中国问题的负责人米歇尔·奥克森伯格说，他准备于 1979 年年底辞职不干了。原因是他曾任密歇根大学教授，专门研究中国问题，几年前到白宫，已将研究所得运用在中美关系正常化的工作中，现在头脑空了，再回去教书和研究三五年，把头脑充实一番，以便更好地为下一段增进中美关系做出贡献。他计划重新研究中美关系，还研究中、苏、美三极世界政治割据问题。他们把仕和学结合起来，并不把仕放在学之上，不把丢官任教当作耻辱，别人不但不加歧视，而且依然尊敬他们。

2. 学术民主

从杜鲁门任总统起，就大讲学术民主，尊重专家学者，标榜反官僚主义。学术界呼吁反科学上"新沙皇"，即不要学阀，不要封建把头，奖励新生力量。有些学者曾受到麦卡锡主义等保守派干扰，搞宣誓反共之类，但非主流。美国学术界基本上做到了百花齐放、百家争鸣。

美国专业学术组织繁多，国际国内大搞交流竞赛，取长补短，各显其能。美国出版界跟得很紧，制造界也跟得很紧，作品和著述很易出版；科技设计也不长期拖延；这些都促使学者力争上游。而且"学术自有公论"，徇私结派者较少。美国很重视学术情报工作，学术界来往频繁，没有太多的保密制度。美国又拥有现代化设备，除有大型实验室外，图书和资料也很充分。在管理与利用方面，得有电子计算机等帮助，既省力又节约时间。以上这些都是发展学术的有利条件。

3. 学校体制简单

（1）美国大学所谓"教授治校"，不是事务性的或行政性的，而是学术性的、专业性的。系是实权机构,负责专业设置、各科教学、科研工作、培养研究生、颁发学位、支配经费、延聘教师,有人权、财权、事(业务)权。一般工作有章可循,不常开会,没有烦琐的文牍之苦。系主任是首席教授(head professor),是专业工作者,他之成功在于团结系的教授,鼓舞士气,发扬民主,调动积极因素。校长对各系教学科研,从不妄加干涉,只起支持、配合作用,尊重教授意见,更谈不上管卡压。第二次世界大战后,大学校务纷繁,校长责任日重,教授埋首学术,渐渐成为"校长治校,教授治学"之局。不过,这两者并不矛盾。因为教授做不好教学和科学研究,学校是办不好的。这乃是办好大学的关键。校长通过管理行政治校,教授通过治学而治校,正是殊途同归的。

(2)后勤工作简单,大学是教学、科研单位。大学生被视为已有独立生活能力的成年人,他们食宿应该自治自理。一般食堂宿舍由校方招标,由校外企业承包,因此美国大学中没有伙食科、基建科、保卫科、招待所等庞大机构。校长虽管行政,但非事务人员,更不是事务主义者。有些大学校长还是学术上很有成就的学者。这些学者校长,从教学和治学上为师生树立榜样,造成浓重的学术空气,对治校的影响更为深入,在美国高教史上是最受尊重的。

四、分析和展望

美国高等教育存在着严重的困难和缺点。这是其资本主义和帝国主义制度所命中注定的。其一,反映阶级分化,高等院校的发展水平极不平衡。资产阶级子女所入的贵族学校和贫苦青年所进的简陋学校,在师资、课程、设备、成就上相去天渊。麻省理工学院某些专业的研究生每年学费高达1万美元,绝非一般青年所能企及。有人说,美国有世界上最好的学校,而世界上最坏的学校也在美国。美国高等学院恰恰如此。其二,由于通货膨胀,经济危机,学校经费极不稳定,影响高教健康发展。其三,有些学校加强科研而忽视本科学生教育,双方造成难以解决的矛盾。其四,歧视少数民族的学生,形成教育机会和待遇上的不平等。因上种种,有人预言美国高教黄金时代即将告终。

英国怎样办好大学本科教育[*]

第二次世界大战后，一般国家都注意高等教育的发展，努力开发人力资源。不过，采取的政策各有不同。最明显的是：美国以民主原则为号召，尽量扩大高等院校的学生人数，争取大学群众化，英国则侧重保持质量，而不追求数量。有的统计说，1953年出生的婴孩到1974年在全日制大学肄业者，美国为1/3，加拿大为1/6，澳大利亚为1/9，英国和苏联为1/12。就欧洲国家相比，英国的比率居比利时、法国、希腊、瑞典诸国之下，在进行比较的欧洲12个国家中，英国为第八位。而英国入大学而志在取得学位者为85%，加拿大则为66%，美国为50%—60%，澳大利亚尚不足60%。因此，就大学生取得学士学位者的比率而言，英国则为世界第四位。很清楚，英国大学的本科教育具有"少而精"的特点。

英国大学本科教育为什么会取得良好成绩，它的发展趋势又将怎样，本文将从三个方面做一些初步分析和论证。

一、历史的传统

欧洲大学起源于中世纪，其改造始于宗教改革，德国哈勒大学一反中世纪大学的经院主义，以解放思想和自由讲学相标榜，开一代风气之先。其向现代化更进一步的乃是1810年问世的柏林大学。柏林大学享有独立自主权利，将学术研究和教学并列为大学职责，面貌不同于以往，在科学、哲学领域的成就更非别校所能及。它一方面带动了莱比锡大学等其他德国大学，一方面又吸引了欧美青年前来深造。19世纪，美、英两国留德学生都将近万人，回国后无不竭力宣扬德国大学的新颖独特，并引为改革本国大学的指南。不过，英、美

---

[*] 本文原载《外国教育动态》1982年第3期。

国情不同,改革的方式也随之而异。简单说,德国大学众多,彼此竞赛,从而蒸蒸日上,互不相下。美国于19世纪之际,州立大学和私立大学蓬勃兴起,接受新的教育模式,阻力较小。英国的牛津大学、剑桥大学则不同,它们是历史悠久的古典大学,在英国高教范畴中,早已独霸一时,别校无敢抗衡,新兴大学虽有一定锐气,但也得屈居于两校之下。因之英国大学对德国的新生事物便拒而不纳。牛津大学、剑桥大学致力培养教会和政府所需人员,学生中多数是富有教养的僧侣、士绅,而非学者或思想家,因而崇尚博雅教育,不重学术教育。舶来的尊重研究的德国精神,当然不合传统。除此之外,德国大学与此二校相异者殊多:牛津大学、剑桥大学实行导师制,各导师仅对固定的一些学生负责,于三年内对所负责的学生教授全部课程,而德国大学则由众多讲座向所有学生传授知识;牛津大学、剑桥大学课程皆预先规定,学生在选定科目之后,其修业年限、修习学科和参加考试等,都需照章行事,必须于一科考试及格之后,才得修习另一学科,规定严格,难得通融;德国大学教授享有讲学自由,学生享有学习自由,英国虽允许教授享有一定限度的自由,却否定学生的学习自由,其理由是:大学是学生家长代理人,导师不但要过问他的学业,还得施行人格陶冶,要求"学生自由学习"是不合理的。经过多次斗争,英国的陈旧观点有所改变,德国教育史家鲍尔生(F. Paulsen)[①]于1908年叙述道:"学者和发明家应兼为青年教师的原则胜利了。"实际上,积重难返。1910年,伦敦大学副校长霍尔丹还在力争把学术研究列为教授职务,给科学以法定地位。直到1915年,英国学者约翰·纽曼还说:"发现真理和传授真理是截然不同的两项任务。"他郑重建议科学院担负起发现真理的任务,大学则以教授真理为职责。

第二次世界大战后,英国教育界纷纷议论大学的职能,要求大学适应政治经济的新形势。但当热火朝天的更新大学运动席卷全球之时,英国一些老成持重的教育家仍强调:大学的变更必须以其业已继承的传统为基础,适当的保守是需要的。他们说:"任何对大学教育富有经验的人都知道,学术进化和生物有机体的进化相似,全是通过数量微小而长期不断的变化才能形成,剧烈的变化常是致命的。"他们不同意疾风骤雨式的改革。正因为英国采取稳步前进的原则,大学在当前虽也兼重科学研究,但其声势和规模都赶不上美国。美国名

---

① 也译作保尔森、鲍尔森。——编者注

牌大学由于把重心移向科研的趋势，大学本科教育便相应地受到了忽视，致使本科教育和科学研究之间矛盾重重。而英国则始终把本科教育当作重要阵地，虽然有的专家、学者也因重视科研而厌烦教学工作，但与美国相比却缓和多了。

1910年，由于伦敦大学副校长霍尔丹大力斗争的结果，曾把学术研究列入教授的职责范围，但却规定科研绝不能影响和降低教学质量。英国教育家对大学中本末倒置和喧宾夺主的现象一直怀有戒心，直到如今，重视教学的原则依然未变。最近，剑桥大学副校长阿什比还反复宣称：这一原则对于办好大学本科教育很有作用。

二、当前的教育哲学

众所周知，随着近代史的发展，各国大学已成多类型、多目标、多任务的机构。中世纪的大学虽为社会输送了实用人才，但基本上仍是远离社会的象牙之塔。近世以来，大学越出经院哲学的樊笼，始而成为培养士绅的园地，继而成为造就建设人才的场所，又进而成为社会服务站。第二次世界大战后，大学担负了知识爆炸时代向尖端科学进军的任务，因此，各国政府都知道对高等教育的投资可以牟取厚利，青年也了解到进大学最有前途，大学热便成了时代的特征。在这史无前例的挑战面前，英国学者仍然认为，既要正视形势，更要掌握大学的内在逻辑。通俗些讲，要切忌让大学教育的矛盾特殊化，要按大学教育本身的规律办事，否则，对社会政治、经济发展必然不能起好作用，甚至还会给高等教育带来消极影响。什么是大学的内在逻辑？用阿什比的话说，大学是探索和传播真理的学术堡垒，虽则不同时代对此提出种种不同的要求，然而万变不离其宗。就是说，大学必须善于运用历史文化的精华、崇高的社会哲学或人生理想以及真理的全面性和发展性，对当前社会做出贡献。一句话，把丰富的文化遗产和当前的实际需要进行巧妙的结合，就是大学的内在逻辑。

原则是易于了解的，把原则付诸实践却极为困难。就探索真理而言，真理具有普遍性和永恒性，进行这种探索要鼓励理智冒险，不容许斤斤计较于一时、一地、一物、一事的得失，还要求长期艰苦努力，不能急于求成和追求立竿见影。但社会人士不懂这些道理，只希望大学能完成具体任务，取得速成的效果。然而就培养目标而言，大学负责的是培养学术性和专业性的人才，必须切合探寻科学原理和发扬学术含蕴的需要，以保证高质量、高水平。但社会人士却不理解这一点，只看到大众化的需要，却不顾大众化和优选的双重要求。就教育性质而言，大学属于高等教育，是造就人才之地，不但学生应当优选，教师也需具有湛深学养，在领导管理方面更须具有特色。如果不顾大学的内在逻辑，就会把大学拖上事务主义道路，效果适得其反。所以对当前大学的改革，绝非只是勇于承担任务、增加教育经费、扩大学生名额、充实学校设备所能济事，必须首先考虑大学的内在逻辑，即大学教育的特点。

无奈，英国也和别国一般，急于从人力资源开发的角度向大学提出要求，并且大讲教育经济学，企图用"投资—收益"的公式，衡量大学的成败。但另一方面，有些英国教育家则强调高等教育包含职业性和非职业性两个领域，前者贵乎知识应用，后者贵乎理论探索；前者着眼于物质收益，后者常与生产无关。他们认为若仅从国民经济产值来对非职业性教育进行核算，就极不恰当，因此绝不能只从经济观点评定大学教育的价值。当前片面重视自然科学而忽视社会科学，已造成尖锐矛盾。有些英国学者担心这种失调之下的科技成就，将给人类带来一场灾祸。他们认为大学只有全面地、历史地而不囿于一时一地地改革，才能为人类带来幸福。如果期求于急功近利，迷恋于自然斗争知识，大学教育必然受到严重局限。如今众多国家只注重通过教育培养生产力，而英国有些学者认为教育的根本意义是培养人，只有把人培养得全面些、质量高些、学力强些，才能既不误国民经济的发展，又能符合人类社会的要求。如今众多国家的学者还认为，教育应该突出科学技术才能适应知识爆炸时代之所需，而英国有些学者却认为不应只着眼于科技发展，应放眼于西方的和人类社会的未来，教育是百年树人的大业，大学教育的内在逻辑要求对所有根本切要的课题，都慎重地加以考虑。必须考虑到大学教育中的特殊矛盾和矛盾的特殊性。用通常的话说，就是要将政治性和科学性巧妙地结合起来。英国教育家认为这就是高等教育的辩证法，只有遵循这一辩证法才能避免教育上的形而上学。

当然，要办好大学，绝不能闭关自守，还需有世界眼光和国际头脑。英国学者谈到向各国借鉴时，比较肯定德国的做法，因为德国尊重大学的内在逻辑。联邦德国高等教育委员会于1962年发布《威生舍斯来特报告》，认为"大学不能再不注意通过科学训练和学术研究来进行教育的工作"。英国学者认为这是切中时弊之论。英国学者指出，就世界范围看，政府机关、社会事业和学生大众都在向大学的内在逻辑施加压力。大学虽应有长的触角和灵敏嗅觉，但切不可随风飘荡。果然，英国政府于1969年提出了十三条建议，为缩减高教开支而增添二年制，分一年为六学期，降低师生比率，扩大部分时间课程，发展不住宿学校，改补助金为贷款，加强大学与师院、工院的合作，等等。很多大学都不赞成这种建议，遂由副校长和教务长提出反对建议，认为上述各条如果实行，英国大学传统的特征势将被削弱。对此，阿什比肯定地说："到20世纪末，社会仍将保持大学的内在逻辑，这是毫无疑问的。那时，大学不仅能培养专业人才，还将为我们孙辈满足理性上的需要。所以，19世纪的高等教育遗产定将保持下来。现在我们乃是考虑保持哪些因素的时期。"由于英国教育家认为大学必须坚持原则，才能健康发展，英国高等教育也向这个方向努力，因而大学本科教育便得到了实惠。

三、现行的教育制度

上述的历史传统和教育哲学，使英国大学在制度和措施上显示出以下特点。

（一）怎样处理学生问题

二战后各国大学纷纷走向大众化，过去仅为少数青年垄断的学府一变而为众多青年深造之地。英国也不例外。不过，英国的开放政策不同于别国。美国大学标榜平等主义，认为享受教育，其中包括高等教育，是人人的天赋民权。大学应拆除院墙，便利人人就学，实现民主原则，对不同天资和家境的青年开放，入学尺度要宽，使基础薄弱者不致影响天才青年深造，也不因天才青年的深造而影响别人入学，兼容并包，各不相扰。结果使学生水平及其在学术方面的成就出现了显著的两极分化。相反，英国反对"多而滥"的现象，认为"天才主义"的传统不应破除，不能因为大众化而降低大学的高标准。因此，二战后英国也感到高等教育需要门户开放，但和各国相比则显得劲头不大。阿什比说，大学照顾面应有多大，决定于三个因素。充分满足学生入学的愿望是第一个因素，这就是美国采取的开放政策。服从于国家人力的需要是第二个因素，这是苏联高等学校快速发达的原因。然而此二者都是大学的外在因素。英国则尊重第三个因素，即大学的内在逻辑或大学本身特有的规律，因而选择了独特的道路。阿什比清楚地指出，这内在因素至关紧要，今后应日益强调其作用。为了使国家不致埋没人才，英国应该做到使禀赋优异者不被排除在大学门墙之外。

如何体现这第三种因素呢？办法有二：一是严格选拔学生，二是政府慷慨资助。

美国大学录取新生是马虎的，英国则比较认真。在二战后兴起的大学狂热之下，英国投考大学者激增，因而更加强调择优录取。1963年，英国发表的《罗宾斯报告》指出：大学学生名额应依据申请入学而考查合格的人数而定，不依外方的需要而定，要按严格标准行事，不能多多益善，盲目追求数字。如今，大学要求新生持有普通教育证书，而取得这种证书则要求中学高年级生在四五种科目考试中，每种科目都得达到规定标准，不许以若干科目的平均分数计算。除去这项证书之外，不同大学和院系还有特定要求，即不只各科必须达到规定的最低标准，最少还应有两科达到最高的标准。另外，大学还特别注意具有优异天赋智力和钻研能力的新生。这就保证了学生有深造的可能而避免了滥竽充数。就是这种慎选择优方针，使二战后英国大学得以稳步前进。因此从1971年到1981年，学生人数每年平均仅增5.3%。估计1981年英国大学生人数也只达83.5万人，其中46万人就读于正规大学，余者肄业于技术院校，全年经费开支为9.8亿英镑。有些权威教育家还埋怨这是"贪多""不妥"，他们说从1900年起，大学生已增加4倍，如今又成倍增加，大学的内在逻辑恐将因数量庞大而日益减弱。他们援引联邦德国为证，说德国高等教育委员会在1960年曾反对限制大学入学人数，1966年就变调了，海德堡大学明确规定了医学和哲学两科新生不得超过的人数限额。他们称赞这种尊重内在逻辑的范例。

说到国家补助，英国是比较慷慨的。美国联邦政府、州政府、基金会和企业部门，虽也设置数目庞大的大学贷金和奖学金，但因学生过多，仍然僧多粥少。英国则竭力帮助清寒优秀青年解决经济困难。如今这种青年在全日制大学受教育者，90%享受公款补助，10%受其他企、事业单位资助。比较教育学者曾说，在英国，家庭收入多少对子女入大学的决定作用，远远低于美国。由于英国考试主要是以智力、学力高下为准，力求减少家庭财富对子女教育机会的影响，因而英国的从优选拔和从丰资助的制度，更能贯彻高等教育的民主原则，也更符合天才主义的传统，比之仅仅强调机会均等更见成效。

难道英国真正做到这些了吗？不。实际上，英国在12岁以前选拔的可入大学的儿童，仅占全部儿童总数的20%，而其中能够真正进入大学者，又仅占其中40％。可见在资本主义国家中，期望实现兼顾民主原则和天才主义的高等教育，也近乎是黄粱美梦。不过，英国的做法能给大学本科提供天资聪明而基础较好的新生。这对于办好本科教育是大有帮助的。

（二）怎样处理教授问题

欧洲学者一般认为大学是学者集中的地方，理想的教授不但是学者，而且是学术权威，他们的基本信念是"名师出高徒"，认为"以其昏昏，使人昭昭"是违反逻辑的。但英国大学一贯奉行放任政策，对于教授的要求标准不如对其他专业人员严格，因而教授之间水平的差距远过于律师、医师的差距。不过，大学校长知道自己的首要任务是尽量延揽造诣精湛的专家和学者，认为他们有头脑，有学识，应当为他们慷慨解囊，还特别懂得如何尊敬他们，因为他们知道真正培育下一代灵魂工程师的不是校长，而是教师。有的人说，教授是大学的"皇帝"，紧扼大学的咽喉，掌握青年的命脉，应鼓励其勇于探索未知世界的奥秘，培植崭新一代的英才。在英国，教授不但享有教学和治校自主权，还享有评议社会政治的自由。牛津大学校长办公室于1863年传讯权威学者乔艾特的事件，被公认为是不光彩的记录。教授发表不同学术和政治见解，不会遭到解聘，而校长对教授处理不当，教授则可去报社揭露。

教授是学者、专家，但个人造诣深浅不同，万不可一律看待，但洞悉这一点是很难的事。英国大学补助金委员会是职权很大的机构，自1919年成立以来，负责支配政府对大学的拨款，受到朝野信赖，国会于1968年以前从不对它的开支进行审议。该委员会近年不顾学校和教师水平的不同而制定统一的大学工资制度和教师比例，便大受批评。人们认为英国大学的师生比率如今1∶10，比任何欧洲国家为高，如果给学术成就高者以更多薪资，使他们更尽力于教学、科研，就会使比率降低，与其有名额众多而待遇平平的教师队伍，不如以优厚待遇使教师队伍少而精。再说，各校专业要求很不一致，有的大学造就一个物理系毕业生比别校多用经费30％，教师薪资怎能拉平？不拉平并非浪费，拉平倒可能造成浪费。因为对专家实行一般尊重而又区别对待的办法，乃能大大调动人们的积极性。

在使大学承担科研任务上，英国不如美国那般热火朝天，现在英国大学补助金委员会估计，一般教授投入研究工作的时间约为50％。曾有人认为科研有损于教学，而有识的教育家则强调科研这种具有创造性的理智活动是大学生命力的来源，不但不能非议，还要善为利导而积极支持。他们认为教授有两种忠诚：一是对大学的忠诚，二是对专业的忠诚。为着对大学的忠诚而限制对专业的忠诚的人，是短见的，如果强迫最好的学者不把精力投入科研，不啻会使大学生同有真知灼见之士隔离，而且会造成他们在知识学习和治学精神上的难以估量的无形损失。德国教授一向把科研当作性命攸关的事情。二战后的美国，科研在大学中的地位也扶摇直上，致使众多名牌教授自视为专家而不屑承担教学任务，酿成教学与科研的严重矛盾。与此不同，英国大学教授则以教学为首务，学生能受到学术水平高的学者的教导。英国还有导师制的传统，比其他国家的教授更为关心学生的学术成长和生活需要，对招生、教课、考试等大事都认真考虑，因而英国学生比较潜心于学，成绩优良，退学率小。

（三）怎样处理专业教育问题

英国在对待大学课程上，不同于美国。美国当19世纪急需建设人才时，新兴院校不得不做"任务先于学术"的考虑，英国虽同样需要培养建设人才，但不如美国急迫，大学的通才教育意味较浓。但就提倡学术自由的含义而言，英国又不同于德国。柏林大学的学术自由指的是教授的讲学自由和学生的学习自由，英国对此则仅理解为教授的讲学自由，而不包括学生的学习自由。英国的亚历山大说："自由是指向学术的探索精神，而不是指学生选修学习的科目。"由于侧重的方向不同，英国大学的多数文理科学生都想取得荣誉学位，准备成为专家学者。其不准备成为专家的青年，也惯于接受培养专家的教育。由于二战后形势骤变，1959—1960年，获得历史、古典语、英语、现代语等科荣誉学位的青年计有8 441名，其中从事研究职务者仅739名，约占总数8%，获得理工科荣誉学位而承担科研工作者也只约占20%。这种学用矛盾的现象导致学生职业意识超过学术意识，大学通才教育传统为之动摇，代之而起的是广泛的职业化的思想浪潮，使青年们期望获得专业化的教育而非通才化的教育，学士学位以职业准备为目标的气氛，日益浓重。对待这种带有发展方向性的变化，英美的态度是不同的。

就专业设置看。美国趋于把众多青年统统纳入高等院校，因而力求扩充院校专业设置的范围，兼容并包，冶于一炉。虽则也有少数教育家倡议将高校分为两类，一类致力于培养学术人才，一类致力于培养专业人才，以免互相掣肘，妨碍发展。但这种呼声不高，影响不大。反之，这种主张在英国则引起强烈反响。皮帕德建议把科学家的培养和专业人员的培养，加以区别。阿什比的主张更是如此。理由是：二战后各国纷纷兴起中学后教育运动，大批青年为满足就业的学历要求而挤进院校，他们很难和有志学术者混为一谈，应当"分槽喂养"。职业性院校可按雇主规定行事，非职业性院校则需按大学内在逻辑办理。他们建议大学坚持学位要求的学力，而不必关心就业证明书的颁发数量；如果搪塞不了外力的重压，也无妨由大学分别发给严格的和非严格的两种学士学位。英国由于收生严格而进入大学者不能人人领取补助金，以至开放大学中不乏高智之士，学者于是设想：开放大学不应全为职业性，也应担负学术性的培养任务。可见英国力求在学术性和职业性之间划分界限。用阿什比的话说，要做到"多而分"借以避免"多而劣"。在这种教育思想支配下，英国高教体制可能会有新的发展。

关于课程的设置，美国于二战后感到专业分化过细，企图培养学生广博的知识基础。英国虽有同感，而看法、做法不同。美国大学科目多而杂，把学术性科目和"商品性"科目等量齐观，常使学生避难就易，凑学分，混学位。英国态度严肃，认为按大学内在逻辑讲，基础科学必须重于应用科学。19世纪，美国之所以不能像德国那样在大学培养研究能力，是因为美国中学倾向就业准备教育而忽略了基本知能训练，以致学生虽进入大学，却没有接受学术教育和进行科学研究所需要的基础。有鉴于此，哈佛大学乃于1945年制订方案，规定各专业的学生必须一律修习"基础文化课"，因而曾被誉为大学新时期的开始。不料20年之后进行检查的结果，又不得不承认失败。如今虽仍继续要求大学生选修大量基本科目，以弥补中学教育之不足，但效果如何，尚不得知。英国学者们不赞成急急忙忙地积累多种多样的知识，以免产生消化不良症。阿什比的建议是：结合深钻专业而扩大知识领域。他说一个以物理学为专业的学生是没有耐心去学习烦琐的"基础文化课"的，只要他真正地深钻专业，就必然会环绕物理科学而扩大学习面，逐步涉及自然科学发展史，物理科学的社会效用和伦理含义以及物理科学和其他科学的关系等方面。他认为把多种文化科目系于专业学习之中，比任凭学生在诸多科目中杂乱无章地选修好。英美两种方案究竟如何，都有待实践的验证。

在教学方法方面。英国大学的特点是在利用教案机械的同时，发挥人的作用。牛津大学、剑桥大学对导师制极为重视，不少学校也要求推广导师制。众多学生认为，凡课本中已经讲清的内容，应由学生自习，教师不必在课堂讲授，但可增设导师班，深入讨论研究，密切师生联系。学生们还提出将如今惯行的师生讨论非形式化，可在咖啡馆、公园、风景区举行。在教授家庭举行的学术聚会，应支付专款。更有人建议改革现行学生宿舍制度，建筑学生新村，在宿舍中设临时床位，供导师居住，高年级学生和初年级学生可住在一起，以便互相启发进行学术性交流。他们甚至认为跟专家学者相处，在实际工作中学习，比上课还有意义。他们反对贩卖知识的做法，希望进一步发扬传统的导师制的作用。英国大学接受了这些合理的建议，从而改进了教育和教学。毫无疑义，英国大学的这些想法和做法，对提高大学本科生的培养质量，是大有帮助的。

英国大学的领导和管理[*]

一、历史的追溯

英国大学的领导和管理,在近年才成为引人注目的问题。最初,牛津、剑桥两所古典大学都是自治团体,既拥有学术权威,又拥有雄厚财产,既不向政府要款,也不受政府管理。从 19 世纪起,公私立高校增多,成为向企业、事业输送人才的机关,国家定计、决策也时常以大学为智囊,政府对高教的投资日增,随而想加以管理和控制。第一次世界大战后,政府于 1919 年成立大学补助金委员会;第二次世界大战后,内阁于 1964 年增设教育和科学部;大学行政领导进入历史发展的新阶段。

英国对于大学的理解,不同于美国。英国认为大学是传播和发现真理的所在;美国大学则除此两者,还负有社会服务的职责。美国从 19 世纪起各州纷纷设立大学起,就把大学当作干才养成所;南北战争后兴起的工农学院,更负有向地方推广应用知识和增进农业生产的任务。服务社会慢慢成为美国高校的特点。美国大学在承担任务时,便由委托者(政府、企业和基金会)领取经费,并从而获得它们的支持。英国不惯于由政府和企业对大学提出学术范围以外的要求,认为大学追求真理而培养学者专家,必须按照大学的内在逻辑行事。无奈,第二次世界大战后,出现国防、生产等客观急切需要,大学不能不顾。而且高教耗财极多,大学谋求发展,必须依赖政府拨款。这样就造成社会和大学的尖锐矛盾。英国学者认为只看到社会需要而忽视大学特有的规律,不但不能完成育才的任务,还将把大学搞坏。如何领导好大学,便成为众所争议的课题。

---

[*] 本文原载《辽宁高等教育研究》1982 年第 3 期。

英国处理事业惯用的原则是"最高明的管理恰是最少限度的管理",不是无为而治,而是少加干涉,强调把秩序和发展建立在自治的基础上。高等院校是自治机构,自由主义根深蒂固。英国学者认为外界因素对大学施加压力过大,目前大学正出现不考虑内在逻辑而盲目承担任务的倾向。学者对此是十分担心的。

什么是大学的内在逻辑?第一,大学是探索学术和培养学术人才之地。学术代表超越一时一地之需而具有普遍性、久远性的客观真理;探索学术必须富有向未知世界进军的坚实基础和公正无偏的求知精神;专家学者并非人人可为,培养专门人才就必须严格选择和深入锻炼;在探寻真理和造就人才的过程中,学养优良的教授是关键。所以温伯格肯定道:"在大学中,专家和学术研究者是皇帝。"这并不意味领导大学要把学者当偶像来崇拜,乃是要千方百计创造条件,便利他们的研究和传授真理的工作。不充分调动理解真理者和辅助青年掌握真理者的积极性,而一味扩充经费和扩大规模,这只不过是碰到问题的边缘而非问题的核心。第二,一般社会部门都侧重保持社会秩序,从而促进社会进步;大学以真理为怀,常早于一般人而见到事物的实质和认清前进的要求。这种预见性是挫伤不得的。当前政府定计决策固然依靠于它,人类的远景更靠多种多样的学有专长而智慧超众的专家,来高瞻远瞩。这些专家在工作上有特殊要求,即要求在学术天地中自由自在地展其才华,卡不得,也压不得。剑桥大学副校长阿什比说,社会上森严的等级制度,在大学里应该完全颠倒过来;大学工作应该取决于校董和校长者少;取决于千百教授教师者多,大学遇事不要由上而下地以命令方式出之;相反,应该由下而上地开展,由行政部门予以支持。他说,大学的经费要由上而下地发放,而本质工作则由下而上地来推行。他十分肯定地说:"别的重要的社会机构不是如此的,而大学必须如此。"第三,大学是与真理为伍的,真理持续前进,矛盾永远不停止,大学的生命力即存在于这种经常处于不稳定的平衡之中。善于利用矛盾而不压制矛盾,是大学领导者的责任。这和一般部门处理事务的方法不同。所以资本主义国家关于工商管理的著作堆积如山,却解决不了大学管理问题。政府、教会、军队惯用的方法是尊重政治权威和法定程序;大学领导则不能如此,要植根于对学者的信赖、合作和说服之上。第四,学者钻研真理的职业特殊性,使他们从内心深处相信理论,如果在理论上确有道理,他们纵然牺牲现实利益,也肯于含辛茹苦而奉行不苟。真理对他们具有绝大魅力,他们一旦心悦诚服,就会生死依之。领导大学的艺术包括善于运用知识分子这一心理特征。

阿什比说,近世基础科学之获得成就,一因自然科学家反对神学迷信,二因他们按科学的内在逻辑办事。其意思是:神学是发展科学的第一个障碍,不顾大学规律而对大学盲目施加压力是第二个障碍。理想的大学领导管理要摆脱它们。

二、当前的领导体制

英国的兼顾外在因素和内在逻辑的原则,体现在大学领导工作上,产生出种种特点。

(一)政府治校

现在英国内阁中的教育和科学部对高等学校仅有概貌性的政策,没有具体领导项目,各项规定极为笼统,没有实际的约束能力。对高等学校真正有影响的是大学补助金委员会。不过,该会不是行政领导机构,是介于政府和大学之间的联系机构,它的职责就很空泛地定为:"根据情况需要,制订和执行大学发展计划,以确保大学完全适应国家的需要。"补助金委员会为不损伤大学自治权和使大学按照内在逻辑行事,委员主要由理解大学工作者充当。在20世纪70年代的委员中,包括德文教授一人,化学教授一人,工程学教授二人,原子学教授一人,物理学教授一人,动物学教授一人,牛津大学、剑桥大学各出院长一人,教育局长一人,女校长一人,工业家三人,由一位退休的大学副校长任主席。学术工作者约占全体委员的77%,对大学领导工作,都比较内行。实际上,真正掌握分派财权的是委员会下的12个分组委员会,其成员更是人文学科、物理学科、生物学科、社会政治学科的卓越学者,比补助金委员会的委员更有资望,更深懂大学业务的性质和需要。因此,约翰·沃尔芬登在所著《英国政府和大学的关系》中说:"英国各大学并没有在任何一点上与政府发生直接冲突。"

就以资助而论,英国也和美国办法大异。美国政府发放的教育补助费,一般都规定使用的项目,大学不能自由支配。在金元帝国里"谁花钱谁决定乐队的吹奏",美国大学乃受到了限制。英国则发给不指定使用项目的补助金,大学可以自由掌握。接受补助金而不影响大学自主权,便成为英国的特点。美国近年来才有向英国特点学习的苗头。

如今，有些英国人批评政府的放任态度，说补助金委员会的学术气味过浓，把大学引上只培养专家的道路，不切合现实需要。该会乃于1967年印发《一般指导备忘录》，对于大学如何增设专业和搞高级研究工作提出建议，但仅供参考，不强求照办。该会还制定大学教师工资制度和教授、副教授、讲师的名额比例。不料，后者惹起风波。理由是大学和教授均富有个性，不顾各校学术水平不同和教授造诣深浅不等，竟然统一规定，势难调动真正有成就的学者的积极性；如果给卓有成就的专家以丰厚待遇，少数人便能发挥多数人不能发挥的作用。英国大学的师生比率为1：10，如果教授优选优酬，则比例再增也无损教育质量的。再则，高水平大学造就一个物理学者，比一般大学造就一个物理学者，多用30%的经费。难道就该节约开支而不惜降低水平吗？深入细致的大学领导，必须针对学者个性和大学个性而考虑问题，一刀切是违反大学的内在逻辑的。当前对于如何增强政府对于高教的指导，议论纷纷，我们应当注意它的发展。

（二）校长治校

牛津、剑桥二大学的校长是荣誉职务，担负行政领导职务的是副校长。这两所学府名为大学，实际是众多独立学院组织而成的联合体，大学对学院是联系者而非领导者，校长是由学院共推的挂衔的领袖。有人把校长比作英皇，因为英皇是英国的虚君，不是有权发号施令的主宰者。邓特在《英国教育》中说："英国大学享受的独立自主权，可能是世界无双的。"一般大学也享有很多自主权，各校的领导机构并不划一，做法也彼此不同。爱丁堡等苏格兰大学，校长是教授代表选出的，责任并不繁重，尤其不是权力极大的首长，常常是受人尊敬的人物。在1933年以前，属于英联邦的澳大利亚的墨尔本大学，只设有部分时间的校长，校长不是以全部时间任职的职务，而是由教授课余领导学校的岗位。由于英国大学校长不负实际责任，副校长就要处理校务，是实力派。但英国是法治国家，大学是法治的学府，一切有成文法和习惯法可循，副校长也不纠缠在例行事务的无底洞中，仅在遇有问题时费些周折。大学设有负责决定学校大计的校董会，审议学校用人行政的校务会，掌握学术活动的评议会，讨论教学科研的教授会，都是以学术人员为主体的组织。校长和副校长或为组织的主持人，或为组织的当然成员，他们借此掌握学校的脉搏，体现师生的要求。校长在学府中始终是学术工作和教育工作的标志，不是朝夕忙碌的事务家。他们主要关心和掌握的是如何搞好学术的和教育的事情，不是杂务缠身的人。

第二次世界大战后，高等学校急速成长，事务日繁，校内、校外矛盾增多，领导者如何进行协调而求取平衡，是十分复杂的学问。校长、副校长肩头沉重，不再容许成为轻松的人员。有的学者甚至说，大学领导者"非伟人不可"。的确，过去校园的和平气氛，如今常为教授的争议和学生的激情所冲破，社会的和经济的压力更迫使校长竭尽心力去考虑如何正确对待。校长的任务非昔日单纯地应付教育和科学的工作可比。学者看清大学不能单凭少数人的智慧来办理，纷纷倡议增设多种咨询机构。当然，校长虽靠智囊，却不能心中无主。充当领导的"伟人"常感到千钧重压。

如今大学有变为集中领导的趋势。牛津、剑桥两所古典大学，原是众多学院合成的自治团体；现因形势所迫，不得不由松散而紧密。1964年，牛津大学的以富兰克斯勋爵为首的委员会，曾建议该校的15个学院归并为5个综合学院，同时缩小各学院享受自治权的限度，并加强大学的管理力量。二战后新建的高等学校，从开始起便改变过去学校各自为政的传统，严密地组织起来，结成统一的单位，校长和副校长的领导任务较重，职权也是较广的。这些年轻的学校正代表着新的发展方向。

校长成功的秘诀何在？阿什比曾分析道，处理学术和科学问题的专家学者，注意对个别问题的分析钻研，是对特定学术课题的探索者和专家。他们常常见其一而忽其全，善于解决某一领域的专题，却缺乏处理全面性问题所需要的综合多方面的知识，因而不擅长处理全局性的课题。温伯格认为"在大学中，专家和研究工作者是皇帝"，但社会事物并非产生于或局限于某一特定的学术领域，不能由一个专业获得解决。所以，阿什比讲："在处理社会性的事务中，这种非专家的综合性工作者，便是皇帝。"阿什比又说，科学家强于逻辑推理，常把许多因素抛开而突出地强化他们研究的因素；行政领导者则应注意多方面、多种类的为科学家所忽视的因素。更为重要的是科学家经常向未知界探索，校长应当欢迎新观念、新方法、新精神的出现；果能如此，大学便处于不断革新而走在社会之前了。一个校长指手画脚地指示化学家干什么、不干什么和怎样干，在阿什比看来，是应该送进精神病院的。他认为大学的成功的领导"靠鼓励而不是靠高压"。校长赖其统揽全局之才而能调动各业专家之能，把大学所有学者和天才的聪明才智充分发动起来，大学这座人类智慧的机器才能实现它那沉重的任务，产生久远的影响。这个社会活动领域的"皇帝"和学术领域的众多"皇帝",不是互相妨碍的,而是谁也离不开谁的,是相得益彰的。他们之间的关系乃是在传递和发展真理的过程中,真诚协作而融为一体的关系。

(三) 教授治校

按照英国宪法,教授和一般公民享受同样的言论自由和出版自由,他们不比一般公民享受得少,也不比一般公民享受得多。一些教授造诣很深,在学术上富有贡献,才受到社会崇拜。牛津、剑桥两校历史悠久,教授名声显赫;后进的大学则不如此。在以往,大学的清规戒律极严,约在百年以前,教授仍以独身为风尚,许多人就回避了这项职务。1852年,皇家派往牛津大学的调查委员会就曾接到申诉书说:"学院教学工作仅是年轻人的短时期的工作,不是公认的确定的职业。"这座极有声望的学府尚且如此,别校更不待言。众多才智之士既然裹足不前,怎样不妨碍教授的地位提高?以后,大学日增,清规戒律日减,教授的职位和教授的"学术自由",才更受到重视。从此,他们在教学和科研上享有更多的建议权和自决权。社会上渲染的教授治校,就指这些学术的自主权而言,理由是学术是大学的灵魂,教授管理学术工作,就是把住大学的关键。对于大学来说,管学术比管经费、管人事、管设备,紧要得多,本质得多,决不能舍本而逐末。

教授治校的内容常被人误解为教授操持一般校务。实际上,教授治校不是由教授主持日常校务,也不意味教授参加大学的最高行政会议。1910年,伦敦大学以副校长何尔典为首组成的学校体制调查委员会,就调查所及,建议在学术领导机构中设置教师代表。一位出席校务会议的成员即席表态说:"如果有教授参加校务会议,我就立刻退席。"所以推想众多教授都有权参加大学学术工作的领导,是与事实不符的,大学的重要学术会议仅由学术地位高的教授出席,或以学位高的教师为代表。可见,所谓教授治校不可误解为教授成为大学的发号施令者。

第二次世界大战后,大学内外事务日益庞杂,光凭学术人员从学术角度考虑问题,已不可能,必须集中多方人力,从各个方面考虑问题,才能圆满。再加上教师队伍不断扩大,教授的年龄结构不同以往。有的统计表明,30—35岁的教师竟为50—55岁教师的5倍。在这青年教师占压倒多数的形势下,纠正家长制和反对专家寡头政治的声浪,甚嚣尘上。在高教和科技领域的领导班子中增添新血液,以防止老化,已成强大潮流。罗宾斯委员会就因此建议:由半数以上非专业人员大学参加领导,无教授身份的人员应更多地参加大学的内部管理工作,以减轻副校长的行政负担。在众多因素推动下,大学的校务会和评议会等有权的组织中,如今均有大量教授和教师为成员。不过,他们涉及的乃是议论原则性、方针性和根本性的内容,绝非使教授陷入事务主义旋涡中。教授之成为大学主人是通过考虑如何使教学和科研做出成绩,绝不是靠他们负起行政管理的职责。

英国新老大学的教授,由于在业务上有自主权,他们乃得针对客观需要而发挥其专长,一方面不断创建学术新成就,一方面培养了接班人。年深日久,各校不但树立了独特的学风,还因不同学科的发达而形成了各校的特点。牛津大学是古典的人文学科的泰斗,剑桥大学是纯粹科学的重镇,伦敦大学以神学而驰名,伯明翰大学以商学而著称,利兹大学以工科而突出,雷丁大学以农学而显赫……就是例证。大学防止千篇一律而各自扬长避短,由深懂业务者当家做主,才容易办到。

(四)学生治校

欧洲大学的学生治校是久已见之史籍的。中世纪最早诞生于意大利的萨莱诺大学,由学生担任校长,负责和教师订立合同和支付工资等事。如果教授迟到或教学不佳,就罚教师赔款;为避免教授受重资引诱而中途停教,还强令教授预付押金。牛津、剑桥两校由教师任校长,学生无管理学校之权;但大学乃是校长、教授、学生三位一体的组合。在苏格兰的大学中,选举校长由学生参加投票;在受苏格兰影响的其他大学中,学生会主席在大学行政会议中占有席位。以后一般公立大学都有学生会组织,学生会可通过决议,发表备忘录,向校行政和大学补助金委员会提出建议,而大学补助金委员会是重视这些意见,并加以分析采纳的。20世纪60年代,法美诸国大学生运动声势浩大,在英国也有反响,学生会的作用随而有所增进。

面对学生运动的澎湃汹涌,各国所持态度不同。美国教育工作者认为这是暴乱,其中隐含着危机。英国教育学者则认为参加学运的学生是推陈出新的力量;这些学生认真对待校内外和国内外重大问题,是有良心、有头脑的;他们不尚调和、折中、妥协、屈服,而对现实施以冲击和提出合理要求,是前进的和不足虑的。学校对他们应当肯定和接受。只是那些出风头、讲虚荣,不诚心实意地考虑问题和谋求解决的"造反派",才是隐患。有的学者还提出,在过去,大学新生年仅14岁,大学成为学生家长的代理人,是可以理解的;如今中学毕业是 18 岁，能力已接近成熟，多量约束他们会招惹反感。所以，大学须给予他们以自由了。

20 世纪 60—70 年代，英国大学的学生积极争取参与院校决策的机会，采取的争取途径是请求和协商，很少诉诸抗议、游行、罢课、示威等暴力方式，而且争议的课题仅涉及考试、课程、师生关系、学校生活之类，不像美国那样规模浩大而且涉及推翻社会制度等政治问题。政治性运动仅偶然出现，而且是地域性而非全国性的。在学生希求参加校务之下，大学副校长和校务委员会就和英国学生会协商，于 1968 年达成协议，允许英格兰、威尔士、北爱尔兰大学生有条件地参加学校定计决策，并根据议题性质而决定参加的程度。具体说，关于课程规划、学校管理之类，适当地听取同学意见，决定权操控于学校当局；关于教职员任用，升级之类，学生参与一般原则讨论，却不参加最后定案；关于和生活福利有直接关系的事件，可多所参加。双方协议后，随即在众多院校施行。《泰晤士报》于 1970 年 5 月 15 日发布信息说，英格兰和威尔士大学在 1968—1969 年度，有学生代表参与行政委员会的由 6 所增至 14 所；在 1969 年末期，29 所院校建立了师生委员会，在四年以前却连一所也没有。这样，学生治校便在英国平平稳稳地展开了。

长期以来，学生对于学校建设方面发挥了良好作用。例如，他们要求保持学士学位原有的通才教育或基础教育的性质，不按狭隘的学科或职业科目来颁发学位。又如，他们要求更多地设置导师班，于周末集会，由师生无拘无束地进行学术讨论争辩。再如，他们要求大学科目下放，在中学高年级讲授一些大学基础科目。还如，他们曾要求政府增加奖学金名额，扩大教育机会。阿什比的评价是："学生们的意见，一般说来，是健康而有生气的。""这些意见对于英国教育是富有积极影响的。"因而"有些大学学生深为教授所信赖，在决定大学政策之前，是征求他们的意见的"。英国除大学有学生会外，全国还有学生总会。阿什比说，这个组织提出先进办法是常走在英国政府之前的。因此种种，他对青年学生参加校务是有好感的。

第四编

教育改革研究

美国建国初期冲破禁区的教育革新运动*

人们误解美国是新兴国家，没有太多禁区。实际上，它的教育建设都是冲破思想禁区的战利品。美国从17世纪成为英国殖民地时期起，到1776年发表《独立宣言》，约经过一个半世纪，教育发展较快，给美国教育奠立了良好基础。其原因有三个。①美国当时的社会比较欧洲安定而自由。英国处于封建经济解体和资本主义资本积累时期，一些向资本主义发展的贵族大搞圈地，霸占民田。英王查理一世高谈"君权神授"，利用国教会百般迫害清教徒。众多的人被迫外流，形成动乱之局。法国经济落后，法王路易大讲"朕即国家"，启蒙学者卢梭被放逐国外，狄德罗被囚禁狱中，天主教徒血腥残害胡格诺派新教徒。德国在三十年战争（1618—1648年）以后，一片废墟，人民流离失所，弃儿漂泊各地。美国环境优于欧洲，是受难者的乐土，来美移民多为进步人士和劳苦人民，清教徒实行政教合一，每到一地即建教堂办学校，重视教育。②经济有进步性。英国有先进生产技术，德国莱茵河一带生产发达，由这些地区来的移民多掌握一定技术。美洲地旷人稀，资源丰富，沿海口岸的商业、造船业、手工业，比较繁盛。因此，经济条件超过法国、德国、意大利、西班牙。③文化基础好。英国最早殖民地弗吉尼亚州，男子能在公文上签名者约占50%，女子约占25%，新英格兰各州的比例更高。在马萨诸塞、康涅狄格①、缅因、罗得岛②等州，移民中曾受大学教育者的比例，较世界任何国家为高。在17世纪40年代，曾受过大学教育而来马萨诸塞州的移民人数高达10万人以上。他们带来了英国重视办学的传统。因为以上种种原因，殖民地末期人口仅260万—300万，但设九所学院，数百所拉丁文法学校，主妇学校、慈善学

---

* 本文原载《河北大学学报》（哲学社会科学版）1996年第4期。
① 作者也译作康涅狄克、康涅狄卡。以下不再作注。——编者注
② 作者也译作罗德岛。以下不再作注。——编者注

校、贫儿学校为数很多。初、中、高各级学校虽未成体系，却是比较普及的。马萨诸塞州曾于1642和1647年两度制定强迫教育法，创世界史之先例。

不过，事物总一分为二的，殖民地时期也产生了教育禁区。①按欧洲传统，基督教权威至高无上，《圣经》不但是道德规范，而且是生活准则和法律基础，办理传授《圣经》的教育事业被视为教会特权。另外，《圣经》指出教育子女是家长的职责。具体说，办教育不是政府的而是教会和家庭的任务。欧洲从中世纪起，视教会办学是天经地义，近世反天主教成为潮流，但洛克和卢梭依然认为子女教育应由家长负责。对美国人来说，政府不办教育乃是因为人们思想上存在疙瘩。狄德罗、夏洛蒂主张政府负有教民之责，但流行于美国的是洛克和卢梭的思想，狄德罗和夏洛蒂的理论在美国无大影响。因此，美国建国后由政府征税设校、强迫入学、设置教育领导机关、制定教育法规，被人认为没有必要。这个禁区妨碍独立后的美国教育发展，极为严重。②教育双轨精神和双轨制度根深蒂固。美国新政权以民主相号召，反对欧洲尊重门第和社会等级的封建体制。美国新宪法声称保证所有公民的权力和幸福。不过，长期以来，欧洲高等和中等学校是富贵子弟的禁脔，崇尚博雅的、通才的、天才的教育，很是华贵；另一方面，初级教育是贫穷子弟的粗茶淡饭，简陋之极；而且学生一词为阳性名词，中等学校、高校不收女生。美洲殖民地学校的等级制度虽不如欧洲森严，但学院排列学生名次的先后，以其父亲社会地位高下而定，又只许家长地位高的子弟有权穿带银扣的丝织的衣服，他们犯法不服刑，只取消其"先生"称号。甚至革命后于1778年创立的菲力普斯文实学校，所收学生也多是华盛顿等显要人士的子弟，不啻新兴的贵族中学。这种思想给革命后推行民主教育和教育机会平等原则，形成了障碍。③在教育方针和目标上，殖民地更受宗主国的奴化。按古老的欧洲传统，"学校是教会的奴仆"；在北美殖民地，则除此而外，还认为"学生是英皇的顺民"。另外，在国教会影响之下，很多人与王党分子有关，有的学院甚至在独立战争时置身局外，被人讥为非爱国主义机构。还有不少人有自卑感，泛滥崇英、恐英思想，自认美国在文化教育上逊于英国，缺乏按美国需要发展教育的自信力。

诺尔顿17世纪初说："我们的自然环境变了，而精神境界仍然是欧洲的。"这在教育领域是千真万确的。在独立战争酝酿时期，富兰克林呼吁："神的启示对我是无足轻重的。我认为有些行为可能是好的，正因为《圣经》的启示是禁止的；有些行为可能是坏的，正因为《圣经》的启示要人去做的。在另一方面，的确有些行为是应加禁止的，因其对我们有害，有些行为是应该实行的，因其对我们有益，如果根据客观环境而对这些行为加以考虑的话。"他要求人把一切召唤到理性台前，用实践检验它们，从现实出发，粉碎迷信，冲破禁区。然而，效果并不明显。美国建国后遂不得不开展教育大变革，从盲目抄袭英国，走上独立创新的道路。

一、展开教育问题全民大论辩

美国哲学会是政治家、哲学家、科学家富兰克林于1744年创立的学术组织，在美国建国以前就一心仿效英国皇家学会，以促进哲学、科学发展为宗旨，联系当时学者，享有高度威望。美国建国后，该组织以重金征文，讨论教育发展的课题。在以往，美国教育是英国教育的翻版；到这时，应征者才以法国启蒙学者狄德罗的理论为根据，呼吁政府按照自由、民主原则，创建新教育，举办新学校。独立战争是资产阶级革命，美国更是当时世界首屈一指的实行民主政体的国家，教育自不应造就帝王顺民，学校应成为培养民主国家健全公民的场所。革命领袖华盛顿、杰斐逊①、约翰·杰、约翰·阿丹斯，无不力言愚昧是民主政治的大敌，教育是共和国家的命脉，一致要求政府兴学育才，树立国本。约翰·杰说："知识是民主国家的灵魂。"杰斐逊竭力鼓吹："教育不但为民主国家所必需，任何国家欲求增加生产，节约劳力，保持国民健康，发展农业，都必须把教育放在重要地位。"他指出，教育不仅有实用价值，还富有内在价值，因为有完美教育的民族才能享受自由和提高享乐。社会群众同样大谈教育问题，颇有家喻户晓之势。1798年，新英格兰的农民曼宁编成《教育是通向自由之门的钥匙》，自称不是学问家，不曾进过学校达半年之久，不曾学过很多历史，但他探索"自由政府遭遇失败的原因和挽救之道"。结论是：失败是由于人民愚昧无知；欲求得救，唯有依靠知识。很清楚，美国在政治上摆脱大英帝国的殖民枷锁，同样在思想上也须彻底清除大英帝国的殖民烙印。美国由模仿英国教育而大胆落实法国革命的教育理论，是对传统禁区的坚决挑战。

美国建国初期，人力物力不足，公民教育往往是呼吁而已。第二次抗英战

---

① 作者也译作杰佛逊、杰弗逊。以下不再作注。——编者注

争（1812—1814年）后，杰斐逊于1816年掀起"启蒙运动"，勉励国人参加向愚昧进攻的"教育十字军"，借以培养"有文化的公民"。他认为教育是美国的生命线。他说："在文明世界中，一个希望成为愚昧而自由的国家，乃是希望过去永不曾有而且将来永远不会出现的事物。"他提出，没有教育，则民主共和国家所需要的天赋人权、个人自由、言论自由、信仰自由、公民职责等，皆为空谈，美国自行标榜及其所致力的自治国家的实验，就将注定失败。这时抗英胜利，政治稳定，经济恢复，因而向愚昧进击的教育运动得以大步前进。

二、扭转教育方向的斗争

建国初期，美国教育多仍承袭殖民地时期之旧。韦伯斯特（N. Webster）深为激愤，曾批评说："宪法是共和的，而教育法令却是君权的。宪法给予任何正直而勤劳的人以公民的权利，而教育却在很大程度上剥夺了很多天资优异者应享的权利。"他更呼吁在学术、文化上甩掉奴颜婢膝："美国必须在文学上也如同在政治上一样独立，在艺术上如同在武功上一样驰名。""高等学校和一切学校在办学方针和教学内容上要走向美国化。"过去抄袭英国课本成风，大讲英国地理、历史、政治、文化，儿童不易懂，不喜学，其作用只叫学生崇英、亲英、恐英，养成奴化心理。韦伯斯特看出儿童从这类读物中，"接受英国的君主思想和民族偏见"，必须卡断英编课本的进口，遂于1783年编著《美国拼音课本》，以美国历史、地理和政治、文化为教材。课本问世以后，不但学校乐于教授，各校间还根据此书举行拼音比赛；社会上的老人和儿童也用它作为有趣的消遣。1828年，该书已销售35万册；1843年著者逝世时，每年可销100万册之多；到1880年共销8 000万册以上，是美国最早且最受欢迎的教科书。在韦伯斯特带动下，别人编写的拼法、读法课本，也选用美国政治领袖的讲演、诗文，如"给我自由或令我死"之类。在殖民地时期，小学语文课本讲"我们的国王是善良的，不是血肉流俗之人"。美国建国后则改为："英国国王失掉了十三州。""国王和王后是虚有其表的人。"过去的课文讲"鲸鱼在大海漂荡，唯上帝的声音是从"，以后则变为"伟大的华盛顿是勇敢之士，他的国家得救了"。新教材使学校课堂内外充满爱国主义的强音。当时规定每星期五为爱国活动时间，为便于学生用名著练习讲演，书中还附有讲演姿态的图示。继拼音、语法之后，算术、地理、历史课本随后编印，讲述美国题材而不抄袭英国教材，充当了儿童爱国精神的营养品。

韦伯斯特尤其致力于语言统一工作。以往德国移民讲德语，法国移民讲法语，荷兰移民讲荷语，瑞典移民讲北欧语，西班牙移民讲西班牙语。英国人认为各国移民讲的英语是发音不合伦敦标准的、不文雅的蹩脚英语。有人随声附和而不思反驳。韦伯斯特说："我们国家的荣誉要求我们有自己的语言系统和政治系统。除此以外，国家的语言还是国家统一的标志。"他着手文字改革和语音改革，利用美国移民所讲英语的特点，摆脱所谓"伦敦标准"的框框而独立创新。为便于书写阅读，他又致力文字简化，于1828年出版了《美国国语辞典》。韦伯斯特甚至要求出国留学青年须先在美国学校按照共和国的路线，确立其政治倾向。通过众多人士多方面长期的努力，依附英国宗主国的美国教育才得自力更生，向独立自主的新方向发展。

三、建立教育领导机构引起"教育战争"

美国在建国前，新英格兰各州的初等学校一般由学区举办，中部和南部各州的学校则由教会办理。学校类型多，无体系，无定制，自行其是，从无统一领导。地方权势派乘机操纵把持，不利于学校发展。从建国到19世纪30年代，虽时经半个多世纪，广大地区只有一个教师、一间教室的简陋小学，容量有限，众多儿童无校可入；学校又不分班级，众多儿童混为一团；教学设备缺乏，有黑板、地图的小学是凤毛麟角；全年上课三四个月，其余时间则校门紧闭；教师待遇薄，水平低，不会启发诱导，只会灌输、打罚；学生厌学、逃学乃成普遍现象。美国建国后，各州举办初等学校，极需政府强有力的领导。纽约州首先于1812年设置视导全州公立学校的教育督察长。随后，密歇根和马萨诸塞两州于1837年成立了教育委员会和教育厅。1839年，康涅狄格州也继其后成立了教育委员会。马萨诸塞州教育委员会和教育厅在教育改革家霍拉斯·曼（Horace Mann）①领导之下，推行初等学校的改革，是对地方权威派的挑战，引起轩然大波。马萨诸塞州的议会于1840年和1841年两度提出取消

---

① 也译作贺拉斯·曼、霍勒斯·曼、霍列斯·曼、霍瑞斯·曼等。以下不再作注。——编者注

教育委员会的议案。巴纳德（H. Barnard）①于1839年任康涅狄格州教育厅厅长，1842年居然被赶下台，直到1855年才恢复原职。他任罗得岛州教育厅厅长时，居民准备暴力相待，以暗杀相威胁。很清楚，这是一场由政府向教会和地方权势夺权的严酷斗争。卷入旋涡的人士成千累万。甲讥乙是幻想家或社会主义分子，乙嘲甲是守财奴或鄙陋无知的死硬汉。许多俱乐部竟然在门墙上写"莫谈教育"，以免引起斗殴而难以营业。卡伯莱（E. P. Cubberley）②在《美国公共教育》中不称之为斗争，竟称之为"教育战争"，是有道理的。

霍拉斯·曼原是马萨诸塞州议会议长，是资产阶级民主派，深受群众信服。他曾任律师等职务，对教育颇具献身精神。他由律师而转任教育厅厅长时道："我将法科的书籍卖掉了，律师办公室出租了，法庭不再是我的论坛了。我的职务改变了。我放弃法律工作而致力于关于心灵和道德的更为广泛的工作了。"他说："法律只对不道德者施加惩戒，却不产生道德。只有教育能完成产生道德的任务"。在这次战争中，马萨诸塞州首当其冲，通过十年战斗，才得冲破禁区，获得胜利。马萨诸塞州州长布利格斯于1847年宣布教委会的合理性，不能撤销。

四、非教派运动的战斗

美国人相信基督教是正确而必须信奉的，一切错误皆根源于教派。美国人不只应是公民，且应为教徒。英国清教徒在新英格兰一带实行政教合一，即教会和民政彼此不分，教育和宗教混为一体，学校和教会乃不可分割。美国开国者鉴于欧洲三十年战争的痛苦，不愿使教派势力再在新大陆造成混乱，曾提出学校和教派隔离的原则。1827年，马萨诸塞州制定法令，禁止市镇学校灌输任何教派的教义；1833年，又以法令禁止以征收教育税所得维持教派学校。康涅狄格州采取了同样步骤。因此，又招致一场轩然大波。教派人士群起攻之，称运动领导人霍拉斯·曼"是魔鬼，是洪水和猛兽；公立学校是无神论学校，是败坏品德的场所"。1846年，州议员史密斯甚至列举大量犯罪、败德行为，用以攻击公立学校，指责学校是废弃《圣经》的罪恶之地，是抵消宗教教

---

① 作者原译作巴纳。以下不再作注。——编者注
② 也译作卡布莱、喀布来、克伯雷等。以下不再作注。——编者注

育的恶魔场所。霍拉斯·曼反击说，真正民主的普通的学校一定是非教派的，学校要施行宗教教育，却不应施行教派教育。他比喻说，儿童应在学校接受政治教育，但学校却不应教导儿童在选举时去投哪一党派的票。同样，学校培养宗教信仰，却不应教他们信奉某一教派的教义。他指出，这是宗教自由和民主政治所允许的。教派人士诅咒公立学校是无神论学校，霍拉斯·曼则宣称："教派教育必将毁掉公立学校。"这场斗争从19世纪20年代初期开始，延续20年之久，直到1847年，州长布利洛斯才承认从公共学校驱除教派教育的正义性。

波茨说："美国建立不受教派控制的世俗学校的理想和一般欧洲的作风针锋相对。"这就明白指出了美国和欧洲教育传统的决裂。然而在19世纪50年代，这场斗争在美国仍是一种严重事态。因为在殖民地时期，移民多为新教徒，以后，天主教徒大量入境，教派斗争更加激烈；直到如今，解除教派支配学校依然是没有得到彻底解决的问题。

五、公款兴办初等学校的拼搏

在新的教育思潮指导下，各州议会先后采取立法程序，制定教育法律，把办理初等教育当成政府的职责。马萨诸塞、新罕布什尔等州于1789年首先以法令要求市镇设立小学。到18世纪末，北部各州都有了类似法律。南部各州是到19世纪初制定的。马萨诸塞州于1827年取消了学费，宣布实施免费的初等教育，成为别州的范例。宾夕法尼亚州于1834年，罗得岛州于1838年，先后仿行。有些州不但颁行教育法，还筹集教育基金。当时，美国建国为时未久，初等教育虽限于条件，未得长足发展，却被政府重视了。办理学校被看作养成健全公民的政府要务，既非教会的特权，又非只是家长的职责，更不是慈善事业和救济措施，从而冲破教育非政府任务的禁区，改变了教育的概念。

按照英国惯例，儿童入学须交纳费用，只有对赤贫的儿童，由政府设立"贫儿学校"，或由福利机关举办"慈善学校"。新英格兰各州的清教徒虽按政教合一的原则，由市镇、社区办学，但中部和南部地区受国教会支配，普遍举办贫儿学校、慈善学校。实际上，这不只是欧洲传统使然，而且在当时的移民中，包括大量因三十年战争丧失父母的孤儿或父母无力赡养的贫儿，教会和慈善团体不得不设立免费的贫儿学校和慈善学校予以收容，以后相沿成风。不过，儿童接受免费教育须经调查，其家长并须承认为贫民。贫民在当时是耻辱性的称号，一般人宁肯子弟失学而不自认为贫民。美国建国后，政府以兴办学校和培养公民为自己的重要职责，不许侮辱性的贫儿学校、慈善学校继续存在。经过多次斗争，宾夕法尼亚、新泽西等州才带头取消之。

当然，广设公立小学，须有经济基础。各州议会通过法令征收教育税款时，又引起轩然大波。新英格兰各州因有公款设校惯例，问题较易解决。别州虽曾以酒照税、旅馆税、结婚证税以及发行彩票税、批准剧院开业税等筹款办学，但所得之款一则无常，二则无多；联邦拨地、拨款也有一定限度。有的州乃自 1825 年起硬性实行征税。吝啬的纳税人便诬之为"社会主义""侵犯个人财产""违反民主精神"，甚至于有人以暴力杀害相威胁。印第安纳州某议员公然说，他死后要在墓碑上刻写："这里安歇着一位免费教育的敌人。"明智的杰斐逊于是发起"扫除愚昧的十字军"，强调："教育人民所用的税款尚不足向英皇、僧侣、贵族献纳之款的千分之一；而假如人民处于愚昧之境，英皇、僧侣、贵族必将起而重新骑在我们头上。"霍拉斯·曼则说："教育具有市场价值。它是商品，不只可产生金钱收益，并将比金条更能铸造大批钱币。它可使实业目的按比例实现，使国家财富按比例增加。"美国自 19 世纪 30 年代起，产业革命肇端，城市纷纷兴起，众多儿童不入学校，而是聚众闹事，扒铁路，焚厂房，偷窃斗殴，杀人越货。资本家这才慢慢领悟："开办一所学校可关闭一所监狱""教师是优良警察""课堂可代替绞架"。到 19 世纪中叶，由征税举办学校才成为流行的事实。

列宁说，肃清传统势力绝不是轻而易举的。美国开国后的教育发展史适足以证明之。

美国进步教育运动述评*

南北战争以后,美国走向富强,教育蒸蒸日上,各级各类学校都发达起来。各州政府对教育事业加强组织领导,颁布强迫入学法令,划拨教育补助费和增筹教育经费,教育年限延长,教育制度建立,教育考核加紧。正在这教育蓬勃进步时期,教育难题也纷纷涌现。其中最关重要的是社会人士和教育学者感觉不能仅从形式上设校办学,必须从精神面貌和内容方法上大力更新,才能培育新人,才能面对新形势的挑战,于是在19世纪末掀起了教育改革运动。在美国教育史上,人们称之为进步教育运动(Progressive Education Movement)。

美国自南北战争后,教育革新运动热潮澎湃,许多欧洲国家因政治经济和科学文化的迅速前进,革新教育的巨浪也汹涌而起。约略地说,英国是先锋。英国教育家雷迪(C. Reddie)于1889年在阿博茨霍尔姆(Abbotsholme)创建新学校,带动了德国的利茨(H. Lietz)于1898年创建了类似的学校。次年,法国的德莫林(E. Demolins)也相继创建了类似的学校。他们都是采取新精神、新内容和新方法教育青年一代的实验,目的是促进新生一代在德、智、体等多方面的发展。以后,比利时教育家德可乐利(O. Decroly)在布鲁塞尔设立改革基地,推行儿童由生活和活动接受教育的新教育。类此的学校和实验在欧洲与日俱增,形成新教育运动。欧洲的革新教育运动和美国的革新教育运动互相刺激,遥相推动,对于美国进步教育运动的开展很有裨益。教育史揭示,欧美的教育的发展常是携手并进而彼此鼓舞的。它们是共同促进现代化的学校出现于世的。

---

* 本文原载《美国教育史》(第二版),滕大春著,人民教育出版社2001年版。原标题为《进步教育运动》。——编者注

一、帕克、薛尔顿和进步教育运动的肇端

（一）帕克和昆西运动

美国权威教育学者杜威认为弗朗西斯·帕克（Francis Parker, 1837—1902）是"进步教育运动之父"①。在此且予以介绍。

帕克1837年生于新罕布什尔州的贝德福德镇（Bedford）。他6岁丧父，叔父把他出租给一个农家，生活很苦，缺乏受教育的机会，仅每年得入冬季学校。他13岁才始入正规学校，一面学习，一面做零杂工以维持生活，直到16岁为止。然而他刻苦自学，奋发向上，以后便在本州地区学校任教师。1858年改任伊利诺伊州加罗顿（Carrolton）学校校长，帕克说这所学校是他所教过的最粗野的学校。他到校后对学生讲的第一次话就是教室必须有秩序，而欲求教室中的安静，就必须使学生相互协作和共同关怀。他同时要求教师不用打罚。1861年南北战争爆发，他加入联邦军队，在战争胜利前，升为陆军上校。战争结束后，他于1865—1868年任本州曼彻斯特文法学校校长。以后又赴俄亥俄州戴唐（Daton）师范学校任教4年。他极为不满当时沉闷的校风，呼吁尊重儿童兴趣和自由发展，禁止蛮横地惩戒学生。他说："使用教鞭是教师无能的标志。"②1872—1875年他得姑母遗产的资助赴德留学，肄业新兴的柏林大学，同时广游荷兰、瑞士、意大利、法国、德国各地，考察当时多国的教育革新活动。裴斯泰洛齐、福禄培尔、赫尔巴特等教育家的教育理论或活动，使他受到深刻启发。帕克自称这些是他那教育思想永不枯竭的源泉。1775年回美后，他被选为马萨诸塞州昆西（Quincy）市教育局局长，任职5年。这期间他仿效欧洲国家教育新事，掀起了昆西教育改革运动，在教育刷新方面取得显著成绩，该市学校学生成绩优良，在全州名居首位。之后他改任波士顿市教育视导员3年。1883—1901年，他任芝加哥市库克师范学校校长。1899年被聘兼职芝加哥市教育研究所所长，负责对教师进行科学知识培训任务。1901年，该研究所改为芝加哥大学教育学院。1902年卒。

帕克在昆西市开展教育工作时，以霍拉斯·曼为范例，致力教育建树。他

---

① L. W. Cremin. *The Transformation of the School*. p. 129.
② S. Alexander Rippa. *Education in a Free Society*. p. 200.

鉴于当时学校朽败落后，决定以一年岁月亲赴各校考察。他惊异地发现学校学生虽熟悉文法规则，却不能书写通常的英文信件；他们虽熟练地阅读课本，却完全不懂从其他书册中摘用的同样资料；他们虽熟练地按照单词表来拼音，却不能规规矩矩地写出字母。昆西市教育委员会委员亚当斯（C. F. Adams）曾描述道："这里的学校已经变成墨守成规的机器了。"①他又说："教师已经把学生当作学舌的鹦鹉，把教育弄成滑稽剧了。"②帕克急迫地进行改革，昆西运动遂开始了。

帕克最初着手的是教学改革。他取消学校原有的教学科目，如拼音、阅读、文法和书法等；引导儿童学习简单生词和练习造句，不再机械地死记单词的字母；给儿童提供由杂志、报纸和教师撰写的文章，不再采用陈旧枯燥的教科书；这是他对语文课的改革。在算术学科则引导儿童接触实物或玩具，应用归纳方法来教学，不再背诵数字表或计算规则。他教授地理课则领导儿童到附近地区旅行和观察。同时他还增加图画课，引导儿童练习手的表达能力和艺术欣赏力。经他初步改革之后，该市学校不再要求学生静坐听讲和呆读死背，而是通过实物直观、活动描述和理解意义等方法来进行知识的掌握。评论者深为称许帕克注重在直观基础上启发儿童思维。帕克在所著《关于教育的谈话》及其他各篇论著中也说，任何学科都应该善于计划和向儿童提示，以发展儿童的思维。他申论要使儿童以在实地活动的地质学家的批判眼光去认识真实的地球。帕克更申论教师不但要理解儿童，还要掌握自己教给儿童的知识。他说最重的是在教学之前，教师自己的心中应对知识有清晰的了解；教师对知识仅有模糊的认识，乃是通常教学失败的主要原因。

1883年，帕克任库克师范学校校长时进行的教育改革，实际上是昆西教育改革运动的继续；从教育改革的观念来看，甚至可以称之为昆西运动的组成部分。因为两者在精神上、内容上和方法上是彼此衔接的。而且，帕克是从任职库克起才开始教育理论探索，并使教育方法获得进步的。还由于帕克在库克工作长达18年之久，他的成就是更显著的。他在1883年问世的《关于教学的谈话》（*Talks on Teaching*）和1894年问世的他的主要著作《关于教育的谈话》（*Talks on Pedagogics*），也都是在库克撰写的。

帕克在库克师范学校的主要工作是在该校实习小学进行的实验。他的工作

---

① ②　S. Alexander Rippa. *Education in a Free Society*. p. 201，p. 201.

原则曾归结为两点：一是把儿童置于教育过程的中心；二是把各学科的教学统整起来，以增进儿童的理解。在这两项原则的指导下，他把实习小学改变成为一所模范家庭，一个完善的社区，一个萌芽状态的民主社会。学校的大厅变成了儿童和成人日常集会的场所。学校的各种活动绝对不搞形式主义，而把活动的注意点放在师生共同参与和学生自我表现等方面。大厅因而成为孩子们的祭坛，学生都须向它贡献自己的产品，即提出他们观察和研究的成果，如自编的乐曲、文学作品或艺术作品等，即他们最心爱的心血结晶，以表示他们真正投入活动之中了。每天早晨帕克亲临主持早会的活动，态度俨然是孩子们的慈父和教师们的挚友，使师生亲如一家。他有时朗读《圣经》中令人受益的语句，有时召唤一个孩子来到面前叙述他在前一天取得的经验，有时要求一个教师领导一个班的学生做各种操练……孩子们尊重帕克，称他像耶稣一样温和亲切。

每天早会完毕后学生分赴各班教室。他们在教室中全然自由自主地活动和学习。在上阅读课和写作课时，学生自己撰写有趣的故事，并选读从书报中仿印的活页读物，废止多年使用的教科书。他们将拼音、阅读、书写、文法等学习综合为一体，作为人们交际的工具，借以灵活而有趣地掌握语文的知识。绘画是刚刚成为学校的新学科，帕克把它作为全校艺术活动的中心，使造型、制图和绘画成为儿童自我表现活动的逐步进化的三阶段。自然科学课由教师率领儿童到临近田野或湖畔，边观察，边探讨，他们把发现所得带到教室后，随即开始分析、说明或实验。数学教学经常结合到手工作业的计算活动之中。通过这些，学生便具备了科学研究、自然研究和活动表演的能力。地理课使学生在附近观察地理状况，随而研究了与历史和经济有关的知识。音乐、戏剧、卫生和体育也是结合一起、供学生自我表现和欣赏的学科。总之，在学生主动地倾向学习之时，教师便及时地和适当地给予引导和指点，使他们更深刻地和更广泛地理解所习知识的意义和效用。凡在帕克学校任教的教师无不欢快兴奋，热心工作，勇往直前。帕克经常对教师讲话，使学校工作和教师的专业进修携手共进。他于1883年著成的《关于教学的谈话》和在1894年著成的《关于教育的谈话》，就是在这类工作过程中的产物而非课堂教学的产物。教育学者称帕克是教育艺术家而非教育理论家，是有道理的。帕克的身体力行是教师的典范，不只是在职务上的领导者而已。

帕克是实际教育工作者，教育实践经验至为丰富；不过，他并非局限于工作经验的人，他具备新颖的教育眼光和教育思想。在他的教育思想中，尊重天性和热爱儿童是教育的首要原则。这是由于欧洲教育的新思想从19世纪初期已流传到新大陆,在帕克开始教育实验之前,社会早有先进的思潮作背景了。从1805年起,裴斯泰洛齐的教育观点在美国教育期刊中登载了,并且在教科书中出现了。在霍拉斯·曼时代,裴斯泰洛齐的教育思想在新英格兰一带的知识分子中尤为流传。发展到19世纪60年代,纽约奥斯维哥师范学校在校长薛尔顿倡导下,掀起了传播裴斯泰洛齐教育思潮的奥斯维哥运动。与此同时,德国福禄培尔的幼儿教育思想传入美国,美国于1857年创立了第一所幼儿园,不久在各城市推广,并建立了幼儿园协会。再后来到19世纪末叶,赫尔巴特的教育学说和阶段教学法也从德国传来美国。帕克前往德国时,曾借机广游英、法和瑞士诸国,亲睹上述众多教育拓荒者的实践,同时又阅读了有关书刊。因此,他在改革美国教育时,比一般人认识深刻而判别力强。克雷明在《学校教育的转变》(The Transformation on the School)中说,帕克"从裴斯泰洛齐、福禄培尔和赫尔巴特等教育家那里吸取了丰富的营养。他吸取了裴斯泰洛齐关于教育方法的知识,吸取了福禄培尔关于尊重儿童的观念,吸取了赫尔巴特关于注意的理论。帕克吸取了这一切而加以融会贯通,使早期美国的教育过渡为新的教育,使美国从依靠欧洲国家的规章制度过渡为更加依靠本国之力而奋斗向前的教育"①。克雷明还深入一层地说,帕克虽学习多种哲学著述,但帕克的哲学更多是以卢梭的理论为根基。帕克在《关于教育的谈话》中,曾模仿福禄培尔的语气说:"儿童的自然性向是上帝天赋的记录。教师朋友们:我们在这里是为着一个目的而奋斗的,这个目的就是理解儿童的自然性向,并且使这些性向继续按照儿童的天性,向一切方向发展"②。帕克的话使教师沉浸在救世主的气氛中,并且在进步教育存在的一世纪中继续存在而未衰,以至美国心理学大师霍尔每年都到库克学校参观。他曾致函帕克说,他来库克是为着"对准他的教育时钟"③。执教佛蒙特州立大学的李帕在他于1967年出版并多次翻印的《自由社会的教育》中说:"卢梭、裴斯泰洛齐和福禄培尔的教育理论,都以帕克为热情的传播者。"帕克甚至说:"我意欲把他们的著述用引人注目的斜体字书写出来。"④他又说:"儿童的心理和道德的成长都是依靠自我

---

① ③ L. W. Cremin. *The Transformation of the School*. p. 134, p. 6.
② F. W. Parker. *Talks on Pedagogics*. p. 33.
④ S. Alexander Rippa. *Education in a Free Society*. p. 205.

活动而成的。"① 帕克自认对于人类的发展抱有无限的信心。不过，帕克绝非放纵儿童自由的人。他虽反对体罚，但他曾把一个屡教不改的孩子拉到学校外予以惩罚。他认为作为教育者，这是不足为训的，只是在施惩时师生要站在人对人的地位来进行，不能流为暴虐的摧残罢了。可见初期进步教育运动的领导人并不搞软性教育。

帕克是儿童性善的讴歌者。他认为儿童天性好奇，喜爱各种事物，兴趣极为广泛，经常是不知疲倦地探索一切的。所以儿童个性是应居于规章制度之上的。正因如此，亚当斯曾形容昆西教育改革，称它是坚决贯彻尊重个性的精神，因而这个教育体系是无体系可言的。又说，昆西运动，对教师和学生而言，都以兴趣为要领，认为教师获得了这种教育工作的新观点，可使学生不必外力追赶而快快活活地自愿入学校了。亚当斯说帕克曾严厉斥责教师不顾儿童好恶，一味对于儿童施行阅读 ABC 等字母和记诵生词的机械训练。他的理想是根据儿童生理和心理成长的特征，叫儿童在游戏或一般生活中求知学习。亚当斯描述：昆西的学生三三两两地站在地球盘之旁，用泥土在盘上制成大洲；在大洲上又制成山岭、河流、海岸线；然后还制成重要的城市，标明城市的地理特点……他们兴致勃勃，学而不厌。他们未浪费精神和时间，却对地理知识获得深入的领会。帕克反复严斥体罚和惩戒等手段，说这种高压积习和文字填鸭损伤儿童善良天性，是教师无能和教师失职而已。他禁止这套诉诸权威而压抑天性的做法，说那样依靠暴力是由于教师未能因性利导，而是背于自然。当美国联邦教育委员会主席怀特（E. E. White）参观帕克在戴唐学校的工作时说："帕克在每个儿童心灵中都看到了上帝的肖像，正因如此，他才不只热爱儿童，而且崇奉儿童。"②

帕克关于教学的理解是他的教育思想中的第二个重要论点。其主旨是儿童要从直观和活动中进行学习。帕克在昆西市通过观察，认为良好的教学不能死守不合理的制度。他取消学校每日进行的 ABC 等文字训练，而开展种种活动，鼓舞学生在参加活动中学习知识，学生遂喜爱学校甚于喜爱家庭，不但学习愉快，而且进步很快。教师勤于指导是耗心耗力很多的；但昆西的教师是受到巨

---

① S. Alexander Rippa. *Education in a Free Society*. p. 206.

② *NEA Journal of Proceedings and Addresses of the 41th Annual Meeting Held at Mineapolis*. p. 406.

大精神活力的促进而甘心情愿的。当时市立中学每年每班至少开支 25 000 美元，而通常每班不能保证有一名学生是能缮写文件的，水平异常低劣。帕克指出这不是教师使然，而是教学方法不良所造成的。他说从裴斯泰洛齐时期起，识者久已知道读法、地理、算术等学习科目，若采用旧有的方法灌输或背诵，是既无效果，又不能应用的。帕克说昆西学校所改进的教学方法是久已为欧洲教育家所倡导和一般优良教师所应用了，所以不能称之为"昆西实验"。帕克自称他在昆西改进的工作在德国已应用 30 年了。为了深入不懈地改革教学工作，帕克反复申述进步的教学方法的要领是教实物，绝不仅是教文字。他说这种方法是他观察所得，也是得自德国哲学家黑格尔的。黑格尔在早年时说过，儿童在 6 岁以前所学得的知识要比他在以后所得的知识为多。帕克说这是因为幼儿从不知疲倦地从事探索、玩耍器物和游戏。等他进入学校，他们的想象力、好奇心、喜爱身心活动等，又达到极为活跃的阶段。不幸，学校经常所做的是压制这种旺盛的活力，坚决不准他们乱说乱动，必须保持肃静，必须背诵书本，而这书本的内容远非他们所能理解，正如中国古书远非普通美国成人所能理解一样。他说，在理想的学校中，充满愉快之情的儿童是被鼓励参加班级中的各项活动，或去游戏，或去唱歌，或去绘画；他们从事阅读、书写和计算，是和他们唱歌、绘画、舞蹈一样感觉兴趣盎然的。昆西学校是朝着这个方向前进的。

　　帕克的第三个关于教育的重要观点是关于民主社会的理想。他认为人类生活的目标是自由，而民主政府乃是唯一能使人运用自由的政治制度。为达到这种理想，学校必当成为社会的雏形。在帕克看来，公共教育就是自由国家的奠基石。他着重阐述："美国是由世界各地前来的人的聚居之地，他们带来了他们长期以来所养成的偏见。他们来到这块辽阔的大洲之上，共同生活于一处，并且制定法律来谋求共同的最大福利。梦想过去，观望人类的未来，都不能不设法解决这个关于共同福利的巨大问题。"① 公共教育对于解决这个难题能发挥什么作用呢？帕克回答是学校可以消除种族偏见和宣扬在新国家中的国民团结。他说："学校中的社会因素是一切社会因素中最伟大的，这种社会因素是居于学科学习和教学方法之上的，也是居于教师本身之上的。"② "学校的儿童在未受偏见沾染之前，在彼此结怨结仇之前，在养成互不信赖之前，便在学校

---

① ② S. Alexander Rippa. *Education in a Free Society*. p. 204，p. 205.

中学习跟大家生活在一起和工作在一起了。这样的糅合为一、团结友爱和相信相助，就使学生个人产生出一种力量，而且使学校成为提高社会民主的强大的力量。"[①]帕克认为公共学校乃是自由民主社会的凝聚手段。这种认识就使帕克和欧洲一些教育家如卢梭等人的看法不同了。例如，帕克同意卢梭的看法，孩子们生来是善良的；但帕克又认为孩子们同时又是奴隶，因为环境不许他们任意而行；只因他们是善良的奴隶，如果他们自由发展下去，他们所形成的必然是民主的社会。很清楚，发展天性并非不要社会。所以帕克主张在一方面学校应和社区紧密联系，在另一方面，学校还应和家庭紧密联系。家长和教师协会（Parents and Teachers Association，简称 PTA）之普遍出现在美国，有赖帕克提倡之功。他深信这些紧密联系是有助于学校尽其社会职责的。

当帕克1883年到库克以后，他开始把注意力放在教学工作上；以后到19世纪90年代，他的兴奋点又转移到民主政治上。他的观点是学校是最适宜于实现民主的。帕克说："在公共学校之外，没有儿童，即没有任何未来公民，能够变成公民的。由公共学校实施教育不是慈善事业，而是任何儿童必须接受而不能转让的权利。建立公共学校乃是任何社区最迫切的职责。"[②]他十分肯定地认为公共学校能够胜任其他机构所不能胜任的任务。社会中存在不同阶级、不同宗教信仰和不同民族的人，这些不同的因素足以使人们产生矛盾，学校使儿童共同学习和共同生活，因而能使他们彼此了解和同情。为此，帕克主张不论男女都应从幼儿园直到大学，不加区别地在共同学校中受教育。男女分校只能产生互不信赖、彼此误解和种种不纯洁的错误思想。他说公共学校能够铲除各种社会灾祸，优秀教师可以减少监狱中的犯罪人数，可以减少社会上改造罪犯的场所，可以减少贫穷的家庭，可以减少精神病院，不只教育儿童而已。

从19世纪前半叶由霍拉斯·曼和亨利·巴纳德所致力的公共教育运动，到19世纪后半叶由帕克所致力的昆西教育运动，是一脉相承的。经过这数次运动，美国教育迅速进步。公共教育运动着眼于广开教育机会，如确定教育税收、普设公立学校、培养合格师资、加强管理领导……无不为新国家的国民提供教育设施，以便享受教育权利。昆西运动则是在已经逐渐普设的学校中，改进办学精神，改革课程设置，优化教学方法，充实教育设备，提高教育质量。如果说前一运动侧重解决由无到有的问题，后一运动则侧重解决由有到好的需

---

① ② S. Alexander Rippa. *Education in a Free Society*. p. 206，p. 206.

要，这是教育史的必然。正如公共教育运动的开展曾遇到人们的支持，也受到人们的反对，其历程充满斗争；昆西教育运动的开展，同样是一方面受人赞扬，一方面遭到批评和非议，其历史依然充满着矛盾和斗争。

昆西改革曾面临毁誉参半的舆论。昆西教育极盛之时，各地教育局长、校长、教师和新闻记者前来参观者为数众多，以致学校不暇接待，因而每天限制前来的人数，帕克甚至为此而烦躁不安。他于1879年说，他曾反复地讲，他只是把早已为人所建立的教学原则付之实施而已，这些原则是依照心理规律推知出来的。教学方法所根据的这些规律是导源于儿童心理发展的历程的。实际上，除去学校尚未使用这种方法之外，这种方法早已被美国众多领域所使用了。帕克的意思是参观者不值得远道来看，以免影响学校的日常工作。但是，与此同时，从改革开始，反对的呼声就同时而起，由于教育局竭力支撑才避免了中途而废。社会人士曾议论纷纷，认为昆西的教育秩序不复存在了，基本文化教育丧失殆尽了。教育工作者也不断斥责昆西计划是建立在盲目乐观的错误的理论基础之上的，是缺乏创造性的，是夸大其词而言过其实的。直到马萨诸塞州教育局指派人员进行专案调查，才发现昆西市的学生在阅读、书写和拼音等方面成绩超过别处，在算术方面成绩居于全州第四位。然而，心怀成见之士硬说调查的报告失真和不够公平。至于库克师范学校的功绩，同样受到批评攻击。库克县教育委员会的委员汤姆顿（C. S. Thomton）于1891年在考察该校之后说："我必须十分遗憾地报告，该校充斥着散漫的工作和不够审慎、欠缺注意以及怠惰闲逸的校风。"[①]帕克曾称报告是不符实际和评断不确的。然而，他招来的乃是更加严厉的指责和诽谤，报纸连续地刊载种种非难文章。但历史车轮滚滚向前，美国教育史终于做了无可否认的好评。

从上可知，帕克并不是系统深邃的教育理论家，但他的崭新教育观点是极有进步意义的。霍拉斯·曼是教育机会的开辟者，帕克是教育实践的革新者，杜威才是教育哲学的建立者。历史的进程是十分清楚的。不过，杜威的教育哲学和帕克的教育观点，是直接地而且很鲜明地联结在一起的。帕克的儿童观和杜威的"儿童中心论"，帕克的教育观和杜威的"从做中学"以及"教育即生活"的理论，帕克的民主理想和杜威的"学校即社会"的理论，不只是相似的，而且是性质相同的。可以肯定帕克是美国实用主义教育思潮的先导。

---

① *Chicago Tribune*. 1891，p. 11.

（二）薛尔顿和奥斯维哥运动

纽约奥斯维哥运动是由薛尔顿所领导而兴起的。薛尔顿（E. Sheldon）于1823年生于纽约，原在大学学习法律，因病辍学，曾于1848年办理贫儿学校。该校收容120名野蛮无礼的5—21岁爱尔兰儿童和青少年，其教育改造极为棘手。以后薛尔顿又于1853年在奥斯维哥举办公立学校。因上述种种，他对于教育改革富有抱负，乃于1861年开始担任奥斯维哥市教育局局长。1863年，由于纽约州教育局局长赖斯（V. M. Rice）的支持，州议会拨款3 000美元，奥斯维哥学校于1866年乃改为州立师范学校。薛尔顿兼充校长，为培训优良师资，乃竭力延聘曾在英国采用裴斯泰洛齐教育方法培训师资的琼斯（M. E. M. Jones），又聘曾在瑞士参加裴斯泰洛齐的教育实验的克鲁西（H. Krusi）之子小克鲁西来美任教。这些新人使师范学校的办学思想和教育方法面目一新。薛尔顿以其怜恤孤贫的情怀而接受裴斯泰洛齐甘为孺子牛的精神，遂成为刷新美国小学教育的先驱。

薛尔顿虽是以裴斯泰洛齐教育理想革新教育的实践者，但他从事教育工作之初并不知道裴斯泰洛齐之名，更不知裴斯泰洛齐在瑞士的教育业绩，乃是通过加拿大和英国的渠道间接而得晓的。奥斯维哥是纽约附近的一个有居民12 000人的市镇，教育并不优良。他任教育局局长时大力整顿，提出修业13年的学校体制，即小学分为初、中、高三级，每级学习3年，其上则为修业4年的中学。由于条件困难，全镇仅仅设立了12所兼含初级和中级的小学和2所兼含初、中、高三级的小学。薛尔顿又设立不分班级的学校，收容由农村或其他地方来市镇的青年。薛尔顿从经验中理解到学贵良师，经常利用星期日召集各校教师开会，帮助教师充实各科知识和提高教学能力，被人称为"薛尔顿教皇"。薛尔顿适巧获得机会赴加拿大参观多伦多博物馆，因而得见英国和欧洲一些国家推行裴斯泰洛齐直观教学的展览品。这些展品都是英国本国和殖民地学校协会（Home and Colonial School Society）罗致的宝贵资料。他购得这些教具、实物、图画、表格等返国，并邀请对直观教学富有经验的教师来美传经，其中小克鲁西起了媒介作用。经过提倡宣扬，当地教师们逐渐把接触实物而取得感性认识看作儿童学习的门径，而且唯有如此才能使儿童习得真实的、清晰的和确切的知识，用以堵塞诵读文字而无实学的道路。他任师范学校校长后，使大批教师皆成为新方法的掌握者和实行者。约经25年之久，奥斯维哥师范学校由于众望所归，计曾招收学生五六千名，其中毕业者达两千人之多。

他们主要在纽约州以及邻近各州任教师或校长，有的还曾到国外任教，无形中蔚为强大了奥斯维哥运动。虽则由于人们争议而使直观教学于1872年中停用一段时期，但直观教学的重要意义却为众人所承认，起了革新小学的效果。正因奥斯维哥运动的冲击而唤醒人们的教改意识，稍后，德国赫尔巴特的教学理论和五段教学法，便比较容易地于19世纪末在伊利诺伊州师范学校得到引进。在德加莫（C. De Garmo）和麦克玛利（C. McMarry）的倡导下，赫尔巴特的教育理论和方法被传播开去，奥斯维哥运动对此也著有功绩。

奥斯维哥运动和昆西运动都是美国19世纪后风靡一时的教改运动。就时期而言，奥斯维哥运动是略早兴起的。由于薛尔顿侧重介绍裴斯泰洛齐的教育思想和方法，帕克侧重创新，因而后者的影响较大。学者每每把帕克列居进步教育运动的榜首，称他为进步教育运动的始祖。实际上，早于帕克而在奥斯维哥致力教育改革的薛尔顿也是功不可泯的。

二、进步教育运动的发展

帕克和薛尔顿的教育改革和教育观点拉开了进步教育运动的序幕。之后，杜威于1896年在芝加哥大学创立了实验学校，约翰逊（M. Johnson）于1907年在亚拉巴马州费尔霍普（Fairhope）创立有机教育学校（School of Organic Education），另外还曾出现许多类似的实验工作。这表明一种浓烈的开拓创新的气氛笼罩在美国中小学校。实际上，确如美国教育史家克雷明所说，1876—1917年仅是进步教育运动的初级阶段，1917—1957年才是其发展阶段。第一次世界大战以后，美国政治经济飞跃前进，民主教育呼声益高，教育经验更加丰富，教育理论渐趋深入，特别是杜威的《民主主义与教育》这一系统阐述实用主义教育的名著于1916年问世，乃是进步教育运动前进的背景。在过去，美国尽力吸取欧洲先进教育经验，从此以后美国则转而为先进教育经验和理论的输出国家了。克雷明说："第一次世界大战是进步教育运动历史上的重要分界。仅仅就1919年创立美国进步教育协会而言，它就深深地改变了运动的步伐。因为在前一阶段，进步教育运动不过是人们松散地反对旧教育的形式主义；在后一阶段则进入响亮的有组织的斗争了。从此就产生了种种与以往不同的变化，有力地影响了教育改革的行程和含义。"① 美国进步教育协会（American Progressive Education Association）曾以"七项原则"相标榜，包括尊重儿童自由发展，尊重儿童活动和兴趣，教师为儿童指导者而非监督者，注意儿童身体发育，等等。显然，儿童中心和从活动中学习等，是进步教育的灵魂。那时有些人士抱有不同观点，因而掀起激烈的论辩。杜威称道，这种争论有助于促进教育的适应能力。因为论战既提高了教育改革意识，而且纷纷出现多项有效的改革实验。

在众多教育和教学的更新中，最引人注目的是着手课程、教学、班级编制和学校走向社会的改革。如果说前一阶段是破旧多，后一阶段则是建设多了。众所周知的文纳特卡制、道尔顿制、设计教学法、生活班级等，都是当时绚丽的花朵。兹谨择其重要者予以叙述。

（一）紧密学校和社会的合作

美国在第一次世界大战时期，全国农村计有一教师和一教室的简陋小学约20万所，在校儿童约500万名。密苏里州爱德尔县（Adair）克尔克村（Kirk Ville）的波特（Porter）小学即是其中之一。该校成立于19世纪末和20世纪初，曾支用建筑费600美元。由于因陋就简，校舍不久破败，以致壁画剥落，护墙板不存，火炉在燃烧正旺之时也不能温暖教室。当时正在修筑铁路，教室常常成为过往行人的旅店。学校教师不安其位，几乎每半年更换一次。学生仅有12名，儿童大量失学。1912年，新任女教师哈维（M. T. Harvey）到校，困难重重。她面对名存实亡的学校和愚昧贫穷的社区，未曾彷徨后退，却坚定了改革教育的意志，决心在一片废墟上树立起一种新精神。社区管理人给予她整顿学校的自由，增强了她创新的勇气。她随而和学生家长合作，首先修理了破旧的校舍，使教师不再轮流到学生家中住宿。经整修后的校舍美观合用，不但便利教学工作，又便利设于校内的成人俱乐部开展工作。不久，校内成立了妇女协会，学校便兼为群众讨论公共问题的场所。它对于附近地区的兴学起了推动作用，也有利于改进农业生产。就教学工作而言，由于学校和社会打成一片，所教的科目和教材便和社会需要联系起来，园艺、养禽、养兽和烹饪等课题都在课堂中占有重要位置；对于学校一向传授的读、写、算的教学也大力改进，使三者和农业生产挂上了钩。从此，学生对于学习发生了兴趣，成绩蒸蒸

---

① L. W. Cremin. *The Transformation of the School*. p. 129.

日上，与旧日面貌完全不同。哈维于 1918 年向美国教育协会报告说，这所学校不仅成为社区活动的中心，同时也是向别的社区传播社会和经济改进的中心。实用主义教育哲学家杜威之女伊夫琳·杜威（E. Dewey）于 1919 年著成《取代旧学校的新学校》（*New Schools for Old*），介绍该校的发展道路，竟于一年之内重印四次。人们公认该校乃是一教师和一教室学校的模范，是文化落后的农村学校的尖子。1925 年，哈维改任设在密苏里州东北部的师范学校教师，波特学校的办法随而传播于众多学校。

（二）文纳特卡制和道尔顿制的出现

人们常常比较文纳特卡制（Winnetka Plan）和道尔顿制（Dalton Plan）的异同，却不知这两者是同出一源的。原来美国从南北战争结束到第一次世界大战结束，经历半个世纪有余，生产事业发达，东起纽约州的布朗维里（Brownville）村，中经俄亥俄州的谢克高地（Shaker Heights），西至加利福尼亚州的帕萨迪纳（Pasadena），在这辽阔无际的土地上，城市和经济的建设是先进的，随之而来的是文化教育的先进。教育改革乃变成人们关心的事体。太平洋沿岸要港旧金山的加利福尼亚州立师范学校，在第一次世界大战前已经是教育改革的前线。该校校长贝克（F. Burk）早在 1912 年就允许该校 700 名学生进行速度不同的学习，办法是要求每个学生各按自己的能力去快慢不同地学习各种学科，教师不再给学生指定各科课外作业，也不让学生在教室背诵书本内容，只是在各生按计划完成某科学习时予以测验，及格者升级。这种做法被称为个别学习制（Individual System）。由于过去惯用的课本不适用了，教师遂自编文法、算术、地理、历史、发音等科的学习纲要，其为数浩繁曾为全国所瞩目。贝克之成功得力于三个努力负责的协助者，其中华虚朋（C. W. Washburne，1889—1968）和贝蒂（W. W. Beatty）以后成为文纳特卡制的开创者，帕克赫斯特（H. Parkhurst，1887—1973）以后成为道尔顿制的开创者。再清楚不过，文纳特卡制和道尔顿制在血缘上是相连的，两者都继承了贝克的探索而使其更完善。

华虚朋离开加州师范学校而应聘到文纳特卡学校是在 1919 年。文纳特卡市属伊利诺伊州，位于芝加哥市的郊区，人口约一万名，由于工农业发达，人民生活富裕，被称轻松安逸之乡。文纳特卡学校毕业生升入高等院校者占很大比例，居民每以此而自豪。不过，华虚朋来校后发现教师在教学过程中不注意适应儿童个别差异，一味机械地讲授灌输，由于儿童不感兴趣，教学效果并不理想。他曾说这样把众多兴趣爱好不同和学力不同的学生，硬用铁链捆绑他们的双腿，叫他们在学习时齐步向前，不分快慢和先后，是注定要失败的。他指出要拔除病源必须尊重儿童个别差异和适应儿童个别差异。华虚朋便把学校课程分为两类：一类是人人必须学习的科目，即读、写、算、自然课和社会课；另一类是由学生根据能力和爱好自行选修的科目。他把每日上午和下午划分为若干个别学习段落和集体活动段落，教师特别注重指导学生进行个别学习。学生每学习到一定阶段，由教师进行测验，合格者开始另一阶段的学习；如不及格，学生就按测试发现的缺点，自学补修，然后再行测试。教师为顺利完成指导、协助和测试等任务，都须预先考虑各段落的学习目标和要求标准，都须掌握各段落学习的测验，都须编写提供学生自学的适用教材。教师不再静止地听取学生背诵课本，而须做好教学和指导的充分准备。

文纳特卡制曾招致众人疵议。人们怀疑学生学习难保优良，教师工作过于烦琐，经费开支过高。这种疑虑之深，正反映文纳特卡制和传统教育距离的遥远。1926年，芝加哥大学教育学院师生在院长葛雷（W. S. Gray）带领下，对文纳特卡制进行调查，发现学生的学业成绩是颇令人满意的；留级现象接近消失；经用标准测验检查，学生读、写、算等科的学习效果逐年上升，只是拼音课的成绩是不理想的。教师工作负担尚属合理，经费并未多支出。尚不能明确解决的问题是该制是否陶冶了学生的创造能力和自治能力，因为当时还没有进行检查的测验。

华虚朋于1945年离职，当时虽有很多社区感觉他迈出的步子稍大，不敢轻易仿行；但他们常采折中立场，把文纳特卡制和原有的班级授课制结合起来，办法是把学生按集体测验的分数，分为优、中、劣三组，在班级中由教师进行分组教学。当然，一个学生在语文课是成绩优异的，其算术课可能是中等的或甚至是低劣的，在班级教学中不可能要求彻底适应个性，但在班级授课之中寓适应个别差异之意，是可能的和较为易行的，因而在20世纪20年代，很多规模较大的社区学校逐渐采用。联邦调查局调查发现，全国人口在一万人以上的城镇或社区，计有247处在小学中实行了分组教学制。

道尔顿制的创始人是帕克赫斯特。她曾赴意大利学习蒙台梭利的幼儿教育理论，兼在加利福尼亚师范学校受贝克的启发，在教育修养方面是优良的。她于1920年来道尔顿镇办理学校。道尔顿是马萨诸塞州的市镇，纺纱工业发达，人民生活优裕，情况略同于伊利诺伊州的文纳特卡。帕克赫斯特为改进教学效果所创立的道尔顿制,在理论和原则上和文纳特卡基本相同,仅在细微方法上有些差异。她用实验室或作业室取代一般的课堂或教室;要求学生和教师共同商定各科学习的作业和应负的责任,称为学习合同或学习工约;主要的是由学生自由分配时间进行学习,其速度也自行掌握,快慢不加限制;到学习完成工约,一般以月计算,即由教师检查测试,及格者即再定立新的学习工约而继续前进。儿童学习进度快者可以早毕业,慢者则延长修业年月,因此,他们对学习时期无不做出精确计划,为如期完成计划,遂自行督促和认真学习。这样便能在自由学习过程中养成自治和自励的负责精神。道尔顿制和文纳特卡制共同反映了心理学关于个别差异研究的结果,两者破除班级教学的老传统,也如出一辙。两者对美国中小学教育起过革故鼎新的历史功绩。据说道尔顿制比较文纳特卡制是更多地为别国仿行的。

(三) 设计教学法的问世

设计教学法(project method)是杜威在哥伦比亚大学师范学院任教时,由其高足克伯屈(W. H. Kilpatrick, 1871—1965)所创行的。杜威是实用主义教育哲学家,认为教育就是生活,教育就是经验改造,学生要从做中学。为实践这种理论就须打破当时流行的教师在教室中按照教科书照本宣科的老传统,就须打破学生在教室中按照教科书呆读死记的旧习俗,就须指导学生从生活中找寻学习的课题,就须指导学生从活动中增加经验或积累知识,因为唯有如此,才能跳出本本主义的窠臼,才能不再把受教育和读死书视为同义语,才能使学生在知识和品德上获得良好的成长。克伯屈于1918年在哥伦比亚大学师范学院任教育哲学教授,曾著有《设计教学法》,受到教育界的重视。按照克伯屈的解说,设计教学法是由学生提出课题,由学生考虑解决的步骤和方法,由学生进行尝试和探索,最后再由学生进行评定。以上四个步骤都是以学生为主体和由教师为引导的。学生通过思考或设计,通过实践和评议,就是从做中学习而非由书本学习,他们得到的知识才能真正理解和切实合用。由于这是学生自行安排和设计的学习过程,是适合于学生的兴趣和爱好的,学生对于学习是全力以赴的,教育和教学的效果自然是深透而持久的。

杜威在教学改革中曾提出"问题法",即由学生提出问题和解决问题,从而受到教育。这种方法和传统的灌输法很不相同,后者是由教师为主体进行注入知识,学生缺乏强烈的内在的学习动机,因而流为形式的或表层的活动,或被动吸取的活动。由学生自觉学习的新颖观点虽被有识之士所称赞,却不曾为人所重视，更无人研究如何化新观点为实际。克伯屈根据农业教育的实践，认为农场工作人员研究如何将农业科学定律运用于耕耘、施肥和收割，早已应用了问题法，并且早已获致优异的成果。在他的倡议和宣扬之下，杜威的开创性的见解，即从做中学，便具体化为设计教学法而得以落实。这项由中老两代结合所创立的方法是成功的。克伯屈于1925年著成《教学方法原理》，乃是世界教育名著，对于设计教学法做出进一步的理论阐述和实施指导。美国中小学校曾广泛采用此法。在进步教育运动中，设计教学法是大有贡献的。

（四）关于有机教育的实验

实验主持者约翰逊（M. Johnson，1864—1938）于1903年在亚拉巴马州的濒海小镇费尔霍普的私立小学校任教，曾竭尽心力改革传统教育，创建新的教育。她提出有机教育（Organic Education）的概念，认为学校的任务不是拘守成规定制，仅仅传播书本知识，必须扩大眼界，培育身体强健的、理智充沛的和感情丰富的新生一代，即进行有机体的全面教育。其一，她把受教育的儿童视为有机体，秉赋有感觉、身体和智力，并且秉赋着社会才能，因而能够改善人类社会生活和促进人类文化的发展。她说教师面对活泼成长的有机体，要善于适应和帮助这些有机体向正当的方向前进。为了实现这一新颖的教育思想，她特别注重掌握儿童的需要，看清儿童的爱好和兴趣，协助他们自然成长。其二，她特别重视儿童的活动，希望儿童从活动中获得身心成长。其三，她特别重视儿童的训练，认为教师要负责使儿童从活动中取得最为良好的训练和经验。其四，她特别注意使儿童在活动中与人协作，构成正当的社会关系和养成正当的社会意识。她指出这种社会意识应当是无私的、无偏见的和与人合作的高度发展的社会意识。

为落实有机教育，约翰逊坚决地冲破旧学校的藩篱，废除为学习各科知识而采行的班级制和安排的日课表。她设计了一种生活班级来代替当时流行的固定的班级。在生活班级中，她划分了六部分：第一部分是6岁以下的幼儿园，第二部分是6—7岁的第一生活班级，第三部分是8—9岁的第二生活班级，第四部分是10—11岁的第三生活班级，第五部分是12—13岁的初级中学，第六部分是14—18岁的高级中学。这种规划是以生活的发展为根据的，不是为了各学科的传授，所以各阶段的工作都以活动为主，要学生能够生活很好和活动得有效益；至于学习知识和培养能力，则是在活动的基础上进行的。因此儿童直到10岁以后才开始一般学校早所进行的各科教学活动。由于社会人士和学生家长有不同意见，后来儿童才由 8 岁开始进行课业学习。实际上，学生们仍从初级中学开始正式的学科学习；而且没有普通学校惯行的强行规定的课外作业、烦琐的考试测验以及考试必须及格等框框。杜威曾在《明日之学校》中予该校以好评；但它那大胆革新的方式方法所产生的影响并不广远，向它取法仿效的学校并不多。

密苏里州立大学实验学校，于 1904 年在教授莫立安（J. L. Merian）指导下，把每日工作分为游戏、故事、观察和手工四种活动，教师围绕这四种活动进行教学。艾奥瓦州立大学实验学校、哥伦比亚大学林肯学校、芝加哥大学实验学校都曾做过课程改革的实验研究，并取得了成绩，和费尔霍普学校类似。

（五）丹佛学校课程改革实验

丹佛（Denver）是美国中西部的隶属科罗拉多州的城市，在 20 世纪 20 年代中期是有代表性的中等城市。它背依负有盛名的落基山，资源丰富，风景秀丽，交通发达，产业兴盛。由于金矿开采，外州和外国移民纷纷前来。这些来自五湖四海之人，生活及思想不同，急需教育，特别是民主教育，来推动社会建设。该市教育局局长纽伦（J. H. Newlon）是进步教育的笃信者和笃行者。他于 1922 年任职，随即振兴学校。面对众多从别州和别国新来的居民，他竭力推广公立学校，而在教学中如何适应新来的复杂移民的要求，乃是极感迫切的课题。为克服重重困难，他强调教师的威力，鼓舞教师敏锐地面向现实，并以改革课程为关键。他于 1923 年致函市教育委员会说："没有实现课程要求的教师的明敏思维，任何学科的计划是不能实现的。"[1] 他着手给众多学科组成研究委员会，并且按照小学、初中和高中等三层次，逐级逐科地拟定教学要求。委员覆盖面极广，除中小学教师外，邀请科罗拉多大学和科罗拉多师范学院的专家充当委员，另外还向教育工作者和各科教学专家征求意见和请求评议。各科委员会每年举行定期会议。由于有人认为经费支付很多，纽伦解释道，从学校课程中把非必要的和安排不当的教材删除后所得的收益，是足以弥补的。市教育委员会当即于 1935 年划拨 3.5 万美元供其使用。参加者热心工作，使各分科委员会从适应生活需要的观点相继制定了各科教学目标。例如，家政学科委员会进行家事活动的详细调查，为初中和高中女生规定学习的内容。又如，小学语文学科委员会根据成人生活情境和惯用的语言，制定教学纲目。再如，

---

[1] *The Denver Program of Curriculum Revision*. 1927，p. 12.

初中数学学科委员会则就工商业者应用的计算知识、国家经费开支、世界工商业形势等,拟定学习内容。各委员会不但拟定教材纲要和试行教学,而且对学生学习的成绩进行测试,以后几经修改和试用,乃成为对于全国各地课程改进的挑战书,以至众多学校仿行。就学科水平而言,丹佛实验就比以上叙述的学校有所提高了。

以上各项改革和实验是享名的,另外还有同样享名的实验。它们涉及的面很广,着手改革的项目不同,所用方式方法也彼此各异,取得的结果是毁誉兼有。不过,就主流而言,是有贡献和先进性的。克雷明曾列举十项成绩来全面地评价这桩历时数十年的教改运动。第一,在进步教育运动推动下,人们受教育的机会是稳步地扩展了。有较大比例的人已进入中学肄业,而且由于女工增多,托儿所和幼儿园也发达了。第二,原有的小学修业8年和中学修业4年的八四制,渐渐转变为小学修业6年、初中3年和高中3年的新学制。第三,各级学校的课程继续扩大范围和进行改组,向进步主义者所指的方向迈进。中等学校的课程更日益扩展,帮助学生向工业、农业、家政、体育和艺术等领域寻找职业。第四,伴随课程扩充和改组,课外活动同时补充;学生俱乐部和各种学生活动在20世纪初本是激进性的表现,如今已成为一般学校普通设置的机构。第五,出现种种学生编班或编组的方式;而且由于众多学校并校,现有的学校规模扩大。为满足众多青年不同的需要和希望,学校的学生生活指导工作发展起来。第六,班级编制的性质变化极大,特别是在小学阶段,不再像以往那样仅用背诵书本为标准来衡量了。第七,学校使用教材的变更也极大,因为编写教材者想把最新科学研究的结果按照儿童学习能力的成熟阶段配置起来,来充实课程内容。另外还竭力利用乡土教材进行教学。第八,改进学校校舍和设备,使体育馆、游泳池、实验室、商店、自助餐厅、诊疗室等,皆能增进教育和教学效果。第九,各州制定的师资合格标准都在提高,俾能反映进步教育观点。第十,学校领导管理方面同样有所改变。在某些方面,学校领导人员没有放弃重要的办校职责,家长和教师协会又在决定学校大政方针时起着明显作用。[1]显然,进步教育使教育出现了欣欣向荣之势。

难道进步教育运动仅仅出现在中小学教育领域吗?不。高等院校也不例外。据鲁道夫(F. Rudolph)在《美国的学院和大学》(*The American College*

---

[1] L. W. Cremin. *The Transformation of the School*. p. 306.

and University）中说，1921年俄亥俄州的积极进行教育革新的安蒂奥克学院院长摩根（Morgan）领导的实验，使进步教育实验最初出现于高等学院。这项实验是把博雅教育、工作经验和社会修养熔为一炉的。该校实行工读制度（Work-Study Plan），修业5年，学生以一半时间在校内学习专业，以另一半时间在校外参加实际工作，使他们能够面向复杂多样的社会现实。学生在校内学习时，上课时数不多，也不要求出席听课，由学生自定和自己执行学习计划，把全部教育的重点放在现实生活的准备工作上。摩根相信传统院校把文化教育和专业培养明显地割裂是惹人厌恶的、危险的和荒谬的。他要求学生自动地从事学习，着重适应社会的需求，打破课内学习和课外学习的割裂，养成学生自治的精神和能力，不为传统教育所注意的划分年级、烦琐考试、颁发学位、入学测验等所束缚；相反，却大力鼓舞学生的开创能力、表现能力和刻苦求实而不炫耀书本诵记，借以填平学校和广大社会之间多年造成的鸿沟。

克雷明在《学校教育的转变》中，曾列举萨拉·劳伦斯（S. Lawrence）、本宁顿（Benningtom）、黑山（B. Mountain）、巴德（Bard）、罗林斯（Rallins）等院校，作为明证，指出它们都在本科生教育中采用进步教育的做法。克雷明说，由于各校环境不同而做法不一，但在特点上是一致的。它们都改组了以往的课程以适应正在变化中的学生需要，都设法进行个别教学，都设法引导学生参加制定学校大政方针，都启发学生理解进步教育的目的和方向。例如，本宁顿学院位于佛蒙特州，建立于1923年，是一所女子学院，竭力不延用中世纪大学的老一套，注意按照学生入校前曾任的工作、成熟的水平和追求的主要目标等方面的个别差异，来安排课程。具体办法是：第一、二年级引导学生选出哪些人类文化和知能最适合自己的兴趣和经验；第三、四年级则要求学生就自己所选的学科进行深入研习，学生还以充分时间和精力参加校外活动，如到现场参观，到实验中心搞实验工作，承担社会职务，或到国外留学旅游。该校为谋求校内外的学习和生活打成一片，学生并不拘于闭户读书。本宁顿学院是教会学校，但力求避免从教派观点安排课程，却把课程分为四科，即艺术科、社会学科、自然学科和文学科，要求学生深入地学习少数科目，而非浮光掠影地涉猎许多科目。由于学生对于当前出现的问题最富有兴趣，因而着重学习现代文化，特别是美国在科学发达和产业革命时代所造成的文化。这所女校收费较昂，班次较小，师生关系亲切，学科教学注重讨论、实际作业或实验室工作，尤其注意学生和主导教师之间的商讨。根据1939年的调查和比较，该校学生文化知识和关于当前问题的理解，比别校学生丰富得多；在外语能力和艺术修养方面，也远远超过别校学生；在数学和科学知识方面属于中等水平；在美国历史和经济学方面则十分不佳。与此类似，1932 年，明尼苏达大学成立了普通学院，修业 2 年，但和一般初级学院的做法极为不同。该校招收的学生都是学习基础差而在大学留级一二年者，因而学校被人诬为笨汉学校。为了适应这种特殊学生的学习，该校遂注意培养他们对于各种变化具有应变的敏感和能力，而不拘于使他们仅仅进行某种职业的训练。该校使学生对于人类生活全貌具有广泛的眼光，又能对于狭隘的职业生活以外的广阔人生具有分析和评价的见识。换言之，该校着眼于青年的需要、兴趣、愿望和才能，而不着眼于仅仅传授对他们有效益的呆板而死硬的知识。因此，该校设有 4 门心理学课，即应用心理学、怎样学习、思维方法和传记研究；设有 4 门历史和政治课，即现代世界的背景、美国公民和政府、世界政治和明尼苏达州的历史；另外还有 8 门基本学科，即优境学、当前时事、经济学、英语、物理学、生物学、数学和艺术。凡欲获得副文学士学位者须通过基本文化知识和当前时事的两次综合考试，并在其他学科中通过 4 次考试。据 20 世纪 30 年代的统计，约有少于1/5 的学生取得副文学士学位，但他们是有进步观点和思想活跃的青年。

三、关于进步教育运动的评议

19 世纪末兴起的进步教育运动，在美国现代教育史上是一件重要的大事。然而，什么是进步教育？这是难以确说的。美国进步教育协会会长福勒（B. P. Fowler）于 1930 年说："虽则我们的学会并未在教育原理或程序方面，宣扬或提倡任何似乎运动纲领之类；我们却在共同协商之下提出一桩明确的假定，那就是教育工作的中心是儿童而非教授的学科，而且以科学态度来对待教育理想，才是进步的最可靠的保证。"[①] 协会更要求不把进步一词的含义冻结起来，使它失掉灵活而旺盛的生命力。正因为如此，遂如拜克（R. Beck）所说，在运动中出现了一些过激分子，虽则多数进步教育者都是稳健之人。结果是，运动的方向和主流虽是具有合理核心的；但另一方面，进步教育运动者并非铁板一块，因而一些学校走过了线，轻忽或限制了教师的主导作用，纵任了儿童

---

① L. W. Cremin. *The Transformation of the School*. p. 258.

的兴趣和自由，以致因盲目乐观主义而陷入教育虚无主义，被人们讽刺为孩子在应该去挖掘储藏地中的金刚石时，却只满足于拾取脚下的碎石块。一些家长和学者纷纷质问：孩子们有经验、智慧和自制能力去制订或选择优良的学习计划吗？他们年幼无知，能有这种自我计划学习的本领吗？进步教育能给孩子们提供升学深造的准备吗？1932年，科布（E. Cobb）著成《一只脚站立在地上》(One Foot on the Ground)，成为有代表性的进步教育否定论者。紧跟着，进步教育协会1933—1941年进行了8年研究，探索了高等院校入学考试、学生学习等问题。在研究探索的过程中，很多学校放弃了惯用的入学考试的内容，并且对这样录取的学生和经过惯用的考试而录取的一般中学毕业生做了比较。在对照和比较中，取得两项发现。第一，两种途径所选录的学生在学业成绩上无明显的差别。第二，从持进步观点的学校毕业的学生在课外活动能力上表现出良好的能力。许多人认为这种比较方法和结论不甚可靠。理由是各校情况不很一致，它们的教育和教学实践常常相距很远；探索者只是就进步学校毕业生在学习院校学科方面大致相比罢了。有些人痛斥进步主义学校的教育是懒散教育，许多学生在学习上有名无实，水平很低；而且不少学生无心于学，竟由厌学和鄙学而违反校规和破坏社会纪律，走上犯罪的道路。到头来，标榜的是进步教育，事实上则是以弱质教育断送新生一代。正因为如此，直到如今，美国绝大多数学校仍循旧日章制，未肯轻率改辙。一百年前，英国有一个黑兹尔伍德学校（Hazelwood），就因放纵自流而使学生顽皮自负，误认关于政治和伦理的基本原理早已过时失效，已经变成错谬，而一旦运用理性的方法便可使之由错误而正确。它受到了人们的否定。这段妄诞的历史插曲不料竟在美国重弹起来。演变到20世纪30年代，美国遭逢经济恐慌，进步主义的学校日趋冷落，进步教育运动的极端派或左派受到各方攻击和非难。人们纷纷指摘其忽略严肃的理性教育和品德教育，认为对于培养学生阅读、书写和算术等基础知能方面，进步教育者的工作极为欠缺，多数人从反面教育中纷纷肯定严格而不苟的教导和训练是教育中不可抹杀的因素。另外，虽则进步教育者一向崇奉杜威的教育哲学，但杜威在于1938年所著《经验与教育》中就明确指出进步教育运动走向偏激，提醒学者重温他在30年前的旧作。有的学者还认清所谓进步应包括自由和指导两种含义，应包括尊重个性和养成社会精神两种内容，教育工作者须兼顾多方面的需要，不能狭隘地、片面地仅顾其一而忽视其余，不能偏离教育的正轨。

美国改造主义是在苏联社会主义革命后于20世纪20年代兴起的新思想,30年代经济萧条时期更向前发展。最初,哥伦比亚大学教授康茨(G. Counts)和拉格等先进人物曾倡言教育受社会制约,是社会的重要职能;指责进步主义者过于尊重儿童,以儿童为教育中心而忽视社会需要,是不合理的。他们提出教育应以社会为中心,要满足社会改革的要求,因而必须重视教育在社会生活和社会建设中的作用。发展到1932年,康茨在进步教育协会全国代表大会上发表讲演,题目为《学校敢于建造一个新的社会秩序吗?》,更加大声呼吁教育机构应负起挽救社会危机的重担,而不能过度地强调个人兴趣和发展。他认为学校应在个性和社会性之间求得协调与合作,推动社会和文化齐步前进,养成健全公民,实现理想的国家。还不止此,康茨更深入一步指出进步教育曾做出一定贡献是不容否认的;但进步教育运动是为上中层社会人士所控制的,是掌握在资产阶级手中的。他说假如进步教育是真正进步的,它必须从资产阶级羽翼下解放出来,要堂堂正正地和勇敢无畏地面对阶级压迫的现实,对于群众福利这个概念提出深切的理解,大力和大胆地向群众揭穿,扫荡不公正和不平等的残酷现实,进行严肃而坚强的斗争,才能实现。很显然,康茨的由阶级分析观点批判进步教育,是受马克思主义启蒙的。很显然,在苏联十月社会主义革命之后,美国教育理论界是曾受强烈的震动的。

1944年,第二次世界大战结束前夕,进步教育协会改组为美国教育协进会(American Education Fellowship),只是仍继续发行《进步教育杂志》;1945年,杂志也改由杜威协会(John Dewey Society)编辑和发行了。

进步教育协会会员人数于1938年达到最多。该年10月31日《纽约时报》讲:"美国没有任何学校是完全未曾受过进步教育的影响的。"1940年盖洛普民意测验的结果是一般群众对于这种学校表示满意,虽则有一部分人表示怀疑这些学校的办学目标是否受到充分的注意。不料,到1944年,美国民意研究中心为了证明上项民意测验结果而再度举行民意测验时,发现80%的答题者满意于子女在学校所受的教育,15%表示不满意,5%不能决定;但57%的答题者认为公立学校应有所改变,虽则其中有极多人对于如何改变的意见是含糊不清的。再则,在这57%的答题者中,44%提出学校的课程和教法应当改变方向,别再采用进步教育者所实行的一套。当进一步加以分析时,更发现在曾受初等教育的答题者中约有69%是不要求对公立学校有所改革的,而在曾受高等教育的答题者中约有86%是提出一项或多项改革建议的。之后随着美国提高教育水平的要求的增加，不满意于进步教育运动者就日趋增多。不但一般社会人士和教育工作者认为进步教育有所不足，甚至使学校成为玩嬉场所、犯罪温床或浪费时间之地；就是进步教育的内部人物和支持者也责备不休。美国著名的报刊专栏作家李普曼（W. Lippmann）在过去原是进步教育运动的热情讴歌者，称颂杜威所著《民主主义与教育》是最优良和最有力的知识分子的成熟的智慧产物，对于美国文化的未来极有贡献；到这时也不得不承认美国现在的学校充斥着浅学之风和鄙俗之气。他说："当人们发现学校学生并无共同的文化修养，他们缺乏共同的奋斗目标，他们崇奉谬误百出的神灵，他们只有在战争中才结为一体，他们在谋求生存的残酷斗争中竟然将西方社会撕得粉碎，难道是值得惊怪的吗？"①

在学者之中，博德于1935年著成的《走在十字路口的进步教育》是很受人们重视的。他说："民主这一课题在现在各种生活关系中已显得日趋紧迫了，民主主义应包括一种社会的和教育的哲学，而这种哲学是需要形成和应用的。如果进步教育者能够成功地应用民主主义的哲学和过程来解释进步教育的精神，美国今后的教育就将掌握在他们的手中。否则，如果进步教育仍然片面地被吸引在儿童个性之中，它就将陷于无有出路和盲目之中了。"②

在高等教育领域中，反对进步教育的呼声同样响亮。芝加哥大学校长赫钦斯于1936年发表的《美国高等教育》喧噪一时，他斥责把进步、进化和实用主义险恶地混淆起来，从而抛掉历史文化，吹嘘以适应当前需要为理想，硬把职业主义塞进学府。他大声要求打倒职业主义、实用主义和反理性主义，彻底揭露经验、适应和生活经验等以假乱真的把戏。他的明确主张是返归古典主义，以古典学科为高等院校的课程，恢复对于永恒不变的真理的追求。具体方案是以亚里士多德所注重的百科全书式的教育思想为线索，引导学生钻研100本经典性的名著，借以达到博雅教育的境界。他认为"适用于一切人的任何学科的核心，在任何时代，在任何地方，在任何政治、社会或经济条件下，都应是完全相同的"③。例如，柏拉图和亚里士多德的著作不但能启发古希腊人和古罗马人的眼光和智慧，它们同样能扩展现代人的胸襟和知识。慎选100册名

---

① W. Lippmann. *Education Without Culture*. Commonweal XXXIII, p. 323.
② B. Bode. *Progressive Education at the Crossroad*. p. 44.
③ R. Maynard Hutchins. *The Higher Education in America*. p. 66.

著为大学教学之用,就能维护和增进社会的秩序,并能破除人类的愚妄和世界的混乱。美国教育史家称赫钦斯及其同道人为永恒主义派。赫钦斯的继承人巴尔和布坎南在马里兰州圣约翰学院同样地进行了倡导。这些倡议和实施虽指出了进步教育的弱点和缺失,却又陷入了另一歧途。在众多批评者之中,基得昂斯(H. Gideonse)的评议最为切中要害。他指出赫钦斯敌视科学发展,复活形而上学,否定自由的价值。他又指出,赫钦斯的高等教育改革方案在美国仅在教育理论中占有一席之地,并没有方法付之实施。因为它指责进步教育的弊端是有所见地,但以经典名著改革高等教育是乌托邦。可见掌握辩证法对于理解教育学术是何等重要!

美国教育科学的发展和教育专业的成长[*]

伴随着 19 世纪后期生产事业的发达和自然科学、社会科学的迅速前进，要求建立教育科学已成为欧洲有识者的呼声。不过，学者对此的答案是不一致的。最早提及教育科学之名的是德国的赫尔巴特。1809 年，他继康德任哥尼斯堡大学讲座，讲授哲学和教育学，以后又著《教育学纲要》，肯定教育学为科学。其他学者也认为教育学可以阐述学习的性质、儿童的禀赋和兴趣、学校课程、教材和教法等等，承认教育科学的学术地位。在另一方面，德国哲学家狄尔泰（W. Dilthey）在柏林大学发表公开讲演，指出赫尔巴特等人仅按照 19 世纪理性主义哲学来立言，颇为不足；因为 18 世纪以来，人们早已从历史发展的观点理解社会发展了。简单说，教育是历史的产物，并非人类计划的产物；教育是适应不同时间、空间和人类才能逐步成长的，是受诸多条件制约的。赫尔巴特认为由伦理学决定教育目的，由心理学决定教学方法，这种以普遍而抽象的公式解释教育含义，是尚未解除理性主义枷锁的。狄尔泰说，到现今为止，我们尚无为人类普遍承认的伦理原则，心理学同样尚未为人类提供普遍公认的原理，教育科学奠立在这种狭隘而贫弱的基础上，仅仅达成归纳性的、实验性的和说明性的科学，并不是纯粹的而且具有深刻内涵和严谨体系的科学。在这里须加说明的是，德文科学（wissenschaft）一词和英文科学（science）一词不同。前者指系统严格的纯属理智探索的知识，着重指自然科学知识，特别是指无机的自然科学知识而言。英文中的科学一词则兼含自然科学和社会科学两者。教育学以伦理学、生物学和心理学为依据，遂受到一些德国学者的驳斥。在双方的争议之下，教育学仍被各国广大学者普遍承认为科学。原因是客观现实的急切需要的确推动着教育研究工作硕果累累。这在欧洲国家如

---

[*] 本文原载《美国教育史》（第二版），滕大春著，人民教育出版社 2001 年版。原标题为《教育科学的发展和教育专业的成长》。——编者注

此，在美国也如此。

就美国而论，从教室中进行教育工作的教师起，直到负责州和地方教育领导管理的教育厅局长止，都在实践中遇到层出不穷的矛盾，总在考虑和解决种种样样的难题。1885年，佩恩（W. H. Payne）发表论文集《对于教育科学的贡献》（Contributions to the Science of Education），既阐述古代柏拉图和亚里士多德的理论，又译释了近代卢梭著的《爱弥儿》和康比耶（G. Compayre）著的《教育史》，其书名标为"教育科学"是极为夺目的。美国理想主义哲学家罗伊斯（J. Royce）一方面否认教育科学的可能性，提醒教师莫被哗众取宠的漂亮辞藻所迷惑；但另一方面又认为儿童研究、直观教学和尊重兴趣等课题颇有可取，同时认为心理学对于教师观察、理解和指导儿童成长确有效用。他的结论是，教育学虽则不能成为纯正的科学，而研究教育学是很必要的。这里需要提起的是，近代诞生的政治学、经济学、社会学和人类学等社会科学，都是大致相似的。美国学者所受欧洲传统学术观念较少，而承受欧洲国家新兴教育思潮的启发较大，因而便在教育事业快速飞跃的同时，其教育学术研究也跨步向前。

一、欧洲教育思想的引进

历史发展到19世纪中叶，多种科学的钻研和重要的发现纷纷问世，使世界进入科学昌盛时期。在这方面，欧洲国家是走在美国之前的。不过，美国不但善于在新大陆自力更生地开拓创新，而且善于机敏地向欧洲吸收新思潮和新文化，从而由借鉴和摄取而加速前进步伐。在教育领域中正是如此。

叙述美国对于欧洲教育新思想的吸取，应当着重几个重要观点和实践。

（一）斯宾塞的进化论教育观点

英国学者丹皮尔是研究自然科学史的知名学者，他说："在随着文艺复兴开始的科学时期里，天文学与物理学的进步所引起的思想上的革命是最大的一次革命。当哥白尼把地球从宇宙中心的高傲地位上推下来，牛顿把天体现象收服到日常习见的机械定律管制之下的时候，许多构成整个神意启示理论基础的默认假设，恰好也遭到破坏。"他又说："在19世纪的飞跃进步中，最有效地扩大了人们心理视野，促成思想方式上的另一次大革命的既不是物理知识的大发展，更不是在这些知识基础上建筑起来的上层工业大厦。"究竟是什么发挥了这么大的力量呢？丹皮尔说：这时人们"真正的兴趣，从天文学转移到了地质学，从物理学转移到了生物学和生命的现象"。再具体说："达尔文成为生物学中的牛顿——19世纪思想界的中心人物。"①刚好这个时代巨星达尔文的进化论被斯宾塞反映在社会学和教育学中，斯宾塞的教育理论当然具有历史意义。

达尔文的《物种起源》问世于1859年，其基本论点就是生物在自然支配和淘汰之下，其形成和变化是从不中断的，是进化向前的。当一种生物遭遇困难时，它就展开斗争，结果是物竞天择而适者生存。人类是生物之一种，同样是从物种演变而来，并非上帝的造物。它推翻基督教的由上帝创造人类的神话，是震惊人心的。它改造了许多根深蒂固的学术定论，其贡献是非凡的。

斯宾塞是英国学问渊博和著述宏富之士，生当英国成为世界超级大国的19世纪。功利主义和实证主义思潮对他有所影响，进化论同样对他有所启发。他在社会学和哲学方面，论述极多。在教育理论方面，于1854—1859年先后发表论文；又于1861年合编为《教育论》（Education：Intellectual，Moral and Physical），实即论证什么知识最有价值和如何实施智育、德育和体育的论文集。他对于英国流行的绅士教育竭力抨击。《教育论》问世之时恰逢英国掀起维多利亚学术大讨论之际，是自由思想和自由争论的浪潮汹涌的岁月，众说纷纭，各不相让。人们讨论的要点之一是究竟把教育植根于语言和古典文学之中，抑植根于科学知识之内。双方对垒得极为尖锐。斯宾塞以积极态度投入论战，和保守派相周旋。他旗帜鲜明地说，使我们对于完美的生活有所准备，乃是教育必须尽到的职责；评断任何学科的唯一合理的标准是各种学科在完成上述职责中究竟有多少效用。什么是完美的生活？斯宾塞列举了五项内容，并按它们的重要性先后排列为：直接保全自己的活动、从获得生活必需品而间接保全自己的活动、抚养教育子女的活动、维持正常社会政治关系的活动、在生活闲暇时满足爱好和感情享受的活动。更进一步，斯宾塞便逐项排列各种学科的价值。其一，为了直接自保生存，健康是第一义的。生理学当然是最重要的学科。其二，为谋自我生存还须有就业谋生和从其他途径获取生活资料的途径，因此必须掌握广泛的科学知识，如逻辑学、数学、力学、物理学、化学、天文学、地质学、生物学和社会科学之类。其三，为着养育和教导子女，也须

---

① ［英］W. C. 丹皮尔著，李珩译：《科学史及其与哲学和宗教的关系》，商务印书馆1975年版，第344—345页。

理解心理学和生理学以及培养道德品质的知识。其四，为着承担公民的职责，还须学习历史、政治、社会等学科的知识。其五，为了搞好消闲生活，则须学习诗歌、文学、绘画、雕塑等方面的知识。在这里清楚地表明，当时学校崇尚的希腊文和拉丁文等古典学科被排列为最末位；完全相反，科学知识被推崇为最重要和最富有价值的学科。斯宾塞的教育价值观显然是走在时代之前的。诚如美国教育史家古德所说，斯宾塞的教育理论就是以指导个体适应环境作为教育的最高和最后的目的，是以达尔文的进化论为基础的。

当斯宾塞的《教育论》出现在美国时，美国学者竭诚相迎。英国学校笼罩着古典主义的学风和校风，美国是年轻国家，校风和学风中的包袱小，条条框框少，斯宾塞的社会学理论和教育学理论，确如有些美国学者所说，它虽是英国的产儿，但美国却是其畅兴之地。古德说："斯宾塞的《教育论》给美国以强烈的挑战，斯宾塞的一般哲学著作对于美国教育理论和实际产生了最为深远的影响。"①

就社会学而论，斯宾塞的崇信者萨姆纳（W. G. Sumner）是有成就的。1872年，他任耶鲁大学教授，讲授政治和社会等学科，成为美国社会科学界的名家，在此不暇畅叙。就教育学而论，沃德（L. F. Ward）、斯莫尔（A. Small）和罗斯（E. A. Ross）都是斯宾塞思想的传播者，兹分述之。

沃德于1841年生于伊利诺伊州，是自学成才者，精通斯宾塞的论著。他对于斯宾塞仅从生理学或自然因素解释进化不感满足，认为人类是有心灵的，个人和社会若仅依靠生理或物质因素而发育成长，必流为机械的无目的和无计划的进化。反之，人类的心灵却能保证进化变为有预见性的和有计划性的，因而是能够预防出现不测的矛盾和危害。人类社会进步有赖于文化，正说明它能接受智慧的指引，成为持续性的、能动性的和平衡发展性的。他肯定若无心智的作用，进化必然是盲目的。他于1883年著《能动的心理学》（*Dynamic Psychology*），其中曾就教育理论发挥阐述。他预示人类社会将发展成为全民政治的国家，步入民主主义社会最高的阶层，以全民的能动的社会活动为基础。这种社会由全民意见决定一切，而高明的全民公意得自于知识的修养，传播和培养优良的知识必须以教育为手段。他认为这种教育与当时的教育不同，具有三个特点：其一，它不分智愚之不同而把人人的心灵修养充实提高；其二，它在

---

① H. G. Good. *A History of American Education*. p. 390.

各方面须是公共无私的；其三，它须是彻底普及的。1905 年，美国社会科学协会成立，沃德被推为会长。他曾提出一些有待商讨解决的社会课题和教育课题，并将教育置于社会科学中的中心地位。

斯莫尔是霍普金斯大学毕业生，后任科尔比学院（Colby College）院长，1892 年任教芝加哥大学，在该校成立了美国第一所社会学研究生部，继续发展沃德以教育为促进社会发展的观点。1896 年他向美国教育协会发表以《社会学有赖于教育学》（The Demands of Sociology upon Education）为题的讲演，勇敢地呼吁青年冲破古典学科的绳索，从三条渠道接触现代生活。其一是大家互相依赖，因为处在都市和工业文明之中，无人能够自立独存。其二是大家互相合作，即彼此支援和谐。其三是进步，即认清新的个人和新的环境永远需要新的组织和发展。他鼓舞青年必须积极而奋发。他还指明接触现代实际生活并非接触那些虚渺空洞的事物，而是要把接触现代生活看做是最高速度和最佳系统的个人成长的常态。他认为社会学和教育学两者正是如出一辙的。很明显，斯莫尔要大力开创教育的新道路。他的讲演稿和杜威的《我的教育信条》于 1897 年由芝加哥大学合印成册，可见他和杜威的主张是多么合拍。罗斯于 1901 年发表的《社会控制：社会秩序的基础》（Social Control：A Survey of the Foundation of Order），阐述了类似的见解。

实用主义哲学大师詹姆斯（W. James）和杜威同样受到了进化论和斯宾塞的影响。詹姆斯于 19 世纪 60 年代初期得读斯宾塞的哲学著作《第一原理》（The First Principle），深为感动；不久，却持有异议。所需注意者是詹姆斯和沃德不同。沃德认为斯宾塞仅从生理和物质方面讲述进化，忽视了心理的进化过程。詹姆斯于 1878 年开始撰写《心理学原理》（The Principles of Psychology），12 年后问世。他认为：“斯宾塞的理解是人的心理生活和身体生活是一件事。”[1] 和旧派心理学者不同，詹姆斯把人类安放在进化体系中的生物所居的位置，人类的行为被视为发自天赋的本能；在这种本能之上，既有习惯的行为，又有自发的行为，表明人类的神经系统是具有丰富的力量和弹性的。这些行为一旦发生之后，就逐渐能控制未来的行为，并最后形成个人的性格，更进一步便构成人类的意识，成为思想流或意识流。詹姆斯认为意识是极为积极的现象，使理解者变成行动者，使人类从理解和领悟世界而发展为支配和创造

---

[1] W. James. The Principles of Psychology. p. 6.

世界的力量。实用主义哲学家和教育思想家杜威是詹姆斯的崇信者，他进而把知识视为人们适应环境的工具，并成为工具主义者，同样是与斯宾塞的进化论观点相联系的。

斯宾塞在美国的宣传者还有尤曼斯（E. L. Youmans）和阿普尔顿（W. H. Appleton）等学术界人士。他们尽量报道斯宾塞的哲学和教育贡献，出版他的著作。斯宾塞于1882年访美，受到盛大欢迎。哈佛大学校长艾略特于19世纪60年代初期斯宾塞的《教育论》刚刚传入美国时，就给予热情称赞，自称自己的著作从此便深受斯宾塞的启发影响。1910年，艾略特为《教育论》新版作序时说，斯宾塞的理论在工业巨变和社会巨变的惊人的浪潮中，澎湃奔腾，其中必不可缺地包含着广泛流传而意义深刻的教育改革。他又说，就事实而论，斯宾塞的理论在美国比之在英国获得更为浓重的兴趣和更为稳妥的市场。斯宾塞在《自传》中也承认他的思想在英国是敌友兼逢和毁誉参半的，在美国却广为传播。时当19世纪70年代的美国，在一般哲学、自然科学和社会科学的论著中不引证斯宾塞的思想，几乎是不可能的事了。

（二）赫尔巴特的教育理论

美国于19世纪中叶掀起奥斯维哥运动，宣扬裴斯泰洛齐的教育理论和教育方法，以改进初等学校和师范学校。德国教育学者赫尔巴特曾赴瑞士参观和参加裴斯泰洛齐的教育实验，是德国最早学习和崇敬裴斯泰洛齐的人士。不过，裴斯泰洛齐的献身精神是世所罕见的，在教育理论探索方面却有所不足。相反，赫尔巴特从26岁起即执教于哥丁根大学；又于33岁的精壮年华改任柯尼斯堡大学哲学课的讲座；以后从57岁始直到65岁逝世，又任哥丁根大学教授。裴斯泰洛齐终身致力瑞士贫苦儿童的教育，赫尔巴特则仅在瑞士富人之家任教师数年，而后则长期执教于高等学府。他生平以登大学讲坛阐述教育理论为任务，仅在1810—1832年任教哥尼斯堡大学之际，曾组织一个规模很小的实习学校和教育讲习班，作为教育实践场所，借以验证他的教育哲学和教育方法。因此，他深于理论造诣，和裴斯泰洛齐相比，是青出于蓝而胜于蓝的。

赫尔巴特生当18世纪后半叶和19世纪前半叶。祖父任奥登堡文科中学校长达34年之久，其父是律师和议员。赫尔巴特自12岁始肄业文科中学，成绩优异；18岁入耶拿大学，以后又在哥丁根大学获得博士学位。那时无人能脱离莱布尼茨、费希特和康德的哲学陶养，理性主义乃成为他的思想基石。因此种种，他遂敏于学术性的深入追求。他谋求教育科学的建立，其途径便不求之于教育实践的总结，而是以伦理学树立教育目的，以心理学奠立教育方法。在伦理学方面，他认为人类的道德内含为五种普遍存在而永恒不变的观念，即自由、完善、仁慈、正义和公道，一般简称为五道念。他坚信道德美善是人类最高目的，因而也是教育的目的。教育的唯一的和全部的工作就是培养道德纯良之人。在心理学方面，他是统觉论者。他认为人的心理活动的最基本和最简单的因素是观念，各种观念积累而成为统觉团，人们以后每遇与统觉团不谐调的新观念，则产生对于新观念的排拒作用，反之则起接纳作用，这些就是统觉作用。赫尔巴特以此为依据，便把教学排列为四步骤，即明了新教材、把新教材和旧知识联系、就新旧观念做出概括或理出体系、把新知识加以练习或实用。一般简称之为：①明了；②联想；③系统；④方法。统称为阶段教学法。赫尔巴特将当时凌乱无序的教学过程加以组织和安排，有其可取之处。他更倡导儿童多方面的兴趣和多方面的发展；在学校管理和道德训练等方面，也有不少识见。他以陶冶美德为教育目的，有似柏拉图以道德为教育理想。他从统觉论论证教学方法，也高过裴斯泰洛齐局限于直观教学。赫尔巴特教育理论在教育史上是有进步意义的。

赫尔巴特生于1776年，卒于1841年。他虽在教育学术上有所成就，但他在世时却未为世所知。直到1865年，莱比锡大学教授席勒（T. Ziller）在著作中推许赫尔巴特所阐述的教育性教学，要在教学过程中不但传递知识，而且要发挥培养善良品德的效用。席勒的弟子赖因（W. Rein）等继而又推许赫尔巴特的其他教育观点，如文化复演说和阶段教学说等，并把四段教学发展为五段教学。1874年，耶拿大学创立教育讲习班和实习学校；1885年，由赖因教授主持工作，使实习学校发达起来，要求教学实习必须预先写好精密的教案，教学实习后还须仔细讨论评议。经此逐步弘扬，赫尔巴特的思想得到发扬和提高，便畅行于德国。

赫尔巴特的教育理论在19世纪中期曾传来美国。不过，当时知者极少。1874年，美国教育协会举行年会时，薛尔顿宣读论述赫尔巴特教育观点的论文，竟未提及赫尔巴特之名。1876年，齐都（Kiddle）和斯其姆（Schem）在所编《教育百科辞书》（*Cyclopedia of Education*）中，也仅以两段文字略述赫尔巴特而已。所幸当霍尔和帕克留学德国时，赫尔巴特的教育思想正在风行。1885—1890年，美国青年纷纷赴德国深造，三名伊利诺伊州立师范学校毕业生前往耶拿大学留学，返国后始大力传播经席勒和赖因所充实和发扬的赫尔巴特的理论。其中返美后任宾夕法尼亚州斯瓦莫尔学院（Swathmore College）院长的德加莫于1889年著成《教学方法要义》（*Essentials of Methods*），是他们传播工作的第一炮。1892年，麦克玛利（McMary）又发表《普通教学方法》（*General Method*），1897年其弟法兰克（Frank）更发表《背诵教学法》（*Method in the Recitation*）。上述三人三书对于向美国师范学校和学院输送赫尔巴特的学说极为得力。他们不啻是德美文化教育交流的旗手。也就在这个过程中，1892年赫尔巴特俱乐部成立，竭力翻译赫尔巴特的著述；不久，全国赫尔巴特学会（National Herbart Society）于1895年仿照耶拿大学的范例而创建，德加莫为会长，麦克玛利为秘书，杜威为会员。该会陆续出版书刊，讨论兴趣、统觉、文化复演、公民培训、历史和地理等科教学等类课题。许多来美国任教的德籍学者积极推动，探讨赫尔巴特学说进入高潮。在密西西比河上游一带，师范学校和师范学院广设实习学校，推行五段教学法，认真指导学生做教学实习的教案和评议工作。随后在全国也普遍行之。当1894年哈立斯任联邦教育局长时，曾说崇奉赫尔巴特教育理论的美国人是比崇奉赫尔巴特教育理论的德国人还多的。1895年，一名翻译赫尔巴特著作的美国人也感动地说，美国教育家已经开始在赫尔巴特教育理论所造成的气氛中生存、活动和处理一切问题了。1902年，全国赫尔巴特学会改名为全国教育科学研究会（The National Society for Scientific Study of Education），1910年又改称全国教育研究会（National Society for the Study of Education，简称NSSE）。该会逐年发表的《教育年鉴》颇有学术价值。鼎鼎大名的杜威曾任该会会长。

（三）福禄培尔的教育理论和幼儿园

福禄培尔和赫尔巴特一样，是曾赴瑞士参观和学习裴斯泰洛齐的教育改革实践的。他又和赫尔巴特一样有其独特的教育见解。福禄培尔的突出贡献是创建幼儿园。这和他童年的冷清、孤单而寂寞的生活有关。他由于幼年丧母，又因其父偏爱其兄而待遇不平，其兄进入耶拿大学，他则终日在德国南部山中生活，十分缺乏家庭的温暖。因此，他深知幼年儿童应该受到优美环境的爱抚和保护。他于1805年在法兰克福致力教育幼童而取得成功，乃于1808年怀着崇仰裴斯泰洛齐的热情，奔赴瑞士伊佛东，一面参加裴斯泰洛齐的工作，一面自修物理、化学、生物学、哲学和数学。他既吸取裴斯泰洛齐之所长，又善于分析反思。那时恰逢拿破仑入侵，颇增加了他工作和学习的艰困。他当时受益最多的是看清音乐和游戏在幼儿教育中的重要地位。战后，他返回德国，于

1816年创立小学，1817年决定校址为图林根的小村中。他办理该校9年之久，因经费困难而归于失败。1837年，又创幼儿学校于布兰根堡，1840年改名幼儿园，树立了教育史上的里程碑。在过去，小学是教育的起点；福禄培尔认为幼儿园应逐步取而代之，成为教育的真正的起点。

福禄培尔在幼儿教育发展史中，不仅建立了幼儿园，还在教育理论和方法上有其见解。他肯定幼儿天性之善，认为幼儿本其善良天性而发展，即可像植物自然发育成长一样，将取得理想的成果；教师只须因势利导，循循善诱，就能使儿童获得身心的成熟，所以教师应如抚育幼苗的园丁，不能抑制自由和自动。很清楚，学校不应是心灵的屠宰场，而应是培植幼儿的苗圃。他把教育过程比作植物生长的过程，幼儿和幼苗相同，所需者是充分的阳光和雨露，而不是用打罚责戒来揠苗助长。在福禄培尔看来，音乐和游戏就是阳光雨露。他说，在儿童世界中，游戏不是娱乐享受，乃是发育成长过程中必不可缺的重要而决定性的因素。换言之，离开游戏而设想幼儿生长是不切实的。儿童的游戏并非一般戏耍，它所表现的是自由和创造力相结合的产物；自由并非放纵，是和节制协调的；创造力并非冲动，是具有目的性的。他在所著《人的教育》(*The Education of Man*) 中说："在幼儿时期，游戏是儿童天性发展中的最高层次。"① 福禄培尔在幼儿园中利用唱歌、游戏、讲故事、玩恩物等，充实而美化孩子们的生活和学习；幼儿稍长，就可从事种植花木的园艺游戏和制造船只与房屋等建造游戏。幼儿园并非强迫儿童安静就范之地，乃是增进幼儿幸福的乐园。福禄培尔坚信幼儿教育在当时尚是空白点，最该进行发展和完善。他身体力行了。的确，他在思想中和实践中存在着神秘主义和象征主义等落后之点和费解之点；他的教育思想的主流却是有积极意义的。

福禄培尔生于1782年，到1837年创立幼儿园时已40余岁，并已从事教育工作20余年，正值壮年且富有经验，具备开创幼儿教育的良好条件；更须提及的是他对幼儿的无私奉献精神。1835年在瑞士布格多夫时期，他已在心中描画出了幼儿教育的蓝图。但要落实理想则是艰巨的任务，他既无教师、无经费，连校舍也没有。那时的布兰根堡是仅有居民2 000人的农村，虽有美丽的林园，而幼儿园中的幼儿们每日却只能集聚在废弃不用的磨坊中，环境是破旧的。学校拥有的充分财富只是福禄培尔的坚强意志和教育智慧。他师法裴斯

---

① F. Froebel. *The Education of Man*. p. 54.

泰洛齐和儿童为伴的做法，终日和幼儿同歌唱和共游戏，并且制造游戏器具来引导儿童使用，使儿童在参加游戏中得到无形的教导。幼童喜爱玩具，常常把它们带回家中，不断地从游玩中受教育。每日幼儿到校，先环立在一起唱歌，举行宗教仪式，随即开始游戏。游戏完毕则去花园、森林及草丛中游览，以户外活动为主。在园林游览中，福禄培尔诱导幼儿观察自然现象和议论，以培养钻研兴趣。"和孩子们在一起"是他的原则，同时他又苦心孤诣地使幼儿在游戏和观察过程中，表现出各种观念、感情和活动的目的性，从而形成他们的经验和知识。他还要求幼儿一起生活和彼此合作，在共同参与活动中获得身心的进步。他称这种自动自发的积极表现为幼儿的"自我创造性的表现"。他反对把幼儿视为仅凭外力塑形的蜡块或泥土。他认为，幼儿的自我发展和自我表现不只有促进个人成长方面的价值，还有构成社会团体组织方面的价值。他说：如果社会的成员是落后的，这个社会是无法进步的；而一个社会如果是落后的，它的成员也难以是进步的。他因此注重家庭、学校和社会的关系，要求学校和社会紧密联系。不过，福禄培尔和费希特不同。后者鼓舞年轻一代成为热情的爱国主义者，前者希望年轻一代成为社会中善于而且乐于与人协作互助的成员。

当德国于1848年发生革命时福禄培尔参加了革命行列。普鲁士邦的军国主义政治压迫使幼儿教育事业受挫，1851年更下令停办幼儿园。幸而得助于一位男爵夫人，她于1852年前赴英国伦敦讲述福禄培尔的业绩和理论，成立乞儿学校推行其幼儿教育的理想；又赴法国、意大利、瑞士、荷兰、比利时等国广泛宣传，并翻译福禄培尔的著述，福禄培尔的思想乃为世所知。

福禄培尔的幼儿园传入美国始于1855年，乃是德籍移民舒尔兹（M. Schurz）在威斯康星州沃特镇设立的。她是福禄培尔的弟子，所设幼儿园用德语教学。1860年，皮博迪首创以英语教学的幼儿园于波士顿。马维代（E. Marwedee）是曾在德国汉堡设立幼儿园的美国人，回国后也曾设立幼儿园和幼儿师资培训班。哈立斯任圣路易斯市教育局局长时，更于1873年设置公立幼儿园，使该市成为向全国推广幼教事业的中心。各地设园日增，设幼儿师资培训班者也日增。到1890年以后，几乎所有城市皆先后把幼儿园列入公立教育体系之内，构成其最低层次。到20世纪初期，美国全国幼儿入园受教育者高达约80万名，福禄培尔的声名流传遍于全美国。幼儿园不按照福禄培尔的原理和方式方法进行工作者，是受到疵议的。但因其象征主义和神秘主义色彩不为美国教育工作者所接受,乃又吸取蒙台梭利的幼儿园模式,不久,蒙台梭利式幼儿园同样不为美国教育工作者所悦服。美国学者和幼教人员便以进步教育者倡说的教育理论为根据,又按照幼儿生理和心理发育成长的规律,开拓创新,美国式的幼儿园乃风行于世了。

在这里需进一步解释的是蒙台梭利创建的幼儿园。蒙台梭利在1900年以前是意大利罗马大学心理治疗室的助手。她在工作中研究残疾儿童的心理,并学习低能儿教育家塞贡(E. Seguin)和伊塔(J. Itard)的弱智儿童教育法,用感官训练医治儿童身心缺陷,随而创造了各种训练感官的工具和方法,用以实施残障幼儿教育,取得成功。她又应用这些工具和方法予正常幼儿,也很成功。她遂于1907年开办不同于福禄培尔的幼儿园,不久即在意大利兴盛起来。蒙台梭利幼儿园传来美国是在20世纪中叶,其办园方法曾轰动一时。后经教育家实验和观察,感觉它适用于残障或低能的儿童,对正常幼儿功效不明显。再则,她的理论基础是官能心理学;实际上,各种心理官能训练的迁移效用有其局限性,并非如官能心理学者夸耀之大,渐渐地便不太受人重视了。这也是美国批判吸取外国教育的一例。

二、教育科学的发端和迈进

上面已经述及美国将欧洲教育理论和实验多方引进和批判吸取,从而博学国际教育的优良而丰盛的理论成果和实践成绩,借鉴他国之长而促进本国教育的迅速向前。在南北战争以后,尤其是第一次世界大战以后,美国教育工作者除批判吸取别国之长,还在教育理论和实践方面,大力自力更生地探索钻研,成为勇于开拓创新的教育学术先驱。他们在人类教育科学史上,一方面成为教育智慧的输入国,一方面又成为教育珍宝的输出国,因而跃居教育学术领域的前茅。如果说,德国在19世纪是世界教育学术的马首,19世纪末到20世纪前半叶则逐渐由美国所取代了。很清楚,人类的认识是由感性上升为理性的。南北战争后,美国教育事业发达,教育经验积累丰富,那就便于比较分析而寻求其中隐含的规律了。美国成为教育学术发达之国,与它的政治经济发展密不可分,与它的教育事业的发展同样有着密切的关系。

(一)教育测量和教育统计运动的兴起

教育事业突飞猛进,其中含有巨量的人力投资和物力投资。务实的美国教育界和社会人士为探求投资的经济效益，就不能忘记教育账目的盈亏。与此相关，为探求教育和教学的效益，也必须精确地理解各项教育和教学的真实成绩，以便改革成法和推陈出新。在客观形势需要之下，人们必须由用思辨方法来假定和估计而走向以精密数据表明成败。这就使教育科学得到推动。这虽是19世纪末叶很多国家做过的事体，美国则因进行积极而是比较一般国家先行的。1897年，布莱恩（W. I. Bryan）和哈特（N. Harter）曾就电报学习发表了著名的实验结果。它既是心理学实验，更是以科学方法解决教育问题，因而它开了时代的先河。

在这里应当提及的是在布莱恩和哈特以前，美国学者已曾试行制造测量教育成果和儿童才能的量表。莱斯（J. M. Rice）于1894年着手测验儿童学习拼音的成绩，并于1897年发表了测量量表，被一些学者视为美国教育测量运动的起步。莱斯早年以医学为专业，于1881年充任医师。他于7年之后赴德国留学，改以心理学和教育学为专业，曾在耶拿和莱比锡等大学学习福禄培尔和赫尔巴特的理论，并曾参观许多学校，以理解欧洲的教育。他返国后，曾走访东起波士顿西至明尼阿波利斯等36个城市的学校的1 200名教师。他发现美国学校的严重缺点，即绝大多数学校的教学方法机械呆板，课程狭隘，教科书不佳，教师惯用斥责手段对待儿童。他的结论是，如果教师对于教课有充分修养，教学科目便会大为扩充，这样可以提高儿童学习水平。他把美、德两国教育做了比较，露出悲观之情。他在1894年对儿童做拼音学习的测量，是由于拼音是学校的主课，还因为哈佛大学校长艾略特等学者正在研究教育上如何节约时间问题。莱斯通过测量，进一步发现学校支付在教学拼法的时间是可减少的，因为学生学习拼字的能力跟教师教学质量和学生成熟水平紧密相关的程度，大于学习能力跟教学时数的相关。他批评当时的拼音教学是浪费时光而徒劳寡效的。莱斯的方法虽不尽完美，却指明学习成绩的优劣可以用准确的数量来表达，所以他的工作是效果明显的。在莱斯之前或同时，还有其他美国学者从事教育测量研究。例如，阿默赫斯特学院（Amherst College）体育教授希契科克（E. Hitchcock）在1860年曾做过体育成绩测量。不过，莱斯的拼字测量更受人重视。莱斯还曾于1902年建议各城市教育局设置局长助理，负责教育研究工作；并于1903年联合24名教育局局长和其他教育工作者，共同创建美国教育研究会；这些工作在当时都是新人耳目的。约在1905年，法国比奈和西蒙合作的智力测验已经完成；数年之后，戈达德（H. H. Goddard）便将它译为英文，传来美国后对美国学者起了推动作用。美国桑代克开创的教育心理学研究恰是在这时进行的。不但桑代克的三项学习律为人所重，他的另一名言尤给人以深切印象，那就是："一切事物均存在于数量之中，一切数量都是能经测量而知其多少的，人的心理特征和智能同样是可用准确数据来表明的。"美、法学者共同看重测量和量表的重要地位，从而使教育测量运动盛行于美国。

从20世纪初开始，各种学科的学习量表先后问世，形成美国的测量热。关于算术成绩的测量，斯通（C. W. Stone）于1908年和克梯斯（S. A. Courtis）于1909年相继发表。桑代克于1910年发表书法成绩量表；约在同时，艾尔斯（L. P. Ayres）也发表了书法成绩量表。随之而来是关于拼字、作文、语文等学科的学习成绩量表。当测量运动再发展一步时，其他类似学科的研究和量表也纷纷问世了。

心理测量是和教育测量相伴而行的。1901年，塞奇（P. W. Search）用统计数字表达儿童在生理成长、身体缺陷、学习成绩和活动能力等方面的个别差异，并且发表了年级量表。在这个良好开端之后，纽约市教育局于1904年发表同类的量表，说明儿童心理的特征。纽约市的研究曾发现许多受测试者是留级生或退学生，因而指出各学科教学应该适合儿童心理发育的水平。这一历史时期所热烈争议的是智力商数问题。有人认为智商得自遗传，不受环境的影响。就是说智力量表所测量的是天资禀赋，不是后天获得。有人则持异议，认为智商并非永久一致，环境可左右它的高下。在20世纪30年代，双方不相让步。后来，艾奥瓦大学教授斯托达德（G. Stoddard）发现同性双胞儿分别寄养于不同家庭，他们在智力测量中有着极大差异。1945年，哥伦比亚大学教育学院的洛奇（I. Lorge）也发现天资相似的一对学生，当接受若干年教育之后，智商便很不同，受教育年限愈长，智商则愈高。待第二次世界大战结束后，争议是仍存在的。

当各种测量取得成果以后，全国各地便纷纷采用，用以鉴别各学校和各学科的成绩优劣。就小市镇而言，这是从汉纳斯（P. H. Hanus）于1911年由蒙特克来（Montclair）和莫尔（E. C. Moore）于1912年由东奥兰治（East Orange）开始的。大城市的教育测量则始于1911年的纽约市，这次测量曾利用多种学科的成绩量表，受测试者达3万名儿童之多。另外11个城市于1910—1913年也举行学校教育测量，测量的项目彼此不同。到1932年，联邦教育局曾举行全国中等教育测量，覆盖面就广及全国了。大大出人意外的是这些测量的确发挥了促进改革的威力。以纽约市为例。该市是世界大埠，在1898年各小区合并以前，教育很是落后。该市的曼哈顿区仅有一所七年制小学，别区也各有八年制小学一所，各班学生常在70人以上，有的学生每日仅以一部分时间上课，有的儿童根本不上学校，公立幼儿园和中学刚在创设。这个偌大城市的学校竟比哈立斯主持的圣路易斯市学校落后25年。幸而1898年马克斯威尔（W. H. Maxwell）任市教育局局长，竭力整饬，才徐徐上进。一些纽约市民曾想借测量揭发教育弱点而推翻他；不料，马克斯威尔顺水推舟，便利用测量结果反而大大改善了纽约市的教育面目。自此以后，该市连续举行教育测量，在20年之内曾多达数千次以上。与此相似，俄克拉荷马州立大学于1913年，印第安纳州立大学于1914年，也都制出了量表。1916年，斯坦福大学教授推孟（L. M. Terman）又参照美国国情而修正了法国比奈和西蒙的智力量表。当美国参加第一次世界大战时，为了测验新征入伍士兵的心理和智力，由耶基斯（R. M. Yerkes）于1917年组织心理学者，编制美国军队心理测验量表，作为区分士兵智力和能力的标尺，比较比奈和西蒙的量表更为精确合用。第一次世界大战以后，别的大学无不迅速开展了这项工作。教育测量和教育统计乃成为教育科学研究惯用的武器。有人甚至夸大说，不掌握测量和统计的技术，就不能迈进教育科学实验室的大门了。

（二）中小学课程和教学方法的实验和研究

由于生产发达而出现新职业的与日俱增，由于科学发达而呈现新学科的层出不穷，1825—1850年，小学的教学科目每日须上课6小时方能满足要求。自1875年以后，直到1900年，多种多样的教学科目益加充斥中小学的日课表中。旧有学科，如拉丁文等，继续存留；众多新学科也都争夺一席之地。因此，新旧的文化基础科目、自然科学科目和职业科目，密集课堂，教师人力不足，学生负担过劳，形势相当严重。1880—1900年，两派学者提出彼此不同的解决方法。一派为保守派，主张原有文化科目必须维持，学校设置标奇立异的新科目并非急务；旧有文化科目还应该标准化，以谋求各校一致。他们以官能心理学为根据，认为拉丁文等科虽无实用价值，却可训练官能，使青年的思辨、记忆和想象等心理能力发达，因而更能满足现实需要。另一派为改革派，见解不同于前者，认为课程必须适应现实之需，学校教授的科目应当除旧布新。由于众说纷纭，莫衷一是，不同人、地、校乃采取不同办法解决。从19

世纪末到 20 世纪初，讨论课程改革问题形成全国热潮。

美国教育协会为解决这一课题，曾于 1893 年组织以研究中学课程为任务的十人委员会，于 1895 年组织以研究小学课程为任务的十五人委员会，于 1899 年组织以研究高等院校入学考试的要求标准为任务的委员会；但都由于偏向保守，未能提出切实可行的建议。直到 20 世纪开始，关于中小学课程的研究探索才更迈进一步。

其一，美国教育协会于 1911 年成立教育时间节约委员会，主席是加利福尼亚州伯克利市教育局局长威尔逊。该会研究在学校中如何运用科学方法选择合于社会需要的教材，如何把这些有社会价值的教材安排在适当年级的学科之中，如何组织这些教材以切合儿童生活的要求，如何删除无实用的教材从而使学校节约时间。另外，紧跟着，美国教育研究会以此为课题，于 1915—1919 年分别举行年会 4 次，讨论课本编写和有关问题。紧跟着教育节约时间委员会的建立，美国教育协会又于 1913 年成立中等教育改造委员会，该会并于 1918 年提出中等教育七项原则。中等教育改造委员会所提七项原则根据的是三项理解：一是教育要符合社会需要，二是要切合受教育者的特征，三是要遵照教育理论和实践的研究的结果。报告曾论及日趋复杂的社会生活，个人和国内以及国际的关系，还论及工业生产迅速发达所产生的需要。如果说进步教育运动侧重于适应儿童的心理特征和个别差异，而上述十人委员会和十五人委员会等又侧重传统的学科教育，教育节约时间委员会和中等教育改造委员会是兼顾社会和儿童的，是比较合理的。

其二，中等教育改造委员会制定的中等教育七项原则，实际上乃是中学的甚至包括小学的奋斗目标。因为理解健康知识和养成卫生习惯，掌握读写算的基本知能，成为有价值的家庭成员，具有从事职业的修养，成为国家优良公民，能做有益的消闲生活以及养成善良的道德品质，乃是健全公民都须具备的。课程专家博比特便根据这些原则，并结合他在洛杉矶市的实验研究，于 1924 年著成《课程论》。在这部著作中，他提出教育的主要任务"是为 50 年的成人生活做准备，不是为 20 年的幼少年生活做准备"[①]。他是实用主义教育家，却未强调教育就是生活，主张教育瞩目成人生活实际。他根据这种理解，曾就成人生活的需要进行逐项分析，从而为中等学校制定了 9 种基本学科：英

---

① F. Bobbitt. *How to Make a Curriculum*. p. 292.

语、文学、公民、自然科学、数学、体育、美术、音乐和艺术。这就是生活分析法的出现和应用。与此类似，以后又出现了职业分析法，即就各种职业的需要而设立学科和选编教材。这两者在课程研究中是曾为人重视的。

其三，由于课程改革等是当时亟待解决的课题，纽约市首先于1911年成立教育研究局，巴尔的摩市于1912年继之。1914年，建局的增为15个市，1920年又增为53个市，1925年更上升为106个市。美国教育研究会于1924年出版的年鉴是小学课程研究专集，1925年的年鉴是中小学课程研究专集，1926年的年鉴是全国公立学校课程研究专集，1927年的年鉴是初级中学课程研究专集，1928年的年鉴是高级中学课程研究专集。它们构成了教育科学研究的富有价值的文献。

其四，当课程研究实验在全国广泛开花之后，美国中小学的课程安排方式日新月异。其中比较常见的约有数种。例如：把英语和历史两科合设为一科目的，称为联科安排的课程（correlated curriculum）；把更多科目联合设置为一科目的，称为广泛课程（broadfield curriculum）；把以社会生活、艺术活动、科学探索活动等作为中心科目，并环绕各中心而教学有关知能的，称为中心课程（core curriculum）；等等。由于课程安排不同，各地各校的日课表遂极不一致。美国中小学在课程方面的自由发展而缺乏统一的要求和标准，在世界国家中形成了独具的特色。再则，由于学科的学习常常突破课堂的界限，美国中小学课外活动的繁多和活跃，也非一般国家学校所能及。伊比和阿罗伍德合著的《近现代教育史》中，总结美国学校的课程和教育方法的发展说："①从以传统教育为基础的课程，发展成为从儿童身心发育出发而向民族文化的高级活动前进的课程。②从固定不变、内容狭隘而以语文传授为主的课程，发展成为包括丰富实际知识并日益充实以求适应特殊需要的课程。③从全然为着未来做准备的教育，发展成为面向未来却又不叫儿童在思想和行为中去苦苦追求未来的教育。④从着眼于对外表现的教育，发展成为发展儿童天赋的教育。⑤从仅仅培养心智的教育，发展成为培育体质、社会性和心智的整体发展的教育。⑥从牢记文字知识的教育，发展成为在受控制的环境中通过活动而掌握科学知能的教育。"[1]这种全面而深刻的变化，在美国学校中表现得比一般国家为明显。

---

[1] F. Eby and C. F. Arrowood. *The Development of Modern Education*. p. 897.

就学校教学工作而言,威克沙姆(James Wickersham)于1865年著成《教授法》(Methods of Instruction)。他以裴斯泰洛齐和斯宾塞等人的所述作为引导和参考,并以心理学观点论述教学方法。他接受官能心理学的理论,但有所修正。他认为表象、记忆、回忆、想象、理解和思维等官能是协和发达的,只是发达稍有先后之别,绝对不可把它们判然割离或划分。理想的教学既要根据幼儿、儿童和青少年的心理官能发育阶段,又要根据所教授的学科的特点。他推崇裴斯泰洛齐利用画图、玩具、谜语等教学手段,并特别注重其直观教学;但他严斥有些教师利用无价值的物体作直观教学之用,认为那样任意选择直观对象是错误的。他说直观教学要善于利用自然的事物来引导儿童深刻认识所学的事物。他憎厌把直观教学降质为变相的文字说教。他认为矫揉造作式的直观方法是无效可言的。继此之后,1870年柯金斯(Kirgins)著成《直观教学法》(Primary Object Teaching)和1879年布鲁克(Edward Brook)著成《普通教学法》(The Normal Methods of Teaching),都各有可取之点。至于本书"进步教育运动"一章所提及文纳特卡制、道尔顿制以及设计教学法等等,那更是在教学研究上开放的花朵了。

(三)教育领导和管理的研究

19世纪30—40年代,美国各州、县、市相继大量地设置学校,为着领导和管理,乃设置管学机构和管学人员。例如,纽约的巴佛罗市于1837年,路易斯威尔市于1838年,圣路易斯市于1839年,先后设置学校,都是例证。南北战争以后,则大量增加,到1880年,中小城市也设置了。裴因推崇教育科学,就根据他在密歇根州安德里安(Adrian)市领导教育的经验,于1875年撰写《学校视导》(Chapters on School Supervision),以三章论述教育局局长或教育督察长的权力和职责,认为教育局长或督察长是属于教育委员会的官员。其余各章则论述招收学生和编定班次、学校组织、教师的考试和任用、课程和日课表等。他还在讨论学校视导时说,地方公立中学应设师资训练班,培养小学师资,已设师范学校的地方还当设法改善教师队伍。他提及妇女可任教师;不过,学校应以男教师为主体,自然科学的教学应由男教师担任。他曾论及男女教师同工同酬,但并未表示赞成。那时教师依然是男子的专业,这是他不赞成男女教师同工同酬的时代背景。从今日看来,他对于学校行政的实际问题多已涉及了。至于薛尔顿任奥斯维哥市教育局局长和哈立斯任圣路易斯市教育局局长的经验,则积累更较丰富了。曾任克里夫兰市教育局长的辛斯德尔

(B. von Hinsdale)则于1888年全国教育议会时解释,美国城市教育督察长或局长制度是世界独一无二的;与督察长或局长意义类似的是欧洲的学校视导员(school inspector);但欧洲国家学校视导员是国家的官员,美国城市教育督察长或教育局局长乃是地方的官员。他还说市教育督察长或局长的职权不是由法律决定的,因为教育局并非政府首创的,乃是由地方自治演进而出现的。他担心城市太大,教育局局长的事务过繁,因而无法以主要精力投入教育工作。另外,他主张教育委员会是城市教育的决策机构,教育局应是教育政策的执行者。以上种种都是实践经验的总结。

须提及的还有那时各地普遍设置的公立小学。这些小学一般都是简陋学校。建筑校舍和充实设备都需较多经费,却又收入不足,如何做到经济、适用和美观,极为困难。威克尔善于1864年撰成《学校经济学》(*School Economy*),曾以长的篇幅论及学校组织、编定班次和行政管理;另外还讨论学校体育场和体育器具;最末又从美育需要论及教室及操场的美观问题。威克沙姆是宾夕法尼亚州教育厅厅长,他的成绩曾邀得人们赞誉。在此前后,约翰诺(J. Johonnot)还撰著《农村校舍建筑》(*Country School House*)。作者是佛蒙特州农村小学教师,该书是为建筑一教室的学校校舍而设计的。他对校舍的构造和使用,校舍的地址和地形,主要房舍和附带房舍,建筑经费、器具设备以及教学器物,逐一加以论证。他对于物质建设有助于师生健康、道德品质和审美修养,特别注意论述。裴因在论学校管理时也曾提及学校应有体操场,使学生接受体育锻炼。可见那时学校行政的迫切问题,已提到议事日程之上了。

(四)心理学的研究

19世纪是心理学发展时期,德国莱比锡大学教授冯特建立科学的心理学,形成科学史上的盛事。美国的霍尔受其教导,返国后着手儿童心理学和青年心理学的研究。他于1880年开始对于刚刚入学的幼儿心理进行理解和观察,以后发表论文,引起教育界的注意。1885年,麻省渥斯特师范学校随而对于儿童的兴趣和活动从事系统的研究;1888年,威尔兹(S. E. Wiltge)发表了他关于一名聋儿研究的报告;1890年,全国许多地方开展了对于儿童活动、性格和缺陷的研究探索。当时种种样样的测问表格在各地征求答案,邀请家长和教师提供意见;更有人直接对众多儿童从事观察、交谈、测量和用数字来表达各项成果。经过研究讨论,人们得知儿童人格的发育成长是缓慢前进的,教育进度和教学内容以及教学方法必须以儿童心理成熟的阶段为根据。很清楚的是，把儿童误解为具体而微的成人是违反原则的。对于儿童的新理解和新概念令人耳目一新，教育过程从而发生剧变。就是说，教学不再是用背书本或填鸭式的手段所能奏效，教师的任务不再是以高压方式维持课堂纪律了。死气沉沉的本本主义必须肃清，要代之以儿童自觉的钻研和学习，儿童要通过积极参加活动和独立思考来获取知识和增长能力。总之，在19世纪末和20世纪初，当儿童研究运动蓬勃开展之际，心理学不啻是学校工作的主导科学。

（五）教育史和比较教育的研究

19世纪美国面临的实际教育问题既属多量的，又系急迫的，因而人们把兴奋点投放在儿童心理、课程设置、教学方法以及教育领导管理等直接关系到教育效率的研究课题上。教育史和比较教育的研究尚未提上议事日程。就教育史而言，那时仅是个别人士零星的偶然的努力之事而已。在哈立斯主编的《国际教育丛书》中，曾有佩因特（F. V. N. Painter）著的《教育史》和布恩（R. A. Boone）于1889年著的《美国教育史》。另外，裴因翻译的法国著名学者康比耶所著《教育史》也列入《国际教育丛书》之内。到20世纪初期，美国学者才开始向教育史进军。哥伦比亚大学教育史教授孟禄是先行的学者，于1905年著《教育史课本》（*Textbook in the History of Education*），俄亥俄大学哲学史和教育史教授葛里夫斯则紧步孟禄教授的后尘，于1909年著《古代教育史》（*A History of Education, Before the Middle Age*），斯坦福大学教授卡伯莱于1921年著《教育史》（*A History of Education*），都是不凡之作。一般史家说人们常把古希腊、古罗马的教育演变作为教育史的主体，忽视早于古希腊、古罗马的和堪与古希腊、古罗马媲美的古代东方国家教育，因而走向欧洲中心论。实际上，孟禄在著作中则将古代中国教育放在古希腊、古罗马之前，把中国古代的教育概念、教育范围、教育机构、各种学校的修业年限、课程内容、教学方法、考试制度以及儒家教育理论，逐项叙述，条理井然。葛里夫斯更在著作中首先叙述古代埃及的教育，其次为亚述和巴比伦的教育，再次为腓尼基教育，再次为中国教育，再次为印度教育，再次为波斯教育，再次为以色列和犹太教育；在阐述古代东方诸国教育发展之后，才叙述雅典和斯巴达的教育演变。葛里夫斯的眼光是非同寻常的。葛里夫斯以后又出版了《中世纪教育史》（*A History of Education, During the Middle Age and the Transition to Modern Time*）和《近代教育史》（*A History of Education in Modern Times*），恰好构成前后衔接的断代教育史。卡伯莱于1919年出版的《美国公共教育》(Public Education in the United States),名为美国教育概述,实际上乃是美国教育史,是内容精审的国别教育史。

美国学者致力教育史是为着"鉴古知今"和"古为今用"。孟禄在《教育史课本》中明确指出,要使学者对过去的教育史实获有充分认识,使他们能够分析过去的教育经验,来更好地完成他们所承担的教育任务,还要帮助他们判辨各种教育理论和教育史实之间的关系,特别重要的是使他们对于教育意义、教育性质、教育过程和教育目的等等,得到正确的理解,从而把他们从狭隘的一隅之见和一家之言中解放出来,并从庸陋的和肤浅的教育常识中提高起来,进而给他们奠立永恒的、广博的和深邃的教育概念。显然,教育史不是装饰性的知识,是具有重大理论意义和现实意义的学科。

在孟禄等教育史先驱者的启发和引导下,美国的教育史研究工作者前赴后继,遂在第一次世界大战结束之后,一系列著作随而问世。得克萨斯大学教授伊比和阿罗伍德就文艺复兴后欧美诸国教育发展,于1934年出版《近现代教育史》(The Development of Modern Education),是他们于1940年问世的《古代和中世纪教育史和教育哲学》(The History and Philosophy of Education, Ancient and Medieval)的续篇;同在1946年,宾夕法尼亚大学教授马尔赫恩(J. Mulhern)也出版了《教育史》(A History of Education);哥伦比亚大学教授巴茨旁征博引而融会贯通,更于1947年出版了《教育文化史》,这些都属于教育通史范围。俄亥俄大学教育学院教授古德于1956年出版的《美国教育史》(A History of American Education),则属于国别教育史的领域。属于教育专题史的杰作当推耶鲁大学教育史和教育哲学教授布鲁巴克(J. S. Brubacher)于1947年出版的《教育问题史》(A History of the Problems of Education)。美国社会热衷于学科的使用价值,教育史常常不为人所珍视。巴茨在《教育文化史》中唤起人们的注意道:"研究教育史,就其本身而言,是不能解决目前的实际问题的;但它使我们更为聪明地解决目前的实际问题。"这仿佛是自相矛盾之论。但巴茨解释道:"这是因为研究教育史可以帮助我们看出目前的重要问题是什么?这些重要问题是怎样出现的?过去曾怎样解决的?过去解决的办法能否用来解决目前的问题?"他又说:"研究教育史至少可以产生两种效益。其一是叫人看清过去用以解决问题的要素有哪些还存在于目前,这种传统的要素为什么遇到新环境和新要求而产生新问题。其二是叫人看清不同时代和不同民族曾怎样解决类似目前出现的问题。"①这些理解当然会起"以古为鉴足以明得失"的宏伟作用。巴茨肯定:"理解现代社会和现代教育的最高明的渠道之一是从人类文化发展的历史长河来对教育进行展望。"②

关于史为今用的阐述，布鲁巴克是更进一步的。他在《教育问题史》中说，人们常讲历史是永远不会重现的，实际上历史是不断重演的，只是并不完全原样地重演而已。这种重演在教育问题的处理上是特别常见的，只因时间和空间而有所不同罢了。教育学者都相信这一事实，因而常把教育史实向一般教育工作者提出，作为参考或根据，有似医务工作中所惯用的病历本一样。布鲁巴克还说一般学者都从古至今地按照历史顺序，叙述教育发展，仅仅在结束时附带地联系当前教育实际，因而难以对实际问题的解决有较多的裨助。他遂从当前各项实际问题出发，通过以往同类问题的演变和得失，从中吸取经验，再回到现实问题，来谋求改进和提高。布鲁巴克又说，这不仅仅以美国的历史为探索范围，而是以其他国家民族和不同历史时期的事实为着眼点的。就古为今用而言，问题史是更能发挥作用的。

就比较教育而言。美国由于系欧洲移民众多之国，各国移民前来新大陆时，很自然地便把不同国家的教育概念和教育设施带来新大陆，百花吐艳和百果争香，给人们以互相观摩和交流的良机。在这种交相接触过程之中，人们无形中起着彼此启发和取法的作用。美国以后在发展教育时期，更敏于借鉴欧洲各国的先进理论和经验。他们传播欧洲国家的教改报告，派遣人员到欧洲国家考察参观，鼓舞青年和学者到欧洲认真学习和研究，吸取了欧洲大量教育经验和主张。霍拉斯·曼和亨利·巴纳德在19世纪30年代掀起公共教育运动；到70年代，安吉尔改革密歇根大学和吉尔曼创办霍普金斯大学，无不以德国为范本而着手工作，都是凭借美德教育相互比较而提出方案的，都是人们视为经典性的范例的。不过，这些都是为着解决某项具体教育建设而进行的关于比较教育的个案研究，并非系统的理论性的比较教育研究。哥伦比亚大学师范学院教授康德尔于1933年出版的《比较教育》乃是美国首先问世的具有严密体系和科学分析的比较教育学的著作。康德尔说，第一次世界大战之后，世界出现了新形势，这是人类发展史的一个重要时期的肇端，欧美各国为昌盛国力无不较前更加从政治、经济和社会的变迁而重新考虑一切，并按照不同于19世纪

---

① ② P. Freeman Butts. *A Cultural History of Education*. p. 2, p. 7.

的旧观点规划新生一代的培养问题。当第一次世界大战于1914年爆发时初生的婴儿，到20世纪30年代已届20岁的年华，必须面对缺乏理解的急骤改变的社会去做新人；长于他们一代的人则须对日新月异的社会进行在生活、职业和思想方面的重新适应，以图生存。无论就个人或国家而言，这都是一个不安定和不平稳的历史时期。学校和教育都在适当程度内寻求不同于以往的方向、内容和方式方法。康德尔又指出从凡尔赛会议以后，教育在各国所占地位都比以往更为重要了，而且各国教育的范围扩充了，体制改进了，特点鲜明了。尊重地方差异和采行多种教育设施的英国教育，实行中央集权和由政府管理教育的法国教育和意大利教育，允许教派办学、推崇理性和崇尚科学的德国教育，特别注重国家和民族主义的俄国教育，强调民主、平等和自由等原则的美国教育，都在各国的学校体制和管理领导上，在各国学校课程和教学方法上，在各国教育的方针政策上，显示着彼此间的差异。教育科学对于这一切做出新的描述和解释，是极有价值的。但比较教育不是把一些素材搜集罗列，流为各国教育情报的堆积，使人们徒知其然而不知其所以然。这种浅层而浮浅的阐述并不能揭示潜在的因果关系和获致教育发展的客观规律，是不能达到科学的水平的，因而是无法窥及各国教育的实质的。尤其值得注意的是各国教育一方面对其本国的历史、文化、产业、政治等等负有促进的职责，一方面还有促进全人类的精神文明和物质文明的职责。这种职责同样是崇高而可贵的。这种对于各国教育的正确而科学的探究就是比较教育。康德尔根据这种理论，便就英国、法国、德国、意大利、俄国和美国六国教育进行比较分析，其名著是教育学者所称道的。康德尔极力强调比较教育蕴含着丰富的财富，既有助于提高人们对于教育科学的掌握，更有助于形成理论精深而包罗广泛的教育哲学，对于革新美国教育是极为有益的和不可缺少的。康德尔的《比较教育》遂是弥足珍视的佳撰。

在这里还须提及的是康德尔曾阐述在比较各国现行教育体制及教育实施之外，必须深入挖掘其历史的、社会政治的和文化的根源，要寻根究底，要溯其演变踪迹，要观其成败效益。他说："仅仅研究各国的教育机构，学校系统的结构和管理，学校的课程和教学以及教室的一般工作等，是不算成功的。关于这类课题的比较研究的主要价值存在于探索它们产生的原因，存在于窥知它们所企图解决的是什么问题。"[①]康德尔曾反复道及：为着真正掌握、理解和评价

---

① I. L. Kandel. *Comparative Education*. p.6.

一个国家的教育事业的实际意义，必须对于这个国家的历史和传统，必须对于决定这个国家政体的各种力量和态度，必须对于这个国家所赖以取得发展的各种政治和经济的情况，都有所了解。理由是在以往，各国多由群众自动设校和管校，到如今，则都由国家操有设校和管校的领导权了。在新的历史阶段和旧的历史阶段之间，教育理论和设施是存有显然的缺口的。他认为如今的教育和学校并不是孤立于国家之外的，而是国家事业整体的组成部分，既不能脱离国家的现在，也不能忘记国家的历史；既不能脱离国家的政治和经济，也不能不顾国家的文化。比较教育不仅要从各国教育事业的今日来相比，还要理解它们怎样才有今日的。只有如此，才能理解各国教育的灵魂和实质。

康德尔最后更深入一步地讲，比较教育需要从哲学高度进行比较。他说这就是要上升为不同教育哲学的比较。不过，必须指明所谓教育哲学并非是以不同的教育理论为基础的，当然更不是一种教育理论或学说而已，乃是以当前指导教育实际活动的哲学思想为基础的。一般教育学说或理论旨在使实际教育活动适应国家的需要，教育哲学则比各种教育理论更为高深和更能体现教育发展的客观规律。因此，对于外国教育的研究应当是极为严格的探究，应当是新旧教育哲学之间的挑战，应当养成学习者对于教育具有新的态度和抱有新的观点。康德尔的结论是：对于外国教育的研究不能仅仅获得关于别国教育制度的表面认识。

康德尔著作很多，理论性很强，《比较教育》一书是学术水平很高的名著，曾启发人们有意识地从事各国教育交流、比较和借鉴的实践工作。第二次世界大战后，世界进入高科技的和信息的时代，国际间的文化教育发展需要这桩工作的急速展开，比较教育的科学性和实用性正在快步向前和向上。

从上述各项教育科学研究及其论著中可知，美国教育科学蒸蒸日上而欣欣向荣。在教育哲学方面，杜威于1916年出版的《民主主义与教育》乃是实用主义教育哲学的代表作。其他学者关于教育哲学的著述，也纷纷问世。布鲁巴克于1939年出版的《现代教育哲学》（Modern Philosophies of Education），即是佳撰之一。这些科学研究和哲学研究的累累硕果，共同绘成美国教育学术的绚烂画面。这幅画面乃是其他国家所罕见的。

三、教育专业的诞生和发展

美国教育事业的发达和教育学术的前进，有力地促成了教育专业的出现。

许多大学或学院始而设置了教育专业科目,以后成立了教育或师范学院,并且建立了教育系和教育研究组织。它们一方面培养教育工作者,以满足当时的急需,一方面又推进教育学术滚滚向前。不少学者曾称许美国的关于教育的专业教育是佼佼者。

历史地追溯起来,早在19世纪初期已有设立教育科目的大学。据传一所设在边远地区而人口稀少的阿穆赫斯特地方的学院,曾于1827年考虑开设教育科目,但未实现,它仅是关于教育专业教育的最早的萌芽或设想。位在宾夕法尼亚州西南部山区华盛顿地方的杰斐逊学院,也曾有类似的想法。1831年,处于婴儿时期的纽约大学还聘请曾在哈特弗成立聋人学校的葛劳代为教育学教授;但是究竟曾开课否颇可怀疑。直到1850年,布朗大学才始讲授教学艺术的科目。时值美国西向拓边之际,由于小学增设,居民稀少而财力困窘的中西部各州的州立大学,纷纷为培养小学师资而开设教育课程。等到南北战争后,中学和师范学校增多,大学乃把培训小学教师的任务推给师范学校,但仍然承担培育中学师资的任务。艾奥瓦州立大学在这方面极为突出。1873年,该校设置三位一体的系,称为心理学、伦理学和教育学系。在三者之中,教育部分居于弱势,实际上等于虚有其名。等到1890年,该校则单独设置教育系;1907年,教育系更升格为教育学院。这是教育专业发展史中的重要一页。稍后,一般大学都由培养小学教师而转为培养中学教师和教育行政人员,这便形成大学和中学为一线而小学和师范学校为一线的开端。不过,1900年以后,大学再度负起培养小学师资的任务,规定修业2—4年,借以提高初等教育的质量;一些师范学校急起直追,也大力改进教学,则升格为师范学院了。

在师范学院和大学教育学院的形成之初,教育学科向前发展。1879年,密歇根州立大学设置教学艺术和科学讲座,任务是帮助中学教员、校长和教育局长掌握专业知能,提高中等教育在职的工作者的专业能力。原因是该校校长安吉尔看到中学日增,中学和大学必须紧密衔接,方能便于中学生升入大学。他曾于1871年对于中学实行认可制度,即凡中学经大学考察被认为条件优良者,即被称为认可中学,认可中学毕业生可以不经考试而升入该校。另外,1874年,该州卡拉马祖诉讼案经法院判决,准许地方以公款设置中学,中学人数骤增,认可制度尤有发展的必要。安吉尔再三解释,在校生而志在教育工作者须理解中学组织、行政和教学的知识。他说,仅凭经验虽能熟练地训练教育工作者,而教育专业学科的讲授更能有所裨助。正因如此,密歇根州立大学便成为全州教育的师源，设置了一些与教育专业有关的科目。1881年，哥伦比亚大学校长巴纳德（F. Barnard）同样发表了动听的言论，申述教师应受教育专业的培养，但也未得落实。1889年，私立纽约学院获得成立许可证；1892年又获得成为师范学院的许可证；1898年经享有教育威望的当政者巴特洛的经营擘画，纽约师范学院乃成为哥伦比亚大学师范学院。巴特洛年轻有为，任哥伦比亚大学第十二届校长，而且在职竟达43载。在他的努力开创和建设下，该校师范学院犹如19世纪德国哥尼斯堡大学之成为世界教育学术胜地，乃是20世纪美国的和世界的教育科学的光辉殿堂。

在此或前或后，康奈尔大学于1886年，芝加哥大学于1901年，先后建立教育学院。根据布恩（R. G. Boone）的统计，1940年全国共有大学和学院480所，其中开设教育学科的共250所，占52%。1890年，艾略特说哈佛大学教授们对于开设教育课既无兴趣，又无信心；但次年该校便建立了教育系，以后更创立了教育研究生院。该校的教师说，这是跳出反对设置教育学科者的控制的结果。的确，当时不仅历史悠久的大学轻视教育专业，中西部各州某些院校也非例外。不过，教育专业的拥护者终究居于优势地位，因为众多学校急需曾经教育学科武装的教师和众多市区急需曾受教育科学洗礼的领导管理人员，客观形势非少数人主观意志所能抹杀的。

美国教育专业机构和组织较比别国更为繁多，对于教育研究工作起着明显促进效用。早在1857年，10州教育工作者协会共同在费城举行会议，成立了美国教师协会（National Teacher's Association）。到1870年，改组为美国教育协会，由艾略特、巴特勒和哈立斯等教育名宿先后担任主席，经常针对教育课题讨论解决途径。从上述十人委员会和十五人委员会等，就可见其影响之一斑。有人曾说联邦政府未设教育部，美国教育协会正在起着部分的教育部的作用，对于统整各州、各级和各类教育的方针大计和思想观点之类，树有功绩。美国教育研究会同样是全国性教育专业组织，贡献也很突出。各州、各市和各地区的教育专业组织数不胜数。它们在政府部门领导之外，对于教育业务和教师福利方面起着一般政府部门所不能起的联系、组织和探索等多方面作用。群众的或民间的组织做出如此性质重大和方面众多的贡献，乃是美国非别国所能及的。

战后美国教育的改革[*]

第二次世界大战后,美国教育的改革兼顾机会平等和提高质量两方面。就机会平等而言,美国中小学教育比较发达,二战前正步步走向普及,但还有不少空白点和弱点,二战后乃在教育进一步大众化方面做了三件事。一是发展少数民族教育,努力改进过去被人视为国耻的黑人教育和印第安人教育。二是发展残障青少年教育,设法推广盲、聋、哑及智力低下者的教育。三是用贷金和奖学金等制度,使广大贫穷的青少年受到能尽其才的最高层次的教育。不过比较说来,美国二战后在提高教育质量方面更为急切,投入的力量更大。原因是在当前知识爆炸时代,美国教育非由重量而大力重质不可。众多未来学者呼吁如今正逢第三次浪潮,第二次浪潮时期的教育已成为古董,已成为必须淘汰的东西,如果不赶快改革必然走上绝境。所以美国在二战后数十年来所狠抓的是教育质量的飞腾。

众所周知,美国教育的传统是重量而重质不足。这是历史条件所形成而非偶然的现象。美国学校和欧洲国家的学校渊源不同。欧洲国家的中学和大学,最初都是贵族学校。大学不必细说;中等学校同样是为升大学做准备的贵族学校,学生要读拉丁语、希腊语、古典学科,以后还要读数理学科,以便升入大学深造。中等学校不面向群众而面向少数贵族富家的子弟。中等学校是升入大学的阶梯,不是自成段落的教育。当时的人们说:"上中学而不升大学,就是打好地基而不盖大楼,乃是愚昧和浪费。"中学选择学生严格,淘汰率高,课程高深,要求学生达到较优水平。法国从拿破仑开始创设国立中学,国立中学就注重天才教育和学术质量,不要求大众化和民主化,国立中学毕业生就被授予学士学位。德国的文科中学毕业生才得升大学,因此文科中学毕业证书是进

---

[*] 本文原载《比较教育研究》1995年第6期。此文"战后"指第二次世界大战后。——编者注

入大学的通行证。英国的公学大致相同。撒切尔夫人的内阁被称为"剑桥内阁",因为阁员大都由剑桥大学毕业,而公学就是给牛津大学和剑桥大学输送生源的。这些国家都曾由封建社会过渡到资本主义社会,为当时统治阶级服务的教育因而走天才教育和学术研究的道路。美国的历史不同于欧洲诸国,教育因而有异。

当欧洲各国移民跨入美洲新大陆时,当英国移民于17世纪踏上新大陆时,那里是一片荒原,土著的印第安人尚处于原始社会,和欧洲的文化发达社会相去甚远。到18世纪美国建国以后,美国也只是东部13州刚开发,阿巴拉契亚山脉以西仍未开发,那时百事待举,而美国13州仅有约200万人,年轻一代不能埋首读书,只能面向实际建设。1829—1837年任总统的杰克逊说:"我们如果像欧洲国家那样培养学生,而不培养干才,美国就会犯年代学的错误了。"从此,美国教育就与欧洲的传统背离,重实用而轻学术,重能人而轻学者。杜威的实用主义教育哲学就是植根于新传统而从理论上发扬光大的。欧洲学者看不惯美国的学校,说它们不伦不类,很有些鄙薄的言论。可是客观存在使美国教育有着强大的生命力,造就人才而造福社会,重术轻学遂成学风。在美国讲,这并非人人满意的;但主观意志战不过客观存在,这显然是不容逆反的规律。

第二次世界大战真正使美国教育产生了巨大的变革。列宁说千百万人的习惯势力是不可轻视和不易扭转的。二战后几十年之久关于美国的教育始终是争论不休的,不过,变革是势不可挡的。在这里有略加追叙其经过和剖析其内容的必要。

一、教育巨变的经过

首先,在二战期间美国教育的弱点暴露出来了。罗斯福总统发现众多士兵无能力使用新武器作战,空军瞄准计算错误,打不准目标,原因是服役士兵文化水平过低,没条件使用高科技制造的新兵器。再则,1945年美军使用原子弹战胜敌国,表面上值得骄傲,实际上那是逃居美国的德国犹太人爱因斯坦的功绩,并非美科学处于领先地位。罗斯福为使美国在国际上继续充当政治、经济和军事的霸主,曾询问他的智囊人物如何办理。那时国防委员会的负责人布什提出五点建议。①不重视科学是美国极大的短见,今后一定要扭转方向,把科学从两翼地位上升居中心地位。②美国只注重实用知识，有很大的局限性，今后必须注重基础理论研究，要向欧洲国家看齐。③搞科学基础理论研究靠政府办不到，靠企业办不到，靠地方也办不到，必须由国家统筹在大学建立基地。④要奖励学术工作，中学生要打好深造的根底。⑤允许学者自由研究，承认搞高深学术要冒风险，要适当宽恕学者发生的错误。布什的建议很有远见，罗斯福恰是极有卓识的政治家，因而采纳了。中小学教育受到了重视，不仅要大众化，更要提高教学质量。当时引人注意的事实是威斯康星大学的工科学生，没有高深数学知识者占3/5，没法进行物理学学习；麻省理工学院同样发现中学生数学水平过低，非提高不可。诸多事实证明欧洲教育比美国教育高明。美国于1979年成立教育部，但事权不大；大学因而直接插手中学教改，并着手编写中学教科书。在教育界，愈来愈多的人成为要素教育论者，狠抓高深知识传授。

1957年苏联人造地球卫星发射成功，美国朝野震惊，教育巨变便向前跨越一大步。次年，国会通过了《国防教育法》，宣称："国家的安全需要最充分地开发全国男女青年的脑力资源和技术技能。目前的紧急情况要求提供更多的且更适当的教育机会。""美国的国防有赖于掌握由复杂的科学原理发展起来的现代技术，也有赖于发现和发展新原理、新技术和新知识。"为此，由国库直拨巨款，帮助学校"加强自然科学、数学、现代外语和其他重要科目的教学"。艾森豪威尔总统又于1959年指派教育人员赴苏联考察，返国后提出报告，承认美国教育失败，应向苏联学习。从20世纪60年代起，美国中小学以苏联中小学为范例，苏联学校各年级设置什么科目和传授哪些知识，一一引为参照。无奈由于师资水平不足，又由于由上而下地领导教育改革不符合美国传统，效果并不理想。例如，中学讲授麻省理工学院所编的教本，内容虽属新颖，却只有20%—25%的学生考试及格，因而引起社会的不满。

进入20世纪70和80年代，美国的企业界和科学界在国际上又遇到新的挑战，而且是几个硬手做挑战者，同样震撼了美国的社会。麻省理工学院校长葛利说，第一个硬手挑战者日本的电脑，已超过了美国，第二个是德国的机器制造。另外，韩国在炼钢方面也走在美国之前。美国如不加速追赶，就会大大落后。当时许多未来学者提出新的理论，即今后不再是体力劳动者为主的社会，将变为以脑力劳动者为主的时期了；而且生产不再依靠一般投资，要靠智力投资来决定国家命运了。里根总统于1981年曾成立中小学教育质量委员会。

委员会于 1983 年提出了著名的《国家处在危险之中：教育改革势在必行》。该委员会以 18 个月之久进行调查提出的报告说："在商业、工业、科学和技术创新方面往日未受挑战的领先地位，正在被全世界的竞争者赶上。"报告随后指出美国的学校和学院虽然曾做出过令人骄傲的贡献；但"我们社会的教育基础目前正在被一股日益增长的平庸潮流所侵蚀，这股潮流威胁着我们国家和人民的未来。上一代人难于想象的情况已开始出现——其他一些国家正在赶上和超过我们的教育成就"。报告又说："我们甚至浪费了随苏联人造卫星挑战之后而产生的学生学业的进步。"报告更指出："我们的关心远远超出了工业和商业范围。它还包括我国人民的理智、道德和精神的力量，这些力量结合起来形成了我们社会的结构。对于一个自由、民主的社会来说，对促进共同文化，特别是对一个以多元化和个人自由而自豪的国家来说，共同享有的高水平的教育是十分重要的"。

总之，二战后数十年来，人们对于美国教育的认识日益明晰，即科学是美国的命脉，更是美国教育的命脉。1983 年的《国家处在危险之中：教育改革势在必行》中说："当今世界，各种事业的竞争空前激烈，变化日益加快，危险性越来越大。在这样的社会里，教育改革应集中在创造一个学习化社会的目标上。"报告还画龙点睛地指出现今"正进入信息时代，学习是在这个时代取得成功所必不可少的投资"。报告揭露美国中小学生学习成绩退化和落后的悲惨数据后，提出许多关于提高教育质量的建议。就中学而言，特别强调五门"新基础课"的教学，即必须开设英语课四年，数学课三年，自然科学课三年，社会科学课三年，计算机课半年；各课成绩都须提高要求标准。很清楚，报告就是高质量教育运动的有力推动者。

二、教育改革的主要方面

（一）方向的扭转

以上已谈美国教育与欧洲国家教育有不同的历史渊源和历史传统，即欧洲重学而美国重术轻学，欧洲重天才教育而美国重大众教育。二战后因为国际竞争激烈和进入高科技的信息时代，美国教育势必扭转方向。里根任总统时中小学教育质量委员会虽在 1981 年成立；然而从二战结束起，改进教育质量问题已提到议事日程。教育质量委员会进一步推动了这项工作，向社会、家长及教师呼吁，方向不扭不行。为此曾引起争议。保守力量依然强大，认为美国教育上的优良传统已历史悠久，已被世所公认，如今时代向前仍离不开它；当然在知识爆炸之际，科学理论使卫星上天和使飞船上天，却也不能背弃传统。未来学者则认为现在已步入第三次浪潮，即信息时代或称电子时代。如果原来是工业时代，现在则是超工业时代，过去培养的是一般工业人才，今后要为微电子培养新一代了。他们指责传统派是忠于昨日而忽视了今日，这不啻是背叛未来，是走上绝路。在新思潮的冲击之下，现在的趋势是由重术轻学，走入重学轻术，或兼重学和术。哈佛大学校长普赛同时也呼吁天才教育，既要不丢掉大众，又不能牺牲天才，既要面向就业，又要注重升学。这种思想是相当流行也是相当典型的。学者说美国的杰克逊正在和法国的拿破仑握手了。19 世纪前叶的杰克逊重术轻学，说教育不能面向少数专家学者。法国大革命时期的拿破仑曾说："法国的命运建立在法国的天才上，而不是建立在庸庸碌碌的平民身上。"如今则双方殊途同归，美国既重学术，又重天才，方向不同于以往了。这个 180 度的扭转是不容易的。

（二）课程结构的改革

美国学校由于重就业，不太注重升学需要，课程是软性的，学习科目驳杂，不够严谨。学者们常说这是只吃西餐中的序菜和尾食品，没有认真吃正餐，实际上既不饱人，也更不能养人。1959 年的数据是苏联中学教授物理学五年，化学四年，生物学五年，天文学一年，数学一年，外语五年，是硬性教育，或主餐教育。美国中学设置混合科学，各种自然科目加在一起才教一年。美国哥伦比亚大学一位教授说，美国没有一所中学在数学和自然科学教学水平上能赶上苏联中学；美国中学生最认真学习数学的只能赶上苏联中学生所习的三分之一；在知识爆炸时代，美国学校的课程结构非改不可。理工方面专家感叹，课程结构如不大改就只能为国家提供科学盲，要断送国家性命的。20 世纪 50—60 年代兴起的"新三艺"（数学、自然科学、外语）运动，70 年代兴起的"回到基础"运动，80 年代的"新基础课"倡议，反映了以下几个趋势。

1. 非职业化

过去由初中起就开设职业性科目，学生只图认识事物之当然，然不知其所以然；只注意猎取生活和工作的经验和技巧，对知识和系统理论不肯钻研，陷入了浅学主义。在如今新时代中，由知识转入生产很快，生产技术的淘汰也很快，只会技术而不懂原理跟不上时代了。至于根据科学原理而创新，就更难了。职业科目逐渐为文化科目取代了。高中水平的职业学校则多先用一二年把基础科目搞好,然后按职业分科教学,再不陷于浅学泥潭了。

2. 限制选修课制

美国中学一向实行选修学科的制度。家政、美容、驾驶车辆等等常被列出学习科目。众多学生在选课时以这些科目凑学分,以避重就轻和舍难就易,从而妨碍基础文化科目的学习。现在众多学校对此力加纠正,制定种种限制,使企图蒙混过关的学生不能得逞。甚至设想取消选修课制度。

3. 课程下放

为了提高教学水平,许多大学科目下放到中学,中学科目下放到小学,小学的要求下放到幼儿园,不少幼儿园的幼年儿童也纷纷开始读书了。在过去,幼儿园和小学的界线是用是否识字读书来区分的。如今由于课程结构是由上向下看的,大学的指挥棒能发挥很大的作用。许多中学竟然讲授大学水平的科目,学生上大学后可直接从二年级开始学习,不再从一年级开始学习,从而压缩了修业期限。

4. 文理科目兼重,求取两者平衡

1958年的《国防教育法》颁布后,中学加强了数理科目的教学,向苏联学习,消除科学盲。1964年修订教育法规,增加社会科学科目的教学。以后两方面的专家学者要求文理互相渗透,强调不能见物而不见人,不能只懂自然现象,还要理解社会发展,不能流为精神贫乏和空虚。未来学者说,教育应使人成为机器的主人,而不成为机器的奴隶,人或社会是学生更应孰知的。

(三)教材的更新和精深

过去常由地区、学校和书店编印教材或教科书,内容浅薄,多而且杂。现在多由大学的专家教授编著。前者不如后者精深,因为各科学者专家普遍强调以下几点。①就高不就低,过去面向中才生,应改为面向高才生。②吸取新知识,报告新成就,注意新发现,搞尖端而面向未来,力戒陈词老调和落后迂腐。③注重逻辑体系而非生活经验的体系,因为教材不是解决当前日常生活的武器,而是为将来向科学进军奠定良好基础。讲科学要讲清概念,要狠抓系统,不过分侧重应用,将来才能有所创建。理由是:"科学理论是能够生产金蛋的鹅"。④职业科目要注重实效,也要注重讲明其将来发展的需要。在上述观点指导下,许多为博雅教育作准备的中学课本纷纷问世。数学科目最流行的教科书是耶鲁大学教授毕哥领导编撰的,水平很高深,从数学理论体系出发,不为生活服务,而是打开科学宝库的钥匙。毕哥说:"数学盲是无法不做科学盲的。"物理科目的教本是由麻省理工学院教授领导下的物理科学教学委员会撰写的,也是权威之作。别种科目的教本大致相同。所憾的是这些专家编撰的出发点每每偏高,脱离学生学业水平。如今中学数学已包括微积分,但只有15%—20%的学生考试及格。1983年起开始注意教材出发点与学习成效的统一,但变化尚不很大,效益不太显著。

(四) 教学方法的改善

由于课程结构和学科教材的巨变,教学方法和技术也发生了变化。

第一,注重各科内容的理论阐述和系统说明,使学生对各科科学知识获得透彻的理解;同时培养学生的思维能力和判断能力,使知识传授和智力开发结合起来。布鲁纳的结构主义学习理论取代了实用主义者"从做中学"和追求支离片断的生活经验的传统观念。

第二,对于必须记忆和熟悉的教材,采取练习法,不能嫌记忆或练习是机械呆板和枯燥无味的。二战期间,美国军队中懂外语者很少,不合乎战场需要。国际部曾去各战地设立外语学校,运用英国的办法,搞听力训练和说话练习,效果很好。现在设法在学校中推广使用。

第三,运用程序教学法,培养学生自学能力。如今程序教学法指导学生把教材分为若干单元或因素,来进一步地进行学习;并指导学生利用教学机器自力解答问题和改正错误。现在学校都提倡三 M 主义,即注意教材(teaching material)、教学方法(teaching method)和教学机器(teaching machine)的三者妥善结合。与此同时,在教学组织上也提倡集体协作。办法是各学科都分别把任课教师组织起来,由教师共同教学,即按各教师的能力修养,安排各部分教学内容由谁担任讲授,其余教师则共同辅导。这样各人既得发挥其专长,又把讲课与辅导配合进行,一方面是教师可与学生在学习上相结合,一方面也可使学生的听讲和自学结合得更密切些。

第四,要求教学适应学生的个别差异。美国加利福尼亚州大学洛杉矶分校的古德莱德教授认为学制应有相对的灵活性和适应性。例如,一般学生应在小学修业六年,但也应照顾众多学生的智力不同,允许有人修业五年或八年。哈佛大学校长科南特建议把学生按智力分为上、中、下三组,中智学生约占85%,高智学生约占10%,其中超才学生又约占2%—3%。超才生可设班教学,称超才生班,其学习科目可以增多加深,学习可以加速,学生可以提前升入大学。美国于1973年颁布《天才教育法》,更允许设置天才生学校。纽约州通过测验,将七、八年级的优秀生集中到布朗克斯,分槽喂养,培养尖子,为将来储备第一流的科学家。学生除学习一般科目外,还选学遗传学、微生物学、营养学、计算机和概率论等高深知识。别处还有为优秀学生进行暑期培训等。在另一端,美国开始反对"铁饭碗"的学生,认为该淘汰的就淘汰,对不佳学生不采取慈母式姑息态度,要采严父的态度,改软性教育为硬性教育。

第五,从社会找寻教育资源。美国学校不但和一般家长联系,而且力图广泛寻觅科学教育的助力。芝加哥市天文馆就对学生实施制度化的天文学教育。主持人认为未来的学生不只以地球为家乡,还要为游览太空做准备。其余各地的图书馆和博物馆等多种社会教育机构,也都与学校教师合作,发挥培养效能。美国还设立中学生诺贝尔奖,有时并组织学生国外旅行,与各国科学家约谈,返国后到白宫受总统接见。这样广开学校之门是极富教育意义的。

(五) 几个有关方面的改革

1. 壮大教师队伍

美国一般教师的专业素质不强,经济待遇不丰,社会地位不高,其甚者尚不及勤杂工人之优。在二战后的美国,警察和教师是最常遭人殴打的对象。常有教师为严格要求而不给学生高分数,学生竟殴打教师,缺乏尊师敬师的学风。在管理上,学校常以工商企业管理的标准和方法,对待灵魂工程师,貌似科学而未尽合理。因此种种,愿意充任教师为业而从事教学工作者为数较少。这种师资力量极难胜任提高学生学业质量的任务。幸而从20世纪60年代末起,各州先后规定中小学教师至少必须在大学本科修业四年,有些州还要求教师取得硕士学位,因之师范学院滑坡,大学研究生院变成中小学校师资的源泉。教师工资也有所增加。

2. 增加教学时数

据统计,苏联、日本、英国等国家的学校,每年上课220—240天;美国学校只上课180天,因为暑假期长和每星期仅上课五天。现在呼吁每天上课七节,增加授课时数,借以弥补。

3. 整顿学校纪律

过去,美国充分尊重自由发展而走入教学自流;又兼教学工作不佳,大学生逃课缺课,降低学习水平。如今利用电脑控制,1982年学生出席率由59%已上升为73%;但仍有近四分之一儿童逃学。学生带枪上课者极为常见,现在也着手严加管理，使学生免生事端而安心课业了。

4. 加紧政府管理

美国实行地方分权制度。1979年成立联邦政府教育部，但职权有限，成绩欠缺。20世纪80年代，里根总统曾想取消之。由于全国无有统一要求，曾出现恶性两极分化。不容忽视，里根竞选总统的反对派提出当前不是仅仅保存教育部的问题，还要加大教育部的权限，例如，管好学年和升学考试，制定教科书的要求水平，并使之标准化，等等。

二战后的美国曾通过诸多渠道改善教育和教学工作，取得了一些成绩，但距离专家学者的企望尚远。瞻望远景，是亟待大踏步持续迈进的。

今日美国教育*

一、第二次世界大战前美国教育的鸟瞰

美国从 1776 年独立建国开始，到第二次世界大战为止，为时不足 200 年；从 1607 年英国在北美建立殖民地算起，为时也仅 300 余年。美国原是世界上年轻的国家，在世界教育史上是后进。但美国建国以来，经营奋斗，到第一次世界大战后，已成世界教育先进之邦。第二次世界大战后的今日，竟是教育超级大国。它的历史短而步子快，教育成就是罕见的。为阐明当前美国教育的发展，这里且略略勾画第二次世界大战前美国教育的轮廓。

（一）教育的发展和成就

1. 各级学校发达，教育门户开放

（1）就初等教育看。欧洲于 17 世纪前后来美的移民，多是逃避本国政治迫害、争取宗教自由的人士；同时还有因英国圈地运动，失去活路，来美挣扎谋生的穷苦人民。北美移民来自英国者为数极多，他们思想前进，富有朝气，到美后各按基督教宗派举办学校，自始就注意教育事业。一般是移民定居后，即聚集人力修筑教堂，同时建造校舍。因之，移民所到之处就是设置学校之处，移民所到之时就是兴办教育之时。马萨诸塞殖民区（独立后改为州）还于 1642 年制定法律，要求市镇普遍开办学校，施行强迫就学。当时处于草创时期，限于客观条件，普及教育是无法实现的，但英属殖民区的就学者相当众多。

美国建国后，以天赋民权、自由平等相标榜。华盛顿、杰斐逊、杰克逊、

---

* 本文原载《今日美国教育》，滕大春著，人民教育出版社 1980 年版。编入本书时进行了一些技术性处理。——编者注

约翰·杰等资产阶进步的政治家、思想家、教育家，积极呼吁教育是立国的根基，强调实行民主政治必须对公民进行良好教育，一致要求政府负起教育人民的职责。19世纪前叶，产业革命来临，城市纷纷兴起，无产阶级夺取教育权的斗争形成高潮。但当时学校寥寥，众多儿童无学可入，而且已有学校十分腐败，学生厌学、逃学成为习见现象。大批青少年不务学习，便终日结伙闹事，造成严重事端，仅靠司法处理无济于事。资产阶级逐渐认识到"课堂能代替绞架"，"教师是优良警察"，"开办一所学校就是关闭一所监狱"。于是从19世纪30年代起，公款兴学运动蓬勃展开。从此，各州为推广初等教育，都建立教育领导管理机构；征收教育税，大量举办公立小学，实行强迫就学和免费制度；还设立师范学校，培养合格师资，改善教育、教学方法。如果说马萨诸塞殖民区于1642年颁布普及教育法是先锋，第一次世界大战后，密西西比州于1918年和亚拉巴马州于1919年，先后颁布强迫教育法，则是殿军。第二次世界大战前，普及初等教育基本成为事实。

根据联邦调查局于1946年发布的《第十六次调查报告》，7—13岁儿童入学者，在马萨诸塞州、康涅狄格州及其他新英格兰各州，平均为97.6%；在纽约、新泽西及其他沿大西洋中部海岸各州，平均为97%；在路易斯安那、阿肯色等西南部各州，平均为93.4%；在弗吉尼亚、密西西比等东南部各州，平均为92.1%；在密歇根、俄亥俄等中东部各州，平均为97.5%；在明尼苏达、密苏里等中西部各州，平均为97.1%；在爱达荷、怀俄明等山区各州，平均为96.6%；在华盛顿、加利福尼亚等沿太平洋各州，平均为96.9%；全国平均则是95.5%。从绝对数字看，1919—1920年，全国小学生共有19 377 927人；1929—1930年，增为21 278 593人；1939—1940年，因出生率下降，又兼严格限制外国移民入境，减为20 119 790人。

（2）就中等教育看。如果说从19世纪30年代起，是广大儿童开始涌向小学的时期，南北战争（1861—1865年）以后，由于废除了黑奴制度而解放了生产力，工农业迅速走向现代化，需要大批知识青年参加建设，从1870年起，又进入广大青年涌向中学的历史阶段。第一次世界大战告终，在广大群众斗争之下，教育进一步民主化的呼声响彻云霄；"普及中学教育"和"中等教育为所有适龄青年敞开大门"，成为当时奋斗的目标。有的统计数字说，1870—1940年，美国人口增加3倍；中学生从8万人增为700万人，竟然增加90倍。教育史家也指出，中学生人数在这时期不是依算术级数增加，而是依几何级数增加的。另据联邦教育总署于 1940 年公布的数字：1937—1938 年，全国公立中学最后四年级学生共 5 928 076 人，各类职业中学学生共 34 472 人，中学夜校生共 296 824 人，合共 6 259 372 人；若连私立中学最后四年级生一并计算，则达 6 646 681 人。这个统计又说，1880 年的中学最后四年级学生仅 110 227 人，50 年间猛增 54.7 倍。该署顾问委员会甚至讲："在美国教育发展史上，再没有比中等学校的发展更为惊人的了。"①

(3) 就高等教育看。美国在殖民地时期，只有哈佛、耶鲁等 9 所私立学院。独立以后，私立高等院校依然发展。同时州立大学问世，以应各州建设之需。南北战争后，农工学院诞生，以满足农工业现代化的要求。随着美国政治经济的发展，第一次世界大战后，高等教育继续发展。欧洲高等教育起源于 12 世纪，具有一定的中世纪的传统；美国大学清规戒律较少，青年就学较易，高等学校的校数和学生数一直迅速上升。1870—1940 年，美国人口增加 3 倍，大学生则由 6 万人增为 150 万人，计增 25 倍。另有统计表明，1885 年，全国高等学校约为 300 所，其中有学生 250 名以上者仅 6 所。1890 年，全日制大学生为 15.6 万人，占当时 18—21 岁青年的 3%。到 1935 年，高等学校增达 1 600 所，学生增达 120.8 万人，为当时 18—21 岁青年总数的 13%。到 1940 年，高等学校总数上升为 1 800 所，学生增达 140 万人；1941 年更增达 145 万人，适龄青年入高等学校者占 1/7，即 14.3%。平均每五家有一人曾在或现在高等学校读书。

综上所述，可知美国在初等教育普及的同时，中等教育的普及紧紧跟了上来，高等教育也显示了大众化的强大趋势。其来势之猛和发展之速，是一般资本主义国家难及的。"教育机会均等"的远大理想虽未达到，然而美国在这条道路上是走在其他资本主义国家前面的。

2. 各级教育的历史功绩

(1) 就其促进政治建设看。独立以前的美国是英国的殖民地，各级学校一律照搬英国的体制，教育宗旨也和宗主国一样，要培养敬畏上帝、效忠英王的顺民。学校不但沿用英国学校的课程，并且讲授英国学校的课本，借以陶冶热爱英国政治、社会的思想感情。独立以后，在政治上标榜民权、民主，强调独

---

① ［美］佩森·史密斯（P. Smith）、弗兰克·怀特（F. W. Wright）著：《四十八州的教育》（英文版），第 27 页。

立、自由的精神,以消除百余年来殖民奴役的烙印;连带着,忠于王室的教育转变为造就公民的教育。200多年来的资产阶级民主、自由的信念和资产阶级共和国的行为规范,通过课堂而深入人心。这里须特别提及的是:美国是世界上移民最多的国家,教育还须负起民族熔炉的特殊任务。

在殖民时期,移民主要来自英国;独立后,美国地广人稀而劳动力不足,各国移民大量入境;到20世纪初,美国移民之多在世界史上是空前的。各国移民来源不同,社会背景、宗教信仰、生活习惯和精神状态,差距极大,如何使之和衷共济,共同生活在美利坚大家庭中,成为紧迫问题。以英国移民为例。最初来美者多为北爱尔兰人,信奉新教,能读,能写,生活文雅,酷爱自由。1846—1848年,爱尔兰中部和南部因马铃薯歉收,移民蜂拥而至;1882年又发生灾荒,移民造成高峰。这些移民赤贫如洗,文盲充斥,虽彼此来自同邦,但为北爱尔兰人所歧视。宾夕法尼亚和密歇根等州的德国移民众多,一向自傲其文化优秀,讲德语,设德校,不屑与他国移民来往,俨然是独立王国。1848年,普鲁士七月革命失败,众多思想进步人士纷纷来美避难。1870年,德意志帝国建立,不甘忍受军国主义奴役者又源源而来。这些人既有高度文化水平,更有进步政治观点,身居新大陆却嫌其鄙陋无文,生活也不能同当地人融为一体。由于奥匈帝国虐政,东南欧的波兰人、波希米亚人、马拉维亚人、斯洛伐克人、斯拉夫人、奥地利人以及居住巴尔干半岛的塞尔维亚人、阿尔巴尼亚人等,于1882年后大批入境。北欧的斯堪的纳维亚半岛的移民,亚洲的土耳其人、叙利亚人、亚美尼亚人、朝鲜人、中国人和日本人,同样来美谋生。按照美国法律,这些外来人同为美国公民。他们来自五湖四海而杂处一方,矛盾重重。再则,1820年以前移民不多。1820—1914年不到100年,移民人数骤增,竟高达3 210余万人。1840—1870年30年间,美国人口增加一倍,1870—1900年30年间人口又增一倍,其中移民所占比重极大。有些大城市的移民竟占全市人口40%—50%。第一次世界大战前四年,移民高达1 272万人,其中26.5%不能读写任何文字,能操英语者不超过12%。这潮水一般涌入的数目众多的移民,造成别国所无而美国独有的严重局面。国会为此曾大力倡导学校应成为"民族熔炉",大声疾呼"移民的美国化","一个移民如果是带着爱尔兰人的心来的,他必须变为带着美国人的心的公民"。纽约是众多移民汇集的大都市,纽约州州长希瓦德说:"对移民的教育是比对本国人的教育,更加急迫重要的。"理由是移民比本国人更须理解政治民主的意义和共和国家的行为准则，否则移民由于缺乏爱国思想和法治精神，将比本国人更容易危害新国家和新政权的存在。

的确，这一情况在当时是迫切的。就纽约市而言，在1894年左右，一些贫民窟的人口密度高达每英亩986人。他们语言不通，思想各殊，矛盾尖锐。政府虽号召他们进学校、受教育，但他们或已挑起沉重的职业重担，或急于觅得就业机会，无心学习。他们都是成人，又以和幼年儿童同校上课为羞。还有人居住地区距学校遥远，就学不便，因为他们多是矿工或修筑铁路的工人。一般移民只在暑期休息，那时的学校却又放假而无校可入了。为解决这些难题，有些学校和工厂合作举办移民学习班，有些学校为移民举办初级学校、暑期学校或夜校。就马萨诸塞州而言，该州于1870年以法令规定，凡居民一万人以上的市镇，必须设置传授机械、画图的夜校，帮助当时盛行的毛织、棉纺、制鞋等工业的发展。这类学校逐步扩充，以后又包括为移民传授英语课的夜校。从此，夜校成为各州为移民普遍设置的标准学校。教会、慈善团体、爱国组织以及私人集体，都纷纷赞助其事。

实际上，成年移民入夜校、成人班、职业班者为数寥寥，入正规学校者更不多见。不过，移民子女在强迫就学法推动下，大都进入学校。这第二代确实受到美国文化的熏陶和教育培养，其思想感情逐步纳入美国公民的轨道。他们能操英语，服从美国政令，养成热爱美国的信念。美国教育史家卡伯莱（E. P. Cubberley）讲：在民族交流中起作用的是工会和学校，工会对成年移民起作用，学校对青少年起作用。他说，一般说来，后一种效果极为明显，"证明学校是使众多民族融为一体的最伟大的机构"①。英国牛津大学帕克尔在《超级大学：美苏对比》一书中也说："美国在把晚近来自各种不同民族的居民融合为一个全操英国语的社会方面，是做得成功的。"②这些论断是正确的。

（2）就其促进经济发展看。美国原是处于荆棘遍野的新大陆，一切尚待垦殖开发。独立前，英国政府不准移民越过阿巴拉契亚山脉向西拓展，抑制殖民地经济的成长。建国以后，美国新政权一反旧规，锐意扩充疆界，倡导冒险创业精神，可是缺乏人力。传统的学院和拉丁语法学校又旧习沉重，不能满足形

---

① E. P. Cubberley. *Public Education in the United States*. Houghton Mifflin Co., 1919, p. 489.

② ［英］帕克（W. H. Parker）著：《超级大学：美苏对比》（英文版），第170页。

势发展的需要。客观需要急切,迫使政府举办新型学校,设置有用学科,提供实际干才。美国建国后的州立大学和文实学校,南北战争后的农工学院和中学,都是针对美国国情而出现的新生事物。州立大学服务于各州建设事业,成为州的智囊;农工学院大搞专业教育,是农工业现代化的人才养成所;文实学校和中学等中等学校面向现实而不以升学准备为务,都为现实需要输送中等水平的人员。这些学校的名称多是欧洲教育辞书从未见过的,这些效用也非欧洲教育学者所敢想象的。美国科技教育发展史上的两个先驱是1802年成立的西点军工学院和1824年在纽约成立的伦塞勒多科技术学院。它们传授工业知识,培植工业人才,受到社会重视。西点学院在第二次抗英战争之后,军工人员转入一般工业建设和担任教学工作,不仅提高了工程技术专业水平,又培养了合乎规格的接班人。卡伯莱说:"正如同有了哈佛,才有了美国高等教育的发达;有了伦塞勒学院,才有了美国的科技教育。"① 贝克在所著《美国教育中的实验》中也说:"如果没有伦塞勒学院培养的人员办理大学中新的科系,指导铁道和工厂的建造和工作,美国产业革命必将拖后25年。"② 卡伯莱在《美国公共教育》一书中,更大为赞誉农工学院所做出的贡献,指出它在造就农工业建设队伍和建立农工专业教育以外,还发展起许多著名学府,促使州立大学蒸蒸日上,终致州立大学取得对私立院校的优势。他说:"联邦政府给予教育的各种补助中,似乎没有别的补助像拨地兴建农工学院和以后拨款举办这类教育,收获更丰硕的成果了。"③ 别的教育史家也公认:如果说没有这类学校提供得力人才,美国农工业就不能取得突飞猛进的发展,是一点也不过分的。

3. 美国建树教育的宝贵经验

美国以短促岁月获得这样大的教育成就,绝非得之偶然。最根本而切要的成因是它赶上了近代史的转折点,从而以进步的政治作为发展的统帅。众所周知,美国人民于18世纪为挣脱英国殖民枷锁而进行的独立运动和19世纪为解放黑奴而掀起的南北战争,都是马克思主义经典作家高度评价的资产阶级革命。它们打碎了美国生产力的桎梏,推动了美国政治经济的前进,从而使美国快速地成为现代化强国。教育竭力反映这种革命的政治、经济的要求,满足建

---

① ③ E. P. Cubberley. *Public Education in the United States*. Houghton Mifflin Co., 1919, p. 279, p. 280.

② [美] 贝克(R. P. Baker) 著:《美国教育中的实验》(英文版),第26页。

设事业的急需，因而出色地完成了历史使命。当然，政治前进了，经济发展了，国民生活改善了，人民有条件送子女进学校了，学校发展也就有了物质基础。不过，只靠政治挂帅而有效的措施跟不上，照样会辜负伟大的时代。刚好富有智慧的美国人民善于利用时机，而又敏于经营规划，这才通过刻苦实践，在教育上取得丰硕成果的。在这里，追思往事是可获得借鉴的。

其一，美国在教育建设过程中是肯于自力更生而勇于创新的。从殖民地时期起，移民把英国教育原样搬来。就高等教育讲，哈佛、耶鲁等学院是英国牛津、剑桥两大学的缩影。就中等教育讲，拉丁语法学校是英国公学和语法学校的翻版。初等教育便移植英国教区学校、慈善学校、贫儿学校。英国贵族青年入公学、语法学校和学院，平民子弟入初等学校，实行双轨制。殖民地和宗主国一脉相承。北美和英国的社会背景、自然环境相差极远，生搬硬套的教育真是南辕北辙。美国建国后形势一新，美国教育家便大刀阔斧进行改革。哈佛、耶鲁都是规模小、课程旧的私立学院，不能满足各州建设的需要，从18世纪80年代起，州立大学便纷纷成立。欧洲大学一向操控于教会之手，拿破仑在法国大革命时期于1808年创立法兰西帝国大学，是政府举办大学的开端。美国的州立大学走在欧洲政府设校的前面，遂成为世界教育史上的创举。拉丁语法学校是传授古典学科的贵族中等学校，除升学深造外，不切合社会实际需要。在富兰克林推动下，兼重文、实两科的文实学校取代了拉丁语法学校。中等学校不专为高等教育打基础而兼顾职业训练，也是跟欧洲传统的决裂。南北战争后，为促进农工业跃进而粉碎欧洲高等学校重理论轻技术的观念，成立农工学院，为适应时势的发展而设置培养实用知能的中学，尤其是欧洲教育学者不敢苟同的。恰恰这些新生事物具有极为强大的生命力。这种根据本国政治、社会发展变化而独立规划创造，不为传统势力所束缚而勇于冲破禁区，促使教育轻装前进和迅速成长，乃是美国为人类积累的宝贵经验。

其二，美国在自力更生创建教育事业的过程中，从不闭关自守，不夜郎自大，而勤于借鉴别国教育实践，吸取别国教育精华，从而少走弯路，步伐快速，是很明智的。美国是教育后进之邦，如果仅自力图强而不取法先进的欧洲，其教育发达是会放慢速度的。刚好英国群众兴学的惯例和教育上的自由发展的成训，法国启蒙学者的民主教育理想和教育国家性原则，普鲁士初等学校的成规、高等学校的学术研究以及坚强有力的教育领导体系，瑞士裴斯泰洛齐①的尊重个性、崇尚自由、人格感化和直观教学，等等，无不为美国分析批判、认真吸取，及时地补充了前进中的美国学校的营养。美国教育家的智慧加上欧洲教育家的智慧，从而结晶为美国教育的精髓，更是教育史上公认的事实。肯定地说，美国教育如果不向法国吸取民主的教育思潮，就难以敏捷地由抄袭英国的泥潭中彻底自拔，其获得明确的办学方针就不会那么爽利。美国教育如果不向德国学习兴学育才的办法，就难速效地建成教育领导体制，就会推迟各级学校现代化的日程。美国教育如果不向裴斯泰洛齐的教育实践学习，就难以促使初等学校工作心理学化，就会拖延教育科学化的进程。

美国移民来自众多国家，教育成为民族熔炉的事实是公认的。弗罗斯特在《西方教育的历史基础和哲学基础》一书中，指出美国是各国教育思想和实践的熔炉。的确，它对英、法、德、俄、瑞士等国的先进教育无不勤于学习，终至冶为一体，集其大成。德国教育有所长就以德国为师，绝不因德国实行君主专制和军国主义，就漠视其教育、教学上的成就，把政治和教育搅在一起去对待。英国教育有所长就取法英国，绝不因英美战争连年，就否定其产业革命带来的教育、教学上的革新，把国交上的敌友和教育上的敌友混为一谈。法国纵是美国友邦，又和美国是当时仅有的资产阶级共和国家，但法国启蒙学者的不适合美国国情的教育主张，美国并未吸取，而仅采取其正当而可行者。总之，美国借助多种渠道，博学广采，而又批判接受，欧为美用，美国教育遂迅速赶超世界先进水平。其经验是珍贵的。

其三，美国自殖民时期始，素有地方群众兴学的风习。随后，政府办学成为主体，而私立学校不受限制，同样得以兴盛。政府征税为教育经费的源泉，而南北战争后兴起的由私人捐款组成的教育基金，与日俱增。宪法规定州是教育事业掌权者，而上自联邦，下至学区，不分朝野，协力合作，都以设校育才为目的。这样齐头并进，便调动了多方面的积极因素，比较单纯由上而下或由下而上地举办教育事业，力量强大得多。由建国起到19世纪30年代，美国强调地方办学的积极性，联邦和州没有教育领导机构，一方面过分提倡自由发展，造成两极分化、优劣悬殊，各地教育水平高下不齐；一方面又无强制性要求而强调地方自主，一些地区因浓重的保守思想和地域观念而致教育发展缓

---

① 作者也译作裴斯塔洛齐、裴斯太洛齐。以下不再作注。——编者注

慢。从 19 世纪 30 年代起，霍拉斯·曼（Horace Mann）和巴纳德（H. Barnard）等教育改革家，创立州教育委员会和教育厅，破除地方壁垒，建立各级学校，从此各州才逐步尽到宪法赋予的教育职责。联邦政府呢？从建国起频频拨地、拨款，国会多次制定教育法案，联邦最高法院大量宣判教育裁决，南北战争后又成立联邦教育局。就这样，各级政府对教育事业便从不同角度共同负起责任。美国教育基金会是别国少有的，南北战争以后，富商皮博迪（G. Peabody）[①] 于 1869 年，捐款补助黑人教育，成立皮博迪教育基金会；1882 年，斯雷特仿效前例，捐款补助黑人教育，成立斯雷特教育基金会。这些开明资本家既赢得社会荣誉，就乖巧地利用顾客好感而促成其工商业的推销宣传。随后，钢铁大王的卡内基（Carnegie）教育基金会，石油大王的洛克菲勒（Rockefeller）教育基金会，汽车大王的福特（Ford）教育基金会，以及大大小小难以计数的教育基金会，纷纷成立，争相拔一毛而利天下，对学校教育和科学研究给予补助。它们以半官半私的形式，赢得好善乐施的美名，控制教育方针，培植所需人才，以追求丰厚利润，是不容否认的；但在客观上，也在一定限度内有助于教育事业的发展。这样，从地方到中央，从政府到社会，积极兴办教育事业蔚为风气。纵然不同阶级怀有不同观点，资产阶级统治者却兼容并包，事实上都发挥了推动的效能，使美国教育受到实惠。

其四，美国在发展教育事业的同时，致力教育学术研究，企图以科学方法处理教育课题。在第二次世界大战以前，各派教育哲学百家争鸣，百花齐放。除了以杜威为首的实用主义教育哲学以外，要素主义教育学派、永恒主义教育学派、进步教育学派、改造主义教育学派等，也从不同角度各抒所见，展开激烈论战。现代心理学发祥之地是德国，1879 年当冯特在莱比锡大学创设实验室和讲授新兴的心理科学时，詹姆斯是他课堂中的美国留学青年。詹姆斯回国在哈佛大学主讲心理学是开山工作。所著《心理学原理》被誉为美国心理学界的《独立宣言》。霍尔从德国返美而任霍普金斯大学教授和克拉克大学校长，青年心理研究又得以发端。从此，美国成为心理学昌盛之邦。奥地利的弗洛伊德是先在美国讲学而后著称欧洲的，完型派心理学也是先在美国显赫而后名噪于世的。第二次世界大战前，教育心理学、学习心理学、青年心理学、成人心理学、婴儿心理学、变态心理学等，在美国都蒸蒸日上而欣欣向荣。在心理学

[①] 作者也译作皮巴代、皮拔代。以下不再作注。——编者注

发达的基础上，教育科学的探索得以长足迈进。用杜威的话说：正和两点之间构成直线一般，在教育归宿点和出发点之间构成了教育过程。不幸，人们在过去只看到了归宿点，即教育目的，而没认清教育的出发点，即儿童。在杜威以前，夸美纽斯和卢梭等早就呼吁尊重天性，因材施教。然而他们实际所致力的都偏于指示教育发展方向，却因缺乏科学实验而未能落实到学校的具体工作之中。直到20世纪美国在这方面才做了一些试验。例如：在学校课程上，他们利用职业分析法、活动分析法，来确定学校教学科目和教材内容；在学校教法上，他们改革以往教师注入而学生被动吸收的习惯；在班级授课上，他们利用适应个别差异的研究，打破以往智愚不齐、学力不等的众多学生以同样速度升班升级的一刀切的做法；在考试考查上，他们更编制多种科目的学力测验，取代以往命题作文式的老框框。这其中虽难免有巧立名目、哗众取宠以至错误的成分，但就其整体而言，这些试验的贡献是不能否定的。如今，各级各类教育学会遍及全国，美国教育协会、美国教育学研究会等，历史悠久，成绩显著，是举世知名的教育学术团体。这些组织召开教育学术会议，研究教育专题，举行教育演示，发行教育书刊，交流教育经验及科研成果，无不产生改进教育和教学的效果。在它们的大力宣传鼓动之下，全国各地区、各学校关于教育体制的实验、课程的创新、班级的分组、教法的改革、教具的发明，争奇斗艳，各显其能，不停顿地促使教育事业推陈出新，使美国在许多方面成为世界教育的闯将。

以上四者是美国以往教育迅速成长的诀窍，也是其今后教育发展中需要继续发扬光大的妙法，同时还是别国可以参考借鉴的经验。这些经验是美国的也是世界的教育宝藏，在衡量美国教育成就时不可忽视。

（二）二战前教育的缺陷

以上简述了美国教育的发达及其贡献。难道它是尽美尽善的吗？不。美国教育具有明显的缺陷。

第一，在资产阶级专政之下，人民是得不到真正政治经济的民主平等的，因此教育机会是无法充分民主平等的。许多美国政治家、教育家高谈使人人受到其天赋才智所能接受的最高限度的教育，通过开发公民的智慧财富，显示民主政治和民主教育的无比威力，并以美国单轨学制作为胜过别国的论据。实际上，在贫富两极分化的社会里，教育的阶级烙印所在皆是。谁家有钱，谁家子女能上学，能进好学校，能由幼儿园而攀登到大学研究生院；谁家贫穷，谁家子女只能进水平差的学校，缩短入学期限，或者根本不得入学。这是资本主义国家的教育常规。美国呢？关于这类事实的统计多如牛毛，不劳征引。美国单轨学制被人比作梯子，虽则任何人都可以爬到顶层；事实上，穷人爬到半路就精疲力竭，只好望天兴叹。这真是最形象的揭露。而且美国幅员辽阔，各州、各地贫富不同，根据联邦教育总署发表的《1944—1945学年各州教育统计》，新泽西州每生每年的教育经费平均为198.33美元，纽约州为194.47美元；而在另一端，亚拉巴马州为56.93美元，密西西比州则为44.8美元。在金元帝国里，钱是事业的主要决定因素，州与州之间的教育开支如此悬殊，其教育人员、设备、课程、教法自然颇有高下，教育、教学质量参差是不言而喻的。

上面提过美国学校曾成为民族熔炉，但在资产阶级统治下，各民族并不是彼此平等的。土著的印第安人和从非洲贩来的黑人，是美国公民的重要组成部分。无奈，印第安人被血腥屠杀，广大黑人遭残酷虐待，民族裂痕，长期存在。教育又怎能孤立于政治圈外而民主平等呢？就黑人讲，从殖民时期就是被剥夺人权的奴隶。美国建国后依然如此。1831年，黑人泰纳起义失败，南部各州纷纷制定《黑人法》，宣布黑人入学读书是犯罪。南北战争原以解放黑奴为目标，胜利后并颁布《色盲》的新宪法，声言所有公民不分肤色地得享有平等的政治、教育权利。实际上，这时的黑人是次等公民，即由奴隶变成了半奴隶，只能进入水平极低的黑人学校，白人学校拒绝他们入学。1896年，联邦最高法院公然裁决：学校实行黑白隔离是合理的。"隔离而平等"从此被奉为骗人的原则。发展到1920年，黑人儿童只有15％在小学五年级以下班级读书；在全国250万名中学生里，只有1％是黑人。1934—1940年调查的数字是：每81名白人中就有大学生1名，每225名黑人中才有大学生1名。1900年，全国黑白学生每人每年平均教育开支的差距为60％，1930年的差距增为253％。第二次世界大战结束，《纽约时报》举行教育调查，参加其事的范因于1947年著成《我们的孩子在受骗》，书中说假如美国中小学结构是一座60层的摩天大厦，在顶层的是纽约的2万名儿童，每年每班开支6 000美元；在底层的是阿肯色、佐治亚、田纳西三州的3.8万名黑人儿童，每年每班开支100美元。一旦炸弹把大厦上边28层炸毁，在黑白隔离学校读书的黑人学生，连一个也不必为了安全而离开教室。假如另一枚炸弹把中层炸毁而只残留最下四层，99％的白人学生无校可入，但50％以上的黑人学生不受任何影响。范因慨叹美国有世界上最好的学校，但世界上最坏的学校也在美国。他说这是地道的双轨制，是无可讳言的国耻。这是二战刚刚结束后的情况，也是二战前教育的素描。

印第安人虽是美洲最早的主人，但美国直到1924年才制定法律，承认他们是国家公民，在此以前竟视之为异类。直至第二次世界大战前，他们绝大多数还被禁锢在俄克拉何马、亚利桑那、新墨西哥、南达科他等边远各州的居留区。据1970年联邦教育总署估计，截至当年为止，政府用于屠杀印第安人的开支至少是5亿美元，而用于印第安人的教育开支则仅800万美元。由于白人的无情掠夺和残酷杀害，印第安人处境险恶，人口逐年减少，在第二次世界大战前约剩100万人，不及美国人口的1％，面临种族绝灭的危险。就其教育而言，联邦政府和教会曾给他们设置少量水平低劣的学校，由于不用印第安语而用英语教学，儿童难以学习；学校少而众多儿童离校遥远，就学不便；设备简陋而师资不良，校舍又是碉堡或炮楼之类，儿童不愿入校；因此种种，学校就徒有虚名，绝大多数居留区是教育空白点。1934年，改编居留区法制定后，区内公立小学增加，但管理权仍操于白人之手，不合印第安人之意。很清楚，印第安人在教育上乃是美国的弃儿。如果说，二战前的黑人教育是美国的国耻，印第安人教育就更甚了。

第二，美国教育的科学水平比有些国家逊色。欧洲考察者常说，美国学校以量胜而非以质胜，说明了这一点。为什么？美国这个历史短浅的青年国家，没有欧洲那样沉重的封建包袱，也缺乏欧洲那样深厚的文化传统，在学术方面，不啻是一片广漠无垠的尚未开垦的处女地。自开国以后，美国从原有13个殖民区而向西、向南移民，建立许多新州，建设任务艰巨而人力奇缺。在紧迫的开拓过程中，只能应急而不暇精雕细刻，只能因陋就简而难以锦上添花。1829—1837年任美国第七届总统的杰克逊，号召群众与天斗，与地斗，向荒野要财富，在人事方面就不得不重干才而轻专家。他曾提出凡届成龄而不曾犯法服刑的公民，无须具备别的训练，就足以担任法律工作。在他看来，如果不审时度势，就必然本末倒置，缓急易位，无以解燃眉之急。林德斯莱于1829年就任纳什维尔大学校长时也说：当时从事医务工作或法律工作，比给马匹钉掌和制造马车还轻而易举。再则，美国从殖民时期就以教会和私人设校为惯例，美国建国后更把私人办学看成不可侵犯的天赋人权。19世纪中叶起，由公款办教育变成天经地义，地方无不以广设校、多招生为荣。当然，在众多公私立学校中，不少学校粗制滥造。联邦政府对学校一向缺乏严格标准，富家子女以升学为投资，企图借文凭、学位争取优异职业和社会地位，学校对于主顾只好来者不拒。这样就使许多美国高等学校名实不符。1895 年，德国教育家鲍尔生（F. Paulsen）说，美国真正达到大学水平的学府，只有哈佛和霍普金斯两校。1869 年起任哈佛大学校长 40 年之久的艾略特（C. Elliot），承认美国学院只顶得德国的文科中学。20 世纪初，全国医科院校多达 150 余所。卡内基教育基金会委托弗莱克斯纳（A. Flexner）进行考察。1910 年发表报告书，揭发医科院校大都有名无实，滥发学位，成了文凭商店。报告震惊全国。到 1915 年，大多数的医科院校倒闭，其余学校按照欧洲惯例，招收大学本科毕业生，延长修业年限，聘用学者任教，设置学术科目，来提高水平。经医科院校带动，其他学校奋起整顿，高等教育才渐入佳境。然而就一般质量言，美国高等学校还有不足之处。诺贝尔奖是比较各国科学水平公认的标尺。自 1901 年奖金颁发以来，在 1940 年前，德国获奖者 36 人，为数最多；英国获奖者 22 人，居其次；美国最少，仅 15 人。美国中学质量，高低更加悬殊，很多学校不够水准。一般学校注重养成适应生活的能力，放弃系统文化科学知识的传习，学习基础不扎实，训练很肤浅，既未接触世界学术最新成就，更没做好向高深科学进军的充分准备。中学从适龄青年就学者的比例说，别国比较美国瞠乎其后；就学业造诣而言，美国又比较别国瞠乎其后了。总之，美国教育的水平不高，为二战前各国学者所诟病，也是美国学者所承认的。

二、第二次世界大战后的教育改革

第二次世界大战前美国教育的两大矛盾，经过数年之久的国际战争和国际、国内局势演变而激化，不得不谋求解决。二战后教育革新，照美国人士的说法，就是走向民主化、科学化，以适应时势之需。

（一）教育民主化

美国在"教育机会均等"方面，二战前还停留在口头上或书面上，二战后在广大人民群众的要求下，已经走在资本主义国家的前列。这种发展绝非偶然，而是历史的必然。因为世界范围的反法西斯战争，教育了美国和世界各国人民，促成全人类的觉醒，"人民要革命，民族要解放，国家要独立"汇为不可抗拒的洪流，迫使美国统治阶级不但在政治上、经济上，而且在文化上、教育上，都不得不愈来愈满足广大人民群众的要求。这样，改善那些教育权全部或局部被剥夺了的少数民族贫苦青年以及身心残缺者的教育状况的问题，就提到议事日程上来，要求合理解决。

1. 少数民族的教育

二战后世界黑人革命浪潮声势浩大，美国国内汹涌澎湃的黑人运动风起云涌，种族歧视受到强烈震撼，黑白隔离的社会传统难以苟存。1954年，美国联邦最高法院宣布裁决：所谓"隔离而平等"的原则纯系骗人，黑白隔离的学校制度违背宪章，必须彻底废除。1964年又制定《公民权利法》①，禁止对黑人权利的侵犯。由于各地种族主义分子负隅顽抗，1969年，联邦最高法院便硬性规定：立即取消黑白隔离的学校，要求黑人学生和白人学生合校学习。1954年后，南部各州为拒绝并校而出现很多收容白人学生的私立学校，联邦最高法院随后又裁决对于这类学校学生，不得以公费供应教科用书之类。还因私立学校拒绝招收黑人学生，联邦最高法院裁决这种措施违反《公民权利法》，必须纠正。1965年，国会通过《初等教育和中等教育法》，专拨巨款奖励黑人、白人学生合校工作。1972年更制定《初等学校补助法》，开支2.42亿美元解决废除隔离和黑人、白人学生并校的活动，凡自动而认真合校者领取大量补助费，抗拒者不得享受补助。这些法案和措施的目的，是要改变300年来教育上的种族歧视。据统计，1976年，适龄黑人青年入高等学校者约占20%，而白人青年约占25%；适龄黑人青年完成中学教育者约占72%，而白人青年约占85%。假若这些数字可靠的话，从入学人数来看，两者的比例数接近起来了。但是从教育质量来看，两者的差距依然还是很大的。300年的鸿沟不可能在短短几年、十几年内填平。

美国黑人占全国人口约11%，有2 400万人。在黑人带动之下，濒于种族和文化灭亡的印第安人，从法律上看，也由教育上的弃儿变成教育上应享受平等待遇的公民。1972年国会通过《补助印第安人教育法》，在居留区设立小学，便于儿童就学，并在适当地点设置寄宿中学，收容青年学生。如今，联邦印第安人事务局设置的学校收容全部印第安学生约25%；教会设置的私立学校收容约8%；其余在公立中小学上学。二战后印第安人人口日增，学生人数随之扩充。纳瓦霍族是印第安人的大族，30年前每4个儿童中仅有1人入学，现在则90%的儿童都已入学。不过，各族入学人数是不平衡的。还

---

① 今译作《民权法案》。——编者注

有，居留区的学校一般很是落后，师资、设备、教学极为不佳，而且仍旧强迫学习英语，不以印第安语为教学用语，教学内容又不切合印第安人的习俗和需要，学生中途退学者极多。在过去，仅有恰克图和切罗基两族有自己举办而成绩较优的学校；近年亚利桑那州在粗石乡成立的实验学校和在采里湖成立的纳瓦霍社区学院，堪萨斯州在劳伦斯成立的哈斯克尔印第安初级学院，都是印第安人自己设置和管理的院校，成绩尚佳，是其他印第安院校的样板。

近年来，如何改善印第安人的教育渐渐成为受重视的课题。人们对此曾提出不少方案，如在联邦政府中成立印第安人教育局，印第安人教育由印第安人领导管理，增加印第安人教育经费，设置反映印第安人文化、历史和思想形态的课程，培养合格师资，印第安人高等教育面向学术而不只向职业方向发展，大量开办公立学校，等等。印第安人要求在教育上自决，国会制定的《印第安人自决和教育补助法》就体现了这种精神。因为法律明确规定联邦印第安人事务局掌握的教育权，应移交给印第安人掌握。这些法案如果真能见诸实际，那么，印第安人教育今后才有发展的希望。

美国除黑人、印第安人外，还有约 1 000 万名以上属于西班牙血统的公民。其中墨西哥族约 600 万人，多数居住西南各州；波多黎各人约 200 万人，多数居住沿大西洋海岸一带；古巴人约 100 万人，多数居住佛罗里达州和纽约州的大城市；中南美洲人约 100 万人，分散居住全国各地。这些人生活贫困，教育水平低，经常迁徙城乡就业糊口，很多人尚不能操英语，更难以进学校。属亚太血缘的美国公民约计 150 万人，其中包括中国人、日本人、菲律宾人、朝鲜人、越南人、马来西亚人的后裔。他们过去在教育上曾受一定程度的歧视，如今也获得改善。如前所述，美国曾以民族熔炉自命。实质上，所谓民族熔炉乃是以盎格鲁-撒克逊族文化同化其他民族而已。如今知道白人文化优越主义不合少数民族的利益，不为少数民族所欢迎，便提出文化多元主义（cultural pluralism），允许各民族保持原有语言、文化，谋求文化上和平共处。据估计，美国约有 500 万名儿童，占全国儿童总数 10%，来自不讲英语的家庭，其中 80% 是操西班牙语的。针对这些儿童，国会于 1968 年通过《采用两种语言的教育法》，为此每年拨款 10 亿美元，帮助各地学校对不操英语者开设英语和本族语双语种的课程；属于本族语类的包括西班牙语、法语、汉语、爱斯基摩语、印第安族的纳瓦霍语和切罗基语等等。美国学校一贯鄙视少数民族固有文化而抹杀之，消灭之；如今则认为多种民族的多种文化能够丰富美国文化遗产，促进美国学术、教育的发扬光大。腔调慢慢改变了。

2. 贫苦青少年的教育

"教育民主化"是美国人民由来已久而且从未停息的呼声，第二次世界大战后更加响彻云霄。20 世纪 60 年代在黑人运动势如破竹的时期，1964 年又在加利福尼亚大学爆发热火朝天的学生运动，随即波及全国大、中学生。他们罢课示威，占领校舍，焚毁大楼，驱逐校长、教师，甚至抛扔炸弹，造成流血事件。最为统治阶级恼火的是：这一时期学生运动不以求取社会改良为目标，而瞩目于推翻美国社会制度；不限于要求校内问题的解决，而走出校园搞政治斗争；参加运动者又不只限于白人或黑人学生，乃是黑人学生、白人学生携起手来共同造反。尼克松总统于 1970 年派员组成学校暴乱调查委员会，负责进行研究处理。该委员会建议：为争取青年，缓和矛盾，应该敞开学校门禁，扩充贷金、奖学金名额，提倡埋首钻研学业的学风，转移学生的视线。联邦政府在长期群众压力之下，遂采取一系列的比较有效的措施。

(1) 高等教育方面。二战接近结束时，美国国会于 1944 年通过《退役军人重新适应法》[①]，由联邦供给退役人员入学者以学费及生活费。到 1951 年为止，计共补助就学者 800 万名，支出 140 亿美元，其中入高等学校者 235 万名，入中等学校者 343 万名，在职学习者 239 万名。1952 年对于朝鲜战场退役人员施行同样待遇。1958 年联邦政府制定《国防教育法》，对大学清寒学生给予贷金和奖学金；1964 年扩大该法内容，又增加高等学校学生贷款和设置国防奖学金。依 1964 年规定，贷款为 13 500 万美元，到 1965 年增加为 13 530 万美元，1966 年增加为 17 950 万美元，1968 年增加为 19 500 万美元；获奖学金人数，1964 年有 1 500 名，到 1965 年增加为 3 000 名，1966 年增加为 6 000 名，1967 年和 1968 年各增加为 7 500 名。赫钦斯[②]原是理想主义教育思想家，是抨击美国高等学校陷于非理智主义最多的人。但他对政府资助退役人员大批升大学颇为称赞，说它是"具有历史意义的决定"。因为"对很多公民来说，它把高等教育所有的最大、最不公正、最不明智的限制给搬开了"。1964 年，联邦政府还颁布《经济机会法》，规定每年拨款 3 亿美元，充作贫困生贷款和为

---

① 今译作《退伍军人权利法》。——编者注
② 作者原译为"哈钦斯"。以下不再作注。——编者注

在校学生安排部分实践就业机会。1972年又颁布《基本教育机会补助法》，对中等以上学校的贫苦学生给予补助，使免困于经济而不得完成学业。许多大学也对贫困生贷款和赊欠学费，允许学生毕业后按其收入比率，逐年偿还。这样"以广招徕"，有助于大学广开生源，也有助于解决青年就学的困难。

（2）中小学教育方面。联邦政府于1965年颁布的《初等教育和中等教育法》以及随后所做的修订案，都规定联邦对于家境穷困的学生给予补助。从1967年以后，每年为此开支约10亿美元。各地区领取补助金的多少即依区内贫苦学生人数多少而定，对于贫苦学生特别集中的学校另给额外补助。如今，一般公立学校免收学费，免费供应教科用书、学习用具和来往学校的交通车辆，还对贫苦学生免费供给午餐。这一切都减轻了家庭负担，有利于学生安心学习。联邦政府"向贫穷开战"的规划就包括这些内容。

在奴隶社会和封建社会，受教育是阶级身份的标志；在资本主义社会，受教育是家庭财富的标志。如今，美国似乎正在进行突破，想解除青少年由于社会经济原因而不得跨入学校的难关。众多资产阶级学者承认家庭收入在当前确有极大幅度的差距，但科学技术急剧发展带来的社会福利，广大人民必将逐渐有所分享；统治阶级为缓和阶级矛盾而举办的多种福利措施，必将逐年增加；家庭经济收益在决定社会生活和教育机会的差异上，力量将逐渐减小。过去由阶级、财产、民族造成的鸿沟，可能慢慢填平——这当然是资产阶级为维护资本主义制度而做的政治性的宣传，而在一些美国学者来看，却是富有探索价值的新颖课题。

3. 身心有缺陷者的教育

美国教育一向注意中才生的培养，比较忽视天才教育，和欧洲颇有不同。现在正由照顾一般而向两端发展，即在注重众多中才生教育的基础上，一方面注意培养天才生，一方面要办好缺陷生的教育。近年有的调查说：语言障碍、智力低下、情绪不稳定、生理不健康（包括聋、盲、哑）之类的学生，约占全国学生人数1/10。他们生活困难，学习尤感困难，从来是教育领域的弃儿。在1965年的《初等教育和中等教育法》中，曾为解决这项难题而列有"身心残缺青少年的教育"专节。1971年，宾夕法尼亚州法院裁决，各学区对于4—21岁的学习困难学生，必须尽到教育职责，政府对此要不惜付出任何代价。随后，逐年扩大范围，规定遂适用于一切身心有缺陷的青少年。1975年，国会更通过《身心缺陷青少年教育法》，规定对于全国800万名3—21岁身心有缺陷者，一律施行免费的优良的教育。该法要求各学区查明有缺陷者的人数，注明其住址，安排适合其需要的课程；凡能与一般学生共同学习者，就跟一般学生共同学习，否则安排在家庭、医院或其他场所接受教育；凡学区能负起这种责任者，由学区负责办理，否则各州必须负责其事。如今由于学区普遍缺乏条件，各州都在竭力解决这项艰巨任务。1982 年为此将支出 80 亿美元，是联邦补助教育法中拨款最多的。过去，联邦同学区从不直接发生关系，1975 年的立法却使联邦同全国 16 000 个学区直接发生了联系。人们称这个法律是美国教育史中的里程碑，不是偶然的。

美国之看重有缺陷青少年的教育，是因这些人如果缺乏教育，就会终身残缺，而且随年龄增长而加重其缺陷；国家、社会、家庭势必为此支付巨额医疗护理费、职业训练费、生活救济费。近年教育科学发达，为这些人提出不少切实可行的教育方法，以补救、纠正或减轻其生理上、心理上、教育上的痛苦，并使其残而不废或变废为宝。心理学者还发现许多身心残缺者如在幼年时及时矫治，收效最大，从而早期教育也受到重视。

通过上述三种渠道，美国正在试图从白人教育扩充到有色人种的教育，变种族压迫的教育为种族平等的教育；正在试图从富人教育扩充到贫苦青年的教育，变特权教育为大众教育；正在从正常人教育扩充到身心残缺者的教育，变照顾面狭隘的教育为照顾全面的教育。从法令规定来看，美国政府企图投入人力、财力填补这些教育空白，叫人人享受力所能及的教育权利，不再视教育仅为少数人的禁脔，从而剥夺别人受教育的机会。但是由于资本主义社会根本矛盾不可调和，社会习惯势力的影响尤其巨大。究竟能否兑现，还有待进一步考察。

这里要指出的是：美国政府在人民要求之下实行教育民主化，除上述政治原因外，还有经济方面的因素。其一，美国生产事业发达，又攫取别国财富，二战后经济相当繁荣。根据 20 世纪 70 年代的数据，全国 2.2 亿人口，仅占全世界人口的 1/17，而在生产上却占全世界年产额约 1/2，享用全世界 1/3 的消耗物资和服务能量。欧洲人口共达 7 亿，为美国人口 3 倍，而美国实际收入超过全欧。美国国内贫富悬殊，但一般人民生活水平相应提高也是事实。按《美利坚百科全书 1978 年年鉴》，1974 年每人平均国民生产总值为 6 640 美元，1975 年为 7 060 美元。因此，多数家庭逐渐有条件让子女享受较长年限的学校教育。其二，美国人精于经济核算，很懂教育账，认清教育投资的利润丰厚，因而进学校、受教育成为风气。联邦教育总署于1969年发布统计,就说明个人受教育的年限和他的终身收入成正比:修业小学八年级以下者,终身收入约18万美元;从小学八年级毕业者则为24万美元;在中学修业一、二、三年者,终身收入约28万美元;修毕中学四年者约34万美元;在高等学校修毕一、二、三年级者,终身收入约39万美元;修业四年或四年以上者约54万美元。很清楚,个人肯于投资而从高等学校毕业,终身收益倍增,至于高昂的票面价格之外,还有种种社会荣誉,就不消说了。本生于1966年著的《教育是良好的生意》中说:"对于教育方面的投资代表着我们所能做的最好的投资。"因此,争取从高等学校毕业成为众多青年奋斗的目标。其他就可举一反三了。

科学地分析起来,在美国这个贫富悬殊而又拜金成风的国家,绝谈不上真正的教育平等;但二战后比之二战前,在教育大众化方面取得了一些进展,也是应予肯定的。据统计,初等教育,现已普及。中等教育呢?1970年,全国适龄青年在中学肄业者占90%以上;不但入学者增多,入学后毕业者也多。过去中学生退学率很高。例如,1918年中学毕业生占原招新生的38.8%,到1938年才增为46.7%,总之,多于1/3而不足1/2。如今在九年级肄业的学生中,约80%以上修毕中学教育,并不中途退学。而且,中途退学者或被淘汰者,以后多数也返校复学,或在夜校和函授学校完成中学教育。因此,在25岁以上的成年人中,受教育年限的平均数已高达12年半。现在还有统计表明,14—17岁的青年,约有95%以上在中学学习。狄扬说:"世界上没有任何其他地方,入中学的青年像美国这样多。在大多数欧洲国家,不足1/5的适龄青年在中学学习。美国几乎所有青年都在中学学习,这是美国民主的真正表征之一,也是美国实力最伟大的来源之一。"①

美国高等教育的发展也占世界首位。1965年,全国高等学校为2 230所,1971年为2 550所,1977年为3 047所,1978年更增为3 360所。在某一时期,平均每星期兴建大学或学院1所,真是高速度。在20世纪最初60年,美国高等学校学生每20年大约增长1倍。跨入70年代,不足10年,就增长1倍。1970年共有高等学校学生650万名,占适龄青年45%;1977年高达1 130万名,所占适龄青年比例更大。甚至有的学者说,60年代全国所发大学毕业证书的数目,比30年代全国所发中学毕业证书的数目还多。特别值得提醒的

---

① [美]狄扬(C. A. Deyong)著:《美国教育》(英文版),第159页。

是，二战后研究生快速增加。1955年的研究生为250 000名，1965年增为582 000名，1971年增为758 000名，1975年则接近850 000名。英国科学家斯诺在所著的《美国高等教育》中说："在全世界，你们是第一个使高等教育成为一个人口众多的大国中的大部分人所享受的教育，并且把高等教育不再当作少数天才单独享受的特权。我不怀疑美国高等教育是世界性的真正成就之一。"①

（二）教育科学化

第二次世界大战以后，科学教育受到美国学校普遍重视，20世纪50年代末，便酿成席卷全国的各级各类学校课程改革热潮。这固然是针对着二战前教育水平的不足，但绝不止此，它是更多地渊源于同苏联争霸、生产发展和知识爆炸等方面的急切需要的。下面分为两期加以叙述。

1. 初期的改革

早在1941年，美国总统罗斯福就意识到世界将在战争中开展科学、技术的规模巨大的演习和强烈无比的竞赛，联邦科学研究发展局因而创立。二战结束后，该局取消；但杜鲁门总统在1945年给国会的咨文中明确提出："没有任何国家能在当今世界保持领先地位，除非它能充分动员国家科学技术资源。任何政府如不慷慨并明智地支持和鼓励大学、企业和政府实验室的科学研究工作，就不能适当地履行政府的职责。"他对二战后未能立即使大学科学研究工作成为国家主要资源深表不满。1950年美国成立了国家科学基金会，负责加强数学、物理学、医学、生物学、工程学和其他专业的工作，以"促进科学发展，增进国民健康、繁荣和福利，保证国防实力"。科学基金会和国家原子能委员会、国家航空和航天局相同，是向总统直接负责的联邦政府重要部门，而改革学校科学教育恰是科学基金会的重要任务。当时高等学校恰好发现学生科学基础太差，无法提高专业教育质量，这才从大学由上而下地发动中学课程改革。

（1）以数学为例。伊利诺伊大学发现理工科学生约有3/5在开始专业学习前，须先补习，因为中学数学教材基本上都是牛顿时代以前的陈旧知识，仅在算术和代数课中教一些新的内容。该校的结论是：①对现代数学新成就深为了解的学者，最知道数学的复杂内容和结构，最能制定充分反映数学发展

---

① ［美］斯诺（C. P. Snow）著：《美国高等教育》（英文版），第11页。

水平的数学教材；②中学低估了学生接受知识的能力，因而放低教学水平，铸成错误；③大学数理教师要承担改革中学数学教学的重任。随后，该校为此成立专门委员会。1958 年，美国数学会（American Mathematical Society）、美国数学协会（Mathematical Association of America）、美国数学教师协会（National Council of Teachers of Mathematics）等专业组织，共同推荐专家组成专门委员会，由耶鲁大学教授贝格尔主持，以后又组成了中小学数学研究小组（School Mathematics Study Group）。他们开发了四年级到十二年级的数学教材，编印了数学参考用书。美国高等学校入学考试委员会也于 1955 年研究了九年级到十二年级数学教学问题，于 1958 年提出报告。数学改革从此大步迈进。

（2）以物理学为例。麻省理工学院教授查卡里亚斯于 1956 年对中学物理课进行调查，同样发现教学水平低下，随即同兄弟院校制定十二年级物理学教学大纲，并组织物理学科研究会（Physical Science Study Committee，PSSC）于 1960 年出版了物理学课本，1965 年和 1970 年又两次修订出版。参加中学物理课本讨论、研究、编写者，包括科学专家和中学教师计 1 000 余人，对改革中学物理课，颇是一番动员和鼓舞。

（3）以生物学为例。1953 年，在美国科学院（National Academy of Science）和美国科学研究协会（National Research Council）联合主持下，经洛克菲勒基金会和国家科学基金会补助，着手为期四年的研究，改革大、中学校生物学课程，并吸收奋发有才能的青年致力生物学专业的研究。这就是中学生物课改进的序幕。1955 年，美国生物科学研究会（American Institute of Biological Sciences）继续讨论生物学教学问题，1959 年还研制了《生物学课程研究规划》。《规划》主持人、霍普金斯大学教授葛拉斯说："当前很多中学生物课的主要内容，是就无脊椎动物和脊椎动物的解剖，讲述一些卫生知识、动物知识，举出许多科学名词，叫学生死记，还把生物学当作凝固的东西，以为一切问题都已经被人知道了。"他说，生物课的教学方法也很陈旧，生物实验室所进行的是机械而古老的实验。教师授课是按照教科书来讲些肌体构造的名称，或画一些图形而加以证明。他呼吁生物课要迅速进行革新。

从上述事例，可知二战结束之初，课程改革业已进行。不过，那仅是肇端。它进度缓慢，没引起普遍重视。科学教育受到普遍而高度的重视是由 20 世纪 50 年代末期开始的。

2. 20 世纪 50 年代末到 70 年代的改革

这段时期的教改处于极盛时期，形成了美国社会广泛谈论而家喻户晓的课题。这是众多因素造成的。现在扼要加以论述。

（1）美国为争取世界霸权而重视中小学的科学教育。20 世纪 50 年代中叶美苏争霸愈演愈烈的时刻，苏联于 1957 年试验人造地球卫星成功，对美国提出无情的挑战，暴露美国科学技术落于苏联之后，显示美国在军备竞赛中处于劣势。一时美国朝野震惊，把苏联人造地球卫星上天比作科学技术领域的"珍珠港事件"。为此，联邦政府设置科技顾问局，承担科技方面咨询、定计的大任。紧跟着，国会于 1958 年通过《国防教育法》。艾森豪威尔总统在批准该法时指出，它是"满足国家的基本安全"的"紧急措施"，要求竭力培养科学技术尖端人才。该法声称："我们必须加强力量，去选择和教育更多的国家天才。这就要保证不使任何英才由于经济困难而不得享受高等教育；还要迅速纠正当前教育中所存在的不能使足够数量的青年接受自然科学、数学、现代外国语以及科技训练的不平衡现象。"它还强调自然科学、数学、外国语是"紧要学科"，要求学校紧抓狠抓。它还规定划拨巨款，充实学校科学教育设备，提高科学教师水平，设置国防奖学金，补助天才青年使之受到中等和高等教育。1959 年联邦又派遣教育考察团赴苏联，该团返国，即以鲜明对比指出苏联教育质量超过美国，力倡教育改革。1964 年，国会延长《国防教育法》，更把历史、地理、公民、英语等科列为改进科目，意在从思想意识上树立国防力量。

苏联卫星冲击的范围极为广泛，引起的反应是爆炸性的。在此要略做引证，说明其引起的波澜多么壮阔。

联邦原子能委员会提出："基本问题是作为一个民族，美国是否愿意坐视苏联以其庞大技术训练计划，于未来年代，在技术发展上胜过我们；美国是否现在就采取行动，以期获得受过训练的人力，保证在这一领域里继续掌握世界的领导权。"委员会大声疾呼："我们正处于一场脑力的战役中。"

海军将领李可弗是美国第一艘原子潜艇的设计者和监造者，刚好他的制造武器计划因技术人员训练不足而被打乱，又刚好陆军部公布 25％的应征青年不能当现代兵，因而于 1959 年发表《教育与自由》一书，大讲苏联的技术突破标志着苏联教育的胜利，是苏联造就大批科技专家的结果。他着重指出美国技术力量的真正危机在于将来，他说："苏联计划所揭露的更加令人不安的事实是：他们成功地在最短期间建起一个教育制度，其制度恰好能培养苏联技术优势所需要的具有训练的人。"他强调："具有训练的人力只能从彻底改造过的教育制度来培养，这种教育制度要有跟美国当前教育制度完全不同的目的和比较高的学术标准。"他忠告政府做出巨大物质牺牲，对教育别抱吝啬态度，尽量提高专家的物质待遇和社会地位；还须学习在办教育上"老练而明智"的欧洲，严肃认真地对待科学知识，否则是不能应付苏联的"埋葬美国的妄想"的。他说："我们需要很多人，他们既要有扎实的文理学科基础，又受过良好的专业教育，缺乏这种学习动机是危险的。"四年后，李可弗又发表《美国教育——一桩全国性的惨败》，进一步阐述彻底改造美国实用主义教育的必要性和急迫性。两书在美国曾激起轩然大波。

哥伦比亚大学教授布热津斯基著的《两个时代之间——美国在技术电子时代的任务》，指出当前是技术电子时代，跟以往的工业社会具有截然不同的性质，因为当前科学技术的新成就威力大而效率高，是史无前例的。就全世界而论，美国是全球唯一的技术电子社会，处于领导和独占地位。因此，当前绝非两极世界，乃是一极社会，苏联并无资格与美国相提并论。美国倘若百尺竿头再进一步，苏联就必然就范。他把世界划分为三，唯一的技术电子国家是美国，半技术电子国家有西欧、苏联、日本等，第三世界国家是非技术电子国家。他还说第三世界将继续成为技术电子社会的牺牲品，受技术电子国家的剥削压迫，成为世界上的"贫民窟"；半技术电子国家也将听命于技术电子国家。美国只要技术上能称霸世界和独霸世界，就可借此而统治世界。科学技术教育无疑是美国的命根子。当然，学校要把培养科技尖端人才作为首要任务。

以上各例，颇能说明二战后美国教育科学化的国际、国内政治社会背景。三例带有高度的代表性，其他言论不赘述了。再清楚不过，就是因为国防，实际上就是争取世界霸权，美国中小学的科学教育才受到前所未有的重视，从而使课程改革一跃而进入高潮。

（2）美国国民经济高度发展，向尖端科学技术提出急切要求。第二次世界大战期间军事科学技术上的发明，如核能、电子计算机、激光之类，在二战后应用于和平工业、民用工业；因为它们取得多方面突破，逐渐改组了旧工业，产生了宇航工业、电子工业、合成工业等新工业系统，导致工业技术的革命。与此同时，农业生产也大为改观。1950年，美国农业人口占全国人口12%，工业劳动者占33%，服务行业人员占55%；1970年农业人口下降为4%，工业人口下降为32%，服务行业人口上升为64%。事实表明：由于控制论的流行和现代化机械的广泛采用，工业、农业都要靠新知识、新技术来推动，体力劳动的要求日趋减少。过去资本家发财致富，主要依靠投入大量资金和劳力；到 20 世纪 70 年代却大异于前。美国国家经济研究局估计，从 19 世纪 70 年代起，美国经济增长率平均为每年 3.5%，其中 1.7% 得自增加资本和劳动力，1.8% 得自技术革新和工作人员较高的教育水平。1979 年 3 月，卡特总统在给国会的科技咨文中说："在过去 30 年里，美国经济的增长有 30%—40% 是技术革新的结果。"他还说，善于技术革新的工业，生产力最高，在世界市场的竞争力也最大。众多评论家宣称：现今人类已处于原子时代、电子计算机时代、宇宙航行时代，是产业革命以后所跨入的崭新的历史阶段，愈来愈多地依靠科学技术的突破来推动生产力发展是新时期的显著特点。

就美国发展科技的成果而论，由于多年来注重发展科学技术，在二战后资本主义国家最重要的技术革新中，60% 是美国首先研究成功，75% 在美国首先得到应用。世界性的科技竞争正迫使美国千方百计保持其领先地位，因而发展科学研究和改善科学教育成为头等大事。美国过去一向注重应用科学，二战后竭力扭转，大搞基础科学研究，并非偶然。1957 年，国家科学基金会对艾森豪威尔讲得好："一个依靠外国输入新的基础知识的国家的工业发展步伐，将会缓慢下来。"实际上，美国科研方向的扭转，具有政治的、军事的、经济的、科学的多种原因，发展工业仅居其中之一。

（3）知识爆炸是促成教育科学化的重要因素。二战后，尖端科学技术急剧膨胀，知识量几乎每 8—10 年猛增一倍。就人类历史而言，在由古至今的所有学者和发明家中，90% 出自当前时代。美国已认清理论科学的价值，认识到科学家在理论探讨之初，虽未抱有实用动机，结果却大幅度地提高了科学水平，创造出种种成效惊人的先进技术。再则，从理论探索到实际应用之间的距离，如今也比以往大为缩短，理论的威力绝非遥远而不可期的。英国哲学家培根于 17 世纪声言："知识就是力量。"其含义之深，如今方为人所充分理解。众多评论家说，美国长期以大批人力、财力投资于科学研究创造，已经产生一个举足轻重的崭新生产部门——"知识工业"。目前国家的立法、定计、决策，企业界的技术更新和开辟新颖生产门类，无不殷切仰赖知识工业的佐助，依靠学有专长的知识分子充当智囊和思想库。未来学者预卜今后知识突破将愈演愈烈，21 世纪的公民不但不能成为科学盲，而且必须具有高度科学修养，方能从事专业工作和适应生活需要。当然，学校必须对科学教育给以绝大的注意。

基于以上各种原因,二战结束以来,美国政府企业和教育基金会逐年划拨巨额科学研究经费,而且逐年迅速增加经费数量。在第二次世界大战以前,美国科研和发展用费从未超过国民生产总值0.5%,1948—1952年也未超过1%。从20世纪60年代开始,便提高到2%以上。在美国联邦政府预算中占10%—14%,而联邦德国、英国、法国等国则仅占5%左右;按人口平均计算,美国开支的研究和发展用费相当于法国或联邦德国的4倍。在拨款之外,全美学术界还大声疾呼保证学术民主,防止官僚主义和科学沙皇的出现,使科学家自由运用聪明才智,以利学术创造、科学探险和技术发明。美国科研机构包括政府部门的研究实验室、企业的研究实验室和高等学校,而高等学校乃主要科研基地。全国大学所设研究中心和研究所多达5 000余处。自1958年《国防教育法》实行后,政府为改革中小学科学教育,曾多次指拨巨款充实设备、培养师资和设置奖学金,在向苏联学习的浪潮中,竭力改善"新三艺"(数学、自然科学、外国语)的教学。因此,中小学的科学教育也颇有改进。

在科学化的努力下,美国各级教育质量渐有后来居上之势。美国高等学校以量胜而非以质胜的时代,慢慢成为过去。众多院校在向现代化科学进军声中,力争上游,已成世界学者羡慕之乡,被誉为举世罕见的第一流学术中心和科研重镇。建筑宏伟、设备新颖、人力充实、效果卓著的科学实验场所、资料中心和图书馆,不但是大学的骄傲,也成了美国的骄傲。高等教育权威本·戴维在《美国高等教育》一书中指出,美国高等学校数量之大、增长之速、教育面之广都在国际上居首位。同时,他还明确地说,美国高等学校之适于从事高、精、尖的学术研究,也非其他资本主义国家所能比。诺贝尔奖一向被视为衡量学术成就的标准。自1901年奖金颁发以来,迄今78年。在前40年,美国获奖者仅15人,不及德国和英国。但1941—1978年,美国获奖者达97人,约为其他国家获奖人数的总和。就20世纪70年代而言,美国有30名获奖人,英国仅有10人,联邦德国仅有4人,瑞士仅有2人,苏联和法国则各仅有1人。如果说获奖名额不能说明各国科学水平的全貌,奖金获得者也非全部来自高等学校,但获奖名额总可充作参考指数,而且绝大多数获奖者是院校的科研工作者。美国高等教育蒸蒸日上,是不容抹杀的。

美国中学水平参差不齐,早为欧洲及美国学者所非议。从20世纪50年代末期起,以向现代化科学进军为重心的教育革新和课程改造运动,一反实用主义轻视系统理论传授的学风。虽然改革仍在进行中,争议很多,尚难定论;但一般学校的文化教育和科学教育，扶摇直上。过去，中学毕业证书只是生活适应能力的证件，如今却视为科学水平的证明。最近国际教育研究评定协会（International Association for the Evaluation of Educational Research），耗费600万美元巨款，就22国25万名中学生，进行比较分析。结果是：美国优秀生在大多数学科的学习成绩上，和大多数国家优秀生相等，或超过他们；在阅读理解和文学造诣方面，美国优秀生则优于任何国家。

总之，美国教育质量正在受到美国和世界好评。哈宾和买伊尔斯在合著的《教育、人力和经济发展：人力资源发展的策略》一书中曾把世界75国各按其教育水平，分为发达国家、半发达国家、部分发达国家、不发达国家四类，其中把美国列为第一名，居发达国家的首位，超过新西兰、澳大利亚、比利时、英国、日本、法国、加拿大、苏联、联邦德国、阿根廷、瑞典、丹麦等其他教育发达国家。英国科学家斯诺对美国高等教育推崇备至，他说："我绝不是推崇美国高等教育的唯一的外国人。"就此可见一斑了。

三、教育目标的演变

美国教育发展的方向和目标是在不断变化的。这反映了美国社会、政治、经济在不断前进变化，而且发展、变化是高速度的。美国独立战争是资产阶级革命，因此，美国自始就是资本主义国家；但美国和欧洲资本主义国家的背景不同，因此，美国教育一面吸取别国的先进经验，一面又跟欧洲传统发生深刻矛盾，在教育史上迈出了新的步伐。如果不理解美国教育发展方向和培养目标的历史变迁，就不能触及美国教育的实质，也不能抓住美国教育的特点。

追本溯源，美国教育在最早是模仿英国，不但搬来英国学校制度，而且搬来英国办学宗旨。初等学校是劳动人民所享受的，以粗浅的文化知识为内容，着重培养宗教信仰，目标是养成敬奉上帝和效忠英王的顺民。这种教育目标到美国建国后改为培养民主国家的健全公民，一直延续到如今。高等教育和中等教育的培养目标呢？始终处于争议之中，发展变化最大。不过，从实质上分析，总不外以学术教育或以实用教育为方向的问题。中等以上学校不限于造就一般公民，还要培养国家兴办事业需要的人才，水平高深，内容复杂，在处于不断巨变中的美国，当然要随时扭转方向的。为阐述第二次世界大战后教育目标的发展，必须理解以往教育目标是怎样形成的。

（一）第二次世界大战前美国教育目标的演变

1. 高等教育目标

200 年来，美国高等教育的发展方向跟欧洲大为不同，以专业教育为重点，而非以学术教育为重点。欧洲大学重学轻术的观念根深蒂固，美国则偏于重术而轻学。殖民时期的哈佛、耶鲁等九所院校，以神学为王冠。他们最初只设神科，学习法学、医学的青年须到欧洲留学。这是因为学院教师、学生人少，无条件设法科、医科；然而不止于此，一般清教徒举办的学院还根据加尔文派教义，认为人间的天国须实行神权统治。具体说，移民聚集的社区可以"民有""民享"，却不能"民治"，只有笃信上帝而有学养的教徒，才能体会神旨，承担治民重任。1636 年，哈佛学院建校，就宣称要"为社会造就合适的人力，主要是造就教会人士"。1754 年，国王学院（哥伦比亚大学的前身）刚刚成立就宣称，本校"主要任务是教育和指导青年理解耶稣基督，热爱和服从上帝，养成优良习惯，获得有用知识，使家人和朋友得以信赖，成为国家的光荣，增益当代人群的福利"。当时人们把这些目标视为当然，不曾发生怀疑和争论。

美国建国以后的新形势迫使高等教育改弦更张。一则，殖民时期的学院都属私立，其中有的和英国皇室颇有瓜葛，在独立战争年代置身局外，被人抨击为"非爱国主义"的机构，非改组不可。而且，学院都是教派所举办，新政权视教育是政府的事业，须由政府设立和管理学校，不能全部委之教会。二则，为发展资本主义生产事业，美国建国后即向西部开发疆土和资源，必须具有真才实干，才胜任进军垦荒的艰巨任务，传统学院养成的以读古典语文为事的书生，无济于事。很清楚，哈佛、耶鲁等欧洲类型的学府，跟美国建国后的现实南辕北辙。为改正这种局面，国王学院和宾夕法尼亚学院遂由私立分别改为纽约州立和宾夕法尼亚州立，达特茅思学院和威廉玛利学院也酝酿由私立分别改为新罕布什尔州立和弗吉尼亚州立，用意是叫学院执行州议会决定的办学方针。由于教会和保守势力坚决反对，改立完全失败；便又着手改组学院校董会和进行课程革新。过去学院传授神学，因为《圣经》是用希伯来文和拉丁文写的，为学神学而重古典语文和古典学科，已成风气。美国建国后迫于形势，学风渐渐扭转。哈佛、耶鲁、普林斯顿等有影响的旧学院纷纷减轻古典课程分量，注重历史和现代语文，别校相继仿行。无奈，这些学院积重难返，改革的步子不大。另外，9 所学院规模很小，又都集中东部各州，不便西南各州学生就学。州立大学便在18世纪末诞生了。州立大学不由教会举办，而由政府举办，比较重视传授现代知能，使大学服务于州的需要。杰斐逊为弗吉尼亚州立大学制定的规划，就注意满足农、工、商业之需，不仅注重神、法、医科，而且强调数学和自然学科的传授，压缩古典学科的教学。

新生事物在发展过程中总要跟旧事物进行斗争的。就州政府对旧学院改革而言，新罕布什尔州企图把达特茅思学院改成州立，联邦最高法院于1819年予以否定裁判，指斥州政府侵犯学院权利，违反宪法精神。在这影响重大的讼案之后，私立学院遂得继续存在。就课程改革而言，1829年耶鲁大学教授会宣称，"博雅教育和专业教育迥然有别"，是富有权威的挑战。过去旧学院取法英国的大学，以博雅教育为目标，崇尚理性的价值，致力智慧的发展。说穿了，乃是重学轻术。为此，在耶鲁大学内，居然使"专业科目有计划地被逐出大学的教学领域，为着使文学、科学探索在大学获有发展余地"。专业科目指的是各州建设事业所需的科目，博雅教育指的是学术文化科目。显然，耶鲁大学的斗争是重学轻术的传统对重术轻学的新潮的较量。关于州立、私立的讼案虽很爽利地得到定论；但关于课程改革的争议却长期未得解决，而这个问题恰恰是决定高等教育培养目标的关键。

怎样解决矛盾呢？美国政府并不越俎代庖，却让学校根据情况自行摸索。结果呢？一般州立大学走上折中道路，既针对现实需要，又不废学术探索，只是侧重前者而已。密歇根是美国中西部教育发达的州，州教育委员会主席太潘于1856年致该州州立大学董事会的文件中就说，大学应给全州提供正确的教育标准，提高教师的质量，制定明确的教育原则和方法。实质是州立大学应为州的事业效力。这条新的办学路线以后愈来愈明朗。万·希思于1910年在威斯康星州立大学毕业典礼上就透彻地说："州立大学的生命力存在于它和州的紧密关系之中。州需要大学来服务，大学对于州负有特殊的责任。教育全州男女公民是州立大学的任务，州立大学还应促成对本州发展有密切关系的知识的迅速成长。州立大学教师应用其学识专长为州做出贡献，并把知识普及于全州人民。"他还说，州立大学"是全州的灵魂"。"威斯康星州立大学成为全州灵魂的百分比，就是我引以为自豪的百分比。"他最后说："威斯康星州有权要求州立大学为公益事业发挥其具有专长的服务。州还同样有权力要求大学在政治学和社会学方面，做出它所专长的服务。"无待解说，州立大学面向现实，以培养政治、经济、建设人才为方向，比殖民时期浸沉在神学中的学院前进了一大步。

1910年，万·希思时期的威斯康星州立大学，大约已有数百师生的规模；而19世纪前期、中期的州立大学，规模极小。密歇根州立大学在1843—1844年度，仅有学生53人，教授3人，讲师1人，助教1人，外校来的访问教师1人。课程新旧调和，4年之中计有希腊语、拉丁语、数学共26学分，自然科学9学分，理性科学5学分，英语4学分。每学分指每学科在全学期每周上课1小时而言，内容是相当贫乏的。直到1853年，学生才增加为72人。那时密歇根州立大学是新兴的有名学府，跟历史悠久的哈佛大学并称，别校如何，可以推知。很清楚，州立大学的作用微不足道，美国高等教育历时虽久，却还没到发达时期。

美国在19世纪中叶虽已开始产业革命，但工业发展缓慢；美国那时虽然是农业国，农业也极落后，没有过关。南北战争以后农工生产事业才向现代化飞跃前进。当时州立和私立院校都跟不上时代的步伐。1862年国会便通过《莫雷尔法》，由联邦拨地给各州兴建农工学院。《莫雷尔法》不排斥古典教育和军事教育，而注意力却落实在农业、工业建设人才的培训上。1884年，康涅狄格州学院毕业典礼上，学生讲演《灌溉和排水》《马脚、牛脚和它们的疾病》时，听众哗然，认为不伦不类，刚好说明农工学院新兴的专业教育和传统的博雅教育之间的鸿沟。保守派由于农工学院不招收官家子弟而照顾一般青年，不讲古典而传授专业科目，竟然斥之为水平低劣的"放牛娃学院"。然而，大势所趋，这种被鄙薄的学校在促进生产事业方面却做出宏伟贡献。从此继续前进，职业和技术教育才成为美国高等学校的合法职责。这在美国和世界高等教育史上都是新纪元。通过这次斗争，重术轻学成了美国高等教育的特点，跟欧洲长期存在的重学轻术的风气，迥然不同。欧洲的一般院校以培养天才学者为骄傲，美国的多数院校则公然以造就干才为光荣。用弗莱克斯纳和赫钦斯的话说，美国所谓学府不过是庞大的社会服务站罢了。弗莱克斯纳于1928年在牛津讲演道："中等水平的技术性质的普及性的教育，都不属于大学教育的范畴。"他虽承认法、医两种专业教育是学术性的，但各教派的神学、商业、教育、新闻学之类，则不属于此。可见美国高等教育的目标，直到第二次世界大战前还在学者争论之中，不过，其主流是造就实用干才，是已极为明确的了。

2. 中等教育目标

殖民时期的拉丁语法学校是学院的附庸，以帮助学生升入学院深造为目标。实际上，众多拉丁语法学校毕业生升学者寥寥，常常在一校之内竟然一二十年之久不曾有任何人升入任何学院，因而青年学会古典语文、古典学科并无用处，造成严重浪费。另外，通商口岸和手工业市镇，急需有文化有技术的青年，因而又大量出现私人设立的学塾，针对当地需要，分别传授算术、簿记、测绘、机械、航海之类的知能。富兰克林审时度势，便于1751年在费城创立文实学校，提倡学以致用。美国独立以后，资本主义工商业逐步发展，文实学校逐步取代拉丁语法学校，成为美国中等学校主要类型。文实学校以升学准备和养成实用人才为目标，走向同欧洲单纯的升学准备式的中等学校极为不同的道路。前者满足生产事业发展的需要，也满足了小资产阶级对于文化知识和准备就业的要求，表现了中等教育现代化和大众化的趋势。

当然，不能把文实学校片面理解为职业学校。富兰克林说："如果我们能把一切有用的知识和一切供装饰用的知识都教给学生，该多么好啊！可惜知识是无穷的，而学生的时间是有限的。因此向他们建议，要学习那些多半是最有用的、最有装饰性的知识。"他所谓"最有用的知识"一方面是指技能，技能虽直接和职业有关，但光有它不成；另一方面还须通过学习历史、数学、逻辑以及训练仔细观察周围自然界而达到对广大事物的一般理解，使青年有一个训练有素和具有丰富知识的头脑。

比文实学校前进一步的，是在南北战争后成为美国主要类型的中等学校，即中学。中学和文实学校不同之处在于课程更加面向现实，更加看轻传统的学术科目。当然，中学是公立的，费用低廉，吸引为数多于文实学校所能容纳的青年，两者也不一样。不过，就其培养目标而言，特点更加明显。英国的公学、法国的国立中学、德国的文科中学，都以追求学术为方向，强调天才选拔和理智培养，把升学准备作为主旨；美国中学则强调民主化、大众化，把准备就业提到前所未有的高度。理由很简单，美国中学在南北战争后迅速发展，学生人数以几何级数上升。众多青年在中学毕业后是就业的，中学不对准工商业实际需要而叫学生读书升学，岂非风马牛不相及？不揣其本而齐其末地非议美国中学泛滥浅学主义，是不妥当的。

当美国中等教育从欧洲传统解放出来时，其间同样充满着矛盾斗争，曾不断地摇来摆去。在文实学校迫于客观形势不得不满足现实急需之际，就招致种种非难。"市侩化""庸俗化""生意经""低格调""拜金主义""鄙陋无文"等帽子满天飞。南北战争后，中学校数和学生数迅速增加，参与争议的人士尤为众多。美国大学目标的纷争是由学校自行解决的,这在前面业已提及。中学影响面广,学校自行解决难以奏效,要依靠集体努力。美国教育协会于1891年为解决中等教育目标问题而成立十人委员会,于1895年为解决大中学校衔接问题而成立十五人委员会等,就是例证。说也奇怪,以哈佛大学校长艾略特为首的威名赫赫的十人委员会,却做出不合实际的建议,认为中学要兼顾升学、就业两种准备,在课程上并未减损传统学科的地位。原因是委员会成员主要来自学术界和高等教育界。在十人委员会中,有大学校长、院长5人,教授1人,私立中学校长2人,公立中学校长1人,再加上联邦教育署长。十人委员会的9种学科会议的90名成员中,大学校长、院长、教授47人,私立中学校长21人,公立中学校长14人,教育厅、局长2人,师范学校教师4人,其他方面代表2人。这个以学术专家为主体的机构无力和传统决裂,只是调和折中,于是引起愈加激烈的纷争。

第一次世界大战后,"普及中等教育""中学向所有青年开门"的呼声响彻云霄,矛盾日益突出。1918年,美国教育协会经过长期讨论研究,终于提出了著名的"中学教育七大原则",把中学教育的目标规定为:①保持身心健康;②掌握基础训练;③成为家庭有效成员;④养成就业知能;⑤胜任公民职责;⑥善于适用闲暇时间;⑦具有道德品质。由于内容广泛而又切合时势之需,教育家认为它们不但是中等教育的目标,而且是适用于各级教育的目标。随后,1938年,美国进步教育协会又提出11项中学教育目标,美国教育协会的教育政策委员会更提出43项目标。细目虽异而精神一致。到这时,美国教育才摆脱学院的传统教育的绳索,大踏步地走上和欧洲教育迥乎不同的道路。美国教育家自豪地说,他们的中学教育是自成段落的教育,不再是大学的附庸。这也成了美国教育的特点。

(二)第二次世界大战后美国教育目标的演变

二战后国际、国内的政治、军事、经济、科学技术发展的新形势迫使美国教育革新,这在前面已经叙述。教育目标当然随之改变方向。扼要地说,就是由注重现实效用而转变为注重向科学进军。

1. 高等教育目标

二战后的发展目标受民主化和科学化两种因素所制约。在学生运动冲击下,院校必须打开大门,容纳广大想入大学的青年。于是开放大学便发达起来。"无墙大学""街头大学""自由大学""实验学院""革新学院"等名称,由 20 世纪 60 年代起层出不穷。就连正规院校也不得不降格以求。初级学院、社区学院固然在水平上颇有高下之别；有些规模巨大而享有声望的院校，有时同样要把程度放低。高等教育民主化的原则是健康的，至于具体做法是否正确则言者不一，其发展前途也尚待实践给予判断。不过院校注重科学教育的趋势，已为一般教育家所同意。他们从国防和生产的需要，认清高、精、尖的科学知识是快速发展技术的基础，必须为青年一代奠定高深牢固的科学基础，才能使他们适应不停顿的知识突破、技术突破所形成的人类历史新阶段，才能使他们在历史新阶段为人类知识和福利做出贡献。否则，像以往那样搞实用主义，一味在技术上硬拼，而缺乏科学理论作指导，那刚好是无源之水，无本之木，谈不到长远的进步和杰出的成就的。美国由重应用科学而重基本科学，是培养目标变化的突出表现。

在这里要交代的是美国在 1979 年 10 月以前没有联邦教育部，联邦教育总署也从未颁布法令和规定高等学校培养目标。院校是根据时势发展而自行制定办学方针政策的。我们只有从一般院校的方针政策来论证高等教育的培养目标。因此须把二战前与二战后略做对比，从而看出其变化。

南北战争后是美国高等教育用两条腿走路的开始。一条腿是农工学院的建立，虽也标榜不排斥文化知识的重要地位，实际上却以培养农工专业人才为任务。另一条腿是 1876 年创立霍普金斯大学，向德国柏林大学学习，致力学术人才的培养。霍普金斯大学以柏林大学为榜样，把重点放在研究院，最初不设本科，不招本科生；但竭力延聘造诣精深的专家学者，选拔学有根底、富于才智的研究生，大量举办学术讨论会和出版学术书刊，特别是提倡学术民主和鼓吹讲学自由。后来成为教育哲学权威的杜威，后来充当美国总统和普林斯顿大学校长的威尔逊，都出自该校研究院之门，可谓人才荟萃，学者辈出。农工学院和霍普金斯大学都是美国教育史上的里程碑。但霍普金斯大学开辟的向学术进军的道路，并未取得优势，也没扭过美国注重造就实用人才的潮流。当然，艾略特整顿哈佛大学，哈珀（Harper）发展芝加哥大学，霍尔主持克拉克大学，都是根据德国大学精神，着重研究生的培养，把学术研究放在首位，并且号召大学要着重发现真理的职责，不能停留在真理的传播者的水平。在这些学术教育倡导者呼吁之下，美国大学教授协会便于 1915 年发表《高等教育原理宣言》，要求教授充分享受学术自由，在课堂不必隐讳观点，训练独立思考能力，成为真理战士和学术导师。不过，除少数院校外，绝大多数院校限于条件而没法实现。所以培养学者、科学家的目标，在当时不是主流。

第二次世界大战后，向学术方向奋斗的院校与日俱增。众多院校纷纷把目标指向科学探索。学风与以往不同了。恰如布鲁纳所说："1959 年正是我们非常担心学校缺乏智育目标的时候。因为许多知识领域早已大踏步前进，这些进步却未反映在学校教育之中。我们特别忧虑：不能造就足够多的科学家和工程师。"① 由于高等学校培养目标不由政府做明文规定，而由各校掌握或由教育团体商定，现把几个较有权威的看法，举例说明，以见一斑。

美国教育政策委员会（Education Policy Commission）于 1957 年发表的《在决定性年代的高等教育》所定高等教育目标计有 5 项：①为有才能者提供个人发展的机会；②传递文化遗产；③通过研究、创造活动，增加新的知识；④协助使知识发展成为促使人类生活和社会前进的工具；⑤为公共利益服务。其中②、③、④项是在着重传递学术财富和应用学术财富的同时，同样着重创造学术财富的。当然，我们不能单看一纸宣言，还应看院校的实践。1968 年，葛拉斯和葛兰希曾对 15 000 名大学教师进行调查，发现美国大学极重视教师的学术自由，最关怀纯粹理论研究和保持或提高大学的地位，而且除去关心学生学业进步外，对学生其他方面不太感兴趣。由于院校研究生培养工作迅速发展，一再使本科教育失去优势，1968 年，美国教育委员会（American Council on Education）发表《谁决定美国高等教育的目标》以后，有些院校又要求对高等教育目的加以澄清。1972 年，教育测验所（Educational Testing Service）制定了高等教育目的调查表，其中列有 13 项：①学术发展；②理性方向；③个人发展；④人文主义和爱他主义；⑤文化的审美的欣赏力；⑥宗教；⑦职业准备；⑧高级训练；⑨研究；⑩适应地域需要；⑪公共服务；⑫社会平等主义；⑬社会批判主义和积极主义。调查表曾广泛使用于加利福尼亚等州。加州大学的教师、学生、行政人员、校董及社区人士，都把"研究"和"高级训练"列为第一等目标。以上所引例证都有一定的代表性，反映了高等教育目前奋斗的方向。

欧洲大学的任务是教学和研究，美国大学除此两者，还肩负社会服务的任务。近来欧洲院校也承担社会服务职责，但不如美国之繁重。不过，如果说美国院校过去以教学和推广为主，如今就渐渐转为向科研进军了。现在美国著名

---

① ［美］布鲁纳（J. Bruner）著：《教育过程再探》（英文版）。

大学都在努力成为既是教学中心，又是科学研究中心。在过去，院校不按政府或企业的指示完成特定的现实任务，纳税人和资本家就从经济上卡和从政治上压，校长必须秉承他们的意旨行事。如今，学府所负的社会任务依然繁重，但已认识到只有教学任务搞好，科研任务突破，才能做出更有价值的社会服务。因此，三者的轻重易位，摆法不同。赫钦斯批评美国学院迁就社会一时之需而妨碍学术发展时，曾讲："大学所能做的最伟大的服务，国家所最需要的服务，社会服务站所不能做而只有大学才能做的服务，乃是学术的领袖。"他说，大学如果失去学术工作这个重心，迎风飘荡，随俗浮沉，从而流为非理性主义，乃是人间悲剧。他的热切期望如今变为现实了。

本·戴维是当前高等教育的权威学者，他在所著《科学和大学体制》中，称道美国20所左右的著名大学，尤其是他们的研究院，被人们承认为世界上最好的致力科研和培养科研人员的园地。当前，世界学者和学生群集美国，恰似1933年以前奔赴德国一般。美国社会，尤其是生产部门，大量需要科学专家。从1947年到1963年，科学家已在全国取得接近最高级的职业威望。一般青年不再把学士学位当作终结学位，而只当作升入研究院的准备学位了。19世纪中叶，世界科学家和科学计划决定者承认德国大学开创了新篇章，如今则认为美国大学的科研组织跨进了新时代。各资本主义国家都在仿照美国着手高等教育改革，其方向是加强研究生的培训，建成集体科研组织，并且改组本科生的教育，准备毕业生升入研究院继续深造，或能够享受和应用科研成果。现在的美国已将产生科研尖端人才和致力富有创见性的科研成果，当作整个高等教育体系的中心，而不将培养社会、政治领袖，或造就专业人员，当作整个高等教育体系的中心了。大学所负的其他职责，已很难和大学的科研相提并论。科研在大学逐渐取得了垄断地位。以上本·戴维的评论，是很能说明二战后美国高等学校的奋斗目标的。

2. 中等教育和初等教育目标

《国防教育法》是美国二战后颁布的根本大法，主旨是把向科学技术进军作为纲领，教育目标从生活适应转向抓紧基础科学教育，培养未来科学工作者，已成为强大的发展趋势。1965年颁布的《初等教育和中等教育法》，继1957年和1962年两次《国防教育法》之后，又专拨巨额经费，改组学校机构，成立教材研究中心，建立卫星观察站，造就适当师资，辅助教师进修和尽力提高课堂教学质量。教育家对此发表意见，强调文化科学知识的传授，一反实用主义教育哲学的主张。罗杰斯在《小学的课程和教学》中说："小学应该使儿童接受普通文化教育，这种教育是他们将来接受专业教育的基础。"①腔调大异于前。当然，更明显的是中学。本特在《中学教育原理》中，指出有人认为中学应准备培养科学家，理由是："科学家、数学家和语言学家所需的知识和技能，是如此困难和需要如此漫长岁月去获得，以致中学不得不对这些学术领域进行适度的探索，并且提供升入高等学校深入学习的基础。因为独立研究是中学的任务之一，学习每种学科的结构和钻研方法，是学生扩大知识范围所必要的。学者所用的方法是中学可以传授的，它可以引导学生在将来的学习中发展成为学者。"②一句话，高等学校的目标是培养学者、专家，中等学校的目标是为培养学者、专家奠定基础。

在20世纪60年代和70年代，美国众多教育学者论证当前中小学生是21世纪的领袖人物。他们说，全世界正朝着科学方向发展，未来青年不能理解科学，而且在不久的将来，不掌握大量新进的科学知识，便都是文盲。他们认为，理智训练的重要性和价值，高于一般日常经验和生活能力的重要性和价值。杜威说的"一磅经验贵于一吨理论"，到此破产。他们还说，今后世界是科学世界，升学深造固然需要有坚实的科学基础，就业也需要具有丰富的科学知识，日常生活也不例外。人人都须学科学、懂科学、爱科学、用科学、不断地研究科学，科学非少数人之事，是群众之事。

不过，美国中小学在解决科学教育的实施上，并不采取齐步走、一刀切的方式，而是针对情况分别处理的。一方面，面向现实的传统在美国根深蒂固，历史发展有它的继承性；另一方面，美国中等教育已基本普及，不加区别地笼统要求青年一律成为未来的科学家，更不可能。美国教育家遂提出通过天才教育的途径来实现培养科学尖子的目标。就是说，占全部适龄青年90％以上的中学生，彼此间智力、学力的差距巨大，进行科学教育应该适应个别差异，实行因材施教。一般青年虽同样须掌握科学原理和提高科学水平，但不宜做过分要求；在另一方面则大力从事对禀赋优秀的天才生的培养。科南特于1959年问世的《今日美国中学》是有代表性的。他主张取消小规模的中学，推广设置大规模的综合中学，综合中学要按学生智力分别开设不同班级，虽

---

① ［美］罗杰斯（F. A. Rogers）著：《小学的课程和教学》（英文版），第89页。
② ［美］本特（P. K. Bent）著：《中学教育原理》（英文版），第28页。

则人人都要学好外国语和自然科学，而水平高下应当有别。他竭力建议对于具有学术禀赋的约占全部学生15％的高才班，设置年限长而标准高的数学、外国语、自然科学等课程。理由是："在中学学不好数学和科学的学生，以后就很难进工科大学和医科大学，而且不可能升入大学后再奠定做科学家的基础。"他着重指出，这些尖子是国家专门人才的源泉，如果教育不当，势必造成个人和国家的难以弥补的损失。另外，对于约占人口3％的具有高度天才的学生，他主张国家应当额外配备人力，采取特殊措施，发展他们的天资。科南特是知名的化学家，曾任哈佛大学校长20年之久，其建议产生了广泛影响。

近年向科学进军的浪潮，不但冲击了高等教育和中等教育，也渗透到初等教育，小学也渐渐由儿童生活乐园而注意智育的实施，很多中学教材已被陆续下放给小学了。不少幼儿园不但教识字计算，还教外国语，有的竟然成为变相的小学。科学教育大有无孔不入之势。

四、新时期的教育哲学和教育科学

（一）教育哲学界的激烈论战

美国教育论坛从来是百家争鸣的热闹场地。二战后教育巨变反映在教育理论上，就表现为实用主义失势，要素主义抬头。从20世纪50年代起，一股冲击实用主义的思潮形成了波澜壮阔的洪流。

自19世纪末，美国成为帝国主义国家；实用主义作为垄断资产阶级御用哲学，曾经流行一时。它从主观唯心主义出发，否定社会发展的规律性，不信宇宙间存在客观真理，认为有用的就是真理。第一次世界大战后，杜威1916年著《民主主义与教育》，使实用主义理论上升为系统的教育哲学。以后益加发展，还产生了进步教育派。他们认为，教育不能脱离社会需要，不能不顾儿童当前发育成长，不能从成人观点出发，强使儿童牺牲现实幸福，去给渺茫的成人生活做准备。他们指责这种旧教育是虚妄的、无效的、枯燥无味而扼杀儿童生机的。他们肯定资本主义社会的教育就是生活，就是生长，就是社会适应，就是经验改造。一句话，儿童在愉快的生活、生长中，掌握丰富优美的经验，养成适应社会的能力，便是受到良好的教育。在这种教育哲学思想指导之下，人们尊重儿童的天性和兴趣，鼓舞儿童的活动和自由，要学生"从做中学"，轻视学习系统知识而重拾掇片断经验；以儿童为中心，大讲自由发展，降低教师的作用；强调学习的当前效用，不谈长远需要；致使学生基本训练薄弱，学科知识贫乏。1938年，巴格莱（W. C. Bagley）①等人组成要素主义教育协会，发表《要素主义教育纲领》，跟前者针锋相对，揭露进步教育的缺点，坚持养成基础知识和从事基本训练。在当时双方展开的争辩中，要素派居于弱势。第二次世界大战后却成为教育改革的哲学武器。1956年还创立了基础教育委员会（Council For Basic Education），其势又非实用主义派可比。

巴格莱认为种族遗产、社会文化是人类的宝贵财富。有了这些，才能建成文明社会；失掉它们就使人类文明崩溃。实用主义大讲社会变迁，教育应瞩目于发展变化，不能传授与现实生活无关的死知识，窒息儿童智慧的成长。巴格莱在《教育和突现的人》中反驳说："今日的世界的确跟1917年的世界不同，也跟1929年的世界不同。但是，那不表明所有的东西都改变了。狂风的猛吹依然遵照气候变化的规律，《制果酱的芬兰人》和《金银岛》仍然是青年爱读的杰作，美丹娜照样和以往一样美丽。"②实用主义者强调儿童在生活适应中获得经验，认为这些才是儿童真正的教育。巴格莱则指出儿童生活范围狭小，经验粗陋简单；另一方面，超越个人直接经验的世界，远远地大过个人接触的限度，学习历史能使人超越当前时间的局限，学习地理能使人超越空间的局限。如今知识积累日增，人类视野日阔，人们须要理解自然科学、工艺、美术、健康等多方面事物。这些内容构成人类社会文化的要素，任何人都应学习理解而不能抹杀、改变。巴格莱说："赫胥黎说过，'史前原生动物中间所有固定的东西，不能用国会的法令使之改变'。我们可以加一句，不论教育家的动机是多么诚挚，他们的主观愿望也不能使之改变。"

巴格莱和同时许多教育学者，纷纷斥责进步教育片面推崇儿童当前生活和现实效用，使青少年厌弃严格训练和艰苦钻研，缺乏长远目标和贪求安逸享乐，简直成为软性教育。其结果是大量学生拼音错误百出，语法不通，数学、自然科学、历史、地理等知识之贫乏到了令人吃惊的程度。在进步教育放纵之下，还不停地"造成杀人、袭击、抢劫和一切严重罪行的惊人纪录"③。这样

---

① 作者原译作贝格莱。以下不再作注。——编者注
② ［美］巴格莱（W. Bagley）著：《教育和突现的人》（英文版），第151页。
③ ［美］巴格莱（W. Bagley）：《基本教育派改进美国教育法案》，载《教育行政和视导》（英文版），1938年第26卷。

只能使青少年在现实社会中,随俗浮沉,而抛弃人类的文化财富和历史的珍贵遗产,是玩物丧志,是舍本逐末,是欺骗下一代使他们陷入歧途。正确的教育要引导青年接受文化洗礼,掌握文化要素,发扬历史传统,促进社会发展。教育绝不是让青少年从世界文明中掉队,而是帮助他们在文化发展的征途中,以前人的光辉成就为基础,继续攀登高峰。教育的职责是用人类积累的"文化精华""民族经验""时代智慧""坚实知识"哺育他们,培养他们成为进步社会接班人。所以传递文化要素才是教育的核心。

这一原理应用到课程编制上,就是学校要传授基础科目,狠抓基本训练。听任儿童漫无边际地猎取东鳞西爪的琐碎知识,不能使下一代跨入文化宝库。课程应有计划地安排,把前人创造和积累的众多知识,制成科目,有次序、有步骤地传授。教师不能投儿童之所好,要根据学科的性质和各科的内在联系,依其先后而进行。"一般说来,大家认可的要素应当通过教师负责实施的各门学科和各种活动的系统的教学计划来实现。"

这一原理应用到教学上,就是注重教学过程的严肃性、计划性,注重教学内容的理论性、逻辑性,还要给青少年养成学习态度和钻研能力,从而使学生熟悉文化工具,掌握基础知识和具有继续求知的准备。在进步派影响下,儿童缺乏读、写、算的基本知识,只求立竿见影而不做长远考虑,是要纠正的。

这一原理应用到师生关系上,就是要弄清平等、民主的真实意义,反对儿童中心论,树立教师的威信。巴格莱指出,美国学生以"服从是怯懦的标志",错误地认为学习应按兴趣来进行,从而反对教师权威,以致大量青年道德败坏,又无知识能力。巴格莱强调"权威主义",限制儿童自由。他说,在原始社会,人们是纵容和放任儿童的。"儿童免于管束、指导和训练的自由,在野蛮人那里几乎是普遍的惯例。"以后,"人类不知经历多少年代才认识到教导和管束儿童的责任。完全确定,人类在认识到这种责任之前,依然处于野蛮状态"。民主给人以较多自由,若没有教养容易滥用而为害;工业化又带来儿童犯罪率增长;进步派还助纣为虐;情况便愈益严重。教育的急务是由放纵儿童的软性工作发展成为坚强有力的指导工作。杜威说教育由教师中心变为儿童中心是一场革命,其重要意义恰好似哥白尼把地球中心论变为太阳中心论。布里德于1939年著《教育和新唯实主义》,1942年著《唯实主义的展望》,除抨击杜威派"无限度地强调个人主义"外,并为扭转偏向而倡议教育上的两极论。他说:"教育以尊重儿童需要为起点,但是它还须尊重社会需要。自由应当由学校和国家的权威所补足。"①

第二次世界大战后，特别是20世纪50年代后，人们更从发展科学技术和充实国防实力的角度，呼吁基础知识的重要价值。要素主义又因此而获得新支援、新内容。基础教育派号召学校传授系统基础知识，反对放任儿童追求零星琐碎的生活经验，反对只顾当前实用而不给学生奠定坚实的科学根基。这派学者和要素主义者声应气求，一致为向科学进军而造成强大声势。

哈佛大学校长科南特、海军中将李可弗通常被列为要素主义者。他们的理论已经在前面论及。基础教育论者则不但像要素主义者那样攻击实用主义教育哲学和进步教育运动，而且把矛头指向教育科学、教育学院和师范学院，认为它们应对美国教育的肤浅负直接责任，认为美国教育落后于他国，皆因他们贯彻了实用主义哲学。早在1953年，历史学家白斯特就发表《教育领域的废地》，站在基础教育派的立场向进步教育派展开猛攻。他认为学校失败并非由于教育工作者不努力，而是他们把着重点放在生活适应上，使课程失去有意义的内容，使学生无从获得理智的训练。这种现象之所以出现，是由于水平差的教育学教授窃据要津，成为高等学校核心力量。他呼吁文理学院挣脱这种摆布，用充足的力量造就学术优良的师资队伍；又提请颁发教师许可证的机构严格审察，提高要求的条件。库尔诺于1963年发表《美国教师所受的荒谬教育》，根据他对全国范围的调查，更指出中小学师资质量低劣，不能胜任工作。他建议高等学校的学生应到文理学院学习某项专业知识，然后选修少数教育科目即可充当教师。基础教育论者推崇传统科目，从根本上否定教育专业，尤其激起教育舆论的批评攻讦。美国原是教育科学的发祥地和迅速成长的土壤，如今竟对它的生死存亡这样带根本性的问题产生争议，充分表明事物常常朝着它的反面去发展是一条规律。

（二）结构主义心理学的兴起和它对教育改革的影响

二战后美国心理学也为教育改革提供理论基础。过去行为主义流行，桑代克（E. L. Thorndike）等人为配合杜威的"从做中学"的原则，以尝试错误解释学习心理过程。华生（J. B. Watson）则以条件反射学说来解释学习活动。他们认为学习是通过盲目行动来摸索经验，或通过机械反复养成习惯，都不注

---

① ［美］布里德（F. S. Breed）：《唯实主义的展望》，载《1941年教育年鉴》（英文版），第137页。

重理论的学习。如今看清那样鄙弃学习科学知识，不能使儿童、青年掌握系统的科学原理，在技术创造和科学继续发展上障碍极大。恰好20世纪50年代，瑞士的皮亚杰（J. Piaget）建立结构主义心理学。紧跟着，美国哈佛大学心理学教授布鲁纳（J. Bruner）于20世纪60年代以之为根据，从课程和教学方法上，提出改造美国学校的建议。当前，这派新兴心理学说正在美国风行。

根据皮亚杰的理论，成人与儿童对于事物的认识都要凭借一定的结构，结构的核心就是图式（schema）。儿童最初的图式得自先天禀赋，称为"遗传性的图式"。他在成长过程中，以这种遗传性图式为基础，对所遇事物加以同化，就丰富了原有的图式。在同化进行之时，如果顺利无阻，就自然保持了平衡。如果不顺利，他还须进行调节，即改变原图式或建立新图式，以求取平衡。这样以遗传性图式为出发点，利用同化、调节来达到平衡，就构成日趋复杂的认识。皮亚杰说，知识就是客体组合到"图式"之中。

皮亚杰很注重儿童认识能力发展的过程，把它分为三个段落。从初生到5或6岁，称为感知运动时期和前运思时期，主要是靠感觉和运动去适应客观世界，却分不清主观世界和客观世界的界线。试误法是这时通常使用的，思考不起重大作用，虽则已能使用符号为工具了。其次，从此到10岁以前，为"具体运思"时期，能运用简单思考来对具体事物加以理解，能对于现实的资料通过思考加以组织、选择，以解决现实问题。本时期与上时期的思考比较，显出"内化"和"可逆"两种特点。"内化"即在头脑中而不公开地进行尝试判断。"逆化"即在运思中知道用反思作为补偿。第三段落是"形式运思"时期，由10岁到14岁，能就假设的命题进行运思，不局限对于经验的或现实的事物的运思了。在这时期，儿童会看出事物的可能变化和事物间潜在的关系，能够进行概念性的思维活动了。

布鲁纳将皮亚杰的理论应用到教学上，说："每种学科都有其结构。"因为各科"知识有其内在的连接关系，即内在的意义"，结构恰好似连接各种中心观念的结子。从客观事物讲，"一些事物被欣赏、理解和记忆，这些事物必须是恰当地安装在具有内在意义的结构之中的"。从学生方面讲，如能认出和理解某一学科的构造，他就懂得学科的意义了。所以教师的职务是发现知识的结构，帮助学生掌握这些结构和应用这些结构。具体讲就是教授各科普遍的基本的原理，发挥纲举目张的效用。过去美国学校强调从现实生活中猎取零星片段的经验，不注重系统的基本的理论学习。如今，恰好相反，布鲁纳呼吁："把事物作为更普遍的事物的特例去理解。""我们的中心思想是：如果你了解知识的结构，这种理解就会使你独立前进；你无须为了知道各事物的属性而与每事每物打交道，只要通过对某些深奥原理的掌握，便有可能推断出所要知道的个别事物。认识是一个巧妙的策略，你借此能够获悉许多事物的情况，纵然你头脑里记住的事物数量并不多。"

美国科学院曾于1959年在科德角的伍兹霍尔召开会议，讨论中小学自然科学教育改进问题。布鲁纳曾就讨论所得，于1960年撰成《教育过程》，其中总结学习基本原理具有以下一些优点。第一，简明扼要地讲明某项原理，最能帮助学生有条有理地去理解各科的知识，这是各科教学中习见的现象。第二，"高明的理论不仅是现在用以理解现象的工具，而且是明天用以回忆那个现象的工具。"简言之，有助于记忆。第三，学生所学的不外技术和原理。技术是机械性训练的产物，其迁移只能适用于某一特定范围之内。原理得自对于事物规律的理解，不但迁移范围广泛，而且能够不断地加深和提高。当然，后者才是教学的首要目标。布鲁纳反复说："他得到的观念愈是基本的，几乎可以归结为定义的，那么，这个观念对新问题的适用性就愈宽广。""基本的观念恰恰就是一个具有既广泛而又强有力的适用性的观念。"第四，基本原理虽是一个，却可根据其深浅不同的表现，而适应青少年不同理解水平。布鲁纳甚至说："毫无理由去相信，任何学科不可能按某种方式教给实际上任何年龄的任何儿童。"就是说，任何学科的基础知识都可用某种恰当形式教给任何年龄的学生。在这里，布鲁纳走得真够远了。

结构主义心理学和美国传统的心理学不同，对教育、教学提出完全两样的看法，成为当前教育革新的强有力的后盾。

第一，长期以来，美国专家学者致力高深学术研究，却跟中小学教育脱节，甚至跟大学基础课程脱节，致使中小学教材既无严格体系，又不能反映科学技术的最新成就。结构主义心理学者大力予以纠正，呼吁各级学校的课程要"清楚地反映各学术领域的基本原理"，"给予那些跟基础课有关的普遍的和强有力的观念和态度以中心地位"。因为他们在教学上着重基本原理而非支离破碎的实用经验，便建议专家负起制定课程和教材的重担。布鲁纳说："决定美国历史课应该给小学生教些什么或算术课应该给他们教什么，这种决断要靠各个学术领域里有着远见卓识和非凡能力的人士的帮助才能搞好。断定代数的基本观念是以交换律、分配律和结合律的原理为基础的人，必须是一个能够鉴赏并通晓数学原理的数学家……在设计课程时，只有使用我们最优秀的人士，才能把学识和智慧的果实带给刚开始学习的学生。"布鲁纳归纳道："按照反映知识领域基础结构的方式来设计课程，需要对那个领域有极其根本的理解。没有学者和科学家的积极参与，这个任务是不能完成的。过去的几年经验表明，这样的学者和科学家同有经验的教师一道工作，就能准备我们所曾经考虑的那种课程。"如今，众多富有声望的第一流科学家，其中包括10名以上诺贝尔奖获得者，都已投入各科课程规划、教材研究和课本编写的工作之中，这在美国教育史上是破题儿第一遭。

第二，各级学校的学科纷纷下放。布鲁纳说："20世纪60年代初期，在各种课程设计中，我们一再看到，在良好的教学条件下，想找出学生能力的极限是很困难的……因此，我们提出了任何学科可用某种在智力上是忠实的方式教给任何发展阶段的任何儿童这个假设。"在这种理论推动之下，高等学校下放到中学和中学又向小学下放的教学内容，与日俱增，以至小学五年级儿童学习函数论的中心思想，并能通晓数学、物理学、历史等多方面较艰深的原理。布鲁纳还认为不仅像高等数学的概念可以用直观方式教给小学低年级生，社会科学、人文科学的基本知识也可以照此办理。

第三，传授基本原理必须善于启发诱导。教师不能一味注入灌输，成为填鸭式；学生只能呆读死记，流为消化不良。所以优良教师要养成学生独立思考判断的态度和能力，鼓舞学生去探索和发现知识。布鲁纳认为发现必须依靠学生的主动性，学习过程应是学生主动探索，勤苦钻研，从而掌握概念和解决疑难问题。因此，他称这种教学法是"发现法"。他呼吁教师大量开动学生的脑筋，进行科学探险，取得学习质量的改善。布鲁纳饶有风趣地讲："无论哪里，在知识的最前哨也好，在三、四年级教室里也好，智力的活动全都相同。一位科学家在他的书桌上或实验室里所做的，一位文学评论家在读一首诗时所做的，正像从事类似活动而想要获得理解的其他任何人所做的一样，都属于同一类的活动，其间的差别，仅是程度而不在性质。学习物理学的小学生就是一个物理学家！"

第四，当前教育革新运动大搞天才教育，是深得结构主义心理学支持的。布鲁纳指出这次革新既然是争取科学教育的优异成绩，就必须选拔和培养天资优异之士，不能因照顾中才，而牺牲尖子。他说："为了给每个人提供一项东西，教学以中等生为目标的想法，也是同样不适当的公式。在我们许多人看来，要探求的是计划一套向优秀学生挑战的教材而不破坏那些不很幸运的学生的信心和意志。""不把学生当作与科学家或史学家这类人物迥然不同的另一种人。"他预断"将有一个强大趋势,把有能力的学生更快地推到前头去。如果他早期就在技术或自然科学领域显得有希望,就特别会把他推向前去。经过仔细规划,这样的加速方法对学生、对国家,都是有益的"。

最后,结构主义心理学极为严格地要求提高教师的质量,因为争取优异成绩靠良好教师发挥指导作用。布鲁纳说:"传播知识在很大程度上依靠人们精通所要传播的知识。"再则"教师不只是传播者,而且还是模范。看不到数学妙处及其威力的教师,就不见得会促使别人感到这门学科的内在刺激力。不愿或不能表现他自己的直觉能力的教师,要他在学生中鼓励直觉,不大可能有效"。当前,有人误认现代化的教学手段将减少教师作用,终将取代教师的职位。布鲁纳肯定现代化教学工具的效果;不过,他说它们仅是一套辅助系统,仅是教师的佐助,并不会高过教师、取消教师的。

(三)新进步教育派的重要论点

进步教育派在大受冲击之初,确有节节退却之势。劳伦斯·克雷明(Lawrence A. Cremin)①在《美国学校的改造:评进步教育(1876—1957)》一书的序中说:"进步教育协会于1955年瓦解和《进步教育》杂志于1957年停刊,标志着美国教育一个时代的终结。只是人们很少从参加这两个葬仪的人数寥寥的哀悼者中,知道这个历史阶段的完结而已。"迈耶尔所著的《学校》一书是广泛流传的教育读物,也持同样观点。不料,在双方紧张战斗中,进步派教育家重整旗鼓,接受挑战。印第安纳大学的万·梯尔于1962年发表《进步教育果真过时了么》一文。他说进步教育运动包括两翼和一个核心。一翼探索受教育者具有怎样的特性,克伯屈(W. Kilpatrick)的设计教学法就是根据儿童的能动性而提出的;另一翼探索教育如何适应社会,康茨(G. Counts)所讲《教育能建立新的社会制度吗》,就是阐述教育目标的。核心是比较分析民主教育的价值和极权教育的价值,波特所著《站在十字路口的进步教育》,就是代表作。居于两翼和核心之上而总其成的是杜威的教育哲学。这些教育家的答案虽非最后定论,甚至进步教育论者之间也是意见分歧的;不过,他们触及了教育根本问题,当前教育改革如不正确地解决这些根本问题,势难取得成效。从历史看,进步教育协会成立以前,美国早已有了进步教育的实施;进步

---

① 作者也译克列明、克里明。以下不再作注。——编者注

教育协会虽已取消，进步教育也绝未消失。众所周知，组织的存亡并不意味事物的存亡。进步教育论者所提出和回答的一系列课题当前不曾死去，将来不会灭亡。教育技术学和结构心理学的大师，谁也逃避不掉进步教育论者的课题，却都须借助于杜威、波特、康茨、克伯屈等人的卓识。过去对进步教育的攻击，全是缺欠冷静审慎的。万·梯尔最后嘲讽道："过于性急的掘墓人，随着20世纪前进，必将发现他们误认的死尸恰恰是有极为强大的生命力的。"

哥伦比亚大学教授福席于1970年著文《训练说是否正确》，指出提倡理智训练的学者，从实质分析，无非是以教材为中心的专家。他们所制定的无非是为升高等学校做准备的课程规划，他们虽比以往教育学者更富有吸引力，更重视学生学业造诣，其规划却过于注重理智的价值。这种偏向在今后十年必将改变，它们是存在不住的。因为60%的中学生并不准备升大学，准备升学者仅占少数。就物理学而言，在过去十年中，选修学生已下降10%。麻省理工学院物理教授查卡里亚斯也不得不承认，他们编的物理学课本所讲内容过多，学生负担过重，今后应避免内容繁复，应培养学生的思考能力和学习兴趣。他最后说，理智训练论者不过给今后十年即将来临的新的课程理论和组织，作为一个引论，提醒它们注意培养概念性的知识，以补以往之不足而已。

西尔贝曼①受卡内基教育基金会委托，主持《教育工作者的培养》的研究工作，于1970年著成《教室里的危机》。他说："一个人只要到教室坐坐，看看所用课本和阅读书目，就会知道除数学外，课程改革运动对教学的影响极为渺小。"因为："改革派学者忽视了以往的经验，特别是20年代和30年代的教育改革运动的经验。他们不理解他们所阐述的问题，几乎都曾被杜威、怀特海、波特、拉格等人早已阐述过；也不知道他们所想搞的工作，几乎都曾被贝克、华虚朋、帕克赫斯特等人早已搞过了，更不消说这些都被杜威本人和弗莱克斯纳等早就阐述和搞过了。"他还指出改革派学者缺乏中小学教育实际经验，误认为凡教师教授的就是学生所能学好的，以致抹杀前人的贡献而一切以意为之。查卡里亚斯在20世纪50年代是课程改革的先锋战士，1965年在白宫召开的教育会议上也只好颇有感触地陈诉：教育者必须想到儿童和儿童的需要。西尔贝曼更讲：改革家们忘记吸取教育史的教训。过去，进步教育派陷于儿童中心论；如今，改革派又陷入教材中心论；实际上，两者各有偏失而未及其

---

① 作者译作西尔伯曼。以下不再作注。——编者注

全。改革派是当尊重数十年来美国积累的教育改革的宝贵经验的。

以上所举是从20世纪60年代起出现在美国的新的进步教育派的代表。这派新兴的人物不赞成实用主义的一些观点，跟进步教育派也大有不同，明确肯定向青年一代进行科学教育的重要意义，要求学校指导学生系统地学习科学知识，掌握科学原理和奠定科学基础；绝不能只是从做中学，泛滥兴趣主义，探寻支离破碎的经验，放弃基本理论的探索。他们认清19世纪产业革命以来，生产技术的成长是比较缓慢的，那时青年仅会技艺而不懂规律，尚能应付；但在原子时代的今日，科学技术突飞猛进，从不停顿，缺乏充分的科学教养就绝难跟上时代步伐了。新的进步教育派向现代化科学进军的号召，不同于实用主义教育哲学和旧的进步教育理论，是十分明显的。

但在另一方面，新的进步教育派又跟要素教育、基础教育论者不同。后两者要求学校设置传统学科，着重传统教法，抹杀数十年来在课程编制、教学方法方面取得的成就，以权威主义对抗自由主义，重学业成绩而忽视学生多方面成长。见其一而废其二，自然流为以一种倾向掩盖另一种倾向。新的进步教育派珍惜教育科学的成就，不废以儿童为教育中心，认为过度的硬性灌输会窒息儿童的积极性、创造性，妨碍儿童的自由成长和自然发育。不过，他们主张在尊重儿童的同时也注重教材的系统和水平，提高科学教育质量。早期要素教育论者巴格莱认为教育目的是造就传统文化传递者和继承者。二战后科南特等注重科学教育，是着眼于当前的形势。新的进步教育论者则以进步从无止境为前提，极度关怀青年一代适应未来社会的发展，要求教育者高瞻远瞩，培养21世纪的新人。他们强调今后知识爆炸和科技突破，既频繁，又迅速，社会面貌日新月异，仅仅回顾过去而不瞩望将来，是必须彻底纠正的错误。在学校课程中，对未来的研究（futuristic studies）应同对历史的研究（historical studies），占同等或更为重要的地位。就课程改造运动而论，未来研究的学者是新的进步教育派的同盟军。他们正成为强大的教育舆论阵营，给当前教育革新运动摇鼓助威。

五、初 等 教 育

（一）幼儿教育的发展

1. 幼儿教育机构的类型

从人类产生家庭时期起，父母就开始探索幼儿教育问题。古代的柏拉图和近代的夸美纽斯，都在著作中提倡为幼儿设置学校。据晚近文献所载，英国麦克米伦姐妹在18世纪末和19世纪初，曾把医院和幼儿学校合在一起，对幼儿既施医疗处理，又行教育培养，并称其学校为护士型的学校。如今托儿学校（nursery school）之名即由此而来。这种想法曾传到美国，但影响不大。1816年，空想社会主义者欧文在苏格兰创立幼儿学校；两年后，波士顿市即筹款5 000美元仿设。随后，美国产业革命迈进，恰逢德国福禄培尔（F. Froebel）[①]于1837年在布兰根堡始创幼儿园，取得成功；1855年威斯康星市的舒尔兹便仿效设立。不久，美国教育革新家霍拉斯·曼的夫人也在波士顿创立幼儿园。1873年，圣路易斯市不但设立了驰名全国的幼儿园，而且创立了培养幼儿园师资的讲习班，对于美国幼儿教育运动起了巨大的推动作用。实用主义教育学者杜威于1896年在芝加哥举办实验小学，招收4岁幼儿。实际上，杜威不只进行了小学教育的实验，还进行了幼儿学校的实验。在美国学者看来，这是美国幼儿教育发展史的经典性的记录。第一次世界大战后，幼儿教育有所进展。到20世纪30年代经济大恐慌时期，联邦政府便以救济贫儿为名，拨款补助幼儿学校。联邦插手幼儿教育事业，这是第一遭。不过，经过百余年的岁月，幼儿教育跟其他教育部门相比不算发达。托儿学校和幼儿园数量不多，入学幼儿人数有限。一般是由家庭负起培育婴幼儿的责任。

美国幼儿教育的迅速发展是第二次世界大战以后的事。在反法西斯战争的年代，适龄男子纷纷奔赴战场，过去操持家务的妇女走出家门，投身生产或服务事业；战争胜利后，估计约有半数妇女成为职业妇女。为使她们从家庭中解放出来，减少她们抚育子女的劳动，政府大量设置托儿所、幼儿园。1965年，国会通过《经济机会法》，由联邦拨款给公立学校和其他社会机构，为贫苦婴儿成立托儿所，作为"向贫穷开战"的组成部分。同年通过的《初等教育和中等教育法》，体现了同样精神。到20世纪70年代，幼儿教育发展极为突出。1972年，全国约有100万名幼儿被送入联邦政府拨款举办的托儿所、幼儿园。随后，不仅联邦政府将大量经费投入幼儿教育事业，各州和地区更筹集巨款，推进幼儿教育工作。过去托儿所、幼儿园是星星点点地分布在城市，如今则各地普遍设置了。

二战后，学前教育发达的另一原因是婴幼儿早期教育的重要性为人所理

[①] 作者原译福禄倍尔。以下不再作注。——编者注

解。心理学者大讲人的成就不但受早年教育的影响，还在一定程度上受其决定。特殊儿童教育家克尔克问："哪个年龄是开始对幼儿进行家庭以外的或同家庭协作的正式教育的最合适的时期？"他的明确答案是："母亲怀孕的第一个月。"1964 年，布卢姆（B. Bloom）发表《人性的稳定和变化》，指明：婴孩从受胎到 4 岁以前，已经积累了 40% 的成人智慧；从 4 岁到 8 岁，又积累了 30%；8 岁以后又积累了 30%。就是说，3/4 以上的智慧是在小学三年级以前积累的。他就票面价格言简意赅地说，在幼年时用 1 元就能矫治的学习困难，若到小学高年级或中学时期再克服，就须支付 10 元之多。前全国儿童早期教育实验室主任、伊利诺伊大学心理发展研究所所长杭特发现在环境中安排丰富多彩的教育工具来诱导婴孩的兴趣，能够加速婴孩的发育；在文化背景方面处于不利地位的婴孩，如使其环境富有教育刺激，就能使高度理智迟滞的孩童得到矫正，胜任高等学校学习任务。结论是：婴孩时期是防止理性活动停滞不进的时期，一般从 4 岁开始予以教育为时太迟，因为那时已是矫治教育的时期了。哈佛大学教育学院的学前教育研究工作，发现有些 3 岁婴孩能掌握其他 3 岁婴孩所不能掌握的理智活动技术，其成因是良好的家庭教育。结论是：出生后的最初 3 年是极端重要的婴孩成长时期，在这 3 年中，如果家长经常同孩子进行交谈和表示亲近，婴孩的认知能力即得迅速进步，能够产生无限的好奇心理、掌握初步语言能力和表现学习热情。波士顿市布鲁克林郊区的一些公立学校，跟哈佛大学教育学院协作，以初生到 2 岁的婴孩为对象，共同致力儿童早期教育研究，发现出生后 8—18 个月是婴孩发育最为关键的阶段；这时应当随时观察幼儿心理、理性和心理的成长情况，促使各种能力发展，更应注意尽早地发现生长迟滞的征兆，予以有效的治疗。

另外，随着婴孩出生率下降，小学生人数在 20 世纪 70 年代下降，小学教师的人力有余，这批人转移到幼儿教育机构，正好符合其用。小学人数压缩，班次压缩，教室也有了富裕。这些都有助于托儿所和幼儿园的发展。

由上种种，从 20 世纪 60 年代末到 70 年代末，美国 3—5 岁的幼儿虽因出生率降低而逐年减少，但在这 10 年之内，托儿所和幼儿园的学生数却增加了 1 倍。有的统计甚至表明，1976 年，全国约有 1/3 的 3—4 岁幼儿进入各类幼儿教育场所，为 1965 年人数的 3 倍以上。当前，大量社会人士呼吁政府负责幼儿教育。理由是：贫家孩子在幼儿时期缺乏文化的刺激启发，学习能量受到严重压抑，为防止他们在生活中遭遇失败命运，必须由政府负起培养重任。再则，过去的人们认为，只有对贫穷幼儿才由政府办学施教，一般幼儿则由家长负责。实际上，绝大多数家长并不了解早期教育的意义和方法，也没有能力承担幼儿教育重任。愈来愈多的人要求政府实施免费的普及的幼儿教育。

就当前而论，幼儿教育包括托儿所、托儿中心、幼儿学校和幼儿园。托儿所和托儿中心是为照顾就业妇女而设。由于就业妇女逐年增多，估计1980年全国有600万名妇女职工，其子女不满6岁；她们必须解除艰巨的抚养子女的任务，才能全力投入生产工作，政府和企业便竭力扩充托儿园地。托儿学校是由幼儿园向下伸展而成，主要着眼于早期教育。幼儿园则是初等教育向下伸展的产物。托儿学校和幼儿园在组织上应有先后之别，即托儿学校容纳年龄较小的婴孩，幼儿园的儿童年龄较长。事实上，有的托儿所和托儿学校容纳2—6岁的幼儿，幼儿园一般容纳4—5岁的幼儿，界线很难划分。在设置上更参差不齐。公立小学常设托儿学校、幼儿园，有的把托儿学校、幼儿园和小学低年级划为小学的初级阶段。很多中学设置托儿所和幼儿园，为家政课提供实习机会。高等学校设置托儿所和幼儿园，是为儿童心理课、教育课、家政课以及培养幼儿教育师资安排实习工作。但全国半数以上的托儿学校和托儿所是独立设置的，有由工厂、企业设置的，有由家长组合成立的，有由社会福利机关举办的，有由基金会举办的，有由宗教团体举办的。它们各自为政，并无统一标准。发展的趋势是由城市向农村社区发展。还有，由于公款举办的幼儿教育机关数量不足，企业举办的托儿所、托儿学校和幼儿园相当繁荣。教育学者估计，在20世纪80年代临近结束时期，将有100%的5岁幼儿、50%的4岁幼儿和30%的3岁幼儿，都将进入幼儿教育机关。国家教育政策委员会、经济发展委员会、各州教育委员会等，都呐喊幼儿教育是教育领域中顶重要的部门，值得而且必须郑重对待，把幼儿教育列为全国学校系统的组成环节。美国教育协会主席和联邦儿童事务局局长昆兹说："美国变得伟大了，它把免费受教育的机会给予了全国人民；而且今天的需要告诉我们，免费教育必须延展到中学教育以后，必须伸展到小学一年级以前。从教育发展的阶段看，这个人类最早应当享受的教育，却成为最末编入教育体系中的项目。由于幼儿教育构成整个学校教育体制的组成环节，它不再宜于称为'学前教育'，只能称为'小学前的教育'了。"现在一些州绘制的学制表果然不由小学开始，而由幼儿园甚至由托儿所开始了。

2. 幼儿教育机构的改革

幼儿教育是迟于高、中、初各级教育而发展起来的，在过去几千年并未成为社会重视和科学研究的对象。只在最近百余年来，幼儿教育的内容才由枯燥贫乏而丰富多彩。在过去，人们仅仅注意照管孩子的活动，防止发生安全事故，活动的范围和要求极为简单。如今幼儿教育目标日趋广阔，教育活动日增，借以促进婴、幼儿在生理的、智慧的、情绪的、社会的多方面发育成长，及时地发现其缺陷而进行补救，帮助他们获得基本生活能力和良好生活习惯，从而胜利地向初级学校过渡。从19世纪起，幼儿园利用音乐、美术、故事、表演、歌唱、游戏、体育活动对孩子进行教育。20世纪60年代，布鲁纳的结构主义心理学兴起，强调任何学科的基础知识都可用某种形式教给任何年龄的学生，一些学科的基础知识又渐渐成为幼儿学校和幼儿园的教材，其中以阅读和计算最受重视，个别园、校还开设外国语教学。幼儿园、校的教育项目与日俱增，更加上教育用具和儿童玩具的现代化，教育的效果和质量正在迅速改进。1973年，美国14个州成立了儿童发展局来领导幼儿教育事业。由于幼儿活动的种类繁多和水平提高，众多园、校于一般教师外，添设了文娱活动指导员、营养专家、家庭访问员、家庭教育教员以及巡回各家帮助布置有利幼儿学习环境的家政人员，分别负责安排体育活动、改进饮食休息、举行体格检查以及联系家庭协作。幼儿教育开支浩大，联邦和州都大量拨款补助，而主要经济来源是地区税收。一些华丽的私立幼儿园、校还征收昂贵的费用。社会福利部门、体育卫生部门对此也投入了人力、财力。

美国是资本主义国家，社会贫富悬殊，众多幼儿得不到适当的早期教育，影响其一生发展，甚至入小学一年级也感适应困难。为此，国会在1965年通过的《经济机会法》中，要求幼儿园、校掀起"先行教育运动"。到1972年，这个联邦发起和执行的教育活动已涉及100万名以上幼儿。目前全国设有9 400个"先行教育"中心，每年招收贫困幼儿35万名进行研究实验。运动的对象是城市贫民窟的幼儿、阿巴拉契亚山谷中的幼儿、印第安人居留区的幼儿、因纽特人的幼儿。这些条件差的幼儿中，绝大多数不曾讲过完整的语句，不曾握过铅笔，不曾看过展览，不曾经过体格检查，甚至连自己的名字也不知道，先行教育运动正是予以补救的。园、校给这些苦孩子安排的日程包括自由游戏（观赏画图、利用沙箱游戏等）、集体活动（唱歌、讲故事等）、户外锻炼（玩大型积木、爬树等）、校外活动（参观动物园、划船、游泳等）和文化活动。在文化活动中，教师的着重点是发展幼儿阅读和语言能力，竭力启发幼儿学习兴趣，诱导他们观察和操作。要加强师生间的亲切关系，养成良好的生活习惯，更要带他们到小学一年级参观，熟悉小学课堂和校内的情况，给他们打好入小学的基础。为谋园、校和家庭协作，儿童家长经常来校做教师教学的助手。结果是：通过先行教育，一般幼儿的智力商数升高了 10 分到 15 分；小学一年级教师反映这些儿童入校后学习快而质量优。贫民窟的某校长说，采取这项措施以后，家长第一次对学校信任起来了。具体说，这些幼儿入小学后，没有适应环境的麻烦；由于疾病在幼儿期已检查和矫治，身体强健，喜爱运动游戏；由于在托儿所、幼儿园受过识字之类的教育，各科学习成绩好，留级率大大降低；由于养成了良好习惯，在参加集体活动和遵守纪律上表现积极的态度；他们不但在小学不降级，入中学后都能跟得上班。但有些园、校因缺乏经验，流为主智主义，把幼儿当作小学低年级生，过多地教字母，教拼音，识字读书，练习外国语，超过幼儿理解水平和负担能力，引起孩子厌烦。布朗芬勃列纳在《早期的干预有效吗？》一书中指出：在揠苗助长之下，幼儿在小学一年级虽则在知识方面取得巨大收获，但到第二年收获锐减；到三年级，学习上又出现了问题。他说："先行教育运动的中心目标是改善教育成绩，其结果却是令人失望的。"有的学者还指出，过早地过量地和以水平过高的知识要求幼儿学习，每每造成脑力严重损失，影响其未来发展，是必须警惕的。

在过去，幼儿园、校并未大众化，有一些是富家幼儿的教育园地，其教育是装饰性的；另一方面便是贫苦幼儿的收容场所，是由福利观点举办的。介于两者之间的绝大多数幼儿则在家庭接受教育。近年来，园、校开始走向普及化。1973 年，加利福尼亚州对全州 800 个学区 1 013 所学校的 17.2 万名儿童，实施从幼儿园到小学三年级的早期儿童教育。这项规划的受教育者开始时约占适龄儿童 14%，1974—1975 学年增为 22%，1975—1976 学年又增为 32%，意在打通学前教育和学校教育的疆界。通过几年努力，学校教育内容丰富了，水平提高了。该州教育厅厅长芮利士说，一般幼儿能在 10 个月的阅读学习中得到 11 个月的学习才能取得的成绩。他说："就我们现在情况看，关于早期儿童教育的工作是成功的。孩子们比较急于学习和取得较多的知识。最后，我们防止了儿童学习的失败，而不致在矫治儿童学习困难上为时过迟和无能为力。"他还规划为全州 4 500 所小学所有的 5—8 岁儿童实施这种教育。在实施早期儿童教育中，加州起了带头作用。

3. 家庭教育

由于众多幼儿尚未进入幼儿园、校，而早期教育关系人的一生成就，多数家长又恰恰缺乏教育科学知识，难以胜任这桩艰巨任务，当前众多学校为了能够招收发展健全的新生，顺利进行教育、教学工作，就越过学校范围而致力家长教育。教育、卫生、福利部门也纷纷致力于母亲教育工作。许多学校教师家长联席会和很多医院都对将做母亲的女子，开办学习班，讲授育婴课。很多城乡的卫生部门大量散发育婴书刊。联邦教育当局更赠送读物，指导家长从事幼儿阅读、学习的准备活动。高等学校的服务项目近年也包括这类工作。康奈尔大学的儿童发展和家庭关系研究所，明尼苏达大学的儿童发展和福利研究所，艾奥瓦大学的儿童福利研究站，哈佛大学的儿童健康和发展的研究中心等，都为家长讲授有关儿童生长和福利的课程。在这里应特别提及的是纽约州纳索县合作教育服务局实施的"家庭学校规划"（Living Room School Project），该项规划根据《初等教育和中等教育法》的规定，取得联邦教育当局支持，在全县6个学区建立活动中心，对2岁半到4岁半幼儿的家长进行教育，帮助家长理解对孩子如何提供教育性的经验，如何安排合适的教育活动和如何利用简易而省钱的教具施教，目的在使家庭成为有效率的婴幼儿学校。这在美国幼儿教育史上是有意义的步骤。

随着科学技术的迅速发达，一般家庭的文化设备与日俱增。当前置备电视机的家庭已达全国家庭总数97%，其他可以推知。教育电视节目适合婴幼儿的爱好，一般儿童入小学时，平均每人已看电视4 000小时。《芝麻街》是其中最受欢迎的节目，每日放映1小时，为幼儿提供富有教育价值的教材。因其效果良好，已向50个以上的国家转播。狄扬说，《芝麻街》标志着"幼儿教育领域中最具革命性的突破"。这类活动是能帮助家长改善子女幼年教育的。

(二) 初等学校的类型

1. 历史的回顾

美国在殖民地时期，初等教育相当发达，这是宗教的、政治的、经济的多种原因所造成。当时各殖民地区情况不同，出现的初等学校类型很多。在新英格兰一带，马萨诸塞殖民区因为英国迁来的清教徒众多，又是濒海工商业地区，市镇学校盛行。清教徒是资产阶级的支柱，跟拥戴封建王朝的英国国教有矛盾，他们为逃避宗教迫害而来新大陆，按照加尔文的蓝图组成神权社会。办法是：居民分居各区，必须建教堂、兴学校，教导镇民和培养子弟，以实现人间天国。市镇学校由此而兴起。中部的宾夕法尼亚和纽约殖民区，地域辽阔，农、工、商业均得经营，移民来自众多国家，属不同教派，教派各自设校教民，教派学校遂成主要类型。南部的弗吉尼亚殖民区，以农业为主，黑人众多，生产落后，欧洲的艺徒制流行。各业匠师虽能传授生产技艺，但缺乏文化，多系文盲，无法对艺徒进行文化教育，乃由教会利用星期日对儿童施教，星期日学校便多了起来；慈善机构还为贫苦儿童举办免费的慈善学校和贫儿学校。各地区的主妇学校是由家庭主妇对邻居儿童施教的场所，学生交纳少量学费，学习识字、阅读。水平较高而愿意学习书法、计算者，可入私人设置的书写学校。所以，殖民时期的初等学校形式多种多样，从无统一的体制。

当时来自各地的移民良莠不齐。有的是因英国圈地运动来美逃荒的。有的是因受教会迫害来美避难的。有的是因欧洲大陆三十年战争（1618—1648年）饥寒交迫，来美求生的。他们一般都富有战斗精神。大批来自生产发达的英格兰和莱茵河流域的移民还掌握着先进的生产技术。有的则是被本国判刑的罪犯。有的更是因战乱失去父母偷偷乘船来美的贫苦孤儿。骑在人民头上大发横财的富商大贾和种植园主，仅仅是一小撮。这些来自五湖四海的品类不齐的移民之间，矛盾重重，不断发生打架、殴斗，以致破坏交通、毁损公物。统治者为从思想意识领域统治他们，马萨诸塞州于1642年和1647年两度颁布法令，规定凡居民50户的镇区设初等学校，满百户者设中等学校，实行强迫办学。这在当时纯是空头支票，却也说明已经考虑以初等学校为维持社会安宁的手段。

美国建国后，标榜以教育培养国家公民，初等教育获得了发展的机会。马萨诸塞、新罕布什尔等州于1789年首先以法令要求市镇设立小学。到18世纪末，北部各州都有了类似的法律。无奈当时民穷财尽，无力实现。因此，美国建国初期基本上承袭了殖民时期形式多样的初等学校，只是为迅速普及教育，又把英国的导生制学校仿设起来，利用小先生制为手段而已。到19世纪30年代，第二次对英战争业已胜利结束，国基稳定，产业革命开始，城市纷纷兴起，贫苦大众夺取教育权的斗争此伏彼起。当时众多青少年无学校可入，闲荡街头，违法乱纪，频频造成严重事端。资产阶级逐渐认识办学有助于维持社会治安。公款兴学运动便蓬勃开展。1837年，霍拉斯·曼首在马萨诸塞州建立州教育委员会和教育厅，兼任教委会主席和厅长。随后，巴纳德于1839年在康涅狄格州，于1845年在罗得岛州，先后做出同样努力。他们树立征收教育税和公款设校的制度;把学校儿童分编为班,推行班级教学;举办师范学校,造就师资队伍。从此,普及初等教育成为人们的理想。

南北战争以后,初等教育进一步发展,中学也大量建立起来。但各州各自为政,从无定制。据调查,小学、中学实行九四制、七四制、九三制、八四制、八三制,无一不有。发展到 1890 年,除南方外,八四制是比较通行的。后来小资产者收入渐增,有条件叫子女受小学以上教育,却无力供给子女从四年制中学毕业,以致中学生纷纷中途退学就业。几经争议和实验,美国教育协会于 1908 年建议实行六三三制,即小学修业六年,初、高中各修业三年。从此六年制的小学和八年制小学成为美国主要的初等学校。1922 年,我国制定的新学制,就是向美国学习的产物。

2. 当前的类型

第二次世界大战后,初等学校仍以六年和八年制小学为主要类型。公立小学和私立小学并存。

自 20 世纪 30 年代起,因婴孩出生率下降和限制移民入境,美国小学生人数日减。以后人口日繁,50—60 年代,无论公立或私立小学的学生数都显著上升。二战前小学生约 2 000 万人,60 年代增至 3 000 万人,70 年代又增为 3 500 万人以上。由于二战后婴孩出生率逐年增加,从 50 年代开始,每年新生婴孩增加 400 万人,估计到 1980 年,小学生比 1970 年还将大增。据 70 年代初期的统计约 99% 的适龄儿童都上小学了。

美国不鼓励私人设置小学。第二次世界大战前,私立小学为数不多,其学生约占小学生总数 10%。从 20 世纪 50 年代强迫实行黑白人学生合校,情况有所改变,公立小学生仅占全部小学生 85%,500 万名儿童入私立小学,约占全部小学生的 15%。这是因为许多白人家长避免子女和黑人子女合校合班,纷纷从公立学校退学,还有些州为反对黑白人学生合校,索性停办公立中小学,私立小学大量出现。因为私立学校不受法令约束,可照旧排斥黑人学生而只收白人学生。显然,这是很不合理的现象。

二战后,初等学校体制上较大的变化是中间学校的产生。中间学校最早出现在纽约、费城,其后向各地发展,当前全国约有 1 900 所。它们或包括五至八年级,或包括六至八年级,或包括七、八两年级,是介于小学和中学之间而自成段落的教育。心理学者认为:近年来孩子们成熟较早,九年级生在以往是处于青春前期,如今多已进入青春期,应划入中学高级阶段;六年级生通常已届发情期,在小学也不适宜了。因此,中间学校比初级中学更切合青少年身心发育的阶段,成为由儿童期向青春期过渡的桥梁。另一方面,也有人认为中间学校同初级中学叠床架屋,只是巧立名目罢了。

美国小学最初是不分班级的,广大城乡普遍设置的是一教师、一教室的单班小学,疲于奔命的教师每日给众多儿童进行个别教学,成效很低。从19世纪中叶起,小学由不分级而划分学级,是进步的标志。后来年级制过于整齐划一,难以适应学生智力、学力上的个别差异,很多学校开始实行分段制,把幼儿园和小学一、二、三年级划为初级阶段,四、五、六年级划为中级阶段,七、八年级划为高级阶段。二战后,进一步消除各阶段的界限,还产生了不分级的小学。

小学的规模现在也趋于扩大。从殖民时期起,移民便以学区为单位而设置小学。由于学区范围狭小,一教师、一教室的小学便成为主要类型。这种学校人力、财力、物力不足,难以提高教育质量。南北战争以后,各州为发展中学,兴起归并学区运动。从此学区既可举办中学,又可扩充小学规模。20世纪以来,并区运动继续进行,班次多、教师多、设备充足、校舍良好的小学,如雨后春笋。学校都以公款置办校车,接送儿童入校,以免学生走读之苦。如今每校学生平均数已达400名,预计还将增为400—800名。小学建筑设计者提出:小学应按照理想建成学校公园和儿童乐园,一所理想的小学应占地面积10—12英亩。

(三) 初等学校的教学改革

1. 课程的改革

美国小学课程极富弹性,没有界限明确的学科,没有固定不变的教学时数,想用简明表格说明小学的学科和上课时间,实不可能。19世纪中期,各州曾有统一制定各年级设置学科的企图,直到如今,仍在发展和实验过程之中。小学当前的趋势是开设语言艺术、社会研究、算术、科学、卫生和体育、美术等数种核心课,每种课都包括较广的知识范围。语言艺术课一般包括阅读、书写、文学、拼音、语言、文艺创作和外国语。社会研究课一般包括历史、地理、政治、经济、资源保护常识。科学课一般包括科学知识和原理、环境教育、科学技术、物理常识。卫生和体育课一般包括卫生知识、身体锻炼、体力技术发展、安全常识、文艺活动。美术课包括音乐、美术。所有学生都须学习上述诸课,避免偏科倾向和片面发展。

低年级以培养阅读能力为重点，注意养成学生阅读技术，因为熟练地掌握英语是比较困难的过程，近年对此抓得较紧。1970年举行测验，发现约有700万名大、中、小学生虽能阅书报而困难重重，虽能写作而文理不通，被称为机能性文盲，难以好好地跟班学习。与此同时，社会上成年机能性文盲约有800万人，还有2 500万名在职人员由于阅读力差而不能升级加薪。尼克松任总统时曾号召大众"争取阅读权"，责成学校切实培养儿童阅读能力。教育工作者富来希也著有《约翰不能阅读》一书，暴露学校阅读教学的失败，引起广大人士的注意。如今，小学在"争取阅读权"的推动之下，正努力于语文课的改进工作，希望任何儿童如未养成阅读能力和阅读兴趣，即不许离校。1970年还成立全国阅读中心（National Reading Center）和全国阅读委员会（National Reading Council），促进这一要求的成功。联邦教育总署署长艾伦说："我们应当立即确定奋斗目标，于70年代结束以前，不叫一个离校的儿童不尽其力之所能地掌握好他所必需的阅读技术。"但他承认："实现这一目标比在月球着陆还难得多。"

第二次世界大战前，社会研究、算术、自然研究是一般小学中级阶段的科目，现多下降为初级阶段科目，而且内容较以往丰富得多。结构主义心理学支持课程下放的趋势。有些学者却大敲警钟，指出7岁以下儿童不能胜任理性过强的工作，贪图立竿见影的一时效用，可能造成脑力发展的长期迟钝。高级阶段科目除英语、文学、外国语、社会研究、自然研究、数学外，还有家政、工艺美术等，课程比以往繁杂了。

小学各科教学时数通常由学校逐周按百分比安排。各科教材也只由地方教育领导机关规定最低限度和最高限度，由学校教师灵活掌握。教师的素质对学科设置、教学进度和时间分配具有决定性的作用。美国小学强调水平高的教师发挥创造性，通过优良成绩带动一般。教育学术团体经常发表科研结果，提出革新方案，编印教材读物，举行讨论报告，对于学校课程安排也起指导作用。如今，小学教材之中，马萨诸塞州牛顿市教育发展中心的小学自然课教学研究，明尼苏达州的数学教学设计，都是影响广泛的。在过去，算术课注重指导儿童从生活经验中学习计算技术，不重传授系统算术知识。20世纪50年代出现了新数学，着重阐述基本概念，解说原理定律，水平大为提高。其他科目也由注重零星常识，转向注重系统知识，方向大为转变。但也出现了忽视培养基本技能的偏向，遭到社会各界的反对。

2. 教学方法的改革

二战后随着课程改革，教学组织和方法也改变了发展方向。过去，在实用主义哲学影响下，强调学生掌握有用的生活经验，不重视知识学习，认为儿童获得丰富的生活经验，养成适应社会需要的能力，就受到了良好教育。怎样获得经验呢？回答是"从做中学"，即通过尝试和摸索，来扩大经验数量和加强其指导生活的效能。如今时移势易，从小学就着手奠定科学教育基础。因此，在教学过程中注重传授水平高的基础知识，并为培养儿童独立钻研能力，在教法中强调基本技术培养和思维训练。罗杰斯在所著《小学的课程和教学》一书第五章中阐述"发展基本知识"，要儿童学会各科知识的概念、总结、原理。第六章阐述"培养基本学习技术和理解过程"，指出初步的技术包括查字典的技术、阅读参考书的技术、检查地图与图表的技术等，较难的技术包括分析、判断、解决疑难、归纳演绎、组织题材、陈述报告、交流经验等理智活动能力。著者说："假如没有掌握和控制基本学习技术，一个人是不能有效地运用理性过程的。"[①] 很清楚，如今的小学狠抓基本知识技能的教学，不一味地放任自流了。

从 20 世纪 50 年代起，许多有利条件被利用起来，促进教学方法的改善。首先，现代化教学手段的推广使用，既便于教师的课堂讲授，又便于学生独立自修。电视机、电子计算机、语言演习室已逐步设置在小学之中，对于教师讲述科学知识具有显著的辅助功能；大量难以用口头解说的教材，凭借形象变化而给儿童留下清晰、深刻的印象。程序教学机对于学生自学活动帮助尤大。程序教学机把教材简化为若干单元，学生可由机器解说而学习，可由机器出题而练习，可由机器校正作业而反复验证，可由机器指引启发而钻研解决的线索。其次，过去的教师承担教学工作是各自为战，近年则向集体教学过渡。很多学校实行大班上课、小班辅导和独立学习三结合的做法。大班上课时由一教师向数十名到百名的学生讲授，然后在教师指导下分组讨论，再后，学生利用机器自修。这样便节省了教师的讲课精力，从而能够细致地备课和耐心地指导学生。学生也可通过多种方式将知识掌握得深入而牢固。

教学组织形式在二战后也有新的发展。为适应儿童智力差异而进行的能力分组，是美国行之多年的做法。二战后的教学工作愈来愈向适应个别差异的方

---

① ［美］罗杰斯（F. A. Rogers）著：《小学的课程和教学》（英文版），第 171 页。

向迈进。例如，美国小学通常是将一、二、三年级划为初级阶段，学习内容预分为若干先后衔接的单元，学生都要学习同样教材，并连续地把全部内容学完。由于强调适应个别差异和着重独立作业，进步快慢很不相同。结果是多数儿童于3年修毕所规定的课业后升入中级阶段，有的只要2年就可升级，后进生则须4年才能升级。1954年，在加利福尼亚大学洛杉矶分校教育学教授、实验小学主任古德莱德主持下，创立了不分年级学校，允许学生按照不同速度升级。稍后，又出现"连续升级制"（continuous-progress plan），不但允许学生按照不同速度升级，而且允许学生按各科学习能力在不同年级上课。例如，四、五、六年级属于中级段，同一个学生可在四年级学语文，在五年级学算术，在六年级学自然常识，破除机械地固定在一班而随班上进的老框框。与此同时，更出现"多轨前进制"（multiple-track plan），在课程上要求学生达到统一标准，但学生可按能力不同而进度不同，先进儿童可用5年修毕6年小学课程，后进儿童则需8年。还有些学校实行"双轨前进制"（dual-progress plan），学生以半日按年级学习语言、拼法、语法、阅读、书法、文学、社会常识等科目，另半日则不分年级地学习算术、自然常识、音乐、艺术、外国语等科目。它们既保留年级制，又适应儿童能力、兴趣的差异。

威斯康星大学的儿童认知学习研究中心，于1964年提出个别指导教育规划，企图利用个别教学提高小学生的学业水平，办法是给个别学生布置个别阅读活动，允许他根据个人学习速度、学习风格、学习动机和原有水平，进行自学。一校之内可将4—6岁、6—9岁、8—11岁和10—12岁的儿童分为4组，每组学生100～150名，由教师3～4人、助教1人、秘书1人、教学实习生1人进行集体教学。如今全国已有2 000余所学校仿行，称之为"多单元的学校"（multiunit school），对于这种学校给予补助和支持者计有23个州。

六、中等教育

（一）中等学校的类型

1. 历史的回顾

美国中等教育结构改革的迅速，在世界上首屈一指。从1635年波士顿市创立拉丁语法学校，中经1751年富兰克林在费城举办文实学校，到1821年波士顿兴建中学，不到一个世纪竟然做了两度根本改制。拉丁语法学校是升入学院的准备场所，文实学校兼负升学、就业两种职能，中学更加面向就业青年和从事职业训练。可见结构的革新不单是学制的变易，主要是培养目标和教学内容的变革。

拉丁语法学校从 1635 年创建起到 1700 年，在教育昌盛的新英格兰地区，仅有 40 所，学生人数寥寥，缺乏生气。原因是它们以升学准备为唯一任务，只有少数富家子弟得享其惠。1647 年，马萨诸塞州以法令规定，凡居民 100 户以上的市镇设置拉丁语法学校，但到 1700 年，只有 1/3 市镇照办了；另外 2/3 呢？或居民不足百户，或缺乏合格教师，或没有学生入学，或当事人不予理睬，都没设校；或则看到拉丁语学校无用，市镇宁愿付罚款而不设学校。已设者也常中途停闭。因为大学入学考试首重拉丁文，拉丁语学校学生便朝夕诵读佶屈聱牙的古语古籍，脱离现实生活，所受的乃是读死书、死读书的经院教育，以致在热火朝天的独立战争年代，众多头脑僵化、不识时务的书生置身局外。富兰克林等资产阶级革命知识分子，多是通过自学而有成就的。富兰克林眼光锐敏，深知时势。他提倡的文实学校，适应当时工商业的急需，不重拉丁语而重英语；不重古典课而重实用课；不仅以富家子弟为对象，而照顾更广泛的中产子弟；不限男生而兼收女生；不按正规时间而常业余施教；不设一种学科而设多种并行学科；不收昂贵学费而收费低廉。这个适应多方需要而又方法灵活的学校，在美国建国前已经发展，建国后继长增高，成为新国家中等学校的主要类型。富兰克林在方案中，未曾把升学准备列为办校目标。由于有钱有势人家的子弟急于升学，后来才调和折中，把升学和就业的要求同时负起。这种结构改革把中等教育由象牙之塔引向十字街头，从而产生了强大生命力。

中学是同文实学校一脉相承的。只是 19 世纪美国进入了和平建设而大量需要人才的时期，私立的收费的文实学校造就的人才已不敷需用，中学才不得不扩充。再则，按富兰克林的方案，文实学校分设古典语、现代语、科学等三科，侧重的是科学科。不料到 19 世纪之初，保守派大批其重理轻文是偏而不全。由于保守派是权势派，乃使一些学校的拉丁语科压倒英语科和科学科。拉丁语教师待遇丰，地位高，别科教师难与抗衡，而且校长多由拉丁语教师充当。到头来，有些学校愈来愈贵族化，学费既重，还须交纳膳宿费，贫苦青年望而却步；课程虽兼有文实二科，而实科不受重视。文实学校向拉丁语学校倒退，造成新的矛盾。波士顿教育委员会于 1821 年以公费创建中学，标明收容无意升学而准备就业者。中学由政府举办，经济充裕，不收学费，课程丰富，师资优良，迅速取得成效。1827 年，马萨诸塞州遂规定全州 500 户以上市镇一律设置中学。随后，各州相继仿设，中学有如雨后春笋，从而弥补了文实学校的不足，促进了生产的发展，满足了青年的要求。南北战争后，工农业现代化提到议事日程，各州设置中学开始成风。1874 年密歇根州高级法院对卡拉马祖讼案的裁决，促成了扩建中学运动。那时人们对初等教育免费制度虽已认可；但为减轻教育税的负担，不同意以公款设置中学。卡拉马祖城居民斯图亚特向法院控诉，强调法律只把基本教育定为公民所必需，再设开支浩繁的免费中学，则超出法律规定限度。州高级法院裁决道，在公民和议会同意下，中学可属基本教育范畴，法律从未规定基本教育的极限。公款举办中学既取得司法根据，各州便大量设置起来。中学生逐年猛增，准备升学者日少而准备就业者日众。第一次世界大战后更甚。大多数毕业生都不升学，当然不必像昔日那样搞升学的准备。在过去，拉丁语学校被理解为学院的附庸。到这时，中学却被理解为初等教育的延续了。若就英语直译，"High School"并不是中学，而是高级学校，因为它是高于初等学校的学校。美国教育家解释中学为"人民大学"或"群众学院"，因其毕业生通常不再升学，中学是他们所受的最高阶段的教育。很清楚，跟欧洲中等学校以向高等学校输送新生而成为高等学校准备阶段者不同，美国中学是具有显著特点的学校。

美国中学既以职业准备为主要职责，肩头负担就无比沉重。在殖民时期，北美殖民地曾有艺徒制，由技师在生产岗位培养接班人。美国建国后，欧洲和世界各地移来大量技术匠师，充当工业、航海事业的人力。这两种技术力量的来源到美国南北战争后大幅度发展生产的阶段，便远远不足了。中学被迫对这强烈挑战做出反应，多种多类的中学相继出现。1876 年，各国工业展览会在费城揭幕，帝俄、芬兰、瑞典等国学生的木工、金工的成品，说明各国渐由中学胜利地取代艺徒制度。麻省理工学院校长栾库对此备加欣赏。在他提倡之下，1880 年，麻省理工学院创办了工业中学，同年圣路易斯市也创设了工业中学。到 1900 年，约有百座城市都仿设了。为推进农业现代化，国会于 1862 年通过了《莫雷尔法》，各州纷纷设置农工学院；在建设新农业的洪流之中，各州中学生以当地农村俱乐部为学农基地，从事农作物的研究和生产竞赛。稍后，俄勒冈州发起"4H"运动，指导学生通过学农来发展双手（Hand）、头脑（Head）、心灵（Heart）和健康（Health），引起别州注意。1888 年，明尼苏达州首创农业中学。到 1909 年，全国独立设置的农业中学达 60 所，中学设农业科者346所。1898年，美西战争之后，胜利的美国扩大对拉丁美洲及世界各国贸易，大学成立商学院，商业中学接着出现在纽约、费城、匹兹堡、华盛顿等通商大埠。当时各州普及和改进小学教育，大量需要师资，中学又承担培养师资的职责。1896年，费城在中学大设师范科，辛辛那提、纽约、芝加哥、波士顿等城市，都在中学教授教育学科；1900年，艾奥瓦州约有2/5的中学已是培养师资的场所。总之，在美国生产现代化的伟大时代，中学密切配合建设需要，起了多出人才、快出人才的宏伟作用。职业中学在欧洲曾经有过，但地位低于传统中学；美国上述的创举是对世界教育传统的挑战；尤其是农业，一向被视为最粗鄙、笨重而无须理智探索的行业，居然也建立了学院和中学，简直是破天荒。

    中学结构的改革还表现为中学段落的划分。从建国起，美国各州在分权制之下，学校体系从不划一。约略地加以概括，新英格兰各州小学多行九年制，南方各州多行七年制，其他各州以八年制小学为普遍；各州在小学之上，再设三四年制的中学。发展到1890年，除南方外，八四制是比较通行的。八四制是学生6岁入小学，18岁中学毕业，若再上大学，仍须修业4年，毕业时已22岁，若再进研究院2—3年，就业即须推迟到二十四五岁。这不是中产阶级子女所能企望，贫困青年更不消说。"学年过长"（too much college）使得能进大学者和不能进大学者同声叹息。与此同时，许多小资产者虽收入渐增，有条件让子女受小学以上教育，却无力供给子女从四年制中学毕业，以致大量中学生中途退学。哈佛大学校长艾略特于1888年和1892年两度提议改制。芝加哥大学教授杜威和校长哈珀也于1901年和1902年，做出强烈的呼吁。美国教育协会的缩短学年委员会（因其委员为10人，俗称十人委员会），经过长期调查研究，乃于1908年建议小学修业6年，中学修业6年，而且中学分为初、高两级，修业各为3年，合为六三三制。次年，加利福尼亚州的伯克利城首先确立六三三制。1910年，该州的洛杉矶市和俄亥俄州的哥伦布市果然设立了初级中学。第一次世界大战后，异军突起的六三三制便和原已流行的八四制成为美国广泛采用的学制。

    2. 当前的中学类型

    第二次世界大战后，美国中等学校基本上继承了二战前的类型，以综合性中学和职业性中学为主体，六三三制和八四制并存。由于二战后教育界反对过早的职业化、专业化，初中阶段是不划分类别的。在四年制中学和三年制高中阶段，设置多种学科的称为综合中学，仅设职业学科的叫作职业中学。综合中学规模较大，设有为升高等学校做准备的学术科，也设有为就业做准备的职业科；在职业科又分为工、农、商、家政、美术等不同类别。职业中学同样分为工、农、商等不同类别。二战后中学结构虽沿袭二战前旧制，但因时移势易，结构上也出现比较重要的调整。

在科南特的建议下，综合中学大为发展。因为综合中学规模较大，师资较多，容易购置现代化教学设备，容易开设新学科，容易提高教学质量。反之，小规模中学限于条件，难开高深科目，数学、理科、外国语等科教学有赖于机器帮助，小型学校无力备办。

过去，九年级常属于初中阶段，与七、八年级构成一个段落；如今则趋于和十、十一、十二年级构成高级中学，向二年制初中和四年制高中的方向发展。原因是1958年《国防教育法》颁行以后，高等学校科目下放，高中设置高深学科较多，修业年限不得不延长；初中的压力不如高中沉重，便有缩短一年的现象。

青年因在校年限过久，产生厌学情绪，要求提早毕业者与日俱增。很多中学利用暑假开设暑期学校，通常以6—8周为上课时间。有些学生进暑期学校可积累学分而提早从中学毕业；有些学生因学期考试失败，借暑期学校补习课业；有些学生更为了学习平时在学校所难学得的知识。如今全国约有半数以上中学利用暑期学校给学生积累学分的机会。此外，还允许天才生多选科目，放宽一般学生选课尺度，并将课外作业充当学分，借以解决缩短修业年限这一严重问题。

科学教育的重要性受到重视，教育学者呼吁职业教育须以科学教育为基础，中学的职业科目须建筑在普通文化教育和科学教育的基础之上；职业技术和技巧不能光在课堂培养，主要是到职业岗位后慢慢养成。过去人们认为不喜欢或不长于学术科目的学生才入职业中学，如今，中学的职业科目是需要科学知识来解说的，学生的学术能力差就不会很好地理解职业科目，仅仅掌握支离破碎的职业技能、技巧是艺徒制的要求标准，不是中学要求的标准。职业科目要紧密地和学术科目协作，否则职业中学就倒退成为中世纪的艺徒训练了。在这种思想指导下，职业中学现已注重物理学、化学、数学、社会科学、外国语等基础学科。有的职业中学限于条件，仅教授科技知识，另叫学生到综合中学学习文化科目。还有职业中学只招收曾在初、高中修毕文化科学基础科目的学生，学生入学后仅予以技术性知能的培养。

二战后科学技术的发展突飞猛进，产生许多新的生产部门和新的工艺技术，为培训具有现代化生产知识技术的青年，各地出现在夜班上课的职业中学，为在职者进行科技教育。有些职业中学竭力为成人设置有关学科。为解决职业中学毕业生的出路问题，一般职业中学受县教育局领导，由县以下的区或学区筹款举办，毕业生可满足当地工商业的需要，就业难题容易解决。1963年，国会通过《职业教育法》，由联邦拨款补助各州职业学校，充当扩充职业学校的设备用费，以培养合格的技术人才。在这些积极措施之下，职业性、技术性中学20年来增加一倍以上，经费增加7倍之多，其中不少学校已提高到中等学校以上的水平。

由于中学教育业已接近普及，小型中学纷纷变为大型中学。在以往，很少学生数以千计的中学，如今则不稀罕了。一般中学都有学生1 000人以上，大城市的中学常有学生2 000人以上。当前，全国规模较大的中学收容全国2/3以上的中学生。另外，约有1/4的中学规模过小，但也容纳全国1/3中等学校的学生。中学规模日大，出现了"校中之校"，就是在大型学校中，出现了自有办公室、礼堂、图书馆、体育馆的"小型学校""子学校""卫星学校"。它们参加全校性活动，但也单独进行教学和课外活动，用意是在大型学校有开展大型活动、设置多种科目和眼光易于宽广等优越条件中，还能保持师生的亲切关系，容易使新生或困难学生适应环境。

综合中学、职业中学有公立的和私立的两种。公立中学居多数，私立中学学生约占全部中学生人数的1/13（教会中学生约占全部私立中学生人数75%，天主教会中学生又占教会中学生总数85%）。一些历史悠久的以升学准备为务的私立中学，在学术质量上常常超过一般公立中学。全国计有这类私立的寄宿学校约200所，学生约48 000名。最负盛名的菲利普斯、格罗顿、埃克塞特、裘爱特和劳伦斯维尔等私立中学，每生交纳学费与入私立大学所交纳学费同样高昂。在大量中学面向就业的美国，这类学校的学生却跟他们的300年前在拉丁语法学校肄业的老前辈一样，要诵读古罗马时代的西塞罗用拉丁文写成的古典著作，生活极为奢侈，服装十分讲究，每班人数很少，学生入学须通过严格考试，不啻是高等学府的预备班。在这里须特别提及的是：从20世纪60年代起，为反对黑白人学生合校运动，有些州停办公立学校，从而产生大量私立中学。这些私立中学是白人种族主义者不愿子女与黑人学生同校的避风港，师资弱，校舍差，不能和上述水平高的私立中学相提并论，而且政治上落后，是种族歧视的产物。从60年代起，有些城市为使不入中学的青年受到中等教育成立了开放中学，即不拘传统形式而享有更多的活动自由的学校。在开放中学里，费城的派克威中学成立最早，随而芝加哥成立了都市中学，俄勒冈州的波特兰市成立了约翰·亚当斯中学，纽约等大城市出现街头文实学校。这些学校不设学籍簿，不考核出缺席，没有退学制，没有固定上课时间，以社会为校园，以公共场所为课堂，学习计划由学生自定。费城派克威学校只规定数学和英语为必修科，其余则听任学生到动物园学习动物学，到博物馆、图书馆学习艺术，到工厂学习技术，去法院学习法律。有的学校以4年为修业期，发给毕业证书。在这些城市带动之下，别的城市颇有仿效的。这种街头中学不仅受福特基金会、洛克菲勒基金会的资助，而且受工商企业的支持；除去收容无经济条件入中学的贫苦学生外，一些厌恶正规中学或学力欠缺难以在正规中学继续学习者，也常在街头中学获得学业。1972年，费城派克威中学约有60％以上毕业生升入高等学校，而费城各中学毕业生升入高等学校者却仅占40％。因此，有些城市计划把开放中学列入正式学校体制之中。

(二) 中等学校的教学改革和学术复兴

二战后教育改革涉及各级各类学校的众多方面，但就总体而言，中等教育受其影响最大，其中尤以中学课程受的影响最深。美国教育学者称这种改革为中等学校的"学术复兴"。认为过去在实用主义思潮支配下，学术教育衰落，如今又得振兴了。现在且对中学课程改革的前前后后，略为叙述。

1. 中学课程的广泛性和局限性

理解美国学校课程必须破除思想上的框框，不要以为有全国统一规定的中小学逐年教授的学科和各科每周上课的时数，甚至可用简单的表格把这些排列起来。美国是分权制国家，通常由州确定中小学课程基本要求，由市、镇或县、区教育领导机关规划学校的学科，由学校自行酌情决定怎样具体设课。因之，各中学的教学科目不一致，教学内容不尽同。按照美国惯用的标准，约可分为传统编制和新式编制两种课程。传统编制的课程保持各科界限，注重系统性和基础性的知识，和我国学校分科设置的语文、数学、物理、化学、历史、地理等学科一样。从前美国学校是如此，直到如今，很多学校依然如此。20世纪初，经杜威的倡导，30年代便兴起进步教育运动，接着产生一种放弃学科界限，注重实用知识，忽视教材理论体系的"经验课程"或"设计课程"。

近年通过新旧双方的长期斗争，渐渐走上折中调和的道路。一般的趋势是：高中分别设置语文、数学、物理学、化学、生物学、外国语等学科；初中按照众多学科的性质，划为几个核心，减轻各科间的鸿沟，以收互相贯通之效。最常见的是设置语文、数学、社会研究、自然研究、体育和艺术之类核心课。至于每种核心课设置哪些学科，则视各校规模大小，校址设在城乡，教师多寡和水平等条件而定。各州各地各校情况复杂，学科极为多样化。在社会研究核心课之内，往往包括历史、地理、经济学、社会学、政治学、心理学、人类学等多种内容，所用名称有"现代生活""民主社会""社会问题""社会生活""政府和管理""领袖和领导""有成效的生活""美国政府""美国历史"等，五花八门。在语文核心课内，往往包括语言、文学、文学创作、语法、修辞、新闻学、戏剧学、演讲学等多项内容。在文学的项目下，又设有"美国文学""英国文学""世界文学""比较文学"等名目繁多的学科。在数学核心课内，常设"普通数学""现代数学""混合数学""几何""代数""三角""微积分""基本数学""大学数学""经济数学""商业数学""高等数学"等各式各样的科目。如今"世界文化""国际关系""电子学""电子计算训练""宇宙空间""地球科学"等都是日课表中的新学科。一句话，中学课程正在增加很多新学科，或在旧科目中增添新教材，连教材的体系也变了。

科南特在《现代美国中学》里，建议加强普通教育，为学生奠定文化科学基础，要求所有学生学习英语 4 年、社会研究 3—4 年，九年级生学 1 年数学，九、十年级生至少学 1 年自然科学；在学术科肄业的有志升学的青年，应学 4 年数学、4 年外国语、3 年自然科学，还准许他们另外学习第二外国语和一门社会学科。他还鼓励有能力学习数学和外国语的学生，在九到十二年级，坚持学习这两种学科。他更说，外国语、数学、自然科学的教师务必高标准地要求学生，对达不到最低要求水平者，毫不迟疑地给以不及格的分数。他解释道："标准应如此之高，使无能力学习这些科目的学生死了心，不致去选修它们，还要阻止他们继续学习它们。"他的用意是严格淘汰，绝不留情，一反长期以来的放任政策。

中学除以上文化、科学性质的科目外，还有职业学科。职业科目从 1910 年挤入中学日课表，20 世纪 30 年代进步教育运动盛行时期更进一步取得势力。当时美国流行的理解是：在各种科目之间应取消等级观念，认为把少数传统科目看成学科中的贵族，是违反民主平等精神的；为扭转这种偏向，任何学科在价值上都该受到尊重而不可轻视。从此，打字、速记、美容术、汽车驾驶术、房屋修饰术、文书机器使用术、无线电修理术、营养调配术、广播技术等都在日课表上占有席位。40年代起，此风劲头弱减；但这些学后即能应用，具有立竿见影成效的学科，仍为众多师生和家长所不肯割舍。发展趋势是：初中阶段由于青年职业性向未定，不设职业科目；又由于中学阶段是青年接受基本文化教育时期，高中也不要求青年必修职业科目。

在文化学科和职业学科之外，中学还设有生活适应性质的学科，或称应急科目。第二次世界大战后，黑人问题严重，"黑人研究"进入很多学校的日课表；两性生活太滥，"性教育"成为很多学校的科目；"安全教育"成了普遍设置的科目，理由是车祸、火灾、抢劫、盗窃、凶杀、斗殴等事故常常造成重大危害；"消费者教育"是新学科，原因是商业界为推销货品，常搞欺骗性宣传广告，造成个人经济负担和国家财力损失，须以教育来抵制；"保护国家资源教育"在不少学校里成为讲授的学科，因为青少年浪费自然资源，给国家带来了祸患；"药物教育"同样是新科目，由于误用药物的危险已成普遍现象，青年吸烟、饮酒、服用大麻叶和海洛因等毒品更成风气，政府每年为此开支10亿美元以上经费，很多州为实施矫正教育，举行教师学习班，讲授药物基础知识课。特别是在工人运动、学生运动高涨时期，资本家高呼中学要就社会问题设置新课，宣扬"民治精神"，进行"守法教育"，谴责"不法行为"，谋求巩固资产阶级的统治。美国社会是急于求成的社会，有了任何问题都要求中学设课解决，而且要立竿见影，顿时收效，否则贬抑教育无效和学校无能，不但从舆论上非议，而且从经费上硬卡。中学课程由重学术而重实用，由重实用而重学术，大幅度地摇来摆去，刚好反映美国社会的动荡不宁。

由此可见，美国中学是内含繁复的教育机构。根据1951年联邦教育总署的调查，全国中学共设学科竟达247种。其科目之庞杂，在世界上首屈一指。中学学科如此繁多，学生无法全部学习，因而实行学分制和选科制。通常一种科目每周上课四五小时，做1学分计算，学生须修满16学分方准毕业。学校通常规定几门为必修科目，其余为选修科目。在20世纪30年代，有些州只规定英语、数学、社会研究为必修，再凑些选修科目即可毕业。40年代后要求较严，但因选修科目多，学生选修的幅度大，以至规定必修科目占3/4和选修科目占1/4的学校，就是最严格的了。学生平时避重就轻，就业时雇主又审查学习成绩记录，学习省力、易得优良分数的科目常门庭若市，影响学生严肃认真的学习。多数中学规模小而教师不足,物理学、化学、生物学、数学、外国语等科常常无法设置,或教学质量过低。根据1955年的统计,中学未设外国语课者约占全国中学校数46%,未设几何者约占24%,未设物理学和化学课者也占24%。

1959年,美国派出教育考察团赴苏联。该团在报告中提出鲜明的对比:苏联的中学生学习物理学5年、化学4年、生物学5年、天文学1年、数学10年、外国语5年;但美国准备升学的中学生学习自然科学不超过1年,数学仅2年,而且这些科目不受重视,以致仅有12%的中学生学习代数和几何,9%的学习化学,不到5%的学习物理学。哥伦比亚大学工学院院长说:"美国没有一所中学在数学、自然、物理学、化学的教学水平上,能赶上苏联中学的一半以上。"伊利诺伊大学、艾奥瓦大学、麻省理工学院对中学理科教学弱点的揭发,前面已经谈及。

总之,美国中学冲破传统的藩篱,扩大了课程领域,增强了学生对社会的适应能力,满足了升学、就业多方面的需要,是有积极意义的。但在另一方面,由于对民主平等的误解误用,由于追求当前效用而忽视长远需要,便陷于主次倒置和舍本逐末。同时,教学科目过于驳杂零乱,学生选学又避重就轻、舍难趋易,结果便流为东拼西凑以满足学分要求,不能给学生奠定科学基础,不利于青年一代向现代化科学进军。不但欧洲教育学者讽刺美国中学的课程表是大杂烩,有些美国学者也提出同样批评。20世纪50年代起的"学术复兴"正是对此做出的反应。

2. "新三艺"的改进

美国于1958年颁行的《国防教育法》,为纠正过去忽视科学基础教育的积弊,大力改革数学、自然科学和外国语的教学。数学、科学、外国语三科被推崇为"新三艺",是"学术复兴"的重要内容。

(1)数学。在过去,代数、几何、三角原是大学传授的学科,中学、小学只教算术。算术培养运算技术;而代数、几何、三角则被视为纯粹数学,是锻炼抽象思维的学科。两种学科高下分明,性质迥然不同。19世纪中叶,大学课程下放,中学才开设代数、几何、三角。这些本是大学科目,下放到中学,也照大学体系安排教材。当时中学生多数升学深造,肯于用心学习。美国南北战争后,大量青年涌进中学,毕业后多数就业,升学者比例大减,学科水平难以保持。第一次世界大战后,大多数中学毕业生不升学而就业,更加无心去学抽象无用的知识，数学考试不及格的人与日俱增。一时学生、家长和学校教师纷纷反对"学用脱节"，强调"学以致用"。随后，中学盛行实用数学，教学上重应用而轻理论，传授的知识范围狭隘，支离破碎，缺乏严密体系，终致混合数学代替了分科数学，现在称这种简陋的数学为旧数学。哈佛大学教育和数学教授莫以斯说，美国在中小学数学和专业数学之间有一条鸿沟；一般中小学教育工作者对专业数学缺乏同情，认为专业数学是少数怪人的数字游戏，是徒然浪费岁月的勾当。可见以往中学数学教学的一斑了。

20世纪50年代出现了重阐述基本概念和原理定律的新数学，才扭转中学数学教学的方向。到这时人们认清：数学是向科学进军的基础，发展电子科学、宇航科学和从事大规模生产设计，没有高深数学知识就无济于事，中学数学必须从实用主义的绳索中解放出来。紧跟着1958年高等学校入学考试委员会的数学研究会建议中学九年级开设代数；十年级开设几何（包括平面几何、立体几何）；十一年级开设代数、解析几何、三角；十二年级上学期开设基本函数，下学期开设统计或现代代数。方案企图使中学生以三年半时间，达到大学修习的数学水平。建议中并未把微积分列入中学数学范围，但当时有些中学十二年级教授微积分，证明如果师资条件良好，就会取得成绩。1964年的调查更表明，不少中学十二年级所授的微积分，竟然包括麻省理工学院微积分教材的一半以上。

与此同时，伊利诺伊大学中小学数学研究会、哥伦比亚大学师范学院中学数学课程改革研究组、全国中小学数学研究会，在国家科学基金会和其他教育基金会的补助下，连续不断地提出改革方案，不但承认中学数学程度应该而且能够提高，还发现小学生能够学习比以往所教的更多更深的数学教材。如今中学课本中添上了线性代数、微积分、概率论和统计、程序设计等高深内容。一些研究者对数学教学的前景充满信心，认为教育科学研究若能把学习进度加快一年，纵然研究工作开支庞大也是值得的。

不过，因为不少改革方案要求的教材程度过深和教学进度过速，超过一般学生接受的程度，以致众多学生平时跟不上班，考试过不了关。教育工作者纷纷指出各种要求标准仅适用于学生中15%的尖子生和25%的天才生，是培养数学专家的课，并非普通学生所需的基本数学课。全国数学教育咨询委员会也于1976年建议："在大纲规定的目标和师生的性质、能力等情况之间，求得平衡。"有人还提议编印两种课本，对40%的优秀生侧重水平高深而理论性强的教材，对 60% 的众多学生注重一般性的教材。究竟如何定案，目前仍处于试验和争议之中。

（2）自然科学。在过去，一般初中设置博物科学，其中包括物理学、化学、生物学、地质学等多方面的知识。高中仅开设生物学。有的高中兼设博物科学，则要求学生就生物学和博物科学选修一门。以后高中添设物理学和化学为选修科目，学生选修物理学者不如选修化学者多。二战后科技发展，高中始于十一或十二年级设物理学科，教授 1 年。预料今后学习时间或延长为 2 年。如今物理学教学水平显著提高，内容丰富而新颖，举凡热力学、固体物理学、核子学、放射性同位素、核能、量力论、航空空间科学、火箭学，都包括其中，强调理论性、体系性，着重阐明物理学的基本概念、知识结构和科学系统。不过，其程度艰深，每每超过一般学生接受能力，而且偏向理论而联系实际不足。就其趋向看，高等学校物理学者侧重传授尖端科技的新成就，急于为中学生想入大学理工科者准备坚实的基础知识；教育学者认为中学物理课首应考虑广大青年在理解科学成就、应用科学知识、适应科学环境方面的需要，至于培养未来的物理学家，仅是关涉少数人的事，不能作为主要目标。目前双方各执一词，互不相下，其发展前途是值得重视的。

（3）外国语教学。美国从殖民时期到建国以后，关于中等学校教授古典语言和现代外国语问题，长期引起纷争。一方面，跟欧洲中学相比，美国中学教授外国语为量极少，学生水平相形见绌；另一方面，大量外国著述大都译为英语，不须学生阅读原著，而且掌握外国语并非易事，不少学生费时费力而中途停止，往往造成巨大浪费。因此，矛盾重重，成为教育领域的老大难问题。第一次世界大战后，中学生数大增，毕业后入大学者比例很少，众多青年感觉学习外国语用途不大，从 1922 到 1954 年，选修外国语者的比例日降，终致有 23% 的中学毕业生仅取得外国语 1.25 学分到 2 学分，取得两学分以上者仅占 15%。第二次世界大战后，美国力图在国际上扩充势力，急需大量外国语人才；不料 1951 年，美国现代语言协会（Modern Language Association of America）发现：学校的外国语课没教给足够多的人和没教授足够多的内容，甚至无例外地发现法语教师不会讲法语，西班牙语教师不会说西班牙语。幸而大战期间，军事部门设置的外国语学校利用"听说法"，训练听说能力，取得成效；以后推广应用于外事部门所设的外国语学校，如今更广泛使用于中小学。办法是由学校设置语言演习室，应用语言教学器械，指导学生练习听说。

过去中学生只学外国语2年，如今则由九年级起学习4年。有些学校甚至从七年级起教授外国语，更有学校制定从小学三年级起到中学十二年级止，连续学习外国语10年的方案。中学增加外国语教学时数，初中一般占各科总时数11％强，高中占20％，比以往大有增加。大规模综合中学开设语种较多，小规模学校语种较少，约有29％小规模中学未设任何外国语课。西班牙语、法语、拉丁语是多数学校所教的语种，德语、希腊语、希伯来语、意大利语、俄语、日语、汉语、阿拉伯语，也是中学所教的语种。

为了提高外国语教学质量，各地各校纷纷采取措施。马萨诸塞州对于小学法语教学的实验，纽约州对于中学外国语教学的实验，加利福尼亚州对于中学西班牙语教学的实验……是较有成绩的。外国语专家、语言学者、教材教法学者、心理学者以及广大教师，或从教材编撰方面着手，或从教学方法方面考虑，或从由几年级开始外国语学习的研究入手，进行改革外国语教学的探索。有的更在探讨学生不但学第一外国语，还要学习第二、第三外国语，以便跟德、法诸国中学看齐的问题。总之，外国语教学的改进运动和数学、物理学教学的改进运动一样，正处于高潮。

3. 社会研究的歧途

"新三艺"只构成中学课程的一面，社会学科是不可忽视的另一面。二战后美国国内、国际阶级斗争激化，社会学科同样受到重视。1964年延长的《国防教育法》，就明确要求改革社会研究课的质量了。

第二次世界大战刚刚结束，麦卡锡主义猖獗，迫令教师举行效忠宣誓，严格审查教科用书，一时形成教育上反共、反人民的歇斯底里。以后发现制止革命理论传播并无效果，于是改弦易辙，下令学校讲授共产主义课，借歪曲污蔑来混淆视听。1962年，美国教育协会和军团联席委员会提出建议，在中小学普遍设置共产主义科目，从此两年之间，计有34州编印共产主义教材和指导书，标明："我们必须做出准备去应付辩证法家。有了这种知识，才能毁灭共产主义必然胜利的神话。"在这乌烟瘴气之中，佛罗里达州竟规划从1968年起，试行"宗教—社会学科课程设计"；1969年州议会又通过于1970年起扩大试验范围，企图把社会科学当成新神学，跟社会主义思潮展开挑战。天主教会居然建议一般中小学在设置的核心课之外，增设宗教为新的核心课，呼吁其他核心课都体现宗教核心课的精神，以消除学生中的"神学盲"。在科学高度发达的国家中，神学仍在占领着学校讲坛，这也是资本主义社会的一种怪现象。

在防共狂热中,各州普遍设置教科书审查委员会,对于中小学历史课本和政治经济教材,评头论足。举凡反对私利动机、指责资本主义、评议爱国主义和种族主义的段落,全都遭受挑剔。得克萨斯州众议院教科书调查委员会的巴斯甚至危言耸听地说:"我们久已听到当前学校教科书中泛滥的潮流。十分明显,这个潮流表明得克萨斯州公立学校教科书是朝着社会主义发展的。"

从此可见,美国中学社会学科表现的阴暗面,正和其自然科学所表现的光明面,成为鲜明的对照。艾奥瓦大学社会学科教育学教授海费诺说,美国学校的数学、科学、外国语教育方案,是远比社会学科教育方案高明的。因为科学技术的迅速成长促进了学校科学教育水平,相反,社会科学是没有那样辉煌成就的。他举例道:人口爆炸和裁减核武器是当前两个大课题,但人类虽有限制出生率的知识,而社会上种种因素障碍人口的合理控制;人们虽已知限制核武器的途径,而社会政治的因素使之无法实现。的确,社会科学对这类不合理的事体无能为力,又怎能要求学校搞好社会学科的教育呢?

4. 教学方法和组织的革新

其一,教学内容既重水平高深的理论知识,不再以尝试错误方式去猎取粗陋的生活经验。在教学中就竭力以启发诱导等手段,深入阐述论证各科基本概念或原理定律,帮助学生掌握知识结构。启发式教学是学校早就提倡的,但因过去教材肤浅琐屑,一般仅能发一些常识性的议论,很难上升到严肃理论的推究。如今情况不同,教学过程注重通过理论讲解论述,提高学生科学水平,养成学生独立探索的能力。布鲁纳称这种新方法为"发现法"或"探索法"。它跟全凭学生尝试错误、从做中学的设计教学法不同,也跟注入法、填鸭法不同。灌输法仅叫学生被动接受,设计教学放任学生自流,都不能满足科学教育的要求。发现法是在教师指导之下,运用丰富的科学成就,启发学生自觉地学习知识,探索真理,比过去的方法好得多。

其二,随着科学技术的猛进,教学设备进入电子化时期。第二次世界大战前,电化教育已经开始。二战后,哈佛大学心理学教授斯金纳(B. F. Skinner)创制的"自动学习机器",或称程序教学机器,以及语言教学用器和电子计算机之类,都在教学上发挥了巨大效用。1958年的《国防教育法》,1965年的《初等教育和中等教育法》,对于现代化教育工具的设计发明、推广制造,先后专拨巨款补助,1963年联邦政府又拨巨款大量设置电视发射台和电视站。过去教学是教师口讲作业，当前渐渐成为机器作业了。当前美国学校教学要求的"3M"，就是教材（matter）、教法（method）和教学机器（machinery）。教具的日益精密化，也促使教育技术学（educational technology）成为先进的科技项目之一。如今大量科学实验仪器、电化直观教具的装置、教师指导书、评定和测验学生学习成绩的教材、各科补充读物等源源不断地向学校廉价供应，教材专家、教具专家配合各门科学家正在共同做好改进教学的后勤工作。教学用具俨然成了生意兴隆的新企业。在教师的专业培养中，熟悉操作电子化的复杂、精密的教学机器，已被视为重要训练项目了。

由于大量而广泛地应用现代化的教学手段，便于学生独立自学，学生已由以课堂听讲为主的学习方式，逐渐向以结合课堂听讲而独立钻研的学习方式过渡了。近年来，有的调查表明，一般学生有30%—40%的时间用于小组学习，约有20%的时间用于上大课，有25%—40%的时间用于独立学习。也由于多种多样教学机械用于教学活动，不禁使人眼花缭乱，曾有人以为机器可以取代教师的地位。实际上，教育是塑造灵魂的过程，教师针对学生发展的特征而诱导启发，乃是教育成败的关键。这绝非机器所能完成，机器仅能辅助教师增进教育效果而已。

其三，教学上适应学生的个别差异，大力向天才教育方向发展。学校学生众多，智力、学力优劣不齐，家庭文化背景又相差极远，学生的接受能量和学业成绩往往差距很大。有人发现小学四年级生在阅读能力上，最劣者仅和幼儿园生或小学一年级生相同，最佳者可读大学一年级的语文课本；在计算技术上可达八九年级，即初中二三年级的水平。小学生如此，中学生彼此间更有较大幅度的差别。由于学校广泛利用程序教学机器，学生独立作业的时间增加，学习的快慢深浅因人而异，整齐划一的教学更加显得不合时宜。个别化的教学在以往也曾受到注意，不过，过去侧重帮助后进生，如今却侧重发展天才生了。再则，以往方式方法简单，适应性能不高；在教学机械化的今日，每种学科常编有难易不同的三五十种教材，学生任选适合者为学习内容，而且进度不强求一致，这就非过去所能比了。

新形势要求中学对天才生和后进生做出多种细致的适应，使人能尽其才，以免只顾中间，忽视两端。最习见的是鼓励天才生增加学习分量。例如，一般学生修满16个学分即可毕业，天才生则须修满19—21个学分，并叫天才学生在选修科目中选修学术性强而难度高的科目。有些学校除设置普通物理学、化学、生物学、数学，还为天才生开设水平较高的同类科目。有些学校还对水平高的毕业生授以荣誉称号，将他的学分充作大学学分，缩短其大学修业年限。如今各科教材都以飞跃的姿态提高水平，主要就是迁就天才生的。在另一方面，不少后进生之后进，有的是由于智力低下；有些是因教师授课差，教学不易理解；还有的是因经常缺席，学习进程中断，或因努力不够而学习基础不固。这些青少年常常由厌学而终致掉队。一般学校针对不同成因而由有经验的富于同情的教师给他们任课，必要时给予补课。对于智力差的学生，另为开班，以降低课程上的要求，指导修习较易理解的科目，或延迟学习进度。佛罗里达州墨尔本高中允许同一个学生一方面学习微积分等高深科目，另一方面却补习英语科目。就是说不但适应众多学生间的个别差异，还要针对某一学生而适应其各科学习之间的差异。

科南特在《今日美国中学》中还建议：中学不论必修或选修科目，一律应一门一门地按照学生能力分组施教；在英语、美国史、九年级代数、生物学和物理学，至少应分三班。甲班是优秀生，乙班是中等生，丙班是后进生。他估计在中学生中，85%属于中才，15%属于天才（2%—3%是超天才）。他建议在超天才生众多的学校，开设特别班，教授"大学先修课程"，如大学数学、大学英语、大学历史等，学生修毕且考试及格，入大学即为二年级生。1973年，国会通过《天才教育法》，也要求从人力、物力、法律上保证培养天才的工作。过去，教育学者指责美国学校着力培养的是一般中才，误认不如此就是违反教育上的民主原则。今天，扭转方向，正向西欧国家学习培育天才的经验。

其四，集体教学制度的出现。一个或几个教师负责一班的教学任务，是过去的惯例。因为当时学科水平低，缺乏现代化教材和设备，不要求学生向科学进军，一味由活动中获得片断经验，教师需要的能力和学养就比较简单。如今时移势易，集体教学逐渐流行。一般的过程是学生一齐上大课，由教师一人主讲，其余教师协助；然后学生分组学习，教师分别到组辅导，最后学生利用教学机器，独立自学。马萨诸塞州来克星顿市和康涅狄格州诺沃克市，都以学问好、能力强、经验多的教师充当组长，除任课堂主讲外，还带领别的教师共同制订教学规划、执行讲课活动和研究改进途径，其职务是固定的，由学校支付津贴，每年1 000美元以上。一般中学则由教师轮流主讲，不付额外补助。在集体教学之下，由具有专长的教师讲授有关段落，既有助于提高教学质量，众多教师对学生进行辅导，也易于满足个别学生在学习上的特殊需要，养成他们深入钻研、独立探究的能力。这种办法是有进步性的。

七、高等教育

（一）高等学校的类型

1. 历史的回顾

在殖民时期，北美殖民地为富家子弟创设的学院，是完全照搬英国牛津、剑桥两大学的体制的。弗吉尼亚是大英帝国最早的殖民地区，1624年就倡议设置"弗吉尼亚牛津大学"（Oxford in Virginia），表明移民以牛津大学为高等学校范例，连牛津的校名也硬想搬来。只是英国殖民当局未予批准，建校的倡议失败。1636年创建的哈佛学院，不啻是英国大学的翻版，仅在具体办法上有些变化。例如，牛津、剑桥二校师生众多，分为若干学院；哈佛在最初则仅有教授1人，学生3人。这位教授既承担全部教学任务，又是办理一切事务的校长，演的是独角戏。学校规模小，不便称为大学，便以学院为名。又如，牛津、剑桥二校都设神、法、医等学科；哈佛仅设神学科，造就教会教士；学生准备从事医、法工作者，须到英国留学。那时伦敦是帝国京都，政法人才荟萃，学法的青年进牛津、剑桥二校的法学科。牛津、剑桥二校医科要求新生应大学毕业，取得学士学位，入校后还继续修业3年，教学不用英语而用佶屈聱牙的拉丁语，考试又极困难；相反，爱丁堡大学的医科招收中学毕业生，教学用英语而不用古典语，修业3年，考试及格，就领取学位。因其难易悬殊，北美学医青年便多到苏格兰进爱丁堡大学。继哈佛之后，耶鲁等8所学院相继取法英国大学，抄袭英国的体制。

18世纪后半期，美国建成资产阶级共和国，稍后又开始产业革命。政治、经济发展的形势迫人，教育必须跟上去。殖民时期共建起9所学院，都是私立学校，收费高，学生少。直到独立战争前夕，哈佛于1775年的毕业生仅40人，耶鲁35人，显然不敷需要。再则，学院长期沉浸在神学之中，对于惊天动地的独立运动竟然漠不关心。其办学方针不符新国家的要求，不言可知。还有，9所学院密集在东部城市，难以适应西部和南部新州建设事业的要求。南部的佐治亚州和北卡罗来纳州遂于1785年创设州立大学，西部的俄亥俄州和密歇根州继之，以后又推广到新旧各州。举办州立大学因而盛极一时。欧洲从中世纪起，办大学是教会的特权，美国由政府兴办大学是对传统的挑战。法国在第一帝国时期才由拿破仑于1808年创建法兰西帝国大学，德国在第四次反法同盟失败①后于1810年创建柏林大学，英国的伦敦大学更迟到1825年才建立；美国则跑在各国之先，掀开教育史的新篇章，是值得大书特书的。

南北战争以后，美国农业、工业跨入大跃进阶段，形势进一步逼人，高等教育便迈步向前。19世纪欧洲世俗大学兴起，在柏林大学带动之下，纷纷以重学轻术为方向，认为大学是纯粹学术的殿堂，不该分心于追求现实效用。无奈美国在历史转折时期，势难忍受欧洲的绳索，于是一面于1876年取法柏林大学而创设霍普金斯大学，建立大学研究院，致力高深学术研究；一面于1862年由国会通过《莫雷尔法》，大批兴建农工学院。《莫雷尔法》的内容是各州凡有国会议员1人，联邦便拨地3万英亩，由州举办农工学院和设置农业实验站，以推广先进农业耕作技术。学院为造就农工建设人才，不但开设农工专业科目，而且鼓舞学生于寒暑假期从事生产实习；除设立正规班次，还针对各地农民需要举办讲习班；对于不准备从学院毕业的学生也做出安排，帮助他们增长实用知识。这种大刀阔斧的创新，不但与欧洲传统背道而驰，就连美国人士也鄙视新学院是"牧牛娃学院"，不伦不类，难登大雅之堂。不过，学院适应历史潮流和生产力的发展，不仅很快培养出大批人才，而且对学术发展也做出了杰出贡献。加利福尼亚、伊利诺伊、明尼苏达等有名的州立大学，都是由这类学院发展而来。国际上研究尖端科学技术的最高学府麻省理工学院，以及以农业教育著称于世的康奈尔大学，也都是由农工学院发展起来的。这在世界高等教育史上是破天荒的。随着农工学院的冲破禁区，矿冶、工程、商业、教育等专业也都在美国高等教育领域取得合法地位，分别成立学院，并且发达起来。

美国历史悠久的院校都是私立学校。它们的人力、物力、财力以及社会威望都居优势，而且在1860年以前的264所院校中竟占247所，数目也是压倒的多数。反之，州立大学经费不足、师资不足、威望不高，又与州当局矛盾重重，得不到应有支持。相形之下，私立院校长期地优于公立院校，有些是在国内外知名的。南北战争后，农工学院大得政府和社会支援，财力充裕，学得其用，有的发展成为权威学府，而且继农工学院之后，其他公立学院和大学纷纷

---

① 原文为"普法战争"，编者编入时依据史实进行修改。——编者注

兴起，声势浩大，才逐渐提高地位，得与私立院校分庭抗礼。

由此可见，美国高等教育是伴随其政治、经济发展而开创和发达的。首先，独立建国和南北战争是美国社会前进的里程碑，高等教育出色地配合了这两次资产阶级革命运动，完成了出人才和促生产的使命，是功不可没的。其次，美国高等学校来自不同的历史渊源，类型多，办法异，政府不硬性规定统一标准，学校享有较大自治权，学术园地日广，专业竞争性强，教学工作和科学研究因而飞速发展。再次，有史以来高等学校就是权贵子弟独享的禁脔，美国殖民时期的9所学院具有鲜明的阶级性，跟欧洲如出一辙。例如：当时哈佛、耶鲁等校都按家长的身份排列学生名次的先后；只有家长社会地位高的学生，才得穿镶花边的衣服，戴绣成的帽子，扣金银质的纽扣；司法判刑也照顾权贵子弟，对他们不施体罚，仅在严重违法时取消其"先生"的称呼，课以罚金，从不鞭笞和带枷锁。美国建国后，积习日改。州立大学发展之时，恰值美国全力西向拓展，总统杰克逊呼吁民主政治和边疆精神，鼓舞有志青年人人皆可发挥才智，凭本领创建事业，为祖国立功。在新学风激荡下，学府不拘一格地以造就干才为奋斗目标，清贫有志之士于是涌进学府。南北战争后，建设需要人力尤为殷切，农工学院之被鄙视为"牧牛娃学院"是因为它的课程不合传统规格，也由于众多贫苦学生求学其中。欧洲大学始终为特权子弟所垄断，美国却较早地显出大众化的趋势，这也是值得一述的特点。

第二次世界大战后，科学技术和生产事业的发展，需要大量人力来巩固国防和振兴经济，总统杜鲁门曾指派专人组成高等教育委员会。该会于1947年提出报告，强调："要看到高等学校在国家生活中应负的巨大任务。""美国应当树立最高的奋斗目标，使中学、大学、研究生院或高等专业学校，都能为全国人民各按其才能和兴趣去充分享受，而不被无法克服的经济困难所障碍。"①从那时到1965年《高等教育法》的颁布，十余年中，美国青年跨进学府之门已成不可抗拒的洪流。1950年，全国每万人中有大学生152人；到1970年，则每万人中有大学生427人。目前美国高等学校又有所发展，其类型比以往就更多样化了。

2. 当前的类型

美国在种类繁多的高等学校中，大学和学院是基本类型，其次是初级学

---

① 美国高等教育委员会：《美国民主社会的高等教育》（英文版）。

院，另外还有研究生院和战后出现的开放大学。

（1）大学和学院。大学分设若干学院是通常的体制。单独设置的学院也很多。大学和学院一般招收中学毕业生，修业四年。欧洲各国大学主要致力学术教育，专业教育多由专科学校进行。美国则将专业教育尽量纳入大学之中，因此大学包括多种性质不同的学院，如文理学院、理工学院、农林学院、医药学院、政治经济学院、法学院、工商管理学院、家政学院、艺术学院、新闻学院、森林学院、兽医学院、建筑学院、矿业学院、教育学院或师范学院等。不过在众多学院之中，文理学院居于骨干地位，是学术教育园地。有的大学不只设置文理学院一所，而是设置多所，密歇根州立大学就是例证。大学和学院都设名目众多的"系"。大学、学院毕业生可得学士学位。

大学和学院有公立、私立两种。在公立院校之中，州立大学是主体，其办学方针由各州委派的校董会主持，经费由各州拨款充当，兼由学生缴费、联邦补助和基金会捐助维持。州立大学面向各州建设的需要，成为各州人才策源地。私立院校经费独立，少受政府干预和政治干扰，办学大计由校董会决定，比较公立学校具有更大的自主权。历史悠久的哈佛、耶鲁、普林斯顿诸大学，以后建校的霍普金斯、芝加哥、斯坦福诸大学，都是名牌私立学府。但近年除以基金会拨款和学生缴费为大宗经费来源外，都接受联邦和州政府的重金补助，而且公款补助高达全校开支20%—25%，名为私立，就经费来源看恰是公私合营性质。

公立院校中的农工学院，也称学田学院，因系按照《莫雷尔法》由联邦拨地给各州举办的。最初，这种学院以农、工专业教育为主，但仍要求实施科学、人文和军事教育，而且除教学、研究外，特别注重社会服务，即推广农业科学知识和革新耕作技术。所以要把"农"字放在前头和着重普及农业知能，是因为美国当时还是农业为主的国家，工业仅在少数地方发达起来。美国在南北战争结束时，为防止歧视黑人，规定各州于必要时可为黑人单独设校；以后又增加了新州，因此农工学院陆续增为69所。后来随时势而变化，独立设置的农工学院仅余24所，28所改为设有农、工、家政等专业的大学，17所发展为黑人院校。加利福尼亚、伊利诺伊、明尼苏达、波尔等州立大学，密歇根州、马萨诸塞州、得克萨斯州的州立农学院和麻省理工学院，都是在农工学院基础上发展起来的。康奈尔大学是私立学校，但它的农学院是联邦拨地兴建的。当前，这种学校共占全国高等学校总数的4%，收容学生却占全国高等学校学生总数20%，颁发的博士学位占全国40%。就20世纪60年代而言，美国健在的诺贝尔奖获得者，约有半数出身于这类院校。美国农业人口现已下降到4%，农业产量却在养活全国2.2亿人口之外，还向世界输出大量多种的农业产品；工业更是超级大国。社会公认农工学院对此是有贡献的。

近年来，大学和学院在组织方面已有不少变化。

其一，二战后学生人数增加，超过院校增加的速度，更兼小规模院校无条件进行大规模的尖端科学研究，大学和学院大都扩大组织。在殖民时期，每所学院仅收学生数人、十数人、数十人，以百计者不多；美国建国后，每所院校收容数十人、数百人，最大者也少有千人。第一次世界大战后的大规模院校，学生及万人者寥寥。如今则万人大学纷纷出现。密歇根州立大学计19个学院，学生4.5万人，原校不能容纳，校园增辟为3所。加利福尼亚州立大学学生在10万人以上，教职工约4.5万名，校园共计9所，年支出经费7亿余美元，开设科目1万种以上。纽约市立大学的日班生高达14万名。这几所大学，就其规模而言，在全世界也是数一数二的。它们院系庞杂，学生众多，远非昔日大学可比，也非一般大学可及，被称为巨型大学（Multiversity）。另外，威斯康星、伊利诺伊、印第安纳等州立大学，都有学生5万名左右；学生在3万名以上的院校共34所。与此同时，学生不满200名的院校约3 000所。过去人们认为规模小的院校择生严，聘师精，教学认真，师生亲切。如今情势不同。卡内基基金会调查研究的结论是：学生不满1 000人的文理学院，在课程范围、实验室、图书馆、教师才能上，都不能提供第一流的教育。斯坦福大学曾就全国范围调查1.6万名院校教师，发现在规模小而经济贫乏的院校中，教师士气低沉。当然，大规模院校学生拥挤，要上大课，学生缺乏教师指导，也有缺点。1925年，巴母那学院首先以牛津大学为范例，向"大学中的大学"的方向发展。办法是把全校分为若干个小范围的学院，学院各有自己的教授、学生、设备、经费、课程和学术活动，俨如父体中独立行事的子校，跟垄断公司和子公司的关系有些类似。它们充分利用全校的人才、设备，进行共同活动，而又各有独立的行动。这和中学由小而大，并在大型中学出现"校中之校"，是如出一辙的。

其二，旧校、新校都由于发展速度过快，殊感人力、物力跟不上，为谋求教学、研究工作的便利，不同院校就大量展开协作。例如，北达科他大学和韦尔斯利（Wellesley）学院允许学生在两院互修课程，甲校承认学生在乙校所修的学分，乙校也承认学生在甲校所修的学分。黑人院校困难最大，对于这种协作更感需要迫切，因此黑人院校和白人院校的校际协作，更加频繁。例如，布朗大学和图加卢学院（黑人学校）、康奈尔大学和汉普顿学院（黑人学校），密歇根大学和塔斯克基学院（黑人学校），威斯康星大学和得克萨斯州南部学院（黑人学校），彼此之间都有比较密切的合作。它们跳出一地一校的疆界，携手共谋发展。从20世纪60年代起，很多黑人学院纷纷并入了白人院校。还因众多学科和专业之间也须开展协作，才便于向科学进军。麻省理工学院于50年代创立人文和社会科学学院，从而由理工学府实际上变成了综合性大学。

其三，高等学校和中学建立了新的关系。从19世纪末起，中学不再以升学准备为首要任务。当时国家缺乏严格划一的标准，以致中学水平参差不齐，影响大学质量。高等学校为解决学生来源问题，曾联合制订方案，凡经费、师资、教学设备符合方案要求的中学，被称为"认可中学"，"认可中学"毕业生可不经考试，升入大学。当时只有哈佛、耶鲁、普林斯顿、达特茅思等少数院校，举行新生入学考试，但它们尚不足高等学校总数10%。第二次世界大战后，从20世纪50年代开始，高等学校的教学、科研向高质量方向发展，对新生严格要求，规定新生须在中学取得英语2学分、数学2学分或2学分以上、自然科学1或2学分、社会科学1或2学分，并且不许以职业学科和体育、音乐作为学分。著名的学府更要求新生要取得自然科学3学分或数学3学分，使之有牢固的基础知识。有的院校居然限定入学者是在中学原班处于前25%甚至前10%的尖子学生。再则各院校的专业标准不断上升，有些大学为避免学生跟班困难和中途废学，常在一般考查成绩之外，还对新生举行测验，进行淘汰性的选录工作。很明显，这是高等学校由上而下地促进中学教育改革的有力措施。

另外，高等学校既不再为少数权贵子女们所独享，照顾了较广泛的青年，大学和中学间过去存在的鸿沟也缩小了。过去，出身贫苦家庭的子女很难升入大学。如今，为了缓和矛盾，众多院校允许中学生在高年级时于暑假到院校试读，不收费用，启发他们升学的愿望；他们还可在中学选修大学下放的科目，作为大学学分，升大学后，修业年限缩短一年。这对于扩展大学招生的范围是极为有益的步骤。

（2）初级学院。初级学院在二战前不受重视，一般属于中等教育领域。二战后，高等学校学生猛增，初级学院始显示其生命力的强大。从1969年起，在初级学院肄业的一年级生已多于在四年制院校肄业的一年级生。1971年，卡内基基金会的高等教育委员会，建议各州做出规划，争取初级学院在1976年遍布各地，使有志青年住宿家中而得就学。从此，初级学院的发展十分迅速。在加利福尼亚等州，一般由学区筹款举办社区学院；在纽约等州，一般由州政府筹款举办地区初级学院。宾夕法尼亚、印第安纳、威斯康星等州立大学设置仅收一、二年级的分校，通称初级学院。此外，还有私立的初级学院。由于来源不同，校名极不统一，或称初级学院，或称社区学院，或称技术学院，或称职业学院，或称推广中心，等等。修业年限一般为二年，也有三年的，还有少数是修业四年的。当前公立初级学院为数最多，容纳全国初级学院学生总数90%。在过去，初级学院多属中等教育和职业教育，如今，学院众多，性质分化。有的是四年制院校的初级阶段或准备阶段，学生修业完毕即升入院校三年级，继续深造；有的是自成段落的普通教育，学生毕业后不继续升学；有的学院针对地方需要，实施职业教育，学生毕业后便就业；有的对成人进行一般文化和职业教育。

初级学院收费低廉，修业年限较短，又面对当地需要设科开课，便于就业，学生不必住校，负担轻微，刚好适合中产家庭的经济条件。因此，1958—1959学年度，初级学院学生为38.6万人，占大学生总数的11.9%；1968—1969学年度增为128.9万人，占大学生总数的18.6%；1978—1979学年度预计增为217.6万人，占大学生总数的21.5%；入学人数增加很快。足见它们是受到广大青年欢迎的。

再则，初级学院过去由于水平偏低，被视为二流学院，一般院校不肯招收初级学院毕业生，因此初级学院学生升学者寥寥。二战后情况扭转，质量改进，估计到2000年，所有高等学校一、二年级生都将在初级学院肄业；跟初级学院相对称，原校本科三、四年级应称为高级学院或院校高级部。美国社会重视学位，有的院校便授予初级学院毕业生以协士学位，地位不同于以往。教育学者乐观地预断，当前普及初级学院教育同30年前普及中学教育，是同样迫切和可能的了。

(3) 研究生院。美国高等学校设置研究生院始于1869年的哈佛大学；1876年霍普金斯大学建立时，曾考虑在成立本科之前，先设置研究生院。到20世纪初，众多大学和学院相继仿设，研究生院数量日增。当时因为院校的首务是教学，各校研究生院的规模较小。第二次世界大战后，高等学校大增，需要培养大量合格师资；而且为改革教学，中学教师多要由具有硕士学位者充当；更因为促进现代化工业生产，必须迅速发展科学技术；高等学校于是不但成为教学中心，而且应努力成为科研中心。因此，研究生院日增，研究生增加尤多。关于具体数字，以上已经讲过。这里应指出的是，各校研究生院发展并不平衡。重点院校的研究生现已超过或接近本科生的人数。例如，哈佛大学学生总数为1.5万名，研究生为9 500名，本科生为6 000名。又如，麻省理工学院学生总数为8 200名，研究生为3 700名，本科生为4 500名。麻省理工学院、加州理工学院还有高级研究生院，招收已获得博士学位而继续研究的人员。美国初等教育由小学而幼儿园而托儿所，层层向下伸展；高等教育又由大学而研究生院而高级研究生院，节节向上伸展，两者形成有趣的对照，说明美国教育的领域正在扩大。

大学和学院授予的学士学位，仅代表普通科学文化基础教育，通称为初级学位。研究生院授予硕士、博士等高级学位，是专业教育和学术教育的标志，在美国社会极受重视。本·戴维在《美国高等教育》中指出，大学本科有如学术金字塔的塔基，研究生院有似塔顶，今后满足于大学本科教育者日减，而努力向学术顶峰攀登者日众。他预计美国在研究生的培养上，会做出更大的成绩。

（4）开放大学。20世纪60年代掀起的学生运动，在美国社会上引起了轩然大波。为求缓和矛盾，政府委派的"学校暴乱"调查委员会曾建议广泛招生，扩大照顾面，满足广大青年到院校深造的要求。开放大学从此得有萌芽。旧金山的实验学院、纽约和华盛顿的自由大学、洛杉矶的新左翼学校等先后出现。1971年，联邦教育总署资助举办的"无墙大学"正标榜打破旧传统、旧框框，使学术从深宅大院走上十字街头。这样，众多青年不但可通过自修等多种途径，掌握各科专业；考试及格还可获得学位。不少大学授予校外学位是认真而谨慎的；也有学校却借机粗制滥造，变成借学位而牟取利润的商店。这桩新生事物的前途如何，引起教育学者的关注。

（二）高等学校是教学中心

教育史家说，德国柏林大学自始就注重教授自由讲学和学生独立研究，因为德国的文科中学选生严，择师严，课程高深，考核认真，中学毕业已掌握文化科学基础，大学侧重学术研究是有条件的。法国学者称赞"德国大学的起点是别国大学的终点"，说明就连其他欧洲国家大学也差一筹。美国呢？曾于

1869—1889年任哈佛大学校长20年之久的艾略特说,美国大学仅顶得德国中等学校,更说明当时美国的大学难和德国的大学相提并论。因为把大学办成研究学术的殿堂是乌托邦,美国因而一向以大学为教学中心。现在谈谈大学怎样搞教学工作。

1. 系是教学工作的负责者

在最初,大学所设的专业少,学科少,教师少。校长是教学主干,要教授主要学科,还应是优秀教师。不任课的校长是不存在的。校长的首要职责不是搞行政、抓教学,而是担负繁重的教学任务。随着学术发展,教育内容分化,教学科目扩充,教学人员才大量增加。到19世纪末,每种学科领域都设讲座1人。再以后,每种学术领域的讲学任务都非1人所能承担,就继续添课添人。哈佛、耶鲁、普林斯顿三大学从1870年到1910年,学生人数增加3倍,教师人数却增加5—10倍,反映学科分化的速度大于学生增长的速度。为了把众多教学人员组织起来,美国大学便于1890年创立了系的机构。当未设系以前,少数讲座高居其他教学人员之上;设系以后,教授和教学人员共谋协作,作风民主;系与系、校与校又展开交流竞赛,人人争取出成绩、出成果,便造成积极活跃的局面。系是教学专业组织,教授享有较大自由,因此系的职权很大,可以自行处理任用教师、设置课程、颁发学位、开展学术活动等重大事宜。就美国大学组织体系讲,在系之上还有大学会议,但后者徒具形式,开会常常冷场。相反,系掌握实权,其决定有约束力,大学不加过问,大学的指挥棒实际存在于系。美国的这种创造把大学教学工作推进一步,成为各国仿效的范例。美国政潮起伏多变,办好大学须有干才跟社会实力派打交道,才能争经费、募捐款,教授不暇及此,只好向"校长治校""教授治学"的方向迈进。从此,系便成为大学的灵魂。办不好系就搞不好教学,搞不好教学是办不好大学的。

2. 大学课程的现代化

殖民时期的学院,课程简陋,因为宗教是当时阶级统治的利器,遂以神学为重心。南北战争后,普林斯顿大学于1868年共有教授10人,都是诚笃的加尔文派教徒,其中7人是教士,仅2人具有学术声望。耶鲁大学的师资队伍大致相同。不过,从19世纪60年代起,改进生产事业和发展科学技术向大学连连挑战,一些新建的院校首先采取积极步骤,进行改革;到19世纪末,一般院校才由宗教、古典的变成现代、科学的学府。在这段现代化过程中,农、工专业课程大大受到重视,农工学院是这次革新的排头兵。1898年,美西战争结束,美国疆土扩大到海外,侵略势力向拉美、东亚伸来,又兼实用主义教育哲学兴起,国际贸易、商业、工商管理、政治、教育、家政等专业纷纷抬头;自然科学虽占一定的优势,却偏向应用和追求实效,轻视基础理论学科的价值。第二次世界大战后,知识爆炸和科技突破的形势逼人,向现代化科学进军的浪潮翻滚而来,大学课程便进一步革新。如今,基础学科、边缘学科、新知识带来的新学科,迅捷地挤进大学日课表,高能物理、空间科学、激光、遗传工程、电子计算机等,都成为引人入胜的学习领域。日益增添的专业和学科——变成新血球、新细胞,大学因而具有光辉灿烂的发展远景。近年各专业所教学科的范围不断扩大,系已感到难以容纳,有的院校便建立超系的组织,通称为学域(division)。在一个学域之中,有时划分为小的学习单位。

助长大学课程向高、精、尖发展的,还有两个诱因,那就是研究生院的发展和中小学的教学改革。第二次世界大战前,本科生的教育是大学教育的主体;研究生院为数少,规模小,力量微,无疑是个附庸。本科毕业生升入研究生院继续深造者不多,本科生的教育是自成独立段落的教育。二战后,愈来愈多的本科毕业生升入或争取升入研究生院;而且本科由注重应用知识教育而注重普通教育和基础教育,研究生才得进一步在基础教育上开始专门学术研究,本科教育便倾向发展成为研究生院的准备教育。随而由研究生院的要求来决定本科生的课程,就成了客观存在。再则,教学改革运动要求中学生牢固而系统地掌握各科基础知识,因而大学新生学业水平高,学习能力强。因此种种,高等学校教学质量便能不断提高。

逐一叙述各专业、各学科的变化,实难做到。在这里,只谈谈当前课程发展的趋势。

(1) 重视普通科学文化课程。20世纪50年代以前,美国大学本科课程的主要缺点是基础学科缺少和专业学科过于分化。学生由于所学知识范围狭窄,既难适应社会的多种需要,也难养成广阔的学术胸襟。大学造就这种专业过于狭隘的人才,是早为识者指摘的。哥伦比亚大学在20世纪30年代和哈佛大学在40年代,曾先后提倡加强基础教育和普通教育,借以纠正时弊,但并未受到应有重视。1978年,哈佛大学制订公共基础课方案,要求本科生用一年时间,学习文学和艺术、历史、社会和哲学分析、外国语言和文化、数学和科学五个领域的公共基础课。这一方案具有很大影响,预示大学今后发展的方向。

哈佛大学还规定，在文学和艺术领域开设文学、美术、音乐三科目，在历史领域开设两门历史科目，在社会和哲学分析领域开设社会分析和哲学分析两科目，在外国语言和文化领域开设一种科目，在数学和自然科学领域开设数学和自然科学、生物和行为科学等两科目，可谓面面俱到。哈佛大学在方案中规定学生必须就这 10 门学科中选修 7—8 种，更反映其循名责实，不想虚晃一枪。与此相同，其他高等学校也要求文科学生修习一定数量的自然科目，理科学生修习一定数量的人文科目，养成青年广博的知识和宽广的学术眼光。教育学者推许这是大学课程的重大改进，方向是正确的。

(2) 加强基础学科和基础理论课程。美国大学重视专业科目而忽视基础科目，由来已久。1928 年，弗莱克斯纳在牛津大学讲演道："中等水平的、技术性质的、普及性的教育，不属于大学教育范畴。"他承认法、医两种专业是学术性的，但各派的神学、商业、贸易、教育、新闻、家政之类，则不属于此，因为它们没有深刻的理论基础。弗莱克斯纳在改革美国医学教育上树立了功绩，却无力扭转其他专业重术轻学的学风。到 20 世纪 50 年代，科技发展存在需要深厚的基础知识和深湛的理论探索，一般院校才认识不重学而徒重术，不啻无本之木、无源之水，是舍本逐末的短见做法。目前趋势是院校低年级不分系，进行普通教育，学习基础理论；高年级分系而不设专业，广设关于专业的基础选修科目，仅为专业教育奠定初基而已。中学日益着重非职业性的训练，本科日益着重非专业性的学习，在原则上是一致的，都是为致力尖端科学技术树立牢固的根底，恰似建筑摩天大厦必须打好地基一般。另外，为了保证基础学科学习达到较高成效，裁汰烦冗学科，课程精简化，也是当前发展的潮流。不少院校试图取消过于分化、烦琐或叠床架屋的科目，改设门类较少而范围较广的科目。南加利福尼亚大学的课程表中，近年来就几乎将原有科目减少了一半。

(3) 创设跨学科的边缘课程。在过去，学科与学科之间，界限划分过严，难以互通声气，不利学术沟通。第二次世界大战后，麻省理工学院、加利福尼亚大学等条件充实的院校，力图越过原有学科疆界，开展学科间联系合作共同探求新的知识领域，取得新的科学成果和建成新的专业门类。麻省理工学院开设的天文学和天体物理学、生物医学工程学、环境研究、考古学和古代工艺等学科，都是例证。与此有些类似的是密歇根大学近年试行修业 6 年的教育计划，允许学生以 6 年期限广学博览，获得文、理、医三科兼备的学位，打破专业孤立的状态。成效如何尚待实践证明。

3. 教学方法的革新

高等学校为提高教学质量，向现代化科学进军，在教学方式方法上做出的改进，也比较显著。其一，为启发学生深钻基础理论和培养学生研究能力，很多院校准许高年级生以"独立研究"为学科。在以往，选修"独立研究"科目是研究生的特权，并不对本科生开放，如今则放宽了尺度。办法是学生在教授指导之下，选择适当专题，以一学季或一学期进行深入探讨。他们不到课堂听讲，却要写出有质量的报告、论文，或以阅读较高水平的专业书籍为考试方法，称为"成效考核"。经验证明，选修"独立研究"，对于锻炼思维判断和掌握基础知识，是有显著作用的。其二，在以往，不分主修科目和非主修科目，都按优、良、中三级评定学习成绩，由于主次不分，常常造成学生精力的浪费。如今一般院校改变计分制度，对非主修科目只评"及格""不及格"，对主修科目始根据作业质量，严格评定优劣，使学生专心致志向主科进攻，免得分散精力。其三，广泛利用电子计算机、电视机、语言演习室以及其他现代化教学设备，大大增进了教学效果。其四，以往德国在学术自由原则下，鼓舞大学生在众多著名学府辗转就学，以承受众多名师学者的启发教导，其经验是世界学者所称赞的。美国在 20 世纪 60 年代约有 1/5 大学生在各院校辗转学习，这是人口迁移所促成，却起了扩大学生见闻的效用。近年来，很多院校鼓励学生利用机会赴外国大学学习一个阶段，现在这类兼在外国就学者约有学生 2 万名之多。当然，这仅是尝试的开端而已。

（三）高等学校是科学研究中心

美国高等学校设置研究生院始于哈佛大学。霍普金斯大学建立时曾把着重点放在研究生院，其研究生院的规模和水平因而后者居上。经过约一个世纪，美国高等学校研究生院的发展由慢而快，第二次世界大战后则飞跃前进。当今，美国正与其他国家一样，特别注重发展高等教育，尤其是高等学校的科学研究，使有条件者都成为教学中心和科研中心，而且个别院校所侧重者乃是科研任务。这是促生产和争霸权的客观急需决定的。就全国现状看，高等学校设有研究生院而授硕士学位者约 600 所，授博士学位者约 200 所。1960 年共有研究生 35.5 万名，超过 1900 年的大学生总数。1960 年的大学生比 1900 年增 15 倍，研究生则增 52 倍。1960—1977 年，研究生又增 4 倍，实数为 132 万名。在过去，高等学校被视为教学机构，并非研究机构；教授的本职是教学，教学之余才搞科研。因此，大力进行学术研究的院校不多。从20世纪50年代起，科研任务扶摇直上，科研成果成为衡量大学的重要甚至是首要标准，传统观念改变，高等学校因而倾向于兼为教学中心和科研中心。当前有20余所重点院校已把着重点放在科学研究之上。

高等学校怎样承担科学研究任务呢？

1. 兴建研究基地，致力高深研究

在以往，各院校学术研究由少数讲座或教授负责，大规模设置实验室和研究所的，为数寥寥。二战后情况迥异，除原有的实验室、研究所尽量扩大，还增建许多新的实验研究场地。在以往，各院校的科研多面对教学；如今则着重向科学进军，提高学术水平，服务于军需和生产。就自然科学而论，麻省理工学院的现代化实验室共计70余个，还有37个跨学科研究实验室和研究中心；全国院校的研究所和研究中心，共达5 000所以上。麻省理工学院的林肯实验室、德雷珀实验室，加利福尼亚大学的劳伦斯伯克利实验室、洛斯阿拉莫斯实验室，芝加哥大学的阿贡国家实验室，斯坦福大学的高能物理实验室……都是人力集中、规模宏大、设备先进、水平极高的进行高能物理学等学术研究的尖端科学研究中心。就社会科学而论，仅哥伦比亚大学一校就于1946年成立苏联研究所，1948年成立东亚研究所，1949年成立欧洲研究所，1952年成立中近东研究所，1961年成立共产主义研究所，1962年成立拉丁美洲研究所……麻省理工学院原属理工学府，也于1951年成立了国际问题研究所，其中研究人员50余名，技术助理人员100余名，有自备的图书馆，有来自全国的工作人员，大量开支经费都由政府、洛克菲勒基金会和福特基金会承担。其他重点院校的科研机构也都相当庞大。这些尖子学校在原有大学之内，增添庞大研究机构，恰似我国清华大学、北京大学的某些机构兼充中国科学院或中国社会科学院的某些研究所，做到"一身而二任焉"，既是教学场所，又是科研阵地，真是名实相符的学府了。

知识的更新和爆炸，跨学科研究的开展，以及宇航等空间和深空间的探索，提出了大范围、大规模研究的课题。不但规模大的大学才具有便利研究的条件，还须众多院校集中力量才得进行其事。如今美国东部，以哈佛大学和麻省理工学院为重点，形成了波士顿科研中心，包括100所院校、780余工业实验研究所和工业公司、20余政府研究机构，科研人员约5万名。在西海岸，则以斯坦福大学、加利福尼亚大学、加州理工学院为重点，形成了旧金山科研中心。总之，美国科学研究正在继续发展，高等学校已成为重要基地。大学不仅是育才的学府，而且成了"科学之家"。

美国高等学校与德、法大学不同。德、法大学崇尚纯粹学术，视接受校外委托而研究生产技术为不务正业。美国大学则一向跟政府、企业挂钩。1942年，美国试制原子武器的曼哈顿计划，就由众多院校参与研究，终于制成原子弹。二战后，大学更承担了与军需、生产有关的多项研究任务。当然，大学研究结合实际，其理论促实践和实践促理论，有利于科学研究走向高、精、尖，还起了促生产的积极作用，但也起了助长对外扩张的消极作用。在社会科学方面，"威慑政策"的概念是普林斯顿大学的考夫曼最早提出的。"核武器时代有限战争"的概念是哈佛大学国际问题研究所副所长基辛格最早提出的。跟共产主义国家进行"持久战"的概念是宾夕法尼亚大学对外政策研究所于1959年正式提出的。除这些结论被政府采纳，基辛格还曾任国务卿，卡特政府的总统安全事务助理布热津斯基原来是哥伦比亚大学共产主义研究所的台柱。科学技术研究成果更广泛地被政府、企业所采用。比这些更重要的是：在以往，美国主要是科学知识输入国，如今已成为世界上主要的科学知识输出国。国际威望的提高对其国家也是极为有利的。科技专家任政府要职的更多。卡特总统科学顾问兼科学技术办公厅主任弗兰克·普雷斯，就是于1977年由麻省理工学院地球和行星科学系主任调任的。

美国科学技术研究机关有政府的研究机构、企业的研究机构和大学的研究中心。大学研究中心和前两者密切联系，但侧重于基础研究；前两者刚好相反。就1974年为例，全国科研资金总数为321亿美元，其中企业研究机构占67.1%，联邦政府研究机构占14.9%，高等学校占14.5%。据分析，1974年开支基础研究资金共46亿美元，其中高等学校占64%，企业研究机构占16.7%，联邦政府研究机构占13.4%。反之，应用研究资金共73亿美元，其中企业研究机构占54.1%，联邦政府研究机构占22%，高等学校占16.7%。研制工作资金共200亿美元，其中企业研究机构占83.2%，联邦政府研究机构占12.8%，高等学校占2.4%。基础研究对应用和研制恰似水源和木本，其效果虽非立竿见影，却能长期发挥作用和普遍推广于各生产领域。因此，总统科技顾问普雷斯说：应当把大学里属于自然科学的系，定为"国家研究中心"。不过，基础研究见效不快，近年有减缩经费的趋势，科学界对此极为不满。国家科学基金会主席菲利普·汉德勒把基础研究比作"下金蛋的鹅"，呼吁不应因过急地追求应用科学研究而损伤对基础研究的努力。斯坦福大学副校长米勒更指出,理论科学得不到支持,会危及技术和经济的发展。

科研成果受到社会重视,科研经费与日俱增,科研人员待遇就大为改善。如今有科研成绩的名教授已成美国职业中收入最高的红人。由政府和企业部门惯用的以重金从大学拉走学者的渠道,已被堵塞;如今则以"顾问""指导"等荣誉头衔和丰厚酬报来拉拢专家。至于发明的专利权和论文的高稿酬,尚不在内。因此,专家学者俨然天之骄子,矢志终生致力此道者众多。各国教育学者异口同声地说,在20世纪30年代以前,德国是世界学者共同景仰而青年聚集之地,如今美国后来居上,已成为世界学术研究殿堂和学术发展的喷泉。

毋庸赘言,各院校科研人员通常都负有教学任务。这不但使院校的教学水平不断因科研成果而提高,又使青年接受科研洗礼而养成治学的乐趣和能力,其价值是难以充分估计的。

2. 设置研究生院,培养研究生

19世纪末兴建的大学研究生院,主要是培养高等学校的教师。那时高、精、尖的自然科学研究在美国还没提上日程。第二次世界大战后,各院校愈来愈重视培养研究生的职责。如今,设置研究生院授予硕士、博士学位的院校日益增多,要求也日益严格。不过,研究生培养的任务掌握在各系,由系决定研究生的研究专题和指导研究工作的进行,一般研究生院徒具形式,成为处理事务工作的机构。

美国社会重视学位,研究生是硕士、博士等高级学位的候选人。高级学位和学士学位、协士学位等初级学位不同,后者接受的是普遍科学文化基础教育,高级学位要求的是高深的专业教育和学术教育。现在美国院校授予的硕士学位计有600余种,博士学位60余种,反映学术和专业分化的精细,却也显示了烦琐哲学的流行。各种学位的要求标准和研究进程,由各系各专业制定;一般修习硕士学位要1—2年,博士学位要2年或2年以上;文科研究生要选课和写论文,理工科研究生还须满足实验、实习的要求。博士学位要求严格,候选人常因基础知识不足,外国语能力薄弱,论文选题不当和困于经济条件而不能把全部精力用于研究,修业年限必须延长。物理学科博士平均约为3.7年,社会科学约为3.1年,平均约为3.5年。其最长时间有达10年左右者。不少学问有缺欠者每每中途而罢,或成就不够理想。近年发展的趋势是要求基础教育过硬和注重实际效果。例如,因为基础知识不充分或不牢固,就无法搞较高水平的独立钻研,研究生在基础知识方面考试不及格者必须补课,决不马虎。再如,过去要求博士候选人掌握两种外国语,实际上是强人所难,以致第二外国语考试时多带词典翻阅,而且考毕不用,日久遗忘。如今有的院校允许精通一种外国语的候选人,不考第二外国语,有的允许以数学、统计学代替第二外国语,以免形式主义。更如,硕士、博士学位通常都规定写作论文;实际上,很多论文并无创见,乃是编辑或习作性质,从未被别人引用,充其量只具有教材价值或科普价值。近年有些院校对硕士候选人不要求做论文,使其节省精力,养成较强的研究能力。还如,尽量安排研究生承担教学或实习工作,帮助解决经济问题。最后,不提出好高骛远而脱离实际的要求,不把人人都当作尖子培养,注意按照研究生能力水平而区别对待。哈佛大学工程和应用物理系系主任布鲁克斯说,未来专家的科学培养应当属于广度而不是深度,主要培养的不是有独创性的科学家,而是有能力在不同研究领域的科研机构中任职的科学工作者;至于基础理论科学家的培养,则应甄选具有才能的科学博士,使他们在博士后的学习阶段接受培养。

美国大学学术研究正在迅速前进。水涨船高,研究生的水平也提高得较快。各院校的科研设备充实,科研人员充分,热衷于研究的青年日增。每个研究生虽常以教授一人为主导教师,却受众多教师的合力培养,因而研究生较易获得对尖端学术具有专长的名师指导,所受实惠当非昔比。社会科学方面研究资料的丰富,理工科方面的现代化大型实验室,都非前所能有,也是其他国家所罕见。人们预见各院校对研究生的培养工作将会做出更好的成绩。

博士后的研究是当前正在茁壮成长的新生事物。任务是培养杰出的科学理论人才和发明人才。由于知识在人类社会的重要性日益明显,志愿从事高深学术探索者日益众多。1962年,美国授予哲学博士学位11 507人,其致力博士后研究工作者占8.5%;1967年授予哲学博士学位20 217人,其致力博士后研究工作者占11.6%。由于博士后研究工作要依赖现代化的设备和水平高的指导,博士后研究人员便集中在著名学府之中。1967年,全国约有13 000名博士后研究人员,半数是在著名大学研究生院和研究中心。在10所著名院校中,计有全国物理、化学领域博士后研究人员的95%,工程领域博士后研究人员的72%,生物科学领域博士后研究人员的86%,医学前期博士后研究人员的100%,社会科学领域博士后研究人员的61%,人文科学领域博士后研究人员的30%。美国学术界视这批人力是国家的瑰宝。麻省理工学院的穆尔奖学金、哈佛大学的皮尔斯奖学金、耶鲁大学的威拉德·吉布斯奖学金，都是为资助博士后研究人员设置的。人们公认许多院校第一流学术成就的取得，得力于博士后的研究。他们还为研究生树立治学榜样，增进大学研究学风。在今后知识继续爆炸的历史时期，博士后的研究队伍势将与日俱增。

八、师范教育

（一）师范教育的类型

1. 历史的回顾

美国在殖民时期，仿行英国的双轨学制。富家子弟入拉丁语法学校和学院，贫苦子弟入初级学校。初级学校培养宗教信仰，传授读、写、算的粗浅知识。教师由教会的教士、司仪和办事人员充当。还有不少学校由欧洲运来的粗通文字的契约奴充当教师。契约奴又称白奴，是欧洲穷苦大众，为逃命而和船主订约，到美后为奴役，偿清旅费后得为自由民。"黑奴种田，白奴教书"，是当时习见的现象。此外，还有一些教师竟然是罪犯、游民、酒徒。所以初级学校教师是下等行业，不用培训即可就任。拉丁语法学校是学院的准备阶段，由学院毕业生充当教师，他们在学院学些知识，随而来校传授，并不考虑在知识之外还须具备教育专业的品质和能力。当时认为学问渊博的教师是理想的教师；学生学习的好坏并不是教师的责任，而是学生的责任。这种做法直到18世纪末美国建国后，并无改变。师范教育当然没法提到日程之上。

19世纪初，美国政治稳定，经济发展，初级学校增多。个别地区感到教师要受特殊训练，培养教学和管理儿童的技术。佛蒙特州康科德市教士霍尔首于1823年创设私立师资培训班，讲授"学校管理法"，又设附属小学，供实习之用。这就掀开美国师范教育的序幕。进入19世纪30年代，产业革命肇端，工人阶级奋起夺取教育权，轰轰烈烈的公款兴办初等教育运动，蓬勃展开。为造就小学师资，1839年马萨诸塞州遂效法普鲁士邦，创立师范学校。接着各州相继仿效，或由政府设置，或由私人设置，除向未来教师灌输读、写、算知识，还讲授"教学艺术"。师范学校招收小学毕业生，修业年限不一，短期的仅数星期，长期的2年。初等学校师资培养有了制度，是美国师范教育史的里程碑。

南北战争以后，美国中学迅速发展，美国中学师资的培养又成急切问题。

1893年，纽约州奥尔巴尼市首先把原有师范学校升格为州立师范学院，招收中学毕业生，修业2年。别州纷纷向纽约州看齐，师范学院便逐渐发展。这是美国师范教育史上的第二个里程碑。

第一次世界大战后，师范学院已在各州普遍设置，纽约州设置了11所，马萨诸塞州甚至设置13所之多。据统计，1909—1910学年，全国仅有州立师范学院10所，市立师范学院1所，私立师范学院1所，多数是独立设置，少数设于大学之内。1919—1920学年，增为州立39所，市立1所，私立6所。1929—1930学年，增为州立125所，市立3所，私立6所。1941年共增为185所。1948年更增为250所，真是煊赫一时了。不久，美国教育界看出小学教师任务艰巨，必须提高训练标准。马里兰州于20世纪30年代实行中小学教师同水平、同报酬的制度。它的办法是所有中小学教师的待遇，一律按他们所受教育的程度而定。凡大学本科毕业者，无论任教中学、小学，其起薪都是一样；取得硕士学位者工资提高，取得博士学位者工资更高。紧跟着，各州相继采行"中小学教师单一工资制"，师范学校于是日趋没落。据统计，1930年，全国州立师范学校66所，市立26所，县立47所，私立58所。1942年共降为60所。1945年更减为14所。60年代师范学校便变成历史名称了。条件好的师范学校纷纷升格为师范学院、文理学院或综合大学，水准过低的则被淘汰。从此，师范学院、高等学校、研究生院不但是中学教师的养成所，而且是小学教师的养成所。这又是美国师范教育史上的巨变。

1957年，苏联人造地球卫星发射成功，顿时引起美国震惊。政治家、军事家、科学家以及广泛社会人士，痛责师范院校培养的教师业务粗疏，根底浅薄，无法奠定青年一代的科学基础，疾呼改弦更张。师范学院在腹背受击之下，不但它造就中小学师资的任务进一步为大学或文理学院所取代，而且师范学院本身又纷纷改为文理学院或大学，校数也锐减了。

2. 当前的体制

在第二次世界大战前，师范学院在师资培养中占有优势，毕业生任教者不计其数。如今在长期非议之后，便江河日下了。20世纪60年代，师范学院只剩100余所，全国21州已无师范学院存在。取而代之的主要是大学文理学院，文理学院不啻是新形势下师范教育的实施园地。以后，为提高教师质量，纽约州又于1962年规定中小学教师在高等学校的修业年限由4年延长为5年，修业期满，然后发给任职许可证，有些州也起而响应，更加重了文理学院和大学研究生院的任务。根据 60 年代的统计，师范学院仅培养全国中小学教师的 20%，由私立高等学校培养的师资占 32%，由公立高等学校培养的师资占 48%。师资由一般高等学校培养，是为了提高普通文化基础课和各科专业知识课的水平；但教育专业课，仍旧是未来教师的必修科，只是分量酌量精简罢了。

美国是分权制国家，在教育上没有全国统一的规格和做法，各州自行规定教师准备教育的年限和水平。1954 年成立全国师范教育认可委员会（National Council for Accreditation of Teacher Education），才使各州对教师的要求趋于一致。发展到 20 世纪 60 年代末，全国各州一律要求中学教师在高等学校修业 4 年；47 个州一致要求小学教师同样须在高等学校修业 4 年，只有 3 个州要求略低。与此同时，各州还尽可能地把师资培训由 4 年延长为 5 年。据统计，1952—1976 年，曾受四年高等教育的小学教师由占 50% 上升为 99%，中学教师曾受少于四年高等教育者仅占 1%。几乎有 50 个州要求中、小学教师取得学士学位；约有 1/3 的公立小学教师和 40% 的中学教师，都获有学士学位。有些学区还明文要求初任教师需具有硕士学位。

关于师范学院的前途如何，说者不一。麻省理工学院教授考奈尔受密歇根州安阿伯市来姆基金会的委托，曾研究教师问题达两年之久，于 1963 年得出结论：培养教师和学校工作人员的工作，是高等教育中最劣的部分；一般师范学院水平低劣，著名大学的师范学院，也不例外。无论就教学、科研、学术声誉而论，师范专业都远逊于其他专业。有人居然预言，在十年到二十年之内，师范学院将在美国绝迹，且拭目以待吧。

（二）师范教育的改革

1. 课程发展的新方向

师范院校的课程包括普通文化基础课、各科专业课和教育专业课。过去，实用主义者认为教师的职责是促进青少年身心的发展，养成他们对社会生活的适应能力；如果注重学科知识而忽视下一代的全面发育，那就是造就书呆子和腐儒。再加上过去中小学规模狭小，各校教师人数有限，每人要担任多种科目的教学工作。因此，师范院校的教学科目范围广泛而深度不足。近年以来，科学技术不断发展，美国教育以向现代化科学进军为发展方向；同时综合中学日增，中小学规模日大，各校教师人数日多，每人承担的教学科目日减，师范教育的课程乃发生显著变化。

其一，普通文化基础课越来越受到重视。因为作为现代有文化的公民需要广泛的文化基础知识；教师于传授各门学科知识外，负有从职业、社会生活和身心成长等方面指导青少年的任务，需有丰富的文化科学知识才能胜任教导下一代的职责。目前社会人士、学生家长、工商业主纷纷指责中学生的基础教育不足，欠缺阅读写作能力、计算技术、历史知识、外国语能力、自然科学知识、艺术欣赏创作才能以及处世为人的方法。师资培养机构必须奠定未来教师的广阔胸襟和广博的文化知识基础，使之能培养21世纪的公民。师范教育中的文化基础课乃继续受到重视。文化基础课一般分为人文科目、社会科目、自然科学和数学科目，内容十分繁复，意在扩大师范生的知识面。

其二，各科专业知识课正日趋高深。培养教师任教学科的专业知识由各系根据具体情况而定，目标是帮助未来教师掌握各科教材，胜任各科教学工作。在过去，大多数教师在小规模中学任职，担任学科门类极多。1930—1940年，得克萨斯州约有1 800名自然学科教师，其中半数在学生不满150名的中学工作，不少人不但须承担全部自然科学的授课任务，还须承担一至四门非自然学科的教学。一个教师任教普通科学、生物学、化学、物理学、数学和历史等科目，被认为是比较典型而合理的。如果未来教师只就物理学、化学、历史、数学专业专修一种，就无法满足就业后的客观要求。得克萨斯州立大学的中学课程调查委员会遂建议，凡要担任中学理科教师者须在一、二年级修习普通天文学、生物学原理、普通化学、普通物理学、地质学，三、四年级修习生物学、微生物学，另外还应选修别的科目。它要求每人学习五个范围的科学知识，对其中两门具有较为充分的知识，还就这两门中的一门从事一年以上的集中学习。约在同时，别的院校也做出类似安排，成为相当流行的课程典型。从20世纪50年代起，人们强烈指责这种课程培养的师资肤浅无能，贻误青年。当前在大规模中学中，教师从繁复多头的教学中解放出来，仅担任极少门类学科的教学，各科教学质量得以改进。因此，以往面面俱到而蜻蜓点水式的课程就难以存在。现在发展的趋势是学生须以某系为主修，在专业知识造诣上须达到该系学生所需达到的标准。一句话，要从博而浅走向专而深。基础课要求未来教师的文化知识面广，专业课则要求未来教师的专业知识水平高。理由很简单，狭隘的知识面不能适应从多方面培养青年的需要；低劣的专业修养更难符合"知识爆炸"时代教育青年们向科学进军的要求。

其三，教育专业课力求精简。19世纪末20世纪初，美国师范院校以注重教育专业训练和养成教育专业品质为特色，成为别国学习的范例。当时教育学者认为一般高等学校毕业生仅掌握各科专业知识，缺乏教育的科学武装和教学的艺术才能，是准备不足的。为纠正此弊，师范院校大量设置教育原理、教育心理学、课程论、教学法，有的甚至教授教育行政、教育史、教育哲学、比较教育等等。至于结合学科学习而从事见习、实习，更是普遍的要求。到头来，教育科目臃肿，常常挤掉各科专业授课时间，而且耗费时力参观、实习，种种负担很重。师范学院毕业生和大学中接受师资训练的毕业生，在学业水准上便跟一般院校其他专业毕业生颇有差距。如今，中小学课程革新，教师各科专业培养的重要性突出，不少院校认为教育课不宜设置过多。各州当局规定了未来教师必须学习的最低限度的教育科目。另一方面，教育学者却凭借调查、实验取得的数据，论证教育科学的威力。双方旗鼓相当，形成僵持之局。

面对双方争议之局，教育学者曾提出折中方案。美国教育改进基金会（The Fund for the Advancement of Education）的建议具有代表性。它要求师范教育既提高学科知识水平，又不放弃教育专业学习。这种建议为多数院校所采纳。有的主张文理学院修业五年，在最末一年搞教育专业训练。有的主张不延长年限，而利用假期搞教育专业训练。有的主张在四年文理学院课程中，添加教育科目。至于具体安排，则由各校灵活掌握，不拘一格。可见争论的症结是在专业学科和教育学科之间如何保持适当平衡，致使不有所偏废。发展的趋势是：提高学科专业知识的培养，减少叠床架屋的教育科目；在教育科目中大量淘汰空泛无用的教材，充实富有科学性的内容；还要简化见习、实习，不搞烦琐主义。更为重要的是慎选学养优良的教师任教。用考奈尔的话说：应由货真价实的心理学者、历史学者、哲学学者担任讲授，不许不学无术之人滥竽充数。当前一般院校规定学生修习教育课15学分。比较通常的做法是要求学生修习教育心理学3学分，美国教育3学分，教学法4学分，教育哲学3学分，教学实习8学分，共为21学分。就其平均数而言，则准备任教小学者选修24学分，准备任教中学者选修18学分。多数院校实际要求的数量多于此。

上述文化科学、各科专业和教育专业等三类课，如何分配在四或五年之内，各校各系不同。约略讲来，可分四种。就四年制院校而言，或把三者适当分配在四年之内；或则一、二年级学基础课，三、四年级学各科专业课和教育课。就五年制院校而言，或把三种课适当分配在五年之内，或前四学年修习文化基础课和各科专业课，第五学年修习教育课。由于初级学院日趋普遍，在

一、二年级修习文化课的现象是相当流行的。在20世纪50年代和60年代，许多院校创立教学艺术硕士学位（Master of Arts in Teaching，简称MAT）。办法是文理学院毕业生取得学士学位后，再以第五年级学习教育科目和进行教学实习，由院校和中等学校联系起来予以指导。

为避免新教师初到岗位，因缺乏经验而工作困难，辅助新教师一向是校长和地方教育辅导人员所关心的事体。有的州还仿照医科毕业生的试任制度，试行教师试任制。就是把新教师安排在富有经验的教育工作者指导之下，从事实际教学、教育工作，为期一至三年，考试及格后正式委派为教师。如今教育机器大量采用，教师集体授课制流行，以往缺乏教师的紧张形势又日趋缓和，试任制或可逐渐推广。

2. 选拔师范生的着重点在变化

美国师范学院最早在选择新生时，以学生学业成绩为准。负责培养师资的高等学校更不消说。因为跨入20世纪以来，小学教师供过于求，中学教师为数不足，为中学输送师资是高等学校的首要任务，高等学校刚好是由专家学者决定新生入学条件的。实践的经验表明：是否适合担任教师并不全由学力而定，很多学问好的教师并不擅长教学，就是说"学者未必是良师"。教师除掌握教材外，必须理解儿童，乐意与儿童为友，善于启发，肯于辅导，从而帮助其身心成长，养成其社会品德，发展其生活能力。学校与社会息息相关，教师也需要联系社会和善处社会，做儿童榜样。从30年代起，师范学院不断重新审定和扩大择生的条件，注意新生的身体健康、人格坚强、情绪稳定、品格端正、多才多艺、精力充沛、勤于钻研、语言文学表达力强、基本文化知识面广、对青少年有感情等，当然还要着重考虑其学业成就和智力水平。很清楚，教师不再被理解为专家学者或教书匠，而被视为教育工作者或者青少年的良师了。在这概念指导下，有些州安排了新的选生过程。纽约州在1932年以前，师范教育机构完全按照传统观点，用审查学业成绩来录取新生；1933年则在州举行的学业考试外，增加心理测验和英语测验，并参考中学校长对应试生的品质、人格所做的评定。1934年，还举行口试；1938年，增加语言和发音测验。进入40年代，更举行人格和语言联合测验，其内容包括个人仪表、社会适应力、热情、情绪、经验广度、语言能力、发音、语言缺陷八项。40年代后期，不但要求应试生参加健康和语言测验，还要每生和四名大学教师面谈，最后才把"学业成绩"以40%、"智力、英语能力"以30%和"人格、语言能力"以 30% 的比例，评定分数，决定去取。约在同时，密歇根州威恩大学不由一年级而由三年级起收录准备充任教师的新生，规定凡在一、二年级修毕普通教育者，须经多种测验，使其学业水平、文化修养、对时事的理解、健康、听力和语言能力等，受到审核；每生还须和四位中学校长谈话；另外还要到青年会等社会机构服务 100 小时；最后综合起来决定去取。较此稍后，俄亥俄大学、内布拉斯加大学师范学院和南伊利诺伊州师范学院，先后采取连续选生制。原因是许多新生对教师工作不甚理解，入学前就选定教师专业，常常中途产生困难，不得不转入他系。连续选生的办法是对一年级新生举行有关教师专业的讲演报告，指导参观教师工作和演示，同新生个别谈话，指定阅读参考资料，进行教育、教学实习，然后综合起来决定新生是否应以教师为专业。总之，数十年以来，师范教育选拔新成员时已注重从全面而非从学业一个方面着手了。

不待言，这些新标准和新办法都有其进步性；但对于新生学科基础教育的重要性却相应地看轻了。预料在以向科学进军为主旨的教改过程中，或将把较大的注意力重新放在新生的学力水平上。

3. 师范教育的新疆域

师资恐慌是美国学校经常受到的威胁。从 20 世纪 70 年代初，中小学学生人数减少，黑人教师日增，现代化教具推广使用，教师集体授课制流行，师资供求开始平衡。70 年代末，根本扭转了过去的紧张局势。如今一般中小学教学领域已感合格师资有余；仅在少数教育领域还属人力不足，如儿童早期教育、特殊儿童教育、职业技术教育、中学数理科教育、学习困难儿童教育之类。由于师资出现剩余，有些培养师资的院校压缩招生名额，有的竟砍掉一半。为解决这个新课题，教育学者建议：减少中小学各班学生人数，扩大早期教育和成人教育，扩大各类学校课程，以充分利用现有的师资，采用积极而非消极手段进行处理。

当前美国教育工作者形成庞大而复杂的队伍。

就行政人员看，全国教育厅局长共 1.7 万名。由于业务日新而分工日细，副厅长、副局长也逐年增多，有掌理课程、视导的副厅、局长，有掌理学校经费和事务管理的副厅、局长，有掌理人事行政的副厅、局长，有掌理学校和社区联系的副厅、局长。行政人员还包括小学校长、中学校长、夜校校长、中间学校校长，约 9 万名。有的兼任中学和小学校长者称视导校长，私立学校不称校长而称首席教师，大规模学校还设副校长。"校长"和"首席教师"原来都是教学工作者的称号，其本身既承担重要教学任务，又是学校教学人员的领导者，还是课程和教学的改进者；如今只因校大事繁，他们每每陷入行政事务之中。人们切望这些校长由校务组织者和人事调整者还原为教学工作和教育工作的专业领导者。当然，他们应当接受教育科学的洗礼。

就学生工作人员看，其中包括学生指导员、家庭访问员、学校社会工作人员、学校心理工作人员、学校健康人员和法律顾问人员。他们分掌不同方面的学生教导职责，应受过从事辅导工作的特有训练，理解青少年期的生理学和心理学，熟知青少年期的特殊问题，掌握解决青少年难题的能力，尤其要取得青少年的信任和尊敬。一般认为获得硕士学位者始能愉快胜任。他们自然必须受师范教育。

就教学辅助人员看，其中包括实验员、图书馆员、教具演示员、教材编辑员，有的学区还设置教学研究和改进人员。他们或帮助教师准备讲授的教材，或到课堂担任朗诵、讲故事、演示教学课题、领导实地练习、评定考试分数、视察学生自修、批改学生作业。毋庸赘言，他们同样需要接受师范教育。

总之，师范教育的疆界将随教育事业的扩充而伸展，这片辽阔的处女地是急待拓荒者辛勤开垦的。南加州大学教育学院于1974年增设教育行政和视导系、教育指导系、高等教育系、教育技术系、国际教育系、师范教育系、早期儿童教育系、特殊教育系等，分别造就各项教育专业工作者，让人意识到教育领域存在着广阔天地而大有可为。

4. 改善教师待遇有助于提高师资质量

美国在很长时期内教师待遇微薄，造成教师不愿久于其位，留师成为难题。其中不离开教学岗位者，也为谋求较高收入，大量地由此校转去彼校，由此城此乡迁往彼城彼乡。就因为他们经常提着皮包而奔驰道途，教师专业便被讽刺为"提皮包的专业"。近些年来虽一再为教师增薪，其工资的购买力仍远远跟不上物价上涨的幅度。不少教育学者慨叹：美国自称是最尊重教育事业的富国，而又如此苛待教师，确是难解的谜团。1962年11月2日的《生活周报》刊载了美瑞曼写的《我们怎样迫使教师离职》一文。文章指出，美国衡量个人威信的标准是经济收入，而教师刚好是收入低廉的行业，大批有本领、有抱负的教育工作者不肯久居其位，工厂、企业、军事机关和其他收入优厚的行业，就用高薪招揽手法，使水平高的数、理、化教师纷纷改业。因此，教师任教的平均年限仅有 5 年。由于无法普遍改善教师待遇，哈佛大学教授凯普尔建议把最高薪级的工资提得高高的，名额却限得少少的，既不增加经费开支，又能鼓起教师上进的心情，估计那样将使教师任教年限由平均 5 年延长为 30 年。试想菲薄收入已使教师成为不受欢迎的行业，谁肯接受师资训练呢？所幸 20 世纪 70 年代形势大改。以匹兹堡为例，1978 年公立中小学教师的工资是：凡获得学士学位而初任教师者，年薪为 10 500 美元，其后逐年递增，最高级可得 18 600 美元；凡获得硕士学位而初任教师者，年薪为 11 600 美元，最高级可得 20 300 美元；凡获得硕士学位后又增修 30 学分而初任教师者，年薪为 12 000 美元，最高薪级为 20 900 美元。很多州还以法令规定教师任期，使教师得有职业保障。许多州规定教师年届 60 岁到 70 岁可以退休，给予退休金，直到死亡为止。高等学校教师年薪一般高达 3 万美元以上。因此，教师渐渐成为受人羡慕的职业，吸引力也就强了。这对改进师资的选拔和培养是很有帮助的。

5. 教师在职进修成为急务

1961 年，美国教育协会在发表的《谁是优良教师》一文中说："教师被评定的成绩，在其任职的最初阶段是随着增加经验而迅速上升的；以后 5 年或更长时期，进步速度逐步下降；以后 15—20 年无大变更；再后则趋于衰退。"就是说，在职教师的进步不是直线向前的，是有曲折和下降的。近年"知识爆炸"给中小学课程和教学以愈来愈大的压力。新知识、新发现如不及时在课堂得到反映，必难适应科学发展的形势和科学教育的要求。纵令未来教师在大学修业期间学到足够多的、水平高的、很先进的科学知识，如果不注意在职进修，几年后他还会掉队。因此，搞好教师进修是当前急切问题。在过去，在职进修者仅是业务水平有欠缺的少数人，或少数想就已有基础进一步提高，借以晋级提职的教师。如今在职进修已成广大教师的普遍需要，它已由教师们可有可无的工作，变成教师们必不可少的经常性工作。由于教学辅助人员日增，教学机器日繁，教师从沉重而多头的教学任务中解放出来，人们预言今后广大教师在任职前的学习和任教后的进修之间的界限，势将日趋消除。1976 年，福特总统批准在全国设置教师中心的规划，其目的就是造就教育专业工作者去充实各校所缺乏的各科教师队伍，也是对所有在职教师实行进修性质的培养提高工作，以便在科学知识飞跃前进的形势下，促进教师知识、技能的更新，克服和防止学校教育、教学质量下降的现象。

各州由高等学校举办暑期学校，帮助教师学习，是通常的惯例。现在各州还竭力印发新颖教材和教学参考书，邀请教师进行讨论和交流经验，鼓舞教师进大学研究生院，以资充实提高。一些负责中学物理学、数学、生物学等科课程改革的高等学校，也设置试验推广中心，邀请教师参加教材讨论，对教师讲授新知识、新教材。另外，第二次世界大战后，美国还向英国学习，在全国设有5 000所教师中心，其中设有讨论室、专业图书馆、教材资料组、工作室等。由各地高等学校教师和附近中小学校教师协作，共同致力教育科学研究。有的中心是高等学校设置的，有的是地区设置的，有的是双方合作设置的。在以往，师范学院学生实习是分散到中小学进行，由于一般学校因循保守，受益不大；如今则力求把实习生分配在有经验的教师指导之下，这些教师一般是处于众多教师前列的，实习生因此受益较多。教师中心更对这批师范生的实习和上进，发挥专业性的辅导作用。

当前最便利的教师进修机会，是新教学工具所激起和提供的。多种现代化教学机器的使用，导致教师集体教学制的流行。一般学校由学力强、经验丰富的教师为骨干，承担各科教学的主讲，别的教师则讲授各自专长的章节。这样，一方面节省教师的劳力，一方面还起了以老带新、以新促老、新老协作的作用，很有助于钻研业务和改革教法。宾夕法尼亚等州的一些地方，还对骨干教师或主讲教师每年付以1 000美元以上的额外工资。在这种安排之下，教师遂有充裕的时间进修，并有最为方便的进修机会了。

九、教 育 行 政

(一) 联邦教育行政制度

1. 联邦教育行政制度的发展

美国是当代教育大国，但建国200年，直到1979年10月以前，联邦政府并没有教育部。这是多种原因造成的。远在殖民时期，来自不同国家的移民，分住各地，自行举办学校和管理学校，13个殖民区的学校各自为政。独立建国以后，美国第一届总统华盛顿曾向制宪会议建议，在首都设置国立大学，既是学府，又管理全国教育，执行教育部的职权。不料，议案未获通过。1787年制定的联邦宪法，便没提及教育事业。原因是英、法、德诸国移民多是逃避本国君权虐政的人，不愿把教育这样关系人类命运的大事委托中央政府集权管理。1791年修订宪法时，才在第十项中规定：凡联邦宪法未划定而又非各州所禁止的事权，皆归属各州。从此，教育掌握于州，采取分权制。就这样，美国建国后历经60年，当1838年巴纳德到华盛顿了解全国学校概况时，竟一无所得。他乃倡议在首都创立联邦教育机构，然建议仍然未得落实。

南北战争以后，美国走向工业化，教育事业发达，构成强大的体系；而各州自行其是，难以通力合作，不利取长补短。1866年，美国各州和各城市教育厅局长协会举行会议，俄亥俄州教育厅长怀特（E. E. White）提议成立国家教育局。同年，该州国会议员加菲尔德在国会提出在中央设教育部，任务是征集各州和各地区教育发展的统计资料，交流全国教育组织、领导、学制和教学方面的情报。1867年，议案通过，随即于联邦设教育部，由总统任命巴纳德为部长；但部长仅系总统佐理人员，不属内阁成员。反对派认为设置权限很大而能力不强的教育部，是利少弊多的；如果在联邦教育部支配指挥之下，教育事业走向集权化，必会重蹈普鲁士的覆辙，通过官僚办学而把国家公民的头脑僵化。在强大压力之下，教育部成立次年，就大砍部中职官人数和经费开支，仅租二屋为办公室。1869年更降格为联邦内政部的教育司，成为负责调查统计的闲散衙门。第一次世界大战后，于1929年改称联邦教育局，变成内政部联邦安全总署的属下。百余年来，在华盛顿官场之中，教育始终是踢来踢去的政治皮球。

2. 联邦教育总署

1953年，联邦安全总署升格为联邦卫生、教育、福利部，教育局也于同年变成该部所属的联邦教育总署。过去，各州是教育负责者，但近年不属于各州管理的教育事务纷至沓来，一步步迫使联邦承担责任。例如，人的脑力被视为创造财富的资源，脑力开发需联邦统筹办理。又如，黑人运动蓬勃兴起，为取消种族歧视而实现教育平等，联邦负有重大责任。再如，美国为实现其超级大国宰割世界的雄心，频频举行国际文化、教育交流，也由联邦主持。还有，联邦为落实《国防教育法》《职业教育法》等，每年划拨大量经费，其分配和审核，更是联邦的职责。联邦所负的教育领导、管理事务因而与日俱增。由于教育总署的担子一天比一天沉重，联邦卫生、教育、福利部于1965年增置副部长一人，专管教育事务。至此，教育在内阁虽尚未成为独立的部，却和卫生、福利合为内阁之一部了。

联邦教育总署规模庞大，全署专业人员和行政人员共计1 300余名。其中分为初等教育、中等教育、职业教育、高等教育、学校行政、附属性设施、调查出版、国际教育关系八司，每司均有司长、副司长二三人。事务繁剧，一望而知。而且，教育事业还在继续发展，教育总署的职责正在逐步扩充。

首先，在长期的历史发展中，联邦国防部、内政部、农业部、司法部、劳工部等都掌管一定项目的教育事业。国会多次通过教育法案，为执行这些法案，不断成立新的机构。从20世纪20年代开始，总统派员组成的处理专项教育问题的特别委员会，近50个，罗斯福、杜鲁门、艾森豪威尔、肯尼迪、尼克松等任总统时尤甚。有的委员会是负责规划教育经费分配的，有的是改进高等教育、中等教育、职业教育业务的，有的是提高学生阅读等学习能力的，有商定增进儿童福利的，有涉及青少年问题的，有关于少数民族教育的……各部会叠床架屋、重复烦琐，联邦教育总署仅占其中之一。就经费而言，总署只掌握联邦划拨大量经费的半数，余则由其他部委分掌。1964年，约翰逊任总统时，为加强部会间的协调统筹，曾令联邦负责教育事务的各部门组织联席会议，指派教育总署署长任主席，以免政出多门，彼此抵触。

其次，近些年来联邦对各级教育指拨巨款，总署负责合理分配。1958年的《国防教育法》，1962年的《人力开发和培养法》，1963年的《高等学校设备法》和《职业教育法》，1964年的《经济机会法》，1965年的《初等教育和中等教育法》和《高等教育法》，还有这一系列法案陆续修订延长的多种法案，曾先后使联邦拨款接近天文数字，涉及全国公私立初等、中等和高等各级学校的教学改革、师资培养和科学研究，涉及消除教育中的种族歧视，涉及贫困学生就学补助，涉及发展职业教育和专业教育，涉及促进教育学术研究。总署对于教育事业控制的广度和深度，绝非以往所能想象。在过去，联邦教育局的主要职责是收集、分析和交流全国教育资料，如今新建立的全国教育统计中心承担了这项任务，而这项任务只是总署任务中的点滴而已。

历史地追溯起来，美国自建国起，联邦就利用拨地、拨款为手段，控制和推动全国教育事业。如今这种控制不但在广度、深度上大不同于以往，其态度也与以往不同。200年来，教育属于各州职权，联邦对教育的影响须通过州的渠道，因而是参与者而非主持者。第二次世界大战以后，培养人才和开发脑力资源成为关系国家富强的要政，各州和地方或缺乏财力，或缺乏人力，对此难以发挥应有的职能，联邦因而加强了对教育的控制。近年联邦补助不但占各州和学区教育开支的极大比例，而且大都标明使用项目，各州无自由处理之权。

联邦所以如此，意在增强武装力量，促进经济发展，平衡纳税负担，向贫穷进军，改善学生营养，为减少失业而传授技能，增进国民健康。在过去，公款不补助私立的和教会的学校，如今不同了；在过去，地方政权担心联邦补助会威胁地方分权原则，如今不同了；在过去，种族主义者拒绝联邦补助，担心冲破种族歧视的教育传统，如今不同了；在过去，联邦对教育事业的补助是责成许多部门去分配和使用的；到20世纪60年代和70年代，联邦补助教育经费逐渐集中在教育总署。这里值得提及的是1972年，国会通过《教育补助修正法》，将1958年《国防教育法》和1965年《初等教育和中等教育法》，加以统筹，对以往指定使用项目的教育补助，逐渐改由州和地区教育行政部门自行支配，避免联邦干扰州和地区教育事业的正常发展。当然，这都是很有意义的。

由上种种，可知第二次世界大战后，联邦补助教育事业，拨款多而范围广，渠道多而影响深，全国各级各类教育事业愈来愈多地受到联邦的控制。因此，在联邦政府中成立教育部的呼声直上云霄。美国教育科学院（National Academy of Education）曾建议内阁中成立教育部，掌管全国教育事业；另外成立全国教育委员会，制定全国教育方针政策。1965年参议员李必可夫更提出于1967年在南北战争后美国教育部成立百年纪念时，重新成立教育部。如今集权论者和分权论者仍在斗争。就发展趋势来看有以下几点。①各州贫富悬殊，教育水平差距极大，为求青年转学和就业便利，学校必须在全国范围保持较为一致的标准。②目前国际形势紧张，教育事业听凭地方处理，步调不齐，改革迟缓，一旦危机爆发即难适应，须由中央掌握应变之权，以收迅速行动之效。③地方教育常流为少数集团把持的山头，目光短浅，保守落后。中央必须根据大势所趋，统一规划，以谋开发脑力和为国储才的大用。以上是集权派竭力宣扬的论点。进入20世纪70年代，要求教育总署升格为联邦教育部的呼声尤其响亮。1976年，国会参议院提出设部的倡议，卡特总统也建议联邦建立教育部，使之能制定全国教育事业发展大计，并对全国处于分散状态的教育事业进行调协。1979年10月，卡特总统终于签署了成立联邦教育部的法律。

3. 联邦教育科学院

最初，联邦教育局仅掌握全国教育资料的搜集交流，以后教育研究活动逐年增加。第二次世界大战后，研究任务愈重。1954年，教育总署、高等学校和州教育领导机关，曾协同研制"合作研究规划"（Cooperative Research Program），联邦并为此专拨巨款，进行有关教育的研究调查。1972年，联邦教育科学院（The National Institute of Education）成立，"合作研究规划"并归该院掌握。广大教育工作者殷切希望该院对于全国教育事业，能够像全国卫生研究院对全国卫生事业那样做出巨大帮助，像全国航空和宇宙空间局对全国宇航事业那样地做出巨大推动。因此，该院的出现被人欢呼为"20世纪内联邦政府在教育工作中的最重要的扩展"。当前该院致力研究的项目计有阅读和教学、职业教育、教育技术、教育机会均等、强化学区的教育领导职能等。南北战争后，农业部门曾在全国设立农业研究推广站，向各地推广先进农业技术，对促进农业生产起着显著效果。教育科学院也准备仿其范例，在全国设置教育研究推广站，推动教育事业前进。

教育科学院是同教育总署平行的单位，受卫生、教育、福利部主持教育工作的副部长领导，并由该副部长兼任院长，科学院的重要地位可以推知。预计它将会大大推动教育研究事业的发展。

（二）州教育行政制度

1. 州教育行政制度的发展

美国是分权制国家，各州掌握管学大权，这是美国建国后根据宪法而确立的。建国以前，各殖民区学校由地区举办，谈不到统一领导。美国建国以后，教育被视为培养合众国健全公民的重要设施，初等学校日趋普遍，19世纪初，着手创建州教育领导组织。纽约州首先于1812年设置视导全部公立学校的教育督察长。随后，密歇根州于1825年以宪法规定设州教育督察长，历时十余载，于1837年开始实现。马萨诸塞州于1837年，康涅狄格州于1839年先后成立州教育委员会和州教育厅。按时期讲，马、康二州不是最初创设州教育行政机构的州，但美国教育史却对之大书特书。那是因为两州教育行政机构促成了多样新生事物，也因为它们经历了与反对派的激烈搏斗。马萨诸塞州教育厅厅长霍拉斯·曼和康涅狄格州教育厅厅长巴纳德都是富有民主思想的资产阶级教育家，多次到欧洲考察教育，以普鲁士为标本，大力提倡州对教育的集权领导，压缩学区权限，健全州教育行政制度。这些一一化为现实，遂使马、康二州教育工作面目一新，并推动了别州教育行政的建制工作。

在发展州对教育集权领导的过程中，确曾遇到重重障碍。其一，地区设校和地区管学是美国悠久的传统，有人担心州掌握教育领导权，会挫伤地方的积极性。其二，有人呼吁联邦设置教育部，加强对各州的教育控制，以求全国具有统一的教育水平，贯彻教育机会均等的原则。分权论者则强调美国幅员广阔，各地情况悬殊，不宜由联邦政府用统一标准办学；在另一方面又指出扩大州的教育领导权，并不意味挫伤地方兴学的精神。他们主张在鼓励地方积极性的前提下，由州动员、监督和因势利导，从众多城乡学校中选取优良典型作为范例，从而把全州教育由低水平发展到高水平。他们还说，教育事业已趋专业化，必须仿照工商业的科学管理方法，在教育上实行科学管理；各州富于人力、财力，是实现以科学方法举办教育和领导教育的理想单位。在这既重民主又重科学的双重标榜之下，愈来愈多的州设置州教育委员会和州教育厅。前者制定州教育方针政策，是教育立法机构；后者贯彻落实教育方针政策，是执行机构；州教育厅长则是发展州教育的关键人物。

2. 州教育委员会

从19世纪30年代开始，州教育委员会的设置日趋普遍，到1972年，全国50个州已有49个州设置教育委员会。教育委员会委员在过去多由各州官员充当，到1973年，则仅有佛罗里达和密西西比两州沿用兼任的旧制了。当前，州教育委员会委员由州长选派者，在全国50个州中约占2/3，由民选者约占1/4；其余各州或由州长官兼任，或由州议会选举，或由学区委员会推举。纽约州教育委员由州议会选举产生，南卡罗来纳和华盛顿等州教育委员由各学区教育委员会选任。内布拉斯加、内华达、俄亥俄、得克萨斯、犹他等州，由选民不分党派地推选州教育委员。科罗拉多、密歇根、新墨西哥等州，由选民直接按党派推选。近年来，委员由青年和女子充任者渐多，这是在学生运动压力之下缓和矛盾的产物。

州教育委员会的委员多少不一。密西西比州仅3人，人数最少；俄亥俄州23人，得克萨斯州21人，人数最多；中数为9人。州教育委员任期4年或5年以下者14州，纽约州则任期高达13年之久，发展趋势是7—9年。

州教育委员会委员须具备的条件，各州要求不同。一般要求全州各地区都有委员，以求充分反映各地区的要求。以怀俄明州为例，州教育委员应为成年人，有一定文化，热心公益事业，有办事才能，对公共教育事业感有浓重兴趣。州教育委员过去多为兼职不领取工资，如今人们呼吁委员应该由专人担任，由义务职改为领取工资的专职，使之能全心全意办好教育工作。

多数州于教育委员会之外，还设置其他教育委员会。如今仅有纽约等3州的教育委员会负责全州各项教育事业，其余各州则以州教育委员会负责公立中小学教育。另以职业教育委员会负责举办职业教育，以教科书委员会审查和决定中小学采用的课本，以高等教育委员会负责大学和学院的教育工作等。它们叠床架屋，事权不一，难免矛盾。各种教育委员会现有日益减少而将职权并入州教育委员会之势。强烈的呼声是州教育委员会应成为各委会的协调者，和联邦教育总署之为联邦各管理教育部门的协调者相似。

3. 州教育厅

霍拉斯·曼于1837年任马萨诸塞州教育厅厅长，巴纳德于1839年任康涅狄格州教育厅厅长，推动州教育事业发展，成绩卓著，影响深远，随后全国各州纷纷设立了教育厅。如今全国教育厅厅长由州教育委员会委派者26人，由民选者19人，由州长派任者5人。以马里兰州的教育法令为例，要求厅长须为富有才能和经验丰富的教育工作者，大学毕业，在大学从事专业研究工作不少于2年，并须从事学校教学和教育行政不少于7年。一般说来，厅长都是硕士学位或博士学位的获得者。厅长法定的任期为3—4年，负责管理小学、中学、学院、大学，分配州和联邦补助的教育经费，审核教师资历和发给任职证书，并管理州辖的博物馆、图书馆和历史文物。

州教育厅的成员逐年增多。当郝来最初担任纽约州第一届教育督察长和霍拉斯·曼担任马萨诸塞州首任教育厅长时，他们都是州的唯一教育长官。以后人员增加也是缓慢的。第一次世界大战后，教育事业迅速发展，人员剧增。第二次世界大战后尤甚。如今，全国各州教育厅成员计达3万人以上，平均每州600人。

州是教育的掌权者，但各州管理教育的力量很不平衡，一般说来是弱者多而强者少。教育厅有行政领导职责和研究推广职责。属于前者主要是制定学校在各方面应达到的最低标准，分配教育经费，任命教育工作人员。属于后者是探索发展规划以提高各级学校业务质量。多数州的教育厅对行政领导职责是尽到了，对研究督导责任则做得十分不足。原因是州教育领导者的产生多出于政治党派的考虑，并非根据教育才能任用的。约翰斯在《州的教育组织和责任》中明白指出："没有任何州教育厅能够成为成绩卓越的，除非州内最有本领的公民肯于在州教育委员会内任职。"[①] 为着避免政党干扰，美国教育科学院建议州教育厅厅长由州教育委员会按教育干才任命，厅长对州教育委员会负责。实

---

① [美] 约翰斯（R. L. Johns）著：《州的教育组织和责任》（英文版），第247页。

际上，很多州的传统是各党派分配在州教育厅的成员中各占若干名额，而教育厅规模过小，难以容纳，造成种种人事上的麻烦。《初等教育和中等教育法》规定，任何州若能纠正这种不良传统，联邦即拨款来强化该州教育厅的工作。可见事态之严重了。

按照理论解释，州教育委员会和州教育厅组成州的教育领导机构。事实上，州议会、州长和州法院，无不对于教育事业加紧控制。

就州议会而言，其权限应属于教育立法工作，至于具体的方针政策，应由州教育委员会决定。有的州议会却制定多种法律规程控制全部学校课程内容和各科课本，还解雇某些被认为思想有错误的教师；既规划学区组织，又仔细考核学区经费预算、教育税率和教育债务，事无巨细一把抓，致使负责教育事业的教育委员会和教育厅仅能办理例行公事，在专业上无所作为。

就州长而言，许多州长对教育握有大权，通过兼任州教育委员会委员来控制教育发展方向，制定教育政策，任命教育人员，少数州甚至由州长委派州教育委员会委员。

就州法院而言，美国公认法院是宪法的解说者："法庭裁断就是法律。"因此，州法院对教育领导而言，颇具权威。1952 年，俄克拉何马州法院裁决该州以法律规定教师宣誓为违宪，理由是不符合联邦宪法第一项和第十四项修正案，因修正案明白保证公民享有思想、言论、行动的自由。但在同时，纽约州法院却批准该州的《芬伯格法》(Feinberg Law)，该法规定凡参加被怀疑为颠覆组织者，不许任教师。理由是保证社会安全比较保证教师言论自由更为重要。法院怎样判决，教育部门就怎样执行，在一国之内而彼此全然不同，岂非咄咄怪事！

从历史发展看，州在发展教育事业上曾起过极为良好的作用。今后，州在发展教育事业上的重要性，还将与年俱增。一则，近年来教育开支日趋浩繁，绝大多数学区教育税源有限，无力应付，不但须由州大量补助，而且很多学者呼吁由州政府承担全部地方教育开支。二则，分设的黑白人学生学校须继续合并，而地方种族主义猖獗，须由州加以过问。因此种种，在很多州的议会中，教育委员会的重要性仅次于财政委员会；州议会近年通过的法案中，约有半数与教育有关；议员在竞选中，其教育施政纲领愈来愈成为众所瞩目的课题。另外，州立高等学校都各有其董事会，为求院校协作和避免人力、物力浪费，社会人士呼吁院校分别设置的董事会合并为州高等教育委员会，加强州对高等教育的领导。很清楚，州的教育权限是将愈加扩大的。

(三) 县、区教育行政制度

1. 县、区教育行政制度的发展

在英属北美殖民地，各地移民自行设校和管理学校，一向被视为市镇的自治工作。殖民地地广人稀，交通不便，市镇儿童都在本市镇就学，农村儿童都在本社区就学，日久乃各形成范围。这就是学区的开始。当时，宗教的和民政的事务混为一体，并不分别处理，一般由教会委派教师、视察学校和管理校务，由市镇议会建筑校舍和供应经费。学校教师通常由教会的牧师、助理牧师、教堂司仪、候补牧师等任职，教师既非专职，管理学校更无专人。由于学校附属于教堂，人们总把学校和教堂看成不可分割，谈教堂必谈学校，谈学校必谈教堂。以后民政事务日繁，和教会事务分开，教育委员会便开始建立。康涅狄格殖民区于1766年准许学区自选学区教育委员、委派教师和征收教育税，是有代表性的。当然，这时教育委员会尚无定章定型，各地都就具体情况，因地、因时、因事而制宜的。

美国建国后，学区走向制度化和普遍化。马萨诸塞州于1789年以法令确定学区为办学单位；1800年，准许学区征收教育税；1827年，规定学区选派校董会成员，职权日大。当时恰逢杰克逊总统标榜民主政治，学区成为基础自治单位，起着居民会议的作用，地位益加重要。从此至南北战争以前，学区制日趋盛行。各地学区大小不同，组织不一，一般设有教育委员会，决定办学方针。少数规模大的学区设有管理教育的专人；多数学区仅有一所一教师、一教室的小学，不设专人管学。学区在调动地方办学积极性和创新性方面，大有作用，美国教育史家称它体现着"民主的地方主义"。实际上，学区常为地方权势者所把持，受党派倾轧的影响，教育委员和学校教师又多孤陋寡闻，难以实现教育的创新和改革，因而，学区教育多是地方权势统治的牺牲品。霍拉斯·曼反复抨击1789年的马州教育法是"马州在公立学校方面所制定的最不幸的法律"。"当学区制存在时，是不能使公立教育取得实质的和一般的进步的。"[1]

美国原是农业国，居民绝大多数居住农村。19世纪中叶，城市兴起，慢慢地开始设置城市教育局，把分散的学校集中管理。当时城乡差别较大，城市

---

[1] E. P. Cubberley. *Public Education in the United States*. Houghton Mifflin Co., 1919, p. 225.

学校虽发展较快，农村学区问题严重。南北战争后，合并学区运动风起云涌。马萨诸塞州于 1869 年，由州议会决定并区；1880 年又决定取消旧日一教师、一教室的小学，另在适中地点建立中心学校，学生到校及回家由公款置备校车接送。学校规模扩大，办好学校的条件自然增多，到 19 世纪 90 年代遂起了带头作用，各州争相合并学区和学校。以后，为普设中等学校，各州已并的学区继续和其他学区合并。第二次世界大战后，初级学院正在普设，原已归并较大的学区，又陆续合并为更大的学区。百余年来，归并学区运动一步紧似一步，又兼城乡交通频繁，差别缩小，而且农业人口锐减，农村教育问题基本解决。

就县的教育行政制度而言，英国在使用马车时代，曾以马车行驶速度划定县境范围，凡驱赶马车在日出奔赴一地而日未得归者，即划为县境。移民来美，仿行其制。美国建国后还在新州推广。不过，由于学区制盛行，县并不处理设校教学之事。在广大地方，学区早已在殖民时期按传统而设校；19 世纪前半期建立州教育行政机关，又负起领导办学职责；县是最后过问教育的。恰好南方许多学区教育落后，有名无实，学校形同虚设，更无教育主管人员，县遂得机承担对学校管理任务。有的县甚至索性不划学区，设县教育局将全境学校统统管理起来。因此，南方各州的县教育行政制度比较健全，管理教育认真有效，成为州的得力助手。

2. 县教育行政制度

美国全国 50 个州，除阿拉斯加、康涅狄格、罗得岛三州外，普遍设县，计共 3 000 多个县。大致说来，全国十余州认真实行县管教育，其中佛罗里达、西弗吉尼亚、内华达三州彻底以县为办学单位，犹他、弗吉尼亚、肯塔基、内布拉斯加、得克萨斯、怀俄明、印第安纳、田纳西、佐治亚、亚拉巴马、北卡罗来纳、密西西比、马里兰、路易斯安那等州也是县管教育，但大城市则另设市教育行政机关管教育，县是面向农村学校的。另外的州虽设县，但就办学而言，县的组织和领导机构很微弱，其职能是顾问性的。

近年来，县正在变为介于州和学区之间的中层管教育的单位。一方面，在人口稠密的地区，县的规模过大，不得不分为若干学区；另一方面，人口稀少的地区，县在发展教育上常感困难，须与邻县联合，才能举办规模较大的教育事业。因此，县成为州和学区之间的联系者和调整者。1970 年，联邦政府发表的《美国政治：内部的和外部的》说："多数政治学者同意，通过改划县界和归并机构，可以裁减 1/3 的县，数以千计的官员可以省掉，地方政府可更为有效，而且可以减轻征税数额。"① 当然，随着这桩改革，更大的中层教育行政机关是将到来的。经常在各地迁徙的人、山区人、印第安人、墨西哥人、黑人以及其他处境困难者，最欢迎这种改革，因为这样会改进他们享受的教育状况。由社区举办肄业二年的初级学院和班次较多、设备完善的技术学校，使区内贫困青年得于中等教育之上，再受水平较高的教育，即是一例。

总之，全国有半数的州现在都设置中层教育行政机关。属于这一类型的县，由民选或委派方式产生县教育委员会，负责制定教育方针政策；另设县教育局，负责贯彻执行。各县教育局长的职责并非直接管理学校，而是充当各市镇或各学区的指导者；对于规模过小、无力设置专职管理人员的学区，才亲自负起管理学校的职责。宾夕法尼亚州的县级教育行政任务是：改革中小学的课程和教学，从事教育问题的研究和规划，提供教材和教具，举办教育工作者在职进修，等等。这不但对教育和教学质量有所提高，而且对于各民族学生教育机会均等，也发挥了促进作用。

3. 学区制

在美国，学区制比较县制更为普遍，因为除去很多州实行学区制之外，一些实行县制的州，也在县之下划分学区，是县制和学区制并行的。如今，西部各州以及纽约、特拉华、密歇根、俄亥俄等东部和中西部各州，都在实行学区制。在过去，全国学区不计其数。广大农村学区，人口稀少，经济贫乏，只能举办一教师、一教室的单班学校，无力举办耗财多、规模大的教育事业。南北战争以后，实行合并学区和合并学校，学校被砍掉者数以万计。从此，在中西部各州的县内，平均仅有中心学校4—5所，代替了过去80—120所的单班小学；在一州之内，平均仅有中心学校400—500所，代替过去800—1 200所的单班小学。第二次世界大战结束，全国尚有学区约11万余个。在20世纪70年代末，学区又减少，全国共有大小不等的行政单位10万个，其中的1.6万个学区就是美国最基层的管学单位。到1986年，学区还将缩减为1万个。教育行政专家说，全国学区压缩为5 000个是比较理想的数字。

学区在过去常为地方权势派所把持，并校并区运动曾受其种种阻挠，发生过尖锐斗争。教育学者于是大力论证并区并校的合理性，推进运动的进行。1963年，汉生曾就东海岸到西海岸的九州进行调查，结果是：仅有1 500名学

---

① 《美国政治：内部的和外部的》（英文版），第100页。

生的小学区比较大学区每生每年支出教育经费为多，最少者多支出19%，最多者多支出96%，平均差距为27%。除财力浪费外，小学区缺乏人力和设备，还不便开展范围广、质量高的教育活动，不利于教育事业的发展。比较公认的标准是：每学区应有1万名学生；在偏僻地方，每区至少也应有学生5 000名；最大学区则不受此限，可包括学生2.5万—5万名。最近研究的结果是：通常应以5万名居民为划分学区的标准。若果如此，全国应仅划为两三千个学区而已。

一般在学区之内，设有民选或委派而成的教育委员会。委员名额多寡不一，任期长短不同，其发展趋势是：委员以不多于9名为合宜，任期以4年为合宜。近年来，市区虽少数民族居民极多，但非白人而充当教育委员会委员者只占1/5，为数过少；普通工人的代表也很少；而专业工作人员、企业主、政府官员在委员中居多数。这种现象大为群众所不满，势必加以改变。20世纪60年代学生运动以后，学生代表充当委员的虽为数不多，而名额却与年俱增。1974年，齐格勒著文《管理美国学校》，指出：学区教育委员会的水平有着显著提高，特别是他们对于重大教育问题的关怀、理解和处理才能，皆非以往可比；众多学区教育委员会对于学校管理这一课题，都在从事富有专业性质的研究探索。

学区教育委员会的职责，是制定办学方针。至于执行机关则或在委员会中设置常务委员会，或另设教育管理人员，完全听任各学区视其具体需要而定。另外，为协助教育委员会进行工作，很多学区由公民组成临时委员会，充当教育委员会的咨询或助手。这种委员会在20世纪50年代是为数稀少的，经过20余年的发展，全国已有数千个之多。一般是学校遇有重大问题时，如建筑校舍、购置设备等，由关心其事的公民组织起来，配合解决；事毕之后，即行解散；灵活性大，针对性强，曾发挥良好效用。

为说明二战后学区的实质变化，首先需要指出的是第二次世界大战后，农村人口日稀，城乡差别日减。在过去，农村教育构成各州教育事业重要部分，师范学院不得不设置农村教育科目，培养农村教育人员；如今这些都已成为陈迹。其次，由于市区拥挤、空气污染、噪声嘈杂以及犯罪充斥，中产以上家庭从20世纪60年代起，纷纷迁居郊区，填补空白的是黑人、阿巴拉契亚山区居民、西班牙人的后裔以及印第安人。这种居民的重新分布，使郊区人口占全国人口的巨大比例。过去，城市是资产阶级生息之所，其学区是全国最富有的，其学校是全国最出色的。如今却因居民经济贫困，文化水平低下，子女众多难养，失业、疾病、酗酒、离婚、犯罪现象流行，加上教育税收和政府补助随富民移居而减少；城市学区江河日下，和市郊学区正好形成鲜明的对照。布朗锡尔、斯卡斯代尔、牛顿、下美里隆、谢克海茨、格罗斯点、埃文斯顿、韦伯斯特谷、文纳特卡、阿纳海姆、帕洛·阿尔托、黎巴嫩山等富裕郊区，都是当前美国教育先进之地。全国教师、最高工资和每生每年教育经费最高开支，都出现此地，学校成绩也非别处可比。

还有，城市学区由于社会的、经济的和教育的多重矛盾，学校办理不善，致使大量学生缺席旷课，中途退学，破坏公物，殴打师生，做出种种违法乱纪行为。他们厌烦正规学校学习和生活，因而产生"开放学校"。如今城市学区教育委员和教育行政人员经常变更，正说明它要想稳定地发展教育事业是极为困难的。

最后，经济是决定事物发展的命脉。众多学区教育支出大而教育税源少，难以满足教育发展的要求。为此，州政府或联邦政府要继续划拨巨款，弥补学区教育经费的不足。如今人们纷纷倡议州和联邦负担学区全部教育开支，以完成培养人才、开发脑力资源的大业，问题之紧迫可以想见了。

十、美国教育的未来

（一）未来学者对于美国教育发展的预言

林肯说："假如我们知道现在情况怎样和将来走向何方，我们就能更好地决定自己要做什么和怎样去做。"这句名言正为美国教育学者所遵奉。因为当前的教育巨变不是终局，而将导致更深刻的巨变。"未来学"这个新兴的学科就急于向教育这个广阔原野探险。1968年，万·梯尔发表《公元2000年：师范教育》一文说："不注意眺望将来是不明智的。""促进教育过程和成果向前发展的教育家，必须竭力规划教育的变革并参与指导和控制这种变革。"一股由学者专家预言未来教育如何发展的热潮，正在美国奔腾向前。我们理解美国教育的昨日和今日之后，再瞻望其发展远景，是有助于理解美国教育的全豹的。

二战后众多学者预言21世纪美国政治、经济、科学、文化的发达，并推断美国教育将随美国政治、经济、科学、文化的快速发展而快速发展。综合不同学者们的预测是很有意思的一件事。

1. 从政治发展看

美国到 2000 年仍将不只是世界上的大国,而且是世界上的强国。如今全国人口共约 2.2 亿,那时将增至 3 亿以上。芝加哥大学的豪赛尔和台梯尔预测:"假如 20 世纪 60 年代的出生率不下降,20 世纪末全国人口将接近 3.5 亿人。"由于出生率的下降,"在 20 世纪末和 21 世纪初,美国人口也将超过 3 亿。"

如何安排这些猛增的人口呢?国会参、众两院联席会议曾设置专门机构,研究 21 世纪人口布局方案。它建议全国增设百万人口以上的大城市 10 座,十万人口以上的城市 100 座,社区 300 处。哈德逊研究所所长坎恩估计在今后 30 年内将在东、北、西三部出现 3 个特大城市。一是波士华士市,范围系由首都华盛顿向东延伸而包括波士顿一带,人口约有 8 000 万,占当时全国人口的 1/4。二是芝匹兹市,范围系在大湖地带,由芝加哥向东延伸到匹兹堡,北伸到加拿大,包括底特律、托利多、克利夫兰、亚克郎、布法罗和罗彻斯特等城市,人口约有 4 000 万,占当时全国人口的 1/8 以上。三是桑圣市,系太平洋沿岸的特大城市,从旧金山或桑塔·巴巴伸展到圣地亚哥,人口约有 2 000 万,占当时全国人口的 1/16 以上。豪赛尔预计还将出现包括 5 万人上下的市镇地区称为标准城镇统计区,它们是城市性质,并且和特大城市在社会上和经济上保持联系。此外,波洛夫预言:"当前,在全国 2 亿人口中约有 1.4 亿是郊区人口。到 2000 年,在全国 3.4 亿人口中,至少应有 2.8 亿人将居住郊区。"

以上政治条件的变化必将给发展教育事业带来巨大方便。依据学者推断,如今美国城乡差别已近于消失;将来三个特大城市容纳超过全国半数以上人口,城乡差距将更加缩小。在这种人口分布情况之下,全国中小学势将大量分散在郊区。那时校园宽广,校舍充裕,空气清新,喧嚣可免,一片片焕然校景将点缀在郊野之间,构成优美的教育画面。初等教育的普及可以肯定,存在的只是提高质量和精益求精的任务而已。中学教育同样将为适龄青少年所共享,他们不但可以一律就学,而且入校生和毕业生将趋于一致,并将竭力消除中途退学的现象,使退学、休学者都能设法完成学业。再则,黑人权利运动的继续增长,将有助于城市中黑人、白人居住区域的统一,打破现存的黑人、白人住区的隔离孤立状态。如今郊区居民多为白人,黑人多数住在市内,这种情况虽暂时难以改变，然其趋势是界限日渐消失，从而进一步促进黑白人学生合校的工作。

在各种教育中，发展最为突出的将是高等教育和成人教育。万·梯尔说，从1968年到2000年，高等学校学生人数将迅速增长，虽然具体数字难以估计。联邦教育统计中心曾推测10年之内的发展情况，于1978年发表1986—1987学年度的各级学校的设想。它说中小学生人数将因出生率下降而下降，但高等学校学生人数却大增。全国公私立中小学正常班学生将由1976—1977学年度的4 930万人，到1986—1987学年度降为4 520万人；在同一时期，全国公私立中学正常班毕业生将由310万人降为270万人；全国从高等学校获得学士学位者将由98万人降为97.9万人。在另一方面，全国高等院校学生总数将由1 100万人增加为1 290万人。高等教育经费将由455亿美元增加为480亿美元。高等教育发展的趋势在21世纪更是阻止不住的。它将继续为更多的人所享受。难道中小学教育经费将因学生人数下降而压缩吗？不。由于要大力做提高质量工作，全国公私立正规中小学的经费，在同一时期，将由850亿美元，增加为1 050亿美元。

万·梯尔推断成人教育同样会显著发达。因为人的寿命将继续延长；而且在生产事业不断突破的历史时期，人们将不只会干一种职业，必须掌握多种职业技能，而职业和职业教育的内容，在那时也将极为繁多而新颖。另外，由于生产技术发达，每周工作时间将大为缩短。如今每人每周平均工作38.5小时。学者推测，20世纪80年代将缩短为36小时，到2000年更将缩短为30—32小时。周末时间加长，进修机会增多，休假旅游考察参观日益方便。这些都是成人教育将要兴盛的原因。至于高等教育在现有基础上进一步发展，是时势所趋。因为高等学校着眼高深研究尚难完全普及，有些学校仍将设置在离城市较远的地方。

2. 从经济发展看

美国国民经济将继续发达，社会生产力将继续提高。这是美国科学技术不断发展的必然产物。美国哈德逊研究所所长坎恩估计：1975年美国全国经济收入应为1万亿美元，1985年应为1.5万亿美元，2000年应为3万亿美元。以后他又推测，1976年国民生产总值为16 667亿美元，1986年当增为26 667亿美元，2000年将增至4万亿美元。当然，这种乐观的预测者不多，而谨慎的预测者占多数。因为通货膨胀、物价上升、失业者众以及周期性的经济恐慌，使大量冷静学者不能做出过于美妙的展望。根据《美国标准设计规划》的估计：2000 年的国民经济总收入应介于 2.2 万亿美元到 3.6 万亿美元之间。1965 年国民经济总收入为 6 810 亿美元，每年所增约在 3.4％和 4.9％之间。如果 2000 年人口为 3.18 亿，就最低增加比例而言，每人每年收入将比 1965 年增加 2 倍以上；就最高比例而言，约增加 3.5 倍。学者特别指出教育和经济的密切关系。包尔丁说："很多研究结论表明，就投资利润率而言，教育投资优于其他工业投资。"万德斯立司也说："当一个公司，特别是和科学紧紧联系的公司，设法打进一个社区时，成功的决定因素不是所征的税额和劳动力的供应，也非距离市场较近。真正的决定因素是当地学校的质量。"至于科学技术的发达有促进生产力的成效，而发展科学技术的基础在于培养科技人才的教育，更是美国企业家早已理解的。

由于生产力的发达和资产阶级认识学校与发展工商业的密切关系，通过增收教育税和私人解囊来帮助学校解决财政困难，将比较容易实现。预计政府支拨的教育经费预算今后将日益充裕，教育基金会今后将日益慷慨，教育领域一些捉襟见肘、无米为炊的现象，也将日益改善。另一方面，一般国民收入日益增加，又兼广大社会人士日益看清对子女教育投资的重要意义，家长们也必日益尽可能地供给子女接受长期而良好的教育。在金元帝国中，金钱威力无穷，上述这些日益雄厚的经济基础，必将成为美国 21 世纪教育繁荣昌盛的物质保证。

3. 从科学技术发展看

当前科学技术突飞猛进的发展，今后将愈演愈烈。众所周知，从 20 世纪 60 年代起，技术突破带来了电子装置、自动机器、遥控体制等一系列新生事物。在过去，机动车把人的身体构造给延伸了；今天，电子计算机更把人的心理活动给延伸了。机动车由于增加了物体运转的能量，曾使社会产生巨变；电子计算机及其所牵涉的整个电子体系，又使人的神经系统得以扩充，而且使各种神经系统联合活动起来了。这个人间奇迹并没就此中止，还将加速前进。学者公认物理学是当前科学的王冠，一切发明创造主要得自物理科学；但绝不应忽视异军突起的生物科学，正在以压倒之势向前冲来。伍德说："我认为一种巨大改观将是：物理科学已经兴隆一阵了，现在将轮到生物科学上台了；今后的众多问题将得之于生物学、药理学、人造器官和医药的发展了。"生物学家迈耶尔更说，当前乃是"生物学世纪的开端"。简言之，通过发生学、化学和药物之类，来促使人类产生生物学变革的时代，已渐渐来到了。

这种科学技术的发明创造，将为少数人所垄断，还是为广大人民群众所享受？学者对此大有议论。包尔丁曾提问："在一个国家之中，或在国家与国家之间，是否将分裂为两个世界？其中一个世界的人通过教育，能够适应现代科学技术的发展，并能享受其成果；另一个世界的人则不能适应，以致不只生活得相对不佳，而且生活得绝对不佳，也就是说，技术上层建筑的压力，将进一步使他们解体、懈怠、贫血和穷苦，从而陷于业已消亡的传统文化之中呢？"学者们推断这种分裂是不明智的，在民主潮流与日俱增的未来，也是不可能的。科学技术的丰硕果实，应为人民群众所共享，不该为少数人所垄断。

这些科学技术的成就，对于学校课程和教学的发展，具有直接的影响；对于学生学业的质量，也具有决定的作用。人们预言，中小学科学教育必将继续充实提高，高等学校必将进一步向基础科学进军，更加致力于尖端科学技术的钻研和创造。

由上种种，美国卫生教育福利部于1976年发表文件，根据丰富统计数据，进行详尽解说，并展望发展前途，称美国是"一个学习者的国家"（a nation of learners）。

（二）美国教育发展中存在的根本矛盾

上面叙述美国教育发展的前景，充分反映了美国社会对未来教育事业充满着信心和希望。从客观形势分析，美国政治、经济、科学、文化既有其发展前途，教育将随而前进，可能性是存在的。不过，美国是资本主义国家，其经济基础和社会制度存在着难以克服的缺点和困难，能否如学者想象的那样乐观，倒是值得研究的。老实说，建立在经济不平等之上的教育，其阶级性是必然存在的；建立在帝国主义霸权争夺之上的教育，它跟世界人民和本国人民的根本利益是必然冲突的。美国教育的未来既摆脱不了这重重障碍，它的前途就注定会遇到种种障碍。

美国是贫富悬殊而阶级两极分化的国家。这就使教育上的民主、平等，碰到不可逾越的鸿沟。根据近年的统计，美国少数几个家族，每年收入高达1亿美元到10亿美元以上；全年收入100万美元以上的富翁约有30万人左右。在另一极端，全年收入不足3 000美元的四口之家约600万户，在这穷苦行列之中，共有1 900万人，都须依靠政府救济维持生活。若据美国参议院1974年的调查，全国符合领取食物救济标准的人达3 700万人。1975年的统计是，全国收入在官方规定贫困线以下者为 2 590 万人。毋庸置疑，二战后美国劳苦大众生活水平有所改善；但美国资产阶级生活改善得更快，水平提得更高，贫富差距就更大。劳动人民最怕失业、物价上涨和负债，而这些恶魔严重地威胁着他们。1946—1972 年，美国失业率从 3% 波动上升到 6.8%。全国失业者通常约为 300 万人，1978 年竟然增至 600 万人。除一般失业者外，半失业者为数尤多。从 20 世纪 60 年代末起，竟然高达 1 600 万人至 1 940 万人之巨。美国消费物价指数在 50 年代平均每年上涨 2%；60 年代则增至 2.3%；从 1970 年到 1973 年，每年平均竟然上升为 4.9%。工人收入虽有增加，但抵不过物价持续上升的速度。1973 年年底，美国人民在分期付款、房屋抵押等方面的债务，平均每人为 4 000 美元左右。这些情况绝不能在短时期内彻底消除。

美国虽以民主、平等相标榜，其民族压迫之严重却是骇人听闻的。殖民时期就从非洲运来黑人，实行奴隶制度。19 世纪中叶爆发的南北战争，原是解放黑奴的运动，结果仅使黑人成为次等公民，种族隔离表现在政治、经济、社会、教育等等方面，黑人学校和白人学校在水平上的高低有天壤之别。第二次世界大战后，黑人的斗争虽迫使联邦政府做出了让步，但不平等的事实依然存在。在美国失业大军中，黑人比重远比白人为大。1974 年，美国在贫困线以下者共 2 590 万人，占全国人口总数 12%；其中黑人为 81 万人，占全国黑人总数 29.3%。近些年来黑人的政治、经济、社会地位续有改进，但印第安人、西班牙人后裔、波多黎各人、因纽特人等少数民族，却仍受到白人种族主义的歧视。在种族压迫下的教育又怎能谈到平等？

尤其严重的是美国是帝国主义超级大国，侵略扩张成性。第二次世界大战后的侵朝、侵越战争，是人们记忆犹新的。至于资源和市场掠夺，更不消说。它为操纵世界政局和称霸全球，军火输出久已定为国策，庞大的军火生产构成国民经济的重要环节。美国长期以《共同安全法》为掩护，竭力从事武器推销。有的统计指出，美国依仗其军事技术优势，跟别国激烈竞争，以致其对外军火输出和本国军火采购数量略同，各占一半，从而攫取高额暴利，并控制其他国家。还有统计指出，美国 1969—1970 年输出军火总值 9 亿美元，而 1974—1975 年一跃上升为 136.4 亿美元。卡特总统曾说："美国应该成为世界的粮仓，而不是世界的军火商。"事实却与诺言完全相反。试看，美国既不会很快解脱战神的支配，又怎能利用发展科学而大幅度地增进美国人民和世界人民的福利？

这种资本主义和帝国主义的政治、经济制度，不利于科学文化的健康成长，美国教育发展的明天，当然是难以盲目乐观的。

美国高等教育是今后发展的主要项目。就当前和最近的将来观测，是问题成堆的。

其一，美国政府在群众斗争下，特别是青年运动的强大压力下，虽曾开辟种种渠道使清贫而天资优异的青年取得深造机会；但这个难题无法彻底解决。近年物价上升，学生负担沉重，矛盾愈加显露。就学费而言，在20世纪60年代，加利福尼亚大学本科生每年学费为304美元，密苏里大学为215美元，北卡罗来纳大学为279美元，全国公立高等学校学费的平均数为280美元。若把食宿计算在内，约共1 000美元。时经十载，到1973年，加州大学学费增为638美元，密州大学增为540美元，北卡罗来纳大学增为439美元，全国公立高等学校学费中数升为520美元。这520美元只占学生全年开支总数的1/6左右，余则大部分都由各州和联邦筹款支付。这曾引起人们的不平。卡内基基金会高等教育委员会在《高等教育：谁付款？谁受益？谁应付款？》一书中，建议今后10年内，公立院校学费应增10%—12%。美国经济发展委员会在《高等学校的管理和经费》一书中，也要求提高学费，以示公平。私立院校一向以学费充当全校经费的60%，在物价日增之下，学费增加更属必然。从1964年到1971年，全国私立高等学校平均学费由979美元上升为1 776美元。例如，普林斯顿大学每生于1978年全年用费约为7 200美元，其全年每生开支高达万元的院校并不罕见。最近麻省理工学院研究生致力电子领域某些专业者，每年学费居然高达万元，其他用费尚不在内。富家子女对提高费用并不介意，有奖学金的清寒学生靠补助而上学，所苦者是介于两者中间的学生。因此，提高学费的矛头固然指向贫穷青年，同样指向广大中产阶级，形成尖锐斗争。1980年1月1日《中肯周刊》（南非版）讲，美国医科学生来自中、下等收入家庭者愈来愈少，这一阶层指的是全年收入在1万—2万美元的农民、手工业者、售货员等；反之医科学生愈来愈多地来自医生和收入高的其他专业人员的家庭。美国医学院协会的调查表明，1974—1977年，来自全年收入10 000—16 999美元的家庭的医科学生，从20.9%下降为14.9%；来自全年收入17 000—20 000美元者，从13.4%下降为11.3%。该协会主席约翰·库珀说："多少年来，我们一直在为扩大入学学生的社会经济面而奋斗，但是现在我们担心，医学正在又一次成为富人的职业了。"《中肯周刊》的同篇报道中，还提及乔治城大学的学生每年光是学费就须交纳 13 500 美元之巨。试想，大学怎能全民化？英国教育家阿什比说："能够较易地树立榜样和废止榜样，是富饶的美国社会的特权。不过美国也没达到这样富饶的境地，到 20 世纪 80 年代也未能使高等教育成为美国青年普遍享受的权利。"①当然，这是 20 世纪 80 年代的麻烦。谁能确保美国 21 世纪能摆脱这个麻烦呢？

其二，教育的阶级性不只表现在教育的普及上，同样反映在质量上。过去，大学是家道好、禀赋高、学力强的少数人才得进入的。如今，大批青年一拥而进，自然难以保持标准。梅叶在《变革的遗产》一文中说，到大学混资格是不罕见的。因为大学毕业证书是青年就业的凭证，"证书主义"已成美国官僚社会的风尚，甚至著名学府为应付学力不足之辈，也不惜玩弄出售标准答案之类的把戏。文章说，纽约一所大规模市立大学，在其 14 万名学生中，约有 1 万名是初中文化水平。吉阿丁诺视察该校后说："有人想接触一下大学，大学不得不为他们开门。"哈佛大学的芮斯曼也指出该校免试入学，没有考试失败的制度，结果是大量准备不足、基础贫弱的学生，不仅英语作文、初等数学、外国语等考试失败，而且不及格者照常升级，大学简直成了寻欢的乐园。至于初级学院更不消说。1974 年，康涅狄格州一个委员会曾指责社区学院对不能阅读大学课本的青年，传授专业科目，一味滥发证书，而"皇帝是否穿着新衣"，则无人知晓。显然，一般好学校是有权有钱者的子女才得问津的，在学生质量两极分化之中，富家子女是占便宜的，清苦青年是吃亏的。高等学校是有鲜明的阶级性的。《纽约时报》教育记者范因于 1947 年，在广泛调查众多中小学之后，著成《我们的孩子在受骗》一书。他以确凿的事实说明，美国有世界上最好的学校，而世界上最坏的学校也在美国。他认为，这些最坏的学校简直是美国的国耻！实际上，范因的论断不仅适用于中小学，同样适用于高等学校，是高等学校阶级性的鲜明的写照。

其三，美国高等学校的科研工作虽很出色，但这不光是为着促生产和促学术，更在武器竞赛中大显身手，从而助长了对外扩张的势力。琼斯在《教育面临的挑战》一书中说："假如从实验室中把政府为研究军事问题而订立的合同所支付的大宗款项撤走，大学的科学研究就会垮台。"②不只政府如此，钢铁大

---

① ［英］阿什比（E. Ashby）著：《美国高等学校》（英文版），第 93 页。
② ［美］琼斯（H. M. Jones）著：《教育面临的挑战》（英文版），第 18 页。

王掌握的卡内基教育基金会、石油大王掌握的洛克菲勒教育基金会、汽车大王掌握的福特教育基金会，也向各院校慷慨捐赠。著名学府围绕有权威的资金雄厚的财阀团团转，一般学府又唯著名学府的马首是瞻。大亨们便将高等学校纳入彀中，使它们成为帝国主义战车的附属品。20世纪60年代的学生运动从校园中逐出后备军官培训团，毁掉军火巨商和学校签订的合同，正说明广大群众对此无比愤怒。面对这带根本性的问题，帝国主义国家是无法做出合理解决的。

这里还须提的是：大学从来就是教学机构。美国自19世纪规定学术研究是教授的职责，但教学为主、研究为次。不料，不少院校在二战后主次易位，研究竟成为众人瞩目的头等要事，教授一般不自称为教学工作者，而以专家、学者自居，宁搞科研，不愿讲课，把繁重的本科教学重任推给一般教师或研究生。据估计，美国院校本科课程约有半数由研究生担任讲授，因而招致学生不满。科研固然有助于教学，但科研成果多是应政府、企业、基金会委托的产物，它们向社会特需的方向发展，常同教材毫不相干。结果，大学的人力就舍己之田、耘人之田。如何调整学校的工作而求其平衡，成了当前急切的课题。

其四，很多高等学校如今是人多事杂的庞然大物，领导学校绝非单纯的教育工作。在过去，学校的成败系于校长的声望和办学才能。哈佛大学校长艾略特，康奈尔大学创建人康奈尔和怀特，芝加哥大学校长哈珀，都把全副精力用于治校。如今，院校事务纷繁，社会又多方施加压力，"校长治校"大非易事。就校内言，师生之间，专业之间，本科和研究生院之间，左派、右派人士之间，矛盾日深，倾轧日烈，维系校内和平就须有过硬的本领。就社会看，物价上升，经费难筹，使众多学府领导人为消除赤字而两鬓斑白。在政潮起伏的波浪中，为学校谋求便利占用了院校长大量宝贵时光。如何应酬士绅和周旋权门，精思妙算地向政府、议会、实业界、基金会苦口劝捐，已成校长成败的关键。有的大学校长慨叹：由于校务驳杂，大学已经变成杂学，校长变成杂家，以科学方法管理大学的老生常谈，愈来愈不好落实。这种危险形势的迅速扭转是不可能的，21世纪高等学校的美妙远景又怎能保证？

21世纪美国的中小学教育呢？同样充满着困难。初等教育和中等教育属于普通教育范畴，一般适龄青少年都已进校；但因各地财力不齐，家庭处境各异，学生在校所受待遇彼此不一。据美国教育协会调查，1974—1975学年度全国公立中小学生每人开支教育经费的平均数如果是100美元，则印第安纳州为 83 美元，阿肯色州为 74 美元，亚拉巴马州为 70 美元；在另一极端，纽约州为 161 美元，阿拉斯加州为 130 美元，威斯康星州为 120 美元，伊利诺伊州为 111 美元。从 70 美元到 161 美元的差距，岂止一倍而已！经费悬殊若此，教育质量自然参差不齐。这种不平等早为美国社会人士所指责，并且采取纠正措施，然而真正效果如何，非常难说。进一步讲，就在同一州、一地、一校，学生所处地位也出入极大。美国著者揭露，有些学校在设备、课程、方法上有所提高，并不代表美国教育的全貌，广大劳苦大众在教育上并没获得平等权利。受剥削最深的四处迁徙的农业工人、从外国迁来的移民、贫民窟居民以及少数民族，居于社会底层，他们的子女都不受教师重视，不受资产阶级阔少爷阔小姐公平对待，情绪抑郁，心情痛楚，影响身心发育和智慧成长。1970 年，西尔贝曼在《教室里的危机》中说："假如美国真正成为正义的人道的社会，美国学校就应该比现在对于少数民族和穷苦阶级子女的教育，进行无可比拟的良好工作。"①改善贫民窟学校乃是对于美国所有学校缺点的改善，就是说须把这些学校改革成为自由的、开放的、人道的、快乐的园地。在垄断资产阶级统治的美国，如不进行政治、经济方面的革命，这是不易彻底办到的。

1958 年的《国防教育法》颁行后，中小学质量有所提高，其效果却不是一致的。现在大量学生毕业后并未掌握阅读写作能力，实际上是半文盲。1970 年，尼克松竟然以总统的身份而发起"争取阅读权运动"，为应受到充分语文教育的青少年呼吁，其事态之急迫可知。然而这个看来不大的课题就难于搞好。美国联邦教育总署署长艾伦说，在 20 世纪 70 年代结束以前达到这项目标，简直比宇宙飞船在月球着陆难得多。这些半文盲多数是贫苦家庭的子女。他们胜利地渡过文字关，是须经过漫长岁月的。

就教育行政而言，美国最早提出的是民主原则，19 世纪又大谈采用科学方法管理学校，因而多年来强调教育本之民意，办学人员须有专业训练。然而，在政治起伏不定、经济危机严重、社会过多干扰的环境中，理想不但难以化为现实，而且常使具有专业品质的人无所措手足。美国学者曾多次戳穿所谓民主的虚伪性。自殖民时期起，学区主办教育就已相沿成风；在学区成长 200 年以后，州教育行政机构才告建立。对此，美国通常的讲法是："儿子倒是成人的父亲。"若对美国联邦教育总署而言，那就应说"儿子倒是成人的祖父"

---

① ［美］西尔贝曼（C. Silberman）著：《教室里的危机》（英文版），第 54 页。

了。很清楚，美国教育行政制度是由下而上地发展起来的，总根子是学区。这个历史发展过程带来根深蒂固的传统：群众对于办理学校享有充分的发言权。无奈大多数学区既受地方权势者把持操纵，鄙吝的资产者又千方百计阻挠增收教育税款，种族主义和宗教教派的扰害尤为常见，遂致大批对教育无兴趣的门外汉凭借势力而瞎指挥。李伯曼（M. Lieberman）说："我们现行由地区管理教育的制度，比由国家管理教育的制度，是更易于走向极权主义的。"① 他还讲："在多数地区，教育目的和内容是由当地教育委员会决定的。无疑，国家宪法在这方面也起着制约作用；但宪法对于这种限制并未明确规定。因此，各地上下其手，有权势者便设法按照自己的宗教、政治、经济、社会观点，来确定教育目的，其结果是成为文化壁垒主义。这刚好是极权主义的标志。"② 再清楚不过，美国社会的这种结党徇情和营私舞弊窒息了资产阶级标榜的民主精神，也扼杀了科学管理。最堪玩味的事是：二战后出现的社会、政治、经济、种族等等问题极难解决，教育厅、局长的实际经验显得格外宝贵。美国联邦教育总署遂于 1971 年开始第一个五年计划，研究不从教育专业人士，而从其他行业人士，如律师、工商业者、政府工作人员、财政人员、司法人员、公益工作人员中，选派教育干部，同时，另行选派学习教育行政的人员充任其他部门领导职位。这不是绝大的讽刺吗？如今发展的趋势是由具有教育专业能力者任局长，由具有社会才能者任副局长。这样掺杂配合而表演双簧，正反映教育面对种种难题，不易处理。谁能保证在短时期内完全改观，得使教育领导完全按科学方法行事呢？

实践是检验真理的唯一标准，且看历史怎样以事实做出判断吧。

---

① ② ［美］李伯曼（M. Lieberman）著：《学生、学校和社会》（英文版），第 327、328 页。

美国教育发展的特点和问题*

一、美国教育快速发展的成因

在世界近代史上,美利坚合众国是突兴的国家。建国后,它的国势蒸蒸,扶摇直上,大踏步地成为后起之秀。美国教育的飞腾跃进,同样在短促年代而赶超世界先进之邦。这些辉煌光耀的篇章都是在人类历史中很可珍视的。作为教育史的研究者,是应该就这一教育发展的奇观进行分析论证的。

当然,美洲新大陆和美利坚新国家的出现恰恰处于人类由旧社会步入新社会的起点。新大陆开阔了人的眼界和胸襟,扩大了人的生存空间,增益了人的资源,促进了人的生产,丰富了人的知识财富,从而使新世界以雄健的气势向旧世界提出强有力的挑战,人类的物质文明和精神文明都乘机奋力起飞了。伴随而来的是欧洲封建力量的衰微和资产阶级的成长壮大。来美的欧洲移民因不甘忍受欧洲封建压迫,铤而远渡重洋,谋求新生活和新理想,表现出无比勇敢的革命的气概。不料,这些渴求自由解放的移民来美后,又遭英国殖民者的苛刻压榨,移民于1776年群起战斗而建成新国家,这项伟大的功绩更是人类进步的标志。马克思称赞美国是"宣布了第一个人权宣言和最先推动了十八世纪的欧洲革命的地方"①。1861年由林肯领导的南北战争,同样是美国发展史上的丰碑,给现代化美国奠立了基础。这一次又一次的拼搏斗争,促成了美国在政治上、经济上、社会上、文化上的宏伟进步,给美国教育的迅猛发展和不断更新提供了沃壤。和欧洲国家相比,美国教育遂居于优势。简言之,美国教育之后来居上是因其建国和兴盛正处于资本主义上升时期,其进步的政治、经

---

* 本文原载《美国教育史》(第二版),滕大春著,人民教育出版社2001年版。
① 《马克思恩格斯全集》(第16卷),人民出版社1964年版,第20页。

济、社会和文化为教育快速发展提供了有利的环境。

这里必须指明的是仅从政治经济等外在因素解释美国教育的速成速效，是颇为不足的。因为虽有优美的外在条件而缺乏内在因素，以致辜负良机和坐失良机的史实，是数不胜数的。在天时和地利具备的情况下，必须得有人和，即人类智慧等主观因素的运用，才能获得效益，乃是正常的现象。就美国教育演变而言，它之以三百余年走过了欧洲国家千百年走过的路程，在其政治经济原因外，还因其所走的道路基本符合人类教育发展的客观规律。这一点是颇有推敲的必要的。因为掌握这些规律才能古为今用和洋为中用。在此且略加阐述。

其一，美国教育建设之以高速步伐跃进是因为来美移民富有面对社会巨变的气魄和才能，从而能够敏于开辟教育新天地和探寻教育新途径。欧洲来美移民极多是在政治、经济、宗教上的受压抑者和受苦难者。他们远涉大西洋前来新大陆，是企图摆脱枷锁而享有自由解放的理想生活，这正表明他们颇有雄心壮志。英国清教徒为国教会所不容，才来美洲建立人间天国，就是例证。他们来后不久即致力教育工作。在高等教育方面，仿照牛津和剑桥两校而设立哈佛和耶鲁学院，把英国的学府移植过来。建国之后为满足新国家的急需，大事兴革。欧洲大学一向操于教会，拿破仑于1808年创建法兰西帝国大学，是最早由政府设置的大学。美国于18世纪中叶由各州成立的州立大学则是诞生于欧洲由政府建立大学之前的创举。南北战争以后，美国农工生产事业一日千里，联邦政府向各州拨地举办农工学院，培植生产建设干才，走教育与生产相结合的新路，致使一所所被嘲讽的牧牛娃学院大大促成了国力的发扬，同样是欧洲国家未曾有的创举。在中等教育方面，最初仿照英国的公学和文法学校，在殖民地设立的教授古典学科的拉丁文法学校，乃是以升学准备为目标的贵族中学。18世纪50年代，富兰克林嫌其违背国情，创建兼事升学和就业双重准备的文实学校；到19世纪20年代，波士顿市不顾欧洲贵族中等学校的传统，起而兴办以就业准备相标榜的中学；这都是利国利民的新生事物。南北战争之后，中学未能全然不顾青年升学的要求；但中学毕业生升学者远不及就业者之多，很显出美国中学的特色。教育史家把美国的中学与法国的国立中学、德国的文科中学和英国的公学，并列为驰名于世的四大类中等学校，足见美国首创的中学是功在史册的。就初等教育而言，美国于殖民地时期由英国传入教区学校、主妇学校、贫儿学校和慈善学校；但水平极低，因循守旧。19世纪掀起的公共教育运动，以后又掀起奥斯维哥运动、昆西运动和进步教育运动，因而小学普设各地，课程教法焕然一新，开了初等教育新纪元。美国在上述各级教育振兴之际，大都敢闯敢干，雷厉风行，鼓足士气，奋勇拼搏，因而克服种种困难和大上快上。创业在人和成事在人的道理在这里是颇能使人体会到的。

欧洲各国移民能够走向协作和融合，从而共同为建设教育事业而奋斗，同样是美国教育快进速进的原因。在多民族和多教派的美国，"定于一"的思想是难以想象的。多元化的文化和教育是必然的趋势。曾有一段时期，各国移民聚集不同之地，各自保持祖国的思想和传统，而且坚决地依附于自己的教派，来自五湖四海之人并无彼此一家的思想感情。其中以自命文化优异的德意志移民最为明显。他们不但自己设立教会，而且设立德语学校，教授德国语言文化，俨然独立于大家庭之外。但历时未久，他们就由独立而融合了。德国移民的报章频频提及在边疆地区的多民族汇合之处，保持文化的民族特性是可能的，却是极为困难的。经验告诉他们仍然像在德国一样地传授德国语文之类是不够的，应当聘请精通英语的教师教授英语科目，德国移民把自己囿于一隅之地而企图与外界隔绝，是行不通的。与此相似，他们也认清把德国移民的子女仅仅放在德国教会影响之下，也行不通。实际上，不仅德国移民如此，其他国家的移民无不有此同感。学校受社会的直接感染，自然成为各国移民共同关怀和协力改进的目标，其快速发展是可理解的。这无疑是与教育发展规律相吻合的。

在众多欧洲国家移民所建成的美国，除上述在民族方面存在着矛盾外，在宗教方面则存在着尖锐的教派矛盾。后者影响教育发展同样深刻。经过政治变革和社会演进，美国不但逐渐消除了民族间的矛盾，而且淡化教派间的崭然对立，从而使得教育发展顺利向前。在美国处于英国殖民地之际，国教派和清教派势难两立，天主教和基督教新教派也不能水乳交融，教派不同则不能共谋，所设学校和所传教义背道而驰。它们互相敌对，彼此水火，极不利于民族的融合和群众的协作。建国后，人们慢慢承认培养公民的目标与培养宗教信仰是不矛盾的，因为公民以宗教信仰为必备的品质，无神论是应为新国家所摈弃的。然而，在建国之初，宗教意识强于公民意识，再进一步讲，教派意识是被放在公民意识之先或之上的。客观形势的剧变节节迫使两者的位置倒挂，却一时扭不过历史传统的阻力。各教派为保持和扩大在教育阵地的优势，以其本派的理解决定公民的形象，办理他们理想中的学校，传授与之相适应的宗教教义和文化知识，这种发展方向显然非改正不可。这就是新国家新教育的非教派性发展的必然性。所幸美利坚合众国的政治日强，经济日进，使人人不得不面向生活现实；还有自然科学和进步哲学思潮的冲击难以抵拒；教派只好由控制教育而节节退让。从教育演变的趋势看，世俗化的强大锋芒不仅战胜了教派化，宗教教育的权威也不能不与政治权威和科学权威相协调。这是世界范围的大事，新生的美国恰恰在这个转捩中早早地得到实惠。这同样是和教育事业发展的客观规律相吻合的。

其二，美国在创立教育事业的过程中，除自力更生，更善于吸取欧洲和英国成功的经验，不闭关自守，不抱残守缺，而采纳众国之长以补己国之短，也是符合教育发展的客观规律的。美国是欧洲众多国家移民汇聚之地，各国移民把各国学校移来，在互相交流观摩中自然成为各国教育竞赛会或各国教育博览馆。建国以后，美国还多次认真不苟地向欧洲优良教育学习取法，曾产生了"欧为美用"和"欧促美进"的作用。美国人之勤于"择善而师"是极为明智的。就高等教育而言，如果南北战争后美国仅仅发展务实的农工学院，而不同时向正在发展学术教育的德国柏林大学取法，建立霍普金斯大学，美国学术势将落后而难与欧洲相比。美国当时采取了两条腿走路的高明措施，因而凭赖两者同时并举而喜庆双丰收。就中等教育而言，如果美国仅仅依照波士顿市1821年的决议，中学放弃升学准备的目标，高等院校必然断绝生源而伤害学术教育的成长。美国在注重中学完成就业准备的同时，而对欧洲中等学校承担升学准备的目标依然未废。后来还于1918年制定了中等学校七大原则，既重升学准备，又重就业准备，更重生活能力准备，便走向综合中学的路子。就初等教育而言，如果美国因厌恶德国推行君主专制和军国主义，遂不理睬其成绩卓著的国民教育，美国就不易快速地普及初等教育、培养优良师资和建起教育领导体制。再则，如果美国不向瑞士裴斯泰洛齐的教育改革学习，美国中小学必将长期沉溺于本本主义，举凡尊重儿童天性、崇尚自由自觉、实行人格感化和利用直观教学等先进原则和方式方法，都无从使美国中小学改换面貌。总之，美国人正由于放眼世界而不埋首户内，采取广为开放的开朗态度，充分利用他国智慧而未流为狭隘自大的夜郎，这才使后进的教育加快马力赶超教育先进之邦。

美国向别国学习先进教育时，对于政治和教育的界限划分比较清楚，也很可注意。它在建国后急于向友邦法国学习。法国启蒙学者关于由政府设置学校和培养国家公民的理论，美国奉为重要原则。但它对敌邦的成功经验也不全然排拒。第二次抗英战争刚罢，美英两国尚在敌对，空想社会主义者欧文于

1816年在苏格兰创立幼儿学校；两年后，波士顿市便拨款仿设起来，成为美国学前教育的前奏。可见它学习先进经验时并未受邦交的限制。同时也未受政体的限制。美国是民主共和国，但正在施行君主专制的普鲁士邦的先进教育经验，同样为美国所采行。美国在19世纪20和30年代，国基巩固，产业进步，但教育未能跟上形势之需。众多儿童青少年无校可入，入校者又因学校腐败而大量逃学，以致青少年违法犯罪日趋严重。人们逐渐认清："教师是优良的警察"，"课堂可以代替绞架"，"开办一所学校即关闭一所监狱"。当时普鲁士邦因惨败于法国而力图复兴，实行政府普设小学，强迫儿童入校；创立师范学校，造就优良师资；建立教育领导体制，加强学校管理；很快便出现井井有条的教育网，为欧洲国家所称赞。美国为取法德国而兴起德国热，是大有收获的。教育受制约于政治经济是肯定的；教育事业在一定限度内具有相对的独立性，也是有待研究的，是宜加慎重剖析的。

其三，美国利用群众的教育意识和教育热忱，在全国酝酿兴教育才的浪潮，依靠广大人民的自觉性和积极性，推动教育车轮前进，同时又谋求与政府和专家的努力相协调，这也切合教育发展的客观规律。由欧来美的各国移民，特别是英国移民，一般都把教育子女视为家庭的职责，把处理子女的教育视为家长的职权，因而抵达新洲之后便先辟市镇，建教堂和设学校，不久还在地方划分学区，实行管学。建国之后掀起公共教育运动时，也防止损伤私人办学的传统，注重政府和私人的教育力量的配合，认为联邦、州和私人对于兴办教育都责无旁贷。当时的谚语是："兴办教育事业是由人民首创、州政府尽责和联邦政府积极关怀的工作。"具体说，在最初美国处于殖民地时期，各地设校办学属于地方自治之事；以后在宪法中规定实行地方分权制，由州负责设校兴学，尤和德法等实行中央集权制的国家不同。因此种种，美国人民的教育参与意识是热烈而火炽的。他们认为参加、赞助和投入教育是光荣、贡献和功绩。对教育关怀和效力是公民的职责，是基督教的神命，是协助社会前进的不能推诿的品德。教育不能完全等候政府举办而私人袖手旁观和不关痛痒。民间的力量才是教育力量的主体。地方学校不够多和不够好，被认为是地方居民的不光彩，乃是从殖民地时期把兴学当作地方自治的重要项目起始的。因此，美国人每每认为举办教育事业不都是政府的事体。与此同时，美国人每每强调美国疆域辽阔，各地情况悬殊，认为教育事业不宜在全国铁板一块，国家不宜统得过死，不宜卡得过严，调动多方面的积极因素比较单纯地由上而下地来统一安排，易于适应社会需要和发扬地方和个人的首创才能。美国教育中的新生事物之多确实与此有关。就学校制度而言，八四制之为六三三制所取代不是由政府所法定，而是第一次世界大战前由加利福尼亚州的伯克利市于1909年首先建制，次年该州的洛杉矶市和俄亥俄州的哥伦比亚市乃自动创立修业三年的初级中学；修业三年的高级中学随而诞生；第一次世界大战后便流行了和八四制平行的六三三制；更后，六三三制广行于全国，因其已为更多地方所欢迎了。同样，当时风行的初级学院也非经政府法定才产生的，而是19世纪末叶由芝加哥大学校长哈珀等建议而设置的。就中小学教改而言，曾经在我国宣扬的文纳特卡制、道尔顿制和设计教学法等，都是美国教育工作者根据教育实践而首创的，它们之流行也决定于实践的效益。就教育经费而言，由于各时期教育税收常不敷支出，私人捐款设立教育基金便成为风尚。南北战争后，政府财政困难，富商皮博迪捐款补助黑人教育，皮博迪教育基金会在美很享盛誉。钢铁大王捐资成立的卡内基教育基金会、石油大王捐资设立的洛克菲勒教育基金会、汽车大王捐资设立的福特教育基金会，也是例证。类此的基金会都有其助学贡献。至于社会名流、专家学者、地方士绅、学生家长等参加有关教育的专业组织，进行改进教育的探讨活动，提供行之有效的合理建议，既密切了学校和社会的关系，又提高了教育工作的质量，一般国家是不若美国那样充分而多样的。教育事业得有社会广大群众的支持和共谋，自然易于发展迅捷。

其四，美国注意教育调查研究，也有利于教育事业的速效速成。这是由于美国面临的新环境和文化发达的欧洲国家不同，必须以快速有效的方式方法，针对民族的、自然的、经济的等不同于欧洲的迫切的新问题，以不同于传统的观点进行分析、钻研、实验，来求取适当的解决。在逼人的形势之下，自学成风，研讨成风，求实成风，求新成风。这对于教育学术发展很有促成作用。自19世纪欧洲新教育输入，美国教育工作者结合实际而吸取众长和推陈出新，在若干教育课题探讨中乃青胜于蓝。教育哲学是为教育发展指明方向的，杜威的实用主义教育理论、巴格莱的要素主义教育理论、赫钦斯的永恒主义教育理论等等，都各树一帜，从不同侧面阐述论证，有着明辨是非的效益。心理研究是为教育工作提供科学基础的，美国学者在向欧洲学者学习之后，分别在青年心理学、成人心理学、教育心理学、学科心理学、心理卫生学等方面，勤奋研习，很能改善教育的质量。至于学校的班级编制、课程规划、教法改进、成绩考核、品德培养以及管理领导等方面的实际课题，为数浩繁，学者们也多于调查实验而获有答案。类乎上述的努力是有推动教育建设之功的。美国的学校,特别是师范院校,美国的教育专业组织,特别是美国教育协会和美国教育科学研究会,皆曾做出杰出的贡献。为数极多的教育科研成果和书刊,颇能引人注意和关怀教育实际和教育理论问题,并热心求其解决,从而对教育事业的速进推波助澜。

从上所述,可知美国教育史是很不平淡的教育发展记录。它显示着不同于一般国家教育发展进步的特点。自 1607 年英国第一批移民抵美,为时不及四百年,一个文教后起的国家竟然和众多文教先进的国家相抗衡,而且跨步在前。它以短促年代结出先起的和先进的国家以漫长年代而获得的成果,这一过程是绝非凡常的。显然,不掌握这个演变的历程就无从掌握美国教育所曾表现的强大生命力、战斗力和创造力。这就是说没有美国教育史的知识,就不易窥测其教育现状的底蕴。学者说古与今不可分,就美国教育史而言,最是值得玩味的。更重要的是,熟知事物的由来和发展,洞悉事物的成败和功过,才能真正地鉴古知今和古为今用,从而能够比较正确地或科学地展望未来和眺望远景。所谓预见性和超前性是应由未来学提供的,也是应由历史学促成的。认为面向未来就可割断历史是不应有的误会。形而上学和辩证法在这里是不容混淆的。毋庸讳言,美国在发展教育中也曾走过弯路,造成错误,理解这些也能使人在教育工作中知所戒惧,同样是不能厚非的。人们感觉在美国教育史中,充满着令人精神振奋的胜利凯歌,充满着令人不胜赞叹的克服教育险阻的斗争智慧,充满着令人鼓舞志气的教育英雄伟人,充满着令人启发理解的教育哲学和教育科学的知识财富;更称美国教育史无异是从事教育工作的领航者和指路标。这都是不无理由的判断。

二、美国教育发展中的问题

美国以惊人速度发展教育事业而取得优良成绩,是世所公认的。在另一方面,在迅速发展的美国教育中存在着显明的不足和缺点。有的学者说,美国有世界上最好的学校;同时,世界上最坏的学校也在美国。这就充分说明:美国教育的发展是极不平衡的,是优劣悬殊的,其差距是出乎人想象的。

(一)儿童和青少年的就学情况极不平衡

就初等教育而言,美国各地普设小学,而且日在改进之中。普及教育的呼吁和强迫就学的法令早已出现多次多时，但不仅小学尚未普及，文盲还为数众多。根据 1880—1910 年的统计，美国在家庭贫困者和新入境的移民中都存在着大量不识字者；特别是在黑人中，文盲最为充斥。其数据见表 1。

表 1　美国 1880—1910 年的文盲率

	1880 年	1890 年	1900 年	1910 年
全国	17%	13.3%	10.7%	7.7%
白人	8.7%	6.3%	4.6%	3.0%
白人移民	12%	15.3%	14.5%	13.6%
黑人	70%	57.1%	44.5%	30.4%

通过文盲众多的现象，不难窥知小学教育未能为人人所接受。原因是在贫富不均的国家中，许多财力困乏的家长无法支付子女的教育用费，有的家长更视儿童为维持生计的劳动力，童工虽为法律所不许，却为父母所喜爱，为工农业界所欢迎，为许多社会人士所认可，因而众多学龄儿童或则失学，或则到工厂、农场充当童工，甚至因为学校不佳而逃学旷课，名为入学，实则不曾受到教育。

就中等教育而言。第一次世界大战后，"中学面向所有青年"是甚为动听的口号。实际上，中学生的用费比小学生的用费更多，远非人人所能支付，其结果是家财较为丰裕的子女才得享受。哥伦比亚大学教授康茨曾于 1919 年就密苏里州的圣路易斯、加利福尼亚州的西雅图、康涅狄格州的布里几堡和纽约州的威南山四城市中学生家长的职业进行调查，结果是任职专业界和行政界的家长，比任职一般行业和工场的家长为多。11 年后，为了解中等教育扩大民主化的倾向，康茨又于 1930 年去西雅图和布里几堡两市进行同样调查，发现上述差异更加明显。原因是有些地方的学生就学不便，须远入别处的学费昂贵的学校，还须支付交通费和膳食费，如入有名的中学，又须穿较华美的服装和参加须纳费的组织活动。家境困难的青年唯有失学。康茨同时发现学生入中学与否，和家长的文化水平相关密切，曾受较高级学校教育的家长，子女入中学者多，教育程度差者则刚刚相反。康茨又发现多子女的家庭限于经济收入，常使最小的子女入中学，年龄大的子女很难入中学或中学毕业；而且不少青年已入中学，因父母亡故或失业，不得不中途退学；有的青年虽家财贫困却在中学挣扎求学，但为数是极少的。

美国为保障青年就学的权利，曾设有多种途径。免费供应交通车辆，免费供应图书，免费提供午餐，都先后出现在一些地区和市镇。由法令禁止童工也是办法之一。由于童工法的限制逐步严格，童工数量日减。有的数据表明，1890 年的 10—15 岁的男童工占全部男童的 26％，1930 年减为 6％；女童工则由 10％下降为 3％。当 1930 年时，全国 10—15 岁的童工为 235 328 人，约占全部同龄儿童的 2.4％；其中绝大多数，即 20.5 万人，在农田任童工，余则在工商业及私人家庭任童工，缺乏就学机会，或就学而难以成绩优良。白宫于 1933 年曾举行儿童健康和保护会议，以缓解当时紧张，其关于童工的分委员会在报告中建议：凡未满 16 周岁的青年，不许沿街卖货、售报、擦皮鞋等，不许参加工业方面的制造劳动；在农业方面，凡未满 14 足岁的青年，不准雇用，未满 16 足岁者，一律不准其劳动占用就学的时间。可见童工对于就学的消极影响。在两年之后，联邦政府于 1935 年成立青年管理局，支援贫困青年继续入学，以 16—25 岁的青少年为对象。到 1936 年，中学生受支援者为 269 533 名。该局工作者康派因（M. Champine）于 1938 年 11 月在《学校研究》（*School Review*）上发表文章，曾就明尼苏达州首府的马歇尔中学的 100 名受援生和 100 名不受援的正规生，进行比较，得知受援生的学习分数低于正规生，受援生参加社会活动者少于正规生，足见两者的区别仍是存在的。若据 1934 年的统计，全国 21 岁以上的成人只有 18.9％曾在中学肄业，只有 6.85％曾由中学毕业，更足见普及中学教育虽已树为第一次世界大战后美国奋斗的目标，却未能成为事实。

（二）教育质量的优劣极不平衡

在广大偏僻地区，一教师和一教室的学校是最常见的，规模小，设备差，教师劣，而且多年级学生聚集一室，进行单班上课，学习水平极低。在学区归并之后，一教师和一教室的简陋小学因多校并为一校，人力物力有所改进，但收效不很显著。有的数据表明，20 世纪 30—40 年代，工业繁荣的新泽西州仅有 1％的教师仍在一教师和一教室的小学任教，而北达科他、南达科他和蒙大拿等州，在一教师和一教室小学任教的教师则约为 50％。就全国看，一教师和一教室的简陋小学仍达 10 万所之多。但在城市，特别是在人口 700 万的纽约市、人口 300 万的芝加哥市以及其他大中城市，一些学校规模巨大，经费充足，教师水平很高，教学设备齐全，跟一教师和一教室的小学就有天壤之别了。在一教师和一教室的学校中，教学往往徒有其名，是一般儿童享受的粗茶淡饭式的教育，常是连阅读和简易计算的教学都未能搞好的。甚至在第二次世界大战以后的 1970 年，还曾为挽救失败，由总统尼克松号召大众"争取阅读权"，责成教师认真培养儿童阅读能力。该年还成立全国阅读中心和全国阅读委员会，促成其事。联邦教育总署署长艾伦（J. E. Allen）说："我们应当立即确定奋斗目标，于 20 世纪 70 年代结束以前，不叫一个离校的儿童不尽其所能地掌握好他所必需的阅读技术。"不过，他又说："实现这一个目标比去月球着陆还难得多。"到 20 世纪 70 年代尚且如此，不难推知第二次世界大战以前的情况了。实际上，文盲不只是不识字的人，还包括粗识文字、略能写作却文理不通的人，后者被称为机能性文盲。就在 1970 年左右，全国成年机能性文盲约 800 万人，还有 2 500 万名在职人员由于阅读能力差而不能升级加薪，说明不只小学教学质量差，中学也没达到标准。实际上，语文阅读不过是中小学教学科目之一，就连这一最基本科目的教学尚且如此低效，别的学科的教学质量就可想见了。美国中小学的教学效果确不如欧洲和日本等国。

这种质量欠佳的中小学不但教学成绩欠佳，还常常对青少年的精神成长产生消极影响。当 20 世纪 30 年代经济大恐慌时期，失业问题严重，社会动荡不宁。胡佛总统曾于 1933 年召开教育危机讨论会，以求解决青少年失学和学校停闭的现象。四年后，林尼（H. Reiney）著《美国青年应该怎样办》（*How Fare American Youth*），就马里兰州 12—24 岁青年 25 万名进行调查，发现中学生半数迫于经济条件而中途退学，1/4 由于学业和过失行为的原因而退学，他们感受心理上的苦闷。约在同时，贝尔（H. Bell）著有《青年的真实情况》（*Youth Tell Their Story*），也叙说美国失学青年的精神痛苦。道格拉斯（H. Douglass）在所著《现代美国中等教育》（*Secondary Education for Youth in Modern America*）中，就把实施心理健康的教育列为中等教育的任务之一。这一系列著述无不反映美国青年在经济不景气、政治纷扰、战乱、家庭分裂等环境中，以及在办理欠佳的学校中，精神上出现的恐怖、矛盾、心理冲突和感情抑郁，已形成教育上必须认真对待的事体了。

但是在另一方面，一些贵族型的学校则面目大为不同。最负盛名的菲利普斯（Phillips）、格罗顿（Groton）、埃克赛特（Exeter）、乔特（Choate）和劳伦斯维尔（Lawrenceville）等私立中学校，校舍华美，设备讲究，师资优异，教学认真，所教授的科目皆以升学准备为目的。学生不但学习一般中学的科目，有的还跟他们的三百年前在拉丁文法学校肄业的祖辈一样，要诵读古罗马时代的西塞罗用拉丁文撰写的古典著作。这类学校的生活奢侈，学生要穿美好的服装，讲求高雅的仪表，每班人数很少，考试十分严格，还安排多种社团活动，因而学生的学业成绩和身心健康都超过一般中等学校。在第二次世界大战后，全国计有这种类型的中学约200所，学生约4.8万人。它们绝大多数是寄宿学校，有的学校仅收学生二三百人，每生交纳学费与进私立大学所纳的学费同样高昂。在实行单轨学制的美国，它们不啻是双轨学制的体现者，和大量中学相比，有着天壤之别。

进一步地深入分析，则知决定学校教育质量的多种条件中，教师的优劣最关要紧。美国对于中小学教师的培养和要求不如欧洲国家的制度严格和标准一致。美国于19世纪30年代曾仿照德国设置师范学校，造就小学教师，而培养中学师资的学校则很迟才出现。法国于1802年创建国立中学，水平极高；为培养高水平的教师，1808年创设了巴黎高等师范学校。自1810年起，德国推行文科中学教师考试，杜绝滥竽充数；同时把大学中一向作为预科性质的文科，升格为与神、法、医等三科并列的哲学科，成为文科中学的师资策源地，而且哲学科毕业后还须通过国家职官考试，才能充任教师。美国于1893年才在纽约州出现第一所师范学院，比欧洲晚半世纪之久；以后虽推广师院，培养中学师资，而办理又不若法德诸国谨严。因此，就全国而言，美国中小学都水平偏低，成为美国教育发展中的弱点。问题是严重的。

（三）全国教育经费的分配极不平衡

在拜金主义的美国，教育发展是受教育经费所制约的，而美国的教育经费是贫富分配不均的。关于这一问题的数据相当多。有的指明在第二次世界大战以前，各州教育经费相差悬殊。密西西比州每生每年开支教育用费仅为纽约州每生每年教育开支的1/5；密西西比州教师和校长全年工资为559美元，而纽约州则为2 604美元，约为前者的4倍。全国计有10州，其每年每生开支教育经费不足50美元，另有8州则高于100美元。一般农村不及城市经济情况富裕，但农村的儿童出生率却高于城市。因此，不但各州之间的教育贫富差距极大，就在同州之中，城乡差距也很巨大。就儿童和成人的比例而言，加利福尼亚州的南部地区为洛杉矶市的2倍，而洛杉矶的教育经费却多于前者5倍。还有，向人民征收的财产税为教育税收的主要项目之一，各州也高下不同。在中西部的科罗拉多州，有些县应征税的财产价值仅合每个儿童1 300美元，最高者则达1万美元。在另一县中，差别也很大，最低者仅合每生3 000美元，最高者则达 8 万美元。在全国范围内，最富学区的每生每年教育开支为最穷学区每生每年开支的 60 倍，就更是天文数字了。另一统计数据是 1934—1936 年，全国公立中小学校平均开支为每生 74.3 美元，阿肯色州最低，每生每年仅开支 27.15 美元，纽约州最高，每生每年开支 146.9 美元，后者为前者 5 倍以上。而且除阿肯色州之外，密西西比、阿拉巴马、佐治亚、北卡罗来纳、南卡罗来纳以及多数南方各州，每生每年教育经费开支都大大低于平均数，而新泽西州、加利福尼亚州、内华达州和纽约州等，则远远超过平均数，形成两个极端。

我国的古代哲人说："不患寡而患不均。"美国教育经费每每被人称为富裕，并不寡。实际上也待分析。按 1934 年的数据，该年全国公立中学共用教育经费 573 170 231 美元，而入学校接受教育者仅为中学适龄生的 60%—65%。未入公立中学的中学适龄生为 350 万人。若公立中学再收容其半数，则须增经费 17 150 万美元；若全部收容，则须增经费近 34 300 万美元。此数仅按每生每年开支 98 美元计算，仅为小学每生每年开支 57.69 美元的 1.7 倍，为数很微，并非充裕。实际上，纵令全国全年中等教育开支为 10 亿美元，也仅占全国财政收入的 1.4%。这个 1936 年的估计数据表明，美国对于教育经费的分配是可以更为慷慨的。

(四) 自由发展和放任自流

美国长期强调地方分权，以保证教育事业中的首创性和适应性，自由发展和自由竞争成为金科玉律。相应地，联邦政府遂对于教育建设较少过问，主要听由州及地方政府决定处理。全国学校因而缺乏统一的规划和标准，放任自流相沿成风。由于国家幅员广阔，各地自然情况和社会政治相去较大，更由于各地文化水平不齐，人力分布不同，办学方式方法乃颇有出入，造成多种教育发展的不平衡。其各种条件较好者，教育振兴得较快较好；反之，则极为落后，形成极为显著的区别。关于建立联邦教育领导体制，加强中央对于全国教育的管理，早曾引起人们的重视，而且曾建立联邦教育署局；但由于担心产生中央集权的弊端，其权限始终局限于各州教育信息的交流之类，并未实现强有力的控制或指导。在教育科学发达的美国，教育行政专业化的呼声，同样曾多次响彻国内，结果是同样地未能有成效地落实。自美国处于英国殖民统治时期始，学区原是设校兴学之所，却因负责者眼界狭小而权势欲强，他们有的以办学而流为谋私，出现地域主义色彩浓重的学校和把持文权的地区官员。建国之后，学校增多，教育工作的难题增多，管学机构遂普设各地，取得收获和效果。霍拉斯·曼和亨利·巴纳德都是其佼佼的缔造者。不过，在偌大的美国社会中，虽则进步是主流，却依然存在某些不良现象，妨碍教育长足迈进。这是美国发展教育过程中的阻力。

长期遭到非议的是美国教育一方面密切了和社会的联系，一方面又颇受政潮的影响和常随政潮起伏而起伏。教育学者力言教育专业化的重要，而各级教育官员并非受有充分专业训练的专家，是由政府委派或群众选举的社会人士。美国教育行政问题的研究者曾指出凡经地方长官委派的教育行政人员，就要投合长官的政治口味，凡经居民选举的教育行政人员，就须千方百计去拉票联谊，否则就有陷于失败的威胁。他们明显指出现实的社会压力远远胜过专业的压力。美国知名教育学者狄扬在《美国公共教育导言》中，引中西部某县教育局局长的竞选经验说："我站在共和党方面，被选为县教育局局长。我在竞选时，由6月1日到11月8日，奔驰1.4万英里，曾访问3 000户农家，并记下他们的姓名住址，又访问3 000余户城市家庭。我给他们的留言卡片1.7万张，还给2 000个家庭书写卡片寄去。我为此曾开支1 200美元，终于以1 650票获胜。另外，我给全县每个领取补助金的盲人以雪白的手杖一根。当选后，许多人来访我，企图发售生命保险之类，这些东西须耗用我全部工资；如果我购买这些，四年后选举时就还可捞到选票。对任何愿意竞选为县教育局局长的教师，我谨提供这份情报。"①这是多么赤裸裸的描述！

以上四项是美国教育发展史中的主要缺点。不过，在由少数人所垄断的特权教育转变为人民所共享的民主教育的过渡时期，在由范围狭隘而内容贫乏的教育转变为水平高深而内容丰富的科学教育过渡时期，这种缺点是无法避免或难以避免的。新建立的美国在新发现的文化荒野上开创各种教育新事物，产生一些缺点倒是符合历史发展的常情的。反之，不产生任何缺点而完美无缺和尽美尽善倒是不容易理解的。任何一种崇高的教育理想都不是一蹴而就的。民主的和科学的教育尤其是难以攀登的高峰，是需经若干代人的持续努力，才能建树成功。第二次世界大战以后，美国教育工作者正在再接再厉以谋其实现，他们应该是能够逐步取得进展的。

---

① Chris A. De Young. *Introduction to American Education*. p. 740.

美国是怎样向外国教育学习的[*]

结合本国的具体情况，不断地有选择地向别国学习，取人之长，补己之短，是促进美国教育发展的一项重要经验。现从美国教育的历史来谈谈这个问题。

一、历史的回顾

17世纪英国在北美建立殖民地，就把英国教育原样搬去。殖民地的哈佛、耶鲁等学院是英国牛津、剑桥两大学的缩影。它的拉丁语法学校是英国公学和语法学校的翻版。初等教育更是如此，把英国的教区学校、慈善学校、主妇学校照搬过去。英国贵族子弟入公学、语法学校和大学，平民子弟入初等学校，实行双轨制，殖民地也如此。当时它所需教士、律师、医师的来源有三：或由受过训练的移民充当；或袭用欧洲艺徒制，由操业者收徒培养；或由富家子弟到欧洲学习。哈佛等校最早只设神科，不设法科、医科，青年就到英格兰学法学，到苏格兰学医学。很清楚，北美殖民地教育依附于宗主国英国的教育，并且是一模一样的，只是水平较低而已。

1776年，美国摆脱英国统治，建立了资产阶级共和国。新形势迫使美国进行教育改革，这就掀起学习法、德先进经验的浪潮。

第一，英国教育史学者汉斯对美国开国元勋富兰克林、杰斐逊等赞颂备至，说他们具有国际眼光，能够千方百计吸取外国教育精华。这样说有其根据。他们的首要贡献是把一向全盘英化的美国教育，引向学习法国的新道路。早在美国独立战争爆发之前，法国启蒙学者的天赋民权、自由平等的理论，在北美广泛流传。战争爆发后，法国又给独立政府以有力支持。富兰克林、杰斐

---

[*] 本文原载《教育研究》1979年第2期。

逊、约翰·杰、约翰·亚当斯等美国资产阶级革命家，都曾旅居巴黎，和法国进步势力有广泛的联系。因此，在美、英交恶的岁月，美、法成了兄弟友邦。殖民时期的教育要养成大英帝国的顺民，独立后则须培养民主国家的公民；启蒙学者的政治哲学刚好成为新教育的依据。启蒙学者狄德罗等人主张政府负责办学，反对教会的干预，以实施公民教育，又恰好符合美国新教育的要求。公民教育和世俗教育是近代教育的标志，在当时的欧洲只是极少数眼光锐利的伟大思想家的理想，美国首先向此迈进，显然是得自法国的启发。鲍尔斯通的《法国对于美国高等教育的影响》一文曾明白指出，法国不但对美国独立战争给以武器、人力、舰只的援助，肯定殖民地人民抗英的正义性，而且为美国政治、教育提供了民主的方向。

法国对于美国教育制度的建立也有很大的影响。按照狄德罗的蓝图，教育摆脱教会羁绊而还俗，并非就由政府管学而是依靠大学来设校办学。他说体制完备的大学包括高、中、初三级学校；理想的大学既是传授高深学术的学府，又是管理全部教育的机构。因此，美国一方面孕育了单轨学制；另一方面，总统华盛顿还据此向国会提请创办国立大学，兼负大学和联邦教育部的双重职责。这和以后拿破仑创设的法兰西帝国大学，如出一辙。议案未获通过，华盛顿临终仍献出遗产，备作将来建校时所用。国立大学虽未实现，而按法国理想成立的州立大学纷纷问世。1784年在约翰·杰推动下成立的纽约州立大学，不仅培养专业人才，而且是全州中小学的领导机构。弗吉尼亚州立大学于1819年经杰斐逊推动建成。在杰斐逊的规划中，全州各级学校都是大学的组成环节。汉斯教授说，1789年法国大革命以前，欧洲没有政府举办的非教派的世俗大学，拿破仑于1808年创建帝国大学是划时代的。实际上，美国州立大学却走在欧洲前面，开教育史的新页。同样由于贯彻政府办学的精神，哈佛在殖民地时期原属教派学院，1780年在约翰·亚当斯坚持下，向政府请领办校执照。别校纷起仿行。与此同时，为传播法国文化，大学创设法语讲座，法国重农学派鼻祖奎奈的孙子希瓦利埃·奎奈和众多法国学者源源去美，使两国在文化科学上联系起来，曾形成强烈的法国热。

欧洲工程人员原来是通过艺徒制培养的。法国于18世纪中创设桥梁工程学校，19世纪初创立多科技术学校，开始向专业教育迈步。美国于1812年第二次对英战争前夕，急需军工技术，因英国严密封锁，于是向法国学习。美国于1802年成立西点军校就以此为背景。当时的工程不外军事工程和土木工程。

西点本是军工学校,第二次对英战争后转向土木工程发展。它和1824年在纽约成立的闰斯利尔多科技学院,共同造就工程技术人才,为19世纪中叶美国产业革命储备了人才,对于促进美国生产力的发展起了一定的作用。

第二,美国倾全力学习德国始于19世纪30年代。当时第二次对英战争业已胜利结束,产业革命开端,城市纷纷兴起,与此同时,社会问题却严重起来了。工人阶级为求解放,争取教育权的斗争形成高潮。资产阶级为缓和矛盾,不得不做出让步,由政府兴办教育事业。在这时,德国刚好比美国先走了一步,便成为美国仿效的目标。

1807年普鲁士大败于法国,国家濒于危亡,费希特的教育救国论一时高唱入云。普鲁士政府遂以快速手法实行小学强迫就学,普及军国民思想,创立师范学校,造就合格师资;建立教育领导体系,加强学校管理,从而出现井井有条的教育网。美国呢?广大地区只有一教师、一教室的简陋小学,容量有限,众多儿童无校可入;学校又不分级,儿童混为一团;教学设备缺乏,有黑板、地图的小学是凤毛麟角;全年上课三四个月,其余时间则校门紧闭;教师待遇薄、水平低,不会启发诱导,只会灌输、打罚;学生厌学逃学乃成普遍现象。失学和逃学的青少年,扒铁路、焚厂房、斗殴抢劫,违法乱纪,频频造成严重事端。美国资产阶级渐渐接受了德国关于"教师是优良警察""课堂可代替绞架""开办一所学校即关闭一所监狱"的思想,从而使公款兴学运动蓬勃展开起来。

霍拉斯·曼(Horace Mann)和亨利·巴纳德(Henry Barnard)是这个运动的领袖。霍拉斯·曼大声疾呼:"外国有许多新鲜事物需要善于效法。""许多事情在美国还是玄想空论,在外国却早已成为事实,现今正在收获丰硕的果实。"他们多次考察普鲁士和欧洲多国教育,羡慕它们的成就。霍拉斯·曼于1837年在马萨诸塞州建立州教育委员会和教育厅,兼任教育委员会主席和厅长。巴纳德于1839年在康涅狄格州,于1845年在罗得岛州,先后担任过同样职务。他们建立了征税设校的制度。霍拉斯·曼又把学校儿童分编为班,改行班级教学;举办师范学校,造就师资队伍。这一系列大胆建设遭到种种非难。保守派说普鲁士是君主专制国家,其教育不能行于共和制的美国,普鲁士的军国主义更与美国的民主政治冰炭难容,强征教育税是对私有财产的侵犯,等等,对霍拉斯·曼横加责难。霍拉斯·曼反复解释,认为仿效教育不等同于仿效政治。几经火热辩论,他的改革终于获胜,美国初等学校才开始现代化。

德国高等教育对美的影响同样深远。经受 16 世纪宗教改革冲击的德国旧大学和宗教改革时期兴建的新教大学,对于自由论辩颇能容忍。因而学者辈出,他国难与相比。以英国为例,牛津、剑桥清规戒律繁多,不利于学术研究。培根、洛克、达尔文、斯宾塞、穆尔等博学之士,都非大学所养成。相反,德国的路德、康德、费希特、席勒、黑格尔、夏姆霍尔兹等权威学者,则都出于大学之门。1810 年在教育救国声中兴建的柏林大学,致力学术教育,培养法学家而不重造就法官、律师,培养医学家而不重造就医师、药师;培养思想家、科学家而不重造就技术工作者。皇家科学院、皇家图书馆又毗邻而设,科学成果和文化宝藏恰恰左右逢源。教学科研于是达到高级水平。法国学者甚至赞誉德国大学的起点乃是别国大学的终点。

美国举办州立大学时,德裔美国文人和赴德学习的美国学者,他们多以德国的大学为范例。1848 年,普鲁士七月革命失败,大批德国进步学者避难赴美讲学,给予美国的影响更大。密歇根州德裔居民日多,德国逃美的学者纷至州立大学任教,太潘于 1852—1863 年任校长,竭力仿效德国。他评价德国大学时说:"以往高等学校的精华被它保持了,糟粕被它淘汰了,不足之处被它补充了,它把一切真实的进步融为一体。"不久,密歇根大学便和历史悠久的哈佛大学并驾齐驱。密歇根州位于美国中西部,其州立大学是中西部各州大学的样板。南北战争后,美国青年赴德留学者日增,为了避免远涉重洋,又兴建霍普金斯大学。校长吉尔曼(D. Gilman)曾赴德深造,是德国大学的赞颂者。教授多聘德国学者担任,在本科之上设研究院,致力高深学术,被称为设在美国的柏林大学。19 世纪末,德国教育学者鲍尔生(F. Paulsen)说,美国达到大学水平的学府只有哈佛和霍普金斯二校,它们把科学水准提到美国前所未有的高度。别的院校步其后尘,除邀请德籍学者任教外,每年都派众多青年留学德国的柏林、哥丁根、哈列、莱比锡、海德堡等大学;德国大学遂成美国大学教师养成所。在这前后,留学德国而担任美国大学校长者有 20 人左右,美国高等教育水平逐步提高。

美国建国前原有的院校也因德国影响而得到改革。在这项改革中,艾略特(C. Elliott)做出了贡献。艾略特留欧多年,在德为时最久,对德国教育极为推崇,认为德国大学名副其实,美国旧院校只顶得德国中等学校。他从 1869 年任哈佛大学校长起,就感到全校老气横秋,难以满足南北战争后的需要,于是增设新科目,推进选科制,创办研究院,探索高深学术,从此,哈佛面目全新，带动了别的高校。哈佛大学被鲍尔生称为世界学府，就由于此。

虽然如此，美国到20世纪初，还没摘掉学术教育后进的帽子。19世纪末，全国医科院校多达150余所。卡内基教育基金会邀请推崇德国教育的弗莱克斯纳（A. Flexner）进行调查，1910年提出报告，揭发多数医科院校根底空虚而滥发学位。报告引起举国震惊，因而力加整顿。到1915年，被揭发的院校全部倒闭。从此医科改招本科毕业生，修业四年，教师不复由操业医师充当，改聘医学专家担任。法科、工科也奋起改造。第二次世界大战以后，再进一步，美国高校才登上国际学术科技舞台。从19世纪30年代起到20世纪30年代希特勒夺权止，美国学习德国恰好历经了一个世纪，其时间之长与狂热度均超过学习其他国家，其效果也大于学习别的国家。

第三，瑞士教育家裴斯泰洛齐尊重儿童天性，崇尚自由发展，采取直观教学，注意人格感化。他于18世纪开始的新教育实验轰动欧美。19世纪60年代，纽约州奥斯威戈（Oswego）①师范学校吸取其精神和方法，培养新型教师。全国广大教育工作者纷纷参观仿效，酿成盛极一时的奥斯威戈运动。美国师范教育、小学教育颇受其惠。

第四，帝俄从来是教育落后的国家。但1876年在大陆国家举行的博览会上，莫斯科帝国技术学校的木工、金工产品，引起麻省理工学院校长奕库的赞赏。美国中学生升大学者少而就业者多，帝俄技校培养工艺人才的理想也在美国受到重视。1880年，美国便成立工业中学。第二次世界大战后，苏联于1957年试制人造地球卫星成功，美国深受触动，视它为科技领域的珍珠港事件，次年颁布《国防教育法》，又次年派出苏联教育考察团，从此积极取法苏联，在中学数学、自然科学、外语"新三艺"中进行教学改革，改变过去只求目前效用而放弃系统理论学习的做法，要求从严从高，把实用主义控制下的学校纳入向科学进军的轨道。在大学则追求高精尖，大讲天才培养和脑力开发，以适应电子时代的要求。这是美国20世纪60年代后在教育上的重大改革，其效果不可低估。

美国学习别国也曾走过弯路。例如，第一次世界大战前美国学校里，德语是重要科目；一战爆发后，各校停授德语、德国文学、德国史学、德国哲学，而且焚毁德文书籍，敌视德裔教师、德国学者。又如，南北战争前，众多留德

---

① 作者也译作奥斯威哥、奥斯伟哥、奥斯维哥。以下不再作注。——编者注

学生以学习法科为时尚，因德国大学传授罗马法，特别是查士丁尼法，肯定奴隶制的合理性，有利于维护美国的黑奴制度；直到南北战争后，此风始得扭转。不过，从主流看，美国学习别国教育的工作是基本健康而确有成效的。

二、经验总结

首先，美国开国元勋杰斐逊于1814年致友人信中说："我不丢失任何时机去熟悉别国最好的学校组织，去熟悉最开明人士对于值得在这些学校占有地位的科学所持的见解。"这表明美国自始就正视所有国家教育的优点。它建国后急于向友邦法国学习，但对敌邦的经验也不全然排斥。第二次对英战争刚完，两国尚在敌对，其时空想社会主义者欧文于1816年在苏格兰首创幼儿学校；两年后，波士顿于1818年拨款5 000美元仿设幼儿学校，成为美国学前教育的前奏。如果说英国是新兴资本主义国家，因而成为美国学习对象，但仍处于封建专制下的普鲁士，因其教育有成就，不仅为美国所学，而且学得最起劲。如果说法、英、德三国教育发达，因而成为美国师法的标本，但落后国家帝俄工艺教育的这点长处，也没有被美国忽视。第二次世界大战后，美苏壁垒森严，但苏联卫星上天立即在美国卷起学苏浪潮。总之，美国学习别国教育非以邦交上的敌友为准，而以各国教育的优劣为准。法、德先进就学法、德，苏联纵令是对立面，也弃其教育方针、政策而学其课程、方法。还有美国学习外国时，并不把社会制度和教育搅在一起，绝不因某国政治好就全盘接受其教育，政治不好就把孩子和洗澡水一起泼掉。法国当时是美国的友邦，政治制度相同，但大学兼管地方教育的做法，实行起来有困难，因而美国除纽约州外，其他州大学都没有采用。这样有选择地吸取，乃得兼采众长之妙。

肯定地说，美国不向法国吸取民主的世俗的教育思潮，就难以迅捷地由抄袭英国的泥潭彻底自拔，其获得明确的兴学方针就不会那么爽利；如果不向德国学习教育管理体制和进步的办学办法，就难以速效地建成州教育领导机构，也会推迟初等教育现代化日程；如果不向瑞士学习裴斯泰洛齐的教育理论和方法，就难以促使教学活动照顾到儿童心理，也必然推迟教育工作科学化。美国正是借助多种渠道，博学广采，破除禁区，遂迅速赶上世界教育先进水平，免于蜗牛般的爬行。

其次，杰斐逊还对友人说："各国教育样板都是须经我们权威慎加选择的，须选其中对我们切合的资料,在用以建立机构时,应选取其适合我国社会状况的内容,还应按其优异性和可接受性的大小而予以适度地推广利用。"美国是针对本国需要而对各国教育经验批判吸取的。美国建国初期以法为师,并非全无分析。当时所学的主要是启蒙学者的民主思想和由国家兴学的主张,因为这些切合美国当时之需。法国教育崇尚理性而忽视现实,尊重天才而漠视群众,跟美国经济建设的急切需要和政治上的发展趋势不符,就未加采纳。在法国热的激荡下,青年纷赴巴黎留学,杰斐逊力加劝阻,因为法国教育还受天主教控制,青年缺乏识别力,贸然就学是弊多利少的。随后以德为师,美国也注意剔除其封建性糟粕,不搞军国主义和忠君教育,而吸取学校体制和方式、方法。霍拉斯·曼和顽固派论战时说,真伪善恶应予区别,不能因其一而废其全,就是说一分为二。当时美国教育受地方权势派把持,急需政府强有力的领导。1843年,霍拉斯·曼曾在赴欧考察报告中,就各国教育优劣而序列出普鲁士、萨克森、西部及南部德国各邦、荷兰、苏格兰、爱尔兰、法兰西、比利时,最末才是英国。因为普鲁士是在集权领导下有计划地办学;相反,英国由私人设校,各行其是,政府跟随私人屁股转;所以普鲁士名列前茅而英国殿后。显然,他呼吁学德是要加重政府权威,振兴教育事业,现在美国向苏联借鉴的不是苏联的办学方向、目的,乃是其着重科学教育的努力。总之,美国致力的是"欧为美用",并不无的放矢。

再次,既学外国经验,又发挥创造性能,从而青胜于蓝,在美国教育史中不乏例证。就高等教育而论,欧洲各国重学轻术的思想根深蒂固,认为大学搞工、农专业教育是走上歧途。无奈,南北战争后,百业跃进,美国迫于客观形势,乃采取两条腿走路方针,一方面按德国榜样建立霍普金斯大学,致力学术教育;另一方面于1862年由国会通过《莫雷尔法》,由联邦拨地在各邦创办农工学院。后来农工学院不但促成农工业发展,又向科技研究迈进,做出巨大成就。如今世界闻名的理工学府麻省理工学院和农业学府康奈尔大学,都是由19世纪60年代被鄙视的"牧牛娃学院"而成今日之盛。这在世界范围内是破天荒的。大学研究院是学德的产物,但美制优于德制。德国大学的学术研究由讲座承担,讲座由政府任命;讲座的研究经费系政府专款拨用,大学无权过问;研究助理人员由政府委派,是讲座的属下而非一般合作者;更大的矛盾是大学虽重研究,而教授名义上以教学为职责,研究乃其个人私务。讲座待遇丰,又为终身职,人遂有恃无恐,抱残守缺,能从事创造性、高质量讲学的寥寥。化学家李必格（Liebig）、生物学家路德维希（Ludwig）、心理学家冯特（Wundt）等学术权威，屈指可数；而由于等级森严，后进受压，学术难以长时速进。美国有鉴于此，于1890年开始设系；各系以本科生教育为主，而以培养研究生为次；各系研究工作由教授、助教、研究生协力进行，作风民主；而且校系之间经常交流竞赛，不容夜郎自大，其成绩优良又是升级的根据；这就使人人急于出成果，比德国大学有朝气。还有，德国大学以纯粹学术为高，视研钻技术问题为不务正业。美国大学冲破这种束缚，组织上含有伸缩性，办法上又多灵活性，跳出学院狭小天地，和政府、企业挂钩，发挥智囊作用；另一方面，理论促实践和实践促理论，有利于大学科研走向尖端。

从上可知，美国吸取别国经验不是照抄而已，乃是认真研究、切实加工。正是这样，美国学习外国经验常由某州某校开路先行，取得成果后才广为宣扬，进而为别州别校所仿效。这样由研究、实验到总结推广，步子比较稳健；但是，后进地区学校也往往长期掉队，造成了发展的显著不平衡。

美国教育史显示的教育发展客观规律*

美国是当前教育超级大国,在教育民主化和教育科学化的道路上,都是快步向前的,其各级各类学校多属先进,社会教育和成人教育各有特色,普通文化科学基础教育与日俱新,学术教育和专业教育造诣颇深,教育管理领导不断改进,教育科学研究硕果累累。众多国家皆在教育发展过程中竭力借鉴和效法美国,把美国教育视为样板;研究世界教育和比较教育者无不深入理解美国教育。简言之,美国教育之广为世人所瞩目已成客观存在的事实。

不过,美国教育的现状是从历史演进而来的。众所周知,美国并非自然形成的国家,与中国、印度、亚述、巴比伦、埃及、希腊、罗马等拥有数千年悠久历史的文明古国不同。今日的美国疆域原是过着原始生活的印第安人家园。英国移民涉足此地始自17世纪。在短短的300余年间,美国由教育荒野而跨越各国历数千年所走的里程,竟然后者夺魁。这是教育史家一致承认的惊人奇迹。这个奇迹之出现绝非得自偶然。美国的政治、经济、社会、文化的飞跃前进,固然给美国教育提供了沃壤;而美国教育发展的历程符合人类历史发展的客观规律,尤为紧要而必须重视。否则客观环境虽佳而路线错误,违反规律,也会辜负良机而追悔莫及。美国教育史所显示的教育发展客观规律,确是极应珍视的人类文化财富。它不仅能应用于美国。它且具有巨大限度的普遍意义。现列举数点予以阐述,因为这是有助于"洋为中用"和"古为今用"的,是有助于"青出于蓝而胜于蓝"的。

第一,美国教育的发达是面对现实建设需要而锐意创新,从而推动历史车轮疾驰跨越,从而后来居上的。美国建国之前虽曾经承袭欧洲文化传统,开其教育事业之端;却能伴随国势之迅猛跃进而勇于开创教育新事物,并未被传统所束缚;因而美国教育发展过程充满蓬勃气概,取得辉煌成绩。就高等教育而

---

* 本文原载《河北大学学报》(哲学社会科学版)1995年第4期。

言，移民仿照牛津、剑桥两学府，设立哈佛、耶鲁等学院；但美国建国后大事兴革，州立大学很快于18世纪末叶纷纷创设，颇能为各州培育适用的建设人才。欧洲大学一向操控于教会，直到19世纪，拿破仑才于1808年建立法兰西帝国大学，普鲁士才于1810年创办柏林大学，这些欧洲由政府举办的大学都诞生于美国州立大学问世之后。南北战争结束，美国生产事业起飞，联邦政府向各州拨地办理农工学院，造就生产干部，走教育与生产劳动相结合的道路，使一所所被诬蔑的"牧牛娃学院"大力促成国力的发扬，同样是欧洲国家从未曾有的杰作。就中等教育而言，英国移民曾仿效本国传授古典学科的文法学校，在新大陆设立拉丁文法学校，是为升大学做准备的贵族子弟学校。建国前夕，富兰克林因其不合时势所需，创立兼顾升学和就业双重准备的文实学校。到19世纪，波士顿市进一步破除欧洲传统，兴办仅事就业准备的中学。南北战争以后，中学未能全然不顾青年的升学准备，但中学毕业生升学者远不及就业者之多，显出了美国中等教育的特色。教育史家把美国的中学和法国的国立中学、德国的文科中学以及英国的公学，并列为驰名于世的四类中等学校，足见美国中学是功在史册的。就初等教育而言，美国当处于殖民地时期，由英国移民传入教区学校、主妇学校、贫儿学校和慈善学校，皆简陋浅薄而水平低劣。美国于19世纪掀起公共教育运动、奥斯威戈运动和进步教育运动，又在初等教育上开辟了新纪元。很清楚，不针对现实而勇于创造，这些胜利是难以想象的。

在勇于创新方面最为突出的巨人，是未曾受过高等教育而被人奚落为"无文化的总统"的杰克逊。当他于1828—1837年任职时，美国大兴开发西境，新州接踵建立，急需能人拓荒。传统派人士企图以欧洲模式的教育完成急迫任务，杰克逊则坚决快刀斩麻，提出凡未曾违法犯罪者，无须受高等教育，即可担任法官，凡稍受创业锻炼者即可担任公职。他斥责迟疑之人而主张采用欧法者是严重地违犯了年代学的错误。西进大业之获得成功果然证实了他的预言。实际上，那乃是自明之理：生于一个"物竞天择"和"适者生存"的进化世界，处于资本主义取代封建主义的斗争时代，呼吸于美利坚合众国的"唯奋发才是生路，不开创必归灭亡"的激进社会气氛中，不面向现实而竭力开创，必然自掘坟墓，那岂不是违背历史发展的客观规律吗？

第二，美国在创立教育事业的过程中，除根据现实之需而自力更生之外，**还善于吸取别国的先进经验，以别国之长来补己国之短**。这也符合教育发展的客观规律。美国最初是欧洲众多国家移民汇聚之地，在相互交流和观摩之际，无形中形成各国教育的博览会和竞赛会。建国之后，美国又多次派员赴欧考察、参观和学习，大量学者和教育工作者认真不苟地以欧洲学校为师。公共教育运动领导者霍拉斯·曼、霍普金斯大学校长丹尼尔·吉尔曼、哈佛大学校长查理士·艾略特等美国教育伟大功臣，都是例证。他们发挥了文教使者的使命，产生了"欧为美用"和"欧促美进"的宏效。其力量绝非小可。就高等教育而言，如果南北战争后，美国仅仅举办务实的农工学院，而不同时向正在发展学术教育的德国学习，建立霍普金斯等大学和刷新哈佛等大学，美国学术势必落后而难与欧洲国家比美。美国当时采取两条腿走路的方针，因而凭借两者并举而喜庆双丰收。就中等教育而言，如果美国依照波士顿市1821年的方案，中学放弃升学准备的目标，高等院校必将断绝生源，严重伤害学术教育的成长。美国幸在注重就业准备的同时，并未废除欧洲中等学校的升学准备职能。后来，1918年提出的中等教育七大原则，既重就业准备，又重升学准备，还重生活知能的准备，便走上综合中学的路子。就初等教育而言，如果美国因厌恶普鲁士军国主义和君主政权与美国的民主政治和共和国体不同，抹杀其成绩卓著的国民教育，美国就不易快速地普及义务教育、培养优良师资和建立教育领导体制。再则，如果美国不向瑞士裴斯泰洛齐学习，美国中小学必将难脱本本主义，举凡尊重儿童天性、崇尚自由活动。实行人格感化和推行直观教学等先进的方式方法，都无从使美国中小学迅即改换面目。由于美国学者放眼世界而未拘泥自恃，充分运用别国的精华而不做狭隘自大的夜郎，美国才得以迅速摆脱教育落后之局，赶超世界教育先进之邦。这能说不切合教育发展的客观规律吗？

美国借鉴别国教育时兼采众长，不倾斜到一国一邦，因而获得多方面和多种类的效益，同样符合发展规律。它对于政治与教育的界线加以划分，不把两者混为全然一体，也极有道理。美国在抗英斗争中，跟法国是同盟；美国政治家也认同法国启蒙主义者关于民主政体的名言。因此，美国借鉴法国，由政府领导培养善良公民。第二次抗英战争（1812—1815年）后，英美适成敌邦，但英国空想社会主义者欧文于1816年在苏格兰创设幼儿学校后第三年，波士顿市便拨款仿设幼儿学校，成为美国学前教育的前奏。美国学习先进经验时，并未完全以政体是否相同为界标。美国是民主共和国，而普鲁士为推行军国主义的君主专制国家，曾有人因政体相反而反对学习普鲁士的教育，但时势否定了他们。因为美国在19世纪20—30年代，国基稳固，产业发达，但教育未能跟上形势之需。众多儿童和青少年无校可入，入校者又因学校腐败而大量逃学，使青少年及幼儿违法犯罪日趋严重。人们经探索而认清："教师是优良的警察"，"课堂可以代替绞架"，"开办一所学校即可关闭一所监狱"。当时普鲁士邦因1806年惨败于法兰西，为力图教育救国而普设小学，强迫就学，创立师范学校，加强领导管理，转瞬间出现井然有序的学校网，为众多国家所艳羡。美国乃不得不取法借鉴，掀起德国热，从而大有收获。理由是：教育受制约于政治虽是肯定的，但教育事业在一定限度的有无相对的独立性，也是有待研究的，是宜加审慎剖析的。第二次世界大战后，美国、苏联是两大阵营冷战中对峙之国；然而苏联人造地球卫星于1957年上天后，美国随即承认美国教育落后，于1958年颁布《国防教育法》，并于1959年派出教育考察团赴苏考察。该团返国后，以鲜明对比指出苏美教育质量优劣的差距，从此大力改革教育以巩固国家力量。政治上一时的敌我未曾妨碍文教的交流，从而使得美国急起直追。

由于美国肯于积极地吸取别国先进教育理论和经验，一些源出欧洲的教育新生事物在美国的推广和传播远远先于其本国或广于其本国。以德国的赫尔巴特为例，他的统觉心理学和阶段教学法，经留学德国的美国青年返美大力宣扬，先在密西西比河一带的师范院校实行，随后传之全美，并且成立了赫尔巴特俱乐部和赫尔巴特学会，赫尔巴特学会以后更升格为美国教育科学研究会，由权威学者杜威任会长。1894年，充任联邦教育局长的哈文斯曾说，崇奉赫尔巴特教育理论的美国人远比崇奉赫尔巴特的德国人为多。以英国的斯宾塞为例。斯宾塞在《自传》中说，他的教育思想在英国是敌友并存和毁誉参半的，在美国却畅行无阻而广受欢迎。哈佛大学校长艾略特在给斯宾塞所著《教育论》新版作序时说，就事实而论，斯宾塞的理论在美国比之在英国获得更为浓厚的兴趣和更为稳妥的市场。理由是英国学校弥漫着古典主义和保守气氛，斯宾塞的功利主义教育论乃不得伸展，而环境一新的美国就全然不同；因而便形成"园外红花园内红"了。

在此还须提及的是美国吸取别国教育经验时，大力吸取别国学术人才，也须加以参考。1848年，普鲁士七月革命失败后，进步学者大批逃美，密歇根大学因受其惠而蔚为名校，成为美国西部大学马首。1870年，德意志帝国建立，不甘忍受军国主义压迫的学者纷纷逃美，霍普金斯大学就异军突起，一跃成为学术型知名学府。第二次世界大战后，吸取范围扩大，曾引起英法等国学术界抗议，说不该挖它们的墙脚。我国知名学者留居美国而治学杰出者，为数非少。苏联获得诺贝尔奖的文学家索尔仁尼琴更是去美而不思返国者。美国借他山之石以攻玉，非一般国家所能相比。这里有掠夺人力资源问题，但实际上也因美国社会有一定限度的进步性；同时，也因美国巧于借重外力，给学者安排适宜的研究条件和工作环境，在学术成就评比中持平等相待而少歧视的态度。

第三，美国是移民建成的多民族国家，人民种族不同，国籍不同，教派不同，政党不同，矛盾重重而纷争起伏；但就整体观看，尚能和衷共济，形成多元的美利坚文化，推动教育事业快速进步。欧洲各国移民能够走向协作和融和，共同为建设教育事业而奋斗，同样是美国教育快速发达原因。理由是在多民族和多教派的美国，"定于一"的思想是难以设想的。曾有较长时期，各国移民集居不同之地，各自保持本国的文化传统，而且坚定不移地信仰自己的教派，俨然是分布各地的"小英国""小荷兰""小德国""小法国"，来自五湖四海之人并无彼此一国的思想感情。德意志移民以德意志文化优异自命，自以德语设校教学，实乃独立于美利坚合众国的大家庭中。但历时未久，他们就由独立而融合了。德国移民的报章频频提及在边疆地区的多民族会合地带，保持民族文化的独特性是可能的，却是极为困难的。经验告诉他们，仍然像在德国一样传授德国语言文字之类是不够的，应当延聘精通英语的教师，教授英语科目，因为德国移民把自己局限于一隅之地而企图与外界隔绝，是行不通的，随而他们不再狭隘地独往独来了。与此相同，他们也认清把德国移民仅仅放在德国教堂影响之下而孤立于世，也行不通。实际上，不仅德国移民曾经如此，其他国家的移民无不曾有此同感。伴随政治和社会的变化，各民族和各教派的界限逐渐解禁了，国家意识强化了。学校受政治的制约和社会的启发，自然成为各国移民共同关怀和协力建设的目标，美国教育快速前进乃是逻辑上的当然结论。

在美国处于英国殖民地之际，国教派与清教徒势难两立，天主教和基督教新教派不能水乳交融，教派不同则不能共谋，所设学校和所传教义彼此背道而驰。它们互相敌对，互相水火，极不利于民族的互友和群众的协作。在美国建国之初，宗教意识，或称教派意识，强于公民意识；进一步讲，教派意识是被放在公民意识之前的。稍后，人们慢慢承认培养公民的目标与培养宗教信仰不相矛盾，因为公民以笃信宗教为必备的品德，无神论是遭鄙弃的。待国势蒸蒸日上，人们必须接受政权领导；自然科学和进步哲学的传播，非教义所能抗拒；世俗化的强烈锋芒驱使教权从教育领域节节退让，宗教权威和政治权威以及学术权威走向协调。这原是世界范围的大事，各国都曾有此演变；但美国在这个转换中转变较快较早，受到实惠就多。这也与客观发展规律相符。

第四，美国处于殖民地时期，欧洲移民把教育子女视为家长的职责和教会的职权。英国清教徒的惯例是抵达新大陆定居之日，即是建教堂和兴学校之日。市镇兴起，划分学区，又把学区办学视为地方自治重要项目。群众对于教育的参与意识自始是强烈的。建国之后规定兴办教育是州的权力，但并未因此而损伤群众参与教育事业的积极性。人们认为赞助兴办学校乃是每个公民的义务，是基督教的使命，是光荣，是贡献，是功绩，是促使社会前进的不能推诿的责任。他们公认教育事业不能完全等候政府来搞，人民对此绝不能袖手旁观，民办才是教育主动力。他们公认地方学校不够多和不够好，恰是地方居民的污点和不光彩，所以美国的套语是："教育应由人民首创，应由州政府尽责，应由联邦政府热情关怀。"与此同时，美国疆土辽阔，各地情况悬殊，人们认为发展教育事业应重视地方的首创精神，不能统得过死，然后才能适合人民之需和换来蓬勃的景象。颇能言之成理。

在群众踊跃参加和地方分权领导之下，美国教育曾经不断出现新的开创。就学制改革而言，八四制渐为六三三制所取代，并非仰承政府以法令决定，是加利福尼亚州和俄亥俄州的学校主动首创的。创立初级学院的同样并非政令，是由芝加哥大学校长哈珀审视大势而建议的。因为根源于群众，学制改革便切合民情，受到欢迎。就中小学教学改革而言，文纳特卡制、道尔顿制和设计教学法等曾经流行的方式方法，无一不是由站在教学岗位上的实际工作者依凭实践而首创和行之有效。就教育经费而言，各地财力不足时，由地方居民解囊捐资助学，在美国早已成为风尚。南北战争后恰逢教育经费困乏，富商皮博迪才捐输巨资，成立皮博迪教育基金会。以后，钢铁大王捐资成立卡内基教育基金会，石油大王捐资成立洛克菲勒教育基金会，汽车大王捐资成立福特教育基金会，都曾产生推动教育速进之力。就社会促进教育的团体而言，社会名流、地方士绅、富商大贾、学生家长等曾组织多种多类集体，解决学校难题，或帮助建筑校舍和充实设备，或资助贫困学生继续入校而不辍学，或帮助教师改善教育教学工作，或帮助学校教师和学生家长合作育人，等等。学者认为美国教育的群众基础雄厚，办理教育紧紧发动群众，比单独依靠政府容易奏效，是足供他国效法借鉴的规律。

第五，美国在依靠群众办学之际，同时大力依靠科学导航，两者有机相结合，殊为可取。 众所周知，美国一向积极于教育科学和教育哲学的探讨研究，而且常是根据教育工作中的切要课题着手探索，使教育建设在很大程度上避免了盲目性而表现了预见性。杜威的实用主义教育哲学，巴格莱的要素主义教育学说，赫钦斯的永恒主义教育思想，都曾对美国教育的发展方向和努力目标起指导作用。尤其是杜威理论的影响是广泛而深远的。在心理学方面，曾受德国莱比锡大学教授冯特教导的霍尔，着手儿童心理学和青年心理学的研究，桑代克探索教育心理学和成人学习心理学，等等，都在教育实施方面产生直接效用。第二次世界大战之后，布鲁纳根据瑞士皮亚杰的研究，提出结构心理学，认为儿童掌握各科知识的结构或基础，更容易有条理地理解知识、记忆知识和形成知识的迁移。他和行为主义者以尝试错误引导儿童猎取支离破碎的常识，截然不同。结构主义心理学正在推进科学教育前进。美国科学院于1959年在科德角的伍兹霍尔召开会议，讨论中小学自然科学教学的改进，于1960年由布鲁纳撰成《教育过程》发表，是二战后教育心理学和学习心理学中的大事，也是中小学教改中的大事。当然，心理学的功力不过是众多门类教育科目造福美国教育的一例而已。

美国教育专业组织林立，非一般国家所能比。它们开展教育调查研究，举行教育讨论会议，交流教育经验，探讨教育实际问题和理论问题。在学术引导之下，各校各地教育改革创新，纷纷不息。在教育专业组织中，其包括范围最广和成就最大的应推美国教育协会和美国教育研究会。人们普遍认为它们带动全国教育事业奋力前进，无异于一般国家的教育部。就第二次世界大战后的事实而言，许多属于根本性的教育大政方针和兴革改进皆是由专业学会研究解决的。美国高质量教育委员会于1983年发表的研究报告《国家处在危险之中：教育改革势在必行》，美国促进科学协会于1989年发表的研究报告《普及科学——美国2061年计划》，卡内基教育基金会的教育与经济论坛工作组于1986年提出的研究报告《国家为培养21世纪教师做准备》等，多是指向美国当前教育中出现的迫切问题。它们建议的方案是将被各级教育部门所分析采纳而见诸事实的。美国联邦劳动部的获取必要技能委员会于1991年提出的调查报告《要求学校做什么样的工作》，则是针对就业青年的需要而建议学校革新的。这些报告都经审慎调查和认真研讨而成。因为它们含有较高的科学性和现时性，其指导教育发展的威力并不下于政府的法令。培根说"知识即是力量"，在美国教育发展中是事实，更是客观规律。

第五编

教育家研究

柏拉图的《理想国》及其教育理论初探*

一、《理想国》产生的时代和它的政治使命

作为上层建筑的哲学是社会基础的反映，在阶级社会中并且具有鲜明的党性；这个马列主义科学真理，就柏拉图（公元前 427—前 347 年）的《理想国》一书看，是最显然不过的，研究《理想国》而离开它的时代和它在阶级斗争中的作用，便无从掌握该书的精神实质。我们且从《理想国》的产生和它的历史意义说起。

首先，《理想国》的诞生是古希腊雅典城邦在政治经济上发生巨变的产物。雅典和斯巴达同是奴隶主阶级专政的国家①，但斯巴达始终以农业生产为主，农业贵族当政；雅典赖有拜力厄斯港口的便利，一向是兼有农业、商业的国家。公元前 5 世纪开始，著名的波希战争爆发了，希腊和波斯双方交战半世纪，到公元前 5 世纪的中叶才告终结。胜利者雅典跃居海上同盟的盟主，从此，国际贸易迅速发展，遂成为国内巨变的根源。过去，雅典同斯巴达一样，原是农业贵族执政的；波希战争后，一些商业贵族由于握有经济上的雄厚力量，要求同掌政治大权。实行贵族专制的农业奴隶主迫于形势，不得不做适当退让，就酿成了奴隶阶级的民主政治局面。伯里克利执政时期（公元前 461—前 431 年）促成这一转变的实现。不过，农业贵族不甘于开放政权，因而在统治者内部展开的搏斗是激烈的。最初，民主派得势；不幸，在伯罗奔尼撒战争（公元前 431—前 404 年）中，雅典败于斯巴达，一股恢复专制政治的

---

* 本文原载《河北大学学报》（哲学社会科学版）1963 年第 4 期。

① 此处应为城邦，为保留原文原貌，这里不做修改，以下多处类似，不再作注，敬请读者注意。——编者注

逆流又得横行，三十寡头暴政便是它的具体化。寡头暴政存在不久宣告垮台，但专制派的势力始终梦想卷土重来。两派的火拼是长期地延续着的。这一系列翻天覆地的大变动引起了哲学思想上的强烈反映。反动派的政治利益在哲学上有力的辩护者柏拉图，为求从理论上恢复农业贵族专制政权，这就是《理想国》问世的背景。

其次，略微提及柏拉图的政治面目和政治动态，更易说明《理想国》的性质。柏拉图出身于雅典显赫的奴隶主之家。他父系和母系的祖先，都居过统治的最高阶层，有的当过国王，有的当过执政，立法家索伦就是其一，寡头暴政的首脑是他母系的亲属。柏拉图的家庭影响着他那极端顽固的政治立场。他师事苏格拉底（公元前469—前399年）达八年之久，苏格拉底是因反对民主政治而被处死的，而且柏拉图在苏格拉底死后不得已而流亡域外，不难看出柏拉图接受的是怎样的教育。他在流亡期间，见到西西里和埃及等奴隶主专制的国家而大为称赞，据说他曾储有倾覆雅典民主政治的阴谋。因为在现实政治上无法发展，柏拉图在公元前396年重返雅典，创立了学园，意思是通过教育改革政治。他很有意味地说过：伯里克利只在政治上图强，苏格拉底却从培养人性上树立良好政治，苏格拉底远远超过伯里克利。弦外之音是：他之致力教育无非为了政治目的。他的后半生执教于学园；不过，在此阶段，他还到过西西里，充当暴君的谋士。我们有理由肯定，他把政治、教育当作互相为用的斗争手段。《理想国》是他在学园阶段的早期作品，和他晚期作品《法律篇》，恰是姊妹篇，在内容上有些不同，但为专制政治呐喊是先后呼应的。就此可知，《理想国》乃是反动的农业奴隶主的最高阶层企图从哲学挽回命运的作品，乃是奴隶主阶级内部尖锐斗争的结晶。

再次，说说当时哲学上的对峙之局，对于了解《理想国》的历史意义，是不可省略的。由于公元前5世纪以降，是奴隶主在专制与民主政治上的斗争进入白热化时期，反映这一形势的哲学，约可归为两类，一类是拥护商业贵族民主政治要求的，一类是维护农业贵族专制政治要求的，它们都对教育提出不同的解释和主张。就其在教育领域中影响最大者而言，属于民主派的，有唯物主义者德谟克利特，有以唯心主义为依据的辩士派（智者）；在专制派的阵营中，以唯心主义的苏格拉底和柏拉图为著名的代表；另外代表中层奴隶主要求的亚里士多德则似乎折中两者之间。由于唯物主义的民主政治拥护者德谟克利特，和唯心主义的专制政权的捍卫者柏拉图，无论在政治方向上或哲学理论上，恰好处于截然对立地位，列宁便曾指明那时在思想领域中，是德谟克利特路线与柏拉图路线的斗争。了解这一层，自然看出柏拉图在哲学界和教育哲学界的地位；同时也会连带认清他那哲学和教育理论中的代表作《理想国》，在当时思想界的重要性了。

二、《理想国》在教育哲学史上的地位

首先，就西方而言，《理想国》是最早的系统地论述教育的著作。当然，和东方相比，我国古代教育家孔子、墨子的著作，都是早于《理想国》而出现的；不过，在欧洲而论，《理想国》却是居首的。古希腊的哲人偏于探讨自然问题，自从奴隶主和奴隶之间的阶级斗争日趋尖锐，特别是从统治阶级内部的斗争尖锐化以后，就转而注重讨论社会问题，苏格拉底把哲学由天上引向人间，正说明这一转折。苏格拉底热心青年教育，但没有讨论教育的系统论著，只在柏拉图等人的对话集中谈到苏格拉底的教育思想。在苏格拉底以后，愈来愈多的人论述到教育课题了。其中如唯物主义者德谟克利特，如辩士派的普罗塔哥拉，都和柏拉图几乎是同时代的。但是这些哲学家所论者只是教育中的若干问题，不曾全面而概括地论述教育的全豹。德谟克利特的著作多半遗失，就其残存者看，偏于论述道德品质的养成之类。普罗塔哥拉早于柏拉图而有过教育论著，也不幸丢失，只在他人著作中引用其书的若干名句，如"文化陶冶不能深入，便不能在心灵中发展起来""仅有理论而无实习，或仅有实习而无理论，都无用处"之类。像《理想国》那样从教育性质、作用谈起，一直讨论到教育目的、教育制度、教育内容、教育方法以及天性禀赋等，可以说别无他书。顾名思义，《理想国》应是讨论政治的专著；其实不然，它涉及了哲学、政治学、伦理学、教育学、美学等广泛领域，而教育占了全书的极大比重。《理想国》本是一本对话，问者答者并不严格地就各项教育题目逐一论辩；但是只要把全书反复审读，就看出其中关于教育的理论构成了明显的体系，脉络相通，贯成一气。它针对古代希腊的教育实施进行了分析评定，它给予雅典教育的改革提出了方案，它是奴隶社会教育实践的总结，也是专制派奴隶主企望实现的教育蓝图。在2 300多年前撰成的这一作品，提供了研究奴隶社会教育思想的根据，是教育史上，特别是教育哲学史上弥足珍惜的。

其次，虽则古代希腊的哲学家中，很多人论述了教育问题，然而在这些教

育理论阐述中，要算柏拉图和亚里士多德的论著给予后世的影响最深。因此，要了解这一时期的教育理论，必须研究柏拉图和亚里士多德的著作。从柏拉图个人看，他的43篇对话（内中有几篇经考证为伪作）全部留存于后世。在这些对话里，《理想国》是一篇涉及最多问题的结构完备之作，不但篇幅大，而且议论精透，不愧为历史上的杰作；而且柏拉图在诸多对话中，集中力量谈论教育的不外《理想国》和《法律篇》，其余诸篇仅间或提及教育的重要性，指斥当时教育的瑕疵，说些改革教育的意见。若就《理想国》和《法律篇》加以比较，不但前者出现的年代早，而且涉及的是比较根本的教育理论；《法律篇》好似是对《理想国》的修正补充。读了《理想国》再读《法律篇》才容易窥见柏拉图教育哲学的底蕴。亚里士多德在《政治论》中，用第七、第八两篇谈论教育；而且亚里士多德不像柏拉图那样以对话方式表达思想，而是用论文纲要体裁提出教育主张。不过，在亚里士多德的《政治论》里，许多是继续论述了柏拉图的教育理论，虽则对某些问题提出新义。柏拉图论述教育比亚里士多德更显得全面而深刻；更不幸的是《政治论》从第八篇后半部起业已丢失，许多重要论题已无从稽考。所以，《理想国》《法律篇》《政治论》在表现古代奴隶社会的教育哲学上原是联为一体的，而《理想国》的价值却是更突出的。这样，探索西方奴隶社会的教育理论，就不能不把《理想国》视同锁钥了。

再次，柏拉图是客观唯心主义哲学家，《理想国》的教育思想就建立在这种哲学的基础之上。柏拉图设想在现象世界之上还有理念世界，理念世界应主宰现象世界；他假定在社会的被统治者之上有统治者，统治者应统治被统治者；相应地，他认为在人的意志、情欲之上有理性，理性应控制意志和情欲。因此，教育的实质或任务是培养理性纯全的人，由他们统治被统治者才符合理念世界的要求，才保证理想国家的实现。这套理论乃是阶级社会中为统治阶级普遍欣赏的，因为它肯定了统治阶级实施阶级统治的正确性，它为压迫榨取劳苦大众的社会制度做了辩护。所以，不但奴隶主阶级仰仗它，封建社会的统治者也赞赏它；直到资本主义社会，特别是帝国主义时代，资本家同样宣扬它。列宁指出：欧洲中世纪的"经院哲学和僧侣主义抓住了亚里士多德学说中僵死的东西，而不是活生生的东西"①。实际上，这些僵死的东西无不渊源于柏拉图。当中世纪时期，新柏拉图主义是流行的，被人视为天经地义的托马斯·阿

---

① 《列宁全集》（第38卷），人民出版社1959年版，第416页。

奎那的《神学综论》就是柏拉图主义的借尸还魂；很清楚，那时的趋向是回到柏拉图。现在帝国主义国家的垄断资产阶级，仍然鼓吹新柏拉图主义，甚至提出所谓新托马斯主义，想把那陈腐腥臭的货色来向人们思想意识中推销；这种趋向是回到中世纪。从此可见，柏拉图这套哲学是古今反动统治者惯用的法宝。他们不但用他的一般哲学，而且还使之应用于教育，从而产生了新柏拉图主义、新托马斯主义的教育理论，借以欺蒙大众。所以，溯本探源地看，西洋几千年来的客观唯心主义哲学，应从柏拉图的哲学算起，而客观唯心主义的教育哲学更应从柏拉图的《理想国》算起。那么，欲了解这项哲学和教育哲学在一二千年来的发展，特别是批判当前新柏拉图主义或新托马斯主义的教育哲学，也不妨说，那最好是先看看《理想国》一书。

三、《理想国》蕴含的教育哲学思想

柏拉图在《理想国》中以故事体裁，叙述苏格拉底到贝尔斯祷神，归途被派拉麦克邀往家中，宾主滔滔谈论起来。苏格拉底善于反诘和启发，每使对方理屈词穷，对方据理力争，虽至各不相下，最后却都接受了苏格拉底的主张。辩论极尽波澜起伏，从各个角度暴露了奴隶主阶级的哲学思想、政治思想、艺术思想，特别是其教育思想。故事中的苏格拉底公认是虚拟的、假托的，实际上就是柏拉图的代言人。

《理想国》共十章。第一、二两章讨论公道正义的问题。因为在柏拉图的臆想中，国家的建立是为求实现公道正义，所以这两章概括了全书的主旨，指出了教育工作的目标。从第二章后半部分开始，连续几章谈论教育问题。约略加以划分，第二章后半部分和第三章为一组，讨论卫国者的教育，也是执政者的初级阶段教育。第五章讨论学前教育和妇女教育。第六章和第七章为一组，讨论哲学家的培养，也就是执政者的高级阶段教育。第四章谈论教育的效能与领导，还谈及节制、勇敢、睿智、正义诸德的意义。这几章都属论述教育的重要部分。其余第八、第九两章谈论政体，第十章谈论艺术，和教育的关系也相当密切。足见《理想国》蕴含着柏拉图教育哲学的全貌。

（一）柏拉图认为教育是实现理想国的首要途径，从而肯定了教育的重要性和必要性，并且阐述了教育服务于政治的道理

在阐释柏拉图的教育目的论和教育效能论之前，必须认清柏拉图的理念拜

物教。因为理念拜物教是他的教育哲学的根基，他的教育哲学乃是理念拜物教的应用。什么是理念拜物教？那就是把理念当作超绝的、先验的和永恒不变的实体，它先于宇宙而存在，它主宰宇宙间的万事万物，它是真理和至善的源泉，现象只是理念的阴影而已。因之，理念永恒如一，现象变幻无常；理念常驻不变，现象生灭无定；理念绝对正确，现象唯有符合理念才无讹误；理念善美无缺，现象符合理念才有善美之足言。说穿了，理念就是神的化身；一切必须本之理念，成为理念的体现者，违反理念必然陷于丑恶。在理念拜物教的基础之上，柏拉图设想的理想国就是符合理念的国家。需要特别说明的是：在柏拉图看来，舍弃教育，这种做法在合乎理念的国家是无法变为现实的。在历史上呐喊教育救国论的，要推柏拉图为第一人。

其一，柏拉图认为符合理念的国家应该迥异于当时的国家，而以理性与善德为特征。因为唯有具备这种特征的国家，才能达成立国的意图，保证国家的安宁和满足人们多种的需要。柏拉图曾把国家的政体分为五种，即贤人政治、军阀政治、财阀政治、平民政治和专制政治，并且推许贤人政治为最优。他说斯巴达和克里特式的军阀政治，寡礼好斗，徒以战胜为荣，并不符合理念的要求；财阀当政的国家，贪鄙好货，利而忘义，也不符合理念之善；平民政治不过由群氓执政，贤者遭殃，在自由的美名下形成无政府之实；暴君当权的专制政治，祸国殃民，更属恶劣。这些都是应该摈斥的。与此相反，贤人治理的国家，崇尚理性和讲求善德，才能致人于幸福，臻国家于兴隆，成为名实相符的理想国。

理想国既以善德与理性为生命线，那么何谓善德和理性呢？柏拉图说，理想国由执政者、保卫者和生产者所组成，三者各安其位而各尽所职，便是善德的体现。分别地讲，担任生产的农工技匠既能增殖物质财富，又能节制情欲，便是善德；卫国的战士就其天赋的坚强意志而做到勇敢忠贞，便是善德；执政的哲学家明达睿智而能承担治国大任，便是善德。三种成员都能发挥应有的善德，国事自会合乎公道正义，人间自然成为王道乐土。如前所言，道德之善导源于理念，这样道德高尚的国家当然就是符合理念的国家。说到理性，它与善德不可分。因为就伦理观点看，理念具体化于人类，就是善德；从真理观点看，理念具体化于人类，就是理性。所以生产者的节制、战士的忠勇和哲学家的睿智，既是善德，也是理性的表现。理想国既以道德和理性为标志，建立理想国要通过怎样的途径呢？柏拉图直截了当地说，依靠教育。他认为唯有教育能够启发理性与养成善德,达到理想国的要求;否则没法使理性道德充分发展,理想国是徒托空言的。这再清楚不过地指明了教育的伟大效能。

其二,柏拉图所臆想的国家既以理性道德为特征,难道教育应该使人人理性纯全而品德淳美吗?不。柏拉图明确指出这种国家不以常人的理性与善德为决定者,而是取决于少数的上层分子的。理由是:理性与道德导源于理念,这种理念只有少数超人才能洞悉,芸芸众生是仅能认识其阴影,即现象的。在柏拉图看来,人由理念世界所禀赋的理性高下不齐,唯有在天性中含有金质的天之骄子,才能通过教育而使理性的丰富潜藏发挥起来。这种颖异而硕学的人能够透过变幻的现象而窥及不易的实体,穿越纷扰的假象而探得事物的常则,面对尘世动荡而保持中流砥柱,拳操永恒真理而不随波逐流,其结果自会以万世不懈的准则作为治国的指南针,以勤谨持平的风范而行以德化民;毋庸赘言,这样必然臻国政于理念之境。所以德隆学富的哲学家不啻是国家的磐石、人类的精华、万民的表率。国家唯有受治于哲学家,方能蒸蒸日上。广大人民没有这种优异的禀赋,无由培植理性,把理想国家的治理安放在他们肩上是办不到的。柏拉图为实现理想国,便竭力呼吁培养理性纯全的特殊的人士。他的理念拜物教使他在政治上看重哲学家的统治地位;相应地,他在教育论上就看重培养哲学家的教育。

柏拉图对于哲学家的治国奇效称道不衰。他对当时人们怀疑哲王的说法,做了不少解释。他说哲学家无补于世乃是多种原因所造成。主要的由于有些人是冒牌的假货,他们既不是真正的哲学家,当然收不到治国安民的效果,辩士派就是例证。有的则由于时势不利,障碍过于严重;更有的是由于哲学家当政后不善自持而陷于腐化;还有,哲学家居不相宜的国家,自审不足以挽回狂澜,遂行独善其身。实际上,这些不合理的事项是可以去掉的,万不能因此而怀疑哲学家是治国圣手。可憾的是真正洞达理念的哲学家往往陶醉在理念探索的乐趣之中,不愿意从事尘世的政务,恰好似由暗洞而目睹光明的人,不肯再下乔木而入幽谷一般。柏拉图曾有趣地说:衡量国政的善恶,可以根据人们是否热衷于政权做标准;因为争逐个人权位的人亟亟于权势,其结果必会造成徇私的不良政治;反之,对政权恬淡而耽于真理的人却会致国家于修明。一般说来,哲学家对于治国安邦之事是远避而不屑过问的;不过,为着国家的兴盛与人群的幸福,立法者是该强迫他们执政的。很清楚,哲人就是贤人,柏拉图既渴慕贤人政治,当然在教育上便以培养哲人为压倒一切的要事。在柏拉图看来，这是使教育发挥最大威力和完成最高任务的必由之路。

的确，柏拉图论教育目的时也要求培养勇敢的战士，但那不能与培养理性纯全的哲学家相提并论。战士有似银质的人，因为理性缺失，是不能享受完备教育的，虽则战士也须有些哲学修养，却以意志训练为核心。意志并非自身圆满的东西，必须依靠理性才得表现为忠勇，以意志锻炼为首的战士教育与以理性启发为本质的哲学家教育，颇有高低之分，一优一下之间，界限必须明确，性质不容混淆。在柏拉图的以理性为高的教育体系中，是以哲学家的教育为冠石的，不是以战士教育为主体的。柏拉图讲得清楚，理想国的战士要彻头彻尾屈从哲学家的无上权威，意志要在理性之前做诚心的退让。至于农工技匠的教育，就毋庸赘述了。柏拉图的理念拜物教鄙视体力劳动者，说他们理性最为贫乏，是铜铁质的人，谈不到发展理性问题，因而在《理想国》中不曾阐述生产者的教育。他在《法律篇》中虽稍稍提到农工技匠的教育，但指明那是实用知能的训练，其目的或在于牟利致富，或在于锻炼体力，或在于获得与智慧、正义无关的小聪明；它和培养执政者的教育截然不同。前者是微贱的、非博雅的，简直不能以教育称之。柏拉图蔑视技艺，诬称技艺有碍身体和心灵的发育，使人失去享受消闲和从事政治的时间。他甚至道："任何公民如果除掉研究善德以外还想致力他种技术，应当予以严惩。"这表明就柏拉图教育目的论而言，理性发展是第一义的，意志训练的地位是低微的，关于欲望的引导是不屑一顾的。与此相应，哲学家的培养是第一义的，战士的培养是次等的，农工的训练是卑微、不足道的。

其三，柏拉图除去从培养统治者的角度阐述教育的目的与效能外，还曾泛论国家的最重大的职责，唯有教育一端。理由是教育能够发展人性，陶冶善行，比之立法、理财与充实军备，更属关系国本之事。柏拉图曾反复申说，既令禀赋优异之士，其向善发展而不陷于邪僻，也靠教育与领导；一般人更不用说了。而且，柏拉图认为倘若教育端正人心而避免变乱，就能振衰起敝，使国政轻车快马扶摇直上，否则纵有完备法令，也是难得贯彻的。他说大凡合理的教育都于不知不觉中给人以潜移默化，使其精神纳入正轨，败纪乱上的事就可无形制止。教育威力比之别的设施深邃得多。理想的政治显然要以理想的教育为前提。

综上三者，可以看出柏拉图在政治上和教育上的乌托邦。十分显然，他的理论是荒谬的。科学地分析起来，柏拉图所谓的理念不过是人类大脑对于客观事物的反映，绝不是客观事物的根源。客观世界存在着，人们在大脑中反映它的存在，才构成所谓理念。柏拉图倒转过来，把理念当作先在的、真实的、永恒不易的，现象世界反而是理念世界的阴影，刚好是认为儿子产生了母亲。理念拜物教的荒诞是不值多谈的。以这种理念拜物教为基础而论述教育，其违反科学性是可以推知的。

首先，柏拉图把知识道德视为国家的基础，把启发理性与培养道德的教育当作实现理想国的不二法门，是根本错误的。殊不知教育是上层建筑，它受制于社会基础，效命于社会基础，并随社会基础而发展变化；它虽能产生促进政治经济发展的积极力量，但它对基础而言毕竟是第二义的。在古往今来的事实中，从不见单独依靠教育便能挽救危亡的例证，而有怎样的政治经济便有怎样的教育，乃属历史的常规。再则，少数掌政者固对国家命运能够发生深刻影响，而广大人民群众更是历史发展的主人，这同样是人类社会的通则。刚刚相反，柏拉图夸大精神修养足以决定国家的兴衰，因而把教育视为建国之本；推许哲王为治国的超人，因而贬抑群众的巨大作用；这种臆断是彻头彻尾的唯心主义，它违反科学真理乃是昭然若揭的。

其次，柏拉图歌颂贤人政治而痛斥专制政治，并以教育为实现贤良政治的手段，表面看来，他是相当开明。在这里也须加以分析，以认清贤人政治及贤人政治下的教育的实质。柏拉图认为，不但广大的生产者和奴隶要绝对服从执政者，就连居于统治地位的卫国者也因理性不足而应屈从哲王的意旨。所谓哲王呢？他发号施令于上，众人俯首驰驱于下，这然后才形成了秩序井然的善良国家。最明显不过，这乃是由少数人支配广大人民和由掌政者严格控制国家机器的政权体系，乃是高度集权的专制制度。柏拉图只不过把暴君的地位叫哲学家取而代之。他口头上反对专制政治，实质上却以哲王为挡箭牌而进一步肯定专制政治。不待言，柏拉图渴慕的贤人政治，在骨子里乃是企图使雅典商业贵族的民主政治退出历史舞台，而使农业贵族的专制政治复辟。历史上夸大教育效能的教育学者，原不该一概视为反动，因为为前进的政治效命的人，也难免过高地估计了教育效能。法国在资产阶级革命酝酿时期的启蒙运动者，俄国19世纪的革命民主主义者，都可举以为例。但是柏拉图不但错误地估计了教育效能，而且把教育附着于反动的政治企图上，那就清楚地说明柏拉图心目中的教育该属怎样的性质了。柏拉图屡屡提及变是罪恶，恒是善美，变是虚幻，恒是真实，变是假象，恒是本体，不求恒而求变，不务同而竞异，国家必然陷溺；唯有保持"永世不易"才是理想国的准则，哲学家治国的独特之处即接受永恒真理的指引而不随俗邀宠，因而使现象世界接近于理念。柏拉图据此而极端唾弃当时的新政治新教育，并从而成为专制制度的保持者，这还不显露柏拉图所理想的教育的真实面目么？

再次，柏拉图教育理论的核心是推崇理性。实际上，这个理性不但不是建国的根本和不该对它去做唯心主义的崇拜，我们还须指出他所指的理性具有鲜明的阶级性。原来在阶级社会中，所谓一般的或抽象的理性是不存在的。17世纪英国洛克所谓理性是资产阶级的标准理性。18世纪的法国，启蒙巨子曾把封建社会的陈旧事物传唤到理性台前予以审判；不过，正如恩格斯在《反杜林论》中所指出的：启蒙学者心目中的理性乃是资产阶级的理性，卢梭的《民约论》只能实现资产阶级共和国。同样，柏拉图意念中的理性也有着不可掩饰的奴隶主阶级的阶级烙印。他借口理性而憧憬的理想国，还不是把奴隶制度当作合理的，而且把少数奴隶主施行专制政治当作理念的要求吗？毋庸置疑，柏拉图不外是在堂皇的理性的措辞下，替农业奴隶主的落后的专制政治辩护罢了。

（二）柏拉图认为教育既属国家的首务，政府应该集权管理，确立统一的教育制度，严格控制教育的设施

柏拉图把培养精神品质作为实现理想国的主要蹊径，因而称教育是国家的职责，私人不得随意处理；政府放弃教育任务和个人侵越教育职权，都会给国家带来不幸。要怎样办理教育事业呢？

其一，在贤人政治下，国家的一切应绝对听命于贤人，当然，教育也必须绝对听命于贤人。具体地说，教育领域中的贤人就是教育首长；唯有依靠他，才能把教育办得合于理念之善。所以教育首长是国家命脉之所系。柏拉图这一理想后来在《法律篇》中便具体化了。他在《法律篇》中讲：教育首长应是国家首长中最显要的一员，他的地位是重要官吏中最重要的一席，这种人必须由年高德勋而理性崇高的人中隆重推选。他还说，唯有良好教育才能使人成为最神圣最文明的动物，如果教育失败，就将使人成为动物中最凶暴、最残酷的一种，所以立法者不能把教育当作次要或偶然的事体，爱护下一代的人们不能不在公民里选拔各方面最理想的人物，充当教育长官。不言而喻，教育长官就是教育领域内的哲王，在教育领域内的权威是至高无上的。除教育中的哲王——教育首长之外，任何人干预青年的教育工作，在所不许。在民主派执政时期的

雅典，教育听凭儿童家长来处置，政府对于塑造灵魂的教育事业采取放任政策，柏拉图认为那是祸乱的根源，应该彻底纠正。

柏拉图鼓吹的对于教育事业的集权领导，究竟为了什么？那就是根据理念的永恒性，保持教育的一致性与不易性，防止发生分歧和产生革新。柏拉图极为担心音乐教育中的变易，坚决主张取缔新的诗歌。他说这种变易好似无关宏旨，却能败坏淳朴的人心，引致政治的巨祸，因而主张对于编撰诗歌的人必须严格审查，对于败德的故事必须一概取缔，对于异邦诗人的到来，虽是优礼相加，却客客气气地把他们送出国门，不准他们停留。他在《法律篇》中曾极口称赞埃及的崇古精神，他说埃及"在绘画和塑造方面，同一万年以前一模一样"①。柏拉图明白指出：政府对于绘画、雕刻、建筑之类，要样样加以控制，不许标新立异，严戒哗众取宠。显然，集权管理是专制政治在教育领导的具体体现。就雅典当时的形势看，商业奴隶主拥有重金，为着在政治上与农业奴隶主展开斗争，锐意摧毁传统，尽情提倡革新。学术上的百家争鸣，教育上的自由发展，对于破除旧有农业奴隶主专制政权，不啻是锋利武器。在这场新旧文化的生死斗争中，柏拉图的集权管理的主张，就是抵制新潮流的激荡，是用永恒不变的所谓常则来扼杀商业奴隶主在教育上的建树。作为专制堡垒的斯巴达正是这种极权制的典型，而专制派柏拉图所吹嘘的刚好是斯巴达的教育道路。

其二，集权领导的具体体现便成为确立严整划一的教育制度。按照柏拉图的规划，国家对于婴儿出世以前就须严加控制，厉行优生政策，以使人类免于退化，并且达到计划生育的要求。《理想国》一书讲得清楚，婚姻绝非个人私事，子女尤非家庭私产，因而继优生政策之后，坚决主张儿童国有和儿童公育，等儿童长到适当年龄，柏拉图更要求国家实施强迫教育培育新生一代。这样，在柏拉图理想的教育制度中便包含着极为广泛的内容，教育史上设想由国家包揽如此宏大的教育事务的，无论在西方或东方，都应推柏拉图为首了。可以理解，柏拉图为达到培养理性与道德的实际效果，是不惜使教育这项任务无所不包的。

依据《理想国》的规定，政府只能允许健壮的男女结婚，限制不合格的男女配偶；为使后者不怨天不尤人，政府可以提倡命运说，以求其心安理得。再

---

① ［古希腊］柏拉图著，郑晓沧译：《柏拉图论教育》，人民教育出版社 1958 年版，第 53 页。

则，政府还须以法律规定结婚及生育年龄，如男子为25—55岁，女子为20—40岁，使之在精壮之年生产的子女易于精壮。还有，凡未达或已逾法定年龄的男女不经许可而结婚，所生子女政府应不许其享受一般权利。至于合法生育的子女呢？其抚育教养由最初起就属国家的职务，应由政府设置教养院，罗致专人负责办理，父母对于这些是不准参与其事的。按《理想国》上所讲，男女结婚达7个月或10个月，对以后任何人所生的子女，都须视为自己的子女，并被称为父母，新生婴儿也互为兄弟姊妹；要做到父母不辨亲生的子女，子女不知生身的双亲。这样可以使全国的人亲如一家，长者慈而幼者敬，只有团结互助，不生作乱犯上的现象。

柏拉图为经过学前教育已达学龄的青少年设计了整齐划一的学校体系。约略地讲，7—12岁的儿童要入国立的初等学校，学习阅读、书写、计算、音乐等；12—16岁到国立的体育学校，受体育锻炼；17—20岁的青年升入国立的高等学校，接受军事教育，并结合军事需要，学习文化科目。7—20岁的教育，是奴隶主子女应当普遍接受的战士教育。第二段落的教育从20岁以后开始，以淘汰方式选拔少数人享受，而选拔的标准就是理性。柏拉图提出的办法是：凡属20岁的青年而在理性上平凡无奇者，即须离开学校，参加卫国工作；只有理性优异的人才得继续深造，就过去所习的知识融会贯通而加以运用。30岁时再度选拔，理性特优的人继续用5年的时间学习哲学，以哲学家为典范，刻苦钻研真理。35岁以后服务于政治军事，借以宏富经验，注意养成守正不阿的精神。50岁而理性纯全、学养湛精者，充任执政的候选人。不待说明，这套制度是适用于奴隶主阶级的，奴隶是被摈斥于教育圈外的。

由上可知，柏拉图的学校制度恰好形成一个金字塔，它以逐步淘汰的方法，只许少数特殊人物攀登高峰而得享哲人的教育。这是公平的吗？柏拉图认为唯有这样才算合于公道正义。理由是：人们在天性上有优有劣，恰恰形成了金字塔，教育制度的金字塔正是天性金字塔的合理产物。柏拉图讲，天赋理性出类拔萃的人直如凤毛麟角，是天下稀有之物；等而下之，理性不全而意志旺盛者为数较多；缺少理性而欲望强烈者为数最众。这个由天性为基准而形成的金字塔，既系少数人高居塔尖；当然，在教育上独有少数人才具备条件，培养成为脑力矫健的哲学家。硬叫后两种人与前者接受相同的教育，不但是事所难成，并且会把金质、银质和钢铁质的人予以混淆，而扰害社会的正常秩序。贤人政治之堕落为军阀政治，就是这种混淆的恶果。他说："如果有人本来只配做一个匠人或商人，只因得了某种便宜，如财产或选票数或体力，便想升入军士的一级，或有一二军士不问自己的真正本领，妄想在监护人、参事或议员中占一席，那么这种职务上与位置上更迭或者以一人而兼数职，我相信会导致一个国家于覆亡的。"① 所以在社会上要人按其质而安其位，相应地，在教育上也须人按其材而安其业。遗传定命说的老祖宗，看来也要归之于柏拉图了。

雅典在商业主专政时期，不同教师设置不同的学校，不同学派传播不同的学术，不同家庭为子弟安排不同的教育，无定制，无定论，无定法，自由行事，全无制约。如果追寻商业奴隶主何以有条件享受这种自由放任的教育，那就是在国际贸易发达的情势下，他们有着雄厚的经济基础。柏拉图制止私人过问教育，当然不能只从教育制度的改革入手，而须以政治经济的改革为前提。柏拉图在《理想国》中称誉斯巴达的贵族共产共食，不准哲王和战士私蓄金银财宝。他指出，哲王与战士如果贪图财富，不但会堕落成为工商技匠，而且会恃强争富而酿成战争，所以理想国必须以贵族共产为基础。无疑，根绝教育的自由发展而做到政府一管到底，在这种基础上是没有困难的。不过，迫于时势的发展，柏拉图终于不得不承认现实。商业贵族的势力是抹杀不了的，有些农业贵族子弟的不成才也是否认不掉的。这样就使柏拉图不得不做出适当让步。譬如，他看到根本取消私有制造成的家庭是不成的，因而《法律篇》中肯定了家庭和家庭在教育子女上的作用。又如，他承认天赋理性并非代代一致的，金银质的祖先可以产生钢铁质的子孙，钢铁质的祖先也可以产生金银质的后代，执政者必须防止统治者的不肖子孙凭祖荫而尸位素餐，也须留心钢铁质的人所生的优良子女，使他们受到适当的培养而担任政治工作。在此须加注意的是：柏拉图认为这种遗传上的变异并不是经常的，而是偶然的。

综上所述，可知柏拉图把教育当作不得假手于私人而由政府必须集中掌控的神器，并且把教育制度当作培养统治者，特别是培养哲王的阶梯。柏拉图以这套理论为依据，提出一系列具体设施，他对于父母的婚配直到哲学家之养成都做了一番周详的安排。这种思想的细密性是历史上罕见的，然而它的政治性和科学性，却是大成问题的。

首先，柏拉图强调教育的集权领导，表面上是要保证其合于理念，以增强

---

① ［古希腊］柏拉图著，郑晓沧译：《柏拉图论教育》，人民教育出版社1958年版，第22页。

教育的效果；实际上乃是使教育大权落在少数农业贵族之手，借以排除异己，罢黜百家。在理想国中，哲王是至高无上的君主；在教育范畴中，教育首长同样是专擅独裁的长官。可以理解，柏拉图处心积虑以求的是毫不放松地把人们的思想意识控制起来。柏拉图认为，言（思想意识）可以兴邦，言也可以丧邦，由这一前提而得的逻辑结论，必然是制止教育上的自由发展与学术的自由争论，而教育管理上的绝对集权恰恰是实现这一要求的途径。在柏拉图的言论中，凡是与自己不同的学派都属于异端邪说。当时富有民主精神的辩士是柏拉图诅咒的对象，说他们以伪乱真蛊惑青年，唯物主义者与民主政治拥护者德谟克利特更是柏拉图的论敌。柏拉图诋毁他们传播邪恶哲学，力主政府严予制止。这反证他所推崇的致人于理念的真正哲学只是他的哲学而已。这一方面表明他俨然以哲王自诩，一方面也表明他之希望政府集中教育权力，不外是歼灭不同学派而使自己的学说定于一尊。柏拉图的政治野心与学术野心是不难测知的。

其次，柏拉图把培养理性当作厘定教育制度的根据，把培养哲王当作学校任务的顶峰，乃是既不科学，而又属反动的。因为教育要培养的应该是完整的人，绝不限于发展理性一端；在阶级社会中，教育虽不能服务于众人，但也绝不应以教育极少数的特殊人士为主要任务。

在这里应该戳穿的是：柏拉图所讲的理性高下，只是遗传定命论的别名。因为在他所谈的遗传变异，如金银质的祖先可以产生钢铁质的子孙，只是当作偶然例外来解释而非当作常规来看待的。子肖其父而智愚递传，倒是柏拉图心目中的通则。用他自己的话说："你们是有血缘联系的，大部分是子似其父的。"[①]在这种意义上，所谓凭理性以选拔基本上不过是凭出身以选拔的别名。他的逻辑结论自然是：奴隶主阶级的上层要永远垄断优异的教育机会，至于天性的金字塔不过是以奴隶主上层为基准的标杆罢了。谁能否认这套乃是为奴隶主中特权阶层服务的教育制度，其用意在维系特权阶级永世不替的统治地位呢？说到独占教育机会，那本是阶级社会中统治阶级的常态；不过，就统治者内部而言，其中也有独占程度的差别。就雅典讲，商业贵族由农业贵族的手中强使教育机会开放一步，原是一项进步。柏拉图却硬要逆着潮流，想从哲人教

---

① ［古希腊］柏拉图著，郑晓沧译：《柏拉图论教育》，人民教育出版社1958年版，第1页。

育领域中把商业奴隶主排斥掉,重新关闭那敞开的门禁,这当然是错误的。他口口声声效法斯巴达的教育制度,并且矫情地说,斯巴达的教育充满着智慧,因而发挥了无穷的威力,只是畏惧邻邦向它学习,它才伪装成为粗鄙的样子。但是斯巴达的贵族是普受教育而无例外的,柏拉图呢?他在《理想国》中只提及哲王及战士的教育,对从事农工的奴隶主的教育问题,却采取了抹杀的办法,全书并没有提及生产者的子女如何入学校的具体措施。这一漏洞除去表明柏拉图的理想是逆乎历史潮流的,还会有别种解释吗?

(三)柏拉图认为探索哲学,方能使人上达理念,因而注意理性的培养,鼓起求知的乐趣,崇尚为学问而学问,视反省冥思是致知的途径

其一,柏拉图肯定唯有哲学是理念的结晶,是知识的顶峰,追求知识应以探寻哲学的奥秘为冠石。在他看来,理念这一永恒不易而至真至善的超绝实体,其在政治上的体现便成为理想国,体现在执政者则成为哲王,而体现在知识范畴就是哲学。哲学所钻研的是最为深邃而又最为赅博的绝对真理,唯它才能使人透过倏忽幻变的现象而洞达宇宙的真实性与规律性。理想国之所以成为理想国,说到最后,就是因为它不以财富与武备为时尚,乃本诸哲学而施政;哲学家所以能把国家变成理想国,说到最后也是由于他掌握了这种最可珍贵的哲学武器——治国的经纶。柏拉图说,哲学与一般知识见解不同,一般知识见解根源于变化无常的现象,是浅显而流俗的理解,是虚伪而欺人的常识;哲学则不然,它是至高无上的理念的体现,它万古如一而不随俗变换,它无比深奥而能鞭辟入里,它毫无讹误而尽足信赖,在哲学与一般意见之间具有本质之不同,两者绝不可相提而并论。当然,在哲学上获得成就才达到了理性可达的最高造诣。有了哲学这种无价宝的人,是必然在行为上表现至贤和在抉择上表现至圣的。显而易见,哲学乃是世间的神物,是一切真与善的化身。在这种理解下,柏拉图便推崇哲学的学习是学校课程的重心。如前所述,柏拉图把哲学家的培养列为教育的最高阶段,而这最高阶段的教育就是以钻研哲学为任务的。

其二,哲学既是哲王教育的顶峰,因而要钻研哲学,必须经过艰难复杂的过程,必须长年累月、循序渐进地刻苦学习,绝不能一蹴而就或垂手可致。柏拉图规划的学前教育,要以体育锻炼身体和以音乐陶冶心灵,可以视为这一过程的发轫。因为音乐与体育彼此和谐,刚柔相济,乃是塑造哲人的始基。否则,徒重体育必失之粗野,徒重音乐必流为柔靡,而粗野与柔靡是与哲王的品

质格格不入。在柏拉图的心目中,使健康的体魄有助于优美的心性,更使优美的心性促进身体的健康,就有了体魄与精神双方获得圆满发展的保证。继学前教育而开始的初级阶段的教育,既是战士教育的完成阶段,也是哲学教育的准备阶段,在这时期要学习数学、几何学、天文学和音乐理论。当然,这些学习有着一定程度的实际效用,如数学能帮助排兵布阵,几何学能帮助列队屯营;不过,这些科目的更高的价值却在于培养纯粹思维的能力,启发人们向往理念的端倪。譬如,数学使人借助对不具形的或抽象的数目的冥思而领悟存在于理念世界的永恒真理,天文学使人由于观测浩渺的穹苍而窥知宇宙创造者的伟大神明,就是柏拉图所最为重视的功能。柏拉图曾不厌其烦地申说,数学与几何学非但是学者所必知,而且必须钻研深透与精湛,万不可浅尝辄止,不如此,即无由探寻理念的奥秘;有了这些坚实的基本训练,人们才具备学习哲学的梯阶,可以开始向真与善的境界进军。最后,真正哲学的学习是在教育的高级阶段,这时要把以往学得的知识融会贯通而深入思考,从而学习辩证法的道理。柏拉图认为这一阶段的学习是为真理而真理,为哲学而哲学。他说这种学习既以追求真与善为目的,其本身就属有用之学;不以此为首务而在学习中斤斤计较世俗功利,必定会利令智昏而玩物丧志。由于这种学习是极为精微和极为邃密的工作,所以纵令禀赋最强的人,也须强过艰苦奋斗才得成功,而且须由20岁起支付15年的漫长岁月,才算告一段落。在《理想国》一书中,柏拉图是不厌其详地论证了这一道理的。

其三,柏拉图认为探讨哲学须要发展人的天赋理性,而发展理性以获取真正的知识,必须通过追忆与冥思。在这里应先说明柏拉图关于天性的理解。柏拉图说,人的天性由三种因素构成,那就是理念、意志与欲望。欲望是生理的欲求,相当于下等动物的天性。意志是喜怒哀乐以及坚忍、侵略等感情,相当于高等动物的天性。唯独理性为人类所特有,使人高出于动物而发为思维、判断,是天性最可贵的部分。从生理机构看,欲望的天性发于腹,意志的天性发于心,理性的天性发于脑。从产生的程序看,欲望和意志是后天所成,理性则得于理念世界,理性先于肉体而存在,人死后理性又复归于理念世界。这样,在人的天性中又形成了理性与意志欲望等两重天地:理性得之于理念世界,既真且善;意志与欲望是理性与肉体结合的产物,必须接受理性的支配方始为善,正如现象必须符合理念才为善良一般。这表明,人的理性刚好是理念在人性中的分支,而探求哲学真理,遂不能凭借意志与欲望,唯有诉之于理性。可见唯有发展理性才是培养哲王的蹊径，而锻炼意志和善节欲望等是无法望其项背的。哲王教育所以不同于战士教育，所以迥异于生产者的技艺训练，即因前者利用其得天独厚的理性，刚好后者在天赋中缺乏完善的天资——理性。

其次应该说明，柏拉图认为理性之使人谙习哲学而上接理念，并非通过对于宇宙万物的接触，而是依靠受教育者的沉思反省。依据柏拉图的解释，人性中的理性既导源于理念世界，因而在天赋的理性之中就存在着对于理念的先天认识，或称先天的观念。只是人在初生之时，由于脱离母体而受有剧烈刺激，出生后又为物欲所蒙蔽，因而使这天赋的良知丧失了效用。怎样可以获得已失的观念呢？那就有赖于破除尘俗的干扰而运用纯粹的思辨，使理性中潜藏着的良知得以再现。这一理论应用于高深阶段的教育，就成为：教学过程并不依靠感觉对于外界事物进行观察，仅须巧妙地唤醒原已潜存脑际的观念罢了。柏拉图在《斐都篇》中曾区分知识为二种，一是关于真善等实体的知识，一是关于倏忽幻变的现象的知识。关于后类的知识虽应通过感觉而获得，关于理念的知识则唯有依赖反省沉思去掌握。感觉的作用限于现象的理解，不能作为洞晓理念的工具。后者如果用它，反而成为认识的障碍。在柏拉图看来，认识理念的最好条件是在精神贯注、心思凝聚、不为俗务所缠、不为祸福所牵、心灵和肉体全然隔离的条件下，一尘不染的境界中，放纵纯粹思维去追怀，去冥想，去凝思。柏拉图在教学上注重问答法，就是因为问答提供追忆的线索，有助于追忆的进行。用苏格拉底的话说，这种方法的效用是借助于反诘与启发，使人原存于脑际的知识得以涌出；它不产生婴儿，只是诱导知识婴儿诞生的产婆术罢了。这表明：潜存于人类天性中的先天观念，是通过启发会自然呈现的。柏拉图在这点上是继承了师说的。

其四，柏拉图认为发展理性而探求哲学，不但使人接近理念而洞悉宇宙的奥秘，并且能够使人达于最高的乐境。按照他的解释，意志与感情也都能给人以快乐；不过，欲望给人的仅是感觉的、行动的、占有的快乐，是低级趣味；意志给人胜利的、征服的、豪迈的快乐，品质较高；最高级的快乐则从理性中来，那乃是思辨的、审美的、玄想的快乐。三者性质之优劣是一望而知的。欲望和意志是本身不能自足的，它们必须仰仗理性而发为善良行为。举例说，欲望若不受理性控制，必形成贪求无厌，唯有接受理性律令才表现为节制；意志若不受理性主宰，必流为放纵恣肆，唯有经过理性调治才表现为勇敢。但理性却是自足的和纯粹的，理性之乐也是无假外求的。所以唯有享受理性之乐才是上乘。柏拉图曾说：这种快乐每陷哲学家于不能自拔，以致耽于理念而流连忘返，埋首钻研而不愿从政。理想的国家不但要强迫脑力最强的人学习哲学，而且要强迫哲学家学优必仕，以使哲学家不仅独善其身，而且兼善天下，其道理即在于是。

综上所述，可知柏拉图在智育方面鼓吹了哲学研究的特殊地位，夸大了理性发展的重要意义，阐述了通过沉思冥想以致知的道理，歌颂了追求哲学的精神享受。这套理论反映了奴隶主阶级由于脱离生产劳动而享有钻研理论的可能，更反映了柏拉图对于掌握知识这一过程的理解的唯心主义。具体到当时统治阶级内部的斗争形势而言，这种理论更是代表着反动的政治方向的。

首先，把知识当作理念的体现，把哲学当作理念的结晶，并且视知识与哲学为无关现象或超越现象，是完全违背科学真理的。实际上，正如理念乃是现象世界的产物，所谓知识与哲学也无一不是客观事物的反映。所以推重知识与哲学，虽不无可取；但像柏拉图臆想的那样的知识与哲学，倒不值得推重，那只不过是植根于理念拜物教的离奇怪诞的玄想而已，又何足珍贵？柏拉图崇尚为学问而学问和为哲学而哲学，把不事追求绝对理念而徒务尘世实用的知识看作玩物丧志，这同样是与科学真理相违背的。实际上，知识与哲学之所以可贵，即在于它们能够正确地说明世界和有效地改造世界，即在于它们能够帮助人们与自然做斗争或与敌对阶级做斗争；硬把这些当作末务而以符合理念和取得快乐为怀，是说不通的。试看，柏拉图急于把教育用来培养统治者，借以实现其政治主张，就足证知识首务仍然在于实用。他指斥贩夫、舟子、农工技匠以知识牟利为卑陋，殊不知致用总是求知的鹄的，知识的用途虽有大小之别，有远近之异，但绝不是不为效用而为理念。我们固不该片面地图谋近用小用而忘却大用远用，同样不该片面地顾到运用大用而鄙薄近用小用。分析到最后，那还是历来剥削阶级轻视生产活动，鄙薄有关生产劳动的知识，因而使得柏拉图做出了轻蔑实用知识的偏颇之论；在事实上却曾有谁抹杀过知识的现实效用呢？

其次，假定人在天性中禀赋着得之理念世界的理性，因而无须借助感性认识，即可通过反省与追忆而领悟宇宙间的最高真理，更是荒谬难信的怪论。实际上，先天观念是虚妄的，人们的知识都是后天经验的产物，不靠接触事物而取得感性认识，是无从上升为理性认识的，更无从通过相对真理以达绝对真理的。在教学上注重启发诱导而不生硬灌输知识，的确是传授知识的良好办法；

但启发诱导之可能正在于它要依靠学生已有的经验,启发诱导之可贵也正因其使学者已有的感性知识为根据,能够进而主动积极地分析事务的因果关系和掌握事物的客观规律。没有学生的感觉知识为根基,又怎样能诱导启发呢?毫无疑问,教育者的能事即在于指导未成年者借助于实践与锻炼而获得知识与品德,绝不能倒转过来使其脱离现实,仅靠纯粹思辨而探寻真理。就以《理想国》为例,著者在书中能够对阿棣孟德、格劳康等人进行反诘与诱导,还不是因为阿棣孟德与格劳康等人对于政治都具有丰富的经验吗?没有这等基础而想启发诱导,定属徒劳。柏拉图把理性绝对化、孤立化,使感觉与理性之间形成了森严的对立,就给中世纪视肉体为灵魂桎梏的谬说,开辟了先河。它和中世纪僧院派的教条主义教学方法,便有着千丝万缕的联系。老实说,科学真理的探索要靠艰苦的思维判断,而这种思维判断是处处要根据实践经验的;柏拉图抹杀感性知识的重大意义,严重地妨碍了科学的迈进。

再次,柏拉图心意中的哲学并不是指一般哲学,而只是他所标榜的哲学。如前所述,他斥责辩士派的哲学为虚伪的哲学,诬蔑德谟克利特的哲学为无神论的谬说,因而他怀抱着在学术上剪除异己而定于一尊的野心。当然,他在教育上用以启迪哲人的哲学就是他的思想体系。在百家争鸣与自由发展的希腊商业贵族执政时期,柏拉图唾骂政府放任异端邪说为丧心病狂,痛责青年趋之就学为极端不智,极力希冀以专制手段统一学术思想,这无疑是有碍于文化的进步的。在此还该指明,柏拉图在力崇哲学的同时,还极端贬抑艺术的价值。照他解释,理念世界至真至善,现象世界仅是理念世界的幻影;至于艺术世界,那又是现象世界的临摹,当然比现象世界离去理念世界还远。因之,只有无能力创造事物而仅能临摹现象的人,才肯于做艺术家;只有头脑简单而不谙理念的人,才肯于欣赏艺术。艺术家的能事是以假象骗人,人而爱好艺术是甘于忍受欺骗。荷马是一般人崇敬的诗人,但在柏拉图眼中却是应该鄙薄的对象。当时雅典教育注重文学艺术,对于古代诗篇非常重视,柏拉图竭力扭转的正是这一传统。分析它的原因,那就是荷马和何西阿德等古代诗人的作品,传播着不同于柏拉图理想的思想感情。事实极为明显,柏拉图力图扑灭这种欣欣向荣的文学艺术,无论在政治上或学术上都是极端错误的。

(四)柏拉图认为知德合一,道德可教,善良行为也应勤勉

柏拉图在《理想国》中开宗明义便申论正义公道等道德问题,认为这是保证国家合于理念的决定因素,是理想国的奋斗目标。道德既是国家的命脉,教

育又是实现理想国的唯一要图，道德教育的价值就可以得到解释了。就柏拉图看来，自由民所受的教育，其精华在于德育。所以通过教育培养善德是柏拉图所热切瞩目的。

其一，柏拉图承袭了苏格拉底的知识即道德的理论，指出两者的内在关联及不可分性。柏拉图的基本假定是：人皆秉有行善的自然要求，舍恶趋善乃是人的本性；至于人在实际上是否行善，关键在于他是否具有辨知善恶的能力。他肯定一个人如果能知善，一定能行善；如果能知恶，必然能避恶；知识是善行的保证，人之犯罪由于无知。他还说，一个人纵使迫于形势，不得已而为恶时，如果他有知识，断不会在可以行小恶时而反择其大者；反之，行善的人如果知道世间还有更善的行为，也必要弃去较小的善行而宁做更大的善事。所以堕落由于愚昧，自勉由于有知。试以勇敢为例，他说唯有知识方能使人无畏，足见智即是勇；反而言之，怯懦是不达事理使然，鲁莽同样是昧于理性使然，两者是勇敢的反面，也都是智的反面。人在学得知识之后，比在学习以前更为坚强有力，道理即在于此。柏拉图更指出：知识不是受役于人的奴隶，而是主宰人们的真实力量，人们学习而获得关于善恶的知识，绝不能在行为上违背这种知识，因为知识是最强有力的东西。所以万不能设想正确的知识导人于恶，更不能设想愚昧冲动的行为会符合道德之善。人们或许怀疑：有时明知善德而不行，明知恶行而不改，怎能证明知德一致呢？柏拉图回答说，知善不行或知恶不改，常人认为是贪图享乐使然，是受着感情所征服；但归根结底，还是由于无知。众所周知，世人受感情征服而知恶故为的事，以纵情饮食男女之欲为习见。实际上，这种行为常导致严重的后果，如能权衡轻重而洞烛先机，必为获取安全而力行节制，结局必是知识战胜感情。可见知行不一，根源在于不真知、不深知，解决之道在于医治无知。试想明明知是险途而仍盲目趋之，那还不是更显著的或更明确的无知吗？

其二，柏拉图既承认知德合一，便提出了道德可教的理论。在对话《普罗塔哥拉》篇中，柏拉图曾诡称道德是不可教的，那是因为辩士派否认知识即道德的主张，柏拉图才指斥道：道德既非知识，当然无法传授；但是他把普罗塔哥拉的知德非一的理论驳倒后，紧跟着便肯定道德是可教的。柏拉图在《曼诺篇》中也提道：如果道德可教，则须有教师与学生，传授才为可能；但是辩士派学者并非有德之辈，更不传授道德，又怎能证明道德可教呢？当然，这里反对道德可教仍然是抨击辩士派的手法。按照柏拉图的说法，道德上所崇尚的正义、睿智、勇敢、节制等，无一不以知识为基础，无一不可传授而获得。柏拉图既认为道德可教，便主张教师应负责道德教育工作，他把辩士派一味传授辩才指责为丧心病狂，并且说一般青年趋之若鹜和各邦政府任其流传，更是丧心病狂中的丧心病狂。在柏拉图看来，为人师者必须完成以德化人的任务，其本身更须是能够以德化人的善人；舍此，就根本谈不到教育。

怎样传授道德呢？那还要谈到回忆论。柏拉图所谓的真善既来自理念世界，人的灵魂在寄居彼岸世界时，已经具备了善德的禀赋，因而人既能由回忆而致知，同样也能由回忆而进德。他在《曼诺篇》解说了其中的道理。他还说：在寻求永恒实体时，要去除感觉的扰害，听凭纯粹思辨去内省；相应地，在从事善德修养时，要屏弃庸俗的享受，体察理念的要求。另外，柏拉图也认为通过各科学习可以传授道德知识，以养成道德观念。他提到对于音乐要慎选内容，取缔有关诬谩神祇的题材、有关战争忤逆的描绘、有关死后可怖的叙述、有关贪财贿赂的刻画、有关善人受害而恶人获福的传闻，因为这些会在儿童幼小的灵魂中产生神灵丑恶而不堪信奉的观念、畏惧死亡而不敢效命疆场的感情，以及为善不足勉、为恶不足戒的错误想法；反之，音乐、故事要讲述有关古人的嘉言懿行和对于国家善德的歌颂宣扬。他认为这样就足以于无形之中向年轻一代灌输敬神、忠国、孝亲、爱国等道德理想，保证他们纯洁的精神不受戕害。柏拉图对荷马和何西阿德等古代诗人极为反感，也是由于他认为他们的作品含有道德上的毒素。柏拉图认为端正人心、淳化世风而抵抗邪说的传播，乃是当时的急务。还有，柏拉图在《曼诺篇》中更提及人们除去可由知识而进德以外，并可由正当见解而为善。本来知识是对于理念的体认，见解是对于现象的理解，两者有着性质上的区别。不过，在一定场合下，正当见解同样可以指导行为，将人导向正轨；而且保持正当见解勿使遗失，也可最终成为知识。可见人们由正当的见解出发，慢慢向前发展，也可以达到由知识而修德的要求的。

其三，柏拉图并未把由致知而修德当作德育的唯一途径，他说人自幼年起就该通过经常不懈的努力，养成善良的习惯，达到道德的要求。人们曾经问及：幼年没有道德观念，怎样进行行为的指导呢？柏拉图说，那要凭借感情，以养成对于善的爱好和对于恶的憎恨。因为幼儿对于爱憎的性质虽不明了，但是他们却有爱憎感情。人们或许接着要问：教育工作者怎样给幼儿培养正确的爱憎之情呢？柏拉图说：那要诉之于感觉。他说：凡能引起快乐感觉的事物一定引起爱好的感情，凡能引起痛苦的感觉的事体一定引起厌恨的感情，教育者以此苦乐感觉来约束幼年儿童是有效的。因为苦乐是儿童最先的感觉，也是善恶的最初表现形式，在德育的最早阶段完全可以利用这种天赋本能。试看凡是给人引起快乐的事物就能叫人趋从，凡是给人引致苦恼的事体即能叫人避免，教育者还不能利用这桩道理使受教育者对于正当行为由于快感而爱好吗？柏拉图在《理想国》里还曾指出卫国者自幼就该效仿忠勇有节的英雄伟人，不可仿学女流之辈、怨天尤人之徒和品行不端者流，尤其不可模仿奴隶的行径。为什么？柏拉图引用古语道：习惯成天性，始则为模仿，继则成习行，虽欲改之而困难了。这就是柏拉图要通过实际行动培养善德了。

综上三者，可见柏拉图在德育方面是以知德合一为基础，肯定了道德可以教授，并且认为也要通过实际活动来养成道德习惯。首先，在这里应该指出的是，道德是建立在社会基础之上的上层建筑，绝不是什么玄妙莫测的理念的产物，柏拉图把道德理解为渊源于理念世界，当然是错误的。而且，柏拉图承认知德之间的不可分性，虽有其正确性；但是由于他把知识也看成是理念的化身而非客观存在的反映，他就同样难以从神秘莫测的泥沼中自拔出来。就当时的历史情况而言，柏拉图认为道德标准常驻不变，其矛头所指向的显然是商业贵族。因为商业奴隶主为求推翻农业奴隶主的专制统治，竭力说明善恶准绳并非永恒不易，借以论证革新政治的合理性与必要性，乃是有其进步意义的。代表农业贵族的柏拉图对这一理论而提出完全相反的主张，这无疑是起着促退作用了。柏拉图把培养这种道德品质设定为德育的目标，其反动性质是一望而知的。其次，在德育方法上，柏拉图强调通过致知以进德，这是正确的。因为养成道德品质，应该诉之受教育者的自觉，就是说，不能仅仅出于高压与强勉，而是应向受教育者说明善行的意义使其自动行善的。同时，柏拉图于道德知识之外，兼重道德行为的锻炼，要求自幼年起就要通过苦乐的感觉培养正当的爱憎之情。借以树立良好的习惯，这也是极有道理的。因为缺乏实际行动而期望养成道德品质是徒然的。不过，这些正确的方法却被柏拉图曲解了。他提出培养道德自觉虽是对的，但他把这视为追忆理念世界的产物，就荒诞不经了。他提出培养道德行为虽是对的，但他认为对于幼年儿童养成善行只能靠苦乐感觉与爱憎感情，殊不知完全抹杀道德观念的启发，乃是机械的看法，同样是错谬的。

四、结　论

以上内容已侧重由奴隶主阶级内部斗争的形势,将柏拉图的《理想国》蕴含的教育哲学做了阐明与分析。在结论中,还要就其阶级斗争的意义及其理论中含有的较为正确的论点,略一提及,更进一步地了解柏拉图的教育思想的政治性质和历史价值。

首先,《理想国》在古代雅典城邦虽是代表农业奴隶主与商业奴隶主进行政治斗争的产物,不过,它更揭示了奴隶主与奴隶之间的残酷的阶级斗争。农业奴隶主与商业奴隶主之间的斗争的确是剧烈而深彻的;但奴隶主与奴隶之间的阶级斗争更是不可调和的,因而是更为根本的。不待言,《理想国》所论证的教育理想,无处不暴露出统治者对于被压迫者——奴隶阶级的极端鄙弃与极端诬蔑。

从根本上说,柏拉图的教育哲学所据以为理论基础的理念拜物教,就潜藏着深刻的阶级斗争的实质。从理论上看,柏拉图把抽象的理念当作先于客观事物而存在,并且主宰着客观事物,乃是"野蛮的、骇人听闻的(确切些说:幼稚的)、荒谬的"①。若再探寻这一对于宇宙问题的荒诞理解的阶级根源,那就必然触到它是虐待劳动大众的阶级关系的反映。具体地说,柏拉图之所以推崇理念为至尊而抹杀现象世界的价值,归根结底是因为奴隶主阶级在剥削奴隶的基础上,业已垄断了学术研究的特权,他们威逼广大奴隶从事生产物质财富的沉重的体力劳动,从而彻底剥夺了奴隶们从事脑力劳动的条件,这样,在脑力劳动与体力劳动之间,再不是什么普通意义上的分工,而变成了剥削与被剥削的关系了;相应地,在脑力劳动者与体力劳动者之间再没有平等互惠的往还,而变成了压迫与被压迫的截然对立了。很清楚,柏拉图夸大理念的神奇伟大,不啻是把统治阶级故意地神圣化与超凡化,使其高高在上而凛然不可冒犯,这显然是为着巩固其阶级政权的。与此相反,柏拉图贬低现象世界的意义,把一切世间的事物看成虚幻与恶浊,那还不是暗示被枷锁于现实的沉重劳动的负担之中而无由接近理念的广大群众是劣种么?柏拉图说现象必须符合理念,那不恰恰意味着奴隶要成为理解理念的奴隶主所奴役的天然对象吗?人们可以充分

---

① 《列宁全集》(第38卷),人民出版社1959年版,第421页。

认清，理念拜物教乃是不折不扣地从理论上肯定阶级压迫的法宝。建立在这一法宝之上的教育，自然是迫使广大劳动人民成为受摈斥的弃儿，叫学校成为少数统治者独享的禁脔。这种教育制度自然是培养统治者与诋毁生产者的机构，这种教育内容自然是吹嘘理论探索的奥妙高深而菲薄生产致用的知能的传授。毋庸赘言，柏拉图在立论上攻击的是商业贵族，但是他心目中的教育为奴隶主阶级政治服务的根本原则，却是尤为显豁的。这一根本原则未曾因统治者内部斗争而稍被漠视，就是说，奴隶主绝不因内部火拼而放松了镇压奴隶的。就此可以看清柏拉图反对商业贵族民主政治下的教育发展固然是不正确的，然而柏拉图从教育上把奴隶阶级彻底地予以排拒，那就千百倍的荒谬与反动了。

其次，柏拉图的教育理论的反动实质及违背科学真理，虽是昭然若揭的；但在他这套充满反动的政治性与违反科学性的教育理论中，在若干论点上是有着一定程度的正确性的。第一，他看清了教育应该为政治服务，不能脱离政治与超越政治。这比之后世的某些学者推崇天性为至尊，以致要教育不问政治要求与抹杀阶级意义而抽象地培养人性，是高明而正确的。的确，教育是社会基础所决定的上层建筑，它必须而且必然要效命于基础，它对于基础的命运绝非采取消极的、中立的和漠不关心的态度的。所以柏拉图视教育为立国之本或唯一途径是不对的；而他把教育用来为建国而奋斗，倒是很有道理的。第二，柏拉图把人的天性分为欲望、意志、理性，这种知情意三分法是有道理的，这种划分直到现在还被批判地使用着。第三，柏拉图在设计的学制系统中，强调了学前教育的重要性，要从最初的阶段开始培植幼年一代的身体和心灵，这表明他已认识到幼年教育在塑造青年身心的工程中具有不可忽视的作用，这种理解很是合理。另外，在学制系统中他还提出在享受教育权利上，男女两性应该一律平等，铲除重男轻女的传统积习。按照他的解释，男女在完成卫国和治国的任务上，彼此并无轩轾，国家忽视妇女教育和剥夺妇女从政的机会，无异浪费了国力的半数，这种议论也很正确，所以，就古代世界而言，无论从东方或西方看，柏拉图关于教育制度的这些意见，不仅是独特的，而且是正当的。第四，柏拉图看重理性教育，建议学校设置多种文化科目，要求教师加强思维判断等能力的培养，因而丰富了青年学习的内容，扩大了青年知识的领域，并且把青年引向高深而系统的理论研究，为以后发展起来的"七艺"奠了基础。还有，他肯定体育、游戏、音乐的重要性，给这些科目在学校课程中确立了应有的地位。这些都在历史上是功不可泯的。第五，柏拉图在道德教育方面要求通过理论学习树立道德观念，以启发青年一代的道德自觉性。与此同时，他又注重凭借苦乐的感觉和爱憎的感情，指导儿童从事善良行为，以养成儿童道德行为的习惯性。这些也是含有至理的。第六，柏拉图为了矫正雅典教育而吹嘘斯巴达的教育制度与方法，但在他设计的教育方案里并未抹杀雅典的传统，他兼重文化陶冶就是证明。所以他是企图在教育上兼采两邦而融为一体的，这在当时也非毫无意义的。这些意见，一方面固然是柏拉图为着贯彻其不正确的教育目的所建议的方案或方法；另一方面，这些也都是他通过教育实践所做出的经验总结。可以理解，由于他和他的前辈在长期实践过程中，总会有意无意地在某些教育活动上碰准了或摸到了教育的客观规律，因而他才提出了一些比较正确的见解。不幸的是他对于这些可贵的经验做了唯心主义的解说，以至于对于教育效用片面地夸大起来，并且对于有效的教育方法做了理论上的歪曲。然而不论如何，若抛弃其谬误解释而单就这些具体经验或意见而论，却有的是与科学真理相吻合的，因而柏拉图是曾给教育学术积累了财富的。对此，我们无疑是应该予以批判吸取的。

卢梭教育思想述评[*]

一、卢梭的时代、生平和斗争纲领

18世纪的法国启蒙运动，是资产阶级反封建斗争的伟大运动。它加速了旧社会的崩溃，促成了资产阶级民主革命的来临。它的历史地位是值得推许的。启蒙运动者举起"尊崇理性"的旗帜，对于压迫人权的封建政治进行了致命的抨击，对于陷于愚昧的宗教迷信进行了彻底的谴责，对于荒淫堕落的风俗习尚进行了无情的清算，并且对于戕害天性和因循守旧的文化教育进行了根本的唾弃。这一场异常深刻和异常剧烈的思想意识领域内的搏斗，的确是一场生死的斗争。恩格斯在《社会主义从空想到科学的发展》中说得最为透彻："宗教、自然观、社会、国家制度，一切都受到了最无情的批判；一切都必须在理性的法庭面前为自己的存在作辩护或者放弃存在的权利。思维着的悟性成了衡量一切的唯一尺度。"[①]他又说："以往的一切社会形式和国家形式、一切传统观念，都被当做不合理的东西扔到垃圾堆里去了；到现在为止，世界所遵循的只是一些成见；过去一切只值得怜悯和鄙视。只是现在阳光才照射出来。从今以后，迷信、偏私、特权和压迫，必将为永恒的真理，为永恒的正义，为基于自然的平等和不可剥夺的人权所排挤。"[②]诚然，启蒙运动对于法国大革命做出了杰出的贡献，启蒙运动者是法国被压迫者反抗封建压迫的先锋队。

启蒙运动的伟大旗手——让-雅克·卢梭（Jean-Jacques Rousseau，1712—1778）在摧毁封建堡垒上是有丰功伟绩的。他跟腐朽恶浊的旧社会展开的肉搏

---

[*] 本文原载《卢梭教育思想述评》，滕大春著，人民教育出版社1984年版。编入本书时编者进行了一些技术性处理。——编者注

[①][②] 《马克思恩格斯全集》（第20卷），人民出版社1971年版，第19、20页。

战,真是无可比拟的勇猛而坚决。他对准法国的,在某种程度上也是欧洲的种种罪恶传统,如社会政治、宗教文化、家庭婚姻等,发动了全面的总攻击。他的著作可视为历史发展的里程碑。透过卢梭的言论,最能理解当时社会间不可调和的矛盾,最能理解封建社会罪孽的深重。至于法国当时在教育范围内反封建斗争的表现,更要首推卢梭。在启蒙运动的领导人中,无论伏尔泰、孟德斯鸠或狄德罗,没有一个人像卢梭那样集中而大胆地揭开了封建教育的丑态和提出了改革教育的主张。卢梭论述教育的《爱弥儿》正可和他论述社会政治的《民约论》① 相比美,两者同样是文化发展史上的不朽之作。所以卢梭不愧是近代进步教育思想的大师,他的教育遗产是需要分析研究以便批判继承的。

(一) 卢梭的时代

理解启蒙运动者卢梭的生活时代和社会背景,是理解卢梭全部理论和教育理论的关键;而理解这历史时期阶级矛盾的尖锐和阶级斗争的激烈,必须理解当时法国资本主义发展同封建制度不能相容的紧张情况,必须理解法国第三等级和统治阶级之间壁垒森严的对峙局势。再则,由于卢梭特别着重向封建的文化教育挑战,我们还须理解当时的世道人心和教育设施。这样,自能掌握卢梭思想的历史根源和它的历史意义。

法国在 18 世纪后半期虽则以农业生产为主,但工商业的发展是显著的。那时法国的工商业虽不能和英国相比,但就欧洲大陆来说,却是先进的。法国的纺织工业和冶金工业都已露有头角,手工工厂常有数千工人的规模,并且个别工厂有了新式技术装备。同时,法国的商业日益扩张,在国际市场上,仅次于英国而居世界第二位。很明显,在封建的法国社会中已经孕育了资本主义,而且史家认为:法国还有条件使工业像英国那样地发展。不幸,这日益成长壮大和具有光明远景的资本主义生产,竟被封建政治给牢牢地捆缚了。在封建枷锁下的广大农民饥寒交迫,不能形成繁荣兴盛的国内市场;封建行会限制产品改革和约束产量增长,成为工商业迈进的障碍物;封建割据下的关卡林立,捐税繁重,更把工商业缠磨得无法顺利进展……这些都迫使法国的生产事业不得不甘居落后。资产阶级要求从这重重魔障中获得解放,是历史所注定的。资产阶级怎样挣脱这根链条呢?那只有取得政权。因为就经济而言,资产阶级的财富是超过统治阶级的,宫廷和国库曾不断地向资本家借债度日;就文化学术而

---

① 今译为《社会契约论》。以下不再作注。——编者注

言，资产阶级比封建统治阶级更有教养，他们精通科学，并使科学促进生产事业的成长。但是这蒸蒸日上的资产阶级却没有政治权利，法律不保护他们的财产，这才成为封建统治阶级剥削压榨和巧取豪夺的对象。无可辩驳，法国资产阶级为着工商业生产的广阔前途，它的反封建斗争的历史使命是必须胜利完成的。

当时法国的统治阶级以国王为首，还包括僧侣（通称为第一等级）和贵族（通称为第二等级）。这一小撮特权的享受者垄断全国绝大部分的土地和财富，过着纵情声色和奢侈淫逸的寄生生活。他们更利用军队、警察和监狱，来侵犯被压迫者的人身自由和言论自由。卢梭生逢路易十四、十五、十六三个国君。路易十四的"朕即国家"一语，道出当时专制淫威登峰造极。路易十五继续作威作福，妄图扩大君权。所有被压迫者在当时称为第三等级，其中包括资产阶级、农民、知识分子、工人和城市贫民等广大群众队伍。资本家不能自由地发展工商业，已如上述；但是更苦的是农工大众。因为"没有无领主的土地"已成为悠久的传统，所以农民是没有土地的。他们以租佃方式耕种领主的田地，不但要给领主交纳高额的地租，还要向教会交付重税，政府更勒索他们交给所得税，其他繁重的封建劳役更不胜枚举。除去这些封建剥削外，资本主义也向农民施行榨取，高利贷就是最突出的事例。在这双重压迫下的一般农民，真是一贫如洗。无怪饥饿是法国农村经常的客人。工人同样是贫苦的，每天在阴暗潮湿的环境中工作达 14 或 16 个小时，尚谈不到养家糊口，只好在生命线上拼死挣扎。对于这种苛虐的暴政，卢梭曾切齿痛斥道：专制暴君绝不是统治人民而使人民幸福，乃是使人民贫困以便统治他们。从这激愤的言辞中我们不难测知当时政治的黑暗是如何令人发指了。

法国在 18 世纪仍是农业国家，土地兼并成风，豪强劣绅横行，土豪恶霸欺压善良、使贫苦人民难以生存的情况，在《爱弥儿》中被卢梭刻画得活灵活现。当爱弥儿长大成人之后，他要娶妻以生男育女，要取得土地以维持生计。但解决土地问题是太不易了。卢梭说："你要获得自己的土地，你去何处找寻呢？你能站在遥远角落说：'我在这里就是我自己和这土地的主人吗'？谁知道在哪里才能过自由、独立的生活，自己不虐待他人，也不担心自己受到虐待呢？你认为能够很容易地寻得永远诚实做人的地方吗？假如真有一块地方，在那里人们不靠阴谋诡计、法律诉讼、依权仗势，单凭个人双手劳动和农田耕作，就能过那安全而合法的生活，那该多好。但是，在哪里能有这样的国家，在那里人们敢说'凡是我挖掘的土地便属于我所有'？在选择这块乐土以前，你确信你将获得你所渴望的安宁；但你须防范徇私废公的政府、迫害成性的教会以及丑恶腐败的风俗习惯，前来干扰你的安宁。你要抵制苛刻的捐税，免得叫它吞食你的劳动成果；还须抵制无穷无尽的法律诉讼，以免耗尽你的资财。你要过正当的生活，不卑躬屈膝地请求长官、僚属、法官、教士、有钱有势的邻居以及形形色色的坏人。倘若你对这群害人之徒失于防范，他们就会来麻烦你了。比以上更重要的是避免富贵之人向你施威。要切记，他们的家产或许和你的葡萄园接近，一旦不幸这些贵人在你的茅舍近旁购置或修筑房屋，你务必提防他们制造口实，借侵占你的家财来扩大他们的财产，或于一旦之间在你的土地上修造宽大的马路。"①看！当时暗无天日到何等地步！

我们通过上面的叙述，已能看到当时法国封建制度怎样阻碍着生产事业的发展和造成深刻的阶级矛盾。同样可悲的是：在专制淫威之下的世道人心，显露出一片暮气沉沉的惨象。文艺复兴和宗教改革是近世欧洲的影响深刻的思想解放运动，曾使众多国家得自中世纪的腐朽观念和宗教迷信，受到了暴风骤雨般的扫荡。但法国封建势力雄厚，作为封建贵族精神支柱的天主教，备受推崇；新教胡格诺派长期遭到杀戮。法国人几乎达到"心死"之境。像笛卡儿那样头脑深邃的哲学家，并且是曾对科学做过巨大贡献的人，却同样维护宗教的权威。英国的培根以唯物论的基础，呼吁破除偶像，呐喊"知识就是力量"；洛克注重身体和感觉的功能，以经验主义相标榜；他们都远远走在法国的前面。英国、法国隔海相望，面目却全然不同。法国由于君权膨胀，讲究繁文缛节，上有好者，下必甚焉，一切风俗文化，把人们的言谈举止紧紧地束缚在成训之中。卢梭在《论科学和艺术的复兴是否有助于敦风化俗》中，明确指出科学和艺术败坏了人类之善，无疑是道德的毒素。他说："艺术、文学和科学把人们最初的自由的感觉给摧毁了，而人乃是为这种自由而生的，它们使人们安于自己的奴隶状态，以便成为所谓文明民族。"②他又说："我们心灵的破坏，正和艺术、科学的进步，成为正的比例。"③卢梭在《爱弥儿》中也说："各种建立在侈靡和虚伪之上的风尚、时俗和风俗，把人们的生活过程局限于最不幸

---

① Rousseau. *Emile or Education*. Everyman's Library, London：J. M. Dent & Sons Ltd., 1933，p. 420.

②③ Rousseau. *The Social Contract and Discourses*. Everyman's Library, London：J. M. Dent & Sons Ltd., 1930, p. 131, p. 133.

的整齐划一之中。我们所企图着向别人夸耀的愉快，乃是不复存在的愉快，我们本身既未曾享受它，别人也未享受到它。"①他又说："偏见、权威、需要和范例等一切我们所投入的社会环境，都把人的天性给摧毁了。"②他还说："我们的智慧全是奴性的偏见，我们的习俗都含在控制、抑制和压迫之中。文明人自生到死，都不能不为奴隶。婴孩被捆缚在襁褓之中，死尸被封装在棺椁之内。人的一生都受着习俗制度所囚禁。"③试想那时的人心是怎样为习俗所累和为成规所限，人生是怎样显得暗淡枯萎哩！继文艺复兴、宗教改革之后，启蒙运动崛起于法国，成为18世纪法国所不可缺少的历史过程，道理就在于资产阶级不在思想意识上翻身，很难在政治、经济领域翻身。恩格斯在《费尔巴哈和德国古典哲学的终结》中说，当时的法国，"哲学革命也作了政治变革的前导"④，是千真万确的。

谈到这种封建社会中的教育，那更是戕害天性和灭绝心智的把戏。原来文艺复兴时期的古典主义，是借古希腊、古罗马的古籍，来学习古人自由思想、自由探索的精神。不料以后却陷入崇古的泥潭，力求熟读已死的古文（拉丁文）和摹效西塞罗的文体，不再把兴奋点放在解放思想和探求真理上边。这种玩物丧志的歪风邪气使青年抱残守缺，以致非罗马名著所曾用的文章体例、华美词句以及掌故趣事，不敢采用，甚至把西塞罗的片语只言视为文学史上不可逾越的高峰。早期的古典主义曾是焕发人类青春的精神营养，这时的古典主义竟然堕落为荼毒人类心智的精神桎梏。卢梭正好赶上这股历史逆流。

就在这时，法国教会统治着法国教育，天主教耶稣会派的学校是神学婢妾，是不消提的；新教学校同样不高明。17世纪冉森派主教克利安以重视教育见称，但这位新教徒信奉奥古斯丁的宿罪论，认为"儿童尚未出生以前，他的灵魂早已为罪恶所掌握"，受洗只使他暂时向善，并不能永保其善。唯一的止恶方法是教师严予监督。克利安的神学偏见驱使他采取极为特殊的教育方式。他要求父母把孩子完全地献给学校，割断和儿童的日常接触；教师不但白天与儿童形影不离，夜间也与他们共寝共眠，进行严密的侦察监视。学校课程全为神学所侵蚀，要求心育高于脑育，德育重于智育。学校课本和读物都须从

---

① ② ③ Rousseau. *Emile or Education*. Everyman's Library, London: J. M. Dent & Sons Ltd., 1933, p. 316, p. 5, p. 10.

④ 《马克思恩格斯全集》（第21卷），人民出版社1965年版，第305页。

宗教和道德角度，加以苛细审查，凡能引起疑义的篇章统统删除。卢梭在《爱弥儿》中，曾用大量事例描绘和抨击这种操纵在新旧教教会羽翼下的教育的丑态。"儿童在妇女手中度过六七年，成了他自己和妇女们浮动意志的牺牲品，并且当她们已经教他各种事体，使其记忆力负担了各种无意义的文字或对他无益的事物以后，当她们给他养成的情欲把他的天性窒息以后，这矫作的小把戏便被送到教师之前，教师接着把儿童养成的矫作性完全地发展起来；他教他种种知识，却不教他如何自知、自制、求生、致福的方法。最后，当这幼稚的奴才或暴君头脑里充塞着空洞的知识，身心俱极脆弱，一旦被投入社会时，他那软弱无能、骄人傲物和其他种种恶习，便完全显露出来。"① 再清楚不过，封建教育是荼毒人心的毒药。

这种教育引起启蒙学者普遍的痛恶。按文艺复兴给欧洲带来的人文主义思想，原是叫人从尊重神权向尊重人权方向发展。启蒙运动者在尊重人的价值方面，又特别重视理性的启发，标榜"意见决定一切"，认为人人觉悟提高了，思想进步了，社会就会改善了。狄德罗主编的《百科全书》，主旨就在传播新颖思想和科学知识，提高人的精神境界。也因如此，他们无不重视通过教育进行启蒙工作。狄德罗和爱尔维修②力求政府取代教会而举办学校，刷新教育内容；然而势单力薄，没引起人们足够的注意。卢梭则大声呼吁，要求世人热切关怀教育这桩无比重要的大事，并痛斥当时教育的惊人荒诞。他在《爱弥儿》序中说："尽管有许多人著书立说，其目的据说完全是为了有益人群；然而在一切有益人类的事业中，首要的一件，即教育人的事业，却被忽视了。我阐述的这个问题，在洛克的《教育漫话》问世以后，一直没有人谈论过。我非常担心，在我本书发表之后，情况仍然是那个样子。"③ 他又说："很多教育著作充满着言之无物和毫无用途的论证，大谈主观想象的儿童职责，却只字不讲教育中最重要和最困难的课题：如何从婴孩过渡到成人阶段的桥梁问题。本书如果有它真正有用的部分，那就是我对于这种确是十分重要而竟被其他著作完全忽略了的问题，肯于不顾旁人吹毛求疵和自己的表达困难，而进行了详尽的论述。"④ 的确，卢梭曾用锐利的文笔，大力揭露旧教育的丑剧，曾比狄德罗、爱尔

---

①③④ Rousseau. *Emile or Education*. Everyman's Library, London: J. M. Dent & Sons Ltd., 1933, p. 16, p. 379, p. 379.

② 作者也译作爱尔维休。以下不再作注。——编者注

维修引起人们对教育问题更深切的重视，因而所曾起的革故鼎新的作用也更大。

由上可知，形形色色阻碍生产事业发展和陷溺劳苦大众于水深火热之中的政治经济制度，桩桩件件闭塞人智而使人心颓废萎靡的风俗习尚，连同举不胜举的令人触目惊心的摧残儿童青年身心发展的教育设施，是卢梭时代的特征。它们有如毒蛇般地缠磨人类社会，使它日趋腐化和日趋灭亡。当时的第三等级是摧毁这种封建社会的革命力量。不过，由于当时工人阶级还只是"前无产阶级"（恩格斯语），还不能做出独立的政治行动，因而第三等级便在那正在成长壮大的资产阶级的领导下，酝酿了革命。卢梭和其他启蒙学派的显赫战士一样，都是在暴风雨即将到来的革命前夕，从思想理论的宣传鼓动方面和封建统治者短兵相接的。他呼吁天赋人权，他攻击专制政权，他痛斥教会惑众，他要求天性解放，终于促成了革命的到来，使资本主义在法国以及整个世界的政治经济体系中，巩固起来。显然，通过对于18世纪法国社会的叙述，是可认出卢梭在推动历史前进中的贡献的。

（二）卢梭的生平

卢梭名让-雅克。他的祖先原是巴黎的书商，因笃信加尔文派新教，不容于天主教，遂于16世纪为着信仰自由而迁居瑞士的日内瓦；卢梭就在1712年生于日内瓦。卢梭的父亲是手工业者，以修造钟表为生，是思想先进且感情丰富的爱国主义者。卢梭描绘他是"共和之邦的公民和狂热爱国的父亲"。卢梭自幼便从他习染到浪漫的性格，养成读书的爱好。在诸多读物中，给予卢梭影响最深的是古代希腊普洛塔奇的《英雄传》。卢梭曾说："由于这种有趣的阅读，以及父亲和我关于这本书的讨论，便养成我那自由和民主的精神，养成我那高傲而不受屈辱的性格，这种性格不能为环境所容，便是我终身不遇的原因。我头脑中不断为罗马和雅典伟人的思想所盘踞，我仿佛在和他们为伍一般；我自身又是共和之邦的公民和狂热爱国的父亲的儿子，我已为父亲的身教所感召了；我相信自己就是希腊人或罗马人了；我已将自己与书中的人格融为一体了；当我想到那令人神往的伟人杰士的坚忍和无畏时，不觉间竟睁大双眼并放声歌唱。有一日，我在桌旁叙说斯开瓦拉的事迹，在座的人们全都很惊讶地看到我走上前去，把手放在熊熊的炉火之上，来表演这位英雄的动作。"①

---

① Rousseau. *Confessions*. Everyman's Library, London: J. M. Dent & Sons Ltd., 1931, Vol. I, p. 5.

不料，10岁的卢梭竟和父亲离别了。他那不畏豪强的父亲因为和军官发生冲突，不得不远走他乡了。

卢梭生而丧母，此刻又失去了父亲，成了无依无靠的孤儿。他在舅家寄居两载，受到良师兰贝色尔的启迪教导，受益匪浅，乃是卢梭一生中所受的正规教育。以后，他被送到公证人事务所去学习，卢梭厌烦这种教唆词讼的勾当，就改习雕刻业；不幸，由于师傅的打罚，又被迫放弃这桩由衷喜爱的手工职业。他说："我本非不喜此业，我对于绘画有所爱好；我每逢举起雕刻刀便感觉愉快；和钟表业的技术相比，雕刻的技艺很是简单；因此我想锐意学习，养成绝技。如果没有师傅的凶暴和过分压迫，以致使我厌恶得不能工作，我一定可以如愿。"①卢梭抛弃这桩工作是有不胜依恋之情的。

1728年，16岁的卢梭被迫开始了流浪生活。在颠连困顿中，经过天主教士彭佛和劝导新教徒改宗旧教的华伦夫人的规劝，他轻率地由新教而改奉旧教；不过，这并未使卢梭对于天主教发生真正的信仰，反而增加了他的厌烦。他自是继续漂泊，曾经充当伯爵的仆役，曾经担任旅行瑞士的希腊教僧的文牍，曾经做法国驻威尼斯使馆的随员，而且曾经和华伦夫人热恋。其中叙述最多的是他和华伦夫人居住山村数年，无时不以刻苦自修方式读书求知。他自言当时读书几乎入迷，虽在百忙之中，口中尚诵读不辍。他聪颖过人，又苦心钻研思考，学识大为进步。再则，他寄居巴黎时，结识狄德罗、伏尔泰、达兰贝尔、葛利穆、孔狄亚克等启蒙学者，并参加《百科全书》撰写工作，思想深受启发。1740年，他在里昂任马布里家的家庭教师，马布里更是当时有远见卓识的空想社会主义者。在这前前后后，卢梭还接触了荷兰唯物主义者霍尔巴赫和英国哲学家休谟。这些法国的和欧洲的硕学之士，给予卢梭的启发非同小可和非比寻常。他在马布里家任教师为时不久，便不欢而散，但大大触发卢梭对教育课题的浓厚兴趣。卢梭由自学而博览群书，古代作品之外，近代知名学者如笛卡儿、蒙田②、莱布尼茨、洛克、普波、开普勒、牛顿等人的著作，无不是他嗜爱的读物，所以关于政治、哲学、数学、历史、地理、天文、物理、生理等科学的新成就，都被卢梭涉猎了。卢梭具有卓异的天资，在长期漂泊之

---

① Rousseau. *Confessions*. Everyman's Library, London: J. M. Dent & Sons Ltd., 1931, Vol. I, p. 25.

② 作者也译作孟丹、蒙旦。以下不再作注。——编者注

中，通过广泛接触社会，通过学习多种的名著，通过和进步学者的交游，掌握了渊博的学识，洞悉了当时政治、社会的恶浊，并且锻炼了反抗封建势力的坚强意志。

在这里须特别提及的是卢梭不但痛恨当时的政治、社会和世风、学风，而且痛恨当时的浮薄的文风。他鄙视徒事顺竿爬而不真实思考判断的无聊文人，严肃地对待自己的著作。他说："我永远觉得著作家不是，并且不能是显赫而受人羡慕的，除非他不把著作当作职业才能办到。人若只为了生计而思想时，便难以产生高尚的思想了。他若想能够并且勇于阐明伟大的真理，他必须不仰赖其著作的成功。我把著作投向群众，清清楚楚地意识到是为着人群的福利而说过话了，除此之外，则我别无考虑。假若我的著作不受世人欢迎，那些不想享受它的利益的人是更为倒霉的。至于我个人，我并不靠人们的恭维来维持生计；纵令我的书不曾销售，我的职业依然能够供应我的生活。正因如此，我的书反倒得以畅销了。"①他还说："我可以纯粹从事谋利的行径，而且我可以全力撰著而不致降格去东抄西袭；因为我有奇思怪想，我觉得这种思想能够继续产生，所以我的撰写工作实在可使我享有优裕甚至奢侈的生活；我若稍用技巧和稍加谨慎，我就能做到。但我深知为面包而著作，不久便将伤害我的天才，破坏我的才智；这种天才和才智是心灵的产物，而非写作的产物；而且只有高傲而超逸的思想，才能把天才和才智焕发出来。没有任何伟大而生动的作品，能由纯粹谋利的作家所写成……当一个人只为了生计而思想时，那就难以产生高尚的思想了。"②他又说："我承认那种我信以为真的为真理，而不以我认为错误的为真理。"③因为他不畏强暴，不贪浮名，坚定地自勉成为说实话、讲真理的人，他的《民约论》《爱弥儿》《新爱露伊斯》④都是不朽之作。他说："《爱弥儿》一书，构思20年，撰写3年。"⑤可见其功力之深。

卢梭登上法国文坛始于37岁。他于1749年和1753年两度应第戎学院的征文，不啻是向封建社会发出怒吼。首次征文的题目是《论科学和艺术的复兴

---

①②⑤ Rousseau. *Confessions*. Everyman's Library, London：J. M. Dent & Sons Ltd., 1931, Vol. Ⅱ, p. 53, p. 53, p. 37.

③ Rousseau. *Confessions*. Everyman's Library, London：J. M. Dent & Sons Ltd., 1931, Vol. Ⅰ, p. 1.

④ 也译作《新哀露易斯》《新哀露依斯》《新爱露易斯》等。以下不再作注。——编者注

是否有助于敦风化俗》，卢梭的论文被评为首选，博得了绝大的荣誉。第二次征文时卢梭写的《论人类不平等的起源和基础》虽未获选，却是他自许之作，也是极富创见性的论著。他在第一篇论文中说：科学和艺术的进步并未提高人类的品德，反而使得社会道德败坏了。他的第二篇论文说：人类在原始社会中是平等、自由的，不平等的社会是私有制度使然。显然，卢梭已经是崭露头角的封建社会的痛击者了。数年后，1761年卢梭著成《新爱露伊斯》，1762年卢梭著成《民约论》和《爱弥儿》，这些更是在政治、教育和宗教范围向封建统治者的挑战书。他在《民约论》中指出，远古的人类都享有天赋的自由、平等的权利，只是为着维持共同的生活秩序，人们才订立契约，由各人让出自己的权利，接受合理的约束，从而组织了社会；社会的当政者原是经过人们公认的服务员，绝非高居人上的统治者，如果他们作威作福而不能满足民意，人们有权赶走他们。卢梭在《爱弥儿》中所要求的，是对于封建教育的根本改造。他说："请牢记我们业已确定的条件，假如你只是一个迂腐的人，我这本书（指《爱弥儿》）就不值得你阅读了。"①就此可以想见两书的激烈的战斗性。卢梭不但在著作的内容上提出不同凡响的主张，而且他用语锋利和论断精辟，因而拨动了广大群众的心弦，深得读者的惊服。他毫无畏惧地给封建社会敲起了最响亮的丧钟。

卢梭发表以上一系列向封建社会讨伐的檄文，激起全国强烈反响。英国哲学界富有声望的休谟在1765年说："法兰西那种举国称赞卢梭的热情，是无法形容或想象的，以往不曾有任何人像卢梭那样引人重视。伏尔泰以及任何人都被卢梭给弄得暗淡无光了。"②卢梭的《新爱露伊斯》出版后供不应求，以至租书阅读时以日计或以小时计，最初每本租读一小时须付费12苏的高价。一些天主教高级僧侣也不免因读其著作而销魂，因此种种，"归于自然"成为全法国通行的警语，上流社会的风尚颇受其触动。德国鼎鼎大名的哲学家康德，竟因阅读《爱弥儿》而打破他那行之多年、不曾更改的生活规律，乃是卢梭著作对外国影响之深的经典性例证。甚至拿破仑也曾讲，没有卢梭就不会有法国大革命。这可能推崇过甚而溢美了。

---

① Rousseau. *Emile or Education*. Everyman's Library, London: J. M. Dent & Sons Ltd., 1933, p. 82.

② Dabney, R. H.. *The Causes of the French Revolution*. New York, NY: Henry Holt & Co., 1888, p. 277.

不幸，《爱弥儿》问世后，在天主教会蛊惑下，卢梭被视为离经叛道的罪人，不但著作遭到焚毁，巴黎高等法院宣布《爱弥儿》为禁书，国会还通过惩处著作者的议案，卢梭不得不逃亡瑞士。但当时各地的教会和流俗的舆论，无不对真理的卫士横加迫害。卢梭说："巴黎和日内瓦惩戒我的命令，给予全欧各国以指使，叫他们都以空前的暴戾来发出厌弃我的呼声。所有报章、杂志、书册都发出了最可怕的警告。特别是法国，那些文雅、客气而慷慨的法国人，他们素日以优美的修养和尊重不幸者自豪，如今却突然忘记了这些美德，竞相以频繁而狠毒地侮辱我为能事。我被他们称为异教徒、无神论者、癫汉、疯人、野兽、豺狼……总而言之，巴黎人无论发表任何著作，假如不曾侮辱我，就似乎怀有将和警察冲突的戒心。"①这反映卢梭对于封建制度曾给予怎样沉重的袭击，对于封建统治者曾进行怎样果敢的进攻了。

卢梭是反封建的战士，鄙视封建帝王。法王路易十五在1752年有意召见卢梭，卢梭回避了。在卢梭的亡命途中，普鲁士王腓特烈二世曾于1765年，英王乔治三世曾于1767年，准备给卢梭年金，都被干脆谢绝。马克思说卢梭"不断避免向现存政权作任何即使是表面上的妥协"②，称赞这种道义上的机智使他不曾向封建势力低头忍让。卢梭浪迹各地，备尝艰辛，于1770年才得到赦罪令而重返巴黎。在这段时间前后，他陆续著成的《忏悔录》，仍旧是对于旧社会的檄文。1773年，卢梭给正处于俄、普、奥瓜分中的波兰政府制订建设计划，其中对于教育设施更富有建设性的建议。这些意见代表他的教育思想更进一步地发展，也代表他对理想社会的教育的憧憬。直到他于1778年与世长辞，他那反封建斗争的精神是贯彻始终的。

卢梭是伟大的思想家，既和他的时代同呼吸，更和广大受压迫的人民群众共哀乐，一生受尽统治阶级的残害，却获得进步人士的敬仰。他晚年寄居巴黎，精神上的创伤和生活上的困顿，带给真理卫士的压力是沉重的；但卢梭不是被遗弃，或甚至被遗忘的人。法国学者勒赛克尔（J.-L. Lecercle）于评注《论人类不平等的起源和基础》中说得好："当时他虽然在表面上与社会隔绝，过着孤独的生活；可是没有人比他有更大的影响和更多的热烈崇拜者了。他曾

---

① Rousseau. *Confessions*. Everyman's Library, London: J. M. Dent & Sons Ltd., 1931, Vol. II, p. 230.

② 《马克思恩格斯全集》（第16卷），人民出版社1964年版，第36页。

接到过从科西嘉和波兰的来信,请求他为这两个民族起草宪法。一些和卢梭素不相识的崇拜卢梭的人们,都想到他那偏僻的退隐的地方去拜访他。这位被驱逐的遁世者在舆论方面所具有的吸引力,是他的那些迫害者们所没有的。"①1778 年卢梭逝世后和 1789 年法国资产阶级革命后,卢梭所受到的怀念不但在法国是无比广泛的,在世界也是无比广泛的。

(三)卢梭的阶级立场和斗争纲领

在这里,对于卢梭的阶级立场和斗争纲领加以叙述,是有助于理解他的历史意义的。在当时的法国,第三等级原是资产阶级、小资产阶级和劳苦大众所组成的广泛联合阵线。他们反对封建政治的目标是一致的;但反封建后所要贯彻的政治主张,却极为分歧。摩莱里、马布利等激进派,不但反对封建社会,而且反对任何人剥削人的社会,要粉碎私有制,建立共产主义新社会。摩莱里在《自然法典》中说:"我想谁也不会反对下面这个明显的原理:在任何没有私有财产的地方,就不会有任何因私有财产而产生的恶果。"②马布利说:"使人类苦恼的一切不幸的主要来源是什么?"答案是:"财产私有制。"③这显然是反映贫苦大众的呼声,是向往共产主义的。伏尔泰、孟德斯鸠等人则要求英国式资产阶级专政。孟德斯鸠提议三权分立,就想由国王掌握行政权,由资本家掌握立法权,以发展资本主义工商业。这显然是资产阶级的代言人。卢梭和以上两者不同,他的斗争纲领是"归于自然"。"归于自然"并非重返原始社会,再过森林中与熊共处的生活,是复现人类自由、平等、和平、安宁而无篡夺财产、贪恋特权、以富欺贫、以贵凌贱的社会制度。他希望一方面保持私有财产,一方面又禁止无节制的私有制。他渴望实现小国寡民的社会,叫人不受暴政压榨,而凭个体劳动安享小康生活。这显然是小资产阶级的温饱理想。毫无疑义,卢梭的小资产阶级的纲领和摩莱里、马布利的共产主义理想不同,和资产阶级的理想则属于同一范畴。恩格斯在《反杜林论》中曾明确指出:"理性的国家、卢梭的社会契约在实践中表现为而且也只能表现为资产阶级的民主共和国。"④

---

① [法]卢梭著,李常山译:《论人类不平等的起源和基础》,法律出版社 1958 年版,第 22 页。

②③ [苏联]敦尼克等主编,中共中央马克思恩格斯列宁斯大林著作编译局译:《哲学史》(第 1 册),生活·读书·新知三联书店 1959 年版,第 642、644 页。

④《马克思恩格斯全集》(第 20 卷),人民出版社 1971 年版,第 20 页。

显然，卢梭对于封建社会剖析的深刻性和他对于资本主义社会建设方案的局限性，其间的差距是巨大的。就其对旧社会的剖析而言，启蒙运动者中以卢梭最为犀利。1755年他给《百科全书》所撰《论政治经济学》的条目中，曾指出富人和穷人之间的极为深刻的矛盾。他说，一个首先应该得到关注却从来无人过问的关系，"就是每个人从社会组织中所得到的利益。它给富人所有的巨额财富以强有力的保障，而几乎弄得穷人不能安保他们亲手搭起的草屋。难道社会的一切利益不都给豪强和富人占去了吗？难道全部肥缺不是都落在他们头上吗？难道免税的特权和优惠不都是只由他们享受吗？难道政府不总是袒护他们吗？……穷人的遭遇同贵族相比是多么的不同！人类愈多受到穷人的益处，就愈少让穷人享受权利。所有一切的门对穷人都是关着的，甚至当他们有权打开这些门时，如果穷人偶尔要求公正待遇，那就要比另一种人取得恩宠，更为艰难费力。"紧跟着，卢梭指出："这两个阶级的人之间的社会契约条款，可以概括为几句话：你需要我，因为我富而你穷。那么我们就来订个契约。我给你替我服务的光荣，条件是把你所剩下的那点东西都交给我，作为我指挥你劳动的报酬。"①稍后，卢梭又在《爱弥儿》中说："在自然状态下，人和人之间的差别不会如此巨大，以致一个人要靠别人而生存，可知当时存在着真正的和不可毁损的平等。不过，政治社会中所有的是虚伪的和空幻的权利平等。一切标榜维持权利平等的工具，其本身就在破坏这种平等；社会的力量也在帮助强者欺凌弱者，破坏自然在人与人间建立的平衡。由这一矛盾开端，随而产生所有各种真实的和表面的矛盾。从此，多数人永远为少数人所牺牲，公众利益永远被私人利益所牺牲，正义和服从等美妙言词，永远变成实施暴力的手段和破坏正义的武器；结果便导致自命谋公众福利的权贵阶级，在事实上，无非损公而肥己。"②他又讲："我们有些冒牌学者说，所有各等级的人的苦乐都是同样多寡的。这种讲法为害极甚，而又无有根据……这些学者举出富人受苦的桩桩件件，指出其貌似幸福而内心空虚。这是赤裸裸的诡辩！实际上，富人的烦恼并非其社会地位使然，是因其误用才陷入苦海的。纵令他们真比贫人悲惨，也不能怜恤，道理在于他们是自己造孽和自食苦果，倘能改悔就可幸福起来。

---

① ［法］卢梭著，王运成译：《论政治经济学》，商务印书馆1962年，第34—36页。
② Rousseau. *Emile or Education*. Everyman's Library, London: J. M. Dent & Sons Ltd., 1933, p.198.

但穷人的悲惨是外界环境所造成，其根源在于外力强加于他们的严酷命运。"①卢梭还曾揭穿法律的阶级实质。他说："法律呀！哪里有什么法律？在法律的堂皇名义之下，你在任何地方都会看到人们的自私和情欲在统治着一切。"②卢梭在这里，显然已经触及阶级压迫的实质。普列汉诺夫甚至称赞卢梭接触到剩余价值的课题了。

卢梭痛斥帝王贵族、达官显宦的名言，所在皆是，在此无须多引。作为第一等级的教会僧侣，是当时人们不敢冒犯的神的化身，卢梭也勇猛而深刻地揭露了他们。他说："任何人（指僧侣）违反教义就确实犯罪了，他是和平的破坏者和社会的敌人。任何人超过教义范围而企图迫使人们成为他个人偏见的奴隶，也是如此。他在建立自己的体制时，他破坏了和平；他在妄自尊大中，自命为神的代言人，并借神的名义而要别人对他崇敬而信服；他通过这些而把自己放在上帝的位置上。实际上，如果免掉他那异端邪说应受的严峻惩处，也应给他以亵渎神祇的惩罚。"③《爱弥儿》问世即遭报复，绝不是偶然的。

和揭露统治者的罪恶完全不同，卢梭尽情歌颂人民："人民才是人类；不属于人民范畴的人为数极少，不值得计算在内……大多数人所属的等级最为尊贵。"④他又说："必须尊重你的同类；必须牢记人类所包括的主要是为数众多的人。一旦帝王和哲学家统统从世间消灭，人民并无损失，地球照样运转而无缺欠。"⑤《法意》⑥的著者孟德斯鸠主张三权分立，把行政权赋予君主，行英国君主立宪制，其妥协性十分鲜明。卢梭则呼吁人民是国家的掌权者，政治权利不但不可转让，而且不可割裂，人民不但在立法方面有权，在行政和司法上同样有权。两相对照，卢梭是人民的真正喉舌。19世纪俄国民主主义者赫尔岑曾明确指出，卢梭比其他启蒙思想家，具有更为深刻的民主性和革命性，以及更为坚决地对封建专制制度的不妥协性。这个论断是公正的。也就由于卢梭尊重劳动人民和讴歌天性的崇高，竭力铲除桎梏天性和残害人民的封建枷锁，资产阶级史学家不断歌颂他是卓越的人道主义者。

卢梭基于上述理解，对当时统治者怒不可遏。他坚决主张奋起反抗斗争，不能甘受宰割。他极为形象地说："我们一旦遇到拦路行劫的强盗，我们因为

---

①②③④⑤ Rousseau. *Emile or Education*. Everyman's Library, London: J. M. Dent & Sons Ltd., 1933, p. 186, p. 437, p. 344, p. 186, p. 187.

⑥ 今译为《论法的精神》。——编者注

他们手持的枪支代表着权力，就该本着良心而将那可以藏起的金钱白白交给他们吗？"① 他甚至说，以绞杀或废除暴君为结束的起义行动，与暴君前一日任意处理臣民生命财产的行为，同样合法。卢梭的这些眼力比之孟德斯鸠的寻求妥协，不是高明得多吗？道理很清楚，小资产阶级比较资产阶级所受的压迫更厉害，要求解放的心情更热切，因而革命斗争的意志更坚决。

无奈从另一方面看，卢梭的阶级局限性和他的斗争纲领的不切实性，也极为突出。他认识私有制造成人类的不平等，照理，他该主张取消私有制。但是，卢梭认为每人有少量财富是有益于天性发展的。"如果想使国家稳固，就应该使两极端（豪富与赤贫）尽可能地接近；不许有过富的人，也不许有赤贫的人。这两个天然分不开的等级，对公共幸福同样会产生不幸的结果：一个会产生暴政的辅助者，另一个则会产生暴君。"② 他幻想的显然是小有产者的乐境。卢梭心目中念念不忘的是日内瓦式的社会，人口少，领域小，无巨富，无极贫，人人靠着手工劳动，丰衣足食，每人的自由、理性与良心，无不畅顺。具体讲，日内瓦是以钟表业、珠宝业、纺织业、出版业享誉欧洲的手工业城市，能工巧匠生活优裕，优哉游哉，不像别国工人那样艰苦。卢梭的父亲一方面以制造钟表为生，一方面特别爱读古希腊、古罗马的古籍，塔西坨、普洛塔奇、格劳秀斯的著作和生产钟表的劳动工具，并陈房中。别的工人则阅读洛克、孟德斯鸠、牛顿的名著，成为风气。而且，日内瓦是共和国，由议会讨论国家政治，表面上具有一定的民主色彩。1754 年，卢梭撰成《论人类不平等的起源和基础》，遂致书日内瓦共和国，说："当我探索一般常识对于政治制度所能提供的最好的规律时，我曾惊异地发现这些规律已在你们国家成为事实。这就使我觉得：不要说我是生于日内瓦的人，纵令我当初并没诞生在日内瓦，我也不得不把这幅描绘人类社会的美妙图画献给你们。因为在诸国中，你们乃是最能谋求人们最大福利而又最善于防止各种弊端的人。"③ 法国呢？更是小农遍布各地的国家。实际上，反映这种小有产者希望的温饱打算，比之资产阶级追求大规模的生产事业，更富有保守性、落后性，和发展生产力的要求距离更

---

① Rousseau. *Emile or Education*. Everyman's Library, London: J. M. Dent & Sons Ltd., 1933, p. 423.

②③ Rousseau. *The Social Contract and Discourses*. London: Everyman's Library, J. M. Dent & Sons Ltd., 1930, p. 30, p. 144.

远。具体地讲，法国发展资本主义必须打破地方封建割据的局面，振兴规模宏大和技术新颖的生产事业。从当时法国的形势来说，卢梭的"归于自然"的纲领，无非是小手工业者的美梦，是远远不够宏伟的。18世纪法国革命之由资产阶级领导而不由小资产阶级来领导，道理也就在此。

卢梭随处流露小有产者的幻想。他怕国家太大而期望小国寡民。他说如果国家由一万人组成，个人意志占万分之一，如果国家由十万人组成，个人意志即减为十万分之一，所以国家愈大，公民的自由愈小。卢梭鼓吹人们从事个体生产，从未谈到大规模工厂生产。他所臆想的爱弥儿，就是学习农业和木工的个体小生产者。再则，卢梭美化乡村而叫人远离城市。他说人类已被城市吞没了，长此下去，是难免退化与灭绝的。实际上，妄称原始社会是黄金时代既与历史事实不符，把社会发展的远景置之于"归于自然"更是白日做梦。其结果便使卢梭的纲领流为乌托邦，不但不能解决封建制度与资本主义生产之间的矛盾，在事实上也没有任何可行性。

卢梭虽谈政治和历史问题，但并未对这些做出正确阐明。关于天性至善和归于自然，下文将予分析批判。这里应当指出他那作为政治理论精华的天赋人权论和社会契约论，无一不是唯心主义的和难以成立的。众所周知，国家是阶级压迫的产物，并非广大群众订立契约所形成；天赋人权也是主观臆想之物，实际上并不存在。"在政治权力和国家的问题上，正是马克思主义抛弃了关于天赋人权、社会契约的天真童话，从经济关系和阶级斗争来解释国家的产生和发展，才使这些现象得到科学的说明。"① 卢梭关于政治和历史的见解是非科学的，纵然曾在资产阶级革命过程中起到过积极作用，却在指示人类社会发展方面，力有未逮。

正由于卢梭的革命深刻性、彻底性和斗争纲领的不足，他的历史功绩就偏于对封建社会的扫荡方面，而非在于积极建树方面。然而，就18世纪阴森森、死沉沉的旧法国而言，这种爆破的功绩依然是非同小可的，其历史价值依然是不可低估的。因为"归于自然"虽是难以实现的理想，虽在理论上不无谬误；但是，它在粉碎18世纪法国的封建桎梏中，却是响亮的号角。它有力地揭穿了封建制度的弊害，它强烈地震撼了人心，它大大地有助于清除封建障碍，因而为那时居于上升阶段的资本主义做了开路先锋。试看，他那集中全力呼号

---

① 胡乔木著：《关于人道主义和异化问题》，人民出版社1984年版，第61页。

"归于自然"的《爱弥儿》问世后,立即激起统治阶级的凶焰,迫使卢梭逃亡异域,不就证明"归于自然"曾给予封建统治以铁拳吗?试看,法国在1789年资产阶级革命时期,雅各宾党领袖罗伯斯比尔不就自认为是卢梭的弟子吗?恩格斯说,在法国,"哲学革命也作了政治变革的前导"①,其中就有卢梭的哲学在内。恩格斯还说:"在法国为行将到来的革命启发过人们头脑的那些伟大人物,本身都是非常革命的。"②当然,在这些大人物中,卢梭是头等角色。因之,卢梭的纲领符合革命的阶级的要求;因之,它符合进步的社会发展方向。特别是卢梭凭借他那燃烧般的热情和辛辣逼人的笔锋,在漆黑一团的法国所发出的巨响,曾帮助他的革命思想发挥更为强大的动员群众的作用,成为革命的催生剂。所以,卢梭不愧为伟大的历史人物,他的社会政治理论简直是法国革命的酵母。

英国教育史家鲍爱德教授说,法国18世纪启蒙学者的观点很不一致,孔狄亚克、爱尔维修、伏尔泰和《百科全书》派,属于一翼,卢梭属于另一翼;前一派的启蒙学者称道理性的权威,对于卢梭的思想启发极大;但是,直到卢梭发表《爱弥儿》这部名著,法国启蒙学者才有了精湛的教育理论。就是说,卢梭尤其是启蒙学者中教育方面的巨人。再则,就卢梭整个思想体系而言,其教育思想所占的位置也特为重要。英国利兹大学教授克梯斯在《教育思想简史》中说:"卢梭的教育思想跟他的政治哲学是结为一体的。不理解他的教育理论,就不能正确了解他的政治哲学。"③所以,卢梭的教育理论有其独特的历史意义。美国学者杜威在所著《明日之学校》里,开宗明义便引用卢梭在《爱弥儿》中的警句,阐述教育是自然发展的含义。杜威说:"卢梭一生所说的话、所做的事,有许多是傻的。但他认定教育应当根据被教育者的天赋,而研究儿童的需求,就可知儿童天才究竟怎样。这种主张非常中肯,我们现在努力求教育进步,其精彩之点已被他一语道破。他的意思是说教育不是把外面的东西强迫儿童或青年去吸收,须要使人类'与生俱来'的能力得以生长。从这个观念

---

① 《马克思恩格斯全集》(第21卷),人民出版社1965年版,第305页。
② 《马克思恩格斯全集》(第20卷),人民出版社1971年版,第19页。
③ S. J. Curtis. *A Short History of Education Ideas*. London: University Tutorial Press, 1963, p. 263.

生出种种的研究，为卢梭以后教育改革家所注重。"①人们有理由确信，不研究卢梭的教育理论，就不易理解近代教育事业更新的来龙去脉，就不易理解近代教育哲学和教育科学的重要内涵。卢梭是教育史中的枢纽人物，是理解近代教育和当代教育的重要环节。

二、卢梭论天性

卢梭的"归于自然"的纲领，如上所述，是18世纪的革命号角。如果要问："归于自然"以什么做根据，那要追溯到卢梭的天性哲学。卢梭认为人的天性是善良的，要拯救糜烂的社会，便须使人率性发展，去掉社会的摧残戕害。他的性善哲学给"归于自然"做了理论根据，他的"归于自然"是性善哲学的应有结论。在卢梭的哲学体系中，特别是在他的教育思想体系中，天性哲学是关键。

卢梭提出性善哲学并非偶然，而是当时反封建斗争的形势使然。原来欧洲从5世纪以来，封建统治者便在军事和政治统治之外，极为突出地利用宗教迷信来麻醉人民的思想意识。一般经济的和超经济的压迫剥削，经常激起民愤，基督教便以天国之乐和永生之福，诱人忍耐现世疾苦，从根本上将反抗情绪消除。马克思说宗教是人民的鸦片烟，真是精妙的比喻。但是禁欲之道太苦，人们绝难顺情顺理地忍受它，僧侣们于是捏造宿罪论，妄称人们生性顽劣，为了矫治罪恶禀赋，以养成天国公民，必须诉之克己苦修和严酷惩戒；从此便产生了为神性而戕害人类身心的把戏；慢慢地，贬抑天性的价值和抹杀人生的享受，就成为社会风尚。封建统治者用这种谬论将人心纳入彀中，极有利于制造安于奴役的顺民。直到文艺复兴和宗教改革等运动兴起，人权才由神权的枷锁中取得一定程度的解放。但是，不甘退让的统治阶级力图维持日趋衰落的教会势力，还用科学文化来束缚人心，以致世风败坏而社会腐朽。卢梭说："上述情况决不是人类的原始状态；使我们一切天然倾向改变并败坏到这种程度的乃

---

① [美]杜威著，朱经农、潘梓年译：《明日之学校》，商务印书馆1923年版，第1页。

是社会的精神和由社会而产生的不平等。"① 为了冲出这重重的魔障，卢梭才提出"归于自然"与封建力量对抗，而且呐喊天性善良以与宿罪论搏斗。显而易见，卢梭的天性论在当时是砍断封建锁链的利斧。

（一）性善论

卢梭在《爱弥儿》中，系统地阐述了性善问题。他肯定人类由于上帝的恩赐，生而禀赋着良心、理性和自由。他引用萨瓦省教士的话说："他（指上帝）不曾给我以良心，使我热爱正确的事物吗？不曾给我以理性，使我理解正确的事物吗？不曾给我以自由，使我选择正确的事物吗？"② 这良心、理性、自由，构成善良的天性。

现在把卢梭关于自由、理性和良心的论述介绍如下。

1. 自由

卢梭在阐明人的自由天性时，曾就无机物、动物和人类做了比较。他说：宇宙间万物的动，约可分为两种，一种是由外因造成的动，一种是自发的或主动的动。卢梭认为无机物质的原始状态是静止的，没有活动的能力，仅能接受运动和传递运动，却不能产生运动。"在没有东西对物质发生作用时，物质是不活动的。"③ 像钟表的转动，河水的流动，都是外因所引起，而非得自内因的自动的动。卢梭说："在我心目中，绝不承认无机物能够按着自己的安排去运行，或自动地运行起来。"④ 动物的动是否是自动的呢？根据推测或应如此，但不敢断言。唯独人类才确有自动的动。这种动受自由意志所支配，并非出自于外力的强迫。卢梭说："没有任何物质的东西是自动的，而我却是自动的。"⑤ 这种由意志产生的自动的动，就意味着自由。例如，"我想运动我的臂，我就运动它，除去用我的意志解释臂动以外，并不需要任何其他的直接的原因"。⑥ 同样，"我想做什么，我就做什么；我想移动身体，我的身体就移动起来"。⑦ 在这里，不是外力迫使人活动："我确知这种意志才是动因。"⑧ 卢梭说："我的意志并不受我的感觉所左右；我或则同意或则反抗，或则屈服或则胜利；而且每当我从事应做的事情以及我放纵情欲时，我本人也是十分知道的。只是我不

---

① [法]卢梭著，李常山译：《论人类不平等的起源和基础》，法律出版社1958年版，第148页。

②③④⑤⑥⑦⑧ Rousseau. *Emile or Education*. Everyman's Library, London: J. M. Dent & Sons Ltd., 1933, p. 257, p. 234, p. 235, p. 242, p. 234, p. 236, p. 236.

一定永远有实现意志的力量。"①因为人们不像动物一样地凭着本能去盲动，而有条件执行意志的要求，这才使人不仅能有意识地改变万物，而且产生了道德的责任感，奠定了道德的基础。

有的人怀疑自由是天性。卢梭指斥道，这种怀疑是社会枷锁使人长期丧失自由的产物，实际上，不应当根据被奴役的人民的堕落状态，而应当根据自由民族为抵抗压迫而做出的惊人事迹，来判断人的天性是倾向奴役或反对奴役。"只要看看人们宁肯牺牲生命而保存自由的英雄事迹，只要看看野兽为脱出樊笼而甘心撞坏头颅，就可知这种共同的自由，乃是天性的自然结果。"②

自由是可贵的天性；但缺乏理智的选择而搞意志自由，就会流为放任自流和盲目乱动，以致造成罪恶。幸而天性中还有理性，叫自由受理性的指导，从而促使自由成为善性。

2. 理性

卢梭认为无机物是无感觉的，一般动物是有感觉而无智慧的，人类是有感觉、有智慧的。人类不是一个消极被动的有感觉的生物，而是一个主动的有智慧的生物。感觉和理性有巨大的差异。卢梭说："感知是感觉，比较是判断，两者彼此不同。通过我的感觉，众多事物是孤立分散地呈现于我的眼前的；通过比较，我就把它们加以编排，就是说，按照性质进行类别，以便分辨它们的异同，并一般地找出它们之间的关系……我在那仅有感觉的生物中，是没有找到这种能够进行比较和判断的智力的，我在它们的天性中，不曾发现过这种智力的迹象。"③他又说："我心灵中所具有的这种归纳和比较我的感觉的能力，不管别人给它怎样名称，'注意'也好，'沉思'也好，'反省'也好，它是存在于我而不存在于物的。只有我才能产生这些活动，虽则要在外界事物给我以印象时，我才产生这些。"④

总之，感觉只是被动地表面地得知外物的形象，而对外物进行比较、归纳、分析、判断、辨别，便能由事物给人的形象中，找到其间的联系，使人不只感触事物，还能知道事物的道理。人为什么能如此？这是因为人类在天性中

---

①③④ Rousseau. *Emile or Education*. Everyman's Library, London: J. M. Dent & Sons Ltd., 1933, p. 243, p. 232, p. 234.

② Rousseau. *The Social Contract and Discourses*. Everyman's Library, London: J. M. Dent & Sons Ltd., 1930, p. 72.

有上帝赋予的理性，能够对众多繁杂的印象进行思维加工，从而获得观念或知识，借以指导自己的行为。这样，人们就成为上帝的智慧的体现者，成为宇宙这一智慧整体的组成部分。所憾的是人的理性常受欲望所蒙蔽，常受私利所诱引，常受庸俗哲学所欺骗。因而不能使人发挥天性之善，却往往使人误入歧途。幸而天性中还有良心，由良心统率理性，由理性指导自由，就完成善良的天性了。

3. 良心

卢梭首先解释，良心是得自天赋的道德本能，是道德的先天原则。他引证萨瓦省教士的话说"良心！良心！神圣的本能，得之于天的永远不灭的呼声。"① "在我们内心深处有着关于正义和道德的先天的原则；凭着这个原则，我们便判断自己和别人行为的善恶。这个原则就是良心。"② 这里要指明的是：良心与理性不同。理性的作用是辨认万物的特征，分清万物的关系，构成后天的观念或知识。良心是对于善的热爱和对于恶的痛恨，它是得自天赋的道德感情。卢梭曾就怜悯心这种"纯粹自然感情"，阐述良心的意义。他说："正是这种感情，使我们不假思索地去援救所见到的受苦的人。正是这种感情，在自然状态中代替了法律、风俗和道德；而且这种感情还有一种优点，就是没有一个人企图抗拒它那温柔的声音。正是这种感情使得一切健壮的野蛮人，只要有希望在别处找到生活资料，绝不去掠夺幼弱的小孩或衰弱的老人艰苦得来的东西……总之，我们与其在那些微妙的论证中，不如在这种自然感情中，去探求任何人在作恶时，即使他对于教育的格言一无所知，也会感到内疚的原因。"③《爱弥儿》一书反复论证："感情是先于知识而存在的，而且因为我们并不借助于学习才求善避恶，而是凭着天性如此。因之，善善与恶恶是和自爱一样地得之于天性的。良心的信条不是判断而是感情。我们的观念虽来自外界，而我们衡量知识的感情乃是内在天性之中的。"④ 难道良心和理性无关吗？不。卢梭说："只有理性能够指导我们辨认善恶。因此，使我们善善恶恶的良

---

① ② ④ Rousseau. *Emile or Education*. Everyman's Library, London: J. M. Dent & Sons Ltd., 1933, p. 254, p. 252, p. 253.

③ [法]卢梭著，李常山译：《论人类不平等的起源和基础》，法律出版社1958年版，第103页。

心,虽不依靠于理性,但如果没有理性指引,良心是不能发展的。"①不过,"知道善并不是热爱善。知识并非先天的;但是,当理性引导人知道了善,良心便强迫它热爱善,这种感情是先天的"。②

良心的内容是什么?那就是自爱和爱他。有人怀疑:良心怎能容许自爱?卢梭说:"人类唯一的自然的欲望,就其广义来说,便是自爱自利。"③他又说:"自爱永远是善的。它永远合于自然的秩序。因为保持我们个人的生命特别是要依靠自己,我们最初的注意是,而且必须是,保卫自己的生命。假如我们对于自己的生命不发生最大兴趣,我们怎能继续不断地保卫它呢?"④所以,"自我保存乃是自然律的第一条"⑤。"自我保存须要我们自爱,我们必须爱自己甚于爱一切。"⑥很清楚,卢梭对于中世纪僧侣主义的压制天性是极力反对的。不过,良心绝不止于自爱自利。卢梭说:"儿童第一种情操是自爱,导源于自爱而养成的第二种情操,便是爱他左近的人。"⑦因为儿童幼弱无能,处处仰赖他人的帮助,他始而仅仅感到这些帮助使他愉快,他慢慢地理解到旁人的善意,遂开始爱护旁人。这样"把爱己之心扩展起来而爱别人,就变为道德,这种道德在人人心中都是生着根的。"⑧难道自爱和爱他永远谐和而无矛盾吗?不。萨瓦省教士的经验是:"我永远处于自然感情和理性的斗争之中,自然感情代表着共同的利益,理性代表着自己的利益,它们使我在不断的疑虑之中,踌躇不停……假如我的心得不到远大的光明,假如那个决定我意见的真理不能解决我的行为,并使我感到内心安宁,我永远在进行着自我斗争。只有理性并不是道德的充足的基础;那么,还能发现什么更坚实的基础呢?我们听说:道德就是对于自然秩序的热爱……任何具有感情和智慧的地方,那儿便有道德的秩序。"⑨可见,单凭理性不能保证爱他利他,独有良心才是可靠的根基。

从上可知,卢梭基本上继承了自古以来的知、情、意三分法。他之所谓理性相当于理智,良心相当于感情,自由相当于意志。不过,从古希腊的柏拉图起,一般是推崇理性的;刚刚相反,卢梭在三者中以良心为最重要。他说理性和良心对人都有指导作用,而良心最可靠。就理性说,它须与外界事物接触才能构成知识,这一过程难免夹杂着错误因素,因而"理性时常欺骗我们,我们

①②③④⑤⑥⑦⑧⑨ Rousseau. *Emile or Education*. Everyman's Library, London: J. M. Dent & Sons Ltd., 1933, p. 34, p. 56, p. 56, p. 174, p. 156, p. 174, p. 174, p. 216, p. 255.

有权怀疑它"①。再则，理性常使人考虑自己而希图私利，因而在行为选择上造成内心冲突，所以"只有理性并不是道德的充足基础"②。就良心说，情况便完全不同。良心是人们行善去恶的神圣本能，它叫人不做自我考虑而凭原则行事，它叫人无条件地牺牲自己而怜悯他人，因而"良心永不欺骗我们，是人类真正的指导者"③。卢梭的结论是："服从良心就是服从天性的指引，它是不须担心误入歧途的。"④在卢梭看来，一个人即令在理性上有着缺憾，但他由于具有良心，良心便使他无往而不善。卢梭这样夸赞天性善良，对于欧洲存在已久的宿罪论，是沉重的打击，在当时是有进步性的。

卢梭不但泛泛肯定天性善良，而且明确指出人人天性善良。人人都为公正事体而欢愉、人人都痛恨邪恶的行为，"甚至那卑鄙的人也非全无这种本能"⑤。就是说，善良天性绝非少数人所独有，人人同具善性，在天性上是人人平等的。卢梭再三阐述一切贵贱的阶级区分和等级区分，都是人为的产物。"人在自然状态下，既不是帝王、贵族、朝臣，也不是百万富翁。"⑥"富人的胃并不比穷人的胃大，他的消化力也不比穷人的消化力强，主人的臂比之奴隶的臂既不长，又不壮，伟人并不比普通人身材高。"⑦在《新爱露伊斯》中，卢梭引用吴玛的话说："在一切情况之下，原始的性质就其本身而言，都是善良而健康的，在天性中并不存在什么过失。我们给天性的倾向所加上的罪恶，都是使天性在不良的方法之中发展的结果。世界上没有任何坏人的天然性向不可成为优良的品德，假如他得到较好的指导。世界上没有任何人的心智是如此的低劣，以致善为诱导而不能成为有用的才能，正像残缺丑陋的身体，如果从合适的角度来观察，也能显得是美丽而匀称的。在宇宙的体系之中，每件事物都是为着共同的利益而活动着。"⑧欧洲从久远的年代起，便存在着贵贱天性殊异的谬论，奴隶社会和封建社会的统治者，都自诩为得天独厚的骄子，诬蔑广大人民是生性冥顽的贱种。这显然是为其享受特权而捏造的借口。卢梭力倡人人天性善良，有力地打击了这种贵贱天性的谬论，这在当时同样是具有进步意义的。

---

①②③④⑤⑥⑦ Rousseau. *Emile or Education*. Everyman's Library, London: J. M. Dent & Sons Ltd., 1933, p. 249, p. 255, p. 249, p. 249, p. 250, p. 183, p. 157.

⑧ William Boyd. *The Minor Educational Writings of Jean Jacques Rousseau*. London: Blackie & Son Ltd., 1911, p. 59.

人人既赋有善良的天性，为什么又会产生罪恶呢？卢梭的答案是：这是后天毒害所致，不是天性之过。他说："人心之中并无先天的罪恶，各种罪恶如何及为何进入人心，是可追溯而知的。"①归纳卢梭的论点，罪恶有的是出于个人的缘故，有的是出于社会的缘故。就个人而言，理性依靠外界事物而做判断，可以产生错误；理性常想个人的利益而漠视公共的利益，同样可以引人入歧途。不过，卢梭最痛恨的是腐朽邪恶的社会对于天性的戕害。他在《爱弥儿》一书中，开宗明义便说："上帝创造万物，都使为善；而人滥于施为，便成为丑恶的了。"②他在《论人类不平等的起源和基础》中，更把私有财产制度看成善良天性的败坏者。卢梭由于痛恨旧社会的戕害天性，才要求摧毁旧社会而呐喊"归于自然"。照卢梭的解释，如果人们能够顺应天性的发展，人人享受自由，理性纯全而良心畅顺，人间一定出现黄金时代。在卢梭看来，社会的存在并非至高至上，人类天性的尊严才是天经地义的。他在《新爱露伊斯》中就曾说：个人是目的而非手段，只要考虑什么适合于个人，不该考虑个人适合于什么；国家为个人而存在，个人只为他自己而活着，非为国家而活着。因之，社会制度必须从属于天性，天性对于社会发展具有无上的威严。这样，卢梭就不恰当地发展成为天性至尊论者了。

（二）性善论与教育上的率性发展

卢梭的天性至善和"归于自然"的理论，体现在教育上，便是教育应脱出社会文化的樊笼而使人率性发展。中世纪的宿罪论把儿童当作生性顽劣，教育当然要诉之权威原则和高压手段，其结果是斫丧生机和养成奴性，把青年一代弄得死气沉沉。"学校是心灵的屠宰场"是极为形象的概括。面对这一悲惨的局势，卢梭的性善论便成为扫荡旧教育的锋利武器。《爱弥儿》充分表现了这种革命思想，全书充满了火药气息。卢梭的要求是："我们且以'天性的最初的冲动永远是正当的'作为一种颠扑不破的原则。"③他要人"以天性为师，而不以人为师"④。他要人"成为天性所造成的人，而不是人造成的人"⑤。卢梭为使幼儿避免受到社会习染而率性成长，甚至提出消极教育的主张。什么是消极教育？他说："那是不教儿童以道德或知识，而保持他的心灵不生罪恶或错

---

①②③④⑤ Rousseau. *Emile or Education*. Everyman's Library, London: J. M. Dent & Sons Ltd., 1933, p. 56, p. 5, p. 56, p. 84, p. 216.

误。"①他诚挚地为儿童请命:"仁慈而挚爱的母亲,我请求你。你能把这棵小树从公路旁移开,掩护它不要它受到社会的摧毁。在它未死之前,请你保卫它,灌溉它。总有一天它的果实要来报答你的深恩。你要从第一天起,就在婴孩心灵的周遭,建起一道围墙。"②"在婴孩心灵的周遭,建起一道围墙",这是如何耐人寻味的事!很清楚,卢梭认为偏见比无知距离真理更远。

依卢梭的解释,不但因为天性至善,教育应顺应天性的自然发展;而且就教育效果看,唯有顺应天性发展才是上乘。卢梭解释道:"我们的教育得自'天性''人为''事物'三种来源。我们身体器官和机能的内在发育,是天性的教育;我们通过学习来促成这种发育,是人为的教育;我们由环境经验所获得的,是事物的教育。"③若做通俗的解说,"天性"是指受教者的身心发展的潜能,"人为"的教育是指教育者对于受教育者所施的有意识、有目的的指导作用,"事物"的教育是指环境对于受教育者的影响。卢梭还指出这三种教育力量必须彼此协调,才能达到教育的理想;如果彼此牵掣,就使受教育者难以适从了。他说:"每个人都受'天性''人为''事物'三位教师的教导。这三种力量若是互相抵触,便使学生受着坏的教育,学生便永不会恬静舒畅;三种力量若是和谐一致,学生便可以一直达到他的目的,他一定可以过上安适的生活,他就是受了好的教育了。"④怎样才能使三者协作呢?卢梭的方案是:"人为"的教育和"事物"的教育必须服从"天性"的发展。他说:"在这三种教育因素之中,天性完全超越我们的控制能力以外,事物也只有一部分可以为我们所控制,只有人为的教育是受我们支配的。"⑤"因为这三种教育因素必须协力合作,所以受人支配的两种力量,必须服从那种不受人支配的力量的领导。"⑥所以"让我们永远以本能做我们的指导"⑦。所以"假如你们不知道依照儿童能如何和不能如何的自然律,来领导儿童,你们切莫担任教育事业"⑧。

卢梭以性善论为根据,以"率性发展"为原则,与封建教育展开了英勇的搏斗。他从教育的培养目标上,反对封建教育所养成的王孙公子和达官显宦。他说人类在自然状态下,没有富贵贫贱之差,教育根据封建的家世门第而把人塑造成士绅或文人,是应该彻底改正的。在教育进程上,他反对封建教育的揠苗助长和贪多务深。他说人的天性发展是有秩序的,率性发展的教育必须适应

---

①②③④⑤⑥⑦⑧ Rousseau. *Emile or Education*. Everyman's Library, London: J. M. Dent & Sons Ltd., 1933, p.57, p.5, p.6, p.6, p.6, p.6, p.36, p.56.

不同时期的儿童发育的水平,万不该不顾天性发展,硬把成人理解的知能来主观武断地强使幼年儿童接受。在教育内容上,他反对封建教育崇尚的古典学习,要求掌握现实的和有用的知识;反对封建教育摧毁儿童健康的传统,要求注重体格锻炼;反对封建教育灌输道德成训的勾当,要求养成善良习行和培养道德觉悟。在教育方法上,他反对封建教育的强迫压制和呆读死记,呼吁尊重儿童的自觉,提倡诱导启发。总之,卢梭认为封建教育必须全部毁弃,新教育必须建立在以发展天性为原则的基础之上。毋庸置疑,卢梭这套自然主义教育哲学,在破除封建教育上,是锐利的理论武器。

的确,卢梭的全部教育理论无一不是以其天性论为依据的。他因为承认身心调和发达是符合天性的本然要求的,才提出以培养身心调和发达的新人为教育目标。他因为在天性论上承认身心不是彼此敌对的,反对中世纪沿袭下来的身体是灵魂枷锁的谬说,肯定身体是心智发展的基础,才提出锻炼健康身体的重要性。他因为在天性论上承认感觉和理性不是互相排斥的,反对感觉是理性的扰害者的传统谬论,肯定感觉是知识的门户,才提出注重感觉教育的价值。他因为在天性论上承认人有善良的禀赋,否认人是先天的罪犯,肯定一切罪恶并不是天性之过,才提出以循循善诱的方式陶冶优良的道德品质。所以在卢梭看来,率性发展乃是教育的金科玉律。

卢梭由于歌颂天性善良和由于要求教育顺应天性发展,因而呼吁教师要研究儿童、了解儿童,要尊敬儿童、关怀儿童,教师绝不该成为天性的敌人,绝不该高高在上地成为儿童的压迫者,绝不该成为儿童畏惧厌弃的对象;相反,他应该是儿童天性发展的辅助者,应该是儿童信任与热爱的对象,应该是为儿童而服役的人。卢梭不嫌其繁地反复阐述了这一问题。他说:"在我们能够采用最适合的道德训练以前,必须对儿童的个别心向加以彻底了解。每个儿童的心都有其个别的形式,要控制儿童的心,必须符合其特有的形式;教师努力的成功,在极大的程度上,是依靠以这种而非别种方式来控制儿童。聪明的人们,请费些时间观察天性吧;请在对儿童讲话以前,仔细地注视你的学生吧。聪明的医师不会一见病人便立即处方,在他处方以前,必然研究病人的体质;他慢慢处方,病人便痊愈了,但那急躁的医生却把病人害了。"①卢梭还劝诫教

---

① Rousseau. *Emile or Education*. Everyman's Library, London: J. M. Dent & Sons Ltd., 1933, p. 58.

师莫犯主观主义，莫把自己的好恶当作儿童的好恶，必须设身处地为儿童着想。他说："当教师喜欢某项活动时，常常假定学生具有同样爱好。实际上，教师应当谨防这种错误，以免由于你的兴趣而走入歧途；因为你对这项活动虽兴高采烈，你的学生却心怀厌倦而未敢表露呢！儿童是首要的，你必须竭尽全力来为了他。"① 他向教师叮咛道："请注视儿童，经常地研究他。"② 他又说教师教导儿童，须先使自己变为儿童。

卢梭不只要教师研究儿童和热爱儿童，而且提倡把儿童在教育上的被动地位变为主动地位。他说在当时压制天性的教育中，一切由教师发号施令，表面上教师是教育上的主人；不过，儿童并不照做而另搞一套，儿童才是真正的主人。卢梭向教师建议："要采用完全相反的方法，虽则你是真实的主人，却要叫学生永远想到他是主人。"③ 怎样才能贯彻这种由儿童自视为主人的要求？卢梭的答案是，教师要尽量给儿童以自由，戒用强迫与干涉。他警告教师道："你若永远给儿童以提示，永远命令他来这里，去那里，停住，做这事，不做那事，他必将成为愚钝的。假如你的头脑永远指导他的双手，他自己的头脑必将变为无用的。"④ 结果呢？"他服从那继续给予他的指导；他只在别人命令他时才动作；别人若不命令他，他虽饥而不敢食，虽乐而不敢笑，虽悲而不敢泣，他不敢误举一手、误投一足，不久以后，若无命令，他将不敢呼吸了。当你把一切事都给他想得妥当了，你还要他想什么呢？他仰仗你的先见之明而得有安全的生活了，他还为何去自己思考呢？他晓得你已经看护他了，保卫他的幸福了，他便自己不负责任了。他以你的判断为决定，凡你不禁止的事他便做，因为他晓得那是无危险的……在你不令他停止以前，他总在吃；你命令他停吃，他即停止不食；他并不注意自己胃部的指导，只是服从你的命令。"⑤ 卢梭对于剥夺儿童自由而使儿童陷于消极被动的教育，竭尽嘲弄之能事。

（三）结语

卢梭的天性哲学在当时很了不起。德国的康德认为牛顿揭示了自然界的秩序和规律，卢梭则揭示了人的本质和规律，把卢梭的性善论和牛顿的万有引力论相提并论。黑格尔在《哲学史讲演录》中说："休谟和卢梭是德国哲学的两

---

① ② ③ ④ ⑤ Rousseau. *Emile or Education*. Everyman's Library, London: J. M. Dent & Sons Ltd., 1933, p. 151, p. 151, p. 84, p. 82, p. 83.

大出发点。"①这里指的主要也是卢梭尊重人性的理论。可见卢梭的天性哲学的历史地位。它对当世的政治和宗教等方面的影响是深远的。首先，卢梭的政治革命的理论是天赋人权论，这种主张就根据在人性中含有自由的因素。他说："人是生而自由的。"②他又说："放弃自己的自由，就是放弃做人的资格，就是放弃人类的权利，甚至就是放弃自己的责任……这样一种弃权是不合天性的。"③自由既须保卫而不容放弃，所以"当人民不得不服从时，他们服从了，他们做得对；但是一旦人民可以打破自己身上的桎梏，他们打破它，他们就做得更对。"④很清楚，卢梭的革命思想和性善哲学不可分割。其次，卢梭的宗教哲学渊源于性善论。他认为人们在天性中含有理性而且通过理性就能够理解和信仰上帝，无须僧侣和教会做中介。他说："在我的说明中，你只能看到自然的宗教。"⑤很清楚，卢梭的宗教与中世纪的僧侣主义明显不同。再次，由尊重和解放一般人的天性发展到尊重和解放儿童的天性，在历史上是两项工程，并不是毕其功于一役的。后一种贡献尤以卢梭为先锋。

难道卢梭的天性论是正确的吗？不。在这里仅引用普列汉诺夫的一段名言似乎就够了："假如研究人的天性提供理解历史的钥匙，那么对于我，重要的即不在实际地研究历史，而在正确地理解这个天性。既然我领悟了对于人的天性的正确观点，那么，我对于当前的社会生活就失去一切兴味，而集中我所有的注意在社会生活应该如何适应于人的天性。"⑥试想，卢梭的这种天性至尊和天性至善的理论，不是彻首彻尾的形而上学吗？不是引着人们钻进空中楼阁吗？

科学地分析起来，天性原是得自遗传的发展潜能，其本身并无所谓善恶，它可能由于后天培养而向正确的方向发展，因而表现为善，也可能由于后天影响而向错误的方向发展，因而表现为恶。所以一味肯定天性善良，乃是片面性

---

① ［德］黑格尔著，贺麟、王太庆译：《哲学史讲演录》（第4卷），商务印书馆1978年版，第237页。

②③④ Rousseau. *The Social Contract and Discourses*. Everyman's Library, London：J. M. Dent & Sons Ltd.，1930，p. 13，p. 66，p. 6.

⑤ Rousseau. *Emile or Education*. Everyman's Library, London：J. M. Dent & Sons Ltd.，1933，p. 259.

⑥ ［俄］普列汉诺夫著：《普列汉诺夫哲学著作选集》（第1卷），生活·读书·新知三联书店1959年版，第601页。

的结论。不过，天性确有成为善的一面；而且向善发展应视为重要的一面。卢梭的性善论刚好说中了天性中应该强调的这一面。试想，假定人们生性顽劣，因而事事压制，又怎能充分调动主观能动性和尊重人性、保障人权呢？与此相似，卢梭承认人人天性善良，天性绝不因封建阶级与等级的高下而有优劣之分，也是正确无误的。可见卢梭在这些基本论点上是符合科学真理的。特别是在18世纪的欧洲，宿罪论还未根除，贵贱天性殊异论仍在流传，卢梭的性善论极有益于革命运动，因而推动了历史车轮前进。有人说卢梭把天性之善归源于神的恩赐，不够科学。实际上，根深蒂固的宿罪论，就是假神之名而长期欺人的，卢梭为推倒这座思想大山，也求乞神的声援，这样由系铃人来解铃，正表明卢梭的机智和策略。

性善论应用到教育上，便成为尊重儿童的天性和要求率性发展，这样把抑制天性的教育变为尊重天性的教育，意味着教育上的巨大变革。的确，由中世纪宗教枷锁下的教育发展成为近代教育，无论在内容上、方法上，大都和适应天性要求有联系。从前的教育把天性看成敌人，以制服顽皮的儿童为能事，儿童心理、生理的情况是教育者很少过问的；在长久的实践之后，人们才认识到研究儿童是教育工作必备的条件。在这由抹杀天性到尊重天性的历史发展的转折点上，卢梭恰是枢纽人物。远在200多年前，尤其是在那扼杀受教育者身心发展的18世纪的法国，卢梭竟大声疾呼地阐明这一教育理论，他是有着历史功绩的。

不过，卢梭由于时代的局限性和他那小资产阶级的局限性，他在理论中存在着鲜明的错误和严重的缺点。

第一，卢梭只强调天性善良原是片面的理解，他由天性至善而引出天性至尊的结论，以致要求教育"归于自然"，那就过激了。人是社会成员，个人始终是从属于社会的，社会对天性的影响是无微不至而又无孔不入的，天性发展的方向和限度都是取决于社会影响的。说到教育，那原是根据社会要求培养青年一代的工作，受教育者必须接受教育者的指导，而教育者的主导必须根据社会的需要。对于教育对象而言，代表社会塑造青年灵魂的人必然居于矛盾的主要方面。而卢梭恰恰相反，他视天性为至上，以致把天性看作高于社会，以致想脱离社会而率性成长，以致在教育上把本能当作金科玉律，要教导和环境听命于天性，那显然是错误的。实际上，人的天赋潜能必须在社会的陶冶中才能变成道德品质或知识技能，绝对不能抛开社会性而抽象地发展什么天性，在阶级社会中，也绝不能抛开阶级性而抽象发展什么天性。马克思说："人的本质并不是单个人所固有的抽象物，实际上，它是一切社会关系的总和。"①马克思一语道出了卢梭的理解的不正确性。所以卢梭根据天性至尊而提出的率性成长的理论，带有浓重的生物主义气息，给以后的软性教育打下了埋伏。幸而卢梭不时地论述社会的价值，巧妙地做了补充纠正。人们说卢梭常常自相矛盾，道理就在于此。马克思说："人并不是抽象的栖息在世界以外的东西。人就是人的世界，就是国家，社会。"②"只有在集体中，个人才能获得全面发展其才能的手段。"③这才是指引我们理解天性和理解人的教育的科学真理。

第二，自由、理性和良心都得之于后天，绝非如卢梭所说得之于天赋。谁也没有先天的认识能力，人们与事物接触才逐渐获得观察、分析、判断和推理等能力，即所谓理性。人们选择事物好似是根据意志自由；实际上，这种选择是靠社会制约的。人之所以择此而舍彼，无不取决于社会的要求，所谓"自由是认识了的必然"，正是此理。卢梭认为良心是鉴别善恶和趋善避恶的道德本能；殊不知，善恶是非的辨别和趋避，更受社会所制约。不管在阶级的或无阶级的社会中，从不会出现具有永恒不变性和普遍适应性的道德标准；而向善弃恶也是后天培养的性向，绝非与生俱来。可知良心同样是社会养成的，不是什么神秘之物。在诸多的启蒙学者之中，尊崇理性是一股潮流，卢梭因强调良心而相对地贬抑理性，这比之推崇理性是逊色的。因为没有辨析是非的理性作基础，任何人也不会知善、行善和乐善的；而且卢梭由于美化良心而看轻理性，从而责怪科学和艺术的发展伤害了道德的发展，显然是偏颇之论。社会事业和生产事业的发展，都是殷切地仰赖科学文化的进步的，绝不是绝圣弃智所能成功的。卢梭的理论倘若付诸实施，必然和发展资本主义的客观要求南辕北辙，也违反了历史前进的方向。

第三，还须从整个人类文化和历史思潮的发展的长河，认识卢梭天性论的贡献。近世以来，如何对待儿童已成为衡量社会优良与否的准绳。是摧残儿童还是解放儿童，是鄙弃儿童还是尊重儿童，是苛虐儿童还是爱护儿童，是把儿童视为人类的赘瘤还是看作人类未来的希望，乃是判断社会制度是否合理和社会意识是否进步的分水岭。儿童地位的提高虽表现在多方面，而在教育领域中

---

① ③ 《马克思恩格斯全集》（第3卷），人民出版社1960年版，第5、84页。
② 《马克思恩格斯全集》（第1卷），人民出版社1956年版，第452页。

却最为明显而突出。在过去,儿童被误解为具体而微的成人;如今则知儿童身心具有不同于成人的特征,不能以教育成人的教材和方法用于儿童。在过去,儿童被错解为愚昧无知而需要灌输知识的蠢材,如今则知儿童是能够能动地适应环境的小活动家和能够自觉地理解事物的小思想家。在过去,儿童被比作无理取闹的恶魔,如今则视儿童为能够行善尚义的天使。在这天翻地覆的巨变中,卢梭的天性哲学是起过强大催化作用的酵母。所以世界进步人士公认:卢梭不但是儿童教育的改造者,还是广大儿童的福音,是儿童解放的象征,是为儿童争夺人权的旗手。卢梭的理论存在着缺点和错误。他那过于偏激的言论和破绽众多的漏洞,虽不容掩盖;但这些和他对近代文明做出的贡献而言,是瑕不掩瑜的。正因如此,世界各国的而不只是法国的思想家说,生于今世的人类花朵是应该对卢梭致敬礼和致谢忱的。

三、卢梭论培养自然人

卢梭的"归于自然"的原则落实在教育目的上,便要求教育培养自然人。卢梭提出这种教育目的是同封建教育宣战。封建教育培养封建政权的维护者和封建统治的延续者,卢梭却企图培养封建政权的掘墓人和封建政治的砸烂派,企图培养资本主义社会的建造者和资本主义制度的奠基者。两者针锋相对而冰炭难容。封建统治者通过种种渠道,暴力的和非暴力的,来巩固江山,而精神奴役是其重要渠道之一。就这样,18世纪的法国教育使人在精神面貌上和思想意识上陈陈相因,不敢越雷池一步。卢梭说:"偏见、权威、需要和范例等一切我们投入的社会环境,都把人的天性给摧毁了。"①他又说,"医生用他们的医术,哲学家用他们的教条,牧师用他们的劝勉"②,把人的身心都桎梏得无法自然发展了,都使人屈服成为现有制度和风尚的牺牲品了。卢梭感慨万端地比喻道:"我们怎么能把人的天赋所固有的一切,和环境与人的进步使他的原始状态有所添加或有所改变的部分,区别开来呢?正像格洛巨斯神像,由于时间、海洋、暴风雨的侵蚀,现在已经变得不像一位天神,而像一个凶残的野兽一样;人类在社会环境中,由于继续发生的千百种原因,由于获得了无数的

---

① ② Rousseau. *Emile or Education*. Everyman's Library, London: J. M. Dent & Sons Ltd., 1933, p. 5, p. 22.

知识和谬见,由于身体组织上所发生的变化,由于情欲的不断激荡,等等,它的灵魂已经变了质,甚至可以说灵魂的样子已经改变到不可认识的程度。我们现在再也看不到一个始终依照确定不移的本性而行事的人。"① 为了打开这条精神锁链,卢梭才举起自然人的旗帜来和封建教育进行不调和的斗争,叫格洛巨斯由凶残的野兽形象,恢复其庄严宏伟的天神面貌,也就是叫顺性发展的资本主义社会的新人,取代摧毁天性之善的封建社会的旧人,从而由人的更新促成社会的革新。

自然人是怎样的人呢?这要从正反两面阐述。

(一)自然人迥异于封建教育养成的人

在培养自然人的号召下,卢梭逐一驳斥了封建教育所养成的人物。

其一,卢梭指责当时贵族教育培养适合阶级身份的封建贵族,把天真善良的儿童塑造成帝王、朝臣、豪绅、巨富,把纯洁无瑕的青少年镶嵌在不平等的社会等级里,是违反天性的矫揉造作,是形成畸形异状而残缺丑陋的人。卢梭所提的"傲慢的傻子""歹徒""恶棍""暴君""疯子"等,就是典型。这种迂腐无行和纨绔侈靡的王孙公子和达官显贵,身体衰弱多病,精神充满偏见和奴性,是彻头彻尾失去天性的人。卢梭为了粉碎这种教育,才大声呼吁培养自然人。他说:"教育的目标是什么?照我们所知而言,那就是自然的目标。"② 他又说:"人类在自然状态之下,既不是帝王、贵族、朝臣,也不是亿万富翁,人在初生都是贫穷而裸体的,人人都易感受生命之苦,如同失望、疾病、缺乏需要的物品以及遭逢各种灾难等,而且到最后都不免一死。这才是真正所说的人生,没有人能逃避了这些。我们自始就研究这些真正组成为人类的人生要义。"③ 所以,"当爱弥儿明了生命的意义时,我最初将教他保持自己的生命。在此以前,我对于家境、阶级,地位和财产是不加分别的,我将来也不想给予它们以区别。就是说,应使人的教育适合人的天性,而不须适合与天性无干的事"。④ 当时欧洲流行着绅士教育,英国鼎鼎大名的哲学家洛克就是绅士教育的论述者。卢梭颇具讽刺意味地说:"我没有培养青年绅士的荣誉,我要处心积

---

① [法]卢梭著,李常山译:《论人类不平等的起源和基础》,法律出版社 1958 年版,第 62 页。

②③④ Rousseau. *Emile or Education*. Everyman's Library,London:J. M. Dent & Sons Ltd.,1933,p. 5,p. 183,p. 156.

虑地不以洛克为范本。"①所以,"让我们诚实地探索真理,不要对身世、门第和父母、教师的权威让步;要把我们从小受到他们的教育,用理性和良心予以裁判"②。

卢梭不但从率性发展的理论,指斥当时的贵族教育,而且从社会革命的角度予以批判。他说:"在社会的制度中,各人有各人的地位,所以一个人必须接受合于自己身份的教育。可是这样一个受过教育的人,若是离开自己的地位,他就什么都不适宜了。只有在他的命运合于他父母的选择时,他的教育才是有用的;否则环境一变,那么仅就这种教育所造成的偏见而论,这种教育就有害于他了。"③他又说:"在埃及,儿子非继承父业不可,教育也有一个固定的目标。而今社会阶级虽仍保存未变,而组成各阶级的人却时时变更,所以没有人知道教育子女适合于自己的阶级,是否有害于其子。"④卢梭强调:"你以现在的社会制度来立论,而不晓得现存制度本身正处于难知的变迁之中;并且你对于这种将能影响儿童的革命之到来,既未能预见,更未做准备。伟人变成凡人,富人变为穷人,国王变成平民,是指日可待的事。难道你认为命运对于人的打击是如此稀罕,以致你想由命运的老拳之中得免吗?危险已经临近了,我们已经站在革命边缘了,谁能说准你的命运如何呢?过去人们所制定的一切,人们可以把它破坏了。只有天性的本质是不可磨灭的,而天性既不制造王侯和巨富,也不制造贵族。你们所教育成功的伟大权臣,当他被黜免时,他将变成什么呢?那过着金迷纸醉、养尊处优的生活的税关监督,一旦陷于贫困之境,他将以什么为业呢?那四体不勤、以吸吮别人血汗而骄人傲物的傻蛋,一旦被人剥夺了这些非分之物,他将靠什么维持生计呢?到那样时刻,凡是能够放弃已不属于他的品第,在噩运中仍能做人的人,便是幸福的。那些被征服的帝王,像疯人一样,在他那破碎了的宝座之上葬埋了。有的人对于这种情形很是称赞,且让他们去称赞吧,我对于这种帝王是嘲笑的。在我看来,他只是一顶王冠,当王冠丢掉时,他便什么都不是了。但是一个人如果丢了王冠而仍能生存,那就比帝王优胜了;他便由那懦夫、恶棍或疯人都可以占有的帝王之尊,上升于没有人可以胜任的人的地位了。"⑤卢梭紧跟着便称赞道:"他战胜了命运,他敢正视命运。他唯依赖他自己,当他除去他自己而外无足夸示于别

---

① ② ③ ④ ⑤ Rousseau. *Emile or Education*. Everyman's Library, London: J. M. Dent & Sons Ltd., 1933, p. 321, p. 261, p. 9, p. 9, p. 157.

人时，他不是一无所有，他仍然是一个人。"①

统治者的爪牙阿谀奉承地为帝王、公侯涂脂抹粉，颂扬他们是大圣大贤，完全是撒谎。卢梭道："假如我们是国王而兼圣哲，我们第一桩为自己和别人应做的事，就是抛弃王位重新来做我们现在这样的人。"②他又说："有一个人，我只知他是很显贵的，曾邀请我去教他的儿子。这无疑是给我的很大荣誉。不过，他不但不应埋怨我拒绝他的邀请，反而应该因我的谨慎而高兴。因为假如他的请求被我接受，又假如我采用当时错误的教育方法，那时教育就将被毁灭了。但是，我如果能按合理方法而教育成功的话，事情可能更坏，就是说，他的儿子也许要放弃他应有的封号，再也不愿意做王子了。"③很明显，合理的教育要根除阶级身份，要彻底消灭它，绝不是维系它。

其二，卢梭指责当时造就法官、律师、教士、骑士等专业人员的教育。这些人都是依附于封建权贵的高等职官，效忠于封建政权的爪牙。卢梭是反封建的战士，当然反对这种培养目标。另外，他还从人性发展的角度来反对它。他说这种教育不顾心智发展而给人养成褊狭的职业知能，就是为职业而扼杀天性。这样训练成的人只会机械一样地完成一些职业上的任务，对于人生的重要意义却愚昧无知。自然人当然不会同这些人是一样的。卢梭说："假如一个人出生后即固着于本国的土壤，假如一年四季气候永无变化，假如一个人的财产可以为他永远保有不失，那么如今的教育方法确有某些利益；被教养成适合某种职业的儿童，将永不离开他的职业，他永远不能适应其他环境中的困难。但是当我们看到人事之无常，以及当代扰攘不宁的神情时，当每一代都把前一代人的工作破坏了时，我们还能找到比那种把儿童当作永不离开家，永远为仆役所环绕的教育计划，更为不智的吗？这样教养成的可怜虫，一遇困难，即无所措手足了，这不是教他能够抵挡苦痛，而是教他去感受苦痛。"④

很清楚，卢梭认为用职业需要做模子和用社会等级做模子，来塑造刻板式的人，同样不能使人的天性畅顺发展，却使人失去适应自然变化的能力，叫人定型化、僵硬化。正确的途径是首先把人的顺性发展当作任务，做自然人是第一义的；然后在自然人的基础上，考虑职业教育。卢梭说："在自然状态下，人都是平等的，他们共同的职业就是做人。所以一个受过良好教育的人，在他

---

①②③④ Rousseau. *Emile or Education*. Everyman's Library, London: J. M. Dent & Sons Ltd., 1933, p. 157, p. 431, p. 17, p. 10.

做人以及和做人有关的事体中，是不会失败的。我的学生不论参加军队、教堂或司法界，我以为那并不重要。在父母为他择定职业以前，天性使他做一个人。我要教他的职业就是生活。我承认你的话不错，当他离开我时，他不是法官，也不是士兵，也不是牧师，而是一个人。所有关于做人的一切事情，他一定像别人一样很快地可以学会。命运改不了他的地位，他永远有他适当的地位。"①他又说："我们要把爱弥儿造就成一个骑侠，一个骑士吗？他将要参与公务，在伟人、县官和帝王之前，去充当贤人和法律的卫护者吗？他将在法官之前呈递诉状，并且在法庭上去辩护吗？这是我不敢确保的。他将能从事他所知道的各种有用的和好的事体。"②卢梭劝人都能担任一种职业，养成自食其力的本领。爱弥儿就是以农业和木工为职业的。但卢梭论述爱弥儿学习木工时说："不幸，我不能把全部时光都用在工厂之内。我们不但是木工的学徒，我们还是做人的学徒，做人这种职业的学徒比之别种职业的学徒，是费时既久，条件又严的。"③卢梭总结道："儿童所要学习的只有一种科学，这便是做人的责任。科学是整个一体的，不管色诺芬怎样谈论波斯的教育，科学总是不能分开的。"④

在此还须指出，卢梭也不赞成把人培养成为文人学者。他认为科学艺术的进步毁灭了善良的天性，而当时所谓哲学家正是谬误、偏见的化身。卢梭对于充当封建文化顽固堡垒的巴黎大学等学府，是嘲讽的。他说："我不认为那些令人发笑的学院是公共教育机构，我也不认为在它们名下存在着合适的教育，因为它们同时兼顾自然人和公民两个方面，却一无所成。它们只适于造就伪君子，这些伪君子口头上大讲为别人而效力，内心里却只想到他们自己。实际上，这种职业并不能欺骗任何人，因为人人都会这一套，他们只好枉费心机了。"⑤他又说："我有许多友人在学校，特别是在巴黎大学任职。我对这些人是很敬重的。我相信假如他们不被强迫着按照世俗去工作，他们是能够胜任教育青年的职责的。我曾鼓舞其中的一人，把他设想的改革方案发表出来。因为人们如果知道还有挽救危境的方案，他们终究会清除流行的邪恶的。"⑥无奈，这位明哲保身的学者并未接受卢梭的建议，却在社会的沉重压力下委曲求全。这批人都是当时文人学士的典型啊！

① ② ③ ④ ⑤ ⑥ Rousseau. *Emile or Education*. Everyman's Library, London: J. M. Dent & Sons Ltd., 1933, p. 9, p. 212, p. 163, p. 19, p. 8, p. 8.

其三，卢梭指责当时的公民教育，说它和培养自然人的教育南辕北辙。卢梭解释道："自然人为他自己而生活；他是自成单位的，他是一个整体，他是只依赖着自己和自己的同伴的。公民好比是一个分数的分子。分子的价值要靠分母来决定，公民的价值也靠全体来决定，也就是靠整个社会来决定。良好的社会制度最能使人变成不自然，取消他的独立性，养成他的依赖性，把他所自成的单位给埋没在集体之中，因之，他不再把自己看成一个独立的人，而只变成全体的一部分，他只知道共同的生活了。"①他又说："假如国家是由一万人组成的，我们只能用集体的观点来看主权体，把主权体看成一体；但每个分子或每个国民，都被当作个人来看。那么，主权体对个人而言，是万与一之比，每个人虽完全受国家所支配，而其所能运用的主权只是万分之一而已。假如人口的数目增为十万，每个人的情形并无变化，他仍然与别人同样为法律所支配，但他的选举则在国家中却变为十万分之一的力量了。所以每个人永远是自成一个单位的，而他和主权体之间的关系却随着公民数目的增加而变化。因此，国家愈大，公民的自由便愈小。"②显然，公民是编织在社会国家中的人，是无法保持原有天性而受社会支配的人，他绝难比于自然人。卢梭曾郑重劝告教师必须在自然人和公民之间选择其一，万不能既培养自然人，又培养公民。他认为唯有自然人才是教育应该培养的对象。

难道卢梭丝毫不考虑教育的社会的目标吗？并不。他对于真心诚意热爱祖国的人，是赞不绝口的。他举例道，古代罗马的将军雷居鲁斯在战时被迦太基所俘，迦太基人派他返回罗马，商谈交换俘虏，但雷居鲁斯在罗马元老院力主拒绝敌国的要求。元老院因他忠于罗马，劝他留而不返，并授以元老院的席位。雷居鲁斯却因自己沦为俘虏，已成为迦太基的公民，为实践他应尽的公民义务，仍毫无迟疑地回到迦太基，被迦太基酷刑致死。卢梭又举例道，斯巴达人佩达洛特自请参加三百人会议，未获成功。他并未沮丧，却为斯巴达已有三百人胜过自己而欢喜万状。还有，斯巴达某妇人听到自己的五个儿子全都战死疆场而国家得胜，立即兴冲冲地奔赴神庙，为儿子的为国捐躯而感谢神灵。以上这些品质优良的人，把天性和国家真诚地融为一体，因而"他们在社会生活

---

① Rousseau. *Emile or Education*. Everyman's Library, London: J. M. Dent & Sons Ltd., 1933, p. 7.

② Rousseau. *The Social Contract and Discourses*. Everyman's Library, London: J. M. Dent & Sons Ltd., 1930, p. 51.

中依然使其天性居于最高的地位"①。"他是公民，同时又是他自己，他永远表里如一，因而他必然言行一致，必然知道他应该怎样待人接物，并且尽心竭力地坚忍不拔地按照正当方法去待人接物。"②卢梭称道"这样的人就是公民"③。他又说，做父亲的人负有三种义务：人类有生育人的义务，对社会有培养合群的人的义务，对国家有造就公民的义务。"当他生育和抚养孩子时，他仅仅完成三分之一的任务。"④"凡能偿付三种债务而欠债不还的人，是有罪的；若仅仅偿还一部分债务而不偿还全部债务，他的罪恶就更大。"⑤换言之，培养公民是更神圣的职责，不许推诿。再清楚不过，关于公民教育这一重要问题，卢梭未曾轻率而简单地处理。

分析卢梭的论点，那就是在自然人和公民之间存在着内在联系。就是说，首先要发展善良的天性，成为堂堂正正的自然人，在这样发展和成长过程中，就自然养成公民的品质，绝不应不做自然人而仅仅养成公民，那种完全违反天性的公民是不可思议的。试想"缺乏天性来做基础，社会习俗的制约力能够坚实吗？人若不热爱自己的邻人和亲人，他能养成对于国家的忠诚吗？除去从具体而微的祖国的领域做起，即从家庭中的生活做起，能够培育爱国的思想感情吗？难道不是良好的儿子、良好的丈夫和良好的父亲，才构成良好的公民吗？"⑥可见在自然人和公民之间，不但没有不可逾越的鸿沟；完全相反，两者是自然地通连着的。

无奈在乌烟瘴气、罪恶充斥而丧尽天性的封建社会和国家中，人们自私自利而损人害公，根本谈不到公民，只有肮脏恶臭的伪君子爬行各地而已。这些贪得无厌而假冒伪善者"永远内心矛盾，在个人的私欲和应尽的职责之间，经久地迟疑彷徨。他们既不成为一个人，也不成为一个公民，对他们个人和对于别人，都无用途"⑦。卢梭直言不讳地指出，"今日的英国人、法国人、广大的中产阶级者"⑧就是具体的实例。卢梭对于法国最为气愤，绝不甘心成为这类国家的成员，更谈不上充当它的公民。他说："提到我的国家，我就感觉丢人。对于它，我心中怀有轻蔑和痛恨，因为我是靠自己而取得幸福和人家尊敬的；我的祖国和它那邪恶的人民给予我的是灾祸，使我沦为牺牲，是耻辱，使我深深感到害羞。我打断了同我的国家的一切联系，我要把整个世界当作我的国

---

①②③④⑤⑥⑦⑧ Rousseau. *Emile or Education*. Everyman's Library, London：J. M. Dent & Sons Ltd., 1933, p. 8, p. 8, p. 7, p. 17, p. 17, p. 326, p. 8, p. 8.

家；只有不再做公民，我才能够成为一个世界的人。"①因此种种，卢梭才坚决地说："国家和公民这两个词应从现代语言中取消。"②

（二）自然人是身心调和发达的人

卢梭在指出自然人和旧教育培养的贵族、士绅、公民和专业人员的不同之后，便从积极方面说明自然人所具有的特征。卢梭认为人在自然状态之下，一定是心与身结合发展的，绝不会只求心智发展而使身体虚弱，也不会叫身体与心智都处于衰弱之中。他就野蛮人为例说："野蛮人并不固着于某一特定地点，没有特定的工作，没有可以服从的权威，除去自己的意志以外，并没有所谓法律，他不得不对每一行动的步骤加以考虑，他不能不对每一行动的后果预先思量。因之，他的身体活动愈多，他的心灵愈机敏，他的体力和理性是一同增进的，两者是互相促进的。"③以此类推，率性发展的自然人，也必然是心身调和发达的人。卢梭以爱弥儿为代表来描绘道："至于我的学生，宁可说是自然的学生，他自最初起便被训练尽可能地自食其力，他并没养成那永远求助于人的习惯，他更没养成那种向人夸示学问的习惯。在另一方面讲，他是应有分辨和预断的能力的，他对于与他有关的事体，能够详加考虑。他并不空谈，他注重实行，关于大千世界中进行着的事体，他是一字不知，但与他有关的事体，他却彻底明了。只因他永远在动，他就不得不注意许多事物，认识许多力量，他不久便获得许多经验。他以自然为师，而不以人为师。而且因为他并不意识到他在学习什么功课，所以他的学习便进行得极为迅速。这样，他的身心便共同活动着。他永远去实行自己的观念，而不盲从别人的意见，因此他把思想和行为打成一片；他的健康和体力日渐增进，他的智慧和明察也有发展。这就是达到身心共同发达的途径。这种途径使人有哲学家的理性和运动家的身手。"④他又说："假如我的意思已经说得很清爽，你便应当知道身体锻炼和手工二者是如何无意识地引发儿童的思想和反省，并如何把他那由于不关心他人的判断所发生的怠惰给抵消下来，把他那由于热情所形成的放荡给抵消下来。假如他不像野蛮人那样怠惰，他必当操作如农夫，而思考若哲学家。"⑤他还说："你在锻炼他的身体和感觉以后，你也曾锻炼了他的心智和判断力了。最后我们也曾

---

① ［法］卢梭著，李平沤译：《爱弥儿》，商务印书馆1978年版，第778页。

②③④⑤ Rousseau. *Emile or Education*. Everyman's Library, London: J. M. Dent & Sons Ltd., 1933, p. 8, p. 83, p. 83, p. 165.

把他的四肢和心智的应用,联合为一。我们已经使他成为一个工人和思想家,现在我们必须使他能仁能爱,使他借助于感情而使理智发育完成。"①卢梭归结道"教育上的秘诀,便是使身心两种锻炼可以互相调剂。"②

如果把自然人和一般儿童相比较,他们在体力和智力上的区别是显著的。卢梭说:"你想通过比较来判断他吗?请把他放在其他儿童之中和听凭他自己去任意行事。你不久便将看出,在众多儿童之中谁人取得了最大的进步,谁人最接近儿童应有的情况。你将认出在所有城市儿童中,没有人比爱弥儿更为能干和更为强壮;和年轻的农民相比,他在体力上可以和他们媲美,在技术上比他们高明。凡是儿童力所能及的事物,他都比别的儿童更能判断、理解和表现预见能力。在跑跳、移物、举重、测远、发现游戏、获奖竞赛等活动中,你可以说:自然服从他的命令,因为他能够使事物随他的心愿进行。"③这是爱弥儿在儿童时期的情况。

青年时期的爱弥儿更与众不同。卢梭说:"读者们只因我现在所描写的青年,与他们用来比较的青年不同,将认为我所写的青年是我想象虚构的结果。他们不晓得我说的青年是由一种全然不同的方法培养成的,他必定是要不同;他受着截然不同感情所影响,为截然不同的方法所教导,假如他和你们的学生相似,那就更加奇怪了。是自然造成的人,而不是人所造成的人。人们看他很惊异,那是无足为怪的。"④卢梭接着说:"因为我以人的初生为出发点,是和一般人相同的;但是到以后,因为我是在培养天性,你在摧毁天性,我们便愈来愈分歧了。爱弥儿在六岁时,并不与那尚未受你摧毁的儿童显著不同;但到如今,他们之间却没有什么是相同的了。等到他们长大成人时期,若非我的努力已归无效,他们就将完全的不同了。"⑤他又说:"这种方法的确不产生神童,也不会给教师和管理员增光;但是它却培养身体坚实、思想正确的身心健全的人,儿童时不被人羡慕而成年时受人敬重的人。"⑥这还不表明爱弥儿是全然不同于旧人物的崭新一代吗?

总之,卢梭所憧憬的自然人,身体强壮,心智发达,而又感情丰富,能爱能仁。他不固着于某一特定的地位、阶级或职业,而以身心的能力发达之故,却能适应各种客观发展变化的需要。在卢梭看来,唯有这种人物,才能在消极

---

①②③④⑤⑥ Rousseau. *Emile or Education*. Everyman's Library, London:J. M. Dent & Sons Ltd., 1933, p. 165, p. 165, p. 126, p. 216, p. 216, p. 76.

方面不囿于旧社会的传统和流俗的偏见,才不致成为徒受书籍所累而无实际生活能力的书痴、书呆子,也才不致成为邪恶的暴君和歹徒,从而使社会免于堕落和灭亡。在积极方面,这种人物才是真正能发挥人类本性之善的充满幸福的人,社会的进步和文化的发扬,更是奠基在这种身心畅旺的新人的肩头的。卢梭对于人类希望的寄托者是讴歌的。

在论述自然人时,常常使人产生三个疑问:他是回到原始社会的无文化的人吗?他是脱离现实社会的不食人间烟火的人吗?他不做达官、显宦、法官、骑士,难道是无以为业的人吗?解决这些疑问可能深入理解自然人的实质。

在这里必须搞清自然人绝不是倒退到原始社会的退化之人。卢梭只是仇恨腐朽制度不利于社会前进。所以他说:"首先你当牢记,当我需要训练自然人时,我不把他造就成为野蛮人,不把他送回林野之中。"①卢梭所希求的是生活在社会中的自然人。卢梭虽然厌烦城市而喜爱乡村,却说:"一个生活在自然中的自然人和一个生活在社会中的自然人,两者全然不同。爱弥儿并不是追逐于原野的野蛮人,而是生活在城市的野蛮人。他必须知道怎样在城市谋得生存,还知道怎样利用城市的邻人,即他怎样不同于这些城市居民却又将和大众生存在一起。"②"爱弥儿不是被教育成为孤独的人,是被教育成为社会成员,而且要能够尽到社会成员的职责。"③可见自然人不是与世隔绝的孤独汉,而是与社会中的人同呼吸的人,而且是接触近代城市文明的并善于与人相处的人。与此相关的另一谜团是:难道自然人能够不受传统势力的影响吗?当然不能。不过,他虽不能脱离传统势力,却不为它们所俘虏。卢梭道:"习俗的势力虽为爱弥儿所知,但习俗尚未使他成为奴隶;情欲的后果虽为爱弥儿所知晓,但情欲尚未骚扰他的心灵。就爱弥儿来说,他所有的需要都可由他自己来满足。当他是自足而不受偏见诱惑时,他怎能依靠别人呢?坚实的双臂、健康的体格、遇事有节,欲求简单,而且满足这些欲求的方法,都为爱弥儿所具有。他在完全的自由中长大了,奴性是他所知的最恶劣的灾害。他哀怜可悯的国王,这些国王是服从他们的臣民的奴隶;他哀怜荒谬的预言家,这些预言家是被虚渺的名誉所枷锁的;他哀怜豪富的愚人,这些蠢人是夸耀作风的殉道者;他哀怜装腔作态的酒色之徒,这些酒色之徒好似尽情享乐,实则消耗生命于极端的

---

① ② ③ Rousseau. *Emile or Education*. Everyman's Library, London: J. M. Dent & Sons Ltd., 1933, p. 217, p. 167, p. 292.

愚蠢之中。"①自然人对于习俗而言，真是出淤泥而不染了！

自然人尤其不是无以为业的或依靠家财为生的懒汉惰夫。因为卢梭最厌恶这种四体不勤、不劳而食的蠹虫。他说："不问人或公民，除自身外都没有可以向社会投资的。他的财富都是属于社会的。有人说：我父亲在致富时是曾为社会效劳的。正因如此，他曾偿还他对社会的债务，但并未替你清偿你对社会所负的债务。你既为富人，你对社会负债更多，因为你是处在优异的条件之下的。如果一个人有功于社会，便能偿清别人欠给社会的债务，那是不公道的，因为每个人应当有其所有和只能偿还自己所负之债，父辈并不能把那对人类无益的权利遗赠给儿辈。你或说，父亲的财富是他劳动的报酬，他以之遗传于我，都是事实。殊不知，人若不劳而食便是盗贼，在我看来，一个人无所事事而使用公款，便与那拦路行劫的强盗无别。所以，人在社会中必须劳动，不论贫富、强弱，凡属闲人就是盗匪。"②卢梭还引证俄皇彼得一世曾在战舰上做木匠，曾在军队中任鼓手，并问道："难道沙皇在门第和业绩方面，不是至少能和你相比吗？"③卢梭又引东方的史例说："按照奥图曼国的传统风习，苏丹必须用自己的双手从事劳动，而且人所共知，国王苏丹亲制的成品就是杰作。"④不待言，劳动是人人都应做的事，一些帝王也不例外。何况革命就将莅临。"你若要战胜命运和其他一切，你便须从独立生活入手。"⑤怎样才能保持独立生活呢？那就是养成从事劳动的能力。卢梭说："假如你不从事这种适于增长心智而不适于增长体力的深奥的学习，你在必要时乞援于双手和手工，那就无须要欺骗手段了；一旦遇有必要，你的职业便随处可得。你无须再到伟人面前去阿谀说谎，也无须在恶霸之前去匍匐爬行，你不必对于伟人和恶霸做卑鄙的逢迎者，你不必去做告贷者，你也不必去做偷儿。别人的意见，你都可不必理睬，你并不有求于任何人，也不必谄媚任何傻瓜，也无须贿赂任何仆役，也不必说服任何女人。任凭恶霸去执行国政，你在你低微的地位上，却仍然能以诚实不欺而衣食无虞。"⑥他在这里指出，为在大动荡时期战胜危险的遭遇，劳动本领和职业才能更是万不能无的护身符。

卢梭不但论证职业能力在社会生存中的重要性，而且称道劳动在促进理性发展上的作用。他说："假如我们不叫儿童埋头读书，而让他到工场从事劳作，

---

①②③④⑤⑥ Rousseau. *Emile or Education*. Everyman's Library, London: J. M. Dent & Sons Ltd., 1933, p. 206, p. 158, p. 163, p. 164, p. 159, p. 160.

他的双手便可通过工作来发展他的心灵。当他想象自己是一个工人时，他实在已经变为哲学家了……并且你将看出儿童如何可由游戏中获得哲学，进而能够担当成人的真正的责任了。"①与此同时，卢梭还指出职业直接影响人的道德品质和人格发展。他说："有些职业似乎可以改变人的天性，使做那些职业的人或向好的方向重新铸造，或向坏的方向重新铸造。譬如，胆怯的人经过军事锻炼，能够成为勇敢之士。我曾反复思考而心怀恐惧，担心自己万一不幸竟然在某国中居于某种职位，那么在明天到来之前，我必将变为暴君、徇私舞弊的歹徒、为祸于民的败类、危害国君的坏蛋、与人民为敌的鄙夫、仇视正义和一切美德的恶魔。"②不慎择正当职业而充当帝王贵族的鹰犬、爪牙，岂不令人胆寒！

应该指导儿童挑选哪种职业呢？卢梭说："农业是最古老的最高尚的职业，我把铁工列在次要位置，然后列入木工，等等。儿童如果不受流俗之见所毒害，也会这样排列次序的。"③他解释道："它（指农业）是职业中最早的和最可贵的，而且它比其他职业都更有用，所以从事农业的人是最光荣的。"④只可惜当时的土地占有制，妨碍了这种职业的发展，手工业便占了便宜。"在人们谋生的多种职业中，那种最接近于自然的是手工业；在所有地位之中，手工艺人最不受命运的支配。手工艺者只靠自己的劳动，所以是自由人，那些耕田者却是奴隶。因为耕田者要靠土地，而土地的收获可能受别人的破坏。一个敌人、王侯、有权势的邻人或讼棍，可以剥夺耕田者的土地，耕田者可以由于依附于土地而感受种种不自由。但是，手工艺人受苛待时，却可把家具装起来而走向他方。"⑤卢梭对不合性别、不清洁、不高尚、不能增益人类福利和使人不愉快的职业，如刺绣工、镀金工、音乐师、演员、警察、侦探、刽子手、宦官等，对机械性质的职业，如纺织工、袜工和石匠等，都不愿爱弥儿去选择。他认为除去农业之外，爱弥儿应当选择木工。

除体力劳动之外，卢梭也提出脑力劳动的行业，如著作家之类。卢梭说："爱弥儿不需要著书立说，但假如他从事著述，他将不邀宠于权势之人，却为人类争取权利而奋斗。"⑥卢梭厌恶军人职业，说："还有另外一种消耗时间和财力的途径，就是参加军队。换言之，你可使自己受雇出去，支领高额工资，

---

①②③④⑤⑥ Rousseau. *Emile or Education*. Everyman's Library, London: J. M. Dent & Sons Ltd., 1933, p. 140, p. 310, p. 151, p. 158, p. 158, p. 422.

到各地屠杀无辜的人。男人们很高看这项职业,他们对于除去屠杀无辜以外却毫无其他本领之辈,是看得高于别人的。"① 卢梭鄙视这桩行业,不肯叫爱弥儿去干的。

自然人怎样接受职业训练呢?卢梭在《爱弥儿》中,详尽地描绘爱弥儿学习农业和木工的画面。爱弥儿经常到田野调查土壤、物产、耕作方法,亲自参加生产劳动。邻人看到他熟练地从事翻土、砌垄、播种、管理苗床,无不惊诧。他不单方地向农民学习种植工作,也向农民介绍优良的种植器具和技术。他勤于造访农家,为农民举办公益事业,急贫困农民之所急,成全青年情侣的婚姻大事,尤其是尊敬穷苦善良的农夫,替他们申冤鸣愤,和受苦受难者心心相连,打成一片。至于学木工,爱弥儿曾有一个时期每周至少到木工家中劳动一天,遇阴雨不能下田时,也去做木工。他不但认真负责地干活,而且对于凿眼、刨板、锯木、钉活等技巧,掌握得纯熟,以致被赞为"出色的好木工"。只因爱弥儿不肯多索要工资,每天才付给少量金钱,否则还会被高价雇用的。爱弥儿绝不因贪图较多收益而在金钱恶魔驱使下背信弃义,破坏他和师傅订立的契约。

自然人要达到怎样的劳动能力水平呢?卢梭以爱弥儿为例说:"他对于任何项目的农业劳动,都已熟习了。农业是他最早学习的,而且他总在继续地学习它。"② 至于手工艺,"他能应用铲和锄,他能应用旋盘、锤、刨或锉;他对于各种职业共同需要用的工具,全已应用娴熟。他只要对于其中任何一种获得充分技巧,来和熟练工人的速率、熟练和勤奋相竞争,并且因为他的身体和四肢具有韧性,他比之熟练工人还可较为方便。所以他能担任任何职位,且能继续任何活动,而不耗费气力。他的感觉敏锐而训练有素,他了解各种职业的原理,他只要多多得些经验,便能像职业中的老手一样地工作。"③ 所以说:"你叫他做什么呢?他已对于任何职业都有所准备了。"④ 卢梭在200多年前,竟以大量篇幅论述职业教育的重要价值、选择标准和实施原则,是世界教育史中的里程碑。这可以证明他特别重视自然人的职业修养。

最后,难道爱弥儿是一般平凡的人吗?更不是。卢梭说得清楚:"他是被教导成为领导、成为管理其他人的,在他从事领导和管理过程中,才智和经验

---

①②③④ Rousseau. *Emile or Education*. Everyman's Library, London: J. M. Dent & Sons Ltd., 1933, p. 420, p. 158, p. 162, p. 162.

取代了通常惯用的权力和权势。在任何形式之下,在任何名称之下,他将是永远超过别人的;到任何地方去,他总会支配别人,别人也会永远感觉出他的超群出众之点的;他将在不知不觉中成为领袖,别人也将不知不觉地服从于他。"①看!爱弥儿还不是优于众人的才智者和领导者吗?

(三)结语

由上可知,卢梭呐喊以培养自然人为教育目的,是对于封建教育的毁灭性的打击。自然人脱离传统文化的侵蚀而率性发展,这意味着教育要和封建的思想意识根本绝缘;自然人要有调和发达的身心和从事农业与手工业的能力,这意味着粉碎阶级身份给予教育的枷锁,转而致力造就可以自食其力的新人。显而易见,卢梭企图从教育目的论上进行革命。的确,自然人身心发达而能参加生产劳动,他和那身心遭受摧毁的贵族富人,是极为两样的。无论在精神面貌上或能力储备上,自然人都比那昏聩腐朽的封建士绅向前跨越了一大步。在教育史上提倡身心和谐发展的,并非始自卢梭,古代雅典所崇尚的博雅教育,欧洲文艺复兴时期所风行的人文主义教育,都以求得人的身心发展为目标;但卢梭于身心和谐发达之外,还想培养职业知能,这是他反映资本主义生产事业的需要使然。可知自然人和封建教育造就的人物,是属于两个不同历史时期的人物。他们在一新一旧之间,显露出资本主义教育与封建教育的差异。卢梭以自然人为培养目标,当然是具有进步意义的。

不过,卢梭在教育目的论上的错误和局限性,同样是明显的。

首先,他提出以培养率性发展的自然人为教育目的。实际上,强调摆脱社会制约而率性发展完全是空想。科学地分析起来,天性与社会性是不容分割的。卢梭力求超越社会制约而自然成长,推至其极,竟然呐喊以本能为师,那就无异于取消教育。实际上,塑造新生一代灵魂的教育工程绝不能一味放纵儿童而流为尾巴主义。古往今来的事实表明:人自最初起就属于集体,而且"只有在集体中,个人才能获得全面发展其才能的手段"②。所以发展天性绝不会在真空中,而必须在现实社会里,绝不能不谈社会性与历史性而抽象地谈天性发展。所有的问题是:在不合理的社会中,天性易向不合理的方向发展,要想

---

① Rousseau. *Emile or Education*. Everyman's Library, London:J. M. Dent & Sons Ltd., 1933, p.126.

② 《马克思恩格斯全集》(第3卷),人民出版社1960年版,第84页。

使它得到善良的发展，必须使不合理的社会变为合理的社会罢了。

卢梭臆想的自然人既带有过多的浓重的生物主义色彩，因而偏离了科学真理，遂使卢梭自己在论述时不得不经常地处于矛盾之中。他于1755年给《百科全书》撰写《论政治经济学》一文里，就曾提到培养公民的必要，而且指出从婴孩起就应接受这项训练。他于1773年为波兰政府起草规划时，更建议波兰政府选拔德高望重的人领导教育事业，培养优良公民。卢梭在这里也无法否认：教育是社会的职责，应该按照社会需要培养公民，绝不能把个人与社会对立起来，听任个人天性泛滥。就以卢梭设想的自然人而论，他身心俱健，又受体力劳动的锻炼，那还不是对于资本主义生产事业的现实需要的反映吗？可见自然人是面对新社会的现实而给教育设想的培养目标，他不是什么空泛的天性发展的产物。

其次，卢梭眷恋小有产者的生涯，他刻画的自然人也是小资产者的化身。自然人在理论上的样板，当然是爱弥儿。他的实际上的样板，却是卢梭。卢梭在《忏悔录》中开头便说："我正着手一件前无古人、后无来者的工作。我希望在人类之前放置一个绝对自然的人，此人就是我。"① 他又说"这个绝对自然的人只有我一个而已。"② 卢梭是小资产阶级知识分子，他所谓的自然人还不是小资产阶级人物吗？卢梭又说："贫穷人是不需要教育的，他的生活地位所给他的教育，是他非接受不可的，他不能再有旁的教育。"③ 因而，"让我们从富有之家去选择教育对象……穷家子女不用我们帮助，也可长大成人"④。而且"由于同样的原因，爱弥儿纵令出自名门之家，我也不以为憾"⑤。这不又表明爱弥儿的阶级成分吗？当然，自然人是有进步性的新人，他比起封建社会的人具有新的社会理想和人生理想，身强力壮，头脑清晰，又能从事农工业生产；不过，自然人绝非普通的体力劳动者，而是能够劳动、能够自食其力而免于将来蹈入厄运的新士绅，或称之为小资产阶级的上层人物。小资产阶级和资产阶级在世界观上属于同一范畴，小资产阶级称道的天性无非是资产阶级的天性，以此为根据而建立的能不是恩格斯所说的"资产阶级共和国"吗？可见不把人放到一定的社会关系中去考察，在阶级社会中不把人放到一定的阶级关系中去

---

① ② Rousseau. *Confessions*. Everyman's Library, London：J. M. Dent & Sons Ltd., 1931, Vol. 1, p. 1, p. 1.

③ ④ ⑤ Rousseau. *Emile or Education*. Everyman's Library, London：J. M. Dent & Sons Ltd., 1933, p. 20, p. 20, p. 20.

考察，却谈论所谓全善至尊的天性和率性发展，乃是纯粹思辨的非科学的。在资本主义生产事业发展时期，而以培养植根于个体生产之上的小有产者为教育目标，实质上更是企图保持小耕种者和小手工业者的社会，是跟不上历史发展的要求的。就这样，尽管自然是个新观念，而且具有反封建的性质，这种理想人物是不切时宜的。就这样，培养自然人便不得不流为虚无缥缈的乌托邦了。

卢梭认为在天性、人事和环境之间，存在着两种关系，一是三者彼此不同，二是三者互相矛盾。他说，在前种关系下，和谐是可能的，那就要人事和环境服从天性；如果三者彼此矛盾，就只好分道扬镳。他说："当三种教育仅是彼此不同时，人事教育和环境教育就都应跟天性和谐一致。但是当三者处于矛盾时，就是不使一个人发展为他自己而使他发展成为别人时，应该怎样呢？在后种情况下，和谐已不可能。你就不得不或者违背天性，或者反抗社会，必须在人和公民之间选择其一，绝不能既培养自然人，同时又培养公民。"[1]再清楚不过，卢梭认为遇到不合理的社会，就该推翻它，不能当顺民；但遇到合理的社会，就应接受教育而成为公民。这是卓识。但就一般而论，设想个性和社会性全然吻合，天性丝毫不能更改，是纯粹的虚构。教育者的职能就在于利用艺术手段，使本来处于非对抗矛盾的个性和社会性相辅相成，将生物性的自然人，因势利导地造就成社会性的人，即善良公民。简言之，教育应是在个性与社会性之间架起的桥梁。不如此，便是教育上的形而上学。不料教育史的辩证法竟然如此微妙，当1762年《爱弥儿》问世的次年，法国的和卢梭同时代的政治家、教育改革家拉夏洛泰（La Chalotais）便发表了《论国民教育》，高呼国家要从教会夺回教育权，政府要负责培养公民。两者观点不同，却同是时代的火炬。法国以及别国的近代教育就是沿着这两条貌似矛盾而实乃相辅相成的道路迈进的。

总之，我们必须认清爱弥儿这个自然人不是鲁滨逊，更不是遁世者，只是不沾染封建遗毒者。卢梭痛恶旧社会，却不要爱弥儿不食人间烟火。卢梭讴歌自由平等的政治，正表明他热爱社会的殷切。所以在卢梭的逻辑中，天性和社会性是辩证地统一的，非截然对立、水火难容的。不过，他作为反封建的斗士，为鼓舞群众斗志而难免过激之词；也就因此，在理论上就易走入极端。有

---

[1] Rousseau. *Emile or Education*. Everyman's Library, London: J. M. Dent & Sons Ltd., 1933, p. 7.

些学者，其中包括《卢梭、康德、歌德》的作者卡斯勒曾给卢梭以体谅。他们说卢梭为击败凝固难移的传统势力，若仅学究式地四平八稳地讲学论道，是不易打动人心而摧毁顽敌的。他必须诉之情感炽热的陈述和修辞学方面的特殊魅力。对于他，如果一味在明晰无疵的概念上和无懈可击的理论上进行推敲，就难正确掌握其实质了。作为哲学家的康德所刻意以求的概念的明晰和理论的谨严，是难于要求卢梭的。

四、卢梭论发展天性和教育

（一）教育要适应天性的发展

卢梭不但肯定天性至善，而且肯定这种善良天性是逐步发展的，它在不同的年龄阶段表现出不同的特征。这种特征是教育工作必须适应的。照卢梭的解释，教导和环境如果不适合天性的发展，就无法谋求天性的正常发展，就无由达到教育上的最高效果。这就是教育要根据年龄特征而实施的道理。

卢梭在《爱弥儿》中反复强调："处理儿童应因其年龄之不同而不同。从最初就要把他放在他应处的地位上，而且要保持他在这个位置上。"①："在万物中有人类的地位，在人生中儿童期有儿童期的地位，所以必须把人当作人看待，把儿童当作儿童看待。"②这样使教育的实施和天性的成长彼此对准口径，才能保证天性不受伤害，才是教育的正当途径，否则就会贻害无穷。卢梭说："在儿童未长大成人以前，天性要把他们当作儿童。假如我们颠倒这个次序，我们无异造成一个不成熟而无香味的勉强成熟的果子，它不等到成熟便要腐烂了。同样，不合理的教育也就要造就出稚气的博士和衰朽的儿童了。"③

传统的封建教育不顾儿童的天性发展，抹杀了儿童与成人的区别，把儿童当作具体而微的成人，不根据儿童的特点施教，而是把适用于成人的教育强加于儿童，在卢梭看来，这是使儿童成为教育的牺牲品。这种揠苗助长的教育是卢梭一再批评的。他说："儿童时期自有儿童时期的观察、思考和感觉的方法，企望以成人的方法代替儿童的方法，那是最愚笨的事；我们不应当希望十岁的

---

① ② ③ Rousseau. *Emile or Education*. Everyman's Library, London: J. M. Dent & Sons Ltd., 1933, p. 55, p. 44, p. 54.

儿童有判断力,正和不应该希望他长五尺高是一样的。"①

首先,卢梭指出这种教育因为不顾儿童的天性发展,硬把成人时期所需要而非儿童所理解的知识,强制性地灌输给儿童,是为了渺茫的将来而葬送儿童当前的幸福。它不能使儿童获得真正的理解,反而使他猎取虚伪的知识,使他养成盲目轻信的习惯,使他把学习当作畏惧的事体而避之唯恐不及。卢梭反复强调:"我们未把自己放在儿童的地位,不能设身处地为儿童考虑,我们只有把成人的观念给予儿童,而且当我们循着自己理性的线索施教时,那只有把各种错误和荒诞的思想,充塞儿童的头脑之中而已。"②"勉强加于这小可怜虫的课业,全部是那些同他心理相去太远的事实。你可以推断他对于课业是如何漠视了。"③"若把理性与不快之事永远联系在一起,你便是使理性对于儿童成为无味之物,也便是在儿童蒙昧无知的心灵中植有不复信任理性的根苗了。"④"假若婴孩由母亲的怀抱之中,一跃而达理性发达的年龄,那么当今的教育倒还合宜。无奈儿童的天性成长需要一种与今日完全不同的教育。在儿童的心力未发达以前,是不当扰乱他的心灵的。正好似你在盲人目前送上火炬,盲人是看不见的;同理,儿童心智未开,他也不能经过种种繁复的观念而跨入理性所难于探寻的途径,这种途径纵令智慧最发达的人也是难以探寻到的。"⑤对于当时不顾儿童水平而贪图高深的教育,卢梭的痛恨之情是溢于言表的。

其次,卢梭指出这种不顾天性的封建教育,不但在布置教育内容上绝不考虑儿童的特征,而且在安排教育进度上也一味贪图迅捷,超越了儿童身心能力的负担范围。卢梭说:"一般为父为师者,希望他们的儿童不是儿童,而是文人学者,因而唯恐其责骂、矫正、指斥、威胁、贿赂、教导、启发等事,施行过迟。"⑥他们的表面理由是爱惜时光,以求经济的效果;实际上,这同样是折磨无辜的儿童。卢梭说:"在你承担自然所安排的工作之前,你应当给天性以活动的时间,而不去妨碍它、干扰它。你说你晓得时间可贵,恐其浪费,你却不知误用时间比之虚掷时间,浪费还要大些。而且儿童受了不良教育,比之未受教育,距离道德还要远些……一个人若是拒绝睡眠,以图免除一部分生命的浪费,你对此人做何感想呢?你必说:'他疯狂了,他不是享受他的生命,而是戕害他一部分的生命。他之不去睡眠,是自图速亡。'请你牢记,这两种情

---

① ② ③ ④ ⑤ ⑥ Rousseau. *Emile or Education*. Everyman's Library, London: J. M. Dent & Sons Ltd., 1933, p. 54, p. 133, p. 72, p. 58, p. 57, p. 58.

形正好相同,儿童时期的理性也正在睡眠哩。"①因此,他反复规劝家长和教师道:"你应当把延宕了的时间,视为获得了极多的时间;如此你已是收获丰盈,已经达到了最大的成就而一无所失。应当一任儿童自行发育成熟,勿事揠苗助长。要而言之,假如他们的需要延迟到明天供应尚不为晚,你千万别在今天就供应了他们。"②"我可以在此陈述教育上最伟大、最重要、最有用的原则吗?那就是切莫节省时间,而要多用时间。"③"我还要再说一些话,这些话是含有一种重要的道理的。那就是我们愈是不急求获得什么,往往愈能迅速而稳妥地得到什么。"④"农业上最好的原则之一,就是尽量听任作物自然生长。同样,你的教育进程也要缓慢而确实,不要使青年一旦之间即刻变为成人。"⑤

卢梭由于要纠正当时摧残天性的教育,热情呼吁教育要针对儿童的现实,要适应儿童的发育,切忌把不适合儿童水平的老一套强迫儿童接受,为成人而牺牲儿童,为将来而牺牲当前。他说:"为了不定的将来而牺牲现在,为了给儿童准备他也许永不能享受的若干年后的幸福,而把种种约束加在他的身上,开始就使他感受苦恼,我们对于这种残酷的教育做何感想呢?就目的来讲,我可以认为那种教育是合理的,而那些可怜虫受着难以忍耐的奴役,像被判终身做苦工的船工一般地忍受无限的苦役,而且虽受这种苦楚而将来也不见得有益,这怎能使我见了而不愤激呢?天真快乐的童年消磨在哭泣、惩戒、恫吓与奴隶的生活之中,你为了他的幸福而折磨这可怜虫,你却没有注意你是要死神从阴森的环境中将他拖走。"⑥卢梭指出:"儿童身心的缺陷都可以追溯到相同的原因,这种原因便是儿童在未长成时,我们竟然想使他成为成人呀。"⑦

卢梭要坚决地解决这一悲剧。他大声呼吁道:"一生中的每一年龄,每一阶段,都有它的完美实现的标准,有它的成熟的境界。我们时常听到'一个成熟的成人',但是我们也要注意'一个成熟的儿童'。这将是一个崭新的经验,而且是不无乐趣的哩。"⑧这个"成熟的儿童",确是耐人寻味的概念,也是卢梭急切追求的现实。他臆想中的爱弥儿的学习,正可作为范例。"爱弥儿学识的进步正和他能力的发展成正比,他的身心的负担都未曾超出他能力胜任的限度。在他记忆各种事物之前,他能对这些事物加以理解,因之他从这种记忆中所抽象出的知识,是他自己所了解的知识;我们却因记忆力为未能消化的知识

---

①②③④⑤⑥⑦⑧ Rousseau. *Emile or Education*. Everyman's Library, London: J. M. Dent & Sons Ltd., 1933, p. 71, p. 58, p. 57, p. 81, p. 193, p. 42, p. 91, p. 122.

所累，便处于不能由记忆中找到自己真正理解的知识的危险之中了。"①毋庸置疑，爱弥儿是远远胜过封建教育下的受难者的。

(二) 天性的发展与教育

卢梭为着使教育适应儿童青年的天性发展，曾根据儿童青年的发育把未成年期划分为四个阶段。他逐一指出各阶段身心特征，并且根据特征而安排了教育重点。

1. 婴孩期

卢梭认为人由初生到2岁是婴孩期。他说："婴孩和儿童不是同义语。前者包括在后者之中，意思是指不会说话的人。"②就是说，能否说话是婴孩和儿童的分界线。婴孩期的特征是软弱无能，事事求助于人。卢梭说："人生的第一时期，就是缺乏和软弱时期。他最初的呼声便是哭叫和落泪。他感觉到各种需要，但不能满足这些需要，只有用哭喊来请求别人帮助他。"③人们或以婴孩时期的软弱无能为忧。卢梭却认为，就因为软弱无能，婴孩才有教育、发展的可能。"假如一个人生下来就既高且壮，那么在他学会应用他的体魄和气力之前，他的高身大力对他一定没有好处，甚至因为这种强大的身子和气力阻挠别人的帮助，反而对他有害；假如任其自然发展，在他认识他的需要以前，他一定早就饿死了。我们悲叹婴孩的软弱无能，却没想到人若不从婴孩开始，人类早就灭亡了。"④再则，婴孩因为身体柔韧，善于活动，最能接受锻炼。卢梭说："婴孩能接受成人所不能接受的改变。他的肌肉是柔韧的，你无论叫他如何转动，都不费力；成人的肌肉比较僵硬，所以非遇强暴的外力是不能改变它固有的动转方式的。所以我们能使儿童强壮，而不致危及他的生命和健康；纵然稍有危险，也是不足介意的。"⑤还有，婴孩期还是感觉刚在发达而理性尚未萌芽的时期。卢梭说："他既无感情，又无思考，他仅能感觉而已，他不曾意识到自己的生存。"⑥由上种种特征，卢梭便认为婴孩时期的教育应以身体的养护和锻炼为主，应通过合理的饮食、衣着、睡眠和游戏，养成健康的体魄，为儿童树立一生幸福的基础。卢梭说："不管人们的艺术有怎样大的作用，身体的发育永远是走在心灵的发育之前的。"⑦所以通过养护和锻炼以发育婴孩的体魄，正是为他将来发展理性准备条件了。

---

①②③④⑤⑥⑦ Rousseau. *Emile or Education*. Everyman's Library, London: J. M. Dent & Sons Ltd., 1933, p. 169, p. 41, p. 32, p. 6, p. 15, p. 40, p. 279.

2. 儿童期

卢梭认为人生由婴孩期到12岁为儿童期。这时身体活动能力和语言能力都发达了，感觉能力也开始发达了，但是理性还未发达。卢梭说："请牢记，儿童期是理性睡眠时期。"① 他描绘儿童期的心理特征道："在理性发达的年龄以前，儿童所接受的只是感觉印象，不是观念。感觉印象和观念不同，前者只是外界事物的写照，后者是根据事物彼此关系所确定的意义。当一个印象被引起时，它可以在心中单独存在，但每个观念必包括其他观念。当人产生感觉印象时，只运用观察而已；当人们进行推理时，却运用比较了。"② 这就是说：儿童是没有观念而仅有感觉印象的。卢梭继而指出儿童由于没有观念，便不能有真正的判断和记忆。他说："我以为儿童不能判断，因而也没有真正的记忆。他们记住了事物的声音、形状和感觉，但是很少具有观念，更难懂得事物彼此的关系……他们的知识全属于感觉领域，并未进入理解的范围。"③ 卢梭还说："人的最初的自然冲动，就是在他的环境中衡量自己，在他所见到的事物中，去发现和他有关系的感觉性质，所以他最初的功课就是那种关于自我生存的实验物理学……当他那精美而柔韧的四肢能以适应它们所欲接触的物体时，当他感觉敏锐尚未为幻想所干扰时，这正是用正当的工作操练他那肢体和感官的时期。这也是学习观察在自我和事物之间的关系的时期。"④ 因此，现在显然不是进行理性教育的时期，感觉教育才是这一阶段的主要教育内容。此外，卢梭认为这一阶段仍应继续培养受教育者的健康身体。

3. 青年期

卢梭认为人生13—15岁时，属于青年期。它是人类一生中能力最强的时期。卢梭说："在十二三岁时，儿童能力增长之速远远超过他的需要。"⑤ 他又说："我曾说过，个人能力超过需要的时期，若非绝对是他能力最强的时期，也是比较上能力最强的时期。这是他一生中最可珍贵的时期。"⑥ 接着，卢梭指出人在儿童期由于受过感官教育，他的感觉能力和感觉经验都已获得基础，因而这时期是理性发展的时期了。他说："我们领导儿童通过感觉领域而达到理性的边界了。"⑦ "最初儿童只有感觉，如今有了观念；从前他只能发生感情，现在他能思索了。"⑧ 还有，青年对于知识的好奇心在这阶段也开始了。"儿童

---

①②③④⑤⑥⑦⑧ Rousseau. *Emile or Education*. Everyman's Library, London: J. M. Dent & Sons Ltd., 1933, p. 71, p. 71, p. 72, p. 89, p. 128, p. 129, p. 122, p. 165.

在最初是不停活动的,以后却是好奇的了。儿童追求安适的内在欲求和在事实上不能获得圆满的满足,因而迫使他不断努力谋求新颖办法,来求顺利解决,这就是好奇心的基本原理,这种原理是符合于人心之自然的。"①人在青年时期已有理性发展的条件和要求,所以它是进行知识教育的时期。卢梭说:"这正是他工作、教学和探索研究的时期。请注意:这不是我任意择定的,它是天性本身替他决定的道路。"②

4. 青春期

卢梭把人生16—20岁称为青春期。这一阶段的特征有二。首先,它是情窦初开的时期。卢梭形容道:"正像先有海波的咆哮,然后暴风雨随之而来,青年的正在生长的情欲的声息,也便宣告这狂暴变化的到来。他那性情的改变,时常的发怒生气,心情不断的动荡,几乎使他成为无法管理的人。他对于素常所服从的语言充耳不闻,他成了一头狂热而且凶猛的狮子。他对监护人不复信任而且不服管教了。"③他又说:"人有两次生,一是出现于世界的诞生,一是参加生活的诞生。换言之,前者是做人的诞生,后者是做男人的诞生。"④这个做男人或做女人的时期,即是发情期。其次,青春期是人们开始意识到社会关系的时期。卢梭道:"你在锻炼了他的身体和感觉以后,你也曾锻炼他的心智和判断了。最后我们也曾把他的四肢和心智的应用,联合为一了。我们已经使他成为一个工人和思想家了;现在我们必须使他能爱能仁,必须使他借助于感情而使理性发育完成。"⑤他又说:"人的正当的研究是他和环境的关系。当他只能由物理的性质来明了他的环境时,他应当就他和事物的关系来研究自己;这是儿童期应做的事。当他开始明了道德的性质时,他应当就他和别人的关系来研究自己,这是他终身应做的事。如今我们已到这种研究应当开始的时候了。"⑥卢梭由于青春期的两种特征,因而主张本期教育应以道德教育和宗教教育为主。爱弥儿完成了青春期的教育,便和苏菲结婚。他的教育被假定以青春期为结束期。

卢梭划分的以上四个时期,包括了婴孩、儿童、少青、青年身心发育的全部过程,也是他所设想的人的天性发展的一般顺序。率性发展的教育要依据这个程序而实施,因而体育、感觉教育、知识教育和道德教育,便是这种尊重天

---

①②③④⑤⑥ Rousseau. *Emile or Education*. Everyman's Library, London: J. M. Dent & Sons Ltd., 1933, p. 130, p. 129, p. 172, p. 172, p. 165, p. 175.

性的教育的重要内容。

（三）儿童的个性与教育

卢梭在阐述儿童发展的不同阶段时，还阐述了儿童之间具有个别差异，教育不但要适应一般儿童身心发育的阶段，还需适应所有儿童的个性。他说，不同儿童具有不同的心理倾向："在我们选择最适当的道德训练以前，必须对于个别儿童的心理倾向彻底地加以了解。每个儿童都有他的特性，教导儿童是必须按照他的个性进行的；教师费尽心血而取得成功，就主要取决于按照这种方法而非其他方法去进行教导。聪明的人呀！对儿童的天性要勤于观察，必须把儿童天性观察透彻，然后再进行解说。先让儿童的个性自由地展露出来，切不可加以任何抑制，以便对于儿童的真实情况，获得比较清楚的理解。"①

卢梭对于儿童天赋的不同，曾有极为精密的观察。他说："很有一些特殊类型的儿童，他们具有的优良禀赋，远远超过相同年龄的其他儿童。正像有些人的心智极难超过婴孩期，在一生之中总是极为幼稚；而另一类儿童却绝对颖慧，差不多在出生之后就和成人一般。后一类儿童为数极少，也很难从众多儿童中辨认出来。"②与此同时，卢梭又指出，有些孩子貌似愚钝，被人误认为痴呆，不给以适当的教育，以致成为牺牲品。卢梭说："世界上最困难的是在真正愚蠢儿童和天资颖异而貌似愚钝的儿童之间进行辨认。仅从表面观察，这两种极端不同的儿童极为相似，而且事实上彼此在外表上也该相似。因为在幼儿时期，他们都没有真正的思想，只是愚笨儿童一味接受虚假的观念，而聪明的儿童看出所遇到的都是虚假的观念，因而不接受它们。因此，他们似乎是一样愚笨，实际上，前一个儿童并不理解任何观念，而聪颖的儿童却认为没有什么观念值得学习。现今分辨天才儿童和愚笨儿童的唯一机会，都是得自偶然。就是说在某些偶然的时机，才看出聪明儿童对于所教的知识是能够理解的，而愚笨的儿童并不理解。"③就因为缺乏对于智愚儿童的充分理解，常造成教育上的悲剧。

卢梭从历史事实举例道：古罗马时代，元老院中竭力反对凯撒独裁政治的有眼光的政治家小卡托（Cato，公元前95—前46），在童年时期性情执拗，不喜言谈，被人看成蠢货。只有他叔父看清了他的才华，因为小卡托在谈论凯撒

---

① ② ③ Rousseau. *Emile or Education*. Everyman's Library, London：J. M. Dent & Sons Ltd.，1933，p. 58，p. 69，p. 70.

时极为愤慨,要坚决打倒凯撒。后来凯撒因暴政而大失人心,果然证明了小卡托的远见。卢梭因而说:"轻率地给孩子下判断的人,是易犯错误的!他们常常比孩子本身更为幼稚。"①卢梭更从他本身经验举例道:法国哲学家孔狄亚克是卢梭的好友,卢梭并以他们二人间的笃厚友谊而引为光荣。正是孔狄亚克这个最出色的思想家和最渊博的哲学家,在他年龄已相当大的时期,还被众多亲友误认为天资愚笨、脑筋简单的人。卢梭由此得出结论:"要尊重儿童,切勿急于去做或好或坏的评判。要让特殊的儿童反复而多次地显露他们,在他们的天资经过测验和确实证明之后,再对他们采取特殊的教导方法。"②

当然,针对儿童不同的发育阶段而进行教育是不易的,在根据不同发育阶段而进行教育的基础上,再根据众多儿童的个别差异而进行适应个性的教育,就难上加难了。所以卢梭语重心长地讲:"表面看来,教导孩子学习好像是容易的事体。这种误解正是摧毁孩子的原因。你们不知道,这种外貌上的容易,恰是孩子们没有进行学习的证明。他们的光滑的头脑可以像一面镜子似的把你给他们看的东西都反映出来,但没有留下印象。他们记住了你所说的话,却把要他们理解的观念抛掉了,听他们说话的人虽然能明白他们那些话的意思,这些话所代表的意思,恰恰是儿童自己所不懂的。"③看!这种浮光掠影、华而不实的教育是多么不着儿童的边际!又是如何和儿童的心智发育、人格成长南辕北辙!卢梭还饶有风趣地说:"儿童常常敏于探索教师的心思,胜过教师探索儿童的心情。"④原因是:一个自由自在的孩子,必须用他的机智保卫他的生存,要把他所有的机智用来摆脱暴君的锁链,来充分享受他天赋的自由;相反,窥探孩子的内心世界是很费头脑的细致深入工作,教师却没有任何切身利益促使他这样做,有时候他们还觉得让孩子偷懒或瞎闹一阵,反而对自己有好处。这又怎能取得理想的教育效果呢?

卢梭心目中的理想教师,应该理解不同时期的儿童心理和各个儿童的个别心理。他对于准备从事教育工作的人说:"我有理由假定你已经具备从事你所选择的职业的必要知识,就是说你了解人类心智发育的通常进程,你知道怎样研究人类和个别的人,你能预见你把适合于你那学生的年龄的有趣事物展现在他的眼前时,他将产生什么效果。这样,你既有了工具,又掌握使用工具的艺

---

① ② ③ ④ Rousseau. *Emile or Education*. Everyman's Library, London: J. M. Dent & Sons Ltd., 1933, p. 70, p. 71, p. 71, p. 84.

术,岂不就能精通业务了吗?"①

(四)两性差别和教育

卢梭不但观察儿童因发育阶段不同而身心特征不同,不但认清儿童彼此之间身心特性不同,而且指明男女之间也有身心方面的显著差异。卢梭说:"若是没有两性的差异,一个女人就是一个男人。她和男子具有同样的器官,同样的需要,同样的心理机能。男女的身体机器是相同的,它们的部件作用和外表也是相同的。你将观察出男女之间所有的差异仅在于程度而已。"②"不过,就和性别有关的事物观察,男女却迥然不同。这种不同可被比较解剖学家,甚至可被一般肤浅的观察者所察见。"③"这种相同和不同之点,必然对于道德品质的形成具有影响。"④就是说,男女两性的天赋不同,对于促进男女青年的身心成长和塑造他们的精神面貌,能够产生巨大的作用。卢梭曾就男女的异同之点,做了不少比较和分析,说:"一个纯粹的男子和一个纯粹的女子之间,在心灵方面的不相同并不少于在容貌方面的差别。"⑤简单说,就是男强女弱、男刚女柔、男智女慧。

男女的不同禀赋,在卢梭看来,是必须视为当然而不容违抗的:"你们一定要遵照自然的指导,假如你们想走正确的道路。男女两性的天然不同是自然所决定,是必要遵从的。"⑥从古至今,一切逆反天性的行为,都会产生奇形怪状、丑陋不堪而矫揉造作的后果。以柏拉图为例。卢梭说:"我确实知道,柏拉图在所著《理想国》中,让男女到同样的学校之中受教育。他把家庭取消,而政府中并无女子地位,就只好把妇女改造成为男人。这位伟大的天才……却没有成功地满足现实的需要。"⑦当时的法国也干类似的蠢事。卢梭恳切呼吁:"假如你是贤明的母亲,你就要接受我的忠告。你切莫违抗自然而硬把女儿造成为良好的儿子。你应把她培养成为良好的妇女。而且你该确信,这样做法对女儿本人和对于我们,都是比较妥善的。"⑧他又说:"男女两性所同有的心力,并非彼此一成。就大体而言,他们正好分为两类。女人做女人,比之女人做男人,具有更多的价值。当她把自己的权利善为利用时,她便是最有本领的人;当她企图篡夺男子的权利时,她便不如我们了。"⑨

---

①②③④⑤⑥⑦⑧⑨ Rousseau. *Emile or Education*. Everyman's Library, London: J. M. Dent & Sons Ltd., 1933, p. 85, p. 321, p. 321, p. 321, p. 322, p. 326, p. 326, p. 327, p. 327.

这条自然原则被应用在教育上，就成为："当我们一旦证明男女在体能上和性格上应当不同，我们随后便可知道：她们的教育也该不同。"①卢梭说："当我观察了妇女的特殊的意愿，当我观察了妇女的爱好并且审视了她的责任之后，便可明白她所需要的教育是什么。"②所以教师不但要适应不同年龄阶段儿童的身心特征，要适应不同儿童的个别差异，而且要更进一步适应男女之间的天性差别。卢梭为爱弥儿设想的教育，就是适应男儿身心特征的男子教育的样板。他在《爱弥儿》一书第九章中为苏菲设想的教育，就是适应女儿身心特征的女子教育的范例。

（五）结语

卢梭呼吁教育适应年龄特征，是对于封建教育的有力纠正，也是极为科学的理论。这在今日仍然是不容动摇的。在200多年前就对天性有如此周密的观察和详细的论断，更是人类思想史和教育史中的第一次。德国哲学家康德就曾将卢梭对于天性的发现，比之为牛顿在物理学界对于万有引力的发现。他说在牛顿以前，人们对于宇宙的多样变化只有混乱的认识；在牛顿发现变化的规律以后，行星就循着几何轨道运行了。与此相同，卢梭也把人性的本质和它隐含的规律揭示出来了。很清楚，康德对于卢梭的天性哲学是给了高度评价的。无奈，卢梭的时代是生理学尚未发达而心理学尚未建立的时代，他缺乏足够的科学根据使这一课题获得全然正确的判断和结论。他就未成年期划分的四个阶段和安排的教育任务，是失之于刻板和机械的。无论体格锻炼、感觉训练、知识教育和道德教育，绝不能过度集中地放在某一阶段实施，而须适当地分配在每一发育阶段进行。卢梭把6—12岁的漫长岁月当作训练感觉时期；又说爱弥儿到12岁开始受知识教育，在12岁前虽不知左右手之分也无妨；还说培养道德思想感情须到15岁以后……这些都有明显的错误。因为培养浅易的知识和初步的道德思想，在幼小的年龄也是不可忽视的；至于感觉训练和知识教育的不可分性，知识教育和道德教育的不可分性，更是不该漠视的。卢梭还说，青春期以前是人通过物理关系而认识世界的阶段，必须到青春期才能通过社会关系而理解事物和开始道德教育。这样的截然划分也是对人类精神成长的形而上学的误解。因为儿童从幼年起，总是凭借物理的和社会的途径接触外物，从而认识事物的，绝非在儿童期仅仅孤立地依靠物理关系一条通路，只是幼年儿童较

---

① ② Rousseau. *Emile or Education*. Everyman's Library, London：J. M. Dent & Sons Ltd., 1933, p. 326, p. 327.

多地理解物理关系而较少地理解人我关系而已。物理关系和社会关系交织在人类生活中,同样交织在儿童的认识过程中。卢梭过分强调各发育阶段的心理特征而把连续发展的身心性能割裂开来,是不符合实际的。从卢梭的心理学发展为科学心理学,历经百年之久,可见人类文化财富的积累并非一蹴而就的。

卢梭号召教育和教学适应个别差异和两性差异,同样是正确的。因为众多受教育者千差万别,并非浑然一体,绝不该不加区别地一刀切。不过,卢梭认为在身心双方都男优于女,完全是错误的假定。

因此,我们继承卢梭的教育要适应人的天性的原则,却不能同意他贯彻这一原则的具体方案。即是说,我们对教育的遗产必须批判地继承。

五、卢梭论身体的保育和锻炼

卢梭想象的自然人是身心调和发达的人,是有运动家身手的人,所以身体的养护和锻炼被视为儿童教育最基本的组成部分。

中世纪的欧洲,基督教神学家把身体当作灵魂的囚牢,认为在身体和灵魂之间存在着绝对的矛盾,人们唯有毁身绝欲,才能脱离尘俗的诱惑,才能维持精神的纯洁,才能诚笃地信仰上帝,才能邀得神的怜悯和永享天堂的幸福。这种违反人类天性的观点,使人生坠入槁木死灰和阴森悲惨的境界。文艺复兴以后,一些反映资产阶级要求的人文主义教育家,呼吁身体健康的重要性,原是具有绝大的历史意义的;但是积重难返的人心,并未能从禁欲生活中彻底解放出来,轻视身体价值的思想仍在继续作祟。在另一方面,骄奢淫逸的贵族阶级养成了怠惰侈靡的风尚,王孙公子由于娇生惯养而身心日趋衰败。显然,在18世纪的法国,儿童的养护和锻炼确是一个亟待解决的问题。卢梭既要和基督教的禁欲的传统做斗争,又要和封建贵族的腐朽堕落的风习做斗争,他都是很果敢的。

卢梭对于当时轻视身体健康的流俗主张给予无情的驳斥。首先,他认为唯有健康的体魄才能使人忍耐疾苦,勤于工作,获得幸福和延长寿命。他反复说:"体质愈衰弱,欲求愈迫切;而体质愈强壮,便越能忍耐。一切肉体的情欲都产生于体质软弱的人,他们愈不能得到满足,他们的痛苦也愈强烈。"[1]

---

[1] Rousseau. *Emile or Education*. Everyman's Library, London: J. M. Dent & Sons Ltd., 1933, p. 21.

"几乎所有的长寿者,都是出于从事多量体格锻炼而能忍受疲劳和工作的人。"①其次,卢梭认为健康的身体是理性发达的基础。他强调:"身体要相当的健康,以便听从心灵的支配,正好似好的仆役必须是健康的。"②"以为身体的活动会妨碍心灵的活动,那是一个绝大的错误。仿佛二者不能联合并进,也仿佛心智活动不愿意去作行为的指导一般。"③所以,"假如你要培养儿童的智力,你应当培养那智力所要控制的体力。为了使儿童良好而慧敏,你要给他的身体以不断的锻炼,使他的身体强壮而健康;你要让他工作,让他做事,让他奔跑和喊叫,让他永远活动;使他成为有体力的人,他不久就成为有理性的人了"④。再次,好的身体是优良品德的基础。卢梭说:"霍布斯称邪恶之徒是健壮的儿童,是不符合事实的。一切邪恶皆由体弱而生。儿童因为体弱才令人厌恶,设法使他健壮,他就变好了。因为假如我们什么事都能做,我们一定不做坏事。"⑤由上种种,卢梭便把保育和锻炼当作教育的主要内容。

(一)儿童的保育

1. 健康的环境

卢梭指斥城市生活是有害于自然人的发展的。他说人们不能像蚂蚁似地拥挤在蚁穴之中,因为人口过于集中是疾病和罪恶的根源。他曾恳切地说:"人们被城市吞蚀了。若干年后,种族就要灭绝和退化了,种族是需要更生的,这种更生永远是由乡村获得的。"⑥卢梭对于朴素健康的乡村环境极为称道,因为那是自然的环境,也就是宜于自然人发育和锻炼的环境。所以他主张:"把儿童送到乡村去使他们获得新生吧。就是说,把他们送到空旷的田野之中,使他们在人口密集的城市的恶浊空气中所失掉的力量,获得再生吧。"⑦

卢梭说妇女通常急忙地赶进城市去生产子女,这是不合理的;恰恰相反,城市妇女倒是应当到乡村去生育子女。在这种情况下,"她们的损失并不像所想那样厉害,而且在这较为自然的环境中,由于自然和母亲的责任所构成的愉快,不久便将胜过其他的愉快了"⑧。婴孩的生产既宜于乡村,他们生长更应该在乡村。卢梭说:"我不同意把妇女从乡村接到城市并封闭在房屋中哺育儿童。我宁愿把儿童送到乡村去呼吸新鲜空气,而不叫他呼吸城市的恶浊空

---

①②③④⑤⑥⑦⑧ Rousseau. *Emile or Education*. Everyman's Library, London: J. M. Dent & Sons Ltd., 1933, p. 23, p. 21, p. 82, p. 82, p. 33, p. 26, p. 26, p. 26.

气。儿童将被送到新母亲（指乳母）的处所，住居新母亲的茅舍之中。"①卢梭还以爱弥儿为例说："绝不应把他囚禁在空气不流通的房屋中，每天要把他带到户外草地上，任他跑，任他挣扎和跌倒，这样做的次数愈多愈好。"②卢梭曾多次建议儿童爬山游水，在大自然的怀抱中接受锻炼，远远地避开城市。

2. 朴素的饮食

卢梭以为儿童对于食物有着自然选择的能力。他说："无疑地，人在自然的情势之下，能够知道最适口的食物就是最有益的食物。"③儿童自然所喜爱的食物是什么？卢梭说："最合于自然的口味的应当是最简单的食物。"④譬如："我们最初的食物是乳，其后渐渐地才惯于吃浓重的口味，我们原来并不喜好浓重口味的。水果、蔬菜、香料以及淡炒肉，便是原始民族的筵席……你们应当尽量把儿童原始的口味保持下去，他的食品应当简单而平淡，不要叫那浓重的口味沾到他的喉头。"⑤

卢梭因为主张保持儿童的自然口味，食物要求平淡，所以提倡素食。就婴孩时期而言，为了保持优良的乳质，乳母应当素食。"乡村妇女较之城市妇女食肉较少而食蔬菜较多，这种蔬菜食品似乎比较其他食品更有益于乳母和她哺育的婴儿。"⑥贵族之家的乳母多吃肉食，认为这样可使乳汁营养丰富并增加乳量。实际上，肉类是腐败动物的尸体，是病菌的滋生地，所以食肉乳母哺养的儿童容易发生肠疝痛和寄生虫。说到年纪较长儿童的食肉，那就不但不是自然的口味，而且有害于道德品质。卢梭说："儿童不注意肉食，就是肉食不合于自然需要的明证。儿童喜食的是蔬菜类的食物，如乳汁、发酵食物以及水果等。你在使儿童由自然口味变成为肉食者时，假如不是为了儿童健康，那么为了儿童品格的缘故，必须特别当心。试想谁能否认过分喜欢肉食者常是较为凶残呢？这是普遍的事实。所有野蛮人都是残忍的，那并不是由于风俗所造成，而是他们食品造成的结果。他们从事战争好似在从事狩猎，他们对待人好似在对待野熊。的确，在英国是不许厨师到法庭做证人的，外科医生也是如此。大罪犯准备杀人之前总是要饮血的。荷马把食肉的塞可路坡人描绘成为可怕的人，而对于食莲的人们却描写得如此可爱，以至那些在他们国内经商的人，简直是乐而忘返了。"⑦卢梭把食肉当作野蛮凶残的原因是不正确的，但是他的立

---

①②③④⑤⑥⑦ Rousseau. *Emile or Education*. Everyman's Library, London: J. M. Dent & Sons Ltd., 1933, p. 26, p. 42, p. 115, p. 115, p. 116, p. 20, p. 118.

意是在说明多量的肉食不宜于儿童，倒是应当注意的。

卢梭还主张养成儿童嗜食任何食物的适应能力。有人说，儿童应当惯于吃成人应吃的食物。卢梭驳斥说："在我看来，那些人是错误的。儿童和成人生活方式如此不同，怎能吃同样的食物呢？成人由于做工、焦灼和痛苦，消耗体力太甚，要吃有滋味的食物以求恢复脑力；儿童终日游戏，精神欢快，体力生长不已，须吃能供给丰富营养的食物。再则，成人已有固定的职业和家庭，他的口味固定了还不打紧，谁敢说儿童将来的命运如何？我们切勿使儿童在任何方面有了固定的倾向，以致将来遇有必要时，非经困难不能变更。不要使他长大后，假如不携带法国的厨师出国，他就要在外国饿死了；不要使他在将来说法国是唯一的食物适口的国家。"①怎样养成这种适应能力？回答是使儿童食用最简单平淡的食物。因为："这种简单的口味是较为容易改变的。"② 对于诱使这种自然口味离开正路的习俗和偏见，那当然是要防范的。

关于保持儿童的自然的饮食习惯，卢梭也有论述。他说："你不拘把什么东西给儿童吃，假如你要使他们惯于吃简单的饮食，你当让他们尽量地吃、跑和玩耍；你将确实知道由于如此办法，他们永不会吃得过多，不会消化不良。但是假如你总使他们挨饿，那么，一旦他们设法逃避了你的注意，他们就要尽量地利用机会了。他们将会一直吃得患了病，将会狼吞虎咽直到不能再吃为止。我们因为要对食欲加上各种规律，如同抑制、限制、控制、增减等，而不听其自然，食欲就过分强烈。我们食欲的标准永远操在我们的手中，而这种标准却是由于人们的偏见所造成，而非对于胃脏衡量的结果。我还要谈我那常举的事例说：农夫的食橱和果室，永远在敞开着，而他们的儿童和成人却不知道有消化不良的事。"③卢梭这种办法是否要流为放纵儿童的食欲呢？绝不。他说纵令不幸而产生偏差，那也容易校正。因为"儿童是这样容易被好玩的游戏所诱引，以至可以使他在贪求游戏中忍受饥饿而不自觉。教师又怎能不采用这种安全而便当的武器呢？"④。

卢梭还主张儿童养成冷饮的习惯。他说："爱弥儿口渴时，就让他饮水，而且叫他饮新鲜的自然水，甚至在深冬和他因沐浴而流汗时，也不等待这种自然水的冷气消失后再让他喝。我所注意的只是所给予他的是怎样的水。假如是

---

①②③④ Rousseau. *Emile or Education*. Everyman's Library, London: J. M. Dent & Sons Ltd., 1933, p. 116, p. 115, p. 120, p. 120.

河水，可叫他立即饮用；假如是泉水，须使水在空气中暴露一些时候然后再喝。在和暖的季节，河水是温暖的，但那未曾和空气接触过的泉水却不是温暖的，所以必须等候泉水的温度和空气的温度相同时再饮。在另一方面，冬季的泉水比较河水安全……我不想使爱弥儿在冬季从事炉边操练，我想使他在户外和冰雪中去操练。假如他由于制造雪球和投掷雪球而身体温暖，那么，他口渴时就让他饮水，饮后再继续游戏，那是不需要害怕产生不良效果的。而且，假使别种操练使他气喘汗流，那么，纵然在深冬，也应叫他在口渴时饮用冷水，只是要让他到较远的地方去饮用罢了。我想在这样寒冷的空气之中，步行较远的地方是能使冷气缓和的，因而冷饮是没有危险的。"①

3. 宽松的服装

首先，卢梭认为适应儿童自然发育，必要使他穿宽松的服装。他说："婴孩初生时，切勿用包裹紧紧地束缚他。不要给他戴帽子，不要给他用绑带，也不要用褓褟捆缚他，要用松软的法兰绒被包包裹他，以便他的四肢自由活动；被包不要太重，以免妨碍转动；不宜太暖，以致不能感受外面的空气。把他放在大的摇篮里，里面垫好，叫他在内中能够活动得很舒适、很安全。等他渐渐强大，可叫他在屋内爬行；叫他自己发育并伸展他那细弱的肢体；你将看到他的力量日增。若把他和同岁而被包裹得很好的儿童相比较，你对于他们发育速度差别之大，一定大为惊诧。"②

卢梭批评当时儿童的衣装道："法国式的衣装，成人穿着已感到不舒服、不卫生，对于儿童尤为不宜。那些血液循环受有障碍的板滞可笑的人，因为不做动作而身体衰弱，如其既不动作而又久坐，这种病患便将更迅速地严重起来。他们成为衰朽了，犯了坏血症了。"③所以他提倡："最好是要儿童尽量常穿僧服，然后再给他们穿宽松的衣服。衣服式样不要固定，常穿一种式样的衣服，也是有害于儿童身体的。"④

其次，儿童的衣装要朴素。卢梭讽刺当时不合理的纨绔习尚和纨绔教育说："要想明确指出教育是怎样为选择衣装所影响并怎样以穿着华服为目的，已是不可能了。不但眼光短浅的母亲以穿着华美的服装，奖励儿童；还有愚蠢的教师以穿着朴素粗陋的服装，作为惩戒儿童的手段。他们对儿童讲：假如你

---

① ② ③ ④　Rousseau. *Emile or Education*. Everyman's Library, London：J. M. Dent & Sons Ltd.，1933，p. 93，p. 27，p. 91，p. 91.

们在功课上无进步,假如你们不注意自己的服装,便将被装束成为小小的农村儿童。这无异对他们说:衣装是人的决定者了。"①卢梭很感慨地说:"假如我必须使一个天性已被摧毁的儿童觉悟起来,我必要当心他那最华丽的服装是最不舒适的服装,使他永远受束缚、受压抑,怎样都感困难,他的自由和愉快都在他的华丽之前早已消逝了。假如他去加入到服装朴素的儿童群中做游戏,别的儿童便会停止游戏而远远地跑开了。不久,我便发现这个成为华丽服装的奴隶的儿童如此厌恶而愁烦自己的服装,以致把它视同生命的疫病,而且使他看那漆黑的暗牢也不会比华丽的服装更加可怕。儿童未被偏见所奴役之前,他最初的愿望就是自由和舒适,最平凡舒适而又使他最自如的服装,永远是他最喜爱的。"②

再次,儿童不当穿着太多,以养成适应天气变化的能力。卢梭说:"儿童穿衣常患过多,婴孩尤甚。其实他们应当习惯于寒冷的天气,不宜习惯于温热的气候。儿童如果及早就惯于暴露在寒冷的空气中,寒冷是不会对他有害的。但是,他们的皮肤过于松软脆弱和容易出汗,所以若受过度的温暖,便不免消耗体力太多。试看,儿童死亡率即以八月为最高。我们若把南北民族加以比较,那就似乎可以确知:我们因为忍受极端的寒冷,而不受过度的温暖,便逐渐强壮起来了。"③他又说:"有些身体的习惯适于动的生活,又有些身体的习惯适于静的生活。后一种习惯常常给那种可笑的人以一种固定不变的活动方式,他们的身体必要好好保护,以免受到气候变化的影响;前一种习惯因为要适应那种不停运动和寒暑无定的生活,这种人的身体便要习惯于适应这种变化。所以静处室内的人必须衣服温暖,无论遇到怎样天气和季节,都要尽量使身体保持同样温度。至于时常出没于烈日风雨之中,多受锻炼,大部分时间从事户外工作的人,衣服就要单薄,以便惯于适应天气的变化,适应各种温度而不感觉不便。我必须忠告这两种人,永远不要随着季候转变而更换衣服,这是爱弥儿固定不移的习惯。这不是说他要夏穿冬衣,和一般惯于静居的人一样;而是说他应当和苦工一般,冬穿夏服。"④

此外,卢梭还呼吁不给儿童裹头、戴帽和穿袜、穿鞋,因为这会帮助他们正常发育和养成抵抗能力。爱弥儿就是终年不戴帽和不包头的。卢梭还主张儿

---

①②③④ Rousseau. *Emile or Education*. Everyman's Library, London: J. M. Dent & Sons Ltd., 1933, p. 91, p. 91, p. 92, p. 92.

童应过赤足的生活和做赤足的活动。他说:"我的学生为何永远被迫来穿牛皮鞋呢?假如在必要时用自己的皮肤作为鞋底,又有什么害处呢?当然,细嫩的皮肤是不能产生这种作用的,而且常会发生伤害的。但在深冬的午夜因敌人侵扰而急忙起床的日内瓦人,他们所要的是手执武器而非穿鞋。假如市民不能赤足行路,谁能保证城市不沦陷敌手呢?"①所以"让爱弥儿终年赤足奔跑,赤足上下楼梯,赤足在花园之中吧。我不但不责备他,我反而要向他学习;我只是小心地把路上的碎玻璃移开而已"②。

4. 充足的睡眠

卢梭认为,对于儿童的睡眠要施以适当的训练。

首先,儿童睡眠的时间要能随环境需要而改变。他说:"因为儿童从事激烈的活动,他们必须多量的睡眠。睡眠可以补偿活动的消耗,这就表明了两者都不可缺。夜间便是被自然所规定的休息时间。日落之后,睡眠较静;当日光把空气晒暖时,我们的感觉便不得安宁了。所以日出而起,日没而眠,是最卫生的方法。但是如今城市生活是如此纷杂,如此违反自然,如此需随时机而变异,而人过分地习于规律,以致一遇变更便觉不便。儿童应服从规律,但是我们有一条主要的规律也必须服从,那就是遇必要时,要能打破已养成的规律。最初应当使他受自然规律的支配,不要妨碍他;但是你也莫要忘记,在我们的环境之中,他必须超越于这种自然律之上,他必须能够睡眠迟而起身早,忽而被人唤醒或彻夜挺坐而不生病。"③卢梭又举例说:"我有时把爱弥儿由睡眠中唤醒,这不是要防止他睡眠过多,主要是使他能够习惯于做任何事,甚至惯于猛然觉醒。还有,我如果使他不经呼唤便不能自行觉醒而起床,我便是不适于我的职责了。"④他又说:"我知道一个健康的儿童,几乎可以随时要他入睡便入睡,要他觉醒就觉醒。"⑤但是要给儿童以如何的训练,才能收到这种效果呢?卢梭说:"把儿童放置床上,保姆厌恶他喧吵,因而才对他说'睡觉吧'。这无异于儿童生病时对他说'快快痊愈吧'。最好的方法是叫他自己感觉疲倦。儿童说话太多,自然就住口了,不久也就入睡了。在这里向儿童说教至少也是有益的,你可以一面说教,一面摇他的摇篮。"⑥他又说:"假如他醒得太早,我便使他有一个麻烦的早晨,因之他会将他睡眠的时间当作自己的享受了。假

---

① ② ③ ④ ⑤ ⑥ Rousseau. *Emile or Education*. Everyman's Library, London: J. M. Dent & Sons Ltd., 1933, p. 104, p. 104, p. 94, p. 95, p. 94, p. 94.

如他睡眠太迟，我将每当他睡醒时，给他以可爱的玩具。假如我要他在某一特定的时间觉醒，我将对他说'明晨六时，我将去钓鱼'，或说：'我将到某处散步，你愿意同去吗？'他同意了，并且请我明晨唤他。我将看当时情形而允许他或不应允他的要求。假如他醒得太迟，将会发现我已外出，而且假如他不迅速练习由睡眠中自行觉醒，将来还要耽误事情的。"①

其次，儿童的床褥不可过于温暖和舒适。卢梭说："常言道，一个人若是在禽羽或鸭绒被中睡眠，他的身子便在松软的床上融化和松弛了。当被盖得太暖时，性欲也容易燃烧起来。石淋和别种疾病常是因此而引起。而且这种办法不免养成娇嫩的身体，而娇嫩的身体便是各种疾病的产地。"②他又说："最好的床是让我们能熟睡的床。爱弥儿和我将在白昼之中，为我们准备下这种好床。这种床不须要波斯奴隶来为我们制造，当我们用力掘土时，便是替自己铺好床垫了。"③他还说："儿童应该惯于在不舒适的床上睡眠，这是一种最好的办法，使他以后不再觉得任何床是不舒适的了。一般来说，我们一旦惯于一种困难的生活，便是增加了愉快的经验；而那极安适的生活，却为我们准备着无穷苦恼的经验。那些过于娇生惯养的人们，只能在禽羽上睡眠，而习于在光板上睡眠的人们，却随处可以找到那禽羽了。因为对于能够立即入睡的人们，绝对没有不舒适的硬床的。"④

（二）儿童的锻炼

卢梭从多方面肯定儿童身体锻炼的重要价值。首先，自然是不能保证儿童免除灾患的，因而儿童应当在锻炼中养成抵抗灾患的本领。卢梭说："你须注意观察自然，遵从自然进展的过程。自然在使儿童活动，它以各种困难锻炼儿童，因而很早地把痛苦和忧愁的意义告诉了儿童。他们因生齿而发热，因患疝痛而痉挛，咳嗽的暴发使他们难以呼吸，肠内的蠕虫使他们备尝疾苦，腐败的液体破坏他们的血液，病菌在血液中发酵而产生危险的麻疹。疾病和危险要占儿童生活的主要部分。"⑤可见儿童自幼就应和灾难抵抗，自幼即应受锻炼。其次，儿童是爱好活动的，他们因自由玩耍而感到绝大愉快，虽受疾苦而甘心情愿，所以合理锻炼是儿童乐于接受的。卢梭举例说："我看到幼小的孩童在雪中游戏，因寒冻而体僵面紫，以致手指难以屈伸。他们本可如愿地走开去取暖

---

① ② ③ ④ ⑤ Rousseau. *Emile or Education*. Everyman's Library, London: J. M. Dent & Sons Ltd., 1933, p. 95, p. 94, p. 94, p. 94, p. 14.

的，但是他们并不如此。假若硬叫他们走进房屋，他们将认为这种制止是比较酷寒还难忍百倍哩。"①

由上可知，不管从将来生活的需要看或从儿童当前爱好看，儿童都是应该加以锻炼的。卢梭总结说："我由于使他自由而给他以现在的益处；我由于把他武装起来借以抵御将要遭遇的灾害，又给他以将来的益处。"②这就是说：锻炼是具有现实的和未来的多种价值的。卢梭对于身体锻炼的方法有精当的论述。

其一，卢梭反对娇生惯养和安逸侈靡的养护方法，憎恶富贵家庭对于儿童的溺爱。他说："还有一条道路会引诱我们离开自然之路。那就是母亲不忽视儿童，而过分地照看儿童；她把儿童视同偶像；她发展并增加儿童的弱点，而不使他感觉自己的弱点；她希望儿童不受自然力的折磨，因而不使他受到一点痛苦，岂知现在保护他不受疾病的侵袭，他的前途却因此而蕴藏许多意外的危险；岂知他长大后要受疲敝之苦，这样一味延长他的软弱时期，是残忍的溺爱。"③卢梭引用古代的寓言说，一位残酷的母亲，太提斯，为使其子成为任何艰苦折磨不倒的硬汉，曾把她的幼儿投入斯梯克思的大河，接受严格锻炼。卢梭说，现在完全反其道而行之，慈爱的母亲不叫子女经受任何磨难，这些子女在将来都不可避免地会遭受磨难之苦。她们和太提斯同样是残酷的母亲，只是殊途同归而已。卢梭以爱弥儿为例说："我并不煞费苦心去防止爱弥儿弄伤自己；反之，假如他永远不伤着自己，假如他长大了还未习于苦痛，我反倒觉得懊恼。忍受痛苦是他最主要的功课，也是对他最有用的功课。好像儿童身小体弱，其目的就在给他们这种有价值的教训而不致发生危险。婴儿只能跌倒在近距离内，绝不致折伤了腿；他用棍自击，也不致击伤臂膀；他手握刀刃，也不会重割双手。就我所知，若不是成人不智把婴儿放在高处，或放置炉边或危险物的近旁，没有婴儿因为没人照看而自杀或自行残伤或重伤的。有的儿童被各种装备维护着，以致年龄较大时受痛苦所威胁，既无勇气，又无经验，一被针刺便以为是被杀了，见一滴血便晕眩了，这种装备有什么益处呢？"④

卢梭关于训练儿童忍受苦痛的办法，说得很风趣。"假如儿童跌倒或猛撞了头部，或流了鼻血，或切伤了手指，我将不表示诧异，不因此而慌张，我至

---

① ② ③ ④ Rousseau. *Emile or Education*. Everyman's Library, London: J. M. Dent & Sons Ltd., 1933, p. 51, p. 51, p. 14, p. 41.

少在最初阶段是不睬他的。伤痛既已产生，儿童必须忍受，我若过于惊慌，只能使他更觉害怕和更加神经紧张。的确，人们在受伤时，并不是那致伤的打击使他难忍，而是内心的畏惧不安才使他难忍的。我这样做至少能够减少儿童的痛苦，因为儿童如何看待所受的伤害是依靠我如何看待这种伤害为转移的。假如见我急迫地照顾他，他便觉得自己是严重地受伤了。反之，他看我若无其事，不久他就安然了。他将感觉当受伤终止时便已恢复了。"① 卢梭还认为这种办法能够养成儿童的勇气。他说："这样时机恰是儿童锻炼勇敢的第一课，因为担当轻微痛苦而无畏惧之情，就能使人逐渐地担当较为巨大的痛苦了。"②

卢梭对于医药采取了淡漠的态度，对于当时富贵家庭过重医药的风尚深恶痛绝。卢梭说："我永远思量医术曾给人类哪些真正的好处？的确，医生治好了一些要死的人，但是医生也害死几百万不该死的人。假如你是聪明人，了解医药的危害是如此之大，你将拒绝这种对于医药的冒险。"③ 卢梭不但怀疑医药的治疗效果，而且指出医药使人在心理上产生过于敏感而怯懦怕死的不良影响。他说："软弱的身体造成软弱的心灵，所以他们要靠着医药来生存，其实医术的害处比疾病的害处还大。我不知道医生替我们治好了什么病，但是我知道他们常将卑怯、懦弱、轻信、怕死等不治之症传染给我们。我们不需要行尸走肉，他们纵能使死人在世上活动，又有何用呢？他们不能把活人给我们，而我所需要的却是活人。"④ 他又说："我们身体的疾病，或者自行痊愈，或则致人死亡。按照天性去生活吧，要忍受疾病，要废止医生，你们不能逃避死亡，你们只能死亡一次而已；但医生却使你们由于病态的想象而每天死亡，医生骗人的伎俩并不能延长你们的寿命，却剥夺了你们生命中所有的愉快。"⑤ 他还说："你想找真正勇敢的人吗？你要到那没有医生的地方。不知道疾病会有如何结果的地方和想不到有死亡的地方去找。人的天性是勇于忍苦而安于死亡的。但经医生用他们的医术，哲学家用他们的教条，牧师用他们的劝勉，才贬抑了人心，使我们贪生怕死。"⑥

有人不免疑虑：儿童生病而不延医服药，岂不发生危险？卢梭不以为然地说："儿童虽不知患病如何医治，却知道生病是如何情形。儿童知道如何是生病，而不知如何去求医，往往可以得到更好的结果。因为这是自然的方法。野

---

① ② ③ ④ ⑤ ⑥ Rousseau. *Emile or Education*. Everyman's Library, London: J. M. Dent & Sons Ltd., 1933, p. 41, p. 41, p. 46, p. 21, p. 46, p. 22.

兽一旦患病,便静处不动,默默忍受;但是我们所见的病兽比病人少得多。有许多人的疾病日久自愈,不会危及生命,却被情急、恐惧、焦灼,特别是被医药所杀。有人向我说,野兽顺乎自然,和人类相比不易患病。是的,那种生活方法恰是我要教给我的学生的,他应当得到这种方法的利益。"①

其二,卢梭提倡儿童多多参加体格锻炼。他对于古代热爱体育竞技的民族向往极了,对于斯巴达人尤为钦羡。他说:"凡是理解古人对于人生的态度的人,都把古人超胜今人的体力和心力,归功于古代的体育锻炼。"②他并且说:"几乎所有的长寿者,都是出于经常从事体格锻炼而能忍受疲劳和工作的人。"③

在卢梭看来,儿童肢体虽不像成人肢体那样坚强有力,却较成人为柔软易变。儿童缺乏运用肢体的能力,因而特别需要技巧,如果不及时加以锻炼,便将成为拙笨的了。不过,在这种体能锻炼之外,还须注意增强儿童的体力。因为徒有技术而无体力是不成的。根据这种理由,卢梭便反对爱弥儿学习放风筝等妇女游戏,极力提倡跳跃、舞蹈、爬墙、爬树、登山、游泳、竞走和球类游戏等。这些就是卢梭所主张的体育内容,是儿童应当学习的项目。就游泳而言,"爱弥儿将熟悉水中生活和他熟悉陆地生活一样。"④就其他项目而言,卢梭说:"我有时想:儿童为何不像成人一样学习有技术的运动,如网球、台球、射击、足球等?有人说:其中有些是超过儿童体力的,其中另一些是儿童的感觉还未发达到胜任的阶段。我不认为这些是充分的理由。试想儿童身体不若成人高大,不是穿着成人式样的衣服吗?我并不要求儿童站在三尺高的台球案旁边用成人的球杆打台球;我既不要求儿童在成人游戏中跑来跑去,也不要求在他的小手中拿着球拍打网球。但是应当叫他在一间被窗户所护卫的房中做游戏,最初只用软球和木制的球拍做游戏,然后按照儿童的进步程度,改用羊皮制的网球拍,最后才用肠线制的球拍。"⑤由此可知,卢梭要儿童学习各项成人运动,只是在进行时必须依据儿童的发育水平罢了。

卢梭并未系统地论述指导身体锻炼的方法,但在他所举的事例中,充分表明了卢梭方法的得宜。他说:有一个不喜爱竞走的儿童,教师并不用说教来教育他,也不通过范例来指导他,却于每日下午领着他外出时,总带着他喜食的

---

① ② ③ ④ ⑤ Rousseau. *Emile or Education*. Everyman's Library, London: J. M. Dent & Sons Ltd., 1933, p. 22, p. 90, p. 23, p. 96, p. 111.

糕饼，最初只带二枚，师生各食一枚；其后便带三枚四枚，除师生分食而外，在路中还组织其他儿童从事赛跑，把余饼奖给获胜者。这个懒惰学生看到其他儿童因善走而吃掉自己喜食的糕饼，不免有动于衷了。他开始要求和其他儿童竞赛，教师乘机让他参加，并暗中领他跑较近的路线，以便使他获胜而吃到美味的糕饼。他在这种教导帮助之下，终于爱好了竞走，最后竟至没有奖品也照样喜欢它了。另外，卢梭还说在体育中要锻炼儿童的感觉和智慧，培养儿童的道德品质，使他们机敏勇敢，使他们姿态优美，这些都是有价值的论断；用教育学的术语说，那就是发挥体育的多方面的教育性能了。

（三）性教育

卢梭把 15—20 岁划为青春期。情窦初开是这时期的特征。欧洲继承中世纪的禁欲主义，要人戒除和压制情欲。卢梭反对这种根深蒂固的传统。他说："要去破坏情欲，即属糊涂，又属低效。这是征服自然而改造上帝的工作。如果上帝命令人灭绝他所赋予的情欲，上帝便是既令人如此，又令人非此；上帝便是出尔反尔。上帝永未发布过这种愚蠢的命令。"① 在另一方面，卢梭对于当时的纵欲世风和放任青年的情欲，也认为是绝大危机。他说："由儿童期到发情期的演变，并未被自然给清楚地划定过，实随个人气质和种族情况而不同。人人知道气候不同的国家，人民发育不同；人人也知道热情的人成熟较早；但我们都往往误解了这种不同的成因，常把不同的发育归结为体质上的原因，事实上这是道德成因所形成。这是当今哲学上最通常的误解。自然的教训是进行迟缓的，人为的教训却极多是早熟的。在自然的教训中，是由于感觉来触发想象；在人为的教训中，则由想象来触动感觉，因而给感觉以早熟的活动，以致毁灭了个人，最终毁灭了种族。在受有教育的文明种族中，比起在无知识的野蛮种族中，发情和性欲较为早熟，这种现象比天候影响是更为普遍而真确的事实。"②

在这种偏见重重的形势下，怎样正当地实施两性教育呢？卢梭以为应该顺从自然发展，不盲目抑制，也不妄加激动，而应该节欲。"你想给那正在生长的情欲建立定律和秩序吗？你当延长性欲发育的时期，以便当它产生时，可有充足时间去适当地发展。这样，情欲便是为自然所控制，而非为人所控制。你

---

① ② Rousseau. *Emile or Education*. Everyman's Library, London：J. M. Dent & Sons Ltd., 1933, p. 173, p. 176.

的工作只是这样把情欲委托于自然之手而已。"①卢梭援引事例道:"日耳曼的男子如果在 20 岁前,就丧失童贞,便被视为羞耻。很多著作家极为公正地把日耳曼人的体力充沛和子女众多,归功于这个民族的人在青春期能够节欲。"②卢梭更说青春发情期还宜进一步拖延。因为法国在几世纪以前便是如此。法国 16 世纪进步思想家蒙田的父亲发誓在 33 岁时仍保持童贞,遂致身体健壮而诚恳谨慎,曾在对意大利战争中长期服军役。其子蒙田在著述中也曾谈到其父年过 60 时,身心都还很矫健。

如何防止性早熟呢?卢梭以为应使青少年远离不正当的诱惑。他说:"当青年的危险期来临之时,应把节制情欲而不刺激情欲的事物给他们看;应用绝不触动感觉而能抑制感觉的事物,来熄灭正在觉醒的想象。要带他们离开都市,都市妇女的艳装和大胆能够激发和干扰自然的工作;而且都市各种事物都给他们视觉以愉快,而这种愉快在他们未到能够选择他们的年龄以前,是他们不应知道的。要把他们带回故乡之中,农村生活的简朴可使他们的情欲慢慢发育,假如他们艺术的兴趣使他们住居城市,便应当利用这唯一的趣味,使他们不致流于危险的闲荡之中。要为他们慎择友朋、职业和娱乐,除去那种文雅而带有感伤的令人感动而不致受诱惑的图画之外,不要给他们别的东西看;并且要培养他们的感受力,而不要去刺激他们的感觉。还要牢记,纵欲的危险非只一端,而且不适度的情欲永远造成无可救治的伤害。"③卢梭还主张用适宜的工作和运动来吸引青少年的注意,使他们的精力有发泄的出路。他说:"读书、孤寂、懒惰、松弛而安静的生活,与妇女和青年交往,都是一些险路,它们永远诱使青少年踏上歧途。我要用身体的运动和繁重的工作,防止那惑乱他们步入邪恶的想象发生。两只胳臂努力工作时,幻想便静息了;身体很疲倦时,情欲也不易燃烧了。最急切而最容易的预防方法,就是使他们远离当前的危险。"④

卢梭还提及性知识的灌输。他说:"我们应在儿童早期,使他明了他所引以为奇的事呢,还是应当用各种掩饰手段讳莫如深呢?我想这都大可不必。就第一种情况说,儿童的好奇心,除非我们给它机会,否则是不能唤起的。所以我们必须注意不给他以机会。就第二种情形说,凡不强迫人回答问题,就不致

---

①②③④ Rousseau. *Emile or Education*. Everyman's Library, London: J. M. Dent & Sons Ltd., 1933, p. 180, p. 282, p. 192, p. 284.

强迫人对于发问者撒谎;我们宁可使儿童闭口不言,而不要告他以谎言。最后,假如你决定回答他的问题,你的答复必须极为明白,不要神秘晦暗,不要嗤嗤发笑。满足他们的好奇心,比之刺激他们的好奇心,是较少危险的。"①他又说:"你的答复永远必须是严正、适当而确定的,不要露出迟疑的神情。回答的内容应当真实,那更不须说了。"②他说过去的教育一味欺瞒儿童,反而促使儿童去学不正当的性知识,应引以为戒。他说:"试就经验加以考量,就这种愚蠢的方法如何加速自然的工作,毁灭了人的品格。这是都市居民体格退化的主要原因之一。年轻的人们在成熟以前既已耗损殆尽,便永远成为矮小的、羸弱的、畸形的人;他们逐渐长得衰老了,而不是长得成熟了,正像一株葛藤被迫在春季结实,等不到秋季便会枯萎而死了。"③

卢梭还论及青年婚姻问题。他大力号召推迟结婚年龄,而不反对结婚。"我承认,年轻人到达结婚年龄,就应该结婚。但是这个婚龄来得太过急骤,因而已使他们早熟了。婚龄应当展延到成熟期。"④理由是不结婚违反人性,早婚损毁身体。卢梭曾举爱弥儿为例道:"苏菲尚不满18岁,你才满22岁,正是恋爱时期,未达结婚年龄。""爱弥儿要晚婚而享有健壮的妻子儿女,绝不图满足一时冲动竟然牺牲美好的妻子儿女。"⑤等到爱弥儿和苏菲长大成人,卢梭不但指导二人如何正当地恋爱,指导他们怎样组织和安排幸福的家庭,而且还告诉他们怎样过好夫妻间的两性生活。卢梭认为两性生活是人生大事,不是羞答答的不可告人的肮脏勾当。

(四)结语

卢梭关于养护和锻炼的理论具有巨大的历史意义。他强调身体健康的功能,是对中世纪以来禁欲主义展开的搏斗。他提倡锻炼主义,更给当时富贵家庭的侈靡风尚以沉重的打击。禁欲主义和侈靡世风都给儿童青年的体质以摧残和折磨。由于禁欲主义和侈靡风尚所造成的文弱书生,缺乏强壮的身体和艰苦斗争的勇气,当然是应加彻底改正的。卢梭对这些所施的轰击,真是有声有色而痛快淋漓。卢梭呼吁健康体魄是人生幸福的凭借,是理性发达的基础;他说没有强壮身体,就没有生存的资本,就没有奋斗的条件,就使聪明智慧和道德品质无所附丽,这简直是给"毁身绝欲"的僧侣主义以致命的歼灭。他那关于

---

① ② ③ ④ ⑤ Rousseau. *Emile or Education*. Everyman's Library, London: J. M. Dent & Sons Ltd., 1933, p. 177, p. 177, p. 177, p. 281, p. 411.

儿童衣食、睡眠以及健康环境的主张，他那关于儿童体格锻炼的办法，贯穿着锻炼主义的原则，贯彻着反对懒惰安逸、娇养溺爱的精神，也无异是对封建贵族矫揉造作的保育措施的无情暴露和批判。他热切企图从封建习尚之中拯救青年一代，他强烈期望青年身强体壮，这在当时真是极具新意的号召。卢梭设想的爱弥儿不但能够生活在一般环境之中同一般困难搏斗，而且，"他将熟悉水中生活和熟悉陆上生活一样。假如他能学习翱翔，他将成为一只飞鹰；假如他能耐热，我还将使他成为耐热的火蛇"①。这又是何等破天荒的建议！

在卢梭所提养护和锻炼的方案中，存在着不少独特的见解和精当的论述。他提出儿童的饮食要简单平淡，服装要宽松朴素，睡眠要充足而不为习惯所限，环境要清洁而避开城市的恶浊；他更提出儿童要接受严格的体格锻炼，要胜得过自然的考验，要从事多种多样的户外运动……这些在今日还是不可移易的真理，在200多年前必然更加是辉煌灿烂的了。

当然，在卢梭的议论中，过于偏激和主观臆断之论是随处可见的。譬如，他叫儿童不冠不袜，赤足奔跑；他叫儿童饮用自然水……都不够恰当。不过，就其全面看来，那是瑕不掩瑜的。卢梭对于文艺复兴之后注重体育的先辈，如蒙田、洛克等，曾屡次提及，他特别称赞洛克的见解。他说："我已经充分地论述了身体锻炼的重要性。因为关于较为充分的理由和较为合理的规则，没有别的书胜过洛克的著作，我愿意引证洛克的著作，而把我的意见加以补充。"②事实极为明显，卢梭在这句委婉的言辞中，表明他曾融汇了当时关于体育理论的总成就。不过，卢梭也具有超过前人的见地。譬如，洛克曾要求儿童在夏天洗冷水浴，却不赞同在发热时喝冷水，或躺在潮湿的地方。卢梭不同意说，既然他希望孩子们的鞋子时常都是湿渍渍的，怎么在孩子们发热时反倒认为应该少沾水呢？"洛克在建议许多勇敢而合理的办法时，我们却未料想到像他那样严谨的思想家，竟又陷于自相矛盾之中。"③卢梭还说："贤明智慧的思想家洛克曾用了一些时间研究医学。他曾劝告人们，无论是为了预防还是因为一点轻微疾病不须小题大做，都不要叫孩子吃药。我还要提出进一步的主张，并且声明，我自己从未请过医生，因此除了爱弥儿生命确有危险以外，我也绝不替他

---

① ② ③ Rousseau. *Emile or Education*. Everyman's Library，London：J. M. Dent & Sons Ltd.，1933，p. 96，p. 91，p. 93.

请医生,因为医生只能把他杀死。"①可见卢梭是师承洛克而又别有见地的。

六、卢梭论感觉教育

卢梭对感觉教育的重要意义和实施方法的论证,在教育史上是空前的。这不但是对传统教育的批判,而且也是对传统哲学的纠正。

西方从古希腊时代起早已存在着"先天观念论"。柏拉图把宇宙分为理念世界和现象世界:理念世界代表事物的原理,它是真实存在而永久不变的;现象世界变幻不居,并无真实而永恒的存在,它必须符合理念世界的要求,才具有正确性。譬如,"二加二等于四"这条原理,虽支配着一切自然和社会的现象,在人间却找不到它;它存在哪里呢?它存在理念世界之中。"两棵树加两棵树是四棵树"和"两个人加两个人共四个人"等现象,都是存在于理念世界的"二加二等于四"的规律的表现。可见自然现象和社会现象都不过是理念世界的体现者。柏拉图说人类不同于一般动物,就在于人类具有理性。理性何由而来?那是理念世界所赋予的,并非得自现象世界。人们原是借着由理念世界获得的理性而认识一切事物,不过,人们因为出生时受到脱离母体的惊扰,出生后又受到外界的蒙蔽,这种天赋的理性常常失去作用。怎样使它恢复作用呢?那就要通过自己的沉思追想,或通过别人的启发诱导,来唤醒理性,使它在头脑中复活起来。发展理性主要不靠感官去和事物接触。柏拉图提出了这套玄妙的解说之后,使得古代的哲学遭受无穷的毒害。这种毒害到了中世纪基督教神学家的手中,便登峰造极了。人们的观念被视为得自先天的禀赋,而非后天学习的结果。照神学者的用语说,这乃是"神赐",是"圣恩"。

欧洲自文艺复兴以来,有些代表新兴资产阶级的哲学家,如弗兰西斯·培根、洛克,无不鄙弃这种谬说,提出感觉对于人类认识的重要性。洛克的《人类理解论》就指出后天的感觉经验是认识的主要源泉。但是直到18世纪,先天观念论还在流传。当时欧洲虽有许多教育家论述应用感官经验进行教学的重要意义,而一般学校还是轻视感觉的地位,认为理性判断是有价值的,感觉印象是不足尽信的,因此,教师仅重空疏理论的灌输,并不利用儿童的感觉器官

---

① Rousseau. *Emile or Education*. Everyman's Library, London: J. M. Dent & Sons Ltd., 1933, p. 22.

去正确地了解事物。就以洛克而言，他虽举起"经验论"的旗帜来反抗"先天观念论"，但在教育上却并未摆脱传统的影响。卢梭曾指责道："'和儿童讲理论'是洛克的主要格言。这在如今是风行一时的做法，但我并未见到实施的结果证明了这种理论的正确。那些总被我们对着他们讲理论的儿童，在我看来格外愚蠢。在人所有的心能之中，理性是由其他各种心能组织而成，是一桩最迟缓、最精美的发展，而你偏用它训练幼年儿童。使一个人成为有理性的人乃是优美教育的终极目标，而你自称由儿童的理性来训练儿童！你是以错误的目的地为出发点，误以目的为手段了，假如儿童已理解理性，那就无须乎教育了。"[①]显然，肃清历史悠久的"先天观念论"和纠正"先天观念论"所造成的落后的教育设施，便是当时反封建教育的课题了。

首先，卢梭针对时弊曾大声疾呼：感觉经验是理性发达的凭借，要培养人的理性，必须充实人的感觉经验。他说："因为进入人类心灵的知识以感觉为门户，所以人类最初的理性，是由感觉经验而得的理性。这种由感觉经验而得的理性，便是智慧理性的根基，我们最初的物理学教师，便是我们的手足和眼目。"[②]"所以我们要学习思考，必须练习我们的肢体、感觉和身体器官，因为这些就是我们理性的工具。"[③]"要让各种感觉来做理性的最初活动的唯一指导。"[④]卢梭对于如何由感觉经验发展成为理性，有着极为明晰的论述。他认为："简单的观念只存于互相比较的感觉之间。"[⑤]怎样解释呢？他说："由于对这些继续或同时发生的感觉所做的比较，以及由于根据这些感觉而得到的判断，便产生一种混合而复杂的感觉，我把这种感觉称为观念。"[⑥]卢梭继续说："这种观念的数量就是我们知识多少的标志，思想的正确与否就以这些观念的明晰与否为转移，对于这些观念进行比较就是人类的理性。所以所谓感觉的思维或儿童的思维，即包含在通过各种感觉的联合经验来造成简单观念的过程之中。至于所谓理性的思维，就包含在通过各种简单观念的联合来造成复杂观念的过程之中。"[⑦]很清楚，理性是通过观念而产生，观念又依靠感觉而产生。当然，理性的是否正确就取决于依靠怎样的感觉来形成观念了。卢梭的分析是："由于观念形成的方式，便决定了人类心灵的特性。由于实在关系而得到各种观念的心灵是透彻的，建立于表面关系上的心灵是浮泛的。若能见到事物的真

---

①②③④⑤⑥⑦ Rousseau. *Emile or Education*. Everyman's Library, London: J. M. Dent & Sons Ltd., 1933, p.53, p.90, p.90, p.131, p.166, p.165, p.122.

正关系，便是具有正确的心灵；若不能将这种关系作为正确关系，便是具有不正确的心灵；倘若想象各种无中生有的关系，便是疯狂；倘若不认识任何关系，他是低能。"① 所以要发展人的观念以发展人的理性，就非增进人的感觉能力以保证感觉经验的充实和正确不可。

其次，儿童的感觉是需要教育才能发达的。卢梭指出感觉是儿童最先成熟的机能。他说："儿童比成人小，他没有成人的体力和理性，但是他的视觉和听觉，却和成人相似或大致相似；他的味觉很好，虽则他的口味是很难取悦的；他分辨各种气味和成人一样清晰，只是不如成人锐敏而已。"② 不过，任凭各种感觉的自然发展是不成的。因为，"对于感觉只去自然地和机械地应用，能够增加体力，但不能促进判断力"③。因而，"仅仅由于应用感觉而从事感官训练是不够的，我们必须由于应用这些感觉来学习判断各种事物，也就是说，要来学习感觉。因为除非我们受过教导，我们是不能触，不能视，或不能听的"④。所以实施感觉教育以有意识地训练感觉能力是应该的。

再次，卢梭对于当时由于文化日繁，工具日进，因而使人们的感觉能力相对衰退的现象，颇有感慨，实施感觉教育也是为着挽救时弊。他说："各种工具原是为了进行实验时给我们以指导，辅助我们得到正确的感觉；但是工具过多，便使我们忽略应用自己的感觉了。经纬仪的制造，使我们估计角度大小的能力变为不必需；能以正确判断距离的目力，如今竟依赖尺子来代它测量了；铁制砝码也使我们不如往常一样地用手来判断重量了。工具愈精巧，我们的感觉越变为粗劣而拙笨。我们把自然赋予我们的东西弃而不用了。"⑤ 他还说："难道我们永远离不开人为的佐助吗？谁敢保证当我们需要它们时，它们会在身边呢？"⑥ 所以，"当我们不去制造工具，而致力发达可以替代工具的技巧，当我们不去制造工具，而来利用可以省去这些工具的智慧，这是一桩获得，而不是一桩损失"⑦。

综上三项，可知感觉是理性的基础，想发达理性必须发展感觉；可知儿童的感觉不能任其自然地成熟，必须通过教育方能达到完美的发展；可知在文化日繁、工具日进而人类感觉能力相对退化的情势下，也须使人类原有的感觉能力保持完好。这样，卢梭便把感觉教育当作儿童期的主要教育内容。卢梭对于

---

①②③④⑤⑥⑦ Rousseau. *Emile or Education*. Everyman's Library, London: J. M. Dent & Sons Ltd., 1933, p. 165, p. 97, p. 97, p. 97, p. 39, p. 98, p. 139.

视、听、嗅、味、触等各种感觉的发育和特点,有着精审的观察,并曾根据这些而提供了进行感觉教育的方法。在诸多感觉之中,他特别注重触觉和视觉。他说:"这两种感觉的用途是最经常和最重要的,它们的训练方法可作他种感觉训练的实例。"① 在这里,我们只把卢梭所说的触觉教育和视觉教育的方法为例,至于其余诸种感觉教育的实施,姑且从缺。

(一) 触觉教育

卢梭指出人在幼年时期,触觉常在无意中受到训练,因为触觉器官遍布人身的表皮上,它们永远在忙碌着,正像警察永远在尽其守望的职责一样。所以"不管我们愿意与否,我们最初总是由于经验或不断的练习来学习应用触感,因此,我们不很需要对于触觉去作特殊的训练了。"② 触觉不但发达较早,而且有比较多的正确性,因为"触觉的应用范围有限,这样,它的分辨能力最为确实。我们触觉应用的领域只能以身体所及的范围为限,可以改正由别种感觉草率而得的判断;别种感觉刚遇事物便下判断,而由触觉所得的知识却是彻底知道的"③。难道儿童就不须受触觉训练吗? 绝不。一则,"触觉虽为人所常用,但它的分辨能力和其他感觉相比,是更粗糙和更不确切的。因为我们永远把视觉和触觉同时并用,即先用眼观看事物,并不用双手去触摸,便漫不经心地做出判断的"④。这怎能保证正确? 二则,一般的人若和盲人相比,立即显出触觉能力的不足,表明触觉须有充足的训练,以获得充分的发达。

怎样进行触觉训练呢?

其一,试用触觉代替视觉。卢梭说:"我们知道盲人的触觉比我们的触觉正确而精致,因为他们缺少一种感觉,不得不应用触觉来补偿视觉的功用。那么,我们为何不仿效他们也训练在黑暗中行路,分辨所触的事物,分辨周围的事物呢? 简言之,我们为何不在黑夜或黑暗中去做盲人在白昼而无眼目所做的工作呢? 我们在白昼虽强于盲人,但在黑夜时盲人倒可做我们的指导了。如此说来,我们在一半时间之中也是盲人,所不同者在于真正的盲人永远知道自己该做的事,我们却不敢在黑暗中去动作。你将说我们可借助于灯光。这不是正确之论。难道我们永不能离开人为的佐助吗? 谁敢保证当我们需要它们时,它

---

① ② ③ ④ Rousseau. *Emile or Education*. Everyman's Library, London: J. M. Dent & Sons Ltd., 1933, p. 112, p. 97, p. 103, p. 103.

们会在身边呢？我宁愿爱弥儿的眼生长在他的指头上，而不是生长在烛商的店铺里。"①

卢梭曾举例说明怎样由触觉代替视觉的训练。他说："假如你于夜间被关在屋里，你可以由于拍掌而知道房屋的大小，知道你究竟在房中央或屋角。你若距墙半英尺，空气便显得沉滞而不能自由回旋，它在你面上将引起特殊的感觉。你若是静立某处，左右移动，即有微风使你觉知房门是否张开。假如你在水中乘船，你将由吹到脸上的风，不但知道行驶的方向，而且知道风势的缓急。这种观察和类似的观察，只能在夜间去做；在白昼，不管如何注意，总将受到视觉的帮助或妨碍，因而不能得有结果。我们在做上类事情时，并不利用手或手杖帮助。可知我们虽不和事物相接触，而由触觉所得的知识也确实不少。"②

其二，试用触觉代替听觉。卢梭说："受到训练的触觉既可代替视觉，为何不可在某种限度内代替听觉呢？因为发音体的波动也可以为触觉所感受。你把手放在琴上，无须看或听，只由琴木的颤动和震动，便可知声音为尖锐或平板，最高或最低。触觉若受到分辨这些差别的训练，我们将无疑地能由手指而知琴所发的全部音调了。"③

其三，经常保持和增进皮肤的敏感，避免由于不断接触粗糙坚硬的物体而迟钝。卢梭说："有些练习可使触觉迟钝而败坏，有些练习可使触觉锐敏、精妙而分辨清晰。前者由于应用很多运动和力量来连续地使各种坚硬的物体留给人以印象，就会使皮肤既粗且厚，就会破坏了触觉原有的敏感。后者由于轻微而反复的接触，使触觉常生变化，所以使人注意那不断发生的变化，并且善于分辨它们的变化。"④他又说："皮肤保护身体的其他部分，所以使它坚硬以忍受空气的变化，是至关重要的事。关于这一点，我却不想使双手总做同样工作，受过于强烈的刺激，以致变成粗笨，也不想使双手皮肤僵硬，毁损它那精微的触觉。因为这种感觉可以告诉我们外面的变化，而且这种接触有时可以使我们甚至在黑暗之中，也能对于不同的事物发生不同的动作。"⑤卢梭强调爱弥儿不穿皮鞋而赤足活动，一方面固然是为了体格的锻炼，另一方面还是为了足部皮肤不致感觉迟钝，保持它那锐敏的感觉能力。

---

① ② ③ ④ ⑤　Rousseau. *Emile or Education*. Everyman's Library, London: J. M. Dent & Sons Ltd., 1933, p. 98, p. 98, p. 103, p. 103, p. 103.

其四，卢梭提倡在黑暗的夜间进行游戏，因为夜间游戏不但要充分运用触觉，使触觉全面而准确地得到发展，还能解除儿童的惧怕心理，敢于大胆地从事夜间工作。卢梭亲自见到一些哲学家、思辨家白昼尽管勇敢无畏，入夜则胆小如妇人，幼年儿童更是如此。有人说这是保姆讲述妖鬼故事使然，实际上是由于人们在黑夜中看不见外围事物，怕受这些事物的伤害，因而产生恐怕之感。在这时讲道理是无济于事的，只要让儿童经常在夜间活动，养成习惯，就可收效。"在房顶加盖屋瓦的工匠是不知头晕的；同理，惯于在黑夜中生活的人，也是不害怕的。"①

卢梭还以自己的事例，谈夜间游戏的做法，他在幼年寄居乡村时，曾于秋天的深夜被牧师派到教堂去取放在讲坛上的《圣经》，而路途必须穿过一片坟墓。他平素嘲笑别人是胆小鬼，但当他用钥匙开教堂大门时，听见教堂圆顶发生了声响，进门后更毛骨悚然，随后便昏头昏脑地逃了出来。正当羞愧地走回住所时，猛听牧师们在房内的朗朗笑声，还听牧师正在吩咐别人去接他。卢梭终于镇定下来，消失了畏惧，鼓起勇气，独自第二次去教堂，把书取来。他总结经验道，不要叫孩子感觉疑虑紧张，而须使他舒展愉快。他说："没有比黑暗更阴沉的了，千万别把孩子关在土牢里。当他前往黑暗处所时，应叫他欢笑而开心，当他离开黑暗处所时，也叫他欢笑而开心。要叫他每一想到这次将告结束的游戏和下次将要进行的游戏，就能免于受到胡思乱想的想象所扰乱，而这种荒唐的想象是足以占据他的心灵，从而引起恐惧心理的。"② "你不要在夜晚仅同一个儿童玩，要和众多欢快的儿童一起游戏。开始游戏时不要单独叫一个孩子出去玩，而应叫一些孩童同去玩耍；也不要冒昧地叫一个孩童到过于冷僻处所，除非你确实知道他到那里是不会过于害怕的。"③ 卢梭认为，经过这种反复锻炼的人，其胆量慢慢地就会大起来，不再在夜间害怕妖精，也不信魔鬼。对他来说，黑夜不可怕而是欢快的；当行军作战时，无论单人前进或结队而行，他不会因为畏惧而迷失路途，却能稳稳当当进入敌营而牵其战马的。

（二）视觉教育

卢梭指出视觉是容易发生错误的，它的可靠性比他种感觉为低。因为"触觉活动限于环绕人的周围的事物，视觉的范围却远过于此，便常常发生错误。

---

① ② ③ Rousseau. *Emile or Education*. Everyman's Library, London: J. M. Dent & Sons Ltd., 1933, p. 100, p. 100, p. 101.

我们略一瞬眼,便可看半圆周之广。我们同时产生的印象和被印象所引起的思想,为数至多,怎能不时时发生错误呢?视觉在诸多感觉中所以成为最不可靠的感觉,就因它的应用领域最大;而且远在运用其他感觉以前,视觉早已开始活动了,视觉的活动又太急骤,牵涉的范围又太广泛,致使他种感觉无法校正视觉的错误"①。再则,视觉常由透视上的困难而造成错误,"在物体和眼目之间所形成的角度,是视觉估计物体大小远近的唯一凭借,因为这种角度成于许多复杂的原因,我们的判断不能把这些原因逐一分辨清楚,遂不得不有错误。假如单凭视觉由某一角度看这物体比那物体小,我们怎能知道这个角度表明的是:这物体真正是小,或是它的距离较远呢?"②此外,"在所有的感觉之中,视觉所得的印象是最难以和我们心中判断划分清楚的,所以我们须要长久的时间来练习观看的能力"③。

卢梭还举例说:"我们由于缺乏训练,视觉的测量便极不完美。我们一眼看去,并不能正确地估计高度、长度、宽度和距离。至于司机、测量员、建筑师、泥水匠和彩画匠等,一般来说,便要比我们看得快,他们估量各种距离也较为正确,这就证明我们的错误不在于眼睛的构造,而在于能否运用眼睛。以上各种人的职业给他们以我们所缺乏的训练,这些人看两种物体虽得有相同的角度,但是他们能由相伴的经验来校正这些角度的结果,能决定所见的角度的两种成因彼此有什么关系。"④当然,视觉是必须通过训练以达到类似的正确性的。

怎样实施视觉训练呢?

其一,用触觉来辅助视觉的发展,用触觉来鉴定观察所获得的印象。卢梭说:"在这里,我们应当采取和以前相反的方法。不要把视觉和别种感觉孤立起来,而应使它永远求助于别种感觉,用别种感觉来给它以经验。要把眼付托于手,用手的缓慢而经有思考的步骤,来制止视觉因轻率而得的错误。"⑤这就是说:"比较视觉和触觉所得的印象,训练视觉能够做出关于事物形状和距离的真实的报告。"⑥卢梭甚至说:"如果没有触觉的活动,最敏锐的眼睛也不能供给我们以空间观念。"⑦就此可知发展视觉对于发展触觉的依赖性了。

在此,应当指出通过触觉的帮助来发展视觉是视觉训练的初步,视觉训练

---

①②③④⑤⑥⑦ Rousseau. *Emile or Education*. Everyman's Library, London: J. M. Dent & Sons Ltd., 1933, p. 104, p. 105, p. 107, p. 105, p. 105, p. 107, p. 107.

的理想目标是不依他种帮助而自能正确无误。卢梭说:"假如我们永远由测量来辅助各种感觉,我们的感觉将会对于工具养成依赖了,它们本身将永不能取得信任了。但是儿童也绝不应由测量一跃而达到判断,当他不能对事物全部加以比较时,他必须继续比较事物的各个部分。他必然用他正确测量的部分,来推测他所估计的部分,并且要习于单凭眼睛去测量而不再用手去测量。"①他又详细地解释这个逐步提高的过程道:"我叫他那最初的估计被测量来检验一番,使他校正估计的错误。如他在感觉上产生错误的印象,他可用更正确的判断来加以改正。那种自然的测量标准几乎在各处都是相同的,那就是脚步、伸张的双臂和人的身高。当儿童需要衡量房屋的高度时,他的教师的身高就可发挥丈量杆的作用;假如他估计教堂尖顶的高度,他就习用房屋为标准;假如他要了解一段路程的里数,他就可用步行全程的时数来计算。最要紧的是:教师不要替儿童做,让儿童自己去做。"②

其二,通过学习绘画帮助儿童理解透视的道理,养成儿童锐敏的观察能力。卢梭说:"人总是一面学习估计物体的广度和大小,一面学习或者甚至设法绘画物体的形状。因为归根究底地讲,描绘完全是以透视原理为基础的。人若不明白透视的原理,便不能估计距离。儿童在他那无限的模仿活动之中,总在设法描绘物形。我也想给爱弥儿养成这种艺术,这不是为了艺术的缘故,主要是使他的观察可以正确,双手可以坚韧。一般说来,假如爱弥儿感觉清晰,并有适合于感官训练的优良的身体习惯,那么他究竟熟习哪种职业,是无大关系的。所以我不为爱弥儿聘请绘画教师,这种教师是只使人照画本来作画,照成画来模仿的。自然界应当是他唯一的教师,事物是他唯一的范本。他目前应放置真实的事物而不摆放纸上的样画。他应当照房画房,照树画树,照人画人,因之他可以训练自己去正确地观察真实的物体和物体的形态,而不将错误而流俗的画形误以为真。"③这种绘画的益处是什么呢?卢梭回答说:"他将能获得较为正确的眼力、较为确实的手法,他对动物、植物以及自然物的形状大小等关系,有着较为真切的认识,同时他对于透视的效果还有着较为敏锐的感觉。"④

卢梭曾叙述如何由绘画而培养正确观察事物的能力。他说他在指导爱弥儿

---

①②③④ Rousseau. *Emile or Education*. Everyman's Library, London: J. M. Dent & Sons Ltd., 1933, p. 108, p. 108, p. 108, p. 108.

学画时，最初故意和爱弥儿一样地乱涂，这条线画作臂，另条线画作腿，手指画的比臂还长。许久以后，才叫爱弥儿发现比例不合，并且引导他观察腿的各部分粗度不一致，还帮助他知道臂和身体是成比例的；渐渐地更指导他在观察和绘画体形之外，练习观察和涂抹正确的颜色。这样便训练了爱弥儿探寻自然的奥秘，并使他的观察能力日渐精进了。

卢梭还提出要儿童通过学习几何来发展观察力。让年幼的儿童来学习几何是超出一般人的理解的；不过，卢梭说这是成人的误解，因为"我们从未能认清儿童学习几何的方法是和成人有别的，就是说：不知成人学习几何是学习思维的艺术，而儿童学习几何是学习观察的艺术"①。成人惯用的学习方法是先提示几何定理，而后求证。儿童学习的方法却是由观察物形而发现物体形象的关系。譬如，教师在墙上系了一条线，并利用这条线画出圆形，画完后，又逐步测量半径的长短。当教师如此笨拙地测量时，学生却能指出：圆形既用同一条线所画成，半径当然相同，何用反复测量呢？又如，教师用半径将圆周分为六等分，然后逐一证明甲段是圆周的 1/6，乙段如此，丙段也如此……儿童便会感到教师笨拙而自动地看出：每个弧形都是圆周的 1/6 了。这不就增进了观察物体形象的本领了吗？

其三，还要通过活动来练习观察力。卢梭举例说明道：教师在指导学生进行竞走比赛时，曾让儿童选择几条距离不等的跑道，有的儿童由于不知跑道的长短不同，便轻率地选了较长的路线，因而在竞赛中失败了。直到末了，他才看出这项安排不公平而抱怨起来，以后他便练习观测远近而提高了判断距离的视力，以致"他瞥一眼就和测量员的尺子一样准确了"②。

（三）结语

卢梭关于感觉教育的理论的革命性质是显然的。他破除理性得自天赐的迷信，给理性找到现世的感觉经验的根源，这是继洛克等人之后给予唯心哲学的改正。他重视感觉在认识上的价值，把感觉教育作为儿童时期的主要教育任务，更是继培根和夸美纽斯之后对于崇尚理论灌输的教育的有力纠正。"先天观念论"是唯心主义哲学家和神学家奉为天经地义的至论，武断的说教更是基督教经院教育的特色，这些都是统治阶级所欣赏的。因为叫人相信先天观念，

---

① ② Rousseau. *Emile or Education*. Everyman's Library, London: J. M. Dent & Sons Ltd., 1933, p. 109, p. 107.

才能使人真心诚意地感念上帝赐予理性的圣恩，巩固人们对于宗教的信仰；因为叫人不重感觉经验而迷信上帝的"圣言"，才能使人和现世隔离，忘却现实生活。卢梭挺身和这种思想搏斗，是对根深蒂固的蒙昧哲学和传统教育的翻案。

卢梭注重感觉教育的理论是有益的。的确，我们不由感性认识入手，是不能上升到理性认识的；而从神或上帝去说明认识问题，是不能达到科学理解的。这种道理虽在洛克的《人类理解论》中已被论述，但把它具体运用在教育上的，应推卢梭为代表。卢梭说：儿童的感觉要受到正当的训练才能得到充分的发展，有其道理。卢梭所提的训练办法，如以触觉代替视觉和听觉，如经常培养触觉的敏锐性，如通过触觉、绘画以及各种活动来发展视觉，也颇言之成理。不过，感觉训练是不宜脱离知识学习的，是应与知识教育结合进行的，绝不能离开学习具体的知识而孤立地培养感觉能力，那样就会流为为感觉训练而感觉训练，难于收获充分的效果了。卢梭不但把两者分开来处理，而且说12岁以后才是知识教育阶段，5—12岁的漫长岁月只以感觉教育为主要内容，就不合理了。再则，卢梭嫌恶帮助感觉的精密工具制造是错误的，因为单靠人的感觉而菲薄辅助感觉的利器，是不对的。而且，他叫爱弥儿和盲人一样地把视觉生在指尖和足尖上，他让爱弥儿终年赤足，不穿鞋袜，以免足部皮肤的敏锐性被牛皮底给弄迟钝了，等等，这种要求也是偏激的。当然，这些错误与卢梭的主要主张相比较，应当属于小疵了。

七、卢梭论知识教育

卢梭在知识教育方面企图完成的任务有二：一是粉碎古典主义的教学内容，二是摧毁教条主义的教学方法。两者无不切中时弊。

在欧洲教育领域中，教条主义是历史悠久的，中世纪经院学者继承唯心主义哲学家柏拉图等的先天观念论，认为人类在天性中禀赋着先验的观念，只要把天赋的观念培养起来，就能获得知识，用不着向外界事物进行探索。柏拉图所谓人类的知识导源于理念世界，人们先天赋有的理性也是理念世界的产物，人们只要通过回忆理念世界即可获得知识。中世纪僧侣所谓知识是上帝的恩赐，阅读《圣经》是通往知识的门径。这些都是先天观念论的典型。在这种理论支配之下，学习便成为脱离现实的书本诵读和脱离事物的纯粹思辨。这种教条主义的恶果，就是把教育弄成与世隔绝的空中楼阁。它伤害人类心智和阻滞文化发展的罪过，是人所熟知的。当然，这不是历史上的偶然。封建统治者利用这种把戏，将人领进牛角尖中，逃避现实政治，是有利于其阶级统治的。经过文艺复兴等伟大运动，欧洲教育向前进了一步。千百年来被中世纪僧侣所禁止的古希腊、古罗马经典著作在课程中取得了优势，教条主义教学方法也在一定程度上受到了冲击。可惜这个良好的开端，到了文艺复兴的末期出现了偏差。那就是学者们在阅读古代经籍中，发生了舍本逐末的现象，大家一味贪求博学和模仿文体，而忘记摄取经典的精华来营养自己的头脑，鄙视现实致用的学问而玩物丧志，其末流便成为古典主义。在教法上与之俱来的是从接触现实而回到教条主义的老路。这样，古典主义和教条主义重新把大批青年造成冥顽不灵的书痴。在资本主义生产事业迅速发展的形势面前，这种教育当然是要彻底改造的。

就法国而言，这种现象十分严重。远在 16 世纪，法国的教育家蒙田就曾历数经院主义的危害，拉伯雷更著小说《巨人传》，予以冷嘲热讽。《巨人传》刻画的高康大，能读希腊文、拉丁文等古典语文，而且能够把经典著作倒背如流，但成为头脑呆笨而不明事理人情的傻瓜。历史发展到 18 世纪，情况并无扭转。卢梭痛斥这种教育违背自然，屠杀天性，把人的幸福给断送了。卢梭根据自然主义提出改革的原则就是：在智育上要尊重天性，把儿童当儿童看待，不能把儿童当成人看待，更不能当哲学家看待。

卢梭说，对哲学家而言，"宇宙间有一系列抽象的真理，借助于这些抽象的真理，一切科学都互相连为一体，并能一个接一个地发展起来"①。因此，哲学家所致力的是钻研抽象的定理、定律。但儿童全然不同。卢梭说："另外还有一种方法，不搞抽象理论探索，而在诸多具体事物之间寻求彼此的联系。由此事物而考察别一事物，从而逐个地推断下去。这种连续的发展能够刺激人们的好奇心，又能唤起人们对每项事物的注意力，是大多数成人采取的方法，更是儿童学习的正当程序。"②很简单，儿童不是哲学家，在求学上万不能和哲学家混为一谈。卢梭反复强调："我曾说，阐述纯粹理论的科学是难以适用于儿童的，甚至对于接近青春期的少年也难以适用。"③ "当你引导儿童探索自然

---

① ② ③ Rousseau. *Emile or Education*. Everyman's Library, London: J. M. Dent & Sons Ltd., 1933, p. 135, p. 135, p. 140.

规律时，你永远要从最通常、最明显的现象开始，并且指导儿童要把这些现象当作事实看，而不当作原因看。"①

卢梭还曾批评当时法国的学风，指出它过分推崇理性，因而使孩子陷进书本之中。他说："当今时代的错误之一是过于依靠冷酷的理性，好似人们除此之外就别无依靠了。由于一味诉诸理性，我们把原理都变成了文字，却没有给文字以内容。实际上，单靠理性绝难产生积极效用，有时理性仅能抑制人们的活动，在更少的时候理性虽能刺激人们的行动，但是理性从未完成任何伟大的任务。"②所以，"我劝诸君不要向青年冷冰冰地讲空理论。你若想让青年真能感知它们，就需用事实来给理论以内涵。我再讲一下，我们的意见可以被空疏的论辩所影响，我们的行动则不然。这种论辩仅能使我们冥思，却不能使我们发为行动；仅能叫我们知道该思考什么，却不能叫我们知道应该做什么。"③

卢梭的自然主义原则和当时的知识教育设施，是针锋相对的。卢梭在教学内容上所提的反古典主义和在教学方法上所提的反教条主义，对当时的教育界乃两面鲜艳的革命旗帜。现在略述其梗概。

（一）反对古典主义，呐喊学以致用

卢梭的反古典主义在教学内容上表现为两种要求。

第一，他反对书本诵习而要求追求真正的知识。卢梭把学习知识和死钻文字、背诵经典著作，看作截然不同的两桩事。他热切希望儿童青年对于事物获得真正理解，却指出陷于咬文嚼字的书本教育是摧毁心智的。他对于把幼小儿童埋葬在字纸堆中的传统做法，万分痛恶。他说："我憎恨书籍，它只教我们谈论我们不懂得的事体。"④"请勿以文字教育给予你的儿童。"⑤他理想中的爱弥儿"在 12 岁时将不知什么是书籍"⑥。

卢梭对于书籍折磨儿童的现象，做了十分细腻的剖析。他说："在儿童心中印上许多不懂的符号，又有何用？他们将来学习实际事物时，将要学习这些符号，为何叫他们受无谓的麻烦来先后学习两次呢？而且当你教儿童把那对他们无意义的文字当作知识来接受时，你在他们心中是培植如何危险的偏见！先教儿童以无意义的成语，先教儿童未曾亲见而轻信别人所解说的事物，就是破坏儿童判断力的开始。"⑦他的建议是："我不怕重复地说，应当使青年所有的

---

①②③④⑤⑥⑦ Rousseau. *Emile or Education*. Everyman's Library, London：J. M. Dent & Sons Ltd., 1933, p. 140, p. 286, p. 287, p. 147, p. 56, p. 80, p. 76.

功课，都采取实行的方式，而不采取谈话的方式。凡是他们能够由经验中学习的事体，都不要他们由书本去学习。"① 他又说："除去世界之外，并没有书籍；除去事物的教授之外，并无教授之可言。读书的儿童，他的思考停止了，他只是读书而已。他是在获得文字，而不在获得知识。"②

难道这言过其实吗？不。卢梭举例道："有的儿童因为久在房中受母亲的监护，对于物体的重量一无所知，竟然想把大树连根拔尽，或把大石举起投海。试想世事还有比这更蠢的吗？……我们在18岁时，由于学习物理学才知道杠杆的用途；但任何12岁的村童，关于这类知识，比学校中最聪明的物理学家，所知尤多。学生们在运动场上彼此相互传授的知识，比之在课堂中所学习的知识，真是价值百倍。"③ 所以，"我不喜欢那些文字的解说。青年并不注意这些解说，也不记忆这些解说。我们应当注意实在的事物！实在的事物！我无论怎样多次反复提'实在的事物'一词，也不嫌絮烦"④。

卢梭痛斥的书本教育指的是什么呢？它主要是指富贵子弟视为首务的古典语文和现代语文的学习。他讥讽掌握五六种语文的神童，就是例证。卢梭狠狠地批评道，儿童绝不了解这符号的真正意义，更谈不到领悟多种语文的风格，他们学到的不过是一种语言的几种不同的词汇和同义语罢了。"我不相信任何不满12岁或不满15岁的儿童，曾经真正学会两种语言。"⑤ 卢梭尤其诟骂浪费青春来模仿西塞罗文体的陋习。除古典学习外，书本教育还指当时风行的讲寓言故事之类。它们叙述离奇渺茫的事实，夹杂迷离的规训，徒然使儿童头脑糊涂而混乱，并不能启发智慧和增进品德。卢梭说："成人可由寓言故事接受教育，儿童需要的是直白的真理。"⑥ 所以，"爱弥儿将不用心去学习任何东西，甚至寓言故事，甚至拉芳甸那样简洁而令人愉快的寓言故事"⑦。书本教育讲论历史事实人物，更是卢梭不同意的。他说："那更是一桩可笑的错误，认为历史仅是事实的搜集，能为儿童所了解，因而叫他们学习历史。假如儿童对于人的活动，只了解为物理的和外在的活动而不能了解其他意义时，他们能由历史学习什么呢？绝对不能学得任何东西。"⑧

够了，够了，在儿童的幼稚心灵中塞装这批深奥莫测的货色和诘屈聱牙的古文，唯有把人逼成书痴。卢梭面对这一反常的现实大声呼吁跳出书本的樊

---

①②③④⑤⑥⑦⑧ Rousseau. *Emile or Education*. Everyman's Library, London: J. M. Dent & Sons Ltd., 1933, p. 214, p. 131, p. 89, p. 143, p. 73, p. 77, p. 77, p. 74.

笼。难道卢梭绝圣弃智吗？不。他反对诵习书本，却要他们到现实事物中寻求知识、探索真理；他反对幼小儿童陷入书本，却要青少年读书钻研知识。在卢梭心目中，这种知识是广泛的，它包含关于自然的知识和关于社会的知识。这些才是真正的学识。

就自然事物的知识而言，卢梭为爱弥儿设想的是关于物理、化学、天文、地理、农业和手工业生产劳动的知识。就社会知识而言，卢梭提到爱弥儿应当了解人与人的关系，应当评议社会制度，应有道德的知识，还须了解人类历史的发展。这里似与前边所说反对历史学习颇有矛盾，其实不然。一则卢梭反对的是幼年时期舍今而习古，二则卢梭反对的是当时不良方法下的历史学习。他主张儿童到15岁后，应该学习历史，因为那时他已能领略历史事实，做到古为今用。卢梭肯定学习这些真正知识，才能洞悉自然变化的道理和社会人生的意义，才能启发心灵而增益智慧，才能符合天性的要求而促进天性的发展。卢梭心目中的自然人就是这种有头脑的人物，他是有别于当时的迂腐的学究的。

第二，卢梭反对空洞的文字说教，要求追求有用的知识。卢梭面对当时传习无补实际的经典而把人折磨成呆头笨脑的惨象，痛心疾首。学习知识原是叫人聪明善辩，原是叫人能干有为，但是流为纸上谈兵的书本教育却成为人类的灾祸，它使人不明真理和不达人情，一经事实考验，只好甘居失败。卢梭指斥这种空疏无用的知识教育，说它脱离了人生实际，徒然把人弄成废材。卢梭揭穿道："教师所教的是为了什么呢？文字！文字！文字而已！在他们所夸示的种种教给儿童的科学中，他们永远不注意选择对儿童真正有用的知识，因为儿童们不得不去应付事实，也无法不全盘失败了。他们选授的科学，在我们知道他们的专门名词时，似乎是了解的，譬如印章学、地理学以及各种语言等。这些知识和成人生活相隔已如此之远，和儿童的生活就相隔更远了，假如儿童能利用其中任何部分，那真是一桩奇事呢！"①卢梭大声疾呼："真正能增进福祉的少数知识，才是值得聪明才智之士研究的对象，也才是值得儿童研究的对象，因为儿童是应具有聪明才智的。儿童不但要知道事物是什么，而且要知道事物有什么效用。"②

卢梭对于当时违反自然主义的教育，曾反复揭露其丑恶。卢梭说："当我

---

① ② Rousseau. *Emile or Education*. Everyman's Library, London: J. M. Dent & Sons Ltd., 1933, p. 72, p. 129.

看到青年们在最为爱好活动的时期，所研究的只限于纯粹思索的事体，而他们后来并未得有任何经验，竟骤然地被放进人和事的世界之中。这显然使我觉得它与理性和自然都是背反的。因此，我对于如今不少人在社会上无所适从的现象，也就不觉奇怪了。交给我们如此众多的无用的知识，而与我们行为方法有关的事体却未曾涉及，这是如何奇怪的选择呀！他们自称教我们能够适应社会，而我们受的教育却仿佛我们每人都在寂静的角落里，过着那沉思的生活似的，或者仿佛我们是和一些不相干的人研讨理论似的。你以为你在教儿童如何过活，事实上你却在教他们身体的苦痛和没意义的文字。"①卢梭又举例道："我敢说没有一个10岁的儿童由于两年从事利用地球仪和地志学的工作，能够应用他所习的原则，去找寻由巴黎到圣旦尼的路径。我敢说在这些儿童之中，没有一个能够应用地图去寻找前往其父庄园的道路而不致发生错误的。这些儿童竟然是那些能够告诉我们北京、伊思法罕、墨西哥以及世界上其他各国位置的幼年博士！"②他又说："当我们业已设法使儿童获得'有用'一词的观念时，我们便增添一种控制儿童的方法。因为'效用'的意义若是符合儿童的理解，若是儿童能看清'效用'和他幸福的关系，则'效用'的意义便给他一种深刻的印象。但是你的儿童却没有这种印象，因为你不曾把他所理解的'有效'一词的意义教给他，而且别人总在设法满足你的儿童的需要，因此他便不复自加考虑，也就无从洞晓'效用'的含义了。"③

怎样取得各种有用的知识？那就是从儿童现实出发，引导他们领会与现实有关的知识，避免单纯空论或说教。空洞的理论说教好像是系统的和高深的，实际上是空疏的和迂腐的。儿童用不到它们，也畏惧学习它们。教师如果传授有用的知识，就能抓住学生的注意，给他们培植实际的能力。在此应该说明的是：所谓"有用"要切合儿童的现实需要，教师必须设身处地为儿童着想，万不能按照成人的要求，主观武断地强加于儿童。他说："当你设想在他长大成人后有用的知识时，你应当和他讨论他所知道的与他现在有用的事物。"④为了贯彻这种理想，卢梭要求彻底改革当时的学风。他说："假如你按照我的计划，采取刚好和目前教育相反的原则，假如不把儿童拖到远方，不带他徘徊遥远的处所，遥远的国家，在那地之角，天之涯，而让他保持自己的能力，注意与他

①②③④ Rousseau. *Emile or Education*. Everyman's Library, London：J. M. Dent & Sons Ltd., 1933, p. 211, p. 73, p. 141, p. 146.

有关的事体，你就会看到他能观察，能记忆，甚至能够推理。这是自然的秩序。"①

在卢梭看来，上述追求真正的知识和追求有用的知识，是具有紧密的关联的。用它充当智育的内容，有多种益处。因为传授这种知识可以克服虚伪的智育所造成的误解、偏见和愚妄，可以把儿童培育成能够经受社会考验的人物。剖析卢梭的论点，那就是只有具备真正的知识，才能有卓异的见解；只有具备有用的知识，才能有卓越的才干。因此，掌握真正的和有用的知识、不流为书本的俘虏却成为书籍的主人，才能精于判别是非和审视曲直，成为识时务而善治事的干才。这种新型人物不但异于贵族士绅和达官显宦，也不同于自夸渊深的博学家。前者固不足论，那些沉溺知识海洋而不达时务者，又何足为训？卢梭说："请你们牢记，我的教育方法的要旨是：不要向儿童传授多量的知识，而应永远使他不产生错谬、混乱的观念。如果他没有错误的知识，纵令他一无所知，我是毫不介意的。我所致力的只是叫他熟悉真理，以保证必要时能够抵制错误。因为理性和判断是缓慢发展的，而偏见却常大量而急骤地向他袭来，他必须严加防范。假如你把单纯钻研科学作为奋斗目标，你就会陷入深不可测而漫无际涯的大洋之中，这个海洋是充满暗礁而难以使它转回岸上的。我每看到被科学之类所迷恋的好学之辈，永不停顿地从钻研这一学科而又钻研另一学科，就好似看到在海滨拾取贝壳的儿童，一时捡起这些，一时又看到别的贝壳而将已拾的抛弃，不一时又把已抛掉的重新捡起，到头来却因捡的贝壳过多而无从挑选，只好统统丢掉，空手而归。"②这样追求学问是不足为法的！卢梭鄙薄号称文人学士集团的法兰西学院，说其中博学多知之士的荒诞思想，比整个美洲印第安人的荒诞思想还多。言外之意：它是实施知识教育的坏样板，必须引以为戒。

在这种理解下，怎样处理读书问题呢？卢梭虽反对一味记诵书本，却非根本抹杀读书，只是读书要给人带来真正的知识，给人养成实际的能力。在儿童实际经验缺乏和理性尚未发达的12岁以前，多读书是无益的，因而是不必要的。卢梭为12岁以前的儿童所设计的读物仅是《鲁滨逊漂流记》，绝不包括任何经典作品。卢梭曾反问儿童读物应是哪些："亚里士多德的著作吗？普林尼

---

① ② Rousseau. *Emile or Education*. Everyman's Library, London：J. M. Dent & Sons Ltd.，1933，p. 82，p. 134.

的著作吗？布芳的著作吗？不是。它是《鲁滨逊漂流记》。"①卢梭认为该书描绘鲁滨逊只身在孤岛上和大自然斗争，能够觅食生存，极能引发儿童的兴趣，最易为儿童所理解，是切合他们的接受水平而又有助于他们的生活能力成长的。等到青少年的理性由睡眠而觉醒，他们就既有能力、又需要读书了。不该读书的时期而读书，必须反对；但该读书的时期而读书，就不容怀疑。在这里更须指出卢梭虽反对古典主义，并非反对学习古典，两者并非等同。前者把青年引向古籍堆，使他们泥古而忽今；后者要求知晓古代文化，吸取其精华，借鉴其得失，从而博古通今和古为今用。卢梭对于12岁以后的理性开始发达的青年，布置许多门类的学科。大致分为以知识教育为主的青年期应学习自然科学知识，以道德教育为主的青春期应学习社会科学知识。过去说寓言是不必读的，到青春期就应该读了："我重复一下，只有成人能够从寓言中获取教益。如今，爱弥儿已属开始学习寓言的阶段了。"②过去说历史是不该读的，到青春期就应该读了："这是开始讲授历史的时期了。"③因为洞古可以知今。过去说古典语文不需要读，如今也应该读了："我们必须学习拉丁文，假如我们要彻底理解法文，因为为着理解语言艺术的规律，我们必须掌握这两种语言，并对它们进行比较。"卢梭说："假如爱弥儿对于诗歌略感趣味，他将急于学习用希腊文、拉丁文、意大利文撰写的诗歌。"④爱弥儿不但爱学古典语文，而且爱学古典著述。"一般说来，他将更爱好古代的而非当今的著作。这恰好是因为古书是早于现代书籍而产生的，因而是更接近自然而更能显露著者的天才的。"⑤不过，必须认清卢梭虽然要青少年读书，但是在他的理想中，学生读书时期、读书的态度、读书的方法和读书的要求，都和当时的书本教育不同。卢梭已将智育重心从书本记诵移开，更和古典主义告别了。

（二）反对教条主义，呐喊行以求知

卢梭反对古典主义的教学内容，要求从现实中去找真理，找学识；相应地，在教学方法上便反对教条主义而着重行以求知。他要教师放弃冗长的讲述，提倡师生在共同活动中进行教学。他的要求是："在任何可能的情况下，

---

①②③④⑤ Rousseau. *Emile or Education*. Everyman's Library, London: J. M. Dent & Sons Ltd., 1933, p. 147, p. 211, p. 199, p. 309, p. 309.

你都要从做中来教学，而且只有在做的方面没有问题时，才进行文字教学。"①卢梭又说："请勿以文字教育给予你的儿童，他应当纯由经验而学习。"②他还说："我们真正的教师是经验和情绪。"③由行动中进行教学比较由书本进行教学，是复杂而困难的，所以卢梭谆谆勖勉教师谨慎地承担这桩艰巨的任务。

卢梭在《爱弥儿》中，曾列举许多行以求知的事例。譬如，爱弥儿在密密的林海中迷了路，于是在教师指引下，根据阳光照射的方向和森林所在的部位，推断出回家的道路。就是说，天文和地理的知识是在解决现实问题的场合学习的。又如，魔术师操纵水盆中的腊制小鸭游来游去，这桩秘密被爱弥儿戳穿了，在这一场合中，爱弥儿懂得了有关磁铁的知识。再如，爱弥儿参加宴会时，在交谈中知道佳肴是由无数人的劳动制成的，因而恼恨富人的奢侈浪费和自求珍惜人力、物力。再如，爱弥儿接到请柬去散步或泛舟，但因不识字而耽误了，在这样刺激下他才学习书札和文字。总之，在卢梭的臆想中，儿童应结合实际来学习实用的知识，不该脱离实际去学习空泛的理论。

卢梭知道这种变革会遭到保守派的反抗，因而从历史中找理论根据去说服他们。人们或许怀疑就儿童的生活来施教会贻误青春。卢梭说："你怕他早年无所事事虚度光阴。这话从何说起？儿童精神愉快，终日跑跳嬉戏，那是无所事事吗？在他一生之中将不会再有这样忙碌的时日了。柏拉图在《理想国》中告诉我们，只在宴会、竞技、歌咏或娱乐中从事儿童教育。当柏拉图教育儿童享受愉快时，他似乎已达到目的了。辛尼卡读到古代罗马青年时，也曾说：'他们永远是起而行的。他们从未曾受过静坐的教育'。这些儿童长大成人时，难道是很坏的吗？"④ "不去读书，儿童所有的记忆力并未闲置，他所见闻的事物都给他以印象。他对别人的言行都记录在头脑之中，他的整个环境就是他的书籍，从这本大书中他无意识地丰富了自己的记忆，使他将来能利用它们对于事物进行判断。"⑤在《新爱露伊斯》中，卢梭曾说："儿童永远活动不停，没有再比静止和反省使他们更感觉乏味。他们身心都不堪受到抑制，勤学和独居的生活会阻止他们的生长和发育。假如儿童永远闭户读书，他们便失去了活力，变为软弱和毁损健康，那是使他们成为呆子而不是成为有理性的人，而且

---

① ② ③ ④ ⑤ Rousseau. *Emile or Education*. Everyman's Library, London: J. M. Dent & Sons Ltd., 1933, p. 144, p. 56, p. 141, p. 71, p. 76.

他们的心灵将因身体的羸弱而成为病态的。"①

如何贯彻自然主义的原则,改革智育的方法呢?

其一,教学要启发儿童、青年的自觉性。

首先,卢梭期望教师诱导学生对于学习具有强烈的动机,感到学习的兴趣和需要,能够主动积极地去钻研。他向教师建议道:"不要忘记:你的职责并非指示儿童应当学习什么。要来学习以及要来寻求和发现应该学习的事体,是儿童的工作,你应当把儿童学习的用品安放在他们能够接触的范围内,你应该很巧妙地唤起他们学习的欲望,并且给他们以满足欲望的方法。"②卢梭对于当时纯由教师直接出面摆布而给儿童带来厌倦的教学工作,极为反对。他说:"儿童绝不喜欢练习那使他受苦的东西,假设把这些东西改变成为愉快的,你将不能使他离开它们了。"③他又说:"人们不畏烦劳地寻觅最完善的方法、来教授儿童阅读。他们创造活字盘和卡片,把保育室改为印刷所。洛克还要儿童靠玩骰子来学习阅读。这是如何完善的意见!但是这种意见也太可怜了!有一种方法比这些都好,却常为人所忽视。这种方法就含在儿童向学的愿望中。把儿童向学的愿望引发起来,再应用你的活字盘和骰子。那么,任何教授的方法便都可成功了。"④很清楚,卢梭以为引发儿童学习求知的自觉,应当首重内因,即注意启发儿童对于学习本身的爱好,而不依靠外因。他说:"假如一个人有了技术,我想不到有任何事物,并非虚荣、竞争和嫉妒,就不能触发儿童学习的兴趣,或强烈的热情……在各种游戏之中,当儿童确实知道那只是游戏,他们就毫不怨天尤人甚至兴高采烈地忍受各种困难。这种困难若在别处叫他忍受,却非流许多眼泪不可。在野蛮青年的游戏中,常常含有各种长时间的禁食、拳打、烧烤和疲劳夹在其内,这就证明甚至痛苦也有它引人入胜之妙,这种愉快能将各种痛苦给忘掉。"⑤这很使我们联想到夸美纽斯的话,夸美纽斯说教学如果成功,便能使儿童把在课室做功课,看成是终日在球场踢球了。

其次,为求教学能启发儿童的自发、自觉,卢梭反对当时惯用的命令主义和填鸭式传授知识的方法,强调学生的独立判断和独立思考。他警告当日的教

---

① W. Boyd. *The Minor Educational Writings of Jean Jacques Rousseau*. London: Blackie & Son Ltd., 1911, p. 58.

②③④⑤ Rousseau. *Emile or Education*. Everyman's Library, London: J. M. Dent & Sons Ltd., 1933, p. 142, p. 81, p. 81, p. 59.

师道:"你若永远给儿童以指示,永远命令他来这里,去那里,停住,做这件事,不做那件事,你必将使儿童愚钝。假如你的头脑永远指导他的双手,他自己的头脑必将变成无用。"①这种被动的机械的学习,只能造成呆瓜和蠢材。合理的智育必须扭转这种谬误方向,要由学生凭借自己的观察、钻研,来掌握知识,不能鹦鹉学舌似的道听途说和盲目信从。卢梭鄙视不费琢磨而被动接受知识的方法,也菲薄注入式的教学方法。他反复劝告教师说:"不该要学生学习科学,应该让他去发现科学。"②"无疑的,自己获得的观念是比别人传授观念,更加清晰而相信更深的。我们的理性不但不惯于服从权威,而且当我们发现事物的观念时,把观念和创造的工具联系应用时,比仅仅接收他人传授的观念,以致因漠不关心而有损心智,可以更能发展我们的才能……在若干学习科学的捷径中,最需要有人教我们困而知之的方法。"③"在我的原则之下教养成功的儿童,惯于自己制造工具,在他自行尝试而失败之前,他不乞求别人的帮助,这种儿童将会对他所见的事物默默细察。他宁愿思考而不发问。"④卢梭甚至讲:"我宁愿儿童对于某些事物一无所知,而不愿你告诉他知道。"⑤所以,"教授儿童各种各类的科学,并不是你的职责;你的职责应是使他对于科学感到有趣味,以及当这些趣味较为成熟时,给他以从事学习科学的方法。这确是那完善教育的最基本的原理。"⑥

根据上述道理,卢梭反对教师一味地解说和有问必答。他主张把学生引向问题的边缘,鼓励学生去思索解决。他告诉教师:"你要教儿童去观察自然现象,你很快地便将引起他的好奇心。但是,假如你要使好奇心增长,你就别忙着给他以满足。你当把问题放在儿童面前,让儿童自行解决。应当让儿童不因你的解说而晓得什么事情,应当让他由于自己去学习才晓得它们。假如你一旦把权威替代了理性,他便将废弃理性,他将成为他人思想的玩具了。"⑦不过,当学生凭借思考判断而不能解决疑难时,教师还应发挥诱导作用,帮助学生走向解决疑难的途径。卢梭说:"训练儿童注意认识事物,使他对经验的真理深深地得有印象,他必须在发现这个真理之前,带着思虑和焦急的心情熬过许多时日。假如他用这种方法而未获得足够的学习,教师还须由别种方法引导他去

---

①②③④⑤⑥⑦ Rousseau. *Emile or Education*. Everyman's Library, London: J. M. Dent & Sons Ltd., 1933, p. 82, p. 131, p. 139, p. 132, p. 113, p. 134, p. 131.

注意观察事物,那就是使儿童从别的角度来研究问题。"① 显然,这种解决绝不是教师讲授和解答问题的结果,而是在教师帮助下由学生自觉寻到的结论。

再次,卢梭因为注重学生自觉地掌握真实的和有用的知识,便强调学生在掌握知识的过程中,不迷信权威而发展智力。他描绘爱弥儿道:"他由于为自己而学习的动机所驱使,他运用他自己的而非他人的理性。他不屈从于习俗之见,他不向任何权威低头。这样继续不断地运用理性,就会养成爱弥儿的心智的活力,恰好像通过劳动和克服倦乏,能够培养其身体的强健一般。"② 卢梭对于心智能力的培育是极重视的。他甚至讲:"请你牢记:我们切望养成的是智慧,并不是知识。"③ 他又道:"爱弥儿不是由于掌握了知识,而是由于具有获得知识的才能,方能心胸开阔。他眼界宽广,头脑聪敏,巧于随机应变,而且正像蒙田所说,虽非学有成就的学者,却是善于学习的人。我要反复地说,我的教育的目的不是传给他确切的知识,而是养成他在需要知识时能够掌握获得知识的办法,教导他在掌握知识时而尊重知识的价值,并且热爱真理甚于热爱一切。我的教育方法虽然使爱弥儿的进步缓慢,但他所得的进步却是确实的,不需要再去返工重学。"④

卢梭明确地指出,这里存在着新旧教育的分水岭。在教条主义之下,谈不到智慧的启发,只能是心灵的摧残。"学生在你们那呆笨的课业、冗长的说教和无聊的问答之下,感到无比厌烦和疲惫,怎肯对这些使他们愁苦的学习以及无穷无尽的不愉快的概念,费尽心思去钻研呢?这些货色只能招致他们的反感、厌弃、倦怠;这些货色造成的压力只能引发他们的反抗。当他们开始自己安排自己的学习时,又怎肯全心全意地学习这些令人败兴的东西呢?"⑤ 自然主义教育下的儿童完全两样。卢梭说:"请把一个无知无识的 12 岁的儿童送来,等他到 15 岁时,我再交还给你,他将和一般从婴孩起就受教育的儿童一样。所有的差别是:你的学生只会用心牢记知识,我的学生却会运用知识。我的学生能够领会如何根据年龄长幼、社会情况、男女性别去适应社会风俗之需,把这些归纳为原理,并且用以应付未来的事故。你的学生却由于只受习惯所支配,一遇习惯发生变化,就茫然无主了。"⑥ 卢梭用爱弥儿为例来归结道:"他不是什么漂亮人物,但人人都莫名其妙地喜欢他。没人恭维他的学识出众,但

---

①②③④⑤⑥ Rousseau. *Emile or Education*. Everyman's Library, London: J. M. Dent & Sons Ltd., 1933, p. 132, p. 169, p. 155, p. 170, p. 280, p. 292.

人人都愿意请他对于众多学者加以评断。他的知识是清晰而有限的,头脑是正确的,判断是公允的。"①好!爱弥儿绝不是书呆子,却习得哲学家的思维本领了。

其二,教学要适应儿童青年的发育水平。

首先,卢梭期望教师根据儿童理解水平来选择学习内容。切忌好高骛远,坚决反对硬把成人的需要作为标准,来选择教材。因为,"我们不能把自己放在儿童的地位,不能设身处地地为儿童着想,我们硬把成人的观念来给予儿童,而且当我们按照自己理性的线索施教时,即只好把各种荒谬和错误的思想装满儿童的头脑而已"②。他说:"人们对于儿童们的知识领域认识错误,把儿童所没有的知识认为儿童已经具备,并且教儿童去理解那些不能理解的东西。人们的另一种错误,是叫儿童注意那些与他们丝毫无关的事物,如同儿童未来的利益,他们长大成人时的幸福,以及别人在他们成年后所将有的批评之类。这些名词对于毫无远见的儿童,是绝无意义的。"③他还说:"当你总想鼓舞他越出他当前的理解范围以外时,你自以为是给儿童练习了一种先见之明,其实并不如此。你把儿童永远用不着的工具给予儿童,你是把人类最有用的工具给剥夺了;这后一种知识就是常识。你愿他像孩童那样容易教导,殊不知那会使他长大时成为轻信的人。你时常对他说:'我所要求的是为了你的好处,虽然你现在并不知道。你做与不做,与我何干?我的努力全都是为你打算的。'所有这些你希望使他好的华美词句,都在准备一条路,通过这条路可使各种幻想者、诱惑者、大言欺人者、恶作剧者以及各式各样蠢笨之徒,把儿童攫取在掌中而把他拖入愚妄之境。"④所以卢梭劝教师说:"永远不要把儿童不能理解的东西向儿童说明。"⑤卢梭吁请教师了解儿童的知识范围和理解能力,并且建议由简单的事物而不由繁杂的事物教起,由儿童习见的事物而不由遥远的事物教起。他说:"你在研究自然律的过程中,要永远就最习见而最鲜明的现象着手。"⑥否则,牵涉广泛的问题和传授艰深的知识,那就"不只是把幼儿当作哲学家,而且是当作圣人。因你所企图教给他们的是极少数哲学家所能掌握的知识"⑦。那是多么迂阔可笑!

其次,卢梭为图保持知识的正确性和巩固性,期望儿童学习的速度恰当,不急于求成,不贪多图快。因为贪多求快不但造成错误认识,而且造成遗忘现

---

①②③④⑤⑥⑦ Rousseau. *Emile or Education*. Everyman's Library, London: J. M. Dent & Sons Ltd., 1933, p. 304, p. 153, p. 72, p. 141, p. 146, p. 140, p. 152.

象。他说:"请牢记这是我的方法的主要论点:不教儿童许多事物,但愿永远不叫他形成错误或混淆的观念。假如他不发生错误,那么他有无知识是我不曾关怀的。"① 他又说:"纵令是最有天资的儿童,你们也莫要设想在我们教导他的三四年时间内,能对一切艺术和科学都有所理解,以致到他长大时能够独立地进行研究。"② 卢梭指出妄想揠苗助长只是在幼儿头脑中填塞难以消化的观念和甚至是荒唐荒诞的观念而已。"儿童在把知识储存脑海以前若先能理解它的意义,那么他在将来使用这些知识时,知识才是他自己的;无奈儿童在对那些毫不理解而一味超量死记的知识的沉重压力之下,却找不到半点能够灵活运用的属于自己的知识,这真是一种险境。"③ 卢梭完全反其道而行之。因此,"爱弥儿所知者有限,但他所知者却真正是他自己的知识,绝没有似是而非的知识,在他所知和透彻理解的事物中,最重要的一项是必须知道,许多事物是他当前不懂而将来能懂的,更多事物是别人能懂而他永远不能理解的,还有无数事物是任何人都没有能力理解的"④。卢梭坚决反对父母妄图让幼年孩童成为学富五车的神童。他说,爱弥儿在12岁时不知道什么是书,并不要紧。而且,就曾受知识教育三四年之久的年届15岁的爱弥儿而言,"他所有知识的范围仅限于自然的和事物的。他连历史这个名称都不知道。同样,他也不知道什么是形而上学和社会公德。他对于人和事物之间的主要关系虽有所知,但绝不知道人和人之间的道德关系"⑤。道理是自然的秩序还没使他跨入接受道德教育的阶段。

卢梭对于当时崇尚速效的方法憎恨之至。他说心急的父母和教师每每不恰当地珍惜时间,希图给儿童大量灌输知识。实际上,教学工作是不能吝惜时间的,人们必须由于在学习上多花时间而节省时间,不掌握教学工作这一特点而一味希求速效,是无远见的想法。卢梭说:"我要再说一些话,这些话是含有重要的道理的。那就是我们愈是不急求获得什么,往往愈能迅速而稳妥地得到什么。我很确知爱弥儿在十多岁以前,必能学习读书和写字,这因为我对他在五岁以前能否读写并未介意。"⑥卢梭更说道:"在农业上最好的原则之一就是听任作物自然生长。同样,你的教育进程也要缓慢而确实,不要使青年一旦之间即刻变为成人。"⑦他说时间吝啬鬼是要输掉本钱的。

---

①②③④⑤⑥⑦ Rousseau. *Emile or Education*. Everyman's Library, London: J. M. Dent & Sons Ltd., 1933, p. 134, p. 155, p. 169, p. 169, p. 170, p. 81, p. 193.

总之，卢梭对于教学要适应身心发育的特征，是十分注重的。他说："无论如何，我的方法……是建立在年岁不同的人们的能力总量之上的，选择教育活动是要适应这种总量的。我想选择在表面上可以收到良好效果的方法是容易的，但是假如那种方法不能适应学生的类型、性别和年龄特征等，我怀疑它的效果是否是真正良好的。"①

其三，教学要注重对于事物的接触或直观。

卢梭认为感觉是知识的门户，把感觉经验视为发达理性的凭借，在知识教育上极为注重要从外界事物获得印象。他认为对于事物有了直接的交接和观察，才能确实了解事物的意义和观念。这就是说，"我们真正的教师是经验和情绪"②。也就是"由实在关系而得到各种观念的心灵是透彻的"③。所以，"这是一条通例：除非不能把实物给儿童看，否则永不要以符号代替实在的实物"④。刚好相反，当时教育竟使儿童的注意力完全局限于书本诵读而不复过问事实。卢梭因而激昂地说："我不喜欢那些文字的解说。青年并不注意这些解说，也不记忆这些解说。我们应当注意实在的事物！实在的事物！我无论怎样多次反复提'实在的事物'一词，也不嫌絮烦。"⑤

卢梭十分重视实地考察和旅行参观，以便在丰富而确实的感性知识的基础上，探索事物的规律。爱弥儿学习农业、土壤、物产和种植方法，是亲自下田观察以及在和农民一道操作中进行的。他采集植物和矿物标本，是在实地参观调查中进行的。他绝不关在房内读死书，而是走向实际搞研究。结果呢？卢梭说："你们那些在城市中培植出的科学家，仅在斗室中研究博物学，见到的标本十分贫乏，因而只知道自然事物的名称，却不理解它们的性质。爱弥儿的博物馆则比国王的博物馆还收藏丰富，是包括整个世界中的一切事物的。爱弥儿博物馆的陈列品都安排在恰当之处，充当博物馆馆员的大自然就是自然科学家，他把各种自然事物布置在最理想的秩序之中，即令是驰名于世的当代法国博物学家道伯通（Daubenton），也是比他大为逊色的。"⑥

卢梭关于直观原则的应用，曾举过若干的实例。他说："你在研究自然律的过程中，要永远就最习见而最鲜明的现象着手，而且要训练儿童不把这些现象当作原因，而把它们当作事实。我手中举起石块，妄说把它放在天空；但刚

---

① ② ③ ④ ⑤ ⑥ Rousseau. *Emile or Education*. Everyman's Library, London: J. M. Dent & Sons Ltd., 1933, p. 155, p. 141, p. 165, p. 133, p. 143, p. 374.

一放手,石块随即下落。我看爱弥儿在注视我的动作,我便说:'石块为何下落了呢?'"①这就是由直观的方法,启发儿童学习的动机。卢梭还曾举例说明由直观来教授天文知识的方法。他说:"我们曾在仲夏观察过日出的情景,我们将要在圣诞节或其他晴和的冬日再去观看一番。我留心使第二次观察仍在第一次观察的地点举行,而且假如能举行得巧妙,儿童必会惊叫:'好生奇怪呀!日出并非在同一地点。夏日由这点上升,地上的标记还在,而冬日改在那里升起。这说明夏季东方和冬季东方的不同了。'这些实例就在告诉你们如何教授地理而不发生困难,这就是要就地来教地,就太阳来教太阳。"②

卢梭因为主张直观教学,甚至连仪器、模型的应用也认为不必要。他以地理教学为例道:"你想教授儿童地理,并且备制地球仪、天文图和地图等设备。这些设备是如何精美!但是它们有何效用呢?你为何不把实物给他们观察,使他至少可以明白你所讲的是什么呢?"③他又说:"我看那浑天仪是拙劣而不合比例的器具。它上面描画着种种的经纬圈和奇怪的符号,好像是一种妖术,使得儿童一见生畏。地球画得太小,经纬圈又画得太大、太多,有些经纬圈,如四季圈,完全无用;而且贴纸太厚,更使人疑心这些圆形是真实的存在着。当你告诉儿童这些圈子是假想而成时,儿童就毫无所知,并且也就糊涂了。"④可见就实际事物直接观察是最为有效的办法,不必由种种造作的设备来代替实在的事物,仪器、模型等设备都足以扰乱儿童的学习,都该弃而不用。这样,卢梭便成为极端的直观教学的倡导者了。

其四,教学要注重教育艺术和才能。

他劝告教师道:"要注意观察儿童,永不停止地研究儿童,但不要叫儿童知道你在观察他、研究他。你要预先理解他的感情,防止他产生不良的思念,更须设法诱导他全力投入某些活动,使他不仅理解从事这类活动的用途,而且使他从理解所作活动的良好目的而心情愉快。"⑤卢梭举例道,曾有一次他带领爱弥儿参加宾客盈门、仆从众多的豪华饮宴。当爱弥儿注视丰盛佳肴而欢快万状时,卢梭轻声问他:"你想这些珍奇美食摆上筵席以前,曾经过多少人的辛勤之手呢?"⑥爱弥儿顿时陷入沉思,想到千千万万的农工技匠和昼夜辛苦的男女老少,都为这一盛宴流尽血汗,来供蠹虫挥霍玩乐。他随而抛掉饮食,离开

---

①②③④⑤⑥ Rousseau. *Emile or Education*. Everyman's Library, London: J. M. Dent & Sons Ltd., 1933, p. 140, p. 133, p. 131, p. 133, p. 151, p. 153.

这穷奢极欲的场面。他还认识到他出席这次宴会而在中午穿用、夜晚藏入橱中的服装,曾使世界任何角落的人都遭了殃,约有200万人劳动了好几年,成千上万的人甚至为它而牺牲了性命。卢梭对于这番犹如时雨的教导的深刻和成功,极为满意地说:"这是怎样一桩富有深意的好奇的目标!又是怎样一本无比珍贵的教科书呀!"① 类似的发人深省的事例,在《爱弥儿》中不一而足。卢梭多次劝告教师在执行教导任务时,不能千篇一律,不能机械地死板地照例行事,必须因人制宜、因事制宜、因时制宜、因地制宜,充分发挥创造才能,达到艺术境界。他说:"我所举的事例可能仅适用于某一儿童,却不适用其他儿童。假如你能体会它的精神,你就将根据条件和需要而灵活掌握了。你在选用教导方法时,要研究每个儿童的特殊天性,而研究每个儿童特有的天性时,就要研究其天性得以表现的具体环境。"②

卢梭还经常谈到,教师的威信要建立在正确而艺术的教导的基础上。"哪个教师愿意立即停止工作,而在学生面前公开承认错误呢?我们久已把掩饰自己的真正错误当作惯例了。现在,我要创造一项全新的惯例,那就是当我对学生讲不清楚我所讲述的知识时,纵令我讲得不错,我也承认自己有错。由于我的行为对他一向无所隐蔽,他对我便不加怀疑;而且我将由于承认并不存在的错误而比那些存心护短的教师,获得更多人的信任。"③难道卢梭所说的是没道理的吗?难道这种教育艺术没有现实的意义吗?

以上是卢梭为智育方法提出的宝贵意见。它和传统的书本讲授方法判然不同。首先,卢梭充分预见使用这种新颖方法将要遭到麻烦,因而一一做出令人信服的辩解。他劝人不要畏惧这种方法会给学生造成困难。他说科学无坦途。"在许多学习科学的捷径中,最需要有人教给我们困而知之的艺术。"④他劝人不要顾虑学生这样学习时会发生错误。"假如他永远不发生错误,他永远不能彻底学习任何知识。"⑤其次,这种从尝试中揣摩求知,还能"发展人的观察判断和思维推理的智慧"。⑥再次,采取这种方法的最大好处是:"他的学习进度是和他能力的成长相适应的,在身心双方都不致负担过重。"⑦显然,这样使身心谐和地发展,才是教育的上乘。

---

①②③④⑤⑥⑦ Rousseau. *Emile or Education*. Everyman's Library, London: J. M. Dent & Sons Ltd., 1933, p. 153, p. 155, p. 142, p. 139, p. 134, p. 155, p. 169.

（三）结语

卢梭的智育理论对近代教育发展做出的贡献是辉煌的。他给教育学术积累的财富是丰富的。在卢梭的智育理论中包含着宝贵的真理，这些真理在教育科学中是颠扑不破的。譬如，卢梭要人不读死书而追求真正的和有用的知识；又如，他要人不死读书而从现实生活中探索事物的规律；再如，他要人不向儿童填鸭式地灌输知识，而应启发儿童的学习自觉性、积极性，以调动其主观能动性；更如，他要人避免揠苗助长，而应适应年龄特征和个性特征；复如，他要人利用事物的直观以代替文字说教；等等。所有这些，直到如今都是可以批判继承的。近代自然科学和社会知识的日趋成长，是博学的卢梭极为重视的。他鼓吹由天文、地理、物理、化学等知识领域开辟学习的阵地，跟人文科目共同组成教学内容，这反映了资本主义生产事业的要求，同样是有进步意义的。

评断历史人物不能离开历史背景。要跟他以前的和当时的教学理论做比较，方能认清卢梭的教学理论的进步意义。从近代教育的发展过程看，17世纪夸美纽斯的《大教学论》，要求根据自然原则，进行教学改革，是划时代的。不过，卢梭与他比较，又前进一大步。夸美纽斯把《圣经》奉为至尊，并未摆脱把它列在各科之首的传统，不但肯定"《圣经》应该成为基督教学校的第一个和最末一个字母"[①]，而且明白指出："除了《圣经》以外，我们教给青年人的一切东西（科学、艺术、语文等等）都应纯粹当作附属的科目去教授。这样一来，学生就可以明白，凡是与上帝及来生没有关系的事情便都只是一种浮华而已。"[②]他称《圣经》已包括了多种智慧，应排斥异教学术，说："我们不应当让我们的儿女变成亚里士多德、柏拉图、普拉图斯、西塞罗或其他偶然读到的作家所栽种的灌木：'凡栽种的物，若不是我天父栽种的，必要拔出来'（《马太福音》第十五章，十三）。"[③]卢梭则不然，虽要求青年接受宗教教育，却从不把智育变成神学的附庸。再则，夸美纽斯以古典科目为课程核心，肯定拉丁语学校学生必须精通拉丁语与国语，充分熟悉希腊语与希伯来语，借以成为文法家。他撰著的《拉丁语入门》，就是充当拉丁语课本的作品，企图把当时流行的枯涩寡味的教材变为饶有趣味的教材。卢梭却是反对古典主义的旗手。还有，夸美纽斯袭用传统的"先生讲、学生听"的教学方法，只是希望教

---

①②③ ［捷］夸美纽斯著，傅任敢译：《大教学论》，人民教育出版社1979年版，第186、189、209页。

学和实际生活保持联系。卢梭却改变儿童被动吸收知识的地位，强调儿童的自由和兴趣，提出儿童应离开书本记诵，通过活动去求知。最后，夸美纽斯虽要求教学遵循自然的原则，但并不意味教学要遵循天性的发展，仅让教学比照树木成长和鱼鸟生活的规律进行。他说："教导的恰切的秩序应当从自然去借来。"① 他未分辨人类与自然界的本质差异，更未确切指出教学应根据受教育者的身心发展特征。卢梭却明确要求教学适应身心成熟的阶段和针对受教育者的个性而实施。在17—18世纪的欧洲，如何处理神学及古典学科以及如何对待教条主义的教法问题，是分辨是否进步的尺度。从这点看，卢梭是胜过他的前辈的。在卢梭之前，没有谁曾像卢梭那样气魄雄伟而又坚决彻底地致力于教学论的改革的。从卢梭开端，欧洲的尊重天性的教育理论和教学理论，才如滚滚向前的长河。美国教育学者杜威在所著《明日之学校》中，开宗明义便引用卢梭在《爱弥儿》中的警句，阐述"教育是自然发展"的意义，并且说："从这个观念生出种种的研究，为卢梭以后教育改革所注重。"② 杜威标榜的"教育即生活""教育即生长""教育即经验改造""由做而学"，以及曾经流行的"设计教学""经验课程"，还有如今提倡的"发现法""智力培养"和称课外活动为"第二课堂"，等等，又哪一件不使人联想到卢梭的预言和远见呢？

能不能说卢梭的智育理论是完全正确的呢？不能。其中存在着不容掩饰的缺点和错误。

就智育内容看，卢梭由于强调真正的和有用的知识、过分重视生活经验的价值，认为书本误人而经验是真实的教师。这虽有正确的一面，但是这种把儿童青年的知识局限于生活经验的主张，并不完全正确。因为这样取得的知识是会囿于实用而谈不到系统性和丰富性的，也就是不能使儿童青年获得范围广阔而质量较高的学习的。试看儿童青年的生活范围狭窄，无法广泛接触繁复经验，他们又无坚强的分析判断能力，无法把所涉及的简陋经验上升为科学，其结果就只是拾掇些东鳞西爪、支离破碎的常识而已，又怎能保证对于自然和社会具有较为全面而深刻的理解呢？这样局限儿童青年的知识领域而降低他们的知识水平，当然是使他们束缚于小用而无由满足长远的大用了。卢梭说，与其

---

① ［捷］夸美纽斯著，傅任敢译：《大教学论》，人民教育出版社1979年版，第74页。

② ［美］杜威著，朱经农、潘梓年译：《明日之学校》，商务印书馆1935年版，第1页。

教儿童以不能理解的书本以致形成虚伪的知识，不如使他们安于无知。实际上，死读书和读死书固然应该反对，但儿童在合理的指导下是能够而非不能够读书钻研的。好好指导儿童读书求知，正是借助间接经验而求得丰富知识的必由之路，教师的责任之一就是利用高明的教育艺术来巧妙地完成这桩任务。幸而卢梭肯定了青年期读书的价值，否则他就可能在反古典主义的同时，走入了经验主义。

就智育方法看，卢梭号召通过活动来学习知识，虽有正确的一面，但是这样把教学过程与认识过程不适当地等同起来，同样是不够科学的。理由很明显，由掌握科学真理的教师按照科学体系有意识、有计划地传授知识，才能帮助学生取得科学上最新和最高成就，而任凭儿童青年在生活中进行学习，就无法保证所得知识的数量与质量。再则，卢梭过于尊崇天性，是偏激的。因为教育终究是按照社会需要塑造青年一代的工作，绝不能放任天性自由泛滥，教师虽不该成为天性的敌人，却必须成为天性的主人。卢梭认为："当前的兴趣是儿童学习的发动力，是我们可以应用无穷而又安然无恙的唯一发动力。"① 这简直是兴趣主义了。还有，像卢梭那样的绝对直观论，连仪器标本都弃之不用，也是过激之言。果真桩桩件件的新事物都必须直接接触才能学习，那就无异缩小学习园地了。最后，卢梭刻板地划分青年期是接受知识教育的时期，青春期是进行道德教育的时期，从而割裂钻研自然知识和社会知识的有机结合而连绵延续的过程，更是不恰当的。

八、卢梭论道德教育

卢梭号召教育以培养自然人为目的，表面上像要培养不顾社会关系而孤立存在的人，实际上，那是误解。他曾明白指出："首先你当牢记，当我需要训练自然人时，我并不把他造就成为野蛮人，不把他送回林野之中。"② 卢梭曾反复论述社会存在的必要性，肯定社会组织的合理性。他说："由个人能够担当的自然艺术，逐渐发展为需要千百人通力合作的工业艺术。自然艺术虽隐士、野人也能从事，工业艺术却只能在社会中进行，工业艺术并且使社会成为必要

---

① ② Rousseau. *Emile or Education*. Everyman's Library, London: J. M. Dent & Sons Ltd., 1933, p. 81, p. 217.

的事体。当人类只感到生理需要时,人人只好自给而自足;等到生产略有余裕,便感觉分工的需要,因为一人的工作仅能维持一人的生活,而百人合作却可养活二百人。"①他又说:"我们不用的器物,别人或视为有用,同时我们也或需要别人的器物,因此便产生交易的需要。于今设有十人,每人有需要十种,每人为求满足这些需要,都须从事十种职业。人的才能不一,有人长于此业,有人适于彼业;不过,每人虽只适于一种职业,却要去干十种职业,而其收获却仍极微小。现由十人组织成社会,使每人致力最适其才能的工作,使人人都为自己和他人而努力,则每人都可获得别人才能的利益,正好像享受自己的才能一样。他们都可由练习而各尽其才。他们既能享有舒适生活,且将有剩余的供他人享用。这正是社会组织的显明基础。"②卢梭接着便推论:"依此原理而论,人若设想自己做孤立的人,自给自足,不赖他人而能独立存在,他只是绝大的愚蠢。他甚至连生存都不可能。"③由此可见,人要过好社会生活和处理好群己关系,完全符合自然天性的要求,而做到这一步也恰是道德的要求。所以,"自然之善如不以人类本能需要为基础,自然之善也便成为空想了"④。这当然是"归于自然"的原理在道德范畴的表现。

卢梭在论述人类天性时,曾不厌其烦地论证青少年具有发展成为善人的禀赋。简言之,他们成为有德之士是得自天性,因而顺应自然发展的人绝不是不分善恶、不辨好坏的野蛮人,而是行善、好善的人。

难道善良天性就能自然而然地发展成为优良的道德品质吗?不!必须通过有意识的努力。理由是:不正当的欲望和优良的品德是敌对的,人受欲望驱使而失去理性的克制,就成为情欲的奴隶和贪婪的牺牲品。唯有战胜情欲而受指导于理智,去掉私心而尊重别人利益,才能达到道德境界。这个过程极为艰苦。没有艰苦斗争而轻轻易易地发展成为善良行为,那只能称为善行,不能称为道德。卢梭说:"没有勇气,就没有幸福之可言;没有斗争,就没有品德之可言。'道德'一词是从'努力'一词导源而来,努力是一切道德的基础。道德是天性虽软弱而意志却坚强的人类的产业,它代表正直之人所有的全部高贵之点。我们虽称赞上帝是善良的,但上帝是不劳而行善的,所以我们并不称赞上帝是道德的。"⑤可见构成道德不单单是善行,还须有坚强行善的意志、艰苦

---

① ② ③ ④ ⑤ Rousseau. *Emile or Education*. Everyman's Library, London: J. M. Dent & Sons Ltd., 1933, p. 148, p. 153, p. 156, p. 196, p. 408.

斗私的努力和为善而善的自觉性。什么是有德之人呢？卢梭总结道："那种能够克服情欲，遵照理性和良心指引，尽其职责，成为自己的主宰而不受外界诱惑的始终走向正路的人，才是有德之人。"①

因此，卢梭便殷切地勖勉青年一代："你们要做聪明人，你们也要做善良人，假如你们只做其中的一个，你们便哪个也不是了。"②

如果论述停止在这里，那就不能弄清卢梭的道德理论的历史价值和进步意义。卢梭在论述中所着力阐明的是：合于自然的社会和道德是在保持人类自由、平等的自然状态中才得出现的。不幸，当前由于贪狠的统治者的苛虐压迫，人类失掉了自然状态，因而人也失掉了自然产生的爱人之心，所剩的只是欺骗、诈伪、贪婪、嫉妒等邪恶的行径了。卢梭以家庭为例道："在一切社会中最原始的社会，而且唯一自然的社会，便是家庭。"③家庭成员是平等而自由的，父母保护子女，子女依附父母。等到子女长大成人了，"儿子不再服从父亲，父亲也不再照料儿子，彼此便还原而变成独立的人了"④。在另一端，国家虽同样是社会，但情况完全不同。卢梭形容道："在家庭中，父亲疼爱儿子就是他抚养子女的酬报；但在国家里，统治者却以他们在统治上所感到的快乐，来代替他们对于人民的热爱。"⑤所以，卢梭竭力鼓吹推翻这种暴戾的国家；卢梭热切呼吁的自然道德也刚好是反抗统治阶级的。

卢梭不只指斥当时统治阶级的道德，他也指斥当时的道德教育。他说："请检查你的教育规律；你将发现它们都是颠倒错乱的，特别是关于培养品德和道德的。"⑥因为正和在知识教育方面，当时把儿童当作哲学家那样对待，在道德教育方面，当时也错把儿童当作道德家对待了。卢梭说："人人渴望获得幸福，但在努力去获得幸福以前，必须理解幸福的含义。对自然人来讲，幸福的意义就和他的生活一样简单。它意味着没有痛苦、健康、自由以及生活需要的满足之类。对道德家来讲，幸福就是另一回事，它和现在讲的儿童幸福是风马牛不相及的。我必须反复地说，对儿童来讲，只有那些能被感觉接触的事物才是感到有兴趣的。对那些虚荣心尚未被刺激起来和心灵尚未被社会风习所污

---

①②⑥ Rousseau. *Emile or Education*. Everyman's Library, London：J. M. Dent & Sons Ltd.，1933，p. 408，p. 309，p. 68.

③④⑤ Rousseau. *The Social Contract and Discourses*. Everyman's Library, London：J. M. Dent & Sons Ltd.，1930，p. 6，p. 6，p. 4.

染的儿童来讲,更是如此。"① 当时一味向幼小儿童灌输既违反自然又非儿童能懂的道德条文,既不符合人类社会的正当要求,又不符合儿童理解能力,只有在儿童头脑中制造离奇怪诞的道德观念,只有迫使他们成为伪君子或奴性人,卢梭对准这种现状,便提出了他的道德教育的主张。

（一）培养善良的习惯

卢梭认为处于自私自利阶段的儿童,不理解社会关系,对于道德的意义自然也无从领会。他说:"当儿童只意识到他们本身时,他的行为也是没有道德意义的。"② 在这阶段进行道德教育是超越自然的安排的,真正的道德教育是青春期的工作。不过,卢梭并不因此而忽视由婴孩期和儿童期起,就培养道德习惯。用卢梭的话说,那就是:"在儿童知道什么是善以前,将早已实行善的重要教训了。"③

在这里需要注意的是：给幼年的儿童养成良好习惯,并不意味要违反儿童天性。因为违反天性而硬性压成的习惯,不能长期存在,不能产生深入的效果。卢梭说:"许多你所认为的通过外因而形成的习惯,实际上绝不是习惯。它们仅是强迫所成,儿童实行时是出之勉强的。"④ 卢梭有趣地比喻道:"不管你在监狱居住多久,你也不会对监狱生活感到爱好。纵令你对监狱生活养成了习惯,你对监狱生活的厌恶也是与日俱增而非与日俱减的。"⑤ 一旦压力消失,习惯立即失效了。按照卢梭的阐述,给儿童培养善良习行,尚非树立道德思想感情,只能称为德育的奠基工作,进行时须遵从几项原则。

其一,培养善良行为必须注重实行,力避空泛说教。因为,"只有理性才教导我们懂得什么是善和什么是恶,所以使我们爱好这人而仇恨那人的良心,虽不是依靠理性而存在的,却是不能脱离理性而自己发展的"⑥。儿童时期是理性睡眠时期,对于善恶的概念是无从捉摸的。显然,当时向儿童高谈道德理论的办法是毫无意味的。卢梭驳斥道:"由理性来了解责任之事,是超乎儿童能力范围之外的,世界上没有人真能使儿童明白责任的意义。"⑦ 所以,"'命令'和'服从'等词应由儿童语汇中剔除,'责任'和'义务'等词更要剔除净尽,但是'力量''需要''软弱''约束'等词,必须在儿童词汇中占重要地位,在儿童理性尚未发达以前,要培养关于道德或社会关系等任何观念,都

---

①②③④⑤⑥⑦ Rousseau. *Emile or Education*. Everyman's Library, London: J. M. Dent & Sons Ltd., 1933, p. 140, p. 181, p. 55, p. 396, p. 396, p. 34, p. 54.

不可能；所以要尽量避免应用表现这些观念的词句，以免儿童幼时养成错误观念，终身难以校正。"①在人生初期既不能由讲授道德理论来培养道德品质，怎样养成善良行为呢？卢梭道："我们由行善而为善人；我知道除此之外，并无更为确实的办法。且让你的儿童对于他力所胜任的各种善行竭力实践吧。"②

卢梭对于当时德育的严厉批评，很有卓见。"如果你想从理论阐述着手，来使学生不仅了解人心，而且了解外界因素怎样使人性变成邪恶；如果因此你便使学生从探求感觉的事物立刻转到探求理性的错误；那你就是运用儿童无法通晓的形而上学，是陷入以往竭力避免的事物；你就是给他以形式主义的课程，使他在心中以教师的经验和权威代替他自己的经验和理性的发展。"③知识教育的最初阶段要通过"行"来学习，道德教育奠基时期也注重通过"行"来学习，两者是彼此平行而精神一致的。

其二，卢梭既注重儿童的实际行动，不尚空洞说教，善良行为的榜样便受到重视。卢梭竭力要求教师以身作则，通过身体力行，给儿童做表率，使儿童模仿和取法。卢梭谆谆叮嘱教师道："你必须牢记，在你们训练人以前，你自己必须是人，你自己必须作为儿童仿效的典范。"④他又说，所有从事表面模仿的道德只是猿猴的道德，真正行为道德是为行善而行善的。"但儿童年龄幼小，不明事理，在他由知善、好善以行善之前，你要使他模仿你想给他养成的行为。人类模仿各种行为正和兽类一样。喜爱模仿原系得自天性。"⑤卢梭还说："你的学生若要有你教给他的轻浮而动摇不定的行为，你也该当受到你的错误教导的惩罚，你将说：'但是，我们将如何救治儿童的轻浮而摇摆不定的行为呢？'这仍然要由你个人先有善良的行为，并且要付出极大的忍耐。"⑥就是说只要父母师长以行为作范例，实行无言之教，儿童自可潜移默化，改过迁善。卢梭曾大声疾呼："榜样！榜样！没有榜样，你永远不能成功地教给儿童任何东西。"⑦卢梭坚决主张幼年儿童到乡村生活，不仅是为了健康的缘故，也是为了防止不良行为的习染。他说："在乡村中可以远离那些不幸的伪善者，那种最卑鄙的人；可以远离城市的恶德，这种恶德的堂皇面孔能够勾引和感染幼年儿童；乡村农民虽也犯错误，但这是不加文饰而赤裸裸的错误，如果人们不有意地模仿他们，这种错误是易于排除而不易起引诱作用的。"⑧

---

①②③④⑤⑥⑦⑧ Rousseau. *Emile or Education*. Everyman's Library, London: J. M. Dent & Sons Ltd., 1933, p. 53, p. 212, p. 199, p. 59, p. 68, p. 85, p. 341, p. 59.

从以上可知，卢梭主张性善，提倡率性发展，看来好似漫无目的地听任儿童自由行事。实则不然。他要教师、家长做表率，做楷模，从而把儿童天性发展纳入正当轨道；绝不是放手不管，而是巧妙地令儿童在欢快活动中，养成良好习惯。在这里，卢梭不是减轻教师的担子，而是加重他们的责任。他们要求教师毫不吝啬地把时间、精力、学识、良心，统统贡献给学生。卢梭曾自述道："假如我为尽到对于爱弥儿的职责而工作时，竟吃了别人的老拳，我不但不去报复，还将引为骄傲。"①

卢梭深恶当时不良社会对儿童品德产生的恶劣影响。一般富贵之家尽情娇宠，溺爱放纵，使儿童养成颐指气使和狂妄乱行的习惯。卢梭对之狠狠批评说："你知道使儿童不幸的最准确的方法吗？那就是他要什么就给他什么。因为他的要求容易达到，他的要求便成正比地增加，终久你就不得不拒绝他的要求，这种意外的拒绝所给他的苦痛，比他不能得到满足的苦痛还大。最初他要手杖，继而要表，要空中的飞鸟，或要在天上照耀的星。他见到什么便要什么，除非你是上帝，你怎能满足他呢？"②还有，这种贪求无厌的儿童的最大恶德是自居于他人之上，养成奴役他人的丑劣观念。卢梭分析道："当他们想着把别人当作使用的工具时，他们便利用别人来实现自己的欲求和补足自己的弱点。这就使他们成为惹起烦厌、盛气凌人、执拗顽皮、无理取闹和难以管理的了。"③其结果是使儿童为欲求所蒙蔽，而流为邪恶的人。卢梭屡次提到："你给予他的不当是他所欲求的，而应是他所需求的。"④一句话，切不可无限制地迁就儿童，以至把他们养成小暴君。

卢梭还指出，当时还有富贵之家走上另一极端，即父母教师滥施权威，压抑儿童天性，他们同样是违反原则而残害天性。因为他们迫使儿童流为怯懦、欺骗或顽梗、反抗，同样是违反教育的要求。实际上，教师应给予儿童以正当的指导和耐心的帮助，绝不该专横粗暴，无情高压，激起儿童的恶感和惧怕。卢梭以儿童的说谎骗人为例说："凡是感到需人帮助的人，凡是时时受人恩惠的人，他如果去欺骗别人，就会一无所得。他显然该让别人看清事实，以免损及他本人的利益。所以对于真切的事实而故意说谎，显然是违背儿童天性的。但是儿童在强迫服从之下，说谎便成为必要了。因为服从是不愉快的事，儿童

---

① ② ③ ④ Rousseau. *Emile or Education*. Everyman's Library, London: J. M. Dent & Sons Ltd., 1933, p. 208, p. 51, p. 34, p. 49.

使尽量秘密地不服从，并且在儿童看来，避免惩罚或斥责所得的当前利益，比之诚实无欺所得的遥远利益重要得多。儿童若受到自由和自然的教育，他又何用说谎？他有何事要隐瞒呢？你并不压抑他，并不责罚他，并不勉强他做事。他为何不把事体坦白地告诉你，正如告诉玩伴一样呢？他不知道什么事比之说谎更为危险了。"①所以"当儿童不曾发现你总在抑制他，当他不再怀疑你和对你有所隐瞒时，他就将既不说谎又不欺你了，他必将毫无戒心地把真情告诉给你，你就能够从容地研究他，把你要教的功课放在他的四周，而不至于引起他的疑心了"②。

其三，培养善良行为，要善用自然惩戒。卢梭说："儿童的行为完全不含道德意义，他不会有败德行为，因而不当受惩罚或斥责。"③道理是："儿童并不了解人与人的关系，而只知道物理的关系，他依照物理关系而学习，从不会考虑害人损人，是不会产生罪恶的。因此，当他犯错误时，应当使他的不合理的欲望只遭到物理性的反抗，或者使他们应受的惩戒是他行动的自然结果。这种惩戒会使他将来遇到同样情况时能够忆起而不犯过错。"④

在近代教育史上，应用自然后果来制止儿童的过失，是被英国教育家斯宾塞等人称道不衰的，卢梭却是早于斯宾塞而注意这种方法的人。他认为人为的惩戒常常违反天性的要求，常常招致儿童的反抗，不若自然惩戒易使儿童感觉公平，易促儿童的反省和改正。卢梭主张："对儿童的惩罚永远应是他们的过失的自然结果。所以你不必斥责他们的错误，不要严惩他们的谎言，你应运用谎言的恶果以施教。例如，惯于说谎者虽良说真话时，人就不再相信他，以后他虽未做某事，人也归罪于他而有口难辩。当儿童说谎时，应立即把这种恶果印入他的脑中。"⑤卢梭以爱弥儿为例道："假如他习性顽梗，非和他订立戒约不可，我永远注意要由他发动订立这种戒约，而不由我发动。我永远注意在他践约时，使他得有当前的有益的报偿，一旦他不能实践，他的说谎也将得到各种不快的结果。这些结果应当是事物的自然变化所造成的，而不是由于教师报复所造成的。"⑥

有人误解采取自然惩戒法，教师就轻闲无事、无为而治了。绝不，那样便是放任自流和渎职了。卢梭多次劝勉教师针对儿童行为出现的问题，进行细致

---

① ② ③ ④ ⑤ ⑥ Rousseau. *Emile or Education*. Everyman's Library, London: J. M. Dent & Sons Ltd., 1933, p. 65, p. 85, p. 56, p. 49, p. 65, p. 66.

耐心的观察和适时、适当、适量的诱导。他说:"在儿童犯过错以前,应先给他敲警钟;一旦犯了过失,你切莫责罚他;否则你将只能把他的自爱之心,激化成犯上之事。"①不但不予惩戒,"你应更进一步,当你发现他因不相信你而感到羞愧时,你当和言善语地把他的羞愧给轻轻地平息下去。他看你对于他的行为并未怀记在心,你不责骂他反而安慰他,他确然要和你接近了。但你假如用责骂来增加他的烦恼,他就将怀恨于你、并且永不对你注意了,他仿佛表示给你看,他对你的意见是不同意的。"②卢梭主张教师要知识渊博、擅长判断和对儿童热情关怀,以取得学生的敬爱和信任,更要运用教育艺术来掌握于无形中约束学生的缰绳,从而能够"熟悉情况和施行劝勉,因而在青年何时听从和何时拒绝教师的教导以前,教师已经预先了解而心中有数,以便利用经验为课程而予以控制,却又不致叫他去冒严重的危险"③。卢梭曾现身说法地讲,他曾教过杜潘夫人的娇惯成性的贵族独生子。卢梭和他同住一间寝室。起初,孩子为征服卢梭,半夜起床,无理取闹,故意干扰卢梭的睡眠。卢梭则不声不响地听其吵闹到精疲力竭,以便他无计可施后睡去。随后这孩子又装病怄气,独自闲逛大街。卢梭暗中派人照料,不使发生危险,却不使他知道。不料,这个初生犊儿在出游的途中受尽路人嘲弄。"他狼狈不堪地看出,他虽佩有华丽的肩饰和金色的衣带,并没有受到丝毫的尊敬。"④他败兴而归,恰遭到父亲斥责。"通过以上和其他办法,在我同他相处的短短时期,终于使他完全照我的希望行事,而且无须我开口叫他做这、做那或禁止他做这、做那;也无须我唠唠叨叨地向他进行教训和鼓励,或者拿无用的教诲去麻烦他。当我和他讲话时,他都是愉快的;在我沉默不语时,他反而感到畏惧,因为他知道自己一定有些事做得不对,而且总要受到这些事情的教训。"⑤很清楚,实施自然惩戒不是教师放手不管,而是更负责、更艺术的工作。

(二)培养道德的思想感情

养成善良行为习惯而不养成道德思想感情的人,缺乏道德自觉性。他受习惯制约而非受理性指导。用卢梭的话说,那是猿猴的道德而非人类的道德。人们必须本着良心或善念,能在善恶判断之下决定行为的取舍,能在正义感和责任心的驱使之下而努力行善,才能满足道德的真正要求。道德教育的重要部分

---

① ② ③ ④ ⑤ Rousseau. *Emile or Education*. Everyman's Library, London: J. M. Dent & Sons Ltd., 1933, p. 209, p. 209, p. 209, p. 88, p. 89.

当然是培养这种具有向善动机的善良行为。

卢梭曾论述道德品质的发展过程道:"当儿童只意识到他自身时,他的行为并无道德意义。只有在他的意识扩及自身以外时,他才第一步形成善恶的情操,第二步形成善恶的观念。这二者便真正使他成为人、成为人类中善与人处的一分子。"① 人到哪个发育阶段才能产生道德情操和观念呢?青春期。他说:"青年到16岁,便知何谓受苦,因为他自己曾经受过苦痛了;但是他却未知别人也会受到苦痛;看人受苦而无感于心,就是缺乏了解。我曾反复说道:儿童若不明了他人的感情,便是只知自己的苦痛,而不知别人的苦痛。但是他的想象一旦被他那逐渐发展的感觉所引发时,他便把自己视同人群中的一分子了,他可为他人的哭喊所感动,他因别人的苦痛而感受苦痛了。"② 卢梭接着又说:"同情心便由是而生,这便是按照自然程序可以感动人心的最初的情操。"③ 在道德教育过程中,同情心的产生具有重要的意义。在此以前,儿童是为自存、自利的纽带所联结,他以自己应由别人得到的利益为着眼点,而不考虑自己对别人应负的义务;在此以后,他却能慈悲为怀了。这是道德意识的开端。卢梭论述青春期的特征时说:"我们终于临到道德境界了,我们刚好向成人迈出了第二步。"④

卢梭曾就青春期的身心特征,论述道德教育的重要性。他说青春期就是人从与物理世界接触和学习的阶段,进入跟人和社会相接触而学习的阶段。就在这后一发展阶段,人恰好产生了情欲。这正是向善向恶的岔路口。卢梭说:"这种情欲并不犯罪。它和感觉到它的存在的心灵,是同样纯洁的。它是由荣誉心所产生的,由天真无邪的心理所培育的。但是,纵令这种情欲纯洁无瑕,难道它不是你的主人吗?难道你不是它的奴隶吗?假如明天它不再纯良无邪,你会就地使它死亡吗?为了将来能够克服相伴而来的不良情欲,你必须立即锻炼你的力量,否则临到危险时刻,你就无暇及此了。"⑤ 到那时,情欲这只野兽就将天性善良的人给吞食了。"请告诉我,一个缺乏节制、只有欲望而不能抵制情欲的人,能不无法无天地胡作非为吗?"⑥ 到那时,"你做了无羁无绊的情欲的奴隶,该是如何可惜!"⑦ 所以卢梭劝爱弥儿慎之于始。他说:"这是你的第一桩情欲,它或许是你唯一值得重视的情欲。如果你能发挥男子气概而予以

---

①②③④⑤⑥⑦ Rousseau. *Emile or Education*. Everyman's Library, London: J. M. Dent & Sons Ltd., 1933, p. 181, p. 183, p. 184, p. 196, p. 408, p. 408, p. 407.

控制，它就将是你的最后的一桩情欲；你就将成为以后众多情欲的主宰，而且你将只受合乎道德的情欲所支配，不再受其他情欲的支配了。"①怎么办？培养道德情操和思想认识。

首先要问：如何培养道德情操？卢梭说：应当发展青年的自然涌现的善良感情，慎防卑劣情操的滋长。

卢梭说："我们应当如何刺激和培植这种正在发展的感觉性，并且指导它，使它能够自然生长呢？我们不应把可以受他那正在扩张着的心灵所影响的事物，可以扩大他善良心情的事物，可以使他推己及人的事物，可以使他忘掉自我的事物，放在他的目前吗？我们不应把可以使自利之心变为褊狭、局促而强烈的事物，很谨慎地给去掉吗？换言之，我们应当引起他仁慈、善良、同情和宽厚之心，引起一切善的和使人注意的热情，这种热情可以阻止嫉妒、贪婪、仇恨等心情的生长，就是阻止那讨厌和残酷的情欲之生长。"②

卢梭痛恨当时的侈靡腐败的上流社会，不要青年去涉足，防止他们受到邪恶的感染。他说："你想在青年心中激发或培养他那刚在觉醒的同情心的最初活动吗？你想领导他的心去致力仁慈的行为和思想吗？你切勿应用对于人类幸福的误解，使各种骄傲、虚荣和嫉妒的种子在他心中涌现；你最初切勿使他看到朝廷中的奢靡、宫殿中的骄纵、舞台上的欢愉；你切勿引他前往社交场所和堂皇的集会之中；你在使儿童能以正确地估计社会真正价值之前，切勿让他知道社会的外形。在他对于人有所熟知以前而让他知道世界，那不是训练他，而是折磨他；不是教导他，而是误导他。"③卢梭为了积极地发展爱他的感情，也曾提出三个要点。其一，人之常情是同情受苦难者，嫉恨比自己幸福的人；教师须使学生一方面怜恤不幸者，一方面也认清幸运儿虽表面欢乐，心中同样有不可告人的苦闷，他们同样是可悯的。其二，人们只有理解自己将来可能遭逢厄运，才会同情他人的厄运，因而"应使青年充分领会不幸是会来到自身的，他的双足已站在深渊的边缘，在任何时候他都可能由于种种意外而陷入深渊"④，绝不可自恃门第、健康和财富而目空一切，这样就可促使同情心潜滋暗长。其三，对于别人同情心的多寡，不决定于他人疾苦的大小，而决定于同情者对于受苦难者的遭遇的考虑，人们愈感觉别人可怜，愈能怜悯他人。应使

---

① ② ③ ④ Rousseau. *Emile or Education*. Everyman's Library, London: J. M. Dent & Sons Ltd., 1933, p. 408, p. 184, p. 183, p. 185.

青年善于知悉一切受难者的境遇，不能把自己所轻视者的苦痛看轻，更不能把一般贫苦人们当成无感觉的蠢物，以致漠视他们的苦病。卢梭还提到青年要从接触受难者和对受难者的实际善行中，使同情心得到滋长。

在此须加注意的是：卢梭所谓道德感情，并不是无原则的恻隐之心，而是严格分辨是非的。他提醒人们防止把怜悯他人的感情降格为柔弱之情："我们只能对于符合正义的事体，才能发生同情，因为正义在一切品质之中是最有助于公共福祉的。理性和自爱迫使我们爱人类更甚于爱邻人，而且同情恶人是对于他人的残虐。"①显然，培养道德感情是离不开培养道德思想意识的。

其次要问：如何培养道德的思想意识？卢梭说：这以发展理性和培养情操为基础。

卢梭曾阐述诱导自爱之心向正路发展才是道德；否则，"自爱便将转变为自私，成为一切由自私而生的情欲的开端"②。在这里决定正误发展的关键是理性。再具体些说，这是离不开对于社会的认识的。他说："要决定对于人人生活起着统治作用的情欲将发展成为仁慈而慷慨的或粗暴而残忍的，将发展成为宽厚而仁慈的或嫉妒而贪婪的，我们必须知道儿童自己相信他在人群中是处于怎样的地位，我们还须知道儿童要取得他所希望获得的地位应克服怎样的障碍。"③换言之，他必须对于社会有所认识。卢梭说："这就是他着手理解自然和社会的不平的时期，是他对于整个社会制度进行估价的时期。"④不待言，道德观是社会观的产物，教师须认真引导儿童树立正确的世界观。

怎样指导青年获得对于社会的理解呢？卢梭说："要对这一问题理解透彻，我们必须从研究人心开始。"⑤如何对人心进行研究呢？研究历史是妥善的途径。卢梭说："若要立刻除掉各种障碍，并使他人之心能为青年所了解，而又不致给青年心理以恶劣影响，我当选取古代或远方的人物来做施教的资料。他由于读史，将无须借助于哲学讲论，便能研究人心；他由于读史，将能对于史实只取旁观者的态度进行观察，既不动感情，也不致有偏见；他将用那判断者的眼光来观察这些人，而不致成为这些人的附和者或斥责者。"⑥他又说："你若要了解他人，必须见到人们的行为。在现实社会中，我们可以听到人们的言论，不过，他们虽然发表议论，却往往掩饰自己的行为。但在历史中，这种面

---

①②③④⑤⑥ Rousseau. *Emile or Education*. Everyman's Library, London: J. M. Dent & Sons Ltd., 1933, p. 216, p. 197, p. 197, p. 197, p. 198, p. 199.

纱已被揭开，我们就可根据事迹给予古人以判断。古人的言论甚至可做了解他们的佐证。因为我们对于古人言行加以比较，不仅可知古人是如何情形，而且能知古人应该是如何情形。"①这样，我们便可公正客观地研究古人之心，从而取得对于社会的理解。可惜一般历史学家常不能如实地叙述史实和公正地论断史事，倒是常凭想象来歪曲事实和贬抑人物。再则，他们常把人名、地名、年月、战争等充塞在史籍之中，而不能找出史事的真实成因。因此，卢梭认为史籍必须慎选。他很推崇普洛塔奇的《英雄传》。他说："我赞同由阅读个别人物的生平传记来开始研究人类的心，因为这种办法会使历史人物不能掩饰自己，历史家可以跟踪这些人物到任何角落，不使他们有任何喘息之机和逃避之地，来躲闪旁观者犀利的眼光；而且当他们自以为是躲藏稳妥时，作者却把他们最明显地暴露出来。"②这样，"对于每个人的心理倾向有完全的了解，就可以预见它们对于整个国家的影响了"③。卢梭认为由于理解了社会和国家，青年们便会想到自己与社会、国家的关系，因而便会懂得道德的意义。

　　这里应当指出的是，卢梭对于当时历史教学的方向和方法，很不赞同。理由是：它使青少年失去自己的天性，刻意成为古人的复制品。他说："从青年们被教导去学习历史课的方法看，我感到教师想把他们造就成为西塞罗、图拉真、亚历山大那样的伟人，而未教导他们成为他们自己，是引导他们感觉如果仅仅成为他们自己，他们必将引以为憾。"④因此，青年学习历史之后，常常希望成为历史上的英雄人物。实际上，一代代冒险篡权而窃位害民的大人物，并不足法。以统治罗马帝国达40年之久的奥古斯都为例。他大权独揽，专横跋扈，公元前9年惨败于日耳曼之后，侄儿、义子、女婿都在年富力强时期丧失了性命；孙子为了延长几小时的生命而吃自己床上的棉絮；女儿、孙子在寡廉鲜耻的淫乱生活之余，或饿死在荒岛，或被人暗杀在监狱；真是家破身亡，悲凄万状。正确地教授历史，岂能领着青年踏上这类人的歧途？所以，"就爱弥儿而论，假如他在任何时候愿同这些人比较而企望做其中任何一人时，纵令他以苏格拉底或卡托等人为理想人物，我也认为我是全然失败了。因为一旦他想把自己变成另一个人，他不久就将自己全然忘掉了。"⑤

　　卢梭在培养道德思想意识的过程中，又主张青年学习寓言，因为他们在这

---

①②③④⑤ Rousseau. *Emile or Education*. Everyman's Library, London: J. M. Dent & Sons Ltd., 1933, p. 199, p. 202, p. 202, p. 205, p. 205.

时已有理解能力,能由寓言中受到教育。他说青年犯了过失,教师以寓言来启发他,就能不致引起他的反感,却叫他透过寓言所含的真理而内疚于心,叫他从寓言故事中洞悉道德原理而永久不忘。所以,"青年发生错误的时期,就是他们应该学习寓言的时期"①。

卢梭还说培养青年的道德思想感情,须使他们在行为中接受种种痛苦的磨炼。这种实际锻炼是极有教育作用的。他说:"假如一个人没有疯狂,他是能够治疗任何愚昧的,只有虚荣是治不好的。假如真有治疗方法的话,那么,治好虚荣只有凭借经验。但是,请不要浪费你那空洞的论辩来向青年证明,说他和别人一样,并且和别人一样具有弱点。我必须自动地使我的学生遭遇各种意外事件,借以使他信服他自己并不比别人聪明。我将使谄媚人的骗子愚弄他。假如粗暴的伙伴诱拐他到危险之中,我将使他去冒险。假如他陷入于赌鬼的掌心之中,我将任其成为被捉弄的傻瓜。我将任凭这些坏蛋来恭维他、圈套他和偷盗他。当这些人把他吸吮得精光而要笑他时,我甚至要当面感谢这些人,感谢他们给我的学生以可贵的课业。我只注意在这一切行动中,我和他分享危险,而使他单独地去接受各种侮辱。我将对于这些事保持缄默,不去埋怨他或斥责他。而且请你相信,假如这桩聪明的办法被我们忠诚地进行下去,他会知道我在为他而忍受苦痛,这件事就会在他心中烙上比他自己受苦还深刻的印象。"②

最后,卢梭更注重通过正义的行动,来陶冶道德意志和养成献身精神。卢梭是18世纪资产阶级进步思想家,他频频向教师讲:"要叫你的学生尽力地忙于做好事,叫他把穷人的事看成自己的事,叫他给穷人服务,替穷人效忠;叫他为穷人工作,保护穷人,把生命和时光奉献给穷人;叫他成为穷人的献身者,在他一生中没有比这更荣誉的职责了。天下那些从来无处申诉的受苦受难者,那些由于无钱而呼吁无门和畏惧惩罚而不敢出声的不幸之人,都将因你那学生激于义愤而出现的为穷苦人争取正义的勇敢和坚毅,因你那学生敢于挺立在富人、伟人之前,而且于必要时敢于闯进帝王宫廷、大胆为苦难之人叫屈鸣冤,从而获得正义。"③卢梭并以古代罗马人为范例,勤勉青年为众多无辜者而斗争:"在做好事时要有勇气,在讲述真理时要果敢。这都是那些光荣的罗马

---

①②③ Rousseau. *Emile or Education*. Everyman's Library, London: J. M. Dent & Sons Ltd., 1933, p. 210, p. 207, p. 212.

人的所作所为。古代的罗马人进入政治社会以后，就终日惩处罪犯和保护良民，其动机不外学习知识、伸张正义和支持善良行为。"①从卢梭这些名言宏论，我们有理由推断爱弥儿这个自然人，不但有劳动者的身手，哲学家的头脑，而且有革命家的品德。

（三）培养宗教信仰

按照欧洲的传统来理解，信奉上帝是智慧的根源，也是道德的根源；不敬畏上帝的人是魔鬼。卢梭在《爱弥儿》中，也认为通过信仰神祇，去理解人生意义和求取永生幸福，是优良道德品格之所需。他的名言是："没有信仰就没有真正的道德。"②他肯定："对于我和我的同类者确有关系的事是理解：宇宙间确实存在着人类命运的主宰者，我们都是他的子孙，他要我们公正，他要我们互爱，他要我们仁厚慈悲，他要我们对于一切人履行诺言，甚至对于我们的和上帝的敌人也言而有信；他要我们知道现世的表面幸福是关系不大的，而永生世界不久来临，在这个世界里，至高无上的上帝将奖励公正之士而严惩邪恶之徒。孩子们必须学好这些教义，公民们必须信仰这教义所含的真理。"③

卢梭虽让人信仰宗教，却和当时在欧洲普遍流行的基督教义处于对立面。基督教义宣扬宇宙间存在着具有人格的神，从灵感和奇迹推断神的威力。卢梭是自然神论者。这个学说由自然变化推断神的存在，否定具有人格和意志的上帝；简言之，就是以脱离主观意识而客观存在的自然规律，取代由人们头脑臆造的神。马克思和恩格斯在《神圣家族》中说："自然神论——至少对唯物主义者来说——不过是摆脱宗教的一种简便易行的方法罢了。"④ 卢梭不是唯物主义者，却同样适用这个论断。

卢梭借萨瓦省教士之口，首先指出宇宙是不依主观意识而存在的。"我是存在的，我并且具有感觉以接受各种印象，这是最初被我认识的真理，这种真理是我必须接受的。"⑤但是感觉由何而成呢？他说感觉是成于自我以外的事物。"因为不管我对于我的种种感觉的成因是否知晓，它们却在影响着我，并且他们的生成或毁灭，也是不受我所影响的。"⑥其次，宇宙不但存在着，而且有时运动，有时静止。谁使它由静而动呢？"我相信宇宙间有一种意志力使得

---

① ② ③ ⑤ ⑥ Rousseau. *Emile or Education*. Everyman's Library, London: J. M. Dent & Sons Ltd., 1933, p. 212, p. 260, p. 344, p. 232, p. 232.

④ 《马克思恩格斯全集》（第2卷），人民出版社1957年版，第165页。

宇宙运动，使得自然具有生命。"①跟着他又指出宇宙不但有运转，它的运动还有严密的秩序："假如由各种事物的运转而证明了意志的存在，那么，由它们运转之遵守秩序便可证明智慧的存在。"②结论是："这个具有意志并能完成其意志者，这个由于自己的力量而活动者，这个能够运转宇宙并命令万事万物者，便是我们说的上帝。在上帝的名字之上，我赋予了智慧、能力、意志等观念。这三种性质是联为一体的，因而上帝也必然会是仁慈的。"③紧接着，卢梭便讲到仁慈的上帝赋予人以善良天性，即良心、理性、自由，发展人的理性与良心便会使人成为信奉上帝者。卢梭论证说："请看自然的景色！请听我们内心的声音！上帝不曾把它显示于我们目前，于我们的良心，于我们的理性吗？"④再清楚不过，卢梭是主张信仰上帝是出自人的天性，培养宗教信仰必须发展天性。

无奈，当时的教会宣扬学习《圣经》是信神的根本途径，解说《圣经》的僧侣是神人之间的唯一桥梁。卢梭反驳道："各种教条并不能使人认识上帝，只有使上帝的观念混杂不清；并不能推崇上帝，只有贬低上帝的地位。教条使关于上帝的不可解的神秘更加混乱而矛盾，使人沦为虚骄、偏见而残酷；教条不能给世界带来和平，却带来了焚烧和屠杀。我自问这些东西有何用途而不能解答。我只看到人类的罪恶和苦恼而已。"⑤所以叫人违反理性和良心而信神的人，不外是"骗子"或"疯子"。卢梭的自然神论，当然会动摇教会和僧侣的权威，从思想阵地上摧垮封建统治者的支柱。

卢梭不但说明了他的宗教理论，而且提出反对当时宗教教育的鲜明主张。他抨击当时在宗教教育上把儿童当作神学家来对待，正和在知识教育上把儿童当作哲学家和在道德教育上把儿童当作道德家来对待，是同样荒诞的。他斩钉截铁地说："所谓'神'，对于没有哲学头脑的人，是没有意义的。在未受教育的人或儿童看来，神也是一个有身体的东西。"⑥这些人对于上帝或神的推想，纯用拟人的方法。他们设想的神和人一样，也能呻吟、说话和斗争，生有臂膀和应用臂膀。各民族最初所建的偶像，都由于此。他们敬神的仪式，就是偶像崇拜。一直等到人们的观念发达，对事物有了极强的抽象能力，才进而获得造物主的理想。试想，对于理性处于睡眠状态、良心处于萌芽状态的人进行宗教

---

①②③④⑤⑥ Rousseau. *Emile or Education*. Everyman's Library, London: J. M. Dent & Sons Ltd., 1933, p. 235, p. 237, p. 239, p. 259, p. 259, p. 218.

教育，岂非南辕北辙？所以卢梭讥讽地对人们说："请牢记，当你的学生已经成为哲学家和神学家时，爱弥儿甚至连哲学家是什么还不懂，而且很少听过上帝的名字。"①

根据这种自然神论，卢梭便提出不同于传统的宗教教育方法。

其一，信仰上帝既靠发展理性与良心，因而只有到达青春期才是开始宗教教育的适当时期，否则是无从使儿童正确理解上帝的。卢梭说："爱弥儿在15岁时，甚至尚不知自己具有灵魂，到18岁时，甚至尚未准备学习关于灵魂的事。"②这时进行宗教教育是超过儿童接受水平的。卢梭警戒道："且让我们谨加防范，不要对于不能了解真理的儿童去解说真理，因为这样的做法是教给他们各种错误。对于灵魂绝对没有任何观念，比之对于神祇具有卑劣、乖僻、有害和无价值的观念，还要较为好些；不能了解神祇比之侮辱神祇，为恶尚小。高尚的普洛塔奇曾说，我宁愿人们说'世上并无普洛塔奇其人'，而不愿他们说'普洛塔奇是不公正的、嫉妒的、猜疑的人，并且是一个如此暴虐的人，以致他所贪求于人者多而所贡献者少'。"③卢梭又说："由于输入儿童心中各种关于上帝的怪异观念，它所造成的主要的害处，就是这种观念能够在儿童一生之中永远存在不忘，而且当长大成人以后，他们对于上帝也不会比他们在儿童时期有更多的了解。"④

其二，应指导青年凭着良心和理性信奉上帝，养成虔敬之念，不应形式地记诵宗教教条和模拟礼拜仪式。卢梭说："关于神圣的自然的最伟大的观念，我们只有由理性去认识。"⑤当然，启发理性和良心，便可使人随处体认上帝的智慧与仁慈，因而崇拜上帝、信仰上帝。当时的宗教教育一味迫使儿童背诵《圣经》词句，是卢梭极端反对的。他说："假如我想描叙那种最令人惊心的愚蠢事体，我要描叙一个向儿童教授教义问答的迂儒；假如我想把一个儿童逼成傻瓜，我将使儿童讲解他们学习的教义问答……在宗教教义中有许多神秘事迹是成人既不理解又不相信的，我看向儿童讲解它们是没有用的，除非你想把儿童弄成说谎的人。"⑥为着纠正时弊，卢梭提议："由真懂儿童心智发展的人另给儿童编写教义问答。这本书将是从未有过的最有用途的著作。在我想来，著者是无比光荣的。无可怀疑，这本书如能编得成功，它必将和现有的教义问答

---

① ② ③ ④ ⑤ ⑥ Rousseau. *Emile or Education*. Everyman's Library, London: J. M. Dent & Sons Ltd., 1933, p. 216, p. 220, p. 221, p. 222, p. 259, p. 220.

大不相同。"① 另外，当时的宗教教育苛刻地讲求烦琐的仪式，卢梭认为这是舍本逐末。他说："请不要把宗教的外表和宗教的本身混淆。上帝所要的是内心的崇奉，当内心虔诚时，崇奉便永远是一样的。幻想上帝对于僧侣的服装，对于僧侣的语言，对于僧侣在神坛前和跪拜时所采用的姿势之类，感到有兴趣，那是一桩骗局。上帝所期望的是人们在精神上和真理上的崇拜，这种责任是属于任何宗教、任何国家和任何个人的。至于崇拜上帝的仪式，假如需要统一，那仅是训练问题，用不到什么启示。"② 当时的宗教教育使人盲从教会而不尚信仰，卢梭指斥说："宗教的真正职责是和教会机构无干的，正义的心灵便是上帝真正的庙堂……内心崇奉是首要任务，没有信仰就没有真正道德。"③ 卢梭在揭穿当时宗教教育的虚妄以后，便叫人依凭天性而信神："我把所有的书本都合起了，有一本书是向人人打开着的，那就是天性。在天性这本优美的巨著中，我学得了事神、敬神之事。因为这本书是人所共解的。所以不读这本天性的书的人，是无可饶恕的。"④

其三，要由受教育者自行选择宗教信仰，不能由成人把儿童囿于任何教派。卢梭认为当时儿童随着父母而选择信仰的教派，是不正当的办法。它不是培养诉诸理性和良心的信仰，而是叫人钻进宗教的躯壳。卢梭说："儿童永远在他们父亲所信仰的宗教中被教养成人，他总是听父亲用论证证明自己的宗教是唯一真实的宗教，其他的宗教都是可笑而糊涂的，这些论证的理由，完全是以所在地流行着的思想为依据。实际上，我们是以全盘打破束缚自命的，我们是不屈服于任何权威的，当我们绝不教爱弥儿以各种他所不能自学的知识时，我们将给他以何种宗教呢？这个自然的儿童应属于哪个教派呢？这在我看来是十分易答的。我们不要把他归属于任何教派，却将给他一种方法，使他由于正当地应用理性而自行选择教派。"⑤

（四）结语

卢梭关于道德的理论在当时具有鲜明的进步意义。他把人数多的等级视为光荣的，认为人数少的等级是微不足道的；他提倡培养怜悯心，也号召严格地分清是非并把人类的共同利益放在心上。很清楚，卢梭矛头所指向的是封建社会宰割人民的专制魔王。卢梭认为道德思想以社会观为基础，由于他的政治哲

---

①②③④⑤ Rousseau. *Emile or Education*. Everyman's Library, London: J. M. Dent & Sons Ltd., 1933, p. 341, p. 259, p. 260, p. 270, p. 222.

学是反封建的，是要求资产阶级的自由民主的，这又表明卢梭所指的道德绝不是封建领主的道德而是资产阶级的道德。无疑的，他在道德教育上所要养成的道德品质，在当时也是有进步意义的。不过，卢梭是唯心主义者，他没有从社会经济基础去找寻道德根源，却把道德当作根于天性的神异之物，而且他给宗教信仰以重要的地位，这就是违反科学的臆断了。实际上，道德是反映社会经济基础的上层建筑，并不由天性所决定。实际上，一般宗教是统治阶级控制人民思想意识的武器，是无足置信的骗人把戏。这样，卢梭的具有革命意义的道德论也包括了错误的理解。

卢梭的道德教育论要求摆脱道德的规训，要求养成符合天性要求的道德品质，在本质上就是叫人免于成为封建道德的俘虏。他论述的培养道德行为和道德思想感情的方法，也有可取之处。譬如，在养成善良习惯时要注重实行而不尚空论，要注重教师示范和人格感化，要防止父母娇养溺爱和武断压制；又如，在养成道德思想感情时，要学生通过了解社会关系而获得正义感和掌握善恶判断的尺度；再如，还须经过道德的实践，来锤炼道德意志；这些都很有道理。同当时一般学校所养成的伪善者比较起来，用卢梭的方法所培育的爱弥儿是高明多了。但在另一方面，卢梭的德育方案中存在着不可掩饰的缺点。譬如，他要儿童期、青年期仅注重养成善良习惯，不重说明善恶是非的含义，直待青春期才正式进行德育，这种划分显然过于机械。实际上，对于幼年儿童虽应首重养成善行，但绝不该不做适当的解说，致使儿童无从理解善行的意义。况且，行为和思想是难以分割的，善良行为应该建立在自觉的基础上。不过多地给儿童讲解理论，而适当地给他们解说行为的意义；不向儿童讲深奥的大道理，而向他们讲解浅显易晓的善恶是非；那不但不会流为玄妙莫测，倒是成为幼年儿童品德培养的必要条件。更如，卢梭讲幼年儿童须靠物理关系来了解事物，不该靠人的意见来了解事物。这只是假想而已。孩子们能孤立在人群之外而不受别人的启发感染？而且卢梭根据"依于物而学习"的原则来提倡自然惩戒法，虽有独特的见地，但对一般责任心和教育艺术修养不足的教师说来，也曾被误解为放手不管、听其自便，以致造成严重后果。实际上，教师的适时、适度的惩戒是必要的，对过失儿童进行有针对性的劝诫仍是可靠的手段。教师绝不能抛弃这种有意识的主导工作，不能把儿童的教育看作偶然机遇的安排。最后，卢梭的自然神论，比荒诞迷信的神学论进了一步；卢梭号召培养虔诚信仰，比只重祈祷仪式的僧侣显得高明；卢梭鼓吹由学生自行确定宗教信仰，更无异给天主教以外的新教教派以绝大宽容。这些就当时而言，都是有历史意义的。但是，在法国启蒙运动时期，拉·美特里、爱尔维修和狄德罗等人，无不在反封建斗争中表现为彻底的无神论者。卢梭却视培养宗教信仰为道德教育的重要组成部分，这显然是相形见绌的了。

九、卢梭论女子教育

（一）男女两性的差异

卢梭在以爱弥儿为例论述了男子教育以后，紧跟着便以苏菲为例来论述女子教育。在卢梭看来，女子应当和男子一样接受适合天性的教育，"归于自然"的原则是适用于男女两性的。

怎样才是符合天性要求的女子教育呢？卢梭的回答是：它不应像当时的风尚那样，把女子培养为男子，要照顾两性的差异，要发展妇女的天性。"男女两性所同有的心力，并非彼此一致。就大体言，他们正好分为两类。女人做女人，比之女人做男人，有着更多的价值。当她把自己的权利善为利用时，她便是最有本领的人；当她企图篡夺男子的权利时，她便不如我们了。"[①]显然，抹杀两性差别是违反自然的蠢事。所以，"当我们一旦证明男女在体格上和性格上的确是而且应当是彼此不同，我们随之便可知道他们的教育也必当不同"[②]。

男女两性的差异是哪些？卢梭首先指出在身体和性格上的不同。他说，男强女弱和男刚女柔是自然所定，是天性使然，妇女因而要顺从男子。卢梭毫不掩饰地反复讲："男子应健壮而积极，女子应柔顺而被动；男子应兼有力量和意志，女子能顺从而不反抗就够了。"[③]"若此原则为我们所承认，就可推知女子特别是为男子的愉快而造的。男子如在女子眼中也应是快意的，这种需要却并不迫切；男子的德行存于其体力之中，他因为健康而快意。我姑且承认这不合于爱的定律，这却是自然的定律，自然是先于爱而存在的。"[④]"男女两性互相为用，但是他们互相依赖的程度却彼此不同。男子因为情愿之故，才依赖女子；女子在情愿的和必要的事体上，都仰仗着男子。男子依靠女子不若女子仰仗男子那般殷切。女子若无男子的帮助、善意和尊敬，她的愿望便不能满足。

[①][②][③][④] Rousseau. *Emile or Education*. Everyman's Library, London: J. M. Dent & Sons Ltd., 1933, p. 327, p. 326, p. 322, p. 322.

女子是依赖我们的感情,依赖我们对于她的品德的评价,依赖我们对于她的美貌和劳绩的意见的。自然命令妇女为了她们本身和子女的缘故,要来听命于我们。"①干脆地说,卢梭认为妇女应当事事仰仗男子,一切活动要以满足男子的需要为指标,应当成为男子的附庸。

跟体质、性格方面的差异同样显著的,是智力方面的差异。卢梭认为,妇女比男子拙于脑力,不能担任艰深的理论探索和学术研究工作。"研究抽象和思辨的真理,研究科学的原理和公理,研究普遍应用的通则,是出于女子能力以外的事,女子应该学习的是彻底实用的知识。她们的责任是把男子发明的原理加以应用,是观察事物以引导男子去发现其中的原理。妇女的思想如欲越出她当前承担的任务,应当是研究一般男子,或从事以培养兴味为目的的学习。因为天才能做的事非女子所胜任,女子思考的正确性和注意力都不佳,无法从事严密的科学研究。关于阐述生物和自然律的关系的物质科学,是更活跃、更努力,见闻更广,能力更强而且更擅长运用这种能力的男子所当研究的学问。女子体力不佳,见闻有限,应当观察和判断她所当处理的各种力量,以弥补她的弱点,这种应研究的力量就是男子的情欲。"②他说:"男子对于人类的心应有较好的哲学理解,女子应对人心有更为正确的洞识。也就是说,女子应当发现一种实践的道德,男子应当把这些道德形成为体系。"③因为男子长于理性,女子长于实际,这种天性差异是建立社会和家庭必须依从的基础。卢梭称道:"建于两性关系之上的社会关系是无比完美的。这种社会关系产生了有道德的人群,其中由妇女充当眼目,由男子充当双手,靠着两者紧密地相互依存,男子便应教导女子要看什么,女子便应教导男子要做什么,假如妇女能够发现真理,而男子却用头脑考虑琐屑事务,夫妻将会大闹独立性,陷于不断争吵之中,整个社会就势将瓦解了。幸而双方和谐如一,彼此便可互助、互赖,男女都可互令、互从了。"④

除上述差异之外,自然和社会给男女安排的任务也很不同。最突出的是妇女既被自然赋以生育子女的职责,"她就受到自然的委托去照顾子女,因而必须对子女和对丈夫挑起这个担子"⑤。妇女的肩头当然沉重十分。"维系亲密无间的美满家庭,需要怎样热心关怀呀!毫无疑问,这其中存在的优良品德,就

---

① ② ③ ④ ⑤ Rousseau. *Emile or Education*. Everyman's Library, London: J. M. Dent & Sons Ltd., 1933, p. 328, p. 349, p. 350, p. 340, p. 324.

是情爱的工作；而一旦缺乏这种情爱，人类就将灭绝的。"①卢梭主张，为了胜任此天职，妇女就须充当贤妻和良母，在家庭起着纽带作用，不宜像男子那样在社会、政治以及学术舞台上去角逐竞争。人们或许抨击这种观念有悖于男女平等的原则，卢梭以为这种评论并不合理。他说："男女两性互有的责任不是，而且不能是彼此相同的。妇女埋怨男子制定的法律不平等，这是错误的。这种不平等不是男子所造成，至少也不是偏见的产物，而是理性的产物。"②卢梭甚至说："毫无根据地承认两性平等，承认男女两性的责任相同，那只是空话而已，并无助于我们的论点。"③

难道这种不平等有损于妇女的尊严吗？不！卢梭引经据典地论证了这个课题。他列举斯巴达、日耳曼和罗马等古国为例，说："古罗马是世界上光荣和美德之冠。罗马妇女歌颂伟大将军的战功，在公众之前痛悼祖国的缔造者。她们的赞誉和哀悼都被视为古代罗马共和国的最庄严而神圣的声音。罗马所有重要的改革都由妇女开其端。它通过一位妇女的奋斗而获得了自由，通过一位妇女的斗争而使平民获得了政权，通过一位妇女而推翻了十人团的虐政，它还是由一位妇女来解除了叛军围困的。"④的确，在公元前5世纪的时候，古罗马的显赫将军科里奥兰努斯（Coriolanus）遭政府放逐，便于投降敌军后率军围攻罗马城。在万分危急之际，他的母亲奔赴他的营中加以训诫，这才化险为夷。所以卢梭强调："倘使我们仅仅能使妇女发挥其影响，我们将完成怎样宏伟的事业呀！"因此，"每个有道德的国家无不尊敬妇女"⑤。

无奈，就当时欧洲国家而论，妇女们并没珍视她们得之自然的神圣职责，却堕落到荒淫无耻的泥潭。"在大城市中，女孩们从初生起就开始败德。在较小的城市中，她们从理性发展时就走上歧途。农村长大的女子更急于被教导去鄙薄她们那种愉快的纯朴生活，并且急于奔往巴黎，掉进污浊的染缸。"⑥"请你对这般青年女子略一注意，她们虽表示虚伪的娇羞，却随时透露出强烈的情欲，并且你可在她们的急切眼光中，看出她们盼望模仿母辈的意念。她们原来并未希望得有丈夫，只希望取得已婚妇女的许可证罢了。她们取乐的事已如此之多，哪能感到对丈夫的需要？她们只要丈夫做掩护罢了。她们眉宇间显得彬彬有礼，心中却充斥着罪恶。这种虚伪的礼仪只是表面的点缀！她们假装温文

---

①②③④⑤⑥ Rousseau. *Emile or Education*. Everyman's Library, London：J. M. Dent & Sons Ltd., 1933, p. 324, p. 324, p. 325, p. 353, p. 353, p. 352.

有礼,以便一旦男子娶她之后,这种掩饰便可永被去掉了。巴黎和伦敦的妇女们,请原谅我。任何地方都可发生奇迹,我却不懂这些奇迹;而且假如你们之中甚至只有一人是真正地心地纯洁,那就是我对于当今社会一无所知了。"① 这真是卢梭的愤激之词。

卢梭关于女子天性的理解是极不正确的,甚至不如他的前人。夸美纽斯在1632年著《大教学论》,其中第九章论证"一切男女青年都应该进学校",说"女性完全不能追求知识也是没有任何充分的理由的(我对于这一点要特别忠告一下)。她们也是按照上帝的形象形成的,在上帝的仁慈与未来的世界里面,她们也是有分的。她们具有同等锐敏的心理和求知的能量(常常比男性还要强),她们能够达到最高的位置,因为她们常常被上帝自己叫去统治过国家,对国王和君主提出过有益的建议,研究过医药与别种有益人类的事情,甚至还做过预言,痛责过牧师与主教。那么我们为什么让她们读了字母之后,又不准她们读书呢?"②夸美纽斯乐观地说:"假如有人问:'如果木匠、乡里人、门房,甚至妇人都有了学问,结果是什么呢?'我的答复是,假如青年的普及教育能以合适的方法去实现,他们便谁也不会缺乏思想、选择和做良好的事体的材料了。"③《大教学论》比《爱弥儿》早130年问世,只因政治和宗教的缘故,长期湮没不彰,博学的卢梭未曾受其启发,很是遗憾。

作为时代先驱者的卢梭之所以落后还有别的原因。首先,卢梭虽是人权的呼吁者,但女权运动乃是19世纪才兴起的。"在为妻和为母之前,比一切都更重要的是对自己应尽的义务"的娜拉式新型妇女,是19世纪挪威剧作家易卜生提出的;然而直到1921年列宁在《国际劳动妇女节》中还讲:"她们甚至在最民主的资产阶级共和国里也处于不完全平等的地位,因为法律不允许她们同男子平等,这是第一;第二,——这也是主要的——,她们仍然受着'家庭的奴役',仍然是'家庭的奴隶',她们被最琐碎、最粗重、最辛苦、最使人愚钝的厨房工作及一般家务压得喘不过气来。"④当然,18世纪的卢梭就难怪缺乏远见了。卢梭不但显出了时代的局限性,而且显示了他那小资产阶级的阶级局

---

① Rousseau. *Emile or Education*. Everyman's Library, London: J. M. Dent & Sons Ltd., 1933, p.352.

②③ [捷]夸美纽斯著,傅任敢译:《大教学论》,人民教育出版社1979年版,第49、50页。

④ 《列宁全集》(第32卷),人民出版社1958年版,第153页。

限性。他陶醉于日内瓦的小国寡民的社会，男子以劳动为生，女子是一家的仆役长，不与男子争权。卢梭认为这样的家庭乃是理想国家组成的细胞。毫无疑问，卢梭从未意识到妇女的独立人格；至于妇女支撑半边天的想法，卢梭就更没有了。

不过，卢梭的女子教育论在今日虽是荒诞的，但也须历史主义地看待它，认清 18 世纪的欧洲，卢梭为苏菲设想的教育正和他为爱弥儿设想的教育是同样的新颖，同样的激进。理由很简单，当时的封建贵妇人浪荡成性，沉湎于交游和淫逸之中，不讲两性贞操，不事相夫教子，不尚治理家务，是深为世人痛恶的社会渣滓。卢梭诟骂她们是必然的，只是不加区别地笼统地推定女子的天性和教育，提出夫为妻纲式的家庭建设方案，就大大违背真理了。卢梭说："苏菲，正像爱弥儿一样，是顺乎自然而被教养成的人物，所以她比其他女子更适宜和爱弥儿匹配为婚。她将是爱弥儿的真正的伴侣。"①换言之，爱弥儿是男性自然人，苏菲是女性自然人。实际上，这种落后的妇女观玷污了卢梭的教育理论。

（二）女子教育的实施

卢梭根据他对于妇女天性和天职的理解，便提出以培养贤妻良母为目的来端正当时女子教育的方向。主旨是：女子须针对男子的需要而受教育。卢梭道："子女的健康有赖于母亲的健康，男子早年的教育也操持于母亲之手，男子的道德、情欲、风趣、愉快、幸福，也都由妇女所养成。所以妇女教育必要按照她们对于男子的关系来计划。妇女要想在男子眼中是愉快的，要想博得男子的敬爱，要想对幼儿期的男子予以训练，保护他长大成人，给予他指导和安慰，使他生活得愉快与幸福，这都是女子永远应负的责任，也是她自幼便须接受的教育的内容。我们愈违反这个原则，我们离目标便愈遥远，我们的理论便也无由增进妇女和我们的幸福。"②怎样达到女子教育的合理要求呢？卢梭说，要改正当时妇女教育的缺点错误，反其道而行之。他说："我认为，我们必须考虑女子的年龄特征，正和考虑她们的性别特征一样。年轻的姑娘绝不能像老祖母一样地生活，倒应当活泼、愉快、热情，享受一切青年所享受的天真乐事。"③在培养目标上就要养成强健的体魄，养成柔顺的品德，养成治家的本领

---

① ② ③ Rousseau. *Emile or Education*. Everyman's Library, London：J. M. Dent & Sons Ltd.，1933，p. 372，p. 328，p. 337.

和养成优美的风格。卢梭结合着当时的积习，提出很多新颖的主张。

1. 养成强健的体魄

卢梭以为女子教育应当养成妇女强健的体魄。他说："身体先于心灵而产生，所以身体的训练必须开始于心灵的培养以前。这在男女是没有区别的。"① 首先，为了发展女子的心智，不得不注重体育。其次，为了子女的健康也要注意她们的身体。"妇女不应当像男子那般健壮，却应为了男子而有健壮的身体，这样，她们生子便可健壮。"② 再次，健康还是幸福的基本条件。"生命、健康和安适是重要的事。人不舒适便没有文雅之可言，憔悴并不美好，人若不健康便也没有美容之可言。受苦受难虽可使人同情，但是愉快和欢乐却有赖于健康。"③

女子虽应具有健康的体魄，但是女子体育却不应和男子相同。卢梭说："男女从事身体锻炼，其目的彼此不同。男子的体育在于发展体力，女子的体育却在增进温柔。这不是说有些性质是只属于男性或女性，而是说它们对于男女所有的相对价值不同。"④

女子的体育怎样实施呢？卢梭反对把幼小的女孩圈在房内，过拘谨安静的生活；要叫她们多从事体力活动，锻炼坚实灵活的体格。"修道院和寄宿学校的女生，饮食简单，又在露天和花园中享有充分娱乐、竞技和运动的机会，比较家庭更为优良。因为女孩在家庭中食用精美的饭食，不断受到鼓舞和斥责，经常坐在紧闭的房中，永远处于母亲监视之下，不敢轻易起立、散步、讲话或呼吸，从无片刻自由去任意游戏、跳跃、跑步或喊叫，她那得自天赋的天真的幼稚的自我从不能自由自在地表现。其结果或者流为有害的骄纵，或者陷于过度的严苛，两者都和理性不合。在这种情况下，女子的心灵和身体便同样地受到了损毁。"⑤ 所以卢梭提倡女子从幼年起就练习跳舞，参加游戏，积极活动，尽情欢笑，使身体灵巧而康健，心情愉快而舒畅。苏菲就是这种身强体壮，活泼好动，喜爱劳作，能耐辛苦的天使般的女子。

与此同时，卢梭还希望采取古希腊式的妇女训练。他说："在斯巴达，女子常同男子一样地做各种军事游戏，其意不在准备作战，而在使她们生育能够担当的男儿。女子准备作战原和我的理想不合。因为要使国家富有兵备，用不

---

① ② ③ ④ ⑤ Rousseau. *Emile or Education*. Everyman's Library, London: J. M. Dent & Sons Ltd., 1933, p. 329, p. 329, p. 330, p. 329, p. 329.

到妇女去荷枪和熟习普鲁士式的操练。但就大体看来，我觉得希腊人的体育方法很是聪明。年轻女郎时常出现于公众之前，她们并不和男子混在一起，而是另有组织。任何宴会、祭祀或仪仗都有妇女队，而且其中的妇女全系来自名门。她们冠戴鲜花，歌唱赞诗，奏着伴舞音乐，荷着篮筐、花瓶和礼品，在那腐败的希腊男子之前，呈现一种美妙的光景，这种光景便将那不合理想的体育的缺点给消除了。这种风习不问对于希腊男子有何影响，但它由于欢愉、适度和健身的练习，却极能使女子得有健壮的体格；同时，她们想取悦男子的心愿，也可给她们养成一种锐敏而优美的爱好，却不致有损于品格。"① 他又说："希腊女子结婚以后，就不再出现于公众之前，她们居住家中致力家事。这正是天性和理性给妇女规定的生活方式。她们生养前所未有的最健康、最强壮而身体最合度的男儿。而且除去在那不知名的荒岛之外，全世界上没有任何女子，甚至罗马管家妇，是能像古代希腊妇女这般温柔美丽而富于道德的人了。"② 卢梭对于女子体育的设施，美化了古代奴隶主国家斯巴达式的锻炼，同他在男子体育上主张采用锻炼主义是一致的。

2. 养成柔顺的品德

卢梭说："女子应当随处当心而努力工作，但是这还不够；还要在早年就惯于忍受压制。这种不幸（如果真是不幸）是女性天赋使然，永不能免；除去忍受更大的苦痛，否则，这种不幸是去不掉的。她们一生必须屈服于最严格最需忍受的压制，这就是礼俗的压制。她们必须在最初便接受训练以忍受这种羁绊，使将来不再感觉不便；她们要制服自己的意见，使自己屈服于他人的意见。"③ 他又说："这种习惯的压制产生了顺从之德，这种顺从之德是女子一生所需的。因为她要永远屈服于男子，或屈服于男子的判断，她永不能随意用自己的意见制服男子的意见。女子最需要的是柔和，必须能以忍受男子这种不完善的人，这种常常有罪而永远有过的人。她应当老早就学习毫无怨尤地屈服于丈夫不公正的和错误的事体。她必须为了自己之故，而非为了丈夫之故，而成为柔和的人。苦痛和顽抗只能加重妻子的苦痛和增多丈夫的过失，男子深知女子的苦痛和反抗并不能成为反抗他的武器。"④ 由此可知，卢梭以为女子服从男子是天性给予的安排，是无可非议的。由此出发，妇女们的教育便当顺从天性

---

①②③④ Rousseau. *Emile or Education*. Everyman's Library, London: J. M. Dent & Sons Ltd., 1933, p. 329, p. 330, p. 332, p. 333.

的指导，要养成她们的顺从之德，使柔顺成为第二天性。卢梭甚至说："自然规律要求妇女服从男子。因此，男子从比自己社会等级低的家庭选择妻子，是适合于自然和社会的规律的，这会使诸事顺利的。"①这种思想，当然不是合理的。

怎样养成这种品德？卢梭解答说："女儿必须是永远服从的，但母亲却不该总是暴戾的。你使女子服从，并不须使她苦痛；你使她谦逊，并不须施加恫吓；刚好相反，当我看到一个女子偶尔学习一些智能，以图逃避必要的服从，却不是想逃脱因为不服从而得到的惩罚，我不认为憾事，她的依赖他人并不须成为苦恼之事，只要她了解她是依赖他人的，那就够了。"②他又说："一般女子比男子易于驯服，她们应当屈服于更多的权威；但这不是说女子应做她们不能了解的事。母亲的本领就在使女儿对于被派要做的事，明了有何用途，因为女子的智慧比男子早熟，这事很易办到。"③这就是训练女子们柔顺品德时，应当出以慈和的手段，顾及她们的发育，顾及她们的兴趣，由母亲把她们所能理解的事物，支配她们练习去做，逐渐地便可养成她们顺从的习性了。

在此必须注意的是：卢梭虽说女子要以忍让为怀，却不叫女人成为完全单方听命于男子的怯懦羔羊。他鼓舞妇女利用妇女的特性，采取艺术的手法，发挥"以弱胜强"和"以柔克刚"的妙用。他反复说："我们应当各按男女不同而采取适当的制度。软心肠的丈夫虽会促成妻子过度骄横；但是一个丈夫除非全然是个怪物，不久也会服从妻子的柔顺之德，从而使妻子获得胜利。"④"我希望众多读者会想起，我认为妇女秉有驾驭男子的天才。这将引起人们说我自相矛盾。实际上，他们错了。因为在掌握指挥权和驾驭指挥者之间，存在着巨大的差别。妇女的统治是凭借温柔、智能和仁慈为手段的统治；她的命令是关怀，她的威力是眼泪。她应同善于治国的大臣一样，能够善于治家，千方百计使男子听命于妇女的需要。从这点来讲，一个管理得当的家庭是妻子具有最大权力的家庭。"⑤卢梭曾说妇女的柔顺和眼泪都是大自然赋予弱者的征服对方的锐利武器。没有它，妇女就必沦为男性的奴隶；有了它，才能弥补妇女天性的弱点，战胜男子的优势，从而实现男女间实际上的平等。还有这不是要女子仰仗玩弄权术来操纵男人，更根本的还是以德感人。卢梭说："一个有道德、有

---

① ② ③ ④ ⑤ Rousseau. *Emile or Education*. Everyman's Library, London: J. M. Dent & Sons Ltd., 1933, p.370, p.324, p.331, p.334, p.370.

智慧、有美颜的女子，简言之，一个爱情诚笃而受人尊敬的妇女，是能够指挥男子奔赴远方，勇于作战，争取光荣，以至于牺牲性命的。"① 他又说："你要给妇女引起这种高尚的野心，使她们能统治伟大的强有力的男人。古希腊的斯巴达妇女就有这样统治男人的高尚野心。"② 卢梭曾对苏菲说："当爱弥儿做了你的丈夫时，他就是你的领袖，你的责任就是服从。这是自然的意愿使然。不过，妻子像苏菲那样贤惠时，男子服从女子也同样是好事。这是另一条自然规律。你将对于他的心灵具有权威，正和男子对女子的身体具有权威一样。我的主旨就是要妻子成为丈夫追求享乐的制约者。"③ 看，卢梭在男女两性的关系上，运用了辩证的思维。

卢梭不但认为妇女可依靠品德和技巧而约束和驾驭丈夫，而且还能成为对于丈夫具有权威的咨询者。他勖勉苏菲说："你要真正成为丈夫的半个身子，即贤助，以致使他对你时刻难离；一旦他必须离开你时，就叫他感到他是远远地离开他自身而六神无主。"④ 卢梭还假借对爱弥儿的讲话，说出贤妻能够成为丈夫的良师。他说："亲爱的爱弥儿，男人在一生中是需要导师和顾问的。到目前为止，我已对你尽了这些职责。如果我长期承担的职责结束了，别人将继续承担这桩任务了。现在我将丢开你所给我的权威。从此之后，苏菲就是你的监护人了。"⑤ 照卢梭看来，真正理想的妇女是可以成为丈夫的灵魂和导师的。

在这里还须提及：卢梭对于女子的贞操观念，很是注意。他说："由一个灵魂高尚的妇女看来，贞操是超过一切的高贵品德的。"⑥ 她不为肉欲所奴役，不搞淫秽的生活，不受一时冲动的诱惑，不踏进放荡邪恶的深渊。就其个人来讲，她以容貌美丽而道德崇高为骄傲，享有永不衰败的快乐。就家庭来讲，也保证骨肉之间的信任和甜蜜生活的永存。卢梭对于当时妇女滥于交际和淫乱的行径，曾嗤之以鼻地说："那失了信任的女子是罪恶更重的，她破坏了家庭和自然的联系。当她把那不属于丈夫的子女交给丈夫时，她对于丈夫和子女都有错误。她的罪不是不贞，而是叛逆。这是一切吵闹和罪恶的渊源。一个丈夫把子女抱在胸前，而心中怀疑子女不属于自己，疑心是自己名誉的污点，疑心此儿是来分取自己子女遗产的盗贼，试想还有比这更可怜的吗？在这样环境之中，家庭便成为秘密仇敌的集合，彼此因为一个强迫家人佯装亲爱的女人，而

---

①②③④⑤⑥ Rousseau. *Emile or Education*. Everyman's Library, London: J. M. Dent & Sons Ltd., 1933, p. 355, p. 356, p. 442, p. 443, p. 444, p. 354.

互相戒备。"①卢梭厌恶法国妇女淫荡之风是溢于言表的。理想中的苏菲就不同,"她终身将是讲求贞操和善良的。她在灵魂深处立了誓愿,而且她不是在理解遵守这个誓愿是极为艰苦的事体以前立誓的;她是当自己如果沦为感官欲望的俘虏而将撕毁这项誓约时,才立誓的。"②可见苏菲并非轻率地对贞操做出承诺的,而是通过严肃的思想斗争才下定决心的。

3. 养成治家的能力

卢梭仰慕古代希腊的妇女生活,因为她们在结婚后能够相夫治家。卢梭认为相夫治家是女子的天职,能尽这种天职,才是理想的妇女。他说:"希腊女子结婚以后,就不再出现于公众之前;她们居住家中致力家事。这正是天性和理性给妇女所规定的生活方式。"③他又说:"在法国,女儿居住修道院,已婚妇女在社会上大出风头。古代就迥然不同,如我以上所述,女儿享受游戏宴飨之乐,已婚妇女则过退隐的生活。这是较为合理的习俗,有助于端正世风。我认为女儿在某种限度内可以卖弄风情,以娱乐为主要生涯;已婚妇女则负有家庭责任,而且她也不须再找丈夫了。"④

卢梭设想的苏菲便是善于治家的女子。他描述苏菲治家的能力道:"针线之事苏菲最所喜好。她对于妇女应习的技艺都已细心学过,甚至你想不到的事,如裁缝衣装等,她也娴熟了。她能用针做各种技艺,而且她从事各种工作时,总是感到愉快。她精于制作纽扣,因为制作纽扣比其他活计要有更愉快的态度、更文雅的精神,更多的手指技巧。她对于家事极为精通,她知道如何烹饪和洗濯,她知道食物的价格和选择的方法,她善于理财而不发生错误,她是母亲的家事管理人。不久她将成为主妇,她管理父亲的家庭就是准备主持自己的家庭。她能做各种仆役的工作,而且她随时在准备担任仆役的工作。因为除非你能够操作,否则你就不能役使他人。苏菲的母亲所以使苏菲如此,其理由即在此。"⑤受过卢梭设想的女子教育的苏菲,不愧为治家能手,她既能缝纫烹饪,又善管理调度,既能从事各种杂役、又能掌握家庭经济。在卢梭看来,她真是极为精干的主妇了。

卢梭主张女子教育注重实用知能的传授,发展妇女务实的特点。卢梭说:"请你们和妇女商讨关于物质和关于感觉的事情,请你们和男子商讨关于道德

---

① ② ③ ④ ⑤ Rousseau. *Emile or Education*. Everyman's Library, London: J. M. Dent & Sons Ltd., 1933, p. 324, p. 360, p. 330, p. 350, p. 357.

和关于学术的事情。当妇女成为她们应当成为的那个样子时,她们将致力于她们理解的事物,因而取得的判断将是正确的。倘若她们致力文学批评、评议书籍和讨论重大课题,她们便完全走入歧途。著作家一旦向妇女请教,必将接受错误意见。追求时髦者一旦向妇女请教关于服饰的事,他们的服饰必将是大出洋相的。"①这简直是把妇女摈斥于学术圈外的谬见。就苏菲那样聪明智慧的女子而言,也不例外。卢梭描绘道:"妇女对于思维艺术并非全然不知,不过,她们对于逻辑和形而上学只应略有所知而已。苏菲喜欢理解事物的道理,然而她很快便忘掉了。她对于道德学和美学所习最好,而在物理学方面却仅仅记忆些关于一般规律和宇宙秩序的粗浅的知识罢了。"②

卢梭认为,女子既不宜从事纯粹学术的研究,所以当时所施行的书本教育,对于女子就没有必要。卢梭说:"假如我反对幼年男儿被迫读书,我对于女儿在明了读书的用途以前即被迫读书,反对更甚。在我们劝说他们读书具有好处时,我们常是想到自己的观念,很少想到儿童的观念。而且年幼女孩为何要明了读书和书写呢?她不是有需要处理的家务吗?"③

卢梭关于妇女要有治家的实际本领,而不以空洞的知识相炫耀,还有更多的理由。他从落后的妇女观立论道:"受过教育的男子娶未受教育的女子为妻,或由不能享受教育的阶级中选择妻子,很不相宜。但是从另一方面来说,我也绝对主张娶受过简单教育的家庭女子为妻,绝不娶富有学问的女子为夫人,不娶那种要在家中举行学术沙龙而自为主席的富有智巧的女子。智巧的女子是丈夫、子女、友朋和仆役的灾祸。她会因她的绝顶天资而放弃妇女的责任,她实际上在设法使自己成为男子、丈夫。这种天资优异的妇女只能愚弄一些呆子。其实,她假如真有优异的天才,她那种装腔作势反而降低她的天才。她的荣誉是不应为人所知的,她应以丈夫对她的尊敬为光荣,以家庭的幸福为愉快。读者试想假如一旦步入某位妇女房中,看见她忙于妇女应尽的职务,忙于家务的处理,忙于子女的衣着,或则看见她伏在那满布书册、笔记本和稿纸的妆台上写诗文,请你诚实地回答我,你对于哪一种妇女较为尊敬?假如世界上只有聪明的男子,我想后一种女子将要成为终身无人问津的老处女了。"④

妇女怎样养成治家的能力呢?卢梭指出要在家庭之中,在良母的指导之

---

① ② ③ ④ Rousseau. *Emile or Education*. Everyman's Library, London: J. M. Dent & Sons Ltd., 1933, p. 306, p. 389, p. 332, p. 371.

下，以能干的苏菲为榜样，从事实际家务的历练。他说："一个和平家庭生活的美妙，必须叫孩子们懂得去享受，这种家庭的甜美应当叫孩子们从幼年起就尝到。只有在父亲的家庭中，我们才学得热爱自己家庭的心情，一个未受慈母教育的妇女，也将不愿去教育自己的女儿。"①卢梭认为，巴黎等大城市把这种优美的家庭生活和家庭教育，统统给破坏了。"不幸，如今在大都市中就无家庭教育这件事。社会是如此广泛和杂乱，以致不再能得休息的处所，甚至我们在家庭中过活，也就像在公众场合中过活一般。我们与人相处简直到了不再能有家庭了，我们简直无法晓得自己的亲属，我们把骨肉至亲都视同路人了。家庭生活的简易朴素今已不复存在，它那甜蜜亲昵之情原是生活之美，至此也一并无法出现了。"②贤惠善良的苏菲在目睹巴黎的繁华之后，曾经深深感到："快快返回咱们的茅舍吧，茅舍中的生活比较华丽宫殿中的生活，幸福得多了。"③用现在惯用的术语说，卢梭认为家庭是实施家政教育的场所，是进行家政实习的园地。他不主张爱弥儿入学校，更不主张苏菲入女学。当然还该说，女子教育的中心就是理想的家庭，不是学校。这种见解是非常狭隘的！

4. 养成优美的风格

卢梭还认为理想的女子应当具有优良的风度、美好的容貌、高度的智能和清晰的头脑。

其一，卢梭以为女子的优美的风度是重要的。他以苏菲为例道："苏菲对于世故并无所知，但是她却是细心而殷勤的人，所以她的举止全都充满文雅的风度。一种好的脾气比起各种各样的艺术来，对于她的帮助是更多的。她有她自己的谦逊，这种谦逊并非由于时尚而来，也非随时俗的变化而变化，这种谦逊并非由习俗而形成，系由于女子们想让人快慰的热望而生。她不惯用空洞的交际言词，她也未替自己发现任何更漂亮的交际辞令。她并不说'我太感激，承蒙您的厚意，请勿麻烦'等，她更未给自己想出任何客套的用语。她对于别人的照顾和客气，只略一表示谦逊或说'谢谢你'而已，但是在苏菲口中只提'谢谢你'也就够了。假如你真正对她有所帮助，她是诚心感激你的。她心中要说的话却绝不是空洞的客套了。"④

其二，卢梭以为妇女们要有美好的容貌。他说："妇女的容貌是必须考虑

---

① ② ③ ④ Rousseau. *Emile or Education*. Everyman's Library, London：J. M. Dent & Sons Ltd., 1933, p. 351, p. 351, p. 352, p. 360.

的。容貌是我们最先注意到的东西,其实我们应当最后去注意它。不过,容貌仍是不可忽视的。"① 妇女的容貌应当如何?卢梭叙说道:"我以为在结婚时应当避免特别美丽的女子,不该追求特别美丽的女子。男子占有女子之后,对于容貌欣赏不久便消逝了。结婚六星期后,我们即不再想到她的美,但是她那美貌的危险却终生永存。一个美丽的妇女如果不是天使,她的丈夫将是最倒霉的人;纵令她是天使,她的丈夫仍然要成为情敌环绕的中心,她是无法使他免于如此的。假如妇女虽丑而尚不令人生厌,我宁愿喜欢丑妇而不喜欢绝丽的佳人。因为婚后不久,丈夫不复注意其美丑了,但佳人永远具有危险,而丑妇永远有其利益。只是丑得真正令人生厌,便成最大的遗憾了;厌恶之情与时俱增而非与时俱减,到了最后则因厌生恨,这种婚姻便是人间地狱,生不如死了。"②

卢梭又说:"对于一切事都要求它们合于中庸之道,甚而至于美也要如此。引人注意的好面孔,可以激发快慰之情而不使人引起爱慕之心,这是我们应当喜爱的;这种女子的丈夫不致遇有危险,对于夫妇都有益处。娴雅美不若容貌美那样容易消失,娴雅美是有生命的,其美是永远增长的。夫妇结婚 30 年,妻子娴雅之美能以取悦丈夫,仍如在新婚之日呢。"③ 由此可知,卢梭所注意的不是色相之美了。

当时妇女追求的美是华丽的服装和容颜的粉饰,不但造成侈靡的风习,而且造成巨大的浪费。卢梭为予纠正而反复申说其事。富贵之家常用服饰作为给予女儿的奖励,当女儿穿着华美的衣服时,称赞她们如何漂亮。卢梭说:"完全相反,家长应教育她们懂得装饰品只能用来遮盖一缺点,美的真正胜利在于美丽本身所发出的光辉。"④ 所以,"除非她衣着简朴,否则我是从不称赞她的"⑤。他又说:"我曾说过,身穿最华贵的衣服恰好表明那穿衣的女子是最平常的人。年轻女郎如果善于审美而鄙弃时尚,只要给她少量的丝带、薄纱、细布和彩花,而不必给她任何贵重的宝石、彩缎和花边,她自己做成的衣装将比一切美观而珍贵的时髦服装胜过万倍。"⑥ 卢梭对于一般不学功课和不务正业的青年妇女,一味讲究穿带和涂脂抹粉,更希望她们锻炼品德和学习家事,不把光阴虚掷。

---

①②③④⑤⑥ Rousseau. *Emile or Education*. Everyman's Library, London: J. M. Dent & Sons Ltd., 1933, p. 372, p. 372, p. 372, p. 335, p. 335, p. 336.

其三，卢梭以为女子要有高度的智能。他说："天生成的事体都是好的，普遍的原则不能是坏的。妇女天赋的特殊技巧，可以抵偿她们体力的不足。女子若无技巧，便不能成为男子的贤内助，而为男子的奴隶了。女子由于这种优点，才能和男子平等，才能于服从之中统治一切。她有各种不利的事体，例如，男子的错误，她本身的柔弱和畏缩；但是她却有美和智能。她不应发展这两种特长吗？不过，美貌并非人人所能有，美貌也可为意外事端所破坏，可随年长而消失，习惯也可减少美貌的影响。所以女子真正的财富是智能。这并非指一般受人称赞的愚笨的智能，那种智能并不能增进生活的幸福，是指那种切合女子身份的智能而言，即是她们能以利用男子的地位并且利用男子的体力来支配男子的技术。我们不能以文字说清这种智能对于男子有何好处，它能给予男女社会以何种妙处，它能如何纠正性急的女子和粗暴的丈夫，没有这种智能家庭怎样将成为战场，有了它家庭怎样便成为幸福的寓所。我知道这种力量是被狡诈和阴狠的人滥用了，但是世界上何事不易为人滥用呢？请勿因为滥用而有害，便毁弃这幸福的手段呀。"① 还有，"妇女比男人具有更多的智能、男子比女子具有更多的天才。妇人从事观察，男子致力思考。双方协作就能产生最透彻的理解和最渊博的学识"②。

智能是什么？

首先，它包括善于掌握实际问题，进行锐敏的观察、分析和做出恰当合宜的判断。卢梭曾讲女子注重优美品德而拙于理性钻研。但这不妨她们有应付现实课题的智慧。理性表现为探索深奥学理的能力，智慧表现为治理事务的聪明，一在知，一在用，虽则两者有关联，两者也有差别。男女教育便有同有异。卢梭反对女子成为哲学家，却要求女子具有清晰的头脑，惯于周密思考而长于待人接物。他说："肯用思想的男子不应和不用思想的妇女结婚，假如他不能娶了解其思想的妻子，他那社会生活的乐趣的主要渊源便丧失了。"③ 他又说："再则，假如妇女十分不惯用思想，她怎能抚养子女？她怎知何事有益于子女？她怎能给子女养成她本人尚一无所知的品德？她怎能给他们养成她本人尚一无所知的优点？她只能娇宠或威吓子女，只能使他们变得傲慢或怯懦，她将使他们成为专事模仿的猴子或吵闹不休的小流氓，她永不能使他们聪

---

①②③ Rousseau. *Emile or Education*. Everyman's Library, London: J. M. Dent & Sons Ltd., 1933, p. 334, p. 350, p. 371.

明而愉快。"①就这样，理想的妻子要有才、有识、有能、有术。苏菲呢？"她没有精湛的学术研究，却极有风趣；她不会艺术，却颇有才能；她没有学问，却有判断的能力；她所知无多，但她受过求知的训练；正好像一片耕好了的土壤，专等人们来播种了。她不是丈夫的导师而是他的学生，她绝不想控制丈夫的兴味，她却要和丈夫具有相同的爱好。"②

其次，说女子不会艺术，是说女子不一定是艺术专家，并非说她们不须具有艺术欣赏能力和艺术表现才能。苏菲就能弹琴奏乐，能歌善舞，而且爱好艺术杰作。在各种艺术修养中，卢梭很强调妇女的语言能力。他说："语言艺术是在各类令人愉快的艺术中，居于首位的。它能单独地对于已经被习惯所迟钝化的感觉，增益其新鲜美妙之感。"③妇女的语言的特点何在？卢梭道："男子讲说自己知道的事物，妇女道出使人喜悦的事物；前者需要知识，后者需要趣味。男子讲话的目的在于致用，妇女则力求提供快慰。男女说话的要旨不同，只是都须讲说真理而已。"④妇女凭借动听的语言和悦人的事物而给生活增添乐趣，给听者带来欢乐，从而发挥掌握对方思想感情的威力。这种无形的力量不可低估。因此，要教育她们练习口才，使口才成为有力的武器。再则，卢梭认为对于男女的施教方法也应当有所区别。"我们对付女子的喜好谈话，不能用对付男子常用的'讲话太多有啥用途'之类的粗话，进行制止；应当采用至少是同样难答的问题，如'那样讲话的效果如何'，来制止她们。"⑤就是说，女子讲话要能符合讨人喜欢的要求，教导方式方法就该适合这种要求。

再次，妇女还须养成审美的能力，要能分辨美丑，厌弃和避开流俗、粗暴的言行，享受和陶醉于真实的美，借以丰富精神生活，而不使生活陷于枯燥和贫乏。苏菲就是乐趣盎然而使家庭充满青春气息的典型人物。

综上所论，卢梭所渴望养成的女子是那种身体健康、品德柔顺、治家有道、风度娴雅的妇女。这种女子能以完成自然所赋予她的使命，是卢梭最理想的女子。她们能生养健壮的子女，能帮助从事社会活动的丈夫，能造成幸福的家庭，也就是能以成为贤妻良母。卢梭认为这种新颖的妇女很了不起。

爱弥儿和苏菲从相识、相爱到订婚、结婚，无时不受到教师的及时指导和有效帮助；甚至在新婚之后的两性间的"快乐生活"也受教师的关怀和接受教

---

①②③④⑤ Rousseau. *Emile or Education*. Everyman's Library, London: J. M. Dent & Sons Ltd., 1933, p. 371, p. 373, p. 338, p. 339, p. 339.

师的忠告；更甚而至于生儿育女的事情，也向教师请教，教师也应给予关怀。一句话，教师不但教知识，而且教人生，不是知识商人，而是人格培育者。爱弥儿终至称教师为"我的慈父"①，是绝非偶然的。

（三）结语

卢梭关于女子教育的理想是值得非议的。这种理论注重妇女的身体健康和治家能力，提醒妇女正视教养子女的任务，对矫正当时的淫侈风尚，有其积极意义。不过，他把妇女看作男子的附庸是错误的。实际上，妇女和男子具有同样的禀赋，她们和男子一样有智力，一样胜任政治的、经济的、文化的、学术的艰巨任务；在社会上应有同样的人格，女子应当尊重男子，男子应当同样尊重女子；只是由于不平等的政治经济制度，才把女子压制在男权、夫权之下，随而产生男尊女卑的思想。试看原始社会的男女原是平等的，以后也是先产生母系氏族社会，更后，由于狩猎在经济生活中逐渐发达，男子在狩猎中占了主要地位，推翻了母权制，造成"女性的具有世界历史意义的失败"②。可见女权之不得伸张全非天性之故，是有着经济根源和历史根源的。卢梭推崇人人平等的原始社会，却承认男女社会地位的悬殊是合理的，显然是不应有的矛盾。众所周知，任何时代的进步程度，都可以妇女解放的程度为衡量器。这样，卢梭的女子教育观刚好反映卢梭社会观中存在的缺陷了。

十、卢梭教育思想评价

卢梭在启蒙运动中是从多方面向封建社会进行攻击的，而且在所有启蒙学者中，他尤其突出地对于封建教育给予了沉重的攻击。卢梭不曾受过正式的学校教育，也未曾长久地从事过教师工作。他说："我曾担任教导儿童的工作数星期之久。"③就连这一度的教育工作，也是不欢而散的。在近代的开端，夸美纽斯和洛克的教育思想是先进的。卢梭未曾接触17世纪捷克的民主教育家夸美纽斯的教育理论，因为他的著书被湮没了约200年。卢梭曾读过英国17世纪教育思想家洛克的著作；不过，在许多论点上卢梭反驳了洛克。卢梭赞扬柏

---

①③ Rousseau. *Emile or Education*. Everyman's Library, London: J. M. Dent & Sons Ltd., 1933, p.437, p.86.

② 《马克思恩格斯全集》（第21卷），人民出版社1965年版，第69页。

拉图的《理想国》，他说："假如你想了解公共教育的意义，请读柏拉图的《理想国》。那些根据书名望文生义的读者误认这书是关于政治的著作，实际上，它是空前优美的教育著作。"①可是，卢梭在教育作品中引用柏拉图的理论并不多。这就说明卢梭虽未脱离前人的影响，但在很大程度上独特地创造了自己的教育理论。卢梭不愧为明智之士。由于他反抗封建制度态度坚决，他在反抗封建教育的斗争中，确实指出了当时教育的积弊，这种指斥颇能一针见血和切中要害。有人不免感觉卢梭立论偏激。认真说，在封建社会窒息人们呼吸的时代，非雷霆万钧不足以摧毁陈旧的社会和传统的教育。当然，唯有从热火朝天的阶级斗争的背景来理解卢梭的理论，才能领略卢梭的功绩。现在，且对他的教育理论略加分析。

(一) 卢梭是划时代的教育思想家

第一，卢梭是教育效能的乐观的肯定者。一般启蒙运动者重视教育在社会改造中的重要作用，是人所熟知的。他们的口头禅是"意见决定一切"，认为发展教育唤起民智是解决社会问题的重要途径。他们认为教育发达了，人们觉悟了，意见正确了，社会便会随而进步。启蒙巨子卢梭在这点上并不例外。他也把教育视为人类发展不可缺少的因素。他说："植物由于栽培而成长，人由于教育而成为人。"②他又说："我们生而软弱，因而需要力量；生而无能，因而需要他人帮助；生而无知，因而需要理性。所有我们生而缺乏的东西，所有我们赖以成为人的东西，都是教育的赐予。"③有人或许认为：如果人们生而强壮有力，那么，教育的效用就减少了或根本用不到了。实际上，儿童真的生而强大，他就失去了可塑性了，就没有发展的余地了，就反而僵化了。卢梭说："如果儿童生来就和成人同样高大有力，这个'儿童成人'将是一个完全白痴，是一架自动的机器，是一件没有情绪和几乎没有感情的雕像。他将看不见和听不到任何事物，将不认识任何人，将不能对于需要看的东西转目去看。他不只看不到任何外在事物，甚至不能通过感觉器官而有所感觉……他将只有一个观念，那就是关于自我的观念，而这个关于他的自我的观念，是他凭借他所有的一切感觉而获得的，而且只有这个观念，或者宁可说这个感觉，是他胜过一般正常儿童的唯一的东西。"④试想，那样岂不是悲剧吗？

---

①②③④ Rousseau. *Emile or Education*. Everyman's Library, London: J. M. Dent & Sons Ltd., 1933, p. 8, p. 6, p. 6, p. 28.

卢梭反对封建教育的主张和改革封建教育的希望，是同他深信教育效能紧密关联着的。《爱弥儿》一书是以封建的法国为例，陈述了教育改革的方案；《波兰政府计划》是以理想中的波兰为例，陈述了教育建设的蓝图。两者刚好道破卢梭教育效能论的两个方面。

首先，就法国为例，摧毁封建教育是卢梭最为关怀的。因为封建教育直接起着巩固封建政权的作用。表面看来，它戕害受教育者的善良天性；从实质看，它是维护封建政治的精神磐石。摧毁它就是斩断人的精神锁链。当时的封建教育以封建统治者的子弟为对象，一般人是受不到的。就这样，"贫穷人是不需要教育的，他的生活地位所给他的教育是他非接受不可的，他不能再有旁的教育。富人因生活地位所受到的教育是既不适合于他自己，又不适合于社会的"①。因而，"让我们从富有之家去选择教育对象，我们至少要把他造成另一种人。穷家子女不用我们帮助，也可长大成人"②。把特权阶级子弟造成另一种人，这是卢梭《爱弥儿》一书中的主题。

其次，就挽救遭受瓜分厄运的波兰而言，建设教育事业是卢梭最所关切的。他认为如果以高尚的爱国精神，来进行波兰人民的教育和培养波兰人民的品德，波兰将会在危机中得到新生。卢梭在《波兰政府计划》的第四章，即教育专章内曾说："这是本计划的主要之点。"③在本章中，他为波兰政府计划了教育领导、教育方针，教育制度等重要问题。在《爱弥儿》中，卢梭仅从富贵之家选择学生；在波兰政府建设规划中，却把全国人民的教育作为考虑的对象，想依靠举国人民之力，谋求波兰的复兴。卢梭认为培养不可战胜的民族精神比之改革政府，对国基的巩固关系更大。他强调"只有优秀的公民才能使国家强盛繁荣"④。卢梭认为："波兰若真做到以教育为重，就将得到一个新的国家所有的活力。倘若没有这些先期的种种布置和准备，那就不要对所定的法律存有任何希望。不管法律是多么明智，或是怎样高瞻远瞩，它们将被回避而毫无效力。你们只会医疗一些使你们致伤的微疵，结果是引起你们所未曾预见的其他疾病。这虽只是开端的一些考虑，我认为是有头等重要性的。"⑤这表明卢梭把教育看作政治建设的根本。

---

① ② Rousseau. *Emile or Education*. Everyman's Library, London: J. M. Dent & Sons Ltd., 1933, p. 20, p. 20.

③ ④ ⑤ W. Boyd. *The Minor Educational Writings of Jean Jacques Rousseau*. London: Blackie & Son Ltd., 1911, p. 141, p. 141, p. 149.

肯定教育的效能是无可非议的，但是把教育幻想为救世救国的主力，是值得商榷的。这是法国启蒙运动的通病，并非卢梭个人之过。因为在封建统治阶级和资产阶级处于绝对矛盾的情势下，不从事政治经济制度的根本变革，妄想通过教育来改造社会，无异于缘木求鱼。所幸，卢梭和其他启蒙运动者都以他们的理论做了资产阶级革命的舆论准备，叫人们不受封建的思想意识的蒙蔽，从而为大革命发动了群众，起了革命酵母的作用。所以，教育救世论虽非正确的理论，但就当时法国而言，卢梭等启蒙学者夸张教育的功效，倒在客观上产生了良好的影响。

近世资产阶级学者阐述教育效能的宏伟，原是普遍趋势。17世纪的捷克教育家夸美纽斯，曾大力宣扬教育的功能。稍后，英国哲学家洛克也认为教育具有广大效用，呼吁教育由少数贵族的特权变为更多数人享受的事业。和卢梭同时的法国唯物主义者爱尔维修更论证人类智力平等，提出教育万能的理论。他们成为近代教育史中的旗帜。在这方面，卢梭以其激昂的议论和犀利的笔锋，尤其引起社会的重视，使教育由人们漠不关心的课题，成为众所重视的课题。以后各国由忽视办学变为振兴教育，由教会办学改行政府办学，群众既积极要求普及教育，立法机构又纷纷制定兴学方案，政府也踊跃投资教育事业，都和教育先驱者歌颂教育的伟论不可分割。卢梭大力吹嘘之功是不可抹杀的。

第二，卢梭抨击封建教育的培养目标，提出爱弥儿式的新型教育模特，这在当时是有革命意义的。他想通过教育来培养身心调和发达的自然人，既不是贵族豪强和王孙公子，也不是空疏无用的书生士子。就其实质看，就是要扭转教育的方向，把它纳入资产阶级的轨道。卢梭设想的爱弥儿挣脱传统势力的枷锁，不受古典主义的毒害，道德高尚，头脑清醒，体魄健康，做事干练，勇于为真理正义而奋斗，具有从事职业、自食其力的才能。他和当时封建教育的牺牲品迥然不同。这一目标方面的根本转变，正意味着教育阶级性的转变。

从教育发展史来追溯，古代雅典教育和文艺复兴时期的人文主义教育，都标榜养成身心调和发达的人。不过，雅典是奴隶社会，以奴隶主阶级为教育对象，重理论而轻实践。近世文艺复兴时期的人文主义教育，起初要求人性从神权中获得解放，但以后走上歧路，鼓励青年诵读佶屈聱牙的拉丁文，认为古典语文才是纯正优美的语言，古典著作才是人类智慧的花朵，随而广大青年醉心于模仿西塞罗的文体，成为迂腐无能的书痴、书呆子。卢梭则完全与此不同，他要求爱弥儿不但有哲学家的头脑，有农夫的身手，而且有革新家的品德；不但不做封建贵族，也有别于脱离实际的玩物丧志的知识分子。就这样，卢梭不但以封建教育为靶子，而且比文艺复兴所诞生的人文主义教育理想，跃进了一步。历史的潮流一浪胜过一浪，我们清楚地看出，卢梭比以往的教育思想家更加靠近了现代教育。

第三，卢梭以自然主义相号召，不但给教育探索了新的归宿点，即培养自然人的教育目标，而且给教育找到了新的出发点，即儿童身心的特征。的确，卢梭在教育方法上，提出了很多新颖的观念。他说教育应适应儿童的身心发展，因而分未成年者的生长为四期，各种教育应在四期中循序渐进，依次实施；他在养护和体育方面，主张身心健康是理性发达的基础，因而主张锻炼身体，讲求儿童的衣食睡眠；他说感官是知识的门户，因而想法训练儿童的感觉；他在知识教育方面，提出生活、经验、自发、自由、兴趣、直观、劳作等观念，开近代新教育方法的先河；他在道德教育上，提倡自然惩戒和人格感化，反对教师滥施权威或妄加干涉；他在宗教教育方面，反对儿童徒事礼拜仪式的模仿，要求养成虔诚的信仰心。所有这些在当时全是不平凡的卓见。新教育的种种原则，不妨说是由这些见解引导而出。近世以来的教育思想家，如法国的蒙田、英国的培根和洛克、捷克的夸美纽斯，或曾反对经院主义和古典主义，或曾呼吁尊重经验和改进教学，或曾建议因材施教和全智教育，或曾注重体格锻炼和学以致用，但是像卢梭这样魄力雄伟、体系博大而影响广远的人，实不多见。就后于卢梭的教育家来看，人们公认不研究《爱弥儿》就不能理解康德、裴斯泰洛齐、巴西多、福禄培尔和任何19世纪的教育家。其实，20世纪的美国教育家杜威和德国教育家凯兴斯泰纳①，也都曾深受卢梭的非同一般的启发。我们有理由相信，现今教育内容的丰富和教育方法的先进，许多是卢梭的教育远见通过其后的教育思想家和教育实践家的继续发扬，而一步步地化为现实的。教育史家说，在儿童和社会之间架起一道桥梁是近世教育家们的杰作，卢梭是架设桥梁的巨匠。卢梭和在他之后的裴斯泰洛齐、赫尔巴特、福禄培尔、乌申斯基以至杜威等，形成了一条绵延不绝的长河，才使资产阶级教育出现崭新的面貌。

第四，卢梭由于尊重天性而着手观察儿童身心发育的过程，也胜过他的前人。虽然他的论证并不完全正确，但从婴幼儿心理学史看，卢梭的工作仍然是

---

① 作者也译作凯兴什太纳、凯欣斯泰纳。以下不再作注。——编者注

里程碑。

　　从上种种，可知卢梭的丰富的教育理论上的乳汁，是曾哺育过近现代各国教育事业的成长，也曾滋养过各国教育哲学和教育科学的成长的。英国教育史学者克梯斯在《教育思想简史》中说："我们必须承认卢梭是个博览群书之士。虽然他的博览群书常是肤浅而无深邃钻研的，但是他在恰当的历史时期，采取恰当的方式，论证了正确的事体。因此，他对于教育课题的影响，比任何18世纪的著作家，甚至也可说比之任何个别的思想家，产生了更为深远的影响。"①克梯斯特别指出："卢梭对于以后教育思想家的影响，比较任何著作家对他们的影响，都远远超过。甚至那些不赞同卢梭的某些主要教育理论的人，也从卢梭那儿受到巨大启发。"②他指出："《爱弥儿》出版后，立即在德国和瑞士产生了大于在其他国家的反响。"③他又说："事实上，19世纪世界各国的教育思想家，很少不从这方面或那方面受到卢梭的启迪。"④这些论断刚好显示卢梭在教育史上的地位。

　　(二) 卢梭教育思想的光辉面

　　为什么卢梭站在小资产阶级政治立场，又是唯心主义思想家，能对近世教育做出如此出色的贡献呢？首先，那是由于卢梭是资产阶级革命家，他要扫除封建障碍和给那时居于上升时期的资本主义开路。恩格斯在《反杜林论》的引论中说："在法国为行将到来的革命启发过人们头脑的那些伟大人物，本身都是非常革命的。"⑤在这些伟大人物中，卢梭是头等角色；因此，他的教育哲学是适应反封建主义的革命政治的需要的，它依附了并服务于当时进步的阶级，它朝向了并符合于历史前进的方向。固然，资产阶级和小资产阶级谋求的，不外是资产者的利益；不过，正如列宁在《我们究竟拒绝什么遗产》一文中所说："资产阶级的思想家在当时并没有表现出任何自私的观念；相反地，不论在西欧或俄国，他们完全真诚地相信共同的繁荣昌盛，而且真诚地期望共同的繁荣昌盛，他们确实没有看出（部分地还不能看出）从农奴制度所产生出来的制度中的各种矛盾。"⑥其次，卢梭在哲学上虽是唯心主义者，但他是封建制度的爆破手，他的唯心主义有别于中世纪僧侣们的唯心主义。僧侣主教的唯心主

---

　　①②③④　S. J. Curtis. *A Short History of Educational Ideas*. London：University Tutorial Press，1963，p. 262，p. 283，p. 283，p. 283.

　　⑤　《马克思恩格斯全集》(第20卷)，人民出版社1971年版，第19页。

　　⑥　《列宁选集》(第1卷)，人民出版社1972年版，第128页。

义是腐朽反动的，而18世纪资产阶级革命者的唯心主义是不同的。所以我们似可总结说：卢梭的政治目标和斗争纲领是革命的，是符合大多数人民要求的，因而在当时能发挥出宏伟的力量。

在此还要搞清楚，说卢梭是唯心主义者，那是从世界观说的；在他论述教育问题的理论中，包含许许多多唯物主义因素。如果仔细分析起来，倒是他教育理论中的唯物主义因素正确地反映了客观存在，因而给时代找到了出路。这正好证验革命性必须与科学性相结合的道理。

其一，性善论虽然不完全正确，但它正确地反映了人性发展的一个方面。因为天性仅是得自遗传的身心素质，谈不上善与恶。它绝不像基督教宿罪论所说的性恶。它除可发展为恶之外，也有发展为善的潜能。而且比较地说，向善发展应该视为矛盾的主要方面，因为与其假定人是先天罪犯，因而要强加抑制，以致流为禁欲主义以及诉之严酷惩戒，以致迫使人盲目顺从而摧毁人权，总不如强调人类发展的积极面，加重正面启发诱导，鼓舞人们摆脱被动地位而自动自主地向善。显然，高唱天性善良而侧重其发展的积极方面，对于提高人的政治地位和保障人类的社会权力，对于人类的解放运动是有重大价值的。它给争取政治上的平等自由，做了肯定；它给推倒专制暴政，奠立了理论基础。不用说，卢梭的性善论对于改革当时压制天性发展的封建教育，尤其切合需要。

其二，卢梭重视身体健康的重要。中世纪僧侣认为身心是对峙的仇敌，心是清明灵敏的，身是恶浊迷惘的，心代表理性，身代表欲望，必须毁身绝欲，才能通向神明。卢梭与中世纪的唯心主义哲学彻底决裂。他不把身体当作理性的干扰破坏者，却把身体当作发展理性的工具，这也是唯物主义的论断。卢梭叫人追求现世幸福而不单单倾慕天国之乐，大力反对禁欲戒生的僧院传统，叫人注意身体和注重锻炼，并且建议了种种纠正时弊的体育方法。卢梭反对娇生惯养、养尊处优，卢梭反对性欲早熟、纵欲早婚。卢梭建议避免发情的刺激，认真进行性生活的教育。卢梭竭力抨击淫靡的世风，防范青年受到毒害……所有这些不但在理论上是重要的，就其历史的发展阶段看，更是弥足珍贵的。它反映了新兴资产阶级发展政治经济的正当要求，也使教育前进了一步。

其三，卢梭在天性论中承认感觉经验的重要性。他肯定感觉是知识的门户，断言知识的真伪正误，取决于感觉经验的正确错误，因而着重锻炼感觉器官的功能，强调感觉教育的价值；因而痛斥诵习教条及呆读书本的传统教育，要求向自然及社会等现实去发掘知识。这些更加符合唯物主义原理。卢梭主张儿童不埋头古典而接触实际生活，借助经验以求知；与此同时，卢梭主张儿童不通过道德说教而养成善行，却借助行善而知善。一句话，他反对把儿童当哲学家和道德家，凭借空洞解说和纯粹思辨来进行教育，却强调由做而学，通过实践过程而掌握有用的知识和塑造高尚的品格。在这里，不是使我们很容易联想到杜威的"教育即生活""教育即生长""教育即经验改造""由做而学"的思想渊源吗？

其四，卢梭在天性哲学中关于年龄特征和个性差异的理论，同样是科学的、正确的。和卢梭同属于启蒙学者的爱尔维修，高唱智力平等论，认为人人的智慧并无优劣之分。相反，卢梭认为人们在生理上和智慧上，具有显著差异。他说，合理的社会防止这种不平等向恶性悬殊方向发展，不合理、不平等的社会加强了这种悬殊。毋庸置疑，抹杀人性客观存在的差异，是不如承认差异而努力使人尽其才更符合客观实际。他指出教育应当适应年龄特征和个性特征，不应不顾儿童发育水平而强行灌输枯燥无味的经籍；尤其不可忽视个别差异，不问教育对象而千篇一律。这条在教育和教学上的因材施教的原则，难道是可以否认的吗？卢梭关于男女两性差异的原则，也是对的；当然，他那男强女弱和男尊女卑的见解，是不对的。

从上各点，可知卢梭的教育理论，从他的时代来说，不但充满着革命性，而且具有科学性。正因这种革命性和科学性的结合，他才成为时代的先驱和创建新教育的旗手。

在此还须说明，卢梭不但在理论上有卓越的见解，在教育实施方面他也有高明之见。由谁负责培养青少年一代，在近世初期是亟待解决的课题。卢梭在《爱弥儿》中说："儿童真正的保姆是母亲，真正的教师是父亲。儿童受那虽无学问却很明达的父亲的教育，比受世界上最精明的教师的教育，还要好些。因为热心可以补偿知识的缺乏，知识不能补偿热心的缺乏。"[①] 他责备当时法国统治阶级的妇女道："母亲若太好装饰而不抚育子女，父亲也必忙于他事而不教育子女了。子女分散在学校、寺院和大学，把别处当作可爱的家庭，或养成对任何事都漠不关心的习惯。兄弟姐妹不能互相了解，虽聚集一堂而彼此视同路

---

① Rousseau. *Emile or Education*. Everyman's Library, London：J. M. Dent & Sons Ltd.，1933，p. 16.

人。骨肉之间没有亲密之情，家庭不能给予生活乐趣，于是有意味的生活便为邪恶所充斥。世上还有对于这些事情如何息息相关都看不清的愚人吗？"① 很清楚，卢梭是家庭教育的倡导者。

难道卢梭主张家庭单独负责子女的教育吗？不。卢梭早于《爱弥儿》和晚于《爱弥儿》的问世，都曾肯定政府承担造就公民的职责。他说："假如一个人的理性不能成为判断他的职责的唯一判断者，一个儿童的教育更不能听凭家长的愚昧和偏见来安排了。教育子女对于国家的关系大于对于家长的关系，因为在自然的过程中，家长死亡即不再受其教育子女的结果所影响，国家却还会受到这种影响的。因为一个国家是长存的，一个家庭并非长存的。假如政府承担教育青年的重责，而代替家长的地位，并因教育青年一代而获得各种权利，家长是确实无可埋怨的。"② 因此，卢梭主张教育应由政府审情度理地选择贤才办理学校，教师应聘请年高德劭之人充当。卢梭为了保证公民教育的普及，还曾要求开放教育机会，不使高等教育为少数权贵子弟所独占。他给波兰拟订的计划中写道："我不赞成大学和专门学校有所区别，借以对富贵子弟和穷家子弟用不同的计划施以分别的教育，因为他们在宪法上是平等的，应该在一处受教育，而且受同样的教育。如果公共教育不能全部免费，也应使学费的数量为极贫人家所能负担。我们甚至可以仿效法国的奖学金制，在高等学校设置免费名额，这种名额赠予对于国家有重要贡献的贫穷绅士子弟，作为对他们父亲的报酬，因而应视享受奖学金为光荣的标志。"③ 还有，国家既然负责人民的教育事业，就不该没有领导教育的机构。卢梭向波兰建议："不问公共教育采取怎样方式办理，都该设立由品级最高的官员组成教育管理部门，对于教育具有最高的领导权。这些官员可以随意任命、罢免或调整高等学校的校长和体育教练员；这些校长和教练员必须视其能否尽职而升降，因而使人人忠于职守而勤于治事。因为这种机构关系国家的命脉和光荣，我承认它具有高度的重要性，可惜没有任何国家曾做如此估计，这令我惊异。我看到这样良好、有用而可付之实现的观念，并未付诸实施，是我为人类痛心的。"④ 很清楚，卢梭还是学校教育和国家办学的倡导者。

---

① Rousseau. *Emile or Education*. Everyman's Library, London: J. M. Dent & Sons Ltd., 1933, p. 16.

②③④ W. Boyd. *The Minor Educational Writings of Jean Jacques Rousseau*. London: Blackie & Son Ltd., 1911, p. 44, p. 143, p. 147.

从教育发展史看，由家庭负责子女的教育过渡到由国家负责公民的教育，是历史潮流，而17—18世纪正是这一过渡的重要转折点。英国17世纪的洛克虽呼吁扩大教育机会，却是学校教育的反对者。他认为学校学生众多，良莠不齐，不利于良善德行的成长。他力主由家长延聘教师，施行家庭教育。卢梭比洛克前进了一步。他热切唤起父母教育子女的责任感，却未走向极端；相反，他同时要求国家设校兴学，政府管理学校，力谋教育平等，实现教育普及。他把家庭教育和学校教育并存起来，是很智慧的。

一个唯心主义教育思想家竟能做出如此宏伟的贡献，常有人认为难以解说。实际上，唯心主义绝非全然向壁虚构，它同样是反映客观存在的，只是它的反映不是完整无缺的，不是完美如实的，不是完全正确的。卢梭说人的天性中就有自由、理性和良心，就反映了处于上升时期的资产阶级夺取政权和广大人民谋求解放的强烈愿望。的确，把天性分析为自由、理性和良心未必是科学的论断；不过，卢梭所谓自由、理性、良心都有具体内涵。为什么讲自由是天性呢？因为当时封建主义的生产关系桎梏着生产力的发展，建立在这种基础上的上层建筑束缚着人们政治的、经济的、社会的生活，整个第三等级有从这种窒息中获得自由的普遍渴求。为什么把理性视为天性的组成部分呢？因为当时封建统治建筑在强迫人民的盲目服从的基础之上，人们有推翻专制暴政而实现理性生活的急切希望。为什么把良心当作天性中最重要的部分呢？因为革命群众痛恨封建制度强加于身的种种规范，要求依赖良心判断善恶，来挣脱绳索。所以就18世纪的法国而言，自由、理性、良心恰恰反映人民的内心热望，因此，卢梭的天性论虽是唯心主义的，却推动了历史的车轮向前迈进。

（三）卢梭教育思想的矛盾性和局限性

卢梭在他的著作和言论中，一方面在表现出思想的正确性和深邃性的同时具有偏激性和片面性，另一方面在表现出革命性和进步性的同时具有保守性和落后性。有的学者把这种矛盾归之于卢梭的不稳定的性格。实际上，这是他那小资产阶级的局限性使然，更是时势的急骤变化使人难以适应使然。在大革命的前夕，法国社会矛盾充斥，确是鼎沸之局，卢梭凭着小资产阶级的狭隘眼界而面临翻天覆地的怒涛，在认识上尤其苦于跟不上形势；这是当时的客观存在。卢梭诞生于日内瓦小手工业者的家庭，他也曾欲操持小手工业维生，感觉日内瓦的社会就是人间的乐园或天堂。他曾接触广泛的社会，十分鄙视其邪恶，却没有想出高明的改造方案。他在反封建斗争中虽与百科全书派并肩作战，不久却分道而驰，并认为唯物主义哲学贬抑了人的尊严。他常常提及革命风暴，但没有经历过狂飙的袭击。一句话，他的思想境界受到障碍，他没有掌握世界的远景。这一切都使他的理论在多处呈现狭隘片面，漏洞百出。当时法国小有产者比较资产阶级受到压迫更深，更感到切身之痛，因而卢梭的革命激情远远超过侪辈；而其"归于自然"的斗争纲领，颇不切合时宜。同样，在教育理论方面，他虽有远见卓识；但他有许多论点言过其实而失之允当，破绽百出而难自圆其说。

其一，卢梭的理论核心是"归于自然"。他揭露旧社会、旧教育的深切，是别人难与相比的，因而"归于自然"树立的历史功勋是宏伟的。无奈，把天性视为至上，把教育视为自然成长，是不正确的。教育应根据社会需要来塑造新生一代的灵魂，决不能不顾社会而全凭儿童生物般地发育成长。卢梭曾说教育应听凭儿童天赋的指引，让儿童以本能为师而不以人为师。果真这样，教育必然流于无目的，无指向，只能迎合儿童少年倏忽无定的爱恶，从而走上放任自流或兴趣主义。贯彻这种哲学就将产生教育消亡论的严重后果。因为人是社会性而非生物性的动物，教育是社会学而非生物学的概念，抹杀教育的社会意义，而把它简约为生物本能的自然发展，就混淆了截然不同性质的事物，是科学所不允许的。纵令退一步讲，卢梭虽未完全抹杀社会的意义，他在推崇天性方面却是过了头。

其次，卢梭在《爱弥儿》中劝告教师说："你为情势所迫不得不或者压制天性或者反抗社会，你必须就人和公民二者选择其一，绝不能同时培养公民又培养人。"①这样就使自然人和公民截然对峙起来。实际上独立的鲁滨逊式的自然人在现实世界是难以存在的，卢梭才肯定自然人和公民之间也有通连之处。他说，人应该首先顺性发展，成为自然人；然后再在首先是自然人的条件下，成为表里如一的真正公民。这个弯子转的够勉强了。

在这里追叙卢梭思想的变化起伏是有助于问题的索解的。卢梭早在1755年为《百科全书》撰写的《论政治经济学》中说："一个真正国家的存在是不能缺乏自由的，正如自由是不能离开道德而存在的，或道德是不能离开公民而存在的。所以培养善良的公民，你就得获得一切；否则你只会使上自统治者，

---

① Rousseau. *Emile or Education*. Everyman's Library, London: J. M. Dent & Sons Ltd., 1933, p.7.

下至一般人，都成为卑贱的奴隶"。①卢梭还认为："一个人从出生起，就应当学习去过良好的生活，因为他从初生起就享有公民权利，他出生之日也应该是他善尽公民义务之时。就好像成人有应遵守的法律一样，婴儿也应有婴儿的法律，并应教他们遵守服从。"②他又说："假如所有的儿童一同受到平等的教育；假如他们都为国家的法律和共同的意志所浸润，因而把国家法律和共同意志视为高于一切；假如他们被无穷的范例所环绕，这些范例无休止地提醒他们想到哺育他们的慈母（指国家），慈母给予他们的热爱，他们从慈母所获得的难以计量的恩惠，以及他们应对慈母提供的报酬，那就无疑地会使他们终将成为祖国的保卫者，并且成为国家的成员。"③很明显，卢梭是旗帜鲜明的国家教育论者和公民教育论者。仅隔7年，卢梭于1762年出版的《爱弥儿》中，却竭力否定公民教育，把自然人视为先于公民和高于公民。从此又隔了11年，卢梭于1773年提出的《波兰政府计划》中，又大谈："一个孩子由他初次睁眼直到死亡，都应注意祖国的大地。真正爱国者要在吸吮母乳时一同吸入对祖国的热爱。这种热爱要构成他的全部生命。他除去祖国之外，不再想任何东西。他只为祖国而存在。作为个人，他微不足道；他的国家亡了，他自己便不再活下去，如果他不死，那就更坏。"④他又说："一个波兰人到20岁时应当只是波兰人，除去是波兰人以外，不是别的人。当他能够读书时，就要他阅读关于祖国的知识。在10岁时，他应当熟悉祖国的物产；12岁时，应当知道祖国的省区、道路和城市；15岁时，应当知道祖国的历史；16岁时，应当知道祖国的一切法律。"⑤

由此可见，在三个不同时期，卢梭在培养自然人和培养公民之间，长期依违莫定。这说明涉及教育本质的课题，绝不能简单地仅从儿童一端考虑，必须兼顾社会的要求。再清楚不过，卢梭为图与封建教育决裂，便强调两者不可调和；在另一种情况下，卢梭却承认培养公民是完全必要的，而且肯定这是国家的头等大事。所以卢梭的教育理论是需要全面掌握的。

在这里还须指出，卢梭心目中的自然人，作为旧时代、旧教育的对立面，是跃然纸上而新颖无比的；但作为新时代、新教育的具体培养目标，却是空想。当17—18世纪欧洲民族国家纷纷诞生和成长壮大之际，不培养健全公民

---

①②③④⑤ W. Boyd. *The Minor Educational Writings of Jean Jacques Rousseau*. London: Blackie & Son Ltd., 1911, p. 141, p. 141, p. 141, p. 141, p. 142.

是不成的。卢梭因此也不得不讲公民教育。这一方面证明抛却社会而率性发展是行不通的；另一方面也证明造就公民作为教育目标的适时性、合理性。所以不但拉夏洛泰大讲国民教育这个响亮的课题，就连卢梭这样自然主义教育思想家，对此也不能否认。卢梭心目中的爱弥儿虽名为自然人，实质上，不正是有德、有智、有勇、有能的优良公民吗？

（四）结论

综上所述，可知卢梭的教育理论，有其正确的方面，也有其错误的方面，评价历史人物是该一分为二的。倘若仅仅说，卢梭的天性哲学是主观的虚构，教育思想是难以实践的幻想，那就不够全面。历史是真理的鉴定者，且看历史是怎样承受这项遗产的。

就法国而论。卢梭在1789年资产阶级革命爆发以前，便已逝世。他是粉碎封建堡垒的爆破手，却未目睹革命的伟绩。不过，他的政治思想和教育思想，在革命后却成了激进的共和党的施政原则。雅各宾党领袖罗伯斯庇尔称卢梭为师，说他于1778年会晤卢梭在他生命史上起着决定性的作用。他乃是卢梭的精神的产儿。被誉为"人民之友"的革命旗手马拉，称卢梭是"自由和真理的倡说者、恶劣风习的讨伐者、人道主义的保卫者和人民神圣权利的复兴者"[①]。著名吉伦特党人罗兰夫人也说："卢梭的著作劝诫我们渴求真理、纯朴和明智。说到我自己，我非常明白，我所有的一切好的品质都归功于他的著作。"[②]广大人民更赞扬卢梭是革命的先锋、自由的火炬、法兰西灵魂的塑造者、法兰西宪法的奠基人。法国教育由封建的变为资本主义性质的，是一种进步，无论就其内容和方法而言，更是不能和卢梭分开的。

进入19世纪，德国的学术和教育突飞猛进。黑格尔曾提到，英国的休谟和法国的卢梭是当时德国哲学的两个出发点。休谟对德国的启发且不讲。卢梭呢？德国教育史权威鲍尔生（F. Paulson）追述说，在18世纪70年代，欧洲文化领域出现两大强有力的思潮，取代启蒙运动而流行起来。这就是自然主义和新人文主义，到19世纪初期各国革新教育开始，它们竟居于支配地位。自然主义创始者卢梭对旧社会取敌视态度，深信和崇拜的是"天性"和"归于自然"。一般启蒙学者歌颂"理性"，认为旧社会的一切应受理性的审判，卢梭则

[①][②] ［苏联］别尔纳狄涅尔著，焦树安、车铭洲译：《卢梭的社会政治学》，中国社会科学出版社1981年版，第163、164页。

冲破社会藩篱而呐喊率性发展。到后来，这种鄙视社会影响的倾向曾使叔本华流为教育无能论的悲观主义。和叔本华不同，卢梭却相信教育的威力。在《爱弥儿》这部杰作中，卢梭虽否定传统，却非悲观论者。他相信发展天性之善可以救世，而教育恰是发展天性的工作。这种教育救世主的理解刚刚符合19世纪德国时势之需，在德国便结出硕果。鲍尔生着重指出："德国或许是比之法国更受卢梭的深刻的挑战的。在法国，伏尔泰继续被人们视为伟大的人物；但在德国，他的地位却被年青的一代给予了日内瓦的热情的卢梭了。"①他接着便说："康德、赫德、歌德、席勒、费希特等，都在心灵深处为卢梭所焕发了。"②这使后来之人无不希望通过天性之善而建造新文明、新社会，把习俗和文化视为末节，从而使卢梭的原理成为德国新教育的准绳。在众多硕彦之中，康德是近代德国思想界的巨星。鲍尔生就特别说道，康德的伦理哲学孕育于卢梭。康德也自述他从前仅仅尊重知识的探索，并且"在某一时期认为只有如此才是人类的光荣，对于无知无识的普通人是轻蔑的。卢梭使我走上了正道。他清除我那盲目的偏见，叫我学到了尊重人性。我将把自己看作比普通劳动者更为无用，我相信尊重人性能够给所有的人以价值，从而建立起人权的思想"③。至于康德受《爱弥儿》的启发而重视教育，并在柯尼斯堡④大学讲授教育学，更是人所熟知的。有人甚至说，康德阅读《爱弥儿》是年龄已长（40岁）的事，如果他早年就读过这部杰作，康德可能以教育学者著称而非以哲学家闻名于世了。就在这个时期，教育革新运动在欧洲蓬勃展开，其引起世界瞩目的首推裴斯泰洛齐在瑞士举行的实验，其次是巴西多在德国创立的泛爱学校。鲍尔生明确说道："巴西多和裴斯泰洛齐是两个应用卢梭的思想于教育实践的人。"⑤"裴斯泰洛齐教学方法的主导思想是和卢梭的思想一致的。他们都认为教育人的唯一途径要靠激发受教育者的本人的力量，发展人的天性和提高人的天赋以使人尽其才，则除去依凭实践和练习之外，没有别的办法。"⑥

历史发展到19世纪末，美国教育学者杜威同样是卢梭的礼赞者。杜威在他的《民主主义与教育》中，多次引证卢梭尊重天性的理论。美国实用主义教育学和卢梭自然主义教育学的血缘关系，是有目共睹的。同样，别的教育家也

---

① ② ⑤ ⑥ F. Paulson. *German Education, Past & Present*. London: T. Fisher Unwin, 1908, p. 157, p. 157, p. 158, p. 159.

③ C. Ernst. *Rousseau, Kant, Goethe*. N. Y.: Harper & Row Co. 1963, p. 13.

④ 旧译作孔尼斯堡、哥尼斯堡等。以下不再作注。——编者注

无不视卢梭为新教育的导师。美国教育史学者孟禄曾综述道:"在卢梭的言论中虽有言过其实之处,却给19世纪一切教育的发展提供了作为依据的真理。卢梭是痛批旧传统的宣扬者,对未来的新颖远景做了预卜,虽然他的预测并不确切和难免夹杂着曲解。卢梭是所有将他的思想付诸实施的教育改造家的共同的灵魂。卢梭是一些并未意识到卢梭对他们的启发却按卢梭指示的方向迈进者的开路先锋,而这个方向已成当今一般教育工作者的康庄大道了。卢梭对于自然教育提出的原则为19世纪教育的前进指点了道路。"[①]"教育是自然的过程而非矫揉造作的过程,是人们自发的发展而非受自外力的发展,是来自天赋的本能和兴趣的产物而非来自外界压迫的产物,是人们天赋能力的扩充而非知识的吸取,是生活自身而非遥远生活的准备,以上都是卢梭的根本理论。当19世纪时,这种理论曾以种种方式表现出来。纵令卢梭的反对者也只是给卢梭所夸张的真理采取一些不同讲法而已,实质上却无不同的。"[②]毫无疑义,各国关怀和改革教育的思想家、政治家和教育家,一致推崇卢梭教育理论是人类共有的文化财富和教育瑰宝。

显而易见,我们应当对于这项珍贵的遗产正确地对待,取其精华,弃其糟粕,为祖国的教育科学研究服务,为祖国的社会主义教育建设服务。

[①][②] P. Monroe. *A Textbook in the History of Education*. New York: Macmillan Co., 1918, p.572, p.573.

裴斯泰洛齐为教育而奉献的爱心*
——纪念教圣250周年诞辰

一、裴斯泰洛齐时代的欧美初等教育

欧洲学校的阶级性是极为鲜明的。高等教育和中等教育从一开始就是统治阶级独享的禁脔，人民大众是无权享受的。直到宗教改革和文艺复兴以后，平民化大众化的教育才稍见端倪；再到产业革命和工业跃进之后，为贫苦阶级设置的初等学校才迈步向前。然而18世纪后期至19世纪初期，这种面向群众的粗茶淡饭式的教育依然处于简陋阶段，是贵族富家子女不屑一顾的。裴斯泰洛齐的描绘颇能勾画出瑞士学校的面貌，他说："就我所知，这种教学像一座大厦，大厦的上层宽敞明亮，显示了高超的技艺，但为少数人居住。中层住的人就多得多，但没有登上顶层的合乎人道的阶梯；如果有几个人奢望爬上顶层的话，那么随时可以看见他们像动物那样时而用手时而用胳膊和腿试着向上爬，但这手和腿被一一斩断了。最后，大厦的底层居住着无数的平民百姓，本来他们与最上层的人们有享受阳光和新鲜空气的同等权利；但是，他们住在见不到星光的小屋里，不仅不能摆脱令人难受的黑暗，而且视线受限，双眼变盲，他们甚至都不能仰望大厦的上层。"①

难道这仅仅是瑞士初等教育的素描吗？不。法国经过1789年大革命到1830年革命王朝建立，已近半个世纪，当时担任教育部部长的史学名家基佐于1833年派遣490名督学视察全国初等教育，于1837年经罗仑编成报告书

---

* 本文原载《北京师范大学学报》（社会科学版）1995年第3期。

① ［瑞士］裴斯泰洛齐著，夏之莲等译：《裴斯泰洛齐教育论著选》，人民教育出版社1992年版，第73页。

《法国初等教育调查》，就赤裸裸地揭开了法兰西共和国初等教育的惨状："不但许多地区还没有学校，甚至全县只有一所学校者也属常事，还有包括十五区的大县竟无一所学校。"①因而在一区中找一个能读能写的人做市长，曾是很难的问题。报告书还说就连那以能读能写而自豪的教师，也常无改正学生错误读写的能力。

很显然，19世纪初期的欧洲，初等教育在一般国家仅在艰难草创的阶段，从事小学教育的教师是微贱不足道的。《法国初等教育调查》指出："教师的可怜与教师的无知相似。"②众多教师曾经犯罪、厚利盘剥、身体残疾或曾患癫痫，这种教书匠或孩子王在社会上乃与乞丐相似，尚不及牧童地位之高。的确，"教师的住宅与教室完全分离是一件极罕见的事。教师一面听学生背诵，一面治理家务是很方便的。教室不但是教师的厨房，而且是教师的卧室。如果家人生病或因事起床晚了，教师毫无愧怍"③。再则，"学校常在仓库、地下室以及极为狭窄的房间内，非低头不能出进。某些学校的面积只有12平方尺大小，却拥有80名学生，大家只能用一个小窗口通气。学生由于烦劳，只有酣睡而已。"④这种既不合用又不卫生的教室就是儿童的牢狱，挣扎在这块天地的小学教师的职位卑下，是不言而喻的。

英国虽是产业发达和政治开明的国家，在初等教育方面也是由教区小学、主妇学校、贫儿学校、慈善学校进行的。美国初等教育则是从英国和欧洲其他国家移植的。它们的情况相去不远，也属于艰难落后时期。

裴斯泰洛齐是教士之孙而一生在瑞士孤儿院等机构供职，处境艰苦是可以推知的。他自述："我一直充当一名受冷遇的意志软弱的初级教师，推着一辆只载着基本常识的空当当的独轮车，却意外地投身于一项事业，包括创办一所孤儿院、一所教师学院和一所寄宿学校。做这些事情第一年就需要一大笔钱，可是即使是这笔钱的1/10，我也难以弄到。"⑤这一个地位不如牧童而形同乞丐的人，竟使18世纪末和19世纪初的人口稀少、产业落后、政治黑暗的山区小国瑞士，一跃成为全欧享有盛誉的教育超级大国，引致各国教育工作者和显赫的社会人物云集此地，观摩取经，俨若世人顶礼朝拜的麦加。这在人类历史

---

① ② ③ ④ Riesner 著，陈明志、唐珏译：《近代西洋教育发达史》，商务印书馆1934年版，第26、26、26、26页。

⑤ ［瑞士］裴斯泰洛齐著，夏之莲等译：《裴斯泰洛齐教育论著选》，人民教育出版社1992年版，第74页。

中是绝非平凡的。人们通称裴斯泰洛齐为"教圣",把他为教育而奉献的崇高精神视为发自"圣心"的"圣德"。法国教育史学者康比耶称裴斯泰洛齐是人类教育发展中最早呼吁和力行"爱的教育"的典范。这都是值得称道的赞誉。对于教圣的教育爱心是我们应当深入探索和认真学习的。

二、裴斯泰洛齐的教育圣心在瑞士的体现

(一) 他的教育实践是全然忘我而奋不顾身的,是震惊人寰和史无前例的

首先,裴斯泰洛齐不是通常的学校教师、社会教育工作者或教育政治家。他远远地超过了他们。试看,他在战乱和贫穷的社会中所面对的不是贵族娇儿和富家爱子,甚至也不是一般贫儿学校和乡僻学校中的正常儿童,而是失去父母抚育和家庭温暖的孤儿、弃儿、病儿、弱儿。这群乞丐儿童和流浪儿童是无法和身体健康、精神活泼、衣履华丽、美貌可爱的现代学校儿童相比的。他形容他所教养的儿童说:"大多数身体有缺陷,很多人有慢性皮肤病,使他们步履不便,或是头上癞疮,或是衣衫褴褛,满身虱子。很多人骨瘦如柴,形容枯槁,目光无力;有的是不知羞耻,习于伪善和欺骗;另一些儿童为不幸所折磨,变成猜疑、胆怯的人,完全缺乏感情。"[①]通常的教师和社会人士,对于这些肮脏污秽而百病丛生的丑陋可憎的厄运儿童是嫌恶不理,唯思避而远之的,谁也不屑和不愿关怀这些不幸者。刚刚相反,裴斯泰洛齐不因接近他们而烦恼,却表现出极大的怜悯和同情,甘于为这批苦儿做奴仆和做马牛。原因是什么?那就是他那无比虔诚的宗教信仰和无比崇高的人生观,特别是卢梭的性善论,使他在内心深处确信:"即使最贫苦和最被人遗弃的孩子,上帝也给予了天赋的才能……在孩子们粗笨、怕羞以及显然无能的背后,蕴藏着最优秀的才华,最珍贵的能力。在斯坦兹的这些可怜的孩子中,显著的天赋才能很快就开始表现出来了。"[②]裴斯泰洛齐的这种不同于凡俗的慧眼点燃了他那愿做孺子牛的烈火,在烈火炽燃之下,他才涌现出高度的教育狂热和形成史罕前例的教育奇迹。

其次,裴斯泰洛齐的教育赤诚使他做出绝非一般教育工作者或教育政治家

---

① ② 张焕庭主编:《西方资产阶级教育论著选》,人民教育出版社1985年版,第196、196页。

所能做出的努力。他不仅仅是以站立课堂传授知识为职业的学校教师，或是抚养孤儿生长发育的保育人员，他曾为孩子们做出了更耐心、更艰巨、更细致和更非一般人所愿为的心灵培育和全面发展人格的启发活动。他说："是我用双手来满足他们身体和心灵的繁多要求。他们都直接从我这里得到必要的帮助、安慰和教益。他们的双手被我握着，我的眼睛凝视着他们的眼睛。我们一同哭泣，一同欢笑。他们忘却了外部世界，只知道和我在一起，因为我总是和他们在一起的。我们分享着所有的食物和饮料，就是同甘共苦。我没有家庭，没有朋友，也没有仆人，除了他们，什么也没有。他们生病时，我在他们身边；他们健康时，我也在他们身边；他们睡觉时，我还在他们身边。我最后一个睡觉，第一个起床。在寝室里，我们一起祈祷，由于他们自己的要求，我竭力教导他们，直到他们熟睡为止。"① 裴斯泰洛齐说："我的目的在于使他们过着共同的新生活，产生新的力量，在孩子们中间唤醒他们兄弟般的情谊，使他们成为热情的公正的亲切的人。"② 他认为教育活动就是爱的活动，教育纪律就是爱的纪律。这是多么唯念苦儿成长而完全忘却自己的奉献之心！他曾说："总之，我们必须遵从耶稣的箴言：先洗净内心，外表也就洁净了。"③ 他是多么肝胆照人之人！因此，孩子们称他为"慈父"。有些教师曾视任教为职业，敷衍了事，疏于职守，误人子弟，其甚者更视儿童为顽梗贪婪，施体刑而频斥责，毫无爱怜尊重之心。和裴斯泰洛齐相比，简直犹如天渊了。

再次，裴斯泰洛齐的环境是远远不如一般学校和贵族宫廷的。他没有建造华贵的校舍，是他带领贫儿一砖一瓦地自力建校的；他的教育场地是简陋不堪和平地起家的，而且政府不予充分经济赞助，是裴斯泰洛齐把自己仅有的少量储蓄捐赠办校的。新庄孤儿院就是如此建起，并且由于经费拮据而关闭的。他没有众多助手，他曾在新庄只身奋斗，去为50名儿童的衣食和学习而苦苦效力。在斯坦兹孤儿院，曾以少数人而为80名儿童的生存、生活和生长而拼搏，这些数目众多的学生，若按照一般学校人员编制是应有数名教师才能完成的任务，竟由数名经验缺乏而学力不足的助手扶助，而且这些扶助人员还需裴斯泰洛齐耗力培养。裴斯泰洛齐之如此公而忘私和爱他而忘我，的的确确除其内心的"圣火"的炽燃外，难觅其他解释。

---

① ② ③ 张焕庭主编：《西方资产阶级教育论著选》，人民教育出版社1985年版，第198、198、198页。

最后，裴斯泰洛齐的自然主义教育思想和教学方法的先进性，远远地超越了他的时代。他反对以小修小补的改良手段进行改革，要求大刀阔斧地进行根本救治。他扬言："采取折中的办法将变成为第二剂毒药，不仅不能抑制原有的影响，而且还会使那种不良的后果加倍。"①他又说，要"从整体上纠正学校的弊病"，否则其后果将"使可怜的儿童们甚至在学校院墙内，再习惯地服下第二剂鸦片"②。怎奈由于原罪论流行已久和蹂躏儿童的旧学校根深蒂固，其弊端非弹指可以拔除，一般社会人士和学校学生家长都因保守性作梗而不予关怀。裴斯泰洛齐说："现代社会严重阻碍天性发展的最大祸害是父母们不相信他们自己在教育子女中是可以有作为的。"③"在一次集会上，布格多夫的下层阶级人士断然表示，不希望在他们的孩子身上做那些运用新教学方法的实验，认为上层市民应该用他们的子女做实验。"④还有人把裴斯泰洛齐视为眼中钉和肉中刺，咒他早死。谣言蜚语更大讲裴斯泰洛齐是白痴，是神经病，劝人少和他接触往来。新旧教育观的矛盾已近于生死之争了。无怪裴斯泰洛齐说："我每时每刻都担心他们可能将我撵出教室。""为了我的目标，我不得不忍受一切。"⑤试看裴斯泰洛齐以如此逆境而取得成功的伟大，真是"有志者事竟成"了！实际上，不仅社会中思想落后的群众不支持、不欢迎裴斯泰洛齐的进步的教育实践，众多学校教师也不例外。裴斯泰洛齐曾经向人诉说："我不容易找到一位教师，认为我这样的苦干和教学，不是有失尊严的。"⑥换言之，一般教育工作者普遍认为裴斯泰洛齐献身教育，为孤儿、贫儿充当老黄牛，是卑躬屈节，是可耻和可鄙。两相对照，就愈加反映裴斯泰洛齐的可敬和可尊了。

（二）裴斯泰洛齐还是在全心全意实施爱的教育的热情中，促进教育理想和教育科学成长壮大的

据其自述，他不甚懂法文，不曾有深奥的哲学修养，甚至不会好好地书写和计算；只因他热爱贫苦儿童和倾全力于贫苦儿童教育，他才朝朝暮暮钻研教育改革之道，从而探得教育科学的门径。最可庆的是他生逢进步教育浪潮澎湃奔腾时期，卢梭的自然主义教育思想和巴西多的泛爱主义教育思想，正在流行，曾给他以巨大启发。自然主义教育杰作以卢梭于1762年著成的《爱弥儿》为开山，这部富有战斗力的教育战书使卢梭无法存身于法国，遂开始其瑞士等

---

①②③④⑤⑥ ［瑞士］裴斯泰洛齐著，夏之莲等译：《裴斯泰洛齐教育论著选》，人民教育出版社1992年版，第73、74、337、26、26、205页。

国的流浪生涯。稍迟于此，站在教育岗位第一线的裴斯泰洛齐乃受到深刻影响。他说："以这种教育改革为目标的运动，自从卢梭和巴西多开其纪元以来，在很长一个时期里，已在半个世纪开展起来。"①的确，卢梭以性善论驳斥长期泛滥的原罪论，痛责戕贼儿童天性的学校，指出按照新生一代身心发育而发展天性，才是教育的规律。为了落实自然主义教育，裴斯泰洛齐才探寻人类天性发育的道路。他说："我在寻觅人类智力发展的那些规律。我认为它们一定跟物质自然规律一样，并且相信从中能找到一条心理化的教学方法的可靠线索。"②满腔教育烈火的裴斯泰洛齐，适逢自然主义正确教育路线的指引，是历史上极可珍视的机遇；怎奈指导教育实践的宝贵工具，教育科学，在当时尚属空白。他说："教育必须提高到科学的水平，教育科学应该起源于并建立在对人类天性最深入的认识基础上。"他接着又说："当然，我对这门科学是全然无知的。"③就是说，对人类教育做出宏伟贡献的教圣在当时尚是教育科学的门外汉，并不是博学多才的教育学者。他是知难而进的教育家和勇敢无畏的教育研究者。

的确，裴斯泰洛齐于1827年逝世后50余载，德国的冯特才于1879年在莱比锡大学创立了科学心理学，此后教育心理学、学习心理学、学科心理学、儿童心理学等，约经一个世纪才纷纷问世。裴斯泰洛齐未曾受到它们的嘉惠。实际上，他是近于科盲的。他遗留给后人的教育财富，特别是教育心理化和要素教育论，都不是从科学原理或结论提出的，而是从他在实践中耐心尝试和精心剖析而获致的。他一次次地暗中探索，然后依据经验为基础，"回过头来研究"④，到头来才接触到教育科学的客观规律。裴斯泰洛齐承认这是一项"苦差事"。为什么苦而弥坚呢？他自述道："如果不屈尊俯就这个苦差事"⑤，就无法推翻陷千百万儿童于灾难的旧学校，"我们将使他们与大自然分离，让他们周围的一切自然事物从他们的眼前消失，一切旧教育就将蛮横地终止了他们无拘无束的令人愉快的发展过程。把他们像绵羊一样整群地圈在充满恶臭的屋子里，无情地将他们囚禁起来，一小时又一小时，一天又一天，一星期又一星期，一月又一个月，一年又一年，逼着他们去注视那些乏味而又单调的字母，逼着他们去走使人发疯的生活道路。"⑥可见从现代心理学研究的高度看，原来

---

①②③④⑤⑥〔瑞士〕裴斯泰洛齐著，夏之莲等译：《裴斯泰洛齐教育论著选》，人民教育出版社1992年版，第72、77、330、29、30、31页。

可称为科盲的裴斯泰洛齐终于以数十载勤奋斗争的过硬功夫，成为当之无愧的教育心理学的缔造者和分科教学法的开拓者，这不是不朽之人的不朽之业吗？

裴斯泰洛齐在新庄、斯坦兹、布格多夫等地的教育实验场所，并非家庭、学校和一般孤儿院，却胜过一般家庭、学校和孤儿院。他所在之处既是教育破旧立新之地，而且还是孕育教育新知之所。他不仅是呕心沥血的力行者，还是从事脑力辛勤劳动的思考者。他那教育实践和研究融合成一场大革命，革命对象就是"我们那些悖于心理学的学校。这些学校从本质上说，只是违反自然的使人窒息的机器"①。他行思结合，使他并不囿于教育经验的狭小天地，而能意识清醒地站在奔向前方的教育长河之中。他在教育革新的道路上，百折不挠而奋力冲杀，这种身教叫人们知道教育火炬是必须旺盛地燃烧在胸中，这是第一义的。否则，仅事遐思而不苦于力行，理论必然不会胜利地化为现实，不过是一幢空中楼阁。反之，仅仅停留在积累力行的零星片段和支离破碎的点滴经验，而不能由感性认识上升为理性认识，也必将缺乏教育哲学的远见和无力进行教育科学的论证，这同样是不足为训的。裴斯泰洛齐是既富身教又善言教的世界教育史中的丰碑。他那和谐发展的教育理想，尊重儿童天性的教育原则、教育和生产劳动相结合的方式，教育工作要以爱为基础的呼吁，还有他那要素教育的主张和优化教育方法的思想，都在表明他既取得教育实践上的功绩，又是教育理论大师。

三、裴斯泰洛齐的"圣德"在各国绽开不同的鲜花

教育史家常称德国是19世纪世界教育改革的先锋，美国是20世纪世界教育改革的先锋，但德国是吸取裴斯泰洛齐的教育精华而成功的。在1807年普鲁士战败于法国拿破仑之际，德国显赫的哲学家费希特不畏法军威胁而高唱教育复国和教育救国的伟论，著成驰名于世的《告德意志国民书》，极有功于新普鲁士的强盛之局。裴斯泰洛齐恰恰是曾和费希特相识，并曾忠告费希特凭借教育振起民心，以图复兴的人。费希特颇知在裴斯泰洛齐的灵魂深处，跳动着一颗火热的赤心，促使他不知疲倦和千方百计地拯救颠连无告的贫苦幼儿，为

---

① ［瑞士］裴斯泰洛齐著，夏之莲等译：《裴斯泰洛齐教育论著选》，人民教育出版社1992年版，第31页。

瑞士的众多人民谋求幸福，并且把贫困的瑞士建设得富强起来。费希特之推崇裴斯泰洛齐是与马丁·路德并列的巨星，也正因此故，普法于19世纪交战时，福煦是法国军事阵线上的名将，而普鲁士在教育战线上同样重要的名将是洪堡。1807年普鲁士和法国签订丧权辱国的条约时，民穷财尽，国几不国。次年，洪堡被普鲁士国王任命为全邦教育领导者后，立即选派17名教育干才前赴伊佛东向裴斯泰洛齐学习，为期三年之久，由贫困的国库支付全部用费。而战胜的法兰西虽曾选派24名干才前往，然为期仅仅一年。尤为不同的是洪堡具有坚强的毅力和决心向裴斯泰洛齐学习。他严格选拔去瑞士的干才，还叫他们对普鲁士赴瑞士学习的学生指导监督，不许懈怠。当出发前，洪堡明确指示不要过分地着眼于裴斯泰洛齐的教育方法，因为重振普鲁士所急需的乃是裴斯泰洛齐献身事业的高尚品质。他说："你们要特别注重那种使你们感觉温暖的燃烧在裴斯泰洛齐心中的火焰，这种火焰是充满着极为旺盛的生命力和爱心的。裴斯泰洛齐的功绩虽大，然而和他所企望达到的高尚理想境界仍是距离极为遥远的。他在教学方法方面的成就和这种崇高的目标及理想相比较，乃是最为次要的末节。"[1]他谆谆告诫他们说，赴瑞士学习考察，绝不能轻重无别和本末倒置，否则便将流为舍本逐末，造成严重失误。三年后，派出人员返国，顿时使原已在普鲁士燃起的教育烈火益加凶猛，第斯多惠[2]竟被推许为普鲁士的裴斯泰洛齐，使普鲁士初等教育和师范教育蒸蒸日上，大放异彩。在此以后，曾受惠于裴斯泰洛齐的赫尔巴特和福禄培尔在教育设施和学术上的成果，也是人类教育史中的奇葩。这一切皆促使普鲁士倾全国之力而执世界教育的牛耳。溯本求源，德国人的教育赤心，主要是得自裴斯泰洛齐忠诚献出的"教育爱"的雨露所孕育的。

英国向裴斯泰洛齐学习并不迟于普鲁士，但其兴奋点主要落在教学方法上边。原因是英国国教会举办大量慈善学校，却缺乏合用的师资。空想社会主义者欧文和国教会教育工作者贝尔曾赴瑞士考察，"贝尔-兰卡斯特制度"于是应时而起。因其由教师以年龄较大的学生为助手，进行教学工作，也称"教生制"。教生学识贫乏，也无教学能力，裴斯泰洛齐的教学方法恰好能供之采用。

---

[1] E. P. Cubberley. *Public Education in the United States*. Boston：Houghton Mifflin Co.，1919，p. 352.

[2] 作者也译作第斯特惠。以下不再作注。——编者注

英国梅佑姐弟二人曾赴伊佛东参观取样，返国后更成立私校而用新法授课；1820年还创立幼儿学校，推广裴斯泰洛齐教学方式方法，皆曾收到一定效益。不过，英国受益的广度和深度与普鲁士相比，是极有限的。

  法国也向裴斯泰洛齐学习，但战胜的法国缺乏普鲁士的教育狂热，初等教育迟滞不前。理由是拿破仑强调人才政治而不重视广大国民的力量，重视国立中学和帝国大学而忽视初等学校。等到工业发达时期便感到人力跟不上形势之需。1830年7月革命王朝建立，眼光远大的历史学者基佐担任教育部部长，1831年他委派巴黎大学教授库森①赴德国考察教育。次年，库森发表著名的报告书，力陈曾经向裴斯泰洛齐学习的普鲁士教育颇多可观，认为普鲁士具有欧洲最完善的教育体制，法国应当效法。法国当时曾有以政治理由反对者，认为法兰西教育要走民主共和国的道路，普鲁士则是君主专制国家。但胸有定见的基佐巍然不动，终于1833年颁布教育法，使法国教育登上新台阶。不久，库森报告书译为英文，在美国广为流传，便掀起奥斯维哥运动和昆西运动，成为美国学习裴斯泰洛齐而发展进步教育的动力。法美两国接受裴斯泰洛齐的影响启发虽是通过间接的道路，其效果是同样深刻而广泛的。

  比较上述诸国，德国最能珍视裴斯泰洛齐的教育爱心的潜在威力，因而比仅仅注重裴斯泰洛齐教育方法的国家受益更深。再清楚不过，裴斯泰洛齐为教育而忘我奋斗的无私奉献精神是比之教育方法更为宝贵的。有了济世爱人的赤心，发出光辉强烈的"圣火"，是无往不利的，是无战不胜和无坚不摧的。就世界各国的教育发展而言，我们要继承和发扬裴斯泰洛齐的多方教育遗产，他那为教育无私奉献的崇高品德是我们最该继承和发扬的。

---

  ① 作者也译作顾兴、库兴。以下不再作注。——编者注

从比较教育观点评费希特在教育史中的贡献＊

一、费希特是爱国主义教育家

掀开近代比较教育史，我们看到许多光辉的篇章。一般学者都把法国库森的《普鲁士邦教育考察报告》放在首位；实际上，库森报告之提出是当时比较教育的狂潮正在欧洲翻滚的产物。在这一澎湃奔腾和不可遏止的狂潮的引发者中，约翰·戈特利布·费希特（Johann Gottlieb Fichte，1762—1814）乃是其一。1806年爆发的第四次反法同盟战争①，于次年以缔结《第里希特条约》②而结束，遭受拿破仑蹂躏的普鲁士邦丧权辱国，濒临灭亡。比较教育名词虽还未曾出现，比较教育的史实却在敌军压境的德国轰轰烈烈地展开了。伟大的哲学家费希特在法军兵临城下之际，1807—1808年在柏林科学院大厅连续14次毫无畏惧地公开讲演，力言要把国家在物质方面的损失，用人民的精神威力夺回，垂危的国家要通过发扬国民的理性而振兴起来。他激昂慷慨，极为激动人心，就连法国占领军的军官也来听讲，深为感动，并且允许他继续进行演讲。原因是费希特所讲的是教育问题和哲学问题，并非军事问题，战胜国无权制止。这些演讲内容就是他那《告德意志国民书》这部杰作的主体。普鲁士听众多是文人学者。他们之中很多是曾受法国启蒙主义思想的熏陶而又仇视拿破仑黩武主义的爱国者，听后无不心悦诚服，称他的柏林讲演使全邦上下受到自宗教改革以来从未经受过的震动。法国军官同样赞美费希特的哲理深邃而通俗和修辞优美而动听。费希特的学说力量之强大和感人是不待言的。

＊ 本文原载《教育史研究》1994年第3期。选入本书时做了一些技术性修改。

① 此处原文为"普法战争"，根据历史应为第四次反法同盟战争，故编入本书时编者作了修改。以下不再作注。——编者注

② 今译作《提尔西特和约》。以下不再作注。——编者注

费希特在讲演中竭力揭露普鲁士战败的根源是国民缺乏高尚的道德品质和精神境界鄙俗,不追求远大理想而陷溺于个人目前小利的角逐。他强调挽救之道在于焕发国民的理性和灵魂,结论是教育复国、教育救国和教育强国,使国家化险为夷和重振国势。黑格尔说得好,费希特哲学有两方面必须区别:一是他那真正的思辨哲学,其高深并非一般人所能解;二是他那通俗哲学,在柏林科学院所讲述的属于他的通俗哲学方面。然而,后者也"具有不少感人的有教导性的东西","它们的内容有很大的价值"①。黑格尔对于费希特的《告德意志国民书》是肯定的。

费希特的思想显然是当时德国社会激变所形成的。当 1807 年普鲁士战败之前,康德刚逝世四年,他那启发理性和改革社会的哲理正在传播。黑格尔说,当时"哲学学者霍尔德林经常从耶拿来信说,他对费希特极为倾倒,相信费希特有伟大的信念,正如康德所做出的那样,他的劳动成果已经有了值得注意的结论。因此,严肃热诚将再主宰哲学"②。另外,歌德、赫德尔和席勒等文学家、哲学家和思想家约在同时也都发出类似费希特的吼声。在举国一片呼喊之下,腓特烈三世也承认民意不可忽视和教育为立国之本。不过,同样强烈的国际怒潮也给费希特以巨大影响。那就是当时瑞士教育家裴斯泰洛齐恰恰树起一面光照人间的高大教育旗帜,成为举世瞩目的教育改造家。一个落后小国瑞士竟因之而被欧洲各国视若众人朝拜的"圣地麦加"。费希特更从裴斯泰洛齐那里获得无比强烈的启示。这是比较教育史必须注意的大事。

扼要地说,瑞士虽是人口稀少、政治昏暗和民困财乏的山区小国,在 19 世纪却已成为全欧教育先进的超级大国。原因是裴斯泰洛齐曾战胜重重艰难而显示了教育济世之功。费希特到伊佛东访问和参观时,看到瑞士的学校,实际乃是裴斯泰洛齐的学校,胜过欧洲各国的学校;更观察到裴斯泰洛齐之成功并非得之于教育方法和技巧,而是得之于他那甘为乞儿孺子牛的圣洁理想和赤诚爱心;还观察到裴斯泰洛齐不仅仅局限于把大量小乞丐和流浪儿培养成新人,而且要通过教育来改造贫穷愚昧的社会。眼光深邃的费希特在与裴斯泰洛齐交往时,尤其洞悉裴斯泰洛齐心中燃烧的拯民救世的烈火,驱使他做出事业上的惊人成就,倘若他缺乏这种内藏于心的高度的光和热,他断然不能够产生如此

---

① ② [德]黑格尔著,贺麟、王太庆译:《哲学史讲演录》(第 4 卷),商务印书馆 1978 年版,第 309、392 页。

伟大的教育奇迹的。费希特曾由衷地称颂裴斯泰洛齐那种压倒一切困难而献身教育的勇气和决心，认为这种思想、洞察、决心和志气乃是建树教育事业并使之发挥无比威力的真正源泉。早在1792年，年轻的费希特已开始与裴斯泰洛齐亲密交往。普鲁士战败于拿破仑后，费希特以国事相商，裴斯泰洛齐建议以教育为救亡图存之道。费希特当然悦服而接受。裴斯泰洛齐乃撰写《我在种族发展中发现了天性的发展规律》。裴斯泰洛齐自称这是他的最重要的著作，阐述教育发展人的天性足以促进种族的兴盛。费希特赞颂裴斯泰洛齐是堪与宗教改革领袖马丁·路德媲美的伟人，绝非偶然。费希特既观察瑞士教育的非凡成就，又得瑞士教育革新家的理论启发，才在德国改革教育和得奏凯歌，这当然是近代比较教育不容忽视的头等要事。

如果把通过教育使普鲁士转危为安仅仅视为费希特使然，是不符史实的。当第四次反法同盟战争激烈之时，拿破仑于1806年查封哈勒大学，富有反抗性的普鲁士人士愤慨于怀。拿破仑先后委派斯太因和赫丁保为普鲁士教育大臣，要他们按照法国意旨和模式改建普鲁士教育，两人皆阳奉阴违。就这样，普鲁士官民都曾显露了不以教育亡国的气概。第四次反法同盟战争于1807年告终，但普法教育战线的斗争却日益尖锐。学者称福煦是法国19世纪军事战场上的名将，而1808年执掌普鲁士教育大政的洪堡则是普鲁士教育战场上的名将。洪堡和费希特志同道合，他们的信念是："教育是拯救德意志的唯一手段，公共教育的一切健康的改革必须建立在裴斯泰洛齐的原则的基础之上"。①普鲁士最初未设教育部，由内政部教育司负责办理教育事宜，洪堡就是主其事的长官。他就职后立即在国家民穷财尽之时鼓舞青年到瑞士裴斯泰洛齐学校学习，同时委派17名教育骨干前往，一面监督青年不使怠惰，一面进行为期三载的教育访问观察，全部用费皆由困窘的国库支付。战胜的法国虽曾派24人前往瑞士，但为期仅仅一年。普法两国态度悬殊之处更在于洪堡向派出的骨干谆谆告诫，不要过于着眼裴斯泰洛齐的教学方法，复兴国家所急需的是其献身教育事业的圣洁品德。他说："你们要特别注重那种使你们感到温暖的焚烧在裴斯泰洛齐心中的'圣火'，这种'圣火'是充满着极为旺盛的生命力和热爱之心的。裴斯泰洛齐虽功绩伟大，然而，他的教育功绩距离他所企望达到的目

---

① R. H. Quick. *Essays on Educational Reformers*. London：Longmans, Green and Co., 1904, p. 347.

标尚远,和他对于人生的崇高期望距离遥远。他在教学方法方面的贡献和这些目标以及理想相比较,乃是极为次要的末节。"①三年后,派出人员返国,顿时使普鲁士原已燃烧的教育火焰益加猛烈。普鲁士原有的修业三年而主要背诵《圣经》的小学,教师敷衍塞责,学校名存实亡;如今竭力更新,以裴斯泰洛齐的进步精神、原理和方法进行改革,面目焕然。第斯多惠被誉为德国的裴斯泰洛齐,新生的初等学校被誉为"普鲁士裴斯泰洛齐学校"。初等教育、中等教育和师范教育大放异彩,便给赫尔巴特和福禄培尔等人前往学习裴斯泰洛齐的新教育铺平了道路。德国教育走向科学化的风气于是大开。

在19世纪向裴斯泰洛齐学习的有许多国家。这种比较教育的成效,以普鲁士最为出众。就英国来讲,它开始学习并不迟于普鲁士,但所吸取者主要是教学方法。原因是英国国教会在各地举办慈善学校,却无合用的教师,导生制乃应时而起。教生知识贫乏,又无教学能力,恰好裴斯泰洛齐的教学方法可供参考和借鉴。英国梅佑姐弟曾于1819年在伊佛东从裴斯泰洛齐学习,返英后大力推行。显然,洪堡视为次要的末节被梅佑姐弟视为兴奋点,其结果极为殊异。

法国向瑞士教育学习,是通过普鲁士而间接学习的。第四次反法同盟战争胜利者法国在普鲁士振兴国民教育时,迟滞落后。理由是拿破仑相信人才政治而未重视国民智力的重要性,重视帝国大学和国立中学而忽视初等教育。等到工业发展时期,便感觉人力跟不上形势之需。1830年7月王朝建立后,眼光锐敏的史学者基佐担任教育部部长,乃于1831年派遣巴黎大学教授库森赴德考察,次年发表报告书,对于曾经向瑞士教育学习的普鲁士备加推许,认为普鲁士向瑞士学习而具有欧洲最佳的教育体制,必须仿行。法国有人以政治理由出而阻碍,说民主共和制的法国不能举办专制政权的普鲁士学校,基佐不为所动,终于1833年颁行教育法,使初等学校和师范学校发展起来。法国重视比较教育起步稍迟,幸有与费希特和洪堡两个杰出人才相同的基佐和库森,致力教育的沟通比较,法国教育乃由落后而先进。

美国同样是间接取法瑞士教育的。当法国的库森报告书译为英文和传之美国后,美国于19世纪40年代产生公共教育运动,相继掀起了奥斯维哥运动和

---

① E. P. Cubberley. *Public Education in the United States*. Boston:Houghton Mifflin Co.,1919,p. 352.

昆西运动，都曾借助裴斯泰洛齐的教育建树而改善了美国学校。此外，公共教育运动的倡导者霍拉斯·曼还展示出跟裴斯泰洛齐同样为教育而无私奉献的高风亮节。再清楚不过，费希特和洪堡是以迂回道路而促美国教育奔驰向前的。如果说没有库森报告就未必有美国教育的今日，那么没有放眼世界而向裴斯泰洛齐取法和研究瑞士教育的费希特和洪堡，就未必有库森传播普鲁士教育的报告书。欧美诸国在这一国际教育比较交流之中，才诞生了比较教育学之父朱利安和前途无限的比较教育学。

二、费希特是世界新型大学的缔造者

扼要地说，中世纪以神学为纲领的大学是"学以进德"的学府，美国于18世纪开始创建的州立大学是"学以致用"的学府，普鲁士于1810年诞生的柏林大学是"学以致知"的学府。柏林大学的问世标志着世界高等教育迈上新台阶，而费希特和洪堡刚好是这个新纪元的先驱者。洪堡职司普鲁士邦教育领导和管理工作，认为按照着新概念，大学的含义是享受国家特殊待遇的学者组合，是学者们自治的组合。大学教授是优秀的学者，应由教授推选各学科带头人，这种学者带头人组合的首要任务是选拔和延聘新的优异学者充任教授，并保障他们的治学和讲学的自由权利。具体办法是在各学科教授之上设有教授会，由教授选出的代表组成，它有权对怠惰学生处以20马克罚金、软禁两星期或开除学籍等处分。当然大学教授的教学自由至关重要，教授有权发挥自己的学术见解，政府不得干预，教授教课也不受各种预定的教学大纲所束缚。洪堡和费希特认为唯有如此，教授才能大胆无畏和竭力尽智地苦苦钻研，来促使学术成长，而这种成长乃是大学赖以发展的命根。大学生同样被视为享有学术自由之人，可以选学各种学科和选择授课的教授。再则，大学生还可以由甲校而改入乙校，从其敬慕的教授学习所选的学科。大学生仅仅在一所学校听讲者每每被视为孤陋寡闻，是缺乏治学壮志的表现。洪堡在1810年的备忘录中谈及柏林大学的主旨："国家不应把大学看成是高级古典语文学校或高等专科学校。总之，国家绝不应指望大学同政府的眼前利益直接地挂起钩来，却应相信大学若能完成它的真正使命，则不仅能为政府眼前的任务服务，还会使大学在学术上不断提高，从而不断地开创更广阔的事业基地，并且使人力物力得以发挥更大的作用，其成效是远非政府的近前部署所能意料的。"①洪堡眼光远大，曾郑重预言急功近利非大学之宜，大学的伟大功效须在25年后方能见到的，所以办理高等教育者必须具备非凡的卓识。这种远大理想的落实者是该校首届校长费希特。

费希特于1810年始任校长，前后仅二年，却做了良好的开端，使柏林大学从最初起就以学术研究当作本质任务，把授课作为次要的工作。他认为学术研究的最终目标是探索新颖知识，帮助学生掌握学术原理、提高思维能力和从事创造性的科研工作。费希特曾延揽专家学者为教授，尊重教授们研究和教学的自由。与此同时，学生同样享有学习和研究的自由，墨守成训、不奋发勤学而滥竽充数是学风所耻的。因此，柏林大学乃是走向百花齐放和百家争鸣的学术王国，一切武断主义和传统判断让位给客观的探索和精密的论证了。

普鲁士的这种新事和新风在当时是极为先进的，柏林大学不久便走在别国大学之前。

首先，和英国略加比较是不难解的。从16世纪起，在学者阿斯钦和女皇伊丽莎白时代，牛津和剑桥两学府曾上书国会，申请拨给补助费来开展研究工作，所批准的仅是用于研究神学的少量费用，原因是担心崇尚学术自由的方针会招致人们宗教信仰的动摇，从而酿成大学和教会的危机。因此在被誉为崇文时代的伊丽莎白当政时期，英国大学充满着保守气氛，以致培根、洛克、达尔文、斯宾塞以及经济学大师密尔，都不曾涉足大学之门，大学未曾是新学术的孕育场所。赫胥黎曾说：他相信一个外国人想了解英国科学和文学而参观牛津、剑桥两校，一定是白白浪费时间而感觉不快的，两校不但对于先进的科学研究一无所有，就连它们向来自夸而全力以赴的古典研究，也瞠乎其后。一所经济贫困的德国的第三流大学在一年之内所取得的成就，乃是英国拥有充裕基金和校产的学府在十年之久才能做出的。"在30年前根本不曾受人注意的德国大学，到现在却已发展成为钻研极为高深和极有生产效益的智慧的集体，这种集体乃是人类世界所从未曾有过的。"赫胥黎又说德国型的大学是学者们毕生精力从事高精尖的科学工作和教育工作的组织。它们的一切已不是寄宿学校或神学研究所等旧观念所能表明的，不再是以神学为纲、以《圣经》为统帅和宗

---

① [德]弗·鲍尔生著，滕大春、滕大生译：《德国教育史》，人民教育出版社1986年版，第126页。

教权威高于一切的旧态了。这所世界最高级、最新进、最有权威的学术灯塔乃是洪堡和费希特所理想的,更是费希特亲自领导和主持的。

其次,就美国而论,高等教育从殖民地时期开始就取法于英国,哈佛等学院皆步牛津和剑桥后尘。美国独立建国后才开始扭转方向。一则是猛打猛冲地根据现实急需而举办州立大学,不顾传统学术标准而培育各业干才。当时最突出的人物是绰号"野蛮人"的杰克逊总统。他坚定地说,处于边荒的美国若按欧洲框架开办大学,就犯了年代学的错误。二则是向德国柏林大学取法,走向学术进军的道路。在南北战争之后,于1876年创立的霍普金斯大学恰是例证。约在同时,1869年由艾略特任校长的哈佛大学也成为美国原有院校借鉴德国大学的马首了。

霍普金斯大学在创建之前,邀请吉尔曼为校长,吉尔曼提出的希望是就职之前,再赴德国参观大学教育,然后就职。抵德后,他陶醉于德国大学的研究生院,便计划在霍普金斯大学内不办大学本科而仅兴办研究生院。但德国文科中学的学业水平极高,相当于美国大学一、二年级程度,当时美国大学毕业生的程度略胜于英国公学、法国国立中学和德国文科中学毕业生,达不到欧洲大学毕业生的标准。吉尔曼的理想失败,这才竭力搞好本科生的教育。至于研究生的选拔则稳步向前,力求审慎。他的努力终于使霍普金斯大学被誉为设在美国巴尔的摩的柏林大学。曾任美国总统的威尔逊和教育学术权威杜威,都是出身该校的研究生,可谓人才济济。吉尔曼企图把德国大学的研究生院制度迁至美国而忽视美国教育的现状,虽碰了钉子,但他在使大学提高国家学术方面乃是功绩卓著的。教育史学者认为霍普金斯大学之成就并非吉尔曼一人之功,乃是众多留学德国而返美任教授者协力所成,因为在该校53名教授和讲师中,多系多次留德深造者,仅有极少数例外。可见美国通过比较高等教育而受惠于德国大学是显而易见的。

艾略特于1869年就任哈佛大学校长时宣称,当时关于重文或重理之争是不切实际的空谈,因为在文学与科学之间并不存在真正的抵触。"我们并不狭隘地仅仅重视数学或科学,也不仅仅重视文学或形而上学。我们要钻研一切的学科,而且达到最高的水平。"他更明确指出哈佛努力达到世界性学府的渠道是:"把语文学术教授得更富有体系,把自然科学教授得更含有归纳性的论证,把数学和历史教授得更有朝气,把哲学教授得更少武断性的判断。"① 他认为求学自由是德国大学之宝,哈佛大学应该既保证教师教学和研究的自由,还以选修制给学生以学术自由。理由是大学的生命力存在于保障师生自由钻研学习的自主权。当时反对派攻击选修制,说哈佛招收一批心理上的怪物,并不吞食文化食粮,却陶醉在美术和音乐等游戏之中,把严肃学习降格为职业训练的把戏,并斥责他们是邪恶的异教徒。但艾略特终于战胜了反对派,按照德国精神与原则,把哈佛大学发展成规模宏大而学术高深的学术殿堂。艾略特因而被人推许为学者治校的能手。

稍早于吉尔曼和艾略特的塔潘(H. P. Tappan)② 也是值得提起的向德国学习的教育家。他于1857—1863年任密歇根州立大学校长,曾赴德国考察高等教育而心怀羡慕。该州德国移民众多,更有助于形成学德之风。以后有人抨击塔潘,大学董事会于1875年则予以驳斥,肯定塔潘的贡献。密歇根大学在新辟的西部及中西部各州的大学中,起了带头和示范作用。塔潘任校长之前,于1851年曾访普鲁士,随即指出英国大学的导师制和保守气,坚决主张以德国大学为样板。他说普鲁士大学不但建有宏大的图书馆之类,更重要的是聘请学术权威任教,举凡神学、医学、哲学、数学、自然科学、语言学、政治学、历史、地理、艺术等各门各类的专家学者,无不竭力罗致杰出人才从事教学和研究工作,师生们无不认真探索和深入讨论各项艰巨的课题。1858年,塔潘更以大学的理想为题,阐述作为出类拔萃的学府的大学要有坚强的师生队伍,要收藏完备的图书,尤其要有学术自由的不凡气概。他是声势夺人的、影响巨大的。密歇根大学原曾按照法国大学的新概念办理,即大学不但是研究和教学的学府,而且负责领导管理地方的中学和小学教育。与此相似的是纽约州立大学,它既是高等学校,又是地方教育行政机关。不过,密歇根大学行之未久和未见成效,遂向学术教育方面发展了。这也说明吸取外国教育经验是一个摸索和尝试过程,也证明了批判吸取而不盲目照搬的正确性和必要性。但与此同时,由于纽约州立大学兼负领导中小学教育之责,同样取得了成绩,法国反而受到美国的启发而把大学区制度推行了。这更证明教育经验是人类共同创造和

---

① L. A. Cremin. *American Education: the Metropolitan Experience*, 1876-1980. New York: Harper Collins, 1988, p. 379.

② 作者原译作泰潘。以下不再作注。——编者注

积累的财富，促进教育发达要愈来愈多地依靠人类共同的努力和共同的智慧。

再次，法国学者也极称赞柏林大学，说它是以欧洲各国大学的终点为起点的，因而是远远超过欧洲各国的大学的，不啻是对于传统大学的革命。柏林大学教授鲍尔生在《德国教育史》中，曾叙述法国和德国有一桩值得注意的巧合。他说："在洪堡建立的柏林大学前两年，拿破仑于1808年曾整顿法国的大学教育，不过，他采取的方针政策恰好和洪堡相反。他把大学的学院分别改组为专门培植准备担任医务人员、行政人员、司法人员的专科学校，各校分别推行专业教育，并由政府给各专科学校制定严格的规章。各专科学校的课程与考试也由政府规定。各校教授只是讲课的教师和主持考试的监考人员，而不是学者，所有个人的首创精神都被压缩到极小限度。当这位耶拿战场上的胜利者（拿破仑）把法国高等学府都置于政府官吏控制之下时，那个被战败的国家（普鲁士）却鼓起勇气，采取了不同的政策，它把培养未来政府官员的教育委托给大学，并要给大学以探索学术知识的自由——这里也体现了另一种不可磨灭的特点，就是政府坚信自己的民族和坚信真理与自由。可是经过五六十年以后，法国也开始按照德国的教育路线来改造自己国家的教育了。这就充分证明：听任教育自由发展比妄施控制与约束是更为优越的。"①这是洪堡之功，也是费希特之功。

三、费希特历史评价问题

当希特勒于1933年开始纳粹统治后，其爪牙戈培尔和戈林等人，喊叫费希特是德国最早的纳粹分子，大事谣言惑众。显然他们是借重名家学者来欺骗国民。英国比较教育学者汉斯确信，如果费希特能活到1933年，他一定会被纳粹党徒打入集中营的。汉斯的理解是极有公正性和代表性的。

首先要理解的是当时拿破仑蹂躏德国的惨状。丧权辱国的《第里希特条约》签字后，德意志全境已四分五裂。莱茵河以西变成法国领土，由法国任命国王和制定法律，南部则成为法军控制地区。丧失约占全国面积一半的土地后，普鲁士的政府官员还须向拿破仑宣誓效忠，法国的思想、观念、法律和传统，都须为普鲁士上下所遵守和服从，这就是普鲁士不仅丧失了政权，而且在

---

① ［德］弗·鲍尔生著，滕大春、滕大生译：《德国教育史》，人民教育出版社1986年版，第126页。

文化和道德方面也失去独立主权。费希特不畏敌国大军压境，竟在柏林科学院做爱国讲演，史学家认为没有任何讲演曾如此影响深切地为举国上下所接受和所激动。他是德国任何爱国者所不及的扭转德国历史车轮迈向新方向者。面对国家即将覆亡的悲剧，既不能兴师抵御，他就说救起普鲁士没有别路可选，只有建立新的教育体制，不分出身和性别地教育所有人民，才能群起救亡。他说这种新教育应当使受教育者放弃意志自由，协力报效国家。他说在欧洲众多国家中，德意志地理位置最为适中，历史传统最为优越，均为其他国家所不及，因而德意志乃是欧洲唯一的国家，据有极不寻常的地利，拥有源远流长的语言和文化，能对于人类提供创造性的思想理论和开拓性的宏伟事业。他说不论属于拉丁民族的国家和属于斯拉夫民族的国家，都不若德意志民族之居于领先地位。费希特通晓古今而又善于论证，曾博得普鲁士人士以及占据柏林的法军的倾听和赞誉。戈培尔等人认为费希特是德意志的第一个纳粹者，以费希特作为体面动人的祖宗，正是因此。难道这是正确的吗？显然不是。汉斯说："在这里必须注意，费希特所强调的只是德意志在道德和文化方面居于领导地位，而非在政权方面成为欧洲众多国家的统治者。他不坚持德意志成为统一的国家，他认为德意志的解放只是以德意志的语言、文化的首创性为基础的精神自由独立而已。费希特的哲学眼光使他立论的水平极高，不是一般群众所能企望和正确理解的。他美化德意志文化的优越和鼓吹任何德意志国民都要接受国家的教育，便被人误认为到头来他会酿成德意志主义的思潮，叫人人以优美的民族文化而自豪自骄，并进一步建成德意志大帝国，从而掀起德意志民族独特优越的谬论和黩武主义的下场"。① 无疑，汉斯的分析判论是极为可取的科学结论。

　　费希特是法国启蒙主义学者的信徒。卢梭的《爱弥儿》和《社会契约论》给他的启发极深。前者叫他知道教育不能压制儿童和摧残儿童，后者叫他知道蹂躏人民的暴君，应当由人民推翻他。费希特笃信的是民主，是人权，是革命。费希特还崇信康德的理性主义哲学，康德曾讲费希特是其哲学思想的实践者。康德哲学的主旨就是人应发展天赋的理性，珍视个人的价值，借以结成自由的社会。费希特正是在康德哲学影响下，才撰写了《向欧洲暴君索还至今仍受压制的思想自由》的名篇。费希特和裴斯泰洛齐颇有志同道合之感，裴斯泰洛齐赞

---

① N. Hans. *Comparative Education*. London: Routledge and Kegan Paul, 1949, p. 219.

成瑞士资产阶级革命，并接受亥尔维特新政权要他主持孤儿院的委派。费希特之呐喊"教育兴国"，恰是裴斯泰洛齐亲口向他建议的。费希特在做学生时积极参加进步组织，第四次反法同盟战后他不顾个人生命而前往陷于敌军的柏林，去做极不平凡的讲演。到1813年，他还率领青年抗击法敌。这一切的一切都足以证明费希特和残害人民的暴君暴政以及和纳粹政权是水火不容的。当费希特在柏林科学院慷慨讲演时，法国军官不但不加干预，反而极表悦服，他们的理由也是费希特讲演内容是属于伦理、文化和哲学的课题，并未涉及军事和政治问题。可见费希特跟法西斯是风马牛不相及的。他鼓吹德意志民族和德意志文化的优越性，是鼓舞斗志而非欺骗人民步入反动政治方向，成为希特勒的先行者和预备军。

在此还要指出的是费希特性格刚直而目光犀利，从来不为反动势力所能容。他于1794年继康德而任耶拿大学教授后，著述宏富，讲学动听。由于社会和教会曲解和诬陷，他于1794年被解职。黑格尔于1795年致谢林的信中说："我为费希特惋惜。醉鬼和恶棍很讨厌他的精神。也许最简捷的办法是让他们仍旧处于野蛮愚昧之中……那些想做哲学家的人对费希特的态度，也真令人可耻。天呀！那些咬文嚼字的人和奴隶，算得了什么？"①这样不为社会反动势力所容纳的哲学家能和最最反动的政治强盗具有共同思想和语言么？

最后，从裴斯泰洛齐的历史看，也是有助于解谜的。法国卢梭于1762年发表《爱弥儿》，裴斯泰洛齐受到极大启发，便于同年加入瑞士进步组织海尔维第社（Helvetic Society）。该组织的目的是根据民主原则修改瑞士封建贵族的宪法，还要提高公民道德品质和实施普及教育。该社出版期刊，宣扬科学知识和非教派的宗教信仰，裴斯泰洛齐因发表论文，曾受反动派痛斥和拘捕。当1789年法国大革命爆发时，裴斯泰洛齐欢呼雀跃，热情歌颂，表明他所站的是革命者的立场。1798年，瑞士资产阶级革命政权建立后，他尤其成为忠诚教育的传奇巨人。他终身以教育来抚育新人和更新社会，受到史罕前例地尊崇和荣耀。这样慈善祥和的人道主义战士和进步政治思想者，建议费希特以教育谋国家的重振，费希特顿然奉为圭臬，充分反映了费希特和裴斯泰洛齐具有共同的或相近的政治信念。如果费希特志在征服世界而蹂躏民权，就必然道不同不相为谋了。"欲知其人需知其友"是有道理的。

---

① ［德］黑格尔著，贺麟、王太庆译：《哲学史讲演录》（第4卷），商务印书馆1978年版，第395页。

霍拉斯·曼的教育事功和教育论点[*]

美国教育史中的名人，在20世纪初期以杜威为最著称，在19世纪初期则以霍拉斯·曼（Horace Mann，1796—1859）为最著称。杜威的主要贡献在于教育哲学，霍拉斯·曼则以领导公共教育运动和树立教育事功而彪炳史册。他们同样是美国新教育的巨人。

霍拉斯·曼于1796年生于马萨诸塞州的小镇富兰克林。家贫，年13岁丧父，随母以农业为生，劳累过度，乃成为体质健康不良。他在幼年厌听农村教士说教，对加尔文派教义颇有反感。他指斥对镇民讲道的教士埃蒙斯（N. Emmons）不仅向人民说教，而且统治他们竟达50年以上。埃蒙斯的说教尤令人气闷。曼说："这种说教在我那活跃的意想中就是人间地狱是生活的现实，我似乎听见受磨难者发出的尖叫，我似乎要伸出我的手去抓住他们那在燃烧中的灵魂，我似乎要去搭救他们却又无法可施。"他又说："这种信仰把整个天空都用黑暗遮掩起来了，把一切美丽而光荣的事物都给关闭了。"他从此放弃加尔文教义而崇尚功利主义思想。他是农家之子，幼年务农，仅在乡村学校受粗浅教育。但他从父母那里学来永远尊重知识的意念。曾有某女教师造访其家，曼视她如女神。直到15岁以前，他每年入学校仅8—10周而已；所难得者是他从心灵深处热爱高尚而优美的事物。他说："如果我的父母没有条件增益我的知识，他们却增强了我那热爱高尚而优美的事物的感情。"他在本地图书馆借阅书籍，该馆名为富兰克林图书馆，因为富兰克林曾叫人在该地设立图书馆却未给教堂建筑钟楼，是很受人们感激的。年20岁，他入布朗大学，遂充分理解获得知识是为人类幸福而效命的工具。1819年，曼从布朗大学毕业。在毕业典礼上，他光荣地发表讲演，题目是《人类的尊严和幸福正在逐渐发

---

[*] 本文原载《美国教育史》（第二版），滕大春著，人民教育出版社2001年版。原标题为《霍拉斯·曼》。——编者注

展》。他对于人类和美国都持有乐观主义。以后他更确认马萨诸塞州的最丰饶的矿源不在于金银矿藏的储量，而在于人们的天赋的才能和理性。

曼在大学毕业后，继续在列奇菲尔德（Litchfield）法律学校攻读法学，曾由1823年起任律师。曼能言善辩，律师业很兴隆。从1827年到1833年他任马萨诸塞州议会议员，曾以增进人民群众的幸福为原则，提议建筑铁路以便利交通、举办专科医院以照顾精神病患者、禁止酗酒而提倡节俭等等。其中尤为重要者是为掀起公共教育运动，坚决要求向人民征收教育税，由公款兴办普及的免费的和非教派的学校，并创设州立师范学校，培养优良教师，还由州组织教育委员会，负责领导州的教育事业。1837年，马萨诸塞州教育委员会建立，州长艾威力特极为关怀教育，乃任命曼为该会秘书，主持工作，他遂全力以赴地开创教育事业。自殖民地时期以来，只有少数人享有入学校的条件，实行的是非普及全民的教育；那时入学校受教育者须交纳用费，实行的是非免费的教育；过去教派学校势力极为雄厚，实行的是教派性的教育；过去学校由教会和私人管理，实行的是非由政府过问和主持的教育；解决这个不协调之局非轻易所能成功。曼在最初犹豫不定，不肯担任秘书职务，因为秘书就是州教育委员会委员长，是任重无比的，是难题如山的。经波士顿积极教育建设的富商德威特以六周之久的敦劝，曼才毅然受命，为青年的成长和前途而甘为孺子牛。从此时起到1848年离职，曼任州教育委员会委员兼秘书计达十年有余。

曼曾于1843年赴英国、比利时、荷兰、法国、德国、瑞士等国家考察教育，最为羡慕德国普鲁士邦的教育，因而竭力吸取其经验。他认为在众多方面，普鲁士教育居于欧洲各国之首，英国则居于末位。他于1848年离任州教育委员会秘书，适美国国会参议院院长亚当斯（J. Q. Adams）逝世，乃继任为美国参议院院长五年。1853年，曼任俄亥俄州安蒂奥克学院（Antioch College）院长，以民主平等的原则治校，招生时不分贫富、民族、男女、教派而同样对待。他还允许学生参与学校事务，也显示民主平等的精神。他的教育事功为美国公众共仰，哈佛大学曾给予荣誉学位。1859年卒。

一、建设教育的事功

霍拉斯·曼是公共教育运动的旗手，功勋卓著。

（一）开创州对于教育的领导范例

美国建国后各州政府的职权中含有办理公共福利一项，而教育包括在其中。不过，各州如何建设和领导教育事业，还须有眼光和智慧的人大胆尝试，因为这是史无前例可循的新生事物。的确，当时的难题不少。首先，马萨诸塞州的众多人士承认共和国的成功有赖于教育，教育能够传播知识、陶冶品德和促进学习，大规模地推行教育的有效方式是普设学校。无奈马萨诸塞州的以及全国的人民常有疑问：为什么关系国家命运的教育事业，却由州来负责？在1780年以后，颇有人们谈论教育并非州的职责，乃是市镇的职责，因为唯有市镇居民才是学校应做何事的最正确的裁判员。其次，关于怎样才是州的良好教育体制，也有互相矛盾的看法。纽约州于1784年和1787年数度倡议成立纽约州立大学，负责鼓励和协调该州高等院校、文实学校和其他学校的工作。该大学果然于1795年建成，由大学校长督导全州学校。只缘效果不佳，不得已而改设教育督察长，负责办学之事。继此之后，一些州也尾随其例。马萨诸塞州几经争议，并未取法纽约州，未设置教育督察长，却于1837年创建州教育委员会，设秘书为主持人。霍拉斯·曼任教育委员会委员和秘书，成为教育领导体制最初的探索者和实验者。马萨诸塞州则成为通过积累多年经验而建立州教育领导体制的范例。

马萨诸塞州所开始的这项任务是艰巨的。曼深知制度和法律须通过人去力行，才能获得胜利和成功；而任何完善的制度和法律，都将葬送于懒汉懦夫的手中。他就秘书之职后，立即以献身精神为之。他坚信发展教育事业是离不开广大群众的同意和支持的，缺乏人们发自内心的默许是徒劳无益的；而争取群众的妙法是启发引导，绝不是强迫和压制。在任职的最初五年中，他奔波于全州市镇和农村，向群众阐述教育的价值，以奠立教育建设的群众基础。他曾鼓舞学校教师进行教育改革，寻求改革的方向和方法。他每年在各县、市召集学校会议一次；凡大规模的县和市，则召集二次或三次。举凡当地的教士、律师、教授、教师、文人、学者和贤达人士，都被邀集参加，并于会后委派参加者分赴各地去宣传群众；还由他们先行捐款，以便发动群众认捐。学校会议显然是更深入地发动群众的渠道。他曾遇到种种责难和抨击，都依情据理地予以劝解和说服，从而以击败反对者的成绩，博得广泛同情和信任，使大众成为州教育委员会的热情拥护者。他在实践中颇觉教育知识贫乏而学力修养不足，因而边工作边学习，凭赖刻苦钻研和集思广益，克服层出不穷的难题。举凡辛普森（J. Simpson）于1834年著的《群众教育的急迫需要》和布朗（T. Brown）于1820年发表的《关于人性问题的讲演集》等名书和名文，他都探索不休。他在教育事业上的成就证明他在学用结合上的成功。曼为吸取欧洲国家教育经验，曾赴英、法、德、比利时和瑞士等国参观访问，他的第7册《教育年报》就是考察的总结，他收到了借他山之石以攻玉的效用。最后，曼更督策各地原有和新增的教育视导人员勤于职守，戒除怠惰和失职，齐心协力地搞好工作。因此种种，马萨诸塞州才取得优异成果，走在别州之前。由于马萨诸塞州带动了其他许多州，曼遂成了美国各州建立教育领导体制的先导。

马萨诸塞州教育领导建制后，由于征收教育税而使教育经费获得充实的资源。马萨诸塞州在教育委员会成立12年内，教育经费增加一倍半，可谓一大成就。霍拉斯·曼在为征税的斗争中是有巨大贡献的。因为解囊行善并非易事，特别是悭吝的资本家诅咒纳税办理免费学校是侵犯他们的财产权，形成严重阻力，不突破这一阻力是克服不了前进的拦路虎的。为着克敌制胜，曼遂格外强调人民交纳教育税而振兴学校是建国之本，也是人人发家致富的捷径。理由是愚民无知而扰乱社会秩序，则人人有财难保；反之，纳税兴学以启发民智，即能维护社会安宁，乃是最廉价而稳妥的自卫之道，其效用是远远超过雇用警察的。他的名言"设立一所学校便可关闭一所监狱"和"投资教育能够产生更多的金条和银锭"，都成为家喻户晓的谚语。这些扣人心弦的语句颇能深彻地宣传群众和动员群众。

（二）创立普通学校

在霍拉斯·曼的公共教育建树中，其重要项目之一是普通学校的创建和推广。他坚信教育是立国之本，学校能为民主政权培育公民；不过，他肯定新时代、新国家需要新教育、新学校，这种学校应称之为"普通学校"（common school）。他曾着重指出这种学校是"人类所曾做出的最伟大的发现"[1]。他解释道，普通学校有两种特征：一是要求普及的特性，即它能宽宏大量地容纳一切儿童，不问性别、肤色、宗教和出身；二是要求教育的及时或超前性，即教育给予儿童的指导要适时，借以确保安宁而免生危险。他还论证其他的社会机构多是补救或治疗性质的，学校却是预防性质的和化除危害于未然的。比喻说，医院是医治病痛的，学校则是使肌体健康以抵御疾病侵袭的。学校应尽的

---

[1] L. A. Cremin. *American Education: the National Experience*, 1783-1876. p.137.

职能是使人人得其身心和品德的发育，并且能使刑律上所列出的十分之九的罪行都将无从出现，社会上常遇到的一串串的邪恶行为将要大部免除。那时，人们白天将确有安全感了，夜间都将高枕无忧了，生命财产都将泰然无患了，合理的希望将获得圆满实现了。总之，太平盛世可保无虞了。

他不厌其烦地讲"普通学校"并不是欧洲那种面对普通人的学校。普鲁士邦的"人民学校"就是面向一般平民而设的，贵族不屑进入。美国的"普通学校"乃是面对一般国民的，富人可入，贫人亦可入；就不同种族之人而言，曼是彻底的反种族歧视的，所以在"普通学校"面前是人人平等的。与此同时，任何教派和任何社会背景的人，都要普遍地走进"普通学校"之门。他认为这种普通学校能使人人之间和谐起来，结成一体。

霍拉斯·曼特别强调普通学校在改造国民性格方面的宏伟作用，视之为深入进行革命的必由之路。他说独立战争所进行的革命仅能涉及社会的表层，应当挂怀的更是革命应发生在国民的性格或品质上，必须使人们的心理才能或精神状态由屈服于人而上升、而解放、而变为独立自主。这种革命并非一朝一夕所能完成，须学校教育使之长期地、持续地深入。他说18世纪70年代的战争已使人从奴役而获得自由，但人们如果享有自由而缺乏善良品质，往往走上歧途。自由必须受制驭于道德才是正路，否则仅有自由而无品德来节制，便将流于暴徒政治或残虐政治。唯有使人人理解和获有真理、正义、仁慈、尊敬等品质，才有民主的保障和胜利。儿童是将来的公民和未来的公民的父母，普通学校恰是无比珍贵的机构，极为紧密地关系着国家的命脉。

霍拉斯·曼为"普通学校"而奔走劳顿，不只为求其普遍设置，还希图它们统整起来，不能放任自流；要由政府领导，不能各自为政。1837年他首次巡回讲演时，曾经批评众多人士设立学校，因为这些人都互不相识，他们的试验品茫茫然堆积在各处，缺乏合理组织。他说马萨诸塞州只有把普通学校建成体系，才能取得一致，效果迅速，方法经济，获致明显的成绩。曼曾呼吁普通学校要充实图书设备、实行编级授课、改善教学方法、提高教育水平、延长每年上课日数和由专职人员经常视导教师工作。他曾竭力使这些号召化为现实，因而使马萨诸塞州初等教育面目焕然。其结果是公立学校经费增加一倍半之多；男教师每年工资增加62%，女教师每年工资增加51%；每年上课日数平均增加一个月；儿童入学率也大为提高。更重要的是别州受马萨诸塞州所带动，急起直追，走上初等教育发达之路。人们称许曼为"美国初等教育之父"

是恰当的。

在这大幅度的兴革中，普通学校进行非教派教育同样是一场战斗。就宗教而言，马萨诸塞州是加尔文派清教徒统治之地。曼呼吁宗教信仰自由而强调在普通学校中切勿灌输任何教派教义，那样会破坏儿童真正的信仰，只有相信《圣经》才能养成善思和善行。因此，教派人士便攻击曼是无神论者，甚至连费城星期日学校联合会的秘书帕卡德（F. A. Packard）也攻击马萨诸塞州教育委员会是向宗教宣战，想把教育捐款收回。其斗争之剧烈曾使1840年召开的州议会几乎取消教育委员会的存在。曼却顶住了狂风巨浪而成为强人。

（三）创立师范教育

马萨诸塞州为开辟充分的教育经费资源，建立了教育税制；为开发充分的教师资源，于1839年建立了马萨诸塞州师范学校。这两项明智的创举都是以霍拉斯·曼为核心人物而实现的。在这里需要说明的是，曼对于美国师资教育的推动是曾遭受剧烈冲击的。他于1843年赴欧洲考察教育，于1844年提出报告书，他盛称普鲁士邦国民教育的优良成绩取决于教师。他盛赞该邦的教师喜爱儿童而循循善诱，能够成功地运用教育艺术而教学成绩优异；他们爱护儿童而不打罚儿童的仁慈精神，使师生亲如家人，使学校有似乐园。他反问道：曾有一个到美国学校参观六周之久的外邦人士不曾听见过教师对学生的忿怒斥责声，没有看见过教师对于学生实行拳击，甚至在孩子们头上打耳光的吗？两相对照，完全显出美国师资队伍居于弱势，其间天渊之别颇足说明美国教育失败之因。这个尽情的揭露顿时引起疯狂般的驳斥。曼从根源上予以剖析，指出那是由于任教的教士和教师绝大多数都是清教徒，都是加尔文派原罪论的信奉者，他们确认人的天性是邪恶的，必须尽量压抑惩治，遏止其发展为患。曼更明确指出在传统的落后的意识下，裴斯泰洛齐进步的观点和注意启发感化的教育态度，当然为众人所忽视。曼不胜惋惜地说，欧洲的通过理解儿童和慈爱来养成善良的下一代的先进理论，是超越美国当前的时代过远了。最后，曼以长达124页的复信，对于波士顿31名校长对他进行指责和长达244页的公开抨击信做了回答。其结果，有识之士，如昆西（J. Quincy）、惠蒂尔（J. G. Whittier）、苏木尔（C. Sumner）以及其他社会知名之士，都予曼以支持，别的人也都赞佩了曼的高见。直到1848年他离职时，还在第12册《教育年报》中着力指出：没有师范学校，普通学校将无法繁荣。他举例申明道，不得优秀教师而培植优良的学生，乃是缘木求鱼，那无异希望穿外衣而没有成衣匠人，希望戴帽子而没有制帽工人，希望戴手表而没有制表工人，希望住房屋而没有木工和瓦工，又怎不使希望落空呢？在曼的理想中，教师应是热爱儿童之人，不能成为严酷体罚的暴力施用者；他不是一味灌输和注入知识的填鸭者，应是长于启发诱导者。他曾描绘优良教师在语言方面应是经过慎密选择的，在发音和声调方面应是正确而有吸引力的，在举止方面应是文雅而优美的，在讲话选题方面应是振奋人心而富有效益的。教师不只应有知识，还应有教学艺术，能够成为儿童喜悦的对象，要做到夸美纽斯所说的"教师之口乃是智慧的喷泉"。再清楚不过，曼掌握了教育成功的关键。

（四）培植教育科学萌芽

霍拉斯·曼之在教育领域获得多方面的伟大成功，一方面由于他那献身教育和鞠躬尽瘁的精神，一方面由于他那长于钻研和善于分析的智慧。他因为富有探索的志趣，在努力实践中遂避免盲目性，并且做出较高水平的业绩。在他任职马萨诸塞州教育委员会秘书的12年中，他所提出的12册《教育年报》中，蕴含着丰富的教育珍宝。除发表《教育年报》外，曼由1838年起还曾出版《普通学校杂志》共10册。这些报告和期刊发给各校，实际上就是教育领导机关的指导公文，向各校介绍国内外和州内外的教育信息，使人一新耳目；又从理论上阐明诸多重要课题，作为教育和教学工作的参考或借鉴。它们的内容广泛，涉及教育目的、学校编制、校舍建筑、课程、教法、学生奖罚等多方面的教育事宜，被人誉为教育百科全书，形成教育科学研究的肇端。为了理解当时教育工作中存在的问题和发展的概貌，兹且略一追述12册《教育年报》探索的项目。第1册首先探讨校舍修建、学校卫生和物质设备之类。其中，曾谈及教室通气、取暖、学生座位和操场之类。另外还曾探讨教育委员会的职责、强迫就学法令的贯彻和优良教师的标准之类。第2册探讨学科设置和阅读、拼音以及作文等科教学方法。第3册主要探讨童工和工厂雇用童工所产生的危险，同时还探讨学校设置图书馆和培养学生阅读兴趣等。第4册探讨学区制的流弊和取消问题。第5册涉及教师、师范学校、教育书刊、学校管理、体罚、州政府和教育的关系等课题。第6册探讨学校教学科目和教材充实问题，还曾探索学校卫生等问题。第7册是1843年考察欧洲教育的报告书，内中历述欧洲多国教育现状和分析其优劣得失。第8册探讨地区和县的教育组织以及音乐教育问题。第9册探讨女子充任教师和师资培养机构等问题。第10册探讨马萨诸塞州教育史的问题。第11册探讨教育和犯罪的关系问题。第12册探讨12年来马萨诸塞州教育演变以及残障儿童和孤儿、弃儿的教育问题。以上所述，可知举凡当时存在的现实教育课题，尽皆在曼的启发引导之下，进行了初步研究。由于时代的局限性，一些科学性兼常识性的结论或许不够精密准确；但对于极为广博而难解的诸多课题予以反思以求解决，是极为良好的开端。美国评论者说《教育年报》确是文明人类所树立的丰碑，纵使美国沉溺在巨浪洪涛之中，《教育年报》所憧憬的共和国家的最优美的画面也将是流传后代的。如前所述，曼在第7册《教育年报》中，竭力宣扬普鲁士邦教育，遭到波士顿教育人士强烈反驳，指斥他借剑伤人，在短时之内竟有攻击曼的图书25种问世。然而正是这番争议加深了美国人民对于教育的理解，加速了马萨诸塞州和美国教育前进的步伐，从而肯定了曼在美国教育史中的崇高地位。学者公认曼之获得国际赞誉也自此始。

曼在《教育年报》之外，还著有《论青年》《妇女的权利和义务》，其中也颇含卓见。

二、重要教育论点

曼之致力教育建设事业，根源于他的社会观和政治观。由于当时美国社会曾使他在幼年尝过生活艰辛，他了解群众的疾苦而给予同情。他对于种种不良社会现象，如酗酒、赌博、盗窃、破坏公物等的层出不穷，深为隐忧。他认为消除这些犯罪现象，使社会问题迎刃而解，就需要教育来提高人们的认识和品德。因此，改造社会唯靠教育的意识乃形成他的思想核心。曼是民主思想者，肯定人人享有受教育的权利，教育权还是人人应平等享受的。他认为美国的蓄奴制是残酷剥削人权的枷锁，应该彻底废除。他为反对奴隶制而加入辉格党，还成为自由土地党的党员，以谋求自由的土地、自由的言论、自由的劳动和自由的人民为理想。曼力求人人享受良好教育，又知道美国现有学校不能胜任，才提倡公共教育，即由政府举办免费的世俗的学校，培养符合民主国家需要的公民。他指斥奴隶制度是美国民主政治的大敌，更指斥奴隶制度是实现公共教育理想的大敌。曼的民主政治观显然是他那公共教育思想的基石。公共教育所标榜的非教派性也和曼的公共教育思想有关。他认为民主国家的公民享有宗教信仰的自由，而教派教育以各教派所崇奉的教义教民，无异束缚公民的信仰自由，所形成的无非是由教派控制人们的信仰。欧洲国家曾因教派爆发长期残杀，乃是教派酿成的难以避免的恶果。美国宪法不允许各教派介入国家事务，公立学校当然要实施宗教教育而非教派教育。他说这个界线是不可混淆的。曼在教育机会平等和非教派性教育方面，有许多精辟议论。

首先，曼视享受教育是人的天赋民权，不分男女、不分民族、不分教派、不分贫富，公民都须享有平等的教育机会。在过去，教育不平等是社会不平等的产物；在民主国家中，不能使人民享受这种民权便是政府失职。政府必须像保卫各种民权一样，实施普及教育以保卫人民的教育权利。教育权利的剥夺在严重性方面有甚于掠夺儿童的财富，因为儿童能否成善良公民取决于教育；不支付教育用费更无异从儿童身上盗用公款，因为教育开支是绝对不能吝啬和被非法挪用的。在过去，教育操之教会、家庭、慈善机关和私人团体；如今已不能满足启发民智的急需，必须政府举办公立学校才能适应形势的发展。

其次，曼深入一步地论述教育的宏伟功能。从政治角度看，教育是国家强盛的命脉，是共和国的生命线。一般群众须通过教育而具有公民意识和尽其公民职责；而且政治领袖和社会干才并非天降，应由受教育的公民产生，然后才会知晓民情和为民治事，才能和群众无隔膜而为群众所诚服。至于教育通过育人而使国家有光明的未来，更是不言而喻。曼还从美国是移民众多而民族复杂的国家，来论证教育应由政府办理。就是说，各国移民都带有祖国的传统观念和文化背景，不仅语言文字和生活习惯不同，他们的思想意识也彼此殊异，尤有赖于公立学校发挥民族熔炉的作用，以使美利坚共和国成为多元化民族的家庭，既能和睦相处，又能同舟共济，而不流为矛盾和混乱之局。他说："教育是人类诞生以来最伟大的发明，教育是对人类环境有着最大稳定作用的平衡器，是社会机器的平衡轮。"①他还说公立学校是"共和国继续存在的不可缺少的条件"②。

从经济建设看，曼认为教育可以医治贫穷，可以发展生产，可以富民和富国。他说贫困既是个人的灾难，也是国家的灾难，因为贫困会造成社会的动荡不宁，形成国家的危机。不过，贫困是可以预防和避免的，不是必然的和不可逃避的，恰如寒冷和饥饿不是无法克服一样。教育乃是提高民智去战胜贫困的工具。它能发挥人的聪明才智和培养人的生产能力，俾能开辟财源和创造财

---

① R. Freeman Butts. *A Cultural History of Education*. p. 98.
② E. P. Cubberley. *Public Education in the United States*. p. 563.

富，化贫困为富庶。他认为智力是最可珍贵的国富。他建议马萨诸塞州议会既要注意开发丰富的矿藏，又当注意开发蕴藏人民头脑中的智力。他那经常被人引用的名言是："教育不能被消极地理解为消耗，是应积极地理解为创收。"

从社会发展看，曼认为任何社会如果不能建立人所公认的道德标准或伦理规范，这个社会是难以久存的；而充满酗酒、斗殴、盗窃、抢劫、奸淫、凶杀的无秩序和无纪律的社会，乃是国家动荡不安而人民遭受苦难的罪恶之乡。美国由农业国家走向工业化国家的过渡中，旧的道德观念为新形势所冲击，而新社会尚未形成应有的价值观和生活观，人们何去何从，往往迷失方向，致使社会安宁失去保障。虽有法律的绳索、教会的说教、警察的惩戒和监狱的受刑，但收效微小。曼认为公立学校引导人于正轨，才能治本。他那经常被人引用的名言是："设立一所学校便可关闭一所监狱。"就是说学校能化地狱为天堂。正因如此，曼极为重视道德教育，认为纵情任欲而不善为诱导，就可能使人不仅去杀人，且将导致自杀。他说没有良心的社会是会自取灭亡的。他虽极为重视知识教育，认为获得知识的人不仅理智发达而行为有节，而且运用科学知识可以生财致富，由消费者而成为生产者。不过，曼认为知识可以使人为善，也可使人由于不善运用知识，因而流为恶行。"知识即是力量"是不假的，但假如不具备善良品质，有知识的人便是既能为善而又易为恶之人。自由公民遂不能仅是理智发达而已，还必须养成正确的价值观和人生观。他坚信在普通学校培养比之以往任何社会所曾造就的更具有远见的理智和更为纯洁的品德的公民以前，理智是永远不会主宰议会大厅的。他极为强调美国是多元社会，人民的种族、宗教信仰、阶级成分等很不相同，如不巧于处理，则由于价值观、人生观、宗教观和政治观不同，会导致国家的涣散或分裂。他肯定普通学校能够点燃新生一代互相理解和互敬互助的心头之火。换言之，学校在提供他们以知识能力之外，更需塑造他们的灵魂，奠立他们的哲学眼光和道德意识。他强调这样通过学校而谋求社会和谐，才是教育的最高理想和威力。

曼在以上所论乃是从政治、经济和伦理等角度，指出教育建设的目的。他还从儿童的角度指出教育应根据新生一代的特点来进行。就是说，公共教育不只要在制度上革新，还要在内容上革新。从根本上说，曼不是清教徒所鼓吹的原罪论者。他认为儿童天性是善良的。他对于裴斯泰洛齐的热爱儿童和尊重儿童的进步教育原则和方法，备加钦羡。他在第7册《教育年报》中，称道普鲁士邦学校不用体罚而取得的成绩。他说他参观该邦学校极多，却不曾看到因受体罚和因畏惧体罚而啼哭的学生。教师把他们当作具有个性而接受耐心引导的教育对象，因而不加以硬性管压和滥施打罚。教师还认为打罚不能拯救儿童的心灵，而且暴力常常导致暴力，即人在儿童时如惯于接受暴力，儿童长大后也必然崇尚暴力。实际上，教师应是儿童的向导而非专制暴君，首应具备的是对儿童的热爱和责任感。不过，在另一方面，曼又非儿童中心论者。他申述在共和国家如何调和社会和个性问题。他说尊重教育的社会并不由教师强迫儿童盲目服从，做驯顺的羔羊；但也绝对不能陷于无政府主义。适当的办法是引导儿童自我控制、自我选择和自愿地服从理性和义务所制定的规律，这就是使人在自主和自觉的基础上来满足社会的要求了。他要求培植儿童的自治能力。再进一步，曼还竭力阐述普通学校是社会的平衡轮，能使人们的社会地位日趋平等，又能使人成为物质财富的创造者，能够产生难以想象的浩大财富。教育既能使人人由消费者而变为生产者，贫穷现象自然消失，随而在历史中经常存在的有产者和无产者的差异也自然消失，疾病和犯罪等也自然减免，人们的寿命必将延长，环境必将改善，生活必将幸福。他说民主政治家是教育威力的完全崇信者。

霍拉斯·曼极为重视教学改革。他不赞成学校采行的导师制。他说导师制往往忽视儿童集体的教育力量。他很重视课外阅读，认为学校除课室外，须设立图书馆，养成读书求知的趣味。他甚至说学校图书馆是近代教育的新发现。他也重视学校的体育，认为除课室和图书馆外，还须设有运动场，指导学生从事体格锻炼。他对于课室的建筑提出许多建议，认为教室容积大小以及卫生设备等，都应有严格要求。理由是教室是最主要的学习和活动的基地，良好的教室可以提高学习的效果。总之，霍拉斯·曼的教育观点是进步的，教育论断是切合实际需要的。他从实践和斗争中对于错综复杂的教育问题深有理解，他的言论颇具卓识。在教育事业中他是笃行者，又是博学者。

三、宏扬为教育事业献身的精神

在叙述曼的生平和教育建树之后，还应特别指出他那为教育而奉献的精神。在1837年以前，他以律师为业，兼是政治改革者和社会活动家。他富于智力而长于辩才，是能发财致富和坐享繁荣的幸运青年。当他承担马萨诸塞州教育委员会秘书时，州议会尚无教育基金，因而教育委员会只设秘书一人，年薪仅1 000美元，以后逐年增加而达到年薪1 500美元时，教育委员会尚没有租赁办公室、雇用助理人员以及办公费的预算。这些均由秘书工资支付。所以，秘书每年实际收入不过500美元，和律师的丰厚收入相比，有如天渊。曼却为着人类的未来即新生一代，毅然应命。他在《自传》中叙述他关闭了律师事务所，出售了所藏的法学书籍，决心不以法庭为讲坛，却风尘仆仆教人育才。他说："我决当使这1 500美元生产远远多于1 500美元的效益。"他又说："这个秘书的职称如今并不尊贵。但它要经我之手而提高。我将不成为这个职称的亏累户或债务人，将要成为它的荣誉户或债权人。"他还说："普通学校曾是我第一个爱好，也将是我最后的爱好。"当他于1848年离职时，他指出："我虽离了教育岗位，而我的心却绝不能离开它。"[1]他在任职12年之中，永远处于大风大浪之中，而且常是处在风口浪尖之上；但他不曾退缩屈服，却长期依凭理智判断和斗争艺术而制胜反对者。他的生命和教育事业密合为不可分割的一体，因而劳而不辞，死而无怨。他那伟大的教育功绩和他那崇高的人格感人至深，取得人的敬仰也最深。哈佛大学曾给予他荣誉学位，纽约大学的美国伟人纪念堂更于1900年列他为第一位教育家。孟禄在所编《教育百科全书》中说："没有任何美国教育家曾受到霍拉斯·曼那样的被人们广泛议论。"[2]在19世纪末和20世纪初，仅在美国就曾出版5本论述他的生平的著作，在法国曾出版3本、西班牙曾出版2本、意大利曾出版1本同类的书。英国学者库姆（G. Combe）于1841年在《爱丁堡评论》上撰文《马萨诸塞州的教育》，极力赞扬曼在马萨诸塞州教育建树的丰功伟绩，并肯定英国应吸取其中有益的因素，进行教育改革。1846年，曼的第7册《教育年报》的主要部分曾在英国印行，并多次翻印，引起人们的极大重视。1847年英国曼彻斯特市的《教育改革规划》即深受曼的启发。从此，英国广为传播曼的教育改革及其贡献。有的杂志论文说，曼的第7册《教育年报》乃是一颗献身教育事业的伟大而赤诚的心灵所创造而成的，是道德和智慧的福音。法国的学者皮考说："不仅应叫师范学校教师了解霍拉斯·曼的教育事迹，更应叫师范学校学生以及千千万万的小学教师都了解这位教育巨人的生平。尤其希望霍拉斯·曼的事迹能够在大学和学院的教授中广为流传。不过，仅有这些还不够，我切望每个公民都人

---

[1] D. Williams. *The Educational Politician Horace Mann*. p. 291.
[2] P. Monroe. *Cyclopedia of Education*. Vol. 4, p. 120.

手一册描述霍拉斯·曼的传记。"除欧洲之外,南美天主教团教士曾于1847年参观美国教育,也很称道曼的建树和理论,在教育论著中引用了曼的做法和主张。曼的教育创新遂影响了智利、阿根廷等国家教育的成长。实际上,曼不仅是美国教育巨人,也是国际的教育人物;曼不仅在教育实践上是巨人,他在掀起公共教育运动的同时,也掀起了教育理论探讨的高潮。他树立了献身教育建设者的高大形象。

艾略特的教育贡献[*]

查尔斯·威廉·艾略特（Charles William Eliot，1834—1926）于1834年生于波士顿，其家是和哈佛大学具有密切关系的富有之家。父亲是哈佛大学的经费审计员，两个姑母是哈佛大学教授的夫人。艾略特曾在波士顿拉丁文法学校肄业，后入哈佛大学攻读化学和数学，1853年以名列榜首的成绩毕业。毕业五年后，任母校化学和数学科的助理教授。1863年，赴欧洲考察学习，得机研究法国和德国的高等教育，并曾在著名的德国化学家科尔比（H. Kolbe）的化学实验室工作。1865年返美，任新成立的麻省理工学院教授。1868年，哈佛大学校长希尔（T. Hill）离职。校内师生及毕业生分为改革派和保守派，以不同观点酝酿继任人选，博学多才的艾略特被选充校长，时年仅35岁。此后40年任职未辍。他是化学专家，但对于世界大学的发展趋势和美国大学的未来面目颇有理解，又长于领导及开创学术工作，哈佛大学乃成为美国第一流大学和世界驰名的学府。他还对于美国教育体制和中小学教育的改造树有功绩。1919年，他任美国进步教育学会名誉会长，他还曾任美国教育协会的十人委员会主持人。他的贡献是多方面的。

一、哈佛大学成功的改革者和建设者

为阐述哈佛大学的大政方针，艾略特曾在就职时发表振奋人心的讲话，成为美国教育史的名篇。他说，当前美国正处于城市发达和工业飞跃的时代，美国大学的生命力在于胜利地接受新时代的挑战。面对议论纷争的大学发展问题，他明确指出："争执不休地议论关于语文、哲学、数学或科学能否培养最

---

[*] 本文原载《美国教育史》（第二版），滕大春著，人民教育出版社2001年版。原标题为《艾略特》。——编者注

优秀的心灵,普通文化教育究应以文科为主抑以科学为主等课题,在今日都是不切实际的空谈。"①"哈佛大学认为在文学和科学之间并不存在真正的抵触。我们并不狭隘地仅仅重视数学或科学,也不仅仅重视文学或形而上学。这些学问都是我们所当钻研的,而且是要研究到最高水平的。"②艾略特曾详细论述哈佛大学发展为世界性学府的途径。他说,在任何学术领域内,哈佛大学都须采用改进教学的最有成效的方法,从而把语文学术教授得更富于体系,把自然科学教授得更含有归纳性的阐述,把数学和历史教授得更富有生气,把哲学教授得更少武断性判断。他说,新生入学要严加评选,要根据他们的学术前途和坚毅品格而录取最佳者,然后更要设置最可能丰富的学科而由学生选修。他说哈佛大学教授应是知识的源泉和教育热情的喷发者,要千方百计地提高这些教授的待遇,而且要使学有专长者享有发展学术特长的条件。他说学校领导人应竭力尽到保证学术自由的职责,使大学的学术质量得到保证。他又说校长的首要任务是观察和展望。所谓观察就是善于窥测和利用一切时机去捐募资金,去罗致深有造诣的专家学者,去影响社会群众来促进学术进步。所谓展望就是在群众对于教育问题纷争不休的时刻,争取和引导他们对大学作出正当的要求,争取社会上有助于大学发展的机构都能继续进步,能够理解大学所设专业日益变化的情况,特别是理解新兴的种种专业的需要和希望。他肯定:"在任何国家,大学永远是反映本国历史和特性的锐敏的镜子。"美国是善于变化的社会,大学和社会之间的联系和反应,应比在一些迟滞的国家中更为机敏和迅速。因之,哈佛大学的命运取决于正确而灵活的改革之中。艾略特的长达 1 小时 45 分钟的就职讲演,使全校师生满座静听,几乎连一根针落地都能被人听见。听众清楚地意识到不但哈佛大学开始了新时代,美国高等教育也临到了转折点。

要理解艾略特讲演的重要性,要先理解两件事实。其一,哈佛大学虽成立于 1636 年,是美国历史最悠久的大学,但其教学质量到南北战争后依然不如英国公学的质量,水平很是低下。当时仅有学生 500 人、教师 23 人;法学院学生凡修业 18 月者即取得法学学士学位;医学院学生凡修业两学期,曾任医师艺徒,然后通过为时仅 10 分钟的关于 9 种主要学科的口试者,即可取得医

---

① ② C. W. Eliot. *American Higher Education*, *A Documentary History*. p. 602, p. 602.

学博士学位；理学院以聘有著名教授相夸耀，但学生入学及毕业的水平是惊人的低下；神学院根本无授予学位的资格。其二，哈佛大学一向在保守派控制下，顽固守旧，仅仅注重拉丁文、希腊文和数学等学科，同时教授一些哲学、历史、物理、化学、法语和德语，只是在自然科学和现代语中，略有几门选修科目。在科学快速发达时期，哈佛大学显然是远远落后于时代的；非大力扫清顽固派的思想和大学观，哈佛大学是难以挽救和振兴的。艾略特遂于1869年在《大西洋月刊》中撰文《大学：它的组织》，郑重提出美国不走欧洲大学老路的战斗性主张，力言戒止以欧洲大学为美国大学的样板。他说美国大学一贯借用欧洲大学的模式，因而还不曾出现产生于本国本土的大学。他欢呼美国新型大学的降临。"当美国型大学产生时，它将不是外国大学的抄本，乃是植根于美国社会和政治土壤而逐渐地和自然地产生的硕果。它是美国受有优良教育的阶级的高尚目的和理想的表现。这种新型学府在世界上是无双的，它同样是富有创造性的。"① 艾略特的大学观的革命性是至为明显的。美国思想家莫立森（T. Morrison）评艾略特的思想时说，艾略特是美国大学改制的先驱者。

的确，艾略特实践了他的宣言。他持续而积极地使哈佛大学扩大了规模，由仅数百名学生的小学校而成为数千名学生的大学校。他扩大了哈佛大学的课程范围，使法学院、医学院和理学院并驾齐驱，都设置了丰富的教学科目。他不惜重金由国内外邀聘学者专家来充实师资队伍。他又于1872年成立了研究生院，颁发高级学位。他在法学院院长兰代尔（C. Langdell）的协助下，开拓了对于法律的革新性的研究。他在医学院增加了很多新学科，提高了学术质量，并且带动了各地的医学改革。他为了纠正当时重文轻理的积习，显示了重理轻文的气氛。1894年，艾略特任校长职仅25年之际，哈佛大学已由美国地方性的大学发展成为具有全国范围影响的、为众多大学所取法的学府了。

在这里须对艾略特创议的选修科制加以叙述。因为这是他敢犯众怒而后取得伟大胜利的教改项目。原来哈佛大学的个别学院曾有允许学生选修个别或少量学科的事实，但并未形成定制，更未大幅度地推行。艾略特任校长后，以激进精神为改善选修科制而努力。到了1874—1875学年，该校仅有修辞学、哲学、历史和政治学为学生必修科，其余由二、三、四年级学生自由选修；1883—1884学年则一年级也行选修科制；到1894年，就只有修辞学和现代外

---

① *The Atlantic Monthly* XXI. p. 204.

语为必修科；再过三年，连现代外语也不做必修科了。与此同时，各学院的教学科目猛增起来，学生选修的幅度与日俱阔。这种改革不但被哈佛大学保守派斥为轻举妄动，是乌托邦，而且引起别校反对。1885年，普林斯顿大学校长麦克·麦科什居然在公共会议中嘲笑说，一群进入哈佛大学的心理怪物拒绝吞食文化食粮，只会游荡在美术、音乐和法语的游戏之中。耶鲁大学校长波特（N. Porter）同样拒绝选修科制，诋毁艾略特及其追随者为异教徒。当时反对者的主要论点是选修科根本不要学生掌握基础文化知识，而且不能制止广大学生把大学教育降格为职业训练的把戏。

面对反对者的呼声，艾略特据理申辩。他说教育心理化已使美国中小学尊重儿童和青少年的个性；但大学未能如此，必须迅予纠正，否则便是落后于形势。他还认为学术自由是师生共同享受的权利，选修科制是不容责难的。人们认为"美国青年能够用双手制造任何事物"，艾略特则呼吁消除这种错误的理解，因为美国青年同样能够发展他们善于分辨和选择的心理禀赋。他认为大学应满足学生们不同的要求和爱好，不能铁板一块地安排修习的科目，因而应当允许学生自由选课，奖励学生独立钻研，由学生对自己的选择负起责任。在艾略特的坚持下，到20世纪初叶，不但规模宏大的大学都向哈佛大学取法，就连普林斯顿和耶鲁两大学也逐步采行选修制度。1901年，在全国34所知名的大学和学院中，它们设置的教学科目约有70%以上是由学生选修的。自1914年起才逐渐改为集中和分配制度，要求学生集中主要精力攻读专业的重要学科，余者始为选修。到20世纪30年代，科南特任哈佛大学校长后，才适量地增加必修科目。原因是艾略特曾过于乐观地估计学生善于自由选修学科的能力，而且曾误认各种科目都有相同的教育效益。实践证明学生未上课前并不知道所选科目的内容，更有大量学生避难就易，放弃了富有价值而难度较大的科目，以致出现学习空疏而不艰深的浅学现象。

艾略特另一引起争议的教改设施是抑文重理。希腊文一向是大学入学考试的重要科目，他在就任校长后不久，竟曾一度取消了希腊文的考试。哈佛大学董事要求他改正，教授也在会议时提出抗议。艾略特在质问前则解释说，这是新校长的新政。最后他终于劝服反对者而坚持了。

论者一致认为哈佛大学所以蒸蒸日上，一方面得自艾略特的正确的大学观，一方面还由于艾略特的行政干才。众口称他是学者治校的典范。教育史家说艾略特以学术自由为重，以学术自由治校，最能提倡群言而不伤众议。他在学术上奖励博学深思、独立创新，在行政上讲求知人善任、取人之长。他的各种新政在推行之始，无一不曾遇非难和攻击，但他不曾打击诬陷任何持异见者。人们普遍称道在哈大内外，不曾有因不同意校长政策和主张而受到挫伤者。艾略特通过40年的戮力经营，终于使哈佛大学由原来的23名教师到1909年他去职时增为600名；学生由500人增为4 000人；学校基金由1869年的250万美元，1909年去职时增为2 000万美元。因上种种，艾略特被誉为能人校长。克雷明在《美国教育》第三卷中说，当艾略特改革哈佛大学时，其他教育家也对其他大学进行了成功的改革，只是各大学各具特色而不相一致。吉尔曼创建的霍普金斯大学比之哈佛大学更为注重纯粹理论性的科学研究；怀特主持的康奈尔大学比之哈佛大学更为注重实用性的科学研究；巴特勒领导的哥伦比亚大学比之哈佛大学更为注重扩大专业研究的领域；麦克·麦科什领导的普林斯顿大学比较哈佛大学更为注重传统的文学研究……而哈佛大学则更为注意博采众长，因而曾多方面地和更快速地向前奔驰，被众多国内外学者誉为大学的排头兵。

艾略特声称美国大学不应以欧洲大学为榜样，坚决呼吁建立美国新型大学，在当时是不凡常的。但这不应被误解为他企图摒弃别国大学的先进理想和设施，纯然地闭关独创。就欧洲而论，英国的牛津和剑桥两校保守成风，抱残守缺，纵令在伊丽莎白女王当政之际，即被人称为学术黄金时代，两校的自由研究也很有局限。两大学于1584年联合上书国会，申请拨给研究费，仅神学院获得了少量英镑，原因是当政者担心研究自由之风会使大学和教会发生根本性的动摇，从而威胁帝国的生命。正是在这种风气之下，培根、洛克、达尔文、斯宾塞和经济学创始者约翰·穆勒的成就，都难以和大学接触。思想进步的学者赫胥黎曾撰文《到哪里去寻找博雅教育呢》（*A Liberal Education and Where to Find It*）。他说："我相信一个外国人想了解英国科学和文学的面貌，如果他到大学去了解，他将徒徒地浪费时间而已。"[①]他又说："一个第三流的经济贫困的德国大学一年的研究成果会超过英国经费充裕的大学用十年之久取得的成果。"[②]他还说："在30年前曾未受人注意的德国大学，到现在竟然发展成为钻研极为高深和极有生产效益的智慧宝库，这种丰盛的智慧宝库乃是人类

---

① ② T. H. Huxley. *Science and Education*. pp. 104-107.

世界所未曾有过的。"① 赫胥黎还比较道,德国型大学是学者们全心全力从事高精尖科学工作的集体和教育青年的组织,不是寄宿舍、导师制以及神学研究所之类的英国观念所能表现的。它们不以神学为纲,不以《圣经》为统帅,不是以宗教权威高于一切的旧态了。的确,柏林大学等校最为推崇学术自由和学术研究,是面目焕然的;然而,英国为传统思想所主导的学者深深地不以为然。爱尔兰的都柏林大学校长是极为有名的红衣主教纽曼。他在所著《大学的概念》中就说:"大学的目标是传播和推广知识,并非增进或发展知识。如果大学以进行科学和哲学发明为任务,我不知道大学招收青年学生要干什么。"他主张反其道而行。再明显不过,在19世纪的欧洲,新旧教育思想之争是尖锐的。艾略特企图使哈佛大学攀登学术高峰而成为世界性的学府,是敏于和善于吸取时代的精华的。他绝非置当时先进的教育发展于不顾,而是走在时代之前的。

艾略特更新哈佛大学始于1869年,恰当柏林大学成立59年而成为举世共仰的学术圣地之时,向德国借鉴是必然的。在这里所须进一步指出的是在过去的德国,哈勒大学和哥丁根大学等虽也以学术研究为任务,但教学仍然是首要或主要任务。柏林大学从开始就把工作重点移到科学研究,教学被视为次要任务,理由是凡科研成绩卓著的优秀学者,也总是最有教学能力和最有教学效益的教师,学识粗疏之士是不能搞好教学的。在新的理解下,大学所瞩目的是为开发新颖的学术金矿而拼搏,绝不能熟读百家之书而拾古人牙慧。艾略特坚定不移地促使学术教育飞跃前进,不是凭主观臆断而妄自决定的,是借鉴德国的。

法国高等教育在19世纪初期同样有着改革,但艾略特受其启发和影响不大,因为法国高等院校在拿破仑统治下正在走弯路或正在滑坡。柏林大学著名教育史教授鲍尔生在所著《德国教育史》中的论述是很客观的。他说:"有一桩值得注意的巧合。在洪堡建立柏林大学的前两年,拿破仑于1808年曾整顿法国的大学教育;不过,他采取的方针政策恰好同洪堡相反。他把大学的学院分别改组为专门培养医务人员、行政人员、司法人员的专科学校,由各校分别推行专业教育,并由政府给各专科学校制定严格的规章。各专科学校的课程与考试制度也都由政府规定。各校教授只是讲课的教师和主持考试的监考人员,

---

① T. H. Huxley. *Science and Education*. pp. 104-107.

而不是学者；所有个人的首创精神都被压缩到最小限度。当这位耶拿战场上的胜利者（拿破仑）把法国的高等学府都置于政府官吏控制之下时，那个被征服的国家（普鲁士）却鼓起勇气，采取了完全相反的政策，把培养未来的政府官吏的教育委托给大学，并给大学以探索学术知识的自由——这里也体现了另一种不可磨灭的特点，就是政府坚信自己的民族和坚信真理与自由。可是，经过五六十年之后，法国也开始按照德国的教育路线来改造法国的教育了。这就充分证明：听任教育自由发展比妄施控制与约束是更为优越的。"① 难道艾略特不以法国为师而闭关自守吗？

二、美国普通教育的改革者

1888年，艾略特在美国教育协会的教育督察长会议上，发表了题为《美国学校能否缩短修业年限而传授丰富的知识》的论文。别的教育学者也做出类似的呼吁。这是由于美国当时中小学教育需要急切的改革。简扼地讲，一方面，中小学修业年限太长；另一方面，中小学教学科目庞杂而教学寡效，因而形成巨大浪费。艾略特遂从学制和课程两者提出改革意见，并取得应有的成绩。

首先，就学制而言，美国以往并无统一的学制，各州各地的学校修业年限不齐。南北战争以后始出现小学修业8年和中学修业4年的八四制。艾略特批评其修业过久，学生离校年龄过迟。以哈佛大学为例，当时学生入学的平均年龄逐年增长。欧洲大学生较美国大学生早毕业3—5年。他说美国不适当地延长中小学修业年限的做法必须改正。实际上全国许多院校都发现新生的年龄比以往增高；一般大学毕业生的平均年龄竟高达23岁；如欲获得高级学位，还须以3年之久进行专业教育，那时开始就业就太迟了。

艾略特的论证引起美国公众的重视。各地举行教育会议，各学会发表调查研究报告，学者著文或讲演，纷纷强调学制改革势在必行。芝加哥大学校长哈珀更创议缩短学制的具体方案，于1902年建议小学修业年限压缩为6年，同时延长中学修业年限也为6年，该校教授杜威予以支持。学者先援引法国于

---

① [德] 弗·鲍尔生著：《德国教育史》，滕大春、滕大生译，人民教育出版社1986年版，第126页。

1900年把小学缩为6年，又援引日本同样于1900年把小学缩为修业6年，作为参照。1904年，圣路易斯市举行教育展览会，也证明美国在世界重要国家中乃是唯一的把小学延长为修业8年的国家。当时菲律宾颁布的学制竟将小学修业年限规定为4年。最后在1908年，美国教育协会倡议实行小学和中学的六六制。次年，加利福尼亚州的伯克利市又分中学为初级中学和高级中学，各修业3年，成为六三三制。1910年，该州的洛杉矶市也步其后尘。仿此，俄亥俄州的哥伦布城也于1909—1910学年实行六三三的学制。继而在全国范围内，六三三制广泛推行起来。可以理解，艾略特虽没提出具体的学制体系，然而他对于当时学制的批评的确点燃了美国学制革新的火炬。

其次就课程而言，美国教育协会在艾略特等学者呼吁缩短中小学修业年限之际，曾于1891年组成研究中学教育的十人委员会；于1893年组织研究初等教育的十五人委员会。两委员会皆以讨论课程改革为核心，因为淘汰中小学无用的教材，改组教学科目，革新教学方式方法，都是压缩修业年限的有效办法。艾略特是十人委员会的主席。艾略特的理想和原则是极有影响的，那就是中小学课程虽然要面向现实，却依然要尊重传统学科。当时，美国小学课程零乱不一，中学更甚。一部分中学仍以文化科目为教育内容，引导学生升学，大部分中学则侧重职业科目，以求学生毕业后就业的便利。由于学生不断迁移，转校和升学遭遇重重困难，各州教育领导大都呼吁课程一致化和标准化。艾略特既主张剔除各科无用教材，节约修业年限；又主张中学科目不强求一律，哈佛大学的选修科制同样要适用于中学。意思是中学应设置多种科目，由学生选择学习，但是各科目的水平则须严格要求，以使学生达到较高标准。他的主旨是希望学生修业年数少而学业质量精。

1892年，十人委员会发表报告，对于中学教授的学科、应用的教材、要求达到的标准、各科教学的时间分配、中学和高等院校录取新生的衔接等，都提出了建议。其最为重要的建议是分组教学制，即在中学内分设四组：①古典组；②拉丁语和科学组；③现代外语组；④英语组。学生可任选一组，修习该组安排的科目。报告发表后，引起人们的争议，指出这无非是把中学引向升学准备的老路。艾略特的回答是，凡能达到升学标准的学生就能胜任各种职业的需要。在官能心理学的支配下，他认为青年的思维、记忆、想象等能力在学科学习中获得优良训练，就能适用于多种职业的需要。报告把古典语的学习置于重要地位，所异于传统中学的是新式中学的古典组所设的希腊语课，只由三、四年级学生学习,不再由所有学生都学习4年之久,拉丁语课则只设于古典组及拉丁语和自然科学组,其他两组不授。从此,艾略特被视为保守主义者。不过,其他委员的思想也显出同样气氛。因为在十名委员中,包括大学校长和院长5人,教授1人,私立中学校长2人,公立中学校长1人,再加上联邦教育局局长。他们一致倾向于从学科传统考虑问题,而较少地从社会现实需要进行考虑。该委员会举行9种学科会议,每学科参者10人。在这90人中,大学校长、院长和教授47人,私立中学校长22人,公立中学校长14人,教育督察长2人,师范学校教师4人,其他方面代表1人。以学术专家为主体的十人委员会和九种学科讨论人员,无力和传统彻底决裂,便流为调和折中。报告发表后虽为不少学校所参照,却没得到普遍实行。直到1911年,美国教育协会组织经济时间委员会,由加利福尼亚州的伯克利市教育局局长威尔逊(H. B. Wilson)为主席,在7名委员中有3人是教育学教授和教育心理学教授,另3人则为城市教育局局长。由于他们接触中学实际,才于1915—1919年4次发表报告,使中学课程的设置采取不同的方向。

  艾略特鉴于形势的需要,终于扭转了方向,于1916年发表论文《美国中等教育需要的改革》(Changes Need in American Secondary Education)。他说:"人们最优美的知识来自感官的正确而缜密的观察。"[①]"教育的最为重要的任务是训练最优美的知识所赖以获得的感觉。"[②]他的结论是中学应当利用大量时间教授科学和技术,去教授音乐和美术,借以代替当时将主要力量投入书本钻研的做法。他还主张把中学每日授课的时间延长和把暑假日期缩短。艾略特新建议发表后,弗莱克斯纳继而同声呼吁,并且于1917年发表题为《现代学校》的论文,文中生动而深刻地指出过去曾由教育传统决定中学教授的学科,因而使学生过分消耗脑力去学习拉丁文、文学、数学等无用的科目;与之相反,现代学校的首要目的应是教导学生观察、注意和理解他们所赖以生存的物质的和社会的世界,既不能远离现实,又不应忽视生活需要。弗莱克斯纳因而建议中学课程应包括四大部分,即自然科学、实业科目、公民学和美学。他说自然科学应成为中学课程的主体结构,实业科目应兼含工业和商业两类知识,公民学应包括历史、公民的权利和义务以及社会的组织和发展,美学则包括文学、语言、音乐和美术之类。他曾呼吁剔除无用的旧教材而代以有价值的新教材,并

[①] [②] E. P. Cubberley. *Public Education in the United States*. p. 635, p. 635.

主张中小学实施的普通教育应在 20 岁告一段落,以后便由学生接受专业教育,或则就业谋生。哥伦比亚大学师范学院成立的林肯学校(Lincoln School)就是实验这种新课程的基地。

发展到 1924 年,博比特这名长期致力美国中等学校课程改革的专家,更根据他在洛杉矶市实验的结果,发表《课程论》一书。他对于中学课程改革提出不同于一般流行的主张。他说:"教育的主要职责是面向成人生活,并非面向儿童生活。教育基本任务是叫新生一代为过好 50 年的成人生活做准备,并非为过好 20 年的儿童和青少年的生活做准备。"① 这和主张教育即生活、生长和经验改造的实用主义教育理论,大为不同。博比特设计的中学科目是英语、文学、公民、自然科学、数学、体育和心理卫生、实用艺术、音乐、艺术欣赏九种。此外,他还列有外国语文、高等数学、英国文学史、音乐技艺和美术技艺、文艺写作、戏剧表演、讲演术等科目,皆由学生选修。他主张学生修毕基础文化科目后才能开始职业科目的学习。博比特的理想曾为众多学校所实现。

总之,关于中小学课程改革的意见,在 20 世纪之初是多种多样的,在百花齐放和百家争鸣的热浪中,艾略特的建议是曾为一部分教育学者所接受并曾产生影响的。

三、民主教育的宣扬者

艾略特曾以多篇论文和讲演阐述民主社会和教育体制的关系,并且从幼儿园起直到大学为止,他都曾加以论述。他说民主国家学校体系的发展应根据四项原则:其一,它应注意使新生一代逐步地摄取自然世界的基础知识;其二,它应启发新生一代掌握关于人类的知识;其三,它应包括投身职业所需要的手工方面和道德方面的素养,即在养成精良的职业能力的同时,还须养成关于生产劳动所需的忍耐、远见和正确判断力等;其四,它应利用解说、范例和读书等方式,使新生一代获得与人协作的品格,在幼年心灵中养成对于民主社会的尊重和理解。

艾略特在上述美国教育家所提的公民应具有基础文化知识、职业知能和善良品质之外,尤其着重文化修养的价值,特别提出要培养有文化教养的人。他

---

① E. P. Cubberley. *Public Education in the United States*. p. 636.

说，一个世纪以来，由于科学方法被采用，人类文化已经惊人地扩大，并早已超过往日所处的地平线，作为民主社会和民主国家的公民必须向时代看齐。"我们必须认清在百年以来人类想象力所给我们结出的奇异而多样的果实。我们必须使我们的想象力的训练超出文学和艺术的领域，伸展到历史、哲学、自然科学、政治学和社会学的领域。"① 他在《文化人的新定义》(The New Definition of Cultivated Men) 一文中，论证理想社会的新人要远远超过仅仅面向现实和职业培养的高度。艾略特于1909年辞去哈佛大学校长职务后，曾编辑包含50册的多卷本文化和学术性的读物，习称体积高达五英尺厚的书库，其中包括荷马、柏拉图、普鲁塔克、维吉尔等人的名著，同时也包括富兰克林、亚当斯、达尔文、法拉第和巴斯德等人的杰作。这部巨著曾销售达35万套，计含1750万册之多，其影响面是极为宽广的。艾略特是化学家，却又是古典著作崇奉者，是博学深思之人。他希望新时代的新人都是富有学识者，胜任继承和开创人类理智财富的重担。艾略特不仅有功于学校教育，还是有功于社会教育的。

---

① W. Allan. *Charles W. Eliot: The Man and His Beliefs*. p. 191.

杜威和他的继承者以及对立面[*]

约翰·杜威（John Dewey，1859—1952）是美国实用主义哲学家和教育理论家。他反映美国社会政治的急剧转变，在哲学上否定永恒不易的真理；在政治上号召自由民主和开拓精神；在教育上批评传统学校既抑制天性而又远离社会现实，提出全新的教育理想和理论，从而促成美国教育的深入变革。美国教育工作者以及国际教育工作者一致推崇杜威为人类教育发展史上的巨人，在人类教育的革故鼎新中树立了丰碑。他对于我国教育的演变也曾产生深刻的影响。本文且对杜威的时代和生平、杜威的教育理论、杜威的影响和贡献以及杜威的继承者和对立者，逐一阐述，使读者得有较为全面的理解。

一、杜威的时代和生平

美国从17世纪初期起是英国的殖民地。18世纪掀起独立战争，建立美利坚合众国。其政治、经济、社会、文化从此都有了进步和发展；然而它始终是朴素而缓慢进步的农业国。1861—1865年的南北战争，在美国是划时代的。它废除了黑奴制度，使黑人取得了解放；它促成了产业革命，使工农业生产和国际贸易飞速向前；到第一次世界大战后，美国跃居列强之林；第二次世界大战后，更成为世界超级大国。这一历史时期是美国巨大的转折时期。杜威生于南北战争之前，卒于第二次世界大战之后，这恰好是美国由农业国变为工农业现代化国家的历史急骤转变时期。他那反映时代剧变而创立的实用主义哲学和教育思想，是美国天才的绝响，其功绩是十分宏伟的。

杜威于1859年生于美国佛蒙特州风景秀丽的农业小镇伯灵顿（Burlington）。他的祖辈于1630年为避英国法兰德斯公爵迫害而逃来新大陆。父亲经营小商，

---

[*] 本文原载《美国教育史》（第二版），滕大春著，人民教育出版社2001年版。

母亲是地方法官之女。佛蒙特州虽位于经济繁荣的新英格兰地区，但位置偏远，比较落后。杜威幼年平凡无奇，在当地小学和中学修业，由于学校陈腐，仅在课堂之外的广大乡村活动中，获得重要的教育而已。因为佛蒙特州立大学设在伯灵顿，他16岁便进了这所1791年建立的规模很小、水平较差的学校。在这里，他也接触了一些新知识，如达尔文的进化论、孔德的社会学说、英国的经验主义理论以及德国理性主义哲学之类。杜威在大学也获益不大，仍然像在中小学时代一样，从课外活动和广泛阅读中得到可贵的启发。

杜威于1879年大学毕业，先后任教宾夕法尼亚州中学和伯灵顿乡村学校。时值南北战争后的重建时期，美国在政治、经济方面展开了热火朝天的改革，在文化教育上则大力向学术发达的德国学习。受着学风的鼓荡，杜威在教学之余又经佛蒙特大学教授托里（H. A. Torry）指导，特别喜欢阅读黑格尔等人的哲学论著，他撰写的哲学论文被黑格尔崇信者哈立斯称为佳作。美国效法德国，于1876年创建学术型的霍普金斯大学。这所新学府由艳羡德国教育的吉尔曼校长主持，提倡学术研究，以柏林大学和莱比锡大学为范例，被誉为设在美国巴尔的摩的德国大学。在哈立斯鼓励之下，杜威于1882年进霍普金斯大学做研究生，随而踏入高深学术的海洋，于1884年荣获博士学位。

杜威在霍普金斯大学攻读黑格尔的辩证法和康德的哲学。他还曾受教于发展心理学的创始者霍尔和实用主义哲学家皮尔斯（C. Pierce）等名师。他醉心理性主义，相信超绝的永恒真理，成为黑格尔的崇拜者。当时美国赴欧留学生数以千计，曾留学德国而返美后执教哈佛大学的詹姆斯乃其佼佼者。杜威阅读詹姆斯心理学名著，思想大变，把兴奋点由对于永恒真理的玄想移向急剧变化的现实，着意给当时突出的社会矛盾寻求科学和哲学解答。杜威于1930年撰写的《从绝对主义到实验主义》一文，叙述了他那思想改变的原委。从此，他熔欧美思潮于一炉，给他致力教育研究奠立了深厚基础。

在这里必须指出，这种由理性探索而转向现实，是美国当时的时代特征。杜威的转变恰是受制于时代的。美国教育史家巴茨在所著《教育文化史》中说，19世纪的美国学术界曾经接受德国的理想主义、先验主义和绝对主义哲学，康德、费希特等德国哲学家曾启发了美国的富有卓识的思想家爱默生。早在殖民地时期，人们普遍信仰加尔文派教义，这时又受教于德国哲学，遂深信宇宙中万事万物都是固定和永恒的。美国人最终冲破这种观点而对人类文化做出成就，乃是植基于进化论的实用主义哲学的贡献。生物进化论所阐述的要义是"物竞天择,适者生存"。它的核心是适应。就是说生物必须适应变化不居的环境,才能继续生存;如果丧失适应能力,就必然遭到天然淘汰。这种新观念对于永恒不易而超越现实的真理论是猛烈的撞击。美洲新大陆和长期发展已具定型的欧洲社会不同。它需要拓展边疆,需要冒险开辟,需要创新求生,需要在非固定、非永恒、非一成不变的环境和信念中,面对新事物和提出新见解,从而建造新世界和新文明。客观形势迫使人们勇于探索而不守成规,其结果是承认宇宙并非终极的和完备无缺的,乃是经常处于变迁之中的。理性主义向来尊重一致不紊和一成不变,这时乃受到怀疑,而革故鼎新和大胆尝试以及日新月异和敏于实验,却成为金科玉律。在这种形势下,皮尔斯和詹姆斯等时代喉舌才倡说真理不是上帝的预制品,而是人们在披荆斩棘的开创过程中获得的理解;一旦时移势易,早时的定论就该让位于新获致的定论。真理仅是要经受实效检验的假定,绝不是千秋不移的成规。所谓绝对、所谓标准和所谓权威,通通都须经受社会活动的鉴定和考验,否则不啻是束缚人们智慧发展的障阻物。杜威是受到这种时代思潮的洗礼而建树起哲学的理论的。

就教育领域而言,由于美国学校落后,在杜威以前早已兴起改革运动。南北战争以前,纽约的奥斯威哥市教育局局长薛尔顿(E. Sheldon)仿照普鲁士的办法,成立师范学校,用裴斯泰洛齐的原则培养学校教师,刷新学校教育,曾形成奥斯威哥运动。南北战争以后,曾赴德国考察的弗朗西斯·帕克(Francis Parker)于1875年就任马萨诸塞州昆西市教育局局长,用直观教学和参观旅游等手段,引导学校儿童从实际生活中学习,形成更为热烈的昆西运动。1882年,F. 帕克改任芝加哥市库克县立师范学校校长,又在附设的实习学校中,把德国福禄培尔和赫尔巴特以及瑞士裴斯泰洛齐的新颖教法,兼容并收,从而引起广泛影响。杜威受教改浪潮的冲击,也于1896年在芝加哥大学创办实验学校,进行教育改革和科学研究,从此便开始了他在教育史中一系列的不朽的篇章。

就杜威的成长而言,他把他的思想兴奋点投放在教育课题上,是他离开霍普金斯大学而任教大学后开始的。其发展可分为三个时期。

1884—1894年,杜威在密歇根大学任教。密歇根大学校长安吉尔是极为积极的教育改革派,他的号召鼓舞了杜威不断到中小学了解实际。更重要的是随着南北战争后产业革命的进展,各地广设中学,中学毕业生报考大学的人数增加,造成大学招生考试上的难题。密歇根大学从1871年起为改革招生办法,先就当地中学调查访问，将成绩优秀的学校评定为认可中学，认可中学毕业生可免试入学。其法不久便为全国所仿行。密歇根大学为了继续搞好认可工作，设有专门委员会，杜威任职会中，在经常接触实际中益加明确认识中小学课程内容贫乏，当时流行的赫尔巴特五段教学法机械呆板，与他童年学习时的情况类似，乃着手教改活动。他在该校教授心理学和哲学时，竭力与中学教改结合阐述，便由课堂的讲授理论者，进而成为教育革新的酝酿者。

1894—1904年，杜威任芝加哥大学哲学、心理学和教育学系主任，这是他改革教育的尝试阶段。他于1896年创立实验学校，以他的哲学和心理学为根据，着手教育创新。当时芝加哥城正值F.帕克改革教育，杜威受其支持鼓舞。杜威把教师口讲的课堂改变为儿童由活动而求知的课堂，把儿童静坐听讲的课堂改变成儿童为活动而随时移座的课堂，教学遂生动活泼，气象一新。根据教育改革的实践，他于1897年著成《我的教育信条》（My Pedagogic Creed），于1899年著成《学校和社会》（The School and Society），于1902年著成《儿童和课程》（The Child and the Curriculum），虽都篇幅简短，但颇发人深省。他的重要教育论点即肇端于此。以后他于1910年著成的《我们怎样思维》（How We Think）也是以此为基础而充实和发展所成。芝加哥大学校长哈珀认为杜威思想激进，把实验学校改为仅供学生试教的实习学校，停止改革实验。杜威愤而辞职。

杜威由于他的教育理论赢得很大的荣誉，1904年受聘为哥伦比亚大学教授。1904—1930年，他任教该校达26年之久，和孟禄（P. Monroe）、康德尔（I. Kandel）和桑代克等教育史家、比较教育学家和教育心理学家，还有其他学者，共同铸成哥伦比亚大学师范学院的黄金时代。他推动教育革新，曾于1913年著成《教育中的兴趣与努力》（Interest and Effort in Education），于1915年著成《明日之学校》（School of Tomorrow），更于1916年著成经典性的巨作《民主主义与教育》（Democracy and Education），一套成为体系的实用主义教育哲学，从此建立起来。

杜威博览群书，学贯古今。他对于康德和黑格尔等德国哲学家的著述以及对于赫尔巴特和福禄培尔等德国心理学和教育学的著述，无所不窥。他对于英国达尔文的进化论，斯宾塞的教育论以及经验主义思想家的著作，潜心攻读。他对于法国卢梭的《爱弥儿》和启蒙主义者的论著，深为嗜爱。他对于古代希腊苏格拉底、柏拉图和亚里士多德等先哲的经典论著，同样竭力探究。杜威不但是博学之士，而且是深思之士，更因他是肯于面对现实的实用主义大师，他遂能"古为今用"和"欧为美用"。具体说，他不但是教育哲学家，而且是教育改革家，在缔造教育理论和推动教育革新两方面的成就是极不寻常的。他以密歇根、芝加哥和哥伦比亚等学府作为刷新教育思想的阵地；他的赞誉者又从实际工作中刷新了美国教育实践，产生轰动一时的进步教育运动。将南北战争以后到第二次世界大战以前称为杜威的世纪，是不为过的。

杜威于1930年从哥伦比亚大学退休，改任名誉教授，到1939年80岁时离任。在这前一年，他的《经验与教育》(*Experience and Education*) 问世，批评进步主义教育者过分尊重儿童兴趣爱好，指出教师应加强启发诱导，不能把复杂的教育工作片面化。他要求教育工作者重温他在30年前的主张。所谓"过犹不及"，防止良好事物走向它的反面，这个辩证法表现在杜威的议论中。1942年杜威的《人的问题》(*Problems of Men*) 出版，这本论文集主要申论教育在延续和发展民主主义社会中的重要性，论旨和前书相似。杜威于1952年患肺炎症卒。

从美国教育发展的过程而论，美国早期吸取欧洲先进的理论和实施是极为可贵的。不过，它那潜在的缺点到19世纪日趋显著。它一方面和现实社会相脱离，一方面和儿童的身心成长不相符合。杜威既使美国学校与社会需要合拍，又使美国学校与儿童和青少年身心发育的规律吻合，因而树立了丰功伟绩，成为美国的教育巨人。伊比(F. Eby)和阿罗伍德(C. Arrowood)合著的《近代教育史》(*The Development of Modern Education*) 中说："在最近半个世纪以来，对于美国教育思想的发展具有影响者计有四人，即F. 帕克、哈立斯、霍尔和杜威。F. 帕克充任芝加哥市库克县立师范学校校长多年，在根据裴斯泰洛齐和福禄培尔的新教育观点来改革教学方法和教育原则方面，颇有成绩，但他并非新教育观点的创造者。哈立斯曾任圣路易斯市教育局局长和联邦教育局局长多年，在教育更新方面是有成绩的，但他并非教育改革者。霍尔和杜威则是近年来对于教育具有开创性贡献的人……将来的教育史学家一定会给他们的贡献做出评价，并且认清他们的贡献具有久远的意义。"[①]巴茨在《教育文化史》中则说，到19世纪末和20世纪初的交叉点上，促进美国学术和教育发生重大改革者，一是霍尔，一是杜威。霍尔留学德国莱比锡大学，受

---

① F. Eby and C. F. Arrowood. *The Development of Modern Education*. p. 840.

业于科学心理学创始人冯特教授,返国后执教于霍普金斯大学,以后又任克拉克大学校长近三十年,他奠定了发展心理学的初基,有助于促进当时急切需要的教育改革。不过,单纯从心理学观点改革教育是不够的,必须兼顾社会发展,才能成功。正是杜威完成了这项全面性的任务。上述教育史家的衡量是公道的和正确的。

二、杜威的教育理论

西方学者称柏拉图的《理想国》、卢梭的《爱弥儿》和杜威的《民主主义与教育》是三部不朽的教育瑰宝。卢梭自称《爱弥儿》是构思20年和撰写3年而成。杜威从1896年创建芝加哥实验学校和1897年发表《我的教育信条》起,到1916年发表《民主主义与教育》,也恰恰是20年。试看从《我的教育信条》《学校和社会》《儿童和课程》《我们怎样思维》《明日之学校》,直到著成《民主主义与教育》,确是步步深入而终于完善起来的。而且杜威以后发表的《经验与教育》和《人的问题》,也是《民主主义与教育》的引申或补充。所以,阐述杜威的教育思想可以《民主主义与教育》为纲,连带地剖析其他著作的论述。现就其重要论点分别予以述评。

(一)民主主义的社会和民主主义的教育

杜威以民主社会为他的理想国,但什么是民主主义的社会?他认为,首先,衡量社会不能专凭主观臆想来任意判断,应以社会成员共享利益的多寡为尺度,还应以本社会和其他社会能否交流互惠为尺度。在不民主的专制国家中,少数人占有特殊利益,人们共同享受的利益极不平等,其结果是特权阶级和受奴役阶级之间缺乏相同的思想和融洽的感情,双方都陷于片面而畸形的发展。完全相反,民主社会却有多种人人共享的利益,从而人人能够互赖互爱,能够自由交往,其结果便能协力维系社会的繁荣和促成社会的进步。因为平等相待而荣辱与共就会扩大人的胸襟,就会保证自由思想,就会促使新观念和新事物不断涌现,就会推动历史滚滚向前。其次,优良的社会应当便于和善于与其他社会交往,是开放型而非封闭型的社会,是人类共存、共利和共赖的社会。野蛮民族把其他民族统统当作仇敌,或老死不相往来,或互相仇杀残害。人类历史的新时期要破除种族和阶级之类的隔阂,缩短彼此的距离;而且不仅缩短物质空间的距离,还缩短思想、理智和情感方面的距离。专制国家闭关锁国，借以维护统治者的权利；民主社会则利用善与人交而永在谋求人类事业和社会制度的刷新。杜威认为民主社会既要冲破阶级和种族的界限，还要冲出国界，使人类出现与日俱多的接触点和互惠点。民主主义就是这种社会的基础。

这种进步的社会急切需要人与人之间以及社会与社会之间的思想感情的交通融合，当然是顷刻离不开教育的。杜威一再明确指出在无种族隔阂、无阶级隔阂的自由平等的社会，不容许少数人垄断教育机会，要通过教育使人人发挥其开拓创新的天赋和才能。过去那种少数文化贵族和广大愚昧文盲彼此对峙的时代，是不许可存留的。2 500年前，古希腊柏拉图希求依赖教育铸造政治上和文化上的金字塔，以哲人教育为王冠而剥夺广大奴隶享受教育的权利。民主主义教育是与此大不相同的。

杜威从历史上进行追溯，指出近世的民主社会并非人们有意识的努力所产生的，而是科学发达、产业发达、国际贸易发达和各国移民众多等条件所促成；今后为着进入民主社会的最高境界，就需要人们慎密思考和科学安排去完成了。他认为古往今来的圣哲都没有对这桩头等大事做过合理的解答。以柏拉图为例，他认为理想世界使人类秉有理性，人们各依天赋理性的优劣，即金质的、银质的和铜质的，接受恰如其分的教育，然后分别充当立法治国者、御敌卫国者和致力工农业者，从而组成阶级社会，特别要由理性充沛的哲学家当政，实现正义的国家，才是理想国。相反，在杜威看来，理想的民主主义国家，应当充分利用各人不同的却又饶有变化的才能，来共同促进社会迈进，绝不该借口人的天赋不齐而造成阶级鸿沟。杜威继而又以18世纪欧洲启蒙学者为例，说他们高度尊重个性和宣扬教育要解放天性，却又把社会看成丑恶而应避开的。在杜威看来，这是走入极端而无法落实的乌托邦。就连卢梭最忠实的信徒裴斯泰洛齐也认清办理学校不能不顾社会的需要。怎奈19世纪在普鲁士兴起的竟然是以国家代替社会的观点，即国家主义教育思想。当时德国境内分崩离析，普鲁士施行军国主义而强盛起来，教育遂被用为强国的工具。当时宣传国家乃是理性的体现者，个人唯有服从国家才有价值，因而要由国家兴办教育。教育原是具有广泛社会效能的，到这时所谓社会效能便被篡改为国家狭隘的要求了。在杜威看来，人们既要爱国，也须破除国界而谋求人类进步。因为和人类进步比较起来，国家权势乃是次要的和第二义的。简言之，杜威肯定民主主义的理想是崇高的，国家主义教育是不足取的。

杜威在以民主主义教育非议阶级教育、贵族教育、国家主义教育的同时，还指明当前许多难以解决的教育芥蒂,在民主社会中无一不可迎刃而解。例如,人们一方面鄙视劳动,一方面视教育为特权,把两者对立起来。在杜威看来,这是有历史渊源的。在古代的希腊,奴隶主脱离劳动,贪图精神享受,认为求知本身就充满快乐;相反,奴隶则执贱役和营鄙事。反映阶级鸿沟,人们才有重文化和贱劳动的教育思想。在民主社会中,人人得享求学之福,也都承担生产职务,矛盾就没有理由存在。杜威曾对此做了详细的论述,即古代的生产劳动多靠成规但缺乏创造,奴隶用不着学习知识,如今科技发达,生产日新月异,必须人人接受教育;过去少数人奴役多数人,愚昧无知是社会安宁的基础,如今人人参政,谁都须有现代知识为武装。这样,新社会的公民自然就把劳动和卑下相连的陋见以及文化和高尚相连的传统破除了。又例如,过去把理论知识和实用知识相对立,认为前者是由纯粹思辨而得的真理,经验得自身体的操作,其价值不若理论之可贵。追溯历史,杜威指出那是由于古代雅典是商业社会,国际往还多,移民种类杂,风俗殊异,意见分歧,统治者视此为伤害社会的根源,于是倡说永恒不易的普遍真理,并片面夸大人类理性的高贵。自16世纪起,先进哲学家否认先天观念论,认为人的理智皆得自后天经验,在民主社会中,人人皆从发展经验而发展理性,厚此薄彼的前人之说乃不攻自破。还例如,实科和人文学科的对立也是旧社会的遗物。古希腊人原曾喜好自然探索;但国家灭亡以后,亚历山大帝国和罗马帝国为吸取希腊文化,唯有通过阅读希腊书籍来进行,而古典学习又靠语文为工具,遂重文而轻实。中世纪经院教育更是咬文嚼字、死记《圣经》的把戏。但文艺复兴以后,欧洲人摆脱教会的教条主义,热心钻研希腊、罗马经典中的文化遗产,从而解放了思想,自然科学也发展起来。培根说"知识就是力量",并称产业将随科学进步而革命,这原是符合规律的。无奈他言之过早,科学的威力在当时未能表现,后来推翻封建社会,却由于社会没有充分民主,科学更未能为人类服役。倘若社会提高一步,人人有了充分民主的权利,科学必能大量造福广大人群,自然科学和社会科学自然就会协作互助,不复相互歧视了。举一反三,教育中众多偏执之见都是旧社会的遗存物,都将在民主社会中失去存在。

  杜威在《人的问题》中更曾论及教育促进社会发展的宏伟效用。他说社会上的矛盾和国际的冲突,正在与日俱增和威胁人类的安全,如果以暴力或战争等野蛮时代惯用的方式解决,必然变为两败俱伤或以暴易暴,那是不智慧的渠道,是得不到合理的结局的。与此相反,如果双方凭借理智方式,交换意见,剖析利害和进行理性的探索，就会使误会瓦解，相谅相助，化干戈为玉帛，取得和衷共济和合作共进的结果。显然，诉诸教育的威力是胜过兵戎相见的，在这里，杜威是以教育代革命的理想的鼓吹者。

总括地说，在杜威看来，民主社会是教育发展的肥沃土壤，民主社会的教育是无比先进和无比优越的。

（二）教育的意义和学校的意义

杜威在著作中，提出了与传统不同的教育概念。他说人类和一般动物不同，是社会性动物，而社会的组成不是因为人们同处一地，是因为大家具有彼此互通的信仰、目的、意识和感情。缺乏这种赖以互相维系的精神因素，人们尽管密集一处，也难形成真正社会；一旦有了这些，便能天涯若比邻。至于养成共同的心理因素，则有赖于人们之间彼此进行交流，而教育乃是有效地联系和交通的康庄大道。当最古的历史年代，人们在社会交往和日常生活中，沟通了思想和感情，增广了经验和知能，就获得良好的教育。随着历史的进展，文化积累丰富了，未成年者的教育已非由日常交接所能完成，负责文化交流和文化传递的正式教育机构——学校，随而诞生。从这时起，文化的表达和传递愈来愈依赖于文字，慢慢地就误认学校的任务就是教导青少年识字读书。教育理论也因而步入歧途。现在正处于正式教育和实际生活的分裂愈演愈烈的前所未有的危险时代，力争保持两者的平衡是当今的要务。

杜威为了改革传统教育，强调儿童从书本记诵中解放出来，曾创出崭新的教育理论。他说，儿童在生活中会使经验的数量扩充和经验指导生活的能力增强，从而受圆满教育。所以教育并不是强制儿童静坐听讲和闭门读书，教育就是生活、生长和经验改造。在杜威看来，生活和经验是教育的灵魂，离开生活和经验就没有生长，也就没有教育。他自称他的教育哲学是"属于经验的、操诸经验的和为着经验的"教育哲学。

杜威从生活、生长和经验改造解释教育时，首先重视受教育者，即儿童。他认为儿童初生就禀赋爱好活动的性能，并能够依凭活动结果带来的苦乐而调整其活动和控制其活动，借以适应环境的需要。儿童天赋的这种潜在动力是强烈的，教育上必须尊重和利用。他说儿童是教育的出发点，社会是教育的归宿点，正像两点之间形成一条直线一般，在教育出发点的儿童和教育归宿点的社会之间，形成了教育历程。杜威指责当时学校把教育历程错误地认为是教师告诉和学生被告诉的事体，不激发儿童自动求知的本性，却驱使儿童被迫地诵习代表事物的符号,即书本,硬以外部的力量取代儿童潜在的动力。这种不调动儿童内在动力而填鸭般地灌输知识,便无异于强迫没有眼目的盲人去观看万物,无异将不思饮水的马匹牵到河边强迫它饮水。这种忽视天性和压迫天性的教育显然是愚蠢的。如果从儿童现实生活中进行教育,就会叫儿童感觉学习的需要和兴趣,产生学习的自觉性和积极性;由他们自愿学习和在生活中真正理解事物的意义,这种教育是真实的、生动活泼的,而不是皮相的和残害心智的。杜威甚至说:"现在,我们教育中将引起的改变是重心的转移。这是一种变革,一种革命,是哥白尼在天文学中从地球中心转移到太阳中心一类的革命。在这里,儿童变成了太阳,教育的一切措施要围绕他们而组织起来。"①这就是他的儿童中心论。他宣扬以"儿童中心"取代"教师中心"和"教材中心",认为教师应是儿童生活、生长和经验改造的启发者和诱导者,应彻底改变当时压制儿童自由和窒息儿童发展的传统教育。

长期以来,人们因为初生婴儿既无能,又无知,处于未成熟状态,必须依赖成人抚育,便误认为这是儿童的弱点。在杜威看来,在这里正蕴藏着儿童学习和成长的要求和动力,因而使儿童最富有可塑性。一般动物初生不久即能啄食和行路,儿童则须长期教养才能独立生活,表面上儿童居于弱势,殊不知这较长的生长时期正好蕴藏着使他们进行比较复杂而高深的学习的可贵潜能。因此,一般动物仅能被环境所制约,人类则不仅能适应环境,还能改造环境。更进一步,杜威还指责人们不理解儿童期的重要意义,常常贬抑儿童期的价值。约在两百年前,卢梭曾强调在万物之中人类有人类的地位;在人生中,儿童期有儿童期的地位;绝不该以成人为标准而抹杀儿童期的尊严。杜威对卢梭大加赞誉。

关于教育的归宿点,人们总以为社会是有定型的和定制的;反之,杜威认为社会或环境并不是静止的或绝对的,是在不断变化而无终极之境的。儿童应当适应环境,应养成适应变化不居的社会需要的能力。如今新事物和新观念层出不穷,已非以往缓慢进步的时代。社会在继续不断的重新改组中存在着,人们也必须跟着时代而继续不断地更新已得的经验。我们不能设想把儿童引向一个社会发展的终点,也不该把儿童范围在传统的成训或教条之中。教育的真谛不但是使新生一代适应当前的环境,还要养成他们继续不停地适应向着未来而

---

① J. Dewey. *Democracy and Education*. p.162.

迅速发展的广大世界和日新月异的民主社会。杜威对于教育养成习惯一语曾予以论证。他说，一般人总把习惯看成是属于机体的和机械性的，而忽视习惯的理性和感情方面的因素，这种误解便使儿童受制于习惯，成为习惯的奴隶。这种误解只能使教育成为促成青少年日趋定型化的而非促其发展化的过程。使人们由生活、生长、经验改造中获得知识、能力、思想、感情，恰是帮助人们审度时势之需而巧于适应那种永远在前进的社会，并从而成为革新的先驱者。这种教育能保证人类前进而不倒退，能造福而不摧残儿童，才是教育的上乘。

　　杜威曾逐一批驳古往今来的各派教育学说，从而申明民主主义教育的优异性。其一，他批判了斯宾塞的教育是成人生活的准备说，指出这种理解强把成人所需的知能灌输给缺乏理解的儿童，叫他们痛苦地陷入谜团，乃是为满足成人的需求而施予儿童的虐待。如果引导儿童在逐步成长之中获得日益丰富的经验，他们就会在不知不觉间过渡到成人的圆满生活之中了。其二，杜威批判了黑格尔和福禄培尔把教育理解为开展儿童先天理性的学说。在黑格尔看来，人类禀赋着绝对纯全的理性，教育就是将这种理性由内而外地开发出来。传统教育注重外部的力量，开展说注重由内向外的发展，两者显有不同；不过，开展所指的并不是继续不断的生活或生长，而是将一种神秘难测的理性的开展作为教育。实际上，这种学说仅是成人生活准备说的变种，因为天赋的理性和成人的需要都出乎儿童的理解，而且开发天性比较给成人生活作准备更为虚幻莫测。其三，杜威批判了洛克把教育理解为训练心智的学说。洛克等人认为人们禀赋着记忆、思维、想象等各种心智能力，教育就是培训心力的事体。实际上，人们没有这种假定存在的而且彼此分割的心力；脱离现实生活而孤立地和抽象地训练记忆力和思维力，正好像不饮不食而空着肚皮去训练消化力那样的荒唐。其四，杜威批判了赫尔巴特把教育理解为教师按照心理的统觉过程向儿童提供教材，从而形成儿童的观念的学说。杜威批判道，这种学说忽视青少年的潜在动力和引导他们自觉地探求知识，却错误地把他们看成被动地吸收知识的容器。其五，杜威批判了福禄培尔和少数赫尔巴特弟子们的教育是复演人类文化的学说。他们认为人类依赖生物进化而复演种族的生理发展，教育则是种族文化复演的过程，所以儿童时代当以人类早期文化来教导，以后随其年龄增长而授以发达时代文化的成果。杜威认为教育不是回顾性的工作，过去文化乃是辅助生活、生长和经验改造的基础，教育并不是重蹈前人足迹而亦步亦趋地去重演或爬行。因为古与今不能割断联系，但鉴古是为了知今，以便更好地生活和生长。总之，杜威借着批判形形色色的教育学说，从而论证教育即生活、生长和经验改造的理论的合理和正确。

如何把这种新颖理论付诸实施呢？杜威的方案是："学校即社会。"杜威说教育不能叫儿童笔直地向已有的知识进军，即不能由教师把现成的书本向儿童注入，那种口耳相传的方式脱离儿童的需要，使儿童缺乏学习的动机，必然要诉之强制，或由教师以糖衣炮弹的手法诱使儿童就范。如果抛弃这种拙笨办法而以参加现实生活为媒介，让儿童在活动中学习，儿童就不但兴趣盎然，而且能活学活用。适当的办法就是把学校安排成合于儿童生活、生长的环境，让儿童生活、生长于其中，借以扩充其经验的数量和提高经验的效用。当然，儿童理想的学校不是书斋或学府，乃是快乐的生活园地。

难道学校应当是现实社会的全面照搬和全盘移植吗？不。成人的社会很是复杂，学校须是简化的社会；成人的社会是庞杂的，学校须是经过组织而条理化的；成人的社会是良莠不齐的，学校须是经过滤清和优选的；成人的社会是含有冲突和偏颇的，学校须是于多种影响中求取平衡。原始的非正式的教育是劳多而效寡的，是以漫长岁月而获得微量知能的；现今的合理的学校则是高效能的。正因如此，学校的出现和完善才是人类文化史上的伟绩。

杜威的教育理论和学校理论曾引起人们称赞；在另一方面，也曾有人指责杜威所提倡的是软性教育，是削弱指导而使儿童放任自流。杜威辩解说，生长是向前发展的和向上提高的，因而学校中的生活并非戏耍取乐。他引用爱默生的话说，尊重儿童并非是让儿童放纵任性，从而处于无政府状态；保持儿童的天真不是叫儿童不加思考地鲁莽蛮行。人们还嫌杜威的理论以儿童为中心，会贬抑教师的职能；杜威又引爱默生的话说，这并非给教师开方便之门，叫他们偷闲偷懒，而是要求他们支付时间，善用思考，并须具有真知灼见和实事求是的精神。就是说，教师只有品德高尚而学问广博，才能安排合适环境，诱导儿童好好地通过生活而改造经验。人们又嫌杜威从生活进行教育会因儿童生活的局限性，致使儿童的学习狭隘而贫乏。杜威说，理想的学校凭借它的谋求平衡，就会帮助儿童跳出狭小的天地而日近领域广阔的世界。他说教育上最容易忽视受教育者的未来发展，这样缺乏远虑而只顾目前就失去平衡了；但以现实生活为起点而逐步增加生活广度和经验深度，学校就能善尽其责了。

（三）教育目的论

杜威说生活、生长和经验改造的教育绝非放任自流，放任自流是断送教育的。生活、生长和经验改造是循序渐进的积极发展的过程，教育目的就存在于这种过程中。他说，生长的目的是获得更多和更好的生长，教育的目的就是获得更多和更好的教育。教育并不在其本身之外附加什么目的，使教育成为这种外在目的的附属物。真正的目的乃是儿童所能预见的奋斗目标，它能使他们尽心竭智地观察形势，耐心细致地寻求成功，专心致志地钻研学习。这样，儿童一步步向前迈进，便一步步获得进步，做到"教育随时都是自己的报酬"。这种目的使儿童成为教育过程的全心全意的参与者，而不是漠不关怀的旁观者，更不是迫于威力而敷衍搪塞者。当然，这种令人诚心以赴的目的，须是受教育的儿童在实际活动中切实感觉到的，并对儿童的行动起着引领和指导作用的。否则，硬要天真活泼的儿童依附或屈从各种遥远的渺茫的外加目的，儿童既不理解它，又不欢喜它，就无异把他们捆绑在对他们毫无实际意义的链条上去折磨他们。

杜威进一步说，真正的目的是含有理性因素的。它不是远离生活现实的，而是产生于并适应环境变化的，因而是具有实验性质的。它是由当前而趋向未来发展的，绝非为着追求可望而不可即的遥远目的，因而以否定受教育者的当前兴趣与需要为代价的。杜威反复强调，生长和生活无止境、无终极，因而也没有最后的目的。生长和生活永远前进，在其扩充、提高、更新、重组的过程中，儿童和青少年便逐步成长而终于成为社会的合格成员。这就是杜威的"教育无目的论"。

杜威一再指责人们一向由教育当局依据社会传统制定教育目的，教师秉承这种法定的目的而要求儿童以之为目的。父母对子女也是如此。实际上，这种由高高在上者为儿童颁布目的的做法不切合儿童的理解和需要，在儿童发展中并无实效。而且这种目的是固定不变和呆板一致的，也不切合受教育者活泼好动的天性和众多儿童千差万别的心智和情感，它不能刺激儿童思考判断和勉励他们认真执行，乃是超越生活的怪诞之物。有效用的目的会指导儿童在活动中试探和摸索，随而在实际行动中取得经验和获致结论，所以是机能性的而非神秘性的。再则，目的存在于活动之中，活动就不再是达到外在目的的手段了。人们把目的和手段勉强划分时，活动的价值决定于它能否完成目的的要求，作为手段的活动就往往成为苦役。相反，由活动中涌现出目的，目的便和手段密合无间了。而且一项目的达成后，活动并不中止，却成为下一活动目的和手段，如此交替进行，目的也是手段，手段也是目的，是其乐无穷的。

杜威曾分别批判当时流行的各种教育目的论，借以反衬出教育无目的论的正确。其一，他把以发展天性为教育目的的卢梭为代表。杜威说像卢梭那样叫儿童不顾社会而率性发展是片面性的，是不恰当的。他说在阐述自然主义教育思想时，就其正确方面而言，无人超过卢梭；但就其错误方面而言，也无人超过卢梭。其二，把实现社会效能作为教育目的的教育家，或则使受教育者胜任职业的要求，或则使受教育者成为公民或士兵。杜威肯定这种学说有可取的一面；无奈一般人在理解上常常失之偏狭而不能照顾全面，以致志在就业者缺乏文化修养，志在成为善良公民者缺乏广大眼界，每每以本国利益当先而不恤邻邦，这些缺点只有到民主社会才得合理解决。杜威曾就民主社会和专制社会做了比较，说在民主社会中才可能从教育历程内部制定教育目的，因为人们是自由、平等的和民主的；反之，在不平等的国家中，少数权势在握者从上而下地为群众制定教育目的，如做顺民或做士兵，等等，那不过企图众人供其驱遣罢了。另外，有的人把精神修养当作教育目的。杜威说这是特殊阶级脱离生产而崇尚心灵享乐的产物；实际上，精神享受而不顾实际生活同样是偏颇的偏狭的。

杜威关于教育目的理论在美国曾引起多次的争议。杜威在答辩中一步步发展了他的理论。最初，祁尔德（J. L. Child）说，当杜威讲教育本身就是教育的目的时，他未曾认为儿童负责决定教育的目的，也未认为生长会自动地找到它的目标。理由是教育的过程和儿童的本能，都没法确定教育的归宿。因此，祁尔德指出杜威的命题是"难解的谜团。"其后，霍恩（H. H. Horne）又指出，杜威认为凡是生长的就是好的，凡抑制生长的就是坏的，这个命题也不正确。困难在于儿童有错谬的成长和正确的成长，有不正常的成长和正常的成长，不能笼统地认为生长就是良善的。举例说，在收容犯罪者的劳教所中，曾出现青少年向邪恶方向发展而不利于他们未来成长的实例，因而不能称所有的生长全是理想的。面对这些批评，杜威曾以"一般的生长或总的生长"（general growth）作为生长的解释。他说，生长不只是心理的，而且是理性的和道德的。偷儿由于经常偷窃变成本领高强的惯窃，但这种恶劣行为不能促进他在道德和理智等方面的发展，乃是教育上不可取的。随后又有学者指出，总的生长或一般的生长是模糊的概念，难以付之教育实施。杜威便以"最高限度的生长"（maximum growth）作为教育目的的解释。普赖斯（K. Price）等人认为这同样是颇费捕捉的空洞之词。最后，杜威便以"远期的结果"（the later result）来解围。霍恩说这种"远期的结果"当然是预见的和有意谋求的目的，那还不是教育有目的了吗？

从表面看，杜威似乎是否定教育是含有目的的；实际上，在杜威的心目中，教育是有目的的。祁尔德说那就是"民主的生活方式"和"科学的思想方法"。因为杜威视适应社会需要为教育的归宿点，就不会片面地尊重儿童而抹杀社会。《民主主义与教育》所论证的就是教育应朝着民主社会的要求，引导儿童生活、生长和经验改造，从而使新生一代符合和满足民主社会的希望。杜威曾反复讲过："学校为发扬民治精神而存在，为市民幸福而存在。"他还曾引用美国19世纪公立学校运动领袖霍拉斯·曼的话说："教育是社会进步和社会改革的基本方法。"可见杜威的教育无目的论乃是对于脱离儿童而由成人决定教育目的的旧教育的纠正，并非根本放弃教育目的。杜威曾强调儿童"能洞察的目的"（end in view），这显然是指教育目的应切合儿童理解，才能发挥指导儿童的力量了，教育绝不是盲目的工作了。

（四）教学论

杜威倡导"从做中学"而不读书记诵，是使当时美国学校彻底改观的最为有力的环节。这种教学论是他从哲学的认识论做出的推论，也是他从教育实践得出的结论。在这里且从他的认识论谈起。英国哲学家罗素在《西洋哲学史》中说："从严格的哲学观点看，杜威哲学的重要之点是他对于真理的传统解说的批判，从而提出工具主义的真理论。"[1]罗素解释道，多数职业哲学家认为真理是固定不变和永恒不易的，是完备无缺和终极性的。从古希腊的毕达哥拉斯和柏拉图开始，人们总把数学中的九九表作为真理的标本。杜威则不同。他崇信生物进化论，说真理并非超越经验的神异之物，乃是人们适应自然和社会需要的工具，是应由实践考验的假定。再则，传统哲学一向把人类和自然分离开来，把个人和社会分离开来，把身和心以及知和行分离开来，造成二元论。杜威却把人视为自然界的组成部分，认为有机体是经常谋求对环境的适应的，个人也是通过参加社会活动而得到发展的。这样，身和心以及知和行就不是敌对的，是相赖相依的。杜威说"思维起源于疑难"，就是说人在生活中遭逢难题

---

[1] B. Russell. *A History of Western Philosophy*. p. 820.

而从事解决，才进行思维，不是为思维而思维和为真理而真理的。真理和生活需要分不开，探求真理不能脱离实践经验，这种实用主义认识论应用在教育上，便是"教育即生活、即生长、即经验改造"；应用在教学上，便是"从做中学"。

首先，就教学方法讲，杜威反对把学习知识从生活中孤立出来作为直接追求的事体。传统观念认为教学是传授知识。杜威批驳说，犹如由工具箱中取出锯子不是制造工具，从别人口中听来知识也非真正获得知识。试想儿童坐在固定的座位上，静聆讲解和记诵课本，全然处于消极被动地位，单凭教师灌输去吸取与生活无关的教条，怎谈到掌握知识？怎谈到积极、自觉、爱好和兴趣？更怎能自由探索和启发智慧？其结果只会抑制儿童的理智活力和堵塞儿童的创造才能。他比喻道，战争为避免消耗军力，最好是放弃正面攻击而采取迂回战术；与此相似，教学也不应是直截了当地注入知识，而是诱导儿童在活动中得到经验和知识。这就应从做中学。在这种理解下，做是根本，没有做，则儿童学习无有凭借。他说教师指导儿童通过种植花木而学习栽培的经验，通过给洋娃娃做衣服而取得缝纫的经验，就是把儿童在自由时间所做的事纳入学校课程之中，充分利用儿童的游戏本能，叫他们以活动为媒介而间接地学到知识；而且这种教育不是把学生由死记别人知识纲要的环境仅仅转移到自由活动的环境而已，还要把他们由乱碰的活动而学习的环境移入经过选择指导而学习的环境。

归纳杜威关于"由做中学"的论证，可知他所着重的是教学要从儿童的现实生活出发，并且附着于儿童的现实生活来进行。他说儿童在生活中遇到疑难问题，而力求克服，自然引起他们高度注意。儿童知识虽然贫乏，但当他全力以赴探讨感觉需要解决的疑难时，他会像真正科学家那样肯于动脑筋和费心血。一般教师脱离儿童生活而仅为准备考试才向学生提出问题，儿童却是学而不思和记而不解的。杜威强调锻炼良好的大脑比在大脑中堆放不能消化的公式和定理要有价值得多。再则，把儿童视为容器而以高压手段灌注知识的教学，或则招致学生反抗，或则迫使他们敷衍应付。这两种趋向好似两个主人，一个要他向东，一个要他向西，让儿童对自己和对教师耍两面派，其学习自然流为半心半意而非全心全意。在当时的美国，直观教学是进步的；但儿童离开活动而对事物一味进行静态的直观，效果微小。赫尔巴特根据统觉学说提出阶段教学法，是言之成理的；但杜威批评这种心理学忽视儿童的学习要求和实践活动，乃是教师心理学而非学生心理学。所以教学应为儿童设想，以儿童活动为依附，以儿童心理为根据。杜威说教师应成为儿童活动的伙伴或参加者，不是儿童活动的监督者或旁观者。在这种共同参加的活动中，教师也是一个学习的人，学生虽自己不知道，其实他们也是教师，师生愈不分彼此愈好。他们忘记谁是师和谁是生，就太理想了。

杜威肯定教学法的因素和思维因素是相同的。因为有意义的活动必然蕴含着思维活动，而思维在人的活动中乃是极能促进儿童知能成长的。假如由教师命令儿童活动而儿童呆照执行，那不过是肤浅的筋肉训练罢了。在理想的教学过程中，教师应鼓舞儿童在活动时开动大脑，运用观察和推测、实验和分析、比较和判断，使他们的手足耳目和头脑等身体器官成为智慧的源泉。难道儿童不要读书和听讲吗？当然要。不过，这些只是给解决疑难提供参考。活动是主而读书是辅。所以杜威在教学论中先讲教法而后讲教材。

实现这种教学理论必须废止传统的本本主义，最理想的方法是当时创行的设计教学法。杜威在《我们怎样思维》中，把思维活动分为五步，设计教学法遂包括五步：要安排真实的情境，在情境中要有刺激思维的课题，要有可供利用的资料以做出解决疑难的假定，要从活动去证验假定，要根据证验成败而得出结论。在传统的学校里，学习和活动是脱节的，误认唯有读书和听讲才是教学的大事，误认活动会浪费儿童宝贵时间和干扰儿童学习的注意力，杜威翻了它的案。

其次，就课程和教材讲，杜威认为新教育从儿童的角度来选择学习内容是必然的。传统观念认为教学传授的各种知识或教材，乃是对于人类长期积累的文化遗产进行逻辑加工而成的，是教师预制妥善的有条理完美的向儿童讲授的分门别类的原则或理论。这些教材皆是许多年代实验研究的产物，而不是儿童活动的产物。他们超越了儿童的生活、生长和经验，儿童是对它们缺乏理解，感觉不到需要和兴趣的。杜威说这是被中世纪的学术观念所支配的教育。杜威认为儿童的主要心理特征，不是注意那在跟外界事物相符合的意义上的真理。在儿童理智尚未发达时，就使用这种既"无限地追溯过去"而又"无限地伸向空间"的教材，就无异在儿童离开他熟悉的不多于一平方英里的自然环境以后，便顿然使他跃入一个辽阔无垠的世界，甚至使他进入太阳系的范围。儿童的小小的记忆能力和知识领域能不被压得窒息吗？另外，儿童的生活原是一个整体和总体；可是一到学校，多种多样的学科便把他的世界加以割裂和肢解了。杜威为了纠正这种错误,提议学校中各学科的互相联系的真正中心,不是科学,不是文学……而是儿童本身的社会活动。具体说,学校要安排种种作业,如园艺、纺织、木工、金工、烹饪等,把基本的人类事务引进学校,作为教材。美国学校采用的经验课程和设计课程就导源于此。

教育家每每囿于旧习,认为经验或生活课程有损于儿童的智育水平。杜威便从古代和近代的哲学演变做了辩解。他说古希腊的柏拉图和亚里士多德都把经验和知识不恰当地对立起来,认为经验是纯属事务性质的,而知识是与事务无关的;经验表现为对物质的兴趣,而知识是关于精神和理性的享受;经验是附从于感觉器官的低级认识,而知识则是理智的高超的;经验在于满足一时一事的欲望和需要,知识则探求永恒的普遍的真理。实际上,经验和知识是统一的,不是两元的。试看经验的产生有赖于感觉器官接受外界刺激,然后由人对之做出反应,而做出反应时既要利用旧有的经验,又须做出新的假定,从而获得新理解和新意义,即知识。活动、思维和知识是结为一体的。因此,依据生活经验考虑课程和选择教材才是正确的。杜威还从教学效果进行论证。他说不从生活经验而选择教学内容,以致把专家注重的高深知识教给儿童,儿童不需要、不理解、不喜爱,必然是上一堂课等于服一次苦役。如果要学生取得成果,就必须对学生惩戒打罚,诉之权威原则。反之,新学校和新方法认为儿童是起点,是中心,是目的;只有由儿童提供标准;一切科目都处于从属地位,是儿童生长、生活和经验改造的工具,它们须以服务于儿童生长的各种需要来衡量其价值,学校就成为儿童和青少年的天国了。他甚至说,学校中求知识的真正目的,不在知识本身,而在学习获得知识以适应需要的方法。

教育家每每指责杜威仅仅鼓舞儿童从生活中学习,由于儿童能力不强、接触面窄,遂流为零星片断的常识的追求,无法取得系统而专深的学识,因此杜威反对教条主义时,却陷入经验主义。这种批评是有道理的。由于以杜威为旗帜的进步教育派在这方面曾经呼吁得越过应守的限度,这种评议更是可以理解的。不过,杜威是一向用综合观点和发展观点来观察和处理问题的。所谓综合观点就是不把知和行以及经验和知识等对峙起来,而是辩证地把它们联系起来成为整体。所谓发展观点就是把社会、人类和儿童不看成一成不变的和截然划开的,却看作存在于持续发展变化之中的。杜威在《民主主义与教育》中,就把儿童和青少年的学习分为三个层次,说教学是连续重建的工作,应从儿童现有的经验出发,一步步地进入有组织的真理研究的阶段。他认为儿童4—8岁为通过活动和工作而学习的阶段，所学的是怎样做，方法是从做中学，所得的知识得自应用，并为了应用，不是为了储备。8—12岁为自由注意学习阶段，这时儿童能力渐强，可以学习间接的知识，如通过史地而学习涉及广远的时间和空间的知识；但间接知识要融合在直接知识之中，要应生活之需而为生活所用，否则呆读死记会成为大脑负担，便似不但不能利用从敌人缴获的战利品，反而为战利品所拖累了。第三阶段为12岁以后，属于反省注意学习时期，学生从此开始掌握系统性和理论性的科学知识或事物规律，并且随而习得科学的思维方法。杜威说，教育最初须是人类的，以后才是专门的。科学家的出发点是追求知识，儿童的出发点是生活生长，两者不同。怎奈大学教学用的是适合科学家的方法，中学向大学取法，小学又向中学仿效，从上到下一律侧重逻辑安排而忽视心理程序，便造成悲剧。杜威在芝加哥实验学校和在《明日之学校》中称赞的学校，属于学习的前两阶段，在理论阐述中便大谈游戏阶段和自由注意阶段应遵守的原则。倘若那时他继续进行高年级的实验，就将发表更为全面的建议了。实际上，杜威在芝加哥实验学校不只让儿童从做中学，也给高年级学生设置了比较高深的学科了。

德国教育家赫尔巴特注重教学的教育性，呼吁不能只教书而不育人。杜威更进一步，认为行和知是良好伴侣，是携手共进的，而"从做中学"颇能充分发挥这种效能。因为儿童在活动中求知，即会有真实的学习目的，会产生兴趣和努力；所谓目的是对于活动发展的预见或假定，有理性因素存在；所谓兴趣和爱好，则是情感；所谓努力就是坚毅的意志的根子。所以在生活、生长和经验改造中进行教学，必然是知、情、意连带向前而无法牵强划开的，教育性教学乃是自然体现的。

在这里要指出的是，有些受进步教育派影响的学校曾经误认为儿童可以随意活动和盲目地猎取经验，既不制定课表，更缺乏认真选择和组织的教材。鉴于此，杜威遂于1938年发表的《经验与教育》中着力解说，任何可以被称为学科的，如算术、史地、自然科学，都须着眼于教材。这种教材在最初是存在于日常生活经验范围之内的；但是这样从经验中取得学习教材仅是最初阶段的学习。再进一步，就须从更充实、更丰富和更有组织的经验取得教材，这种教材编制就逐渐接近那种受过训练的成人阶段的学习水平了。可以看出杜威绝非弃置高深学术于学校门墙之外的。

数千年来，教学每每是儿童深感痛苦的活动。夸美纽斯说"学校是儿童心灵的屠宰场",乃是极为逼真的描绘。近世学者常以尊重或摧残儿童为文明和野蛮的分野,号召热爱儿童和尊重儿童。实际上,这个历史转变是经过漫长的过程的。无疑,卢梭曾于18世纪讴歌儿童天性善良和呐喊教育要归于自然;但当时的儿童并没真正受到嘉惠。直到杜威的时代,人们仍认儿童是成人的缩影,要学习成人知道的知识。正是杜威利用"儿童中心论"和"从做中学",冲锋陷阵,儿童才真正从压迫天性的教育中获得了解放,学校教学才跨进了新时代。

(五)道德教育论

首先,正如杜威的教学论以实用主义真理论为基础,他的德育论则是以实用主义道德论为基础的。他在认识论上否定客观真理,认为有用的经验就是真理;在道德论上,他说某种事物被称为有价值的或善的,就是表示它能满足某些情境的需要。杜威根据经验主义的观点,认为一般的、永恒的、普遍的、超越经验的道德观念是无意义的。以这种由成训构成的道德规范来判断善恶,不啻是玩弄玄学和神学。他在《民主主义与教育》中引用古语道:"一个人做好人还不够,须做有用的好人。"杜威还认为一般社会都需有政治、经济、哲学、科学、宗教、伦理、艺术等因素,而民有、民治、民享的民主社会特别需要的乃是优良的公民道德品质,因为民主政治和道德觉悟不能分割。他就美国为例说,美国的民主传统既不是技术的,也不是狭隘的政治的,更不是实利的物质的,而是道德的。没有任何别种因素能够代替道德而给民治社会以更多的支持,道德是民主社会最基本、最牢固和最宝贵的柱石。他在《德育原理》中竭力阐述德育的意义。他在日本讲学时说,道德过程和教育过程是同一的。他甚至说,广义地说,道德就是教育。

德育应怎样实施呢?杜威的方案是由活动中培养儿童的道德品质。这和他在教学论中主张"由做中学"如出一辙。过去的学校讲授修身课和公民课,向学生灌输道德格言和训诫,强迫儿童记诵深奥莫解的道德术语,杜威批评这种从行为中抽象出来而孤立讲述的道德学科,就像离开肉体的骷髅,也好似不叫学生跳入水池而只给他讲游泳术一样地迂腐可笑。杜威主张学校要布置活生生的社会环境,叫学生生活其间,从而理解人与人相处之道,形成善良的习惯和态度。就是说他们从身体力行做一个好公民中,学习公民学。也是说这种好的品格不是依靠单纯的个人告诫、榜样或说服所形成,乃是依靠某种组织形式的或社会的生活施加于人的影响,也就是社会机体以学校为它的器官,来产生道德的效果。古希腊的苏格拉底主张"知德合一",说人能知善便能行善,行恶是出于无知。有人反击道，常常有人知善而不行，知恶而不改。杜威说这是人们只叫儿童学习空洞教条使然，如果儿童从生活经验中真正掌握善恶的知识，那就会笃信笃行了。他又说除非使学校成为社会生活之地，道德教育一定要一部分流为病态的，一部分流为形式的。所谓病态的是指教师仅注意防范和纠正学生的犯过行为，却不知道在诱导学生从事正当活动中，就自然能够抑制不良的行为。他说如果把防范和压制看作比诱导行善的积极力量更为重要，就无异承认死亡比生命更可贵，否定比肯定更可贵，牺牲比服务更可贵。这显然是谬误的。所谓形式的是指一般学校有名无实地教善劝善，学生因为不关痛痒和无动于衷，往往装作向善，在思想感情上并无触动，没法树立坚毅的品德。杜威曾指出美国是民主国家，但在训练未来的国家主人翁时，总有一种偏见，觉得给他们的自由愈少愈好。实际上，学生在校中好好享受既充分又正当的自由，他们长大时才能善于理解和正确运用自由，而不致滥用自由，这样才能给民主社会形成切实保证。

其次，杜威在《德育原理》中，反复提及道德的目的应当成为各科教学的共同的和首要的目的。他肯定知道如何把表现道德价值的社会标准加到学校教学的教材上，是十分重要的。在杜威看来，地理、历史、数学等学科的教材，都应与社会生活紧密结合，绝不该和社会现实绝缘，否则教学纵有学术价值，对德育就起不到作用。一个教师若在历史课仅仅做到史实的罗列陈述，不力求与现实生活相沟通，就是传授死知识，就无助于形成学生的品德。反之，如果一种科目被当作理解社会生活方式的手段而进行教学，它就具有积极的伦理内涵了。理由是把历史事实联系到社会生活，便能使学生受到启发，理解人与人和人对社会应有的责任，应尽的义务和应持的态度，这样的教学就成为德育的组成环节了。

再次，杜威把学校的实际生活、教材和方法三者称为学校德育的三位一体。在方法方面最主要的是抓着学生的感情反应，培养学生爱善和好善的精神力量。杜威认为儿童禀赋着行善的本能冲动，教育者必须因势利导。他说儿童生来就有施舍、劳动和服务的自然欲求，如不利用，他们那日积月累起来的反社会精神，就将远远超过我们的想象之外。教师要将儿童的善良的本能冲动好好引导，使儿童从内心就喜欢做善人，行善事，而不是为了教师表扬和猎取奖品等外在动机才行善的。显然，让儿童有乐善、向善的思想和行为，非有浓重的道德感情不可。

三、杜威的影响和贡献

杜威实用主义教育思想改造了美国旧教育和建立了美国新教育，其功绩很是显赫。汉德林（O. Handlin）在《杜威对于教育的挑战》（*John Dewey's Challenge to Education*）中说，在19世纪末和20世纪初的转折时期，美国教育急需强烈激荡和震动的关头，杜威掀起的波澜是壮阔的，其强烈是爆炸性的。这个论断很有见地。美国19世纪末兴起的进步教育运动，以杜威的理论为旗帜，其排山倒海之势正表明杜威的思想切合时势之需。当然，杜威在美国长期遇到对立面。以巴格莱为代表的要素主义派和以赫钦斯为代表的永恒主义派，都注重文化遗产和永恒真理的教育价值，反对杜威的主张。两派一致尊重基础文化科学知识，指责实用主义为非理性主义。

杜威的教育理论遭到更严厉批判是在第二次世界大战之后。1957年，苏联人造地球卫星上天，震惊了世界人心，特别是美国的朝野。哈佛大学校长科南特（J. B. Conant）说20世纪50年代和60年代的对比不是程度上的差别，而是性质的不同。他确认这将引起另一次美国教育变革，以适应分裂的世界和核武器的时代。海军中将李可弗（H. C. Ricover）在所著《美国教育——全国性的失败》中指出，贫困而不民主的苏联竟然培养出大量高水平的科学技术专家，应在美国教育中产生珍珠港事件那样深刻的影响。他认为美国必须借此在教育上创造奇迹。他指出苏联卫星上天意味在国防、生产、科技方面对美国领导地位的挑战。他呼吁只有彻底改造教育制度才能培养出具有训练的人力，而且这种教育制度要有跟美国当前教育制度完全不同的目的和比较高的学术标准。教育学者贝斯特（Bestor）在1953年也曾说，真正的教育就是智慧的训练。他又说，如果我们严肃地对待教育工作，我们就不能用次等的智慧训练来叫我们的安全去冒风险，正如我们不能用武器库中次等的武器，来叫我们的安全去冒风险一样。他甚至斥责美国教育工作者满足于废弃智力的价值而在智力的和文化的真空中为发展教学技术而发展教学技术。他还说这种反理智主义的歇斯底里不仅威胁着学校，而且威胁着自由本身的存在。伴着一片责备而来的是联邦政府颁布《国防教育法》，派遣赴苏联教育考察团，重视科学教学和编著高难度的教材，加强师资培养，等等。无奈欲速则不达；而且过苛的批判把杜威阐述的真理全面抛弃，是失之过左的。到60年代，人们又对杜威重新估价。印第安纳大学的万·梯尔（Van Till）于1962年发表《进步教育果真过时了吗?》说，过于性急的掘墓人随着20世纪前进，必将发现他们误认的死尸恰恰是有极为强大的生命力的。西尔伯曼（C. Silberman）于1970年发表《教室里的危机》说，改革派学者忽视了以往的经验，特别是20年代和30年代教育改革的经验；他们不理解他们所涉及的问题，几乎都曾被杜威等人早已阐述过了；也不知道他们想搞的工作，都曾被杜威和弗莱克斯纳早就阐述过和搞过了。曾被视为反面教师的杜威又被重新肯定了。

杜威教育思想不仅盛行于美国，而且享有国际威望。早在20世纪初期，杜威的教育学说已经通过凯兴斯泰纳而传入德国，通过克拉巴柔（E. Claparode）而传入瑞士，通过拜梯尔（G. Bertier）而传入法国，通过芬德利（I. Findlay）而传入英国，以后更陆续地传入众多国家。以英国为例，英国里丁大学教授巴纳德（H. C. Barnard）在《英国教育史》（*A History of English Education*）中说，杜威虽是美国的教授，但对于英国曾产生巨大的影响。因为杜威的许多论点切合英国实情。巴纳德在比较英国教育学者沛西·能（Percy Nunn）和杜威时说，沛西·能把教育目的确定为发展个性；杜威把学校视为使学生社会化的场所，认为要想充分发展个性，就不能和广大社会隔绝，否则会像建筑在沙漠和深山中的修道院一样。巴纳德说，事实上，学校乃是社会发展的策源地，没有任何人像杜威那样充分地理解这一事实的含义和效用。沛西·能本人同样称赞杜威是解放教师的智力的伟人。英国最有权威的哲学大师罗素则说，任何对于人类的未来发展感兴趣的人，应当特别对于美国进行研究。就他看来，20世纪在哲学和心理学方面最杰出的成就产生于美国。他认为聪明机敏的美国在其粉碎欧洲桎梏而取得成功时，已经发展了一种不同于传统的崭新眼光，这主要是詹姆斯和杜威的研究所结成的硕果。罗素又说，他几乎全然同意杜威的见解。以法国为例，巴黎大学于1930年授予杜威和爱因斯坦荣誉博士学位时，该校文学院院长称杜威是"美国天才的最伟大最完全的体现者"。有人说这个赞扬出自法国权威学者涂尔干（E. Durkheim）之口。

杜威对于苏联也曾颇有影响。美国一些开明之士，其中包括杜威，对于苏联十月革命是欢呼的，说它是新政治的富有意义的开创。20世纪20年代末和30年代初美国出现严重的经济恐慌，他们更羡慕苏联的计划经济。杜威于1923年通过卢那察尔斯基而赴苏考察。他以考察团长的身份在莫斯科和列宁格勒参观学校，大力赞扬苏联实施的真正的新教育是人类教育的历史车轮的推动力。莫斯科第二国立大学校长平克维奇说："杜威是很接近马克思主义和共产党的人。"但30年代后期，杜威认为斯大林偏激和民主不足。1936年苏联新宪法颁布，儿童学遭到批判，曾经在苏联流行一时的杜威教育理论乃受到抨击。

就亚洲讲，杜威于1919年五四运动前夕来我国，在北京、南京、上海、杭州、沈阳等地传播实用主义哲学，他于1921年离去后，1922年我国制定新学制，明令实施儿童中心的教育，有的学校还试行了道尔顿制和设计教学法。我国教育家陶行知提倡生活教育，陈鹤琴提倡活教育，晏阳初推广平民教育，都曾接受杜威的启发。胡适曾说，自从中国和西洋文化接触以来，没有一个外邦学者在中国思想界的影响像杜威这样大。北京大学教授吴俊升在《增订杜威教授年谱》中说，中国教育所受外国学者影响之广泛与深远，以杜威为第一人。他又说，杜威所给以国外教育影响之巨大，也以中国为第一国。杜威于1919年访问日本，其讲演的内容就是《哲学的改造》(*The Reform of Philosophy*)。日本自明治维新以来，一贯接受德国教育的影响；杜威在日本讲学后，方向稍变。他访日期间，日本天皇想对他授勋，他婉辞了。杜威于1924年访问土耳其，土耳其也开始了教育改革。

杜威著述宏富。据伊斯门（Eastman）于1924年统计，共有专著36种，论文815篇，在世界几十个国家中，这些论著有近百种译本流传。他在哥伦比亚大学还培养大量外国留学生，这些留美学生返国后，曾大力宣扬杜威的学说。因此种种，杜威的教育理论受到众多国家学者的珍视。《民主主义与教育》计有二十余种语文的译本，更是各国教育界一致称许的杰作。

当然，杜威的教育思想不是完美无缺的。

首先，杜威论民主社会时力言消除阶级对立和民族矛盾，强调社会成员共享福利以及破除国家界限之类。他访苏时曾博得苏联学者对其教育学说的称赞。因此，美国哲学家胡克（S. Hook）在《约翰·杜威——论证科学和自由的哲学家》(*John Dewey: Philosopher of Science and Freedom*)中说，杜威曾自称他能够列入社会主义者的行列，又说假如他能给社会主义和社会主义者下定义，他立即把自己定为社会主义者。美国学者考克（J. Cork）等和苏联学者平克维奇等也说，杜威思想和马克思主义多有相似之点。事实上，这些判断是有待斟酌的。因为照马克思的理解，社会主义社会的性质取决于其经济基础，不动摇资本主义社会的社会制度或经济基础，而侈谈群众共享福利，是乌托邦；消除民族矛盾或民族压迫全是和社会主义社会制度与经济基础不可分的；至于打破国界而友好交往的理想虽令人艳羡，但那更须彻底消除形成阶级压迫的资本主义经济基础。马克思曾说，资产阶级学者也运用阶级分析的观点，但他们否定以暴力实现共产主义的办法；杜威刚好认为民主的理想不能以暴力斗争来实现，应该以教育代革命。再清楚不过，杜威的思想是与马克思主义不同的。

其次，杜威的教育即生活、生长和经验改造的学说，在反对脱离社会现实和不顾儿童身心发育的旧教育方面，是极富有积极意义的；但作为高级动物的人类，由于具有发展完善的大脑，是在通过直接经验接受教育之外，还是善于通过间接经验获得启发和成长的，而且后一种渠道的重要性还远远超过前者。这是心理学家和教育学家所公认的。具体说，通过科学安排的讲课和读书而取得心智发展和积累宝贵知识，是人类所应重视而不可抹杀的，是必须搞好而不容废弃的。要素教育派和永恒主义者强调文化遗产和永恒真理，是不为无因的。具体说，杜威的教育即生活、即生长、即经验改造的理论，如果仅就初级阶段和低浅层次的教育的改造而言，的确无可厚非；不过，以教育为生活、生长和经验改造的理论来处理高级阶段和高深层次的教育，就显有不足了。

再次，杜威的教育无目的论在反对由教育当局、学生家长和学校教师给年幼儿童树立空洞而遥远的教育目的方面，同样是不为无功的；但因此认为教育真的没有目的，或不能科学地论证教育目的，则过犹不及了。杜威曾说，儿童是教育的出发点，社会是教育的归宿点，在两者之间构成教育历程，教育历程就是使儿童社会化；但杜威又说教育无目的，这显然是自相矛盾。客观地分析起来，杜威所谓"更多更好的生长""一般的生长""最高限度的生长"，都不是能够离开社会而做出的判断。因为"更多更好"之类的表语既含有数量判断，更含有价值判断，而这类价值判断是要由社会决定的。如果全然抛弃社会需要于不顾，茫茫然听任儿童在活动中追求更多更好的生活或生长，就会由于缺乏目的意识或社会意识而形成一些美国学者所嘲讽的"软性教育"或"盲目教育"了。到那时，命运之神可能毫不留情地把众多无知无识的儿童给吞食了。

最后，正如教育即生活、即生长、即经验改造的理论只能适用于初级阶段和低浅层次的教育一般，从做中学的理论也只能适用于初级阶段和低浅层次的教学工作。杜威论述课程和教材时，曾划分人的学习的三个层次，即活动学习时期、自由注意学习时期和反省注意学习时期，正说明"从做中学"的适用范围是有一定限度的。20世纪60年代美国心理学家布鲁纳（J. S. Bruner）提出关于"学科基本结构"的理论，而基本结构所指的乃是各学科的中心概念和重要原则。他说学生掌握学科的基本结构既易于理解整个学科的知识，又易于记忆所学的内容，更易产生学习迁移的效用。这个新的学习理论要求儿童通过概念而学习，和杜威的"从做中学"正相对峙。杜威晚年在所著《经验与教育》中，也提出进步教育运动者并未理解其思想的全貌，以致过分听任儿童自由活动而忽视应有的教师主导，因而变为偏激。进步教育运动者曾走过了线，这是事实；但杜威摧毁传统教学时的矫枉过正之处，也是难以掩盖的。他的德育论同样是如此。

综上可知，杜威的实用主义教育理论中存在着可议的论点。我们应当经过审慎地分析而进行吸取。

四、杜威的继承者和对立者

被人誉为杜威教育理论的知名的阐述者和解说者克伯屈（W. H. Kilpatrick）和博德（B. H. Bode），在20世纪美国教育学术领域是佼佼者。特别是把杜威的从做中学的理论发展为设计教学法的克伯屈，影响尤大。有的学者认为他们是杜威学说的继承人。

克伯屈是佐治亚州人，1871年生。曾肄业于霍普金斯大学。为了在南方发展教育事业，以后又入哥伦比亚大学师范学院，于1912年获得博士学位。因其自1909年起兼授教育史，博士论文便是《荷兰在新尼德兰和北美殖民地的学校》。当时学者正在争论究竟是纽约抑或马萨诸塞州首先创立学校，论文肯定了前者，具有独见。当时美国还正在流行着欧洲国家的教育新事物。克伯屈又于1914年撰写《蒙台梭利教育学说的评述》，于1916年撰写《福禄培尔幼儿园的评述》。克伯屈自称缺乏发明和创造才能，只能胜任教师，不能成为思想家。他说："当我希望成为有名的教师和著者时，我不曾企图对于学术思想做出任何贡献……偶然，我在杜威和其他学者之后也略有所见，我比之别人稍多一些组织能力，我之所能不外如此而已。"[①] 克伯屈得晤杜威是于1898年在哥伦比亚大学上选修课时。杜威于1896年在该校创办实验学校，从事科学

[①] L. A. Cremin. *The Transformation of the School*. p. 216.

研究；但当时克伯屈并没预见杜威乃是以后美国教育学术的巨匠。直到九年以后，当他于 1909 年在哥伦比亚大学师范学院做研究生，又选修杜威的课程，情况始迥异于前。他说："在我的头脑中，杜威教授便和我以往所想象者大为不同。我之来哥伦比亚大学，本想像凯尔德（Caird）那样致力于宗教；到这时，我才放弃那种闭塞而狭隘的胸怀。"杜威则在给万奈尔（J. A. M. Vannel）的信中说："克伯屈是我曾遇到的最出色的学生。"① 从此，杜威和克伯屈师生间简直是如鱼得水。1918 年春，克伯屈以杜威的教学论为基础，撰写《设计教学法》（The Project Method）一文，次年 9 月发表在《哥伦比亚大学师范学院学报》，不但享名于美国，而且享名于国际，在此后 25 年间竟然翻印 6 万册以上。

　　克伯屈这篇杰作的核心是把杜威的实用主义教育哲学和桑代克的教育心理学理论综为一体。他认为儿童在社会环境中全心全意地从事有目的性的活动，就要设计。由于这些活动发自儿童内心，这些活动便切合儿童的目的，桑代克的效果律在这里便显示威力。换言之，凡儿童根据自觉爱好和热心追求的目的去活动，就会在完成目的的过程中，满足自己的爱好，这种效果既能加深所获知识的理解，又能使知识牢记而不忘，这种成果可称为直接的学习成果。儿童在这种活动中取得追求知识和养成能力的同时，还养成适应社会环境的品德，如与人协作和助人成功之类，这便是附随的学习成果。他认为学校如果进行连续不断的设计教学，即可养成学生锐敏的智力和健康的品德。他肯定利用设计而进行的教学方法是既能为儿童所喜好，又能使他们在知识和品质的成长方面收获硕果的。克伯屈于 1925 年问世的《教育方法原理》（Foundations of Method），曾从理论和实施方面对设计教学法做了完美的解说。

　　溯本探源，克伯屈是从杜威的教育即生活、学校即社会和从做中学等论点出发，认为学校并非闭户读书之地，应是精心选择和安排的社会生活环境。他竭力抨击传统教育。他说："就我看来，过去的学校无非是从整个生活中选出某些文化工具，如技术和知识，将它们分列在阅读、算术、地理等名目之下，再向儿童割裂地进行传授，仿佛在将来需要的时候，它们便将再度组织起来，发展为良好的活动。这显然是离去事实太远的。这些支离破碎的知识和技术不但不能构成生活的全部，而且当我们专心致志地分别地传授它们时，就似乎把

---

① L. A. Cremin. *The Transformation of the School*. p. 215.

那对于生活和品格极为重要的事体给肢解和摧毁了。实际上，学习善于生活的唯一方法是好好地实践这种生活。"①所以安排符合儿童生活之需的环境，使教师通过实际生活指导而增强学生的优美生活，才是真正有价值的事体。

克伯屈还认为儿童全心全意地从事有目的的活动，一般需要通过四个步骤。其一是由学生根据兴趣和需要提出需待解决的问题，即确立学习目的。其二是制订进行解决问题或着手学习的计划。其三是依照设计的学习计划进行各种活动，以求实现学习的目的。其四是根据活动的成败来鉴定学习的效果。这就是设计教学法进行的程序。在此所需注意的是，克伯屈特别强调的是设计者和实行者都是学生而非教师。当有人询问由谁提供计划时，克伯屈的回答是学生自己。人们总以为儿童自行设计种植谷物时，由于缺乏经验，必定造成土地、肥料和人力的浪费，科学比儿童盲动高明得多。克伯屈解释道："这要靠追求的目标是什么而定。假如你瞩目的是收获谷物，你可给儿童提供计划；但假如你瞩目的是教育儿童而非收获谷物，就是说，如果你关怀的是教导儿童思维和养成他们自己计划的能力，你就该叫他们自己设计。"②他是视儿童重于谷物的。

克伯屈反对学校教师不考虑儿童活动，而一味传授固定不变或预先备妥的教材。他认为那都是给儿童从外界强加的教材，是缺乏变化而徒徒折磨儿童心灵的死板教材。他继述杜威的理论说，由于科学发达和产业进步，人类社会永在继续迅速前进，因而必须彻底改革当前保守不前的学校。这种传统学校不注意社会的变迁，遂要求儿童背诵一些预定的问题，仅仅养成利用记忆力和适应旧制度的能力，来满足旧社会的需要。实际上，现在儿童必须适应迅速变化的新社会而非回到一成不变的旧社会。就是说，他们将要面临预先难以设想的新环境，走向预先难以意想的新方向，教师绝不应强迫儿童被动地接收书本中的死知识，应该养成儿童的思维判辨能力，使他们乐于主动地求知和善于对新事物做出正确适应。他说教师的任务是启发儿童发现真理和尊重真理的态度和意识，指导儿童掌握计划、实践和评价的本领。追求知识而非接受知识，解决难题而非抑制活动，乃是教学的灵魂。所以学校课程和教学都要从儿童生活和兴趣来考虑。克伯屈完全接受杜威于1902年著成的《儿童和课程》中所提出的原理。再清楚不过，杜威的教育哲学得到设计教学的方法，便能具体地落实于

---

① ② W. H. Kilpatrick. *Foundations of Method*. p. 108, p. 218.

学校实践中了。克伯屈富有超众的辩才，又从1918年到1938年长期掌教哥伦比亚大学这所造育众多国家青年的讲坛，便使设计教学法流传于世，成为杜威的实用主义教育哲学流传于世的佐助。克雷明曾经极为公允地说："多年以来，在阐明和普及杜威的教育理论方面，无人是出于克伯屈之右的。"①这个判断是正确的。

博德是和克伯屈同时代的人，于1873年生于伊利诺伊州。1897年毕业于密歇根大学。1900年获得康奈尔大学哲学博士学位。1921年任伊利诺伊大学哲学教授，次年改任俄亥俄州大学教授。他的学识优长。他从1921年到1944年，使俄亥俄大学成为堪和哥伦比亚大学相比美的培养教育哲学研究生的重镇。博德自认曾受惠于杜威，然而他之取得和杜威相同的观点全系他个人独立研究的产物。因此，克伯屈是杜威思想的接受和传播者，博德则有其独特之见。他的名著是于1921年问世的《教育基本原理》（*Fundamentals of Education*）、于1927年问世的《现代教育理论》（*Modern Educational Theories*）和于1929年问世的《互相冲突的学习心理学》（*Conflicting Psychologies of Learning*）。他承认："我是经常地而且广泛地受益于杜威的著作的。"②他还承认自己的著作有似杜威名著《民主主义与教育》的注释。

不过，博德在一些重要论点上，常流露出对实用主义教育理论的批评。首先，博德曾说，假如教育是一种建设良好社会的力量，它必须有一个清楚而确定的社会理想或发展方向，这是严肃的哲学课题，绝非以大量统计数据所能代替的。"除非我们先决定向哪里走，我们就无从确知是否走上正路和走得快慢缓急。其结果是所谓进步不过是貌似的而非真实的。这正如我们绝不因为发表了《解放黑人奴隶宣言》，便真正摆脱出旧日的桎梏了。过去的根深蒂固的文化和应用两者的对立，今后仍将继续存在，而很少人真能认清文化的可以变为应用的和应用的能够变成文化的。职业科目和文化科目彼此仍将对峙，并不易在社会中取得适当安排的。在这种情势下，教育的文化目的就将要失败，民主思想也将听任命运摆布了。教育倘若尽其应尽的领导职责，它必须明白确定它的指导理想。"③在这里可以看清博德不认同教育无目的论。其次，博德对于儿童中心论也有所批评。他于1927年问世的内容精湛而销路不广的《现代教育

---

① ② L. A. Cremin. *The Transformation of the School*. p. 215, p. 221.
③ B. H. Bode. *Foundamentals of Education*. p. 241.

理论》中说，他对于设计教学法着重儿童有目的性的活动，完全赞同；但他指出重视儿童创造性和有目的的活动，常常暗示一种神秘信念，即误认教育是不受环境制约而完全由儿童自发的过程。这种教育上的纯粹自然主义，乃是违反形成思考的真实性而相信理性自行萌发的天真的设想。再次，博德重视教育的职能是培养儿童的理性。他认为教育必须兼顾适应个性和改造社会。科学、文学、艺术和职业都是为着这个目的服务的。所谓文化乃是继续不断地扩充儿童对于事物理解的范围和提高儿童对于事物理解的正确度。学校的任务就是使儿童走向文化，去过那种使各种活动、感觉、直觉和欣赏等能力都得以逐步丰富和完善的生活。当人人在学校启发鼓舞之下而能如此过生活时，当这种生活能为人人所享有时，理想的民主主义社会就会出现在人间了。在这里，博德又不同意儿童仅仅从生活中猎取经验就尽了教育之能事。博德又于1938年著成《走在十字路口的进步教育》(*Progressive Education at the Crossroad*)，对于进步教育的走向极端而过于放任儿童活动，进行了批评。他的评价是公允而中肯的。

在这里须提及的是，就主流而论，杜威教育哲学在美国受到众人的赞赏和支持，进步教育运动就是以杜威的教育理论相号召的；然而，和杜威处于对立面的也不乏其人。要素主义派和永恒主义派可为代表。两者指摘实用主义教育哲学仅着眼于现实生活经验，忽视人类文化遗产的价值，乃是徒重日常浅狭之知而抛却文化财富的精华，具有导致文明社会趋于削弱或崩溃的危险。兹略述之。

哥伦比亚大学教授巴格莱（W. C. Bagley）是要素主义的旗手。他生于1874年，自1917年和杜威共同任哥伦比亚大学师范学院教授，是杜威的钦敬者，只是学术见解不同。当他于1834年发表《教育和新兴一代》时，年已60高龄。四年之后，他又于1938年组织要素主义教育协会，发表《要素主义教育纲领》，俨然是和实用主义教育哲学对峙的理论体系。他的主要论点是推崇人类文化的价值，强调教育的职能是传递和丰富文化财富。他认为人类通过漫长岁月和运用智慧而形成灿烂的文化结晶是人类社会的精华，是人类进步的所必不可忽视的根基，中断文化的滋养就是中断人类久远的前景，乃是人类命运所无法允许的。实用主义者强调时代的巨变，教育必须以适应新时代的需要为首；巴格莱则强调时代虽不停断的变化，然而文化却是富于永恒性的。他说："今日的世界的确和1913年的世界不同，也跟1929年的世界不同。但是那不表明所有的东西都改变了。狂风猛吹依然遵照气候变化的规律,《制果酱的芬兰人》和《金银岛》依然是青年们嗜读的杰作,圣母玛利亚的雕像依然和以往一样的美丽。"[1]他还引用英国学者赫胥黎的名言道:"史前原生动物中间所已固定的东西,不能用国会制定的法令使之改变。"意思是教育必须瞩目于富有永恒性的真理,不能把兴奋点放在转瞬之间即将消逝的暂时现象或临时性的事物。巴格莱不仅肯定文化的永恒性,还指出不同民族之间虽在文化上存在着巨大的差异,但各民族文化却有着共同的因素,这种共同的因素是任何民族所共同欣赏和珍视的。在巴格莱看来,正是这种因素或要素才是教育的灵魂。他认为教育放弃文化育人的本务必然铸成大错。

巴格莱所最诟病的是在实用主义和进步教育运动影响之下的中小学的教学问题。简言之,它脱离了文化的要素。就教学科目而言,一般学校就种植、畜养、缝纫、烹饪、木工、金工等活动所安排的学科,在当时是流行的;巴格莱则主张在课程中要注重读、写、算等基本科目,并把物理、化学、历史、地理、数学、古典语和现代外语等列为学校传授的科目。理由是文化知识比较生活经验更能锻炼儿童青年的智力和开阔他们的眼界。就教学方法而言,由于教育是文化育人的工作,教学当然不能不尊重教师的启发和教导,不能以儿童为中心,不能放纵儿童凭照兴趣而自流自误。巴格莱肯定这样设置教学科目和运用教学方法,才能使学生接受系统的正确的和丰富的文化知识,成为文化的继承者和开拓创新者。《要素主义教育纲领》说:"一般说来,大家肯定的文化要素应当通过教师负责传授的各门学科和各种活动的系统的教学计划来实现。"巴格莱感觉当时中小学教育和教学已步入歧途,造成危机,乃反复呼吁改革和反复指摘批判。他反对纵任儿童从生活中猎取片断经验,却丢掉系统的基础文化知识;认为那种放弃教师主导的儿童中心论,会造成本末倒置和加重教育失败;而且认为把儿童局限于东鳞西爪而支离破碎的生活常识之中,会葬送儿童深入求知的前途,那更是对于教育效能的极大的灾害,这种灾害将是以后难以补救的。巴格莱倾向于为求知而受教育,即"为知识而知识",不同意实用主义者把知识仅仅作为生活的工具,即反对工具主义的理论。他不厌其烦地斥责放低学生学业成绩的标准,轻视学习的系统性和逻辑性,不加选择和不加限制地采用活动为学习的方法,过分地看重社会生活的实际的但一时性的需要,不

---

[1] W. C. Bagley. *Education and Emergent Man.* p. 151.

缜密研究而哗众取宠地对待教学改进之类的难以解决的课题。巴格莱担忧这样的教育可能使人类社会陷溺于愚昧可怖的深渊。他断言美国当前的教育必须大力地和彻底地纠正。和广泛深入人心的实用主义教育理论及进步教育运动的强大阵容相比较，要素主义教育理论是居于弱势的；不过，它在教育思想领域中曾引起人们的兴趣和注意。直到第二次世界大战之后，特别是当苏联人造地球卫星上天之后，美国兴起的教改运动才在一定限度内予以落实。

芝加哥大学校长赫钦斯（R. M. Hutchins）是永恒主义的旗帜。他同样把锋芒指向杜威的教育理论。赫钦斯毕业于耶鲁大学，曾在耶鲁大学教授工学院的英语，又曾任法学院院长。他生于1899年，年仅三十余岁即出任著名的芝加哥大学校长，直到他那永恒主义教育理想无法实现，始于1945年离去，改任马里兰州圣约翰学院院长达6年之久。以后又任福特教育基金会主席。他之和巴格莱同为实用主义教育哲学和进步教育运动的挑战者是容易理解的，因为赫钦斯相信真理的永恒性和巴格莱肯定文化的永恒性，都是和杜威认为社会永在变化以及真理仅是生活的工具的理论，刚刚处于对立地位。他们否定以瞬时的生活适应而取代系统知识的和永恒真理的学习，乃是势所必然。依据赫钦斯的理解："教育的目的之一就是把人性所禀赋的共同因素抽引出来。这种天赋的共同因素在任何时间和任何地点，都是相同的。任何把教育解释为指引新生一代适应某一特定时间和某一特定地点的生活，解释为指引新生一代适应某种特殊环境，都是和教育的真正含意背反的。"他又说："教育包括教学。教学包括知识。知识乃是真理。真理在任何地方都是相同的。所以教育在任何地方也都是相同的。我不忽视在组织、管理或地方的风俗习惯方面存在着差异；然而，这些差异仅属细枝末节而已。我所建议的是确立一个任何儿童所应学习的任何学科的核心。那就是如果教育的意义为人所正确理解，则一切儿童所学习的任何学科应在任何时间、任何地点和任何政治、社会或经济条件下，都是相同的。"[①]他认为柏拉图虽生于两千年以前的古代希腊，他所阐述的真理却是亘古如一的，是能行之于今世的。他的教育方案就是以这种理解为前提的。他认为大学教育应指导青年学习一百册自古迄今的经典著作。在这里，我们看出赫钦斯和巴格莱在理论上有其相似之处，即承认真理有永恒性和文化有永恒性；只是巴格莱所瞩目的是中小学教育的职能，特别是中小学的课程改革，而赫钦

---

① R. M. Hutchins. *The Higher Education in America*. p. 166.

斯则把兴奋点放在大学教育的职能，特别是大学课程的改革。他们似乎是殊途而同归的。

赫钦斯在高等教育改革方面的响亮口号是："回到柏拉图的哲学去。"赫钦斯认为柏拉图在《理想国》中要求16岁到20岁的青年，除智力不足者外，一律接受理性教育，继承人类长期积累的知识或观念，成为身心平衡发展或全面和谐发展的人。他认为柏拉图是民主平等的教育的主张者，其原则是可行于今日的。赫钦斯在所著《教育领域中的矛盾》(The Conflict in Education)中，曾详尽地叙说："这种受教育者必须知道和理解曾经使人类步步前进的各种观念。他必须懂得他所生活于其中的种种传统。他必须能够和他的伙伴交换思想和感情。他要通过娴熟那种最为良好的范例而理解在他面前浮现的各种发展前景的伟大性。"①他所提出的以一百册经典名著为大学教育内容，正是因为他是从希腊流传下来的博雅教育的极端崇信者。

杜威对于赫钦斯的挑战多次进行还击。首先，他指责赫钦斯逃避现实。他说摆脱当前社会的恶劣倾向，应当采取比逃避更为妥善的办法。那就是要求学生研究当前社会的需要和意义久远的社会更新的潜在性。杜威又说赫钦斯未曾提出有效改革教育的途径，就是因为教育改革离开社会改革是无法成功的。其次，杜威还给赫钦斯带了反动的政治帽子。他说赫钦斯坚信永恒的真理和最高的原则，实际上，"任何相信永恒真理和最高原则的哲学理论者，连带着都会相信低于最高原则还存在许多层次不同的次等原则，都会成为以永恒原则为幌子的极权主义或独裁主义的"。杜威更说："我不暗指这种理论的坚持者是同情法西斯主义的。但是，他们的理论会流为不相信自由而把一切诉诸权威，而这种权威正在猖獗于全世界。"②杜威归结道，那就是对于民主主义的否定。这简直是由针锋相对而短兵相接了。

---

① R. M. Hutchins. *The Conflict in Education*. p. 95.
② L. A. Cremin. *American Education*, 1786-1980. p. 193.

他人的误解与自身的不足*
——关于杜威教育理论的批判和研究

美国教育家约翰·杜威（John Dewey，1859—1952）大胆创新的教育实践和理论，早在1896年他在芝加哥大学举办实验学校时，就受到批判了。他因以"实验"一词标校名，顿然被人误认为将儿童如动物般地受实验。而实验学校允许儿童不依固定座次静坐听讲，可随意移位去搞活动，更引起流言蜚语。以后，随着杜威实用主义教育哲学体系建立，以巴格莱为代表的要素主义派和以赫钦斯为代表的永恒主义派，也逐渐形成为杜威的对立面。前者认为文化遗产构成人类文明，如果教育只重生活经验而削弱吸取文化财富的意识，将导致文明社会崩溃。若要使青年一代不从世界文明中掉队，继续攀登知识高峰，就要以传递文化要素为教育的核心。永恒论者认为真理是亘古不朽的，教育重视当前生活而忽视培养热爱永恒真理的美德，是舍本逐末。赫钦斯说："如果要通过使人们获得重要的学术知识来发展他们的智慧力量，我们必须从这样的命题开始，就是和很多美国社会科学家的信念相反，看清实践和经验的资料对我们的用途是有限的；而哲学、史学、文学和艺术在最重要的问题上给我们以知识，而且是最有价值的知识。"由于美国社会是适于实用主义繁殖的沃土，杜威的理论并未因为这些对立面失去主流地位。

第二次世界大战后，美国社会人士和教育学者批判实用主义教育理论的声浪日高。历史学者白斯特于1953年发表《教育领域的废地》，指出美国教育的失败是由于教育工作者把精力放在生活适应上，使课程失去了文化的内容，使学生无从接受理智的训练。

杜威理论遭到暴风骤雨般的袭击是在1957年苏联人造地球卫星发射成功

---

* 本文原载《教育研究与实验》1987年第4期，选入本书时编者做了一些技术性处理。

之后。海军中将李可弗于1959年发表《教育和自由》，1963年又发表《美国教育——全国性的失败》。他作为美国第一艘原子潜艇的设计者和监造者，在工作中感到因技术人员缺乏坚实基础而陷入重重困境，深感问题的根源在教育。他说苏联科技的胜利反映苏联教育的胜利，而美国科技的真正危机在于未来的教育。把矛头直接指向杜威的，以戴维斯（R.Davis）最为突出。他说："假如我们必须明白地道出一个恶人的姓名，我想我们不需什么胆量就敢指明那个业已失掉自卫力量的人，并且明白说出对美国目前惨败负有最大责任的人乃是约翰·杜威。"这真是火药味十足。

第二次世界大战前，学者对杜威的批判限于学术界内；但二战后的批判则不仅是学术争鸣，而触发了教育实际的改革。《国防教育法》于1958年颁布，赴苏联教育考察团于1959年派出；中小学课本一向由地方教育机构负责编写，这时改由大学专家教授撰写。从此，培植适应生活能力的学校让位于提高科学文化素养的学校。这项方向性的转变在美国教育界掀起了强烈的科学热。怎奈欲速则不达，由于改革后的教材过深和进度过快，绝大多数学生跟不上。广大群众纷纷议论这种培养未来专家的学校，并不是普通学生进行基础教育的园地；在60%的中学生不准备升学的美国，企图以追求升学为任务，是此路不通。在客观形势的压力之下，进一步认识杜威的理论便提到日程上来了。

在此值得提及的是我国旅美学者吴俊升。早在1961年他就在美国负有盛名的《教育论坛》上著文《重新评价杜威的教育理论和实际》。他说："现在，杜威虽受严厉批判和抨击，他的教育理论仍在领导美国教育的实施。倘若他的弟子能够对他的理论做出修正补充，以解决美国的教育实际问题，那么杜威仍将是居于领袖地位的教育哲学家。因为他的理论在改进现代教育的运动和潮流中，方向一直是正确的……他的教育理论的一时性挫折，决不会使他的威望永远毁灭。"这个论断正在被历史证明着。

数十年来对于杜威教育理论的讨论和批判，虽形形色色，众说纷呈，但其主要争议可归纳为下列两点。

一、杜威从儿童中心论出发，能否圆满地解决教育面对社会需要问题

杜威把教育中心由教材转移到儿童，比作哥白尼在天文学中以太阳为中心

取代以地球为中心的一场革命。旧教育不顾儿童发育和兴趣爱好，生硬地灌输知识，摧残了新生一代的生机和智慧，必须彻底破除。杜威从儿童生活出发，让儿童通过生活受教育，使儿童在学习中变被动为主动，确是名副其实的革命。从17世纪夸美纽斯指责学校是心灵屠宰场，中经18世纪卢梭痛斥文字和书本把儿童伤害成偏见的奴隶，历时200余年，到19世纪末，无论欧洲或美国，儿童均未能从旧教育的桎梏中解放出来。这场变革的艰巨是昭然的。哈佛大学史学教授汉德林于1958年著《杜威对于教育的挑战》，就强调杜威曾给美国学校以爆炸性的一击，推动教育车轮前进。别的学者也说，自文艺复兴起，杜威是一系列教育改革家中最善于冲锋陷阵和战果丰硕的。美国学校不像欧洲学校崇尚本本主义，学生适应能力强，已成众所称道的特色。杜威的儿童中心论对此有显著的影响。

在这里，问题的焦点是：究竟儿童中心论的内涵是什么？杜威在《明日之学校》第一章论教育应发展天性时，开宗明义便说："我们完全不懂儿童，只用我们的错解去办教育，愈办便愈糟。那些最聪明的著作家专去讨论成人应当知道什么，却全不知道儿童所能学的是什么。"他紧跟着说："以上的话完全是模拟卢梭在《爱弥儿》中的语句。它正好表明本书的要旨。"他又说卢梭一生所说的话和所做的事大都是傻的，唯有教育应该根据儿童天性来进行这个颠扑不破的道路，是以后教育家一直遵循的。

古往今来，教育家大都着重从社会的角度，把教育解释为给社会培养人的工作。中国古代视教育为培养士大夫的工作，斯巴达以培养士兵、雅典以培养通才、罗马以培养雄辩家、欧洲中世纪以培养僧侣为教育的任务，近现代国家则视教育为养成士绅、公民或社会领袖的事业。杜威则完全相反，他从儿童的角度出发，把教育解释为儿童的生活、生长和经验改造的过程，这乃是极为彻底的变革。它确实是爆炸性的一击，构成人类教育史上稀有的篇章。杜威呼吁尊重儿童天性，根据儿童特征而施教，儿童不是具体而微的成人，教育不能牺牲儿童时期的幸福去准备成人时期的生活。毋庸置疑，杜威的这些理解都是正确的、造福儿童的。试想塑造新生一代的灵魂而不理解和根据新生一代的禀赋，怎能不南辕北辙？"不知足而为履"愚蠢，不因材而施教则更蠢。

为什么杜威的理论长期遭到非议和批评呢？这是由于人们误解所引起，也因为杜威的理论存在着不足之处。

就误解而言，有人认为以儿童为中心会使儿童生物般地凭着本能盲目生长，走向忽视社会的、非社会的和无政府状态的歧途。有人怀疑以儿童为中心会形成儿童自我主义、唯我独尊和目无他人，随意而行导致软性教育。

首先，杜威在方法论上，不是两分法而是综合法的采用者。他不把人类和自然界、个人和社会对立起来，相反，他将它们综合起来进行认识和处理。他在论述儿童中心时，大谈儿童是社会动物，他们不是孤零零地生活，是脱离不开社会的。杜威的"教育即经验改造"的理论和他那"学校即社会"的理论，是相提并论的。他反复论述学校是经过选择而简化的社会，因为成人社会复杂，儿童不能适应；而且成人社会良莠不齐和杂乱无章，也不是儿童所宜适应的。他又说儿童是教育的出发点，社会是教育的归宿点，两者之间构成教育过程。他还说，教育是社会性的过程。所谓经验无非是个人和自然或个人和社会交互影响而成。就社会而言，经验乃是个人内心和社会环境交互作用的结果。传统教育的失败由于忽视儿童内心的反应，新教育不能采取非此即彼的两分法，不能因为尊重儿童就不重视个人和社会的联系。十分明显，杜威倡导儿童中心论，并非抹杀社会的重要价值。

在另一方面，杜威在方法论上，以发展观点而非以静止观念阐明教育。他认为儿童的自然冲动和欲望仅是教育的素材，而生长和生活是前进的，是含有社会和智慧成分的，儿童中心的教育不是放纵冲动和欲望，所要做的乃是善于引导冲动和欲望，使之向社会需要的方向发展。教育当然着重养成儿童的自制力和自治力，但以教育方式抑制冲动的不良表现也是应该的。他还认为，如今新事物和新观念层出不穷，绝非过去缓慢进步时代可比；儿童在这种不停断地重新组织的社会中存在，就会在继续不断适应中发育成长。随其经验的广度和深度的进步，他们虽未直接地去养成从事成人生活的职能，将来却在一定时期自然水到渠成。这又怎能指责他忽视社会而形成儿童非社会的倾向呢？有人谈到杜威是兴趣主义者。实际上，关于兴趣问题杜威也未用两分法，而是用综合法解决的。当赫尔巴特的兴趣论在美国流行时，美国黑格尔学派以努力论相抗衡。杜威于1913年问世的《教育中的兴趣与努力》就全面地分析两者的关系，指出要一方面尊重兴趣，一方面鼓舞努力，二者相辅相成，不能偏废。就是为此，杜威曾反复提及学校中的生活并非戏耍取乐。他引用爱默生（Emerson）的话说，尊重儿童并不是听任他们想干什么就干什么和想怎样干就怎样干。有人嫌以儿童为中心会贬低教师的权威；实际上，尊重儿童的活动和自主并非给教师开方便之门，叫他们苟且偷懒，而是要求他们支付充足时间，运用真知灼见，使儿童在自由之中获得良好教育。就是说，教师品德高尚和学识渊博，才能诱导儿童通过合宜的生活去丰富经验和培养品德，这又怎能出现软性教育？

难道杜威的理论是完美无缺的吗？不！它存在着有待商榷之处。杜威虽未忽略教育的社会职能，然而儿童中心论使他过多地从儿童生活解释教育的意义。吴俊升教授在上引论文中说，教育和生长是两个不相等同的概念，因为教育只是生长的一个因素而已；杜威认为生活即生长，实际上，生活未必都是生长，生活和生长也是不能等同的概念。教育过程是广于和高于生活和生长的，三者界限不容混淆。再则，杜威说教育的目的是追求更多更好的教育，别无其他目的。这在反对把教育作为准备成人生活上，是有历史意义的；但不正视社会客观需要而以为听凭儿童追求更多更好的生活，就达到了教育目的，这种理论显然是虚渺的。杜威虽然以社会为教育归宿点，却不从社会角度提出教育目的，于是陷于逻辑上的两难推论了。当然，从杜威的发展观点，可以推动儿童逐步成长便会于不知不觉中胜任社会的职责。不过，纵令在幼儿时期的教育中，也不允许和不可能完全不管社会的要求。

约在同时，美国学者霍恩在所著《教育的民主哲学》中，也曾就杜威认为生长就是善良的，加以评议。理由是生长有善恶是非之分，有常态变态之别，必须慎加区别。在改造罪犯的学校中，青少年曾出现趋于恶劣方向的生长，就是例证。所以，他说："认为教育是生长是不够的，应当补充为教育是正当的生长。"杜威针对霍恩的争议也曾提出"教育是一般或整体的生长"的解释。他说生长是有连续性的，而且它不只是生理方面的生长，是包括理性和道德方面的成长的。他希望一种生长须能促成一般的或整体的生长。小偷可以成长为江洋大盗；然而这种生长有碍于整体或一般的继续生长，就应引以为戒。杜威在晚年所著的《经验与教育》中，明确提出经验和教育是不能直接相等的。教育工作者要看清经验对当前适应的效用和在将来发展上的效用。他又说，每一种经验都是一种推动力，其价值以其发展方向和所得后果来判断。他特别强调："当某方面的发展促进各方面继续生长时，而且只有当某方面的发展促进各方面继续生长时，才能称教育是生长的。这个概念是要从全面而非片面来考虑的。"杜威又曾以"最高限度的生长"来解释。无奈"整体或一般的生长"和"最高限度的生长"都难以捉摸和落实。霍恩于是就杜威论著中提及的"未来的结果"和"心目中的目的"分析道："所谓未来的结果应是预见的，有意追求的，存心所在的和人所希冀的。果然如此，教育就有目的了。"杜威的

"教育无目的论"和卢梭以"自然人"为教育培养目标,实际上颇为相似,在学理上有着难以克服的困难。英国利兹大学教授克梯斯在所著《教育思想简史》中说,罗素对杜威关于教育的目的和价值的理论是不赞同的,但对其他方面却是同意的,这点不值得玩味吗?

我们应再深入一步指出:"教育即生活、生长和经验改造"的解释,虽言之成理,不过,这样的解说并不周延,不能全盘地涵盖教育的意义。全面而周延地界说教育时,必须包括在生活、生长和经验改造以外的培养人的工作。换言之,把教育当作生活、生长和经验改造仅能适用于初级阶段的低层次的教育,不能适用于高级阶段的高层次的教育,而初级阶段低层次的教育仅是高级阶段高层次教育的序幕,其内容是比较浅陋的。人类优于一般动物的是其有构造复杂的大脑,而长于思维推理,既能积累哲学、科学和艺术等文化财富,更能利用一般动物所不能的抽象思维来求知,绝非利用一般动物所不能的抽象思维来求知,绝非仅仅能在生活中摸索经验而已。在文明日进和知识爆炸的当前,舍弃人类这种特异禀赋去向尖端学术进军,而一味在生活和经验中使劲,显然是爬行了。无疑,杜威的理论在改革19世纪末和20世纪初的教育上有伟大功绩,却不是完美的教育定义。

我们还应深入一步指出:杜威认为社会变化不居,因而不能从社会给教育提出外加的目的,教育只有以追求更多更好的教育为目的。这种教育无目的论特别值得推敲。的确,社会是继续不停地前进的;但是能否因此而否定社会发展的方向或规律呢?实际上,杜威在《民主主义与教育》中,声称未来的民主社会应当消除阶级对立和种族对立,最后还要消除国界。若不畏牵强附会之讥,那么,取消阶级对立就是进入无阶级的社会,取消种族对立也是消灭阶级压迫,至于消除国家这种阶级压迫的机构,更是共产主义的最高纲领,实现这种民主社会不就意味着由资本主义社会向共产主义社会过渡吗?不就认为社会是有明确方向或有客观规律吗?在十月革命时期,杜威曾赞扬苏联政权,以后又表示他所反对的仅是斯大林主义。当然,杜威反对以暴力推翻私有制度,是改良主义者。但是否因此,他便仅能给未来社会勾画出虚渺的轮廓,并不能洞察社会主义和共产主义的底蕴呢?也就无法从社会发展的前途来论证教育目的这一根本课题呢?吴俊升教授说:"在杜威关于教育目的的论述中,有着难以克服的芥蒂,他的解释是需要修正和改进的,生活不是教育的充足概念,不能用为教育目的,或用作判断教育经验的标准的。"若就其实质分析,杜威的这种理论上的漏洞是否是他那阶级局限性使然呢？

二、杜威以生活经验为兴奋点，能否圆满地解决文化遗产的传递和现代的科学教育问题

杜威强调经验是从他的认识论得出的推论。英国哲学家罗素在《西方哲学史》中说："从严格观点看，杜威哲学的首要之点是他对于真理的传统的解释的批判，从而提出工具主义的真理论。"罗素说，多数职业哲学家认为真理是普遍适用的和永恒不易的，是完备无缺的和终极性的。从古希腊的毕达哥拉斯和柏拉图起，人们都把数学上的九九表作为真理的标本。相反，杜威从进化论的观点立论，认为真理并非孤立于现实人生之外的超越经验的神异之物，乃是人类赖以适应自然和社会的工具，是应由实践考验的假定。杜威说人们是经常谋求适应环境的而且个人是在这种适应中得到发展的。"思维起源于疑难"是杜威的名言。意思是人们在适应中常常遇到难题，为求克服疑难才进行思维，通过思维解除适应上的障碍，便取到经验而获得真理。这种哲学应用在教育上，便成为"教育即经验改造"的理论；应用在教学上，便成为"从做中学"的学说。杜威的教学论在美国影响深远，也最惹人非议。

先讲教学方法。杜威的"从做中学"是以"做"为第一义的，理由是不做就达不到知识或真理。他说从工具箱中取出锯子不是制造锯子；同样，从教师口中聆听与经验无关的教条，也非获得知识。反之，儿童在活动中积极自觉地观察事物和细心探索，则能理解事物。他比喻道，战争为避免消耗军力而不正面攻击，却采取迂回战术；教学则要调动儿童游戏本能，使他们以活动为媒介去学习知识。很显然，学生不宜静坐听讲，教师也不宜用注入灌输的办法。

杜威说，儿童为克服适应中的障碍，自然引起高度注意。他们虽然知识贫乏，但当他们全心全意解决疑难时，便会像科学家那样动脑筋和费心血。如果教师不许儿童活动，徒然为准备考试而提问和解答，就能使他们学而不思和记而不解。实际上，锻炼良好的大脑比在大脑中堆积不能消化的公式或定理，有价值得多。赫尔巴特根据心理学的统觉学说，提出阶段教学法，在美国很流行，但杜威指出这种理论忽视儿童活动而徒然着眼知识传授，乃是教师心理学，不是学生心理学。直观教学法也流行于美国，杜威指出离开儿童活动和思维而对事物直观，其效果是微小的。杜威认为师生一起从事儿童感觉需要和爱

好的活动，则充满了活力。唯有这种教学活动才是和思维活动合而为一的，才是发展智慧和增益知识的高效途径。

怎样落实这种教学原则呢？采用设计教学法。杜威在《我们怎样思维》中，把思维分为五步；相应地，克伯屈创始的设计教学法包括：①要安排真实的情境；②在情境中要有思维的课题，即疑难；③要有可供参考的资料，以便做出解决疑难的假定；④要从活动中验证假定；⑤要根据验证得出结论，即取得知识。杜威不像卢梭那样反对儿童读书；不过，他认为读书是为着解除难题而提供参考的，要活学活用，不是抛开活动而呆读死记的。就是说，必须活动为主，读书为辅。杜威还认为教师应成为儿童活动的伙伴或参加者，不是旁观者和监督者，当然更不是知识注入者。学生虽不自觉，但也是一个教师，师生愈不分彼此愈好。他们忘记谁是师和谁是生，就太理想了。在《经验与教育》中，杜威又谈教师充当独裁者的时代渐成过去，但在师生共同活动中，教师并非一般参加的成员，乃是最为成熟而负有特殊职责的成员。他应当担任组织者和指导者，放弃职责是荒谬的。杜威特别指出传统教育是依照惯例行事，新教育则复杂得多和艰巨得多，学生不能凭偶然机遇而活动，教师也不能刻板式地工作，是需要挑起重担的。看！儿童中心教育岂不比传统教育更依赖教师吗？

再谈教学内容。传统教育认为教材是人类文化遗产经过逻辑整理加工而成的，是教师妥为预制的分门别类而条理严密的教学内容。它不是儿童经验的产物，是科学家长期研究的结晶。杜威认为这种教材超越儿童接受的能力，对儿童来说是死知识。他说，这是"被中世纪的学术观念所支配的教育"。因为儿童的心理特征不是注意这种在跟外界事物相符合的意义上的真理。对于理智尚未发达的儿童使用这类"无限追溯过去"而又"无限伸向空间"的教材，无异"在儿童离开他所熟悉的不多于一平方英里的自然环境之后，立即使他进入一个辽阔无限的世界，甚至使他进入太阳系的范围"。果然那样，儿童只好茫茫然。杜威还说，儿童生活是一个整体，一进学校便接受许多种类的学科知识，简直把他的世界给肢解了。为了纠正错误，杜威指出："学校科目相互联系的真正中心不是科学，不是文学……而是儿童的社会活动。"美国中小学的经验课程和设计课程就导源于此。

有的学者说，从生活经验学习中，无法取得系统而专深的学识，杜威反对教条主义而流为经验主义。杜威解释道，经验和知识不是对立的而是统一的，不能用非此即彼的观点而须用综合的观点来处理。他说古希腊的柏拉图和亚里士多德都把两者不正当地割裂开来，认为经验是纯属事务性质的，知识乃是关于理性探索的；经验是附属于感官的，知识乃是精神的高超；经验只满足一时欲望，知识才追求普遍而永恒的真理。杜威完全相反，认为经验的产生有赖于接触外物，而人在反应外物时既要利用旧有经验，又要做出新的假定，从而获得对于事物的认知。如果不用经验为教材而直接传授各科知识，必然回到使儿童视上课为忍受苦役的老路，重演教育史上的悲剧。

杜威还以发展观点在《民主主义与教育》中，安排儿童从经验出发，依次进入真理的研究阶段。具体说，4—8岁是通过活动而学习的阶段，学习内容是怎样做，学习方法是"从做中学"，学得的知识是来自应用和为了应用，不是为了储备。8—12岁为自觉注意学习阶段，这时儿童能力增强，要通过间接方法而掌握知识；但这种间接获取的知识要融合在现实经验之中，不能流为呆读死记而造成大脑负担，那样就等于不但不能利用从敌人那里缴获的武器，反而被战利品所拖累了。第三阶段为12岁以后，是反省注意学习段落，学生开始追求系统性和理论性的学术成果或事物变化的客观规律，随而习得了科学的思维方法。杜威说："教育最初是人类的，以后才是专业的。"他在《经验与教育》中说："任何可以被称为学科的，如算术、史地和自然科学，都必须根源于教材。这种教材在最初的存在于日常经验之内的；但这样从经验取得教材仅属于初步阶段的学习。再进一步，就须从更充实、更丰富和更有组织的经验取得教材了。这种教材编制乃是逐渐接近那种受过训练的成人阶段的学习了。"

不难看出，如果仅从理论剖析，杜威并不否认学术教育和专业教育，并非抹杀人类文化遗产和系统知识在教育中的地位。要素主义者和永恒主义者所希求的目标，杜威同样注意到了。杜威的教学论为何遭到广泛而尖锐的批判呢？这还是由于误解，也因其理论有缺失之处。就误解而言，19世纪末兴起的进步教育运动奉杜威为宗师，却走向了极端。杜威的综合观点和理论的全面性，不料却被两分法和理解的片面性所掩盖，因而过分吹嘘"做"为根本，而忽视系统知识的传授，过分渲染尊重兴趣而忽视系统对儿童学习的严格要求。与此相伴，还忽视杜威从发展观点所阐述的课程论和为各个学习阶段所安排的学科蓝图，以致把兴奋点过多地放在通过活动经验进行的学习，却忽视自觉注意的学习和反省注意的学习，其结果是导致美国中小学生文化知识的贫乏。杜威晚年著《经验与教育》就着力指明了这一点。实际上，落实杜威的"从做中学"并不易，从"从做中学"进而妥善地进入"从书中学"或"从听课学"，更非易事。做好这些工作必须有优良师资和充分设备作先决条件，而美国师资培养工作一向是薄弱环节，一般学校设备也并不佳。因为事实困难而造成理论落空，则是招致误解的主要原因。

再谈杜威理论的缺陷。美国从殖民地时期开始，清教徒便把"课桌学习"模式传入新大陆。杜威的"从做中学"破除这种旧习，颇使教学过程充满朝气，是有贡献的。不过，正如"教育即生活、生长和经验改造"的理论是适用于初级阶段低层次教育理论一般，"从做中学"也主要适用于初级阶段低层次的教学工作，就高级阶段高层次教学而言，就难以行通。一般动物依靠感性认知去活动，人类则能由感性认识上升为理性认知，并能掌握和利用极广泛和极深刻的关于事物的客观规律，来进行高深的学习和钻研。用心理学的术语讲，人类不只能进行尝试错误（trial and errors）性的学习，更能进行领悟（insight）性的学习。而且，领悟性的学习在人类学习中还居于首要地位。抹杀这种人类学习的特点，是不能发挥人类学习的优越性的。

吴俊升关于杜威教学理论的分析是深刻的。他说以经验来组织教材和以系统知识联系生活经验，两者极为不同。后者要求逻辑系统，前者是着重年代性而不能上升为严格的逻辑体系的。虽则杜威晚年比以往更加注意到课程和教材的理论结构；倘若依他的认知论，却仍然达不到以系统知识为教材的高度。从哲学高度看，这是杜威理论的弱点。吴俊升说："依据他那关于经验和知识的哲学解说，他就不能提出任何有效的提示系统教材的方法，而不触犯他那经验发展的连续性原则。在另一方面，倘若注重向学生提示系统教材，他就不能不修正或取消他那关于经验知识的理论。因为在他那套理论中，知识，特别是系统的知识，乃是解决实际疑难的思维活动的次要产品或附带产品。实际上，应当认清科学虽产生于经验，但科学一旦产生之后，它便将摆脱生活经验的局限而独立地向前发展了。儿童在幼小时期是从生活经验中领略关于科学的事物的；但以后向他们严肃地教授科学知识，却须通过一条不同的道路。不从原则上认清这种本质差异，纵然着力肯定教材的逻辑体系的重要性，也徒然无济于事的。"吴俊升还曾明白指出杜威相对忽视教材的重要价值，并且说："杜威理论体系中的片面性，即重教法而轻教材，或多或少地直接形成了最近发现的种种教学方面的缺陷。为了克服这些缺陷，杜威关于教材和教法的整套理论就须重新加以考虑了。"我认为这个批评是允当的。

第六编

外国教育史和比较教育学科理论研究

试论外国教育史的学科体系和教材建设[*]

外国教育史是教育科学中的一个学科,也是师范院校教育系的一门重要课程。目前,大家对它的学科体系和教材建设问题议论很多,我仅谈谈个人的一些浅见。

一、要适当扩大过去教材的范围,兼顾东西两方和南北两侧

过去大学教育系开设的外国教育史,在内容上是"西洋教育史"或"欧美教育史",讲述从古希腊、古罗马、中世纪、文艺复兴、宗教改革以至近现代少数国家的教育演变。教育史家的探索领域经过由狭而广的过程,是合乎科学步骤的。欧美学者最初从西方着手,而后逐渐扩展到东方,也常在教育通史中论述欧美以外的国家教育。不过,它们仍以欧美为主体。实际上,近年考古发掘的发现,已证明许多东方古国的教育是早于古希腊、古罗马而发达的,它们的内容和方法是和欧洲古代同样丰富多彩的。例如,古埃及约在公元前2500年的古王国时代,已有宫廷学校之类,两河流域的亚述、巴比伦的学校可能出现在相同时期或更早。古希腊雅典产生学校是迟于此的,直到公元前5世纪以后才发达起来。"波希战争带来了雅典教育的繁荣",已成公认的事实。另外,希伯来和印度也都是古代教育大国,其制度、课程、教学之完备似不亚于古希腊和古罗马。崛起于7世纪的伊斯兰国家,当8世纪阿拔斯王朝时期,文化教育也极可观。以上这些东方国家对世界教育发展的影响,也很广远。外国教育史不包括这些史事,是无从说明人类教育演变的全貌的。与此类似,北欧的瑞典、丹麦都有优良的教育历史成绩,南美文化悠久的印加帝国的教育也似乎值得探讨。最后,还有一些国家疆域不广却曾在教育上做出贡献,如荷兰、瑞士

---

[*] 本文原载《教育研究》1984年第1期。

等，也不该成为外国教育史的弃儿。很清楚，过去讲授的外国教育史涉及的范围过狭，应当予以扩充。

在此应该提及的是过去研究外国教育史主要是依凭少数教育发达国家的文献；如今，我们又有了三种新凭借：一是人类学者就现在比较原始的民族进行的调查，二是考古学者发掘的古代文物，三是许多第三世界国家教育史学者撰写的国别教育史。由于前者，对于原始社会的教育已能不从假说（如教育起源于模仿），而从事实做出确有根据的描述和判断。由于后者，我们逐渐能够冲出欧美教育史的窠臼，而从更广的范围（包括第二世界、第三世界）阐明人类教育发展的往事。考古学者近年的成就对于研究教育史贡献尤大。其中特别引起国际学者惊异的是在亚述、巴比伦这块充满地下文化宝藏的地域，即今伊拉克国境，不但已经发掘出远古时期的城堡、宫廷、学校等比较完好的建筑物，而且远古使用苏美尔文书写的泥板书，也被大量发掘。在以往，无人通晓苏美尔文，直到1909年始有人试译了一片泥板书的意义。但此后40年通过十余国亚述学者的钻研，到1949年竟把这种死文字全部弄懂了。最有趣味的是如今发现的泥板文献中，主要是学生的作业，有的是教师批改的习字练习，有的是学生写成的作文，有的是学生互相攻击或戏弄的文字，都能反映当时的学校课程、教学、学风以及师生关系等等。学者们还发现一些家长训子和关于学校纪律的记述。这些珍贵文献使我们对于两河流域古代教育得到较为明晰的理解，知道远古的东方学校已构成人类文教史的光辉篇章。外国教育史对于上举三项新鲜事物不予理睬，是不能反映最新的科学成就的，是落后于时代的。在以往缺乏这些时，外国教育史流为偏而不全是难以厚非的，如今就必须予以补充，从而扩大学科的范围了。

二、要适当充实教材的内容，要重视有关生产斗争和科学实验的教育内容

毛泽东主席说，人类的社会实践包括阶级斗争、生产斗争和科学实验。这种多样性的实践迫使教育承担多样的职能。它既需要传播阶级斗争的知能和培养阶级斗争的人力，从而使教育发挥增强政治建设的功效；又需要传播发展生产的知能和造就生产技术的干才，从而使教育为解放生产力而服务；还需要传播科学成就和建立学术队伍，从而使教育推动文化迈进和发扬精神文明。古往

今来的教育史实充分证明，教育从不单一地片面地仅仅为某一项社会实践提供人力，而是全面地适应社会前进的需求的。在某一特定历史时期，教育可能着重或突出某项任务，但就历史长河而言，教育总是照顾全局而非永久局限于一端的。古今中外的史实也证明教育在这些范畴中的活动是繁多的，积累的经验是宏富的。外国教育史的研究应全面反映这些方面的内容，否则就必然显得干瘪贫乏，枯涩寡味，也就无法为当前进行"四化"建设提供参考借鉴，发挥历史科学鉴古知今和推陈出新的作用。

这里想着重谈谈生产斗争的教育问题。当前考古发掘和人类学者从对原始民族的调查所得，知道人类最初和自然界做斗争以求生存是艰巨复杂而含有大量危险性的，而且人类是为着战胜自然才组成社会的，生产斗争是原始群和氏族社会生活的核心。成年人向下一代传授生产知能是通常的现象，儿童青年通过模拟生产的游戏、见习成人生产的活动、辅助成人的劳动和参与成人的劳动，从而成长为正式的生产成员更是惯例。可以说，生产劳动教育的重要性在当时尤为突出。奴隶社会由于阶级对立，奴隶主阶级不劳而食，他们遂以文雅教育为时尚。不过，阶级斗争和生产斗争也非完全隔绝，在一定限度内，生产斗争恰是阶级斗争的重要环节。以埃及为例，它的富饶是尼罗河所赐，统治者为巩固政权，一贯狠抓尼罗河退潮后的土地测量和水利建设。他们搞好测量、兴修堤坝、开凿灌溉网，都仰赖几何学、天文学、水利学、建筑学的知识。埃及古代的专业常是家庭世代相传的，有的则是寺庙学校培养的人来承当的。海立欧波里斯城的日神大寺和底比斯城的加那克大寺，是赫赫有名的数学、天文学、建筑学、医学的学府，由高僧传授与生产建设有关的知识。在漫长的古代，人们所注重的生产知识并非永久一致的。埃及古代的法老除满足上述需要外，更注重修筑金字塔、宫廷、寺宇，土木建筑受到格外恩宠，因而大建筑师常位居首相之尊，或被招纳为东床驸马。可以想象有关生产建设的知识教育在当时是不会放松的。与此相似，古代亚述、巴比伦发展农业而注重的水利工程，雅典开展海上贸易而注重的造船工程，罗马帝国为便于统治而兴办的国道工程，也不会不需要教育来培植人力。资产阶级革命和产业革命以后，科学技术迅速发达，现代化工厂生产取代了手工作坊的生产，由学校培养劳动力取代了盛行于中世纪的艺徒训练。从此，各种类型的工农业专科院校有如雨后春笋。其学科的分化、教学的方法、师资的修养、设备的讲求，都随着生产力的解放而前进，也都直接地促进了生产事业的兴隆。所幸这后一历史时期在这方面的论著，举不胜举，表明生产斗争的教育已成为近代教育的特征。外国教育史不正视它，就不啻阉割了近代教育发展中生命力最强而且对社会前进贡献最大的组成部分，是极不恰当的。

再则，文化教育、博雅教育、英才教育都是教育史中惯见的名词。从古希腊的柏拉图起，"为知识而知识"和"为真理而真理"的思想就萌芽了。在柏拉图看来，理念世界是永恒不变的，现象世界只是它的阴影。说穿了，前者是概念或现象变化的规律，后者不过是受概念或规律所决定的具体事物罢了。柏拉图认为人智不齐，唯有哲学家理解概念、洞悉理念，成为真理的追求者、享受者和体现者。这种广求纯粹真理而不陷溺于俗务俗情的教育，叫作博雅教育。由于善于领受这种博雅教育的人是超人或英才，所以，也称为英才教育。流传到近现代，它就表现为学术教育了。柏拉图创立的阿加德米（Academy）和亚里士多德创设的吕克昂（Lyceum），就是实施这种教育的园地。近代呢？一般教育史家认为成立于1810年的柏林大学以教学和研究为务，颇有其典型性。这些古代近代的学府在培养学术人才方面的方式方法和经验教训，同样是外教史不可丢掉的宝贵章节。

因此，在重视研究教育在阶级斗争的作用和它的特点的同时，要注意研究教育在生产斗争中的作用、特点等问题。如今我国向四个现代化进军，亟待培养生产建设需求的科学技术人才和企业管理人才，同时也需要造就从事基础理论研究的专家学者。外国教育史应好好担起重担，充实教材内容，以便给这些方面提供借鉴。

三、要适当紧密古与今、东与西、国与国、理论与实际的联系

历史不是堆砌史实的流水账，要在事物发展的过程中寻觅其前后传承的线索和推陈出新的因果关系，从而在错综复杂的演变中见到其潜在的规律。否则各历史时期既似不相联属的豆腐块，同一历史时期的各项活动也似彼此隔绝的鸽子笼，前后不通气，左右不交流，就会令人感觉茫然一片，无头无脑。要克服这种缺点，则须紧密四种联系。

（一）要紧密各历史时期的联系

历史洪流是滚滚向前的。前一历史阶段把文化遗产传之后代，后一历史阶段批判继承前代的宝贵财富，企图斩断历史长河而另起炉灶，是非历史主义

的。教育史同样不容许对于"从前种种譬如昨日死，今后种种犹如明日生"，做出错解。以中世纪为例，基督教被罗马帝国定为国教后，禁制了古希腊学术，使欧洲进入黑暗时代，这是人所公认的。然而据此便判断它割断了希腊文化的命脉，是不符合事实的。因为在西亚、北非等罗马帝国边陲之地，收集、保存、翻译、注释希腊古籍的工作，未曾中止，而且从事这种工作者又恰是基督教教士。叙利亚的奈斯特利派，中国旧译为景教，它的教徒就把托勒密的天文学著作、葛伦的医学著作、亚里士多德的哲学著作、欧几里得的几何学著作，译为叙利亚文或阿拉伯文。后经穆斯林学者的介绍和钻研，以后又把它们译成拉丁文在白衣大食广泛流传，终于导致文艺复兴，使欧洲重见天日。这条弯路是够曲折的，但它说明历史文化的传递是堵塞不住的。从另一方面看，中世纪的僧院学校是承袭罗马学校的，而罗马学校是得自希腊学校的，僧院学校讲授的七艺更诞生于希腊。至于新柏拉图主义盛行于中世纪，用以论证上帝的存在，尤其表明基督教神学也曾求助于希腊哲学的。一向被视为西洋教育史的孤岛的中世纪既然如此，别的历史时期更不消提了。外国教育史应在各历史时代之间架起桥梁，使它们构成有机的整体。

（二）要紧密东方和西方的联系

正像不能把前代、后代割裂一般，外国教育史也不能把东西方的文化教育隔绝起来。古代亚历山大帝国自公元前4世纪起，凭借灿烂的希腊文化谋求广大被征服地区的统一，一方面既将东西方的科学成就冶于一炉，使天文学、数学、医学、物理学达到当时最高水平，一方面又使希腊学校传播到北非、西亚和印度等地。这就是有名的希腊化时期，是西洋史上的丰碑。在东方可与之媲美的是萨拉森帝国。萨拉森帝国的缔造者起于阿拉伯半岛的游牧民族贝都因人。他们文化低下，难以赢得较有水平的被征服者，如犹太教徒、基督教徒和波斯人的诚服，不得不吸取外族文化作为统治工具，又因各项事业的振兴非仰赖先进的知识不可；历代哈里发在文教上大行开放政策，伊斯兰教义因而比基督教、婆罗门教、佛教具有鲜明的世俗性。帝国于阿拔斯王朝分裂，西亚的黑衣大食、北非的绿衣大食和西班牙的白衣大食，纵然皆以《古兰经》为王冠，却无不致力多方面知识的吸取。它们礼遇非穆斯林学者，接纳非穆斯林学生，翻译和传播希腊古籍，一方面使伊斯兰文化迅速成长，一方面推动了东西教育交流。亚历山大帝国的都城亚历山大里亚和黑衣大食的都城巴格达，无异人类知识汇流的智慧之海，掀起东西方教育和学校互相师法的狂澜。外教史不把这类大事突出，就不能使人看清世界人类教育发展演进的重要脉络。而且就在希腊古代，即亚历山大帝国之前，爱琴海各国学者的交往也跟我国春秋战国时代一样，学生就学异邦和大师讲学异国是极为频繁的。总之，学术进步的客观规律迫使爱智之士冲破此疆彼界，自古已然。以后就更难划地自封了。

（三）要紧密各国之间的联系

以上讲了古与今、东与西之间的联系。近世以来，民族国家发达，各国之间的交接就更密不可分。理由很清楚，资产阶级革命给各国带来许多相同的教育课题，例如，怎样从封建主手中夺取教育领导权，怎样使教育为新政权服务，等等；产业革命又给各国教育带来许多相同的课题，例如，怎样发展科学教育，怎样创建专业院校，等等；工人阶级登上政治舞台更给各国教育提出基本相似的课题，例如，怎样向劳苦大众保证教育机会的平等，怎样将教育与生产劳动相结合，等等；如今人类跨入知识爆炸时代，各国又都面临开发脑力资源和大搞智力投资等课题。各国既出现相类似的矛盾，而且都在力求解决之道，遂使各国不得不互相观摩和取长补短，形成国际的教育竞赛和文化协作。外国教育史不论证这种交流，仅仅就英国而讲英国，就美国而讲美国，孤孤零零，各不相干，是很难令人理解教育演进的真相的。

众所周知，1807年第四次反法同盟战争后①，两国仇视。但法国见到普鲁士以教育为复国之本，锐意发展国民教育，由政府加强领导，成绩居全欧之首。法国于1830年7月革命后建立的新王朝不甘落后，时任教育部部长为富有历史眼光的学者基佐，迅即派力图改革初等教育的库森赴普鲁士考察，1831年库森提出有名的报告书，1833年政府颁行新的教育法令，向普鲁士仿效，很快地便使法国的小学网建成，面貌焕然一新。《库森报告》由英国人译为英文后，在美国的马萨诸塞、纽约、新泽西等州议会广为流传，群情激昂，终于酿成19世纪30—40年代轰轰烈烈的公共教育运动，推进了美国的初等教育。约在同时，1810年柏林大学建立，着重学术研究，成绩斐然，各国也争相走德国学术教育的道路。第二次世界大战后，美苏关系紧张，造成政治对垒。但1957年苏联人造地球卫星上天后，美国即于次年颁行《国防教育法》，再次年又派出考察团，赴苏考察教育，20世纪60年代更参照苏联而进行教育改革，在中小学注重数学、自然科学和外语等"新三艺"，纠正过去实用主义进步教

---

① 此处原文误为"普法战后"，编者根据相关史实进行了修改。——编者注

育造成的弊端。以上仅是信手拈来的例证，类似的史实多不胜举。所以，许多教育史学者和比较教育学者断言：各民族的文化都不是绝缘体，各国家的学校都是混血儿。外国教育史应竭力阐明各国教育之间的血缘关系，而且外国教育史和比较教育应在这一点上携起手来，结成关系亲切的姊妹学科。

（四）要紧密教育实践和教育理论之间的关系

人类在教育实践中总要产生矛盾，为解决矛盾而出现教育理论，以谋提高认识和推动事业。这样从实践到理论，从理论到实践，构成教育的历史。有的史学者重视教育实践的演变，有的著作侧重教育理论的发展，都未免于一偏。更有的是理论与实践互不沟通，尔为尔，我为我，机械地堆砌在一起。这是应纠正的。

一般说来，历代的多样的教育实施中是有主次之分的，同样，在教育思潮中也如此。如果说思潮之中还有左、中、右之分，那么主派代表当时教育发展的主流，既反映又决定当前教育事业的需要和发展方向，左派反映少数人的远见和先进阶级的利益，右派则为落后阶级或学者的喉舌。右派是走向倒退的；左派憧憬光明远景，但须经一段时间始得见之实现，其效果也不是立竿见影的；唯有主派，即统治阶级所接受的教育理论能直接指点教育的实施。治史者若能掌握主次的区别，就易于谋求理论与实践的紧密联系了。古希腊的教育理论流派纷呈，但以苏格拉底、柏拉图、亚里士多德为主，次为以普罗塔哥拉为首的智者学派。两派的斗争反映农业奴隶主和商业奴隶主的斗争，由于奴隶主阶级执掌教育大权，两派之争直接反映和影响着当时的教育发展。古罗马注重培养雄辩家和法学教育，西塞罗和昆体良关于雄辩教育的理论，恰好与教育实践相切合。中世纪崇信宗教和经院哲学，奥古斯丁和托马斯·阿奎那的神本主义教育思想和当时盛行的僧院学校，刚好密不可分。文艺复兴以后，人权从神权中获得解放，其教育设施和教育理论以人文主义和理性生产为特色。培根、洛克、夸美纽斯、卢梭、裴斯泰洛齐等人都是时代的旗帜。19世纪因产业革命节节胜利，功利主义和实用主义成为各国教育发展的普遍趋势。无产阶级壮大和觉醒，共产主义运动兴起，马克思主义教育思潮赢得了广大人民的信仰。经过无产阶级革命，社会主义制度在一些国家的建立，产生了崭新的以马列主义教育理论为指导思想的社会主义教育体系。总之，任何教育理论的产生都植根于当时的教育实践，并非凭空而至；它们曾对当时的教育实践做出了贡献，也非徒托空言的概念游戏。外国教育史应该探求两者的有机联系。

四、要用历史唯物主义的观点和方法对教育演变进行科学的分析

外国教育史要发挥其"古为今用"和"洋为中用"的效能,就必须对史实予以科学的评价,运用马克思主义的立场、观点和方法,对具体问题进行具体的分析。教育是一种较为复杂的社会现象,要看到它与政治的联系,某一教育思想、教育实施与教育家的阶级地位以及他的哲学观点有密切关系,但不能只从这一方面来判定其在教育方面的意义与是非。某些为统治阶级效命的教育设施,也可能通过实践而发现某些教育发展的规律,从而摸索到一些理论和经验,这些也可供参考之用。崇拜唯心哲学的教育家固然容易做出错误判断,但从柏拉图到杜威等许多教育家,不少都是唯心论者。如果不对为统治阶级服务的教育实践和唯心主义者的教育理论进行严密的科学分析,就不易真正地取其精华和弃其糟粕。近年来同志们对此已有所论述,在此不细谈了。

五、几个实际问题

首先,有的同志提出,如此地扩大学科范围、充实教材内容,详细论述多种联系,外国教育史必将成为庞然大物。各校安排的课时有限,教学必感困难。实际上,大学高年级生应能自学教材中的次要部分,不应由教师全部在课堂进行讲授。听讲与自修相配合是多种高深学科都应采行的方式,不仅外教史而已。全然由教师喂奶式的传授注入,不易使学生深入探索和独立判断,不利于在学习知识之外更获得智力的成长。

其次,外国教育史研究,必须贯彻"古为今用""洋为中用"的方针。但是,"今用"和"中用"并非易事。外教史是通史,在通史的基础上须进行断代史、国别史、专题史的研究,才能显示史的效用。否则,仅仅学习普通物理学便希望发射宇宙飞船是不切实际的。不过,对于某些当前的问题根据往事而提供参考意见,倒是可以的。我们对于长远的和当前的兼顾,复杂的和简单的兼顾,有计划地向前努力,既不能少慢差费,也不能立竿见影。

再次,同志们谈及古今众多国家的教育实践和理论涉及的方面广,涉及的时间长,涉及的课题繁,涉及的方法多,一朝一夕是无法予以解决而编为教材

的。的确，学科建设是非垂手可致的。上述四项意见并非一蹴可就，乃是希望教育史界具有较远大的眼界和较高度的要求，日就月将地把这门富有理论意义和实际效用的学科建设一番，使之达到真正的科学水平。

试谈外国教育史的"古为今用"和"洋为中用"*

一

研究中国教育史的同志讲求"古为今用";研究外国教育史的同志,在"古为今用"之外,还有"洋为中用"的任务。毛泽东主席在论述学习"古代的"和"异域的"知识时,强调"有的放矢",重视和利用古代的和外国的对于我们有用的知识,以解决中国的革命和建设问题。按照这个原则,我们要高瞻远瞩,博古通今,充分吸取中外教育史上的有益经验,加速我国社会主义教育事业的发展。有人怀疑外国教育史能否发挥这样的效用。本文对此略举实例予以阐述和说明。

(一)高等教育

第一,如今同志们常常提及把大学办成"教学中心"和"科研中心"的问题。外国教育发展史积累的经验,值得借鉴。国际上高等教育研究的权威本·代维(Ben Davi)说,美国有些大学是科学研究工作的肥沃土壤,取得了较大的成就。难道美国大学是轻而易举地做到这样吗?绝不!哈佛大学校长普赛在《美国高等教育:1945—1970年》一书中说,第二次世界大战后美国大学致力高水平的科研工作乃是革命性的变革。可见他们从未把科研和教学并列为大学的中心任务,高等学校把兴奋点投放在学术研究上是一种新生事物。我们不妨谈谈美国高校科研工作的发展过程。

美国在殖民地时期,仿照宗主国英国的牛津和剑桥大学,创建哈佛和耶鲁等学院。英国大学从中世纪起只是教学园地,并不进行科研。一则当时科学尚不发达,再则当时在教权统治下,学术研究被视为"危险信号",无人敢轻易

---

* 本文原载《河北大学学报》(哲学社会科学版)1986年第1期。

尝试。16世纪的人文主义学者阿斯奇①曾勇敢地提出,大学不研究学术,教学便似无源之水或无本之木,陈陈相因,日趋贫乏。阿斯奇是享有盛名的硕学之士,是伊丽莎白女王的帝师和玛丽皇后的拉丁文顾问,社会影响极大。在他一言九鼎之下,牛津、剑桥二校于16世纪中期向国会申请研究经费。不料非议顿起,伦敦大主教反对最为激烈,断言允许大学从事研究,不啻允许大学泛滥自由思想,异端邪说将会动摇人们的宗教信仰和国家的政权基础。终因反对派危言耸听,科研禁区未被冲破。美国在17世纪建立的学院唯英国马首是瞻,从未考虑过科研之事。美国于1776年宣告独立后,州立大学纷纷成立;19世纪经过南北战争,为适应工农业迅速发展的需要,公私立高等院校更如雨后春笋,科研的重要性始为识者所洞察。恰在此时,德国大学因发扬学术而走在世界各国前列,美国随而以德为师,才把环绕教学而进行研究提上了日程。

难道德国大学开展学术研究是轻易出现的吗?不。在中世纪,德国境内的大学同样是神学的堡垒。举世震惊的宗教改革于1517年爆发于威丁堡大学,正说明大学桎梏人智之甚。宗教改革是深刻的思想解放运动,德国的神权势力在大学饱受冲击后,学术研究才挤进了校门。1694年哈勒大学诞生,是德国大学走向现代化的标志。它宣扬探索真理,唾弃背诵基督教教义;罗致学者担任教授,鄙视不学无术的僧侣教士,教师被尊为知识的开拓者,鼓励自由讲学,破除束缚理智成长的清规戒律。耶纳、海德堡、柯尼斯堡等大学,仿效哈勒大学,学风为之大变。柏林大学虽迟至1810年建立,但在新人文主义教育家洪堡倡导下,益加旗帜鲜明地致力学术研究,乃成为德国大学的冠军。

在美国为数众多的高等院校中,哈佛大学的声望最著。梯尔校长于1862年就职,大力提倡研究的风气,却遭到许多人的反对。稍后,艾略特于1869年任哈佛校长,经煞费苦心,才建立了一个小小的研究生院。1876年,霍普金斯大学成立,校长吉尔曼在就职前,专程赴欧,参观柏林大学等校,引为楷模。那时适值德意志帝国建立后疯狂推行军国主义的时期,吉尔曼又乘机把那些由于思想进步而难于在帝国存身的德国教授,礼聘来校,从而创造了探讨高深理论的有利条件,他还选拔威尔逊和杜威等才华出众的青年做研究生,从此美国大学才由单纯教学而兼搞科学研究。但是,一直发展到一个世纪之后的今

---

① 作者也译作阿斯金,以下不再作注。——编者注

天，美国高等院校已多达 3 000 所以上，其中设置研究生院、能授予博士学位的院校仅 300 多所。这类研究生院注重的仅是进行研究人员的培养，其造就的人才还参差不齐，高下各异。至于设有规模宏大、经费充裕、设备高度现代化的研究所或研究中心，能罗致第一流学者专家，全力投入尖端科研，取得优异成果，使大学确能胜任"教学中心"和"科研中心"多重任务者，不过二三十所，不足高校总数 1%，而且多是第二次世界大战后的产物。就此可知，实现"两个中心"绝非一蹴而就之事。

我们社会主义国家贯彻"双百"方针，保证了学术自由，不存在欧洲大学过去遇到的敌视研究的障碍。然而，对我国现有的学术力量和物质基础，却不能不深加考虑。1869 年艾略特按德国原则整顿哈佛大学时，就苦于学生水平低下。他说，美国大学本科相当于德国文科中学水平，研究生缺乏坚实基础，培养工作难以进行。霍普金斯大学创建之初，不设大学本科，仅设研究生院，企图倾注全力从事学术教育，后来也因学生基础薄弱，力不从心，不得不增办本科。可见师资造诣和学生程度是学术研究的重要条件，是切不可忽视的。我国要把大学办成教学和科研"两个中心"，当然是令人鼓舞的事，但借鉴外国经验，似不宜急于全面开花，最好先由少数重点院校试行，待条件成熟再逐步推广。这样做是较为稳妥的。

第二，"大学自治权"或"给大学放权"之类，也是国内正在谈论的问题，外国教育史对此同样可供参考。欧洲大学起于中世纪。最初的大学既非政府开办，也非教会创设，而是师生组合的。意大利的那布勒斯海湾，一向是地中海岸驰名的休养胜地。在长达 200 年的十字军战争时期，大量伤员来此医治，急需医疗人员。12 世纪时有志学医的青年联合起来，和名医订立合同，规定学生纳费和医师传艺的条件。医生任务繁忙，由学生充当校长，处理日常校务，这便诞生了世界上最早的医科大学——萨拉尔诺大学。世界上最早的法科大学——波隆那大学，校址位于意大利北部国际交通要冲。那里商旅聚集，讼案极多，需要大量法律人才。有志法学的青年和律师签订合同，成立了学校，也由学生任校长。这类南欧大学虽由学生管理收纳用费、筹备校舍、安排上课等事务，但与"四人帮"时期的"上、管、改"不同，因为教授对学科内容和教学方法享有决定权，学生是专业方面的未成熟者，没有发言权或决定权。教授和手工业者一样，组成行会，按照专业的需要和特点，决定传授业务的标准和要求。政府以有大学为荣，给大学师生以免役、免税和过境的特权，却对专业工作很少干涉，大学教师享有充分的专业自决权。由于教学是大学的生命，所以大学的实权操之于教授。

约在同时，天主教会不甘放弃掌管教育的世袭特权，为对抗师生自由组合的大学，也于12世纪创建巴黎大学，委派僧侣为校长，担负治校职责。西欧、中欧、北欧诸国纷纷效仿。表面看来，这类大学由教会任用教授，由校长治校，实际上，教授仍享有业务领域的自决权。僧侣之流不懂专业，不时侵犯这种自决的活动，教授遂利用教皇与国王之间或地方与国王之间的矛盾，力图保障这种自决权。当巴黎市民干扰巴黎大学时，他们求助法王路易七世的庇护，当法王菲利浦·奥古斯都对大学施加压力时，他们求援于教皇而取得支持，每遇外界干扰，教授们便组织起来迫使地方实力派让步。1231年，罗马教皇哥里格利九世以谕令肯定大学的自决权，于是教授治校成为合法的体制，大学无异于独立王国了。从此，大学设置专业科目、颁发学位、聘请教师等，其实权掌握于教授会，由僧侣充当的大学校长顺水推舟。到13世纪末期，巴黎大学文学院长操持了校务大权，被公认为巴黎大学校长。他以学者而治校，巴黎大学遂成为中世纪最享盛名的大学。后来人们常说，上帝给予意大利的特殊恩赐是梵蒂冈的教廷，给予德意志的特殊恩赐是神圣罗马帝国，给予法国的特殊恩赐是巴黎大学。作为学府的巴黎大学能跟作为宗教最高权威的梵蒂冈教廷和作为政治最高权威的神圣罗马帝国鼎足而三，就足见巴黎大学的威望了。不过，一般大学在教授治校方面全然不受干扰的并不多见。

欧洲近代摆脱经院哲学枷锁的大学，由宗教改革后的德国开其端。德国大学经宗教改革的猛烈冲击，思想解放，着手学术教育，教授治校之风益盛。通常由政府指派学有造诣的教授充任大学"讲座"，为他们设立研究室，研究经费由政府拨给，研究室人员必须听从"讲座"的安排，无异僚属和长官的关系，举凡课程设置和讲授内容，概由"讲座"决定，力避外人干预。"讲座"专务学术，潜心钻研；而且校际展开竞赛。德国学生素有游学的传统，凡只在一校学习毕业者，被视为孤陋寡闻，其辗转各校遍访名师者，最为尊荣。"讲座"为尽心学术，吸引青年，自然充分利用自决权，把学术工作搞得尽量出色，因此造就了许多杰出的学者。他们又以各自的专长创立不同学派，建立起新进学科。赫尔巴特在柯尼斯堡大学创立实验学校，建立教育科学，冯特在莱比锡大学创立实验室，使心理学由哲学的附庸独立成为科学，这都是教育史和学术史上的里程碑。然而，后来由于军国主义猖獗，又因"讲座"制度不够完善，遂逐渐褪色。简单说，由于"讲座"为终身制，慢慢流为抱残守缺，不图进取，又因其势力过大，压制新生力量，对学术发展更加不利。美国大学在19世纪以前，实行英国式的导师制，由各导师负责教导若干学生，大学不分科聘请教授，而由导师负担所导学生的全部教学任务，注重人格感化，而轻学术培养。从19世纪中期起，美国以德国的讲座制取代英国的导师制，曾起过良好的作用。但后来流弊丛生，和德国如出一辙。恰恰当时因学术分化，大学科目日增，非改弦更张不可。约在19世纪70年代，便创立了"系"的新体制。其方法是将性质相近的学科归并为系，原有的"讲座"被安置在相应的系内。系的建立既便于教授在学术上分工协作，构成强有力的教学单位，又讲求民主作风，使同系教师结成伙伴关系，消除讲座独尊的旧法。新体制比以往跨进了一步。于是，欧洲大学转向美制学习。

在治校问题上，实行讲座制的德国大学，延聘教师、设置专业、颁发学位和进行研究等，一切均由"讲座"决定。"系"的体制产生后，则统由教授决定，系主任不过是主任教授而已。两制在实质上是一致的。由于大学是学府，讲座治校或教授治校都不是行政性和事务性工作，而是学术性和专业性工作。它绝不是像一些人误解的那样，以为教授治校是由教授掌管大学的收支、基建、保卫、食宿、清洁卫生等事。果真那样，即使组织多么完善，工作多么有效，也是舍本逐末，不符合"治校"的原意的。

在教授治校之下，大学校长处于怎样地位呢？英国牛津、剑桥二校校长是荣誉职，由名流学者担任，另设副校长负责行政事务，专业工作则由教授掌握。剑桥大学副校长阿什比说，校长的成功取决于使教授能够好好进行教学和研究。他还说大学领导和一般行政或企业的领导不同，后者通常是由上而下地进行管理，大学管理却要由下而上地进行。就是说，教学和研究都由教授做主，校长的本领是尊重专家学者的意见并发挥他们的专长。教授治校和校长治校显然不易分割。不过，阿什比虽然尊重专家学者，甚至称"教授是大学的皇帝"，但他认为专家教授仅在某项专业领域是大行家，而大学行政涉及社会和学校等众多方面，是极为复杂的任务，具有局限性的书生往往穷于应付。他的结论是，这类专家教授做不了校长，要由既懂社会的宽阔需要又懂大学教育规律的专家做领导，才能掌握全局和协调力量，从而胜利完成育才职责。

美国大学校长在最初并不是单纯抓教学的人，而是可为表率的优秀教师。校长不教学是不受尊敬的。因为在殖民地时期的哈佛等校，常仅十余名学生或数十名学生，校长兼负教学和行政职责。以后院校规模扩大，但有些院校直到19世纪后期，校长依然是以教学为主。霍尔从1888年任克拉克大学校长30年，不但没有因为治校而荒废治学，反而因为坚持刻苦治学，创立了发展心理学，在学术史上享有崇高威望。达尔文是生物进化论的创始人，霍尔则被誉为心理进化论的创始人。科南特任哈佛大学校长20年，也是一位研究化学而成就卓越的专家。霍尔等人从教学和治学上还为师生树立榜样，造成了浓厚的学术空气。

在另一方面，美国地广校众，大学管理不同于欧洲国家。英国牛津、剑桥两所古典大学久负盛名，历代帝王和贵族重臣乐于捐产捐款，企业大亨也肯于慷慨解囊，经数百年来的积累，基金充足，财力雄厚，不太仰赖政府拨款补助。这个自给自足的经济基础再加上数百年来的自治传统，大学自治权就很巩固，教授治校的力量很是强大，大学较少地受到政府和社会干扰。美国大学众多，条件很不平衡，很多院校依赖政府和企业经济支持，校董会由社会名流和企业主组成，校长对外的任务一向繁重；第二次世界大战后又因校内问题多端，更加劳其身心，"大学是大学校长的身影"，正反映美国大学校长的作用非欧洲可比。曾任加利福尼亚大学校长的克尔曾感慨地说："大学已成为杂学，校长也成为杂家了"。

今天，我国高等院校在坚持党的领导这一前提下，似可借鉴欧美大学一些经验。大学除以教学和科研为职责，还需和国家建设紧相配合，非仅仅过去经院式的学府而已。因而过去的教授治校和校长治校都难切合要求，如今英美提倡的民主管理就类似我国常谈的集体领导。欧美的教授治校主要是指教授在学术方面当家做主，说穿了就是"教授治学"。由于学术是大学的灵魂，大学的一切都服务于它，不妨说教授是通过治学而治校的。近年来，大学受社会变革的冲击，由长于专业而不解社会的教授来治校已不可能。美国大学校长通常既是通晓专业的学者，又是神通广大的干才。英国大学也在强化校长的作用。"校长治校"和"教授治学"乃是大势所趋。当然，治校治学不能割裂，治校之成功离不开治学之成功，所以校长要靠教授协作而治校，而且只有高明的校长才真能推动而不妨碍教授的治学。用通俗话说，校长和教授不是"尔为尔、我为我"，而应是合二为一的。阿什比说，校长干涉化学专家的学术工作，是该送进精神病院的，不达世故的专家掌握校务同样会失败。就当前我国改革领导体制而言，这不足为参考吗？

同志们谈论的放权问题，就是国家允许大学自行根据具体条件而发扬优势和克服弱点。大学是独立王国的时代已不存在，但欧美大学在大学的重要决策和教学科研发展方面，仍然享有极大限度的自决权和自主权。理由是高等教育不同于中小学所实施的普通教育，学术研究或专业培养所需的水平高和学养好的专家学者，各国都感不足，因而各院校的人力分布不会平衡，现代化的设备也不会各校都一样齐全。一个尺码的衣服要人人都穿是不行的。合理的办法是由各校审时度势地扬长避短，而不能一刀切。就我国考虑向大学放权问题的当前而言，这不可供借鉴吗？

附带说一句：欧美大学在民主办校的浪潮中，还给非教授的教学人员和非教师的工作人员以发言权。阿什比还说学生可以就学习和生活方面，参加校政的讨论。意思是在完成学术任务和政治社会任务的艰巨复杂的工作中，应叫大家从不同角度贡献智慧。显然，这也要分清主次而不能不适当地搞对等、搞平权。"校长是大学的神经中枢"和"教授是大学的灵魂"，当今已成通例。神经中枢和神经细胞的功能是不同的，灵魂和躯干的作用也是不同的。

（二）中等教育

第一，近年来，我国正讨论中等教育结构改革问题。在这方面，外国教育史也是可供参考的。美国在19世纪中期，中学兼顾就业和升学两种任务。但在南北战争以后，迅速发达的生产事业迫切需要人才，过去仅在中学开设少量职业科目的做法，已不适应。麻省理工学院院长栾库便参照俄国、瑞典、芬兰的经验，于1880年创立了工科中学。在南北战争期间为改进农业生产，联邦农业部于1861年成立。国会又于1862年通过《莫雷尔法》，由联邦拨地给各州开办农工学院，造就所需人才。在一片重农声中，明尼苏达州在1888年创办了农科中学。1898年美西战争结束，美国势力伸到拉美和亚太地区，为扩大国际市场，进行经济掠夺，商学院和商科中学随之问世。当时初等教育走向普及而师资不足，于是广泛开办师范学校。上述各种中等学校都是切合生产发展需要而兴办起来的，因为有利于经济发展，政府肯于大力举办；又因便于学生就业，家长乐于送子女入学。1870—1940年，美国人口增加3倍，中学生却从8万人而跃至700万人，约为90倍之多，这种几何级数的增长，正反映中学为面向现实而实行的结构改革是成功的。原先那些单一类型的中学缺乏适应力，既不适合数量众多的学生的需要，又不适合门类众多的职业和事业的需要，进行改制就成了势所必然。

但也必须指出，第二次世界大战前，美国中等教育以实用主义哲学为指导，偏重职业训练，轻视系统的理论学习。二战后才扭转偏向，重视科学基础的教育，因而或多或少地出现了中学非职业化的倾向。道理很明显，高度现代化的生产事业和国防建设都需要高深的科学基础。美国科学家称基础研究恰似下金蛋的鹅，仅仅猎取实用技术而期望所学"立竿见影"，则是短浅之见。他们认为照顾学生就业对口，而只进行职业技术的训练，广大学生必将因欠缺坚实科学教育而难以跟上科学技术迅速发展的形势。反之，给学生打好科学基础，他们就业时虽不能立即对好口径，但经短期训练，就能闯过难关，轻装前进；更重要的是他们凭恃雄厚的基础继续提高，后劲无穷。美国当前许多职业中学正在加强数学、物理学、化学、社会学等基础课。有的职业中学因条件不备，指令学生到普通中学先学好基础文化科学知识，提高学业水平；有的职业中学索性只收在普通中学已学毕基础文化科目的学生，入校后则进行技术专业培养。总之，基础教育已成为当前美国中学的"兴奋点"。

如今，我国教育工作者呼吁改革中学体制，使之多样化，以适应四个现代化的需要，是适合时宜的。但二战后美国中学注重基础培养，而反对过早过狭的专业化的趋势和做法，也是值得重视的。

第二，我国当前中学生大量增长，高等院校招生名额有限，一年一度的高考给广大师生造成了巨大难题。美国在中学生猛增时期，也曾有过类似现象。他们的解决方案是：建立大学和中学间的桥梁，实行大学对中学的认可制度。1870年，密歇根大学派员考核全州中学课程设置和教学情况，规定凡被认为合格中学的毕业学生，无须经过入学考试，即可直接升入该校。随后，1885年新英格兰各州院校，1892年沿大西洋中部各州院校，1894年北中部各州院校，1895年南部各州院校，先后组成六个地区院校联合会，凡联合会视察合格的中学，称为认可中学，其优秀毕业生免试升入各该地区的院校。虽有些院校加试一些科目，但总算简便易行，而且靠平日成绩也比凭一场考试决定考生优劣，能够避免偶然性而增加可靠性。这种办法和精神，我们似可用为参考。可以预期，如果依靠平时教育，不采取为追求升学率而出现的突击性的措施，目前中学里的矛盾会大为缓和的。

以上四项都是当前教育改革中最突出的课题，研究外国教育史的有关史例可以帮助我们寻觅捷径，少走弯路，更好地完成快出人才、出好人才的任务。美国加州大学教授拉斯特在所著《教育的未来》中说："当我们离开现代世界而进入更现代化的新世界时,我们不应希望得到一个超现代的世界;辩证法告诉我们应当期望得到一个传统和现代双方矛盾的综合。"很清楚,人类社会的前进,纵然在飞跃时代,也不能完全抹杀历史。

二

美国教育家杜威说,正像两点间构成一线,在教育出发点(儿童)和归宿点(社会)之间,构成了教育过程。这是对教育意义最简赅的解说。从出发点看,任何时代和地域的婴幼儿和青少年的心理发育基本相同。正因如此,心理学才是具有普遍适应性的科学。从这个意义讲,则时无古今,地无中外,教育工作的起点是在一条线上的。再就归宿点看,教育是向社会发展所需的方向塑造未成年者的灵魂,这在古今中外也从无例外。人类社会虽因时代、地域、阶级性而彼此不同,但人类社会的共同性绝对不能抹杀。任何社会都需要采用当时视为优良有效的手段,造就社会需要的新人。所不同者乃是各时代各国家的政治、经济和文化不同,在培养的具体目标、教育的具体内容、教学的具体方法和教育的具体组织上,表现出千差万别而已。不同时代、国家、阶级的教育,其间虽有这样和那样的不同,但在这些不同之外,总还存在着共同性。这种共同性所体现的就是不分时代、国家、阶级而带有普遍性和一般性的规律。例如,教师要根据社会要求而向学生培养品德、传授知能,这是彼此相同的。再如,在德育方面,要在树立道德规范的同时,着重人格感化,要从良好习惯的养成,过渡到崇高理想的建立,这在古今中外是普遍有效的。又如,在智育方面,要针对社会形势而学以致用,要适应受教育者的身心发育而量力施教。这一切都是教育领域的通例,不随时、地而异和不因阶级而别。正是因为教育过程基本相同,教育规律基本一致,"古"才能用于"今","外"才能用于"中"。见其同而忽其异是错误的,见其异而忽其同,也是不能容许的。认为古与今无可通,中与外无相共,是违反科学的。

三

说明"古今中外"相通的道理之后,我感到几种思想障碍必须廓清,否则,"今用"和"中用"就不容易做到。

其一，在过去，由于强调社会主义社会和剥削阶级统治的社会具有本质差异，因而有人认为"社会主义教育的各种规律不能从教育史中去找"。似乎从历史中找规律就必然是保守倒退。如今"面向未来"，研究教育史又好像是向后看，而不是向前看。这是一些值得商榷的判断。社会主义教育同奴隶社会、封建社会和资本主义社会的教育，在阶级性和方向性上不同，这是无疑义的；但社会主义教育是人类教育历史的合乎规律的必然发展，同样是无可置疑的。具体讲，人类教育无一不是以前人的成就为基础而继续向前发展的，绝不能把"不破不立"理解为必须把旧教育统统砸烂，才能建起崭新的教育，而应理解为破其所当破和用其所当用，才能达到"立"的要求，建立起新的教育事业。马克思在《路易·波拿巴的五月十八日》中说："人们自己创造自己的历史，但是他们并不是随心所欲地创造，并不是在他们自己选定的条件下创造，而是在直接碰到的、既定的、从过去承继下来的条件下创造。"①列宁批判无产阶级文化派时说："马克思主义这一革命无产阶级的思想体系赢得了世界历史性的意义，是因为它并没有抛弃资产阶级时代最宝贵的成就，相反地却吸收和改造了两千多年来人类思想和文化发展中一切有价值的东西。"②他在《青年团的任务》中更加明白地指出："无产阶级文化并不是从天上掉下来的，也不是那些自命为无产阶级文化专家的人杜撰出来的，如果认为是这样，那完全是胡说。无产阶级文化应当是人类在资本主义社会、地主社会和官僚社会压迫下创造出来的全部知识合乎规律的发展。"③很清楚，认为历史遗产不该研究和不该继承，而只能批判或否定，乃是历史虚无主义，是革命导师所不取的。革命导师教导我们的是批判继承，是取其精华而去其糟粕，尤其要用无产阶级立场、观点、方法对历史遗产妥善加工，"得出了那些被资产阶级狭隘性所限制或被资产阶级偏见束缚住的人所不能得出的结论"④。不待言，鉴古是为了知今，为了创新，绝不是走崇古泥古的老路。

其二，在过去由于强调社会主义国家和资本主义国家具有本质区别，要和资本主义国家在政治上划清界限，有人误认两种不同国家在文化、教育上存在不可调和的矛盾，向资本主义国家学习就是搞资本主义复辟。实际上，正和对历史遗产应该批判继承一样，对外国所取得的成就也应该批判吸取。资本主义

---

① 《马克思恩格斯全集》（第8卷），人民出版社1961年版，第121页。
②③④ 《列宁选集》（第4卷），人民出版社1972年版，第362、348、347页。

国家政治制度虽不可取，但其文化教育成就仍不失为人类智慧的结晶，而且多是辛勤劳苦的脑力劳动者创造的业绩，不能统统划在统治者的账上。当苏联建国之初，列宁在1918年发表的《苏维埃政权的当前任务》中说："社会主义实现得如何，取决于我们苏维埃政权和苏维埃管理机构同资本主义最新的进步的东西结合的好坏。"①在教育方面，列宁甚至讲："苏维埃政权＋普鲁士的铁路秩序＋美国的技术和托拉斯组织＋美国的国民教育等等等等＋＋＝总和＝社会主义。"②看！这是何等的伟论！

如今教育要"面向世界"，闭关自守的想法已成过去。实际上，当人类处于生产落后而交通闭塞时期，地域观念流行，只落得老死不相往来。如今科技的惊人发达，不但使"天涯若比邻"，而且已经跨入宇宙航行和登月登天的历史新纪元，全人类学术汇成的洪流，正在以排山倒海之势滚滚向前，我们应当善于迎接它和利用它，而不该回避和辜负它。

其三，在过去，由于强调阶级斗争是历史前进的动力，因而误认人类全部历史就是阶级斗争史，历史著作就是阶级斗争教科书。根据这种逻辑推论，教育史不过是教育领域的阶级斗争史，外国教育史不过是外国教育领域的阶级斗争史。实际上，这是狭隘而片面的理解。在这种错误思想指导下，教育史就无法反映教育发展的全貌。毛泽东主席说，人类的社会实践包括阶级斗争、生产斗争和科学实验。显然，除阶级斗争史外，历史还是生产发展的历史，教育史又何尝不是为促进生产而培养人的历史？随着社会前进，文学和哲学、科学和技术，日积月累，日新月异，形成了灿烂的文化。它们促进了教育的完善化，教育也广为传播和提高了它们。历史当然又是人类文化发展史，教育史也是通过培养新人而发展科学、文化的历史。更何况教育在诸多社会职能中有其特殊的任务和特殊的规律，在长年累月的实践中已经积累了无比丰富的遗产，这样，教育史更是教育事业和教育科学发展的历史。当然，夸大一端而抹杀其余，是违反科学的。很多同志想从外国教育史中寻找培养科技人才的先进经验，解决快出人才和出好人才的问题，却在教育史中遍寻不得，原因就在于过去处理教育史的观点的狭隘性。实际上，世界各国无不为胜利进行阶级斗争、生产斗争、科学实验而造就所需人才，其教育范围都是宽广的，都曾从德、

---

① 《列宁选集》（第3卷），人民出版社1972年版，第511页。
② 《列宁全集》（第34卷），人民出版社1985年版，第520页。

智、体几方面狠下功夫,取得正反两面的经验。用教育科学探测仪对它们加以探测,就会穿过深厚的土层,发现琳琅满目的有助于我国教育建设的瑰宝。无疑,认真开发和正确利用这些宝藏,是要付出艰苦的劳动的。

外国教育史教材建设的回顾与展望*

中华人民共和国成立初期，高校讲授外国教育史曾采用苏联教本，只用极少量的英美教材补充。20世纪60年代之初，我参加编写教育部主持的外国教育史教本，补充的英美教材增加，但基本精神仍旧。

其一，我感到过去的教材曾失之于"左"。

苏联教本在论述政治性和阶级性方面，有可取处，在学术分析和评论方面却有不足。1987年4月苏联《哲学问题》杂志社召开讨论会时，谢苗诺夫等专家的发言，道出我当年的感想。他们说苏联从30年代开始，哲学在官僚主义气氛中走上"简单化"和"粗陋化"的道路，以致"教条式的引经据典占了上风"，哲学研究失去了独立性或个性。一方面，"看风使舵的性质强化了"；另一方面，在研究外国资产阶级科学思想方面最时髦的方式就是"揭露"……甚至连爱因斯坦也不曾幸免。如今苏联学者希望"把烦琐哲学、诡辩术、本本主义和无个性从哲学中驱逐出去"。因为"多一些辩证法就意味着多一分马克思主义"①。这些论断应用在与哲学有血缘关系的外国教育史的教本上，是相当允当的。

其二，我感到过去的教材还失之于"旧"。

党的十一届三中全会前后，我参加和主编两部教材，一是20世纪60年代着手编写的《外国古代教育史》（1981年人民教育出版社出版）和《外国近代教育史》（1989年人民教育出版社出版），二是山东教育出版社委托主编的六卷本《外国教育通史》（1989—1994年出版）。就这两项工作而言，同志们的思想比以往解放了；但数年的经验使我深深感到并不是破除清规戒律就能写出好书，现今特别迫切需要的是像生产部门快速引进国外先进科学技术一样地快

---

* 本文原载《教育史研究》1996年第1期。
① 《苏联哲学家在想什么》，《光明日报》1988年8月22日。

速引进其他国家教育史研究的精湛成果。国外教育史家近 40 年的努力所取得的成果是丰硕的，而我们由于过去封闭型的治学环境，中外教材的差距遂很明显。邓小平同志在《教育战线的拨乱反正问题》中说："教书非教最先进的内容不可。"他又在《关于科学和教育工作的几点意见》中说："教学要反映出现代科学文化的先进水平。"不待言，我们必须借助他山之石，赶快给外国教育史课本输送新鲜血液。

据我所知，国外新著颇有可资参考借鉴者。以鲍文所著《西方教育史》为例。该书共三大卷，内容丰富，论点多有卓识。著者自己曾以此书和法国启蒙学者狄德罗编著的《百科全书》相比。他说狄德罗的巨著是历时 15 年之久完成的，《西方教育史》也是 15 年心血的产物；狄德罗是 37 岁开始编著工作的，他也是从 37 岁着手撰写的；18 世纪的法国是天翻地覆的，但 20 世纪比那时的法国更加天翻地覆。弦外之音是该书乃不朽之作。他认为搞历史离不开占有文献，同时也离不开现场调查和科学钻研。他曾长期到地中海一带以及西欧、北欧、东欧、美洲、亚洲等地。他浏览各地图书馆和博物馆的收藏，观察各地的历史遗址和遗物，访问各地专家和学者，认真地搜集和核实史实和史料。该书所用资料的准确度和覆盖面的广博度，均为以往和当前其他教育著作所无有。它拓宽了读者的视野，而且对于重要的教育演变、教育人物和教育理论，阐述得详尽而细腻，点燃了读者的求知兴趣，极能引人入胜。我敢确信这些新著若能真成为我们革新教材和编写新著的参考依据，将来的教材肯定会面目焕然一新。

其三，多年来由于思想"左"和资料"旧"，外国教育史的教材便流为内容"窄"而"空"。良好的教本，应该针对以往教材的弱点来逐一克服。

首先，外国指世界而言，外国教育史不同于西洋教育史或欧美教育史，而且古代东方国家的教育是早于西方而发达的，所以教材要兼顾东西。近年在欧美学者所著西洋教育史中，无不在讲古希腊教育以前，大讲东方古代教育。古德在《西方教育史》中讲述两河流域教育和希伯来教育。佛罗斯特在《西方教育历史和哲学基础》中，分别讲述两河流域、尼罗河流域和黄河流域的古代教育。鲍文在《西方教育史》的首章讲述两河流域古代教育，次章讲述埃及古代教育。甚至在更早出版的孟禄（P. Monroe）著的《教育史》以及伊比和爱尔伍德合著的《古代和中世纪教育史》中，也先由古代东方国家的教育讲起。我们东方国家的外国教育史教本对此更要予以足够重视，不该蜻蜓点水，一笔带过。再则，古代东西方教育的发展大都和宗教有关，过去偏重讲述基督教教育而忽视佛教和伊斯兰教教育，也是缺陷。因为佛教、伊斯兰教和基督教是世界并称的三大宗教，而且在教育上都是影响广远的。如今人们愈来愈加认清世界教育的萌芽成长和发展演变从来就是多元的而不是一元的，是多样性的而不仅是希腊、罗马一个模式和一个类型的。因此，教材必须突破历来以欧洲为中心和以欧美为范围的结构，以求符合历史的真实面目。

其次，教育史要表述教育领域的阶级斗争，但如果仅以阶级斗争为纲，把一切皆硬套在阶级矛盾和斗争的公式中，就无法窥及世界教育演变的全貌。众所周知，社会实践包括阶级斗争、生产斗争和科学实验。为着发展生产和发扬文化，历代教育都曾致力育人储才工作。如果先人们以往不从多方面以教育为基础来开发脑力资源，就没有今日灿烂的物质文明和精神文明。社会主义社会要建设物质文明和精神文明，当然急需探索教育的往事，从而鉴古知今，做到"古为今用"和"洋为中用"。目前有人嫌教育史空疏无用。实际上，教育史未涉及过去如何对于生产斗争和科学实验等方面所做的储才工作，造成不该造成的空白点，怎能发挥今用和中用呢？再清楚不过，只有冲破过去的"窄"的内容才是正当的出路。

再次，处理好政治分析、哲学分析和科学分析是头等要事。过去由于"宁左勿右"的思想作祟，在讲述各时期教育发展时，侧重突出统治阶级教育的反动性和阴暗面，而讳言其积极性和光明面，其结果或陷入历史虚无主义，或流为根据不足的溢美论断，都不能公平如实地去求教育发展的客观规律。实际上，统治阶级虽则主观上是要从思想上奴役人民和培植爪牙，但他们在这些工作中总是追求成效的，在长期努力下总会积累育人宝贵经验的，所以不能不加分辨地完全抹杀。列宁在1918年就曾说道："社会主义实现得如何，取决于我们苏维埃政权和苏维埃管理机构同资本主义最新的进步的东西结合的好坏。"[①]与此相似，过去的教材每每以唯物主义和唯心主义为分水岭，肯定前者的教育贡献，而否定后者，这也不是实事求是的态度。

恩格斯在《费尔巴哈与德国古典哲学的终结》中明确指出：哲学家依照他们对待思维与存在和精神对物质的关系问题的回答不同，便分成了两大阵营，即唯心主义和唯物主义；但"除此之外，唯心主义和唯物主义这两个用语本来

---

① 《列宁选集》（第3卷），人民出版社1972年版，第511页。

没有任何别的意思"①。这就是说，我们不能仅凭唯心主义和唯物主义而判断一切。例如：柏拉图、卢梭和杜威被公认为世界教育史上的三大里程碑，但他们刚好在哲学上都是唯心主义者。过去曾因唯心主义者而贬抑柏拉图并狠批杜威，以致把糟粕和精华一起抛弃。这种偏激是不恰当的。实际上，"50年代以前，在社会主义各国，实用主义作为政治批判的对象，被归结为帝国主义哲学。60年代中期，苏联哲学界的态度有了明显的变化。80年代初，出版了实事求是地评述实用主义著作。在此期间，我国理论界不仅继续对实用主义哲学持完全否定的态度，而且使50年代初批判实用主义时形成的对待非马克思主义哲学的'左'的模式推广到整个哲学领域……这种出于一时的政治需要的批判无助于认识实用主义本质，恰恰表现了一种庸俗的实用主义态度"②。外国教育史教材含有许多近似的事例，当竭力改正，不能再仅顾政治和哲学分析而抹杀科学分析了。还有，国外新著日益重视各种文化教育的国际交流，很有道理。因为世界文化教育不但是多元的而非单元的，而且不同文化教育是通过彼此接触而向前迈进的。有的学者说，当各国在战火纷飞的时刻，它们的教育文化却常是和平共处而互相取长补短的。从大量史料看，古代亚历山大里亚城对于东西方文化教育交融是有重大意义的；伊斯兰教文化对于欧洲文艺复兴是有功的；英、法、德、美诸国由于相互访问取经，才有近代学校的蒸蒸日上；西学东渐才有日本的现代学校和我国清末建立的学制。这些史实雄辩地说明世界文教都不是绝缘体，当今各国的学校都是混血儿，讲述一个时代或一个国家的教育是要注意勾画它们之间的血缘关系的。在此还须考虑的是中国对于世界文教做出的贡献，应该怎样增加在外国教育史课本之内。就对东方而言，我国当战国时期已与日本交往，隋代两国正式通使，日本于唐代大量派来遣唐使和留学生，孝德天皇为进行汉化而开展的大化改新运动③，其主持人即留唐学生高向玄理。朱舜水因明亡赴日乞援，不成，但被奉为国师，输入儒家思想，给明治维新以启发。王阳明的知行合一说更是如此。就西方而言，德国学者莱布尼茨④曾指出天主教耶稣会曾是欧洲和中国文化沟通的桥梁，西欧各国依照中国

---

① 《马克思恩格斯全集》（第21卷），人民出版社1965年版，第316页。
② 《实用主义哲学的新研讨》，《光明日报》1988年8月8日。
③ 原文为"大化维新运动"，编入本书时编者修改为"大化改新运动"。以下不再作注。——编者注
④ 作者也译作莱布尼兹、莱布尼志。——编者注

科举制度而实行严格考试制度和职官考选制度,都是耶稣会教士之功。张星烺先生的《中西交通史料汇编》,季羡林先生的《大唐西域记校注》前言,朱谦之先生的《中国哲学对欧洲的影响》,齐思和先生的《中国和拜占庭帝国的关系》等,都给我们提供了钻研的线索。类似的史例不胜枚举。今后应该把东西教育史衔接起来,把中外教育史挂起钩来,使读者悟及人类教育史的整体性,看清教育发展中虽则存在着此疆彼界,却是息息相通,尤其要看清文化教育上的关门主义是违反规律的。

最后,对于"用"也应有正确的理解。教育史属于基本理论学科,要它为解决高考和德育之类的具体业务问题提供切实可行的方案,的确不易胜任。但在另一方面,它却能培养人们观察教育问题的眼光和对于教育课题的领悟能力。从表面上看,柏拉图的教育理论没有什么用场;但讲到从公元前4世纪开始的希腊化时期,阐述亚历山大大帝在缔造横跨欧、亚、非三洲的强大帝国之际,竟然在埃及筑造名城,礼遇各地学者,奖励学术交流,并给人类文化做出宏伟业绩时,不就是在挖掘他的思想渊源吗?原来其父马其顿王腓力二世曾邀请亚里士多德任宫廷教师,而亚里士多德传授的乃是柏拉图的理念论和理想国,这套推崇理性和憧憬哲王政治的思想进入幼年亚历山大的心灵,他长大后遂在以武力得天下的同时,积极振兴文教,以行哲王之治。到这里人们自然看出柏拉图的理论曾以迂回而间接的方式,造育了贤明的政治家,其功绩不可泯没;而且新柏拉图主义和中世纪经院哲学的关系,更非同小可。可见所谓"用"不能仅限于提出解决当前具体事务的方案方法,或获得丰厚的经济收益,还须注意其在启发认识和领悟等较高层次能力的收获上所具有的潜在威力。为了联系实际,有人考虑把一些重要法令、方案、报告等历史文献纳入教本,实际上这未免画蛇添足。有人考虑在教材之外,给学生有选择地布置一些适合现实要求的课外读物,倒是比较可行的。当然,最根本的解决之道是在通史之外,帮助学生学习一些断代史、国别史,特别是专题史。这种最高的学习目标是需要长期艰苦努力才能达到的。外国教育史是通史,仅能开其端倪,过急过高的要求是不妥当的。

研究教育史有助于促成教育现代化[*]

在过去,"四人帮"认为教育史是"封、资、修大杂烩",起的是反面教员的作用,是放毒的课程,列为要被砸烂的"四旧"。我们现在要批判这种说法。依我看,教育史是人类教育遗产的宝库。教育遗产很多,从我们有文字记载的历史来讲,就有好几千年了。没有文字记载而发掘出来的东西更早。这里蕴含着很多教育常理,叫规律也好。学习教育史就是为了掌握人类教育遗产宝库的钥匙,打开这个宝库。

要发展教育事业,不论中外,总得通过三条途径。

第一,根据国家的具体情况,按照立国精神,独立创新。我们的国情不同于外国,我们的现状不同于古代,不能任意东抄西袭,得自己创新,"自力更生"。不能,就满足不了国家的经济、政治等各方面的要求。

第二,借鉴别国的经验。搞独立创新并不是关起门来,完全凭自己的智慧、经验来做。通过文化教育的交流,可以吸取别国的好主张、好经验,作为借鉴。日本的明治维新到现在不过一百多年,可是日本的教育上去了。为什么?它是借助别国经验的。最初,它借助德国。第二次世界大战后,借助美国。美国在殖民时期,全盘照抄英国。美国建国以后,它迈开双脚,走自己的路;同时它大大吸取了德国、法国、瑞士、俄国、芬兰、瑞典等许多国家的教育经验。美国教育简直是世界各国教育的熔炉。它不是关起门来干,因此很快就上去了。

第三,借鉴于古人。教育事业周期性很长,有其特殊性。我们过去讲十年树木,百年树人。这说明树人不是短时期的事。一种教育制度,一种教育思想和方法体制,凡是曾经存在和起过作用的,每每不是三年五载能够评论它的是非成败。这个评论常常要在十几年、几十年甚至百十年以后来做,不可能

---

[*] 本文原载《教育史研究》1992年第3期。

"立竿见影"。教育事业周期性这么长，因此要对教育事业做实验，有时很困难。比如，试验一种教学方法，试验班级的活动，相对地讲，或许可以短期定论。有的问题，得从长期实验中去找，那就该从历史的宝库里去挖掘。教育实验不同于物理实验、化学实验。教育实验室广大得多，长时间的大规模的实验，只有考证历史。在我看来，历史就是教育实验的一个大课堂。我国的科举制度，经历一千多年，书院制度也经历了一千多年。要从这里找出规律来，那就得去研究千百年的实验结果。

总之，发展教育事业要靠三条途径，要自己创新，也不能闭关自守，更不能割断历史，要尊重历史。我们常讲："前事不忘，后事之师也。"从前的事情不忘，就可以给以后的事情做教师。过去有一种错误的想法，说我们办社会主义教育，不能从教育史去找规律。依我看，社会主义教育不能从历史中去找方向，因为奴隶社会、封建社会和资本主义社会教育的阶级性跟我们不一样。但是，规律嘛，我看可以找。例如，在教学上，"循序渐进""因材施教""教学相长""不愤不启，不悱不发"等，都是古人留下来的宝贵的规律性的知识。所以，办社会主义教育，不能搞历史虚无主义，要从教育史中找规律性的知识，滋养我们的教育智慧，扩大我们的教育眼光。各种教育事业在历史发展中遇到过什么困难，经历过哪些斗争？怎么得到成功？现在发展的方向是什么？研究这些就可以得到很多有益的知识，而且还可鼓舞我们的斗志。有的同学学了教育史说：从前认为做教师是苦差事，现在我要当一个中国的马卡连柯。有的同志讲，我要做现代的夸美纽斯。有的同志讲，中国有个陶行知，我要做陶行知第二。若不读教育史，他们哪里知道有夸美纽斯、马卡连柯、陶行知呢？所以，学教育史就看你会用不会用。封、资、修的糟粕，的确是毒。你不会消毒，它们可能害人。但是，我们有了马列主义的立场、观点，有了正确的历史观，可以分析批判，给它消毒，变为有用的东西。例如毒蛇，大家不敢接近它，但广东人能把毒蛇做充分的利用，有的可以做吃的、用的东西，有的可以做药品，让它为人民服务。古代的教育史，当然有糟粕，我们就要如同治毒蛇一样，化毒为利，充分利用它。学习和研究教育史，要真正下功夫，整理教育遗产，利用这个遗产，这得花很多艰苦的脑力劳动。下了功夫，我们研究可以发现一个大金库，这是教育智慧的金库。这个金库发掘后，对建设我们现在的教育，一定大有好处。

下面，我先从高等教育发展的角度讲三个问题。

第一个问题，有许多朋友问，大学要成为教学与科研"两个中心"，成不成？这的确是新事物。在过去有没有呢？别的国家不谈，以美国为例。美国大学搞科学研究工作，有个艰苦的过程。现在，美国高等教育相当发达。全国一共两亿多人口，竟有3 000多所大学和学院，有1 300万人进大学。有的资料说美国适龄青年入大学的占53%，比例相当高。可是，美国大学是不是都成了"两个中心"呢？没有。美国现在3 000多所大学，真正成为"两个中心"成绩显著的，通常说有10所。西海岸3所：加州大学、加州理工学院、斯坦福大学；中部2所：密歇根大学、维斯坦辛大学①；东部比较发达，有5所：哈佛大学、麻省理工学院、霍普金斯大学、康奈尔大学、普林斯顿大学。本·戴维是研究世界高等教育的权威。他讲美国高等学校能够把这两个任务都完成的，有20所左右。联合国发表的资料，认为有26所。英国剑桥大学的阿什比校长，在美国考察得出的结论说：美国这类大学约有30所。3 200余所大学，只有30所能做到"两个中心"。

我们还可以从历史上追溯一下，看"两个中心"在美国怎么发展到今天。哈佛大学校长普赛于1978年发表《美国高等教育》一书。他说，科学研究挤进大学门墙之内，是一场激烈战斗的结果。为什么？一方面，人们思想上不接受；另一方面，条件不具备。因此，战斗了100多年才达到现在的状况。

最早的美国大学，是哈佛。1636年建校时是一个很小的学校，只有13名学生，一个教授。他既是校长、教授，又是事务员，打铃、布置桌椅都是他，买东西也是他。校舍设备也很简陋。发展到美国建国以后相当长的时期，哈佛还只是一个教学园地。美国大学从19世纪20年代才开始考虑科学研究问题。在考虑这个问题时，大家意见纷纷，认为大学不是研究院，大学是教授真理的地方，而不是钻研真理的地方。否则就是越俎代庖。美国原来是英国的殖民地，其教育是学英国的。英国曾考虑过大学要搞研究。16世纪文艺复兴时期，英国有个教育家，叫阿斯金。他说，大学不做科研，大学教授的知识就是无源之水、无本之木。他建议大学要有点经费搞研究。阿斯金很有学术地位。另外，他是英国女王伊丽莎白的教师，以后又任玛丽皇后的顾问，政治影响很大。在他大开新风之下，经过一段时间，牛津和剑桥两所大学在1584年向国会要求拨给研究经费。战斗就从此开始。伦敦的大主教首先反对。他说，如果

---

① 今多译为"威斯康星大学"，以下不再作注。——编者注

大学允许研究存在，就是允许自由思想存在。这对英国的政治基础和宗教信仰是极不利的。要搞科学研究，要解放思想，打破禁区，保守派都不愿意。英国宗教领袖的地位很高，教会带头反对，国会就把大学的合理请求推翻了。美国唯英国的马首是瞻，因此，哈佛也好，耶鲁也好，都是不把科学研究考虑在内的。独立思考，想自己搞一套东西，在那个时候多少近乎异端邪说，是危险的。哈佛等校遂不敢把学术研究提到日程。

德国的柏林大学于1810年建立。建立之后，就向学术进军。因此，很快就在世界上取得崇高声名。跟德国大学相比，英国大学就落后了。美国便转而学德国。19世纪20—40年代的哈佛大学，首先由一些留德归国的教师，呼吁大学致力学术教育，搞科学研究。别的学校也如此。不过，旧派势力大于革新派，变革不大。南北战争（1861—1865年）以后，生产事业和社会建设促进教育事业迅速发展。有识之士进一步看到大学学术研究的重要性。1862年，梯尔被选为哈佛大学校长，大刀阔斧进行改革。他针对反对派讲："假如哈佛大学的天才们仍然局限于传授知识而不扩充知识，我即将创立一所全新的大学，全力展开学术研究工作。"斗争的激烈可想而知。不料，冰山的化冻依然缓慢。新生事物和老化头脑之间的矛盾仍很尖锐。以后，艾略特于1869年任校长，哈佛这个美国的尖子大学，才举办了一个规模不大的研究生院，而且不受重视，是大学本科的附庸。再后，1876年，美国成立了霍普金斯大学，校长吉尔曼大批延聘德国学者任教授，才把研究生院的地位提高了。到这时，大学才有了苗头，搞成"两个中心"。可是，那时兼做研究的大学很少。这是为什么？除了思想障碍外，还有事实上的障碍。美国大学在学术研究上起带头作用的是霍普金斯大学。它成立时遇到的思想障碍已经减轻；但事实上的障碍很多。该校于1876年成立之初，就只办研究生院，不招本科生。那时德国实行君主专制，推行军国主义，很多进步学者来到美国，并且任教该校。这些人是采取德国观点办大学的。所选的学生是最好的。杜威就是这时该校的研究生。后来任美国总统的威尔逊，当时也是该校研究生。可是这个大学的研究生院难乎为继，不久便改弦更张了。因为一般学生水平不够。德国的文科中学水平极高，毕业生已有坚实的文化科学基础。有人说德国文科中学的程度等于美国大学的本科或本科二三年级。美国大学生没有德国大学生那么好的基础，研究生院就不好办了。为时未久，霍普金斯大学还得招收本科生，以教学为中心。一些保守派在这时议论纷纷，说："科学研究终于退出大学了。"当然，一些有条件的高等院校的学术研究并没退出，是节节向前的。

第一次世界大战以后，大学的科研工作益加受到重视。第二次世界大战期间，美国为了赢得大战的胜利，大学的科研更往前走。再则，现代化的生产部门和生产工艺，都是尖端科学的产物，为了促进生产，大学也急于对科研敞开大门。从罗斯福开始，中间经过杜鲁门、艾森豪威尔，后来又是肯尼迪、约翰逊，都在任总统时期大讲科研的重要性，由政府划拨大量经费搞科研。美国一些大学的科学研究工作才由不重要变为重要，才由非中心变为中心。普赛肯定美国高等教育在第二次世界大战后进入了新的时代，而且肯定这是一个革命性的变革。不过，大学变成"两个中心"，现在还仅是万里长征中迈开的第一步。

我们现在要把大学变为教学中心和科研中心，是令人鼓舞的好事。但是否立即全面开花，或大面积开花，一律改为科研、教学中心呢？这就值得着眼于实效，加以认真研究。美国 3 200 余所高等院校，真正办成"两个中心"的只有 30 所。我们有优越的社会主义制度，提倡学术自由，实行"双百"方针，当然没有思想障碍；但人力、财力、物力呢？不得不考虑。美国这方面的经验不是很能给我们提供参考吗？

第二个问题，当前企业方面有一定的自决权，高等学校是否也要有一定程度的自决权呢？在我们这个世界教育实验室里，确实也有可以提供的经验。

中世纪意大利的萨拉尔诺大学不是政府办的，也不是教会办的，是一个组合性的医科大学。准备搞医业的学生跟医生订立教学合同，进行知识交易，医生事多，学校的日常事务由学生来管。大学校长由学生来当。另一个是波隆那大学，在意大利北部国际交通线上。当地商业业务很多，处理诉讼需要律师。想学律师的青年人组织起来，跟律师订了合同，学习教会法和民法。也是学生来管理学校事务，学生当校长。后来，巴黎教会创立巴黎大学，才由教会派僧侣担任校长，由校长来办理学校。欧洲近代大学起于宗教改革以后。德国威丁堡大学乃是宗教改革的发祥地。经受了震惊世界的宗教改革大风大浪的冲击，德国大学摆脱了思想桎梏。从而导致自由讲学的研究。再由不学无术的僧侣领导大学，不成了。当然，由学生领导也不成。当时德国大学规模不大，讲座名额有限，担任讲座的教授各有一个研究室，研究室的经费由政府直接拨发，有专款，讲座教授有权支配。研究室有助理人员，但讲座教授说什么算什么，别人完全听他的。因为经济大权和人事大权都在讲座教授手里，校长对讲座教授无权干预。至于开什么课和讲哪些内容等业务大权，更操控于讲座教授。这叫作"教授治校"。因为教授懂业务，教授之间又有竞争。你想把你的讲座办好，我想把我的课讲好。如果不按规律认真安排课程，不认真地选用合格人员进行教学，不认真培养人，竞争就要失利。那时，学生入学是流动的，经常辗转到几个大学就教名师讲座之中，谁有名誉，他的学生就越多，声望就越高，收入就越好。因为除了政府拨款外，讲座还向听课的学生收费。学生既要学好，教师又要教好，在这种精神支配之下，讲座必须按规律办事，因此教授治校做出了贡献。不料，在军国主义统治下，保守气氛浓重，不利学术发展，日久而生弊。讲座教授名誉地位很高，又是终身职位，为着保住铁饭碗，很多人就慢慢地不求上进而抱残守缺了。研究室讲座教授高高在上，压制新生力量。事情就走向它的反面了。

美国怎么样呢？最初19世纪学习德国的讲座制度时，收过效果。到后来，弊端越来越多，和德国如出一辙，便于1870年建立系。当时，把性质相近的学科组织起来，构成一个系。讲座教授随而分配在相应的系里。教师彼此之间相互协作，教授与青年之间也不是长官对僚属的关系，竭力发扬民主。这样，人力组织得比较好，系就成了强有力的教学阵地了。各系教授共同考虑和规划教学和科学研究，校长不能妄加干扰。因此系的自决权很大。教授治校实际上就是教授治系。因为各系把系治好，就自然把校治好了。校长负责筹款，对社会联系，对内则帮助和支持各系的工作。因此有人说这是校长治校、教授治学。应当知道这两者并非是对立物的，而是相辅相成的。

在我国，党对大学的领导当然不可动摇，而且应该加强，但在某些工作领域，特别是教学科研领域，是否可给各校以较大幅度的伸缩余地，让它们根据具体人力、物力，决定设置专业、讲授科目、展开研究之类呢？让校长、教授有更多的自主之权呢？可否像欧美大学那样管而不死、活而不乱呢？这当然也可借鉴别国的经验。

第三个问题，高考带来很多难题，外国有没有可供解决的经验？就美国来讲，南北战争以后，中学大量发展，中学生人数不是按算术级数而是按几何级数增加的。1870—1940年，美国人口增加3倍，但中学生增加90倍。中学生既多，考大学的就多了。怎么办？密歇根大学在1870年建立一个新的制度，对经过该校调查确属优良的中学，准其毕业生免试入学。不久，它又同密歇根等附近各州的高等学校联合起来，共同对各州的中学定一个标准（如设备、师资、课程、考试标准等），然后一个一个到中学去走访，全国分6个大区，都有高等院校联合会，都行"认可"制度。有的水平高的高等学校要求较高，还要看看学生的成绩单，有时还要举行少量考试，有的指明只收各认可中学的前列学生。这些也可作我们的参考，以求省掉高考中的很多麻烦和令师生过分紧张的现象。

以上讲的是高等学校。中学有没有这种情况呢？也有。我国中学结构改革是当前引起普遍关注的问题。这种改革也可参考外国的经验。我们现在讲，中学结构要多样化，不要只办文、理科中学，还要办职业学校。这在各国都有先例。大概最初的中学都是文、理科性质，以升学准备为主的。产业革命以后，生产上急切需要合格的人力，中学再只培养大学的预备队就不成了，必须承担培养生产事业上需要的人力，不分化不可能了。现在美国的中学是 1821 年成立的，是从波士顿市开始的。南北战争以后，解放了黑人，工农业生产大跃进。快速走向现代化，大量需要各类胜任生产斗争的人。可是那时美国人力不够。因为过去美国的技工人员靠两个来源：一是靠本国的艺徒制，就是老师傅在工作岗位上带徒弟；二是靠移民。美国地广人稀，靠外国人来居住和开发。很多外国移民有一定的生产技术，叫技术移民。南北战争以前，供求大致平衡，战争结束后，艺徒制和技术移民大大不够用了。要满足客观形势的要求，遂向中学敲门。1879 年，正好美国有个很大的展览会，是欧洲大陆国家到美国展出的。展览会上有三个国家的东西特别受重视：一个是帝俄的，一个是芬兰的，一个是瑞典的，它们学生的木工制品、金工制品，做得非常好。那时，麻省理工学院的校长栾库对此格外欣赏。他说，现在美国不正需要中等水平的技术人员吗？咱们中学为什么不可以向外国学习呢？第二年（1880 年），他首先在美国创立了工业中学。当时，美国农业方面也要发展，到了 1888 年，在明尼苏达州带头之下，又产生了农业中学。1898 年，美西战争后，美国打败了西班牙，中南美洲和亚太地区成了美国势力范围。美国为借国际贸易进行经济侵略，随而又出现了商业中学。同时，各地方举办小学而师资不够，又大批出现师范中学。南北战争后，生产事业向教育提出了很多新的挑战，教育胜利地满足了这种挑战，就有了强大的生产力了。

后来又出现了新问题。孩子们由小学 8 年到中学 4 年，要上学 12 年才毕业，很多家庭负担不起，孩子不得不中途退学。当时一部分人便大力提倡缩短修业年限。后来考虑对一部分人不能缩短年限。因为他们家庭里有钱。同时大学要求水平高，缩短年限满足不了这方面的要求。因此又进行第二种改制，分段。因而出现了六三三制，即小学六年，初中三年，高中三年。这样，小学毕业后可以入中学，其中不能全读的学生，修毕初中也可告一段落，不再因中途退学而受到损失。其余还有力量的学生可以升高中，继续学习下去。硬砍只能满足一部分学生的要求，而不能适应全部学生的要求。而且硬砍不利于学术，不利于科学和教育的发展。咱们现在要改制。一个是从类型上改，一个是从修业年限上改，我觉得都对。我们现在应自力更生，但也可以参考别的国家，借助历史的经验。

总之，我们在教育领域出现许多课题：大学成为"两个中心"问题，大学自决权问题，大学招生问题，中学改制问题。这些全是当前迫切的问题，都可以从历史上找到经验，找到教训。我们讲"古为今用"与"洋为中用"，正说明教育史对于实现教育现代化，乃是有威力的科学。

《教育史研究》创刊号祝词*

《教育史研究》诞生了。这是教育科学领域值得欢庆的事。我谨以三项愿望表示祝贺和期望。

首先,近年来出现一种迹象,似乎少数同志因为"教育要面向未来",便忽视了教育史的重要性。仿佛教育史会使人回顾和倒退,与瞩望未来的方针背离。这样割断历史的想法就是把过去和未来当作截然对立物,抹杀它们之间的辩证关系。实际上,鉴古知今的事例不胜枚举,并不是知古就一定妨碍理解未来。美国教育学者杜威曾把教育史比作物理课和化学课的实验室。他说教育的理论和实施常比自然现象的变化错综复杂,其效果常非短期可以判明,这种百年树人的大业通过历史长河方能辨清功过得失。杜威并非否定实验法能够用于教育科学,乃是强调教育科学中涉及长期性和根本性的课题,往往非实验室所能解决,而着手从历史方面进行探索,却能得出结论。就是说,我们可以从众多教育往事中提示教育发展的一般规律。"在阶级社会中,教育具有阶级性",不就是从长期的教育演变中总结而得的真理吗?掌握这种真理确能叫人头脑清醒,避免盲目性,少走或不走弯路。未来社会尽管更新的程度和速度远非昨日和今日可比,但教育总是根据社会需要而培养新生一代的过程。"往事不忘,今日之师"的道理,当然不会全然失灵。教育史家常在古与今、东与西、中与外的教育发展中看到令人吃惊的重演,而这些重演恰恰显示各时各地的教育活动都摆脱不掉教育的客观规律的制约。如果认清人类社会发展的前景,再参照历史的经验教训,想来是易于达成目标而减少失误的。科学不泥古,科学却从人类文化宝藏中挖掘前人积累的智慧财富。《教育史研究》应引导同人把宝藏开发出来,别使它因误解而被尘封起来。

其次,"古为今用"和"洋为中用"是教育史工作者的奋斗目标,《教育史

---

* 本文原载《教育史研究》1989年第1期(创刊号)。

研究》应竭力使教育的历史遗产转化为建设祖国社会主义教育事业的资源。当前有些同志认为教育史空疏寡用。这不足为怪。因为无论中国教育史或外国教育史的研究，现在都刚刚起步，都尚处于以通史为主的阶段。由通史阶段上升为断代史、国别史和专题史的研究，是艰苦的科学"攀登"，绝非易事。实事求是地讲，要摘取教育史的果实，是须支付人力物力去作充分准备的，不能急求收获却不事耕耘。否则便是痴心妄想。在另一方面，对于效用的意义也不能仅从狭隘的实用主义的观点来理解。教育史不是技术性或实用性科学，要求教育史这种基本理论学科给处理某项具体教育工作提供切实可行的方案，是要求过当的。任何基本理论学科也不能以直线进行的方式满足业务中立竿见影的要求，而只能通过迂回方式，并经过较长时期才能发挥效益。教育史使人理解古今中外教育的发展演变，必能扩大人们的教育眼光，开阔人们的教育胸襟，细密人们的教育头脑，激励人们献身教育的雄心壮志，这种效益虽是无形的却是深入的，其用途比之为解决具体教育业务而提出方案，并无逊色。《教育史研究》应针对这种弥漫在"学"与"用"这一问题上的谜团，做些拨云雾而见青天的工作。

再次，国外学者日益重视教育史中各种文化的沟通和各国教育的交流，叫人看到人类教育发展史的整体性，把一向被隔离孤立的教育发展演变看成是彼此息息相通和相辅而行的。这种观点很是可贵。试就中国教育史而言，我国曾大量吸取外国的教育思潮和教育经验，我国的儒家思想、教育体制、教学教法、科举考试等等，也曾影响东西方许多国家。我们是教育输入国，也是教育输出国。如果中外教育史工作者携起手来，联合进行一些研究，无论由中来论证外，或由外来论证中，都会尝到互相补足而两相充实的大甜头。希望《教育史研究》能为同人架起桥梁，使两种教育史相得益彰。

战后美国教育史界的流派和论战[*]

第二次世界大战后，美国教育史界的著述有如雨后春笋，展开的争辩异常热烈。其重要者约可归纳为两端。

一、正统派的发展

美国教育史的奠基人应推孟禄（P. Monroe）。他于1905年任哥伦比亚大学教授，著成《教育史教科书》，此书就人类教育发展的事实、理论和人物，精选并简述之，使学者掌握意义重大的史实，养成分析评价的能力，破除教育工作者把兴奋点仅仅放在近前的教育实践的狭隘性，从而使他们能从历史长河中领略教育的意义、本质、目标和过程，做到博古通今，具有历史眼光。1921年，斯坦福大学教授卡伯莱（E. Cubberley）的《教育史》问世，他和孟禄的观点一致。此后，教育史新作接踵而来，无不继承孟禄和卡伯莱的衣钵。1937年，得克萨斯大学教授伊比（F. Eby）和爱尔伍德合著的古代和近代教育史两巨册出版，取材丰富、组织严谨。在我国有译本的，以宾夕法尼亚大学教授葛列夫斯陆续出版的《古代教育史》（1909年）、《中世纪教育史》（1910年）和《近代教育史》（1913年）等为佳撰。其余还有多种，难以尽举。它们都是用资产阶级立场观点著成的，属于教育史正统派。

二战后，正统派继续发展，著作很多。宾夕法尼亚大学教授马洛哈恩于1946年著有《教育史》问世；次年，哥伦比亚大学教授巴茨（F. Butts）著成《教育文化史》印行；此后，鲍文（J. Bowen）著的《西洋教育史》第一卷，即《古代教育史》，于1972年出版，1975年该书第二卷，即《欧洲的文化》

---

* 本文原载《华东师范大学学报》（哲学社会科学版）1982年第6期。本文"战后"指第二次世界大战后。——编者注

出版；在这中间数十年之久，教育史的专著层出不穷。除这些通史之外，还有断代史、国别史和专题史著述的出现。1956年纽约出版的马露的《古代教育史》，1964年纽约出版的伯克的《古代希腊教育》，1978年赛拉求斯出版的约瑟夫的《拿破仑后的法国教育》，都是断代史的新作。耶鲁大学教授布鲁巴克（J. Brubacher）于1947年著的《教育问题史》，哈佛大学教授乌里希于1945年著的《教育思想史》，哈佛大学校长普赛于1978年著的《1945—1970年的美国高等教育》，属于专题教育史。美国还出版一些国家的教育演进史，属于国别教育史的范畴。另外，发表在报刊上的教育史专题论文，更是车载斗量。

这类论著虽难以计数，但在指导思想上是一脉相承和一脉相通的，都是以资产阶级观点阐明从古至今各历史时期兴办教育的原委，用统治者的标准评价改革教育的得失。正统派也称传统派，在二战前独步教育史坛，二战后仍居美国教育界的主流，其权威性人物占据高等院校教学和科研的要津。他们曾先后遭到左派的挑战，但其向教育史科学进军，仍然斗志昂扬。

在此要指出的是：持有正统观念的教育家认为正统派史家有所不足，因此提出补充或扩展，这就促进了相互作用论的诞生。

自1960年贝林著的《在形成美国社会中的教育》出版，十年之后，哥伦比亚大学师范学院院长克雷明（L. Cremin）的《美国教育：殖民时期的经验（1607—1783年）》（《美国教育史》第一卷），于1970年问世。紧接着，克雷明又于1976年出版《公共教育》，于1977年出版《美国教育传统》。他还准备陆续撰写《美国教育史》第二、三两卷，即《美国教育：建国时期的经验（1783—1876年）》和《美国教育：大都市时期的经验（1876—1976年）》。从此，相互作用论的教育史观点得到了发扬。

为什么产生这番变化呢？克雷明说："美国在过去1/4世纪，发生了教育革命，其影响之巨大犹如过去一百多年公共教育的发达一般。这次革命是由下列诸多因素所构成的：①高等教育迅猛发展，以致约有1/2的中学毕业生进入高等院校；②伴随全国人口从东到西、从南到北、从乡到城、从城到郊的大迁移，出现了新而且多的教育对象；③妇女就业人数空前高涨，众多家庭受到影响；④当前的后工业革命（Post-industrial revolution）带来生产上的质变，特别是知识产业的迅速发达；⑤20世纪60年代的人权运动和解放运动，迫使教育管理和教育政策做出了彻底改革。"①克雷明强调现在形势既然已经大异于前,就不容许再将兴奋点局限于常规的学校教育了。他阐述先要理解广大社会的造型,才能进而理解教育的造型。他指出众多教育学者和教育史家的眼界褊狭,无法触及全部教育内涵,必须把视野扩大。他认为:"那是很有成效的做法,既把教育解释为审慎的、系统的和持续的努力,借以传递、焕发和培植人们的知识、态度、价值观念、技能或感情,并探求这种努力的结果。"②他认为教育跟社会学家所讲的"社会化"过程,或跟人类学家所讲的"适应社会文化"的过程,具有很多相同的因素,绝非囿于学校的范围。

根据这个宽阔的定义,教育领域就扩大多了。克雷明说:"这个定义使我们越出学校和学院的框框,而把所有进行教育工作的人员和机构,统统包括在教育之内。举凡家长、同辈、兄弟姊妹、朋友等,举凡家庭、教会、犹太会堂、图书馆、博物馆、夏令营、慈善团体、农业展览、福利会、工会、电台、电视网等,都被包含在教育之内。"③教育界说既如此广泛,当然,教育史必须跳出传统的小圈子,要开挖更为丰富的资源。用克雷明的话说:"我们关于教育史的新课题可能提出的第一项主张,就是它必须涉及广泛的教育团体和机构、这些团体和机构之间的多种多样的相互关系,以及维持这些团体和机构并受它们影响的社会制度。"④

还有,根据这个定义,教育既是不同辈的人们互相间的活动,也是同辈之人互相间的活动。就前者而言,教育不只是老一代对下一代的指导,也含有年轻一代对老一辈的帮助和影响。就后者而言,就含有一国之中各民族之间的互相教育,克雷明说这种互相教育表明教育活动是具有纬度性的。教育史当然要面向这个广阔的范围。

以上是从施教者的角度看的。克雷明还从受教育者的角度讲:"受教育者是各以其独特的性格、历史、目标而进入教育情境之中的,而且不同的个人将明显地以其不同方式,对情境进行交互作用并取得不同成果。所以要考察这种交互作用及其成果,就必须考察各个受教者的生活历史,正和必须考察其面临的教育情境一样。"⑤再则,一个人的教育成长既包括通过别人审慎的、系统的

---

①②③⑤ L. A. Cremin. *Public Education*. Basic Books,1976,Preface,p. 27,p. 27,p. 29,p. 37.

④ L. A. Cremin. *Traditions of American Education*. Basic Book,1977,Appendix.

和持续的教导而获得的经验,也包有"受教者通过自我审慎的、系统的和持续的努力,从养成知识、态度、价值观念、技能和感情而获得的经验"①。所以教育史的新课题还包括关心不同的个人和一定的教育情境之间的互相作用及其产生的结果。

最后,国际文化教育的交流是历史的常情。各国教育的发展不是此疆彼界而截然划开的。所以,"教育史的新课题也必须研究文化形态的有意识的输入和输出","要为探索跨文化的互相教育,留有充分余地"。②如果把教育演进紧闭在某一地域或国家之内,就不能讲清教育发展的全貌。

克雷明认为以上这些内涵广泛而又互相影响的过程,才构成全部而完备的教育过程,完备无缺的教育史就必以这种完备的教育过程为研究对象。他说这是相互作用主义者的做法。他要求教育史家占有多种多类的史料。他认为许多宗教运动、政治运动和社会运动,都具有强大的影响人们成长的威力,都是意义重大的教育活动。因此。斯龙(D. Sloan)著的《伟大的觉醒和美国教育:历史纪实》,就是良好的教育史文献。他还把许多传记之类的书推举为教育史佳作,如皮尔生的《美国领袖人物的教育:美国大学的比较贡献》,哈立斯的《美国领袖的社会来源:人口统计的基础》,阿尔门廷格的《穷人和学者:19世纪新英格兰学生生活的转变》,等等。克雷明著的三卷本《美国教育史》就是采取综合或生态学的手法撰写的。

二、激进派的崛起

随着世界上左倾思潮的盛行,美国教育史领域出现了激进派,或称修正主义思潮。卡茨于1968年发表《早期学校改革的嘲弄》,是抨击正统派的先声,火药气味十分浓烈。以后,卡列尔、金蒂斯、鲍尔斯、卡诺努瓦、齐苏、舒尔兹等人,相继以讨伐式的笔锋,向正统派猛烈开火。卡茨的《阶级、官僚政治和学校》、鲍尔斯的《资本主义美国的学校》、卡列尔的《危机的根源》、卡诺努瓦的《作为文化帝国主义的教育》、齐苏的《城市学校体制的演进》、舒尔兹的《文化因素》,都是该派的重要著作。和正统派完全不同,激进派乃是响当

---

① L. A. Cremin. *Public Education*. Basic Books, 1976, p. 37.
② L. A. Cremin. *Traditions of American Education*. Basic Book, 1977, Appendix.

当的砸烂派。在20世纪60—70年代,砸烂派锋芒毕露,曾引起广泛震动。如今该派仍在挣扎奋战。为求理解激进派对于美国教育史的看法,卡茨于1968年著的《阶级、官僚政治和学校》和卡诺努瓦于1974年著的《作为文化帝国主义的教育》,是两本应读之书。卡诺努瓦在书中的第五章对美国三次重要教育改革运动,循序地予以政治性的剖析,他的著作和卡茨的《阶级、官僚政治和学校》,相互辉映,论点极为突出。现在摘述之,以见一斑。

(1)美国于1776年独立,于19世纪开始资本主义工业化,随而在教育中掀起第一次改革巨浪。卡诺努瓦说,当时北方各州由农业州发展成工业州;社会上由农业主决定一切的时代,改换为由资本家决定一切的时代;儿童由农业生产的后备队,变为工资收入者的预备队。这番深刻的巨变促使教育必须紧跟上去。卡茨说,当时的教育不仅要培养体力劳动者的生产技能,而且"学校被视为提高城市生活质量的锁钥,用以遏止伴随城市工业发达而降临的贫困、犯罪、败坏道德等现象的泛滥"[①]。从19世纪30年代起,公款设校、免费就学、强迫出席、改进教法、培养师资、建立学校管理机构等,顿时使举国上下卷入教育热。资产阶级把这次由马萨诸塞州教育厅厅长霍拉斯·曼(Horace Mann)和康涅狄格州教育厅厅长巴纳德(H. Barnard)领导的兴学运动,描绘得锦上添花。实质则刚好相反。卡茨指出,当时产业革命肇端,城市纷纷兴起,淫邪犯罪流行,不信宗教的思想危机严重,贫富阶级的分化犹如古罗马的平民和贵族一般。这时振兴学校是统治者迫不得已的措施,其目的不是传播文化,而是规范青少年的感情和性格,用学校医治政治经济的创伤。霍拉斯·曼于1841年向波士顿制造商征求教育方面的意见。资本家的答复是:德育是首要的,知识是第二位的,受教育的工人应有更守秩序的庄重的举止,应严守一切规章制度。有人还赤裸裸言道:"在发生工潮时,我永远向头脑最明智、教育最良好、最有道德的工人求援。"反之,"纯受激情和嫉妒所驱使的愚昧而未受教育的工人,是最爱捣乱、最爱闹事的"[②]。正因如此,当时革新教育者都认为:从道德上和精神上促使人的人格成长,才能改进美国社会。如果青年心灵不受这种优良的影响,不使这种优良品质成为青年天性的组成部分,必然导

[①][②] M. B. Katz. *Class*, *Bureaucracy and Schools*. Beacon Press, 1968, p. 30, p. 33.

致不堪设想的危局。所以某教育当局呼吁："心育高于头育"，"德育重于智育"。① 用现在的话说，就是"德育第一"，或"德育是压倒一切的中心任务"。正统派很推崇当时的强迫出席制，实际上，这是由于资本家认为养成缺席的习惯并非小事，乃是青年一代破坏制度而冒犯法纪的缺口，因此，对于以耍流氓和逃学为荣的儿童，必须采取强硬措施。再则，"大城市儿童的品性对于农村常产生巨大的或危害性的影响，成为全州广泛流行的贪污的源泉，罪恶的巢穴和政治的灾祸。大城市长大而受到忽视的儿童，并不永远居住在城市，他们可把罪恶的影响带往全州各地"②。显然，兴学在当时是从统治阶级利益出发的。

卡诺努瓦和卡茨还进而就各项教育建设，分别加以剖析。

就初级教育而论。建国初期仿效英国而设置的导生制学校，风行一时，被人们誉为最经济、最高效的推广初等教育的园地。在当时无钱无师的条件下，由教师把所教的知识先传给年龄稍大的儿童，然后由他们转授其他儿童，并且鼓励儿童彼此监督和互相竞争，其结果是节约开支而成绩良好。但是，其政治效果并不理想。卡茨说，导生制学校在取消个别学习而实行分组教学的过程中，教师利用竞争和彼此监视为手段，让儿童永远处于警惕之中，不敢稍存懈怠。这样，学生们从幼年起就习惯于相互争雄，长大后就不能构成团结的、具有威慑能力的阶级力量，结果使统治者只用最低限度的警察，便能维持社会秩序。这种学校仅开支少量教师工资，仅教简陋的知能，竟使劳动后备队成为有产者的无头无脑的驯服工具，这对统治者来说，乃是一本万利的"教育生意"，而对劳苦大众则是愚弄。卡茨还讲，当时许多地方不接受公款办学的原则，认为教育子女是父母的职责，子女受教育应由家庭纳费，政府只应举办慈善学校，供赤贫儿童免费入学，所谓赤贫儿童，其家长还必须标明是"穷汉"。这种做法也大大限制了入学的人数，因为任何人戴上"穷汉"的帽子，即在社会上失去尊严和体面，一般人们是不肯干的。慈善学校对于赤贫者的实惠又在哪里呢？就中等教育而言。美国在殖民时期从英国移植来的拉丁语法学校，以升学准备为目标。18世纪中叶，富兰克林见其不切实用，创立文实学校，兼顾升学和就业两种需要。不久，在富人操纵之下，文实学校也走向准备升学的道路。1820年由波士顿兴起的公立中学，免收学费，并以就业准备而非升学准

---

① ② M. B. Katz. *Class, Bureaucracy and Schools*. Beacon Press, 1968, p. 45, p. 47.

备相标榜，果然入学者众。到 1861 年，马萨诸塞州的中学多达 103 所。别州在工业化过程中，纷纷步马萨诸塞州后尘。因此，中学乃成为第一次教育改革运动的重要项目，资产阶级学者并借此夸张中学促进教育上的民主和平等。实际上，中学并非民主平等的福音。卡诺努瓦说："中学设立之后，就明显的是有利于中产阶级的。"①"它们并未因为给青年提供平等就学的机会，就成为民主的机构；实际上，却伴随资本主义工业化而形成等级制度，使不同等级的青年接受不同等级的教育。"②具体说，中学建立后，不但富家子弟依然进入面向大学的文实学校，而且中学不久也分化了，一部分成为注重学术科目的大学预备场所，一部分成为传授实用学科的职业技术学校。卡诺努瓦讲，不论志在升学或志在就业的中学，大都是家道富裕的青年的聚集之地，工人阶级既无机会，也不相信中学教育会带来什么好处，中学遂和穷苦青年无缘。这又哪里来的教育上的平等和民主呢？

就教学改进而言。卡诺努瓦说，约在 19 世纪中叶，美国学校增加，而逃学现象日趋严重。资产阶级看出"制度"解决不了教育问题，须在设置学校和强迫出席的同时，注意增进学生学习的兴趣。于是以发展天性为旗号的软性教育慢慢抬头。从此，学校逐渐由心灵屠宰场变成儿童乐园，教师由专制暴君变成和善慈母。通过这些手段，学校便把下一代巧妙地纳入资产阶级轨道。卡诺努瓦分析道，教育的方向未变，只是蜜糖式的欺骗手段高明了。

就教育管理领导的建制而言。在美国殖民时期，设校和管校一向由各地学区做主。这种风习纯然得自农业社会。到资本主义时期，学区就难以胜任了。但是地方权势派在当时以"学区高于一切"为口号，妄图恋栈。资产阶级吹捧的 19 世纪 30—40 年代由政府管理学校的业绩，那只是资产者争夺教育领导权的产物。过去，在地方主义和群众办学的原则下，地方集团掌握学校命脉；经过长期剧烈搏斗，资产阶级才建立了对于学校的集中领导，牢固地操持了教育大权。马萨诸塞州是全国教育最为发达的州，波士顿则是该州教育最为发达的市，但该市的教育最初由警察局兼管；而且，1837 年马萨诸塞州在霍拉斯·曼领导下建立州教育厅时，"州教育厅即把学校当作警察分局，把教师当作优

---

① ② M. Carnoy. *Education as Cultural Imperialism*. D. Mckay Co., 1974, p. 243, p. 243.

良警察"①。资产阶级自吹的"开明管理"究竟是什么,还不明白吗?另外,卡茨还说,不少教育局组织庞大,人员多不称职,视察员常带复杂表格,对教师不公开,却向局方密报;他们对教师极尽其挑剔之能事,因此被教师视为间谍或特务;"开明管理"又开明在哪里?

最后要问:教改的效果如何?卡诺努瓦引用一个报告的语句说:"从1866年的统计看,具有公立学校悠久历史的马萨诸塞州所产生的犯罪、精神病和自杀之事,与教育落后的南方的弗吉尼亚州相比,更为繁多。"②一句话,教育革新非但无益,而且有害。

(2) 美国于南北战争后,迅速成为帝国主义国家,1900—1920年掀起第二次教育改革运动。就教育目的而言,仍然是数十年前霍拉斯·曼所弹的老调。用卡茨的话讲:"使城市贫民社会化,从而舒缓大众的穷苦状况,节省政府的福利开支,巩固十字街头的安全和增进工业生产的效率。"③他又说,不过,时代还给教育以新任务,即反对社会主义,使广大群众一方面替资本家制造剩余价值,一方面又不扰乱主人的安宁。近世美国喧嚷的进步教育,正好和当时政治上的改良主义相呼应。大约在1900年,地方主义者已基本失势,城市教育局和州教育厅取得了胜利,改革派健儿纷纷当上教育局长和厅长,和资产者结成同盟,通过学校而控制人民的思想意识。他们自称为进步势力和全民利益的代表,实质上却是压制群众的保守派和反对派,凭空在教育园地中制造出官僚统治,吹嘘"教育局长好似企业的管理人,学生是原料,教育是就原料而生产商品的过程"④。这充分表明资产阶级已不折不扣地成为教育的主人。

南北战争后,美国中小学教育发达起来。在过去,霍拉斯·曼认为人人进入相同的学校和学习相同的知识,就意味着教育平等。到这时,平等和民主的含义有了新的解释。霍拉斯·曼时代的学生人数少,学校只是有资财者的乐园;如今随着生产和科学的发展,学校多种化了,课程多样化了,学生也大众化了。于是,学生根据不同条件,进入不同学校,选修不同学科,将来按不同成绩就不同职业,就是教育的平等了。难道这是公允的么?试看勃然兴起的教育测验不在做出解释吗?斯坦福大学教授推孟和哥伦比亚大学教授桑代克,曾

---

① ② ③ M. B. Katz. *Class, Bureaucracy and Schools*. Beacon Press,1968,p. 52,p. 92,p. 108.

④ M. Carnoy. *Education as Cultural Imperialism*. D. Mekay Co.,1974,p. 247.

先后阐述人的天赋不齐，智力商数有高有低，认为教育使每个人按其智商而达到最高发展水平，就实现了教育平等。他们说，这和印度的种姓制度毫不相干，此乃是科学和民主原则的体现。在这种号召之下，从小学就实行能力分组、课程适应和个别升级等方法。殊不知，富家子女的生活和学习条件优越，在各方面都沾到便宜。殊不知，测验常模产生于中产阶层，测验项目全凭有产者的经验来制定，又怎能不排斥劳苦大众？很明显，资产阶级学者称颂的教育测验和智力测验的客观性和公正性，只是给不公道的资产阶级学校披上神圣而华丽的外衣而已。比这种观点更荒谬的是，有的心理学家承认智力得自天赋，它决定人们学习成绩的优劣，从而决定人们就业的高下不同以及在政治经济地位上的悬殊，其结果就流为遗传定命论。这批学者还把亲子之间经济情况的酷似，用来说明人的智愚和贫富紧密相连，却与政治无关。因此高智者居上位，低智者居下位，这是公允而正当、民主而平等的。更进一步就成为富而有势者是天才和奇才，贫而无势者是愚汉和低能儿。领袖和群众都是天资的产物。人人应当对天资的定案无怨无尤。美国的民主原是"民治"的倡导者，这时却由"民治"变成天才统治了。遗传定命论之下的教育还不是在延续资产阶级的统治吗？所以，智力测验和心理科学加重了教育的阶级性。

最后，南北战争是以解放黑人为旗号的，而战后黑人所得的仅是次等公民的资格。他们在政治上受压迫和在经济上受剥削的地位，决定了他们在教育上受歧视的待遇。激进派列举种种惊人的事实和数据，戳穿了黑人和白人教育平等的梦呓。而且，不仅国内少数民族是美国教育领域的弃儿，大量从别国来美的新移民，同样是在教育上受冷遇的。智力测验同样被运用于黑人和其他少数民族。因此，智力测验不但成了阶级压迫的工具，也成了种族压迫的工具。卡诺努瓦在《作为文化帝国主义的教育》中，曾以第六章揭露美国教育上的种族主义，写得十分生动而感人。

（3）美国教育第三次改革运动是第二次世界大战以后的事，从20世纪50年代初到70年代末约30年之久。这时美国经济跃进，财富增加；但人民在财富分配上并无大变。教育呢？由于仍按过去的阶级路线和种族路线行事，曾激起多次少数民族和白人学生的轩然大波。黑人、墨西哥后裔、波多黎各人和印第安人等属于职业梯阶下层的人民，一致对盎格鲁人把持教育，感到奇耻大辱。这些少数民族在战后人口大迁移时，大量流入东方、北方和西方城市，在社会生活和学校教育上，纠纷不断。迫于形势，统治者不得不做出让步，放宽管束少数民族教育的尺度。教育事业先进的加利福尼亚州和密歇根州的教育厅厅长，联邦政府的教育总署署长，都曾由黑人充当。卡诺努瓦讲，尽管如此，黑人依然无法摆脱他们在职业梯阶底层的地位，理由是：教育权的获得并非解放的终结，取得教育权仅是解放的开端，仅仅有了教育改善而不能掌握国家政治经济大权，是无济于事的。在很早的年代，有人曾幻想黑白儿童同校学习，互相了解，从而消除种族隔阂，实现社会融和。这种梦想已被事实粉碎，在种族压迫的国家中，学校外形虽愈来愈趋一致，骨子里则仍由不同轨道，培养不同阶级的接班人。

无可讳言，第二次世界大战以后，统治阶级曾为贫苦青年增拨教育补助费。实际上，无论对白人或少数民族的贫苦学生，都起不了大作用。教育家们提倡用高工资来聘请教师，以提高底层人们的教育质量。实际上，学生学习时不但获得各科知识，而且吸取教师的政治观，愈是"好"教师，就有愈大的感染力，为害自然就愈大。实质上，采取双轨制的学校中，贫儿常被编入低劣班，比富儿学得少些差些，却更驯服些；教师对他们的教学水平也要求低些，而管理却愈加严些。要想通过补助费而触动这个结构，是极不容易的。

以上所述，由20世纪60年代的调查所证明：父辈所受教育的水平和子辈所受教育的水平具有一致性。具体说，过去父辈曾受中等教育者，如今子辈入中学和大学者比较多；反之，则比较小。这说明社会阶级对于教育的决定性是无法否认的事实，补助费改变不了这种现状。卡诺努瓦的判断是："在过去，许多抱有良好理想的和善意的教育改革家，曾给城市工人安排一套教育制度，企图维护当前的社会体制，并保存体制中不平等的结构。在70年代，职业教育家仍在竭力复活这种教育体制，因为他们继续相信现存的经济结构，并以阶级协作的观点来展望美国的将来。"[1]

以上对于三次教育改革运动的粗略勾画，可知激进派的论点大致是：①美国公立学校一向是资产阶级用来控制劳苦大众，把他们塑造成资本主义制度驯服小民的手段；②学校改革在本质上是扩大学校已有的势力，在教育阵地建立官僚主义的领导体制，从而巩固和加深早已形成的阶级分化；③学校教育并不能提高劳苦大众的政治地位和经济利益，仅仅是欺骗他们的赖以充饥的画饼。金蒂斯指出，美国存在着政治方面的民主标签和经济方面的等级鸿沟的尖锐矛

---

[1] M. Carnoy. *Education as Cultural Imperialism*. D. Mekay Co., 1974, p.265.

盾。别的激进派人士指出，美国公共教育的兴起既不是平等理想或人道主义等崇高热情所引发，也不曾改变美国的不平等的社会情况。他们一致认为离开阶级分析、阶级动乱和阶级斗争的作用，就无法真正懂得美国的教育、美国的教育改革和美国的教育发展。被资产阶级教育史家吹捧为19世纪30年代建设美国教育的巨匠霍拉斯·曼，乃是教育官僚主义的罪魁祸首。被资产阶级教育学者誉为第一流教育史家的卡伯莱，在激进派看来，乃是为贵族学校歌功颂德的吹鼓手。激进派对于200余年的美国教育全盘地予以否定，彻底地做了翻案，干干脆脆，毫无保留，这是世界学术史上罕见的。

三、论战的现阶段

激进派是些青年教育工作者。《早期学校改革的嘲弄》的作者卡茨，在其著作问世时年仅29岁，是一所不知名的学校的助理教授。其他人士也都属无名小辈，没有一个曾执教于名牌学府。只有卡列尔是伊利诺伊大学的教师。但20世纪60年代末期，他们的辛辣文章发表，立即引起强烈反应。卡茨说，当《早期学校改革的嘲弄》出版后，曾不只获得好评，而且受到尖刻的围攻。随后，修正主义者——陷入纷扰之中，受尽报刊和会议的批判指摘。最有代表性的是拉维奇于《哈佛教育评论》1977年第2期发表的《修正主义者所修正的——美国教育史的编史学》。1978年，著者又把此文扩展为书——《修正主义所修正的：对于激烈冲击学校者的批判》。该书最末一章的标题是"总结——用意识形态研究教育史的局限性"，颇能说明全书的论旨。其一，她说，修正主义者在历史理解上犯了错误，仅把阶级分析看成衡量一切的标准，误认只凭人的阶级出身和立场，就可断定一切。实际上，美国具有复杂的社会结构和经济阶层，不能简单地一刀切，不能单纯地从出身论事、论人。其二，修正主义者惯于从结果的成败，来推论动机的善恶，并用极带刺激性的词句剖析教育发展，把多次教育活动都当作立法者有意去搞的坏事。这不符合实情。其三，修正主义者通过对教育领导机构的分析来评论教育运动的领导者，而他们不知教育运动十分复杂，其中包括极多的中间环节，参加者有众多方面的人物，不能只从教育运动领袖和教育管理当局的角度去索解。其四，美国对外国入境移民的教育，并不像修正主义者所讲，是有意地使少数民族的儿童丢掉他们固有的民族文化，从而使他们为资本主义制度效劳。实际上，外国来美的移民是心甘情愿接受同化的。美国公共教育并不像修正主义派所说，是由少数天才强施于愚昧无知的群众的，反之，它是广大群众渴望接受教育和争取教育权的产物。修正主义派揭露教育未能使劳苦大众在政治和经济上有所改善和提高。拉维奇则引用调查统计的数据，阐述教育确曾起过这种积极作用。以上种种，著者认为阶级分析的观察，不适用于研究美国教育史。她说激进派是包括从马克思主义者到无政府主义者的大杂烩。

另外，拉维奇还挖苦修正主义者利用不充分和不准确的史料，通过肤浅的逻辑推论，根据不高明的指导理论，对美国教育的过去进行十分粗鄙的和含有不良意图的否定。她说，他们为实现非美的政治理想，在丑化和诋毁以往的同时，还把美国当前教育中存在的低水平、低质量的问题，竭力渲染夸大，哗众取宠，淆乱听闻。她盛赞美国的教育曾促进社会繁荣，帮助广大人民和少数民族在政治经济生活中获有改进；如果继续发展下去，就将取得更大的成功。正统派和激进派之间的斗争，因拉维奇著作的问世，进一步激化了。

拉维奇著作出版的次年，卡茨便在《哈佛教育评论》1979年5月号发表论文《关于美国教育史争议的辩护》，对于拉维奇进行正面而严厉的回驳。卡茨指出拉维奇以歪曲捏造和断章取义的不正当手法，叙述和评议激进派的论据和结论，而且她对于阶级对立、民主政治和改善地位之类带根本性的课题，都没有深刻的认识和本质的理解，却一味掩盖矛盾，粉饰太平，从而不能涉及美国社会和美国教育的实质。他以难以反驳的事实和统计数据，戳穿资产阶级民主平等的虚伪性，剥出资产阶级福利主义的欺骗性，还列举黑人遭受的歧视和虐待，说明表面上减缓了黑白的矛盾，实际上却和以往无殊。卡茨用大量令人触目惊心的事实，论证美国资产阶级政治社会和文化教育的阶级性，也颇具说服力。当然，参战者不止卡茨和拉维奇两人，他们只是代表性人士而已。

今后的论战还可能继续下去。不过，弗吉尼亚大学的凯特在《教育史季刊》1979年第2期上发表《关于修正主义》的论文，其结语道："公道地讲，拉维奇不是企图撰写美国教育史，而是努力将对于美国教育的不公正的和令人沮丧性质的解释，带到20世纪60—70年代常常被人忽视的审慎考查之中。根据这种目的，她已撰成一部重要而锋利的书，它虽不易使这场论战中止，却将使争论之点明确起来，并使那种轻率的推论和模糊的思想得到澄清。"美国教育史学会前主席赫伯斯特于《教育史季刊》1980年暑期号发表《关于修正主义争论的题外话》。在结论中他说："当前已是从陈腐而无补实际的修正主义论战离开的恰好时期。"其前途如何，尚待事实证明。

　　以上种种，可知美国教育史界正在百花齐放，百家争鸣。最值得注意的是青年学者企图运用马克思主义科学真理，重新估价美国教育的发展史。无可讳言，在左倾思潮大肆泛滥的高峰时期，他们难免过线；不过，这一新潮表明马克思主义历史观在朝向新的原野涌进，是值得尊重的。最近赫伯斯特就师资培训、妇女教育和移民教育三项发展史，比较19世纪立法者的原意和以后的事实演变，论证立法者的初衷都未能兑现，倒是客观形势迫使群众根据实际需要，促成了三项教育的迈进。换言之，事物变化复杂多端，牵涉种种社会因素，历史评价不能任意决定功过和功过属于谁的问题。他要求对于教育史和外国教育深入冷静地分析研究，谦虚谨慎地取舍借鉴。很明显，头脑清醒的资产阶级学者并不拒绝用阶级分析观点对待教育史，他们所反对的是历史虚无主义，即把不该否定的统统砸烂，甚至愈左愈好，忽视对历史遗产的批判继承。

试论"比较教育"和"洋为中用"[*]

一

各国在教育领域彼此借鉴和互相比较，自古代就开始了。柏拉图是古希腊的雅典人，雅典是崇尚文雅教育的，但柏拉图很推许斯巴达的教育，说斯巴达由政府举办教育胜过雅典的放任自流；又说斯巴达致力朴素无华的军事教育是聪明不肯外露的表现，斯巴达人怕敌国窥破他们的智慧而遭受暗算，才借装憨为巧于自保的手段。色诺芬也是古希腊的雅典人，不但高度评价斯巴达的教育，还连连称赞波斯的人人皆兵而教民尚武的教育。不过，广泛深入地进行教育比较和促使比较教育成为科学，乃是近代的事。这是有其历史原因的。

古代各国的接触机会不若现代频繁，而且当时还没把教育像现在这样列入重要的议事日程，因而仅仅偶尔有人论证一番而已。历史发展到近代，情势则大为不同。从17世纪开始爆发的资产阶级革命，给各国造成许多基本相同的教育问题。例如，如何把教育领导权由封建主手中转移到资产阶级手中？如何把学校更广地向资产阶级和小资产阶级开门？如何把教育内容满足巩固资产阶级政权和发展资本主义生产的需要？等等。各资本主义国家都须正视它们，并妥善地予以解决。18世纪开始的产业革命又给各国的教育提出许多相同的课题。例如，如何开展科学教育？如何兴办职业学校？如何培训技工？等等。各国也须找出解决之道。从19世纪起，无产阶级登上政治舞台，特别是取得政权以后，又给众多国家提出基本相同的教育课题。例如，如何使劳苦大众在教育上享受真正的平等而成为教育的主人？如何把教育和生产劳动适当地结合起来？如何培养全面发展的人？等等。各社会主义国家都在解决这些带根本性的

---

[*] 本文原载《外国教育》1984年第1期。

课题。如今人类社会进入知识爆炸时代，各国都在设法开发脑力资源和积极智力投资，说明各国当前面临的教育课题又是基本相同的。各国国情不同，对这些课题的理解不同，采取的解决办法不同，取得的成效也不同；但各国之间却总有其相同之处，它们在解决诸多教育问题过程中，无不一方面自力更生，一方面从别国吸取经验教训。在这百花齐放和百家争鸣的教育领域中，全世界不啻是一个大规模的教育实验室，形成了各国互相观摩和展开竞赛的良机盛会。由于教育关系国本，在国际教育竞赛的胜败关系着国家的盛衰，各国为办好教育而向别国学习时就不能一味抄袭，而须认真不苟地分析批判。这就是教育比较盛于今日的道理，也就是比较教育在今日成为科学的道理。

这种比较分析和互采所长的努力，曾对近、现代各国教育的成长迈进，起着宏伟的效用。就近代而言，法美两国初等教育的发展都受惠于德国，是人所周知的史例。1807年第四次反法同盟战争①结束，被拿破仑战败的普鲁士，国势岌岌可危，哲学家费希特发表《告德意志国民书》，呼吁教育救国，教育事业很快地获得了发展。法国不甘落后，也卷入了教育热。双方都企图在教育竞赛中取得胜利，从而在国力上压倒对方。无奈法国的初等教育是拿破仑素所忽视的环节；拿破仑失败后，法国复辟王朝更把小学完全交由教会主持，政府不闻不问，每年仅拨5万法郎作为补助，全国3.7万个学区，每区仅得少许的资金。失学者多，文盲充斥，这就使初等学校出现了明显的倒退，以致"行将倒塌的校舍，饥饿的教师，书本缺乏——就是法国国民学校一幅悲惨的现状图"。1830年7月革命建成新的王朝，教育部部长基佐便指派库森赴普鲁士进行教育考察，还于次年提出著名的《库森报告》，1833年便颁布教育法，着手教育改革。从此，法国确立了政府负责办学的制度，由各乡设小学一所，城市设高级小学，保证人人享受教育的权利；各省设置师范学校，培养小学师资；教会虽可举办小学，但其教师必须持有政府发给的许可证，教会学校还须接受政府的视察指导。由于学区、省和中央大量拨款，教育经费充裕；全国不久即形成小学网，各小学都有受过专业训练的人员任教；法国初等教育才得焕然一新。美国呢？巴黎于1831年发表《库森报告》后，伦敦随即刊行报告的英译本，紧接着译本在美国马萨诸塞、纽约、新泽西等州的议会流传，引起广泛兴趣，恰好美国人士纷纷赴欧参观介绍，声势愈加浩大，遂酿成轰轰烈烈的振兴

---

① 原文为"普法战争"，编者在编入本书时根据史实进行了修改。——编者注

公共教育运动。在运动的先锋霍拉斯·曼和巴纳德的带动下，马萨诸塞和康涅狄格州先后建立了州教育委员会和教育厅；征收税款，开办免费小学；从一向由地方权势派把持的学区转变为州政府过问和推进教育的体制；马萨诸塞还创立了师范学校，提高师资质量。两州的成绩蒸蒸日上，别的州以两州为法，美国初等教育因而快步向前。很清楚，法美两国向德国借鉴是极富有成果的。在此须指出的是：当时法国与德国彼此正处于对立面；美国是以民主、平等相标榜的资产阶级共和国，德国是以军国主义为旗帜的君主专制国家，也是政治上互相矛盾的；霍拉斯·曼和巴纳德在向德国学习中更障碍重重，险些出现流血斗争。但各国于政治分歧之外，认清教育上的优劣，并能与对抗势力勇于拼搏，终于获致胜利，这是难能可贵的。

就现代而言，第二次世界大战后，美苏关系紧张，构成政治对垒；但1957年苏联人造地球卫星发射成功，美国朝野大为震惊，公开承认美国必须取法苏联，迎头赶上。随后美国国会于次年通过《国防教育法》，大量拨款改善中小学的学科设置和教学方法；1959年又派出考察团，赴苏考察教育；20世纪60年代还掀起学苏潮流，呼吁学校传授系统的高深的知识，突出"新三艺"（数学、自然科学、外语），走向"学术复兴"，以纠正过去实用主义和进步教育造成的弊端。1964年延长《国防教育法》，连社会科学的教学改革也顾及了。如今教改过程虽遇到不少难题，但美国中小学的教学水平有所提高，乃是人所公认的。

以上是信手拈来的几项外国的事例。我国教育同样是深受过外国的启发的。我国现有的大学并非以往太学、国子学、四门学、国子监等演变的结果，是学习欧美的产物；我们的中小学也不是从以往路学、府学、州学、县学演变而来，而是从欧美国家学得的；研究生院尤其与以往的书院无关，也是学习外国而设置的。在另一方面，我国的文化教育不仅是输入的，同样是输出的。东方国家取法中国学校的史事所在皆是，欧洲也不例外。德、法诸国学校注重考试就是耶稣会教士将我国科举制度的精神和办法传入西方所造成的。梁启超说，欧洲国家的文官考试制度，有似中国的科举制度。当然，我国的科举考试是先于欧洲文官考试而存在的，两者的血缘关系是值得考证的。

总之，古今中外的事实一致表明：各民族的文化都不是绝缘体，各国家的教育都是混血儿。文教交流古已有之，今后更甚。企图闭关自守而不行开放政策，在教育建设上抱残守缺而与别国老死不相往来，就是闭目塞听，是违反科学的，是违反历史规律的。正因为如此，当前国际频频举办的文教协作，正在宣告人类教育已跨进新的历史阶段。比较教育研究的重要性和必要性必将与日益显。教育工作者必须对此具有充分的认识，并善于完成时代所赋予的严肃使命。

二

进行比较教育研究不是为研究比较而研究比较，是为了掌握教育规律和发展教育事业。具体说，就是"洋为中用"。因此，研究比较得愈精深，就愈能深得其益，否则就会流为盲目搬运，劳而寡效。所以正和对于古代的教育遗产必须批判地继承一般，对于异域的教育精华也必须批判地吸取。应该怎样进行其事呢？

首先，要对外国教育进行全面、系统而深入的探讨。

近来介绍外国教育情况而论述其得失的文章和著作，层出不穷。这反映了教育界同人对外国新事物的重视和敏感，是极好的现象。但任何国家的任何教育设施无不有其政治、经济、文化学术的背景，无不有其历史传统和哲学理论的渊源。唯有对国别教育有了系统研究和全面了解，才能深入通晓其某项具体教育实施的意义。割断历史联系，不谈社会根源，忽视哲学基础，而只是比较其某项教育的状况和方法，就仅能得其形而难得其神。我国的先哲孟轲曾警惕人们说"不揣其本齐其末"，会造成严重的错解，很有道理。最近有人问及古代和美国的高考问题，现且以之作为说明的例证。

就我所知，欧洲大学虽起源于中世纪，但那时没有招生工作。因为最初乃是先由学生自动组合起来，再行延师授课，而且产生大学。若干年后，学生人数增多，大学规模扩展，比较完备的大学都设置神、法、医、文四科，文科学习基础知识，是预科性质，神、法、医则有似今日的本科。预科和本科合设，也没有招生问题。文艺复兴以后，特别是资产阶级掌握政权以后，资产阶级子弟要受较高水平的教育，大学难以尽容，才出现了英国的公学、德国的文科中学和法国的国立中学。这些学校一般皆以教导学生升学深造为目标，其办学方针和所设学科，都围绕大学的指挥棒而团团转，实际上是大学附中。那时欧洲国家进步较为稳定，大学为数有限，中学毕业生也不多，中学和大学在学生供求关系上是能互相适应的。再加上一般中学较能认真不苟，成绩评定基本可靠，大学选取新生也未成为难题。但19世纪中叶以后，产业革命带来了广需人才问题。问题最突出的是美国。那时南北战争结束，工农业比欧洲发达得迅速，伴随而来的是中学生人数快速膨胀，中学毕业生升大学者猛烈增加，大学招生成了不得不细致考虑的问题。1871年由密歇根大学开始试行认可制度，凡经该校考查认为合格的中学，其毕业生就可以不经考试而入学。其后，许多州把州内的众多大学联合起来，共同推行这种办法。由于成效良好，全国就分为六区，各区大学联合会各自制定标准，对区内中学进行认可和免试入学工作。这就节省了大批学生参加入学考试和众多大学对大批新生举办入学考试的辛劳。后因执行不严，20世纪初又成立大学招生委员会作为补充，凡委托该会考试新生者，该会可以利用简便易行的办法代为办理。第二次世界大战后，大学规模扩张，招生人数浩繁，又把招生委员会改为教育测验局，每年分期分批地对准备入学者进行测验，方法尤为便利。如今，各州各校各行其是，不过都在上述办法中进行抉择而已。

但仅谈这些，不能说明美国大学招生不同于欧洲国家的实情。欧洲国家由于各项事业的发展比较平稳，大学不需要像美国在南北战争后那样大量招生，因而根据历史传统，始终认为大学是教育少数英才的园地，中学毕业生必须学业成绩优异才得入大学。与此不同，美国则标榜教育民主，有人甚至说，任何公民都有接受高等教育的权利，任何公民也有权像开设商店或组织公司一样地开办高等学校。因此大量程度不齐的学生挤入大量程度不齐的大学，其精神就不同于欧洲国家。因此，欧美大学招生在精神上便彼此不同。前者重学业，后者则要求宽泛。近年来欧洲各国对大学录取新生注重考查学生平日在校学习成绩，美国某些王牌学府注重提高质量，也对认可学校毕业学生加试学术性科目，但欧美间的差异依然存在。所以我们除该注意其方法，还该注意其精神，要由表及里。就是说，不但要知道它的做法如何，还要知道制定这些做法是根据怎样的思想的，贯彻这些做法是依凭怎样的精神的，然后才得理解其全部的和更深的要领的。唯有这样才能谈到批判吸取，由形似而得其神似。在当前对于全面、深入而系统地理解各国教育以前，为解决某些急待处理的任务而借鉴各国采用的办法，也是有益的，而且是明智的。但作为比较教育科学工作者而言，却不应停留在此。一个国家的各种事业构成一个有机体，在其教育领域中，各项教育事业也是一个有机整体。辩证法教导我们从整体考虑问题，从全局观察一切，具体到借鉴外国先进教育，也是避免头痛治头，脚痛治脚。我们要参考外国的方法，以处理目前的当务之急，更须对国别教育深入而系统地钻研，做到既见树木而又见森林。美国哈佛大学校长普赛在1978年所著《战后美国高等教育》中说，美国精通远东问题的第一流专家有600名之多。我国是社会主义大国，在精通外国教育情况的专家培养方面，如今刚刚起步，是要急起直追的。

其次，要结合国情，取法外国先进经验。

将外国教育经验化为己用，是十分艰巨的任务。不加区别地全盘否定和不加剖析地生搬硬套，都是有害的。探索外国教育而善为运用，借以建树祖国教育事业，绝非垂手可致，乃是呕心沥血的吸取而兼创造的过程。和我国号召的"洋为中用"相同，外国也讲求"洋为我用"。在此不妨就别国的往事予以阐明。

1810年德国柏林大学成立，除进行传统的教学外，还致力学术研究，在当时乃是创举，欧美国家便纷纷效仿。那时美国建立了许多新州。各州为培养州政建设人才，先后成立大学。这些学校应否以柏林大学为师成了一个问题。有识之士认为不可，因为美国中学教育正在成长，大学也属草创；于是提议美国大学不能按照由洪堡舶来的蓝图办理，而应走自己的道路。由于不好高骛远而紧密结合当时国情，大学未以造就学者为志，而以培训能适应现实需要的干才为怀，因而创建了美国式大学的新类型，对于推动美国政治经济的历史车轮前进，产生显著成绩。南北战争以后，学术教育渐有实施的可能，这才于1876年创立了霍普金斯大学。不料，校长吉尔曼急于办成追求学术的学府，考虑只办研究生院。但因美国中学抵不上德国文科中学，大学毕业生的学力仅达到德国大学二年级的程度，便难以实现预期的理想。不久改弦更张，希望在办好本科的基础上办好研究生院，果然成绩斐然，被誉为设在美国的柏林大学或设在巴尔的摩的莱比锡大学。这个小小的弯路说明忽视国情而急于求成，是枉然的。约在同时，从1869年起任哈佛大学校长达40年之久的艾略特也是留学德国而醉心德国教育的学者，他就任之始即看清这所历史悠久的学校要追赶柏林大学，其障碍在于教授们抱残守缺，墨守成规；但又认清大刀阔斧地硬砍硬拼并非上策；因而采取了迂缓手段，创行学生选修制度。办法是学校设置多种多样学科，延聘不同教师讲授，听任学生选修。其结果是教师讲授的优劣成了敏感青年选课的依据，学生争相就学于学有专长的良师，保守落后的教师则无人问津。在这学术竞赛之下，先进师资便获得优势，学术气氛便与日俱浓，本科教育的改进促成了研究生教育的迈进。蔡元培通过"兼容并包"的方式改造当时暮气沉沉的北京大学，正是和艾略特殊途同归的。很清楚，这种对症下药的医校圣手是巧于运思的创造派，而非鲁莽用事的急性儿，更不是因循固守的顽梗者。

学习外国先进经验，尤其不能东施效颦，随大溜，赶时髦，哗众取宠。俄国19世纪进步教育家乌申斯基在批判当时俄国以盲目取法德国教育为能事时，指出，德国教育中有沙文主义，有民族局限性，有大吹大擂其世界意义的狂妄性，并且说："我们既不需要德国的疾病，也不需要它的药剂。"这种认真分析而批判吸取的态度很是正确。

从上可知，借鉴外国先进的教育成就，而落实到本国教育的建树中，并非易如反掌。如今有的同志希望学习外国要急于收效，立竿见影，其心情是可以理解的；但也要记取我国先哲的名言："欲速则不达"，"其进锐者其退速"。最好是实事求是，严谨审慎地把"多快"和"好省"辩证地统一起来。

迎接 21 世纪的比较教育*

今天是北京师范大学外国教育研究所成立 30 周年的诞辰，我谨为致贺。如今 21 世纪即将莅临。在这跨世纪的佳期，我愿略表对于 21 世纪的比较教育的欢迎之情，还想略谈对于 21 世纪的比较教育的殷切希望。

其一，21 世纪是高科技将使全世界更加腾飞前进的时期，是我国科教兴国的时期，也是世界众多国家科教兴国的时刻。在这峥嵘的岁月，人类的交往将愈加便利，接触沟通的渠道将愈加拓宽，关于教育的互相了解和互助合作同样要愈加频繁和愈加深刻。理由很明显，要科教兴国和科技促进世界发展，一定要为培养健全公民和科技队伍而振兴教育。实际上，不但在振兴世界教育的今朝，各国要彼此理解和互助合作，就在以往的历史发展过程中，文化和教育的交流从来也是不断发展的大事。比较教育之成为学科仅一个世纪，比较教育的实践却是不绝于书。教育史家说，过去任何一种文化都不是绝缘体，当前任何国家的学校都是混血儿。这个论断是符合事实的。比如，我们从世界教育的演变看，亚历山大里亚城很早就曾是东西文化教育汇聚之地，是促使东西文化教育交流融合而繁荣昌盛的大熔炉。再如，基督教曾促成世界文化教育的融汇和成长；实际上，佛教和伊斯兰教同样功绩宏伟，它们都曾推动各国教育的比较和交流。再如，就我国而论，我们既曾是文化教育的输入国，又曾是文化教育的输出国。对东方而言，我国的儒家教育和思想在战国时期已与日本交往，到隋代，两国正式通使，到唐代，日本大量向中国派来遣唐使和留学生，孝德天皇为进行汉化而开展大化改新运动，其主持人即留唐学生高向玄理。朱舜水因明亡赴日乞援，未成，但被奉为国师，输入儒家思想，给明治维新以启发。王阳明的知行合一说更是如此。就对西方而言，德国哲学家莱布尼茨曾说：中

---

* 本文原载《比较教育研究》1996 年第 2 期。原标题为《迎接二十一世纪的比较教育》。——编者注

国古代文化结晶曾有三者为欧洲所吸取，极有助于欧洲文化的发展，一是指南针，二是印刷术，三是科举考试。天主教耶稣会派教徒把科举考试的方式方法传之欧洲，才有欧洲国家严格的考试制度。张星烺先生的《中西交通史资料汇编》、季羡林先生的《大唐西域记校注》前言、朱谦之先生的《中国哲学对欧洲的影响》、齐思和先生的《中国和拜占庭帝国的关系》等，都列举了不少的史实，论证中外教育的交流和沟通。研究科学不妨大胆假定，我估计在这些沟通和交流之中当然有着相当丰富的教育比较的实践和经验。"前事之不忘，后事之师。"我相信其经验有不少可为今日借鉴的。不但他们的经验足资今日之参考，他们在数千、数百年前科学尚处于未发达时代和人们尚处于彼此接触困难时代，竟然结出惊人的丰富硕果，更是能使 21 世纪的比较教育工作者感受激励和鼓舞的，是能使人们愈加奋起直追的。我真诚希望 21 世纪的各国比较教育学者通力合作，整理和撰写一些有关这方面的历史论著。若能建立起一种比较教育史科目或科学，当然更是我所热切期望的。最近已有的青年要求建立比较教育史新学科，是值得认真考虑的。

在这里，我希望在世界比较教育史学科或科学建成以前，使现在学校中的比较教育课和外国教育史课紧密地联系起来。美国有的高等院校把外国教育史、比较教育和教育哲学三门科目组成一个学域（area），是不无可取之处的。因为仅就各国现行的教育制度和现行的学校实际进行比较，不从其历史演变和哲学基础，深入分析论证，就容易只知其现状和外形而不知其底蕴和本质，就容易流为只是教育事实的粗浅描述和介绍而缺乏应有的讨论和评价。比较教育学者如能从各国教育如何源起、如何演变以及其哲学根据，来进行比较和钻研，使人深知其产生和发展的社会背景和其所做出的贡献，就容易由现象的罗列、陈述而上升到理论的剖析了。杜威说研究自然科学要有实验室，而人类教育事业的成败功过是需要长久时期才能定论的，是只能靠历史来做出判断的，所以历史不啻是人类具有久远性的教育事业的实验室，它能够帮助人们鉴别优劣和认清长短，从而寻觅教育发展的客观规律。比较教育研究以当前的教育发展作为比较的主要阵地，是正确的；但因此而漏掉从数千年长期积累的比较教育资料库中提取宝藏，是不够全面的。20 世纪 30 年代美国比较教育学者康德尔（Kandel）说："比较教育的研究是继续教育史的研究，就是把教育史延伸到现在"。这就是说古与今不能割裂。现在美国比较教育学者布里克曼（W. Brickman）说，我们一定能够从过去教育的某些富有兴趣的或富有价值的实践和思想中，发现对于现在或将来可能产生富有意义的启发。他说博古有助于通今。因上种种，最近有的比较教育的著作中含有比较教育史的篇幅竟然超过全书的1/3。这种发展趋势是值得重视的。所以我很希望新世纪的各国比较教育研究者共同携起手来，齐力开辟这块处女地，从这块被长期遗漏的宝贵田园夺取丰收。

其二，总结历史经验并非要走回头路和要倒退，反思和研究历史往事更不意味着思想要陈旧和观念要陈腐。当然陷于历史虚无主义要不得，盲目崇古同样要不得。在历史巨变时代，我们极要强调的是突破和创新，以跟上社会发展和科学发达的步伐。比较教育如果要成为时代的宠儿就必须引导新一代发挥远瞩未来和革故鼎新的力量。建立和发展高水平的比较教育学，一方面要奠定历史的基础，一方面更要抓紧现代和面向未来。现在是高科技迅猛发达时代，是知识爆炸时代，是信息时代，是众多国家都在科教兴国的时代。众多国家的学校迫于客观形势，都在发生重要性变化或根本性变化，教育实践和理论都在日新月异。研究比较教育最好是抓住时机去深入现场，到有关国家去参观、访问、调查、参与。这样从身临其境和目睹其事来猎取印象，比之仅从信息传播和书本翻阅要确切得多。我们尤为相信通过较深和较久地现场实践，能使人对问题辨析全面而透彻，必然会由感性认识而提高为理性认识，由泛泛的常识臆断而提高为科学论述。联合国教科文组织屡屡邀约各国专家对国际教育进行参观调查，众多国家也经常派出教育考察团，这些都曾获得良好的收获。今后应由更多的教育研究机构和高等院校不断派出比较教育研究者，到实地去观光和到实地去验证。如此较多方面地和较长时期地积累感性知识，再加参酌历史经验，必会产生比较系统的理论和比较高水平的学科质量。不少友人在国外留学时，既通过课堂而修习比较教育，又通过多种渠道接触所在国学校的全貌，曾取得较为满意的学养，就是例证。长时以来，中外比较教育学者认为如今比较教育学科质量尚不够高和理论探究尚不够深，我认为只要跳入各国丰富多样的教育改革现场，再兼顾过去历史提供的经验，是能徐徐克服的。总之，比较教育研究逐渐有了扎实而丰富的根底，那就不管在教育目的和目标的比较方面，或在教育领导管理的比较方面，或在各级各类学校的比较方面，或在各科教材和教法的比较方面，或在培养优良品质的道德教育的比较方面，或在教师和教育行政人员的素质养成的比较方面，或在教育经费的开源和分配的比较方面……就必将有血有肉和有理有据了，就必将根深叶茂和本固枝荣了，就必将大大有力地和有效地促进各国教育实践的实施了，众多国家的学校必将绘成一幅绚丽惊人的奇景了。

其三，党在当前的改革开放，特别是"扩大开放"和"科教兴国"等几大战略方针，将使比较教育研究进入黄金时代。我们必须积极投入这项宏伟的战斗中。美国以短短300余年竟然超过数千年历史的文明古国，成为当前教育大国，不仅和它的政治经济发展有关，也与它在教育事业中热情进行教育交流和比较，并且竭力批判吸取别国之长，有直接的关系。美国在殖民地时期，英、法、德及荷兰诸国的教育已移植美国；在抗英斗争时期，法国的民主教育曾源源而来；19世纪德国教育发达，美国又大力向德国学习，瑞士及东欧国家的教育也同时为美国吸取；二战之后，苏联卫星上天，美国随而派出教育考察团赴苏考察和取法。可以说美国向外国教育摄取营养是一贯积极不懈的。许多产自别国的先进教育理论，曾在美国首先开花结果，因为美国走在它们的本国之前，反而经由美国推动了它们本国前进。以德国赫尔巴特为例，他的统觉心理学和阶段教学法，经留学德国的美国青年返国后广为宣扬，先在密西西比河流域一带的师范学校推行，随后传之全美，并且成立了赫尔巴特俱乐部和赫尔巴特学会，赫尔巴特学会以后更升格为声名赫赫的美国教育科学研究会，由权威学者杜威等任会长。1894年，充任联邦教育局局长的哈里斯曾说，崇奉赫尔巴特教育理论的美国人多于崇信赫尔巴特教育理论的德国人，因而美国受益匪浅，真可谓"园内红花园外红"了。再就英国斯宾塞为例。他在《自传》中说，他的教育思想在本国是毁誉参半和敌友并存的，在美国却畅行无阻而深受欢迎。哈佛大学校长艾略特在给斯宾塞所著《教育论》作序时说：就事实而论，斯宾塞的教育理论在美国比之在英国，获得更为深厚的兴趣和更为稳妥的市场，因而美国受益是在英国之前。美国曾因善于比较和吸取别国之长而走在众多国家之前，做到后来居上，如今已被人们称赞为教育史的奇迹。我们既有五千年的灿烂文化，是文明古国，又有党的英明领导，是迅猛前进的国家；我希望而且相信我们能够参照历史上这类先例，借助比较教育的武器，快快地跑在前边去，成为世界上位居前列的教育先进国家。

第七编

教育著作前言和结语

《外国教育通史》前言[*]

外国教育史的内容是极为广阔的。从纵向而言，它涉及从原始社会直到如今的人类教育的产生和演变的全部过程。众所周知，由学校实施的正式教育（formal education）发端于阶级社会，原始社会所进行的非形式化的教育（informal education），或附着于生活中的教育，就更来源久远了。根据近年考古学家的约略推断，两河流域出土的古代学校和北非埃及的古代学校，都是公元前4 000年的产物，到现在已经历近6 000年的岁月。就横向而言，它涉及除我国之外所有国家和地区的教育的发展，由于这样广泛的探索尚难全面着手，只能选择其有代表性的国家和地区予以论述；然而，其覆盖范围也是颇为庞大的。显然，这项时兼古今和地兼东西而包罗万象的科学，是蕴含着无穷无尽的珍贵的宝藏的。教育史家说，研究物质变化的自然科学，如物理学、化学等，要在实验室中进行；作为社会科学的教育科学则不尽然，虽则许多比较具体的课题可以通过实验取得答案，但许多具有理论性、根本性和久远性的重大课题，是无法着手实验研究的。要论证或判断这种课题，就须借助历史发展的往事来反思和解决了。美国教育学者杜威说，教育史不啻是教育科学的实验园地，这句话是有道理的。所以我们不能由于面向未来，就轻视教育史这个教育科学的宝库。

近年来，国外教育史学者已经凭借艰苦的调查研究，获得丰硕的果实，富有科学水平的著作层出不穷。国内同人的研究著述，同样是经刻苦钻研而成果优良的。这反映学术界对于教育史的价值的肯定和重视。由于国内外学者探讨得愈来愈精密，对于以往教育史的不足之处做了补充，对于过去一些教育史的解说做了更新。这种补充和更新是今后长期的任务，需要专业工作者同心同德，协力而进。我们不揣浅陋，谨就国内外教育史研究所取得的丰盛果实，分

---

[*] 本文原载《外国教育通史》（第1卷），滕大春主编，山东教育出版社1989年版。

辨吸取，并在一些问题上提出执笔者自己的看法。这项尝试当然是难以完美无缺的，只不过是在广大读者渴望探索外国教育史的情势下的抛砖引玉而已。依据执笔同人共同的认识和想法，我们的努力方向和初步规划是试图按照以下的观点进行撰述，从而使读者能够比较全面和比较深入地理解世界教育的演变历程，洞察一些教育发展的规律。为使这项大胆的设想能够成功，谨盼读者和著者携起手来，协力以求之了。

其一，我们认为外国教育史并不是西洋教育史，也不是欧美教育史，乃是世界范围的教育发展史。而且就古代而言，亚述、巴比伦、埃及等东方国家的教育是早于欧洲的古希腊、古罗马而兴起的，它们在教育内容、方法以及体制和管理上，也是相当完善的，并非只有古希腊教育是光辉灿烂的。学者认为人类文化是多元的而非一元的，就世界教育的肇端和进步看，多元论恰是正确的。因此，东方古国的教育史应和西方古国的教育史，同样放在重要的位置上，由它们共同组成教育史的框架。与此相连带的是人类的宗教也是多元的而非一元的，东方盛行的佛教、伊斯兰教和西方盛行的基督教是三教并列的，由于在历史上教育和宗教一向是紧密联系的，三教对于教育都是立过功的，而且三教的教育都是影响广远的。教育史不能只顾其一而忽略其二。再则，众多声名不太显赫的国家的教育也常有其强点和特点。因此种种，外国教育史的领域应当拓宽，突破以欧洲为中心或以欧美为范围的传统，突破以基督教教育为主体的结构，才是合理的方向。

其二，教育史的领域还该在叙述人类教育在阶级斗争中所扮的角色的同时，叙述它在生产斗争和科学实验的发展史上所扮的角色。过去竭力阐述教育在阶级斗争方面的作用，并不为过，但不宜片面化，以致教育史变成在教育范围内的阶级斗争史。实际上，在阶级社会产生的初期，统治阶级虽力图为阶级压迫而培训爪牙，但随着时代的前进，为发展生产力和发扬学术文化而致力储才育人的工作就提到日程上了。到近代和现代，就更加甚了。经过长期积累，人们自然通过实践和钻研而获得与日俱增的教育科学财富。仅仅以阶级斗争为纲来简单化地处理含有众多方面和众多功能的教育发展的问题，就必然不能窥及教育演进的全貌。尤其是对于教育在生产斗争和文化斗争方面的往事，不加分辨地避而不谈，就必然忽视教育在经济建设和文化建设方面的历史经验，就必然达不到"鉴古知今"的作用，也就必然无法为建设社会主义物质文明和精神文明，来发挥"古为今用"和"洋为中用"的效能。我们认为这是急需改弦更张的。

其三，在外国教育史的研究中，适当的政治分析、哲学分析和科学分析是至关重要的。过去由于"宁左勿右"的思想作祟，教育史着力渲染统治阶级教育的反动性和阴暗面，却讳言其积极性和光明面，结果是陷入历史虚无主义，或变为空泛的美化和颂扬。两者都不能公正如实地揭示教育发展的规律。与此相似，过去还曾在教育思想理论部分简单地以唯心主义和唯物主义为分水岭，肯定后者的教育贡献而否定前者的功绩。实际上，恩格斯在《费尔巴哈与德国古典哲学的终结》中曾指出，哲学家由于在解释思维对存在以及精神对物质等关系的回答不同，才分为唯心主义和唯物主义两大阵营；不过，"除此之外，唯心主义和唯物主义这两个用语本来没有任何别的意思"[①]。这就是说，我们不能仅凭唯心或唯物二词来判断一切和评价一切。一些教育史上里程碑式的人物，如柏拉图、夸美纽斯、卢梭、杜威等，都是唯心论者，因此，对于这些教育巨人常常未能进行科学分析。这样的偏激态度是必须纠正和避免的。科学阐述和评价是必须提倡的。

其四，国外教育史学者根据历史事实总结道，世界文化教育总是通过彼此接触而向前进步的。他们的名言是：当各国在战火纷飞的时刻，它们的教育文化常常是和平共处或互相取长补短的，因之，世界的文化教育都不是绝缘体，当今各国的学校都是混血儿。这种观点特别值得参考借鉴。古代亚历山大里亚城是东西方文化教育交会的地区，也是人类文化教育前进的渊源；伊斯兰教文化教育既得之当时东方文化教育的启发和孕育，但它又曾树立促成欧洲文艺复兴的大功；日本和中国也都因西学东渐才产生出现代型的学校。在另一方面，中国是文明古国，也曾对外国教育发展有着贡献。我们的祖先不但曾以印刷术和指南针推动世界文化的历史车轮前进，更曾以儒家思想和考选制度有功于各国教育制度和教育思想的建树。因之，我国既是文化教育的输入国，也是文化教育的输出国。妥善地把东西方教育史沟通起来和妥善地把中外教育史挂起钩来，借以使人领悟人类教育史的整体性，是颇有助于清除闭关主义的缺憾的，是更能使人理解开放政策的英明的。

其五，世界教育发展到近代和现代，出现了新的特点。它不但气势磅礴而规模宏大，由被特殊阶级的少数人所垄断而面向大众，并且在教育体制方面朝

---

① 《马克思恩格斯全集》（第 21 卷），人民出版社 1965 年版，第 316 页。

着多类型、多层次、多功能结构的方向前进。它还刷新了教育内容，完善了教育方法，丰富了教育设备，改进了教育工作者的素养，从而大幅度地提高了教育质量。这一系列的成就都是文艺复兴、宗教改革、产业革命、资产阶级革命和无产阶级革命，以及伴随这些巨变而发达的哲学和科学所促成的。目前又是第二次世界大战后的生产事业和科学技术腾飞时期，教育反映这一浪潮而奔驰向前。第一、第二世界国家的教育日新月异，第三世界国家也急起直追。总结数百年来，特别是百数十年来各国教育的经验教训，尤其具有理论性和现实性的意义，对于建设我国社会主义教育事业是能起直接而鲜明的效用的。外国教育通史应着重对这一时期教育演变的阐述、分析、比较和论证。

其六，外国教育史如何对待"用"的问题，是值得思考的。要求一门教育基本理论学科给当前某些具体教育业务工作提供切实可行的实施方案，这个要求是不恰当的。但在另一方面，教育史却能培养人们较为远大的教育眼光和对于教育课题的领悟能力，而这种眼光和能力每每能产生人们意识不到的威力。所以教育史对于实际工作的效能常常是迂回的，而不是直线进行的，是要经过较长时期才能显明其成效的。柏拉图的教育哲学对处理具体教育工作可能没有明显用场，但学者在理解亚历山大大帝在缔造横跨欧、非、亚三洲的强大帝国之际，竟然在埃及筑造名城，礼遇东西学者，奖励学术交流，从而给人类文化建立殊勋时，便不得不挖掘他的思想根源。原来其父马其顿国王腓力二世曾邀请亚里士多德为宫廷教师，而亚里士多德所传授的是包括柏拉图尊重理性和哲人治国的思想。这种思想种子撒播在亚历山大幼年的心田，他长大后才在以武力得天下的同时，积极振兴文教，以行哲王之治。再清楚不过，柏拉图的理论是以间接而非直接的渠道来造就贤明的政治家的，只有通过历史才能洞悉柏拉图哲学的功绩。卢梭呼吁解放天性而造福无数代儿童，其贡献也要通过史实而理解。这种教育理论或哲学的价值，是无法仅凭简易的实验所能理解，也非仅凭当前的经济收益或社会效益所能判断的。教育史不是实用性或技术性的学科，其功效每每不是立竿见影的。有人考虑把各历史时期的教育法令、法案、规划、报告等，尽量纳入教材。这未免是画蛇添足。正确的做法应该是在通史的基础上，引导学生进行断代教育史、国别教育史、专题教育史的探索，而且在探索过程中恰当地联系实际，深入地分析比较，才能逐步达到"古为今用"和"洋为中用"的要求，绝非是一蹴而就的。

以上各点是我们奋斗的目标，限于我们的学力，这项浩大工程是要一步步实现的。我们无法即时达到这些理想，只能希望在本书将来再版时逐步有所提高，慢慢向这些目标接近和靠拢。古人说："虽不能至，心向往之。"马克思更以"攀登科学高峰"勤勉人们肯于而且敢于缜密和坦诚地向科学进军。正因为此，有的执笔同人遂对某些问题在一定范围内略抒己见，以就正于读者，希望通过进一步钻研而获致正确的结论。

  1986年暑期，在山东教育出版社的倡议和支持下，于烟台召开了《外国教育通史》第一次编务会议，拟定了编写大纲，并呈报国家教委。1988年国家教委将《外国教育通史》列为高等学校文科教材。该书是高等院校教育专业的教学用书或参考用书，也是有志研究教育史者的重要参考书。全书共分六卷。第一卷为古代教育卷，第二卷为中古教育卷，第三、四卷为近代教育上、下卷，第五、六卷为现代教育上、下卷。

《外国教育通史》结语＊

《外国教育通史》共六卷，兹已完成。我们把从古至今人类教育的起源和演进做了一番回顾、反思和探究，感觉这数千年以来，的确是步步向上，层层提高。在教育实践方面和教育认识方面，无不如此。人类在这悠久的岁月中，进行了为数无尽的教育创造，积累了丰硕之至的教育财富，锻炼了犀利锐敏的教育智慧，拓宽了远大辽阔的教育眼光。有的教育史学者说，教育史的钻研增强了我们对于教育发展的乐观主义。我们颇有同感。约略地概括起来，我们认为下述六种趋势都是极为宝贵的。它们照亮了今后教育发展的道路。

其一，教育的强大无比的威力，通过教育发展史而日益明确地显示了。在过去，人们曾把教育视为阶级地位的文饰品，精神享受的消遣品，宗教信仰的麻醉品，慈善机构的救济品，无非是维系社会安宁和增进生活知能的工具。而且数千年来，人们总把处理子女教育视为家长的职权和家庭的职责。历经演进，这种贫乏的理解才为新颖的教育观念所代替，知道人类由原始时期的愚昧无知到知识进步和文化昌盛，都离不开开发民智的教育。早在18世纪，法国启蒙主义者爱尔维修曾经倡导教育万能，但并未成为广大学者的共信，原因是当时的条件尚未成熟。到现在，则无论革新政治、巩固国防、发展经济、促进国际和平或飞往月球探险，都需要高深教育的参与。过去的社会和教育是缓慢发展的，如今进入高科技时代或信息时代，是科学威力无穷的时代，是知识爆炸时代，是智力革命时代，教育更成为人类前进的决定力量。美国是公认的教育超级大国，但近年来多次惊呼教育不景气正形成对国家的严重威胁，并且反复强调："美国教育如果是第二流的，美国就不可能保持其作为世界第一流强国的地位。""正是这种教育危机目前在威胁着我们国家的前途，威胁我们民族的未来。"当1957年美国面临苏联人造地球卫星上天的挑战时，学者们曾说

＊ 本文原载《外国教育通史》（第6卷），滕大春主编，山东教育出版社1994年版。

发展教育比制造卫星是更根本和更困难的问题。最近南非共和国教育部部长萨姆·德比尔说："破坏教育就是损害国家的心脏。"教育如何和国家以及人类的命运息息相关，已被人们道破。对于兴办教育大业的急迫感如今正普遍出现于任何国家和任何社会，这乃是不容抹杀的事实。

不过，仅谈教育效能的日益增长是不足的，教育史更为重要的是揭露了教育职能正由保守的和消极的向开创的和积极的方向转变。美国教育史学者布鲁巴克在所著《教育问题史》中说，古代教育直到古希腊时期以前，乃是保守的，以维护社会和政治的传统为任务，主要是由老一辈向青年一代传授种族经验。纵令亚里士多德那样杰出的哲学家，也认为不论独裁的或民主的国家，其教育都是跟它的政治原则吻合的。古罗马时期以教育培养雄辩家，实际上，雄辩家是当时政治干部的别名。中世纪以宗教教育为重，因为当时的国家以基督教为政权支柱。无论古罗马时期或中世纪的教育，也无非是为延续政权效命的。直到19世纪，以民主政治为标志的美国也不例外。由霍拉斯·曼和亨利·巴纳德领导的公共教育运动，同样承认学校的职责是巩固革命成果而已，不须侈谈未来的发展。但是在另一方面，把教育视为创造新社会和缔造新国家的思潮，自近世起慢慢兴起了。这是社会前进和科学前进在教育上的反映。作为法国大革命酝酿者的启蒙学者孔多塞①，曾强调人们具有无限的可完善性，可以促使人类永不中断地趋于完善，政府和学校的责任应是巧于掌握人类社会进步和完善的机会，而非对于社会革新采取畏惧和防范的态度。德国哲学家康德同样主张儿童不是仅仅为了目前现状接受教育，要着眼于人类未来的发展，并由学校创建理想的国家和社会。美国实用主义哲学家受达尔文进化论的引导，不但相信物竞天择和适者生存，而且认为适应不只是生理器官的适应，也包括社会制度的适应；甚至还认为制度的适应是由无意识阶段进入有意识阶段的，教育和学校恰恰肩负着有意识地促成社会制度改革的。美国教育学者杜威在《民主主义与教育》中，就曾指明过去社会的进步不是人们有意识的奋斗得来的果实，是全凭客观形势所形成，今后要由人们有意识地自觉地假手于教育而前进了。当然，马克思与恩格斯于1848年发表《共产党宣言》之后，教育为推翻资本主义社会而努力，并为社会主义社会造就新人，就更加光耀了。教育的宏伟效能与日俱增，这是从教育史中看得明明白白的。教育不仅是社会发

---

① 作者也译作孔多赛、康多赛。以下不再作注。——编者注

展变化的追随者，而更应是其先行者，这在第二次世界大战后愈加成为事实。众多学者说，在过去，教育发展是受经济发展制约的，"现在，教育在全世界的发展正倾向先于经济的发展。这在人类历史上大概还是第一次"。学者还说："现在，在教育史中乃是第一次为一个尚未存在的社会培养新人。"再进一步讲，过去的教育不是不放眼未来，然而仅能展望极近的未来，因而基本上是局限于近距离的未来的；刚刚相反，如今则因科学繁荣和人智广开，已能高瞻远瞩而大力为未来做准备了。"放弃教育就是丢掉未来！"已成社会的共识。远见之士无不肯定教育在将来创造的奇迹，将是远远超越从前人们所憧憬的。这表明今昔教育效能犹如天壤。我国在当前建设具有中国特色的社会主义的历史时期，把教育放在优先发展的战略地位，绝非偶然。教育史增强我们对教育事业的强烈信心，激励了我们为教育事业献身的强烈斗志，是无须论辩的。

其二，教育民主化和大众化的浪潮澎湃奔腾，是无可阻止的。在阶级社会中，统治阶级垄断教育是东西方国家皆然的。东方文化古国如印度和埃及，都是早早进入奴隶社会和创立学校的，因而都提供了有关事例。在印度的种姓制度下，只有统治者，即婆罗门和刹帝利两种姓的人，才有权学习《吠陀经》；其下则是从事农工商业的属于吠舍种姓的人，再低则是仅高于奴隶的首陀罗种姓的人，两者都无此权。一个吠舍种姓人由于学习《吠陀经》，就曾被割掉舌头；首陀罗和奴隶更不消说。埃及古代由寺庙掌管宗教活动、文字书写和专业训练，在一座寺院学校的碑文中刻写着："学校的全部学生都来自显贵人家，而非贫穷家庭。"从上可知，当时学校并非为一般平民开设，乃是特权子弟独享的禁脔。实际上，美国于1776年建立"自由、民主、平等"的国家后，许多州在法令上依然规定黑人不得学习文化知识，违者被治罪，教者被判刑。这更说明广大人民享受教育的权利遭受剥夺的严重性和残酷性。

不过，随着社会的前进、经济的繁荣、科学的发达以及政治解放运动的开展，教育的门禁逐步敞开。西方国家较早地步入资本主义社会，因而较早地向教育民主化迈进。历史地追述起来，自16世纪起，宗教改革运动领袖马丁·路德翻译《圣经》为德文，致书市政当局设立学校，教导人民由学习《圣经》而直接听命于上帝，不再由罪恶的天主教僧侣做桥梁，是从宗教信仰角度呼吁开放教育机会的。普鲁士邦为造就忠于国君和英勇善战的国民，普及初等教育，是由专制政治需要呼吁开放教育机会的。法国在大革命后则从培养共和国公民的需要，呼吁开放教育机会。英国是产业革命的先锋，着重从训练机器生产者的角度，创立了工场学校和初等学校，从而促进教育大众化。美国于19世纪初期也基于民主政治的原则，掀起公立学校运动。这一系列从少数权势者手中为平民争夺教育权的史实，显示了教育发展的新方向。继此之后，不但初等教育之门能为大众所跨入，而且还进一步规定入校学习是人人必须完成而不可回避的义务；并且以法令实施强迫入学，儿童失学便要惩罚家长。群众学文化和长知识一向被视为犯法行为，如今一变而为公民必尽的责任。许多国家为消除儿童就学的困难，不但免收学费，而且免费供给书籍、午餐、衣服、交通工具等，确实是天翻地覆的变革。

近年以来，教育民主化的浪潮更快速地向多方面伸展。一是向少数民族伸展。过去，为着政治压迫而不许少数民族享受教育权利是普遍现象。美国甚至在以解放黑奴为旗帜的南北战争以后，黑人教育还是纸上空谈，有的心理学者并以黑人智力低下作为剥夺教育权利的科学论据。如今解禁已成为事实，黑人所受教育逐渐与白人教育接近，甚至黑人充当教育局局长和教育厅厅长的信息接踵而至。别国也有同样的法令和实践。这些一向被抛舍的教育弃儿纷纷变成了平等教育的受惠者，乃是过去梦寐中所罕见的。二是向身心残缺的儿童和青少年伸展。在过去，盲、聋、哑、断肢残体以及弱智等不幸之人，都被视为家庭和社会的负担，是徒然消耗而不事生产的废品或累赘。实践证明，通过精心培养，这些人都能发挥光与热，同样能够享受生活乐趣和造福社会。残废者教育的方式方法已成为众多国家极为注意的课题。美国于1975年由国会通过《身心缺陷青少年教育法》，对于全国800万名3—21岁身心有缺陷者，一律施行免费教育，根据他们的具体情况，分别安排入学校、在家庭或到医院，学习适合需要的课程，而且凡学区缺乏条件者，由州负责主持其事。联邦和州政府曾为此拨用的职业培训费、医疗护理费、生活救济费和幼年患者矫治费，是为数浩大的。别的国家大致相同。三是向年长或老年者伸展。在过去，人们认为婴幼儿和青少年时期才是人生中受教育的时期，只有他们才是教育的对象，超过学龄的成人是很少被人考虑的。近来由于科学知识更新和生产技术更新，在职工作的人员必须接受补习教育，心理学者的研究还肯定成人学习的效果，成人教育乃逐步成为重要教育工作项目。第二次世界大战后，不但中等水平的成人教育机构为数大增，高等水平的教育机构也向在职群众广为开门。美国初级学院或社区学院的校数和学生人数猛增，别国设置的无学位的院校也纷纷问世。这类新校常常不拘传统而设置广泛职业性科目，而且灵活施教以谋求实际效益，已成为当前教育发展中的新篇章。四是向高层次学校伸展。在过去，普及义务教育仅以初等教育为范围，而且就连这起码的要求也受种种局限而长期未能兑现，直到19世纪才在教育发达国家大致落实。第一次世界大战后，"中学向人人开门"的呼声则成为英、美诸国的奋斗目标。第二次世界大战结束，许多国家鼓舞人们攀登高等教育的高峰。为帮助青年踊跃入大学，政府、社会以及院校积极采取贷学金和奖学金等措施。1964年，美国联邦政府颁布《经济机会法》，规定每年贷款3亿美元，充作贫困大学生贷款和给在校大学生安排部分就业机会之用。1972年又颁布《基本教育机会补助法》，对于中等以上学校贫困学生给予补助。许多高等院校也对贫困学生贷款或赊欠学费，俟学生毕业就业后分期偿还。上述各种办法果然收到了所期望的效果。以往被认为高不可攀的学府，如今无不在培育众多贫困青年成为英才，确是史无前例的教育巨变。通过上述四大渠道，民主化的教育遂表现在当前众多国家。在过去，人们认为初等教育不普及和不发达是国难和国耻，如今则进一步认为高等教育不普及和不发达乃是国家潜在的巨大危机，也是国家将在文化航程中落后的凶兆或隐患。

难道各国仅以大学教育的大众化为最高目标吗？不。大学本科教育之上的研究生教育，同样在快速发展，走向大众化。日本教育家正在提出应当增加战略性投资，扩充研究生院教育。日本以教育大国自居。早在20世纪30年代，英国、美国、日本的学者占各自国家总人口的比率就分别是13.6%、23.4%、21.1%，日本经济发达有赖于此。不过，日本今后要继续保持优势地位，就不能再用与过去相同的学制了，其中最有意义的是扩充重视专业性和创造性的大学研究生教育，招生时要面向社会，选录富有实际经验、理解知识重要性和学习目的明确的成年人；而且要着重录取大学毕业后在工作岗位经过实践锻炼者。英国采取了同样措施。比较教育学者指出这将不是个别国家的动向。理由很明显，如今在高度工业化的时代，在以蒸汽、电力和核动力为基础的时代，在信息发达的时代，人类当前和未来的命运都日益依赖科学和技术，为所有的人提供少量的教育而同时仅仅为少数人提供大量的教育，是不够用的。为所有人提供适于其才能最高发展的最高层次的教育，是必须采取的方向。至于图书馆、博物馆、展览馆、体育馆、文化宫、儿童之家等社会教育设施的普及，就更使教育大众化了。

其三，教育制度化和体系化与日俱进，谋取教育高效。古代人类的学校只是少数权贵的御用品。两河流域于公元前 3000 年到公元前 2000 年出现的文士学校，埃及于古王国末年出现的寺庙学校，印度于公元前 8 世纪孔雀王朝出现的由文人古儒传授《吠陀经》的学校，都为数寥寥；皇亲国戚子弟受教的宫廷学校，尤为凤毛麟角。这时学校稀少，彼此缺乏联系，尚无严密的学制可言。随着政治、经济和社会文化的发达，学校等次日增，学校种类分化，趋向严密的制度化。古希腊和古罗马时期已开其端，中世纪的僧侣学校继之。文艺复兴时期和宗教改革时期之后，由于政治刷新，产业革命，学术昌盛，民智日开，各国各级学校逐渐繁盛，初等学校、中等学校以及高等院校之间的关系逐步形成。约略言之，为权贵子弟设置的高等学校居于学制顶峰，中等学校属于高等学校的准备阶段，这两种学校皆非贫困或贫贱青年所能问津，贫苦或贫贱儿童和青少年则入初等学校。因此初等学校为一轨，中等学校及高等学校为另一轨，分途前进，不能互通，习称双轨学制。英国为贫苦子弟设立的教堂学校、主妇学校、慈善学校和贫儿学校，贵族绅士子弟是不屑一顾的。富贵子弟先在家庭受教，或入预备学校受教，然后入文法学校或公学受中等教育，再后升入牛津和剑桥大学。人们认为不入大学而入中学恰似只奠定房基而不建楼房，乃是浪费青春。中等学校和大学关系的紧密可想而知。社会民主化和教育民主化的车轮更向前迈进，人人则皆须入初等学校，毕业后皆可升入中等和高等学校。从此，初等教育、中等教育和高等教育则组成完整的体系。一般国家的学制大都如此。

自 19 世纪迄今，各国学制发展的趋势有三。一是纵向伸展，即在初等学校之下出现了实施学前教育的幼儿园或幼儿学校；在另一端还于高等院校之上出现研究生院，甚至有的大学，特别是德国的大学，曾以研究生培养为首要任务。如今有些国家的大学对于博士后的培养工作正在发展。二是横向伸展，即于传授古典的人文学科的科别之外，在中等和高等学校增添应用性专业或培训生产技术的科别。中世纪的大学仅包括神、法、医、文四科，如今高等院校的学科已如汪洋大海了。三是各国在学制的内部产生分化。例如：为适应不同学生的需要，中等学校分为初级和高级两段落，如初级中学和高级中学；高等院校则于一般院校之外，分化出初级学院或称社区学院；至于与常规学校并行而设置业余学校和补习学校，则更为繁多了。总之，当前正由各级学校与各类学校组成的多种层次和多种模式的学制，代替过去流行的类型偏少而适应性狭隘的学制，因而能够覆盖面广和灵活多样，以满足社会与日俱增的需要了。就历史发展而言，德国是早于别国而重视成人补习教育的。第二次世界大战后的英国对于已在中学毕业16岁以上的青年，正在竭力推行"义务教育后的教育"，或称"中学后的教育"。因为中学毕业虽已完成法定的义务教育，但大量青年仍有向学之心，实业界也需要较高水平的从业人员。英国为16—19岁青年设立的"非大学的高等学校"，如第六学级学院、第三级学院、继续教育学院等正在获得发展。它们面向现实之需而课程科目多样化，或行全日制，或行半日制，或夜晚上课，其成绩受到众人称道。这些院校因积极招收成人，成为成人教育的一个环节。类似的新生事物在各国层出不穷，非正规的学校教育自成体系的趋势正在愈来愈加显然。

跟随学校数量膨胀和教育难题增多同时迈进的，是教育领导体制的建立。理由是为使众多学校得到正确而有效的发展，必须制定明确的培养目标和教育方针政策，必须制定各级各类学校的教育质量应达到的标准，必须筹措充裕的教育经费，必须对于各种重要工作做出及时而恰当的督导和考核；否则便会使学校的设置和创建以及教育和教学等任务，缺乏协调和成效。在最早的年代，各地学校及教育事业数量很少，事务简单，各自为政，因无统一安排和要求，不易达到树人育才的理想。在教育演进的历史长河里，教育由家庭的或教会的职责成为地方自治的项目，以后更上升为国家或政府的职责，教育管理体制渐趋完善，遂得以进步的方式方法，提高教育设施的水平。近世以来，各国因情况不同和传统不一，在教育行政体制方面出现了三种类型，即以法国为代表的中央集权制，以美国为代表的地方分权制和以英国为代表的中央与地方协作制。一般说来，各国都在中央设立教育部，其下则按行政组织的层次设立教育委员会、教育厅（局）以及教育研究咨询机构，分别负责教育决策、制订实施方案，监督指导各项实际教育工作，并为教育改进提供建议等。这样上下呼应联系，各地协调赶超，便得以积极而有效地用科学手段推动教育车轮前进。至于学生家长和社会人士组织起来，协同学校向前也颇行之有效。由散漫无章而各行其是的教育设施走向有章可循而秩然有序是显著的进步，是人们从多年实践中摸索出的正确道路。

其四，教育内容和教育方法的突飞猛进。人类在原始社会时期，生活朴素简单，文化刚在萌芽，教育在生活中进行，没有学校等特设的教育机构，人们学习的也主要是生活所需的知能，内容十分粗陋。直到奴隶社会，教育也是极为单纯的。相传有人向斯巴达国王阿哥西劳斯问及儿童应当学习什么？回答是:"他们长大成人后需要做什么,就学什么。"社会文化日进,文字已经问世时期,学校教育内容也是范围狭隘的。两河流域的亚述和巴比伦,注重苏美尔文的学习,凡任职官的人须成为掌握苏美尔文的文士。文士学校主要教导学生在泥板上练习书写和阅读用苏美尔文写成的泥板书,同时也学些算术知识,使之能核算账目、计算数目、分配物资以及丈量土地等,在高级阶段才传授科学知识。古代埃及同样极为注重文字学习,当时采用的象形文字很不易学,但无论官府公文、寺庙活动、墓碑雕刻以及世俗生活,都依据文字办事。教学书写便成为课程的主体。另外还教一些应用数学,和两河流域国家不传授理论性数学是如出一辙的。印度婆罗门学校为着学生理解《吠陀经》,传授语音学、韵律学、语法学、字源学、天文学和宗教祭祀,称为"六科",包括知识较广。古代雅典学校传授"七艺",以文法、修辞和逻辑为水平较浅的"三艺",以数学、几何、天文、音乐等为水平较深的"四艺",有似印度学校传授的"六科"。"六科"和"七艺"虽内容比较丰富,却仍是相当浅易的。古罗马继古希腊之后,学校以"七艺"来培养雄辩家。中世纪的欧洲崇尚基督教宗教信仰,曾排斥世俗科目,以防止异教学术,史称黑暗时代。其后期开始转变,则产生结合神学和亚里士多德哲学的经院哲学,然而它始终未能脱出传统文化的窠臼。自14世纪起,欧洲文艺复兴运动肇端,人智渐开,但不久古典主义抬头,人们求知又转向古代经典著作的探索,其局限性与日俱显。布鲁巴克说这种人文主义课程的狭隘化,最终陷于贫乏和衰落的结局,使事物走上了它的反面。这是很正确的总结。

历史是前进而非倒退的或停滞的。17世纪的培根反映历史前进而呐喊"知识即是力量",对于自然科学的价值力予以阐述,使学校面目逐渐改观。19世纪的斯宾塞,当众多学科在学校课程表中争夺席位之时,特别强调最有实际效益的学科应占首位,自然科学应重于古典学科。赫胥黎同样旗帜鲜明地为自然科目擂鼓助战。从此,人们的眼界渐开。随后,生产需要越来越多,应用科目又纷纷扩大园地。从古希腊时代起,哲人们便将理论钻研作为精神享受,纯粹学术受到格外的垂青,而实用性知识则被认为仅属于物质探索的低级层次的知识;以后学者还把人文科目视为锻炼脑力的科目,能养成抽象思维,才是接近真理的梯阶,研究自然科学是难与其相提并论的。不过,以后自然科学威力日增,效用日益明显,自然科学和人文科学的知识就共同构成教育的主体,使原来贫乏而偏狭的教育内容宏富起来。这是数百年来斗争取得的进步。到第二次世界大战以后，科学飞腾和技术革命又跨上新台阶，人类由工业社会转入信息社会，有的学者称此为"第四次工业革命"。这种高科技快速发展时代或称知识爆炸时代，正在以知识密集型的企业取代一向流行的劳动密集型的企业和资本密集型的企业，因而在新的学科中增添了微电子、电子计算、遗传工程、海洋开发、空间工程、新能源等新学术的研究、探讨、发明和利用，它们都非昔日的知识宝库所曾有。今后的世界既需要为数众多的专家学者，又需要广大群众不作科盲而成为兼有自然科学和社会科学知识的新人。学校必须冲破保守而简陋的旧框框，使各种新兴科学、边缘科学和交叉科学陆续涌现于学校课堂或研究室中，乃是势所必然。知识就是力量，就是财富，就是能源，乃是古人所绝难思及的。这是一项大步阔步的跨越。

当然，除智育内容大为扩展之外，德育、体育、美育内容也广阔和充实起来。因为新社会不仅需求人们理解多种较为高深的知识，还要求人们养成品德优良、身体健康和善于欣赏美的素质，即全面发展的新一代。

伴随教育内容的进步，教育方法也富有进步。很清楚，教育方法的进步不是能够孤立前进的，是和教育内容联系向前的。就古代东方学校而言，因为一般皆以文字传授为主，常是由教师讲解而学生背诵和记忆，注重机械反复以求正确熟练，却忽视启发诱导以增长学生的思维判断能力。西方虽然曾经出现苏格拉底把教育方法当作知识产婆术的光辉事例，但那是很不多见的。由于古代教学方法呆板和教材枯涩，无法引起学生兴趣，惩戒打罚便成为习用的手段。"鞭打斥责使人明智"，"吝惜教鞭是抛弃儿童"，是社会上长期流行的谚语。夸美纽斯说学校是儿童心灵屠宰场，杜威说儿童上一堂课等于做一次苦役，都是很形象的描述。杜威还揭露儿童这样得来的无非是虚伪的知识而已。如今由于科学知识的教学必须通过不同于死记硬背的传统方法，也因为儿童和青少年心理的研究已有正确而多量的成果，学校教学便根据学科性质和学生心理成熟阶段而采取直观、考察、实验、论辩等方式方法。这种方式方法既符合儿童青少年的爱好和理解能力，又能帮助他们深入认知各种现象的真实情况，还能锻炼他们的思索、分析、比较和论证的本领。至于教育和生产劳动相结合，走出课堂受教育，自力更生和自学成才，都是活泼生动且效果良好的新生的教育门路。如今在传授高科技的时代，电子计算机等现代化设备进入课堂，更使教学面貌不同往昔，使教学能以经济的时间而获致巨大的效益。今昔对比是令人惊诧的。

其五，教育研究的发展和教育科学的创建，使教育出现质的飞跃。人类在长期的教育实践过程中，不但获得了感性认识，而且逐步上升为理性认识，出现了教育理论，成为教育工作的指导力量。古希腊哲学家柏拉图的《理想国》和亚里士多德的《政治篇》等古典教育论著，就是例证。继此之后，古罗马时期和中世纪的教育著述或从政治角度，或从宗教角度，阐述培养新生一代的课题，也各有所见。近世以来，论者接踵而至。17 世纪夸美纽斯撰著的《大教学论》曾涉及教育目的、教育任务、智育、德育、体育以及教育管理等广泛问题，乃是很有系统的教育理论探索之作，足见当时教育经验已积累得相当丰富，能够进行全面性的陈述论断，并能瞩望教育发展的趋势了。再向前发展，洛克、卢梭、裴斯泰洛齐、康德等的教育名篇，更为光彩夺目。欧美诸国教育在数量上和质量上节节向前，除其政治发展所促成之外，这些先进的教育思潮起到了推动的作用。

自 19 世纪初期起，教育研究益加引人注意。在当时一些新兴科学纷纷问世之际，建立教育科学的呼吁诞生了。德国的赫尔巴特主张以伦理学论证教育目的，以心理学论证教育方法，企图把一般教育论评提高为教育科学，乃是当时教育科学论者中的佼佼者。文化教育学派的狄尔泰因教育学尚未能像自然科学，特别是天文学等那样精密准确，加以反对，教育科学的建立乃成悬案。不过，在冯特的努力下，心理学开始从哲学羽翼下独立出来，成为众所公认的科学，而且教育心理学和学习心理学不久都取得了研究成果。约在同时，关于课程设置、教学方法、成绩测验、学校管理等课题，都曾以观察和实验等方法进行研究，教育史、比较教育、教育哲学也纷纷产生和成长壮大，教育学术乃蓬勃发展而欣欣向荣。人们认识到德文的科学（wissenschaft）和英文的科学（science）含义不同：前者指系统严谨的理性探讨的知识，主要是指自然科学而言；后者则兼指自然和社会两种科学知识而言，教育学是跟政治学、经济学、社会学、人类学、历史学等相同的科学。教育科学的研究成果对于改进教育和教学工作起着良好的作用，在建造教育大厦的过程中是功绩卓著的。

在第二次世界大战之后，情势更好。因为多种科学研究取得惊人的突破，极有助于教育科学的发展。例如，有的学者在关于大脑的研究中，竟然发现人的大脑的潜在智力，约有 90% 在以往未曾加以利用；换言之，在人类的智力禀赋中仍有大量有待开发的宝藏，是今后教育工作可以充分利用的天然资源。再如，有的学者在大脑神经生理学中，做了关于注意、记忆、疲劳、最佳学习年龄等项探索。又如,有的学者提出发生的认识论,对于儿童学习过程有了新的认识。这一切正在为教育革新提供科学根据。在过去,教育学的领域比较狭小,如今则教育经济学、教育社会学、教育未来学、人类工程学等,一一成为新生的学科,而且是生命力很强的学科。上述百余年来的科学成果使人类窥知了教育发展的客观规律,不但能提高当前教育的效益,而且能预见教育未来的发展方向和实施原则。赫尔巴特在 100 多年前倡议创建教育科学时,曾遭受反对和非议。如今,联合国教科文组织国际教育发展委员会在所编著的报告《学会生存——教育世界的今天和明天》中说:现在加强教育科学基础的条件已经成熟。它的威力将空前地使人类教育进入不同以往而新颖异常的时代。人们公认人类的快速进步依靠科学,人类教育的快速前进依靠教育科学,今后的教育科学是必然发挥奇效的。报告还说,教育也许是历史和社会的产物,但它不是历史和社会的消极产物。教育是形成未来的一个主要因素,在目前尤其如此,这是我们时代的显著特征。再清楚不过,过去目光短浅而唯重近前的教育跟今后由科学指导而富有先进性和超前性的教育之间,存在着性质上的巨大差别。我们必须为迎接未来面目焕然的教育的来临而充分准备,因而必须大力向教育科学进军。

其六,教育事业和教育学术正在进入国际交流互惠的新时期,过去的以山河为界而不相闻问的时代已成历史的陈迹。人类的文化交流古已有之。学术史上常提及的亚历山大里亚城融会东西文明以及大食国文化促成欧洲文艺复兴,都是光辉灿烂的。两河流域的巴比伦、亚述以及希伯来和印度等文明古国,都曾经过文化通衢而发展了人类的学术,同样是光耀夺目的。不过,从人类历史发展的全景看,不同文化之间的互相歧视和敌视,更不绝于书。近世以来,各国文化接触的频繁就非往昔所能比了。欧洲学者极为称赞法国库森通过考察德国初等教育而振兴了法国初等教育。美国学者极为称赞霍拉斯·曼在同时也通过考察德国教育而在美国掀起公立学校运动,使美国初等教育走向普及。两国学者无不盛誉国际教育交流曾建奇功。实际上,美国当时兴起的德国热,不仅有功于初等教育的发达,和初等教育发达紧密相关的是向德国学习而建立师范教育。美国于 1876 年创立的霍普金斯大学,则是师法柏林大学而向学术教育进军的。人所公认的史实是美国在殖民地时期的学校取法于英国,19 世纪以后取法于德国,因而快速地成为教育先进之邦。在另一方面,美国不仅是教育输入国,更是教育输出国。我国自清末起,向日本教育学习;第一次世界大战后，向美国教育学习，才有以"儿童为本位"的教育法令和六三三的新学制，才有陶行知的"生活教育"、陈鹤琴的"活教育"以及晏阳初的"平民教育运动"。日本在明治维新之后是向德国教育学习的，第二次世界大战后则向美国教育学习。其他向美国学习的国家是不在少数的。有的学者说，"任何一种文化都不是绝缘体，任何国家的学校都是混血儿"，这不愧为从历史经验做出的科学总结。

在各种教育思想的影响方面，同样是国际交流和互相促进的，而且更曾发现一种先进教育思想并非先在本国生效，反而是先在别国传播的。法国卢梭的《爱弥儿》不仅是法国大革命和法国新教育的引爆者，而且是曾在世界范围内发生深刻影响的；但在18世纪的法国在天主教和路易帝王统治下，卢梭的教育理论不得顺利传播，倒是德国哲学家康德把它在德国首先传播了。与此相似，英国19世纪教育家斯宾塞的功利主义教育理论，由于英国保守势力所阻，倒是首先在美国流传而发挥了作用，这是斯宾塞和美国哈佛大学校长艾略特所一致承认的。类似的历史先例都在说明各国教育不仅在实施方面是彼此取经和互相借鉴的，各种教育理论更是冲破国界而广泛地指导各国教育前进的。

一个国家的教育实验也常对国际教改产生催化剂作用，其影响并非不出国门。裴斯泰洛齐是19世纪瑞士教育家。他当资产阶级在瑞士进行革命之际，献身孤儿教育所取得的成就曾成为当时全欧及北美的教育火炬，德、法、英、俄诸国纷纷派人到伊佛东等实验学校参观取经，乃成为对于众多国家的嘉惠。德、法等国竭力推广初等教育，美国掀起奥斯维哥运动和昆西运动，都是裴斯泰洛齐的实验启发使然。由于红杏出墙而且普遍奏效，德国哲学家费希特遂把裴斯泰洛齐赞誉为教育革新狂潮中的马丁·路德。就是说这位非凡的哲学大师竟然把他和宗教改革运动的伟大领袖相比美了。

第二次世界大战后的今日，国际交流益加史无前例的畅顺，各国之间的文教交流也空前发达。闭关自守和孤军奋战皆为时代所不许，面向世界和越出国门是时势所必然。各国互相学习而携手共进既可扩展教育眼界，又可彼此取长补短，都可省却自行摸索所走的弯路，因而能以最经济的人力、物力来获得最多量、最优质的进步。早在第一次世界大战后，国际联盟曾于1921年成立国际文化协作委员会，计议各国师生交流、科研成果及书刊交换以及成立国际基金交流会等。柏格森、居里、爱因斯坦等著名学者无不参与其事。1925年又在日内瓦设立国际教育局，继续国与国之间的文化沟通。第二次世界大战后，联合国教科文组织问世，更使交流互助工作向前跨越，使交流步入全面化、多样化、深入化。过去在历史上出现的文化沟通每每是偶发性的而非计划性的，是应变性的而非经常性的；如今则登上新台阶。教育事业关系人类兴衰，是异常复杂的事业，非一国孤立单干所能取胜，必须在国际教育大花园内百花齐放和百家争鸣，必须在教育大家庭中互师互友，互赶互超。振兴教育而采开放政策显然是贤明而智慧的，是今后必走的道路。

通过上举六端，我们看清教育发展的浪潮正朝着光辉而明朗的方向飞奔，而且是一步紧跟一步和一步快速一步的。过去曾把教育视为无关紧要的生活点缀，如今则视教育不仅关系个人的成长和国家的盛衰，而且是关系人类的命运和决定人类未来的。这种强烈而深刻的教育意识是旷古未有的。如今正是这种极为崇高的教育价值观主导着我们的教育大业，这的确今盛于古和今非昔比。在其余各项趋势之中，教育民主化和教育科学化是最关键性的。道理很简单，民主化是要教育成为人人享受的权利，使人人能够通过教育而尽其才能和优其素质；科学化是要教育质量不断上升，使之能最高限度地造福人类社会。恰是为了实现这两大重点任务，我们才致力更新教育体制、改进教育内容、优化教育方法、发展教育科学和促进世界范围的教育交流合作的。这种与日俱新的教育大业当然能够缔造新社会和书写新历史，能够负起数千百年来人类教育从来不曾，也从来不能完成的革新的伟绩。这又焉能不令人乐观而奋发！

在此必须指出的是珍视历史财富应当从历史中吸取宝贵营养，以利于古为今用，绝非陷入泥古的歧途。科学的辩证法告诉我们，要用全面的观点和发展的观点观察问题和处理问题。如今乃是信息时代，社会进步和科技进步已使人类跨入不同往昔的新时代，我们必须一方面汲取历史经验，一方面认清当前和未来的客观要求，从而能够正确地和富有成效地迎接时代的挑战。英国教育史学者和比较教育学者埃德蒙·金在所著《别国的学校和我们的学校——今日比较教育》中说，当前面临的教育问题，毕竟有些是过去从来没有提出过的问题；为了解决这些问题，我们就须在新的环境中巧于运用历史往事以鉴古知今，同时也须勤于探寻前人所未曾洞悉的教育概念，开辟前人所未曾开凿的教育渠道。他的话值得深思。简言之，我们不应该像掰玉米的黑熊一样，掰一个便丢一个，到头来依旧两手空空；也不应该像堂吉诃德那样，头脑僵化，醉心于仿古效古，从而陷于愚痴顽梗。科学的结论应当是：我们必须既知古，又知今；必须博古通今，而不厚古薄今；必须通今博古，从批判中继承历史遗产，做到"前事之不忘，后事之师"。这样兼知古今而正确结合与灵活运用，才能使教育走上康庄大道。

　　最后还须提及的是在20世纪90年代的今日，约略地衡量比较，就会令人直觉到如今仅仅以短促的时光，便能获得以往数世纪才能取得的成就，而且是远远超越前人所能意料的成就。更会令人直觉到种种在以往被视为不能出现或不容存在的教育事务，如今都已成为千真万确的事实，而且是必须存在和必须发展的事实。我们立足教育园地随时都在感到一切正在瞬息万变，一切都在地覆天翻。原始的一片简陋粗疏的教育原野，经过数千年的垦种栽培，到如今已成为枝叶繁茂而百花吐艳的教育乐园。学习教育史真真令人深感如今正逢教育盛世，深感不能辜负这旷古难遇的良机，深感为人类教育事业而继续奋斗的义不容辞，深感当今的教育黄金时代的教育工作者的双肩的沉重。的的确确，教育事业的威力是无穷的，教育研究的贡献是将与日俱显地光照人间的。

《外国近代教育史》第三编导言*

19世纪后期至20世纪初期,许多国家在社会政治方面发生了巨大变化。美国通过1861—1865年进行的南北战争解放了黑奴,更促使工农业跃进。1868年,日本明治维新运动成功,使一个亚洲的封建落后国家纳入了资本主义制度的轨道。就西欧而论,1870年普法战争后,无产阶级奋然登上政治舞台,巴黎公社于次年诞生。马克思肯定"它实质上是工人阶级的政府"①。列宁对巴黎公社的事业也给予了很高的评价。公社虽仅仅存在72天,但它的意义重大,影响广远。普法战争后,德意志帝国积极推行军国主义政治和发展工商业。1875年,法国的第三共和国问世,其政治经济措施虽一反公社的方向,但比第二帝国时期还是大有改进。英国是当时的工商业强国和殖民大国,其对于本国人民和殖民地人民的统治日趋加强。当然,英、德、法诸国的生产事业也都在发展之中。这一系列国家的变革无不对教育起着明显的作用。

这一时期各国生产事业的发达不但给人类带来丰富的物质财富,而且促进了科学的成长,给人类带来多种的精神财富。就自然科学而言,在19世纪初叶,博物学包括关于有机物和无机物的全部知识领域;因其内容日增,到19世纪后期则分化为生物科学和自然科学,举凡植物学、动物学、生理学、古生物学、鸟类学、昆虫学、人类学等等,都成为独立学科。再就物理学而论,它最初只是一种科学,以后则派生出天文学、物理学、化学、矿冶学、地质学、气象学等等。与此相同,社会科学也分化为政治学、经济学、社会学、历史学、考古学、人种学、地理学等等。科学的发达还给人们带来了新颖的实验、观察等科学方法,启发人们要以崭新的态度对自然现象和社会现象进行探索。

---

* 本文原载《外国近代教育史》,滕大春主编,人民教育出版社1989年版。标题由编者所加。——编者注

① 《马克思恩格斯全集》(第17卷),人民出版社1963年版,第361页。

正如产业发达史一样，科学发达史也在19世纪树立了许许多多的里程碑。它一方面有助于生产的飞跃，一方面推动了教育演进。值得特别提及的更是马克思主义的科学真理愈来愈广泛深入地传播开来，日益为人民群众所接受。无产阶级在与资产阶级进行政治和经济斗争的同时，也开展了争取教育权利的斗争。

在上述政治经济和科学文化发展的背景下，这一时期除俄国以外的主要资本主义国家都实现了初等教育的普及，实科学校和职业教育得到比较迅速的发展，各门科学的基本原理被纳入中等和高等学校的教学内容之中，观察与实验方法在学校中也被采用。教育实践中的这些发展和变化，与前一时期斯宾塞、赫胥黎等教育家对科学教育的倡导，本时期西欧新教育运动的开展，美国的进步教育运动和杜威教育思想的传播等，也是分不开的。

《美国教育史》著者前言[*]

美国是当今的教育超级大国,在教育民主化和教育科学化的道路上都是快步向前的。它的各级各类学校相当普及,青少年通常都能入学受教育,广大成人也争取通过学校等途径接受补习教育;普通文化科学基础教育受到重视,学术教育和专业教育也与日俱进;教育内容力求充实提高,教育方法也日趋完善;教育管理领导体制不断更新,师资培养也随时代节节提高;教育科学研究的方面广阔,硕果累累,教育理论和教育哲学的探索也非一般国家所能及。所以,理解世界教育和研究比较教育,必须对美国教育有所理解;众多国家在发展教育事业的过程中也每每钻研美国教育而借鉴效法,把美国教育当作样板。美国教育广为世人所瞩目已是客观存在的事实。

不过,美国教育的现状是经过历史演进而成的。欲深入一步通晓美国教育的今日,必须通晓美国教育的昨日。简扼地说,17世纪以前的美洲是属于原始时期的印第安人的世界,文化落后,教育简陋,人们生活在愚昧而混沌的岁月之中。自从欧洲移民涉足以后,新教育才逐渐开端,酿成启蒙运动。如今美利坚合众国的国土原来也是洪荒之世,初由荷兰人进入其地,从17世纪起便成为英国殖民地达百余年之久,在这时期欧洲文化始被移民携入;至18世纪中叶,美国独立建国,移民又在吸取欧洲文教的同时,奋力开拓创新;再经19世纪中期南北战争后的阔步迈进,直到20世纪初期第一次世界大战之后,美国文化教育便茁壮得枝叶扶疏而华实并茂了。第二次世界大战结束以来,伴随国际政治的变化以及高科技的发达,美国的学术和教育更加辉煌灿烂起来。再清楚不过,美国不是自然形成的国家,而是由欧洲移民突兴的国家,其教育遂不是慢慢成长起来的,而是拔地而起的。美国没有古代教育史,没有中古教

---

[*] 本文原载《美国教育史》(第二版),滕大春著,人民教育出版社 2001 年版。原标题为《著者前言》。——编者注

育史，仅有近现代教育史，而且它的最早的教育史也仅是自17世纪开始的。美国不但没有像中国、印度、亚述、巴比伦、埃及等数千年的悠久历史，和欧洲国家相比也是后起的和年轻的。美国教育的昨日和今日距离相隔太近，今日的一切都十分紧密地联系它的昨日，这种密不可分的联系在别国是较少见的。在教育上，它的一切原则、理论和做法遂都前后呼应，不知其当初就不懂其现在。学者说古与今不可分，很有道理。在这里还须指出，美国教育以300余年走过了欧洲国家千百年走过的道路，并非得之偶然。它之跃进腾飞是因为它所采取的道路是基本符合人类历史发展的客观规律的。正因如此，它不啻给众多国家继续发展教育提出了可供参考的范例。就是说，研究美国教育史和研究其他国家教育史比较，应更能起到古为今用和洋为中用的作用。

　　本书共分为四编。第一编阐述美国在殖民地时期的教育，第二编阐述美国独立建国后的教育，第三编阐述南北战争以后的美国教育。各编都在提示社会历史背景之后，叙述该时期的教育方向或重大变革，然后分别叙述其各级各类学校教育、家庭教育、社会教育、教育行政领导、教育家和教育思想。在第三编中更叙述美国教育学术的发展和教育专业的成长，又叙述其少数民族教育的演进。第四编为结论，分别指出美国教育发展的特点和存在的问题。全书叙述到第二次世界大战以前为止。第二次世界大战以后的教育，著者已在《今日美国教育》（人民教育出版社版1980年版）一书中论述，两书乃是关于美国教育论著的姐妹篇。谨借此两书提供美国教育的全貌。尚祈读者教正。

《今日美国教育》前言*

列宁在1918年论《苏维埃政权的当前任务》时,把"乐于吸取外国的好东西"①列为重要项目之一。他指出:"社会主义实现得如何,取决于我们苏维埃政权和苏维埃管理机构同资本主义最新的进步的东西结合的好坏。"②又说:"我们现在需要向先进国家借助的,不是社会主义的建立和工人的支援,而是那里的资产阶级和资本主义知识分子的帮助。"③他甚至说:"苏维埃政权＋普鲁士的铁路管理制度＋美国的技术和托拉斯组织＋美国的国民教育等等等等＋＋＝总和＝社会主义。"④毛泽东同志和周恩来同志也指出要学习"外域的"知识和外国先进的科学技术。革命导师眼光远大,坚决反对关门主义,鼓舞我们立足在自力更生的基础上,批判地吸取别国的先进经验。的确,文化、教育、科学、技术的成就乃是人类在阶级斗争、生产斗争、科学实验等领域,依据长期艰苦的实践,才掌握到的诀窍和结成的硕果。不容否认,它们具有一定的阶级的和时代的局限性;但是,它们也反映出客观事物发展的普遍规律,而且多是没有地域和时间限制的。它们是人类智慧的结晶,是社会的宝贵财富,在指导各种事业建设上是威力无穷的。一个国家忽视其政治、经济、社会、文化的实际情况而盲目抄袭和机械照搬外国经验,当然为害极大;但对外国经验不加分辨地一概排斥而统统抹杀,就是闭耳塞聪和闭目塞明,极不利于社会主义建设大业。如今,文化教育的迈进一日千里,科学技术的发展史无前例;与此同时,人类社会又息息相通,交流竞争与日俱增;闭关自守是行不通的。及时理解外国的好东西,并进而学习取法,才是唯一正确的道路。不如此,必然铸成大错的。

---

* 本文原载《今日美国教育》,滕大春著,人民教育出版社1980年版。原标题为《前言》。——编者注
① ③ ④ 《列宁文稿》(第3卷),人民出版社1978年版,第94、54、94页。
② 《列宁选集》(第3卷),人民出版社1972年版,第511页。

列宁在1918年所指的仅是20世纪初叶的美国教育，20世纪后期的美国教育就更为先进了。美国学者伯恩斯（H. Berns）最近讲："在我国的政治、经济生活中，除国防之外，教育是最庞大的事业。它是每个美国公民或多或少、或迟或早总要直接参与的活动，在这方面，即使国防也难跟它比拟"。再清楚不过，今日的美国教育恰是美国头等大事，其面貌已远非半世纪以前的旧观。一种合乎逻辑的推论是：就实现社会主义现代化而以教育为基础的我国而言，研究美国当前教育是有重要意义的。我们一方面要反对洋奴哲学和崇洋媚外，避免不分优劣而全盘照搬。因为美国是帝国主义国家，其教育发展的反动的方向性，其教育体制的资产阶级的阶级性，都是我们必须唾弃的。然而，另一方面，我们却要识别其教育事业的良好的可用的东西，作为参考借鉴，加速自力更生、实现四个现代化的步伐。

  本书仅就第二次世界大战后美国教育的发展，略事介绍，不过是抛砖引玉的尝试。谬误之处，尚希读者教正。

《卢梭教育思想述评》前言*

恩格斯于 1874 年在《流亡者文献》中，称赞 18 世纪法国无神论者，说他们的著作是"卓越的法国唯物主义文献"，肯定"这些文献迄今为止不仅按形式，而且按内容来说都是法兰西精神的最高成就；如果考虑到当时的科学水平，那末就是在今天看来它们的内容仍有极高的价值，它们的形式仍然是不可企及的典范"①。时隔约半世纪，列宁于 1922 年在《论战斗唯物主义的意义》中则说："十八世纪老无神论者所写的那些锋利的、生动的、有才华的政论，机智地公开地打击了当时盛行的僧侣主义。"②他又说："不敢同十八世纪（资产阶级还是革命阶级的时期）的资产阶级代表人物结成联盟，就无异是背叛马克思主义和唯物主义，因为通过某种形式在某种程度上同德列福斯一流人物结成'联盟'，是我们为了同那些占统治地位的宗教蒙昧主义作斗争所必要的。"③在这里，革命导师既教导我们对老无神论者应持的正确态度，又告诉我们对一般的资产阶级历史遗产，必须批判继承，不能搞历史虚无主义。实际上，老无神论仅是一例而已，对于 18 世纪法国启蒙学者的先进思想，都须如此。为什么？列宁说："一个马克思主义者如果以为，被整个现代社会置于愚昧无知和囿于偏见这种境地的千百万人民群众（特别是农民和手工业者）只有通过纯粹马克思主义的教育这条直路，才能摆脱愚昧状态，那就是最大的而且是最坏的错误。"④再清楚不过，我们不但要珍视老无神论者的政论，还要举一反三，珍视启蒙运动家在政治、经济、哲学、教育等多方面的宝藏。

在 18 世纪法国的启蒙巨子中，让-雅克·卢梭（Jean Jacques Rousseau, 1712—1778）不是无神论者，是自然神论者；不是唯物主义者，是唯心主义

---

* 本文原载《卢梭教育思想述评》，滕大春著，人民教育出版社 1984 年版。原标题为《前言》。——编者注

① 《马克思恩格斯全集》（第 18 卷），人民出版社 1964 年版，第 583—584 页。

②③④ 《列宁选集》（第 4 卷），人民出版社 1972 年版，第 606、607、605 页。

者。但是，就自然神论而言，马克思和恩格斯在《神圣家族》中讲得最精当：自然神论"不过是摆脱宗教的一种简便易行的方法罢了"①。卢梭虽持唯心主义哲学，却也曾激起惊天动地的巨变。他说人们由于共同订立契约才组成社会，是不正确的、不科学的；但是史家公认从卢梭于1762年问世的《民约论》，到美国于1776年发表的《独立宣言》，再到法国于1789年发表的《人权宣言》，是一脉相承的，美、法两国汹涌澎湃的革命浪潮，都在某种程度上得之卢梭的启发。卢梭的神学思想比不上狄德罗、爱尔维修的无神论，但《爱弥儿》的反教会的精神无比激昂，出版后立即招来残酷迫害，不但原书遭受焚毁，卢梭也不得不流亡域外。这一切刚好表明自然神论的威力，证明它狠狠地戳到僧侣的痛处。更为重要的是卢梭不仅泛泛地反抗封建主义制度，还极为突出地反对封建文化教育。他于1755年为《百科全书》撰写的《论政治经济学》，于1761年著成的《新爱露伊斯》，于1762年发表的《爱弥儿》，于1773年为波兰政府拟定的建设规划，都是他在教育领域的极锋利、极生动、极富于才华的宏论，给封建主义旧教育敲起丧钟，给资本主义新教育指出方向。它们曾机智地、公开地打击了当时盛行的蒙昧主义，代表着教育范畴中法兰西精神的最高成就。这些文献不啻人类教育发展史中的里程碑，是值得我们进行系统研究的。本书谨做抛砖引玉的尝试，供国内同志参考。

　　本书第一部分叙述卢梭的时代、生平和斗争纲领，以求理解他的教育理论产生的历史背景；第二部分叙述卢梭的天性论，以理解他的教育理论的哲学基础；第三部分叙述卢梭关于自然人的理想，这是他的教育目的论；第四部分论发展天性和教育；第五、六、七、八部分分论体育、感觉教育、知识教育、道德教育，这是卢梭的理想的教育程序、内容和方法；第九部分是卢梭关于女子教育的理论；第十部分分析和评价卢梭的教育理论体系。

　　限于著者理论水平，内中定有错误之处，请不吝指正。

---

① 《马克思恩格斯全集》（第2卷），人民出版社1957年版，第165页。

《科技发达时代的大学教育》译者的话*

本书著者埃里克·阿什比（Eric Ashby）曾长期担任英国大学教育经费评议会的负责人，还曾担任皇后大学和剑桥大学的副校长。英国大学享有较为充分的自治权，政府很少过问大学事务。第二次世界大战后，在内阁中设置了教育和科学部，但仍不太管大学的事务。只有1919年财政部设立的大学教育经费评议会，负责分配各校的补助金，协助它们发展教学和科研工作，才是对高等教育真正具有影响的机构。阿什比在该委员会任职达8年之久，对于英国大学有深刻的理解。剑桥大学是举世驰名的学府，校长是荣誉职，副校长倒是真正的校长。阿什比是这所历史悠久的著名大学的领导者，也表明他在英国高等教育界的地位。因此，他的议论和主张，在英国高等教育领域享有一定的威望。他的著作受到国内外相当的重视。

从20世纪60年代开始，阿什比关于高等教育的论著有：1963年由剑桥大学出版部出版的《大学的社区》（Community of Universities），1966年由伦敦魏顿弗和尼克森（Weidenfeld and Nicolson）出版社出版的《英国、印度和非洲的大学》（Universities: British, Indian, African），1971年由纽约麦格卢-希尔（McGraw-Hill）出版社出版的《任何个人致力任何学习》（Any Person, Any Study）。《科技发达时代的大学教育》（Adapting Universities to a Technological Society）是1974年由伦敦约瑟-巴斯出版社（Jossey-Bass Publishers）出版的。这些都是讨论高等教育的专著。以本书而言，10篇论文主要是阿什比60—70年代在国内外的报告稿和演讲辞。著者富有历史、学术、教育的广泛学识，全书涉及大学各方面的课题和争议，颇能引人入胜。毛泽东同志提倡善于利用别国的经验，做到洋为中用。本书或可发挥这种作用，特为译出，供同志们参考。

---

* 本文原载《科技发达时代的大学教育》，[英] 阿什比著，滕大春、滕大生译，人民教育出版社1983年版。原标题为《译者的话》。——编者注

《近代欧洲对美国教育的影响》序*

任何国家的教育发展都受其国家政治、经济、社会、文化等多种发展的制约。由于各国政治、经济、社会、文化的发展各有不同的特点，其教育发展的方向、内容、速度和成就等，也无不有其独特之处。美国教育发展迅速和成就优异，已成为当前教育先进大国。然而美国教育向前跨越之快在很大的程度上还依靠善于掌握教育发展的客观规律和巧于运用这些客观规律等因素，这是别国所罕及的。最为显著的是美国自殖民地时期开始，中经独立建国，特别是南北战争和两次世界大战之后，其国势之腾飞和国力之扩张是近现代历史中极为独特的，其教育便也随着这些骤变而奔驰向前。不过，如果不审视世界潮流和国家需要而把好船舵，就仍然难免辜负大好形势，其结果也会是坐失良机的。所以"天时"与"地利"皆不如"人和"。这里所谓"人和"就是进行和领导教育的智慧和科学，"人和"的因素是万万不可忽视的。贺国庆同志的著作《近代欧洲对美国教育的影响》恰好在美国教育史中突出了这一点，因为美国敏于和巧于批判吸收欧洲诸国教育先进经验，乃是最能显示美国教育经全国上下奋斗而发挥其教育智慧的一端的。这是一个极为值得探索和研究的重要课题。

简扼地说，当美国成为英国殖民地之前，荷兰等国移民已经把北欧文化教育携带到新大陆。迨英国成为其地宗主国，英国教育乃大量移入。在两度抗英战争时期前后，法国教育，特别是其启蒙主义教育思潮，同样有力地影响了美国。南北战争之后，德国教育适在发达期，又对于美国启发最大，在许多方面几乎成为美国教育的样板。至于东欧的俄罗斯和南欧的意大利等国的教育，特别是瑞士和苏格兰等国的教育都对美国教育的发展曾起了促进作用。美国由众多国家的移民所组成，不啻是世界移民的博物馆；与之相似，美国教育也不啻

---

* 本文原载《近代欧洲对美国教育的影响》，贺国庆著，河北大学出版社1994年版。

是众多国家教育组成的花果园。再清楚不过，美国如果自 16 世纪的大荒园起闭关自封，而不浇灌欧洲教育的雨露，是不会在仅仅 300 余年的短暂时间，竟然超过文化古国以及近世欧洲各国而戴上世界教育桂冠的。

在此，我们必须分析及理解美国向别国学习教育经验的方式方法，俾能收到"古为今用"和"洋为中用"的效益。

首先，美国学习外国经验是多源的，是从众多国家广为吸取，而非局限于少数甚至一个国家。换言之，它多方借鉴而未一面倒。当然，这种广泛移植不是国家有计划、有意识的产物，是经过迂回摸索而来的。最初各国移民迁美后，各自择地而居，彼此在生活及教育上常有抵触，以优秀民族和优秀文化自命的德意志移民尤不屑与其他国家移民相过从。因此，当时曾出现许多所谓"小德国""小英国""小法国"等不同的市镇或地区。彼此在文化教育间不无矛盾和龃龉。幸经移民当局、宗教领袖和政治活动家等多方努力，众多民族始渐融为一体，在文教设施上和衷共济，日趋协同，终于缔造出美利坚文化。在相互评比而兼采众长之下，学校的体制和面貌乃与日俱新而蒸蒸日上。又由于求同存异，教育上的分权原则遂欣然而起了。这种广开门路融多民族文教于一体的多源吸收，是有助于兼备众长而促进文化教育内容丰富而长足发展的。

其次，美国吸收外国教育经验既是多源的，因而就其吸收教育经验的方面来看，则是多元的。例如，这种吸取是将教育实践和教育理论都包含在内的。美国各级各类学校教育根源于不同国家，教育史家遂称美国学校是混血儿。美国教育理论更容纳欧洲众多学说和流派，有的欧洲教育学者的理论在其本国尚未流行，竟由美国先行传播后，再流传于其本国的。教育史学者遂又说美国是极为便利教育学术昌盛的百花园。就杜威为例，他先受益于德国黑格尔和康德的理性主义哲学，而后受益于英国达尔文进化论以及功利主义者的启发；他更善于结合美国实际，才提出影响广远的实用主义教育哲学的。就德国的赫尔巴特为例，他的统觉心理学和阶段教学法，经留学德国的大批美国青年返后大力宣扬，先在密西西比河流域一带的师范院校推行，随后传之全美，并且成立了赫尔巴特俱乐部和赫尔巴特学会，赫尔巴特学会以后更升格为声威赫赫的美国教育科学研究会，并由杜威等权威学者任会长。1894 年，充任联邦教育局局长的哈立斯曾说，崇奉赫尔巴特教育理论的德国人尚不若崇奉赫尔巴特教育理论的美国人多，真可谓"园内开花园外香"了。再就英国的斯宾塞为例，他在《自传》中说，他的思想在本国是毁誉参半和敌友并存的，在美国却畅行无阻而受到普遍欢迎。哈佛大学校长艾略特在给斯宾塞所著的《教育论》新版作序时说,就事实而论,斯宾塞的理论在美国比之英国获得更为浓厚的兴趣和更为稳妥的市场。理由是英国学校弥漫着古典主义和保守气氛,斯宾塞的功利主义教育论不得伸展。而环境一新的美国却全然不同了。显然,美国教育曾把各种难在欧洲立足的理论和新颖进步的方式方法,兼容并包而终于华实并茂。这就说明欧洲许多国家虽由资产阶级当政,但封建思想意识依然拥有一定势力,对于适应资产阶级政治的新生事物尚有较强的抗拒力;美国的封建势力微薄,新生的适应资产阶级需要的理论和实践所遇到的对抗,就缓和得多了。正因如此,美国的多元吸取便非他国所能及了。

再次,美国吸取外国教育经验是力求切合本国实际的,是与自力更生和独立创造有机结合的。最初欧洲移民抵达新大陆后,曾基本上把本国学校原样迁来。英国初等学校多由教会设置,另外还有主妇学校等;中等学校则是传授古典语文而以升学准备为目标的文法学校;英国移民到美国则沿袭本国旧制。哈佛学院也是取法牛津和剑桥两大学的类型或原则的,特别是依照伊曼纽尔学院的类型的;只因当时英属移民不多,这时移植的学院只是具体而微罢了。怎奈新大陆的自然环境和社会环境与欧洲迥异,出现圆凿方枘之局。为了适应新形势,遂走上吸收与创新相结合的路线。1751年富兰克林倡议和建立的文实中学,1821年波士顿市首设的公立中学,不断表现与欧洲不同的新校新风。美国在殖民地时期的拉丁文法学校以升学准备为主旨,美国建国后的公立中学在初创之际,波士顿市议会曾决议它是为不想升学的青年而设的学校。欧洲的正规中学主要是贵族子弟爬向大学的阶梯,是少数人的禁脔;美国的公立中学虽在以后兼顾就业和升学的双重任务,然而它始终是以民主相标榜的广大青年的学习园地。到后来美国公立中学成绩斐然,竟和英国的公学、德国的文科中学以及法国的国立中学并称,被赞为世界上四大类著名的中等学校之一。取法牛津、剑桥二校的哈佛学院是美国历史最久的高等学校,美国建国后却又诞生了与之并列的州立大学。前者传授古文古籍和培养教士,后者则是为新国家培植各州实用才干的苗圃。至于南北战争后问世的工农学院更是美国不同于欧洲国家的杰作。南北战争后向柏林大学取样而设置的霍普金斯大学,则又是吸取德国学术教育而盛开的花朵。该校校长吉尔曼羡慕柏林大学的研究生教育,曾主张先设研究生院,暂不设本科;经与事实接触而知美国大学毕业生水平不高,于是放弃原有的主张,终于发展成为既能切合美国教育实际,又能满足美国战后学术人才需要的学府，体现了吸取和创造相结合的精神。类此的史例是很多的。如果仅仅自我封闭而不增广见闻，或则仅仅借用他国成规成法而削足适履，都不会取得美国教育发展的硕果的。美国在这方面确曾树立了良好样板。

复次，美国吸取他国教育经验时机动灵活而注重实际效益。任何国家在吸取新生事物的经验时，常会遭遇种种阻碍，必须敏于斗争而克服传统思想或错误认识。例如，人们常过分地把教育和政治或政体搅在一起，认为不同政体国家的教育彼此不能互学。当法国向普鲁士教育学习时，曾有人误认实行共和政治的法国不能向实行专制政治的普鲁士学习，担任法兰西共和国教育部部长的史学家基佐驳倒了他们，从而使法国初等教育跨上新台阶。同样，美国向德国教育学习时也经历了类似的过程，经过争辩，人们乃理解教育虽与政治的关系密不可分；而各国教育发展也有其应该共同遵循的客观规律，政治方向不同的国家不妨互相学习其成功之点，借他山之石以攻玉，又可窥及其失败之点，避免重蹈覆辙。过于单纯地从政治观点来判断教育，是不能获致正确结论的。再例如，美国吸取外国教育经验时也不简单地根据某一历史时期的国交而定。当第二次抗英期，两国邦交恶化；但英国的贝尔—兰卡斯特制却为美国所采纳；兰卡斯特于1818年访美时，美国教育界邀其公开讲演，待为上宾，极有助于美国各地"一教师和一教室学校"的教学改进。教育史家说当两国战场炮声轰鸣之际，并未中止两国的教育情谊，这就形成了教育史上的美谈。再例如，英、法、德等欧洲国家幅员狭小，各国国情民俗比较一致。美国则疆域辽阔，东西自然条件不同，就社会条件而言，东部文化发达，美国建国后向西拓展，众多新建州地处荒僻，人民生活落后，施政施教必须因地制宜，不能齐步前进和统得过死，所以各地必须准情度理地吸取别国教育的不同方面，速度也须彼此不一。如果一刀切，就会流为机械行事和刻舟求剑了。所以美国虽向普法学习，却未行集权制。还有，美国独立以后，西部新州建立，州立大学纷纷出现，力求学以致用；待南北战争之后，国势迅速飞腾，乃向德国取法，建立霍普金斯大学，力求学以致知，向学术教育进军。于是致用和致知两类型的学府并行，并未因推行"致用型"的大学而不许存在"致知型"的大学。就是说，不全国统一行动，却根据教育智慧而各因势制宜。这样根据地方不同和时期不同而发挥的教育的适应性，终于使教育在自由发挥和各尽所长的基础上，获得多方面的真实的成长。幅员辽阔的美国实施分权主义的体制是值得肯定的。

以上数点是美国在文教事业方面开门主义的概括，其300余年以来的详细过程是错综而纷繁的。贺国庆同志著《近代欧洲对美国教育的影响》，对此繁难而重大问题做了比较全面、系统的阐明和叙述，并做了比较精密、深入的分析和评议，是很有理论和现实意义的佳作。我国正在全力进行物质文明建设和精神文明建设，并且正在大力贯彻开放搞活的政策，深愿本书能够发挥及时和充分的效用。

《德国教育比较研究》序*

欧洲从文艺复兴以后，特别是宗教改革以后，在众多国家之中，德国的教育是先行的。宗教改革领袖马丁·路德以德文翻译《圣经》，并呼吁市政当局设置学校，教导群众阅读《圣经》，以便通过读经而直接接触上帝和邀得神宠，不再依凭天主教僧侣为信神的中介，以后普鲁士邦的君主也重视设校教民，从而使德国的初等教育早早发展起来。德国于16世纪创办的文科中学，自始就为造就天才而致力于学术奠基教育，被德国以及别国学者誉为杰作。19世纪之初，在法国拿破仑入侵之后，国将不国的普鲁士邦以教育为复国之本，兴建柏林大学，由费希特任校长，崇尚学术自由，奖励学术研究，人才辈出，国势大张。借助教育等诸多渠道，德国终于在1871年的普法战争中战胜法国，把分崩离析之邦变成德意志强大帝国。至于19世纪赫尔巴特倡议成立教育科学，福禄培尔振兴学前教育，斯普朗格创立文化教育学派，凯兴斯泰纳创立劳动教育学派，另外还由冯特将心理学脱离哲学窠臼而为独立的科学，等等，这些辉煌业绩都曾对于德国以及世界各国的教育实践和教育理论，起着巨大推进作用。可憾的是德国的国家主义和军国主义屡次把德国教育引上歧途，造成沉重灾难。威廉二世为报仇复国而扩军备战，陷教育大业于军国民的培养，导致第一次世界大战；为时未久，希特勒的纳粹政权又使教育重陷故辙，而且变本加厉，酿成第二次世界战祸；弹指之顷竟两次形成人类历史特别是教育史上的绝大悲剧，的确是罕见。美国教育哲学家杜威说，教育应当承担的社会职能竟被德国错解为教育仅是富国强兵而穷兵黩武的工具，更是慨乎言之。实际上，不仅德国如此，在武士道精神主导下的日本教育和在墨索里尼法西斯统治下的意大利教育，也是如出一辙的。第二次世界大战正是三国教育罪行的彻底暴露。

当然，在上述实施国家主义、军国主义和沙文主义教育的国家中，以德国

---

* 本文原载《德国教育比较研究》，于鸿博著，新华出版社1994年版。

最为典型；而希特勒时期的纳粹教育又居德国反动教育的顶峰。纳粹分子竭力鼓吹狭隘的民族主义，肆无忌惮地夸张日耳曼民族的优越性，妄图由德意志国家征服和奴役世界上的其他民族；他们在学校中既设置和强化德国语文、德国文学、德国历史和德国地理等加深民族意识的德意志学科，又加紧严格的军事训练和军备教育，指使学生奉希特勒为至尊的领袖，视效忠领袖为国民的天职，还广设希特勒少年队和青年团，把新生一代纳入战争和犯罪的轨道。一页充满光荣记录的教育史册却从此浓浓地蒙上了黑影，原来处于人类教育大厦高层的国家竟尔坠入污浊的深渊。

第二次世界大战结束后，苏、美、英、法等盟国派军占领德国，并开展了对德国、意大利和日本的反动教育的清算和扫荡工作。这无疑是世界范围的清除法西斯教育的非同凡响的实验。极为明显，它是人类教育史中值得特别重视的大事。

二战后数十年来，在德国教育领域中如何才能胜利地除旧和如何才能成功地布新，始终是一个内容错综而复杂难解的课题，绝非易如反掌之事。从二战后盟军占领初期起，德国东西两区就由四国以及不同观点和方式方法对待旧教育的变革工作；就以西区而言，美、英、法三国也是彼此有别的。以后民主德国和联邦德国分立，前者以社会主义意识形态、社会政治、阶级分析和经济建设等立场，进行学制和课程更新；后者则以资本主义社会政治的观点，即注重文化遗产、教育传统、发扬学术和经济建设的角度，进行学制和课程改进；在某一时期双方曾背道而驰和走向分化，在另一时期双方又由分歧而趋同。如今两国统一，其教育正在迈进向前而日臻完善。总之，自二战后至今的近半个世纪，德国的教育波澜起伏和浪涛汹涌，蔚为大观。同盟四国关于教改的态度和实施不尽一致，东西两国关于教改的方针政策尤不相同；它们既各有所长，又各有不足，无形中构成改造法西斯教育的比较和竞赛，从而共同揣摩探索更新教育的不同途径和客观规律。直至如今，这场教育事业兴革的战斗还在继续进行。

于鸿博同志重视二战后德国教育的发展，参考国内外众多学者的著作，并曾搜集丰富而新颖的资料，著成《德国教育比较研究》。这是一部艰苦认真之作。他在书中按照不同历史时期，逐一叙述史实和剖析评价，其精神是很可取的，其成果是很优良的。无论从教育史研究或从比较教育研究而言，这本著作都是适时的和有益的读物。谨此略予以介绍，使读者理解一个过去教育大国怎样在劫后前进的。

《美国公立中学发展研究》序[*]

美国公立中学的兴建和发展极能显示美国教育,特别是美国中等教育的特点和优点。英国最早的公学成立于14世纪,德国最早的文科中学成立于16世纪,法国最早的国立中学成立于1802年,都是享有盛名的贵族学校,是人类教育的精华。但它们传授不切现实需要的古典知识,实施权贵子弟升入大学的预备教育,生活奢侈,收费昂贵,因而不是一般青年所能跨进校门的,是非民主化和非大众化的学习园地。由这类学校毕业而不升学深造有似仅奠定房基而不建筑楼阁,是浪费青春而不得实惠的过程。在英、德、法三国中推行双轨学制更使它们远离广大群众,远离社会实际,远离生活需要。1821年,美国波士顿市异军突起地创设公立中学,是当时世界教育中绝非寻常的篇章。公立中学是面对广大群众的,是不以升学准备为务的,是针对就业谋生之需的,是收费低廉或免费的,是由政府征税举办而不是私立的或教会设置的。按照英文原词,High School 应是高等学校,并非中等学校,原因就是最初未曾把它视为青年进升大学的阶梯,而是跟当时群众所入的普通学校,即 Common School 相对而言的。简言之,它是由于高于普通学校而定名的,正因如此,公立中学曾被视为人民的大学。后来由于历史变迁,公立中学兼顾升学准备和就业准备,乃因其位于初等学校和高等学校之间,始出现中学之称。

进一步讲,美国公立中学不但不同于欧洲的华贵学校,就在美国而言,它也颇能显示其在历史中的进步性。因为美国在殖民地时期,就曾移植了英国拉丁文法学校,进行少数人所享受的升学准备教育。18世纪中叶,富兰克林因其不合国情,便于1751年在费城创立了文实学校,由重古典学科而重实用学科;但因时代的局限,难以冲破牢固的教育传统,他的理想落空。波士顿倡议

---

[*] 本文原载《美国公立中学发展研究》,杨孔炽、徐宜安著,湖北人民出版社1996年版。

由政府以公费举办公立中学,着重满足普通青年生活现实之需,刷新了课程内容和改变了办学方向,才真正从传统中解放出来,向前跨越一大步。教育史家赞扬美国是开拓创新之邦,这的确是事实。公立中学不但是创举,它在美国的快速进展也非一般国家所能及。德国虽在18世纪初期已产生实科中学,却长期不能与文科中学并列,直到20世纪开始,才赋予实科中学毕业生以升入大学的资格。法国在19世纪之初,早于美国公立中学而设立市镇中学,但其发达也不如美国迅速。不待赘言,公立中学对于美国的社会进步和经济建设乃是功绩卓著的。

  杨孔炽、徐宜安同志就这桩重要的美国教育事业的演进,进行了系统完整的和广泛深入的研究,极为难能可贵。他们在《美国公立中学发展研究》这本书中对于美国公立中学发展的历史背景、教育宗旨、学制变化、课程、教学、领导体制等都做了翔实陈述和分析评论,对于美国公立中学对美国和对世界众多国家的影响和贡献也有极为客观的叙述。全书内容充实,而且能够理论联系实际,颇有参考借鉴和洋为中用的效益,是一本有关外国教育史和比较教育的优良著作。

附录

我的学术旅途的回顾和反思[*]

滕大春

我在高中读书时就朝思暮想地渴望进入北京大学，毕业时投考，果然如愿以偿，这座学府便成了我的学术生涯的始发站。我于1933年由北大毕业，今年为1993年，恰恰度过了60载。回顾、反思是我的常情。谨遵照同志的期望，略事勾画而笔之于文，供青年一代参考。

作为20世纪30年代北大教育系的学生，我和同龄人从开始就大量学习哲学课和心理学课。这是学习规定的课程。就哲学而言，我首先听了徐炳昶先生讲授的中国哲学史；1931年，胡适之先生来校讲授此课，我重听了一年。西洋哲学史和中国哲学史同属必修课，我也听了一年。另外我选修了陈大齐先生讲授的认识论和论理学①，很受益。印度哲学和罗素哲学等课，我也选修过。就心理学而言，我首先学的是普通心理学；汪敬熙先生讲授的生理心理学和陈雪屏先生讲授的学习心理学，尤令我喜听；另外我还修习过教育心理学、儿童心理学和社会心理学。我增长了很多知识，却总觉得别校教育系注重中等教育、教学方法、教育行政等，比北大更为切合实际。当时教育系、哲学系和心理系在上课和活动方面常在一起，我遂在哲学系邀请陈大齐先生开漫谈会时，向陈先生谈出自己的思想。陈先生对我解释说，不从深处和远处树立学识根底，仅从目前需要考虑，容易走上狭隘而浅学的道路。同学们也你一言我一语地大讲博雅教育的价值，认为拘泥于一时一事之用必然局限人的眼界和降低人的追求层次。陈先生是研究德国哲学的名家，又是北大校长，他的循循善诱和窗友们的议论，叫我初步领略了北大的特点和优点，端正和拓宽了我对于治学之事的认识。这一次寻常的漫谈会对我具有极不寻常的启发性，因而至今记忆

---

* 本文系作者于1993年所写的一篇回忆文章。——编者注
① 论理学是逻辑学的旧称。——编者注

犹新。

另外未曾忘怀的是胡适之先生讲授中国哲学史的情况。胡先生在国内和国际的学术声誉都很高,听课人很踊跃,不只本校同学听,外校同学和社会人士也来听讲,几位戴老花眼镜的老者不但来听,而且和同学一样认真笔记。每逢上课前很久,大礼堂的座位就被人预占了,场面十分动人。我那时还听一门课叫晚周诸子,想对中国古代哲学多所了解。初听时感觉不错,后来方知讲课的教师和胡先生唱对台戏,很多次竟指名道姓地说胡"浅薄""误解""硬伤""罪人",显示自己高明;次数多了,有人颇不以为然。一位山东同学反驳:"先生你说的未必是吧?"不知是鸣了下课铃,还是先生没听见,山东同学讲完后就悄然下课了。同学走在路上时各抒己见。有人认为不宜背后污蔑人;有人认为先生说胡的错处都是小疵或见解不同,谈不上硬伤,怎该肆意夸张;还有人谈王婆不应来教室骂街。最后有人说不知胡知道不知道有人在课堂上骂他。那位山东同学说:"胡先生高雅,知道也不会反骂。"有人更幽默地在手掌上写出"高哑"二字,意思是不反骂更表现出胡的高明。从这一成败的对照,我清楚看到胡因学贯古今,旁征博引,论述深透,多次把古代中国哲学、古代希腊哲学以及古代印度哲学,比较分析,层层深入,极能发人深省,是制胜之因。再则,他40余岁,举止翩翩,谈笑风生,巧于言辩,同样令人敬服。面对这位知名学者的良好形象,我当时曾想将来自己要为良师,他的治学、讲学和为人的态度,似可仿效一二。这对我也确有启发。

教育系的课程相当庞杂,回想起来,其兴奋点似乎是倾向于传播德、美两国的教育学术。德国的斯普朗格的文化教育学和凯兴斯泰纳的劳作教育学,都曾分别设置科目,这是别校所无的;教育哲学所讲授的也以德国理性主义学者的理论为主。后来吴俊升教授到系,先后讲授教育社会学、德育原理、教育哲学和教育名著选读四科目,内容转向美国杜威和法国涂尔干的教育思想。我四科俱听,对于美国实用主义教育哲学获得较为满意的收益。这种哲学和机能派心理学紧密关联,因而很喜爱陈雪屏先生讲授的心理学。有的同学说教育系课程浅显易懂,无须深钻;我则不断向吴、陈两先生求益,我那浮薄的教育专业知识才粗粗积累起来。

上述关于博雅教育的概念、关于经师和人师的典范、关于教育专业的启蒙,是我在学术始发站受益多的三点。

我从北大毕业后的第一个工作岗位是山东省立第一乡村师范学校,校址在济南。我结合讲课撰成的《教育心理学新编》是我在学术探索初期的产物。它是中等学校教材的水平，但花费我的心力和给我的锻炼很不少，因为它是我的处女作。该书1936年由开明书店出版后，曾蒙陈雪屏先生嘉勉。实际上，那乃是根据陈师传授的内容增添新资料而成。抗日战争全面爆发后，我转入四川，在国立编译馆工作。战时生活困难，我曾效古人十年寒窗的精神在馆工作七年之久，是我向较高学术山峰攀登的重要时期。由于环境所局限，过去从事的心理学钻研便改为对外国教育史的钻研。杜威在《民主主义与教育》中，称道在世界各国近代教育的始创时期，法国启蒙主义思想家卢梭是关键性人物，贡献至为巨大；我乃着手尝试性的探究，终于撰成1947年由商务印书馆出版的《卢梭教育思想》。师友们读后给我鼓气更大。在艰苦的战争年代坚定我向学之心和指导我治学之路的师友中，我记忆最为清楚的是梁实秋先生和熊十力先生。他们都是北大教授，战时和我同住重庆北碚。我和梁先生闲谈时请教怎样才能写出一本好书，他告我务必多下些功夫，把课题选好和研究通透。友人劝我说，哲学和教育哲学都是空洞无物之学，不值得大力去搞，最好是搞些教学理论和教学艺术之类。我听后有些动摇，又请教梁先生。解答是哲学也好，教育哲学也好，研究深透就不会空洞虚渺，杜威哲学就是例证；那些不研不钻而写书的"稿子匠"最无可取。做"稿子匠"于是成为我切忌的事。熊先生住在古木参天的山坡。我访他时，他告我写书要有"分量"，即有充实而深刻的内容，否则一遇微风就被刮走了。"你看见那棵大松树了吗？它根深叶茂，在狂风暴雨中才仍能挺立不倒。"名师的嘉言，都成了我的珍贵的箴铭，并大大起了导航之功。

我于1947—1950年在美国科罗拉多大学学习。从战乱方休的旧中国刚跨入面目全新的世界，接触众多国家的师生以及丰富多种的教育资料和书刊，美不胜收，眼花缭乱。我选修了比较教育课，涉猎不少读物，兴趣又生转变，终于在比较教育范围内择题，写了博士学位论文。美国大学把教育哲学、教育史和比较教育三者组成了一个学域（division），我从自身经验觉得是很合适的安排。因为三者脉络互通，不易割裂；否则，知古而不知今或知今而不知古，或则仅知当前而既不知古又不知外，或仅知其当然而不知其所以然，即仅见其表而不知其里，都会陷于一隅，或流为浮薄，不能得窥全豹和真豹。陈大齐先生告诉我"能博才能深，要深必须博"，到这时我更加体会到其意义了。

1950年秋，我响应党的号召返国。因为当时一般师范院校未开比较教育课，我又回转头来讲授外国教育史，至今已 40 余年。因得师友切磋琢磨之益，曾对于众多国家的教育史实衡之以马列主义新观点，自问有所提高，因而极感"学然后知不足"和"学无止境"。目前年老力衰，而内心时时出现的最大压力是"出师未捷"之憾。因为每读国外国内的新著和接触国外国内的学者，总觉得学术车轮正在快速地滚滚向前，自己急需奋起追赶。今后唯愿就此专业继续做小学生，为国家、为人民奉献晚年。

滕大春先生大事年表

1909 年 10 月 13 日，滕大春先生出生于顺天府通州（今北京市通州区）堰上村一书香门第。祖父为清末举人；父滕静波，曾任东北长春府视学等职，后去职返乡，回村中行医济世，为人正直宽厚，颇得乡民称赞；母亲孙氏，恭良勤善，持家有方。滕大春先生幼年生活在良好的家庭氛围中，并于家塾诵读《四书》等传统经典，聪颖好问，为学勤勉，深受国学熏陶。

1920 年 秋，毕业于通县堰上村国民学校，成绩优良；后入通县高级小学。

1923 年 秋，毕业于通县高级小学。

1924 年 入京兆公立第四初级中学。

1926 年 初中毕业；是年 8 月入京兆公立高级中学。

1928 年 是年末，国民革命军北伐成功，恰逢政治革新，遂接受新思想，并开始积极参加学生运动。

1929 年 高中肄业；8 月，入北京大学，受陶行知、梁漱溟、晏阳初等人"教育救国"思想之影响，进入教育系修习教育专业，期冀投身教育事业，以改良民智，扶助国艰；大学期间，得诸多名师指点，尤受胡适影响甚深，遂以胡适为经师和人师之典范，做人及为学志趣深受启发。

1931 年 是年爆发"九一八"事变，国难危机，于是立"爱国不忘读书，读书不忘爱国"之志；曾数度参加反日游行等爱国活动。

1932 年 因学业成绩优异，获北京大学首届优秀生甲等奖学金。

1933 年 夏，毕业于北京大学教育系；应原北京大学教授、时任安徽省教育厅厅长杨廉之邀至安徽省教育厅工作。因不适官场，后赴山东省立第一乡村师范学校任教，兼附属小学主任；其间致力于附小建设，并以美国著名教育家杜威之思想为指导，进行教育改革实验，成就斐然。

1935 年 春，学校改组，于是再次应其师杨廉之邀，担任安徽省教育厅科员、省义务教育委员会秘书,积极推行短期义务教育。

1936 年 积大学学习所得和实地任教、任职之经验,编著出版《教育心理学新编》及《短期小学教员须知》,前者得到北京大学心理学教授陈雪屏先生之誉勉,后者受到国民政府教育部嘉奖。

1938 年 10 月,离皖入川;11 月,任职于四川省教育厅设计委员会。

1939 年 7 月,经原北京大学教授、时任国民政府教育部高等教育司司长吴俊升介绍,进入国立编译馆担任编译,先后晋升为副编审、编审,曾参加教育辞典、教育名词、教育全书、教育年鉴和西洋教育思想家丛书等的编写工作;其间曾就治学事宜求教于梁实秋、熊十力等名家,学术风格渐成。

1945 年 发表《由学术观点谈大学教育》一文(《东方杂志》1945 年第 7 号),是为国内学界关于美国教育家弗莱克斯纳大学思想最早的学术成果之一;是年 8 月,抗战成功,先生为学之志日定,遂萌生赴美留学、研习别国先进教育理念之心。

1946 年 以第一名考取自费留美资格。

1947 年 任职于国立编译馆期间所著《卢梭教育思想》一书由商务印书馆出版,该书系国内较早全面、系统介绍法国启蒙哲人、教育家卢梭的教育思想的著作之一;是年春,先生远涉重洋,赴美留学,入科罗拉多大学学习比较教育;留学期间广涉教育经典,求访名师、名校,并考察美国教育制度和各级学校教育实践,学习勤勉,成绩优秀,连年获学校奖学金,担任科罗拉多大学教育学院院长道格拉斯教授的助教。

1949 年 中华人民共和国成立,在曹孚及陈天池两位好友的鼓励下,坚定其回国之心。

1950 年 完成学业,获教育学博士学位;是年 8 月,离美回国,于 10 月底辗转到达香港,继而北上赴京;后至天津,开始了长达半个世纪的教学、研究生涯;1966 年之前,历任河北师范学院(1950—1958 年)、天津师范大学(1958—1960 年)和河北大学(1960—1966 年)教授。

1962 年 教育部高等学校文科教材编写办公室成立《外国教育史》教材编写组,先生与曹孚等教育名家合作,着手进行《外国教育史》的教材建设工作。

1966 年 "文化大革命"爆发,其间正常的教学和学术活动被迫中断,但先生不畏时艰,仍坚持从事研究工作。

1978 年 党的十一届三中全会召开，先生以年近七旬之高龄重新投入到教育科学的教学、研究工作。

1979 年 参加全国教育科学研究第一次规划会议，为新时期中国教育事业的发展建言献策。

1980 年 于人民教育出版社出版专著《今日美国教育》，是改革开放后我国第一部介绍美国教育的专著，在学界产生了深远影响。

1981 年 续曹孚先生工作，主编并于人民教育出版社出版《外国古代教育史》。

1982 年 开始招收培养比较教育专业硕士研究生，参加全国教育科学研究第二次规划会议。

1983 年 翻译并于人民教育出版社出版《科技发达时代的大学教育》。

1984 年 于人民教育出版社出版专著《卢梭教育思想述评》，该书获国家首届优秀教育科学专著一等奖、河北省社会科学优秀成果一等奖和《光明日报》全国首届优秀教育理论著作荣誉奖。

1985 年 出任《中国大百科全书·教育卷》"外国教育"分支主编。

1986 年 开始招收培养外国教育史专业硕士研究生；同年赴烟台参加《外国教育通史》第一次编务会议，开始规划主编我国第一部外国教育史通史类著作；与滕大生合译并于人民教育出版社出版《德国教育史》。

1987 年 经国务院学位委员会批准，任外国教育史博士研究生导师。

1988 年 开始招收培养我国第一批外国教育史专业博士研究生。

1989 年 被评为全国教育系统劳动模范和河北省劳动模范，荣获人民教师奖章；主编并于山东教育出版社出版《外国教育通史》第一、二卷，至 1994 年全书六卷出版完毕。该书拓展了外国教育史的研究领域，进一步完善了外国教育史的学科体系，成为外国教育史专业研究人员的必读书目，曾获第二届国家图书奖提名奖、第九届中国图书奖。同年主编并于人民教育出版社出版《外国近代教育史》。

1992 年 入选享受国务院政府特殊津贴专家名单。

1994 年 于人民教育出版社出版专著《美国教育史》。本书系先生多年研究美国教育史的集大成之作，也是出自中国学者手笔的第一部美国教育通史。曾获全国第二届教育科学研究优秀成果二等奖，河北省社会科学优秀成果一等奖。直至今日，该书仍被认为是关于美国教育史"最有权威性、内容最丰富的一部著作"。

1995 年　被河北省委、省政府命名为"优秀省管专家""资深优秀省管专家"。

1996 年　9 月，出席全国老教授协会会议，受到党和国家领导人的接见。

1998 年　于河北大学出版社出版文集《外国教育史和外国教育》；同年 10 月 28 日，参加河北大学为其召开的"九十华诞暨从教六十五周年座谈会"，其间仍不忘关注学校的发展和建设。

2002 年　12 月 16 日，因病逝于北京，享年 93 岁。

2003 年　是年初，相濡以沫数十载的夫人谭育凤女士因病去世。3 月，先生夫妇合葬于北京太子峪陵园。

滕大春先生著述总目

专　　著

1.《教育心理学新编》，开明书店 1936 年版。

2.《卢梭教育思想》，商务印书馆 1947 年版。

3.《中美英法四国师范教育的比较研究》（英文），博士学位论文，1950 年（未出版）。

4.《中小学课外活动》，湖北人民出版社 1956 年版。

5.《今日美国教育》，人民教育出版社 1980 年版。

6.《卢梭教育思想述评》，人民教育出版社 1984 年版。

7.《美国教育史》，人民教育出版社 1994 年版，2001 年再版。

8.《外国教育史和外国教育》，河北大学出版社 1998 年版。

9.《教育史研究与教育规律探索》，人民教育出版社 2019 年版。

编　　著

1.《短期小学教员须知》（与刘真合编），中华书局 1936 年版。

2.《教育学名词》，正中书局 1947 年版。

3.《外国古代教育史》（与曹孚、吴式颖、姜文闵合编），人民教育出版社 1981 年版。

4.《中国大百科全书·教育卷》"外国教育"分支（主编），中国大百科全书出版社 1985 年版。

5.《外国近代教育史》（主编）人民教育出版社 1989 年版，1998 年再版。

6.《外国教育通史》（六卷本，主编），山东教育出版社 1989—1994 年版。

7. 《教育大辞典·外国教育史》（主编），上海教育出版社 1991 年版。

译　　著

1. 《科技发达时代的大学教育》，人民教育出版社 1983 年版。
2. 《德国教育史》（与滕大生合译），人民教育出版社 1986 年版。

论　　文

1945 年

1. 《由学术观点谈大学教育——介绍富来兹纳论美英德三国大学》，《东方杂志》1945 年第 7 号。

1956 年

2. 《批判杜威的教育目的论》，《学术月刊》1956 年第 1 期。

1957 年

3. 《批判杜威关于道德教育的理论》，《河北天津师范学院学报》1957 年第 2 期。
4. 《批判杜威的道德论》，《哲学研究》1957 年第 4 期。
5. 《批判杜威的教学论》，《新建设》1957 年第 7 期。

1963 年

6. 《柏拉图的〈理想国〉及其教育理论初探》，《河北大学学报》（哲学社会科学版）1963 年第 4 期。

1977 年

7. 《美国是怎样向外国教育学习的》，《教育研究》1977 年第 2 期。

1979 年

8. 《美国师范教育的历史、现状和展望》，载《师范教育的现状和趋势》，人民教育出版社 1979 年版。

1980 年

9. 《美国当前高等教育》，《外国教育》1980 年第 4 期。

10. 《美国中等教育结构改革的历史经验》，《教育研究》1980 年第 6 期。

1981 年

11. 《美国战后高等教育大众化问题》，《外国教育》1981 年第 5 期。

1982 年

12. 《卢梭的天性哲学和它的历史意义》，《河北大学学报》（哲学社会科学版）1982 年第 1 期。

13. 《卢梭——教学论发展史上的丰碑》，《河北大学学报》（哲学社会科学版）1982 年第 2 期。

14. 《美国高等院校的科学研究和教学改革》，《外国教育》1982 年第 2 期。

15. 《英国怎样办好大学本科教育》，《外国教育动态》1982 年第 3 期。

16. 《英国大学的领导和管理》，《辽宁高等教育研究》1982 年第 3 期。

17. 《战后美国教育史界的流派和论战》，《华东师范大学学报》（哲学社会科学版）1982 年第 6 期。

1983 年

18. 《美国大学"教授治校"评介》，《河北师范大学学报》（哲学社会科学版）1983 年第 1 期。

1984 年

19. 《试论外国教育史的学科体系和教材建设》，《教育研究》1984 年第 1 期。

20. 《美国中学的转变》，《外国中小学教育》1984 年第 1 期。

21. 《试论"比较教育"和"洋为中用"》，《外国教育》1984 年第 1 期。

22. 《美国师范教育的改革》，《教育研究》1984 年第 4 期。

23. 《关于两河流域古代学校的考古发掘》，《河北大学学报》（哲学社会科学版）1984 年第 4 期。

24.《战后美国高等院校的发展方向问题》，载《高等教育的发展与改革》，人民教育出版社 1984 年版。

1985 年

25.《美国中小学师资问题的严重性及其成因》，《西南教育论丛》1985 年第 1 期。

26.《杜威论道德教育》，《小学德育》1985 年第 1 期。

27.《卢梭和他的〈爱弥儿〉——〈爱弥儿〉中译本前言》，载《爱弥儿》，人民教育出版社 1985 年版。

1986 年

28.《试谈外国教育史的"古为今用"和"洋为中用"》，《河北大学学报》（哲学社会科学版）1986 年第 1 期。

1987 年

29.《古代伊斯兰国家的教育》，《河北大学学报》（哲学社会科学版）1987 年第 1 期。

30.《他人的误解与自身的不足——关于杜威教育理论的批判和研究》，《教育研究与实验》1987 年第 4 期。

1988 年

31.《美国黑人教育的演变和展望》，《外国教育》1988 年第 3 期。

32.《英国的重点中学：公学》，《河北师范学院学报》（哲学社会科学版）1988 年第 4 期。

1989 年

33.《〈教育史研究〉创刊号祝词》，《教育史研究》1989 年第 1 期（创刊号）。

34.《〈外国教育通史〉·前言》，载《外国教育通史》（第 1 卷），山东教育出版社 1989 年版。

1990 年

35.《杜威和他的〈民主主义与教育〉——〈民主主义与教育〉中译本前言》，载《民主主义与教育》，人民教育出版社 1990 年版。

1992 年

36.《卢梭》，载《外国教育家评传》（第 1 卷），上海教育出版社 1992 年版。

37.《研究教育史有助于促成教育现代化》，《教育史研究》1992 年第 3 期。

1994 年

38.《从比较教育观点评费希特在教育史中的贡献》，《教育史研究》1994 年第 3 期。

39.《〈外国教育通史〉结语》，载《外国教育通史》（第 6 卷），山东教育出版社 1994 年版。

40.《〈近代欧洲对美国教育的影响〉序》，载《近代欧洲对美国教育的影响》，河北大学出版社 1994 年版。

41.《〈德国教育比较研究〉序》，载《德国教育比较研究》，新华出版社 1994 年版。

1995 年

42.《裴斯泰洛齐为教育而奉献的爱心》，《北京师范大学学报》（社会科学版）1995 年第 3 期。

43.《美国教育史显示的教育发展客观规律》，《河北大学学报》（哲学社会科学版）1995 年第 4 期。

44.《战后美国教育的改革》，《比较教育研究》1995 年第 6 期。

1996 年

45.《〈美国公立中学发展研究〉序》，载《美国公立中学发展研究》，湖北人民出版社 1996 年版。

46.《外国教育史教材建设的回顾与展望》，《教育史研究》1996 年第 1 期。

47.《迎接二十一世纪的比较教育》,《比较教育研究》1996年第2期。

48.《美国建国初期冲破禁区的教育革新运动》,《河北大学学报》(哲学社会科学版) 1996 年第 4 期。

编 后 记

贺国庆　朱文富　何振海*

滕大春（1909—2002）是我国当代外国教育史学科主要奠基人，著名的外国教育史和比较教育学家，在教育学界享有崇高的声誉。滕大春先生毕生从教近70年，教书育人、春风化雨、深耕学术、成就斐然。作为滕先生的弟子，受命将滕先生的代表性著述整理成集，编入中国教育学会教育学分会和人民教育出版社策划出版的学术大典《中国当代教育学家文库》，我们甚感欣慰。

滕先生一生著述丰硕，为更好地体现本文集的特色与代表性，在成果精选上我们遵从了如下原则：就纵向上，选文尽量覆盖滕先生在不同时期出版或发表的作品；就横向上，选文尽量覆盖滕先生在不同学术领域的研究成果；同时，在作品类型上，除学术论文外，还收录了滕先生的部分代表性专著及为相关论著撰写的序言、结语等。当然，由于本书容量有限，仍有很多作品无法收入其中。这一遗憾，只能留待日后整理出版滕先生全集时来弥补了。

需要特别说明的是，由于本书收录的滕先生的作品跨越时间很长，很多著述成文之时的写作要求、字词用法、格式规范等迥异于今时，特别是引文和注释方面的要求与当前学术通例差异甚巨。为尊重历史，本书基本上保持了原引文和注释的原貌，个别予以了补充和完善。在文字和内容方面，我们除按照国家现行出版规范做少数技术性处理（例如：修改文字、标点的错讹之处，添加题解和编者注，统一全书的人名、地名、机构名、文件名、书名、报刊名，规范全书的格式、体例，等等）外，未做大幅度修改，以完整地呈现滕先生作品的原貌。

---

* 贺国庆，宁波大学教师教育学院院长、教授、博士生导师，中国教育学会教育史分会副理事长；朱文富，河北大学教育学院副院长、教授、博士生导师；何振海，河北大学教育学院教授、博士生导师。

在本书即将出版之际，我们要特别感谢人民教育出版社。作为国内教育领域的权威出版社，人民教育出版社曾先后出版了滕先生撰著、主编和翻译的多部经典作品。如今，人民教育出版社又欣然出版本书并纳入在我国教育学术界具有重大影响的《中国当代教育学家文库》，作为滕先生的弟子，我们深表敬意！同时，对于为本书编辑出版付出诸多辛劳的人民教育出版社总编辑郭戈研究员、教育编辑室主任刘立德编审、教育编辑室原主任诸惠芳编审、本书责任编辑刘捷编审及曾红梅编审、龚鹏飞编辑，我们亦敬致谢忱！

北京外国语大学党委书记王定华教授、河北大学党委书记郭健教授对本书的选编给予了特别的关注和帮助。我们在此一并致谢！

谨以此书纪念滕大春先生诞辰110周年！

2019 年 8 月 26 日